Arno Schmidt

DAS ESSAYISTISCHE WERK ZUR DEUTSCHEN LITERATUR IN 4 BÄNDEN

SÄMTLICHE NACHTPROGRAMME UND AUFSÄTZE

BAND I

EINE EDITION DER
ARNO SCHMIDT STIFTUNG
IM HAFFMANS VERLAG

ARNO SCHMIDT

Barthold Heinrich
BROCKES

Johann Gottfried
SCHNABEL

Friedrich Gottlieb
KLOPSTOCK

Christoph Martin
WIELAND

Johann Gottfried
HERDER

Johann Karl
WEZEL

EDITORISCHE NOTIZ

Diese Lese-Ausgabe bietet gewissermaßen Arno Schmidts private deutsche Literaturgeschichte; sie bringt sämtliche Nachtprogramme und Aufsätze in chronologischer Folge nach den Lebensdaten der traktierten Autoren; mehrere Arbeiten über einen Autor sind so angeordnet, daß auf die Darstellung von Leben und Werk deren Deutung und Wirkung folgen.

Die Texte erscheinen – soweit bereits in Buchform vorliegend – als vollständiger, vereinheitlichter Neusatz nach den Ausgaben letzter Hand; alle Erstveröffentlichungen folgen Druckvorlagen aus dem Archiv der Arno Schmidt Stiftung. Eindeutige Druck- oder Tippfehler wurden korrigiert.

Nachweis der Erstveröffentlichungen am Schluß des Bandes.

KORREKTOREN WAREN
WOLFGANG FERCHL, ANDREA SCHOLZ
UND RUDI SCHWEIKERT.
TEXTREDAKTION VON
RUDI SCHWEIKERT.

1.–10. TAUSEND, HERBST 1988

UMSCHLAG, GESTALTUNG UND PRODUKTION:
URS JAKOB, HAFFMANS VERLAG AG, ZÜRICH
SATZ AUS DER BEMBO VON SATZCENTRUM JUNG, LAHNAU
HERSTELLUNG: BENZIGER, EINSIEDELN
ISBN 3 251 80050 7

Inhalt

VORSPIEL

Sprecher:

A.: } Männerstimmen
B.: }
C.: Frauenstimme

B. (parodistisch; in gelehrtem Falsett): »Auf ewigen Sitzen, erhaben über das Getriebe der Nachwelt, thronen, Göttern gleich, die Großen unserer klassischen Zeit. Noch immer wenden wir, dankbar bewundernd, Hilfe und Erhebung suchend, unsere Blicke zu ihnen; aber wollen wir ihnen nahen, so müssen wir uns aus der ruhelosen Gegenwart in ihre stille, hohe Welt der Ideale hinaufschwingen !« –

A. (sachlich): Also sprach Georg Witkowski; noch 1933 Professor für deutsche Literatur an der Universität Leipzig, und auch ansonsten im Umgang mit Klassikern wohlbewandert – – *(mit grimmigem Humor):* Wenn Dem sein dergestalt angehimmelter Lessing in natura entgegengetreten wäre : Hei hätte der Germanist da Augen über den Germanen gemacht ! – *(energisch):* Und nun aber sofort als Gegengift die redliche Christiane . . .

C. (in betrübt=fraulichem Kaffeesächsisch; aber ja nicht übertreibend !): »Seit'ch den Härrn Geheem' Rat geheirat' hab, hab'ch keene ruhje Schtunde mehr gehabt. «

A. (mit höhnischer Wucht): »Auf ewigen Sitzen ?« : »Erhaben über das Getriebe der Nachwelt ? !« – das wäre freilich die leichteste Methode, um unangenehm=Lebendiges in die beliebte »stille hohe Welt der Ideale« abzuschieben ! Nicht nur durch Lachen kann man töten; sondern, ebenso wirkungsvoll und vor allem weit ehrbarer, durch ‹auf gelehrt› appretierte Fußnoten zu sinnig ‹Ausgewählten Werken› – daran erkennt man unfehlbar, wie's bei Einem in secunda Petri steht, wenn er sich vom ETA Hoffmann die ‹Meisternovellen› ‹Doge & Dogaressa› erkiest, und ‹Meister Martin der Küfner› : Gehrock & ‹Vatermörder›, seltsamliche Tracht bei Kanonisierungsversuchen – aber die Herren sind ja eben der Ansicht, daß Apollon sehr wohl dergleichen tragen könne, und noch 'ne Perücke, und falsche Zähne.

B.: Sie »thronen ? Götter gleich ?«, die »Großen unserer klassischen

Zeit« ? : welch widerliche Vereinfachung und Verniedlichung von ‹Künstlers Erdenwallen› ! – Dabei ist es unsäglich wichtig; und belehrend für jeden Nachstrebenden; und gar keine ‹Klatschsucht›; wenn man düster verfolgt : wie Der sich auf Schulen herumhungern mußte, und anschließend zeitlebens in der Lotterie spielte, um vielleicht doch einmal die tausend Thaler zu gewinnen, die er brauchte, um während der Niederschrift seines nächsten Buches die Drei Notwendigen, Kaffee Schnaps Papier, kaufen zu können – heute kommen noch Schreibmaschine Aspirin und Schlaftabletten dazu.

A.: Oder wie Jene, Klopstock und Herder hießen sie, sich kalt und selbstbewußt dem Wehrdienst entzogen, um nicht unersetzliche Jahre sinnlos zu verlieren : gegen die laufend geübte Unterschlagung bedeutender, notfalls vorbildlicher, Menschlichkeiten ist schärfstens zu protestieren !

B.: Zu beseitigen sind Fiktionen, wie etwa die uns noch immer krampfhaft suggerierte, allenfalls den unteren Volksschulklassen anständige : daß ‹Unsre Unsterblichen› dort in Weimar ein Leben wie in Elysium geführt hätten – elegant; geistreich; in ‹vornehmer Geselligkeit›; im ‹anregendsten Gedankenaustausch›. Die Wahrheit klingt schrillend anders : es muß über alle Maaßen entsetzlich gewesen sein, in Weimar zu leben ! !

A.: Ein Goethe, der sich sykofantisch vor der Herzogin=Mutter im Zimmer auf dem Fußboden umherwälzte, »und durch Verdrehung der Hände und Füße ihr Lachen zu erregen versuchte«, wird schon ein nachdenkliches Schauspiel gewesen sein – umsonst war es gewiß nicht, daß der Gothaer Astronom von Zach, und absolut unabhängig, schreiben durfte : »Wahr ist, daß es keine größeren Antagonisten als mich und Goethe geben könne : hic niger est ! Ich kenne Goethe sehr genau und intime : von ganzer Seele verachte ich diesen schlechten Kerl !«. – Und Frau Herder drückte sich noch ganz anders aus.

B.: Schiller ? : Wie fürstlich die Generosität war, mit der man den Armen – der sich ja buchstäblich zu Tode arbeiten mußte ! – traktiert hat, ergibt sich aus dem infamen, von Goethe eigenhändig geschriebenen Conseilbericht der Berufung; und man beachte die unwiderstehlichen Formulierungen – – *(sich gravitätisch=kühl räuspernd):* »Ä=hemm. – Ein Herr Friedrich Schiller, welcher sich durch eine Geschichte des Abfalls der Niederlande bekannt gemacht hat, soll geneigt sein, sich an der Universität Jena zu etablieren : die Möglichkeit dieser acquisition dürfte umsomehr zu beachten sein, als man sie gratis haben könnte« ! : Unsern Eingang segne Gott !

A. (verbindlich): Unsern Ausgang gleichermaßen : wie auch später der vorsichtig=allmächtige Premier für den ‹Freund› sorgte, wurde bei Schillers Beerdigung offenbar : »Als er starb, war alles Geld aufgezehrt. Sein Sarg kostete etwas über 3 Thaler. 1 Kerze beleuchtete die im Haus aufgebahrte Leiche. Bei der Beisetzung spendeten 2 Fackeln dem Leichenzuge das Licht.«

B.: Woran sich, unverbesserlich und zwanglos, Tatsachen wie diese reihen : als dem großen Bonner Komponisten vom Mann der ‹Königin Luise› die Wahl gelassen wurde, zwischen seinem Preußischen Rothen Adlerorden und 30 Thalern in baar – nahm der Prolet nicht, ohne 1 Sekunde zu zögern, das Geld ? ! Was mag seine Majestät, Fühl' in des Thrones Glanz / die hohe Wonne ganz, / Liebling des Volks zu seyn, für Augen gemacht haben, daß Beethoven derart ‹ehrlos› handeln konnte – oder, richtiger : nicht läppisch genug war, ein Stückchen gezackten Blechs zu wählen, damit künftig schon von außen Jedermann erkennen könne, wessen Narr er einmal gewesen sei !

A.: Und auch in bezug auf unserer Dichter Werke – wir sollten den schlichteren Ausdruck ‹Arbeiten› vorziehen – ist es in vieler Hinsicht mehr denn mißlich, eine sogenannte ‹objektive Betrachtungsweise› anzustreben. Denn das unleugbar brennend vorhandene Problem : die lebendige Verbindung zu unseren, praktisch sämtlich verschollenen, Großen fruchtbar wieder herzustellen, ist mit nichten identisch mit solcher, in Germanistenkreisen beliebter, Arbeitshypothese. Nicht die Wirkung Lessings auf seine Zeit ist uns hier entscheidend : sondern die auf unsere ! – Da fällt denn freilich allerlei dem Filologen Lieb= und Wertes fort.

B.: 1 Beispiel :

‹Objektiv gesehen› war Gottsched, mit all seinem mühseligen Ungeschick, ein hochwichtiger Mann; im Verhältnis zu Zeit & Zeitgenossen nie zu übersehen; immer ein Mitwanderer – und sei es ein noch so plumper – auf unserer büchererzeugenden Erde. Dennoch wäre es unsinnig, wenn ich ihn einem heutigen Leserkreis rühmen wollte : Jeder der, durch so prominenten Hinweis* neugierig gemacht, nach seinen Werken griffe, würde diese kopfschüttelnd – und mit Recht, mein Fürst, mit Recht ! – 2 Stunden später seinem Bibliothekar als ungenießbar zurücktragen.

A.: Nein; Nicht an ‹Nicolai› denken; der Fall liegt doch etwas anders.

B.: Oder falls ich Narrs genug wäre, Klopstock ‹objektiv› zu betrachten : dann müßte ich der aufbrechenden Wirkung des ‹Messias› ausführlich nachgehen – mit dem Erfolg, daß jeder fleißige, bildungs-

* sic ! – Chr. M. Stadion.

willige Hörer=Leser, der daraufhin das Gemächt zur Hand nähme, mich in Grund und Boden verfluchte; und, was wichtiger und bedauerlicher wäre : mir, als einem Urteilsunfähigen, künftighin kein Wort mehr glaubte.

A.: Rühme ich aber, wie sich's vom höheren Standpunkt aus geziemt, desselben Klopstock ‹Gelehrtenrepublik› : dann bleibt derselbe Leser, fasziniert auch heute noch von der unsäglichen Sprachgewalt und ‹Modernität› des Stückes, unweigerlich dabei sitzen. Und erhebt sich erst nach Stunden, herrlich luftschnappend, und – hoffentlich – mit dem Gemurmel : »Der Tip war Gold wert !«

B.: Das ist nichts weniger, als eine Konzession an den Geschmack einer Zeit, oder auch nur eines exklusiven Forums : Im Gegenteil ! Aber wer von Unbekanntem, dabei jahrhundertelang Verschüttetem redet, setzt sich ja zunächst erst einmal unweigerlich dem Verdacht aus, ein schrullenhafter Sondergeschmäckler zu sein : deshalb wird im Folgenden, grundsätzlich und bewußt, nur je eine Fackelbeleuchtung gegeben, von möglichst neuen Standpunkten aus.

A. (laut und wuchtig; wenn's not tut, klotzig): Dies also mein Credo gegen alle Buchstabenmänner und greisen Variantensucher, mit ihren Büscheln von Stinkmorcheln in den verkrüppelten Händen :

A., B. und C. (schwören es zusammen): Müde vom Durchwandern öder Letternwüsten, voll leerer Hirngeburten, in anmaaßendsten Wortnebeln; überdrüssig ästhetischer Süßler wie grammatischer Wässerer; entschloß ich mich : Alles, was je schrieb, in Liebe und Haß, als immerfort mitlebend zu behandeln ! – – –

20. 9. 1958 / Darmstadt i. d. Barbarei

Arno Schmidt

BARTHOLD HEINRICH BROCKES

22. September 1680, Hamburg – 16. Januar 1747, Hamburg

NICHTS IST MIR ZU KLEIN

»Führe mich, Alter,
nur immer in Deinen geschnörkelten Frühlings=Garten! –
Noch duftet & taut frisch & gewürzig sein Flor.«
EDUARD MÖRIKE, ‹An Brockes›

1. Sprecher: Nicht dies ist das Kennzeichen des literarischen Realisten, daß er – oft in betonter, provozierender Rücksichtslosigkeit – Vorgänge und Dinge beschreibt, die dem Bürger unangenehm oder, um es mit einem rechten Philisterwort herauszusagen: »peinlich« sind: dies Verfahren, bosheitsfroh geübt, führt letzten Endes nur gefährlich in die Nähe einer, aus dem Naturalismus bekannten »Apotheose des Misthaufens«. Nein: das Verfahren des echten Realisten ergibt sich ihm aus der Erkenntnis, daß »In Wirklichkeit« viel weniger »geschieht« als die katastrophenfreundlichen Dramatiker uns weismachen wollen. Das Leben besteht, was »Handlung« anbelangt, aus den bekannten kleinen Einförmigkeiten: also verweigert man sich als Realist »um der Wahrheit willen« der Fiktion pausenlos=aufgeregter Ereignisse (wobei die radikalste Kühnheit in Denkweise, Sprache, Architektonik, sehr wohl mit solcher, nur dem oberflächlichen Beurteiler befremdlichen, Handlungsleere gepaart sein kann).

2. Sprecher: Am berühmtesten ist in der Literaturgeschichte jener »klassische« Zusammenstoß von 1850 geworden, als der Dramatiker Hebbel, angriffslustig wie nur je ein literarischer Highwayman, die Messerbüschel seiner Distichen in Richtung Adalbert Stifter warf; während der Oberplaner gelassen hinter dem undurchdringlichen Lederschild seines »sanften Gesetzes« weiter wandelte.

1. Sprecher: Das nämlich besagt diese berühmte, und mit Recht zum literarischen Markstein gewordene, Formulierung, daß die »Fabel« einer Dichtung nur dem landläufigen Begriff nach aus Aktion bestehen müsse, aus blitzartig hochgerissener Gebärdung (wobei man als Dichter viel Anatomie erspart) – daß es aber eben durchaus auch eine zweite, andere Richtung gibt, bei der die Fabel nicht aus Taten und Handlungen, sondern aus Zuständen und Denkweisen besteht.

2. Sprecher: Um kurz die Heulbojen literarischer Namen zu setzen:

von Virgils »Georgica« an bis zum »Hochwald«. Man erinnere sich an den viel verkannten »Schmidt von Werneuchen«. An Jean Pauls »Campanertal« (Wo man bei völlig unzureichender Handlung zwischen den umgrünten Marmorwänden des Pyrenäentales von Unsterblichkeit flüstert); oder Coopers »Pioneers«, wo man über die läppische Fabel nur lachen kann, während unvergänglich Standort und Sitten sich einprägen. Wozu noch auf den unsterblichen »Robinson Crusoe« verweisen ? : Das Faszinierende ist hier doch lediglich der »Zustand« : wie da Züge der äußersten Einsamkeit versammelt werden. Alle Ereignisse hören auf; nur die Denkweise und die Befindlichkeit erzwingen das unvergeßlich glühende Bild.

1. Sprecher: Und hier werden nun die Liebhaber der Handlung befriedigt in die Hände klatschen und sagen : »Schön; sei dem also : aber hier ist doch wenigstens die Grenze erreicht, die Reduktion des Personals auf 1 Menschen.« –

2. Sprecher: Pardon ! : sie ist natürlich nicht erreicht !

1. Sprecher: Denn schon hundert Jahre vor Adalbert Stifter – der eben nur durch den erwähnten Großzusammenstoß mit Hebbel zum geläufigen Schutzheiligen der ganzen Richtung wurde – tat, in theoretischen Überlegungen und praktischer Ausführung, der Mann die letzten Folgerungen des angedeuteten Verfahrens, dem diese Sendung gewidmet ist :

2. Sprecher: Am 22. September, vor 275 Jahren, wurde zu Hamburg

BARTHOLD HEINRICH BROCKES

geboren, der erste wirkliche Realist und Kirchenvater deutscher Naturbeschreibung.

1. Sprecher: »Lesen Sie, wenn Sie den Reichtum und das melodiöse unserer Sprache, in Rücksicht auf Wohlklang und Singbarkeit, in seinem vollen Glanze sehen wollen, eben diesen – weit mehr als anerkannt wird ! – um unsere Sprache und Dichtkunst verdienten Mann«

2. Sprecher: rät Wieland in seinem programmatischen »Sendschreiben« einem jungen Dichter; und empfiehlt :

1. Sprecher: »besonders seine ehemals so berühmten Beschreibungen des Nachtigallengesanges, denen schwerlich irgend eine Sprache etwas Reicheres und Vollkommeneres in ihrer Art entgegen zu setzen hat.«

Zitat (helle gesanghafte Frauenstimme spricht schwung= und arienhaft):

Sie füllet die Lüffte mit schmetterndem Schallen;

sie lässet, mit Flöten und Glucken gemischt,
worunter sie, lockend, bald gurgelt, bald zischt,
die reinen Gesänge bald steigen, bald fallen.
Jetzt ächzet, jetzt jauchzt sie, jetzt wirbelt sie strenge
der klingenden Töne nicht zählbare Menge;
es quillet und sprudelt auf einmal ein Chor
aus ihrem harmonischen Schnabel hervor.
Man hört sie bald pfeifen, bald Fröschen gleich quarren;
bald klingt sie wie Glocken, bald mischt sich ein Schnarren,
in einer sanfft winselnden Flöthe, mit ein;
bald scheint sie zu trauern, bald fröhlich zu seyn.
Unzählbar verändert sie Stimmen und Klang.
Es bleibet ihr Singen ein Wunder=Gesang.

1. Sprecher: Obwohl Wieland –

2. Sprecher: selbst einer der größten, und, wie leider Alle, gänzlich unbeachteten Formtheoretiker aller Zeiten –

1. Sprecher: Obwohl also Wieland fast nicht Unrecht haben kann, wenn er dergestalt ex cathedra spricht; so irrt er in diesem Falle : die eigentliche Bedeutung Brockes' liegt zum geringsten Teile darin, daß er den Deutschen nachwies, was in der geschmähten »Pferdesprache« an Vokalharmonie möglich sei. Gewiß schrieb er die »Auf ein starkes Ungewitter erfolgte Stille«, wo der Sturm selbst mit unverächtlich rauschendem und krachendem Konsonantengeprassel einherzieht – und dann 70 Alexandriner lang,

in denen nicht ein einziges »R« vorkommt!

die anschließende Erschöpfung und Stille der Natur kunstvollst musikalisch eintritt : dergleichen hat, wie gesagt, nur die zeitgebundene Berechtigung, die Konkurrenzfähigkeit unserer Sprache aber auch in *jeder* Hinsicht aktenmäßig belegt zu haben.

2. Sprecher: Sein eigentliches Verdienst ist, daß er am frühesten und konsequentesten, unbeirrbar und zähe, bis an die eine Grenze des Realismus vorschritt : in einer Zeit, die als Poesie nur das blutig=steife Heldengedicht, die »Haupt= und Staatsaktion«, oder bestenfalls noch das Kirchenlied gelten ließ, ist sein Werk völlig menschenleer.

1. Sprecher: Die Voraussetzungen die er zu solch gefährlichstem Großexperiment mitbringt, sind allerdings denkbar günstig : 1680 von wohlhabenden Bürgern zu Hamburg geboren, studiert er zunächst die Rechte, und bereist, nach längerem Praktikum am Reichskammergericht zu Wetzlar – ich spreche nicht von Goethe! – ganz West- und Südeuropa; und kehrt dann zurück, durch Geburt und Erziehung unausweichlich zum

Patrizier, zum »Oberalten«, vorausbestimmt, (und wie die brokatenen Bezeichnungen für einen führenden Hanseaten alle heißen mögen). Vorschriftsmäßig avanciert er im Lauf der Jahre im Verwaltungsdienst seiner Vaterstadt; und sein Leben ist ja auch von vorbildlicher Bürgerkorrektheit : jeden Sonntag schreitet er an der Spitze einer regelmäßig anwachsenden Familie in die zuständige Kirche, das letzteingeführte Gesangbuch unterm Arm.

2. Sprecher: Aber sein Christentum wirkt, zumindest ‹oberschichtig›, von der plattesten Sorte der Zeit. Man verehrt Gott mit hausbesitzerhafter Sicherheit, gleichsam wie den absolut verläßlichen Vorsitzenden seines Vermieterverbandes – wenn einmal der Ätna ausbricht, und 20.000 Menschen binnen Stundenfrist qualvoll verrecken : ER wird schon seine Gründe dafür haben; und Hamburg ist, gottlob, solider fundiert. Deshalb ist auch der physikotheologischen Mißverständnisse kein Ende; ja, manches wirkt wie die reinste Bockssatyre voltairischer Prägung und ist doch so niederschmetternd redlich gemeint, daß man leicht begreift, wie raschere Geister sich über die ungeheuerlichen Schlußfolgerungen belustigten :

Zitat (lehrhaft dozierend, professoral=grämlich):

Hüben sich die Augen=Lider
durch die Muscklen selbst nicht auf,
sondern süncken immer wieder,
(Ach, man achte doch darauf!) :
wie erbärmlich würd es lassen,
wenn man sie mit Händen fassen,
und erst aufwärts schieben müßt ! :
Mercks, verstockter Atheist !

2. Sprecher: Oder diese, nicht minder tiefsinnige, Spekulation über die gewaltige Natur der Schweizeralpen

Zitat (wie oben):

Welcher Mensch kann wohl begreiffen,
wie sich wohl an einem Ort
so verschiedne Felsen häuffen;
und woher bald hier, bald dort,
solche Häuffen Stein entstehn ? :
nicht gebracht – weil sie zu groß;
nicht gewachsen – weil sie los !

2. Sprecher: Solche Gewaltsamkeit, mit der er, auch hinter dem hinreißendsten Snapshot einen Übergang zum Lobe Gottes und dessen technischer Geschicklichkeit bei Herstellung der Welt, zu finden weiß –

1. Sprecher: eines verspielten Gottes, der in seinem Winkel sitzt, und immer neue Schmetterlinge bunt antuscht, damit des Ergetzens auf Erden kein Ende sein möge –

2. Sprecher: das wirkt heute allzu naiv und grotesk, und ließe manchmal direkt Zweifel an seiner Ehrlichkeit aufkommen – wie denn David Friedr. Strauss angedeutet hat, daß Brockes einer der ganz klugen Atheisten, (bzw. wenn man so will ‹Deisten›; der Unterschied ist nur mit bewaffnetem Auge wahrnehmbar), gewesen sei, dem Reimarus als 1 der Ersten die ‹Wolfenbütteler Fragmente› im MS zur heimlich=beifälligen Lektüre auslieh – wüßte man nicht, daß alle seine Zeitgenossen dasselbe behagliche Zutrauen zu ihrem Baukastengott gehabt hätten – eine Geisteshaltung, die nur dadurch historisch gerechtfertigt ist, daß sie Anlaß zu Voltaires unsterblichem »Candide« gab.

1. Sprecher: Aber das ist fast immer so gewesen : die ‹Realisten› sind, getreu dem Gesetz nach dem sie angetreten, keine großen Denker oder Psychologen :

2. Sprecher: – und man vergleiche immer wieder mit Stifter ! –

1. Sprecher: : das Mikroklima der Seelen interessiert sie nicht. Sichtbarkeit ist Voraussetzung, um zu ihrer Gunst zu gelangen; Erfaßbarkeit in Tabellenform gar, erwirbt unfehlbar ihre Liebe. Grübeln ist letzten Endes unfruchtbar; und verfälscht das (ohnehin durch unseren mangelhaften, biologisch eben noch ausreichenden, Sinnenapparat schon genugsam fragwürdige) Detail, zum zweiten, unheilbarsten, Male. Also beginnt man am besten, redlich, korrekt, und, gottlob, rüstig, schon beim Aufstehen die dichterische Arbeit : den grandiosen, nüchtern=phantastischen Versuch einer Bewältigung der Welt vermittelst Beschreibung :

Zitat (feste männliche Stimme, prüfend und zögernd erstaunt):

Weit minder aufgeräumt, als ich sonst pflag,
begab ich mich im Herbst, an einem trüben Tag,
ans Fenster; um durch dessen Scheiben
in der Veränderung der Vorwürff, die Beschwerde,
die meine Sinne drückt', ein wenig zu vertreiben :.
allein, Verwundrungs=voll, fand ich nicht Lufft, nicht Erde !
Des Himmels sonst so heitres Blau
verhüllt' ein kaltes feucht= und trübes Grau.
Ein Etwas, das man sehn, und doch nicht sehen konnt,
hatt' Alles gleichsam eingeschluckt.
Mein, sonder Gegenstand, verwirretes Gesicht
ward durch den falben Dufft,
der weder schwartz noch weiß, und durch die schwere Lufft,
worin fast gar kein Licht, so wie die Erd und Fluth gedruckt.

Die Cörper schienen recht ein Blendwerck und ein Schein,
ja, gantz uncörperlich zu sein:
Gebäude sahen aus, wie ein verdickter Dufft,
ja recht wie Schlösser in der Lufft;
die Wagen konnte man nicht sehen, bloß nur hören....

2. Sprecher: An Sommermorgen begibt er sich mit dem Frühesten in den riesigen, eigenen Ziergarten: er winkt: der Gärtner bringt ihm dienstfertig die neueste Blüte – und Brockes beginnt zu beschreiben:

Zitat (langsam, nüchtern, aber nicht ohne eindringliche Wucht):
Ein Birnbaum von sehr früher Art
zeigt' allbereits im März die Knospen seiner Blüthe.
Dies trächtige Gewächs, das noch so zart,
beschaut ich mit betrachtendem Gemüthe
und ward mit reiner Lust erfüllt,
als ich nicht nur die zarte Zierlichkeit
der Knospen selbst, die Vollenkommenheit
der Blätter, die sie eingehüllt,
die kleinen Knoten mit fünf Spitzen,
worin die zarten Blumen sitzen,
sammt ihren schlancken Stielen sahe.
Nein gar, wie jeden Theil ein zartes Peltzwerck schmückte
von weißen Zäserchen, vor Lust erstaunt, erblickte;
so daß mir dies mit Weiß gemischte Grün
durch einen geistigen Verstand
und mehr von unsichtbarer Hand
gebildet, als gewachsen, schien:
wodurch ich denn, gerührt von Gottes Macht und Liebe,
zu seiner Ehr und meinem Troste schriebe:
Du allmachts=voller GOTT, der Du so wunderbar
in jeder Creatur, in allen Deinen Wercken,
Macht, Lieb und Weisheit lässest mercken;
der Du sogar
in weißem Sammt, in reicher Seiden
die frühe Blüth des Birn=Baums pflegst zu kleiden,
um vor ihm drohenden Gefahren
des späten Frosts sie zu bewahren:
Ach, warum soll denn ich mit kindlichem Vertrauen
auf Deine Lieb und Vatertreu nicht bauen;
in fester Zuversicht, Du werdest hier im Leben
den Meinigen und mir leicht Kost und Kleider geben.

1. Sprecher: Er beginnt zu beschreiben : das heißt : die Augen aufzumachen ! Es ist die Zeit des überhaupt erst erwachenden Naturgefühls; geradezu schicksalshaft mit einem entscheidenden Fortschritt der »Optik« gepaart : nicht umsonst werden eben Mikroskop und Fernrohr populär; nicht von ungefähr entzücken Leuwenhoek und Rösel von Rosenhofs »Insektenbelustigungen«.

2. Sprecher: Das hat nichts mit »Genauigkeitszwang« zu tun : wenn man schon angriffslustig »Phobien« aller Art ins Treffen zu führen gewohnt ist, kann der anderen Schule ja sogleich mit einer »Angst vor der Vielfalt« gedient werden.

1. Sprecher: Für den Realisten liegt das Irrationale dieser Welt nicht in der tödlich=mythischen Wesensart der Dinge; sondern in ihrer großen (obwohl nicht unendlichen ! : das gibt es gar nicht !) Anzahl : also wendet er sich *dieser* besorgt, aber entschlossen zu; zu jeder Art von Beschreibung und Bewältigung bereit. Die Summe der Phantasie, die sich hinter den Seiten eines Kataloges befinden kann; die Lust an Aufzählung von Namen in Sechserreihen, erschöpfen die Bildkraft der Seele schneller=schmerzvoller, als das Nachfühlen der Hymnischsten Schilderung. Nur die niederländisch=widerstandsfähige, »pomadige«, Konstitution eines äußerlich schwerfälligen Gemäßigtzonalen kann dergleichen Bilderflucht auf die Dauer ertragen.

2. Sprecher: typisch : ob Jean Paul oder Stifter : sie sahen alle wie »fette Pächter« aus; für ihre, Bilderböen ausgesetzten, Seelen die einzige Schutzwehr vor Tempter and Tempest, vor Orkus und Orkan. Wären nicht die wohlgeharkten Gartenwege gewesen, die rastrierten Grenzen um zehrend Buntes, das beschrieben werden wollte (und mußte : jedes Kelchblatt, jede kurzgeschorene Behaarung, jeder Gallapfel !) – man hätte entweder bestürzt verstummen müssen, oder Beschwichtigend=Choralisches summen. So aber, ausgerüstet mit phlegmatischer Physis, und gesunder finanzieller Rücklage; nicht nur des theaterhaften Spanischen, sondern in erster Linie des Plattdeutschen mächtig, konnte man rüstig ans Werk gehen.

1. Sprecher: Uhrenhaft gleichmäßig erscheinen so von 1721 bis 48 die zahlreichen Bände des »Irdischen Vergnügens in Gott«

2. Sprecher: Mit dem bezeichnenden Zusatz : »Physikalisch=Moralische Gesänge« : also genau nach unserer vorher entwickelten Definition : Zustand und Denkweise !

1. Sprecher: Neun starke Bände an der Zahl. Und die gerühmte »Flora und Pomona« der Colette wirkt ärmlich gegen solch präzise Überfülle von zehntausend Seiten : wir haben ja *alles* in Deutschland.

2. Sprecher: Womit nicht die Bundesrepublik gemeint ist, sondern das Integral des gesamten Sprachraumes seit tausend Jahren (etwa wie sich Altgriechenland zu dem geographisch nicht mehr fixierbaren »Hellas« kristallisiert hat). Wir brauchen uns selbst um botanische Merkwürdigkeiten nicht in fremde Literaturen zu bemühen!

1. Sprecher: Hier gibt es keine »Gesänge der Irren«, »Astrale Lyrik«, oder ähnliche thematische Sackgäßchen; wohl aber »die Heerde Kühe«

Zitat (niederländisch behagliche, fast schläfrige Stimme):

Auf bunt beblümt und dick begraster Erde
erblickt ich jüngst in der gehörnten Heerde
ein Bild des Friedens und der Ruh.
Ich sah dem sanfften Wieder=Käuen,
ich höret ihm zugleich mit Anmuth zu,
und mußte mich recht hertzlich drüber freuen.
Wie lieblich läßt es nicht,
wenn sie mit halben theils, theils gantz geschlossnen Augen
den ausgedruckten Safft voll sanffter Wollust saugen;
mit den beweglichen behaarten Ohren spielen,
und mit dem schlancken Schweif, sobald sie Fliegen fühlen,
um sie, zusammt dem Schwarm der Mücken zu verjagen,
mit regen Kreisen stets die glatten Seiten schlagen.
Der Farben Unterschied vergnüget das Gesicht:
wie angenehm, wie lieblich, läßt es nicht,
wenn man an dieser hier
ein glattes Schwartz, an der ein glühend Roth erblicket;
wenn eine bläulich=graue Haut
dort eine Kuh, und sie die Wiese, schmücket.
Absonderlich wird nicht ohn Anmuth angeschaut,
wenn schwartze bald, bald rothe Flecken
von mancher weißen Kuh die hell=bestrahlten Seiten
mit mancherley Figuren decken.
Recht herrlich gläntzen die, so scheckigt sind, von weiten.
Die schön gehörnte Stirn ist an den Meisten weiß,
wobey das schwartze Maul in seiner feuchten Glätte
gar offt, als ob man es mit Fleiß
mit Leib=Farb nett umstrichen hätte,
recht artig anzusehn.
Wenn sie das frische Gras
mit scharffen Zungen mähn,
erreget jeder Biß ein rauschendes Getön,

womit sich wechselweis ein starckes Schnauffen mengt,
das Dem, der sich dabey ins kühle Gras gestreckt,
ein nicht unangenehm Getös erweckt .....

2. Sprecher: Hier ist der diametrale Gegensatz zur handlungsgeladenen Ballade! Wenn wirklich einmal Menschen auftauchen, so doch nur ganz am Rande der Fabel; dazu räumlich weit entfernt vom Beschauer; und möglichst noch in einen abstrakten Begriff überführt, wie etwa in das geisterhaftleise Gegleite der »Pflüger«:

Zitat (distanzierte behutsame Stimme, eben wie die eines fernen Beobachters):

Ich sah darauf mit Lust und mit Vergnügen
das gantze Feld, so weit man sehen konnt,
mit mehr als zwantzig Pflügen pflügen.
Es schien, da Alles hin und her,
bald Einer in die Läng', ein Andrer in die Queer,
mit sanfften Schritten trieb, daß alles gleichsam schwebte,
und recht, als wenn der Acker lebte.
Es mehrte sich der dunckle braune Grund,
und er vergrößerte sich sichtbarlich,
indem bey aller Pflüger Schritten
vom grünen Gras ein breiter Strich,
durch den geschärfften Pflug getrennet, abgeschnitten,
und umgestürzet ward. Ein jeder Pflug von weiten
schien einem Wagen gleich;
das Feld ein allgemein
und nur ein eintzger Weg zu sein.
Die Treiber sahe man
mit weißen Kitteln angethan,
auf schwartzen Pferden meistens reiten;
das Pflug=Werck schien sanfft hinterher zu gleiten;
und Der, so es regiert, gieng immer Schritt vor Schritt,
in immer gleichem Abstand, mit ....

1. Sprecher: Bezeichnend für alle diese Realisten ist ihre »Langsamkeit«: genaue Beobachtung erfordert viel, viel Zeit; und logischerweise resultiert hieraus sogleich das Primat der Pflanzen in ihren Dichtungen: die Wälder Stifters (Hochwald; Hagestolz; Mappe); die Gärten Brockes'. Sogar die raschen, allzuviel »handelnden« Tiere werden vermieden; und es ist geradezu erstaunlich, mit welcher Beharrlichkeit und List Brockes eine seinem Wesen unangemessene gliedertierige Regsamkeit durch Übersetzung ins Botanische wieder zum Stillstand zu bringen weiß – selbst die scheinbar unaufhaltsame »Potsdamer Wachtparade« des »Soldatenkönigs«!

Zitat (zu lesen von 2 Stimmen : die erste herrisch bewegsam; die zweite, von Beginn des retardierenden Gleichnisses ab, bürgerlich=bedächtig):

Erinnerst Du Dich wohl, wie wir Desselben Schaaren,
die nicht zu übersehn, und Riesen ähnlich waren,
stumm für Verwunderung, mit offnem Munde sahn ?
Offt sahen wir sie sich so sehr einander nahn,
daß sie ein eintziger gewaltger Cörper schienen,
bald wie sie, wie der Blitz, sich von einander theilten;
bald wieder, wie der Blitz, zusammen eilten.
Wie (wo es mir erlaubt, mit kleinen Dingen
was Großes in Vergleich zu bringen),
wann wir im Herbst an Äpffel=Bäume rütteln,
und die gebognen Äste schütteln,
die schweren Äpffel ohne Zahl
mit starckem Prasseln auf einmahl
den Boden stürmen und erschüttern :
so fühlt= und hörten wir, bey einem jeden Tritt
(der von viel Tausenden nur ein vereinter Schritt)
den Boden schüttern, beben, zittern . . . .

2. Sprecher: Auch für die Behandlung des »niederen«, der Dichtkunst angeblich unanständigen Details, findet man bei ihm die ersten unverächtlichen Beispiele : vor einem Gang zum Zahnarzt zweifellos nicht mit Nutzen zu lesen, ist »Der Zahn«

Zitat (normale Stimme, nicht ohne einen gewissen Humor):

Um größre Schmertzen zu vermeiden,
entschloß ich mich, daß mir ein Zahn,
der mir bishero weh gethan,
würd ausgebrochen, zu erleiden.
Weil aber die Natur bey starcken Gliedern
(so ich dem Schöpfer nie durch Danck kann gnug erwidern !)
auch starke Zähne mir verliehn,
so schien es erst, als ob, ihn auszuziehn,
der kluge Carpser selbst, der an Geschicklichkeit
kaum Seinesgleichen kennt, sich etwas scheut; allein
weil ich darauf bestund, war er dazu bereit.
Ich nahm mir vor, die strenge Pein
ohn alles Zucken, sonder Schreyn,
behertzt und standhafft auszustehen.

Er setzte drauf den Pelican,
den ich vorhero wohl besehen,
mit Krafft und Vorsicht an. – :
Wir hielten uns im Anfang Beyde gut;
er brach; ich hielte fest; noch fester doch der Zahn.
Er knackt; ich wiche nicht. Doch endlich war meyn Muth
noch eher als der Zahn gebrochen.
Es riß ein gräßliches Gekrach,
wodurch des gantzen Hauptes Knochen
zu spalten schien, ein kurtz doch kläglich »Ach!«
mir aus der Brust. Die feurig wilde Peyn,
der bittre Schmertz durchdrang so Fleisch als Bein:
dies splittert, jenes riß. Jedoch zu meinem Leide,
keyn eintzges gantz entzwei!
Der Sehnen Zähigkeit band sie noch alle beyde.
Den meist gelösten Zahn ergriff der Artzt aufs neu,
und ich vor Unmuth Muth. Er wählt aus Zweyen Bösen
das kleinest, und fieng an, das Zahn=Fleisch abzulösen.
Ob ich nun gleich die scharfen Schmertzen fühlte,
wie er mir dazumal in frischer Wunde wühlte,
wie er das Fleisch zerschnitt; so würckete jedoch
der noch weit größre Schmertz, den, wie es so gekracht,
der Bruch mir kurtz vorher gemacht,
zusammt der Furcht, es würd annoch
dergleichen gräßliches Geknirsch von neuem kommen,
daß ich die Peyn des Schnitts, wie herbe sie auch war,
doch nicht so gar
empfindlich aufgenommen.
Allein mit welcher Lust nahm ich bey aller Pein
den Ursprung meyner Quaal, den nunmehr losen Zahn,
aus Carpsers blutgen Händen an!
Kaum konnte mir ihn hin und her zu kehren,
die Zacken anzusehn, ein kalter Schauer wehren,
der plötzlich mich befiel. Ich leget ihn denn nieder....

1. Sprecher: Solchen Experimenten mit sich selbst ist er gar nicht abhold: einmal steht er am Fenster, und hält sie vor sein Auge, die »Rothe Glas=Scheibe«: da

Zitat (betroffen=erstaunte Stimme):

... Sah ich dieser Landschafft Pracht, durch ein rothes Scheibgen Glass

mit Erstaunen, mit Vergnügen, aber halb mit Schrecken an:
alles Grüne war dahin, roth war alles, Laub und Gras;
Hügel, Thäler, Wasser, Wälder,
Äcker, Häuser, Gärten, Felder,
Himmel, Wolcken, Thier und Menschen,
alle Vorwürf, die ich sah,
fern und nah,
waren alle wie Rubinen feurig, doch nicht minder schön
als vorhero anzusehn....

1. Sprecher (fortfahrend):

Und wer dächte da nicht sogleich an Scheffels Meistererzählung: vom »Juniperus«; und den von Unkundigen vielleicht noch heute viel bewunderten »Einfall«: wie da die schön=spinose Rothraut kalt den Griff nach dem roten Glasstück tut, um den beiden Rivalen auf ihrer Todesfahrt über den Rheinfall zuzuschauen.

2. Sprecher: Denn auch das ist ganz charakteristisch für Brockes' unbestreitbaren Wert: wie da durch die Jahrhunderte immer wieder aufs schamlos=verschämteste »Felddiebstähle« an ihm begangen worden sind; und bezeichnenderweise von durchaus wohlhabenden Leuten, die selbst die artigsten Anwesen in Dschinnistan besaßen, und wirklich nicht durch den Zaun hätten zu langen brauchen: aber sie wußten eben zu genau, was gut ist! – Wieland, Stifter, Keller: sie alle haben bei ihm – *(nachdrücklichst): das heißt bei der Natur!! –*
Anleihen gemacht. Oder erinnert Sie dieses etwa nicht an den berühmten »Eisbruch« in der »Mappe meines Urgroßvaters«?

Zitat (normale Stimme):

Wie jüngst ein tieffer Schnee gefallen,
und gleich ein Regen drauf; bald aber wiederum
eyn schneller Frost entstand; erstarrt vor dessen Grimm
der Schnee, der eben schmoltz. Da schien nun wie Crystallen
der Bäume glatte Schaar,
die fast im Augenblick als wie beharnischt war.
Es wurden wunder=schnell so groß= als kleine Sprossen,
von einem halb bereits erstarrten Naß beflossen,
und ringsum eingefaßt und eingeschlossen.
Sie waren gantz mit klarem Eis bedecket:
das allerkleinste Zweyglein stecket
in einer Eis=Crystallnen Stangen,
die siebenmahl so dick als wie es selbst. Daher
die Äste denn, dieweil das Eis so schwer,

gebogen all herunter hangen,
Wodurch der Bäume Heer
den Palmen an Figur, an Glantz den Leuchter=Kronen
von reinem Berg=Crystall, die hell polirt sind, gleich.
Die gantze Landschaft sah daher verwunderlich,
hell, prächtig, herrlich, aus. Zumahl,
wie bey dem Untergang der niedre Sonnen=Strahl
in, durch und an die klare Glätte fiel :
es ist fast auf der Welt keyn schöner Augen=Ziel !
Der Glantz, den König oder Kayser
an Kostbarkeiten zeigen können,
sind nichts bey diesem Glantz zu rechnen, nichts zu nennen.
Ein Wald von Berg=Crystall, voll diamantner Reiser,
sind überall zur Schau gestellt;
ein Dresdnisch Grün Gewölb war jetzt die gantze Welt . . .
Da ich zur selben Zeit im Garten die Allee
auf gleiche Weise
durch den so schnell geschmoltznen Schnee
in einem hell bestrahlten Eise
nicht schimmern : feurig funckeln seh !
Sie war nicht anders anzuschauen,
als wie ein Weg, den man im Bergwerck aus Juwelen
und Diamanten ausgehauen.
Wenn man durch fließenden geschmoltzenen Crystall
die Bäume gantz gezogen hätte,
so könnten sie in einer hellern Glätte
unmöglich funckeln, blitzen, gläntzen . . .
Mein Leser, glaube nicht, daß mein Erzählen
zu weit sey ausgedehnt : es ist wahrhafftig wahr !
Doch hab auch ich den Frost so gar ausnehmend schön
nur bloß ein eintzigs Mahl gesehn.
Jedoch muß ich dabey gestehn,
daß alle Schönheit doch eyn Etwas, welches wild,
und rauh und fürchterlich zugleich sich zeigte.
Denn da ein jeder Baum sich gantz herabwärts beugte,
war Weg und Steg versperrt. Hierüber fiel mir ein :
Wie muß doch Dem zu Muthe seyn,
der jetzt durch Wälder reisen muß ?

2. Sprecher: Bezeichnend sofort für sein ganzes Verfahren, daß er nichts beschönigt oder verschweigt : auch er hat den Rauhreif bisher nur *einmal* so haarsträubend=prächtig gesehen; und, wie schon in der »Rothen Glas=Scheibe« wird auch hier zögernd eine gewisse »Fürchterlichkeit« der transformierten Natur zugegeben.

1. Sprecher: Einmal auch, während eines Seesturms, als er nachts in der Koje liegt, muß er sich doch vorstellen, wie da draußen, nur einen Fuß Eichenholz weit entfernt, Mäuler gaffen, Eiswasser wellt; Schwanzflossen, zu groß für Marinaden, sich dampfschraubenhaft drehen – jedoch das ist an sich selten bei ihm; denn im allgemeinen wird zu Ende jedes Wind= und Grasgesanges korrekt die Theodizee angefügt. Aber zu Grunde liegt eben doch ein unverwüstlicher pantheistischer Fond an Naturgefühl.

2. Sprecher: Über der Landschaft erhebt sich, nicht nur das Untere färbend, sondern durchaus würdiges Objekt für sich, die Luftschaft: also werden auch unparteiisch Finsternisse besungen, Gewitter, Wolkenzüge und Mondschein.

Zitat (helle, geisterhaft=erfreute Stimme):

. . . Indem ich nun von einer Höhe
die durch den Mond geschmückte Welt,
und ihr nicht grünes Grün besehe,
ward mir gantz unverhofft ein Schnee=Feld vorgestellt:
da nehmlich aus der kühlen Lufft
ein Silber=weißer Nebel=Dufft,
wie offt in Marsch und feuchten Feldern fällt,
und den man Fuchs=Bad nennt,
sich hatt herab gesencket,
der recht wie eine weiße Fluth
auf dem dadurch erquickten Grase ruht.
Es schien das flache Feld mit Wasser überflossen,
und recht als hätte sich,
ein starcker Fluß ergossen,
der Alles eingeschluckt.
Es war der feuchte Dunst so dicht,
daß gar des Mondes gläntzend Licht,
als wie im Spiegel sich in diesen Nebel drückte.
Es waren Gräben, Bäum und Weiden
gar nicht zu sehn, gar nicht zu unterscheiden.
Hingegen war auf den bebuschten Höhen
von diesem Dufft=Fluß nichts zu sehen;
wohl aber glimmte dort zu meiner Augen Freude
so vieler zierlichen Gebäude
hell angestrahltes Fenster=Glass,

das des Gebüsches Dunckelheit
noch desto mehr erhöht und zieret.

1. Sprecher: Dennoch : die große Liebe bleiben die Pflanzen des Wassers und des Landes; und es kommt ihm gar nicht darauf an, seitenlang Namen von Blumen zu zitieren. Das ist seine Klippe : die »malende« Poesie, ja, bloße Aufzählung – überhaupt der Magnetberg der Realisten, an dem sie begierig scheitern. – Aber wenn es dann gar kein Ende nimmt : das Gedicht heißt natürlich nicht : »Der Garten«, (das wäre moderne, gesucht=zeichenhafte Kürze, die ihre Sache aufs Stenografenhafte gestellt hat), sondern

(die einzelnen Bestimmungen deutlich abgesetzt sprechen):

»Beschreybung/
meines/
nach beglückter Zurückkunft aus Ritzebüttel/
in völlig gutem Stande/
wieder vorgefundenen Gartens«

2. Sprecher: Nicht auf Berauschung ist es also offiziell abgesehen, sondern auf Inspektion ! Auf händereibend=sammlerhafte, gewiß; und die geradlinigen Alleen sind in ausgesprochen französischem Stil angelegt, mit huldvoll=starren Baumschnörkeln – aber die vielen hinterhältig=kleinen Injektionen, die mit mynheerhafter Bedächtigkeit der Phantasie des Lesers gegeben werden, bewirken am Ende eben doch mit noch weit unvermeidlicherer Sicherheit, daß einem der Kopf schwindelt, vor so viel Namen von Sonne, Pflanzen und Sand – und wenns hinterhältig=korrekt geharkter ist : die Menge bringt es ! – So steht er im Tulpenmeer :

Zitat (die Blumennamen von vielen Stimmen rasch durcheinander rufen lassen : singende, bärenhafte, gespreizte, schnurrende : je nach Klangbild):

t' vergult Juweel.
Der Pfalzgraf.
Den bonten Held.
De goude Scepter.
De Liefde boven all.
Paragon Royal.
Caffrin un Gellia.
De Neger Konigin.
De Bruyd van Haarlem.
Sansje Pansje.
Mirtillo.
Conquett van Lew.
Charmante Brune.

Madame Merian.
Den blauen Reyer.
Het gülden Vlies.
Le turban d'or.
De roode Draack.
Hyppomenes.
Manteau d'Evecque.
Solphorino.
Mignardise.
Bassa Bonneval.
Notus.
La Moresse.
La Syrone....

1. Sprecher: Er, der acht Sprachen mühelos Kundige, übersetzt auch in seiner Freizeit : und, da er nicht ums liebe Brot zu fronen braucht, grundsätzlich Bücher von Geistesverwandten, wie Thomsons »Seasons«; oder die religiös=vernünftelnden »Principes de la Philosophie« des Abbé Genest; Popes »Essay on Man«. Und endlich des Ritters Giovanni Battista Marini seinerzeit höchstberühmte »Strage degli Innocenti«, den berufenen »Bethlehemischen Kindermord« behandelnd. Von einem mächtigen Kupfer ist das Spektakelstück begleitet, auf dem in kunstvoll komponierten Gruppen fleißig gemordet wird : viertausend Zeilen breit rinnen Gehirn und feistes Blut; und die Wunden der Bambini werden mit homerischer Akkuratesse und ausgesprochen romanischer Freude am grausamen Gegenstande beschrieben. – Zur Rektifizierung des gern strapazierten Faktums, sei's hier einmal ausgesprochen, daß – da Bethlehem samt Umgebung & großzügig gerechnet damals 1.000 Bewohner vermochte – es sich, aufgrund der bekannten statistischen Altersschichtung einer Bevölkerung, um allenfalls 10 Kinder gehandelt haben wird. – Aber wieder zu Brockes' Versuchen :

2. Sprecher: Dennoch sind alle seine Übersetzungen unverächtliche Versuche der Transponierung fremder Meisterstücke in einen heterogenen Klang= und Syntax=Körper; und Stellen, wie die »Hofhaltung des Schlafes«, bezaubernd in ihrer mohnigen Allegoriererei noch immer :

Zitat (eine verschlafene üppige Altstimme):
Es heget einen Thal das schwartze Mohren=Land,
den als mit einer Cron erhabne Berg umringen,
durch deren dickes Laub der Sonnen Strahl und Brand,
auch gar zur Mittags=Zeit, nicht einst weiß zu durchdringen :
hier liegt der Träume Fürst von Schatten eingeschlossen,

sammt seinen schläffrigen und faulen Haus=Genossen;
in dieses stillen Thals einsiedlerischen Gründen
pflegt auch die braune Nacht den Aufenthalt zu finden.
Nebst der Vergessenheit stund an den beyden Thüren
(wovon die eine Horn, die ander Elfenbein)
der träge Müssiggang. Die Schildwacht schien zu seyn
das Schweigen, welches horcht, den Finger an dem Mund,
und machte Wild und Wind aus Vorsicht gleichsam kund,
sie möchten ja kein Laub noch schwancke Zweige rühren.
Man sah in diesem Ort (von andern nichts zu sagen)
wie Blumen, Kraut und Gras mit weichen Stengeln lagen.

Die Lüfte lispeln nicht in diesem finstern Wald;
kein Vogel singet hier, der Himmel donnert nicht;
nie hört man, daß ein Hirt hie schwätzet, pfeifft und spricht,
auch niemahl, daß allhier ein Echo wiederschallt;
nie blöcket hier ein Schaf, nie hat ein Hund gebellet;
ein murmelnd Bach, der sanfft von Stein auf Steine fället,
netzt bloß die stille Klufft : sein heisers Rauschen macht,
daß, der hier liegt und schläfft, nur mit Verdruß erwacht.

Im weich=bemoossten Schoß der dick=verwachsnen Hölen,
auf einem schwartzen Bett mit Ebenholtz bedecket,
liegt in gelinder Ruh der Schlaff=Gott ausgestrecket,
der bei der bräunlichen geheimen Schatten=Schaar
in steter Einsamkeit ein stiller Herrscher war :
ein Mohn=Crantz, den er sich zum Haupt=Schmuck pflegt zu wählen,
beschattet ihm die Stirn; die linke Hand belaubt
der Zweig, so eingetunkt in Lethens Feuchtigkeit;
die Rechte stützt und trägt mit Müh seyn schweres Haupt;
das Fell von einem Dachs dient ihm zu seinem Kleid.
Er hält mit großer Müh die schweren Augen=Lider,
kaum trägt er seine Stirn vor großer Müdigkeit,
es bebt sein schlaffer Hals und schwanket hin und wieder;
die Schläff' erhebt er bald, bald sincket er sie nieder.
Nah bey dem trägen Gott ist stets ein Tisch bereit,
worauf ein steter Rauch der fremden Specereyen
aus tausend Schüsseln dampft, der nebst dem sanfften Dufft
von manchem seltnen Wein benebelt Höl und Lufft,
und seine Nas' erfüllt mit süssen Schmeicheleyen.

1. Sprecher: Um kein Mißverständnis aufkommen zu lassen : er kann nicht nur ein nach Außen, in die Natur gewandter Wagner (des Goetheschen Faust) gewesen sein – obwohl ja auch schon Nietzsche diesen als den eigentlichen Märtyrer philologischer Arbeitsmethoden bezeichnete. Wohl gehen aus allen Enden des Heiligen Römischen Reichs Deutscher Nation professorale Ehrungen ein

2. Sprecher:

– »Solch einen Lohn verdient ein solches Streben :

Gold, Ehre, Ruhm, gesundes langes Leben« –

1. Sprecher: Mit dem Landgrafen von Hessen=Homburg wechselt er poetische Episteln. Selbst der andersgläubige Kurfürst von Köln schickt ihm sein goldgefaßtes Porträt. Der Fürst von Schwarzburg=Rudolstadt bittet ihn, seine Harzlandschaften offiziell zu besingen. Der Kaiser macht ihn zum »Pfalzgrafen«.

2. Sprecher (erklärend):

– was nebenbei nichts mit Nobilitierung zu tun hat; sondern, lediglich das »kleine Comitiv« mit sich brachte : Notare zu ernennen, bürgerliche Wappen zu verleihen, oder uneheliche Kinder zu legitimieren.

1. Sprecher: Bemerkenswerter Weise wird er ein Mittelding zwischen Gesandtem und Außenminister der Hansestadt, und reichlich mit offiziellen Sendungen beauftragt : nach Berlin; nach Hannover, zum dänischen König nach Kopenhagen; und endlich auch an den Kaiserhof zu Wien. Folglich wird, wenn sich einmal hoher fürstlicher Besuch in Hamburg aufhält, gewöhnlich er, – also nichts weniger als nur naiver Naturdichter; sondern ein sprach= und formgewandter Diplomat ! – zu deren persönlichem Dienst abkommandiert. Für die höchsten städtischen Ämter und Würden, selbst zum Bürgermeister, wird er mehrfach in Erwägung gezogen; und 1735 tritt er die Stellung an, in der sein Name dem Kenner besonders zum Begriff wurde : die Amtmannschaft in Ritzebüttel.

2. Sprecher (flink erläuternd):

– dem heute noch hamburgischen Gebiet um Cuxhaven.

1. Sprecher: 6 Jahre lang bekleidete er diesen Posten, und gut ! : wie hätte eine solche Topographennatur auch keinen guten Amtmann abgeben sollen ! ?

2. Sprecher: Ein Auge wie ein alter Landgensdarm, dem nichts entgeht; ein Frühaufsteher, wie jeder Blumist zwangsläufig sein muß; voll der Geduld des Pflanzenzüchters, der um die Langsamkeit aller Veränderungen, das säkular=sanfte Gesetz selbst von Gebirgsbildungen, weiß. Er legt einen schönen öffentlichen Park an; richtet neue Märkte ein; beklagt

Stürme, Großfeuer, und andere Schäden. Die aus der zeitgenössischen Kleinstaaterei erwachsenden Stänkereien mit den mächtigen Nachbarn Dänemark, und dem (zumal seit dem Anfall der Großbritannischen Krone) besonders zu poussierenden Hannover, erledigt er geschickt, und als würdiger Vertreter seines Stadtstaates.

1. Sprecher: Aber, so menschlich begrüßenswert solche Leistung auch immer sein mag : das für alle Zeiten Entscheidende ist, daß hier das erste dichterische Handbuch einer niedersächsischen Landschaft entsteht, der ganze Kranz der Jahreszeiten, das unnachahmliche

(mit Nachdruck): »Landleben in Ritzebüttel«

2. Sprecher: Ein Verwaltungsbeamter hatte zu zaubern begonnen; und vermittels der aktenmäßigen Technik entstand das unvergleichliche Kompendium eines Streifens Nordseeküste :

»Nichts ist mir zu klein,
und ich lieb es trotzdem«. –

Hier traf alles zusammen, alle Vorbedingungen waren erfüllt, um ein in seiner Art einzigartiges Gebilde entstehen zu lassen : er selbst, finanziell gesichert, auf dem Höhepunkt seiner Kraft und Kunst; als Gegenstand eine Ge=orgisch in sich geschlossene »Kleine Welt«. Um sie, als mythisch=grauer Außenrand, das Meer, geziemend gebändigt durch Hamburgs Deiche; innen die rüstige Vielfalt handfester Menschlichkeiten, ebenso wie unheimlichere Phänomene : Triebsand und Wanderdünen, meerlungenhafte Nebel, und die riesigen Glasleiber der Stürme. Die getreuliche Monographie einer Kreiswelt. Genial überzeugend : nicht durch dithyrambischen Schwung; sondern – genau entsprechend dem, obschon minderen »Witiko« Stifters ! – durch die Kombination von Chronik und allumfassendem Naturgefühl. Das Integral einer Landschaft und erhaben=kleinlicher Alltäglichkeiten, unter dem Glassturz jenes graufleckigen Himmels.

1. Sprecher: Da fällt etwa in seine Amtszeit einer der großen Zyklenwinter, der von 1739/40.

Zitat (Stimme fröstelnd; das Ungeheuerliche betonend):

Die Lufft schien selbst erstarret, dick, gedrungen, schwehr, und gleichsam fest :
der rothe Safft im Wetterglase ward dergestalt durch sie gepreßt,
daß er, weit über alle Grade, noch zwey Queer=Finger tief, gesenkt,
gantz in der untern kleinen Kugel verschlossen und darin verschrenckt,
so man sonst nie bemercket, lag. Die Zimmer waren dergestalt
mit kalten Theilen angefüllt, daß auch die hefftigste Gewalt

des Feuers sie nicht mildern konnte. Wer dichte bey dem Ofen saß,
empfand kaum eine laue Wärme. Wenn man den innern Theil der Hand,
durch die zu nahe Nachbarschaft des Ofens, manchmal fast verbrannt,
drückt ihren äußern Theil der Frost. Ja, ob man auch nicht gleich vergaß,
in Peltzwerck sich noch einzuhüllen, mit rauhen Mützen sich zu decken,
die Füß in einen guten Fuß=Sack von einer Bären=Haut zu stekken,
konnt Einer dennoch kaum sich bergen. Es mußte denken, lesen, schreiben,
weil man sich recht beklemmet fühlte, zween gantze Tage unterbleiben.
Man konnt und wollte fast nichts sagen; man saß, und dacht', und dachte nicht;
sprach Einer noch ein Wort, geschah es mit einem störrischen Gesicht.
Es drenget Alles sich zum Ofen, um ihn zur Lindrung anzufassen;
es konnte fast und wollte Keiner, den gantzen Tag, den Stand verlassen.
Der Wein zu dem geweihten Kelch war in der Kirche so gefroren,
daß man, denselben aufzuthauen, ihn zu dem Feuer bringen mußt'.
Viel Hühner, Enten, ja das Vieh, wovon sonst Keiner was gewußt,
hat hie und dort, selbst in den Ställen, das Leben durch den Frost verlohren.
Die Bäume borsten von einander. Nicht nur das Bier, so gar der Wein,
fror, selber in gewölbten Kellern. Tief ausgegrabne Brunnen deckte
ein starr, fast undurchdringlichs, Eis. Wir haben aus der Luft die Krähen,
nebst andern Vögeln, selbst im Flug erstarrt, herunterfallen sehen.
Kein Brod war eßbar, und kein Stein
konnt ehe man es aufgethauet, an Kält' und Härte fester seyn.
Es war in keinem Haus im Flecken ein Fenster=Schlag herabgelassen;
daher schien alles öd und leer,

und recht, als ob in allen Gassen
fast Alles ausgestorben wär.
Vom Bremer Postknecht lief bey uns, nach kurtzer Zeit, die Nachricht eyn:
er sollte, nebst zwo alten Leuten in Bremen, ebenfalls nicht minder
im Lande Wursten zwo Personen, in Steinau auch zwey kleine Kinder,
und noch vier Menschen, auf der Post erstarret und erfroren seyn. . . . .

2. *Sprecher:* Auch die zahlreichen Kinder wachsen hier heran: aus den regelmäßig am Ende eines jeden Jahres gesungenen »Neujahrsgedichten« erfahren wir viel Persönliches: ein Sohn wird Prediger; ein anderer steigt langsam zum Kapitän in Hamburgs Flotte; ein Dritter setzt die Botschaftertradition des Vaters bis an den Zarenhof fort; die Töchter heiraten in angemessen=erlesene Patrizierkreise.

1. *Sprecher:* Ein eigenes Kapitel ist die Frau – wenn man dichtet, mit dem klangvollen Schäfernamen »Belise« getarnt: die Arme hatte nach der barbarischen, die Frauen rücksichtslos als Gebärmaschinen ausnützenden, Sitte jener Zeit

achtzehn Wochenbetten!

durchmachen müssen. Und obwohl die Ehe im allgemeinen vorschriftsmäßig=glücklich gewesen zu sein scheint, weiß doch Brockes, ein stark Verheirateter, auch Verslein und Sinngedichte auf die Frauen, nicht ohne Salz, wie etwa dieses:

Zitat (eine helle spöttische Stimme):

»Ein Mann, den seine Frau des Tags nur einmal kränkt,
der also jeden Tag nicht mehr als einmal denkt:
daß der recht glücklich sey, der keine Frau genommen:
der hat die beste Frau, so auf der Welt, bekommen.«

1. *Sprecher:* Natürlich weiß er, als reifer, einsichtsvoller Mann, um die Zweiseitigkeit aller menschlichen Beziehungen – ‹Ambivalenz› nannte Freud es später –:

Zitat (dem reizvollen Rhythmus entsprechend eine tänzerisch leichte Stimme):

In einer Oper sah ich einst
ein Paar Schnee=weißer Masquen kommen
mit leichtem Schritt; sie hatten sich
einander bey der Hand genommen:
sie tanzeten mit leichtem Fuß,

sie schienen ungemein vergnügt,
und recht, als hätte Fried und Eintracht
sie sich einander zugefügt.
Inzwischen drehete sich eine,
als wie von ungefehr, herum:
da war sie schwartz wie Pech und Kohlen!
Die andre hatt es kaum gesehn,
so schiene sie darob erstaunet
und in Verwunderung zu stehn:
allein, kaum wendete sie sich,
so war sie ja so schwartz, so schlimm,
so daß die erste durch den Anblick
denselben Schrecken jetzt verspürte . . . .

1. Sprecher: Und dann wird in der Nutzanwendung zur ehelichen Toleranz und allgemeinen Nachsicht der Menschenkinder untereinander ermahnt.

2. Sprecher: Aber Belisen selbst half nichts mehr: durch einen besonders geschickten Prediger mit Bildern der Hölle »entsetzlich verschreckt« wurde sie am Ende schwermütig – und:

Zitat (ärgerlich=ächzende Stimme):

. . . um aus den vorgestellten Ketten,
nahm sie sich endlich ernstlich vor,
durch vieles Beten sich zu retten.
An allen Orten, wo sie war,
war sie auf Beten nur bedacht;
sie betet früh, sie betet spät,
sie betete die gantze Nacht;
bis daß sie endlich dergestalt
den abgezehrten Körper schwächte,
daß sie ins Sterbebette fiel.

1. Sprecher: Am 15. November 1736 muß er sie am Nordseestrande begraben.

2. Sprecher: – und verbindet, pflichtgetreu bis zum Letzten, damit die exakte Beschreibung eines, das Leichenbegängnis untermalenden, entsetzlichen Sturmes. –

1. Sprecher: Nach seiner Rückkehr übernimmt er den Befehl des Bürgermilitärs; wird wohl auch »Protoscholarch« (also Kriegs= und Kultusminister) der guten Stadt Hamburg. Als er sein Ende nahen fühlt, greift er – nunmehr allerdings nicht, um ein letztes, wichtiges »Experiment des Erkennenden« aufmerksam zu notieren – zum Rabenkiel, und verfertigt mühsam, den »Schwanengesang«, eine ängstlich=trockene Anleitung zum gottseligen Sterben.

2. Sprecher (einfallend): aber es wäre ja eine ausgesprochene Erschleichung, wollte man mit einer, höchstens dem Priester anständigen, Technik die letzten in Schweiß und Todesangst hingezitterten Worte eines Sterbenden triumphierend zur Widerlegung seines ganzen früheren Lebens erklären:

Wir wollen mit dem Namen »Brockes« stets den »Ersten Realisten« verbinden, und die nach der Lektüre zurückbleibenden gemessen=glühenden Bilder:

ein einsamer heißer Garten zur Mittagsstunde; –
der Feinbau einer Birnenblüte; –
das Maßwerk einer Wolke um den Mond.

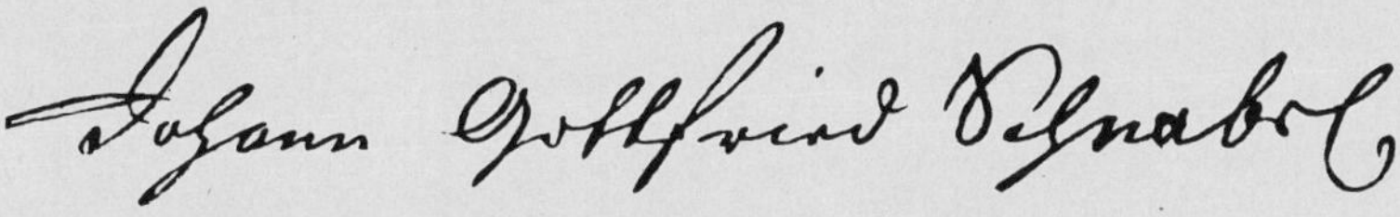

JOHANN GOTTFRIED SCHNABEL

7. November 1692, Sandersdorf bei Bitterfeld – vor 1760

DAS GESETZ DER TRISTANITEN

Tristaniten ? ? – : Belemniten; Schiiten; Karaiten, Hedschas und Yemen; Seleniten; Cistercienser=Troglodyten : Pirouetten Kastagnetten ? – : »Sie komm' doch nicht drauf !«

‹Tristan da Cunha, zur Zeit in britischem Besitz› – (» Wie lange noch ? !« werden Sie am Schluß mit Recht fragen : Quousque tandem, Albion ? ! –) – ‹eine Inselgruppe im Südatlantik. Breite : 37°5′50″; Länge : 12°16′40″ westl.› Alle weiteren Partikularitäten folgen im Laufe dieser – – (hier könnte ich schon wieder auf der Treppe stehen bleiben, wie Herr Shandy, und darüber ruminieren – während Sie die Neugierde verzehrt ! – ob's ein Bericht ist, eine Abhandlung, oder gar ein vornehmer Essay; ob eine Kurzdissertation, eine Beschwerde; ein Antrag an die Bundesregierung mit gewichtig=völkerrechtlichen Folgen – mir schwindelt ! (Wie hat Jörgensen in seiner Parabel, ‹Der Schatten›, damals ungefähr gesagt ? : Ihr Dichter, beim Lampenschein, bei Eurer Burgunderflasche, wißt gar nicht, was Ihr für Saat sät, Todesurteile unterschreibt, Gefallene tiefer stoßt . . . . (ich weiß das Zitat nur nicht genau; sonst würde ich's schon in Gänsefüßchen setzen). Aber ‹Ihr Dichter› : das ist gut ! : wohlgefällig grinsen; die zerrissene Hose zurechtrücken : sehr gut ! Burgunder ist's allerdings nicht, sondern billigster Fusel, ‹Münsterländer›, ¹⁄₁ Flasche 3 Mark 95 (ein Bekannter spendet zuweilen Asbach; ich nenne seinen Namen aus Rücksicht nicht, denn er ist in Staatsstellung, der vierte Mensch, der mir bisher anständig begegnete). Wo war ich stehen geblieben ?).

(Sie haben keine Ahnung, wie ‹das Schreiben› angreift ! !). –

Ich stelle also endgültig=einleitend fest : da liegt eine Gruppe einsam – vergeben Sie mir das Wort, es ist ein falscher Fuffzjer, oh hätte ich es nie getippt, aber jetzt mag die Bestie stehen bleiben, ‹sie träumt von einer Palme›, im Kellergeschoß der Erde, oh wär' ich dort und nicht in Bononien ! –

»Im Südatlantik : das sagten Sie bereits.«

»Sie beschämen mich, Herr Doktor ! Ich beeile mich also . . . .« :

Neben mehreren unbenannten Klippen sind es die Inseln Tristan, Inaccessible, Nightingale, (‹Rossignol› sagt Jules Verne : klingt völlig unpassend, nich ?), Middle und Stoltenkoff (die letztere nach 2 deutschen Brüdern benannt, die sich – Moment, ich sehe in der Encyclopaedia Britannica nach ! – die sich 1871 auf Inaccessible anzusiedeln versuchten; dort 2 Jahre hausten; und schließlich mit der Challenger=Expedition weiterfuhren : their name is on our hills).

»‹Challenger› ? – : Nie gehört. «

»Aber die Gruppe haben Sie im ‹Stieler› gefunden, Herr Doktor ? : Scharmant ! Ich gehe weiter. «

Wenn die Bevölkerung eines Landes (eventuell ‹Ei=› davor, meinetwegen) nach einem ‹Buch› lebt : so ist das nur üblich. Wir; die Mohammedaner; der Sachsenspiegel; schweigen wir vom Buch Mormon; richten uns auch nach Bibeln oder sonst einem fuero juzgo.

Wenn dieses Buch 200 Jahre alt, und ein Roman ist : so ist das schon ‹putzig›.

Wenn dieser Roman in einer fremden Sprache geschrieben, und den Einwohnern *unbekannt* ist, so ist das ‹unheimlich› : einverstanden ? (Denn wie wäre Ihnen zumute, wenn man Ihnen aus einem alten Buche vorläse, was Sie heutzutage treiben ? !).

»Tja; *wenn* das so ist ? – : Das wäre natürlich märkwürdich. «

Ebeneben, Herr Doktor !

(Und schon bin ich formal festgelegt; ich, der Franktireur des Geistes, gegen irgendeinen Bibliotheksrat. Aber es sei; es soll nicht heißen, daß ein Schmidt Punktpunktpunkt !).

(D. h. : ‹Furcht gekannt hätte›).

Wir haben im Deutschen – Messieurs : wir erheben uns von den Plätzen : es ist viel geschehen in dieser Sprache ! – einen alten – von mir ganz abgesehen ! – nie genug gewürdigten Roman : ‹Die Insel Felsenburg›; Verfasser Johann Gottfried Schnabel; erschienen in 4 Bänden; 1731 bis 43.

Entsetzliches ist darüber geschrieben worden; in Literaturgeschichten; (unkluge Kollegen haben ihn gelobt, kluge ihn schweigend bestohlen); abscheulich=verständnislose Dissertationen liegen vor; seit 200 Jahren ist keine brauchbare Textausgabe mehr erschienen : wo sind unsere ‹Großen Verleger› ? Die mit den Einnahmen nicht wissen wohin ? : Wo *ist* die Neuausgabe der ‹Insel Felsenburg›, Vor= und Nachwort von Arno Schmidt, wo ist sie, heh ? !

Die ‹Insel Felsenburg› also.

Der Inhalt ? : Ein junger leipziger Student (gebürtiger Danziger) erhält den Brief eines ihm unbekannten Kapitän Wolffgang, der ihn zu einer Fahrt in die Weltmeere einlädt; nach einer Insel, wo seit hundert Jahren die Kolonien eines Blutsverwandten von ihm blühen. Eine reinlich=gefährliche Utopie; verwegen lutherisch; ein leichter Geruch nach DDR erhebt sich. Der Studente fährt hin; erfährt die Inselgeschichte; die Autobiographien der Ansiedler; wird selbst der Chronikenschreiber des neuen Staatsgebildes. Fügt sich ein; wird Mann=Ehemann; hat ein Kind; baut Häuser; zeichnet Pläne; verteidigt gegen arrogant=europäische Angriffe. Gibt den allerletzten Bericht dem Kapitän Horn mit – : die heilige Insel entschwindet wieder unseren Blicken !

Zweitausendfünfhundert Druckseiten. Ein Buch, das uns nicht nur die ausführliche, solid=bedeutende Utopie der Inselwelt vorführt; sondern auch eine unnachahmliche Biographiensymphonie aus den Jahren 1720–30 entfesselt. Ein Buch, gegen welches der unverächtlich=berühmte ‹Simplicissimus› kaum antreten kann !

»Nana, Herr Schmidt ?«

Ich weiß, was ich sage, Herr Doktor !

Dies also die ‹Insel Felsenburg› (im Folgenden IF abbreviert – ich werde den Teufel tun, und immer dasselbe Bandwurmwort hinhämmern ! Oder höflicher : ich verschaffe mir und dem Leser manchen Vorteil durch solchen Kunstgriff; z. B. kann ich die Ausdrücke ‹Insel› oder ‹Felsen›, die notwendigerweise alle nasenlang vorkommen, nun verwenden, ohne daß wir an schweren ‹Wiederholungen› zu leiden haben : IF !).

Seit mehr denn einhundert Jahren fehlt uns dieses große Buch gänzlich.

»Ich denke : seit 200 Jahren ? !«

Moment, Herr Doktor; es stimmt beides.

Diese letzte ‹Bearbeitung› (Breslau, 1828) von dem sehr großen Ludwig Tieck herrührend – (Einverstanden mit dem Beiwort ? : Danke !) – ist auch schon fragwürdig. Er hat die Inselgeschichte verständnislos zusammengestrichen; und also das ursprünglich sorgfältig austarierte Gleichgewicht zwischen Rahmen und Inhalt verhängnisvoll gestört. Außerdem die gallisch=gallige Sprache unerträglich ausgeplättet : ‹modernisiert›.

In unserem dürftigen Jahrhundert erschienen ‹diplomatisch getreue› Abdrücke des halben ersten Bandes – also von etwa 15–18 % des Textes (und davon noch die Hälfte ausgesprochen belanglose Stellen : diese Germanisten begreifen nichts !).

Ich wiederhole : wo ist der Verleger, der in *einem* Band, Lexikonformat doppelspaltig, von 800 Seiten, uns endlich wieder den getreuen Text dieser IF vorlegt ? ! Es handelt sich um eine nationale Aufgabe ! : Heute muß man sich an 4 verschiedene Großbibliotheken wenden, um nur, nach je 5 mühsamen Wochen dazwischen, begierigen Auges und im Lesesaal zeilenrennender Hand, zu wissen, worum es sich eigentlich handelt : Schande über uns Volk der Mitte ! Wir; besessen von ‹Illustrierten›, von Staatsrundfunk und Gefilm, sind nicht wert, daß je ein bedeutender Mensch Deutsch schrieb !

»Aber, Herr Schmidt : mäßigen Sie sich etwas !«

Nicht ich, Herr Doktor !

Aber nun langsam; denn ich spreche von Unbekanntem. –

Meine Aufgabe ist die folgende : nachzuweisen, daß IF identisch mit Tristan da Cunha ist. / Nachzuweisen, daß man noch heute – obwohl unbewußt – sich dortigen Orts nach der alten Vorlage richtet. / Verlangen : daß man die Insel also Deutschland überantwortet – – doch halt ! – (Ich stelle mir die Bundeswehr vor, adenauergetrieben, in siegendenwiegenden Schnellbooten, ‹Blaue Jungens›; nun, John Bull, nimm Dich in acht ! – : Nee ! Also *das* lieber doch nicht !)

Aber ganz am Ende werde ich mir erlauben, eine submisseste Bitte vorzubringen; eine persönliche Bitte; ganz bescheiden : ‹kings should disdain to die / and only disappear› . . . .

»Sie sind betrunken, Herr Schmidt.«

Nicht ich, Herr Doktor : Allah hat mir die Knochen eines Ochsen verliehen. *Und* die Gabe zehn Münsterländer zu vertragen, ohne zweistimmig zu singen !

»Woher wissen Sie denn, daß IF gleich Tristan da Cunha ist ?«

Gewiß, Herr Doktor, es *ist* eine funkelnagelneue Entdeckung. Keiner all der vor mir Dissertierenden hat sich die Mühe gemacht, sphärische trigonometrische Formeln anzusetzen; Gane nachzuschlagen, oder Barrow, Halley, Kaspar van Riesbeek – Jaja, ganz recht : eben den bekannten Kometenmenschen Edmund Halley. Bleiben Sie diesmal ruhig sitzen; ich erhebe mich allein vom Stuhl, each man a glass in hand; I'm in love with moistness : er lebe ! –

Und nun zum Beweis, Herr Doktor :

Am 16. Oktober fährt Eberhard Julius, der schon erwähnte Held und Historiograph der IF, ab von St. Helena – Ah : da leuchten uns're Augen, Herr Doktor ! – : das war schon damals, 1725, ein Zentrum der Sailor=Welten, eine Wasserstation, neben Kapstadt der letzte Punkt, bevor man ging, nach Ostindien, The White Man's Burden zu holen.

Nachdem man – unter gebührendem Murren des Schiffsvolks – Richtung nirgendhin mitten in den großen Südatlantik gesteuert ist, schallt endlich, vorschriftsmäßig=romantisch der Ruf ‹Land ho !› : genau nach den 27 Tagen der erforderlichen alten Segelschiffahrt ! Und das absolut nächste bewohnte Land ist also St. Helena : dies allein entscheidet schon. Denn wenn man Diego Alvarez=Gough Island mit zur Gruppe zählt : dann erfüllt kein anderer Archipel diese Bedingung, außer eben Tristan da Cunha ! –

Bei Annäherung an die IF sieht man sie als ‹einen ungeheuren aufgethürmten Steinklumpen›, einen ‹Trotzer der Winde und stürmenden Meereswellen›, ‹ringsum von gantz schroffen Felsen umgeben›. / Tristan da Cunha besteht rundum aus steilen, ein= bis zweitausend Fuß hohen Wänden ! Alle, Menschen wie Güter, müssen über Boote verladen werden; denn es gibt keinen Hafen, keine Reede : auf IF nicht, wie auf Tristan da Cunha !

Die Boote nahen sich : an der Nordwestecke der IF, wo man grundsätzlich zu landen pflegt, ergießt sich ein Wasserfall über die Felswand herunter. / Genau wie auf TdC – Sie gestatten die neue Abbreviatur; der klangvolle Name sitzt ja nun unvergeßlich : ‹it marks the landing=place› heißt es bei Barrow !

Im Roman von der IF kann man ihn abstellen, und durch den also nunmehr trocken gelegten Tunnel ins Inselinnere, ins Gelobte Land, gelangen. / In der Küste TdC's finden sich zahlreiche Höhlen; darunter eine, ‹Freshwater=Cave›, die 100 Meter und mehr ins Innere hineinführt !

Südwestlich von IF liegt, etwa zwei Meilen entfernt, eine weitere Insel, ‹Klein=Felsenburg›, die aber im Umfange höchstens wenige Meilen haben mag. / Das ist – und die Größenordnung der Maße stimmt leidlich – Inaccessible Island. (Wohin Schnabel auch den übermäßig hohen Zentralberg verlegt hat; der ihn auf IF selbst, der Schalenwelt, ja nur gestört hätte; an seiner Stelle ist nur ein Hügelstumpf für die ‹Albertsburg› geblieben).

Bei einer Fahrt nach diesem – nach Richtungswinkel und Entfernung also genau entsprechenden – ‹Klein=Felsenburg›, und der Besteigung des Peaks, entdeckt man ‹ein Stücke Land . . . ohngefähr 40 bis 50 Meilen entfernt . . . . gegen dem Süderpol zu›. / Das ist das rund 400 km entfernte

Diego Alvarez (wobei anzumerken ist, daß 50 schnabelsche Meilen 375 km entsprechen !).

Auf IF liegen im Nordosten mehrere Teiche, wo ringsum Bäche mit vielen Verästelungen ein sumpfiges Delta bilden, das man auch wegen ‹der vielen dicken Bäume› nicht gut umgehen kann. / Auf TdC liegen in der moorigen Nordostecke die ‹three ponds›, untereinander durch Wasseradern verbunden, ‹the sides of which in many places are thick with trees› – :

Genügt's, Herr Doktor ?

»Naja; es scheint fast . . . . «

Also noch nicht ? – Dann weiter :

Inmitten der IF ein See. / Auf TdC, inmitten der Insel, befindet sich ‹the crater=lake› !

Vom Rande der IF=Schale bis zu der in der Mitte liegenden ‹Albertsburg› ist es ‹fast eine Meile›; d. h. der Durchmesser der IF beträgt rund 10–12 km. / TdC hat 11 km Durchmesser. (Beide Inseln sind nebenbei ‹annähernd kreisförmig›) !

Von einem Tanggürtel ist IF umgeben. / TdC von einem ‹belt of seaweed›, so fest und wellenbrechend, daß ‹Boote an ihm für die Nacht festmachen› können.

Auf den vorgelagerten Klippen und Sandbänken der IF sieht man Tiere, ‹welche halb einem Hunde und halb einem Fische ähnlich sahen› (‹Seekälber› heißen sie später auch wohl). / An den tristanischen Küsten trägt noch heute eine flache Bucht den Namen ‹Seal=Bay›; und man findet dort Seehunde, Seelefanten, und sogar Seeleoparden.

Auf den Inseln wächst wild Wein und Obst : d. h. auf *beiden* : TdC & IF !

– – – : ? ?

»Tja. – Es ist doch wohl beinahe so . . . . « (Und ein ‹Hmmmm› dran).

Doch. Wohl. Beinahe.

Aber das wäre bis hierhin noch weiter nichts, als ein Nachweis – *nur* germanistischen Kenntnissen freilich unerreichbar ! – daß Schnabel seine grandiose Utopie tatsächlich auf TdC lokalisiert hat. (Woher er es wußte ? : aus holländischen Gesandtschaftsberichten; aus Halley; aus Dampier und Fizeau).

Aber das eigentlich Unheimliche kommt jetzt erst !

»Moment ! – : ‹Unheimlich› ? : Ich denke, für Sie *gibt* es nichts Unheimliches, Herr Schmidt ? !«

Unheimlich, Herr Doktor, ist mir : wenn bei Karl May auf einmal eine hundert Seiten lange Auseinandersetzung mit Friedrich Nietzsche erfolgt. Unheimlich, wenn Barthold Heinrich Brockes seine scheinbar französisch=geregelten Gärten systematisch von Menschen entleert, bis nur noch Frösche, Blumen, und Wolkenüberritzebüttel vorkommen. Unheimlich ist, wenn ich im Hannoverschen Staatshandbuch für 1798 auf Seite 58/59 den uralten Schattenriß eines einst=blühenden Jungmädchens finden muß, und daneben den Geist eines Ahornblattes, das Chlorophyll entwich längst, weh meinem Hämoglobin!

Unheimlich ist, wenn man das folgende Blödsinnige feststellen muß :

Auf TdC lebt man, wie Schnabel es vorgezeichnet hat!

Sein Roman schließt mit dem Jahre 1743; er selbst starb um 1750 : man weiß von ihm ungefähr so viel, wie von Shakespeare.

»Das ist aber doch kein Vergleich !« (Und *das* strafend gefaltete Gesicht !)

Es *ist* dieselbe Größenordnung, Herr Doktor ! –

Und TdC wurde 1506 ‹entdeckt›; d. h. von dem gleichnamigen Portugiesen gesichtet. 190 Jahre später versuchte der Gouverneur von Kapstadt eine Annexion für Holland; gab jedoch freiwillig auf, da die Küste seinen Kapitänen ein wenig allzu ‹iron=bound› erschien. Halley maß dort am Erdmagnetismus herum. Dann wieder Stille; nichts als Wellen; viel viel Wind; und das Treiben der schweigsamen ‹Mollyhawks›. Nur ab und zu strich in der Ferne ein Walfischfänger auf seinem Kurs ins Eismeer vorbei; ein Franzose, der Kerguelenland entdecken wollte; an Balken geklammert ein Schiffbrüchiger, à la ‹Salas y Gomez› (was nebenbei auch einwandfrei von IF gestohlen ist, bis zum ‹hundertjähr'gen Greis› und den ‹Tafeln, die rein in span'scher Zunge sind beschrieben› : 1828 war die dickbesagte Tieck'sche Redaktion erschienen, 1829, frisch ‹angeregt›, das Gedicht Chamissos).

1812, als England und die blutjungen USA zum zweitenmale Krieg führten, faßte man britischerseits den Felsen fester ins Auge : allzuviele amerikanische ‹Privateers› benützten ihn als Stützpunkt zur Beunruhigung des Ostindienhandels. Dann kam noch 1815 hinzu : auf dem ‹zunächst gelegenen bewohnten Stücke Land› wurde ein Mann interniert, den zu bewachen keine Mühe zu groß, kein Aufwand zu teuer schien – also stationierte man auch auf dem ‹benachbarten› TdC, 3.000 km sind's, ein Bataillon Artillerie; Schotten und Hottentotten, und wie sie alle heißen.

Als der berühmte Fall dann durch Magenkrebs geklärt war, Oh Captain, my Captain, und die Garnison zurückgezogen werden sollte, beschloß ein Corporal aus Kelso (Berwick), William Glass, auf TdC zurückzubleiben. Mit ihm ein paar Kameraden und Farbige (vgl. IF, Geschichte des Don Cyrillo de Valaro : der hatte auch ein paar Indianer bei sich !). Glass wurde langsam ‹Der Gouverneur› (‹Altvater› heißt die Charge bei Schnabel); und noch 1910 wußten die Uralten zu berichten, wie er überm Strande, in seinem aus dem Felsen gehauenen Armstuhl zu sitzen, und die allmonatlich fern vorbeistreichenden Schiffe zu verfolgen pflegte, ‹with a spy=glass 8 feet long›.

Und es ist durchaus ein gesundes Klima ! Ganz abgesehen vom Verne'schen ‹printemps eternel›, wird schon bei Schnabel der ‹Altvater› Albertus Julius 102 Jahre alt.

»Das ist viel : five score and two ?«

Gewiß, Herr Doktor. Aber eben hier setzt schon das Merkwürdige ein : Thomas Hill Swain, ein Tristanite, stirbt 108jährig – und auch *dann* nur, weil er sich ‹beim Holzhacken› (sic) verletzt hatte ! ! Oder der ‹Headman and Marriage=Officer› Peter William Green wird 94 Jahre alt (wie auf IF der zweite ‹Altvater›) : die Natur selbst scheint sich gehorsam nach Schnabels Erfindungen gerichtet zu haben !

Selbstverständlich fehlt es an Frauen : und woher holt man sie organisch ? : Von dem nächsten bewohnten Lande, also St. Helena ! Das ist auf IF ebenso wie auf TdC. Natürlich sind es zum Teil farbige Gattinnen : auf IF ebenso wie auf TdC !

Sehen Sie sich die ausführlichen zehnseitigen genealogischen Tabellen bei Schnabel an – von den späteren Entwicklungen im 2.500=Seiten=Text ganz zu schweigen – : die 9 Stämme heiraten ständig durcheinander, so daß selbst Gothaer=Spezialisten in Kalamitäten geraten möchten. / Wie heißt es folglich bei Barrow von den Leuten auf TdC ? : »The people have so intermarried, and there are so many of the same name, that it is difficult to distinguish one person from another«.

Schiffbrüchige kommen an, und bleiben da. Einmal auf IF 5 Männer und Weiber. / 1821 scheitert vor der Küste von Inaccessible die ‹Blendon Hall› : 5 der Besatzung und Passagiere, Männer und Weiber, bleiben für immer auf TdC, wie das Gesetz es befahl !

Viel Strandgut wird an der Küste IF angetrieben; nicht nur Treibholz, sondern auch ‹allerley Hausgeräthe›. / Auf TdC heißt es : ‹Many of the people's possessions are from shipwrecks›, als da sind : Porzellan, Glasgefäße, hübsche weißglasierte Milchkrüge – eben ‹Hausgeräthe› !

Oder : beim alten Schnabel ist eine Art Uniformierung eingeführt : ‹Junggesellen vom 10. Jahre an trugen bis zu ihrer Heirat rot; die Männer braun; die Ältesten und Vorsteher, sowie die Priester schwarz.› / Aus der Realität Tristans erfahren wir auch den zureichenden Grund hierfür : wenn ein günstiger Schiffbruch, ‹Denn Äin sin Dod iss denn Annern sin Brod›, einen Ballen Stoff angeschwemmt hat, wird der gleichmäßig verteilt – und nächsten Sonntag erscheinen dann alle Inselbewohner in gleicher Ehrentracht : genau nach Vorschrift!

Auf IF kursiert kein Geld; da herrscht der Tauschhandel : die Pfarrer, Lehrer, usw. werden von den Gemeindemitgliedern durch Naturallieferungen unterhalten. / Auf TdC ? : der Reverend Graham Barrow predigt und schulmeistert, *und* wird dafür reihherum mit Viktualien beliefert – genau wie 200 Jahre früher der ‹Magister Schmeltzer›, sein Pendant.

(Und wie ausführlich werden die Gottesdienste beschrieben ! Ist es nicht etwas ganz Ungewohnt=Aufregendes ?! Genau so wie bei uns der neue Film, der Fußball). Wie freut man sich auf beiden Inseln, als endlich ein Geistlicher eintrifft ! Wie werden gleich umständlich die Choräle verzeichnet, der Bibeltext angegeben, die Predigtdispositionen : es ist ja *zu* interessant !).

Bis in die absurdesten Kleinigkeiten ist die Parallelität=Identität da : Beim alten Schnabel erzählt der greise David Rawkins mühsam=rüstig vom Lord=Protektor Cromwell, den er in seiner Jugend sah. / Alexander Cotton aus Hull pflegte den Tristaniten zu berichten, wie er einst 3 Jahre lang Napoleon bewachte!

Bei Schnabel werden die Spärlich=Anlegenden am Strande mit Fackeln begrüßt. / ‹Most of the people were carrying brands› schildert Barrow, wenn die Boote von draußen kommen!

Franz van der Leuwen stürzt sich in den Klippen IF zu Tode. / Mr. Macan will 1904 sich an den Küsten TdC versuchen – und wird zerschmettert aufgefunden!

(Sogar der Namen=Gleichklang ist vom Teufel beibehalten worden : ‹Rogers› heißen sie heute auf TdC / ‹Roberts› bei Schnabel : ‹Schaudert's Dich› ?!)

»Das nun allerdings nicht. – Aber bitte weiter : Sie scheinen tatsächlich Recht zu haben.«

Tatsächlich, Herr Doktor ? : Wie wenn ich den Stoff hätte 25 Jahre lang in meinem Herzen bewegen müssen, um dergleichen Einzelheiten heraus zu popeln ?

»Äh : natürlich mit Unterbrechungen !«

Natürlich; ‹mit Unterbrechungen›, Herr Doktor !

Ich demonstriere an diesem einmaligen Fall – ein Goebbels=Wort, ich weiß, Herr Doktor ! – wie durch die Identität lediglich der äußeren Situation (‹Bewegung der Handelnden im Raum›; vgl. meine ‹Berechnungen I›) – d. h. Formation der Insel; völlige Abgeschiedenheit, also körperliche und geistige Isolation; Meeresströmungen als oft einzige Verkehrsmittel – *und* Schnabels genial=intuitive Versenkung in solchen Zustand (vgl. meine ‹Berechnungen II› : Längeres Gedankenspiel vom Hochtyp III !) – die Wahrheit, die Realität überrumpelt, getroffen=übertroffen wird !

Denn nicht nur, daß auf IF gute Zwanzig der Neusiedler ungeschminkt ihre Biographien dem lauschenden Ältestenrat, dem für die Entscheidung über Aufnahme verantwortlichen, vortragen – eine öffentliche Beichte, nur der ‹Selbsterforschung› und ‹=bezichtigung› der Genossen in den Ostblockstaaten vergleichbar ! – und uns so ein unnachahmliches Mosaik der Jahre 1720–30 vorlegen. Der ‹guten alten Zeit› : nischt wie Inquisition und Menschenraub; Ehebruch; Nepotismus; und Mord : also berichten, ein einziger düsterer Chor, die Neuangekommenen, wie sich schon damals Europa in einen Haufen vagabundierender Einzelwesen aufgelöst hatte : Da werden sie in die heilig=nüchterne Utopie aufgenommen : oft muß man gescheitert sein; einen Vorhang aus Stürmen nach dem anderen durchbrochen haben !

Nicht nur, daß wir schon damals die Methoden der weißen ‹Kolonialherrschaft› hochbedenklich geschildert finden. Nicht nur, daß auf Friedrich ‹den Großen› et hoc genus omne ein schweflig=lemurisches Licht fällt. Daß uns Priester, ob evangelischer oder katholischer Provenienz, arg verdächtig werden : nein; nicht nur !

Die Entwicklung der ‹Republiquen› IF ist noch viel nachdenklicher ! : Da wird man in Europa aufmerksam auf die Glücklichen. Da müssen sie sich bewaffnen. Da werden Frauenregimenter gebildet, rüstige Handgranatenwerferinnen, die auch ‹zum Einsatz› kommen. Da speien selbst die kleinen Mägdlein jungfräulich=unverzüglich auf den Boden, wenn nur der Name der portugiesischen Angreifer genannt wird : aux armes, Citoyen ! : zur Verteidigung unserer sozialen Errungenschaften ! – Ich finde keine andere Parallele dafür (und habe, unter uns gesagt, keinen Zweifel an der konsequent=erhabenen Bosheit Schnabels : *der* Mann hat gewußt, was er sagen wollte ! !).

»Gehen Sie da nicht doch etwas zu weit ?«

Es ist meine Aufgabe als Schriftsteller weit zu gehen, Herr Doktor ! Viel weiter als andere Zeitgenossen gehen; oder auch verträumte Kollegen, Burbanks der Worte, mit ihren Züchtungen von stachellosen Kakteen und steinlosen Pflaumen. Vielleicht besitze ich etwas zu viel Phlogiston; aber das ist ja, da es sich bei uns um ausgesprochene Mangelware handelt, immer besser, als das Gegenteil.

»Na, aber seien Sie vorsichtig.«

Keine Angst, Herr Doktor : ich nenne Ihren Namen ja nicht ! Aber darf ich noch etwas ...... ? :

1824 gab Adam Öhlenschläger, der Dänendichter, unter dem Titel ‹Oyene i Sydhavet› – vergeben Sie mir das Norwegisch; ich hab's auch nur im Kriege gelernt ! – seinerseits eine Neubearbeitung der IF heraus; weit kürzer und freier noch als die Tieck'sche. Hatte diese nun Sensation auf der Osthalbkugel unseres Globen gemacht, so tat es die Öhlenschlägersche in der Neuen Welt :

Zweimal hat James Fenimore Cooper den herrlichen Stoff benützt. Einmal in seinen grandios=witzigen, *auch* noch gar nicht gewürdigten ‹Monikins› : alles Themen für Dissertationen. Das zweite Mal, diesmal ganz derb und unverhüllt, in der immer interessanten Variante des ‹Marks Reef›.

(Und – dies nur hinter der Hohlhand : weiter ist die Klammer ja nichts, als der stilisierte Handbogen, hinter dem man Geheimstes flüstert ! – auch Edgar Allan Poe ..... ! Vergleichen Sie die Einzelheiten des ‹Gordon Pym› : den nachgeahmten ältlich=weitschweifigen Titel ! Die autobiographische Form. Die geheimnisvollen ‹Inseln im Südmeer›, mit ihren marderflachen weißen Tieren – ‹Minions› heißen sie beim Schnabel. Die arabesken, hieroglyphisch=verwickelten Schriftzeichen : die dann in einem ‹Anhang› kurz gedeutet werden ! Die Scharen schreiender Vögel; Kannibalismus und Wortzauber.)

»Na; *das* müßte ich aber doch erst mal näher untersuchen !«

Tun Sie das, Herr Doktor !

»Tja und nun ? Das Ergebnis ? Was sind Ihre Ziele ?«

Ja, das Ergebnis. –

Eigentlich wollte ich den Artikel überschreiben : ‹Kein Verzicht auf Tristan da Cunha !›. Das Nationalgefühl wachrütteln : ist doch uralter deutscher Boden, von Deutschen besiedelt (wenn auch nur ‹im Geiste›) : die Einwohner richten sich nach einem deutschen Corpus Juris –––. Aber dann wurde mir doch schwumm'rig : die Verwicklungen ! Ein Krieg wegen Schnabel ? (Oder gar wegen mir ? ! : gleich mal geschmeichelt lächeln !).

Aber wie wäre *das* : Müßte man nicht *mir,* der ich diese fremdeste aller Inseln als eine nunmehr hochinteressant=besungene nachwies, eine Siedlerstelle dortselbst vergönnen=zuweisen ? Dicht neben der kleinen Funkstation; so twenty acres, und ein Wellblechhüttchen von 50 Quadratmetern ? Überfahrt bezahle=pumpe ich selbst : ? !

»Das glaub' ich Ihnen : da unten atomsicher sitzen, was ? !«

Das nebenbei, Herr Doktor. – Aber was meinen Sie dazu ?

»Fragen Sie den englischen Konsul.«

HERRN SCHNABELS SPUR

Vom Gesetz der Tristaniten

Personal:

1. Sprecher:	Referent; ruhig.
2. Sprecher:	Skeptiker; Fragen & Einwände.
Zitate:	Männerstimme.

1. Sprecher: Finde ich Sie wieder über Ihrem Liebling, Edgar Poe? Und was ist heut der Vorwand? : etwa das wilde und schwermütige Wetter?

2. Sprecher (auf den Scherz eingehend): Schon möglich. – Aber ich habe es Ihnen ja schon sattsam zugegeben : ich komme über den »Gordon Pym« nicht hinweg! Zu solcher Sprache solche magischen Erfindungen! : Immer fliegen dann die riesigen Scharen schreiender Vögel über mich hinweg; ich bestaune die marderflachen weißen Tiere; Schriftzeichen wie Hexenschlingen, Fantasieknoten, werden im Schwarzinselland gefunden; und der naiv=kunstvolle autobiographische Ton fasziniert mich nicht weniger, als schon die gewichtige, sechzehn Zeilen lange, Ouvertüre des Titels.

1. Sprecher: Glaubs gern. – Aber wie nachdenklich, daß – ja – : eigentlich alle! von Ihnen aufgeführten Einzelheiten der alten Vorlage angehören?

2. Sprecher (unwillig): Der »alten Vorlage«?! : Poe ist kein Plagiator!

1. Sprecher (berichtigend): Das habe ich damit auch nicht behauptet. – Wissen Sie übrigens, daß der »Gordon Pym« schon einmal Jemanden dergestalt berückt hat, daß er sogar eine Fortsetzung dazu schrieb? : Jules Verne, mit seiner ‹Sphinx des Glaces›!

2. Sprecher (ablehnend): Nein. Auch das habe ich nicht gewußt. – Ich finde es überhaupt widerlich, vor einem Kunstwerk so viel zu wissen! : diese Sucht hat zu allen Zeiten die Freude an den großen Erscheinungen der Dichtung im Herzen von Millionen und Abermillionen zerstört. – Und versuchen Sie jetzt ja nicht, mich abzulenken : was haben Sie vorhin mit Ihrer verruchten ‹alten Vorlage› gemeint!?

1. Sprecher (ausweichend): Wie aber, wenn man, literarischen Stammbäumen nachgehend, leichter zu unbekannten großen Kunstwerken fände ? – verschollenen und vergessenen – die man ansonsten schwerlich, vielleicht nie aufspürte ? Verstehen Sie mich recht : ich sage mir – völlig ehrerbietig, wohlgemerkt – : wenn ich ein Buch weiß, welches des sehr großen Edgar Poe Phantasie so entscheidend entzündet hat : dann muß doch schon etwas an diesem Buche sein ! Oder anders ausgedrückt : wenn ein bedeutender Dichter Ihnen ein Werk empfiehlt – sei es nun durch offene Nennung des Titels; oder durch schamhaft=verschwiegene Benützung – was vielleicht das noch größere Lob ist – dann folgen Sie getrost diesem gewichtigen Hinweis ! Es hat Ihnen ja dann ein Mann von Kenntnissen und Geschmack verläßlich vorgearbeitet, ‹vor=gelesen› : für Sie 1.000 ältliche Bände Spreu ausgeschieden. Es hieße doch kostbarste, unersetzlich=aufgewendete Lesestunden eines ehrwürdigen Vorgängers gedankenlos=hochmütig beiseite schieben, wenn ich solche seiner Hinweise nicht dankbar benützte.

2. Sprecher: Ich weiß, Sie sind geschmeidig, wie die Schlange im Paradies – aber jetzt endlich her mit dem Apfel der Erkenntnis : was also war die Quelle Poe's ? !

1. Sprecher: Damals – so um 1830 – hätte das Lesepublikum eigentlich erstaunt feststellen müssen – was es natürlich nicht getan hat ! – daß auf einmal mehrfach Dichtwerke von ausgesprochen hohem Range auftauchten, die sich alle irgendwie mit ‹Inseln im Südmeer› befaßten : etwa Ihr ‹Gordon Pym› hier. Kurz zuvor die ‹Monikins› James Fenimore Coopers : eine auch noch viel zu wenig gewürdigte politische Satyre von glänzenden Einzelzügen; später hat er das Thema sogar ein verräterisch=zweites Mal in ‹Marks Reef› variiert. – Und die eigentümlich=epidemische Erscheinung blieb nicht etwa auf die westliche Hemisphäre beschränkt : bereits 1829 hatten prachtvoll gehärtete Terzinen es in Deutschland verkündet – ein Siegeszug, nebenbei bemerkt, wie ihn selten ein Gedicht antrat ! . . .

Zitat (hart und hallend):

Salas y Gomez raget aus den Fluthen
des stillen Meers; ein Felsen kahl und bloß,
verbrannt von scheitelrechter Sonne Gluten.

2. Sprecher (seufzend und angewidert): Ts=Ts : Chamisso auch noch ?

1. Sprecher (ungerührt): Warum sind Sie so empfindlich ! ? Anstatt sich der großen ‹Goldenen Kette› zu freuen, und immer begieriger auf den Boden zu werden, dem solche Pflanzen entwachsen konnten ! : Was seid Ihr Leser doch für seltsame Menschen.

2. Sprecher: Das nennen Sie seltsam, wenn man enttäuscht entdecken muß, daß die Schönheiten der oder des Geliebten erborgt sind ? !

1. Sprecher: Nicht ‹erborgt› ! Das werden Sie auch in diesem Falle wieder sehen : ich zeige Ihnen lediglich die Punkte, wo die Pfeiler, die den Wunderbau späterer Wortschlösser tragen, die alte Erde berühren. Was tut es da, daß auch in der alten Vorlage der hundertjährige Dämogorgon vorkommt; und die Tafeln,

‹die rein in span'scher Zunge sind geschrieben› ? –

Wenn das Sie übrigens beruhigen kann : abgesehen davon, daß auch diese ‹alte Vorlage› wieder ihre Vorlage hat – sie ist sprachlich so belanglos, daß sie in dieser Hinsicht tatsächlich nur noch kulturgeschichtlichen Wert besitzt.

2. Sprecher (beklommen): es ist zwar ein schwächlicher Trost; aber – *(seufzend):* – na ja. – Hätte ich mich nur nicht mit Ihnen eingelassen : ein begeisterter Leser ist in den unerbittlichen Händen von Kennern Ihres Schlages stets wehrlos=verloren.

1. Sprecher (heiter): Seien Sie mir lieber dankbar : zeige ich Ihnen doch eine neue Quelle phantastischer Anregung ! –

Es gibt ja zwei Klassen von Büchern, die uns umwerfen : die eine, weil sie so vollkommen ist in Sprache, Landschaft, wildem Ereignis, daß wir uns in ihnen auflösen : zu unserer eigenen bisherigen Existenz wird eine neue addiert !

Die zweite Klasse : die so geschrieben ist, daß wir unwiderstehlich zur Lieferung unserer eigenen Substanz gezwungen werden, die uns zur Illustration herausfordert; zur Neuordnung und =Gruppierung unseres eigenen Bildervorrats.

2. Sprecher: Seien Sie barmherzig ! Ich gebe Ihnen ja alles zu; aber wenn Sie so gescheit sind, fängt mir der Kopf an zu rotieren : ich bitte jetzt endlich um Verfasser und Titel !

1. Sprecher (scheinbar willig): In den zwanziger Jahren des vergangenen Jahrhunderts waren nämlich zwei wichtige Neubearbeitungen des großen Buches erschienen. – Die Anregung dazu ging eigentlich von Heinrich Voss aus . . .

2. Sprecher: Also dem Homer=Übersetzer.

1. Sprecher (bedauernd): nicht ganz : sein Sohn !

2. Sprecher (grunzt nur): Was man sagt, ist falsch !

1. Sprecher (amüsiert): der hatte nämlich 1808 geschrieben : »Welch eine Wahrheit, Gemütlichkeit und treue Herzlichkeit in diesem Buche ! Der Verfasser ist ein echtes Genie gewesen !« –

(in tiefem Ernst): Gleichzeitig aber hatte er hinzufügen müssen : »Und der Mann, der uns ein solches Nationalwerk geschrieben, wird nun unter die unbekannten Schriftsteller gezählt, oder ist vielmehr verschollen« !

Daraufhin erfolgte – endlich 1812! – eine öffentliche Anfrage im ‹Allgemeinen Anzeiger der Teutschen›; und auf diese hin ergab sich zögernd, daß der Verfasser angeblich ein ‹Hofbalbier Schnabel› in Stollberg am Harz gewesen sein könnte. Hierdurch angeregt erfolgten ein paar zaghafte Besprechungen und auszugsweise Drucke – etwa in Achim von Arnim's ‹Wintergarten›; oder durch den unverächtlichen Karl Lappe – : Sie werden beides nicht kennen?...

2. Sprecher (verstockt): Worauf Sie sich verlassen können!

1. Sprecher (fortfahrend): Das Endergebnis aber waren zwei wichtige – weil, wie schon angedeutet, für die Stammreihe bedeutsame – Neuausgaben: die eine von Adam Öhlenschläger, dem Dänendichter – und sie ist unter dem Titel ‹Öyene i Sydhavet› für Cooper und Poe Anregerin gewesen. Die zweite – für uns hier wichtigste, weil Umfangreichste; und die alle zwanzig Jahre noch einmal im Antiquariatsbuchhandel auftaucht – von Ludwig Tieck elegant=salopp eingeleitet: der war es auch, der dem Werke den Titel gab, unter dem es mit Recht in unser Bewußtsein eingehen sollte: *(mit Nachdruck):*

Die Insel Felsenburg

2. Sprecher (erschöpft): Ein dreifach Heil der Gelehrsamkeit! – Das Original heißt also schließlich und endlich?...

Zitat: Wunderliche / Fata / einiger / See=Fahrer, / absonderlich / Alberti Julii, / eines gebohrnen Sachsens, / Welcher in seinem 18den Jahre zu Schiffe gegangen, durch Schiff=Bruch selb 4te an eine grausame Klippe geworfen worden, nach deren Übersteigung das schönste Land entdeckt, sich daselbst mit seiner Gefährtin verheyrathet, aus solcher Ehe eine Familie von mehr als 300 Seelen erzeuget, das Land vortrefflich angebauet, durch besondere Zufälle erstaunenswürdige Schätze gesammlet, seine in Teutschland ausgekundschafftteten Freunde glücklich gemacht, am Ende des 1728sten Jahres, als in seinem Hunderten Jahre, annoch frisch und gesund gelebt, und vermutlich noch zu dato lebt, / entworffen / von dessen Bruders=Sohnes=Sohnes=Sohne, / Mons. Eberhard Julio, / Curieusen Lesern aber zum vermutlichen / Gemüths=Vergnügen ausgefertiget, auch par / Commission dem Drucke übergeben / von / Gisandern.

1. Sprecher: Und es beginnt mit solcher kaptiosen Frage:

Zitat: Ob denenjenigen Kindern, welche um die Zeit gebohren werden, da sich Sonnen= oder Mondfinsternissen am Firmamente präsentiren, mit Recht besondere Fatalitäten zu prognosticiren seyn?

2. Sprecher (abwehrend): Da müssen Sie schon einen eingefleischten Astrologen fragen. Ich meine, mit Schopenhauer, daß es eine typisch=menschliche Unverfrorenheit ist, unsere irdischen Lumpenhändel mit den großen Gestirnen kuppeln zu wollen.

1. Sprecher: Deswegen fährt ja auch mein Gewährsmann also fort: . . .

Zitat: Diese Frage will ich den gelehrten Natur=Kündigern zur Erörterung überlassen, und den Anfang meiner vorgenommenen Geschichts=Beschreibung damit machen : wenn ich dem Geneigten Leser als etwas merckliches vermelde : daß ich, Eberhard Julius, den 12. May 1706 eben in der Stunde das Licht dieser Welt erblickt, da die bekandte große Sonnen=Finsternis ihren höchsten und fürchterlichsten grad erreichet hatte.

2. Sprecher: Das Faktum ist natürlich artig genug; zumal dadurch gleich die Zeit Ihrer Geschichte fixiert wird – *(nachdenklich wiederholend):* – Siebzehnhundertundsechs ? – Da regiert also noch Ludwig der 14.; in Preußen der Soldatenkönig; im Osten raufen sich Peter der Große und Karl der 12. sportlichen Angedenkens – das heißt leider nicht sich; sondern ihre armen Völker müssen sich massakrieren. Es tobt also einmal der Nordische Krieg; aber auch der um die Spanische Erbfolge : »Marlborough s'en va-t-en guerre, / ne sait, quand reviendra«. – August der Starke zerbricht Hufeisen und Herzen; und der Boden Alt=Europas dröhnt, wie immer, von fallenden Festungen und Jungfrauen.

1. Sprecher: Lassen Sie uns aber auch nicht die versöhnenderen Seiten vergessen ! : Soeben ist in England der ‹Robinson› erschienen; Swift's ‹Gulliver›; und Thomson's ‹Seasons›. Ein gleich meteorisch=unvergeßliches Werk hat Frankreich hervorgebracht : der Orientreisende Antoine Galland, hat Europas Phantasie unsterblich befruchtet durch Übertragung einer Arabischen Märchensammlung : ‹Les Milles et une Nuit› – es wetterleuchtet an allen literarischen Horizonten !

2. Sprecher: Und wo bleibt Deutschland ?

1. Sprecher: Deutschland ? : Das liegt weit vor aller populären Kenntnis ! Goethe : ist noch längst nicht geboren. Weder Herder, Wieland, noch Schiller; Klopstock skandiert vielleicht eben aus den Windeln »Pá : Pá«. Selbst Haller und Hagedorn – bis zur Unkenntlichkeit verrunzelte Namen –, gehen erst in die Schule. Es dichtet, hinterhältig=fleißig, in seinem Garten zu Hamburg der sehr große Barthold Heinrich Brockes. Und Günther singt, gequält von steifhosigen Gläubigern, den Kopf gegen die Wände der Ehrsamkeit gerannt : . . .

2. Sprecher: »Brüder, laßt uns fröhlich seyn, / weil der Frühling währet !« – Schön : wir sind im Bilde; the stage is set. –

1. Sprecher: Das oben zitierte Kind der Sonnenfinsternis also, Eberhard Julius, wächst auf in einer wohlhabenden danziger Kaufmannsfamilie; bezieht zu gegebener Zeit die Universitäten : zunächst Kiel, anschließend Leipzig. Aber dann stirbt unerwartet die Mutter; der Vater macht Bankerott; teilt noch die letzten paar Florins mit den zwei Kindern; und zieht, Gläubigern und Vorwürfen zu entrinnen, in die Welt. Da steht nun der junge Studiosus, kränklich und unentschlossen; vor lauter Misere erwägt er schon, zur Theologie umzusatteln ? – Da; plötzlich; eines schönen Maientages; erhält er folgenden Brief:

Zitat: Monsieur, / Ihnen werden diese Zeilen, so von einer Ihrer Familie gantz unbekannten Hand geschrieben sind, ohnfehlbar viele Verwunderung verursachen. Allein als ein Studierender, werden Sie vielleicht besser, als andere Ungelehrte, zu begreiffen wissen, wie unbegreiflich zuweylen der Himmel das Schicksal der sterblichen Menschen disponiret. Ich bin vor wenig Tagen allhier in Ihrer Geburths=Stadt angelanget, in Meynung, dero Herrn Vater anzutreffen, dem ich eine der allerprofitablesten Zeitungen von der Welt persönlich überbringen wollte; allein ich habe zu meinem allergrößten Mißvergnügen sein gehabtes Unglück vernehmen müssen. Diesen ohngeachtet, verbindet mich ein geleisteter cörperlicher Eid : Ihnen, Mons. Eberhard Julius, als dessen eintzigen Sohne, ein solches Geheimnis anzuvertrauen, krafft dessen Sie nicht allein ihres Herrn Vaters erlittenen Schaden mehr als gedoppelt ersetzen und vielleicht sich und Ihre Nachkommen, bis auf späte Jahre hinaus, glücklich machen können. Ich bitte Sie inständig, alle Hindernisse aus dem Wege zu räumen, und sich in möglichster Geschwindigkeit auf die Reise nach Amsterdam zu machen, damit Sie längstens gegen St. Johannis=Tag daselbst eintreffen. Der 27. Juni, wo Gott will, ist zu meiner Abfahrt nach Ost=Indien angesetzt. Finden Sie mich nicht mehr, so haben Sie eine versiegelte Schrifft bey dem Banquier, Herrn G. v. B., abzufordern, wonach Sie Ihre Messures nehmen können. Doch ich befürchte, daß Ihre importanten Affairen weitläufftiger werden, und wohl gar nicht glücklich lauffen möchten, woferne Sie verabsäumeten, mich in Amsterdam auf dem Ost=Indischen Hause, allwo ich täglich anzutreffen und bekannt genug bin, persönlich zu sprechen. / Monsieur, votre valet, / Leonhard Wolffgang. / P. S. : Damit Mons. Julius in meine Citation kein Mißtrauen zu setzen Ursach habe, folget hierbey ein Wechselbrief à 150 spec. Ducaten an den Herrn S. in Leipzig gestellet, welche zu Reisekosten aufzunehmen sind.

2. Sprecher: Je nun : Ein finanzielles Risiko ist also nicht dabei –

zumal die erwähnte Summe etwa zweitausend Mark in heutiger Währung betragen dürfte. – Also . . . ?

1. Sprecher: Also reisen wir nach Amsterdam : In der Wermuthstraße, im ‹Wappen von Ober=Yssel› wird Logis genommen; und zuerst – in rühmenswerter Vorsicht ! – Erkundigungen nach diesem mysteriösen ‹Kapitän Wolfgang› eingezogen. Da hört Eberhard Julius denn, daß jener ein sicherer, wohlbekannter Mann sei; ursprünglich arm, gewiß; aber seit einigen Jahren scheinbar zu Wohlstand gelangt. Man lernt einander also kennen; Wolfgang entpuppt sich als verläßlicher Herr, von mittlerem Alter; und, nachdem Eberhard Julius sich ausreichend ausgewiesen hat, übergibt der Seemann ihm dieses Dokument.

Zitat: Dieser im Nahmen der heiligen Dreyfaltigkeit versiegelte Brief soll von niemand anders gebrochen werden, als einem, der den Geschlechts=Nahmen Julius führet, von dem anno 1633 unschuldig enthaupteten Stephano Julius erweißlich abstammet, und aus keuschem Ehe=Bette gezeuget worden.

N. B. : Der Fluch sehr alter Leute, die da GOtt fürchten, thut gottlosen und betrügerischen Leuten Schaden ! –

Mein Enckel. / Anders kan und will ich euch nicht nennen, und wenn ihr gleich der mächtigste Fürst in Europa wäret, denn es fragte sich, ob mein glückseliger Character dem eurigen nicht vorzuziehen sey, indem ich ein solcher Souverain bin, dessen Unterthanen so viel Liebe als Furcht, und so viel Furcht als Liebe hegen, über dieses an baaren Gelde und Juvelen einen solchen Schatz aufzuweisen habe, als ein großer Fürst seinen Etaat zu formiren von nöthen hat. Doch was nützet mir das Prahlen, ich lebe vergnügt, und will vergnügt sterben, wenn nur erst das Glück erlebt, einen von denenjenigen, welche meinen Geschlechts=Nahmen führen, gesehen zu haben. Machet euch auf, und kommet zu mir, ihr möget arm oder reich, krumm oder lahm, alt oder jung seyn, es gilt mir gleich viel, nur einen Julius von Geschlechte, der Gottesfürchtig und ohne Betrug ist, verlange ich zu umarmen, und ihm den größten Theil der mir und den Meinigen unnützlichen Schätze zuzuwenden. Dem Herrn Leonhard Wolffgang könnet ihr sicher trauen, weil er seine lincke Hand auf meine alte Brust gelegt, die rechte aber gegen Gott dem Allmächtigen in die Höhe gereckt, und mir also einen cörperlichen Eyd geschworen, diejenigen Forderungen, so ich an ihn gethan, nach Möglichkeit zu erfüllen. Er wird alles, was ich an euch zu schreiben Bedenken trage, besser mündlich ausrichten, und eine ziemliche Beschreibung von meinem Zustande machen. Folget ihm in allen, was er euch befiehlet, seyd gesund, und kommet mit ihm bald zu mir. Dat. Felsenburg, den 29. Sept. Anno Christi 1724. Meiner Regierung im 78. und meines Alters im 97. Jahre. / Albertus Julius.

2. Sprecher: Also wenn das beigefügte Geld nicht wäre – worauf es den Geheimnisvollen ja allerdings nicht anzukommen scheint – ich wüßte nicht, was ich aus der Sache machen soll!

1. Sprecher: Das weiß auch Eberhard Julius nicht; aber er entschließt sich kurz – jugendlich : ist es nicht Juni, die Luft blau ? : And what is as rare as a day in June !; Was Wunder, wenn auch ihn die Lust zu reisen überkommt ? ! – er folgt dem souverän=unbekannten Führer. –

Am 27. Junius 1725 gleitet das Schiff, mit Namen ‹Der neue Paris›, aus dem Hafen von Amsterdam; vierzehn Tage wartet man auf dem Texel, bis eine ausreichende Anzahl von Orlogschiffen beisammen ist; und steuert dann südwärts, in den großen Atlantik.

2. Sprecher: Also durch den Kanal. Portugals Küsten entlang. Den Kanaren und Kapverden vorbei . . . ?

1. Sprecher (bestätigend): bis zum Zentrum jener Sailor=Welt : Sankt Helena.

Eine reiche und üppige Insel ist das ! Ursprünglich holländisch, ist sie gegen Kapstadt vertauscht worden, an die Großbritannisch=ostindische Handels=Compagnie. Täglich liegen 20 Schiffe auf ihrer Reede : zehn leere nach Indien : zehn volle, mit Gold und Juwelen, zurück : The white man's burden !

Ein »üppiges Frauenzimmer« ist dort gefällig anzutreffen – während wir den Namen ‹Longwood› murmeln ! – ‹Kanariensekt› fließt in Strömen; und die Seeleute können sich kaum trennen : Denn entweder gehts jetzt endlos rechts ab, um Feuerland herum, Bohea aus Kanton zu holen; oder nach links : nach Ostindien.

2. Sprecher: Ich aber – mit den Tricks der Herren Autoren auch nicht ganz unbekannt – möchte vermuten, es gehe gänzlich anderswohin ?

1. Sprecher (lachend): Alter Vokativus ! : – Ja, natürlich. – Zwar, man stellt sich, als schlage man die gewohnte Route ein; aber sobald Sankt Helena außer Sicht ist, befiehlt Kapitän Wolffgang, Kurs nach Süden zu nehmen ! Man fährt dahin, tagelang, – as idle, as a painted ship upon a painted ocean –; sobald man den Wendekreis des Steinbocks überschritten hat . . .

2. Sprecher (murmelnd): und jetzt einmal nicht an Henry Miller denken . . .

1. Sprecher: Da wird das Wetter schlecht : man ist ja im Winter der Südhalbkugel. Mühsam durchbricht der Dreimaster einen Vorhang aus

Stürmen nach dem anderen : nicht nach den Hyperboräern geht es; sondern nach den Hyper=Noten. Schon wird die analphabetische Mannschaft unruhig – : dreißig Grad; fünfunddreißig Grad Süd. – Endlich, eines Tages, zeigt Kapitän Wolffgang dem jungen Studiosus im unvollkommenen Fernrohr einen Nebelfleck :

Zitat: »Sehet, mein Sohn, dort von fern den Felsen, worauf nächst Gott Eure zeitliche Wohlfahrt gegründet ist.« Ich wußte mich vor Freude kaum zu fassen, als ich diesen, vor mich so glücklichen Ort von fern erblickte; obwohl ich nichts weiter wahrnehmen konnte, als ungeheure, aufgethürmte Steinklumpen, die, je näher wir kamen, desto fürchterlicher erschienen. Doch, da mir der Kapitän bereits eine sehr anziehende Beschreybung davon gemacht hatte, so wurden mir die Stunden fast zu Jahren, ehe wir diesem Trotzer der Winde und stürmenden Meereswellen gegenüber Ancker geworffen hatten.

1. Sprecher: Landen kann man nicht; man muß auf offener Reede liegen bleiben. Denn die Küste ist, wie der Engländer sagt, – und man ist sehr englisch hier! – ‹ironbound›. Nach einer kurzen Ansprache wird das Schiff an den ersten Lieutenant übergeben; dann läßt man sich, Selbfünfzehn, in Booten an den unwirtlichen Strandfleck unterhalb der Klippen übersetzen.

2. Sprecher: Aber die zurückbleibende Mannschaft ? : schöpft denn die keinen Verdacht ?

1. Sprecher: Ach, das sind ja alles Analphabeten; ohne Ahnung von geographischer Länge und Breite ! – Natürlich : wundern thun sie sich ausgiebig, daß so viele Leute hier, am gänzlich unbekannten Ort, das Schiff verlassen – aber das ist quantité négligeable. / Fünfzehn Europäer also sind es; nämlich :

Zitat: Kapitän Leonhard Wolffgang, 45 Jahre / Herr Magister Gottlieb Schmeltzer, 33 / Friedrich Litzberg, ein Literatus, der sich meist auf die Mathematik legte, 30 / Johann Ferdinand Kramer, ein erfahrener Chirurgus, 33 / Jeremias Heinrich Plager, ein Uhrmacher und auch sonst sehr künstlicher Arbeiter in Metall= und anderer Arbeit, 34 / Philipp Harkert, ein Posamentier, 23 / Andreas Kleemann, ein Papiermacher, 36 / Wilhelm Herrlich, ein Drechsler, 32 / Peter Morgenthal, ein Kleinschmied und zugleich sehr kunstreicher Eisenarbeiter, 31 / Lorenz Wetterling, ein Tuchmacher, 34 / Philipp Andreas Krätzer, ein Müller, 36 / Jacob Bernhard Lademann, ein Tischler, 35 / Johann Melchior Grabe, ein Büttner, 28 / Nicolaus Schreiner, ein Töpfergeselle, 32 / sodann ich, Eberhard Julius, 20 Jahre alt.

2. Sprecher: Müssen denn alle diese Namen sein ?

1. Sprecher: Oh ja ! Denn der Leser wird allmählich=ausführlich mit jedem Einzelnen davon bekannt gemacht! – Man landet also auf einer der Steilküste nordwestlich vorgelagerten Sandbank; zündet ein Feuer an; trinkt bei hellem Mondschein ‹ein paar Schaalen Coffee›; und schlendert einstweilen am Fuße der Felsen spazieren, wo sich ein brausender Wasserfall ergießt. – Gegen Mitternacht jedoch beginnt auf einmal die tosende Flut spärlicher zu rinnen; hört ganz auf? : mit fragend gespreizten Fingerbüscheln wendet man sich an Wolffgang, den Kapitän ? – : aber schon kommen in rotem Fackelgewölk drei Fremde herunter, durch das nunmehr trockene Felsenmaul, stoßen die Leuchten weitgebärdig in den Sandboden, und umarmen entzückt den Führer.

2. Sprecher (widerstrebend): Also ein Wasserfall, der abzustellen geht? – Das ist nichts Neues. Ich sah einmal in der ‹Sächsischen Schweiz› einen, da mußte man 30 Pfennig bezahlen, worauf der Führer an einer Art Klosettstrippe zog – und der Fels entsprechend den Schnupfen bekam. – Aber hier ist ja wohl an einen größeren Maßstab gedacht?

1. Sprecher: Sie haben, wie Prince Henry, immer die abgeschmacktesten Gleichnisse bei der Hand! –

Durch den nunmehr trockenen Tunnel also, steigt man längere Zeit aufwärts, vorsichtig mit Händen & Füßen stoßend=tastend; bis man endlich auf der Innenseite der Felswand wieder ans Tageslicht tritt.

2. Sprecher (unterbrechend=neugierig): . . . und was sieht? . . .

1. Sprecher: ‹das schönste Lustrevier von der Welt›. –

Nämlich : Felsenzacken ringsum, als Schwert und Schild! Im Innern eine fruchtbare Ebene : zwei kleine Seen, aus denen sich hurtige Flüsse und Bächlein ergießen, lockere Waldungen und Haine. Felder und Wälder; an 9 verschiedenen Stellen kräuselt sich Rauch aus ländlichen Gehöften. Auf einer geregelt=langen Baumallee pilgert man zu dem Hügelschlößchen inmitten der Insel : ein uralter Mann erhebt sich mühsam=rüstig, und schließt entzückt seinen ‹Bruders=Sohnes=Sohnes=Sohn› in die Arme.

2. Sprecher: Moment! – ‹Bruders=Sohnes=Sohnes=Sohn› ? : Meingott; muß denn das sein?

1. Sprecher: Oh ja. Denn es ist typisch für die Einstellung des Verfassers! – Einhundert Jahre lang hat ein Zweig der Familie des im dreißigjährigen Kriege enthaupteten Stefan Julius auf Felsenburg geblüht : über dreihundert wohlgeratene Nachkommen umgeben da den ‹Altvater› ! – Vom europäischen Zweig der Familie – kümmern noch DREI!

2. Sprecher: Hm. Also doch nicht ganz ohne Bosheit. – Aber, bitte, erst einmal noch weiter.

1. Sprecher: Dies also ist ‹Die Insel Felsenburg› : eine Schalenwelt mit erhöhtem Rand. 20 Kilometer im Durchmesser. Von einem fleißigen, zumeist Ackerbau treibenden, Völkchen bewohnt : sämtlich Nachkommen des hundertjährigen Deutschen Albertus Julius, und seiner englischen Gemahlin, Concordia Plürs.

Deren Kinder, 9 Söhne und Töchter, haben durch antreibende Schiffbrüchige oder verstohlene Fahrten nach dem nah=fernen Sankt Helena sich Gatten geholt, und, bei zunehmender Großfamilienzahl, sich in 9 Dörfer – ‹Räume› genannt – auseinandergesiedelt. Das Grab eines noch weit früheren Ansiedlers, des Spaniers der Conquistadorenzeit, Don Cyrillo de Valaro, ist aufgefunden worden : der umschwebt noch immer als Schutz= und Warngeist liebevoll seine Insel. Südöstlich liegt ‹Klein=Felsenburg›, ein ausgesprochen superstitiöser Wetterwinkel : Stätte übernatürlicher Erscheinungen; und Sitz uralt=verschollener, heidnisch=unbekannter, Völkerschaften.

Das Klima selbst ist durchaus günstig : im Sommer Plus 20, im Winter Plus 14 Grad Celsius; also ozeanisch mild. Die Winter einschleiern sich als Regenzeiten; Schnee : gibt es höchstens alle 11 Sonnenfleckenjahre einmal : ‹Ewiger Frühling› heißt es in der noch näher zu bezeichnenden offiziellen Beschreibung.

2. Sprecher: Und wie lebt man dort auf Felsenburg ? Ich meine, verwaltungsmäßig; denn das ist ja heutzutage für den Bürger das Wichtigste.

1. Sprecher: Amtssprachen sind Deutsch und Englisch. Geld und Geldeswert – wovon man nicht wenig besitzt : aus Strandgut und dergleichen ! – liegt im gemeinsamen Safe unter der Albertsburg, dem Verwaltungs= und Kulturzentrum. Keine Rechtsanwälte; keine Schriftsteller. Viel wird getauscht : in Davidsraum wohnen besonders geschickte Schuster, die ihre Ware gegen das Stefansraumer Salz abgeben; oder gegen Wildpret aus Simonsraum. Die Frauen arbeiten mit bei Häuser= und Straßen=Bau. Streng evangelisch=lutherisch ist man, kein Katholik wird hier geduldet, geschweige denn als Bewohner akzeptiert. Und auch die Bevölkerung ist nur aus diesem speziellen Nordwest=Kleineuropa; den Hauptanteil stellen Deutsche, den Rest Engländer und Schweden; Holland wird mit Vorliebe erwähnt : diese erste fleißige Bürgerrepublik, aller Künste und freien Meinungsäußerungen voll, von Meindert Hobbema bis Spinoza.

2. Sprecher: Äußerst interessant. Mit nackten Worten also : ein idealer geldloser Mikrokommunismus, urchristlicher Provenienz ? Wobei besonders bemerkenswert ist, daß beide, Christentum wie Atheismus, nachdenklicherweise zum Kommunismus tendieren.

1. Sprecher: Machen wir es uns lieber historisch begreiflich : in den meisten anderen, etwa gleichzeitigen, Staatsromanen, gruppieren sich die Ereignisse fast stets um einen entweder mustergültigen oder zum Abschrecken gezeichneten Fürsten : man erwartete also die Rettung von oben ! Noch Hallers ‹Usong› oder Wielands ‹Goldener Spiegel› kennen das gar nicht anders.

Hier, auf der ‹Insel Felsenburg›, wächst organisch und ohne Schwanken inmitten dieser Nordwest=Europäer – daheim sämtlich gezwiebelt von zahllosen Barocksouveränen, roi=soleil=mäßigen – eine bezeichnende Spielart des Kommunismus. Eine merkwürdige Erscheinung; gleichviel, ob Wiedertäufer, Bauernkriege, Cromwell, oder französische Revolution !

2. Sprecher: Also das Ganze ein liebliches Märchen ? –

1. Sprecher: Ein liebliches Märchen ! ! – Warten Sie nur ab ! –

15 Europäer sind neuerdings angeworben worden; sorgfältig ausgelesen nach nützlichen Hand= und Geisteswerkern : ehe sie endgültig in den Staatsverband aufgenommen werden, muß jeder Neuankömmling vor Altvater und Ältestenrat sein Leben erzählen.

2. Sprecher: Wiederum sehr vergleichbar den uns geläufigen ‹Selbstbezichtigungen› der Ostblockstaaten; einer Beichte : aber öffentlich abgelegt.

1. Sprecher: Tiefer aufgefaßt : wohl ein Abschied vom vergangenen törichten Lebenslauf; den man dadurch wie etwas Fremdes objektiv zu betrachten lernt – und gleichsam wie ein altes Kalenderblatt abreißt. Ein Entfernen vergangener Enttäuschung und Torheit aus dem neuen ‹Ich›. –

Und was für Lebensläufe sind das ! 12 Segmente, Kugelzweiecke, braucht man, um einen Globus, eine Welt, zu bekleben : über 20 Sektorenleben serviert uns Schnabel, um die Welt der siebzehnhundertdreißiger Jahre zu rekonstruieren !

2. Sprecher: Also die ‹Gute, Alte Zeit› – eh ?

1. Sprecher: Ein furchtbares Bild ist es, was er entrollt ! ! Und in tiefsinnigster Symbolik : erst nach schwersten überstandenen Stürmen – oft muß man gescheitert sein ! – kann man zur ‹Insel Felsenburg› gelangen.

Wie gefällt Ihnen etwa diese Probe aus der Zeit der bei den Deutschen immer einmal wieder periodisch auftretenden ‹Soldatenkönige› ? :

Zitat: Zum größten Unglück kam ich auf den Gedanken, meinem Vormunde einen Brief voraus zu schicken, und ihm den Posttag zu melden, an welchem ich bei ihm eintreffen, mich auf 's Eiligste mit ihm berechnen, und sodann die Reise nach einer andern Universität fortsetzen wollte; denn dadurch wurde mir mein Concept gewaltig verrückt. Etwa acht oder neun Meilen vor meiner Geburtsstadt wurde ich beim Postwechsel von einem Trupp Soldaten umringt, der mich nebst den Sachen, die ich bei mir hatte, auf einen andern Wagen setzte, mich über Stock und Stein fortführte, und endlich in einer ziemlichen Festung auf die Hauptwache lieferte. Was mir daselbst für Schmach und Qual angethan worden, da ich mich durchaus nicht bequemen wollte, eine Musquete auf die Schulter zu nehmen, ist wahrhaftig nicht auszusprechen. Mein Vorschlag war, jedennoch fünfhundert Thaler für den Abschied zu geben, oder, da solches verweigert wurde, eine Stelle als Feldscheer anzunehmen und mich auf drei oder vier Jahre zu diesem Dienst anheischig zu machen; allein es war Alles vergebens. Die Officiers sagten mir frei in's Gesichte, daß sie eben keine lang gewachsenen Feldscheers, wohl aber lange Musquetirs brauchten. Endlich, da ich zwei Tage und drei Nächte krumm zusammen gebunden unter der Pritsche schwitzen müssen, und kein anderes Labsal oder Nahrungsmittel empfangen hatte, als Heringsköpfe, welche mir einmal über das andere in den Mund gesteckt wurden, war es unmöglich, die Marter länger auszustehen, sondern ich mußte mich endlich entschließen, einen höchstgezwungenen Eid zur Kriegsfahne abzulegen. Nun hätte sich zwar nach und nach vielleicht die Geduld bei mir eingefunden, dies widerwärtige Verhältnis so lange zu ertragen, bis sich mit der Zeit Aussichten zu einer Änderung gefunden hätten; allein das unerhört grausame Tractament, welches ich alltäglich von den Unterofficieren und besonders von dem Sohne meines Vormundes, welcher Corporal genannt wurde, erdulden mußte, war abermals unerträglich. Ich glaube, daß der zuletzt erwähnte Bösewicht mir bloß auf Anstiften seiner boshaften Mutter so viel Herzeleid zufügte, und auch seine übrigen Kameraden dazu anreizte. Denn wenn ich beim Privat=Exerciren nur das Weiße in den Augen ein wenig verwendete, geschweige denn sonst etwas versah, mußte mein Rücken so viel Stockschläge empfinden, dergleichen er sich empfangen zu haben nicht erinnern konnte.

Ich hätte sehr einfältig sein müssen, wenn ich nicht gemerkt hätte, daß mir mein Vetter und Vormund dieses Bad selber zubereitet habe, um des verdrießlichen Rechnungsablegens überhoben zu sein. Eben war ich im Begriff, etwa einen höheren Officier durch Geschenke oder Versprechungen auf meine Seite zu bringen, der mir nicht allein einige Linderung, sondern von meinem ungetreuen Vormunde hinlängliche Satisfaction verschaffen sollte, als mir ein anderer unglücklicher Streich begegnete.

Eines Abends schlugen sich etliche Handwerksburschen auf der Straße mit Knitteln weidlich herum. Da ich nun, um dieses Spectacul mit anzusehen, in voller Montur mit meinem Wirth um die Ecke des Quartiers herum spaziert war, kam der Corporal, mein Herr Vetter, unverhofft auf mich zu, und fragte, was ich hier zu stehen, und ob ich etwa Lust hätte, mich einzumischen? – »Nichts weniger als dies«, gab ich zur Antwort, »denn ich menge mich nicht gern in fremde Händel«. – »So scheert Euch«, sprach er, »in Euer Quartier, und legt Euch auf den H...; denn morgen habt Ihr die Wache«. – »Es wird«, versetzte ich, »morgen an mir nicht fehlen, heute aber habe ich nicht eher Ursache mich nieder zu legen, bis der Zapfenstreich geschlagen ist«. – »Canaille, willst Du raisonniren?« schrie er hierauf, und schlug mich dermaßen mit dem Stocke über den Kopf, daß mir augenblicklich das Blut über die Nase lief. Ich wurde darüber von einem so rasenden Eifer angeflammt, daß ich augenblicklich meinen Pallasch zog, dem schändlichen Blutsfreunde etliche Hiebe in den Kopf und die Schulter versetzte, letztlich aber ihm die rechte Hand dergestalt streifte, daß sie nur noch an einer einzigen Flechse hangen blieb. Deshalb kam ich vorerst in Arrest, und bald darauf in's Verhör und Kriegsrecht, wo mir das tröstliche Urtheil gesprochen wurde, daß ich drei Tage nacheinander, und zwar täglich zwölfmal, durch die Spitzruthen laufen solle. Dies nun dünkte meiner Seele weit unerträglicher als der Tod selbst; ja der leidige Satan war so geschäftig, mir einzugeben, daß ich mich lieber selbst ermorden, als dergleichen Marter ausstehen sollte, weil ich daran eben so gut crepiren müßte, als ein anderer, der erst vor wenigen Tagen eben dergleichen Strafe erlitten. Doch dieser desperate Entschluß wurde noch bei Zeiten in mir durch christliche Gedanken erstickt, dagegen fiel mir ein anderer Hazard ein, der doch wenigstens nicht ganz so verzweifelt und sträflich zu erachten war. Ich wußte nämlich, daß bei dem heimlichen Gemache, das zu der Hauptwache, worin ich gefangen saß, gehörte, eine schmale Schluft den Wall hinab nach dem Wassergraben zu ging. Demnach observirte ich Sonntags, nämlich des Tages zuvor, wo ich Spitzruthen laufen sollte, alle Gelegenheit, so wie auch die Gegend jenseit der Festung sehr genau, simulirte dann des Nachts über ein heftiges Reißen im Leibe, ließ mich etlichemal hinausbringen, so lange, bis meine Begleiter darüber verdrießlich wurden und mir allein an den Ort hinzugehen erlaubten, wo man seinen Vortrag mit gebogenen Knien zu thun obligirt ist, – in der Meinung, daß ich ja doch unmöglich entwischen könnte, da ohnehin vier Schildwachen um diese Gegend stünden, an denen man nicht so leicht vorbeikommen könnte. Allein ich ersah des Nachts gegen zwölf Uhr meinen Vortheil, rutschte durch die enge Schluft den Wall hurtig hinab, sprang eine acht bis neun Ellen hohe Mauer hinunter in den Graben, so daß mir das Wasser über dem Kopfe zusammen schlug, rief den Höchsten um Erhaltung meines Lebens an, legte mich aufs Schwimmen, kam glücklich hindurch, und erreichte endlich nach Übersteigung vieler Abschnitte und Pallisaden die freie Landstraße.

Nachdem ich mich ein wenig verschnaubt hatte, begab ich mich aufs Laufen, weil ich bereits ausgekundschaftet, daß die Grenze des benachbarten Landesherrn nicht über 4 Meilen von dieser Stelle entfernt sey. Wie mir aber zu Muthe war, als ich erst 2 Kanonenschüsse aus der Stadt, und dann in allen umliegenden Dörfern die Sturmglocken läuten hörte, mag man sich wohl vorstellen – denn dieses war das gewöhnliche Zeichen, daß ein Deserteur aus der Festung entsprungen, und jede Dorfschaft obligiret sey, denselben zu verfolgen.

Frühmorgens gegen Sonnen Aufgang, da ich mich auf einer weiten Ebene befand, und es mir unmöglich wurde, unausgeruhet weiter zu laufen, zwängte ich meinen ermüdeten Körper in einen aufgesprungenen hohlen Weidenbaum, der da weit von allen Straßen, nebst unzähligen anderen auf einer Viehtrift stand. Etwa eine Stunde nachher, als ich bereits stehend ein wenig geschlummert hatte, trieb der Viehhirte an mir vorbei, war aber, wie ich glaube, mit Blindheit geschlagen, weil er mich so wenig sah, als sein Knabe, der ebenfalls sehr oft bei meinem Schlafgemache vorbei lief. Indeß sobald er, nur etwa hundert Schritt von mir entfernt, sich nebst seinem Knaben in die Sonne gelegt hatte, fing ich von Neuem an zu schlummern, wurde aber nochmals durch das Getöse etlicher Reiter gestört, die, wie ich durch ein Spaltloch sehen konnte, sich dem Hirten näherten und fragten : ob er keinen Deserteur, in solcher Kleidung, wie sie ihm die meinige beschrieben, habe vorbei laufen sehen ? Er konnte freilich wohl mit gutem Gewissen Nein sagen, und berichtete ihnen zugleich auf ferneres Befragen, daß nur noch eine gute Stunde Weges bis zur Gränze sei, weshalb die Reiter ihre Pferde desto schärfer anspornten, und zwischen den Bäumen, nicht zwölf Schritte von meinem Behältnisse, dahin ritten. Mein Herz klopfte unterdeß so lange, bis ich dieselben aus dem Gehöre und Gesichte verlor. Endlich aber verlor sich auch zugleich bei mir die größte Angst in dem darauf eintretenden, mehr als sechsstündigen Schlafe. Nachdem ich wieder aufgewacht war, fing mich der Hunger ziemlich zu plagen an; jedoch der Magen mußte für diesmal durchaus Raison annehmen, weil ich es nicht für rathsam hielt, diesen sichern Ort zu verlassen, ungeachtet derselbe vor menschlichen Augen sehr unsicher zu sein schien.

Der Hirt, welcher binnen dieser Zeit weit im Felde gewesen, kam endlich gegen Abend wieder zurück, und setzte sich etwa zwanzig Schritt von meinem Baume nieder. Bald darauf kam auch sein Knabe, der vermuthlich des Tages über im Dorfe gewesen war, setzte sich neben ihn, und fragte unter andern : ob die Reiter wieder zurückgekommen wären, die dem entlaufenen Landsknechte nachgesetzt hätten ? Der Alte bejahte es, und erzählte zugleich, daß er abermals mit ihnen gesprochen, und erfahren, wie sie heute einen vergeblichen Ritt gethan hätten. »Es ist Schade, Vater«, sagte hiezu der Knabe, »daß wir den Schelm nicht haben ansagen können, denn sonst hätten wir gewiß einen Thaler Geld dabei verdienet, oder wohl gar zwei.« –

»Ach, Töffel«, versetzte der Alte, »behüte uns Gott vor solchem Blutgelde ! Es kann vielleicht wohl ein gutes, ehrliches Mutterkind gewesen sein; wer weiß, wie sie ihn gekreuziget haben. Ich wollte lieber einen Pfennig oder wohl gar nichts nehmen, und einen solchen armen Kerl zehn Meilen fortbringen, als für zehn Thaler Geld ihn den Soldaten verrathen; denn diese machen nicht viel Federlesens, sondern lassen auch die besten Kerls an den Galgen henken.«

O Du redliches Blut, gedachte ich in meinem Herzen, Gott wird Dir Deine christliche Liebe, wo nicht zeitlich, doch dort ewig zu vergelten wissen ! Dennoch hielt ich mich fortwährend still, bis endlich nach verschiedenen anderen Gesprächen der Knabe weit in's Feld lief, um das zerstreute Vieh zusammen zu treiben. Da nun bald darauf der Hirt etwas näher an meinen Baum kam, rief ich ihn an, klagte seiner Treuherzigkeit meine Noth, überreichte ihm einen Ducaten, und bat ihn, mir dafür, so bald es möglich, nur einen Trunk Bier nebst einem Stücke Brot zu verschaffen.

Er bezeigte mit meinem Elende großes Mitleid, überreichte mir unterdessen ein Stück Brot nebst einem Käse, und versprach, binnen zwei Stunden mit besserer Speise und Getränk bei mir zu erscheinen, wollte aber durchaus kein Gold, sondern sagte : ich möchte ihm nur etliche Groschen Silbergeld geben, um die Speisen dafür zu kaufen, weil er in seinem ganzen Leben für jetzt nicht mehr als zehn Pfennige baares Geld aufzubringen wüßte.

Demnach überreichte ich ihm eine ganze Hand voll Silbergeld, wovon er sich aber nicht mehr als etliche Groschen auslas, und das Übrige durchaus nicht annehmen wollte, sondern mit starkem Kopfschütteln davon ging, nachdem er versprochen, binnen einer Stunde wieder bei mir zu sein.

Er hielt sein Wort redlich, kam mit der Abenddämmerung zurück, brachte einen halben Schinken, ein starck Stücke Wurst, ein halbes Brot, eine Flasche Bier, wie auch Butter und Käse, in seinem Rantzen getragen, und ließ mich nach Belieben davon speisen. Er aber setzte sich etliche Schritt von mir abseits, und erzählte binnen der Zeit seiner Einfalt nach verschiedene kluge Streiche, die man einem Manne, der täglich bloß mit unvernünftigem Vieh umging, nicht leicht zugetraut hätte.

Sobald die Nacht herein brach, führte er mich glücklich über die Gränzen meines verhaßten Vaterlandes, ruhte nachher über drei Stunden in einem dicken Gebüsche an meiner Seite, und zeigte mir sodann die richtige Straße, worauf ich unfehlbar innen drei oder vier Stunden eine kleine Stadt erreichen würde, in welcher nicht die geringste Gefahr für mich zu befürchten, dagegen alle Sicherheit anzutreffen sei. Ich fragte, was er für seine Bemühung haben wollte, und der gute Mann forderte nicht mehr als zwei Groschen, was mich dermaßen afficirte, daß ich ihm zwei Ducaten in die Hand drückte, die er vermuthlich nicht angenommen, wenn die Dunkelheit ihn nicht gehindert hätte, Gold und Silbergeld zu unterscheiden.

Der gantze teutsche Erdboden kam endlich bey reiflicher Überlegung meinem Gemüthe unglücklich und verdrießlich vor . . .

2. Sprecher: Also der Deserteur, der die ‹Kirschen der Freiheit› jedem Kommißbrote vorzuziehen gelernt hat. – Ts ts; und Menschenraub wie immer, wie heute, wie morgen!

‹Untriuwe ist in der saze, / gewalt vert uf der strasse; / fride unde recht sint sere wunt.› –

Die sogenannten ‹Höheren Stände› ? . . .

1. Sprecher: Débauchiert wie nur je : ständig auf Reisen in die Venusberge zu Paris oder Venedig begriffen. Es ist ja das Jahrhundert der großen Abenteurer; eines Casanova; eines Neuhoff, der sich zum König von Korsika aufschwang; eines Benjowski, der Kamtschatka und Madagaskar revolutionierte. Aber auch das Bürgertum ist insgeheim verkommen, man nehme welchen Stand man will : Goldmacher treiben sich um; die Pfarrer wollen alle nur ihre altjüngferlichen Töchter verheiraten; Liebe und Treue ? : Oh weh!

Also berichten die Neuankömmlinge, ein einziger düsterer Chor des ‹Krieges Aller gegen Alle›, daß die europäische Menschheit sich schon damals längst in einen Haufen vagabundierender Einzelwesen aufgelöst hatte. Und, nach dem altbekannten Gesetz der Völkerentwicklung, daß vor dem Ende grundsätzlich der Verfall kommt, wird auch in diesen Biographien der Tobak immer stärker, der fragwürdig=obszöne Glockenklang immer voller : der 1. und 2. Band sind großartig frisch; der 3. schon fragwürdig; der 4. nur noch ein, bemitleidenswert »um des Honorariums willen« hingesudeltes Machwerk. Aber diese Menschen sind sämtlich müde, schiffbrüchig, europasatt. Die einsame Insel im Südmeer ist ihnen nicht mehr – wie im weitweit flacheren ‹Robinson Crusoe› – bewinseltes

Exil; sondern das ersehnte Asyl : wo ein anständiger, fleißiger Mensch, ob gefolterter Mann, oder oft überfahrene, gesalzene Frau, endlich in Ruhe und Frieden leben kann.

2. Sprecher: Dies Felsenburg wird ja nun allmählich ein Begriff, wie ‹Im Monde›, wo alle Tugenden wohnen; oder wie ‹Wolkenkuckucksheim›.

1. Sprecher: Oh, durchaus nicht ! Nachdem der Verfasser solchermaßen zweierlei gültig geleistet hat :

ein unvergänglich=grausiges Bild seines germanischen Europaviertels entworfen; und die Republik seiner heiligen Inselwelt – :

erspart er uns auch das Letzte, Enttäuschendste nicht : Allmählich geht der alte, treuherzige Charakter der ‹Erstsiedler› verloren. Die an Äsopische Fabeln erinnernde Idylle der gezähmten Affen – ‹Zurück zur Natur !› – wird auf den ‹Thierpark› beschränkt. Von Außen kommt der verhängnisvoll=entscheidende Anstoß zur Degeneration.

Durch Verrat – oder wohl besser : Geplauder – der diversen gezwungenermaßen angeheuerten Schiffsmannschaften – sind einige europäische Staaten, Holland, Portugal, auf Felsenburg aufmerksam geworden. Fregatten beginnen vor der Insel zu kreuzen. Und es bleibt den Bewohnern, wenn sie ihre sozialen Errungenschaften verteidigen wollen, weiter nichts übrig, als sich zu bewaffnen – levée en masse : aux armes, citoyens !

2. Sprecher: Gebrauchen Sie eigentlich absichtlich diese Redewendungen ?

1. Sprecher: Die verzweifelte Ähnlichkeit drängt sich nun einmal auf : ich kann nichts dafür !

Man beginnt Mörser und Kanonen zu gießen; Schießpulver zu erzeugen. Eine Inselmiliz wird aufgestellt : sofort formieren sich, Folgen der Aufrüstung, Frauenbataillone, Handgranatenwerferinnen, die auch zum ‹Einsatz› kommen, und in die sich, unverzüglich=jungfräulich, selbst die 10–15jährigen Mädchenkinder drängen.

Zitat: Hierbey muß ich bekennen, daß sich unser Frauenzimmer weit desperater aufführete, als die Männer selbst; ja, die kleinesten Kinder, wenn sie nur den Nahmen ‹Portugiese› nennen höreten, spyen gegen die Erde.

1. Sprecher: Nein, nein ! : Die Parallele zu unserer Zeit stimmt schon äußerst nachdenklich; und läßt an der konsequenten Bosheit des Verfassers wenig Zweifel aufkommen. –

Noch einmal gelingt es, alle Angriffe abzuschlagen; noch einmal wird ein Schiff von der Insel nach Europa abgesandt . . .

Zitat: Auf unsern Höhen ließen sich Pauken, Trompeten und allerlei andere musikalische Instrumente hören, wobei denn aus den Kanonen immer eine scharfe Ladung nach der anderen gegeben, auch etliche Bomben in die See gespielet wurden; worauf man, wie wir wohl vernehmen konnten, bis zur Mitternachtsstunde beständig antwortete. Endlich aber war bei Anbruch des folgenden Tages von dem Schiffe nichts weiter zu sehen, weshalb wir ihnen allen unter nochmaliger Abfeuerung der Kanonen Glück auf die Reise wünschten, und ein Jeder sich sodann nach seiner Wohnung verfügete.

2. Sprecher: Ein schöner Schluß : wie zu Beginn die geheimnisvolle Insel auftauchte, so verschwindet sie also uns Unwürdigen gegen Ende wieder unter dem Horizont ? – Und das nun ist Ihr geliebter Roman von der ‹Insel Felsenburg› ?

1. Sprecher (entgegenkommend): Eben dies. – Die erste Auflage des großen Buches war 1731–43 erschienen. Aber erst 150 Jahre später gelang es, einige wenige Daten über den Verfasser zusammenzutragen. – So etwa, daß er 1692 in der Nähe von Bitterfeld geboren sei; im Laufe eines gedrückten, 50jährigen Lebens als Zeitungsredakteur tätig war; auch ein paar Romane schrieb. Zumeist aber als ‹Kammerdiener› auch ‹Hofagent und Hofbalbier› beim Grafen Stolberg – einem der damaligen ‹Reichsunmittelbaren› Westentaschen=Souveräne – diente. Sein Ende ist unbekannt; nach 1750 bleibt er verschollen . . .

2. Sprecher (nachdenklich): vielleicht hat ihn Kapitän Wolffgang nach Felsenburg abgeholt ?

1. Sprecher: Zu gönnen wär' es ihm wohl ! – Aber, einmal abgesehen von seinen übrigen ziemlich apokryphen schriftstellerischen Leistungen – der »Im Irrgarten der Liebe herumtaumelnde Kavalier« ist Ihnen vielleicht noch aus der Immermannschen Parodie auf den Grafen Platen bekannt – seine bemerkenswerteste Leistung ist und bleibt unsere ‹Insel Felsenburg›; nach dem ‹Simplizissimus› wieder, wie Sie schon widerstrebend sahen, der erste deutsche Roman von globaler Wirkung.

2. Sprecher: Wurde er denn wenigstens als solcher gewürdigt ?

1. Sprecher: Alle unsre Großen haben ihn in ihrer Jugend, und meist begeistert, gelesen; ob Lessing, Herder, oder der literarische Meisterdieb Wilhelm Hauff. Johann Heinrich Voß hat in seiner Neubrandenburger Zeit eine breit angelegte Fortsetzung entworfen, von der leider nichts erhalten geblieben ist. – Schon in einer mittelguten Goethe=Ausgabe stoßen Sie immer wieder auf solche Stellen :

Zitat : »Wenn es Gott & der Natur gefallen hätte, den Urgebirgsknoten von Nubien durchaus nach Westen bis an das große Meer zu entwikkeln und fortzusetzen; ferner diese Gebürgsreihe einigemale von Norden nach Süden zu durchschneiden – so würden Thäler entstanden seyn, worin gar mancher Urvater Abraham ein Canaan ... *(betont weiter):* ... mancher Albert Julius eine Felsenburg würde gefunden haben; wo denn seine Nachkommen leicht mit den Sternen rivalisierend sich hätten vermehren können.«

1. Sprecher: Noch 1790 – also immerhin schon 60 Jahre nach dem Erscheinen des Buches! – läßt Iffland in seinem Lustspiel ‹Frauenstand› den Hausfreund unmutig=selbstverständlich mahnen: »Ach was! Romanideen; nichts als Romane: Mein Herr, wir leben nicht auf der Insel Felsenburg!« –

Oppermann läßt in seinem großartig angelegten Roman der ‹Hundert Jahre› die Kinder sich daraus vorlesen; ja, sogar lesen lernen sie daran, bis sie sie nahezu auswendig können! –

Besonders gewichtig und psychologisch bedeutsam das Geständnis Karl Philipp Moritz', in seinem ewig rühmenswerten ‹Anton Reiser›:

Zitat: Die Erzählung von der Insel Felsenburg tat auf Anton eine sehr starke Wirkung, denn nun gingen eine Zeitlang seine Ideen auf nichts Geringeres, als einmal eine große Rolle in der Welt zu spielen und erst einen kleinen, dann immer größeren Zirkel von Menschen um sich her zu ziehen, von welchen er der Mittelpunkt wäre; dies erstreckte sich immer weiter, und seine ausschweifende Einbildungskraft ließ ihn endlich sogar Tiere, Pflanzen und leblose Kreaturen, kurz alles, was ihn umgab, mit in die Sphäre seines Daseins hineinziehen, und alles mußte sich um ihn, als den einzigen Mittelpunkt, umher bewegen, bis ihm schwindelte.

Dieses Spiel seiner Einbildungskraft machte ihm damals oft wonnevollere Stunden, als er je nachher wieder genossen hat.

1. Sprecher: Vor allem drang dies Buch ins Bewußtsein auch des Volkes ein, wie nie ein anderes vor= oder nachher: es ist bezeugt, daß um 1750 die Bibliothek des Handwerksmannes meist nur zwei Bücher enthielt: die Bibel und –: unsere Insel Felsenburg!

Bevor der junge Geselle seine Wanderschaft durchs ‹Reich› antrat, gab ihm der Meister die 2.500 Seiten mahnend zu lesen: als Ersatz für noch mangelnde praktische Lebenserfahrung!

2. Sprecher: Und ich kann mich jetzt also nicht auf dem Absatz umwenden, in die Buchhandlung gehen, und dort zum Gehilfen sagen: ‹Bitte, einmal die Insel Felsenburg›?

1. Sprecher: Bestenfalls taucht, wie schon gesagt, antiquarisch, und auch das schon sehr selten, noch eine von Ludwig Tieck bevorwortete Redaktion auf, die auf 2.000 Kleinoktavseiten etwa Dreiviertel des Originals bietet. Allerdings hat Tieck, was bei seinem sonst superfeinen Gefühl für Stil und Sprache merkwürdigst überrascht, damit leider eine den Ton und Geist der Urschrift böse verwischende Überarbeitung eines Ungenannten nicht nur passieren lassen, sondern sanktioniert – zur Strafe werden wir sie im Folgenden die ‹Tieck'sche Redaktion› nennen!

2. Sprecher: Wirkt sich das tatsächlich so nachteilig aus? Wo Sie doch selbst andeuteten, daß das Verdienst des Buches im Sprachlichen nicht liege?

1. Sprecher: Eben deswegen hätte man desto sorgfältiger über dem Text wachen, und wenigstens nicht das kulturgeschichtlich so bezeichnende Gepräge verwischen sollen: dieses doch aparte Ragout aus derb=kräftigem Deutsch als pièce de résistance, und dem nicht unzierlichen Gewürz der Gallicismen und Latinismen mundet unsrem Gaumen wieder – in dieser Hinsicht sind wir durch die Besatzungsmächte ja heilsam umgewöhnt worden. Und ist es denn nicht schade, wenn im Original ein Feind sich erbost, »die Koller=Ader lief fingersdicke auf«; und die Tieck'sche Redaktion hat das matte: »seine Adern schwollen«? Von Hottentottischen Speerträgern am Kap verfolgt, weiß der fliehende Held »wie sicher diese rohen Menschen« werfen?: oh nicht doch!: »Wie accurathe diese Unfläther zu treffen verstehen«. Aus einem »venerablen weißen Bart« wird ein wenigsagend »schöner«. Und nicht nur Purist ist der Bearbeiter gewesen; sondern, was sich arg gut damit verträgt, auch noch Moralist: wenn der alte Schnabel seine Liebespärchen sich naiv und redlich an »die Wonnen« machen läßt, »die nur Gott verleiht« – um die geistreiche Ausdrucksweise Wagners im ‹Lohengrin› zu gebrauchen – wenn also der Bub dem Mädel »die harten, jedoch auch zartten Brüste küsset«; dann wird bei Tieck ...

2. Sprecher (mitleidig einsprucherhebend): ... Sie strafen ihn aber wirklich zu hart! ...

1. Sprecher (fortfahrend): ... dann macht die Tieck'sche Redaktion daraus eine plättbretthaft=einheitliche »Brust«: Schluß! – Aber darauf muß man ja sogar schon bei den Drucken des 18. Jahrhunderts achten: alles was nach 1749 erschien, ist ‹durchgesehen›, ‹gereinigt›, ‹überarbeitet›, oder wie wohl sonst noch die Gesellenausdrücke lauten, die es besser wissen, als der Meister. – Das weit Bedenklichere aber ist, daß Tieck mit hartnäckiger Abneigung zahllose Einzelheiten der Inselgeschichte gestrichen, und so nicht nur das Gleichgewicht zwischen der Rahmenerzählung und den Biografien entscheidend gestört, sondern vor allem der

Fantasie des Lesers die Mitansiedlung im neuwachsenden Staatsgebilde maßlos erschwert hat.

2. Sprecher (nachdenklich): Vielleicht ließe sich das – ich meine jetzt die stilistische Verkehrung – psychologisch erklären:

Tieck, beziehungsweise der betreffende Bearbeiter, sind um 1770 geboren. Bei der ‹Insel Felsenburg› handelt es sich also um den Sprachschatz ihrer Eltern – der dem ‹modernen› Kinde ja stets altmodisch und lächerlich=fatal erscheint. Denken wir doch einmal an die unsinnig verbauschten Kostüme der ‹Frau Luna› unserer Eltern, die wir uns höchstens noch ansehen, wenn wir einmal recht boshaft lachen wollen; oder an den Dreschflegeltakt der unsagbar scheußlichen ‹Rheinländer› : ‹Immer an der Wand lang !›, Paullinckischen Angedenkens – die Wonne der ‹Platzkonzerte›, zugegeben : aber das ist ein Gegenargument mehr!

1. Sprecher: Mag sein, daß der Bearbeiter also darum im Text so gewütet hat, weil ihn die Diktion unangenehm ans Elternhaus erinnerte, ‹Väter & Söhne›. – Jedenfalls ist auch diese ‹Insel Felsenburg› leider wieder 1 Großbeispiel mehr für die bedauerliche Lückenhaftigkeit unserer deutschen literarischen Tradition; ein Beweis dafür, wie mißlich es ist, die Erhaltung des großen Kontinuums vertrauensvoll in die Hände von Germanisten und Verlegern zu legen ! Wieder einmal wird vorenthalten

dem Leser ein anregendes,
dem Kulturhistoriker ein unentbehrliches,
dem Prosafachmann ein konstruktiv äußerst belehrendes Stück !

2. Sprecher: Was schlagen Sie also vor ?

1. Sprecher: Ein simpler Neudruck der editio princeps würde genügen; notfalls 500 doppelspaltige Seiten : also ein halber Konversationslexikonband ! –

Aller Dreck wird heute neu gedruckt; aufs einfallsloseste : nichts gegen den ‹Werther› : aber der ist tausendfach erreichbar ! 50 der unsterblichsten, dabei völlig vergessenen, Bücher harren vergeblich; mit verkleisterten Augen, scheuklappig am ganzen Leibe, Büscheln von Stinkmorcheln in den verkrüppelten Händen, präsentiert sich uns zu den Messen der Literastenschwarm : wo ist der Verleger, der diese 50 (die ich ihm gern namhaft machen wollte !) neudruckt ? !

Denn Sie müßten selbst sehen, wie liebevoll Schnabel sich das – zweifellos auch für ihn lösende, wenn nicht gar rettende ! – Gedankenspiel seiner Insel zurecht gemacht hat : da erscheinen im Text die Kupferstichkarten Groß= und Klein=Felsenburgs, mit Weilern und Wäldern, Flüssen und Seen, Untiefen und vorgelagerten Sandbänken : auf 10 ganzen Seiten gibt er die präzisen Stammtafeln der Einwohner...

2. Sprecher (unterbrechend): Jaaber : geht das nicht etwas zu weit ? Ist das nicht allzu trockene Konstruktion ?

1. Sprecher: Im Gegenteil. Gerade an so überzeugend=Exaktem kann sich die kombinierende Fantasie entzünden : das heißeste Feuer kommt aus Trockenstem; Karten, Zahlenkolonnen, Namenslisten von Staatshandbüchern ! Was meinen Sie wohl, warum Galsworthy, ein Nobelpreisträger, seiner ‹Forsythe=Saga› ähnliche Stammtafeln beigab : wollen Sie dem alten Deutschen das versagen, was Sie dem späten Engländer zubilligen ?!

2. Sprecher: Hm. – Yes=well. – *(Es ist schwer, einen Menschen zu überzeugen !):* Aber Sie sagten ‹Karte› ? : Hat Schnabel etwa irgend eine bestimmte Lokalität für seine Utopie vorgeschwebt; ähnlich wie man es beim Robinson mit Selkirk und ‹Juan Fernandez› versucht hat ?

1. Sprecher: Im vorliegenden Fall ist es um 1 entscheidende Spur unheimlicher ! – : Wenn die Bevölkerung eines Landes – eventuell ‹Ei› davor; meinetwegen – nach einem Buch lebt, so ist das nur üblich : Wir, die Mohammedaner, der Sachsenspiegel, schweigen wir vom Buch Mormon, richten uns auch nach Bibeln, BGB's, oder sonst einem fuero juzgo.

Wenn dieses ‹Buch› 200 Jahre alt, und ein Roman, ist – dann ist das schon ‹putzig›. Wenn dieser Roman in einer fremden Sprache geschrieben, und den Einwohnern unbekannt ist – so ist das ‹unheimlich›, einverstanden ?! (Denn wie wäre Ihnen zumute, wenn man Ihnen aus einem so alten Buche vorläse, was Sie heutzutage treiben ?!).

2. Sprecher: Das wäre natürlich merkwürdig.

1. Sprecher: Ebeneben ! – Denn keiner der 2 vor mir Dissertierenden hat sich anscheinend die Mühe gemacht, Formeln der sfärischen Trigonometrie anzusetzen; Gane nachzuschlagen und Barrow; Dampier; Kaspar van Riebeek – nicht ‹Herr von Ribbeck auf Ribbeck im Havelland› –; oder den bekannten Kometenmenschen Edmund Halley, und dessen Reiseberichte in den weltweitberühmten (und mit Recht !) ‹Philosophical Transactions› : Am 16. Oktober fährt Eberhard Julius, der Archivar und Historiograf der Insel Felsenburg, von Sankt Helena ab; das war schon damals, 1725, ein Zentrum der Sailor=Welten, eine Wasserstation, Depot für Spermatozoen; nebst Kapstadt der letzte Hafen, bevor man ging, Eastward Ho !, nach Ostindien, The White Man's Burden zu holen – Sie erinnern sich an das Litho A. Paul Webers.

2. Sprecher: Oh ja; aber es ist boshaft.

1. Sprecher: Es ist eine der Aufgaben des Künstlers, boshaft zu sein ! –

Nachdem man – unter gebührend=colombischem Murren des Schiffsvolks – Richtung nirgendhin mitten in den großen Südatlantik gesteuert ist, schallt endlich, vorschriftsmäßig=unromantisch, der Ruf ‹Land Ho !› – genau nach den 27 Tagen der erforderlichen alten Segelschiffahrt. – Und es folgt der Nachweis : daß die ‹Insel Felsenburg› identisch ist mit der Inselgruppe von Tristan da Cunha; zur Zeit in britischem Besitz; auf 37°5′50″ Breite und 12°16′40″ Länge westlich von Greenwich : Tristaniten, Belemniten, Schiiten, Karaiten Hedschas & Yemen, Seleniten, Troglodyten, Pirouetten=Kastagnetten; man kommt nicht ‹von selbst› darauf!

2. Sprecher: Sie behaupten also, daß – ich habe den ‹Stieler› zur Hand – jene Klippen dort, im Kellergeschoß der Erde, ‹Tristan, Nightingale, Inaccessible, Middle & Stoltenkoff›, zu den ‹besungenen› gehören ? Und das Urbild der großen ‹Insel Felsenburg› sind ? !

1. Sprecher: Genau nach den vorgeschriebenen Wochen der alten Segelschiffahrt übers ‹Challenger=Plateau› sieht man sie, als »einen ungeheuren aufgethürmten Steinklumpen«, einen »Trotzer der Winde und stürmenden Meereswellen«, »ringsum von gantz schroffen Felsen umgeben.« / : Tristan da Cunha besteht rundum aus steilen, 1 bis 2 tausend Fuß hohen Wänden. Alle, Menschen wie Güter, müssen – es gibt keinen Hafen – auf offener Reede über Boote verladen werden : auf Felsenburg, wie vor Tristan da Cunha !

Diese Boote nahen sich – : an der Nordwestecke der Insel Felsenburg, wo man grundsätzlich zu landen pflegt, ergießt sich ein Wasserfall über die Felswand herunter. / Genau wie auf Tristan da Cunha : »It marks the landing=place«, heißt es bei der Barrow.

Im Roman kann man diesen Wasserfall abstellen, und durch den also nunmehr trocken gelegten Tunnel ins Inselinnere, ins Gelobte Land, gelangen. / In der Küste Tristans finden sich zahlreiche Höhlen; darunter eine, ‹Freshwater=Cave›, die 100 Meter und mehr ins Innere hineinführt !

Auf ‹Felsenburg› liegen im Nordosten mehrere Teiche, wo ringsum Bäche mit vielen Verästelungen ein sumpfiges Delta bilden, das man auch »wegen der vielen dicken Bäume« nicht gut umgehen kann. / : Auf Tristan liegen in der moorigen Nordostecke die »Three Ponds«, untereinander durch Wasseradern verbunden, »the sides of which in many places are thick with trees« : Genügt's ? !

2. Sprecher: Tja. Es scheint fast so. –

1. Sprecher (unerbittlich): Also doch noch nicht ? : Dann weiter ! –

Inmitten der Insel Felsenburg befindet sich ein See. / : Auf Tristan, inmitten der alt=erloschenen Vulkaninsel liegt dieser ‹crater=lake›.

Vom Rand der Schalenwelt, bis zu der in der Mitte liegenden Schnabel'schen ‹Albertsburg› ist es »fast 1 Meile«; d. h. der Durchmesser der Insel mag rund 15 km betragen. / Tristan hat diese vorschriftsmäßigen 12 km Durchmesser. (Und beide Inseln sind nebenbei »annähernd kreisförmig«).

Von einem Tanggürtel ist Felsenburg umgeben. / Tristan von einem »belt of seaweed«; so fest und wellenbrechend, daß »Boote an ihm für die Nacht festmachen« können. Auf den vorgelagerten Klippen Felsenburgs sieht man Tiere, »welche halb einem Hunde und halb einem Fische ähnlich sahen«; (»Seekälber« heißen sie später auch wohl). / An den Tristanischen Küsten trägt noch heute eine flache Bucht den Namen ‹Seal=Bay›; und man findet dort Seehunde, =Elefanten, und sogar =Leoparden!

Wein und Obst wächst wild auf der Insel: d. h. auf beiden, Tristan & Felsenburg! Südwestlich von Felsenburg liegt, etwa 2 Meilen entfernt, eine weitere Insel, ‹Klein=Felsenburg›, von geringerem Umfang aber. / Das ist, und die Größenordnung der Maße trifft zu, ‹Inaccessible Island›. (Wohin Schnabel auch den übermäßig hohen Zentralberg verlegt hat; der ihn auf Felsenburg selbst ja nur gestört hätte – an dessen Stelle blieb nur der Hügelstumpf für die Albertsburg).

Bei einer Fahrt nach diesem – nach Richtungswinkel und Entfernung also genau entsprechenden ‹Klein=Felsenburg›, und der anschließenden Besteigung des Peak, entdeckt man »ein Stücke Land, ohngefähr 40 bis 50 Meilen entfernt, gegen dem Süderpol zu«. / : Das ist das rund 400 km entfernte ‹Diego Alvarez› (wobei anzumerken ist, daß 50 Schnabelsche Meilen 375 km entsprechen; und meine alte Karte aus Herrn Hübners ‹Realem Staats=, Zeitungs=, und Conversations=Lexikon› von 1752 ebendort eine der damals noch goutierten Fabelküsten, Terra Vitae, verzeichnet).

2. Sprecher: Eigentlich ein bißchen unheimlich, wie?

1. Sprecher: Unheimlich?: ‹Unheimlich› ist, wenn bei Karl May auf einmal eine 100 Seiten lange Auseinandersetzung mit Nietzsche erfolgt. Wenn Barthold Heinrich Brockes seine scheinbar französisch=geregelten Gärten systematisch von Menschen=Besuchern entleert, bis nur noch Frösche, Blumen und Wolkenüberritzebüttel vorkommen. Oder wenn ich im Hannoverschen Staatshandbuch für 1798 auf Seite 58/59 den uralten Schattenriß eines einst=blühenden Jungmädchens finden muß, und daneben den Geist eines Ahornblattes, dem das Chlorofyll längst entwich: wehe, mein Hämoglobin! –

Nein: Unheimlich ist, wenn man das folgende Blödsinnige feststellen muß: Auf Tristan da Cunha lebt man, wie Schnabel es vorgezeichnet hat – zu einer Zeit, als jene Gruppe noch menschenleer war!

2. Sprecher: Wie ist das möglich?!

1. Sprecher: Bitte sehr: Ich demonstriere Ihnen an diesem einmaligen Fall, wie durch die Identität lediglich der äußeren Situation – d. h. Formation der Insel; völlige Abgeschiedenheit, also körperliche und geistige Isolation, Meeresströmungen als einzige Verkehrsmittel – und Schnabels genial=intuitive Versenkung in solchen Zustand (‹Längeres Gedankenspiel Hochtyp III›; vergl. meine ‹Berechnungen II›) die Wahrheit, die Realität, überrumpelt, getroffen=übertroffen wird!

2. Sprecher: Ist denn Tristan da Cunha überhaupt bewohnt?

1. Sprecher: 1812, als England und die blutjungen USA zum zweitenmale Krieg führten, faßte man britischerseits den Felsen fester ins Auge: allzuviel amerikanische ‹Privateers› benützten ihn als Stützpunkt zur Beunruhigung Kapstadts und des Ostindienhandels. Dann kam noch 1815 hinzu: auf dem ihm »zunächst gelegenen Stück Landes» wurde 1 Mann interniert, den zu bewachen keine Mühe zu groß, kein Aufwand zu teuer schien – also stationierte man auf Tristan, 3.000 km sind's, 1 Bataillon Artillerie; Schotten und Hotten=Totten und wie sie alle heißen.

Als der berühmte Fall dann durch Magenkrebs geklärt war, Oh Captain my Captain, und die Garnison zurückgezogen werden sollte, beschloß ein Corporal aus Kelso (Berwick), William Glass, auf Tristan zurückzubleiben. Mit ihm ein paar Kameraden und Farbige.

Glass wurde langsam der »Governor« – »Altvater« heißt die Charge bei Schnabel – und noch 1910 wußten die Uralten zu berichten, wie er, hoch überm Strande, in seinem aus dem Felsen gehauenen Armstuhl zu sitzen, und die allmonatlich=fern vorbeistreichenden Schiffe zu verfolgen pflegte, »with a spy=glass 8 feet long«.

2. Sprecher: Ein gesundes Klima also?

1. Sprecher: Schon bei Schnabel wird der erste ‹Altvater›, ‹Albertus Julius› 102 Jahre alt, five score and two; und hier setzt schon wieder das Merkwürdige ein: Thomas Hill Swain, ein Tristanite, stirbt 108jährig – und auch dann nur, »weil er sich beim Holzhacken verletzt hatte« (sic!). / Oder der »Headman and Marriage=Officer«, Peter William Green, wird 94 Jahre alt – genau wie auf Felsenburg der zweite ‹Altvater›: die Natur selbst scheint sich gehorsam nach Schnabels Erfindungen gerichtet zu haben!

2. Sprecher (betroffen): Äußerst merkwürdig! – Woher hat man auf dem reellen Tristan die Frauen geholt?

1. Sprecher: Lesen Sie doch die Insel Felsenburg! – Woher holt man sie organischerweise, wenn es daran fehlt?: Von dem nächsten bewohnten Land, also Sankt Helena. Freilich sind es zum Teil farbige Gattinnen: auf Tristan sowohl, wie auf Felsenburg!

Ich erwähnte bereits die ausführlichen genealogischen Tabellen bei Schnabel – von den späteren komplizierten Entwicklungen im 2.500=Seiten=Text ganz zu schweigen : die 9 Stämme heiraten derartig geschickt durcheinander, daß selbst Gothaer=Spezialisten in Kalamitäten geraten möchten. / Wie heißt es folglich bei Barrow von den Leuten auf Tristan da Cunha ? : »The people have so intermarried, and there are so many of the same name, that it is difficult to distinguish one person from another.«

2. Sprecher: Dann stimmt das natürlich auch mit den diversen ‹Schiffbrüchen› ?

1. Sprecher: Selbstverständlich : Inselschicksal ! – Schiffbrüchige kommen an, und bleiben da. Einmal auf Felsenburg 5 Männer & Frauen. / 1821 scheitert vor der Küste von Inaccessible die ‹Blendon Hall› : 5 der Besatzung, Männer & Weiber, bleiben für immer auf Tristan : Wie das Gesetz es befahl !

Viel Strandgut wird an der Küste Felsenburgs angetrieben; nicht nur Holz, sondern auch »allerley Hausgeräthe«. / Auf Tristan heißt es ständig : »Many of the people's possessions are from shipwrecks«; als da sind Porzellan, Glasgefäße, hübsche weißglasierte Milchkrüge : »Hausgeräthe« eben !

Oder : beim alten Schnabel ist eine Art Uniformierung eingeführt : Junggesellen vom 10. Jahr an tragen bis zu ihrer Heirat rot; die Männer braun; Älteste und Vorsteher, sowie die Priester, schwarz. / Aus der Realität Tristans erfahren wir auch den zureichenden Grund hierfür : wenn ein günstiger Schiffbruch, »Den Äin sien Dod iss den Annern sien Nachtigall«, einen Ballen Stoff angeschwemmt hat, wird der gleichmäßig verteilt – und nächsten Sonntag erscheinen dann eben alle Inselbewohner in derselben Ehrentracht : genau nach Vorschrift !

2. Sprecher: Wie steht's mit ‹Geld› ? – Ich würde tippen : Tauschhandel ? !

1. Sprecher: Sehen Sie : Sie leben sich ein !

Freilich werden auf Felsenburg die Pfarrer, Lehrer, undsoweiter von den Gemeindemitgliedern durch Naturallieferungen unterhalten. / Auf Tristan ? : Der Reverend Graham Barrow predigt und schulmeistert; und wird dafür reihherum mit Viktualien beliefert – genau wie 200 Jahre früher sein ‹Pendant im Geist›, der Magister Schmeltzer !

Und wie ausführlich werden die Gottesdienste beschrieben ! : Ist es nicht etwas ganz Ungewohnt=Aufregendes ? Genau wie bei uns ein neuer Film, ein Fußball ? Wie freut man sich auf beiden Inseln, als endlich ein Geistlicher eintrifft ! Wie werden umständlich=begeistert die Choräle verzeichnet; der Bibeltext angegeben; die Predigtdispositionen : es gibt einen ‹Code Tristanique› ! Und ich machte mich anheischig, ihn a priori zu entwerfen – wenn es eben nicht schon Johann Gottfried Schnabel getan hätte !

Bis in die absurdesten Kleinigkeiten ist die Parallelität=Identität da : beim alten Schnabel erzählt der greise David Rawkin mühsam=rüstig vom Lord=Protector Cromwell, den er in seiner Jugend sah. / Alexander Cotton aus Hull pflegte den Tristaniten zu berichten, wie er einst 3 Jahre lang Napoleon bewachte !

Bei Schnabel werden die Spärlich=Anlegenden am Strande mit Fackeln begrüßt. / »Most of the people were carrying brands« schildert Frau Barrow, wenn die Boote von draußen hereinkommen !

Franz van der Leuwen stürzt am 11. November 1646 in den Klippen Felsenburgs zu Tode ? / : Mr. Macan will 1904 sich an der ‹base› Tristans versuchen – und wird, gleichermaßen zerschmettert, tot aufgefunden !

(Sogar der Namen=Gleichklang ist vom Teufel beibehalten worden ! : ‹Rogers› heißt heut eine der Großfamilien auf Tristan da Cunha ? – ‹Roberts› bei Schnabel : »Schaudert's Dich ?«).

2. Sprecher: Tja; das ist natürlich genug. – Also ‹uralter deutscher Boden›, diese Gruppe; müßte man da nicht das Nationalgefühl wachrufen ? : ‹Kein Verzicht auf Tristan da Cunha !› : Von Deutschen besiedelt; die Einwohner richten sich nach einem deutschen Corpus Juris; heilig=nüchtern, reinlich=gefährlich, verwegen=lutherisch ? Ich stelle mir die ‹Bundeswehr› vor; adenauergetrieben, in siegendenwiegenden Schnellbooten, nischt wie ‹Blaue Jungens› : Nun, John Bull, nimm Dich in Acht ! – Oder nee; die sind ja zur Zeit mit uns verbündet. –

1. Sprecher: Soweit hatte ich, Friedfertigster der Friedfertigen : ich bin ja meine Arbeitskraft schließlich ernsthafteren Dingen schuldig, noch gar nicht gedacht. – Aber müßte man nicht mir, der ich diese fremdeste aller Inseln als eine hochinteressant=besungene nachwies, eine Siedlerstelle dortselbst vergönnen=zuweisen ? So 20 acres; dicht neben der kleinen Funkstation; und ein Wellblechhüttchen von 80 Quadratmetern ? – Die Überfahrt bezahlte=pumpte ich selbst.

2. Sprecher: Und dann da unten atomsicher sitzen, was ? ! – Je nun : fragen Sie den englischen Konsul.

WUNDERLICHE FATA EINIGER SEEFAHRER

Reclam's Neuausgabe der Insel Felsenburg. / *Stuttgart; 735 Seiten; Leinen; 12,80 Mark*

Nicht der künstlerische Wert, und nicht die literarische Bedeutsamkeit eines Buches entscheiden darüber, ob und wie lange es die Gunst des Lesers besitzen wird – wobei ich unter ‹Gunst› die echte, lebendige Beziehung zwischen Publikum und Buch verstehe, und nicht jene Pseudo=Bewunderung, die einen Homer nur um der lieben Vollständigkeit willen ersteht, und sich dann, sehr mit Recht übrigens, gebührend dabei langweilt. Hier sei einmal auf die allerfundamentalste Voraussetzung eines fruchtbaren Kontaktes hingewiesen: wie weit ist ein fleißiger und gutwilliger Leser noch imstande, Bücher aus vergangenen Jahrhunderten zu goutieren, ohne daß ihm Spezialkenntnisse zugemutet würden, oder auch nur ein Arbeitsaufwand, der seine – von anderweitig=ehrsamster Berufstätigkeit nahezu aufgezehrte – Feierabend= bzw. Sonntags=Energie übersteigt?

Einige praktische Beispiele: Wer vorgibt, keinen größeren Genuß zu kennen, als den Parcival im Urtext ‹vom Blatt› zu lesen – der lügt! (Oder aber er ist kein ‹Leser›, im eben definierten Sinne; sondern ein Doppeladler von Germanist und Kulturhistoriker zugleich.) Selbst Fischart oder Grimmelshausen stellen, ohne Glossar und ausführliche Erläuterungen, noch viel zu hohe Anforderungen an ein zu zwei Dritteln ermüdetes Wortzentrum; (von dem ungeheuerlichen, rumpelkammermäßigen Fabulieren und Schwadronieren all dieser tollgewordenen Realenzyklopädien noch ganz zu schweigen: wir haben inzwischen gelernt, den Roman als schwierige Kunstform anzuerkennen.)

Wo aber ist, auf der Zeitskala unserer Literatur, der Punkt, wo filologisch=historisches und dichterisch=genüßliches Interesse noch nicht auseinanderfallen? Wo der bestwillige Nur=Leser sein bedauerndes ‹Bis hierher und nicht weiter› murmeln dürfte?

Das ist gar nicht übermäßig schwer zu bestimmen. Die ‹Klassiker› – von Klopstock, Wieland, Lessing, angefangen – liest Jeder noch mühelos, also muß jener ‹Gefrierpunkt› davorliegen. Und so ist es auch. Die Lyrik beginnt um 1720 mit Günther und Brockes; hier finden wir bereits sämtliche ‹Wurzeln unserer Kraft› : Bürgersinn und Naturgefühl, echte menschliche Töne und unverächtliche Wortgewalt. (Daß sich einzelne ‹schöne Stellen› – rari nantes in gurgite vasto – z. B. bei Spee oder Gryphius finden, weiß auch ich).

Und im Roman ? Ja, da beginnt die Neuzeit eben mit der INSEL FELSENBURG ! (Und wer mir nicht glauben will, nehme den wichtigsten der Nächst=Früheren zur Hand, Happel aus Kirchhain – er wird bei ihm genau jenes verworrene ‹Schubladenauskehren› finden, devotest gemixt mit ‹Haupt= und Staatsaktionen›.)

Und sie ist schon eines der wichtigsten Werke unserer Literatur; es ist bezeugt, daß um und nach 1750 die Bibliothek des Bürgers aus mindestens 2 Groß=Büchern bestand : der BIBEL, und der INSEL FELSENBURG ! Bevor etwa der junge Handwerksgesell die Wanderschaft durch's weite wirre ‹Reich› antrat, gab ihm der Meister die 2.500 Seiten mahnend zu lesen : als Ersatz für noch mangelnde, praktische Lebenserfahrung.

Alle unsere Großen haben sie in ihrer Jugend, und die Meisten begeistert, verschlungen : Goethe, Herder, Moritz, Voß, (der sogar eine Fortsetzung dazu schrieb, die sich leider nicht erhalten hat). Tieck und die Romantiker kannten und schätzten sie. Oppermann berichtet in seinen HUNDERT JAHREN, diesem vielleicht großartigst angelegten unserer deutschen Romane, wie die Kinder an der INSEL FELSENBURG lesen lernten. SALAS Y GOMEZ kommt ebenso davon her, wie Poe's GORDON PYM.

1731 erschien der erste Band des großen Buches; 43 der vierte und letzte – es war auf noch mehr angelegt; aber der Verfasser war, nach 50 fleißigsten Jahren, verbraucht, und ärmlich geblieben dazu : kein Wunder, daß dem ‹Hoffbalbier› der Grafen Stolberg=Wernigerode Lust & Kraft sanken; vielleicht hat ihm sogar die nackte Zeit zum Schreiben gefehlt.

Sein Leben ist weitgehend ungeklärt; der Mann, der den Deutschen eines ihrer liebsten und schönsten Nationalwerke schenkte, erhielt auch ihren üblichen Dank – man weiß nicht einmal, wann & wo er gestorben ist; vermutlich nach 1750. (Hier wäre eine schöne Gelegenheit für unsere Herren Geistlichen, die Sterbeeintragungen ihrer Kirchenbücher von 1750 bis 90 auf einen Johann Gottfried Schnabel, geboren vermutlich 1692 zu Sandersdorf bei Bitterfeld, durchzusehen. Es wäre nicht nur literaturgeschichtlich wichtig; sondern schlicht eine Pflicht der Nation !). – Schnabels sonstige Bücher, sowie seine journalistischen Unternehmungen, sind belanglos; zum Teil so elend, daß sie vielleicht gar nicht aus seiner Feder stammen. (Auffällig ist immer wieder seine Vorliebe für Westpreußen, speziell Danzig, aus dem er auch den Helden seiner

Insel Felsenburg kommen läßt – sein Pseudonym ‹Gisander› ergibt übrigens, umgestellt, ‹Dansiger› : auch 'ne Theorie.)

Was macht nun die Insel Felsenburg zu dem bedeutenden und immer=modernen Buch, das sie ist? Vor allem sind es 2 Motivreihen, die für die nächsten Jahr=Myriaden immer wieder zu identifizierend=miterlebenden Gedankenspielen anregen dürften; weil eben die betreffenden Situationen leider stets wiederkehren werden.

Erstens : die Schilderung des Bürgers, dem, nach 3 bis 4 Jahrzehnten Zwiebelung durch Westentaschenpotentaten, Minister, Vorgesetzte, und andere legale oder illegale Wegelagerer & Beutelschneider, die Geduld reißt. Und der infolgedessen zur ultima ratio des Untertans seine Zuflucht nimmt : Nischt wie raus!

Und virtuos spielt Schnabel uns in zahlreichen Einzelbiografien – die weit mehr sind, als novellistische Einlagen in eine ‹Rahmenerzählung› : jeder Einwanderer hat, vor Aufnahme ins Neue Gemeinwesen, durch distanzierende Erzählung des früheren Lebenslaufes, den ‹Faden abzureißen› ! – die ganze Skala vor : vom bloßen mißmutigen ‹Auswandern› an; übers ‹Entführt=Werden› und ‹Entkommen› aus Gefängnissen oder frommen Folterkellern; bis zu ‹Desertion› und ‹Fahnenflucht› : das ergibt schon eine ‹Symfonie für Großes Orkester›, der perfide Zusammenklang jener 2 Dutzend Modell=Schicksale ! Und belegt zugleich zwanglos, daß die Fabel von der alten guten Zeit genauso basislos ist, wie die von unserer, diskret hakenbekreuzten, ‹Westlichen Freiheit›. Wer ein gültiges und dabei hinreißendes Vollbild der Jahre zwischen 1710 und 30 zu sehen wünscht, der greife nicht nach noch so mühsam=sorgfältigen ‹historischen Werken›; sondern zu dieser lebendigsten Insel Felsenburg : da wird er, vielleicht mit großäugigem Erstaunen, erfahren, was es etwa hieß, ‹Langer Kerl› zu sein, im ‹Ehrenkleid der Nation›, beim Herrn ‹Soldatenkönig› !

Zum zweiten macht den Hauptreiz des Mammutbuches aus : die Teilnahme an Entstehung und Ausbau des, übrigens streng protestantisch=germanischen, Klein=Staatswesens auf seiner Inselgruppe im Südatlantik, (es besteht kaum ein Zweifel, daß Tristan da Cunha gemeint ist). Die Hälfte der Seiten füllen Beschreibungen der Insel=Landschaft; der 9 Dörfer, mit dem Regierungszentrum der ‹Albertsburg›; der Gewerbe und Handwerke; und des mythologischen Wetterwinkels Klein=Felsenburg. 10 Seiten des Originals geben die genauen Stammbäume der Bewohner – nicht Galsworthy in der Forsythe Saga oder Zola im Doktor Pascal haben das erfunden ! Und das ist nicht etwa eine trockene Grille Schnabels gewesen. Abgesehen davon, daß man sich, um den Überblick über das sinn= und folgenreiche Großgewebe zu behalten, ein derartiges Verzeichnis sonst selbst anlegen müßte, bedenke man auch das Folgende : ohne jeden Zweifel war das Gedankenspiel von der heilig=nüchternen, selig=arbeitsamen Insel der Freiheit nicht nur für Schnabel selbst ein wichtiges (vielleicht das einzige !) Hilfsmittel zum Überleben in seiner verrückten Zeit und Situation; sondern gleichermaßen für die Millionen seiner Leser : aus wenigen deutschen Büchern hat sich der Untertan mehr Trost geholt, als eben aus dieser INSEL FELSENBURG !

Die Druckschicksale des Buches waren, wie unvermeidlich, mannigfaltig. Hier nur wenige Andeutungen : Wer es im eigentlichen ‹Urtext› lesen will, wie Schnabel es geschrieben und gewollt hat, muß sich vor Ausgaben nach 1749 in Acht nehmen; ab da sind bereits Puristen und Redakteure am Werk. Diese frühen Originale sind jedoch dem Privatmann kaum mehr käuflich; einmal tauchen sie im Handel nicht mehr auf; beziehungsweise, falls doch einmal, werden sie mit rund 4 bis 500 Mark gehandelt. Eine Neubearbeitung erschien 1828; sie umfaßt rund 75 % des alten Textes; ist aber auch nichts weniger als häufig. Und eben in diesen Wochen ist bei Reclam eine neuerliche Bearbeitung=dieser=Bearbeitung herausgekommen, die etwa 40 % des Originals gibt, einen leidlichen Querschnitt.

Natürlich kann man, als Kenner, so manche seufzende Ausstellung anbringen. / Rein sachlich ist z. B. falsch, daß Tieck selbst die Überarbeitung von 1828 vorgenommen habe – das hat schon der alte Köpke richtig gestellt. Oder daß das faksimilierte Titelblatt die Jahreszahl 1732 zeigt; also *nicht* die ‹Originalausgabe› ist, sondern die *zweite* Auflage. Aber das sind schließlich Adiafora. / Schwerwiegender schon, daß man das aparte Sprachragout aus kräftigem Deutsch als pièce de résistance und leckerem Gewürz von Gallizismen unbarmherzig verwässert hat – wir Besatzungsgewohnte hätten dergleichen Schüssel als ebenso realistisch wie wohlschmeckend empfunden : ist es denn nicht schade, wenn im Original steht, »die Koller=Ader lief fingersdicke auf« und nunmehr nur noch »seine Adern schwollen« ? Von hottentottischen Speerträgern am Kap verfolgt – und Schnabel hat den alten Peter Kolbe trefflich benützt ! – weiß Kapitän Wolfgang, »wie sicher diese rohen Menschen« zu treffen verstehen ? Nicht doch ! »Wie accurathe diese Unfläther« ihr Geschoß zu handhaben wissen. Und wenn früher der Bub dem Mädel die »harten jedoch auch zartten Brüste küsset«; dann ist es jetzt nur eine simpel=platte

»Brust«. / Das Unangenehmste ist jedoch, daß auch in dieser Bearbeitung wieder das Verhältnis von europamüden Biografien und heilender Inselgeschichte, das im Original etwa 6:4 beträgt, entscheidend gestört ist; so daß der Fantasie des Lesers die Ansiedlung in jenem hoch=interessanten, (zum Teil mit urchristlich=präkommunistischen Zügen aufwartenden) Staatsgebilde betrüblich erschwert wird. Von den 22 Biografien wurden volle 16 gegeben; sehr schön; aber die nicht minder wichtig=mitspielende ‹Umwelt› ist ins kaum noch Erkennbare weg=geschrumpft. –

Dennoch ist dieser, eine erste Übersicht ermöglichende, Neudruck der INSEL FELSENBURG eine echte verlegerische Tat, der unvergleichlichen Tradition Reclams würdig. Endlich ist dem guten Leser – d. h. dem intelligenten und fleißigen, der in seinem Geist das Kontinuum der deutschen Hochliteratur herzustellen wünscht – eines unserer folgenreichsten Bücher wieder leicht zugänglich geworden; ein Buch, dessen Geschichte noch nicht geschrieben, und dessen Wirksamkeit vielleicht noch nicht zu Ende ist.

EINE NOTIZ ZUM LEBEN JOHANN GOTTFRIED SCHNABELS, DES VERFASSERS DER *INSEL FELSENBURG*.

Der gesicherten biografischen Daten sind bisher wenige; die Aussicht auf neue schwindet mit jedem Jahr mehr; der geringste Fund ist von Wert. –

Schnabel wurde am 7. 11. 1692 als einziges Kind des Pfarrers zu Sandersdorf (bei Bitterfeld) geboren; beide Eltern verlor er schon im zweiten Lebensjahr. Am 9. 2. 1702 wird er als ‹auswärtiger Schüler› auf der Latina in Halle aufgenommen; (in den Universitätsmatrikeln von Leipzig Jena Halle Kiel findet sein Name sich später nicht.) 1708 – 12 nimmt er unter dem Prinzen Eugen an 3 brabantischen Campagnen teil; man vermutet, als Feldscheer beim Stabe. Dann verschwindet die Spur wieder; erst vom 4. 8. 1724 datiert die Eintragung, daß er als ‹Hoffbalbier› zu Stolberg am Harz den Bürgereid abgelegt habe; bis 1742 ist er dort urkundlich nachweisbar. Sein weiteres Schicksal, zumal Todes=Ort und =Jahr, sind unbekannt; die Stolberger Totenlisten enthalten bis 1782 seinen Namen nicht.

Es ist zu vermuten, daß er um 1720 Frau Johanna Sophie, geborene X., geheiratet haben wird; ihre Todeseintragung vom 26. 2. 1733 ergibt leider weder ihren Mädchennamen noch den Geburtsort, noch Ort und Datum der Eheschließung. – 5 Kinder sind bisher bekannt:

1.) Johann Friedrich; geb. um 1721.
2.) Johann Heinrich; geb. zu Stolberg, (wie auch alle Folgenden), am 12. 6. 1725. Über den Lebenslauf des als ‹Gelegenheitsreimer› bezeichneten ist einiges Dürres an Daten vorhanden; er starb 1782 als ‹Hof= und Stadtkirchner› in Stolberg.
3.) Johann Gottfried Ludwig; geb. 16. 7. 1727.
4.) Henriette Luise Sophie; geb. 24. 10. 1729.
5.) Henriette Charlotte Friderica; geb. 17. 3. 1731.

Soviel gilt bisher als ausgemacht. –

Aufgrund einer Besprechung der Neuausgabe der INSEL FELSENBURG (Reclam) in der ZEIT erhielt ich unter den Leserzuschriften auch 1 Brief von Herrn Dr. Eckolt in Konstanz, der mir mitteilte, daß einer seiner Vorfahren Johann Gottfried Ludwig Schnabel geheißen habe, am 13. 5. 1809 im Alter von 81 Jahren 10 Monaten in Genthin gestorben sei, (Geburtsort unbekannt), und ob eventuell die Möglichkeit bestünde, daß Dieser mit dem

Verfasser der INSEL FELSENBURG verwandt gewesen sein könne. – Damit war die Grundlage für weitere Nachsuchungen gegeben.

Es handelte sich also um den unter 3) aufgeführten Sohn Schnabels. Seit 1760 ist er in Genthin als Apotheker nachweisbar. Er heiratete am 10. 6. 1760 in Bergzow die dortige Pfarrerstochter, Christiane Elisabeth Woltersdorff; und hatte mit ihr 4 Kinder, von denen jedoch nur 1 nennenswert überlebte: Johann Gottfried August Schnabel, geb. Genthin 15. 12. 1765, gest. 18. 10. 1800 als Arzt in Berlin. Frau Christiane starb jedoch, erst 29 Jahre alt, am 16. 11. 1768 an der Schwindsucht. Der Apotheker und ‹Viertelsherr› Schnabel heiratete am 26. 5. 1769 ein zweites Mal, wiederum eine Pfarrerstochter aus dem benachbarten Zabakuk, Johanna Elisabeth Lindenberg (1769–1816), und erzielte aus dieser Ehe weitere 8 Kinder. – Ich hatte gehofft, in den Paten, Trauzeugen, usw. die Kinder des großen Schnabel erkennen und weiter verfolgen zu können; aber lediglich einmal, 1778, erscheint eine Patin Henriette Sophia Balser, (hinter der also die oben, unter 4.) genannte Tochter verborgen sein könnte).

Von desto größerer Wichtigkeit ist da die Angabe der Kirchenbucheintragung zur ersten Eheschließung vom 10. Juni 1760, in der es vom Bräutigam heißt: »... weyland Herrn Johann Gottfried Schnabels, verstorbenen Hoff=Agentens bey Ihr. Hochgräfl. Gnad. zu Stolberg, 4 ter ehel. Sohn.« Hieraus ergibt sich zum ersten Mal ein urkundlich gesicherter oberer Grenzwert für des bedeutenden Schriftstellers Tod: er muß also künftig als ‹vor 1760› gestorben bezeichnet werden.

Weiterhin scheint es hiernach, daß er vielleicht doch nicht, wie bisher allgemein angenommen, in Stolberg in Ungnade gefallen war; sondern vielmehr als dortiger ‹Hoff=Agent› gestorben ist – wenn die Stolberger Kirchenbücher die Todeseintragung nicht aufweisen, so ist daraus nunmehr wohl eher zu folgern, daß er lediglich auswärts, (meinethalben auf einer Reise, etwa zu einem seiner Kinder), starb. (Genthin scheidet übrigens hierfür aus; darauf wurde selbstverständlich geachtet.) Auch darauf sei noch hingewiesen, daß Joh. Gottfr. Ludwig als *vierter* Sohn Schnabels bezeichnet wird, während er nach der bisher geltenden Liste ja der dritte wäre – vermutlich wird also entweder Schnabels Eheschließung vorzuverlegen sein; beziehungsweise muß ihm vor 1724, außer dem unter 1.) aufgeführten Sohn, mindestens noch ein weiterer, uns noch unbekannter, geboren worden sein. –

Ein Hinweis für mögliche weitere Recherchen sei erlaubt:

Der unter 1.) aufgeführte Sohn, Johann Friedrich Schnabel, lieferte dem Vater für seine Stolberger Zeitung Nachrichten aus dem ungarischen Feldzug von 1737; er stand damals im Dienst des kais. Kapitäns Graf Isenburg=Birstein. Die Besitzungen der Isenburger und der Stolbergs lagen in der Wetterau, SW des Vogelsbergs, neben= und durcheinander; auch haben die beiden Adelsfamilien gerade in jenen Jahren mehrfach ineinander geheiratet. Vielleicht ließe sich in den lokalen Archiven und Kirchenbüchern der Wetterau, etwa um Büdingen und Ortenberg, noch Weiteres über jenen Sohn Schnabels – und durch ihn dann über den großen Vater – ermitteln.

FRIEDRICH GOTTLIEB
KLOPSTOCK

2. Juli 1724, Quedlinburg – 14. März 1803, Hamburg

KLOPSTOCK

oder Verkenne Dich selbst!

Sprecher:

A.: Männerstimme; rüstig, kraftvoll.

B.: Männerstimme; jünger als A.; feurig=ungeduldig.

Zitate: 1 Männerstimme. – 1 Frauenstimme. Bei jedem der Zitate sind Tonfall und Tempo vorgezeichnet.

Anmerkung: Bei der Probe aus dem ‹Grammatischen Gespräch›, gegen Ende, werden alle diese 4 Sprecher gemäß besonderer Anweisung eingesetzt.

A. (mit Nachdruck; als beende er eben einen – vor Aufgang des Vorhangs begonnenen – Satz): . . . . . . genau! Jawohl!: Verkenne Dich selbst!

B. (zweifelnd): Ja, ist das denn aber – vor allem in solchem Maßstabe – möglich? Derart meine ich, daß Sie ein ganzes bedeutendes Leben auf diese betrübliche Formel bringen können?

A.: Je nun : es ist doch schließlich nichts häufiger, als daß man, platt gesprochen, ‹den falschen Beruf› ergreift. Und denken wir jetzt einmal nicht an die Minister in aller Welt : die heute Spezialisten fürs Postwesen sind; morgen stehen sie an der Spitze der Atomforschung; übermorgen leiten sie, gelassenen Herzens und ungefalteter Stirn, das Kriegsministerium . . . . .

B. (ungeduldig unterbrechend): Jaja, sicher; und uns ‹beschränkte Untertanen› durchlaufe der Schauer der Demütigung : was müssen das für Supergehirne sein, die mühelos ein halbes Dutzend divergentester Geisteswelten nicht nur passiv umfassen – nein : regieren! – *(mit deutlichem Tonabfall):* Oder, richtiger wohl : die von keiner den Teufel etwas verstehen. –

Aber wir sprechen ja schließlich von wirklich erlesenen Geistern : ist denn auch bei denen eine solche Verkennung der eigentlichen Begabung möglich? Und gar, wie Sie anzudeuten scheinen, auf längere Zeit? Ich meine doch : der ‹Grüne Heinrich› entdeckte leidlich rasch, noch in den Zwanzigern, daß er nicht zum Maler geboren war.

A.: Sie hätten auch Stifter erwähnen dürfen – bei dem es immerhin hoch in die 30 währte, ehe er endgültig den Pinsel mit der Stahlfeder vertauschte. Oder ETA Hoffmann : der bis an sein unselig Ende nicht erfuhr, ob das Schicksal – oder wie Sie das Dings nennen – ihn nun eigentlich zum Maler, Komponisten oder Dichter bestimmt hatte. Aber, natürlich, das will ich Ihnen gern zugeben : daß Klopstock der grellste Fall dieser Art ist. Insofern : als er einerseits von Kindesbeinen an wußte, daß er ein großer Dichter sei....

B. (unterbrechend; es ist bei heutigen Gebildeten, mit ihrer Gedankenfülle, gar nimmer Mod' – auch gar nicht möglich : und das ist eine sehr ernsthafte Anmerkung ! – sich ausreden zu lassen : wir werden noch Alle auf den Köpfen gehen !): Oh halt ! geht das nicht auch schon wieder zu weit : wenn Einer mit 18 weiß, daß er ein großer Mann sei ?

A. (nach einigem Nachsinnen, bedächtig): Nn=nein. – : Das wird dadurch rektifiziert, daß seine Umgebung es noch nicht weiß : dadurch wirkt er so komisch, daß ihm selbst ein heilsames Gefühl der Unsicherheit übrig bleibt. Aber lassen wir das ‹feinsinnige› Theoretisieren – Daten bleiben Daten; die Blaublümler mögen protestieren, wie sie wollen – : man ist also im Jahre des Herrn 1724 in Quedlinburg geboren; als erstes von 17 Kindern.....

B. (erschüttert): Siebzehn ?! : Das ist aber doch....

A. (ergänzend): .... blanker Wahnsinn; tja; das sagen wir heute. – Aber, was wollen Sie machen ? : der Vater ist ein ‹leuenherziger Advokat›. Da ist es immer noch aller Ehren wert, wenn man den begabten Ältesten auf eine höhere Lehranstalt schickt; ins Internat nach Schulpforta. Nach sechsjährigem, höchst erfolgreichem Lernen, hält der junge Klopstock, ein ‹Primus perpetuus›, anläßlich des ‹Abiturs› jene fatale Rede :

Declamatio

qua poetas epopoeiae auctores recenset Fridericus Gottlieb Klopstock. In provinciali schola portensi. Anno MDCCXLV; die XXI Sept.

oder, weiter auf Deutsch :

Zitat (Männerstimme : pathetisch): Ein jedes Volk Europas wird sich eines epischen Dichters rühmen können; wir aber sind gegen solche Ehre unempfindlich ! Unwille und gerechter Zorn ergreifen mich, wenn ich diese Gleichgültigkeit unseres Volkes betrachte ! Beschäftigt mit Kleinigkeiten suchen wir den Ruhm des Genies. Mit Gedichten, die aus keinem anderen Grunde zu entstehen scheinen, als um zu verschwinden, suchen wir – unwürdig des Namens der Deutschen ! – die Unsterblichkeit zu erlangen. Oh : gelänge mir's, dies in der Versammlung deutscher Dichter zu reden : vor Freude würde ich glühen, wenn ich imstande wäre, sie mit Scham zu erfüllen, wegen der Vernachlässigung der vaterländischen Ehre ! Und ist DER noch nicht unter den Lebenden, welcher bestimmt ist, Deutschland mit diesem Ruhme zu schmücken ? ! : so erscheine, großer Tag, der diesen Dichter ins Leben ruft ! Und möge Dieser würdig werden des Menschengeschlechts, der Unsterblichkeit, und Gottes selbst, den er vor allem preisen und verherrlichen wird !

A.: Mit dieser unheilvollen Rede – gehalten am 21. September des Jahres 1745 : einer der wahren ‹Sternstunden der Menschheit› ! – war nicht nur ein fragwürdigster Einfluß auf kommende volle 30 Jahre der deutschen Literatur skizziert; sondern ein zum Höchsten geborener Geist hatte sich aufs Fatalste festgelegt ! Fatal deswegen, weil ihm völlig unangemessen ! : Die Selbstkastrierung des heiligen Origenes war Spielerei, verglichen mit solch öffentlich=schwerwiderruflichem Bekenntnis eines deklamatorisch erhitzten Jünglings – oder, genauer : eines hahnenhaft=verprahlten Teenagers ! – der sich verpflichtete, »der Homer der Deutschen zu werden«.

B.: Deswegen muß man mit jungen Menschen vorsichtig sein : überblickt man doch nie, was einmal aus ihnen werden wird. Und bei jungen Mädchen : wer weiß, wen die einmal heiraten ?

A.: Lassen Sie die Witze im Stil von ‹Readers Digest›; der vorliegende Fall ist viel zu ernst dazu ! – Mir blutet das Herz, wenn ich mir vergegenwärtige, was diese dumme Halbstarkenrede damals alles angerichtet hat ! – *(ruhiger):* Ein zerstreutes Studium schließt sich an; ohne rechten Abschluß : man hat ja auch zuviel anderes im Kopf.

Und da ist er wenigstens insoweit konsequent, als er sich dem Militärdienst entzieht; er hat ja auch wirklich Besseres zu tun.

B. (neugierig einfallend): So ? ! : ‹Wehrdienstverweigerer Klopstock› ? ! – So ganz glatt; und ‹Ohne mich› ? !

A.: Ja, doch ! – Von Seiten der preußischen Militärverwaltung war der Dichter dreimal vorgeladen worden; 1750, 51 und 52; so oft er eben daheim, in Quedlinburg, weilte. Da er sich aber nie, auch nur zur Musterung stellte, – auch, vorsichtshalber, im Ausland lebte – erging an die zuständige Zivilbehörde die Anweisung, als Repressalie sein künftiges Erbteil mit Beschlag zu belegen. –

B.: Sehr gut ! – Und das Thema seiner Arbeiten liegt ja auch schon fest ?

A.: Seit jener Rede; ja : Christus & die Unsterblichkeit will er loben und preisen.

B.: Wie sich die Zeiten aber doch ändern; heute, kann ich mir vorstellen, wäre der Stoff ‹Rock'n Roll› & hautenge Mädchenhosen.

A.: Oh, sagen Sie das nicht; hier spielt Ihnen Ihre maskuline Fantasie doch wohl einen Streich. – Jedenfalls : lassen wir einmal moderne ‹Blackboard Jungles› ebenso beiseite, wie weitere Klopstockische Biografica seines ersten Halbjahrhunderts – und es ist auch relativ unbedeutend, daß er eine Schweizerreise tat; zweimal kinderlos verheiratet war; und meist in der dänischen Wahlheimat lebte – fest bleibt die eine Ungeheuerlichkeit : daß sich ein Mann bis ins 50. Jahr bemüht – präziser : schindet ! – das voreilige Versprechen seiner Jugend, das Epos vom ‹Messias›, zu erfüllen.

B.: Wieso ? : Es geht doch alles glänzend ! Ich erinnere mich im Augenblick nur an die berühmte Stelle in Goethes ‹Wahrheit & Dichtung› . . .

A. (berichtigend): Ebeneben. Lesen Sie die Zeilen einmal genauer nach : Goethe spricht mit vorsichtig verstecktem Humor von den

»wechselseitigen, zwar gräßlichen, aber doch wohlklingenden Verwünschungen, die uns nur so vom Munde flossen«; und : »wir ergriffen jede Gelegenheit, uns mit diesen höllischen Redensarten zu begrüßen . . . . Nun hatte aber Adramelech den Satan mit eisernen Händen zu fassen : meine Schwester packte mich gewaltig an; rezitierte, zwar leise genug, aber doch mit steigender Leidenschaft . . . .« :

und das alles : unter Kindern; auf dem Schemel; hinter'm Ofen : – einem Räumchen, das ja im Volksmund ‹Hölle› heißt – : und der Barbier schüttet dem Vater das Seifenbecken in den Ausschnitt ! : Dergleichen ist doch nimmermehr Lob, sondern nackte Ironisierung !

B.: Aber man braucht doch nur jede größere Literaturgeschichte aufzuschlagen, um zu erfahren, wie dieser ‹Messias› gewirkt hat ? !

A.: ‹Gewirkt› ? : Ja ! – aber man vergesse doch nie, diese ‹Wirksamkeit› des näheren zu definieren : unsagbar geschadet hat das Machwerk von zwanzigtausend Zeilen ! ! – Nicht nur, weil selbst das Kind Goethe, angeregt, gleich mit einer läppischen ‹Höllenfahrt Christi› debütierte : wie hat nicht die ganze serafische Richtung den, zu vielviel Wichtigerem berufenen ‹Hainbund› gußeisern belastet ? ! Wie den jungen Wieland beeinflußt; nein, sagen wir es laut : 10 kostbare Jahre lang verdorben ! !

B.: Ja; aber wollen Sie es nicht doch ein bißchen sachlicher, tiefer, begründen ?

A.: So tief Sie immer wollen ! Sie sollen des ‹Messias› genug, und übergenug, bekommen ! Gesättigt sollen Sie werden, mit dem faden, süßlich wimmernden Ton religiöser Unnatur; den sich damals alle nur einigermaßen gebildeten Familien aneignen zu müssen glaubten : und der nichts weiter war, als ein Gemisch aus Geziertheit & Heuchelei ! – Ich sehe, Sie besitzen eine Klopstock=Ausgabe ? – oh : sogar die rare alte Göschen'sche in 18 Bändchen ? : nun; auf diesen Herrn Göschen komme ich später noch ausführlich zurück ! – Ich schlage also, wirklich vollkommen ad libitum, das Monstrum auf. Und beginne :

Zitat (Männerstimme, langweilig; überdrüssig; in endlos polternder Clubstick=Pathetik): Siehe, des Eingebornen des Vaters voll Wahrheit und Gnade, / Christus, welchem von Ewigkeit sey zu Ewigkeit Ehre, / und Anbetung ! Ich hebe mein Haupt mit der Freude des Himmels / Über euch auf, und fleh von dem liebevollen Erbarmer / Jetzo keinen Segen für euch : euch hat der Versöhner / Schon gesegnet ! Christus euch der Erstandne gesegnet / Mit der Verheißung, sich euch auf Tabor zu offenbaren ! / Euch dadurch gesegnet, ihr blickt, wie ich, in der Zukunft / Fernen hinaus, mit Schmach um seines Namens willen / Unter Verfolgern, mit Arbeit und Schweiß in der mühsamen Laufbahn, / Und mit Märtyrerblute ! Denn droben lohnet die Arbeit, / Lohnet die Schmach, und das Blut des Lebens Krone den Duldern. / Sehr bin ich begnadiget worden, habe der Heile / Gottes viel empfangen, und danke weinend dem Geber; / Aber mein Blut fließt nicht von Jesus Christus zu zeugen ! / Denn ich gehe früher hinauf, zu umpflanzen der Streiter / Hütte mit Kühlung. Gepriesen sey, der voran mich führet, / Euch nachsendet, hinauf zu dem ewigen Lohn, durch die enge / Pforte, den schmahlen blutigen Weg ! Gepriesen des Mittlers / Heiliger Namen ! Ach hochgelobt in Ewigkeit Christus / Herrlichen Namen ! O duldet die Schmach, und den bitteren Hohn gern / Derer, die Christus Herrlichkeit leugnen, nicht kennen des Himmels / Herrn, und der Erde ! Denn sie, die euer Zeugnis zu Gott bringt, / Aber deren Auge den Auferstandnen nicht sahe, / Werden auch die Schmach und den Hohn der Christusleugner / Dulden, den Dolch, so vom Blute nicht rauchet, und dennoch tödtet ! / Werden glauben, und schaun ! Gott gehet unter den Menschen / Seinen verborgenen Weg mit stillem Wandeln; doch endlich, / Wenn er dem Ziele sich naht, mit dem Donnergang der Entscheidung ! . . .

B. (unterbrechend): Hmmm. – : Wieviel Verszeilen sagten Sie ?

A. (gefällig): Zwanzigtausend ! Vom 19. bis zum 50. Jahre zusammengeklittert ! – Falls Ihnen das Wort mißfallen sollte : bitte : Ich bin auch einmal jung gewesen ! Ich habe auch einmal das Urteil des Ritter von Lang aus den ‹Hammelburger Reisen› bestritten : »daß kein

Mensch lebe, der, sofern er ehrlich sei, von sich rühmen könne, den ‹Messias› auf einmal, Zeile für Zeile, hintereinander durchgelesen zu haben« !

Ich habe es selbst, dreimal, versucht – das drittemal, unerbittlich, einer geliebten Frau vorgelesen : oach, hätte ich bloß etwas anderes mit ihr gemacht ! – : dieses dritte Mal bin ich bis zum Vers fünfzehntausend gelangt; dann haben wir's, trotz bewußter Anspannung aller Energien – oach : hätten wir sie nur an etwas Anderes gewendet ! – : aufgegeben : es ist unmöglich ! !

B. (ungläubig): Na; das möchte ich doch mal probieren ! . . .

A. (warnend): Probieren Sie's nicht !

Ich will Ihnen für mein scheinbar unsinniges Diktum : daß – auch außer der ‹Kritik der reinen Vernunft› noch – es Bücher gebe, die man einfach nicht lesen kann, ein Dutzend berühmtester Namen bringen. Und nicht nur etwa berufene Spötter; sondern ernsthafte, erstklassige Leute; ja ?

B. (ungläubig): Aber das ist doch . . . *(vermurmelnd):* Unmöglich ! . . .

A. (unerbittlich): Den Ritter von Lang hatten wir schon ? Bon. / Von mir also ganz abgesehen – obwohl ich mein Geständnis ebenso zu Protokoll geben möchte ! – / Grabbe : läßt in ‹Scherzsatireironie› den Teufel sofort in festen Schlaf verfallen, nachdem er nur 2 Verse aus dem ‹Messias› gelesen hat. / Heine begegnet in seinem Pyrenäenbade die ‹Göttin der Langeweile› : ? : in der Hand den ‹Messias› tragend. / Johann Heinrich Voss, ehemaliger Hainbündler, und also ein ursprünglich auf Klopstock Eingeschworener, schreibt von »unserem einstmal so gefeierten ‹Messias›« : »Nicht nur der Plan ist ein wahres Scheusal; sondern auch die Ausführung des Einzelnen !« Und der betroffene Bundesbruder Miller muß da gestehen : »Allerdings. Auch ich habe lange meinen Glauben an die Vollkommenheit des ‹Messias› verloren. Oder vielmehr : dieser Glaube ist immer nur Überredung und Selbsttäuschung gewesen !«

B. (ungläubig): Immerhin : erst »bezaubert« sein; und dann abfallen ? . . .

A.: Selbstverständlich war der hohl=pathetische Ton zuerst neu ! Erst spät merkte man die Unbeholfenheit des Klopstockschen Hexameters, der ein wahrer Schüdderump war, im Vergleich zum Homerischen. Aber weiter : Ludwig Tieck : »Er las uns heute aus dem Messias etwas vor; er liest sehr schlecht, und dann machte mir auch der unaufhörliche Kram von Engeln und bösen Geistern, die unverständlichen Verse, und daß das Gedicht nicht spaßhaft war, so viel Langeweile, daß mir die Kinnbacken vom verbißnen Gähnen wehtaten; meine Augen gingen endlich davon über – er hielt's für Rührung. « / Oder, falls Sie nur Prälaten in solchem Fall als kompetent erachten sollten : wie wär's mit dem Palmblätter=Gerok, der ja zusätzlich noch selbst Dichter war, und ergo doppelt zuständig ? – *(vertraulich):* »Auch lege ich bei dieser Gelegenheit das Geständnis ab, daß ich jetzt, in meinem 46. Lebensjahr, es immer noch nicht über mich genommen habe, Klopstocks Messias durch= und hinaus zu lesen.« / Daß Coleridge und Wordsworth, die Clubstick in Hamburg aufsuchten, ihn grundsätzlich nur den »Birmingham Milton« nannten – also unserem deutschen ‹Gablonz›=, beziehungsweise ‹Pforzheim›=Talmi entsprechend – will ich gar nicht sonderlich akzentuieren; denn da könnten Sie einwenden, daß es sich nur um Ausländer handle, die dem hohen Geist nicht zu folgen vermöchten. / Aber was halten Sie von diesem gramvoll=vernichtendsten Urteil, das wohl überhaupt über ein Buch gefällt werden kann ? : Der Verfasser des ‹Anton Reiser›, Karl Philipp Moritz, schreibt, kalter Hand, in seiner Beichte – und es ist eins der allerbedeutendsten Bücher deutscher Sprache ! – dieses nieder . . .

Zitat (Männerstimme nachdrücklich): Neries fand einen vorzüglichen Gefallen daran, Reisern Klopstocks ‹Messiade› ganz vorzulesen. Bei der entsetzlichen Langenweile nun, die diese Lektüre beiden verursachte, und die sie sich doch einander – und Jeder sich selber! – kaum zu gestehen wagten, hatte Neries doch noch den Vorteil des lauten Lesens, womit ihm die Zeit verging. Reiser aber war verdammt, zu hören, und entzückt zu sein ! – welches ihm die traurigsten Stunden in seinem Leben gemacht hat, deren er sich zu erinnern weiß . . . Und welche ihn am meisten zurückschrecken würden, seinen Lebenslauf noch einmal, von vorn wieder, durchzugehen ! !

A.: Also das ist ja wohl nun so ziemlich der stärkste Ausdruck einer Sache : wenn ein – wirklich erprobt feinsinniger und umgetriebener – Künstler gesteht : daß ihn die Erinnerung an ein bestimmtes berühmtes Buch, lieber auf die ‹Ewige Wiederkunft› Nietzsches verzichten ließe, als dieses Produkt noch einmal erdulden zu müssen !

B.: Ja; aber ist denn dergleichen möglich ? ! : daß sich ganze Generationen in ihrem Urteil über ein Dichtwerk vergreifen ? Ich meine : die Literaturgeschichten wissen doch im Allgemeinen den ‹Messias› nicht genug zu rühmen ? : und das sind doch auch alles Literaturkenner gewesen.

A. (kalt): Wenn ich wissen will, was ein Buch wert ist ? : dann frage ich danach 10, möglichst verschiedene wirkliche Dichter ! Keine Kritiker oder Literarhistoriker ! Wozu diese angeblichen Kenner imstande sind, belegen Ihnen ja jährlich die unermüdlich verteilten Nobelpreise : die erhält Sienkiewicz für ‹Quo Vadis› – aber nicht Rilke und Trakl ! Den erhält Churchill, literarisch ein Journalist ausgesprochenen Mittelmaßes : aber nicht Bert Brecht, oder James Joyce ! : Gehen Sie mir doch mit Ihren Literatursachverständigen !

Und wenn Sie's gar nicht glauben wollen : setzen Sie sich doch hin; und beweisen Sie mir's, daß man den ‹Messias› Wort für Wort lesen, und Gefallen daran finden kann ! Es würde Ihnen wie allen den zitierten – für dichterische Schönheiten doch weißgott empfindlichen ! – Gewährsmännern gehn : Sie werden so lange von der elenden Hauptgeschichte gestört, bis – ab und zu – eine Episode anfängt : die ist dann allenfalls historisch zu lesen, d. h. im Zusammenhange der Entwicklung der deutschen Dichtung.

Aber, verlassen Sie sich getrost darauf ! : spätestens in der zweiten Hälfte des wässrigen Hin= und Hergeschwappes würden Ihnen die briefträgerhaft fliegenden Serafe – die beständig »den tieferen Gedanken denken« – zuviel werden. Samt dem ewigen Geflenne und Gestaune völlig schief gesehener Urchristen, dem »Aufdanken und Niederbeten« frisch Auferstandener. Wenn Klopstock weiter nichts geschrieben hätte, als diesen ‹Messias› : dann könnte man ihn, ohne ihm im Geringsten wehe zu tun, neben Bodmer einrangieren; und der – wesentlich handfestere ! – Gottsched hätte simpel Recht mit seinem rationalistisch=harten Verdammungsurteil !

»Du hattest als Mensch die Gedanken schon gedacht, welche die Himmlischen denken !« – das ist Bodmer, ehe er sich mit Klopstock gezankt hatte. Wogegen Füßli anmerkt, die Liste der Subskribenten für die Neuausgabe des Messias wäre identisch mit der der ausgemachten Narren des deutschen Sprachraums – : ‹Who shall decide, where doctors disagree ?›

B.: Also ich will nichts verreden – vielleicht versuche ich's doch einmal. – Aber Klopstock hat doch noch wesentlich mehr geleistet, das werden ja selbst Sie zugeben : ich meine, seine berühmten ‹Oden› !

A. (grämlich): Jaja; Oden genug; rund 500; – Aber wir wollen uns verständigen : 20 davon sind gut; und vor allem heute, im Zeitalter der ‹freien Rhythmen› fesch zu lesen. Obwohl das alles letzten Endes nur gute Prosa ist; possierlich in Zeilen angeordnet.

B.: Bitte, nicht behaupten; sondern belegen !

A.: Schön; belege ich also zunächst den ersten Teil meiner Behauptung : daß die meisten seiner Oden bloße Baukastenarbeit sind : kalt, gedrechselt, christlich=borniert. Er begriff, trotz längeren Umgangs mit Lessing – Messieurs : wir erheben uns von den Plätzen ! – nie, daß sich Ethik sehr wohl vom Christentum ablösen läßt; und dieses überhaupt letzten Endes nicht mehr damit zu tun hat, als der Islam, das Buch Mormon, oder der Spinozismus. – Belege ich also : daß in den meisten die Gesinnung eitel ist bis zur Esoterik ; die Sprache stereotyp und gedunsen !

B.: Darf man so von einem unserer großen Klassiker reden ? : Sie werden mächtiger Eideshelfer bedürfen, um das zu beweisen !

A.: Wie gefällt Ihnen diese Besprechung eines Lessing – der Klopstocks Oden allgemein ‹ein Quaken› hieß – der berühmten ‹Ode an Gott› ? . . . :

Zitat (Männerstimme, ironisch; und nüchtern=rasch): Man sieht, ohne Benennung eines Ortes, ‹Ode an Gott›; von Herrn Klopstock; in Oktav 1 Bogen.

Vielleicht vermutet man in dieser Ode poetische Betrachtungen über die Majestät Gottes – und man mutmaßet auch recht. Oder vielleicht sucht man darinnen ein Gebet einer entzückten Demut – und man irret sich auch hierinne nicht. Man findet beides darinne; dennoch ist diese Ode ein Liebeslied; und man könnte sie das ‹Hohelied Klopstocks› nennen.

Er beweint die Abwesenheit seiner Geliebten; und anstatt daß ein anderer Dichter, welcher in ähnlichen Umständen war, seine Klage mit einem »Muß ich meine Doris missen ?« anfing – so erschüttert ihn ein stiller Schauer der Allgegenwart Gottes. Sein Herz und sein Gebein beben sanft gerührt. Er fühlt; er fühlt es : daß Gott auch da, wo er wohnt, Gott ist. Er wünscht, mit Gott zu reden; zweifelt aber, daß er ihn wird zu sprechen bekommen. Endlich wagt er es, mit dem Ewigen zu reden; er sagt ihm, daß er, Gott, ewig ist; und daß er, Klopstock, liebet. Der Ewige soll ihm seine Geliebte wiedergeben; oder er soll sein Leben zu einem schnellen Hauch machen. (Welche Verwegenheit, so ernstlich um eine Frau zu bitten !) Er verspricht Gott dafür : noch einmal so tugendhaft zu seyn, wenn sie bey ihm ist; und den Messias desto feuriger zu besingen. »Von ihr geliebt«, sagt er, »will ich Dir feuriger entgegenjauchzen; will ich mein volles Herz in hohen Hallelujaliedern, ewiger Vater !, vor Dir vergießen ! Dann; wann sie mit mir Deinen erhabenen Ruhm gen Himmel weinet; bebend, mit schwimmenden, entzückten Augen; will ich mit ihr hier schon das ewige Leben fühlen. Das Lied des Sohns; trunken in ihrem Arm, von reiner Wollust; will ich; Erhabener; Enkeln; die gleich uns lieben; gleich uns Christen sind; seligen Enkeln; singen !«

Unsere Leser werden wohl die Absätze der Verse, welche wir, den Raum zu ersparen, weggelassen haben, da sie ohnedies ohne darübergesetzte Zeichen keine Füße haben würden, nicht vermissen. –

(wegwerfend): Kostet in den Vossischen Buchläden hier und in Potsdam 1 Groschen.

B.: Sehr witzig; zweifellos. – Nun : ich lese die betreffende Ode selbst nach ! – Bitter weiter ?

A.: Meinen Sie, daß Lichtenberg, – nach dem Unterschiede zwischen seinem und Klopstocks Stil gefragt – nach kurzem Besinnen ohne Grund also antwortete :

Klopstock hebt an : »Du, der Du niedriger bist, als ich, – und dennoch mir gleich – befreie mich von der Last des staubauffangenden Kalbfells !« – Während ich einfach sage : »Johann, zieh mir die Stiefel aus.« –

Verdächtig gut gelingen ihm BDM=Lieder ! :

Zitat (Frauenstimme; schülerhaft=stöckelig und albern=überheblich):

Ich bin ein deutsches Mädchen ! / Mein Aug' ist blau, und sanft mein Blick; / ich hab ein Herz, / das edel ist, und stolz und gut !

Ich bin ein deutsches Mädchen ! : / Zorn blickt mein blaues Aug' auf den, / es haßt mein Herz / den, der sein Vaterland verkennt !

Ich bin ein deutsches Mädchen ! / Mein hohes Auge blickt auch Spott, / blickt Spott auf den, / der Säumens macht bey dieser Wahl.

Du bist kein deutscher Jüngling / Mein ganzes Herz verachtet Dich ! / Des Vaterlandes / nicht werth, wenn Du's nicht liebst, wie ich !

Ich bin ein deutsches Mädchen ! / Mein gutes, edles, stolzes Herz / schlägt laut empor / beym süßen Namen : Vaterland ! :

Ich bin ein deutsches Mädchen ! . . . . . .

B. (ächzend): Oh, aufhören : aufhören ! – – Naja : ist es aber nicht schließlich eine Frage der Gesinnung ?

A.: Lassen wir die Gesinnungen weg ! Haben Sie schon wieder vergessen, wieviele Millionen Menschenleben solche ‹Gesinnungen› auf dem Gewissen haben ? ! – Aber auch künstlerisch : es ist doch nichts als absurde Scharfmachertöne : Gebrauchsgewäsch ! Und das geht weit bei Klopstock : sogar sein bekanntestes Stück, der ‹Zürcher See›, ist völlig unnütz=berühmt.

B.: Contra ! : Ich hab es immer gern gelesen !

A.: Desto besser ! Da können wir es gleich einmal, Zeile für Zeile, auseinander nehmen : Bitte :

Zitat (Männerstimme, nachdrücklich; damit die gelehrtenhaft=verbohrten Gedankengänge, die bocksteifen Beiworte, deutlich hörbar werden):

Schön ist, Mutter Natur, Deiner Erfindung Pracht
auf die Fluren verstreut. Schöner ein froh Gesicht,
das den großen Gedanken
Deiner Schöpfung noch einmal denkt.

A. (mitleidig): Ist solche Anrede nun nicht seelenlos ? Wie originell die ‹Mutter Natur›. Deren ‹Erfindung Pracht› : kalt und dumm ausgedrückt. Und wieder einmal mehr der schon vorhin aufgespießte ‹Gedanke, der gedacht wird.›

Dann weiter; die dritte Strofe:

Zitat (Männerstimme, noch gezierter):

Komm! Und lehre mein Lied jugendlich heiter seyn,
süße Freude, wie Du! Gleich dem beseelteren
schnellen Jauchzen des Jünglings,
sanft, der fühlenden Fanny gleich!

A.: Was für eine steifhosige, unkünstlerischste, geheimrätliche Anforderung um Belehrung: »daß sein Lied jugendlich heiter sey«: dabei war der Mensch 26! / »Süße Freude«: wie süüüß! / Und das »beseeltere« Jauchzen: der Komparativ nur, damit die notwendige Silbe mehr herauskommt; zum Oden=Stotter=Takt. / Der »fühlenden Fanny« gleich: gibt es ein nichtssagenderes adjektivisches Füllsel?! –

Und immer weiter:

Zitat (Männerstimme, die hervorgehobenen Worte unmißverständlich betont; damit die Nichtswürdigkeit des billigen gezierten Gewäsches richtig hervortritt):

Und des Jünglings Herz schlug schon *empfindändärr*:
da, da kamest Du, Freude!
volles Maßes auf uns herab!
Göttin Freude, Du selbst! Dich, wir empfanden Dich;
ja: Du warest es selbst, Schwester der Menschlichkeit,
Deiner Unschuld Gespielin,
die sich über uns ganz ergoß.
Süß ist, *fröhlicher Lenz,* Deiner *Begeisterung* Hauch,
wenn die Flur Dich gebiert; wenn sich Dein Odem
in der Jünglinge Herzen
und in die Herzen der Mägdgen geußt:
Du machst das Gefühl siegännd .....

A.: Sagen Sie doch selbst: gibt es Abstrakt=Erbärmlicheres? Als diese Rudel von gefühllosen Flickworten? Was meinen Sie, wie Jean Paul in seiner ‹Vorschule› mit dem Finger auf das leere Gesilbel gezeigt hat?!

B. (ganz mißmutig): Nnnn! So, mit dem Verstande, bin ich das Stück noch nicht durchgegangen.

A.: Das soll wohl gar ein versteckter Tadel sein? Und das nach den Proben?! Lesen Sie doch einmal ein wirklich großes Wasserstück, den ‹Kimpink› Albert Ehrensteins; damit Sie den Unterschied sehen zwischen wirklicher Dichtung, und selbstgefälliger hürnener Konstruktion. Das ist noch lange keine Dichtung, wenn man – in falsch verstandener Nachahmung des Horaz – die grammatischen und syntaktischen Bestandteile, und fast immer unnötig, durcheinander mixt; sodaß der Leser erst mühsam nachrechnen muß : welches Adjektiv zu welchem Substantiv gehört. –

Sehen wir auch darüber hinweg, daß er für die dänische Pension natürlich laufend ‹Dankoden› an den betreffenden Friedrich samt Familie richten mußte, nach der Melodie »Ich hân mîn lehen« : das kann leider für jeden Schriftsteller manchmal Notwendigkeit werden.

Aber völlig zu verurteilen ist die eitle Esoterik vieler seiner Produkte.

B.: Womit Sie was meinen?

A.: Wir wollen noch gar nicht darüber reden, daß er in verschwommen=unwissender Deutschtümelei eine Ode ‹Rothschilds Gräber› betitelte – der stutzende Leser gerät dabei auf die abwegigsten Gedanken, an ‹Meier Amschel›, ehe er – vorausgesetzt, seine Ausgabe habe Anmerkungen – erfährt, daß Klopstock den alten dänischen Namen ‹Roeskilde› »in sein geliebtes Deutsch zu übertragen« gesucht hat. –

Aber was halten Sie hiervon:

Zitat (Frauenstimme, unangemessen lüstern):

Iduna Hensler grüßet, mein Stolberg, Dich;
und sagt Dir . . . . . . daß sie,
bey der entscheuchenden Kerze Schimmer,
in diesem stets noch starrenden Winter,
durch mich beym Aufsitz stehen gelernt!

B. (verstört): Was ist das ? : Iduna Hensler hat endlich ruhig halten gelernt; wenn Klopstock bei Kerzenlicht auf sie aufsitzt ? Und das ließ er öffentlich durch den Druck bekannt machen ?!

A.: Und noch unter der Aufschrift ‹Unterricht›; pikant=pikant, was ? – Woher soll denn auch der Leser ohne weiteres wissen, daß er ein Reitpferd so getauft hatte. – Aber das ist nur einer der zahllosen Belege für die ungemeine Wichtigkeit, die der beifallsverwöhnte Dichter auf den geringfügigsten, die eigene werte Person betreffenden, Lappalien beilegte; nicht umsonst nannte ihn Wieland »den aufgeblasensten unter allen teutschen Micheln«; wozu Herder ergänzte : »einen übersatten, in Selbstruhm und Dünkel verschrumpften Philipp Zesen !« – aus der Kiste erzähle ich Ihnen nachher noch eine schöne Geschichte ! –

B.: Könnten Sie zuvor nicht wenigstens einige der Oden loben ? Sie gaben doch selbst zu, daß 20 . . . .

A.: Erst noch den bezeichnenden Seume'schen Bericht über seine Erfahrungen mit Klopstock. Er meldet da :

Zitat (Männerstimme, sachlich): Du weißt, daß ich beim Druck von

Klopstocks Oden und seiner Messiade die Handlangerarbeit eines Korrektors verrichtete. Der alte Herr muß wirklich ein autos=epha=ähnliches Ansehen behauptet haben. Er wies diktatorisch auf sein Manuskript, das doch nicht ohne kleine Fehler war. Daraus entstanden Differenzen, oft über Adiaphora. Er berief sich auf sein Papier – das aber wider ihn zeugte: sein Fehler ist, daß er in Minutien unfehlbar sein will!

A.: Genau das war es nämlich! – Aber jetzt einmal ein wirklich schönes Stück; damit Sie mir nicht Ungerechtigkeit vorwerfen können:

Zitat (Frauenstimme; still, schwermütig):

Willkommen, silberner Mond.
Schöner, stiller Gefährt der Nacht!
Du entfliehst? –: Eile nicht; bleib, Gedankenfreund!
Sehet: er bleibt. Das Gewölk wallte nur hin.
Des Mayes Erwachen ist nur
schöner noch, wie die Sommernacht;
wenn ihm Thau, hell wie Licht, aus der Locke träuft,
und zu dem Hügel hinauf röthlich er kömmt.
Ihr Edleren! Ach, es bewächst
Eure Maale schon ernstes Moos!
O wie war glücklich ich, als ich noch mit Euch
sahe sich röthen den Tag, schimmern die Nacht –
ach, Du redest umsonst, vordem gewaltiges Kelchglas,
heitre Gedanken mir zu .....

A.: Und keine Würdigung Klopstocks wäre ja vollständig, wenn sie nicht wenigstens eine seiner Oden über den Eislauf brächte! Nur einige Zeilen aus der schönst=längsten von allen, der ‹Kunst Tialfs›:

Zitat (Männerstimme; gedrängt=energisch):

Wie das Eis hallt! Töne nicht vor: ich dulde das nicht!
Wie der Nacht Hauch glänzt auf dem stehenden Strohm!
Der Jüngling liebet das Mädchen; sie liebet ihn;
sie feyren heute des ersten Kusses Tag!
Nur eyn Gesetz: wir verlassen nicht eh den Strohm,
bis der Mond an dem Himmel sinkt!
Weit ist die Reise zum Tanz in der Halle! –
Wir sangen's und lehnten uns links an die leisere Luft.
Wir sangen der Eisgangslieder noch viel.
Vom Weste, dem Zerstörer, ach!
Wenn die Blume des nächtlichen Frostes welkt;
Von der Tücke des verborgnen warmen Quells!
Von der bahnvernichtenden Flocke:

ah, sie verscheucht den Waller auf bestirntem Kristall!
Noch sangen wir vom ersten Tritte, mit dem auf dem Teich Ida
Zitterte. Klein war ihr Fuß und blinkend ihr Stahl.
Sie hatte des Stahls Band mit silberbereiftem Laube,
und röthlich gesprengten fliehenden Fischen gestickt.
Die Lieder sangen wir; jetzo dem Widerhalle der Wälder;
jetzo den Trümmern der alten Burg.
Wir kamen zum regelreichen Tanz in der lichten Halle.
Dem lärmenden Heerd, auf dem die junge Tanne sank.
Wir kosteten nur mit stolzem Zahn von der Halle Tanz;
und schliefen, zu der Nacht den Tag, gesunden Schlaf!

B.: Na endlich! Dahin wollte ich Sie haben!

A. (berichtigend): Ich möchte aber darauf hinweisen, daß es sich hier nur um eine, – um Lessings Ausdruck zu gebrauchen – ‹künstliche Prosa› handelt : ich bestehe auf dieser sehr richtigen Definition, weil ich sie nachher noch entscheidend zu brauchen gedenke! –

Über die 500 Seiten von Klopstocks ‹Kirchenliedern›, neue und erneuerte alte, lassen wir den Schleier christlicher Nächstenliebe fallen! –

Und nicht minder über seine, während der Arbeit am ‹Messias› zwischendurch entstandenen ‹Biblischen Dramen›, den ‹Salomo› und den ‹David›. Den Inhalt des ‹Tod Adams› gibt Mendelssohn – und völlig ausreichend! – spöttisch so an : »Adam stirbt; und alle seine Angehörigen sind äußerst betrübt darüber«.

B. (unwillig): Ja; meinetwegen : aber gehen Sie nicht doch ein bißchen willkürlich vor? : warum haben Sie nicht mit der ‹Hermann=Trilogie› begonnen, die doch turmhoch darüber steht?

A. (bremsend): Ooo : Vorsicht! – Auch über diese ‹Bardiete› kann man höchst geteilter Ansicht sein! Meinen Sie, daß ein Mann wie Schiller ohne Not am 20. 5. 1803 darüber an Goethe urteilte:

Zitat (Männerstimme; entrüstet=nachdrücklich): Es ist ein kaltes, herzloses, ja fratzenhaftes Produkt! Ohne Anschauung für den Sinn; ohne Leben und Wahrheit. Und die paar rührenden Situationen, die es enthält, sind mit einer Gefühllosigkeit und Kälte behandelt, daß man ganz indigniert wird!

B.: Ja aber woher dann – ich komme immer wieder darauf zurück! – : der phrenetische Beifall, der seine Bücher bei ihrem Erscheinen stets begrüßte?

A.: Dieser ‹Beifall› wurde von Stück zu Stück immer mühsamer und pflichtmäßiger. Wohl feierte ihn rauschend der teutsche ‹Hainbund›

– aber Sie sahen schon vorhin, an den Beispielen Voss und Miller, wie diese bereits nach ganz wenigen Jahren abrückten. Und zu den andern zeitgenössischen Dichtern war sein Verhältnis noch wesentlich unerquicklicher. Ich erinnere nur an die famose Geschichte, wie er dem jungen Goethe nach Weimar brieflich Vorwürfe machte, wegen seines und des Herzogs ‹Lebenswandels›. Dabei ist ja auch sattsam bekannt, daß »Goethe dem Herzog die Hälfte seiner Existenz gegeben hat« – leider ! Und ergo antwortet Goethe auch ganz ruhig :

Zitat (Männerstimme; sachlich): »Verschonen Sie nur künftig mit solchen Briefen, lieber Klopstock. Sie helfen nichts; und machen uns immer ein paar böse Stunden. Also kein Wort mehr zwischen uns über diese Sache : glauben Sie mir, daß mir kein Augenblick meiner Existenz überbliebe, wenn ich auf alle solche Briefe, alle solche Anmahnungen antworten sollte.«

A.: Das war natürlich für den Fünfzigjährigen, seit nun schon guten 30 Jahren unfehlbar gewordenen Literaturpapst, zu dick; schnaubend vor Zorn und Verachtung schrieb er zurück :

Zitat (Männerstimme; erstickt zischend): »Ich erkläre Ihnen hierdurch, daß Sie den Beweis meiner Freundschaft nicht wert sind !«

B.: Na ja . . . : ist es denn aber auch nicht viel, wenn sich so ein Kirchenvater der Poesie um einen jungen, anscheinend auf schiefer Bahn befindlichen, Kollegen kümmert ?

A.: Halthalt ! : wenn Sie so anfangen wollen, dann drehe ich den Spieß um ! : Was hatte Klopstock denn schon groß mit 50 Jahren geleistet, das auch nur annähernd vergleichbar gewesen wäre : dem Götz; dem Werther; dem Urfaust; dem Prometheus=Schwager Kronos=Wanderers Sturmlied ? Neinnein : das beruhte klopstockischerseits auf völliger Verkennung der Größenverhältnisse !

Gern : Jeder soll etwas von sich halten; und die private Geschichte unserer Großen ist in dieser Hinsicht gestrichen voll der unangenehmsten Affenstreiche : aber Klopstock hält so ziemlich den Rekord !

Nicht nur, daß er sich schon mit 24 Jahren öffentlich in einer Ode also beweihräucherte :

Zitat (Frauenstimme; hahnenhaft=verprahlt):
Am Thor des Himmels sprach ein Unsterblicher :
eilt, heilige Stunden, die ihr die Unterwelt
aus diesen hohen Pforten Gottes
selten besuchet, zu jenem Jüngling,
der Gott, den Mittler, Adams Geschlechte, singt !
Deckt ihn mit dieser schattigen kühlen Nacht

der goldenen Flügel, daß er eynsam
unter dem himmlischen Schatten dichte.

Was ihr gebart, Stunden, das werden einst,
weißsaget Salem, ferne Jahrhunderte
vernehmen . . .

A. (abstechend nüchtern): Aus dem schollernden Odenklang ins gemein=Sterbliche übersetzt : Oben im Himmel veranlassen Engel, daß unten, Klopstock, zur Anfertigung des Messias, die entsprechende Ruhe, und Schatten hat; tja. –

Und wie weit das erst im Alter ging, verraten aufs Gräßlichste seine eigenhändigen Briefe aus dem Jahre 1800 – da war er 76 ! – an den damaligen Rektor der alten Schulpforte. Da hatte Jener, Heimbach war sein Name, eine schlichte Feierstunde zu Ehren des berühmten ehemaligen Schülers veranstalten wollen : sogleich schickt ihm Klopstock die Prachtausgabe seines ‹Messias› mit folgender, selbstgefällig=öliger Gebrauchsanweisung :

Zitat (Männerstimme, pretiös=gespreizt): »Lassen Sie das Buch auf folgende Art in die Bibliothek bringen : Ä=Sie wählen unter Ihren Jünglingen, welchen Sie für den Besten halten; bitten Sie diesen, in meinem Namen das Buch zu tragen. Vielleicht mögen Sie ihm auch die Wenigen zu Begleitern geben, die gleich nach ihm die Besten sind.«

A. (ironisch): Blumen soll der dann auf das Grab eines alten Lehrers säen; und dabei leise den großen Namen – das heißt : Klopstock's – nennen. Einige Wochen später werden dann gleich 12 (in Worten : zwölf !) Klopstock=Gedenktage hintereinander verabredet; und in wahrhaft widerlicher Überhebung ordnet er diese Feiern für sich selbst eigenhändig bis ins Kleinste, an :

4 ‹Pförtner› werden zu je 3 Vorlesungen aus dem Messias ausgewählt – natürlich die Frömmsten, und überhaupt ‹Besten›, was ihm identisch schien; und von denen man denn auch später, wie billig, nie mehr etwas gehört hat. Jedem davon wird eine große goldene Medaille zugesagt – die noch nicht einmal Klopstock selbst stiftet, sondern ein Freund hergeben darf !

Zitat (Männerstimme; kammachern=selbstgefällig): »Jeder liest also dreimal vor; und jede der 3 Vorlesungen geschieht an einem anderen Tage. Die Alumnen wählen unter sich den jedesmaligen Vorleser. Dieser hat die Wahl der zu lesenden Stellen. Der Lehrer, welcher die Woche hat, gibt die Medaillen.«

A. (höhnisch): Scheinbar genügte ihm selbst diese zwölftäge Mammutfeier noch nicht! : Sogar die Vorbereitungen dazu weiß er mit sinniger Meisterschaft der Selbstverehrung vorzuschreiben:

Zitat (Männerstimme; selbstbewußt): Ich denke, daß die Wählenden nicht übel thun werden, wenn sie sich von denen, welche sie für wählbar, – oder auch nur von denen, die sich selbst dafür – halten, vor der Wahl manchmal vorlesen lassen.

A. (bissig): Und jetzt kommen erst seitenlange Anweisungen, wie seine stümprigen Hexameter zu betonen und deklamieren seien. »Sich selbst«, wie Jean Paul es anläßlich der Komödie witzig formulierte: »als sein eigenes Reliquiarium voll heiliger Knochen anbetend.«

B. (seufzend): Oh wehohweh! : hätten Sie mir die Anekdote nicht barmherzig ersparen können?

A. (munter): Aber nicht doch! Sie gehört schon zum Gesamtbilde des kleinen großen Mannes.

B.: Wieso klein; wieso groß?

A.: »Er war klein von Person« beschreibt ihn Goethe; »aber gut gebaut. Sein Betragen ernst und abgemessen. Er schien sich als Mann von Wert und Stellvertreter höherer Wesen zu betragen.«

B.: Also ‹klein› diesmal im körperlichen Sinne. – Und nun, warum, trotz aller bisherigen Einwände, doch »Groß«?

A.: 50 Jahre war er, als er endlich jenen unseligen Messias fertig hatte. »Durchlaufen hab ich die furchtbare Bahn« sagte er selbst am Ende; und es ist noch weit wahrer, als er es ohnehin meinte.

Endlich ist er sie los, die ‹Eiserne Maske› verschollen=religiöser Schwärmerei; und wenn auch die Hand gefährlich verdorben ist – er ist die Hand= und Fußschellen los; und kann sich, aufatmend, zu anderem wenden.

B.: Moment: hat er sich denn bewußt ‹frei› gefühlt? Hat er ‹erlöst aufgeatmet›?

A.: Natürlich hat er den Messias nie irgendwie desavouiert; weder öffentlich, noch in Briefen, noch im stillen Kämmerlein. Aber man merkt sehr wohl, wie es sich in ihm ‹freiheitlich regt›; und sei es nur an dem großen, sich ganz unverkennbar als ‹Fluchtbewegung› manifestierenden, Auswanderungsprojekt...

B. (einfallend): Das ist aber wieder ein ganz neuer Aspekt! Zu dem vaterländischen Barden, für den ich ihn immer gehalten habe, tritt also nicht nur der ‹Wehrdienstverweigerer Klopstock›, – sondern auch noch der ‹Auswanderer Klopstock›? Der dem angeschwärmten ‹Vaterland› flugs den Rücken kehren will?!

A. (kalt): Wundert Sie das? Sagen wir lieber umgekehrt: welcher deutsche Dichter hätte sich im Lauf seines Lebens nicht mindestens einmal mit Emigrationsplänen getragen ?! – Und im Falle Klopstock war es nicht etwa nur ein flüchtiges Gedankenspiel; sondern viele Monate hindurch entwarf und vorbereitete man sorgfältig die Pläne .....

B. (fragend einfallend): Man?

A.: Ja, es war eine ganze ‹Künstlerkolonie›, die nach Tahiti auswandern wollte : Matthias Claudius und Gerstenberg; Voss und Stolberg; und noch ein Dutzend Andere beschafften sich präzise Auskünfte bei dem Weltreisenden Forster; und leiteten die notwendigen diplomatischen Schritte ein. Und wenn dann letzten Endes auch nichts daraus geworden ist, für unsern Klopstock bleibt der Vorgang immer symptomatisch : er wollte nämlich instinktiv auch gleichzeitig von dem ‹Messias› weg; dem überdimensionalen Vampirunwesen, das ihm die besten Kräfte ausgesogen hatte – oder, wie er ja zweifellos geschrieben haben würde, »die besseren Kräfte«.

B.: Immerhin : wenn die nun kommenden, mit schon halb erschöpften Mitteln unternommenen Werke, selbst Sie »groß« nennen müssen – dann läßt das ja einen Rückschluß auf das ursprünglich Vorhandene zu!

A.: Oh ja; einen betrüblichen Rückschluß ! Denn man muß sich unwillig sagen : was hätte der Mann leisten können, wenn er seine eigentliche Begabung nicht verkannt hätte ! – Nunmehr, ab 1775 etwa, wendet er sich nämlich endlich dem Gebiet zu, auf dem er das Höchste hätte liefern können : der Prosa ! Der einzige Trost ist noch der, daß, wie ich vorhin schon sagte – und es trifft nicht minder auf Hölderlin zu, wie auf August Stramm ! – : daß die Herren in dem, was sie als ‹Gedichte› deklarieren, eigentlich ja nur gute Prosa geben : Kryptoprosaisten sind sie, Einer wie der Andere!

B. (ablehnend): Ich kenne Ihr Faible für die Prosa zur Genüge.

A.: Und ich werde Ihnen umgehend einige Stückchen zu schmecken geben, daß Sie selbst einmal wieder am Primat des Gereimten zu zweifeln beginnen sollen ! –

Also der ‹Messias› ist raus : Klopstock kann sich Ernsthafterem zuwenden!

B. (kopfschüttelnd unterbrechend): Es klingt doch immer wieder verflucht ketzerisch, wenn Sie den Messias so cavalièrement abtun!

A.: Wenn wir einmal überflüssig Zeit haben, will ich ihn herzlich gern in Ihrer Gegenwart, und stundenlang, nicht nur ‹abtun›; sondern auf gut irokesisch zerstümmeln ! – Aber, verständigen wir uns : ich glaube, ich darf behaupten, daß kein Mensch auf der Welt lebt, der eine tiefere Ehrerbietung vor dem dichterischen Genius fühlen könnte, als ich ! Und

Sie sollen sogleich den Beweis erhalten : ich spreche von der ‹Gelehrtenrepublik› !

B. (betroffen): Diesem zweifelhaften Produkt ? Über das Männer wie Wieland oder Herder ihren Unmut nicht zu bergen wußten ?

A. (unbeirrt): Am 14. Mai 1773 versandte Klopstock gedruckte Exemplare einer öffentlichen Ankündigung : daß er demnächst eine Schrift herausgeben werde, ‹Die teutsche Gelehrtenrepublique›, und zwar auf Subskription !

B.: War das damals etwas so Seltenes ?

A.: Oh ja; bei dichterischen Werken so ziemlich der erste Fall seiner Art. – Die Vorausbezahlung war auf 1 Louisd'or festgesetzt : rund 80 D=Mark heute – und verlegerischerseits sehr geschickt das Gerücht in Umlauf gebracht worden : daß man damit nicht sowohl das Buch bezahlen, als, bei dieser Gelegenheit, den Verfasser für seine Verdienste um Religion, Vaterland und deutsche Dichtung, schicklich belohnen sollte. »Hier drängte sich nun Jedermann hinzu« beschreibt es Goethe, »selbst Jünglinge und Mädchen, die nicht viel aufzuwenden hatten, eröffneten ihre Sparbüchsen; Männer und Frauen trugen zu dieser heiligen Spende bei; und es kamen vielleicht tausend Pränumeranten zusammen«.

B.: Eintausend ? : war das damals eine so erstaunliche Zahl ?

A.: Abgesehen davon, daß in jener Zeit die Auflagen meist nur nach Hunderten zählten – Goethe hat sich geirrt : es waren 3.600 zusammengekommen ! Die Unternehmung dem Autor und dem Verleger also vollkommen gelungen. Und recht sehr aufschlußreich ist es, diese 3.600 statistisch=geografisch aufzuschlüsseln !

B.: Nach welchen Gesichtspunkten ?

A. (gefällig): Nun, zum Beispiel : daß sich in Göttingen 342 Käufer fanden . . .

B. (unterbricht erleuchtet): Achso ! Ja, das ist ganz lustig : darf ich weiter raten ? . . .

A. (heiter): Jabittebitte – wenn Sie sich die Mühe machen wollen ? – Aber kalkulieren Sie scharf. Und vergessen Sie keinen Umstand, der Ihnen helfen könnte; etwa die Größe der Städte – oh, das kann ja geradezu tiefsinnig werden !

B.: Ja; ungefähr wie bei'm ‹Quiz›, was ? – Hmm – – an zweiter Stelle also – ä – – –

(entschlossen): ich wag's : Hamburg !

A. (bedauernd): Leider nein : Die Ostblockstaaten liegen davor : Mitau mit 140.

B. (niedergeschlagen): Das ist aber auch absurd : Darauf soll man kommen ? – Ich rate nicht mehr.

A.: Ja; es ist schon eine nachdenkliche Liste.

Norddeutschland stellte am meisten. Im Süden die paar Universitätsstädte. Im Ausland natürlich die Metropolen : Kopenhagen mit 37; Amsterdam, Lissabon, London. – Niemand in Paris ! – Alles beschämten durch ihren Eifer die Russen : Riga, Reval, Leningrad : dort waren es immer noch 19 !

Ganz frappierend wenig Käufer stellten sich in den Orten ein, wo Klopstock sich gern und oft aufgehalten hatte; in Zürich; Magdeburg; Langensalza. – *(Mit unheimlicher Zärtlichkeit fortfahrend – das Faktum ist ja auch zu süß !)* In seiner Geburtsstadt, in Quedlinburg, subskribierte : Niemand !

B. (murmelnd): . . . gilt nichts in seinem Vaterlande : Hm hm hm – : verrückt ! –

A.: Da standen sie nun allerorten in Europa, die Klopstock=Fans; und entzifferten betroffen den barocken Titel :

Zitat (Männerstimme; betroffen):

Die teutsche Gelehrtenrepublik; ihre Einrichtung;
ihre Gesetze; Geschichte des letzten Landtags. /
Auf Befehl der Aldermänner durch Salogast und Wlemar.

B.: Es ist doch aber auch ne schnurrige Erfindung ! Ich habe zwar nur einmal, früher, hineingerochen; kann aber Goethes Resümee vollauf verstehen : »Die Bestürzung war allgemein !«.

A. (scharf): Und ich will Ihnen ein anderes Urteil entgegenhalten : von eben demselben Goethe ! Allerdings nicht 40 Jahre danach, abgekühlt und gravitätisch hindiktiert, sondern blutfrisch begeistert, sofort nach der ersten Lektüre, in einen Brief an Schönborn hingestürmt, am 10. Juni 1774 :

Zitat (Männerstimme; glühend erregt): Klopstocks herrliches Werk hat mir neues Leben in die Adern gegossen ! Die einzige Poetik aller Zeiten und Völker, die einzigen Regeln, die möglich sind ! Das heißt Geschichte des Gefühls, wie es sich nach und nach festiget, und läutert; und wie mit ihm Ausdruck und Sprache sich bildet; und die biedersten Aldermanns=Wahrheiten von dem, was edel ist und knechtisch am Dichter. Das alles aus dem tiefsten Herzen, eigenster Erfahrung, mit einer bezaubernden Simplizität hingeschrieben ! Hier fließen die heiligen Quellen bildender Empfindung lauter aus vom Throne der Natur !

A.: Und Sie sehen aus diesem einen einzigen Beispiel das Fragwürdige aller späten Autobiografien : Denn Recht ? ! : hatte der junge Goethe !

Der alte höchstens insofern, daß der Mißerfolg im Publikum sich als verhängnisvoll für alle folgenden Bücher Klopstocks erwies. So sehr war seine Popularität verscherzt, daß an das für Anfang 1775 geplante Erscheinen eines zweiten Teils, überhaupt nicht mehr zu denken war : weinen müßte man über die Stumpfheit einer Nation, der wieder ein Werk Klopstocks zum Opfer fiel; nannte doch sogar ein Herder sie unbegreiflich=wegwerfend »Knabenwerk und Spiel« ! : Hätte man nur, 30 Jahre früher, die ersten Gesänge des Messias so kalt aufgenommen : das wäre für alle Teile fruchtbringender gewesen !

Und ist doch ein Buch, die Gelehrtenrepublik, in dem, neben den gewichtigsten theoretischen Anweisungen, solche Stellen stehen . . . :

Zitat (Männerstimme; sinnend und elegant):

Die Luftschlösser des Gelehrten :
Den Entwurf zu einem Buche machen,
das Neues enthält,
(– mit Schnelligkeit mit Feuer mit Ungestüm ! –)
und zugleich glauben, man werde den Entwurf ausführen –
ist innige Herzenslust, und viel mehr, als Vergnügen.
So hab ich ihrer nicht wenige heut entworfen –
und morgen die Hoffnung aufgegeben, sie zu schreiben :
vergessen sind sie !
Doch bin ich darum weniger glücklich bey den Entwürfen gewesen ?

B. (pfeift bedächtig): Hüii : das ist allerdings – ja doch : glänzend ! Das könnte ohne weiteres in einem Aforismenbuch Nietzsches stehen !

A. (trocken): Das scheint Ihnen das höchste Lob zu sein ? Ich dreh es mal um, ja ? : Manche Nietzscheaforismen könnten mit Ehren in solcher Nachbarschaft, wie etwa dieser hier, bestehen . . . . . :

Zitat (Männerstimme; langsam; die groteske Situation sichtbar machend):

Die Blinden :

Saßen zwey Blinde bey einer Schilderey.

Der Eine fühlte auf der unrechten Seite herum; sagte : »Ist niedrig Buschwerk; wird etwa für einen Weidmann geconterfeyt sein.«

Der Andre fühlte auf der rechten Seite herum; sagte : »Hügel sind's; etliche nur; all das andre ist Ebne.«

Trat noch ein Blinder, ihr guter Gesell, herein; ließ sich den Zwist erzählen; fühlte auf dem glatten Rahmen herum; sagte : »Was ? ! Stilles ebnes Meer ist's, worin sich die liebe Sonne spiegelt ! « –

Hatten die Blinden einen andern guten Gesellen : der konnt sehen.

Da sie selbigem nun den Zwist der Länge nach hatten erzählt, sprach er : »Bin hergewandert, Euch zur Musica einzuladen, weil mir ein trefflicher Geiger ankommen ist. Habt wohl eh davon sagen hören, daß unter Zeiten der Himmel voller Geigen hinge ? : Da hat er eine herabgenommen, so spielt er ! – Aber die Streitigkeit ? : So kommt doch; ich mag die Schilderey nicht ansehn; sie betrübt mich nur – 's ist Hermann, der von seinen eignen Blutsfreunden ermordet wird ! – Aber kommt immer : der Mann wartet in der Laub auf uns, und still ist's, und Mondschein auch.«

Doch sie spotteten nur des Sehenden; fochten das Ding fernerhin unter sich aus; und ließen ihn allein zum Geiger gehen.

A.: Ich wollte nur, wir hätten Zeit, um ‹Rohrdommels Verhör› verlesen zu können. Stundenlang könnten wir so fortfahren; und hätten dann selbst den dichterischen Gehalt des Werkes nur ganz unvollkommen ausgeschöpft !

B.: Wo hab ich damals nur meine Augen gehabt ?

A.: Und die Ohren; und die Finger. – Was für eine ganz eigene Welt regt sich nicht schon im ersten, dem ‹legislativen› Teil, der die ‹Kerngesetze› enthält. Immer wird erst das Gesetz angeführt; und darunter das wichtigste Stichwort des Kommentars . . . . . :

Zitat (Männerstimme; diktatorisch. Der Kommentar gemurmelt=verklingend):

Von den jungen Gelehrten :

Hat ein Jüngling, den die Denkmale nicht schlafen lassen, welche länger als Erz dauern, seine erste Schrift mit feuriger Unruh, und lauten Herzschlägen gearbeitet; sie aber gleichwohl, ohne eine Thräne dabey zu vergießen, ins Feuer geworfen : so bekommt er das Eichenblatt, wenn er auch noch kein Zünfter ist !

(gemurmelt) : . . . . Merkzeichen, welche den künftigen großen Schreiber wittern lassen . . . .

A.: Wahrscheinlich verstehen Sie jetzt, warum Jean Paul die Sprache der ‹Gelehrtenrepublik› bewundernd »athletisch=mager« nennen konnte. – Der polemische Teil richtet sich vor allem gegen die ‹Nachtwächter› – also die Kritiker; die Klopstock grundsätzlich als »dumm« galten, »schlecht, boshaft, anmaßend, schamlos«. / Dann bekämpft er die übermäßige Verehrung und Nachahmung der ‹Ausländer› . . . . . . :

Zitat (Männerstimme; wuchtig=selbstbewußt):

Von Völlerey und Trunkenheit :

1. Wer sich in einer ausländischen Schrift berauscht hat – es sey Wein oder Weingeist darin gewesen; sie sey kühl hinuntergegangen, oder sie habe geraucht – und taumelnd von ihr auf der Gasse herumwankt, und laut schreyt – (murmeln kann er wie er will) – : daß er diese

Schrift allen Deutschen Schriften vorziehe ? : Über dem rufe man gleich auf der Stelle und ohne Säumnis »Jo Duthe !«; und stoße ihn, ohne Aldermänner und Herold abzuwarten, über die Grenze !

2. Wer, – ob er gleich zu Hause bleibt, und nur murmelt – sich täglich in den Schriften der neuen Sofisten, zum Exempel Voltärens und seiner Säuglinge, besäuft ; und zwar dermaßen, daß er fünf= bis sechsmal beym Stuhle liegend, und den Rausch ausschlafend gefunden worden ist : der wird bey den Nachtwächtern auf Gnade und Ungnade eingesperrt; und ihm seines gewöhnlichen Gesöffs, wie auch Papiers zum Speyen so viel er will, gelassen.

A.: Und wenn Sie sich recht vergegenwärtigen, wie etwa unsere viellaufenden ‹Taschenbuchreihen› zu 80 Prozent nur Ausländer bringen – dann kann man seine Indignation heute wieder gut verstehen ! : Warum druckt man da nicht einmal diese ‹Gelehrtenrepublik› wieder ab ? Das ist ein Buch, dem die Ausländer ganz wenig an die Seite zu setzen haben ! / Als Letztes endlich kämpft Klopstock für die Reduzierung der – seinerzeit freilich hypertrophierten – klassischen Filologie. / – Ein unausschöpfliches Stück !

B. (nachdenklich): Sagen Sie mir doch Zweierlei :

Einmal : wäre es nicht denkbar, daß jetzt ein Christ käme, der Ihre Reihenfolge wieder umkehrte : die ‹Gelehrtenrepublik› als ‹abstrus› verwirft; und den ‹Messias› gerührt wieder als die Krone des Werkes rühmt ?

A. (unwillig): Nein : das ist nicht denkbar ! Denn der Christ müßte dann schon – Sie haben ja selbst entscheidende Textbeispiele genug gehört ! – lediglich vom Weltanschaulichen her urteilen : Dann vielleicht ! / Vom Künstlerischen her gibt es nur eine Entscheidung : da ist die ‹Gelehrtenrepublik› der Krondiamant – ein Orloff, ein Pitt, ein Kuh=i=Nur ! *(Abfällig):* und die ‹Messiade› ? Welchem Mineral vergleiche ich die ? – : Ja : vielleicht ‹Speckstein›.

B.: Gut. Aber jetzt setze ich Ihnen die Pistole arg auf die Brust : Zweitens ! : Wäre es nicht positiver gewesen, ‹redlicher› – Sie entschuldigen, mir fällt im Augenblick kein diskreteres Wort ein ! – : wenn Sie dann heute Abend mit der Besprechung der ‹Gelehrtenrepublik› begonnen hätten ? !

A.: Auch das nicht ! Es wäre insofern ‹unredlich› gewesen, als es einen falschen Klopstock proklamiert hätte. Im Bewußtsein unserer Gebildeten ist ‹Klopstocks=Messias› ein solches versteinert=untrennbares Begriffspaar geworden, wie etwa ‹Darwin ? : DermitdemAffen›. Diese verruchte Gleichung seines Namens mit dem des ‹Messias› galt es zunächst aufzulösen – und zwar auf die allerredlichste Art : durch Textproben ! Vergleichen Sie doch selbst das bodenlose Gewäsche des Messias – und die erratischen Blöcke der Gelehrtenrepublik, scharfkantige Riesentrümmer, von denen jeder einzelne eine Landmarke ist !

B. (noch ausweichend): Ach; jetzt fällt mir eben noch etwas Anderes ein; etwas, das ich erst in jüngster Zeit als Kriterium der Geister schätzen gelernt habe : wie stand Klopstock eigentlich zur großen französischen Revolution von 1789 ? Hat er sich da ‹bewährt› ? Wie sich etwa Voss bewährte; oder der – viel gefährlichere, als man gemeinhin annimmt – Charles Dickens der ‹Zwei Städte› ?

A.: Natürlich hat er sich grausam blamiert ! Zuerst begrüßte er, sich unklar an dem maulaufreißenden Wort ‹Freiheit› begeisternd, den komischen Nationalkonvent – später, als die Sache blutig=ernsthaft wurde, versagte der ans ‹göttliche Recht der Obrigkeit› zu glauben Erzogene. Kindlich war er da; unerfahren; sah alles Unrecht auf jakobinischer Seite : Und vergaß ganz die ‹Oubliettem› der Bastille; die ‹Lettres de cachet›; oder das – 1789 dem Buchstaben nach noch unaufgehobene Gesetz : »daß der Grandseigneur, ermüdet von der Jagd heimkehrend, das Recht habe : 2 seiner Leibeigenen den Leib öffnen zu lassen; und in deren Blut und rauchenden Eingeweiden die ermüdeten Füße zu erfrischen.«

B. (ungläubig): Ob das wahr ist ?

A.: Also begrüßt Klopstock später alle Maßnahmen gegen die Revolution. Und wenigstens das eine Gute lernt er – obwohl verdächtig spät für ein denkendes Wesen : früher fetierte er hymnisch den Barbaren Hermann, dem er Frau Thusnelda blutrünstig=vaterländisch so entgegenröcheln ließ :

Zitat (Frauenstimme; theatralisch=meiningerhaft; walkürenhaft=hochbusig):

Ha ! !
Dort kömmt er. Mit Schweiß, mit Römerblute,
mit dem Staube der Schlacht bedeckt : so schön war
Hermann niemals ! So hat's ihm
nie von dem Auge geflammt !

Komm ! Ich bebe vor Lust ! Reich mir den Adler,
und das triefende Schwert ! Komm : athm' und ruh hier
aus in meiner Umarmung
von der zu schrecklichen Schlacht !

Ruh hier, daß ich den Schweiß der Stirn abtrockne,
und der Wange das Blut ! : Wie glüht die Wange !
Hermann ! : Hermann ! ! : So hat Dich
niemals Thusnelda geliebt !

A. (bedächtig fortfahrend): Nun, im endlich belehrten Siebzigsten Jahre, grollt er die »belorbeerte Furie« also an:

Zitat (Männerstimme; grimmig):
Von allen Spielen ist das verlierendste
der Kriegeshalbkunst trauriges Würfelspiel :
denn welcher Wurf auch falle, fällt doch
selber dem Siegenden Tod und Elend !

B.: Eine nachdenkliche Mahnung, für alle Zeiten passend.

A.: Hierhin gehört, ganz organisch, auch, daß »der Erzfeind« Voltaire hieß. Der trocken=geniale Verfasser des unsterblichen ‹Candide›; der sich mutig in die – nach Klopstock eines Dichters unwürdigen – Tageshändel mischte : ich nenne hier nur den ehrwürdigsten der Fälle : Calas ! Im Verhältnis zu solcher Wirksamkeit, wirkt Klopstock nur widerlich und servil.

Oder seine rührende mathematische und technische – nicht nur Unwissenheit; sondern Abneigung : wie konnte er nicht stundenlang über die, damals eben neu erfundenen, Luftballons spotten – der Himmel sollte anscheinend ausschließlich seiner Engelhierarchie vorbehalten bleiben.

B.: Er endete aber doch wenigstens finanziell gesichert ?

A. (achselzuckend): Gewiß, durch ausländische Pensionen !

B.: Äußerlich geehrt ?

A. (einschränkend): Naja; was das anbelangt, da spielte ihm seine Fantasie manchmal die rührendsten Streiche : er hatte lange von einer ‹Deutschen Akademie› geträumt – in der er seine Gelehrtenrepublik wohl zu verwirklichen gedachte; der kaiserliche Briefwechsel ist stolz dem Buche als Anhang beigedruckt – und Josef der Zweite sandte ihm sein in Gold gefaßtes, mit Brillanten besetztes Miniaturporträt. Sofort schwärmte Klopstock allen Freunden von der »einzigen Auszeichnung« vor – bis er 4 Wochen später, das gleiche »verheißungsvolle Geschenk« bei einem Pferdehändler in Itzehoe entdeckte : Daraufhin wurde er stiller. Bis er endlich, ein Achtziger, dem jüngeren Freunde nur noch vorstammeln konnte: »Schönborn ? : Suchen Sie nicht so alt zu werden, wie ich !«

B.: Und damit nun wäre Klopstocks Bild abgerundet; seine Wirksamkeit beendet ?

A.: Nein. – Zweierlei muß ich noch erwähnen, und wenn die

Sanduhr noch einmal abläuft : Im Winter 1788 auf 89 hatte er sich mit einer Arbeit beschäftigt, den ‹Denkmalen der Deutschen›, von denen ich Ihnen nur zwei der wenigen, erhaltenen, Bruchstücke hersetzen will :

Zitat (Männerstimme; knapp; lakonisch):

1. Britanniens Eroberung. Hengst und Horst sprangen aus zween Kiulen ans Ufer – : nach siebzig Jahren hieß Britannien England !

2. Die 10 Feldzüge. Von Ariovist bis Hermann thaten die Römer 10 Feldzüge nach Deutschland : einen gegen Hütten; zween zur Schau; einen geflüchteten; fünf siegende; keinen erobernden; den letzten ohne Wiederkehr.

A.: Das finden Sie nebenbei auch in der ‹Gelehrtenrepublik› ! Und einige hundert solcher unvergleichlichen Stücke – recht eigentlich mit dem Griffel eines Tacitus ausgeführt ! – ließ er, zusammen mit einem Werk über den Siebenjährigen Krieg Friedrichs des Großen, dem leipziger Verleger Göschen anbieten.

B.: Das war allerdings die pikanteste Materie von der Welt : ein Werk von Klopstock ? Über Friedrich den Großen ? !

A. (sachlich): So mag auch Klopstock gedacht haben; und nicht minder sein Bote. Göschen jedoch fand sich bemüßigt, allerlei Einwendungen zu machen – und Klopstock verbrannte auf diese Entscheidung des überheblichen Literaturjobbers hin sein unersetzliches Werk : Das wäre auch so ein eigenes Kapitel : was ‹unsere Großen Verleger›, von Cotta an bis zu den Neuesten, uns schon gekostet haben !

B.: Dabei lassen die sich so gern ‹Hegemeister des Geistes› schimpfen – ts ts : es ist doch allesalles Wind ! – Also mit diesem Fiasko nun ist Klopstocks Laufbahn betrüblich beendet ?

A.: Gottlob noch nicht ! – Noch erschienen in seinen letzten Lebensjahren die – nur dem Oberflächlichen seltsamen – ‹Grammatischen Gespräche›; von denen ein Mann wie August Wilhelm Schlegel urteilte :

Zitat (Männerstimme; zart=steif): Unter allem, was Klopstock geschrieben hat, haben nach meinem Gefühle die ‹Grammatischen Gespräche› die meiste Anmuth. Er war schon 70 Jahre alt, als er sie herausgab : die Heiterkeit und empfängliche Regsamkeit erscheint darin ungemein liebenswürdig !

A.: Und Schlegel hätte getrost weiter gehen können ! Denn noch einmal eröffnet sich ein ganz einzigartiges, abstrakt=regsames Reich : da unterhalten sich etwa die ‹Dichtersprache› und die ‹Kunstwörtlichkeit›. ‹Urtheil›, ‹Empfindung› und ‹Einbildungskraft› rechten mit den Geistern der 4 wichtigsten Sprachen, den Mädchengestalten Galliette, Ingless, Teutone und Hellänis . . .

B. (ergänzend): Heute müßte er noch eine Americana und Sowjetskaja mit hinzunehmen . . .

A.: Die Versfüße plaudern und prahlen durcheinander, der Daktylus gegen den Anapäst. Und begeistert können Sie dem schlechthin grotesk=genialen Gespräch lauschen des Teha und Peha mit der ‹Wasistdaswasdasistwashaftigkeit›, der ‹Questcequecestqueçaeitude› – oder, wie es am Ende boshaft gewischelt wird : der ‹Wasistdaswasdasistwaschhaftigkeit› !

Und Klopstock geht diesmal ganz aus sich heraus : viele hundert Seiten werden einer neuen deutschen Ortografie gewidmet ! Nicht schreibt er länger »Pferd und Pfründe«, sondern entschlossen »Ferd und Fründe«. »Ferwexlung« mit »F« und »X«. Und diejenigen, die den Begriff »Klassiker« grundsätzlich mit ‹konservativ› »ferwexeln«, dürfen, schockiert, Stellen wie diese lesen :

Zitat (Frauenstimme): Mir ist eine nicht geringe anzal fererer unserer mutterschprache bekannt . . .

A. (einfallend): Aber das muß man gedruckt sehen : alles klein geschrieben ! Anstatt »sanft« mit dem schwer aussprechbaren »n« wird es künftig »samft« heißen. Statt »ist denn« schreibt man, apostrofiert, »ist'enn«. Und, wenn's der Rhythmus verlangt, riskiert er statt »Hamburg« glatt ein abbreviiertes »Ham« ! –

Hören Sie wenigstens noch den Anfang eines jener scharmanten Gespräche :

Zitat (In der nun folgenden kleinen dramatischen Szene werden die bisher beschäftigten 4 Sprecher wie folgt eingesetzt :

a) die Ansage der redenden Buchstaben übernimmt der bisherige Sprecher ‹B› : zur genauen Kennzeichnung erscheint alles, was er zu sagen hat, in großen Buchstaben.

b) Die Rolle der ‹Aussprache› übernimmt die bisherige ‹Zitatmännerstimme›.

c) Sämtliche ‹Buchstaben› – und sie sind alle hochstimmig=schnippisch und fürwitzig=schulmädchenhaft zu sprechen – übernimmt die Frauenstimme. (Einzelne Varianten in Tonfall und Betonung werden jedesmal gesondert angegeben.)

d) Den ‹Reim› übernimmt der bisherige Sprecher ‹A›.):

DIE AUSSPRACHE: So höret denn endlich einmal auf, Mitlaute; und machet dem Lärme, und dem Geschrey ein Ende, daß man ein Wort in Ruhe mit Euch reden kann. Doch ich weiß es, warum Ihr nicht zu schweigen seyd : Ihr könnt der Freude über die neuen Namen nicht satt werden, die Ihr bekommen habt . . .

A. (rasch hineinmurmelnd): dem Kenner eine Anspielung auf Lautiermethoden à la Basedow, Pestalozzi, Krug . . .

Zitat:

DIE AUSSPRACHE *(strafend fortfahrend)*: Setzt Euch, Mitlaute!

DAS ESS: Wenn Du willst, daß wir es thun sollen, so sprichst Du anders mit uns ! Du mußt sagen : setzet Euch, Blaselaute; Bebelaute; Stotterer!

DAS ENN: Ich bin der Nennlaut!

DIE AUSSPRACHE: Das ist ein sonderbarer Name : wir benennen, denke ich, doch alle?

DAS ENN: Ich weiß zwar selbst nicht, warum ich so heiße : aber das ist einmal gewiß, daß ich sehr oft in der Sprache vorkomme, und also nicht wenig zu thun habe!

DIE AUSSPRACHE *(halblaut)*: Nur zu viel.

DAS ENN *(fürwitzig)*: Der Franzose näselt mich : so zierlich macht es der Deutsche nicht mit mir!

DIE AUSSPRACHE: Er bildet sich ein, daß er das doppelte Äußerste vermeiden müsse : Töne welche zu tief aus dem Halse heraufkommen, verraten ihm Barbarey; und Töne, die man mit Selbstgefallen in die Nase hinauftreibt, überfeine Kultur.

DAS ESS: Schweigt; laßt mich reden : wo blieb ich denn ? – Ich habe es : Ihr Stotterlaute; Du Mampflaut . . .

DAS EMM *(fällt ein)*: Auch ich verstehe meinen Namen nicht; aber es ist mir doch lieb, daß ich einen für mich allein habe.

DAS ESS *(strafend)*: Was mampfest Du da ? : Schweig ! – Du, Zitterlaut; Du, Zischer; und, o, Du Sauselaut! – *(verschämt)*: dieser Letzte bin ich!

DAS KA: Uns vergißest Du ? Du denkst : wenn Du nur da bist, so sind Alle da! – ich bin einer von den Gacklauten!

DIE AUSSPRACHE *(schaltet sich in den Zank ein)*: So werdet denn endlich ruhig, und setzt Euch : Ihr Sauser und Brauser, ihr Zitternden und Bebenden, ihr Stotterer, Mämpflinge, Gackser und Ohrenbläser.

DAS ESS *(pikiert)*: Was willst Du denn ? ! Wir sitzen ja schon. – *(Man hört vor der Tür ein Gepolter)*

DIE AUSSPRACHE *(befremdet)*: Was ist denn das vor eyn Gelärm, nach dem Ihr Euch umseht?

DAS ESS: Der Reim will herein; und sie wollen's ihm nicht zulassen.

DER REIM *(erst etwas fern; dann nahe wie die Übrigen)*: Ich will und ich muß hinein ! Kommt, steht mir bey, meine Begleiter : ihr weiblichen müßt bitten; und ihr männlichen, ihr droht ! Soll ich Euch unter all meinen Schaaren und Heeren umsonst ausgesucht haben ? ! Helft Ihr mir bald hinein ? Kommt, kommt : Saso=Naso, Mante=Tante, Susse=Fusse, Volto=Polto !

Die Aussprache *(verdutzt=halblaut)*: Wer sind diese Alle ?

Das Ess *(überheblich)*: Es sind die Klingler, vor welchen die Redekunst zu warnen pflegt.

Der Reim *(jetzt ganz nahe)*: Trolle=Molle, Lire=Bire, Omba=Tromba=Bomba ! : Wo bleibt Ihr, Ihr männlichen ? Kommt : Steht mir bei ! : Crown=own; Heaven=driven; Strength=Length !

Das Ess: Wo willst Du denn hin, Aussprache ?

Die Aussprache *(dégoutiert)*: Ich trete nur ein wenig zurück. Die schreyende Eintönigkeit fährt mir durch alle Glieder. – : Was willst Du hier, Reim ? !

Der Reim: Sound=round=drown'd ! : Ich will mich in meiner musikalischen Größe zeigen ! Will den Übelklang, den man mir andichtet, weil man Gras wachsen hört, und weil, ich weiß nicht welches alte Volk auch so gehört haben soll – ich will den erhorchten Übelklang als Wohlklang ausrufen : das will ich hier !

Die Aussprache: Wohlklang oder nicht : die Mitlauter gehen Dich nichts an ! Unterbrich uns jetzt nicht weiter. Komm wieder, sobald der Ausruf vor sich gegangen ist.

Der Reim *(triumfierend)*: Ihr habt's gehört, und sollts bezeugen, daß sie mich nach dem Ausrufe vorlassen will : Sound=round=drown'd ! *(er lacht flämisch auf)*: Ho ho ho ho

B.: und schlägt einen Purzelbaum in die Nacht hinaus . . .

A.: Danach – denn unsere Aufgabe, den wahren Klopstock darzustellen, ist erfüllt ! – schlagen wohl auch wir am besten unseren Purzelbaum in den Nachtäther hinaus. – Aber als abschließendes Pausenzeichen erklinge noch eine zeitlang das alte Lessingsche Epigramm . . .

Zitat (Männerstimme; anzüglich spitz): Wer wird nicht einen Klopstock loben ? / : Doch wird ihn Jeder lesen ? : Nein ! / – : Wir wollen weniger erhoben, / und fleißiger gelesen sein !

(dringend; aber schon leiser): Wer wird nicht einen Klopstock loben ? ! / :

(verhallend): Doch wird Ihn Jeder lesen ? ? ? ?

CHRISTOPH MARTIN WIELAND

5. September 1733, Oberholzheim bei Biberach – 20. Januar 1813, Weimar

WIELAND

oder Die Prosaformen

Sprecher:

A.: ältlich; zum Dozieren geneigt

B.: jung; feurig=ungeduldig; Dazwischenredner

B.: So; das tägliche Brot wäre wieder einmal verdient. Die Abendnachrichten abgehört – oh, diese Abendnachrichten: lassen Sie uns irgend ein Theorem bestreiten, daß ich wieder Mensch werde!

A.: Warum so ungehalten?

B.: Man kriselt im nahen Osten. Es wehrpflichtet sehr. Die Großmächte poltergeistern. Politikerfräcke fledermausen: es wird wieder einmal Nacht.

A.: Sie glauben nicht an Entwicklung? Menschheit? Weltvernunft?

B.: Bei mir kommen Sie an den Rechten mit Ihrer Weltvernunft: 6 Jahre Soldat und Kriegsgefangener, Monsignore! – Und Entwicklung?: moralisch und künstlerisch ist die Menschheit nicht um einen Deut weiter, als zu Zeiten des ‹Proconsul›!

A. (begütigend): Ein hartes Urteil. – Gewiß, gerade in letzter Zeit hat man es vielfach ausgesprochen, daß selbst der Einzelne gar keine Entwicklung habe. Daß etwa jeder Schriftsteller eigentlich nur ein Buch – eben das erste schreibe; und alle anderen, bis zum letzten, nur Varianten des gleichen Themas seien.

B.: Welche Lästerung! Wäre es nicht ein Einwand gegen einen Schriftsteller, wenn man behauptete, er habe sich nie ‹geändert›, nicht ‹entwickelt›?

A.: Eben deklamierten Sie aber noch selbst gegen die ‹Entwicklung der Menschheit›. –

B.: Der Menschheit allerdings! Aber niemals der großen Einzelnen: oh, warten Sie; ich will Sie umgehend widerlegen ...

A. (berichtigend): Nicht mich, bitte; ich bin selbst kein Freund jenes modischen Diktums.

B.: Desto besser; arbeiten wir also endlich einmal zusammen. – Warten Sie – *(murmelnd):* Beispiele, wie sich namhafte Dichter im Lauf eines langen Lebens wandelten ...: Jean Paul nein. Scott blieb von Anfang an bei der Großballade. Klopstock ? : oh weh ! . . . meingott, so helfen Sie mir doch; Sie lesen doch schließlich 30 Jahre länger als ich !

A.: Ja, das ist einer der wirklichen wenigen Vorzüge des Alters, *(seufzend):* an denen es ansonsten wahrlich nicht reich ist. – Aber es gibt schon ausreichend Belege, um die erwähnte dumm=einseitige Behauptung nach Belieben umstoßen und wieder aufrichten zu können :

Denken Sie an Cooper : kann man einen krasseren Unterschied finden, als zwischen seinem ersten preßgläsernen ‹Gesellschaftsroman› ‹Precaution› – Gnade uns Gott, wenn er aus dem den Rest seines Werkes hätte ‹entwickeln› wollen ! – und dem düster=rüstigen, die ganze Jäger= und Sammlerstufe der Menschheit verkörpernden ‹Lederstrumpf›; einem der ganz großen Archetypen der Literatur, dem Kenner durchaus gleichrangig mit Parzival, Ahasver, Faust.

B.: Dank Ihnen, daß Sie den Namen nannten; das Anathema gegen alle ‹umbrella=people› : darauf hätte ich auch kommen können.

A. (fortfahrend): Aber wir sind keineswegs auf God's own country angewiesen; wir haben in lieben Deutschlands Mitten ein ganz anderes, noch gewichtigeres, Großbeispiel. Exemplarisch deswegen, weil nicht nur ein langes, achtzigjähriges Leben vorliegt; sondern wir vor allem vom sechzehnten an die öffentlichen – auch heute noch Jedem leicht zugänglichen – Belege einer ausgebreiteten schriftstellerischen Tätigkeit vor Augen haben. Exemplarisch nicht minder, weil dieser Mann ein Dichter von bedeutender Kraft war. Weil er einer der ganz raren Fälle ist, wo intellektuelle Poesie verwirklicht wurde – etwas, dessen Existenz gemeinhin, und nicht zuletzt von den Phosphoristen und Blaublümlern unter den Dichtern selbst, bestritten wird. Am allerwichtigsten deswegen, weil er zuerst das dem selbst schreibenden Prosafachmann meist am schwersten lastende Problem der Struktur erörterte, und seine Theoreme mit praktischen Beispielen belegte : durch ihn wurde das handwerklich Mitteilbare der Dichtung – das ohnehin viel umfangreicher ist, als man annimmt – mit einem Schlage verdoppelt.

B. (ungeduldig=neugierig): Und wie heißt schließlich und endlich Ihr Wundermännchen ?

A. (strafend): Wohl war er ein ‹Männchen› – das heißt körperlich. Aber es kann ja nicht Jeder ‹Sechs Fuß hoch aufgeschossen, / ein Kriegsgott anzuschaun› sein : die Literatur hat andere Maßstäbe für Tauglichkeit, als die SS !

B. (lachend): Seien Sie nur wieder gut. – Sie müssen doch selbst begreifen, wie Einem die Geduld ausgehen kann, bei Aufzählung so viel leckerster Verdienste. Ein Beispiel für uns soll er auch noch sein : und Sie verlängern Ihren Hymnus unerbittlich – Sie sehen, ich habe Ihre boshafte Bemerkung über mein ‹Deklamieren› vorhin, noch nicht ganz verdaut.

A.: Sind wir also jetzt quitt. – Und der Name ist : Christoph Martin Wieland.

B. (betroffen): Wieland ? – : Hm. – *(nach einer Pause):* Ein berühmter Name, gewiß; aber wie ich gestehen muß, mir nur eine Schattengestalt. Die Literaturgeschichte – die alte Jungfer mit der spitzen roten Nase, und den falschen schwarzen Locken, steif und brüchig, wie abgebrannte Streichhölzer – hat ihn doch längst so endgültig ‹abgetan›, daß Sie schon viel und gewichtiges Material werden beibringen müssen, um ihn auch nur wieder ernsthaft diskutabel zu machen – geschweige denn, ihn so hoch zu stellen, wie Sie zuvor andeuteten ?

A. (ruhig): Wir stehen uns also – darauf wollen wir Ihren Einwand reduzieren – ungleich gegenüber : Sie kennen ihn gar nicht; ich bin buchstäblich mit ihm aufgewachsen. Gern will ich Ihnen Belege und Material aller Art vortragen; nur müssen Sie mich sogleich unterbrechen, wenn ich ins Dozieren geraten sollte – mit 60 gebärdet man sich nur allzu leicht unfehlbar.

B.: Daran soll es nicht fehlen; ich behalte mir ganze Bergzüge von Einwänden vor. – Als Erstes würde mich interessieren, inwieweit Wieland ein Beleg ist, gegen jene tolle Behauptung von der Entwicklungslosigkeit des Schriftstellers.

A. (bedächtig): Das erste halbe Dutzend Bände ist hochkirchlich=orthodox; von geradezu widerlicher Frömmigkeit durchtränkt . . .

B. (einfallend): . . . ein bei Ihnen ungewohnt starkes Beiwort; das hier speziell besagen will ? . . .

A. (seufzend fortfahrend): . . . Ich bekenne es ungern – : so fatal fanatisch ist der junge Mann, daß er Andersdenkende nicht nur öffentlich in Rezensionen angreift; sondern sogar einen harmlosen ‹Anakreontiker› brieflich bei dessen Amtsvorgesetzten denunziert !

B.: Brrrr ! Das ist dick ! Am liebsten würde ich jetzt gar nichts mehr hören.

A. (geduldig): Sie hätten aber Unrecht. Denn gegen Mitte=Ende Zwanzig, nach ausgiebigem Studium von Swift, Voltaire, Lukian, beginnt ihm das Christentum blasser und verdächtiger zu werden : er findet das dem Manne angemessenere Element der Aufklärung – ‹La Lumière› wie ich lieber zu sagen pflege – oder, mit Wieland selbst zu reden : »Nur, wer das Licht nicht scheut, / der ist mit mir verbrüdert.« Er war an einen Kreuzweg der Geister gelangt . . .

B. (einfallend): Und wer wurde im Altertum schon an Kreuzwegen verehrt ? : Hekate unterm Bleichmond; Schattengeziefer; Dunkelmännereien aller Art . . .

A.: An sich durchaus verführerisch=interessante Kulte; aber an so prominenter Stelle muß man sich eben entscheiden. Aus dem Schwärmer und Heuchler Wieland wird jedenfalls der ‹Freigeist› und Spötter Wieland; ja, sogar der ‹Erotiker› – obwohl wir Heutigen ihm in diesem letzten Punkt getrost ‹tauige Keuschheit› bescheinigen dürfen. Noch später setzt dann die ruhige Kühnheit der Alterswerke ein.

B. (zusammenfassend): Also vom Christen zum bestenfalls Deisten; und von da weiter zum Kosmotheoros : das sind keine kleinen Sprünge. Wie kam er dazu ?

A.: Auf dem natürlichsten aller Wege : 1733 wird er in einem schwäbischen Pfarrhaus geboren. Und es ist gar erbaulich, die Jugend des großen Prosabildners zu verfolgen : wie er da, frühzeitig vom pflichtbewußten Vater dressiert, wunderkindhaft die alten Sprachen schluckt. Mit 13 Jahren wird die unreife Boa Constrictor nach einer der renommierten Schulen jener Zeit emballiert : Klosterbergen bei Magdeburg.

B.: Mir war eigentlich immer nur ‹Schulpforta› geläufig.

A.: Es ist schon praktisch das Gleiche : biblische Lektionen nehmen den größten Teil der Lehrstunden in Anspruch. Unmögliche sogenannte ‹Realien› : Latein bleibt eben Latein; und die Weltfremdheit wird überall brüllend sichtbar. Wer zuviel fragt, wird auf die Hölle als unvermeidliche Konsequenz solcher Unehrerbietigkeit hingewiesen : »God's in his heaven / : all's right with the world« !

B.: Also eine der ‹Ordensburgen› der ‹Anderen Seite›. Und wie reagiert das Kind auf solche Knebelung mit alten Wischlappen ?

A.: Es gelingt den magdeburger Priesterkönigen, den naseweisen Intellekt total niederzuknüppeln. Rührend sieht es aus den Kinderbriefen heraus : die Angst vor der Hölle; die verschüchterte Selbstpeinigung. Gottlob dauert solche ‹Innere Mission› nur 3 Jahre.

B.: ‹Nur› ? na, ich danke schön ! – Kommt jetzt wenigstens eine Erleichterung ?

A.: Ostern 1749 darf er die Anstalt verlassen; und wird von den wohlmeinend=versteinerten Eltern zu einem Verwandten nach Erfurt gegeben. Professor Baumer soll Wieland eigentlich ein Jahr lang in der Philosophie perfektionieren – aber Baumer ist ein witziger satirischer Kopf, der sich längst aus barocken Lehrgebäuden in angemessenere Turnhallen des Geistes gerettet hat. Schonend=neugierig besieht er sich den blutjungen Verwandten; und erspäht vielleicht sogar den blinkernden

Intellekt in Jenem. Jedenfalls, sei es Fürsorge, sei es Freude an verstörender Bosheit, er hält Wieland vorsichtig den ersten Köder angemessener Nahrung zum Zähnedurchbeißen hin : er liest ihm ein Privatissimum über den ‹Don Quijote›.

B.: Nicht unfein. Aber nach dem Vorangeschickten fürchte ich, Wieland hat die Wohltat nicht zu würdigen gewußt ?

A. (bestätigend): Nichts minder. Er, ganz jungfräulich=kalter Seraph, entrüstet sich nur über den abgeschliffenen Weltmann – statt sich bei dem Entfesselungskünstler zu bedanken.

B.: Logischerweise wird das Halbkind also in seiner hochmütigen Abwehr noch versteift. Wann kommt denn nun der erste menschliche Zug ?

A.: Oh, er erfolgt prompt : im Sommer 1750 kehrt er ins Elternhaus zurück; und findet dort eine ältere Kusine vor : Sophie Guttermann. Die hat soeben ein zweijähriges solides Großverhältnis mit einem reifen italienischen Leibarzt hinter sich gebracht, das allerdings nicht zur beabsichtigten Ehe führte : von dieser sexuell und intellektuell hochgezüchteten Neunzehnjährigen – Orchidee in der Jugend, Kartoffelblüte im Alter – wird unser Junge natürlich rettungslos umgeworfen.

B. (fragend): Wie alt ist Wieland jetzt ?

A.: Kaum Siebzehn. – Sophie entdeckt natürlich unverzüglich die pikant=reinliche Liebe des schwärmerischen Jünglings . . .

B. (einfallend): . . . ‹boyish poet=love› hat Edgar Poe, nach dem ätherischsten aller irdischen Gefühle gefragt, es formuliert . . .

A.: Also genau unser vorliegender Fall. Oder, wie Wieland es ausdrückt: »Wer sich in dem Augenblick, da er die Hand der Geliebten küßt, eine höhere Seligkeit vorstellen kann : der hat nie wahrhaft geliebt !« – Wie ernst, wie selten diese Liebe seinerseits gemeint war, geht daraus hervor – nicht, daß sie ihn zum Dichter machte; das ist wohl habituell so – aber daraus : welches Thema Wieland angriff. Während eines Spazierganges mit Sophie, als die vom Landaufenthalt gelangweilte junge Dame seine Ansichten über nichts Minderes als Gottunddiewelt kurz zu wissen verlangt, entwirft er ihr den Plan eines umfangreichen Lehrgedichts, ‹Die Natur der Dinge›; und, was weit mehr ist : er führt es in 6 Gesängen auch aus !

B.: Unheimlich und rührend. Es bedarf geringer Profetengabe, um vorauszusagen, daß er dies, sein um 2 Jahre älteres, schönes und geistreiches Mädchen nicht bekam ?

A.: Natürlich nicht. – Nach 4 Monaten eines einzigen Sommerglücks muß Wieland die Universität beziehen; jahrelang die Kreuz die

Quer studieren – er kann sich zu nichts Festem entschließen. Am Ende geht er als Hauslehrer in die Schweiz.

B.: Warum ausgerechnet dorthin?

A.: Das hing eng mit der damaligen deutschen Literatur zusammen. Bodmer war das Zentrum einer großen Schule – der etwas weniger schlechten von den beiden –; Klopstock war schon längere Zeit bei ihm gewesen; dessen sämtliche Epigonen, darunter auch Wieland, schlossen sich an: also geht der begabte junge Mann gleichermaßen nach Zürich.

B. (nachdenklich zitierend): »Schön ist, Mutter Natur, Deiner Erfindung Pracht...«

A. (abwehrend): Jaja; der zu Unrecht berühmte ‹Zürcher See›: lassen wir das für heute! – Dort also wird Wieland in Bodmers Haus mit offenen Armen empfangen. Und der unangenehme Nestor weiß in seinen Fehden das neue Talent überaus geschickt als Winkelried einzusetzen: Wieland mußte die Wasserflut von Bodmers ‹Noachide› in einer gesonderten Schrift heftig rühmen; andererseits Gottsched unnachsichtig bekämpfen. An eigenen Werken entstehen ‹Psalmen› und ‹Empfindungen eines Christen›; ‹Gesichte von einer Welt unschuldiger Menschen› wechseln ab mit ‹Briefen Verstorbener an ihre noch lebenden Freunde›: er ist aggressiv, wie der fanatischste Mönch.

B.: Hat diese gereizte leidenschaftliche Tätigkeit lange angehalten?

A.: Immerhin einige Jahre. Dann entführt ihn der gute Genius der deutschen Literatur am Gängelbande der Brotarbeit – einer Hauslehrerstelle in Bern – aus dem unheilvollen Dunstkreise Bodmers.

B.: Und er ist unterdessen wie alt geworden?

A.: So Drei= Vierundzwanzig; und...

B. (unterbrechend): Einen Moment, bitte. Ich hätte gern noch etwas Grundsätzliches über seine Körperlichkeit gehört. Einem zweimetrigen Schwergewichtler muß man ja – und sei es in erotischen Dingen – Einiges zugute halten: über was man bei ihm achselzuckend hinwegsieht, wäre bei einem Schwächling schon Laster.

A.: Wieland war ein hagerer kleiner Mann. Nach seinen eigenen Worten von »zarter Maschinerie«; eine »Treibhauspflanze, durch Stubenluft und Frauenpflege verzärtelt«. »Einst hat man mir bei mangelnder Bewegung das Sägen empfohlen,« berichtet er: »allein nur einmal habe ich es versucht; und dann lange Zeit nicht einmal mehr hören können, daß man säge, ohne zu schaudern.« Auch sein Gesicht schien beim ersten Anblick unbedeutend; denn die Augen waren klein und trübe, die Haut blatternarbig. Seine Gebärdung allerdings voll Feuer, und – für den Philister – befremdlich schnellwechselnd: er dachte und lebte, mit gewöhnlichen Sterblichen verglichen, eben allegro und furioso. Äußerst empfindlich gegen und abhängig von : Wetter und Landschaft. Einmal, als er nicht schreiben kann, erklärt er verdrossen : »Ich dachte es wohl ! Eben habe ich den Barometer angesehen : er ist noch um keine Linie gestiegen; immer noch 27 Zoll : da kann mir's mit meiner Arbeit nicht gelingen : ich brauche allerwenigstens 27 Zoll 6 Linien !«

B.: Also auch er ein ‹Spiel von jedem Druck der Luft›. – Aber so interessant und wichtig das Faktum auch ist : das meinte ich mit meiner Frage nicht. Ich wollte vielmehr wissen : Wird denn nun ihm, dem doch immerhin leidlich gesunden, unverdorbenen jungen Mann, nicht allmählich unheimlich bei all dem Platonisieren ?

A.: Mit der Jugendliebe Sophie ist er zerfallen, als ihn eines Tages die Nachricht erreicht : daß die die sichere Partie eines Sekretärs vorgezogen hat. Erst macht sich der Arme tatsächlich noch Vorwürfe, daß er sich den Verlust als ‹Strafe Gottes für seine Freigeisterei› selbst zugezogen habe . . .

B. (gerührt unterbrechend): Ts : also ist das nicht schrecklich ? Man kann ja nur den Kopf schütteln !

A.: Aber jetzt, verursacht durch die wohltätige Entfernung vom geschäftigen Bodmer und die allgemeine Niedergeschlagenheit, kommt ein sehr wichtiges Interregnum der Abspannung. Zwar er selbst erkennt Nutzen und Wohltat solch wahrhaft ‹schöpferischer Pause› zunächst gar nicht, sondern klagt : »Ich verschlummere wider meinen Willen einen guten Theil meiner Existenz; ich fühle, daß mein Leib immer schwächer wird, und sowohl meine Augen als mein Gehirn sehr oft versagen.«

B.: Also ein ausgesprochener Heilschlaf; und dringend notwendig nach den vorausgegangenen Ekstasen.

A.: Und allmählich mischen sich auch angenehme Träume in diesen Schlaf : ‹Frauenzimmer› erscheinen : erst eine 44-jährige, die ihm sehr nahe tritt. Junge Mädchen dann, ein ganzes Serail : alle unter Tarnnamen in seinen Gedichten und Briefen auftretend. Abschließend endlich die Affäre Julie Bondeli : wollen wir sie auslassen ?

B.: Wenn sie wichtig ist, bitte nicht.

A.: Wichtig ist sie schon; da das Motiv später im Werk wiederkehren wird. – Langsam also schiebt sich die berner Diakonustochter in den Vordergrund. Und schmunzelnd können wir sämtliche Stadien verfolgen : die erste Reaktion : »Ein schreckliches Mädchen ! Nichts ist der Schnelligkeit ihrer Zunge zu vergleichen, der man mit den Gedanken einfach nicht folgen kann.« / Drei Wochen später : »Sie hat Verdienste; aber sie sagt mir nicht zu.« / Einen Monat darauf : »Die letzten 14 Tage sind die einzigen, die ich hier gelebt habe. Ich war alle Tage bei Jungfer Bondeli.« / Und nach weiteren 4 Wochen knapp : »Ich liebe Julie !«.

B. (lachend): Keine ungewöhnliche Entwicklung. : War sie sehr hübsch ?

A.: Das ist es eben ! Julie war zwar eine der geistreichsten Frauen, nicht nur ihrer, sondern vielleicht aller Zeiten – aber von einer wahrhaft grauenerregenden Häßlichkeit ! Heute noch können Sie in Lavaters berühmter ‹Physiognomik› nachschlagen : Sie werden in Ihrem Leben schwerlich einen abschreckenderen Kopf gesehen haben !

B.: Also wieder ein extremer Kasus – aber doch immer nur Übergang, oder irre ich mich ?

A.: Es ist zwar hinreichend kalt formuliert; aber : ja. – Er wird vom Vater in seine Heimatstadt Biberach zurückberufen : soeben ist ein Posten dort freigeworden. Wieland erhält ihn; tritt ihn an; und wird als vielbeschäftigter ‹Stadtschreiber› sogleich in die Kabalen der dortigen ‹Abderiten› verwickelt.

B.: Ah, da ist der sprichwörtlich gewordene Titel ja endlich.

A.: Den wir aber, bitte, erst noch beiseite lassen wollen. – Wichtig ist, daß er auf dem benachbarten Schloß Warthausen den Grafen Stadion kennen lernt; bei ihm dessen Privatsekretär, Herrn de la Roche, und – wie sich das alles schickt und findet : auch dessen Frau Sophie, geborene Guttermann.

B.: Ach : die Jugendliebe ?

A.: Jawohl. Und Wieland gerät recht rasch in eine ganz wunderliche Stellung zwischen Mann und Frau : mit dem Mann befreundet er sich ehrlich; in die Frau verliebt er sich ein zweites Mal – und so intensiv, daß das bisher brieflich immer noch fortgesetzte Verhältnis zur schweizerischen Julie darunter leidet.

B.: Glaub's gern : die Eifersucht einer häßlichen Philosophin ist zweifellos feinfühlig und spitzfindig.

A.: Und der Bruch vollzieht sich umgehend. – Hier im glänzenden Warthausenschen Schlosse nun, lernt Wieland die zeitgenössische ausländische Literatur erst eigentlich kennen. Hört, was in Philosophie und Dichtung geschehen ist, von Swift und Fielding an, über Voltaire und Rousseau. Schicksalhaft sieht er auf der einen Seite die glänzenden Vertreter der Aufklärung; und lernt auf der andern, im Verlauf der städtischen Händel : »Geist und Intriguen des Pfaffenthums ganz genau kennen und verabscheuen; und das brachte mich Voltairen um vieles näher«.

B.: Das Pendel schlägt nun also nach der andern Seite aus ?

A.: Das ist wohl unvermeidlich. Er wird ja nun langsam 30; hat Welt und Menschen, Berufstätigkeit und Bücher, Männer und Frauen, erfahren; und will auch wieder selbst produzieren – aber da kommt er zwangsläufig in die größte Verlegenheit. Er drückt es selbst so aus: »Ich fühle nur zu sehr, wie schwierig und fast unmöglich es ist, mit guter Art in diese Unterwelt zurückzukehren, nachdem ich mit Reisen in eine andere debütiert habe; und zu wagen, ein Mensch zu seyn, nachdem ich den Seraph und Inspirierten gemacht habe.«

B.: Wie emaniert sich dieses ‹Mensch=sein› literarisch?

A.: Er ist dahin gekommen, Metaphysik als unfruchtbare Träumerei für sich abzulehnen; dafür sucht er die Verhältnisse des Lebens und der Gesellschaft desto richtiger zu bestimmen. Das Christentum ist ihm nicht mehr unfehlbare Offenbarung; sondern eine brauchbare Sittenlehre unter mehreren anderen. Er hat gelernt, daß Sinnlichkeit und Sittlichkeit ganz gut zusammen bestehen können: das ist der Geist, den von nun an seine Produkte atmen werden.

B.: Da wird er ja nicht schlecht angestoßen sein; sowohl bei den früheren supernaturalistischen Freunden, als den einstigen, ihn belächelnden, Feinden?

A.: Und es geschieht ihm nicht unrecht, wenn jetzt auf ihn – der einst den armen Uz beim Bischof angeschwärzt hatte – die Verdammungsurteile doppelt dicht herniederhageln. Die Zeitungen werfen ihm abwechselnd ‹epikurische Schweinheit› vor, ‹Hedonismus› und ‹unanständige Erzählungen, unsittsame Situationen, welche kein ehrbarer Mensch, der noch Achtung vor den Sitten habe, billigen könne›; er ‹spotte aller Ehre und Pflicht›. Und man begnügt sich natürlich nicht mit der rein literarischen Verketzerung; sondern bemüht sich, den christlicherseits zur eigenen Beruhigung scheinbar unerläßlichen Nachweis zu führen, daß ein Nichtgläubiger zwangsläufig auch ein Nichtswürdiger sein müsse.

B.: Jetzt sind sogar Sie bitter geworden. – Erzählen Sie lieber von seinen Arbeiten.

A.: Noch nicht. Lassen Sie uns erst sein Leben zu Ende bringen: nur wenn man den Boden kennt, aus dem sie erwuchsen, kann man die Pflanzen beurteilen. – Natürlich ist die schriftliche Fixierung der biberacher Mikrohändel nichts für ihn; und er verwünscht die »unseligen Geschäfte«, die »miserable Art zu seyn« auch ausgiebig in Briefen an die Freunde: »Noch 1 oder 2 solche Jahre, und ich bin unwiederbringlich verloren!«

B.: Mußte diese alberne Brotarbeit denn unbedingt sein? Das ist doch wieder der gleiche Fall wie bei Goethe: ein fürwitziger Pegasus, der sich freiwillig ins Joch begibt.

A.: Das wäre ein neues weites Feld für Betrachtungen; begnügen wir uns für heut mit der einfachen Tatsache. – Jedenfalls lebt er dort, »einsam in einem Hause, dessen weite Gemächer von niemand bewohnt sind, als von mir selbst, einer dummen Magd, etlichen alten mageren Ratzen, und einem Gespenst, das, uralter Observanz gemäß, alle Nacht um 12 Uhr unsichtbar auf einer geheimen Treppe vom Rathause in die Kanzlei herabsteigt. Aber wenn ich auch zuweylen schwermüthig werde, und, mit dem Strumpfband in der Hand, mich nach einem tauglichen Nagel umzusehen anfange, so besinne ich mich doch allemal so lange, bis wieder nichts daraus wird.«

B.: Also höchste Zeit zum heiraten; zumal er ja jetzt ‹im Brote› ist.

A.: Aber sehr bezeichnend, wen und wie ! – Alle Typen hatte er geliebt : Jungfrauen und ältere Witwen; Philosophinnen und Fromme; Preziöse und Graziöse, eine seltsame Galerie. Nun, im 32. Jahre, verbindet er sich mit einer mäßig wohlhabenden augsburger Kaufmannstochter, einem anspruchslosen Mädchen : und der lebensweise Mann wußte sehr wohl, was er tat.

B.: Also seinerseits reine ‹Vernunftehe›. Nichts von ‹geistiger Gefährtin›, ‹Mitarbeiterin›, und wie die verführerischen, dem Künstler äußerst gefährlichen, Schlagworte alle heißen ?

A.: Klein und unauffällig war Frau Dorothea. Und so schüchtern, daß sie ihren Mann aus Verehrung zeitlebens nur mit ‹Sie› und ‹Herr Hofrat› anredete – während er sie natürlich duzte.

B. (lachend): Hört es, ihr modernen Künstlerfrauen, und spiegelt Euch darin !

A.: 14 Kinder, von denen 9 am Leben blieben, gebar ihm diese Frau : gedenken wir auch ihrer nicht ohne Bewegung. Sie wird es mit dem reizbaren, geistig stets in für sie unzugänglichen Welten befindlichen, Mann nicht leicht gehabt haben !

B.: Wie lange leistet Wieland der Vaterstadt denn solche unbezahlbaren Schreiberdienste ?

A.: 7 lange Jahre hindurch. Dann erhält er, nunmehr durch seine Schriften bekannter geworden, einen Ruf als Ordinarius für Philosophie an die Universität Erfurt. Erst freut er sich idealisch der Gelegenheit direkten Einwirkens auf die Jugend; aber gleich zu Anbeginn erfährt er die Folgen seiner neuerdings so ‹lockeren Schriften› : ein Mitprofessor, der Augustinermönch Jordan, schwärzt ihn, durch geheime religiöse Kanäle, etwa den Beichtvater der Kaiserin Maria Theresia, in Wien an; und Wieland muß einen offiziellen Rüffel nach dem andren einstecken.

B.: Soll er nur schleunigst weg von da. Welches Vehikels bedient sich sein Schicksal diesmal?

A.: Er hat unter anderem auch einen ‹Staatsroman› geschrieben, den ‹Goldenen Spiegel›, in welchem einem mittelschlechten Fürsten das Ideal eines vollkommenen vorgetragen wird – natürlich in den Orient verlegt, und mit devoten Stellen : alles Heil kann einem Volk nur von oben kommen. Wichtig wird das Buch für Wieland, weil die regierende Herzogin=Mutter von Weimar dadurch auf ihn aufmerksam wird; und – sie sucht eben verzweifelt einen geeigneten Erzieher für ihre beiden Prinzen – die Universität um Überlassung Wielands bittet.

B.: ‹Überlassung› ist gut!

A.: So steht es in Briefen und Büchern. – Man ‹überläßt› ihn ihr; Wieland selbst ist auch heilfroh, gelehrtem Kesseltreiben und dem ewigen Reden für den Tag zu entkommen : 1772 zieht er, der erste des großen klassischen Kreises, in Weimar ein.

B.: Und nun dürfen Sie etwas rascher vorgehen; diese Titanen sind ja – zumindest schattenhaft – bekannt genug.

A.: Desto besser. Wenn ich auch hervorheben möchte, daß es eine fromme Lüge ist, wenn man dem deutschen Volk rührend zu schildern versucht, wie jene Großen dort in bestem Einvernehmen, geistreicher Geselligkeit, beisammen gelebt hätten : der Kenner weiß, daß die, oft äußerst giftigen Katzbalgereien und Affenstreiche kein Ende nahmen; und schließlich doch Jeder völlig isoliert – mit dem Andern verfeindet, oder bestenfalls höchst zweideutig ‹befreundet› – in seinem gut schließenden Schneckenhause saß.

B.: Ein Beleg mehr für die Widersinnigkeit aller sogenannten ‹Künstlerkolonien›. – Und in Weimar ist Wieland dann also auch gestorben?

A.: Ja. Vierzig Jahre hat er dort verlebt. Aber eines ist noch wichtig : im Jahre 1798 kauft er sich, in Sehnsucht nach ländlicher Einsamkeit, das Gut Osmannstädt; ermöglicht durch einen großangelegten Pump bei seinem Verleger Göschen.

B.: Halt : ‹landschaftlich› ! Das hatte ich vorhin zu fragen versäumt – dabei ist es ja maßlos wichtig ! – : welcher Art ist ‹seine› Landschaft ? Was für eine Großumgebung braucht er zum Produzieren ?

A.: Er erwirbt gerade dieses Gut : »weil es in einer bergichten und waldichten Gegend liegt : das letztere ist bei mir conditio sine qua non; denn ein niedrig liegendes möchte ich nicht geschenkt.« – Zwar studiert er gleich ‹ökonomische Handbücher›, und korrespondiert mit Klopstock über Rebenpflanzungen; aber – Dichter sind nun einmal leider unpraktische Leute; haben auch, wenn sie ihr ‹Schriftsteller=Soll› redlich erfüllen wollen, gar keine Zeit für anderes – er kann das geliebte ‹Osmantium› nur 5 Jahre lang halten; dann muß er froh sein, es ohne Verlust wieder abstoßen zu können. Dennoch : wenn es ihm auch nichts an Geld und Gut eingebracht hat, es hat ihm grüne Ruhe, Lust zur Arbeit, leichte anregende Sorglichkeiten, geschenkt. Noch am Tage des gerührt=unwilligen Abschieds sagt er, beim letzten Gang durch die lieb gewordenen Pflanzen : »Ich habe diesem Osmannstädt doch viele selige Stunden zu verdanken. Die ersten 2 Jahre war ich im Genusse aller Art. Dieser reinen Natur= und Genußfülle entkeimte die schönste Blüte meines Alters, mein ‹Aristipp›, der ohne diesen stillen Selbstgenuß, ohne dieses heitere Land= und Gartenleben, nie empfangen und geboren wäre : er ist mein Liebling.«

B.: ‹Aristipp› ? : nie gehört.

A.: Sehen Sie : und Sie fragen noch, warum ich melancholisch bin.

B.: Tieck; Blaubart; erster Akt.

A.: Ich wollte lediglich feststellen, ob Sie ihn folgsam gelesen haben. – Aber wieder zu Wieland. Ob er gleich, nun schon siebzigjährig, in die Stadt zurückziehen muß : eines hat er sich vom neuen Besitzer doch noch ausbedungen. Und es ist kein geringes Zeichen, wie er an dem Platze gehangen hat : er will dort begraben sein. Zusammen mit seiner Frau und Sophie Brentano, einer zärtlich geliebten Enkeltochter seiner Jugendgeliebten, die in seinem Alter, wie Goethe es uns vorsichtig bescheinigt, »eine wunderliche Rolle gespielt hat«. – Und so ist es auch geschehen : ein dreiseitiger anspruchsloser Obelisk bezeichnet die Stelle; nur Daten stehen darauf, und die von Wieland selbst vorausschauend entworfene Inschrift : »Liebe und Freundschaft umschlang die verwandten Seelen im Leben, / und ihr Sterbliches deckt dieser gemeinsame Stein«. Ich habe manche Stunde dort gesessen, ganz im Grünen, im schlichten eisernen Gitterkreis . . .

B. (einfallend): Der Goethe also noch nicht den Gefallen getan hat, »als Hufeisen unter den Rossen französischer Husaren zu blinken«, wie er Eckermann gegenüber geschmackvoll zu prophezeien anhub ?

A.: Oh, nein. Wenige Meter entfernt, unter Büschen, fließt die rührend schmale Ilm in einer Auswärtskurve vorbei – es ist schon eines unserer Nationalheiligtümer, nach dem Jeder einmal im Leben wallfahrten sollte, um sein ‹Om mani padme hum› zu sagen.

B.: Womit wir zwangsläufig bei Wielands literarischer Bedeutung angelangt wären. Aber unterscheiden Sie dabei bitte ganz scharf : was hat er seiner Zeit bedeutet. Und, : was kann er uns heute noch sein. Zwei ganz verschiedene Dinge, die dem Liebhaber gern durcheinander geraten.

A.: Wielands Einfluß auf seine Zeit war außerordentlich groß; so, daß er keinem unserer gefeierten Klassiker in dieser Beziehung irgend nachsteht – der ‹Wald, den man vor lauter Bäumen nicht sieht› stammt etwa von ihm. Allerdings las ihn sein Publikum fast nur um seines ‹Witzes›, seiner ‹Grazie›, seiner ‹Erotica› willen – alles Dinge, die man, zumal Leser der ‹gehobenen Gesellschaftsschichten›, bisher nur an den damals weltbeherrschenden französischen Schriftstellern ähnlich gekannt hatte. Rühmt ja eine Französin, die Frau von Staël, den ‹Oberon› nicht wenig – was ihm in den Augen eines Kenners allerdings allen Wert benehmen könnte. – Außerdem erhielt Deutschland durch ihn den idealen Zugang zu den Resultaten der Aufklärung . . .

B.: ‹La Lumière› wollten Sie doch stets sagen . . .

A.: Dank für die Erinnerung . . . sowie Information über alle brennenden Zeitfragen. Wie gierig hat er nicht verfolgt, und mit instruktiven Essays kommentiert : die Erfindung der Luftschiffahrt ! Eintausend Druckseiten widmet er der großen französischen Revolution von 1789, die er durch alle ihre Phasen, die schönen und schrecklichen, getreulich begleitet : wobei besonders sein sicheres Auge merkwürdig ist, mit dem er, in sehr frühem Stadium der Dinge, die unvermeidliche Militärdiktatur voraussagte, und tatsächlich den Namen des Diktators richtig angab : Napoleon – eine Tatsache, an die dieser dann, als er 1808 den Alten vor sich kommen ließ, sogleich anknüpfte.

B.: Also, wie es schon von Wagner heißt : »Gold, Ehre, Ruhm, gesundes langes Leben« ?

A.: Oh nein. Gewiß : er ist 80 geworden; und leidlich bemittelt war er auch – zumindest hat er nie Hunger oder sonst elementare Notstände gekannt . . .

B.: (einfallend): . . . ein bedenkliches Manko : muß man nicht als Mensch, der für Viele sprechen soll, dergleichen zutiefst erfahren haben ?

A.: Einerseits ja . . .

B. (einfallend): Andrerseits also nein ?

A.: Jetzt erst einmal zu Ehre und Ruhm : er ist, als so ziemlich Einziger des weimarer Zirkels, nicht geadelt worden. Und die Orden, die er erhielt, kamen aus Napoleons Hand, und der der Russen. – Und wenn auch die unerhörte Geschmeidigkeit und Vokalharmonie seiner Sprache das passiv=rezipierende Lesepublikum berückte : die Kollegen lehnten ihn fast einstimmig ab; und zwar, wie es leider zumeist der Fall ist, rein vom Inhalt her, aus weltanschaulicher Empfindlichkeit.

B.: Können Sie ein paar Beispiele bringen ?

A.: So viel Sie wollen. – Mit Goethe zerfiel er gleich mehrmals, und nicht nur mit dem jungen, à la ‹Götter, Helden und Wieland›, eine derb=berechtigte Satire auf dessen doch immer wieder einmal durchbrechende Unduldsamkeit.

B.: Ich dächte, er hätte in dieser Hinsicht doch wirklich gelernt, großzügig zu sein?

A.: Das schon. Aber er warnte oft vor einem Abgleiten seiner ‹Richtung› in physiologisch=kalte Pornographie. Und nicht ohne Grund mußte er sich wehren, wenn ihm etwa der Verfasser der ‹Gedichte im Geschmack des Grécourt› – des ‹unzüchtigsten Buches der ganzen deutschen Literatur›, wie Grisebach es nennt – ihm seine Kiesewetterverse mit einem ‹Salve confrater!› öffentlich zueignete. Allerdings konnte er sich dabei auch böse vergreifen, so wenn er dem jungen genialen Heinse ‹ausgelassenste Geilheit› und ‹Unfläthereyen› vorwarf; worauf dieser ihm dann, und sehr richtig, eine angemessene Abfuhr erteilte. – Aber vor allem die sukzessiven ‹Gruppen› unserer Literatur stellten sich ausnahmslos gegen ihn: die ‹Hainbündler›, trutzig die Hüte auf sämtlichen Köpfen, benützten bei ihren Zusammenkünften grundsätzlich seine Bücher als Fidibus.

B.: Wehrte er sich? Oder ließ er die Widersacher kläffen?

A.: Oh, er führte, wo es nottat, schon eine recht spitze Feder: seine ‹Bunkliade›, wo er einen Roman des Nicolai'schen Verlages absticht, ist ein Meisterstück gelehrter Injurie, und kann sich durchaus Lessings ‹Vademecum› an die Seite stellen. – Claudius hat privat und öffentlich stets tiefen Widerwillen gegen ihn geäußert – was Wieland damit vergalt, daß er den finanziell schwer Kämpfenden zur Mitarbeit an seinem berühmten, gut zahlenden, ‹Teutschen Mercur› einlud. – Aber auch als dann die Romantik aufkam, fiel man über ihn her. Warf ihm Plagiate vor; und Ehrfurchtslosigkeit vor dem ‹heiligen Dunkel› wie die Schlegels es wollten.

B.: Je nun, umgekehrt: wo ist die Ehrerbietung des Dunkels vor dem ‹Heiligen Licht›?

A.: Nun, immerhin: sie hatten, wenn auch arg von der Seite, den entscheidenden Punkt getroffen. Allerdings hätten sie Wieland nicht attackieren, sondern ihn zum Anlaß einer bedeutenden verallgemeinernden Feststellung nehmen sollen.

B.: Namlich welcher?

A.: Wie es von Natur aus gefühlsbetonte Menschen gibt, so gibt es – obwohl wesentlich seltener – auch reine Intellektuelle. Wir wollen jetzt an diesen Tatbestand keine erbaulichen Betrachtungen knüpfen; höchstens die eine, daß – dank vor allem der technischen Entwicklung – der letztere Typ bei uns ständig im Zunehmen begriffen ist : und gleichzeitig beginnt sich die Kunst in solcher Richtung zu bewegen!

B.: Was ich begrüße. Denn bisher ist es ja leider ausschließlich Mode gewesen, nur den ‹Geistig Armen› als der Herstellung von Kunstwerken für fähig zu erachten – was sag' ich ‹Herstellung› ? : ‹Magie› heißt es ja in jenen dämmrigen Kreisen, ‹Inspiration›, ‹Mundstück Gottes sein› – : da ist es wahrlich einmal an der Zeit, den Geist zu seinem Recht kommen zu lassen!

A.: Und eben hierfür ist Wieland ein glänzender Beleg! – Sein Held ist durchweg der Intellektuelle. Der hochgebildete Einzelne. Ausgesprochen diesseitig : Ablehnung, bestenfalls euhemeristische Begutachtung, jeglichen Unendlichkeitsfimmels. Politisch und soziologisch hoch interessiert; aber vorsichtig in der aktiven Einmischung. Alles überragen gesellschaftsphilosophische und künstlerische, präziser : literarische, Probleme. Und seine Spannweite ist hier überaus groß : er kennt alle Spielarten des Intellektuellen, den nasenhaft frechen Literasten, und den ehrlich=überarbeiteten Wortkünstler. Vom Schwärmer Peregrinus Proteus an; über den großen, unverächtlichen Christusgegner und =konkurrenten Apollonius von Tyana; bis zum Weltmann Aristipp; und dem rebellischen, zur Emigration gezwungenen Höhlen=Literaten Diagoras von Melos. Freundschaft gibt es, ja, aber eigentlich nur vom Kopfe her. Dafür ist ein weiteres Zentralproblem : die Liebe.

B.: Wie sieht ‹seine› Frau aus? Das heißt : der Typ, der sich, wie wohl bei jedem Schriftsteller, in alle seine Bücher eindrängt?

A.: Auch das ist ganz bezeichnend! Wenn sich etwa Jean Paul die hinfällig=weiße Jungfrau=Lilie erwählt, die vor Feinsinnigkeit zu erblinden versteht – so ist es bei Wieland die hochgewachsene schlanke Hetäre. Sehr klug, sehr hübsch, sehr sachlich, sehr selbständig. Ideal für Tisch und Bett; aber natürlich nicht zum heiraten. Schauspielerinnenhaft verständnisvoll – was aber eben an dieser Stelle ins Morbide umschlagen kann : so gehen sie durch seine Werke, die unvergeßliche Dioklea oder Laïs.

B.: Da hätten wir also den Intellektuellen und seine ebenbürtige Partnerin als ‹Helden›. Was ist die Staffage? Statisten und Landschaft?

A.: Bei der kleineren Gruppe ist es Kulisse und Maschinerie der Feenmärchen im Stil Ariostos und Bojardos. Auch die gleiche karnevalistisch=tausendundeinnächtige Bevölkerung. Bezeichnend für Wieland seine ‹Schlösser› : immer wieder gerät der Held durch prunkvolle, meist verdächtig offenstehende Portale – geöffnet vielleicht von Händen, die seit Jahrhunderten im Grabe liegen? – in hohe hallende Säle, labyrinthische Zimmerfluchten, kostbar golden eingerichtet, glänzend und einsam.

Schiller bestätigt es in einem Brief an seinen dresdener Freund Körner : »Wieland hat eine gar sonderbare Neigung, um Fürsten zu wohnen. Seine Tochter und Reinhold . . . «

B. (fragend): . . . . . der Kant=Kommentator ? . . . . .

A.: Ja; sein Schwiegersohn. Die also : »versicherten mir, daß dies vorzüglich der Pracht der Möblierung zuzuschreiben sey, die er in ihren Zimmern finde. Dafür hat er eine ganz besondere Schwäche.«

B.: Ein äußerst interessanter Zug : der Labyrinth=Komplex in Reinkultur. Und leer müssen die Zimmerfluchten sein, also gefährlich=bevölkerbar – demnach wäre also hier seine ‹schwache Stelle› ? Hier setzt die Nabelschnur an, die ihn mit dem unterbewußt Traumhaften verbindet ? – Hm hm. – – Aber Sie sagten, das wäre erst die ‹kleinere Gruppe› : wo ist der bedeutendere Teil von Wielands Werk räumlich angesiedelt ?

A.: Südlich. Tempel und weiße Häuser in einer stereotyp=mediterranen Landschaft. Immer ist klares Wetter : eine starke Sonne; ein wenig individueller Mond – kein dämonisch mitspielendes Himmelswesen, sondern simple Nachtleuchte. Haine : keine verdächtig=wirren Wälder. Alles fast ohne Schatten. Hauptlokalität Griechenland und die umliegenden Ortschaften. Ein äußerst wichtiges Griechenbild nebenbei : weder ‹apollinisch› noch ‹dionysisch›, sondern – ich wähle den Titel seines eigenen Hauptwerkes, ‹aristippisch›; ein Standpunkt, den außer ihm nie wieder Jemand eingenommen hat. Das Ganze belebt scheinbar nur von Literaten und deren listigen Domestiken. Das Volk, dessen Arbeit, dessen Sorgen und Gebärden, sind Wieland unbekannt – und auch uninteressant – gewesen; obwohl er Volks*versammlungen* und *=aufläufe* wiederum trefflich zu schildern weiß : eben wenn das Einzelwesen verschwindet, und die bekannte Hydra erscheint, die dann allerdings auch für den Intellektuellen wichtig, meist bedrohlich, wird.

B.: Lassen Sie mich zusammenfassen : religiös also völlig indifferent. Politisch reiner Betrachter; bestenfalls vorsichtiger Kommentator. In der Philosophie nicht nur Kant, sondern überhaupt jeder Metaphysik abhold. Ein blitzender Intellekt, der mit verwegen geballten Worten manchmal steife Ideale umkegelt; im Praktischen jedoch katastrophenfeindlich ist : der typische, geistig allem, körperlich wenigem, gewachsene homo sapiens. – Soweit gut und recht. Ich frage aber : was hat er sprachlich geleistet ? Was kann er heute noch dem guten Leser sein; und was – wie Sie andeuteten – dem aktiv Schreibenden ?

A.: Vom Klang seiner Sprache will ich Ihnen eine kurze Probe geben – obwohl es ausgesprochen unfair ist, ein Werk von 54 Bänden, an einer knappen Stelle demonstrieren zu wollen : Hören Sie :

Schon hatten morgens früh, beym festlichen Gelerm / der Glocken, scharenweis die Bürger von Palerm' / an Sanct Kathrinens Tag zur Mette sich versammelt; / die Glocken hatten ausgebammelt, / vorüber war der Zug mit Kreuz und Fahn', / und Priester stimmten schon, der Heiligen zu Ehren / mit reichen Stolen angethan, / an wohl beräucherten Altären / ihr Dominus vobiscum schnarrend an : / als Sinibald, ein junger Pflastertreter / aus Tancreds edlem Blut (sonst nicht der größte Beter !), / an Guido's Arm, in seinem Sonntagsstaat, / von Neugier angelockt mit in die Kirche trat. / Man merkte wenigstens an seiner Weltkindsmiene, / ihn ziehe nicht die heilige Kathrine, / wie schön sie auch von eines Taffi Hand, / in einem Kranz von goldnen Engelsköpfen, / am Hochaltar' in Lebensgröße stand. / Wiewohl die Kunst in ihm sonst einen Gönner fand, / jetzt schien er wenig Lust aus Taffi's Werk zu schöpfen : / so sehr beschäftigte die schönere Natur / den Kennerblick, der hier sich gern verwirrte, / und, gleich dem Schmetterling auf einer Blumenflur, / um hundert fromme Schönen irrte, / die, sitzend oder auf den Knieen, / ihn wechselweis', unwissend, an sich ziehen; / denn jede schien allein die Sorge zu beseelen, / an ihrem Rosenkranz sich nicht zu überzählen. / Von ungefähr – doch ist von ungefähr / in Narrenschädeln selbst wohl jemals was geschehen ? / Sogar, wenn wir am irrsten gehen, / führt eine Wolkenhand uns ungesehn einher – / indem er also, *nicht* von ungefähr / im Kreuzgang irrt, fällt eine starke Helle / aus einer schimmernden Capelle / ihm ins Gesicht, wohin der Zulauf größer war / als anderswo, weil hier, dem Christenvolk zur Freude, / die Heilige des Tags in ihrem reichsten Kleide, / mit goldner Kron' auf ihrem flächsnen Haar, / von Perlen schwer und funkelnd von Geschmeide, / im Galastaat zu sehn und heute gnädig war. / Der Jüngling geht hinein, tritt nahe zum Altar / und wird, indem er sich nach neuer Augenweide / herum sieht, im Gedräng der andachtsvollen Schaar, / in einem offnen Betstuhl knieend, / bei eines Wachsstocks Schein ein schönes Kind gewahr. / Den Engeln Guido's gleich von lauter Himmel glühend, / lag sie auf ihren Knieen, der schönen Hände Paar / empor gefaltet, da; die großen blauen Augen / zu ihrer Heiligen entzückt und angelweit / eröffnet – um in frommer Kindlichkeit / die Gnaden dieses Tages auf einmal einzusaugen. / Wiewohl ein dünner Flor ihr liebliches Gesicht, / den Lilienhals und selbst die schönen Hände deckte, / so schien doch alles, was er nicht / verhüllte oder doch verräthrisch nur versteckte, / von einer Schönheit, die so wenig als das Licht / sich selbst verbergen kann . . . . . / Aus jedem Zuge sprach das zarteste Gefühl, / von künft'gen Küssen schien ihr kleiner Mund zu schwellen, / und stets verrieth der Gaze leichtes Spiel / des jungen Busens sanfte Wellen. / Von alledem sah unser Jüngling – nichts ! / Und wenn, im Glanz der reinsten Feuersphäre, / von tausend Engelchen des Lichts / umschwommen, wie in einem Flammenmeere, / den Mond zu ihrem Fuß, ums Haupt den Sternenkranz, / die Mutter Gottes selbst vor ihm erschienen wäre : / ihn hätte kaum, mit allem ihrem Glanz, / die himmlische Erscheinung mehr geblendet, / als, bloß von eines Wachsstocks mattem Licht / beleuchtet, ihm dies irdische Gesicht / Besonnenheit und Selbstgefühl entwendet. / Er stand, wie Einer, der nicht hörte und nicht sah, / bezaubert und vergeistert da; / und ob er gleich aus tausend Augen schaute, / mit jedem Blick sie ganz in sich hinein zu ziehn, / dann wieder ganz in sie sich einzusenken schien / und kaum zu athmen sich getraute, / so hätt' er doch, wenn's auch sein Leben galt, / von ihrer Bildung und Gestalt / in seinem Taumel nichts Genaues sagen können. / Und, o des Wunderwerks der schönen Sympathie ! / Kaum glitschte, ohne daß sie wußte / warum, ihr warmer Blick von Sanct Kathrinen ab / und tauchte (weil er doch auf etwas tauchen mußte !) / auf Sinibald – der, wie von Merlins Stab / versteinert, nur durchs Feuer seiner Blicke / ein Zeichen, daß er lebe, gab – / so zog sie diesen Blick so hastig schnell zurücke, / so schnell und so beschämungsvoll, / als hätte sie gesehn, was man nicht sehen soll : / ihr reizendes Gesicht, von Andacht sanft durchglühet, / wird plötzlich lilienweiß und lodert gleich geschwind / noch röther auf. Ein Stich scheint ihr durchs Herz zu fahren, / doch ein so süßer Stich ! Das gute, fromme Kind, / dem nie in ganzen sechzehn Jahren / dergleichen widerfuhr, ist für die Ursach blind / und denkt, was kann mir das bedeuten ? / Ein heimlicher Instinkt scheint gleichwohl sie zu leiten, / und, ungewarnt von ihrer Schützerin, / blickt sie erröthend wieder hin / und heilt den ersten Stich – sogleich mit einem zweiten. / Bei allem Taumel seiner Sinnen / läßt Sinibald – der sie so brünstiglich, / als wär' an ihr ein Ablaß zu gewinnen, / betrachtet – keinen Blick entrinnen, / der sich von ihr zu ihm hinüber schlich : / und, da zur Lindrung seines Schmerzens / die Augensprache hier das einz'ge Mittel war, / so stellt er ihr die Triebe seines Herzens / so nachdrucksvoll in dieser Sprache dar, / daß sie, wiewohl darin noch gänzlich unerfahren, / doch schnell (kraft einer wunderbaren / geheimen Deutungskunst) so viel davon verstand, / zu fühlen, daß sie ihn nicht merken lassen dürfe, / wie angenehm sie seine Sprache fand. / Ein strenger Blick (ihr schien's zum wenigsten, sie werfe / den strengsten, der ihr möglich war, ihm zu) / setzt nun ihr kleines Herz in eine kurze Ruh; / und, aller ferneren Zerstreuung zu entgehen, / fängt sie mit Eifer an, den Rosenkranz zu drehen. / »Gewiß, es ist mit mir nicht, wie es soll,« / spricht sie zu sich, bestürzt und unruhvoll; / »Ich werde doch nicht etwa gar erkranken ? / So laulich, so zerstreut, von weltlichen

Gedanken / so angefochten und gepreßt, / so – daß ich's selbst nicht weiß – war ich in meinem Leben / an keinem Sanct=Kathrinenfest: / die Heil'ge mög' es mir vergeben!« / Zu ihrem großen Trost entläßt / in diesem Augenblick das ite missa est / für dieses Mal die sämtlichen Verwandten / der Brüderschaft, die Sanct Kathrinens Fest / zu Ehren hier ihr Wachs verbrannten. / Unruhig lief nach ihrem Unbekannten / Rosinens Auge hin und her, / und fand ihn – nicht; er war auf einmal weggeschwunden. / Ihn hatte kurz zuvor ein alter Zeiselbär / von einem Oheim aufgefunden. / Rosine, die (vielleicht der Möglichkeit zulieb, / den Flüchtling irgend aufzuspähen) / von allem Volk beinah die Letzte blieb, / (wiewohl aus bloßem Rachetrieb, / wenn sie ihn fände, stracks sich von ihm wegzudrehen) / muß, da der Küster schon mit seinen Schlüsseln klirrt, / doch endlich, ernst und stumm und in sich selbst verirrt, / mit ihrer Magd nach Hause gehen. / Es war die Magd, die sich Frau Clare nannte, / die Amme erst, hernach die Gouvernante, / nun, da das Fräulein einem Mann / entgegenreift und selbst ihr Halstuch stecken kann, / geheimer Herzensrath der reizenden Infante; / ein gutes flinkes rundes Weib, / von Kopfe leicht, doch etwas schwer von Leib; / kurz, wo Rosine ging, da watschelte Frau Clare, / mit ihrem Rosenkranz am Gürtel, hinter drein. / Der junge Herr im langen gelben Haare / und goldnen Wamms, der heute linker Hand / am zweiten Pfeiler vom Altare / die ganze Messe durch ihr gegenüberstand, / war ihrem Scharfblick nicht entgangen. / Sie hatte, wie ihr däucht, sogar / verschiedne Blicke aufgefangen, / wobey ihr Herz nicht ohne Argwohn war. / Rosinens vorgebogner Hals / und unruhvoller Blick, als nach gesungner Messe / der junge Herr auf einmal in der Presse / verloren ging, war Claren ebenfalls / nicht unbemerkt und unglossiert geblieben; / doch that sie nicht, als ob sie was gesehn; / und, während dem nach Hause gehn / sprach Keine nicht ein Wort, (wiewohl sie vor Verlangen / zu fragen dürsteten) weil jede anzufangen / und ihren Vorwitz zu gestehn / sich schämte. – »Sahst Du ihn an meinen Augen hangen? / Wer war's? Wie nennt er sich? Begreifst Du einen Grund, / warum er ohne Gruß so schnell davon gegangen?« / Dies schien Rosinens Blick, dies schien ihr Rosenmund / (der immer halb zum Fragen offen stund / und immer schwieg) die Amme stets zu fragen; / und, o, was hätte diese nicht zu sagen, / verböt' es nicht der Tante Gegenwart! / Die Tante, die, aus Mangel guter Säfte, lebendig tot für alle Weltgeschäfte, / indessen sie der Mittagstafel harrt, / im Sorgenstuhl, zur Schonung ihrer Kräfte, / begraben liegt, und Litaneien schnarrt. / Kathrinentag, der sonst im ganzen Jahr / von Alters her der kürz'sten einer war, / wird für ein schönes Kind, das mit dem nächsten Lenzen / erst Sechzehn zählt, durch einen solchen Zwang, / bei solchem Zeitvertreib, nun freilich mächtig lang. / Zusehends wird auch ihr Gesichtchen länger, / und von erstickter Seufzer Drang / das knappe Mieder immer enger. / Es war ich weiß nicht was, das Einem seltsam bang / und schwer macht, in der Luft. Bei Tische / war auch nichts, wie es soll, die Maccaroni kalt, / das Fricassé ein ekelhaft Gemische, / das Rebhuhn zäh, und die Oliven alt. / Des Abends, wie dem trägen Stundenglase / der Sand entschlüpfte, nahm das Übel sichtbar zu . . . / »Was ist dem Mädchen ?« fragt die alte taube Base; / »Was fehlt Dir, Kind ?« – »Ein gräulich Kopfweh«, spricht / das Fräulein. – »Armes Ding ! So nimm das kleine Licht / und geh und lege Dich zu Bette ! / Frau Clare soll so lange bey Dir seyn, / bis Du entschläfst : das sind die Früchte von der Mette ! / Du weißt, ich gab nicht gern den Willen drein. / Frau Clare : führe Sie das liebe Kind zu Bette / und geb ihr siebenzig von meinen Tropfen ein.« / Dies war es just, (die Tropfen ausgenommen) / was Beiden fehlt; der Rath kann nicht erwünschter kommen. / Das Fräulein ist mit Claren kaum allein, / so fühlt sie sich schon weniger beklommen. / Man zieht sich aus; die Amme präludiert; / der Zwang wird mit dem Mieder aufgeschnürt, / das Herz kriegt Luft, die Schüchternheit verschwindet, / und, wie man erst den rechten Faden findet, / wird, ohne Schlaf, beynah die halbe Nacht / mit süßem Plaudern hingebracht. / Von wem, : als von dem Herrn im langen gelben Haare / und goldnen Wamms, der heute linker Hand / am zweiten Pfeiler vom Altare / die Messe durch ihr gegenüber stand ? / Frau Clare kennt ihn gut : er ist ein Herr von Stand / und reich dabey, und Guido ist sein Name; / und, daß der Mann für ihre junge Dame / bis an den Hals in Liebe steckt, / hat sie beym ersten Blick entdeckt. / »Fi !« (lispelt ganz in Glut das Fräulein) »solche Dinge / zu sagen ! Dein Geplauder treibt / mir alles Blut wie Feuer in die Wangen !« / »Eiei, mein Schatz, was Arges sagt' ich dann ? / Wer wird von einem Wort auch gleich so Feuer fangen ? / Der Mädchen innerstes Verlangen, / wie fromm sie sind, ist doch zuletzt – ein Mann. / Was hat sich's da zu schämen und zu prangen ? / Die Ehen werden ja im Himmel selbst gemacht; und, ist der Tag erst aufgegangen, / so folgt dem Tag natürlich – eine Nacht. / Doch – eine Nacht, worin wir nichts versäumen, / wird billiger verschlafen als verwacht : / drum, trautes Kind, für heute gute Nacht, / und laß Sie sich was Angenehmes träumen !« / Ob diesen Wunsch Rosine wahr gemacht, / ist unbekannt. Von Sinibald hingegen / sagt die Legend' : er habe ihrentwegen, / sobald er seinen Oehm vom Halse sich geschafft, / den ganzen Tag verwandt, bey Nebelduft und Regen / die Straßen auf und ab zu fegen, / und, wo ein Haus Vermuthung zu erregen / und halbweg würdig schien, solch einen Schatz zu hegen, / hab er beynah sich blind und steif gegafft, / ob seiner hungernden Begierde / ein günstig Fenster nicht sich endlich öffnen würde; / und, da zuletzt bey später Tageszeit / der Angelus ihm laut in's Ohr geschlagen, / hab' er, erschöpft von Müdigkeit, / mit schwerem Haupt und leerem Magen, / sich heimgeschleppt, auf einen sammtnen Schragen / sich hingestürzt, nach Ruh' für seine Herzenswunden / zum Himmel aufgeschaut und – leider ! – nichts gefunden. / Doch, sparet immer noch, ihr Mädchen von Gefühl, / die Thräne, die bereits in Eurem Auge zittert, / für Jemand auf, der Mitleids mehr bedarf ! / Der Schlange Biß ist wahrlich nicht so scharf, / die man mit Lust im Busen hegt und füttert ! / Der Sinibald, der dort verzweiflungsvoll / vom Schragen in den Stuhl, vom Lehnstuhl auf den Schragen / sich wirft; nicht schlafen kann; sein Schicksal anzuklagen / nicht müde wird, ist zwar – ein wenig toll; / alleyn sein Übel macht ihm allzuviel Behagen, / als daß er Euch im mindsten dauern soll. / Ihr denket, eine Nacht von vierzehn langen Stunden, / worin kein Schlaf in seine Augen kam, / sey eine schlimme Nacht ? Er hab' in seinem Gram / sie ganz gewiß unendlich lang gefunden ? / : Nichts weniger ! Sie flog mit ihren vierzehn Stunden / ihm wie in einem Traum vorbey. / Ein Mensch, der in der Schwärmerey / des Liebeswahnsinns einen Stollen / an seinem Bett umarmt und heilig glaubt, er sey / an seiner Göttin liebevollen / milchweißen Busen, wie die schöne Galathee / an Acis Hals, in Wonne hingequollen, / begehrt wohl nicht, daß wir mit seinem Weh / noch großes Mitleid tragen sollen ! / Er spricht mit ihr von seiner Gluth so frey, / als mit sich selbst; er glaubt sogar zu sehen, / daß sie nicht ungerührt bey seinem Leiden sey. / Ihr redend Auge scheint ihm etwas zu gestehen, / und, wenn sie es erröthend wegzudrehen / versuchen will, mit unsichtbarer Hand / ein Amor es auf ihn zurück zu drehen. / So nährt die Phantasie den süßen Liebesbrand : / und wenn dann auch, sobald ihr Zauberband / von seiner Stirne fällt, das holde Luftbild wieder / zu nichts zerfließt; so läßt im stillen Mondenschein, / die Panacee für alle Seelenpein, / die Hoffnung, sich auf seinen Busen nieder / und webt ihn unvermerkt in neue Träume ein.

Ich empfehle Ihnen, das ganze prächtige Stück, ‹Clelia und Sinibald, oder die Bevölkerung von Lampeduse› nachzulesen. Dazu die verwandten : ‹Idris und Zenide›; den berühmteren, aber um 1 Klasse minderen ‹Oberon›; den ‹Neuen Amadis› zumal, den Lessing immer wieder aufs neue fleißig durchstudierte, und dabei anerkennend von »Wielands glücklicher Wörterfabrique« sprach. – Obwohl ‹Clelia und Sinibald› formal wohl eine elegante Spitze bilden.

B.: Hörte sich gar nicht übel an. – Ist seine Prosa auch so – ich möchte sagen : nervös ?

A.: Sie haben fast das richtige Wort gefunden : natürlich ist Wieland nervös, wie nur je ein Intellektueller; zappelig im Kaffeerausch – Alkohol trank er nie. Aber eben das zusammen mit einem blitzartig arbeitenden Gehirn, dessen Gangliensystem ein Netz nicht von Einbahnstraßen sondern von Autobahnen war, ergibt dann das Feuerpulver seiner Prosa, die nur dem oberflächlichen Leser weitschweifig erscheinen kann, einem, der die vielen, oft raffiniert getarnten literarischen und historischen Anspielungen nicht zu würdigen versteht : man muß viel wissen, selbst Intellektueller sein, um Wieland genießen zu können. Wie empfindlich er gegen Ortsveränderungen war – eines der ganz typischen Merkmale dieser speziellen Spielart von Gehirnriesen – ist urkundlichst belegbar aus einem Brief des Sechzigjährigen. Im Jahre 1772 nämlich war ihm ein Herzenswunsch in Erfüllung gegangen : Lessing – der Wielands erste serafische Periode in den ‹Literaturbriefen› mit vollstem Recht und unerbittlich lächerlich gemacht hatte – der große Lessing selbst also, schrieb ihm nunmehr in den schmeichelhaftesten Ausdrücken, und forderte den Jüngeren zur Unterhaltung einer laufenden Korrespondenz auf. Befremdlichsterweise antwortete Wieland auf einen solchen Brief nicht; und gab 20 Jahre später, als das Blatt ihm wieder in die Hand fiel, folgende Erklärung dafür . . . :

B.: »Lessings Brief hat mir eine seltsame Freude gemacht; denn es ist ein wirkliches und wunderliches Phänomen, daß ich einen solchen Brief so ganz vergessen konnte. Es ist nur durch die ganz eigene und idiokratische Wirkung, die eine sehr große *Veränderung meiner äußeren Lage* auf mich zu machen pflegt, erklärbar. Eine jede solche Veränderung ist für mich eine Art von Tod zu einem neuen Leben, wo meine Seele ungefähr eben das erfährt, was, nach Platons Hypothese, die Seelen erfahren, die aus den hyperuranischen Räumen in die gröbere Körperwelt präcipitirt werden – ein theils plötzliches, theils allmähliches *Vergessen des vorigen Zustandes* – welches mir in meinem Leben hauptsächlich zweymal begegnet ist : da ich im J. 1759 aus der Schweiz in die Biberach'sche Kanzley, und da ich Ao. 1772 aus Erfurt an den Weimarischen Hof versetzt wurde. Daher erklärt sich, daß ein so schmeichelhafter Brief und eine so verbindliche Einladung zu Fortsetzung des angefangenen Briefwechsels ohne Folgen blieb !«

A. (nachdenklich): Wehe also dem armen Dichter, der in seinem Leben allzuoft ‹umziehen› muß – womöglich noch in ihm unangemessene oder gar widerwärtige Orte, Landschaften, Klimate. Das leuchtet wohl ein, daß sich bei dem mörderisch=guten Gedächtnis dieser Menschenklasse auf Grund der reinen Überfüllung mit Kleinbildern, ‹24 × 36› – die evtl. jederzeit, falls für ‹ein Buch› erforderlich, wieder hervorhol=, ja, sogar überscharf ‹vergrößer›=bar sein müssen! – daß man, sage ich, in solcher Situation den endgültigen Zerfall der (sich ohnedies pausenlos nach allen Seiten in ‹Werke› auflösenden) Persönlichkeit nur durch radikalste ‹Verdrängung› – »Tod«, wie Wieland sich ausdrückte; noch richtiger wohl: ‹partiellen Selbstmord› – immer wieder hinauszuschieben hoffen kann.

Allerdings dürften, als Nebenprodukte dergleichen semi=suicider Prozesse, Erscheinungen wie Groll, Gereiztheit, Nervosität, unvermeidlich werden.

B.: Hat sich diese ‹Nervosität› nicht etwa in einer Flüchtigkeit im Arbeiten ausgewirkt?

A.: Keineswegs. Ich sagte schon: Wieland war exemplarisch fleißig. Nie ward er müde zu bessern, zu ergänzen, umzubilden. Die meisten seiner Werke schrieb er mehrmals ganz ab und um – mit der Hand; vergessen Sie das nie! So allein den ‹Oberon›: viermal! Von dem gleichen Stück bekennt er einmal: »Ich habe drittehalb Tage über einer einzigen Stelle zugebracht, wo im Grunde die Sache auf einem einzigen Worte, das ich brauchte und nicht finden konnte, beruhte. Ich drehte und wandte das Ding und mein Gehirn nach allen Seiten, weil ich natürlicherweise gern die nämliche bestimmte Vision, welche vor meiner Stirn schwebte, auch vor die Stirn meiner Leser bringen möchte, und dazu oft von einem einzigen Zuge oder Reflex Alles abhängt.« Der alte Goethe wußte sehr wohl, warum er schrieb: »Es ist nicht zuviel gesagt, wenn wir behaupten, daß ein verständiger fleißiger Literator allein aus den stufenweisen Correcturen dieses unermüdet zum Besten arbeitenden Schriftstellers die ganze Lehre des Geschmacks würde entwickeln können.«

B.: Alle Achtung! Wieso hatte er aber so viel Zeit? Ich denke er war – zumindest im Anfang – Prinzenerzieher?

A.: Das wurde sehr schnell eine reine Sinekure; so schnell freundete er sich mit der Herzogin Amalie an, daß er mit ihr sogar den Aristophanes las – Hörerinnen mögen sich von einem intimen Freunde erklären lassen, was das heißen will. Außerdem lebte er ziemlich abgeschlossen, ganz auf das Werk konzentriert; so intensiv, daß er, auch bei Unterhaltungen, an wenig anderes zu denken vermochte. Deswegen wirft Schiller ihm »Eitelkeit und Eigenliebe« vor. Oder der junge Leisewitz – als Hainbundmitglied ihm ohnedies abgeneigt – schreibt seiner Braut: »Ich bin ein paar Stunden bei Wieland gewesen – mag ihn aber nicht weiter kennen. Einen so elenden Mann von so großen Talenten habe ich noch nicht gesehen. Man würde Eurem Geschlecht Unrecht tun, wenn man seine Eitelkeit weibisch nennte : sie ist mehr als kindisch ! Er hat nur 2 Gegenstände, von denen er spricht, das ist er und Wieland.«

B. (lachend): Nicht unwitzig; aber natürlich erbärmlich falsch gefolgert. Es ist doch weiter nichts, als die häufig auftretende Werkbesessenheit. Und der in Stunden der Erschöpfung – man vergesse doch ja nie, daß man den Dichter nur in solchen kennen lernt : im Vollbesitz seiner geistigen Kräfte pflegt er nämlich an Büchern zu arbeiten ! – es ist, wiederhole ich, der, in Stunden der Abgespanntheit nur zu begreifliche Wunsch, durch die Injektion des Lobes immer wieder versichert zu werden, daß die grausam entsagungsvolle Arbeit nicht umsonst ist. Diese vielberufene Effekthascherei ist so wenig ‹Eitelkeit›, daß sie vielmehr rührend wirken sollte ! – Hat er sich denn um niemand anders, als sich selbst gekümmert ? Verständlich wäre es, wenn auch betrüblich für uns gewöhnliche Erdenbürger; und in gewissem Sinne natürlich ‹unmenschlich›.

A.: Er war so wenig ‹unmenschlich›, daß er mit Recht von sich sagen konnte : »Alles, was Menschen angeht, betrachte ich als meine Angelegenheit; und kann mich schrecklich über ein Unrecht ereifern, das vor dreitausend Jahren einem Betteljungen zu Babylon geschehen ist.« Und daß er, anstatt in Gesellschaft Komplimente zu drechseln, sich lieber einschloß und Wortkunstwerke herstellte, über die sich seit Jahrhunderten schon die Besten freuen : dafür wollen wir ihm lieber danken, als uns darüber ereifern ! – Außerdem vernachlässigte er die heranwachsende Generation keineswegs : zu wem flüchtete die Malerin Caroline Bardua in den Keller, als die Franzosen in Weimar einrückten ? Wie hat er nicht durch Wort und Tat den trotzigen Seume protegiert, ihn, der doch wahrlich ‹Europens übertünchte Höflichkeit nicht kannte› ! Und wie aufmerksam und klug er die allerneuste Literatur, sogar in statu nascendi, verfolgte, mag diese Anekdote belegen : In großer weimarer Gesellschaft stand Einer mürrisch und einsam in der Fensternische; die jungen Damen kicherten, die alten Herren mokierten sich über ihn. Da griff der 80-jährige Wieland ein : »Laßt mir den ungehudelt« riet er : »Der wächst uns noch einmal allen über den Kopf !«

B.: Und Jener hieß ?

A.: Arthur Schopenhauer : oh, der alte Wieland wußte schon, was gut war !

B.: Lassen wir jetzt aber die literarisch völlig insignifikanten Menschlichkeiten beiseite : Sie deuteten an, daß Sie ‹das Wichtigste› erst gestreift hätten : darf ich fragen ?

A.: Lassen Sie mich noch einer für Deutschland sehr wichtigen Arbeit Erwähnung tun : er war der Erste, der 22 Stücke Shakespeares in Übersetzung vorlegte; allerdings, mit der einen Ausnahme des ‹Sommernachtstraums›, in Prosa; aber mit Anmerkungen, und als Vorarbeit immer schätzbar.

B.: Wie ? Hat auch er, wie so viele unserer armen ‹Großen›, ums liebe Brot übersetzen müssen ?

A.: Nein; er konnte sich seine Lieblinge aussuchen, und behaglich=sorgfältig an die Arbeit gehen, ohne bei jeder Zeile die Schinderei zu verfluchen, oder einen elenden ‹Termin› einhalten zu müssen. Er hat sich den Cicero in aller Ruhe vornehmen können; vor allem aber seinen Liebling Lukianos, bei dessen Übertragung ihm, nach eigenem Geständnis, »der Glaube an Seelenwanderung bis zur Täuschung wuchs«.

B.: Uff : alles schön und gut; aber ich – durch so viel Neues fast schon geistig aufgebraucht – warte immer noch auf Ihr ‹Wichtigstes›; obwohl ich selbstverständlich begreife, daß Sie sich das Bedeutendste bis zum Schluß aufgespart haben – aber jetzt lassen Sie das Schwert bitte fallen : ich schlage willig den Zopf nach vorn : ?

A. (lachend): Aber Sie sollen doch nichts weniger als dekapitiert werden ! Im Gegenteil : neue Erkenntnisse bieten sich an . . .

B.: . . . bieten Sie; bieten Sie . . .

A.: Wieland sah, gerade zu seiner Zeit, den Mißbrauch der Prosaformen überhand nehmen; und, was die Sache noch gefährlicher machte, in verführerischsten Beispielen. Da erschien etwa ein ‹Werther›, ein geniales Werk, das sich als ‹Briefroman› deklarierte – was man lediglich daran merkt, daß ab und zu ein ‹lieber Freund› apostrophiert wird, den man ansonsten nicht im Geringsten näher kennen lernt. : Dabei ist es doch gerade das primitivste Kennzeichen eines Brief‹wechsels›, daß sich zumindest zwei – wenn nicht gar mehrere – gleichwertige Individualitäten in ihren diversen Erlebnisreihen entfalten sollen ! Der ‹Werther› ist ein Tagebuch; ganz simpel ! – Oder der ‹Reise= und Entwicklungsroman› des ‹Wilhelm Meister› : wie grimmig hat es Wieland nicht betont, daß dergleichen nichts anderes ist, als die Entschuldigung für einen mangelnden Plan ? ! Für Goethe ist die Prosa nie ein Konstruktionsproblem gewesen; sondern breites Sammelbecken für heterogenste, bei längst verschollenen Anlässen entstandne, Aufzeichnungen : wo die ‹Handlung› stockt, werden einfache alte, vor 20 Jahren geschriebene Novellen aufgeklebt, Gelegenheitsgedichte untergebracht, Aforismensammlungen eingeschoben.

B.: Das ist wahr; das hat auch mich immer gestört : dieses Mißverhältnis zwischen den vielen ‹schönen Stellen›, und ihrer rumpelkistenhaften Unordnung. – Wieland nun ist, darauf wollen Sie ja vermutlich hinaus, das gerade Gegenteil?

A.: Wir wollen kurz, aber systematisch vorgehen : so wie für Jeden von uns seine Welt in Subjekt und Objekt zerfällt, in inneres und äußeres Erleben : so wollen wir auch hinsichtlich der Abbildung dieser Erlebnisbereiche durch Prosaformen, gleich 2 große Gruppen unterscheiden. Die erste, ‹innere›, versucht die möglichst genaue Wiedergabe von Gehirnvorgängen vermittels besonderer Anordnung von Prosaelementen ...

B.: »Mir wird von alledem so dumm ...«

A.: Rasch ein Beispiel : Joyce's vielberufener ‹Innerer Monolog› versucht die Wiedergabe unseres zäh dahinquirlenden Gedankenstromes ...

B.: Ah so; das meinen Sie ? Ja, natürlich. Aber wieso ist das eine ganze Gruppe von ‹Inneren Ereignissen› ?

A.: Je nun, da gibt es so manchen, klar unterschiedenen, Spezialfall : den ‹Traum› etwa; oder der Vorgang des ‹Sich=Erinnerns›; die alle wenig mit dem durchaus mythisch orientierten Dahindenkeln von Joyce zu tun haben. – Aber gehen wir zur zweiten großen Gruppe über – die eigentlich die historisch erste ist ! – den Nachbildungen gesellschaftlicher Gepflogenheiten. Denn der Mensch findet und erkennt sich, ob in seiner prähistorischen oder individuellen Entwicklung betrachtet, zuerst einmal als Gruppenwesen, ehe er zum Nachdenken über sich selbst gelangt. Und da Wieland, ich erwähnte es bereits, dahin gekommen ist, kein wichtigeres Anliegen zu kennen, als die gesellschaftlichen Beziehungen der Menschen zueinander zu untersuchen; so hat er alle seine Kräfte, in bewußter Beschränkung, nur dieser zweiten Gruppe gewidmet.

B. (seufzend): Geben Sie lieber wieder Beispiele : »Ich bitt' Euch, Freund : es ist tief in der Nacht ...«

A.: Sie werden mich sogleich verstehen : Der Erzähler im lauschenden Hörerkreis – abends am Lagerfeuer des Neandertalers; oder in der Spinnstube, beim ‹Lichten› – nimmt vorweg die Prosaformen von Anekdote, Märchen, Erzählung, Novelle, Roman.

B.: Zugegeben.

A.: Also beginnt auch Wieland zunächst einmal damit. Der steifgliedrige, didaktische, weit überschätzte ‹Agathon› ist noch ganz alte Schule. Dann allerdings beginnt er sogleich aufs Scharmanteste zu variieren : der ‹Don Sylvio› und der ‹Danischmend› sind schon temperamentvollster Stilkünste übervoll, von deren entzückenden Tempi jeder Moderne lernen könnte. Manchmal zerlegt er die Handlung ins anekdotisch=Zersprochene : die unvergänglichen Abderiten krähen und dahlen ihren Stadtstaat voll; und Schach Gebal setzt seine Wahrheit der Dichtung des ‹Goldenen Spiegels› entgegen. – Damit sind aber die gesellschaftlichen Relationen des Menschen keineswegs erschöpft : die elementarste Art der Mitteilung ist das Gespräch. Betrachten Sie's zunächst als Mittel der Kommunikation zwischen Hordenmitgliedern : man hat praktisch denselben Lebensraum, ungefähr die gleichen Erlebnisse; über die Abweichungen verständigt man sich durch Diskussion, Rede & Gegenrede, Lob und Frage und Widerspruch. – Das jetzt auf die Prosa übertragen : das Gespräch ist die für uns ‹natürlichste› Form, uns gegenseitig ‹Stoff› zu übermitteln, strittige Fragen zu klären; etwa die ideale Form für eine Biographie.

B.: Wie meinen Sie das?

A.: Indem ich – – : nehmen Sie zum Beispiel unseren Dialog hier : unser Informations= oder Streitgespräch könnte man zu einer idealen Wieland=Biographie ausbauen, wenn man zusätzlich herbeiholte : einen Kenner der Zeitgeschichte; einen Altphilologen; einen Christen : eine Frau vor allem, und einen Autor! Alle die müßten Fragen stellen; Einwände machen; aus ihrer Sfäre Einzelheiten beitragen; psychologische Klärungen herbeiführen helfen : aus dem sorgsam und kunstvoll zusammengestellten Mosaik solcher, scharf gesonderter Geister, würde sich ein viel besseres Gesamtbild Wielands ergeben, als es der Essay eines Einzelnen je vermöchte, oder eine Biographie alten Schlages.

B.: Aha. Und Wieland hat dergleichen versucht?

A.: Zweimal sogar. Das erste Mal im ‹Peregrinus Proteus›, wo er einen seltsamen Schwärmer mit dessen geistigen Antipoden und Zeitgenossen Lukian zusammentreffen läßt. Ein zweites Mal im ‹Agathodämon› – beide Bücher nebenbei höchst merkwürdig durch ihre Auffassung des Urchristentums.

B.: Hat er noch weitere ‹alte Formen› erprobt – vorausgesetzt, daß es noch welche gibt?

A.: Ich möchte ausdrücklich hervorheben, daß alle diese Formen keineswegs ‹überholt› oder ‹veraltet› sind. Für die zugehörigen Themenkreise sind und werden sie immer sein, die optimale, also stets zu wählende, Erledigungsart. – Selbstverständlich gibt es noch mehrere : was tun Sie, wenn Sie sich mit einem, seit Jahren räumlich weit von Ihnen getrennten, lieben Freunde unterhalten möchten?

B.: Ich schreibe ihm einen Brief.

A.: Sehr richtig : und schon haben wir wieder eine ganz neue Prosaform!

B.: Langsam, langsam : ist es nicht letzten Endes nur eine Art Gespräch?

A.: Oh, der Unterschied ist fundamental! : Beim Gespräch teilen Sie Beide den gleichen Lebensraum miteinander – also Ort –; ebenso die gleichen Stadtereignisse: wenn Bomben darüber abgeworfen werden, haben Sie praktisch die gleichen Sensationen. – Wenn jedoch das Problem vorliegt, zwei gleichwertige, aber geographisch und erlebnismäßig weit von einander geschiedene Lebensräume organisch in Beziehung zu einander zu setzen: da bietet sich zwanglos die formal vorbildliche Lösung des sogenannten ‹Briefromans›. Aber, verstehen Sie mich recht! : es müssen mindestens zwei gleichberechtigte Landschaften und zeitlich parallele Erlebnisreihen vorliegen! Dann, und *nur* dann hat der Briefroman überhaupt einen Sinn.

B.: Ah, jetzt verstehe ich Ihre Bemerkung über den kostbaren ‹Werther› erst richtig – die ich vorhin, ich will es nur gestehen, für sehr anmaßend hielt. Im ‹Werther› ist also der Fall eingetreten, daß ein großer Künstler sich absolut in der Form vergriffen hat: man hört ja nur Werther; von zwei einander das Gleichgewicht haltenden mächtigen Landschafts= und Erlebnisgruppen ist überhaupt keine Rede. Goethe hat die Briefform völlig unnützlich geführt? Er hat zur ‹Erledigung› *eines* Menschen, *einer* Landschaft, eine Form benützen wollen, die für *zwei* Menschen, *zwei* Landschaften zuständig ist?

A.: Genau das! Und dergleichen ist beileibe nicht nur auf Goethe beschränkt; viele Schriftsteller sind und waren der Meinung, daß es lediglich auf sie und ihren ‹freien Willen› ankomme, welche Formen sie sich für ihre Produkte erkiesen wollen. Ich nenne nur Scotts ‹Redgauntlet›, dessen erste Hälfte ausgesprochener und guter Briefroman ist: bei der zweiten hat er es dann scheinbar satt gekriegt, und, wie sonst bei ihm üblich, ganz edel=simpel weiter erzählt. – Wie anders dagegen Wieland! Nach ein paar kurzen, unbedeutenden Handübungen gelingt ihm im höchsten Alter das unnachahmliche Großmosaik des ‹Aristipp›: von mehreren Schauplätzen her empfängt der Leser jeden Brief selbst; in immer erneuter Gegenwart; aus Kyrene und Athen spricht es zu ihm; schönste, kunstvoll sich entwikkelnde Menschlichkeiten sind ins bedeutend Historische und Kulturgeschichtliche gewoben; organisch selbst die, nur dem Unkundigen langweiligen, in Wahrheit unschätzbaren Erörterungen über Anabasis und Politeia: der ‹Aristipp› ist, wie der einzige ‹historische›, so auch der einzige ‹Briefroman›, den wir Deutschen besitzen, und mit Ehren vorzeigen können.

B.: Sie wissen genau, was Sie damit behaupten?!

A.: Niemand besser, als ich! Es ist hier nicht der Platz und die Zeit, das Fachwerk des großen Buches im Einzelnen nachzukonstruieren; das mag der Interessierte für sich allein vornehmen – und jeder Prosafachmann sollte daran interessiert sein, von Wieland zu lernen; einem Manne, durch dessen Schreibtisch wir Schriftsteller unsern ersten Meridian ziehen müßten. – Nur das geringste Beispiel : wie, meinen Sie, hätte ein solcher Briefroman zu beginnen ? : An wen schriebe der Held am besten, das heißt, am bezeichnendsten, découvrierendsten, zuerst ? An die Geliebte ?

B.: Das würde ich nicht raten : da verfälscht man sich unweigerlich ins Sentimentalisch=Heroische.

A.: Die Eltern ? Den Lehrer ?

B.: Auch nicht. Die Eltern sind fremde, unbegreiflich erlebnisüberladene Vorgeneration. Und der Lehrer ? : dem gegenüber gibt man sich gar zu gern – und sei es auch nur, um dem alten Mentor eine rechte Freude zu machen – als Musterschüler, als Primus. – Wie wäre es aber : mit dem Freunde ? ! Dem Gleichaltrigen; verständnisvoll=Elastischen; keck=Ergänzenden ?

A.: Und also schreibt Aristipp den ersten Brief an Kleonidas von Kyrene, seinen Freund ! – Hier, als Berechner der äußeren Form, hat Wieland Vorbildliches, und bisher noch längst nicht Gewürdigtes geleistet. Bücher wie dieser gigantische Briefroman vom ‹Aristipp›, die dem Fachmann reinlich das Stahlskelett der Trägerkonstruktion zeigen, und gleichzeitig dem Leser eine Fülle intrikatester ziseliertester Geistigkeiten und schönster Menschlichkeit geben, eine Bereicherung im wahrsten Sinne der tria corda des Ennius, gehören in allen Literaturen zu den größten Seltenheiten, und sollten von jeder Generation immer wieder studiert werden.

JOHANN GOTTFRIED HERDER

25. August 1744, Mohrungen/Ostpreußen – 18. Dezember 1803, Weimar

HERDER

oder Vom Primzahlmenschen

Sprecher:

A.: } Männerstimmen
B.: }

C.: Frauenstimme *(ein hermafroditischer Alt, stellvertretend für das männ=weibliche Herders)*

A. (spricht langsam, in ergebener Traurigkeit, und mit der schweren Monotonie eines Großen. Ein kleiner Echoraum dahinter):

»Obwohl gewöhnlicherweise keine Grab= und Lobschrift zu bemerken pflegt, wie lange ein Mensch sich selbst überlebt habe, so ist dies leider eine der größesten und nicht seltenen Merkwürdigkeiten menschlicher Lebensläufe. Lange kann man, wie die Gestalt seines Grabmonuments, mit lebendigem Leibe umhergehen : der Geist ist von einem gewichen; man ist der Schatten und das Andenken des vorigen Namens.

Vielerlei Ursachen können zu diesem frühen Tode beitragen, Eigenschaften des Geistes und des Herzens : zu große Wirksamkeit; zu träge Geduld; Erschlaffung sowohl als Überspannung; zu schnelles Glück; zu lange dauerndes Unglück.

(Pause; dann weiter, tonlos, wie oben): Diesem Morden menschlicher Kräfte und Verdienste stehet ein anderer entgegen, den man *den feinsten Selbstmord* nennen möchte; er ist umso bedauernswürdiger, weil er nur bei den erlesensten Menschen stattfindet, und ihr köstliches Uhrwerk nach und nach zertrümmert : Menschen nämlich von äußerst zartem Gefühl haben ein Höchstes, wonach sie streben; eine Idee, an welcher sie mit unaussprechlicher Sehnsucht hangen. Wird ihnen diese Idee genommen, wird dies schöne Bild vor ihren Augen zertrümmert, so ist das Herzblatt ihrer Pflanze gebrochen – der Rest steht mit welken, unkräftigen Blättern da.

(In steinerner Gleichgültigkeit): Vielleicht gehen mehr Erstorbene dieser Art in unserer Gesellschaft umher, als man es anfangs glauben möchte : eben weil sie am meisten ihren Kummer verbergen; . . . . . *(allmählich leiser werdend):* und das Gift ihres langsamen Todes, als ein trauriges Geheimnis ihres Herzens, selbst dem Freunde verhehlen . . . . .«

(leise vorüberschleichend der Grabesklang eines zersprungenen Gongs)

B. (fest): Johann Gottfried Herder. Am 25. August 1744, gegen Mitternacht, »auf die Wüste der Erde geworfen«. Zu Mohrungen in Ostpreußen, »der kleinsten Stadt im dürren Lande.« Kind einfachster Eltern: der Vater Glöckner und Kantor; die Mutter Tochter eines Hufschmieds. Eines von Fünfen: die unentbehrliche Gelehrsamkeit ist also zu erhungern – er trank zeitlebens »aus geliehener Tasse«.

A.: Ein Erstes=Entscheidendes: in Preußen gilt, wie immer und anscheinend unvermeidlich, die Allgemeine Wehrpflicht: in die Wiege schon hat ihm, dem Brauch der guten alten Zeit gemäß, die Musterungskommission die rote Kragenbinde eines präsumptiven Korporals gelegt.

B. (ergänzend): .... »Das Rote Halsband« hat er es später, abscheugeschüttelt, genannt.

A. (fortfahrend): Gottlob ist er klein und von schmaler Gestalt; dazu am rechten Auge die Tränenfistel. Dennoch – und es ist die wörtliche Bescheinigung seiner Frau ....

C. (mitfühlend): »Dennoch lebte er mehrere Jahre hindurch in beständiger Unruhe. Welchen Eindruck das Gefühl dieser täglich obschwebenden Gefahr ....«

B. (beschwichtigend): ..... nämlich des Einberufungsbefehls; man verzeihe die primitiven Anschauungen unserer Großen: es hat, leider, Keiner davon jahrelang ‹gedient› – – *(mit furchtbarem Ernst):* sonst sähe unsere ‹klassische Literatur› vermutlich anders aus: vollständiger; weniger weltfremd ....

C. (fortfahrend): ..... »Was diese Gefahr, die ihn auf ewig von den Studien entfernt, und seine vorherrschende Neigung unterdrückt haben würde – denn wie lechzte er nach geistigen Aufschlüssen! – auf sein zartfühlendes Gemüt wirken mußte, läßt sich eher empfinden als beschreiben. Diese frühen Eindrücke militärischer Gewalt und Sklaverei flößten ihm eine lebenslängliche Abneigung gegen den preußischen Staat ein.«

A.: Ein russischer .... *(Pause; dann, betont wiederholend):* ...... russischer Regimentschirurg ist es, der ihn mit sich nimmt, nach Königsberg; allwo er, einzig jenem Wohltäter zu Gefallen, Mediziner werden will – bei der ersten Sektion in Ohnmacht fällt; und dann doch lieber rasch zu Theologie & Filosofie hinüber wechselt. Mit 19 Jahren bereits ist er Unterlehrer am Königsberger Gymnasium. – Da, endlich!: kommt die Erlösung: 1764, also mit 20 Jahren, erhält er einen Ruf als Kollaborator, später Prediger, nach Riga.

C. (fraulich mitfühlend): »Vor seiner Abreise sollte ihm noch etwas Schmerzliches widerfahren : von dem preußischen Militärgericht wurde ihm noch der Eid abgefordert ‹zurückzukehren, wenn er als Soldat requiriert würde›. – Ob er ihn wirklich abgelegt hat, oder er nur dazu aufgefordert worden, weiß ich nicht. Nach dem zu schließen, wie er zuweilen daran gedachte .....

(leise beginnt irgend ein prominenter ‹Präsentiermarsch› den erzwungenen Meineid zu akkompagnieren)

.... mußte er es wahrscheinlich tun; denn mit dem tiefsten Unwillen sprach er davon. Das bekannte er, 40 Jahre später, noch : daß er manche Eindrücke dieser Sklaverei, wenn er sich ihrer erinnere, mit teuren Blutstropfen abkaufen möchte ! Er sagte an der preußischen Grenze seinem Vaterland ein bitteres Lebewohl.« ... *(Kleine Pause).*

A. (schwelgerisch; in das blechbläsern stampfende Notengetümmel hinein): Aber jetzt ?! : Riga !!

(Die Musik geht organisch=zwanglos über in den ‹Roten Sarafan›, noch in die nächsten Worte von B. hinein.)

B.: Ein aparter Ort dieses Riga : Hansekontore; eine deutschsprachige Oberschicht von Beamten, Lehrern und Kaufleuten; die eigentliche Bevölkerung Letten – und, als Hinterland, das Riesenreich, ‹Ein Sechstel der Erde›.

A.: Denn Riga ist russisch ! Und der junge Herder – nun frei, mit erweiterter Brust, feurig und herrlich lernbegierig – : blüht auf ! Sieht sich um, mit immer funkelnderen Augen. Notiert die bunte Fülle »Der Denkart der Völker bin ich nachgeschlichen«, : vergessen wir nie, daß diese Begegnung mit Letten und Russen es ist, die ihn kosmopolitisch auflokkert; und sein Ohr fähig macht, als Erster die »Stimmen der Völker in Liedern« vernehmen zu können.

B.: Und der »Jüngling mit den etwas triefenden Augen«, wie der väterliche Freund Hamann ihn benennt, wird gern ein guter russischer Patriot : zu häufig, um sie wegfilologisieren zu können, begegnen wir Notaten der Abneigung gegen alles Deutsche; als Prozeß geistiger Ablösung sehr begreiflich und nützlich. »Der Lette will nicht in den Himmel, sobald Deutsche da sind«, schreibt er sich grimmig nickend auf; und übersetzt gern die schwermütigen Dainos ....

C.: »Tochter, ich flieh nicht die Arbeit : / vor dem bösen Deutschen flieh ich, / vor dem schrecklich bösen Herrn ! / Arme Bauren ! : an dem Pfosten / werden blutig sie gestrichen / Arme Bauren in den Eisen; / Männer rasselten in Ketten; / Weiber klopften vor den Türen, / brachten Eier in den Händen, / hatten Eierschrift im Handschuh : / Unterm Arme schreit die Henne, / unterm Ermel schreit die Graugans, / auf dem Wagen blökt das Schäfchen, / unsre Hühner legen Eier ? / : alles für des Deutschen Schüssel !

Schäfchen setzt sein fleckig Lämmchen ? / : das auch für des Deutschen Bratspieß. / Unsrer Kuh ihr erstes Öchschen ? / : das auch für des Deutschen Felder. / Mutter hat ein einzig Söhnchen ? / – : den auch an des Deutschen Pfosten !«

A.: Er spürt, er erträumt sich Wirkungsmöglichkeiten – »Entwurf einer Schule für Kurland« heißt etwa einer; und der erste Essay ist seinem Regentenideal, Peter dem Großen, gewidmet . . . . :

B. (nachdenklich aber rasch=dreiviertellaut): »Wenn je ein Monarch den Namen des Großen verdiente, so ists Pjotr Alexejewitsch ! Er war Selbstherrscher und Haushälter seines Reichs, ein allenthalben umher wirkender Genius; der hier anordnete, dort schuf und lenkte, dort anregte, lohnte, strafte : ein erhabener Wilder ! Vater, Künstler und leidenschaftlicher Liebhaber seines unvollendeten Reiches . . . .« *(weiter; im klärenden Selbstgespräch):* »Was für Aussichten überhaupt, diese Gegenden von Osten, wenn erst einmal der Geist der Kultur sie besuchen wird ! : Die Ukraine wird ein neues Griechenland werden. Der schöne Himmel dieses Volks, sein lustiges Wesen, seine musikalische Natur, sein fruchtbares Land undsoweiter : werden einmal aufwachen. Seine Grenzen werden sich bis zum Schwarzmeer hin erstrecken; und von da hinaus durch die Welt : Hier will ich etwas versuchen ! Hier studieren . . . .«

A. (die zur Selbstklärung notierten Themen aufnehmend): »Was die Deutschen hier geschadet haben. / Daß es Völker im Orient gebe, von denen man lernen müsse. / Über die zoomorfischen Gottheiten der Slawen . . .« *(langsam energischer werdend):* . . . . »Aber ausführen ? Sind dazu keine Wege möglich ? – Jetzt noch nicht; später vielleicht, durch Einfluß am Hofe : Umgang mit Großen; Überredung des Generalgouverneurs; Gnade der Kaiserin; Neid und Liebe der Stadt ? ! . . . . *(Laut):* O Zweck, großer Zweck ! Nimm all meine Kraft, Eifer, Begierden : ich gehe durch die Welt – was hab ich in ihr, wenn ich mich nicht unsterblich mache ? !«

B. (nüchtern): Er träumt sich also – formulieren wir den Dünkel des geborenen Wortweltenerbauers getrost so – : als Kultusminister der Zarin Katharina – und schon der bloße Gedanke an die Möglichkeit, kann auch heute noch einen ehrlichen Kerl berauschen !

A.: Zumindest aber ersieht man aus solchen Plänen, daß er nicht mehr, wie einst in Preußen, scheu die Augen zu Boden schlägt, und vor jedem Briefträger zittert : frei trägt er den Kopf durch Riga ! Geschätzt als beliebter Lehrer; mitreißender Prediger – obwohl er als solcher eine

Perücke tragen muß, um älter und ehrwürdiger zu erscheinen. – Zunächst auch noch geehrt, als geistreicher ‹junger Autor›.

B.: Denn schon früh, mit 16, gelingen ihm die ersten gedrängt=dunklen, »bedeutend=rauhen« Gedichte – das erste gedruckte Stück ist die »Ode an Cyrus«, den Zaren Peter. Jetzt entstehen die ersten größeren Arbeiten, die »Fragmente zur deutschen Literatur« und die »Kritischen Wälder« – und sogleich horcht das gelehrte Deutschland auf!

A.: »Haben Sie je einen Kopf gekannt,« schreibt Wieland, »in welchem Metafysik und Fantasie und Witz, und griechische Literatur und Geschmack und Laune, auf eine abentheuerlichere Weise durcheinandergähren? – Ich bin begierig zu sehen, was noch aus ihm werden wird: ein ausgemachter Narr; oder, viel wahrscheinlicher, ein sehr großer Schriftsteller!«

B.: Denn Wieland hatte, entzückt, das seltenste aller literarischen Fänomene genau erkannt: den polyhistorisch angelegten Geist, dem gleichzeitig die Worte übers Papier fallen, wie ein dichtes Gestöber von Feuerflocken. Und hier im Fall Herder, oder nie, ist der Ort, die Unglücklichen entscheidend zu rechtfertigen: es ist nicht leicht, ein Polyhistor zu sein!

A.: Rarste Gedächtniskraft gehört dazu, und die ‹Kunst des Archives›. Zuckende Rastlosigkeit; oder, genauer: Nervosität als gesunde Naturanlage. Die Fähigkeit Bibliotheken zu bewohnen; und ausdauernder Mut vorm Papier: es ist weit leichter zu ‹kämpfen›, als 1, auch nur mittelmäßiges, Buch zu schreiben!

B.: Der Polyhistor?: das ist der eigentliche Synoptiker, der in genialer Schau erkennt, wo Querverbindungen möglich sind; sei es zwischen einzeln=schnurrigen Fakten, oder ganzen Wissensgebieten; fruchtbarste Beziehungen, primzahlhaft=verzwickte, an die zuvor Niemand dachte. Tritt hierzu nun noch hohe Feinheit von Ohr und Zunge; und die – durch Fleiß nicht erwerb= aber entscheidend schulbare – Fähigkeit, Worte zu ‹vollkommenen Ehen› zu zwingen: dann ergibt sich das dem Kundigen – vielleicht nur dem Fachmann? – hinreißendste Schauspiel.

A.: Es gehört, metaforisch gesprochen, freilich ein ‹guter Magen› dazu, die konzentrierten Aufgüsse aus ganzen Körben voll Eichenkeimen zu verdauen – denn hier liegt die Begrenzung des Polyhistors: er ist nicht imstande, die Keime auseinanderzupflanzen, und sie aufwachsen zu lassen, zum Eichenkamp, in dessen Schatten noch Jahrhunderte sich ergehen können. – Seltsames Bild: ein Planet, nur mit Wiesen aus kostbaren Kräutern bedeckt....

B.: Und ähnlich wirkte Herder, beim ersten wie beim letzten Auftreten : befremdet und überrascht war man durch die Fülle des Neuen, den Dauerregen der Anspielungen, die Feinheit der Mikroanalysen über Shakespeare und die Poesie der Volkslieder – und doch ahnte man unabweisbar Wahrheiten, spürte Berechtigungen; und fühlte sich prickelnd angeregt durch den flackernden Stil.

A.: In bedeutender Ergänzung des Lessing'schen ‹Laokoon› hatte Herder die Wichtigkeit hervorgehoben : in der Dichtung des *Ohres*; in der Malerei der *Landschaft*; in der Plastik des *Tastsinns*. – So schildert er, mit dem Naturrecht des gesunden jungen Mannes Venusstatuen; und es ist mit nichten ‹Geilheit›, sondern das ewige Recht der Hand, das Recht der Haut! :

C. (üppig; aber innig=weiblich): »Der Busen des Weibes ward zart; völliger; gekrönt mit der Rose der Liebe. Solange diese, ein Knöspchen, blühet, und der unreife Hügel zur Ernte wächst, schlingt die Grazie der Jungfrauschaft ihren Gürtel um dieselbe .... Wenn Venus aus dem Bade mit ihrem gebogenen Taubenrücken herauf tritt – doch wie kann ich beschreiben ? Und was hilft beschreiben, wenn man nicht selbst stehet, und das schöne Gebürge hinabgleitet ? Und wie über der Hüfte sich der Rücken in Weiche verlieret ! Das zarte Verfließen ... und die Hüften ..... und das Knie, ohne todtgelösete Knöchel, als wäre es aus weichem Thone geblasen; und die Wade des Fußes, weder hangend, und angeklebet, noch dürftig. Und wie die Schenkel zu Marmorsäulen, so wand Mutter Natur die Adern zu zarten Zylindern, und umschlang sie mit dem ersten Brautkranz der Liebe. Und schonte die Spitze des Bogens. Und ließ am Weibe die Hand sanft hinabfließen in kleine Zylinder. Und bepolsterte sie von innen in jedem sammtenen Mäuschen, und in jedem Blumenbusche der Fühlbarkeit, der auf Gefühl wartet, mit dem ersten Druck der Liebe. Und machte jedes Glied wächsern und beweglich und regsam : den Finger fast zu einem Sonnenstrahl; und die milchgewaschene Höhe der Hand zum ungeteilten und gliedervollen Hügel voll Rege ...« .....

B.: Kurzum : der äolsharfigst=tausendnächtige Jungmännertraum. – Aber dem Publikum eines Predigers begreiflicherweise ..... *(hanseatisch=steif, mit s=t, ges=prochen)* ... »aarch ans=tössich«.

A.: Zudem hat er – zwar berechtigt, aber unvorsichtig – mit jenem von Lessing her geläufigen Professor Klotz in Halle angebunden, der vielleicht nur ein »selbstbewußtes Nichts« war – aber gleichzeitig spiritus rector diverser einflußreicher Nachrichtenmagazine.

B.: Deren Methoden Herder auch prompt verspüren soll : fliegenhaft vervielfacht erscheinen die pöbelhaftesten Kritiken; und die Gegner wissen Tricks, von denen der harmlose junge Mensch, der halb anonym bleiben will, nichts ahnt : man verschafft sich durch Bestechung der Drucker den Namen des Verfassers, und die Fahnen seiner Bücher, lange bevor sie im Buchhandel erhältlich sind, und man also Zeit hat, ausgiebig Kabalen anzuspinnen.

A.: Und – wie der Bürger so ist – hat man sich in Riga zunächst des schön aufkeimenden, der Stadt Ehre machenden, Talentes gefreut; so wird man nunmehr wankend : ein »Faun« wäre ihr Herder ? Ein »als livländisches Pfäfflein maskierter Satyr« ? Immer peinlichere Formen nimmt das Geflüster an; zumal nachdem jene Hallische Journaille, die kein Mittel verschmähte, Herders Orthodoxie zu verdächtigen begann – auch wohl ihre Rezensionen mit, zwar witzigeleganten, aber schier unwiedergebbar schmutzigen Wendungen schloß, Herders Verhältnis zu Hamann betreffend.

B.: Nicht unrichtig, daß er – des unvorsichtig heraufbeschworenen Klatsches ungestüm=satt – sich entschließt, Riga zu verlassen. ‹Vogelstraußpolitik› ist es nicht; oder doch zumindest die eines mutigen Vogelstrauß : denn er faßt den Entschluß, sich in die Große Welt zu wagen. Der Schriftstellerei ist er überdrüssig – redet er sich hurtig ein; man hat sie ihm ja auf ewig verekelt . . . . .

A.: . . . . das ‹ewig› eines jungen, doch sehr erfolgreichen Autors . . . .

B. (fortfahrend): Am 16. Mai reicht er dem Magistrat sein Entlassungsgesuch ein; das auch schon 4 Tage später genehmigt wird – es ist nicht unbezeichnend, daß er sich schon 8 Tage vor Abfahrt des Schiffes an Bord begibt. Am 3. Juni 1769, dem berühmten Tage des ‹Venusdurchgangs›, lichtet man die Anker, und er kritzelt auf der Reede sein Abschiedsbillet an Madame Hartknoch, die Frau des Verleger=Freundes : »Wie sehr muß ich mich als eine Besonderheit des Himmels ansehen, da bey meiner Abreise solche Zeichen & Wunder geschehen !«

A.: Und schlagartig entsteht – wie immer bei dem Geschlecht der feinsten Wortriesen, die die Epochen ihres Lebens nicht nach Daten rechnen, sondern nach den Großveränderungen des Ortes – in neuester Umgebung; unter dem Hochgefühl absoluter Freiheit : auf wen wäre jetzt wohl noch Rücksicht zu nehmen ? !, die Magna Charta des ‹Sturm & Drang›, donauartig hingeströmt, eines der merkwürdigsten Stücke deutscher Prosa : die Keime zu 300 Bänden, von denen er einst 60 hinterlassen wird, stehen auf den 72 enggeschriebenen Quartseiten jener denkwürdigen Seeträume : Herders Reisetagebuch; geschrieben größtenteils auf den Fluten der Ost= und Nordsee : er ist zu Schiff nach Nantes !

C. (feurig auflachend): »O, glauben Sie : da lassen sich Skalden und Barden anders lesen, als neben dem Katheder des Professors ! Homer auf den Trümmern Trojas; und die Argonauten; Odysseen und Lusiaden unter wehendem Segel, unter rasselndem Steuer. Die Geschichte Uthals und Ninathomas im Anblick der Insel, da sie geschah : wenigstens für mich sinnlichen Menschen haben solche sinnliche Situationen so viel Wirkung ! Und noch ist das Gefühl der Nacht in mir, da ich auf scheiterndem Schiffe, das kein Sturm und keine Fluth mehr bewegte, mit Meer bespült und mit Mitternachtswind umschauert, Fingal las, und Morgen hoffte. – So schiffte ich Curland, Preußen, Schweden, Dänemark, Jütland, Schottland, Holland, England, die Niederlande vorbei.«

B.: Als er am 16. Juli zu Nantes ans Land steigt, braucht er eigentlich nur noch Zeit, schriftstellerische Muße, um die ersten Entwürfe zu Papier bringen zu können – *(nachdrücklich):* – nur Muße : aber eben da liegts !

Denn wohl reicht sein Kapitälchen für einen halbjährigen Aufenthalt in Frankreich; und vielleicht ließe es sich auch noch strecken, wenn man – dem anscheinend unvermeidlichen Los aller deutschen Dichter gemäß – Brotarbeiten einschöbe ?

A.: Da ergeht unversehens ein Ruf an ihn; das Angebot zu einer einträglichen Stellung; und schnelle Entscheidung tut not : Der Herzog von Holstein sucht einen Reisebegleiter für seinen ältesten Sohn, den Kronprinzen Peter Friedrich Wilhelm. – Freilich, zur Vorbildung für einen präsumptiven russischen Kultusminister wäre der Gedanke einer dreijährigen Europareise gar nicht verwerflich : ist er nicht erst 25 ? ! Er nimmt kurzerhand an; und tut die Winterreise hinauf nach Eutin.

B.: Da liegt am Weg : Hamburg. Und wer damals als junger Autor in Hamburg nicht Halt machte, verdiente ja gestäupt zu werden : da kann man vielleicht die Augen an Klopstock stärken; das dortige Theater dirigiert Lessing; der große Zweifler Reimarus lebt noch; und ein ähnlich junger Autor, ein gewisser Matthias Claudius, ist besonders begeistert :

C.: »Herr Herder ist seit 8 Tagen hier : Sie können denken, wie ich gehorcht habe, wenn er von Hamann erzählte; auch habe ich gehorcht, wenn er sonst etwas sprach.« Und kaum ist Herder 1 Stunde fort, schickt Claudius ihm sein Blättchen hinterher : »Ein Mädchenbusen vor einem Jünglingsmunde, der Küsse witterte, schnell weggerückt : so Herder aus Hamburg ! . . . . . : Ich danke Ihnen recht sehr, daß Sie hier gewesen sind; und wünsche, daß Sie sich in Kiel wohlbefinden – und daß Sie die Nacht der Hinreise ein wenig gefroren haben.«

B.: Das ist einer der erquicklichsten Briefwechsel geworden, der zwischen Herder und Claudius; erquicklich darum, weil darin relativ wenig von Literatur gequatscht wird ! Etwas, was Schriftsteller untereinander niemals tun sollten. – Mit Lessing, der überhaupt kein großer Briefschreiber war, wird gegenseitiges Lob gewechselt : sie haben immer viel von einander gehalten, die beiden, gottlob räumlich voneinander getrennt lebenden Großen.

A.: Tja, und nun der neue Posten als Prinzenerzieher. – Jener Peter Friedrich Wilhelm reicht dem neuen Lehrer stumm die Hand : blaß, lang und gelb ist der melancholische Sechzehnjährige; in elendem Gesundheitszustand; und unverkennbar gemütskrank. Sein Oberhofmeister, der auch während der Reise sein und Herders Vorgesetzter sein wird, der Geheime Rat von Cappelmann, hat ihm außerdem, im wahrsten Sinne des Wortes, ‹die Hölle heiß gemacht›; ihn geängstet mit finsteren Religionsscrupeln – Niemand kann sich erinnern, den Herrn Rat je lächeln gesehen zu haben. Nach wenigen Wochen schwant es Herder bereits : dies Verhältnis kann nicht lange dauern.

B.: Die Reise geht im Sommer an; über Hamburg, Hannover, Kassel. Eine kleine Pause wird in Darmstadt eingelegt : dort hört ihn in Gespräch und geistreicher Debatte ein junges Mädchen; und lauscht, immer verwirrter und atemloser, Caroline Flachsland heißt sie, dem ungewohnten Gefunkel von Ideen und Worten, die das Abenteuer von einem Mann mit jedem Satz hinfeuerwerkt : so unwiderstehlich wirkt der Eros des Intellektes, daß sie sich, als sie ihn zufällig allein in der Fensternische stehen sieht, ein Herz faßt, zu ihm hinhuscht, ihm, rosengesichtig, etwas stammelt – und, nun völlig verwirrt, wieder wegläuft.

C. (verschämt): »Von diesem Tage an sahen wir uns täglich. Ich fühlte ein nie empfundenes Glück – aber auch eine unbeschreibliche Weh= und Schwermut : ich glaubte, ich würde ihn nie wieder sehen. – Den 25. August feierten wir seinen Geburtstag in dem kleinen Kreis der Freunde, bei Mademoiselle Ravanel im Schloß – da gab er mir seinen ersten Brief : ach !«

A.: Auch ihm hat es die temperamentvolle Elsässerin angetan – wir werden die ‹Elektra› Weimars noch näher kennen lernen.

Aber zunächst muß Herder weiter : bis Straßburg hält er's noch aus – dann kommt der unvermeidliche Bruch mit dem inquisitorischen Cappelmann. Und obwohl der Prinz selbst sich rührend an Herder klammert – vermutlich der Erste und Einzige, der ihm menschlich begegnete; und gleichzeitig Halt genug war – muß er seine Entlassung suchen.

B.: Rasch das Schicksal des unglücklichen Prinzen vorwegnehmen – er mußte schließlich für regierungsunfähig erklärt, und nach Schloß Plön gebracht werden, wo er noch 50 Jahre in absoluter Abgeschiedenheit vegetierte; kritzelnd, in Büchern blätternd, fern=leichter Musik lauschend, und – gar nicht so seltsam – als Schachspieler excellierend. –

A.: Daß Herder sich gerade in Straßburg von der Reisegesellschaft trennte, hatte auch noch einen anderen gewichtigen Grund : eben hielt sich dort einer der renommiertesten Augenärzte der Zeit auf, Lobstein; und von ihm wollte Herder sich endlich die lästige und entstellende Tränenfistel wegoperieren lassen.

B.: Wir besitzen die äußerst anschauliche Schilderung eines Augenzeugen aus jenen Tagen.

»Ich war in den Gasthof ‹Zum Geist› gegangen . . .«

A. (einschaltend): . . . . und welch witziger Zufall : daß sich zwei Solche ‹Im Geist› treffen ! . . . . . .

B. (fortfahrend): . . . . . »Gleich unten an der Treppe fand ich einen Mann, der eben auch hinaufzusteigen im Begriff war, und den ich für einen Geistlichen halten konnte : sein gepudertes Haar war in eine runde Locke aufgesteckt; das schwarze Kleid bezeichnete ihn gleichfalls; mehr noch aber ein langer schwarzseidener Mantel, dessen Ende er zusammengenommen, und in die Tasche gesteckt hatte. Dieses einigermaaßen auffallende, aber doch im Ganzen galante und gefällige Wesen, wovon ich schon hatte sprechen hören, ließ mich keineswegs zweifeln, daß er der berühmte Ankömmling sey; und meine Anrede mußte ihn sogleich überzeugen, daß ich ihn kenne. Er fragte nach meinem Namen – der ihm von keiner Bedeutung seyn konnte – allein meine Offenheit schien ihm zu gefallen, indem er sie mit großer Freundlichkeit erwiderte; und, als wir die Treppe hinaufstiegen, sich sogleich zu einer lebhaften Mitteilung bereit finden ließ. – Ein rundes Gesicht; eine bedeutende Stirn; eine etwas stumpfe Nase; einen etwas aufgeworfenen, aber höchst individuell angenehmen, liebenswürdigen Mund. Unter schwarzen Brauen ein Paar kohlschwarze Augen, die ihre Wirkung nicht verfehlten, obgleich das eine roth und entzündet zu seyn pflegte . . . . . und seine Anziehungskraft wirkte immer stärker auf mich !«

A.: Und der hübsche intelligente Junge, Wolfgang Goethe hat er sich präsentiert, hat allen Grund zu solcher Liebeserklärung – denn er selbst ist noch nichts; Herder dagegen um 5 entscheidende Jahre älter; schon berühmt; im Kampf mit widrigen Schicksalen gehärtet; weitgereist; glitzernder Geistigkeit übervoll : der kann schon Anlaß zur schönsten Schülerschwärmerei werden !

So hatte noch keiner seiner weitgerühmten Universitätslehrer zu dem jungen Goethe gesprochen, nicht Gottsched und nicht ‹Vater Gellert› ! Das Verhältnis war eindeutig : Herder der Alles Gebende – und Goethe nahm; nahm mit vollen Händen. Wie hätte er denn auch widerstehen sollen, wenn der Mann, trotz der peinigenden Kanüle im Nasenknorpel, sich erhob; vom Geist gereizt im Zimmer auf und ab lief – er konnte sich buchstäblich solchermaßen die Sohlen wund laufen vor Erregung ! ! – und die Rhapsodie begann :

A. (feurig): »Wenn bei einem Manne mir jenes ungeheure Bild einfällt : hoch auf einem Felsgipfel sitzend, zu seinen Füßen Sturm, Ungewitter, Brausen des Meeres; aber sein Haupt in den Strahlen des Himmels – : so ists bei Shakespeare !

(Hart): Nur freilich auch mit dem Zusatz : wie unten, am tiefsten Fuß seines Felsenthrones, Haufen murmeln, die ihn . . . . *(verächtlich)* . . . pf ! : erklären, retten, verdammen, entschuldigen, anbeten, verleumden, übersetzen und lästern – und die er alle nicht hört !«

B.: Herder gibt Analysen der vergeisterten Stücke, in seiner ureigensten unnachahmlichen Manier : das ist schon ein Gerolle, wenn er den Leser selbst anzureden beginnt :

A.: »Wie vor Meere von Begebenheiten, wo Wogen in Wogen rauschen; so tritt vor seine Bühne ! –

Lear : der rasche, warme, edel=schwache Greis. Wie er da vor seiner Landkarte steht, und Kronen wegschenkt; und Länder zerreißt : siehe der gutherzige Verschwender, der rasche Unbarmherzige, der kindische Vater : wird es bald seyn, in den Vorhöfen seiner Tochter, bittendbetendbettelnd, fluchendschwärmendsegnend – – achgott : und Wahnsinn ahnend. Wird's bald seyn ! : mit blassem Scheitel unter Donner und Blitz; mit einem Narren; und in der Höhle eines tollen Bettlers : Wahnsinn gleichsam pochend vom Himmel herab : der sollte mein Freund nicht seyn, der dabei nichts fühlte !«

B.: Und Goethe ist hochbereit, zu fühlen ! : »Die ganze Zeit seiner Cur besuchte ich Herdern, morgens und abends; blieb auch wohl ganze Tage bey ihm : ich verschlang Alles ! Je heftiger ich im Empfangen, desto freigebiger war er im Geben, und wir brachten die interessantesten Stunden zusammen zu.«

A.: Allerdings eine unangenehme Erfahrung muß der Herr »Hätschelhans« machen : war er bisher das verzogene Wunderkind gewesen, so stößt er jetzt, zum erst=einzigen Mal in seinem Leben, auf einen Überlegenen !

B.: Auf einen kranken und gereizten Überlegenen dazu noch – *(unmutig grollend):* »Straßburg ist der elendeste, wüsteste, unangenehmste Ort, den ich, – behutsam und bedächtig gesprochen ! – in meinem Leben gefunden. Ich will an Menschen nicht denken : hier ist kein Wald, kein Ort, wo man mit seinem Buch & Genius einmal im Schatten liege !«

A.: Er hätte ja auch wahrlich Wichtigeres zu denken und zu schreiben, als einem zudringlichen Schüler alle möglichen Grillen auszutreiben : etwa wenn der ihm, kindlich zufrieden, mit seiner Siegelsammlung kommen will : so was soll er sich gefälligst dereinst als Pensionierten=Hobby zulegen ! Im Augenblick heißt's lernen und analysieren : Ossian, Homer, Volkslied, die Nationalmärchen der Bibel. – Und wie weiblich=ungestüm Goethe seinerseits den Lehrer umwirbt, zeigen die schönsten Jünglingsbriefe . . . . :

C. (andringend): »Herder ! – Ich zwinge mich, Ihnen in der ersten Empfindung zu schreiben : weg Mantel und Kragen ! Ihr Niesewurzbrief ist 3 Jahre alle Tageserfahrungen wert. Das ist keine Antwort drauf; und wer könnte drauf antworten ? Mein ganzes Ich ist erschüttert, das können Sie denken, Mann; und es vibriert noch viel zu sehr, als daß meine Feder stet zeichnen könnte. : Herder, Herder, bleiben Sie mir, was Sie mir sind ! Bin ich bestimmt, Ihr Planet zu seyn, so will ichs seyn; es gern, es treu seyn. Ein freundlicher Mond der Erde. Jetzt eine Stunde mit Ihnen zu seyn, wollt ich mit – ach, bezahlen ! . . . . . .

Ich lese meinen Brief wieder : ich muß ihn gleich siegeln – morgen : kriegten Sie ihn nicht ! !«

A.: Das herrlichste Gebrande von Selbstbewußtsein und Verehrung; die fruchtbarste wilde Demut. Und auch das gehört zum Verhältnis, daß der Lehrer vom Schüler nichts profitiert; gewiß, der kommt in den Briefen an seine Braut in Darmstadt auch vor; aber höchstens einmal so : »Goethe ? Ist wirklich ein guter Mensch; nur etwas leicht und spatzenmäßig, worüber er meine ewigen Vorwürfe gehabt hat. Ich glaube ihm, ohne Lobrednerei, einige gute Eindrücke gegeben zu haben, die einmal wirksam werden können.«

B.: Das Verhältnis trübt sich sehr rasch : Beide gehören zu jenen interessanten Menschen, die »zum Dank für erlittene Förderung« undankbar waren. Und Goethe hatte außerdem die üble Angewohnheit Jedem, Freund und Feind, in der Hitze des ersten unwilligen Augenblicks eine bitterböse Posse auf den Leib zu dichten – nicht schonungslos : das könnte man noch begreifen, billigen; ja, es vom Standpunkt des neugierigen Literaturbeflissenen aus, unschätzbar und pikant finden : unsere Großen wußten ja viel mehr Menschlichkeiten voneinander, als wir heute noch erraten mögen – aber die betreffenden Goetheschen Lästerspiele sind mit nichten rücksichtslos; sondern ausgesprochen hämisch und schief; sei es das gegen Wieland, oder eben auch der »Vergötterte Waldteufel«, des gegen Herder gerichteten »Satyros«. Der Zigeunerhauptmann in »Plundersweilern« wird's vermutlich auch sein; und selbst Herders Braut muß zur Lenore im ‹Pater Brey› herhalten.

A.: Aber wenn auch Goethe, im Gefühl der eigenen Kraft und zunehmenden Reife, Herder gegenüber zusehends selbständiger wird; ihm auch einmal ganz offen schreibt, daß er ihn im ersten Grimm »einen intoleranten Pfaffen gescholten« habe – lange noch – zu lange! – wird er das anregendste aller Verhältnisse, das er je im Leben erfahren hat, nicht vergessen.

B.: Unterdessen aber hat Herder, dem während der erfolglosen halbjährigen Kur nicht nur die Geduld, sondern, weit schlimmer, auch das Kleingeld ausging, einen neuen Antrag erhalten – wieder durch einen jener grillenhaften Zufälle, an den Niemand gedacht hätte: er hatte einem jüngst verstorbenen Kollegen, Thomas Abbt, ein warmes Biogramm nachgeschrieben; und der mit Jenem eng liierte Landesherr, Graf Wilhelm von Schaumburg=Lippe, hat solches Gefallen an der Sprache und den Gesinnungen gefunden, daß er, in dem Schreiber einen neuen kurzweiligen Gesellschafter hoffend, – ihn als Konsistorialrat und Hofprediger nach Bückeburg einlädt.

A.: Und Herder – baargeldlos & fern der Heimat; heiraten will er eventuell auch – entschließt sich seufzend, den russischen Kultusminister noch einmal zurückzustellen – bis an sein Lebensende hat er immer wieder resigniert die »verworrene Schattenfabel« seines äußeren Lebenslaufes klagend bestaunt; nie es dahin gebracht, einzusehen: daß die Größten im Geist äußerlich grundsätzlich verschoben werden; es übersteigt die Möglichkeiten der menschlichen Kraft, und unserer Gehirnstruktur, beide Bereiche, das innere und das äußere Leben, souverän zu gestalten!

Also trifft er, um des leidigen Broterwerbs willen, im Mai 1771 in Bückeburg ein.

B.: Bezeichnend, wie der Herr Consistorialrat antritt: staunend werden die Bewohner der kleinen Residenz seiner ansichtig – in einem himmelblauen, mit Gold besetzten Kleide; einer weißen Weste; und einem dito Hut?! – Man sieht, unsere heutige teen=ager Buntheit ist nichts weniger als neu: Werther ging noch ganz anders!

A.: Und wieder tritt Herder einer neuen Spielart Fürst gegenüber:

dürr und endlos lang, »an Körper der Größte seines Landes«; mit schwermütigem Don=Quijote=Antlitz; dazu exzentrisch wie nur je ein englischer Lord – da ist natürlich die federleichte Person des kleinen schwächlichen Herder sofort im verhängnisvollsten Nachteil, gegenüber einem Brotherrn, der imstande ist, einen Hoch=Weitsprung von Sechs mal Eins Sechzig auszuführen.

B. (einfallend): Das macht mehr aus, als man meint; man stelle sich illustriert eine solche Situation vor!:

der lange Graf und der winzige Moses Mendelssohn wandeln in Bad Pyrmont im tiefen Gespräch. Der Graf sieht sich vor einem 2 Meter breiten Graben, und schreitet versonnen hinüber – während der jüdische Sokrates ängstlich und verlegen diesseits stehen bleibt. Worauf der Graf zurückkehrt, Jenen auf den Arm nimmt, mit ihm den Graben überschreitet, ihn absetzt – – und dann so ruhig das Gespräch fortsetzt, als sei nichts geschehen – ist das kein ‹handicap› ?

A.: Graf Wilhelm hatte eine durchaus englische Erziehung erhalten; ohne solide Kenntnisse – dafür weltgewandt. Auch Französisch beherrschte er gut; deutsch aber nur gekünstelt, verworren und weitschweifig. Hinzu kam, daß er, bestochen durch das Lob seines Favoriten Abbt, in Herder einen ähnlich geschmeidigen Unterhalter gefunden zu haben glaubte; eine Art ‹Wandelndes Lexikon› und ‹Lustigen Rat›, also einen gehobenen Hofnarren – das Predigeramt war ihm lediglich der Haken gewesen, an dem man die Berufung aufhängen konnte.

B.: Eine Möglichkeit, die Herder – ja; soll man sagen ‹leider› ? – nicht ‹nützte›. Unnütz jedoch, darüber nachzugrübeln : der eigentliche Grund, warum das, durchaus künstliche, Verhältnis nicht dauern konnte, lag tiefer; lag in Herders Jugenderlebnissen begründet.

A.: Denn man erwäge nur seinen kompromißlosen Antimilitarismus – wie hat er Lenz'ens ‹Soldaten›, nicht zum mindesten wegen derer grellen Wachtstubenszenen, begrüßt. Ein Mann, der über Preußen urteilte : »daß diese Staaten erst dann glücklich sein würden, wenn sie aufgeteilt würden«, sah sich am Hofe eines Fürsten, der in seinem Lande den preußischen Militarismus noch weit überbot ! – Ergo schreibt Herder bald genug an die Braut :

C. (unmutig): »Hier ist nichts als Wüterei, Armut und verschlossene stumme Pein : Soldaten entlaufen; Hauptleute schneiden sich die Hälse ab; Pfarren werden um Leihcapitale verkauft, damit man nur wieder Interessen stopfe. Und seit von meiner Reise das Gerücht geht, ist der Name ‹Pfaff› das Liedlein auf hoher darbender Tafel; unsere gute Gräfin, gezwungen und aus Not, uns auch fremde : Helfe Gott uns fort !«

B.: Aber wenn auch Herder, – eingeklemmt zwischen die »heiligen ennüyanten Amtssachen«, und das trostlose Schauspiel eines durch rücksichtslose Aufrüstung mit den neusten Waffen in Grund und Boden regierten Ländchens – sehr bald resigniert an ein neuerliches Entkommen denkt : ein Gutes hat seine Situation. Und es ist typisch, daß –, während Lessing kühl von Bäumen urteilen mochte : »Die gehören nun eben zu meinem Leben nicht.« – daß Herder nicht sein mag, wo kein Wald ist: heißt ‹Au=Tor› nicht im Grunde ‹Wiesen=Narr›? – Zunächst das schön=direkte Zeugnis der Brautbriefe ....:

C. (träumerisch): »Wir ritten voller Gedanken zurück, durch die schwarzen Kuppeln der Bäume. Es war Abend; die Sonne ging unter; und der Mond ging auf, im seidenen Nebel des Herbstes – der schönste Mond, den ich gesehen. Allemal, wenn wir auf einer steilen Höhe hinauf, oder einen finstern Wald, wo wir absteigen und das Pferd leiten mußten, durch waren, und sich dann mit einemmal eine Mondgegend, ein weites Strahlenthal, eröffnete, das in Dämmerung floß, war ich in einer neuen Welt. Und so, sprachlos und traumversenkt, kamen wir endlich auf halbem Wege ins Nachtquartier, aßen und schliefen. Morgens, vor Sonnenaufgang, sahen wir die Morgenröte.«

A.: Und nicht unfeine Gedichte entstehen in den Hügeln des Harl, und am Steinhuder Meer, wo Fouqué später die unsterbliche ‹Undine› ansiedeln wird ....:

C. (weich & voll; getrost ein wenig katerhaft=miauend):

»Schönste Sommernacht!
Ich schwimm' in Rosen und blühenden Bohnen;
Und duftenden Hecken und Nachtviolen;
in tausend Düften –
– o, Natur!
Wo kenn' ich Deine Kinder all?
Die Bräute alle,
die jetzt sich schmücken und lieben und paaren –
und feiern Brautnacht – Schöne Nacht:
Wie die Schöpfung flammet und wallt!
Als ob der allanflammende Sonnenvater,
mit welcher Jugendinbrunst jetzt,
die Erd' umarmt –
Und der Himmel brennt:
dort Abendroth: Hier Morgenroth.
Um meine Sinn' ist Sommernacht!
Bin nicht zu denken hier – zu seyn; zu hoffen;
leben; und mich zu freun! –
Leben?: Allein?!
Und allein mich freun?
Niemand zu sagen, wie schön
im Sommerliebesbrande
Mutter=Natur, du seyst?!...
Zauberlaube, wo seh ich Dich?

Und um mich gegossen
mein sanftes Weib :
Zauberlaube, wo seh ich Dich ?!
Rosen= und Mondstrahl um Dich schwimmend,
und liebender Wachtelschlag;
Zauberlaub, und der Knabe hängt
an Mutterarm, an Mutterbrust;
ihr gleich das sanftere Mädchen . . . .
und ich ? :
Zauberlaube, : wie bin ich allein !

A. (resolut): Hohe Zeit also, daß Herder heiratet!

Trotz aller Bedenklichkeiten – er hatte nämlich hohe Bücherschulden, lesewütig wie jeder rechte Literat, und nur der Spießer vermag über den kuriosen Skrupel zu lachen : es handelt sich ja schließlich um Handwerkszeug ! – nach langem gewissenhaften Zögern also, läßt er sich endlich – am 2. Mai 1773 – von Caroline heimführen : die ist voll ungestümer Zuversicht. Und ihm tut eine gesichert=kleine, ‹häusliche›, Existenz mehr als not : der Künstler hat in geistigen Bereichen Qual, Sorge, aufreibendste Erlebnisse, übergenug : sein äußeres Dasein kann da gar nicht geregelt genug ablaufen; sein Wohnort nicht entlegen genug sein!

B.: Übergehen wir also getrost das zwar – als Warnung ! – belehrende, im Grunde jedoch bedauerlich instinktlose Geklage Herders über seine heilsame Isolation : es ist doch viel zur Produktion Unschätzbares beisammen : leidliche finanzielle Sicherung; die erotische Fülle erster Ehejahre; dazu die nie wiederkehrende Kraft der dreißiger Jahre – wie Manchem wurde sie durch Krieg & Gefangenschaft sinnlos weggefressen!

A.: Aus der Fülle jener Bückeburger Schriften nur die wichtigsten : die kleinen Anwendungen seiner historisch=genetischen Methode auf sein ‹Fachgebiet›, die Theologie. Etwa der Nachweis, daß in den Kanon der Bibel massenhaft »Lokaldichtungen« geraten seien; balladeske Stoffe wie »Simson«; oder gar handfeste erotische Volksliedchen – das sogenannte »Hohe Lied Salomos«, an dem sich die ratlosen Exegetiker schier um Sinn und Verstand allegorisiert hatten.

B.: Nun ist ‹Exegetik› ein scharmantes Hexen=, Fexen= und Eidexen=Wort; bedeutet Auslegung dunkler und widerspruchsvoller Stellen; und es ist für die gerechte Würdigung des Herderschen Mutes unerläßlich – rührend außerdem – sich kurz zu vergegenwärtigen, wie sich jahrhundertelang Tausende der bravst=gelehrtesten Männer quälten, nur um in manch dubiose Passagen etwas wie Menschenverstand hineinzuerklären.

A.: Da war die schöne Geschichte von Jonas und seinem Wal; dem schnurrigen altsemitischen Jägerlatein hatte man die scharfsinnigsten Hypothesen gewidmet,

a) daß Jonas, anläßlich einer Seereise über Bord gefallen, von einem andern Schiff, genannt ‹Der Walfisch›, aufgenommen worden, und 3 Tage an Bord=dort verpflegt worden sei.

B.: b) Oder, noch grotesker, aber in vollstem Ernst, wies der Helmstedter Professor, Hermann von der Hardt, nach : Jonas habe 3 Tage lang in einem Wirtshaus, genannt ‹Zum Walfisch› geherbergt; und sei am dritten Tage dann ‹ausgeworfen› worden . . . :

A. (geheimnisvoll=ironisch): »Im ‹Schwarzen Walfisch› zu Askalon / da schlug die Uhr halb Vier – : / Da warf der Hausknecht aus Nubierland / den Fremden vor die Tür !« : das ist auch noch nicht literarisches Allgemeingut, daß Scheffel diese schönste exegetische Blüte pflückte, und also unter dem vorsichtigen Tarntitel »Altassyrisch« einen kompletten ‹Kleinen Profeten› in unnachahmliche Studentenverse brachte.

B.: In Anbetracht solch trauri=komischer –– *(nicht »traurig= . . .« : ich weiß, was ich schreibe!)* –– Balanceakte ist Herders Vorgehen ebenso revolutionär wie genial ! In seiner »Ältesten Urkunde des Menschengeschlechtes« widmet er dem einen 1. Kapitel des 1. Buchs Mose vier Bände.

A.: In herrlich=weitschweifigem Aufbau, besten Polyhistorismus' voll ! Übermütig; im Bewußtsein des Besitzes eines »Schlüssels«, an den noch Niemand gedachte – so neckt er den Leser 3 Bände lang aufs anregendste damit, was dieser »Schöpfungsbericht« nicht ist; nicht sein kann. Ein unseliges Vorurteil – das freilich noch heutzutage immer wieder aufzuwärmen versucht wird – »in diesem sogenannten ‹Mose› einen, ja den größten, Naturkundigen zu finden«; das können nur Kinder & Narren erhoffen, und nur Betrüger & Fanatiker beteuern ! Weg mit aller ‹Exegese› – sie ist letzten Endes Taschenspielerei; und könnte noch dahin führen, daß man uns dereinst Napoleon und seine 12 Marschälle als Mythenzyklus von Sonne und den Tierkreiszeichen offeriert. Als »Schöpfungsbericht« gelesen ? »ein Drache der aus 99 Rachen Unsinn bellt« : Widerspruch über Widerspruch ! . . . . . :

C. (befremdet):

»Licht – : 3 Tage vor der Sonne ? ?
Himmel – : ein Dach zwischen Wassern und Wassern ?
Blumen und Kräuter da : alles noch ohne Sonne ? ! . . . .

Ich mag nicht fortfahren, kein Wort des Klugen und Unklugen wiederholen !

Aber – *(triumfierend):* – Ich rette sie durch Einfältigung und Entkleidung ! Rücke, mein Leser, die simplen nackten Bilder selbst, wie sie folgen, näher zusammen – – : Was siehest Du ? ?«

A. *(halblaut):* Und mit hinreißendem Feingefühl, in madreporisch=angemessener Sprache, tut er uns dar, wie er nicht umsonst 2000 Bückeburgische Morgenröten erfuhr – einer der gewichtigsten und frappantesten Belege aller Zeiten : wie unerläßlich dem Schreibenden das Wohnen in ‹seiner› Landschaft ist ! : Nur so gewinnt man solche Erkenntnisse; nur so singt man sie . . . :

C. *(lockend):* »Komm hinaus, Jüngling ! Aufs freie Feld. Und merke :

Himmel & Erde : Siehe, wie sie noch zusammenvermischt um uns liegen : »Und die Erde war wüst und leer; Finsternis auf der Tiefe . . . .«

Und nun fühle den wehenden, durchwehenden Nachtgeist; den Schauer der tiefsten Frühe vor Tagesanbruch, wie er Meer, Baum, und Alles durchnimmt – : »Wehender Geist Gottes aus der Tiefe . . . .«

Noch ruhen die Vögel, das Haupt unter die Flügel gesenkt. Die Stadtwelt, die vielleicht niemals Morgen gesehen, liegt begraben. Selbst die frühe Lerche steigt noch nicht . . . . . lebender Wind nur. Und da ! : der erste Lichtstrahl : »Licht ! – Und's ward Licht . . . .«

Siehe : es sondert und läutert sich nieden die Erde ! Wie sie sich in lichte und dunkle Massen teilet ! Wie ein großes Gebirge sich gleichsam erhebt !

Nun unter Thau und Morgenstrahl beblümt – die Rose öffnet ihren Busen. Und die Nachtviole schließt ihre duftenden Kelche; der frühe Zephyr webt um die jungen Pflanzenbräute umher; und der junge Baum schauert. Wie da nun überall weit umher die Natur webet : den zarten Flor Luft und Himmels da so sichtbar spinnet : der Himmel hebt und höhet; die dunklen Wolken träufeln ab; nebeln – es ist, als ob da Licht und Wasser kämpfen. Und da oben : wie schon die Bläue hervorgehet ! Die schwimmende Luftläuterung vom tiefsten Grau zur schönsten lachenden Wasserbläue : »und schied zwischen Wasser drüber, und Wasser drunter . . . !« – Wie jener Silbersee dort mit Lebendigem aufwebt : Fische spielen am Strahl der Sonne : »Auch die Erde gebiert ihr Lebendes allerlei Art : Thiere, Gewürm und Wild . . .«

Und nun; als Letztes; gehet auch aus der Mensch an seine Arbeit, und an sein Ackerwerk bis an den Abend ! – : Vollendet : auch dieses Morgengemälde vollendet ! Auch der Verfasser, der das schrieb, konnte sein ‹epoiese› sagen : ihm erschiens ! Ihm wards offenbart ! : lebt und webt jeden Morgen !«

B.: Der Morgengesang eines Arabers ! : Auf hoher Düne stehend, an seinem Stabe gebogen, überschaut er den Wüstenkreis und seine Oase darin – : das war eine Lösung ! Und die schönste Rechtfertigung der Bibel zugleich : ihr danken wir, daß wir nicht völlig vergriecht und verrömert sind; sondern Zugang haben zu den Denkweisen des Vorderen Orients – vorausgesetzt, daß wir unbefangen wollen !

A.: Aber vergeblich, daß sich der mit dem ihm angemessenen Ort Unzufriedene, vermittelst solcher ‹Matinata› und dem schönsten ‹Belcanto› eine Professur zu Göttingen zu erschreiben gehofft hatte – die theologische Fakultät ließ sich mit nichten von Herders Wortsamum rechtgläubigen Sand in die Augen streuen; entschied vielmehr also . . .

B. (sich zuvor gravitätisch räuspernd): »Ä=Hemm. – – : Die ‹Älteste Urkunde› beispielsweise versteht die Fakultät nicht.

Scheint es zwar bedenklich, daß die Schöpfungsgeschichte darin im sensu allegorico genommen werde, so möchte man doch nicht gewiß urteilen, ob die gewöhnliche Lehre von der Schöpfung dadurch geleugnet werden solle, oder nicht.«

A.: Nichts hilft es, daß er bestürzt einen Band orthodoxester, ausdrücklich ad hoc geschriebener ‹Provinzialbriefe› hinterdreinschickt; nichts, daß er sich nach Göttingen sogar »der Kunst ein Schalk sein zu können, der die Schwächen seiner Fakultät mit so ziemlicher Art verbürge« rühmt – die Absicht, sich von Bückeburg »wegzuarbeiten« ist fehlgeschlagen.

Aber während er noch verstört in seine Briefe schreibt : »Von hier muß ich weg; das ist Ja & Amen !« – kommt wieder die nächste große Orts= und Schicksalsveränderung : eine Stimme nämlich hatte Herders Buch enthusiastisch »ein mystisch=weitstrahlsinniges Ganzes« genannt, eine »in der Fülle verschlungener Geäste lebende und rollende Welt !«

A.: Und der das schrieb, Goethe, war unterdessen in Weimar das geworden, was Herder im weiten Russischen Reiche hatte werden wollen : vorsichtig=allmächtiger Premier. Und der längst schon dort ansässige Wieland hatte suggeriert : wie wär's, wenn wir uns den Dritten Mann holten ? –

Auf der Basis irgendeiner Predigerstellung – hierzu hätte aber eben die Unbedenklichkeitsbescheinigung einer theologischen Autorität viel geholfen; und folglich kritzelt Goethe es hastig auf das Papier :

B. (hastig): »Antworte mir schnell : wie stehst Du mit dem Abt Jerusalem ? Ein guter Brief von ihm, würde viel tun. – Lieber Bruder, wir habens von jeher mit den Scheißkerlen verdorben; und die Scheißkerle sitzen überall auf dem Fasse. Der Herzog, will und wünscht Dich; aber Alles ist hier gegen Dich. – Ich laß nit los, wenns nit gar dumm geht !«

A.: Welche Instinktlosigkeit Goethes! – Oder, wenn man will: welch schöner Irrtum, wie sie den jüngeren Goethe manchmal so liebenswert auszeichnen: daß er sich ‹den Lehrer› nach Weimar holen will! Nichts gefährlicher als das, wenn man mit 28, und längst selbständig, selbstschöpferisch im höchsten Sinne geworden, einen früheren Mentor herbeiholt; – zudem einen, von dem man aufgrund früherer Auftritte weiß, daß es nicht in dessen Natur liegt – nicht liegen kann! – zu irgend einem anderen Lebenden hinaufzusehen!

B.: Da ist sie, zunächst, gewiß, lustig zu lesen, die Goethesche Epistel in Knittelversen: »Wollen Euch nun bewillkommnen bass, / bereiten Euern Haushalt trocken und nass. / . . . . . : Ihr, der Ihr seid in unserm Gart' / eben wie der Messias erwart. / Ihr habt darum ein schwarzes Kleid; / einen langen Mantel von schwarzer Seid; / ein Kräglein wohl in Saum gelegt, / das nun Keiner läng=breiter trägt. / Dürft auch den Mantel wie vor Zeiten / in Sack'nein stecken vor allen Leuten. / Werd Ihr vom Fürsten dann ernennt, / Hofpred'ger General Supperndent . . . .«

A.: Jaja, eben: There's the rub! Denn Herder gedachte nun wenigstens in dem kleinen Herzogtum kultusministerlich zu schalten; Schulen und Kirchen zu modeln – der erste Zusammenstoß kam sofort beim Eintreffen, über der Nebenfrage, wo die Ministerfamilien beichten sollten. Herder, entschlossen gerade zu Beginn nicht im Geringsten nachzugeben, machte seine Anstellung von dieser Geringfügigkeit abhängig; worauf Goethe und der Herzog zwar nachgaben; jedoch, ein erstes Mal verdrießlich und befremdet, von »verfluchter Pfafferei« sprachen: sie hatten gemeint, mit dem Wortführer des ‹Sturm und Drang› sich einen unschätzbaren Kumpan zu holen! Der sich hätte freuen sollen, wenn andere Prediger ihm die zeitraubende Mühe des Beichthörens abnahmen; damit er selbst, in leidlicher Muße die scharmantesten Bücher schreiben konnte.

B.: Vom ersten Augenblick an – mit kleinen Windstillen dazwischen – steht das Verhältnis auf Sturm!: »Liebster Freund« gibt Herder an Müller in Schaffhausen zu Protokoll: »die Unzufriedenheit, die jetzt hier herrscht, ist nicht zu beschreiben: die besten Leute aus den Kollegien suchen heimlich anderwärts Dienste. Groß und Klein verachtet und verflucht den Goethe!«

A.: Wieland über Herder – und es sind die Zwei, die sich noch immer relativ am besten verstanden: »Ich habe nun meine Liebe und Gutherzigkeit, die in den Augen seiner Eminenz Schwäche ist, ganz ruhig wieder eingepackt. Der Mann ist wie eine elektrische Wolke: von fern macht das Meteor einen ganz stattlichen Effect; aber der Henker habe solch einen

Nachbar über seinem Haupte schweben! . . . . . Ich möchte gleich ein Dutzend Pyrenäen zwischen ihm und mir haben!«

B.: Und ein prachtvoll scharfsichtiges Wort entfällt demselben Wieland, das eine ganze große Seite von Herders Wesen aufschließt: »Mich dünkt: bei allem, was der wunderbare Mann liest, fällt ihm immer zuerst ein, daß er's anders und besser gemacht hätte – was denn auch wahr ist. *(Gleichmütig=halblaut):* – Und auch wieder nicht wahr ist; wie man's nimmt.«

A.: Aus jenen Weimarer Zuständen, wie sie sich in speziösesten Details aus den vielbändigen Briefsammlungen nicht nur der Häuptlinge, sondern auch ihrer Clans, ergeben, sollte jeder lebende Literat sich mühelos die Grundregel für sein äußeres Dasein abstrahieren: die Dauergesellschaft von Kollegen zu fliehen, wie die Pest!

B.: Denn es ist eine Binsenwahrheit, daß alle Dichter im bürgerlichen Sinne zur Freundschaft unfähige, dazu launenhafte, im Umgang unzuverlässige und affenhaft=bösartige Subjekte sind. Jeder muß irgendwie im Leben seinen Zoll an Absurdität entrichten; und wenn's die Meisten tun, sobald sie ins Außerordentliche geraten – so werden's die Außerordentlichen eben im normalen Leben tun!

A.: Und ist es denn nicht auch schlechthin grotesk, wirft es nicht ein grausames Licht auf das »verfluchte Metier«, wenn Herder von seinen dreimal gewonnenen goldenen Preismedaillen der Berliner Akademie an Heyne – mit Ypsilon – schreiben muß . . . . .

C. (bedrückt): »Könnten Sie mir vielleicht eine hilfliche Gelegenheit zeigen, die Münzen zu ‹versilbern›? Sie liegen da, und helfen mir nichts; die Lorbeerkränze auf ihnen noch minder. Meine Jungen haben sich satt gesehen an ihnen – und ich möchte Geld statt ihrer.«

B.: Einzig gut nur, daß Frau Caroline – feurig trotz 7 Kindern, und eine prachtvolle Partnerin – ihn beschäftigt und besänftigt durch Mit=Leidenschaft. Schiller hat es mokant berichtet . . . .

C.: »Herder und seine Frau sind beide stolz, beide heftig; und so stößt diese Gottheit zuweilen unter sich selbst aneinander. Wenn sie also in Unfrieden geraten sind, so wohnen beide abgesondert in ihren Etagen, und Briefe laufen treppauf, treppnieder – bis sich endlich die Frau entschließt, in eigener Person in ihres Ehegemahls Zimmer zu treten; wo sie eine Stelle aus seinen Schriften recitiert, mit den Worten: ‹Wer das gemacht hat, muß ein Gott sein: und auf den kann Niemand zürnen!› – Dann fällt ihr der besiegte Herder um den Hals, und die Fehde hat ein Ende.«

A. (lächelnd): Ein schönes Rezept; das ältere Schriftstellerfrauen den jüngeren insgeheim weitergeben sollten – es ist probat. Aber, so niedlich die schnurrigen Interieurs sich anhören : auf Frau Caroline liegt die Last eines Großhaushalts. Und gleichzeitig muß sie ihrem Mann alles=in=allem sein : erste Hörerin und Leserin; Korrespondentin & Korrektorin; fantasievolle Geliebte zwischenein, das versteht sich von selbst. Wie wichtig sie ist, bezeugt Gleim : um Herder zur Herausgabe der »Stimmen der Völker« zu bewegen, mußte man Frau Caroline gewinnen, daß sie den Gatten »triezte« : und das half! – Auch eine wichtigste Aufgabe hat sie noch .....

B.: die möglichst jede Künstlerfrau ihrem Mann abnehmen sollte. Ist nämlich einmal eine große Leistung fertig geworden, liegt das Manuskript vollendet da, dann heißt es vom Künstler um eine Spur zu viel fordern, wenn er, erschöpft und betäubt, nun auch noch um ‹das Geld› für sein Werk feilschen soll : das kann nur zähneknirschend und mit größter Selbstüberwindung geschehen ! Denn für ein Buch, das vielleicht noch nach Jahrhunderten immer wieder gedruckt und gelesen werden wird, ist die üblich=dürftige Entlohnung derart unzureichend, daß man im rechnenden Verleger nur den knickernden sehen kann.

A.: Also nimmt Frau Caroline dem reizbaren Gatten die schwierigen Verhandlungen mit Hartknoch in Riga meist ab. Aber trotzdem wird mit dem Heranwachsen der Kinder der Geldmangel ständig fühlbarer. Wieder erfolgt ein Ruf nach Göttingen; diesmal, gemäß Herders mit den Jahren immer steigender Berühmtheit, durchaus ehrenvoll, als erster Ordinarius für Theologie.

B.: Da jedoch der eigentliche Umzugsgrund – Aufgabe der Weimarer Superintendentur wegen ungenügender Besoldung – für den Herzog doch etwas zu schimpflich gewesen wäre, schloß man, unter Vermittlung und Beratung Goethes, einen neuen schriftlichen Vertrag – in ihm verpflichtete sich der Herzog, Herders Schulden zu bezahlen; seine Besoldung zu erhöhen; seiner Witwe eine Pension zu bewilligen; vor allem aber die Erziehungskosten für die Kinder zu übernehmen, und nach abgeschlossener Ausbildung für ein angemessenes Unterkommen zu sorgen.

A.: Also bleibt Herder in Weimar – und erfährt umgehend die in ihrer Art einzige Erfüllung eines deutschen Fürstenwortes :

Um zum Beispiel, die bewilligte Gehaltszulage zu finanzieren, greift der, dank seiner kostspieligen Liebhabereien stets in Geldnot befindliche, Herzog zu einem bemerkenswerten Mittel : er entläßt schlichtweg einen anderen Mitarbeiter des Konsistoriums, dessen eingespartes Gehalt nun zwar Herder bekommt – zugleich aber auch dessen Arbeitslast : welch sonderbare Art der Besserstellung ! :

C. (erbittert): »Kund und zu wissen sei es zugleich hiermit, daß ich die Musen beinahe abgedankt habe. Seitdem ich Oberconsistorialrathsvicepräsident bin – gebe ich Bescheide, Resolutionenauflagenweisungen; mache unterthänigste Berichte, freundliche Communicate, vor allen Dingen aber stattliche Rescripte; halte Termine, trenne Eheverlöbnisse und Ehen; erkläre sie für Null & Nichtig; hebe sie quoad vinculum oder zu Tisch und Bett auf; mache Regulative undsoweiter . . .«

B.: Kurz, er wurde bald der Überzeugung, daß ihm »ein schändlicher Betrug gespielt« worden, daß er »in die Hände der filous gefallen« sei.

Denn auch die versprochene Versorgung der Herderkinder geschah auf recht eigenartige Weise : da wird etwa der Sohn Adalbert auf eines der herzoglichen Güter, in eine ganz untergeordnete Verwalterstellung, abgeschoben – mit der verlockenden Aussicht, es dort einmal bis zum Pächter bringen zu können – freilich noch mit der kleinen Auflage, daß er zuvor die Witwe seines Vorgängers heirate ! – Welch schwefliges Licht wirft nicht dieser einzige Zug über die Verhältnisse am ‹Musenhof zu Weimar›, den Stolz aller wohlsituierten Deutschen !

A.: Und Goethes Verhalten wird je länger je dubioser : hatte sogar der Herzog beabsichtigt, Herder auf seine Italienreise eine Geldunterstützung nachzuschicken – so war es Goethe, der die endlich einmal zum Geben geöffnete Hand zurückhielt; mit der superklugen Begründung : Herder werde binnen kurzem die Summe noch nötiger brauchen !

B.: Natürlich hatte der Herr Geheimrat ‹recht› : Herder geriet unlängst in noch unangenehmere Verlegenheiten ! Aber wie wäre es denn gewesen, wenn Goethe, – im Interesse nicht nur der deutschen Literatur; nicht nur einer alten, freilich längst zergangenen Freundschaft, nein : simpel in menschlichem Interesse ! – ‹andersherum› räsonniert und empfohlen hätte : der Herzog wird immer wieder mal Geld haben : ‹Los ! Schick' den Betrag nach Italien; in Zukunft wird wieder Rat werden !› –

A.: Es wurde k e i n Rat ! In immer steigender Erbitterung – zu stolz, täglich zu antichambrieren und zu betteln : hatten sie es denn nicht schriftlich ? ! – warteten die Herders; warteten – Und es geschah ? : – : nichts. Warteten, bis endlich eine bescheidene Bitte Herders um ein »Darlehen« vom Herzog, und eiskalt, abschlägig beantwortet wird – da bricht der Sturm los !

B.: Frau Caroline leitet die Transaktionen, jenes alte schriftliche Versprechen zu realisieren : sie sendet das inhaltsschwere Blatt der Herzogin; sie, die sehr wohl weiß, daß ohne Goethe nichts durchgesetzt werden kann, setzt diesen in Kenntnis – und es beginnt eines der ekelhaftesten Schauspiele in der an solchen so reichen Alterskarriere Goethes.

A.: Caroline wird – und mit vollstem Recht, – durch fürstliche Witze, wie die mit der Heirat der Pächterswitwe, in die äußerste Aufregung versetzt ! Die zärtlichst=leidenschaftliche Mutter und Gattin sieht die prekäre Lage ihrer Familie : sieben Kinder; dazu den fast=verbrauchten Mann – und sie überwindet sich; und schreibt an Den, der ihr seit Jahren am meisten zuwider geworden ist, an Goethe, einen – auch heute, nach 170 Jahren noch – nicht ohne peinliche Erschütterung zu lesenden Brief . . . :

C. (leidenschaftlich=beschwörend): »Bitte ! : Erinnern Sie sich doch mitfühlend, daß Sie das Instrument des Herzogs bei jener Unterhandlung gewesen sind ! Dulden Sie nicht, daß der Herzog sein Versprechen so schnöde brechen will. Hier ist es Ihre Pflicht, des Herzogs Ehre und Moralität zu retten. Wodurch hat mein Mann diese Treulosigkeit verdient ? ! Lassen Sie uns nicht aufs Äußerste bringen, ich bitte Sie dringend : ich kann beweisen, daß mein Mann seine große Krankheit durch die anhaltende Arbeit im Consistorium bekommen hat : wer bezahlt uns diesen Verlust ? ! Ich bitte Sie um Gottes willen : retten Sie Ihre und des Herzogs Ehre ! Ich habe lange genug geschwiegen. Wir brauchen : G e l d ! ! und m ü s s e n es vom Herzog erhalten : er ist es uns schuldig ! ! !«

B. (in abfallend=nüchternem Tonfall): Und dagegen – auch heute, nach 170 Jahren noch, peinlich zu lesen – die pendelschlägige Geheimratsantwort, in dreizehn Punkten – : mit weniger war er doch nicht ausgekommen.

A. (sachlich): Wie sehr man sich auf dieser Seite im Unrecht wußte, ergibt die einfache Tatsache, daß nun endlich der Herzog zu zahlen begann – aber erst mußte er eine solche Szene abwarten, ja ? ! Schade, daß die Affäre nicht weitere Kreise zog – Herder wäre der Mann gewesen, die Fakten zu veröffentlichen . . . . .

C. (fraulich erbittert): »Wenn Sie wüßten, welche Niederträchtigkeiten wir an unserm Teil erleben müssen – mein Mann weiß davon das wenigste; es ist nur mit mir verhandelt worden – Sie würden sich wundern ! Oh, wie würden Sie sich über Goethe wundern ! Ein jeder Tag zeugt neue Niederträchtigkeiten; und die Stirnen werden immer frecher ! –

Der hat Vieles auf seiner Seele; aber ihn kümmert nichts !«

B.: Was Wunder, wenn Herder im Unmut ganz Weimar eine »gespenstervolle Einöde« nennt. Und was er denkt, lesen wir, hohlspiegelartig vergrößert, unüberhörbarer, in den beigelegten Zeilen der Frau : »Mehr als Gespenster : boshafte Tiere sind um uns !« : unschätzbar eine solche Frau !

A.: In erbitterte Isolation gedrängt, von amtlichen Routinearbeiten überfordert, ermöglicht es seine – dem Normalmenschen unvorstellbare – Arbeitsfähigkeit, daß er trotzdem Buch auf Buch vorlegt. Freilich lebt er in einer fortwährenden Verschwendung seiner Nerven= und Geisteskraft, wie wir sie ähnlich auch bei Lessing sehen – Politiker freilich werden 80 und mehr; ein Vergleich, der seltsame Rückschlüsse auf dergleichen Berufe zuläßt.

B.: Eines allerdings : der Akzent liegt dabei nicht auf jenen 10 Bänden, wo er, in gekonntester Kanzelberedsamkeit, also anhebt :

C. *(warm; aber immer mit der Distanz des Hirten zu seiner Herde):*

»Eine schöne Menschenseele finden, / ist Gewinn.
Ein schönerer Gewinn ist, / sie erhalten.
Und der schönst' und schwerste, sie, die schon verloren war, zu retten :
Sankt Johannes, aus dem öden Pathmos / wiederkehrend,
war, was er gewesen, seiner Herde Hirt.
Er ordnet ihnen / Wächter auf ihr Innerstes aufmerksam.

In der Menge sah er einen schönen / Jüngling;
fröhliche Gesundheit glänzte / vom Gesicht ihm,
und aus seinen Augen / sprach die liebevollste Feuerseele :
»Diesen Jüngling,« sprach er zu dem Bischof, »Nimm in Deine Hut.
Mit Deiner Treue / stehst Du mir für ihn ! – Hierüber
zeuge Mir und Dir vor Christo die Gemeine.«

Und der Bischof nahm den Jüngling zu sich; /
unterwies ihn, sah die schönsten Früchte / in ihm blühn,
und weil er ihm vertraute, –
ließ er nach von seiner strengen Aufsicht.

Und die Freiheit war ein Netz des Jünglings.
Angelockt von süßen Schmeicheleien / ward er müßig;
kostete die Wollust;
dann den Reiz des fröhlichen Betruges;
dann der Herrschaft Reiz' – er sammelt um sich
seine Spielgesellen, und mit ihnen / zog er in den Wald –
ein Haupt der Räuber ! – –

Als Johannes in die Gegend wieder / kam;
die erste Frag an ihren Bischof / war :

»Wo ist mein Sohn?« –
»Er ist gestorben«, sprach der Greis und schlug die Augen nieder.

»Wann und wie ? !« –
»Er ist Gott abgestorben. Ist – mit Thränen sag ich es – ein Räuber.«
:»Dieses Jünglings Seele«, sprach Johannes, »fordr' ich einst von Dir! –
Jedoch : Wo ist er?«
»Auf dem Berge dort.« – : »Ich muß ihn sehen !«
Und Johannes, kaum dem Walde nahend, ward ergriffen : eben dieses wollt' er.
»Führet«, sprach er, »mich zu Euerm Führer.«
Vor ihn trat er ! – – Und der schöne Jüngling / wandte sich;
er konnte diesen Anblick / nicht ertragen ! –

: »Fliehe nicht, o Jüngling. / Nicht, o Sohn, den waffenlosen Vater, einen Greis. Ich habe Dich gelobet / meinem Herrn, und muß für Dich antworten. Gerne geb ich, willst Du es, mein Leben / für Dich hin. Nur fortan Dich verlassen / kann ich nicht : ich habe Dir vertrauet. Dich mit meiner Seele Gott verpfändet.«

Weinend schlang der Jüngling seine Arme / um den Greis; bedeckete sein Antlitz / stumm und starr; dann stürzte statt der Antwort aus den Augen ihm ein Strom von Thränen.

Auf die Knie sank Johannes nieder;
küßte seine Hand und seine Wange;
nahm ihn neugeschenket vom Gebirge;
läuterte sein Herz mit süßer Flamme :
Jahre lebten sie jetzt unzertrennet / mit einander;
in den schönen Jüngling / goß sich ganz Johannes schöne Seele. – –

: Eine schöne Menschenseele finden, / ist Gewinn.
Ein schönerer Gewinn ist, / sie erhalten.
Und der schönst' und schwerste, sie, die schon verloren war, zu retten !

A. (nicht ungerührt; aber unbestechlich): Also dergleichen ist bei Herder nicht das Entscheidende : das mag stärkend und kompaßhaft=rechtweisend für die Gemeinde sein; wir, allein in tiefer Nacht, haben der Wirkung auf die steppenwölfisch=Einzelnen nachzugehen!

B.: Und auch auf seinen Übesetzungen – er hat viel »in sein geliebtes Deutsch geraubt« – liegt kein Akzent. So wortreich auch die Anhänger seinerzeit den ‹Cid› begrüßen mochten, die Palme in solcher Richtung gebührte weit eher der ‹Terpsichore› : denn die Geisteshaltung des Dreißigjährigen Krieges ist – oder sollte es doch sein – die unsrige.

A. (einschränkend): Obwohl es sehr bezeichnend, und dem Fachmann ein ganz eigenes Studium ist : Herder in der Mitte zu sehen, zwischen den rasselnden Zyklopenübersetzungen, den exakt auf dem Amboß geschmiedeten, des Johann Heinrich Voss – und den überglatt geleckten der Pseudoromantiker à la Schlegel.

B.: Viel wichtiger für uns sind Herders positive Leistungen – etwa wenn er, adlersicheren Blicks, unwankend im gräzisierenden Getue der Dioskuren, für die Literatur die Forderung der Wirklichkeitsnähe verfocht ! – Was denn freilich den Bruch mit Goethe=Schiller arg beschleunigte und erleichterte : die ‹Braut von Messina› ? : Man kichere!

A. (hitzig): Hermann & Dorothea – das eine Flüchtlingsgeschichte?

Wer könnte darüber besser urteilen, denn wir, die ‹Umsiedler› ? Ich weiß kein Beispiel auseinanderklaffenderer Divergenz zwischen erschütterndem Thema und enttäuschend=gartenlaubiger Versifizierung : In Hexametern, in großonklig=schmerbäuchigen Daktylen ! In dieser behäbigen, undulatorischen Manier Szenen nicht=besungen, wo, wir Heutigen wissen es genau, Herz & Körper alle 100 Meter stehen bleiben!

B.: 20 Jahre früher hatte er sich selbst noch über die gemästete Zuschauer=Attitüde lustig gemacht : »Nichts Bessres weiß ich mir an Sonn= und Feiertagen . . . . .« : im Alter verriet Goethe Menschheit & Realität!

A.: Und – 60 Bände Herder ! : wir nähern uns dem innersten Geheimnis – seine »Ideen zur Filosofie der Geschichte der Menschheit« regten seinerzeit gefährlichste Bedenken an. Denn schon die Überschriften der einzelnen Kapitel projizieren je 1 Programm :

C. (dekretierend): »Unsere Erde ist 1 Stern unter Sternen. Unsere Erde ist einer der mittleren Planeten.

Unsere Erde ist eine Kugel, die sich um sich selbst, und in schiefer Richtung gegen die Sonne bewegt.

: Sie ist mit einem Dunstkreis umhüllt; und im Konflikt – ‹Gravitation› gleich Konflikt ! – mehrerer himmlischer Körper.

(Darwinistisch herausfordernd): Der Mensch ? : ist ein Mittelgeschöpf unter den Thieren der Erde.

Was ist ‹Klima› ? – Und welche Wirkung hat's auf die Bildung des Menschen an Körper und Seele?«

B. (gleichschenklig=kühler): Nicht, daß Herder als Erster dergleichen Gesamtschau unternommen hätte : vor ihn ist noch der, von ihm sehr wohl gekannte, Happel mit seinem ‹Mundus mirabilis tripartitus› zu schalten. Aber danach, kommt Humboldts ‹Kosmos› von Herder her; und Ritter; oder Konrad Mannert, mit seiner 14=bändigen ‹Geografie der Griechen und Römer›.

A.: Äußerst wichtig – obwohl nicht folgenreich : das gibt es ; leider – Herders Streitschriften gegen Immanuel Kant : gegen den sich bei den bedeutendsten Mitlebenden sofort, wie instinktiv, die schärfste Opposition erhob. Klopstock und Wieland aufschrien öffentlich gegen die »neukappadozische Sprache; diesen Stein= und Gewürmregen« !

B.: Und hatten Jene schon ewiges Recht; so war Herders Angriff noch weit tiefsinniger. Obgleich es sich um den geliebten Lehrer seiner Jugend handelte . . . .

C. (erregt): ». . . Mein Erdenblick ward hoch : ER gab mir Kant!
. . . . und weiß beglänzet sah
ich Tempes Musentänze; schwang den neuen
den güldnen Hut – und hörte Kant! Und wagte
mit halber Zunge ein neues Lied . . . .«

A.: Wenn sich der geliebte Lehrer im Alter verirrte ? Dann greift Herder ein : er verteidigt das Recht der Erfahrung gegen einen Diktator, der

»von dem unzulänglichen Material, das die dürftigen Sinnesorgane des Lebewesens eines Kleinplaneten liefern, behaupten will, es handle sich um die Baugesetze des Weltalls !«

Welche Ergebnisse wären möglich geworden, wenn Herder besessen und zu benützen verstanden hätte : 1 Logarithmentafel; 1 kleines Spiegelfernrohr; 1 Mikroskop!

B.: Und auch so schon : was für Finessen sind nicht ebensowohl in die ‹Metakritik› wie in die Unzahl seiner kleineren Abhandlungen eingeflossen ! Etwa wenn er die Grenzen der menschlichen Erkenntnis auch durch die Grenzen der sprachlichen Möglichkeiten zu messen dringend empfiehlt – eine Stelle, auf der 100 Jahre später Nietzsche aufbaute, in ‹Über Wahrheit und Lüge im außermoralischen Sinne›; Beide echte Vorläufer Wittgensteins.

A.: Wie erstaunlich, wenn Herder, auf Grund ärmlichster Daten noch, in der bedeutendsten Stelle der ‹Kalligone› die ganze Theorie des »An sich Schönen in der Natur« entwickelt – eine Lehre, die dann erst Haeckel durch seine ‹Kunstformen der Natur› ausführlich dargestellt, und uns zum Nachdenken hinterlassen hat : eigentlich hätte doch nichts als das, technisch relativ einfach zu lösende, Problem des Schwebens im Salzwasser vorgelegen; und wie damit die geheimnisvoll=überwältigende Fülle der Radiolariengestalten zu vereinbaren sei : ob da nicht ein noch ganz undurchschautes ‹Formprinzip› in der Natur vorliege?

B.: Und dennoch : es wird einem nie wohl bei der Lektüre Herders.

Während bei Lessing keinerlei Zweifel aufkommen : ein Mann wie ein Fels ! – beschleicht prompt noch heute jeden unbefangenen Leser bei Herder ein zwiespältiges Gefühl : man kann jederzeit Herder durch Herder widerlegen!

A.: Einerseits bittet er Lessing, doch ja alle ‹Wolfenbütteler Fragmente› zu edieren – was ihn dann später, als Lessings nachgelassener Briefwechsel herauskommt, ‹möglicher Mißverständnisse willen› maaßlos ängstigt : Wir erleben bei Herder das unselige Beispiel ‹doppelter Buchführung›.

B.: Und ich meine damit eben nicht Dinge wie – daß er einerseits sich in den ‹Stimmen der Völker›, diesem Luftgeistertanz um den Turm zu Babel, zum Dolmetsch und Anwalt aller Rassen macht; und gleich darauf zu schreiben über sich gewinnt . . . . . :

C. (bedrückt=unwohl): »Der verstümmelte Lappländer; der affenmäßige Neger; das Nachtgespenst von Albino; und die Sandauster von Neuholländer . . . . . Zigeuner und Türken ? : sind zu nutzbringender Arbeit anzuhalten; oder sie müssen das Land räumen !«

A.: Dann muß man natürlich die Stirn falten – aber dergleichen ist letzten Endes um des lieben Effektes willen geschrieben; etwa wenn er die Schönheit einer Venusstatue durch Konfrontierung mit einem Hottentottenweib überdeutlich machen will. Weit unangenehmer aber – weil decouvrierend, und das noch gewichtigere Folgende instruktiv vorbereitend – berührt Herders Verhalten in der berühmten ‹Ossian=Affäre›.

B.: Die Hälfte seiner Ästhetischen Theorien, seiner Beispiele und glänzenden Analysen, war auf die Echtheit Ossians gebaut. Er konfrontierte und parallelisierte ihn mit Homer, dem »Röslein auf der Haiden«, dem Wesen der Dichtung schlechthin; zog historische Vergleiche, gab ethnologische Charakterbilder : alles vermittels Ossian.

A.: Freilich setzt er auch sonst einmal neben alte wendische Hochzeitslieder Claudius' »Der Mond ist aufgegangen« – und tat recht : aber er hätte schon daran erkennen sollen, daß der neue Schlüssel ebensogut das Wesen der Poesie aufschloß, wie der alte.

B.: Das Bedenkliche ist, daß er 30 Jahre lang weiter mit der Echtheit Ossians arbeitete – höchstens einmal sich flüchtiger täuschender Wendungen bediente, »mögen diese Lieder nun alt oder neuer sein«, ausdrücklich zum Darüberhinweglesen eingeflochten – obwohl er seit 1775, durch den englischen Major Harold, wußte, daß es sich bei Ossian, mit 90%iger Gewißheit um eine Fälschung handele ! Mit allem Aufwand an psychologischem Geschick ist es nicht möglich, ihn vom Vorwurf – gelinde gesagt – der Doppelzüngigkeit freizusprechen : er ertrug, er vermochte in sich auszutragen, viele Legierungen von Lüge & Wahrheit.

A.: Und alles beginnt auf einmal, sich wie verzerrende Spiegel gegeneinander zu stellen : berichtet nicht gedrückt Jean Paul, der uns überhaupt die signifikantesten Konfessionen Herders erhalten hat :

C. (kummervoll): »Von seinen eigenen Werken sprach er mit einer solchen Geringschätzung, die einem das Herz durchschnitt, daß man kaum den Mut hat, sie zu loben : er will nicht einmal die ‹Ideen› fortsetzen. ‹Das Beste ist, was ich ausstreiche›, sagte er : weil er nämlich nicht frei schreiben darf ! – – Abends aß er, wie wir Alle.«

B. (mit schwerem Nachdruck): Der »Erzbischof von Weimar«, wie man ihn in Rom präsentierte. – Aber man stelle sich solch ein furchtbares Bändchen »Herausgestrichenes« intensiv vor : was für Delikatessen mögen uns da schon verloren gegangen sein ! Nicht nur bei Herder : bei Allen; setzen Sie getrost den Namen Ihres Lieblingsschriftstellers ein !

– Welcher Art speziell das Herdersche »Herausgestrichene« gewesen wäre, ergibt sich aus der düsteren Äußerung, die er am 8. Januar 1797 gegen Böttiger tat . . . . :

C. (finster): »Jeder Mensch sollte bei seinem Tode geschrieben hinterlassen, was er eigentlich immer für Possen oder Puppenspiel hielt; aber aus Furcht vor Verhältnissen nie laut dafür erklären durfte : wir Alle haben solche Lügen des Lebens um und an uns; und es müßte wohltun, sie wenigstens dann auszuziehen, wenn wir den Todtenkittel anziehen.«

B.: Worauf der Magister Ubique gefällig erwiderte : Jaja; der englische Bischof Hunt habe sich auch durch ein posthumes Schriftchen als vollkommenen Skeptiker bekannt ! – *(Betroffen):* Sollte es das gewesen sein, worüber Herder in der einleitend angeführten Stelle von ‹Tithon und Aurora› als »Über den Selbstmord des Feinsten« klagte ? –

A.: Denn es bleibt uns zu untersuchen : die Stellung des Herrn Generalsuperintendenten zum Christentum.

Trotz aller Gegenversicherungen seines Biographen Haym, dem schlechthin Alles vereinbar scheint, befremdet den vorurteilslosen Leser eine Fülle merkwürdigster, immer wieder hochkommender, Geständnisse. Schon 1772 schreibt er an seine Braut : »er habe weiter nichts Pastorales, als vorne einen Kragen und hinten ein Mäntelchen.«

B.: Oder er rühmt ihr ‹Minna von Barnhelm› und die »Mannheit« Tellheims, »die freilich unsere gemeinen christlichen, feigen, heuchlerischen Seelen nicht haben.«

A.: Wie befremdlich, wenn Herder zu Weihnachen 1784 an Frau von Stein Spinozas ‹Ethik› sendet; mit Begleitversen, die besagen, daß dies die eigentliche Bibel, und Spinoza der Heilige Christ sei. Wie denn Herders Spinozismus am unverhülltesten aus dem Briefwechsel mit Jacobi hervorgeht, in Formulierungen, die eigentlich kein Deuteln gestatten . . . . . :

C.: »Ich ergreife endlich eine Stunde, Ihnen nichts als ‹en kai pan› zu schreiben, das ich schon von Lessings Hand in Gleims Gartenhause selbst las, aber noch nicht zu erklären wußte : siebenmal würde ich sonst mein ‹en kai pan› daruntergeschrieben haben !« –

B.: »Einen extramundanen Gott kenne ich nicht !« heißt es weiter; und noch klarer ist Herder, für Jeden, der zu lesen versteht, mit seinem Credo in den ‹Gesprächen über Spinoza› herausgegangen, aus denen zu entnehmen ist, daß er – zumindest im Juni 1800 – die Persönlichkeit und Außerweltlichkeit Gottes verneinte; ebenso den Freien Willen; und nicht minder die persönliche Fortdauer nach dem Tode. »Es gibt keine andere Unsterblichkeit als Palingenesie !«

A.: Eine andere Gruppe von Äußerungen sei mit einem der unschätzbaren Aufhebsel eingeleitet, die Frau Caroline uns in ihrer Unschuld hinterlassen hat :

C. (unbefangen): »Wenn in Gesellschaft manchmal von der Gefangenschaft auf einer Festung die Rede war, sagte er scherz= und ernsthaft : ‹Ich preise den Gefangenen glücklich, wenn er ein gutes Gewissen hat, und sich zu beschäftigen weiß : mir könnte man keinen größeren Dienst erweisen, als mich einige Jahre auf eine Festung zu setzen, mit der Erlaubnis arbeiten zu dürfen, und die notwendigen Bücher zu haben – ach, ich bin des Treibens unter den Menschen so satt ! : Wenn ich mein eigener Herr wäre, ich würde mich wo einschließen, und eine zeitlang ausschließlich mit Naturwissenschaften beschäftigen.«

B.: Jeder Psychologe wird solche Sehnsucht nach der ‹Freiheit der Zelle› unschwer zu deuten wissen. Bezeichnender aber noch das Bekenntnis zu den Naturwissenschaften : schon früh hatte er einem Freunde, dem kleinen Astronomen Graf Hahn gegenüber, bedauert, wie er so gar keine Kenntnisse der Höheren Mathematik besitze. Immer wieder stößt man auf Notate, wie : »Könnten nicht Gedanken aus Bewegung der Materie entstehen ?«

A.: Kein Zweifel; Schiller mochte, zumal im Jahre 1787, so unrecht nicht haben, wenn er an Körner schrieb : »Herder neige sich äußerst zum Materialismus; ja, hänge eigentlich von ganzem Herzen an diesem.«

B.: Seine ‹Ideen› setzen – worüber die eine Gruppe seiner »Freunde« sogleich weh aufschrie ! – gar nicht mit Gott und der Schöpfung ein; sondern mit der Beschreibung des Planetensystems, und fysikalisch=geografischen Angaben. Und Goethe schreibt ihm sogleich diesen Dankbrief. . . . :

C. (kalt; sachlich): »Das Christentum hast Du nach Würden behandelt : ich danke Dir für mein Teil. Ich habe nun Gelegenheit, es von der Kunstseite näher anzusehen : und da wirds auch recht erbärmlich. Es bleibt wahr : das Märchen von Christus ist Ursache, daß die Welt noch zehntausend Jahre stehen kann, und Niemand recht zu Verstand kommt.«

A.: Ganz abgesehen davon, ob Goethe Recht mit solcher Behauptung hatte – zumindest ergibt sich daraus, daß man auch diesen Sinn in Herders Buch finden, und ihm, darüber hinaus, das auch ungescheut schreiben durfte.

B.: Denn das hätte seinem getreuen Schildknappen Haym doch schwer zu denken geben sollen, daß trotz der – meist wacker orthodoxen, zum Teil sogar fanatischen – 18=bändigen Abteilung »Religion & Theologie« in Herders Werken, bereits sämtliche Zeitgenossen, seiner Art zu denken und zu schreiben instinktiv mißtrauten. Es war nicht von ungefähr, daß die Konsistorien von Göttingen und Weimar immer wieder Examina und Probepredigten verlangten : man erkannte in kirchlichen Kreisen sehr wohl, daß man mit den schönsten Herder=Stellen ebensogut zu einem persönlichen Christengott, wie zum gnostischen Pantheismus, oder gar zum nackten Materialismus gelangen konnte – ihnen war, und mußte er sein : ein poetisch=fantastischer Ketzer, mit dem man unermüdlich die diskretesten Engelsrippenstöße zu tauschen hatte.

A.: Nicolai hatte gar nicht Unrecht, wenn er spöttisch an Merck schrieb : »Also Herder will in Göttingen Orthodoxie vortragen ? : Das ist Geld wert ! Wenn ich mir vorstelle, wie er mit Walch über Theologie redet – so müssen sie Beide, als 2 Auguren, übereinander lachen.« Sehr wahr : der schwankende Dämmerungston, die kühnen, täuschend=umhüllenden, Sprachkünste konnten – und können – einen einfältigen ehrlichen

Kerl schon zur Verzweiflung treiben : man kann Herder nie als Eideshelfer für eine Meinung zitieren : sein Zeugnis ist völlig irrelevant!

B.: Und war er den Alten zu freigeisterisch, so den Jungen nicht freisinnig genug : »Daß doch Herder nicht deutlich, nicht simpel schreiben kann !« grollte Goethe : »Wenn er so ganz offen und ungekünstelt schriebe, er wäre ein trefflicher Mann.«

A.: An Hamann ging der Brief, der unwiderleglich dartut, wie Herder – zumindest zuzeiten! – über seine Amtstätigkeit dachte . . . . . :

C. (in schwerem Mißmut): »Eingeklemmt in das einsame Wirrwarr und geistige Sisyfus=Handwerk, in dem ich hier lebe, ermattet man an allem, und nimmt zuletzt an sich selber nicht mehr Teil. Die Kirchmauer, die gerade vor mir steht, scheint mir unaufhörlich die wahre Bastille; und ich habe von jeher mein Haus – groß, verschnitzelt, unbewohnbar; und, wo es bewohnt wird, eingeklemmt und drückend – als das wahre Symbol meines Amtes angesehen : es ist und bleibt doch immer ein elend Leben, sich früh auf die hölzerne Folterbank zu spannen, und unter dem alten sächsischen Dreck zu wühlen.«

B.: Das ist wahrlich kein beneidenswertes Los, wenn man – zumindest zuweilen überzeugter Spinozist – den Bonzen spielen muß; den Lama, den Muezzin, den Medizinmann – oder gar, wenn man eben seinen materialistischen Tag hat.

A.: Und nichts verständnisloser bei solcher Situation, als das Haym'sche ‹Gegenargument›, das er womöglich tatsächlich als ‹Beweis› angesehen hat :

C. (überlegen=selbstzufrieden, eunuchoid): »Was in aller Welt, – wenn Herder sich eines Abfalls von der Kirche, des Widerstreits gegen den in dieser enthaltenen Schatz religiöser Wahrheit bewußt gewesen wäre – : was hätte ihn wohl gezwungen, sein Glaubensbekenntnis so offen und breit zur Ausstellung zu bringen ? !«

B.: Woran sich dann, in amüsantester ‹Logik›, die Folgerung knüpft, à la : ‹Er hat aber sein Amt nicht niedergelegt; also . . . .› – das heißt, einer Absurdität die zweite nachschicken. Wahrlich, die Weltfremdheit – um keinen härteren Ausdruck zu gebrauchen – mit der zuweilen von Professoren Literaturpsychologie getrieben wird, ist wahrhaft putzig. *(kopfschüttelnd wiederholend):* »Was in aller Welt hätte ihn wohl gezwungen ? ?« – *(eindringlichst=beschwörend):* Sieben Kinder : bitt' Euch ! ! !

A.: Dazu 1 kranke Schwester, die 4 lange Jahre hindurch kostspielig zu Tode gepflegt werden mußte. Ein bescheidener Aufwand war auch noch zu treiben, von Amts nicht minder als von Rufs wegen : Einen solchen acte gratuit, wie etwa pathetisch=öffentliche Amtsniederlegung, auch nur zu *denken* – dergleichen Forderung schreibt sich freilich 100 Jahre später leicht am literarischen Kontorschemel nieder! Doppelt absurd, sie von einem verbrauchten, zuschanden geschriebenen, Fünfundfünfzigjährigen zu erheischen; einem Alter, in dem man längst Diät ißt und spricht.

B.: Aber nicht minder falsch, als solch Haym'scher ‹Beweis der Rechtgläubigkeit› ist die diametral entgegengesetzte Hypothese Hettners : Herder sei sein ganzes Leben lang, pausenlos, religiöser Heuchler & Gleisner gewesen; und an der Tragik, seine Überzeugung um's liebe Brot verleugnen zu müssen, langsam zugrunde gegangen : denn, immerhin,

21 663 Tage hielt die Körpermaschine aus – solch verfeinerte Angabe ist vorzuziehen dem groben »59 Jahre«. Der anstrengendste Todeskampf stand ihm bevor : 2 Monate lang verdrehte er sich in der Matratzengruft; 2 Monate lang erbat er vom Arzt=Sohn sein lebenslängliches Opiat : »1 großen Gedanken : bitte!« – Am Sonntag=morgen, den 18. Dezember 1803, setzten Hirn & Herz aus. –

A.: Die »Wahrheit« – in Anführungsstrichen : das heißt, soweit sie ein selbst praktisch Schreibender zu erspüren vermag; ein solcher ist in Fällen, wie der vorliegende, am zuständigsten! – die Wahrheit liegt nicht einmal in der Mitte. – Denn es war nicht der ständige Widerspruch von äußerstem Amt und innerster Überzeugung; und nicht schuld waren – *(sorgfältig banal):* »Die Hämorrhoiden, an denen er vorzüglich litt« – obwohl das einen Menschen durchaus verrückt machen kann! – also das ist es nicht gewesen, was Herders Gedankengänge so quellend=ungreifbar, viskosig=vielfädig, seine Ausdrucksweise dunkel, gedrängt, verschlüsselt, immer=mehrdeutig macht : nicht die eiskalte Technik des Berufsheuchlers war es, die ihm Sprache & Sinn verstellte.

B.: Goethe hat bereits – unnötig verwundert – das Faktum erstaunt festgehalten : »Herder konnte einen bitter auslachen, wenn man etwas mit Überzeugung wiederholte, welches er kurz vorher als seine eigene Meinung gelehrt und mitgeteilt hatte.«

A.: Das Geheimnis ist : Herder war Beides! – Oder vielmehr Fünferlei : und Alles mit der gleichen, sich selbst und Andere mitreißenden Überzeugung!

Gebetssüchtig heute : und morgen ein Freigeist, der »durch Buchstabenumstellung aus Katechismus ‹Atheismus›« machte. Einen Monat lang sieghaft durchdenkend, durchträumend, die labyrinthischen Seelenwanderungshypothesen : und 1 Lunation später leidenschaftlicher Kämpfer für Zarathustras »Zend Avesta« und Spezialist für Manichäismus.

B.: Es war – und der Satz ist in gefährlich vielen Fällen gültig! –
die übliche Korruptibilität irrational angelegter Hochintellektueller.

Oder, schonender ausgedrückt: die zwar peinliche, aber vorwurfsfreie Unzuverlässigkeit des emotionell Orientierten.

A.: Hinzu kam ein verhängnisvoll=fruchtbarer Überschuß an analysierender Fantasie: ein Mangel an Erfindungskraft im Großen, gepaart mit der unseligsten Feinheit in Kleinigkeiten. Verbunden in diesem speziellen Fall mit der Unfähigkeit, länger als 8 Tage bei einem Thema denkend & schreibend zu verweilen; und also nicht imstande, ein erlösend=selbstständiges Großkunstwerk zu emanieren.

B.: Hand in Hand damit gingen: Herders krankhaftes Bedürfnis nach Beifall, und Effekte im Stil der Großen Oper. Seine Widerstandslosigkeit gegen rednerische Selbstberauschung; gefördert noch durch die seltenste aber wirre Sprach= und Metafernkraft.

A.: Schiller waren seine Werke nur »genialisch flach und oratorisch geschmeidig« – was Herder, allzeit ein guter Hasser, nur mit einer verächtlichen Achselbemerkung über ‹dramatisierte Kriminalreißer› vergalt.

B.: »Laßt mir den Cid nur von Herder, den Oberon laßt mir von Wieland: / Wenige leben von uns über die Beiden hinaus!«: Rückert; gut gemeint, aber völlig schief geurteilt; da spürte schon der fünfzehnjährige Gerhart Hauptmann mehr, wenn er sich über die »Kritischen Wälder« bückte. Heines Pseudobekenntnis zu Herder?: auch wieder nur eine der, gefährlich vielen, Facetten. Weit klüger Tieck: »ich habe den Geist der Ebräischen Poesie immer vorgezogen.«

A.: Hochbezeichnend ein Faktum:

Nie, in geschlossenen eigenen Kunstwerken, hat er die Dichtung bereichert – wohl aber die Dichter! Das galt damals, wie heute, und wird noch auf lange Sicht gelten. Obwohl nach seinen Rezepten nur e i n e r unserer Großen zu schreiben gewagt hat, einer von den Zwanzig, für die ich mich mit der ganzen Welt prügeln würde: Jean Paul! Ebenso unnachahmlich, ebenso kostbar verwildert; und der einzige vorhandene Beleg, daß man auf den Herder'schen Wegen auch praktisch Kunstwerke liefern könne – eine Sonderstudie und weit aus dem heutigen Rahmen hinausweisend.

B.: So würde ich, nach meiner Ansicht des Gesamtfänomens ‹HERDER› gefragt, antworten: Sein Leben?: das eindringlichste Spiegelbild zur Warnung; nur einmal, und noch grell=bedeutender, bei Swift zu erblicken; ein ‹Primzahl=Mensch›, 2 hoch 2281 minus 1; nur durch Eins= und=sich=selbst teilbar: Cave!

A.: Sein Werk?: Tragödie und Triumph der Polyhistorie: ein Großmeister unüberblickbarer Reihen von Mikro=, Nano=, Pico=Kunstwerken. Ermutigend für den Fachmann, das Sprachgefühl hochpeitschend, seine wilden Wort=Neubildungen. Gedanken weniger vermittelnd, als wachrufend, seine Technik des »unendlichen Aforismus« – Nietzsche hat nur den »endlichen«, den eine Stufe tieferen:

Herder ist der unerschöpfliche ‹Tschernosjom›, die klaftertiefe ‹Schwarze Erde›, die noch jahrhundertelang satte Ernten verbürgt – eine Metafer, wie er sie wohl selbst gebilligt hätte.

B. (geheimnisvoll=abschließend): Herder ? : Ein Riesengestirn; die planetengroßen Ebenen seiner Kontinente dicht besetzt mit Kräutern, gesellig schwebenden Halbgräsern, abgerundeten Haiderasen, unter einer brennenden Sonne, oder gegossenen Gewitterwolken : Gewürz geht um, über allen grauen Nicht=Hainen.

A.: Wo, wie auf dem offenbaren Meer, der Horizont von einer reinen Kreislinie umschlossen wird; das Auge einschränkend, die Seele zugleich seltsam mit der Gewalt des Schrankenlosen ergreifend : ein Prärie=Schauspiel, in der Literatur aller Völker ohne seinesgleichen!

JOHANN KARL WEZEL

31. Oktober 1747, Sondershausen – 28. Januar 1819, Sondershausen

BELPHEGOR

oder Wie ich euch hasse

Sprecher:

B. (= Belphegor): temperamentvoll
F. (= Fromal): kalt, fatalistisch
M. (= Medardus): gutmütig, gedankenlos
Männerstimmen
A. (= Akante): flüchtig, verbuhlt
Frauenstimme

B. (eindringlich empört): – Raben : kennen keine größeren Leckerbissen, als die Augen von lebenden Junghasen!

A. (soubrettenhaft kokett): Sphaerularia Bombi Dufour – *(neckisch die niedliche Übersetzung):* das ‹Hummelälchen› : ‹bewohnt› die Leibeshöhle von Hummeln. Zur Zeit seiner Geschlechtsreife erfährt das mikroskopische Lebewesen – *(das Wort in hinreißend jungfräulicher Verwirrung aussprechend)* – Scheidenvorfall; worauf das umgestülpte Organ zu wuchern beginnt, bis es den eigentlichen Tierkörper um das Zwanzigtausendfache an Größe übertrifft!

F. (kalt referierend): An den Küsten Norwegens kann man, Victor Groß berichtet es, Walfische beobachten, die wie toll aus dem Wasser emporschnellen : an ihren Brüsten hängen dann Haie, die paarweise schwimmen, und denen Walfischbrüste die höchste Delikatesse bedeuten. Sie beißen sich fest; und lassen nicht ab, bis das ganze weiche Organ aus seinem tiefsten Sitz herausgenagt ist – das kann Tage & Nächte dauern; so lange springt eben das gepeinigte Riesentier aus der Flut : bis=der=Tod=es=erlöst! – *(Eisig):* Und siehe : es war Alles gut.....

(Gong)

B.: Übergehen wir jenes ruchlose Wort – seine weitere Diskussion könnte zu, der Democrazia Cristiana und ihrer sogenannten ‹weltanschaulichen Grundlage› wenig günstigen, Überlegungen Anlaß geben : um mit einer ‹Welt=Anschauung› renommieren zu können, muß man, der Name sagt es, sich die Welt angeschaut haben!

F.: Und selbst das ist wertlos, wenn es geschah, mit Scheuklappen um das Haupt, und durch eine rosa Brille mit Goldrand : die edle Schönheit & Ordnung in den Werken Gottes hat nur zu oft ihren Grund in der edlen Kurzsichtigkeit Dessen, der sie bestaunt.

B.: Halten wir – angesichts eines Universums, das zumindest zur Hälfte Affenhaus ist und Folterkammer ! – halten wir, unbekümmert um christoid=hilflose Erklärungsversuche, und ob auch Reader's Digest andächtelt : ‹We can but bow› – halten wir das Eine fest :

es stimmt hier etwas nicht !

F.: Für Hörer, die Alte Autoritäten brauchen : Lichtenberg ! – *(Murmelnd, wie Einer, der beim Schreiben in ein geheimstes Tagebuch mitspricht):* ‹Zu untersuchen und zu lehren : inwieweit Gott aus der Welt erkannt werden kann. – Sehr wenig : es könnte ein Stümper sein !›

M. (gutmütig widersprechend): Aber es gibt doch so viel Schönes : der gestirnte Himmel über mir . . . . .

B.: Da rülpsen Feuerdrachen ! – Was meinen Sie, wenn man Sie einmal der lieben Sonne ‹näherte› ? : Hei, würden Sie Augen machen, bei Flammenförtzen dreißigmal so lang wie ‹Mutter Erde› !

M.: Oder das Grün einer weiten Wiese ? : Nebel entsteigt dem Bach : Das Silberhorn eines Mondes . . . . .

F.: Auf der Wiese ? : stehen Millionen winzig=grüner Ringer im Clinch auf Sein=oder=Nichtsein. / Zum Weißen=Nebel=Wunderbar muß sich Wasser wandeln : haben Sie einmal daran gedacht, daß auch ‹Aggregatzustände› schmerzen könnten ? / Und der Mond ? : ‹Siehstu das kalte Nachtgesicht dort hoch am Himmel hangen ?›, die Züge mit einer halbmeterdicken Staubschicht zerschminkt : meinen Sie tatsächlich, daß angesichts einer Nova noch Ihr devot=gestirnter ‹Himmel=über=Mir› am Platze wäre ? !

B.: Und wenn's vielleicht auch nicht die ganze Wahrheit ist, so ist es doch bestimmt mehr als die halbe : Wir, mit unzulänglichen Organen unschuldig Gehandicapte, ob in Bikini oder Zwangsjacke, wir werden, in ehrlichen Augenblicken, schwanken müssen; zwischen periodischem Kopfschütteln ob ‹des Allmächtjen Güte›, und systematisch=finsterem Pan=Diabolismus : lebenslängliche Optimisten sind nur Narren oder Feiglinge, und wer's nicht glaubt, ist selbst einer. – *(Kühl):* Freilich gehört ein gewisser Mut dazu . . . . .

F. (einfallend): Ein Mut, den im Großen bisher nur jenes 18. Jahrhundert aufbrachte, das die Erleuchteten unserer Tage, gern und hochmütig, die ‹Aufklärung› nennen; oder gar – ‹Auch=wir=Christen=sind=witzig› – ‹das Aufkläricht›. Was freilich Leuten, deren Wohlbefinden mit dem

Grade der Dusternis wächst – Hauptsache, sie können sich am Rosenkranz aus Atombomben halten – besonders wohl zu Gesicht steht. Nennen wir jenes 18. Jahrhundert: das des Lichtes; der Männer; und, eben, des Mutes! *(Spöttisch):* Wobei mit ‹Mut› nicht jene Sorte Angst gemeint ist, die die Interessierten gern mit Wendungen tarnen, wie ‹Wagnis des Gebets› oder ‹Mut zum Glauben› – Formulierungen, die aufs Unschätzbarste Eines verraten: die Einsicht der Feigen, sich wenigstens *Vokabeln* der Kühnheit einspritzen zu müssen. –

B.: Dreimal ist in jenem Jahrhundert Kants und Lessings, Goethes und Herders, dem Pan=Diabolismus gültiger Ausdruck verliehen worden.

Das erste Mal, im Jahre 1726, von einem englisch schreibenden Iren; Jonathan Swift; in seinem Buche: ‹Travels into several remote Nations of the World; by Lemuel Gulliver; first a Surgeon, and then a Captain, of several Ships.›

F.: Wobei nicht ohne Absicht ein Chirurg zum Helden gewählt wurde: also ein Mann mit geschulter Optik; etwa wie August Bier seinen Schülern zu empfehlen pflegte, alle Vorkommnisse von 3 Seiten her zu betrachten: einer juristischen, einer weltanschaulichen, und einer vernünftigen. – Folglich betrachtet sich Gulliver diese ‹Beste der Welten› näher – sogar ganz nahe – sachlich, unvoreingenommen, eben: vernünftig!

B.: Und erblickt im ersten Buch von vieren: das Genie, von den Termiten gequält! Die ihn wanzenhaft um= und überwimmeln: zwischen seinen gutmütig gespreizten Beinen können sie ihre Aufmärsche veranstalten; und schauen nach oben, und feixen über seinen zerrissenen Hosenboden. Dabei: wenn der ihre halbe Stadt brennt, kann er sie noch mühelos auspissen! Aber fesseln möchten sie ihn, gelt ja?; blenden, und dann verhungern lassen!

M. (verwundert): So empfand sich Swift in – *(scherzend):* ‹Klein=Britannien›? – *(Gutmütig):* Nu; bald ist die Umstellung ja endgültig erfolgt auf ‹Rule Yankee› und ‹Doodle Britannia›.

F.: Zweites Buch: da erlebt er, im Riesenlande, das Grauen vorm Organischen, den Wahnsinn der Biologie: groß sind die Hautporen wie Tassenköpfe; rittlings=angeklammert sitzt er auf der eichenborkigen Brustknospe lästrygonischer Gönnerinnen – der Geruch bringt ihn fast um! Und die kälbergroßen Hautflügler summen motoren um sein dünnverzweifeltes Degengefuchtel.

B.: Drittens in Laputa und Balnibarbi: ‹unten› front und plappert gedankenlos das Volk; während darüber die ‹Oberschicht› schwebt. Wenn man unten nicht aufs Wort folgt, wird oben die fliegende Insel dergestalt dirigiert, daß die Sonne nicht mehr herabscheint. In ‹schwereren Fällen› droht man wohl auch : sich, alles=zerschmetternd, sinken zu lassen : Klammer auf, denn das ist ja die stilisierte Hohlhand, hinter der man Vertrauliches flüstert – (dabei ginge das gar nicht ! Laputa ginge selbst dabei kaputa – aber das braucht das dumme Volk ja nicht zu ahnen.) –

Die Wissenschaftler werden mit dem bißchen Gesicht auf alle möglichen Weltfremdheiten zugekehrt; dürfen an Wortmaschinen syntaktische Kunststücke herausdrehen, oder auch Scheiße destillieren. Selbst die ‹Großen Männer› trösten nicht; wenn man sie persönlich kennen lernt, sind's egoistische Bastarde, Tyrannen und Komödianten, meist Beides zugleich.

F.: Letztes Buch : der finale Ekel vor aller Menschengestalt, inklusive Swift : jeder ehrliche Gaul ist anständiger !

B.: Abgesehen davon, daß das große Buch das Dokument ist, eines an seinem negativen Befund schwer Leidenden – : es faßte zum erst=bedeutenden Male eine Anzahl Argumente zu einer Anklageschrift zusammen; zu einem Groß=Mißtrauens=Votum gegen einen Demiurgen, dessen Eigenlob durch alle Himmel stank. –

F.: Während bei Swift ein erhabener Grimm, ernst, versteinert, schleppend, sprach; war es, rund 30 Jahre später, ein Franzose. Völlig anders geartet, souverän, elegant, aber nicht minder ein Mutiger, der sich nicht scheute, ‹Dem Betreffenden›, und gaffe sein Steinmaul über noch so viel Magellansche Wolken hinweg, mit glitzerndem Hohn zu begegnen : Voltaire gab, im Jahre 1758, sein Credo zu Protokoll. Kurz & wegwerfend; denn : »Das Alte und das Neue Testament enthalten so viele Albernheiten, daß ich nicht nötig habe, noch die meinigen hinzuzufügen.« : ‹Candide› wird durch die Alte wie die Neue Welt geschubbst; er, den doch sein geliebter Lehrer, Magister Pangloß, die ‹Theodizee› lehrte. – *(Scharf):* Und Voltaire hat, in dieser Gestalt, Leibniz verhohnepiepelt ! Jenen Leibniz, von dem Schopenhauer – auch ein großer Mann ! – urteilte : daß sein bedeutendstes Verdienst gewesen sei, Anlaß zu eben diesem ‹Candide› hier geliefert zu haben – unsere ‹Großen Deutschen› sind meist nicht halb so groß, wie sie das gewisse vierbändige Werk herausstreicht.

B.: Ein Spielball von Schiffbrüchen, Erdbeben, Syphilis und anderen Naturschauspielen, von Pfaffen= und Tyrannenwillkür, gefoppt, betrogen, gespießrutet, ja gehängt – wenn auch ‹unvollkommen›; sonst wär's Buch ja zu Ende – landet Candide endlich in einem mitleidig=kleinen Gemüsegärtchen; und erkennt, wundgeprügelten Hinterns : daß ‹leben› ein Oszillieren ist, zwischen Schmerz und Langerweile; le jeu ne vaut pas la chandelle. Am besten arbeiten, ‹il faut cultiver notre jardin›; und im übrigen, mit verächtlichem Achselzucken, den Tod abwarten : »Ich habe andere Majestäten gesehen !« –

F. (bedeutsam): Das dritte dieser alten Bücher des ehrwürdigsten Gott=, Welt= und Menschenhasses ist ein deutsches : 1776 erscheint, von Johann Karl Wezel, merkwürdigsten Angedenkens, der

(kleine Pause; dann, mit Nachdruck, es soll sich einprägen, der donnernde Name):

BELPHEGOR !

(Gong)

A.: »‹Geh zum Fegfeuer mit Deinen Predigten, Wahnwitziger !› rief die schöne Akante mit dem jachzornigsten Tone, und warf den erstaunten und halb sinnlosen Belphegor nach zween wohlabgezielten Stößen mit dem rechten Fuße zur Thür hinaus !«

F.: So – mit einem Tritt vor den Hintern – beginnt das Buch von den Erleidnissen und Fata vierer Menschen; richtiger : des ‹Jedermann› in vierfacher Spiegelung : Akante, die wohlgebaute Edelnutte, verabschiedet ihren nicht mehr solventen Liebhaber Belphegor, nachdem sie sich eines Ersatzes versichert hat.

B.: »Der arme Vertriebene schleppte sich mit stummer Betrübnis bis zu einem nahen Hügel an der Landstraße, wo er sich niedersetzte; das Gesicht nach dem Hause zugekehrt, aus welchem er eben itzt so empfindlich relegiert worden war. Die Schmerzen seines linken Hüftbeins ließen ihn nicht einen Augenblick an der Gewißheit des Unfalls zweifeln; ob ihn gleich seine Verweisung so unvermuthet überrascht hatte, daß ihm die Begebenheit wie im Traum vorgegangen zu seyn schien. Aus Liebe zu der grausamen Akante hätte er gern die Wahrhaftigkeit geläugnet, wenn nicht der Schmerz jede Minute sie unwiderlegbar gemacht hätte. Mit einem tiefen Seufzer gab er sie also zu; ließ eine Thräne fallen, und machte seiner Beklemmung durch eine wohlgesetzte Klage Luft.«

F.: Dieses einzige Beiwort, ‹wohlgesetzt›, zeigt dem Kenner zur Genüge an, daß Wezel auch seinem Haupt= und Lieblingshelden gegenüber hinreichend ironischen Abstand zu wahren wissen wird. – Aber da hockt nun Belphegor, jammernd, am Grunde des Luftozeans .....

B. (weinerlich=ungehalten): »Mitten in dem Selbstgespräche näherte sich ihm ein Mann auf einem Grauschimmel – zwo Gestalten, die er schon von weitem haßte : weil der Reuter eine so fröhliche Miene in seinem Gesichte trug, als wenn die Glücksgöttin seine leibliche Schwester wäre;

und das Pferd in einem so leichten sorglosen Trabe dahertanzte, daß es mit seinem Herrn von einem frohen Muthe belebt zu seyn schien.«

M. (gutmütig=erfreut): Es ist sein Freund Fromal! Der Belphegor aufmuntert; ihn mahnt, seine verliebten Klagen um die unwürdige Akante einzustellen; der sein letztes Geld mit ihm teilt, ihm rät, in die weite Welt zu wandern; und dann von hinnen reitet. – *(Befremdet):* Scheint es nicht . . . . . : auf Akantes Haus zu ?!

B.: »Belphegor saß unbeweglich, wie in den Boden gepflanzt. Seufzte; weinte mitunter 1 Tröpfchen; exclamierte; winselte; schalt; lobte seinen weggegangenen Freund; zählte dessen Geschenk; warf es von sich; las es wieder zusammen. Und, endlich, nach zwo Stunden solcher Grimassen, da die Dämmerung einbrach, fieng er an zu überlegen, was bey so gestalten Sachen zu thun sey. Die Dämmerung wurde zu pechschwarzer Nacht, und seine Überlegung war dem Entschlusse keinen Strohhalm breit näher. Er sank vor Mattigkeit nieder, schlief ein – und fand bey dem Erwachen für seine Beratschlagung so freyes Feld, als Tags vorher. Die Ruhe hatte indessen seine Lähmung und seinen Schmerz verschlungen : er konnte wieder gehen. Der Ärger half ihm auf die Beine; er gieng, und übergab allen 32 Winden des Himmels ein dreymahliges ‹Akante›, in ebensoviele vernehmliche Seufzer eingepackt.«

F.: Und hatte Belphegor bisher in einer idealischen, jünglingshaften Traumwelt gelebt – nun trifft ihn ‹die Wirklichkeit› knüppeldick : »Kaum hatte er eine kleine Strecke zurückgelegt, als vor seinem Gesicht ein Habicht auf eine Taube herniederschoß und die flatternde Hülflose würgte. Die Szene versetzte ihn in eine so tiefe Wehmuth, daß er sich auf einen Rasenrand niedersetzte.« – *(Bedeutsam=gewichtig):* Belphegor hat nämlich, unter zahllosen anderen Lektionen, auch die zu lernen : daß er in einer Welt angelangt ist, deren lebende Wesen dadurch existieren, daß Eines das Andere auffrißt. Und Wezel, der unerschütterliche Herr, als sein ‹Held› das nächste Haus erreicht, fährt in unerbittlicher Parallele fort :

B.: »Der Herr des Hauses würgte zwo Tauben – Belphegor bedauerte bey sich die armen Creaturen – und verzehrte sie beyde, vom Halse bis zu den Beinen, ohne das mindeste Mitleiden, als sie gebraten auf dem Tische erschienen : da er satt war, reisete er fort.«

F. (verbindlich): »Die Nacht nöthigte ihn bald zu einer neuen Einkehr. Kaum hatte er sie erreicht, als ein hagerer Kerl, der müßig an einem Baume lehnte, ihn auf die Seite zog, und warnte, in diesem Loche nicht zu übernachten : ‹Es ist das ärgste Diebsnest, das der Mond bescheint !›«

B. (unschlüssig): »Wo soll ich aber bleiben?«

F. (geheimnisvoll): »‹Lieber unter freyem Himmel ! – Ä=wenn Sie wollten, so könnte ich Sie wohl an einen guten Ort bringen?› / Belphegor merkte, worauf es ankam, um dahin gebracht zu werden –; er gab ihm von dem Wenigen, was sein Freund ihm zurückgelassen hatte, ein kleines Geschenk, und folgte ihm nach.« – *(Sachlich):* »Der Wegweiser führte ihn in einen dicken Wald; faßte ihn in der Mitte desselben bey der Gurgel, und schwur, ihn auf der Stelle umzubringen, wenn er nicht seine ganzen Habseligkeiten an ihn auslieferte.«

B. (ganz Klage und Entrüstung): »Aber welches Recht habt Ihr Bösewicht dazu?!«

F. (ungerührt): »Der Räuber wies ihm statt der Antwort ein langes Messer; nahm ihm sein Vermögen aus der Tasche; warf ihn zu Boden, kniete ihm auf die Brust, und durchsuchte alle Behältnisse an seinem ganzen Leibe. Gab ihm auch einen derben Fluch zum Abschiede, als er nichts Erhebliches fand, und begab sich auf den Rückweg.« – *(Bedrückt amüsiert):* »Die ganze Nacht hindurch blieb Belphegor in diesem Zustande liegen, ohne 1 Fuß von der Stelle zu wagen.«

M. (mitfühlend): Nun ist er also auch noch das letzte bißchen Eigentum losgeworden; und ergo in der Urverfassung des ‹Flüchtlings›, wie auch wir ihn aus 12=Millionen=facher Erfahrung kennen: wie auch wir es bald wieder zu sein, uns, zumindest mentaliter, vorbereiten sollten. / Belphegor ‹wandert› – ein Wort, das ich nur in Anführungsstrichen zu gebrauchen mich gewöhnen will; ‹warum?› führt im Augenblick, im Ohrenhör, zu weit – Belphegor also ‹wandert› weiter.

F.: »Eines Tages kam er auf eine Haide, wo etliche Freybeuter einen Mann so unbarmherzig behandelten, als wenn sie willens wären, ihn in Stücke zu zerlegen. Belphegor glühete, sobald er den Auftritt erblickte; gieng hinzu, und erkundigte sich nach der Ursache einer solchen Barbarey. – Man würdigte ihn keiner Antwort; doch erfuhr er bey Gelegenheit, daß man ihn strafe, ‹weil der Hund nichts herausgeben wolle›!«

B. (entgeistert): »Aber welches Recht habt Ihr denn, etwas von ihm zu fordern?«

F. (kalt): »Sie schlugen an ihre Degen; und Einer darunter gab ihm obendrein einen wohlgemeynten Hieb, der ihm das rechte Schulterblatt in zwey gleiche Stücken zerspaltete.«

B. (erstickt): »Aber; Ihr Barbaren!: welches Recht.....?«

F. (sachlich berichterstattend): »Ein zweyter Hieb über den Mund hemmte seine Frage mitten im Lauf. – ‹Alles grausam, wie Akante›, dachte er; und stopfte sich mit dem Reste seiner Kleidung seine Wunden zu. Er bekam eine Stelle in einem Krankenhaus, und wurde sehr bald geheilt. Ein Elender, der neben ihm lag, und schon 1 ganzes Jahr lang sein Bette nicht verlassen hatte, war während der Kur sein vertrauter Freund geworden. Doch itzt wurde er über die schnelle Genesung seines Freundes neidisch, und biß ihn des nachts in den kaum geheilten Arm – die Wunde wurde so gefährlich, daß der Arm beynahe abgelöst werden mußte!«

M.: Der Bedauernswerte pilgert weiter; und gerät – er hat nun einmal Unglück .....

F. (berichtigend eingreifend): Nicht doch: das allgemeine Menschenlos hat er.

B.: »Er litt viele Tage Hunger; weil auf dem ganzen Landstriche, wo er gieng, alle Dörfer verbrannt, die Einwohner niedergesäbelt, oder betteln gegangen waren: der Nachbar des betreffenden Landesherrn hatte einen Einfall in dasselbe gethan, und 4.000 Stück Schafe, die es mehr ernährte als das seinige, aufspeisen lassen. Bey der Gelegenheit hatte man – anstatt des Freudenfeuers über den erlangten Sieg – ein Dutzend Dörfer angezündet.«

F. (fortfahrend): »Belphegor fand einen von den Kriegsmännern, die bey diesem Treffen sich Heldenlorbeern erfochten hatten, an einem kleinen Bache; und machte ihm ein sehr rednerisches Bild von der Verwüstung und dem Elende, das er unterwegs angetroffen hatte – was der Andere mit einem stolzen Lächeln anhörte: ‹Ja=a; heute sind wir brav gewesen!› sprach er, und strich sich den Bart.«

B. (empört): »Aber, ums Himmels willen –: Wer gab Euch denn das Recht, so viele Leute unglücklich zu machen?!«

F. (brutal): »‹Der Krieg!› brüllte der Soldat.«

B. (fassungslos): »‹Und also, Ihr Barbaren, ist Eure Übermacht das Recht, Eurem Neid so viele Unschuldige aufzuopfern?: Ist das Euer Recht?›«

F. (im Unteroffizierston): »‹Kerl! – Du bist nicht richtig im Kopfe! Du phantasierst, so ungereimtes Zeug schwazest Du – am besten, mit Dir ins Tollhaus!›. Und so ergriff ihn der Kriegsmann, band ihn mit einem Riemen an sein Pferd, und ließ ihn neben sich her außer Athem laufen, wenn er nicht von dem Pferde geschleift seyn wollte, das in einem frischen Trabe fortschritt. Zwo Stunden nach ihrer Ankunft in der nächsten Stadt, war Belphegor zwar in keinem Tollhause, aber doch im Zuchthause einquartiert .....

B. (melancholisch übernehmend): »..... wo er an einen Pfahl gebunden, und mit 30 munteren Peitschenhieben bewillkommt wurde. Darauf schloß man ihn ein, und befahl ihm, jeden Tag 20 Pfund Wolle zu verspinnen; und, da er menschlicherweise diese Zahl niemals vollmachte, so bekam er, zur Ersparung der Kasse, selten etwas zu essen, und alle Abende für jedes fehlende Pfund 6 Hiebe.«

M. (mitleidig): »Seine Gesellen wurden binnen kurzem seine Freunde: ein gemeinschaftliches, gleich trauriges Los machte sie dazu. – Nach langen Bitten erbarmte man sich endlich über den armen Belphegor, und erließ ihm täglich 2 Pfund von der vorgeschriebenen Quantität Wolle – er bekam nichtsdestoweniger alle Tage Prügel, weil er auch 18 Pfund ebensowenig bestreiten konnte.«

F. (bedeutsam): »Nur eben jeden Tag 12 Schläge weniger, als die Übrigen –: von Stund an haßten ihn alle seine Kameraden wegen dieses vorzüglichen Glückes; und beschlossen, ihn des Nachts im Bette zu verbrennen. Sie führten ihren Anschlag aus; legten brennenden Zunder in das Bettstroh; die Flammen nahmen überhand; Belphegor und die übrigen Züchtlinge entwischten – und das Haus lag, nebst einer benachbarten Gasse, innerhalb etlicher Stunden im Aschenhaufen da.«

M.: Verständlicherweise läuft er, was er kann; und ruht erst in einem schönen, lichtgrünen Birkengebüsche aus. – Aber schon hört er neuerliches Geschrei; sieht Bauerngestalten durchs Dickicht heranbrechen. Man redet von ‹einem warmen Tage›; bringt auch 1 Fäßchen herbeigerollt, und trinkt ‹auf die Freyheit!›

B. (aufmerksam): »‹Die Freyheit?: Was müssen das für Leute seyn?!› – Er horchte, und konnte nichts Zusammenhängendes erschnappen, als, daß eben hierzulande Bauernkrieg war. Bis endlich Einer in gewissen Angelegenheiten seitwärts schlich, und auf seinem Wege Belphegorn im Gesträuch erblickte, den er sogleich hervorzog und seinen Mitbrüdern vorstellte. Man untersuchte ihn genau, ob er vielleicht zu der feindlichen Parthey gehöre? Und nachdem man ihm, in Ermanglung einer gesetzmäßigeren Tortur, 100 Prügel auf die Fußsohlen gegeben hatte, ohne 1 ‹Ja› aus ihm herauszwingen zu können: so wurde er feyerlich für unschuldig erklärt, und zum Glase zugelassen.«

F. (kühl): »Was ihm aber wenig schmeckte, denn seine Fußsohlen brannten wie Feuer. – ‹Willstu mit für die Freyheit fechten?› fragten ihn Einige.«

B. (bittend): »Gebt mir nur die meinige!«

F. (entrüstet): »‹Was?!: Für die Freyheit willstu nicht fechten?: Du bist ein Spion! Ein Feind!› Und sogleich setzte man sich in Positur, ihn mit einem Strohseile an eine schöne schattichte Eiche aufzuhängen.«

B. (flehend): »‹Sagt mir nur erst, wer die Freyheit gekränkt hat? Sagt es mir, und gern, gern will ich für sie fechten!›«

F. (sachlich; also boshaft): »‹Siehstu›, nahm sein Nachbar das Wort:

‹der liebe GOtt hat uns nur 2 Hände und 2 Füße gegeben; und doch sollen wir den Leuten, die uns regiren, so viel arbeiten, als wenn wir ihrer ein paar Dutzend hätten. Sie wollen uns weis machen, wir hätten keinen Magen; wir sollten nur hungern : sie wollten schon für uns essen. Und ob uns ein paar Lumpen auf dem Leibe hiengen, oder ob wir nackt giengen, wäre gleich viel : Adam sey ja in GOttes Paradies auch nackt gegangen, und ein braver Mann, ja, der erste Erzvater geworden. Was wäre denn nun vollends solchen nackten Lumpenkerlen Geld nöthig ? meinten sie ! wir hätten ja ohnehin keine ganzen Taschen; also wär's doch tausendmal besser, daß wir's ihnen gäben, als daß wir's verlören; das wäre doch jammerschade : sie wollten uns auch dafür recht hübsch geputzte Kerle, Laufer, Heyducken, Lackeyen, schöne Pferde, allerliebste Hunde, hübsche Kutschen, zu sehen geben . . .«

B. (grimmig hineinmurmelnd): Ministerfräcke; alte amerikanische Panzer; Wahlplakate und ‹Abschußbasen› . . .

F.: »‹Und alle Sonntage sollten wir ihnen ‹Vivat› rufen, ihnen ‹Langes Leben› und ‹Wohlergehn› wünschen. Und wenn wir doch etwas in der Tasche, aus Versehen, zurückbehalten hätten, es auf ihre Gesundheit, in dem von ihnen gebrauten Biere vertrinken. Die Woche über sollten wir nur hübsch fleißig seyn; hübsch viele und gesunde Kinder liefern, die auch bald arbeiten und geben könnten; und dabey GOtt mit frölichem und zufriedenem Herzen dancken, daß er uns so gnädige Herren bescheert hat, die uns . . .« *(die Stimme des Redenden schwillt an, in erhabener Wut):* ». . . nicht bey lebendigem Leibe die Haut abziehen : weil wir ja sonst nicht arbeiten könnten ! : *Des Lebens wurden wir satt ! ! !*›«

M.: Solch Aufstand wider die von Gott gesetzte Obrigkeit, die Gewalt über uns hat, kann natürlich nicht gut ausgehen : Belphegor wird, mitsamt allen anderen Bauern, gefangen genommen; gehängt – aber durch ein zufälliges Gewitter, dem Blitz und Großbrand folgen, (und er ist auch nur schlecht, flüchtig, aufgeknüpft gewesen), befreit.

B. (hastig): »Die ganze Nacht hindurch lief er, ohne ein einziges Mal auszuruhen; und kam in der Morgendämmerung, mit der Angst eines Gehängten, der nicht gern eine zweyte Erfahrung machen möchte, wie es sich zwischen Himmel und Erde wohnt, an eine Pfarrerswohnung, wo er mit ebensogroßer Verwunderung als Bereitwilligkeit aufgenommen wurde.«

F. (bedächtig): Da ist Belphegor nun angelangt beim Pfarrer und Magister Medardus : ein gutmütiges Männchen; ehemaliger Katholik, aber, ob der Erlebnisse seiner Kindheits= und Jünglingsjahre im Jesuitenkolleg, zum Protestantismus konvertiert. Er hat die Unvorsichtigkeit gehabt, ein wenig für die streikenden Bauern zu sprechen .....

M. (beteuernd): ... »‹Nicht viel : gar nicht viel ! Darüber sind sie böse geworden; und weil sie denken, sie können's, so plagen sie mich so lange, bis ich fortgehe. Meine Kinder sind versorgt. Mein Apfelwein ist diesen Abend alle. Und morgen geht die Reise fort : die Vorsehung ist überall. Meine Frau ist vor Kummer gestorben ...›. Hier hielt er schluchzend inne. Sogleich heiterte sich sein Gesicht wieder auf : ‹Aber die Vorsehung lebt noch› sezte er ruhig hinzu. ‹Es war eine herzensgute Frau !› – er weinte; ‹Gar ein goldenes Weibchen!› – er weinte noch mehr. – ‹Da, Brüderchen›, fuhr er auf einmal auf, indem die Thränen noch über sein erheitertes Gesicht herabliefen : ‹Da, Brüderchen : ihr Andenken !›; und brachte ihm den Krug mit Apfelwein zu.«

F.: Diese Medardische Filosofie ist also letzten Endes nichts, als gedankenlose, leichtfertige, Halbgutmütigkeit. Während Belphegor sich über das – unleugbar massenhaft vorhandene ! – Leiden in der Welt, die ‹Quall im Universo› (wie Raabe falsch zitiert), entrüstet; sitzt; an den Fingern nagt; von Gedankenflöhen gepeinigt – da tröstet Medardus sich auf die bequemste, genauer : faulste, Weise – ‹faul› in jedem beliebigen Sinne des Wortes – indem er sich beruhigt : ‹Wer weiß, wozu es gut ist ?›

A.: Und Medardus ist der Name des Evangelimannes ? ? – *(Mit heiserer hoher Hexenstimme stammelnd):* ‹Me=dar=dus:=Brüderchen ! : Me=dar=dus : Brüderchänn !› ..... : sollte man nicht auf den Verdacht geraten, ETA=Hoffmann habe Wezel gelesen; und die unvergleichlich stammelbaren Silben dann begierig=berechtigt in seinen ‹Elixieren des Teufels› angebracht ? : Das wäre zu untersuchen.

B.: Jedenfalls ‹wandern› Medardus und Belphegor zusammen weiter. Werden durch einen Tornado – welch heroisches Mittel ! – gar in die Türkei verschlagen; natürlich versklavt. Und Wer ist, wie sie während einer der inneren Wirren, der ‹Palastrevolutionen›, entdecken müssen, ihr Herr ?

M.: Es ist Fromal ! – Man flüchtet erst auf allen Straßen durcheinander; trifft sich am Wegrand; setzt sich ‹gemütlich› selbander auf einen Leichenhaufen; und berichtet sich die Erlebnisse der Zwischenzeit :

F.: Ja – gesteht Fromal – : Ja; er war es, der Belphegor und Akante trennen wollte. Aber : zu Belphegors eigenem Besten ! Er konnte nicht mehr mit ansehen, wie sein Freund von dem listigen Weibsbild ruiniert wurde. Übrigens wäre auch s e i n Geld sehr rasch zu Ende gegangen, und er sofort wieder von einem neuen, reicheren, Nebenbuhler verdrängt worden. Ehe er Pascha und Sklavenbesitzer im Vordersten Orient wurde, hat er sich längere Zeit in Frankreich aufgehalten – dessen Beziehungen zum Orient weit organischer sind, als ‹Moltke› dachte : man vergleiche ‹Tausendundeinenacht› ! – und weiß die putzige Geschichte vom greis= berühmten Pariser Dichter Nikanor zu erzählen; und den Methoden, wie Dieser sich zum Lieblingsschriftsteller der Nation machte : kein unfeines Pröbchen, wie es in der ‹Gelehrtenrepublik› her & zu geht . . . . .

M.: »Nikanor war ein geborener Eroberer; er strebte nach der Universalmonarchie im Reiche des Beifalls so stark, wie Alexander in der politischen.«

A. (übernimmt): »Alle Mädchen, mit welchen ein anderer Dichter nur zu thun hatte, und wäre er gleich von der untersten Klasse gewesen, mußte er zu seinen Freundinnen machen. Und jeden Poeten, jeden, von dem er erfuhr, daß er in seinem Leben auch nur 2 Zeilen zusammengereimt habe, betrachtete und behandelte er als seinen Nebenbuhler : deren Mädchen also, Freundinnen und Gönnerinnen, waren seine Spione. Sie mußten ihm von jedem verfertigten Vers ihrer Liebhaber Nachricht geben, das neue Produkt in Abschrift ausliefern, und ihre skandalose Geschichte zu wissen thun. Aus diesen drey Materialien machte er sein Pulver, und sein Witz diente ihm zur Kanone.«

B.: »Wenn er die Überlegenheit eines Mannes fühlte, so ließ er ihm sein Manuskript wegstehlen und verbrennen ! Oder Stellen heimlich einschieben, die es zum Beyfalle schlechterdings unfähig machten : die Buchdrucker führte er deswegen insgesamt an seinem Seile.«

M.: »Sobald er die Geringfügigkeit, das Mittelmäßige eines neuen Werkes merkte, so arbeitete er, durch versteckte Wege die Bekanntmachung desselben zu beschleunigen – und gleich darauf erfolgte ein gantzes Packet Schmähschriften, Parodien, die es so lächerlich machten, daß es Niemandem nicht einmahl mehr mittelmäßig schien : alle waren seine Arbeit, und seine Creaturen mußten sie ausstreuen und verteilen.«

F.: »Oft ließ er im Manuskripte Satiren umlaufen, auf Werke, die noch unter der Presse brüteten. / Wenn ein neues gutes Werk, ohne sein Vorwissen – oder ohne daß er es hindern konnte – an das Licht gelangte, so war er der Erste, der es unter dem Pseudonym eines schlechten Mannes von üblem Kredit so ausgelassen lobte, daß es einem großen Theil des Publicums schon dadurch verdächtig, und allemahl der Eindruck desselben geschwächt wurde. / Auch bestach er die Setzer, daß sie in Anderer Werken, wo etwa seiner gedacht wurde, seinen Namen jederzeit mit großen hervorleuchtenden Lettern drucken mußten.« –

B.: Aber so schnurrig das Alles auch ist : zunächst einmal irren unsere Flüchtlinge am Meeresstrande umher, auf der Suche nach einem Stück Kahn. Man findet auch einen, der aber für den gleichfalls fluchtbedachten Großwesir bestimmt und bewacht ist – nur durch Begehung einiger kleiner Totschläge vermögen die Verzweifelnden sich in seinen Besitz zu bringen. Belphegor ist darob erschüttert; und folglich hält ihm Fromal wiederum einen seiner kleinen kalten Vorträge über die merkwürdigen Einrichtungen dieser schönen Welt . . . . . :

F.: »Kann ich dafür, daß die Natur die Erhaltung des einen Wesens auf die Zerstörung des andern gebaut hat ? Daß sie uns auf dieses Erdenrund sezte, mit einander um Leben, Vortheil, Geld, Länder, zu fechten ? Warum entzündete sie diesen allgemeinen Krieg, und drückte mir ein Gefühl ein, das mich treibt, mich allen Andern vorzuziehen : und mich dann quält, wenn ich es gethan habe ? Warum stellte sie mich an den engen Isthmus, entweder mir schaden zu lassen – oder Andern zu schaden ? – Kopf hoch, Belphegor : wie leichte Spähne schwimmen wir auf dem Strohme der Nothwendigkeit und des Zufalls fort; sinken wir unter : Gute Nacht ! Wir haben geschwommen !›«

M.: Während Belphegor noch ungetröstet verharrt, das Gesicht in beide Hände gewühlt, erscheint bereits ein Schiff um das nächste Felskap herum; nimmt die Drei an Bord, und befindet sie tauglich, ihr bisheriges Sklavendasein in Algier fortzusetzen : dort im barbarischen Bagno verbringen die – ja, darf man ‹Freunde› sagen ? – zwei trüb=volle Jahre.

F.: Dann gelingt es dem unverzagt=findigen, immer kalt=rüstigen Fromal, einen allgemeinen ‹Aufstand des Spartakus› zu entfesseln. Er befreit vor allem seine Freunde; man eilt heftig davon; und gelangt nach ermüdender Wanderung an die Grenze von Biledulgerid, wie man zu Wezels Zeiten schrieb . . . . .

B.: Also, wie Jedermann aus seinem Karl May wissen könnte, ‹Belad=al=Dscherid›, das ‹Land des Wurfspeers›, den Süden von Tunis. / Man lagert sich unter einer Palme an einem Fluß; macht sich »die Kehle mit Datteln geschmeydig«, und beginnt, nach Europäerart, sogleich wieder mit tiefsinnigen Diskursen über GOtt und die Welt, wobei schöne Kapitel zur Sprache kommen, etwa vom Verhältnis des ‹Führers› zu ‹seinen› Soldaten . . . . . :

F. (bedächtig; die Gedankengänge während des Redens entwickelnd): »Wenn Alexander der Große sich und seinem Heer die reine Wahrheit sagen wollte – dann müßte er ungefähr so sprechen : ‹Liebe Kinder. Ich will schlechterdings, daß die Leute auf der Erde, so weit sich's nur thun läßt, meinen Namen wissen. Wenn ich ihnen die größten Wohlthaten erzeigte, so danken sie mir's – vielleicht; und in 1 Jahr wäre ich, samt meinen Wohlthaten, wieder vergessen; und das müßte auch schon etwas sehr Großes seyn, wenn's so lange dauern sollte. / Drum ist es viel besser, ich quäle würge morde verheere so lange, daß die Leute es so bald nicht wieder verschmerzen können : so denken sie doch gewiß allemahl an mich, wenn es ihnen übel geht. Die Spuren meiner Verwüstung werden wenigstens auch 1 Jahrhundert und länger übrig bleiben : man denkt allemahl an mich, wenn man sie sieht.›«

B.: »‹Kommt ! Wir wollen die Perser, Asien und Europa, so lange herumprügeln, bis mich jeder kleine Junge für einen großen Mann erkennt. (Außerdem gibt's in Asien Gold & Silber die Menge, und bey mir zu Hause ist mehr Sand als Gold : davon möcht' ich auch etwas, und, wo es möglich wär', alles !). Ich kann es ohnehin nicht verdauen, daß der König von Persien sich den ‹Großen König› nennt, so viele Länder und Leute hat, und ich hier in dem engen Macedonien so eynsam sitzen soll. Die griechischen Republiken thun auch so groß auf ihre ‹Freyheit›, und brüsten sich, daß man in Persien ihren Namen weiß : sie müssen unter mich !›«

M.: »‹Alles das kann ich mir und Euch anderen Leuten aber nicht so geradezu sagen – wir müssen also das Ding ein wenig übertünchen. / Zu mir will ich sagen : das allgemeine Vorurtheil hat es zu dem wahrsten Grundsaze gemacht, daß nichts so groß, so edel ist, so sehr Ruhm erwirbt, als Tapferkeit und Muth : der Soldatenstand ist die Laufbahn großer Seelen ! Ich will sie betreten und Lorbeern ernten, mein Haus und mein Vaterland bis zum Ende der Welt verherrlichen. Ich habe die gerechteste Gelegenheit dazu : muß ich nicht die Sache Griechenlands wider die Perser vertheidigen ? Das Blut unserer Vorväter an diesen stoltzen Tirannen rächen ? !›«

B.: »‹Ihr, tapfere Gefährten, ihr sollt für Eure Begleitung Reichthum und Ehre gewinnen – die Ehre, tausende von Euren Nebenmenschen umgebracht zu haben. / (Im Grunde sind wir freylich nichts, als eine Bande Räuber, die sich mit einer anderen, ähnlichen Bande, herumschmeißen, und ich der eine Anführer – aber im menschlichen Leben kömmt alles aufs Wort an, auf die Vorstellungsart. Im Grunde ist unsere Größe wohl auf den Untergang Anderer gebaut. Und Ihr habt im Grunde nichts davon, als Gefahren, Schmertz, Strapatzen Hunger Wunden Tod; Ihr könntet zuhause sehr wohl essen, trinken und ruhig schlafen, könntet Euch mit Eurer Arbeit ernähren und nüzlich werden; Euer Vaterland anbaun, glücklich seyn und glücklich machen – – : Ihr seyd im Grunde recht herzliche Narren, wenn Ihr um meinetwillen auch nur einen gefährlichen Schritt thut; denn Ihr ? : habt wenig oder gar nichts davon !›«

F.: »‹Aber wer wird sich das Alles sagen ? Ich will Euch und mir schon ein Blendwerck von Worten, eine Verbrämung, vormachen, daß Ihr Eure Köpfe nicht zu lieb haben sollt. Man muß überhaupt nicht zuviel von der Sache sprechen; sonst möchte das bißchen natürliche Mitleyd aufwachen, und so wäre es um die gantze Heldengröße gethan).›« – *(Wie erwachend):* »‹Ä=wohlan denn : Schlagt zu ! Ersiegt die Lorbeern der Unsterblichkeit ! !›«

B.: Lange, wie gesagt, bespricht man dergleichen ergiebige Stoffe; dann werden schöne Exempel aus der Kirchen= und Ketzerhistorie beigebracht; auch der Zoologie – – und, wie sich das Alles schickt & findet : plötzlich brüllt Medardus auf:

M. (entsetzt): Öööhhh ! !

F.: Ein Löwe ist aus dem Gebüsch gesprungen, hat dem Medardus die Vordertatzen auf die Pfarrersschultern gepackt, und den Kopf mit trefflich aufgesperrtem Rachen dicht an den seinigen gepreßt. – Gottlob stellt sich heraus, daß das arme Tier sich lediglich einen langen Dorn eingetreten hat; der wird entfernt; und der gelb=gezähmte Räuber geleitet sie zum Dank unaufgefordert zum nächsten Negerdorf, wo der ‹Nazib› seine Untertanen auf gut Prokosch'isch, à la ‹Sturm & Echo›, regiert.

M.: Sie müssen dem cäsarenwahnsinnigen Neger eine ‹Gesandtschaft aus Norden› vorspielen. Müssen Zeugen werden, wie der launenhafte Halbaffe die weibliche Blüte seines Landes serienweise entjungfert; Untertanen als Gladiatoren gegeneinander hetzt : einen Minister benützt er als Stuhl, zwei weitere als ‹Armstützen›.

B.: Belphegor – seinem Namensvetter, dem Hauptgott der Kanaaniter, dem rasenden Sonnenherrn sehr ähnlich – entbrennt Nova=gleich : nicht länger mehr will er die Luft hier atmen, »sie möchte in der Lunge der Bestie gewesen seyn !«. Schon greift er nach seinem Säbel, schon will er dem fett=schwarzen Untier den Schädel spalten – als Fromal ihn mit solchen Worten zur Besinnung bringt :

F. (eindringlich, scharf=halblaut): »‹Unempfindlichkeit ! Kälte : eiskalter Frost wie in Spitzbergen ! – / Und nun zugesehen. – / : Du hast doch so keinen Flecken am Leibe mehr, den Du Dir noch entzweyschlagen lassen könntest. Schlaf gesund in Deiner Haut; und wenn Du erwachst, schau dem Theater zu. Die Menschen sind gar wunderliche Spitzköpfe : hättest Du dem Nazib . . . . .›«

M. (hineinmurmelnd): . . . seltsamer Name das : klingt es nicht wie ‹Nazi› ? . . .

F. (ungerührt fortfahrend): »‹. . . hättest du dem Nazi seinen aufgedunsenen Schädel gespalten für seine Grausamkeyt : so hätten Dir Alle, die

Du von seinem Unsinne befreyen wolltest, ein Gleiches gethan! Selbst die Toten, wenn sie wieder lebendig hätten werden können: sie würden Dich niedergehauen haben; weil Du ihrer Nachkommenschaft die Ehre benahmst, wie sie, für die Größe und zum Zeitvertreib eines Nazi sich todt zu prügeln!›«

B.: Kein Wunder, daß die Dreie, bei solchen Grundsätzen, nur zu bald – diesmal allerdings einzeln und getrennt – weiter gegeben werden. / »Belphegor wurde einem von der erleuchteten englischen Nazion zum Verkauf vorgestellt; allein, aus Menschenliebe, machte Jener sich – zumal als er Belphegors krüplichten, nicht sonderlich viel Leistung mehr versprechenden Körper erblickte – ein Gewissen daraus, wider alle Christenpflicht einen weißen Nebenmenschen in den Handel zu bringen: ‹God damn me›, sprach er, ‹wenn ich jemals den angebornen Edelmuth meiner Nazion so sehr verläugne, daß ich mit weißen Christen handle!›«

M.: »‹Aber›, fiel Belphegor ihm ins Wort: ‹sind schwarze Heiden nicht auch Menschen?!› / ‹The Ordures: das Auskehricht der Menschheit!› schriee Jener. / ‹Aber ...› wollte Belphegor ihm antworten; doch der Mann schien kein Liebhaber vom Disputiren zu seyn, sondern kehrte sich hastig um, ein paar schwarze Mütter zu bezahlen, die aus Dürftigkeit ihrer mütterlichen Empfindung auf einige Zeit den Abschied gaben, und ihre Kinder dem großdenkenden Engländer überließen, bis sie geschickt wären, in Amerika, unter Hunger, Elend, Blöße und Peitschenhieben den Europäern den Kaffee süß zu machen.«

F. (hart): »‹Ein Theil der Menschheit wird zu Tode gequält, damit der andere sich zu Tode frißt! / Ist von jeher die Bequemlichkeit und das Wohlseyn eines wenigen Theils der Menschheit auf das Elend des größeren gegründet gewesen; hat immer Jeder, in sich selbst concentrirt, den Schwächeren unterdrückt – was soll man alsdann denken?›«

M.: »‹Entweder: daß die Unterdrückung mit in dem Plane der Natur war? Daß sie den Menschen so anlegte, daß Einer mit dem Andern um Freyheit, Macht und Reichthum kämpfen mußte? / Oder aber: daß der Mensch – falls sie ihn nicht hierzu bestimmte – das einzige Geschöpf ist, das seit der Schöpfung beständig wider die Absicht der Natur gelebt hat? / Oder: daß die Natur mit ungemeiner Fruchtbarkeyt Kinder gebar, und sie mit stiefmütterlicher Sorgfalt nährte?›«

B. (in edlem Zorn): »‹Ich hätte Lust, ein Rebell wider Natur und Schicksal zu werden! – Unmöglich kann der Mensch das erhabne Ding seyn, wofür ich ihn sonst ansah: er ist entweder eine Karrikatur, oder ein Ungeheuer! Um glücklich unter der Sonne zu seyn, muß man Ignoranz im Kopf oder kaltes Blut in den Adern haben!›«

M.: Die Karawane, neben der Belphegor herlaufen muß, gelangt endlich in das Land des auch heute wieder beliebten großen ‹Negus›. Rein äußerlich unterscheiden sich dessen Untertanen scheinbar nicht von anderen Menschen; obwohl einiges natürlich merkwürdig wirkt : so, zum Beispiel, ertönt plötzlich ein Signal; die Leute horchen auf – und unversehens hebt Jedermann die Halbfäuste an, und niest!

F. (ironisch): »‹Oh, es giebt noch weit mehr Sonderbarkeyten in diesem Lande : haben Sie noch keine bemerkt ?›«

B. (zögernd): »‹Daß hier so viele Leute hinken ?›«

F.: »‹Ja; und wissen Sie, warum ? – Als der gegenwärtige Negus den Thron bestieg, verbreitete sich das Gerücht, daß er hinke : sogleich hinkte ein Jeder seiner Unterthanen ! Wer nicht theatralische Geschicklichkeit genug in den Beinen besaß, einen hinkenden Gang natürlich nachzuahmen, der verrenkte sich den Fuß, schlug sich einen Knochen daran entzwei, zerschnitt eine Sehne, eine Ader, oder gebrauchte ein ander Mittel, sich zu lähmen. Als sich das gantze Land auf diese Art gebrechlich – und also dem großen Negus gleich – gemacht hatte, so kam man erst auf die Frage, mit welchem Fuß der mächtige Kaiser eigentlich hinke ? Weil man in der ersten schönen Hitze an diese wichtige Bedenklichkeyt nicht gedacht hatte, so hinkte Dieser auf die rechte, Jener auf die linke Seite : das gantze Land zerfiel sogleich in zwo Partheyen.›«

M. (gutmütig): Da sieht man aber doch, wie Ihr angeblich so großes Buch übertreibt : so etwas gibt es doch gar nicht!

F.: Das gäbe es nicht ? : daß doch so viele Menschen in einen Spiegel schauen können, ohne sich zu erkennen ! Erinnern Sie sich nicht noch an die Barttracht Kaiser Wilhelm des Zweiten, ‹Es ist erreicht› ? Oder das ‹Schuhbürstchen› eines sicheren Adolf Hitler ? : Wieviele Zeitgenossen sah man nicht postwendend mit dem albernen Zirkumflex unter der Nase herumlaufen, und sich eine noch größere Ähnlichkeit mit jenem Halbmenschen erträumen ! – Warten Sie nur; es geht weiter . . . :

B.: »‹Endlich erfuhr man, daß der Kaiser gar nicht hinke, sondern auf einem Auge blind sey ! – Wirklich hatte sich auch das gantze Hoflager, von dem Nächsten nach dem Kaiser an, bis auf den untersten Stallknecht, aus Ergebenheit gegen ihren Herrn das linke Auge ausstechen lassen. Und nur aus Neid, Mißgunst und Unterscheidungssucht war von den Höflingen zuerst das Gerücht von dem Hinken des Kaisers ausgesprengt worden : damit der Hof allein mit dem Vorzuge einer wahren Ähnlichkeyt mit dem Negus prange. Aus alberner

Begierde vergaß das tumme Volk, sich zu erkundigen, welches Auge ihrem Monarchen fehle; sondern sie liefen haufenweise, wie in einer Trunckenheyt, zurück; und Jeder stach oder stieß sich ein Auge aus.›«

F. (halblaut): Wer will, nehme das alles symbolisch für die grauenhafte hinkende ‹Einseitigkeit› oder ‹Selbstverblendung› unter Hitler – und nicht nur unter ihm!

B.: »Wer sich nicht blendete, mußte, als Bastard des Reiches, zu seiner Kränkung zeitlebens in ewiger Unähnlichkeit mit dem Negus bleiben, und wie ein Verworfener von den Übrigen verachtet werden. / Der große Negus selbst ehrte und erhub natürlich Diejenigen am Vorzüglichsten, die gerade so blind waren wie er!«

F. (fragt messerscharf): Genügt's jetzt?!

M.: Übersprungen sei der Exkurs: wie Medardus für kurze Zeit in einem Nachbarländchen zur Regierung gelangt, und dem Glanze des gelben Goldes erliegt, wie nur einer. Wie er endlich mit der geliebtesten seiner vollschlanken Schwarzen, Zaninny, fliehen muß. In eine Amazonenrepublik gerät, wo die Weiber den Männern Katzen vorziehen. / Unser Belphegor jedenfalls entkommt über's Rote Meer; und reist mit einer Karawane frommer mohammedanischer Sektierer in Richtung Persien.

F.: Da ergibt sich organisch Gelegenheit für unser großes – wenn auch nicht blühendes, so doch immer noch vorhandenes – Buch, über die Stellung der Religionen zu einander zu ruminieren.....:

B. (nachdenklich und betroffen): »Warum nennt man diese Leute Ungläubige? Sie, die mit den feurigsten Regungen Gott verehren, deren ein Christ nicht fähiger seyn kann. Mag er doch den Mahomed, den Ali oder Abu=Beckr für große Menschen halten; mag er sich doch ein Stückchen von seinem Fleisch verschneiden lassen; mag er doch nach Mekka oder nach Bagdad sein Gesicht bey dem Gebete kehren: wenn sein Herz nur zu Gott gekehrt ist, gilt jenes nicht Alles gleich?!«

F. (kühl): »Gerade war Belphegor im Begriff, Jenem seine Freude über seine Andacht auszudrücken, als eine Stimme aus dem Gesträuche hervorbrüllte: ‹Du Verworfener! Der Du die heilige Sunna verachtest, und den triegerischen Ali über den erhabenen Abubecker sezest: stirb von meinen Händen, Ungläubiger!› – Sogleich durchrannte ein hervorstürzender Mann, schäumend, mit einem Spieße den betäubten Erschrockenen, daß er leblos auf dem Fleck niedersank, den kurz zuvor sein Knie in dem Feuer seines Gebetes gedrückt hatte. ‹Blut›, sezte der Mörder hinzu: ‹gottloses Blut fließe zur Ehre des großen Propheten und seines rechtmäßigen Nachfolgers.›«

B. (düster): Daß die Toleranz dem lieben Gott ein Greuel ist, ist freilich bekannt genug; aber wenn ER den Frieden nicht will? : *Ich will ihn!!!*

F. (ironisch entschuldigend): Irren ist göttlich. – / Jedenfalls wird Belphegor ebenfalls verwundet – mehr gebührt ihm ja auch nicht : er wird allmählich zu einer Art lebenden Kerbholzes : bei jeder Narbe kann er sich eines typischen Problemkreises und dessen ‹Behandlung› durch die Menschen erinnern. / Ein vorbeireisender arabischer Räuber findet und pflegt ihn – die übliche launenhafte Mischung aus Roheit und Gutmütigkeit, Wahnsinn und Vernunft, wie sie auch ein munteres Kennzeichen der formica sapiens ist. Jedoch ein Nebenräuber fällt binnen kurzem Belphegors Erretter an; besiegt ihn; und Beide müssen weiter ins Elend ‹wandern› : sogleich werden sie von einem Reitertrupp des Großherrn angehalten, ganz ‹giölgeda padishanün› . . . . . :

B.: »Schon wurden sie, mit dem Schwerte in der Hand, auf ihr Gewissen befragt, ob sie sich zu Dubors oder Misnars, zu Abimals oder Abubals, oder aber des Sultan Amurats Parthey hielten? – ‹Zu derjenigen, die das meiste Recht hat›, antwortete Belphegor. – Da ein Türke keine andere als lakonisch positive Antwort annimmt, so wurde die Frage noch einmal, und zwar peremptorisch gethan; und um ihn zu einer präzisen Antwort desto schneller anzutreiben, schwangen die Examinanten die Säbel über ihren Köpfen, und hielten sich zum Hiebe bereit. Jede entscheidende Antwort konnte ihnen den Tod bringen, und jede Verzögerung brachte ihn gewiß – : sie wählten blindlings eine Parthey, und trafen glücklicherweise diejenige, zu welcher die Fragenden sich bekannten. Um sich aber solcher Gefahr nicht länger auszusetzen, beschlossen sie, ein Land mit dem ehesten zu verlassen, wo die Neutralität schlechterdings unerlaubt war.«

F. (bedeutsam wiederholend): ‹Neutralität unerlaubt›? Trägt nicht auch uns dergleichen täglich der Westwind zu?: ‹Quousque tandem, Struthio?!›

M.: Sie betreten nunmehr das Reich des Silbernen Löwen – und stoßen unverzüglich auf neue Leichenhügel und Blutbächlein : ein dreifach Heil unseren Verkleinerungssilben. Eine Spezialkarawane des Schah=in=Schah, dessen ‹Stimme erschallt vom Mond bis zu den Fischen›, geleitet eine berühmte Schönheit in dessen Harem, und metzelt ‹unterwegs› Alle nieder, die sie eventuell hätten sehen können. Belphegor macht, in seinem gewohnten edel=entrüsteten Ton, Anmerkungen über die entsetzliche Willkür, worauf die Einwohner ihn schon für einen Weisen halten – dabei ist es lediglich ein halbbefangener Ausländer : aber der erscheint eben einem ganzbefangenen Inländer oft schon als ‹Weiser›. Man empfiehlt ihm, die Bekanntschaft eines gewissen Derwisch zu machen . . . . .

B. (übernimmt): »... der in einer völligen Eynsamkeit lebte, und ihnen unter dem Nahmen des ‹Derwisches in den Bergen› bekannt sey. Sie sezten hinzu: Jedermann, der ihn gesprochen habe, sey voller Bewunderung und Ehrfurcht zurückgekommen, und habe versichert, daß sein Mund von einem unerschöpflichen Strohme von Weisheit und heilsamen Lehren überfließe.«

F. (kühl): »Eine solche Nachricht war für Belphegors Begierde ein Sporn. Kaum konnte er die Landleute endigen lassen, als er auch schon um einen Wegweiser bat, der ihn zu dem glücklichen Orte führen sollte, wo er einen *Menschen* zu finden hoffte. – Sein arabischer Räubergefährte, dessen Durst nach Weisheit nicht halb so heftig brannte, warnte ihn sehr eifrig, sein Leben und das wenige gerettete Geld nicht der Treulosigkeit dieser Bösewichter anzuvertrauen, die ihn in unwegsame Gebürge führen und in den ersten=‹besten› Abgrund stürzen würden. So sehr er aber Belphegorn mit seiner arabischen Beredsamkeyt zusezte, und so stark er seine Warnung mit Gründen unterstützte, so blieb doch Dieser in seinem Vorsaze unbeweglich – ebenso unbeweglich blieb auch der Araber in dem seinen, und trennte sich von seinem Gefährten, um wieder in sein Vaterland zurückzukehren, wo man nach seiner Meynung viel edelmüthiger stahl und raubte, als irgendwo.«

M.: Belphegor klettert also hinter seinem Wegweiser her, durch Dorn und durch Gedränge, über Felsen und Vergletschertes; kommt aber doch endlich richtig an; und hier die Probe einer Wezel'schen Naturbeschreibung, etwa im Stile Karl Mays, an dessen ‹Tal der Dschamikun› die ganze Situation überhaupt stark erinnert.....:

A.: »Die gantze Fläche des beynahe eyförmigen Thales war ringsum von Bergen umschlossen, die sich amphitheatermäßig in mannichfaltigen Absäzen erhuben: hier stellte sich eine schneeweiße Felsenspitze wie ein Thurm in die Höhe; hinter ihr dehnte ein brauner Berg den langen Rükken weg; und, höher als Beyde, verlor sich eine Menge zackichter gräulicher Gebürge mit ungleichen Höhen am Horizonte. Dort hiengen Felsenstücken in der Luft, die nur einen Stoß zu brauchen schienen, um herab zu stürzen; neben ihnen bedeckte ein düstres Strauchwerck den phantastisch gekrümmten Berg, der sich mit einer Menge kahler Beugungen und Höhlungen endigte, und die breitesten weitschimmernden Häupter entfernter Gebürge darüber emporsteigen ließ. Bald stürzte sich ein kleiner Bach, beynahe hängend, an einer Felsenwand herab, verschwand, brach eine weite Strecke davon wie ein brausender schäumender Bach aus dem Felsen hervor, flog über ausgehöhlte schwebende Steine hinweg – und wurde von einem Schlunde gierig verschlungen, um nie in dieser Gegend wieder zu erscheinen. Bald stieg eine allmähliche schiefgedehnte berasete Anwand bequem in die Höhe, hier nackt, dort in einem Mantel von gelbgrünem Gesträuche. Die Seite, von welcher sie in die Ebne hinabstiegen, war ein hoher platter Berg, der die Aussicht beschloß, mit einem Cedernwalde bedeckt, durch welchen sie hindurchwandern mußten; und kaum waren sie heraus – siehe! so stund, wie hinter einem eröffneten Vorhange, das gantze schöne Thal vor ihnen. In seine vielfältigen Wälle von Gebürgen eingezäunt, mit etlichen kleinen schmalen Wasserkanälen durchzogen, mit Bucketten von Obstbäumen, lichten und dunkelgrünen Büschchen, beynahe regelmäßigen Pflantzungen, frischgearbeitetem Acker, blühenden kriechenden und aufgestengelten Gewächsen, Gruppen von Citronenbäumen mit goldenen blinkenden Früchten und einzelnen kleinen Hüttchen gleichsam bestreuet.«

F.: Als Besitzer all dieser Friedlichkeiten entpuppt sich der Bruder einer – früher einmal kurz aufgetretenen – Marquise. Er war im Mutterlande, anläßlich der Hugenottenverfolgungen durch Ludwig den 14., ins Gefängnis geworfen, und vor die Wahl gestellt worden : entweder mit Frau und Kindern hingerichtet zu werden – oder aber, zum Schein bekehrt, einmal die Messe zu besuchen, und im übrigen die Konsequenzen für sich zu ziehen. Etwa in solchen Gedankengängen . . . . . :

B.: »Ich überlegte und überlegte. Kämpfte und stritt mit mir selbst. – ‹Gütiger Gott!› rief ich endlich und sank auf meine Knie : ‹Konntest DU den Menschen so schaffen, daß nothwendig Einer mit dem Andern nicht gleichförmig denken kann, und doch gleichwohl Jeder sich für den eintzigen Besizer der Wahrheit hält. Konntest DU zulassen, daß Einer den Andern zu seiner Meynung zwingen darf : warum solltest DU es mir als ein Verbrechen anrechnen, wenn ich den Gesezen DEiner Einrichtung folge; wenn ich, der Schwächere, dem Stärkeren mich unterwerfe und in die Anordnung füge, die von Ewigkeit her in DEiner Welt geherrscht hat – : daß der Schwächere Unrecht behält, thun und sogar glauben muß, was der Stärkere zu glauben gebiethet ? Glauben kann ich nicht ! Aber um drey Menschen aus einem martervollen Leben zu erlösen; um sie nicht ewig in Banden seufzen zu lassen; um sie der Glückseligkeit fähiger zu machen, wozu DU doch wohl jedes Geschöpf auf diese Erde gesezt haben willst – kann ich nicht, um solcher edlen Endzwecke willen, die DEin eigener Wille seyn und Deine Billigung haben müssen – den Stärkeren ohne Sünde betriegen ? Thun, als wenn ich das Joch seiner Meynung annähme, und bleiben, was ich meiner Eynsicht nach seyn muß ? / DU hast uns einmahl so angelegt, daß unser Glaube von erlernten Vorurtheilen, Leidenschaften und Trieben, wie eine Marionette, regiert werden sol :

was kann ich dafür, daß meine Gegner die Stärke haben, mich nach ihrer Richtung hinzureißen, oder zu würgen ? – Ich schwöre : wer von uns Beyden Recht hat, weißt DU nur, DU Richter der Welt ! : DU willst es nicht unmittelbar entscheiden : ich bleibe also bey der Wahrheit, die mir die Nothwendigkeit des Schicksals als Wahrheit aufgedrungen hat; und entsage ihr mit dem Munde, weil eben dieselbe=DEine Nothwendigkeit mich dazu zwingen läßt. Wohlan : mein Meyneyd muß das edelste Werck seyn, denn er rettet drey Geschöpfe vom Elende !›«

F. (ruhig): »Und Du schwurst ?«

B.: »Ja. Ich that es. Und mein Gewissen hat mir noch nie einen Vorwurf darüber gemacht : ich glaube, ich that die nützlichste, die beste That !«

M.: Nach diversen Emigrationen gelangte der Derwisch samt Familie dann endlich in dieses Halb=Elysium, und praktiziert nach Kräften seiner Weisheit letzt=trüben Schluß . . . . . :

B.: »Um in dieser Welt sich zu freuen, daß man ein Mensch ist, um sich und seinem Geschlecht Würde zu geben und auf seine Natur stoltz zu seyn, muß man sich illudiren ! Muß die Augen verschließen; keinen Blick außer sich thun; und dann in süßen Schwärmereyen dahinträumen.«

F. (kalt): Denn : so ganz ohne dubiose Hintertürchen ist auch dieses Paradies nicht. Als der derwischisierende Gallier mit seiner mühsam geretteten Gattin an einem Hange ruht – bei abgehellter Luft, wenn schon des Thaus Tröstung, undsoweiter – da gerät diese an einen verlockend sich wiegenden Beerenstrauch, apartrauschender Blätter übervoll, die Früchtchen süßschmeckend und ausgesprochen eldoradisch : den stillen Pflanzen ist Wezel ohnehin sehr zugetan, und weiß sie, ob ein= oder zweihäusig, liebevoll abzuschildern. Aber auf einmal beginnt die Frau große atropinische Augen zu bekommen : ah ! : keine Luft ! Greift mit Händen rundum – und stirbt : vergiftet von Paradiesischem.

M. (trübe): Diese Zwischenanekdote bildet gewissermaßen ein schon=vorbereitendes entremets; denn . . . . . :

B. (aufgeregt): »Mitten in der Nacht, als die ganze kleine Kolonie in dem tiefsten sorglosesten Schlafe lag – denn vor welchem Eigennuze sollte sie in der abgesondertsten Eynsamkeit sich fürchten ? – weckte Belphegorn plötzlich ein Getöse, das immer mehr sich verstärkte und näher rückte. Er hob sich empor, und wurde von einem Widerscheine erhellet, der die schrecklichste Feuersbrunst ankündigte. Er sprang auf, schaute herum, und erblickte Wohnungen und Bäume vom Feuer ergriffen; und zahlreiche Truppe mit lodernden Hartzfackeln über die Ebnen hinstreichen, um die Verwüstung noch weiter auszubreiten. Er erschrak; wollte seinen neuen Freund retten; wurde inne, daß seine Hütte beynahe schon niedergebrannt war; vermuthete, daß er das Opfer der Flammen geworden sey; dachte an sich – und floh.«

F. (erläuternd): »Der Überfall geschah von einem Trupp Leute, die jenseits der Berge wohnten : die Ruchlosen hatten vermuthet, daß Niemand einen so beschwerlichen Weg wie Belphegor unternehmen würde, wenn ihn nicht wichtige Reichthümer lockten ! Da ihnen der Mann etwas ausländisch vorkam, so war der nächste Eynfall, ihn für einen Zauberer zu erklären, der, durch geheime Wissenschaften, in den Bergen verschloßne Schätze aus der Ferne gespürt habe, und itzt gekommen sey, sie abzuholen. Aus dieser Ursache versammelten sie sich sogleich, als der vermeynte Schatzgräber seinen Weg in das Gebürge antrat; folgten ihm heimlich nach; und beschlossen, seine Rückkunft mit den Schätzen zu erwarten. Da ihnen aber einfiel, daß der Mann, als ein Zauberer, wohl seine Rückreise auf geflügelten Drachen, oder mit einer anderen Art von Hexentransport veranstalten könnte, so änderten sie weislich den Plan, und faßten den Entschluß : ihn noch die nämliche Nacht mit Feuer, als den sichern Waffen wider alle Zauberey, anzugreifen; wiewohl sie auch noch die menschenfreundliche Nebenabsicht hatten, ihn vermittelst desselben aus seiner Wohnung hervorzuscheuchen, sich die Schätze zeigen zu lassen, und ihm alsdann zur Belohnung die verdammten Zauberergebeine zu Asche zu verbrennen. Sie wurden noch mehr in ihrer Meynung bestärkt, da der zurückkommende Wegweiser ihnen das empfangene Geld zeigte; und, um seine Erzählung interessanter zu machen, hinzusezte : daß ihm dieses der Mann, durch einen Schlag mit dem Stabe, aus der Erde habe hervorspringen lassen.«

M. (mitleidig kopfschüttelnd): »Sie warteten in einem Hinterhalte, bis der Zauberer schlafen würde – wo seine Kräfte nicht würcken könnten – und führten ihr schreckliches Stratagem aus : sie zündeten die Hütten des Derwisches an, der wegen langer Sicherheit ungewohnt worden war, Feindseligkeiten von Menschen zu besorgen – und mit seinen Töchtern verbrannte, ehe sie noch ihr trauriges Schicksal wahrnahmen. Belphegor erwachte, ehe das Feuer seine Wohnung verheerte, und entrann in den nahen Wald; indessen daß die Feinde an der brennenden Hütte des Derwisches lauerten, um den herauskommenden Zauberer zu erhaschen : sie lauerten, bis Alles niedergebrannt war; sie lauerten bis zum Morgen . . . . . ? :

F. (in seiner gewohnten ernüchternden Art): »Der Zauberer erschien nicht. – Weswegen sie vermutheten, daß er durch die Lüfte entwischt sey; und, da sie sich nicht getrauten, ihm auf diesem Wege nachzusezen, so verfluchten sie ihn; giengen unwillig fort; machten eine Eintheylung von den Schäzen, die sie hätten bekommen können, und prügelten sich tapffer herum, wenn Einer zu habsüchtige Ansprüche machte : so nahm die Komödie doch ein würdiges Ende !« – Belphegor ist, wie immer, aufrichtig betrübt und zernichtet . . . . . :

B.: »‹So sind meine schönen Hoffnungen abermals zerstäubt ?› rief er, als er sich ein wenig gesammelt hatte : ‹Ich wollte erst anfangen zu träumen, und habe schon ausgeträumt ? ! Daß doch jede Glückseligkeit auf diesem elenden Planeten vorüberfliegender Traum ist, und nur die Leiden nicht ! – So will ich wenigstens die Umstände brauchen, wie sie sind : kann ich in diesem Winkel nicht mit meinem ehrwürdigen Freund glücklich leben, so will ichs ohne ihn thun ! Hier, in diesen Bergen, will ich wohnen, die Früchte der verscheuchten und getödteten Bewohner genießen, und dann, Tod !, in Deiner Umarmung glücklich werden !›«

F. (eisig): »Mit dieser schönen Entschließung sezte er sich unter einen Baum, und begann voller Verlangen auf den Tod zu warten. Da hörte er das Geräusch eines Fußtrittes, hielt es für einen Feind, und, weil er schlechterdings nicht von Menschenhänden, sondern nur ‹vom Tod› umgebracht seyn wollte, so sprang er auf und floh. Der Andre sezte ihm nach, und erhaschte ihn – in der ersten Hize, ehe sie einander erkannten, thaten sie sich ein paar Feindseligkeiten an; und wurden endlich zu ihrem Leidwesen gewahr, daß sie sich unnöthig Wunden gemacht hatten : es war Einer von der Colonie des Derwisches, der Belphegorn bey diesem gesehen hatte, und also wohl schließen konnte, daß sie von e i n e r Ursache in die Flucht getrieben worden seyen. Sie verständigten sich hierüber; und Belphegors erste Frage war alsdann : wo der Derwisch hingekommen sey ?«

M.: »Er ist, nebst seinen beyden Töchtern zu Pulver verbrannt.«

B. (erregt): »So verscharre mich neben ihm ! Denn ich will sterben : hier auf diesem Flecke sterben !«

F. (nüchtern): »Der Andre that etliche Vorschläge, wie sie wohl mit Ehren Beyde noch länger leben könnten; und ermahnte Belphegorn in dieser Rücksicht, mit ihm sich durch das Gebürge durchzuarbeiten; frantzösische Kaufleute aufzusuchen; und dann nach Frankreich zurückzukehren. – Er sezte ihm mit seiner gantzen Beredsamkeyt zu – weil ihm daran lag, einen Gefährten zu seiner Reise zu haben – und brachte es auch endlich so weit, daß Belphegor seine Vorschläge in Erwägung zog.«

M. (bedenklich): Aber wovon leben ? : es ist ein weiter Weg von Ispahan nach Paris und seinem Venusberg ! – Sie beschließen endlich, sich als Gaukler und Marktschreier ihr Geld zu verdienen, und malen zu diesem Behuf den ‹Tod des Großen Alexander› an eine, auf Stäbe aufrollbare

Leinwand. Aber unterwegs kennt Den kein Mensch – wenn sie ihn wenigstens noch ‹Iskandér› genannt hätten ! –; Manche nehmen sogar an, die beiden Stromer wollten sich über Mohammed lustig machen, und steinigen sie laufend; einmal fast zu Tode. Es bleibt nur Betteln ! – Belphegor, der zuerst nicht viel verdient, macht endlich ein System daraus, den Frauen, zumal den alt=häßlichen, faustdicke Schmeicheleien zu sagen, und lebt seitdem ohne Mangel.

F.: Prompt wird sein Gefährte neidisch, verprügelt ihn, nimmt ihm sein bißchen Gewinnst, und läßt ihn blutend liegen : Belphegor hinkt ächzend auf und weiter : am Wegrand sitzt ein verschleiertes Frauenzimmer, und bietet sich ihm an – er ist jedoch viel zu niedergeschlagen im Augenblick, für dergleichen Leibesübung; dennoch folgt sie ihm unermüdlich; bis er schließlich, um sie nur loszuwerden, bittet : ihm den Weg in die nächste Großstadt zu zeigen. : Aber gern : da will sie ohnedies, der besseren ‹Verdienstmöglichkeit› wegen, auch hin ! Und wer ist es schließlich ? . . . . . :

M.: Wer sonst, als Akante ? ! : Sie wurde in Türkeien aller Art von Harem zu Harem vertauscht; gegen 1 Pferd etwa, oder ein schön geschnitztes Schachspiel. Endlich gelangte sie ins Haus eines persischen Großen . . . . .

A. (entrüstet): ». . . und ich wurde unter die Zahl seiner Beyschläferinnen aufgenommen. Ob er gleich, aus besonderen Absichten, nur zwey Weiber hatte, so war doch sein Haus ein beständiger Schauplatz des Zanks und Tumultes : es theilte sich in zwo Factionen, die einander tödlich haßten, und mit aller Erfindungskraft auf Mittel sannen, ihren Haß zur Thätlichkeit werden zu lassen : Sklaven, Sklavinnen, Alles, hatte den Groll der betreffenden Gebieterin angenommen, und verfolgte sich, als wenn es seine eigne Angelegenheit wäre. Vorzüglich äußerte sich diese Feindschaft bey der Geburt eines Kindes : die eine von den beyden Weibern war gantz unfruchtbahr, die andre hingegen hatte ihrem Herrn schon drey Kinder gebohren ! Ein solcher Vorzug war des bittersten Neides werth : als diese Glückliche zum vierthemahl niederkam, so biß sich ihre Neiderin vor Zorn und Unwillen bey der ersten Nachricht davon so heftig in die Unterlippe, daß man sie ablösen mußte, um eine Entzündung des gantzen Gesichts zu verhindern. Kaum hatte sie den Schmertz ausgestanden, als ihr die Rachsucht den grausamen Entschluß eingab, die Wöchnerinn nebst ihrer Frucht im Bette zu verbrennen : sie gab ihrer Parthey Befehl dazu, die mit der größesten Bereitwilligkeit eilete, ihn zu vollstrecken : im Augenblick loderten die Flammen in ihrem Zimmer und allen Ecken hervor; ergriffen die nächst daranstoßenden; verbreiteten sich weiter; und in wenig Minuten war der gantze Pallast in Rauch und Flammen gehüllt. Man rettete sich wie man konnte; und mit dem größten Theile der Sklavinnen entlief auch ich, um ein leichter Joch zu finden.«

F. (vertraulich): Das Unheimlichste bei dieser Episode – wie schon früher; und dann auch später immer wieder – ist die Tatsache : wie unsere 4 Helden soweit ramponiert sind, daß sie sich schon rein äußerlich für *Fremde* halten, wenn sie sich begegnen; und sich immer erst, meist unter Widerstreben, und Mentalreservationen gehemmtester Sorte, ‹zu erkennen geben› müssen.

M.: Belphegor wird derartig beeindruckt von Akantens neuer Beredsamkeit – sie hatte zuvor ein Maulvoll Opium zu sich genommen – daß er sich ihrem rauschrasch ersonnenen Großprojekt zur Emanzipation des Frauengeschlechtes begeistert anschließt; zumal, nachdem er ebenfalls ein Restchen jenes ‹laudanum› gekostet hat :

B.: »Sie fingen den Zug gleich an, und ihre 4 Arme dünkten ihnen in ihrer stolzen Berauschung so stark als 100.000 zu seyn; weswegen sie nicht die mindeste Bedenklichkeyt hatten, ohne Hülfstruppen mit dem ganzen Oriente allein fertig zu werden. Sie rückten an den nächsten Ort an, drangen mit Geschrey in ein Haus, und verlangten von dem Manne die Befreyung seines Weibes und seiner Töchter aus der häuslichen Sclaverey. Der Mann, der weder ihre Anrede noch ihre Forderung verstand, aber doch aus ihrem Betragen schließen konnte, daß sie nichts weniger als in friedlichen Absichten zu ihm kamen, hielt es für rathsam, allen Gewaltthätigkeiten vorzubeugen, solange es noch in seiner Macht stünde; sezte sich zur Gegenwehr, und seine Weiber, zu deren Erlösung unsre Helden ausgereist waren, gesellten sich zu ihm wider ihre Befreyer, die sie mit Faustschlägen, Nägelkratzen und anderen Waffen zum Hause hinauskomplimentierten, vor der Thüre ließen, und in Friede und siegreich wieder in ihre 4 Mauern zurückkehrten.«

F.: »Theils von ihren ritterlichen Thaten und den empfangenen Schlägen, theils von der Überspannung des Opiums ermüdet, blieben sie beyde auf dem nämlichen Flecke liegen, wohin sie der lezte feindliche Stoß versezt hatte; und in kurzem waren sie in dem tiefsten Schlaf, worinne sie unter den schwärmerischsten Träumen und Entzückungen bis zum Morgen verblieben. Als sie erwachten, sahen sie sich voller Verwunderung an einem Orte, den sie vor ihrem Schlaf niemals gekannt hatten ! Entdeckten voller Verwunderung Beulen und geronnenes Blut Eins in des Andern Gesichte; erblickten mit Erstaunen Spuren eines Scharmützels, dessen Folgen sie deutlich fühlten, ohne daß sie nach ihrem lebhaftesten Bewußtseyn dabey gewesen waren ..... sie sannen; aber ihr eigener

Zustand blieb ihnen ein unauflösliches Räthsel, weswegen sie ohne ferneres Kopfbrechen sich endlich von der Erde erhuben, und bedächtlich ihren Weg antraten.«

M.: Man bettelt sich, unter beständigen, gewissermaßen organisch anfallenden Prügeln bis tief in die ‹Sinesische Tartarey› hinein – keine Spur von ‹Lenkung› oder ‹Führung› oder ‹Vorsehung›, die überhaupt alle besonders schlecht im Buche wegkommen : das ist Alles so fade und höllisch lächerlich; eine träge Revue aus Blut & Langerweile, abgespielt vor einem leeren Parkett – denn auf Gott, sei es als Regisseur, sei es als Zuschauer, hat man ja dankend verzichtet.

B.: Von entzückend vorangaukelnder Musik durch endlose Dornenwälder nachgelockt, erleben Belphegor und Akante allegorische Bereiche, wo zwergisch=Unbelehrbare zeitlebens hinter Goldfasanen hersetzen, ‹Weißen Hirschen› und rotschimmernden Fischen. Während ein abgeklärter Alter – der sich in jüngeren Jahren freilich genau so gebärdet hat, und also die Chose kennt – während der ihnen noch symbolisch=schwermütige Erklärungen gibt, zahnlos=unerfreuliche, die vielen Konsonanten rischeln wie Winterschilf, während sie noch schlaff=betrübt von Weisheit klatschen – dies der exakt=verzweifelte Ausdruck : mehr ist dem Menschen nun einmal nicht vergönnt! . . . . .

F.: Während dessen also erfolgt ein kleineres tektonisches Erdbeben; Schollen reißen sich los; im allgemeinen Tohu=wa=Bohu schwemmt es Belphegor & Akante – oder, wenn man mit Gewalt höflich sein will : Akante & Belphegorn – davon.

M.: An der Californischen Küste werden sie angetrieben – natürlich ausgerechnet an dem allerödesten Landstrich, wo sie vergeblich in Triebsanden nach, und sei es den dünnst=bitteren, Wurzeln wühlen. In diesem neu=alten Dilemma – dem Zug nach probat=glücklicher Einsamkeit, und dem nach unterhaltsam=ernährender Menschengesellschaft – schlagen wieder einmal mehr über Beiden die Gedanken zusammen . . . . . :

A. (in, sich immer steigernder, Betrübnis): »Sie dachte an alle Örter der Freude zurück, wo sie jemals in Lust und Entzücken geschwommen hatte : ‹O, wie schön,› dachte sie, ‹war es im Serail des großen Fali! Wie schön beym Markgrafen von Saloica, ob ich gleich alle meine Reitze dort einbüßte! Wie schön bey Papst Alexander, dem 6.! Wie schön überhaupt in Europa, in den Armen meiner Geliebten, ob Christen, Juden, Heiden, der starken Jünglinge – ach, die glückliche Zeit ist vorüber; und hier soll ich nun auf dieser dürren Insel, ohne Gesang und Klang, nicht einmahl begraben werden, sondern vermodern, und von den Vögeln des Himmels zerstückt werden?! Kein Jüngling soll 1 einzige Strophe auf meinen

Hintern singen ? Kein Liebhaber 1 Thräne auf meine erblaßten Wangen tröpfeln, und sie wieder aufküssen ?›« – *(Wimmernd):* »‹Nichts; nichts : Alles nichts !›«

F. (amüsiert): Während unterdessen Belphegor in seinem Sandloch buddelt, und düster in dasselbe also hineinredet:

B. (grollendes Gemurmel): »‹Wenn mich das Schicksal auf der einen Seite zu den Menschen hin stößt – und auf der andern sie wieder von mir entfernt ? : O Labyrinth, o Räthsel ! Der Tod schneidet den Knoten am besten entzwey. / Wohlan : zeugt die Natur Geschöpfe, um sie in Qual zu versenken; macht sie so herrliche Anstalten, um sie untereinander zusammenzuknüpfen, daß sie erst hungern=frieren=schmachten, die äußerste Erschöpfung der Kräfte durch Schmertz und Gefahren erdulden, sich kränken=verfolgen=martern=erwürgen müssen; durchwebte sie dieses Leben mit Dornen, um uns die einzeln blühenden Bäumchen desto wohlthuender, einnehmender zu machen; gab sie ihren Geschöpfen eine so traurige Fruchtbarkeyt, daß sie mehr ihresgleichen hervorbringen, als nach der Veranstaltung des Schicksals ernährt und erhalten werden können – – : Mag sie es verantworten ! Ich kann nicht mit ihr rechten; denn – unglücklich genug ! – wir haben keinen Richterstuhl, der über uns erkennt ! Der Mensch, die Creatur, müssen leiden, weil sie die Schwächeren, weil sie nichts sind. / Komm, Akante; laß das verächtliche Geschlecht, das zum Quälen allezeit, zur Hülfe nie, bey der Hand ist : laß es ! Wir wollen ihm fluchen – und sterben !›«

F.: Da aber sogar der Herr Tod saumselig sein kann, und nicht immer auf der Stelle herbeigeschlendert kommt, wenn man ihn gerade brauchen könnte, so erscheint fürs erste sein Bruder, der Schlaf – aus dem Belphegor freilich bald durch ein Rütteln geweckt wird. Eine mächtig=bunte Hand sieht er auf seiner Bettlerschulter liegen ? – : Wilde haben sie gerettet; und speisen und tränken sie im Überfluß.

M.: Was sogleich zu schönen Deklamationen im Sinne Rousseau's Anlaß beut; freudigen Einfällen von ‹Unverdorbener Natur›, Gesichten von einer ‹Welt unschuldiger Menschen›, und wie die liebenswürdigen Witze weiter heißen, die eben zu Wezels Zeiten von wohlkostümierten Hirten vor sich hin gelispelt wurden.

F. (berichtigend): Leider müssen unsere Helden die Entdeckung machen, daß sie lediglich erst gemästet, und dann gefressen werden sollen ! – Glücklicherweise entsteht gleich in der, dieser Erkenntnis folgenden, Nacht ein Getümmel im Dorf : der Nachbarstamm hat die Bösewichter überfallen – gibt es etwa doch etwas wie eine ‹ausgleichende Gerechtigkeit› ? Aber, oh weh; die Angreifer waren nichts als ‹weltanschaulich empfindlich›; nämlich entrüstet darüber : daß ihre gottlosen Nachbarn die beiden weißen Mondmenschen nicht erst den Göttern opfern, und dann fressen wollten : Quelle nuance!

B.: In dem allgemeinen Catch=as=catch=can können die Beiden aber doch entrinnen. Mühen sich wiederum durch kalte und lauwarme Wildnisse. Eines schönen Morgens – das heißt, so schön ist er gar nicht : die verfluchten Moskitos ! – vernehmen sie Stimmen : ? : es sind, wie die internationale Akante erkennt, die auch einmal einen Hidalgo zu ihren Buhlen zählte, Spanier. Die willigen ein, unsere Leutchen in die Wonnen der Zivilisation zurückzuführen; um 1 Haar geht aber erst noch ihr Ruderboot verloren : Belphegor stürzt sich, todverachtend, in die reißende Strömung; und birgt es glücklich wieder, sowie den einzigen, hilflos händeringenden Insassen. – – *(Befremdet):* Der faßt ihn ins Auge ? Noch schärfer ? . . . . . :

M.: »‹Brüderchen !› schrye er : ‹Bist Du es ? Gewiß ? ! – Sagt' ich's doch : die Vorsehung lebt noch ! Wir dachten einander nimmer wieder zu finden; aber siehe : hier sind wir schon beysammen ! Und auch Du, Akantchen ? Wohl uns : wenn wir erst wieder in Cartagena sind, dann soll's Euch gehen ! : so gut, als Ihr's itzt schlecht gehabt habt !› – Und so trank Medardus munter sein Glas aus.«

B. (finster): »‹Aber, Medardus – wenn ‹die Vorsehung noch lebt›, wie Du immer noch fest glaubst – warum ließ sie mich erst so lange Zeit zweifeln, ob überhaupt eine existire ? Warum mußte ich geschunden, zerschnitten, gesengt, und beynahe gefressen seyn, um davon überzeugt zu werden ? Und noch kann unser Wiedersehen ebensosehr die Wirkung eines Ohngefehrs, eines zufälligen Schicksals, als einer ‹Vorsehung› seyn. Meine Leiden machen meinen Glauben an sie kein Haarbreit stärker; ja so gar : sie schwächen ihn !›«

F.: Man gelangt aber diesmal ohne Anstoß nach Cartagena; und Medardus verschafft dem Freunde – der nun endlich offiziell seine, wenn auch schon mehr nur aus Gravitation noch geliebte, Akante heiraten kann – eine anständige Versorgung als Buchhalter bei einem Plantagenbesitzer. Da jedoch, wo er täglich die grausamste Sklavenwirtschaft vor Augen sieht, gerät Belphegor sogleich mit seinem Brotherrn aneinander; stellt jenem in feurigen Worten sein Unrecht vor Augen; und wird, wie ihm gebührt, ‹fristlos entlassen› – *(spöttisch):* »aber ein kleiner Rest von Stolz, der ihn überredete, für die Wahrheit eine Aufopferung gethan zu haben, stärkte ihn hinlänglich, daß er so aufgerichtet und fröhlich wie ein Märtyrer über die Schwelle schreiten konnte.«

A. (immer munter): »Er nahm seine Zuflucht zu Akanten, die noch –

so sehr sich ihre eigenen Reitze auch vermindert hatten – aus dem nämlichen Grunde gern mit der Liebe spielte, aus welchem ein alter Fuhrmann gern klatschen hört, wenn schon sein Arm zu steif ist, die Peitsche selbst zu regiren. Sie war – wenn man ihre Verrichtung bey dem eigentlichen Namen nennen darf – eine Kupplerinn; und genoß die Freuden ihrer Jugend wenigstens in der Eynbildung, wenn sie den fremden Genuß derselben vor sich sahe.« – *(Listig):* »Ihr Mann, der mit seinem Kopfe immer auf irrendritterliche Fahrten ausgieng, konnte, über dem Eifer die gantze Welt zu bessern, nicht daran denken, sein Haus zu bessern, das durch die Geschäftigkeit seiner Frau einem Bordelle nicht unähnlich geworden war : er ließ sich von ihr ernähren, schwärmte mit seinen Gedanken in der Welt umher, suchte Materialien zum Ärger auf, und zürnte, daß die Natur nicht ihn um Rath gefragt hatte, als sie eine Welt schaffen wollte.« – *(Sie lacht hell & perlend auf).*

F.: Einer der Kunden erzählt ihm in der Dämmerung von den Neu=England=Staaten, oben im US=amerikanischen Norden, wo ihm viel Unrecht zugefügt wurde : ein mächtiger und – was damit identisch ist : denn sonst wär'er nicht mächtig ! – ein skrupelloser Nachbar, bekam Appetit auf sein hübsches Gärtchen, das an Dessen Latifundien grenzte, und piesackte ihn, nach Schema Ahab=Naboth, so lange, bis er es ihm schließlich schenkte : ja, ihn sogar noch dringend bitten mußte, es nur anzunehmen ! – Auf die erregte Frage nach dem Namen jenes hartherzigen Schurken hört Belphegor das vertraute ‹Fromal›; und beschließt sogleich, nutzlos=edel entflammt wie stets, Jenen aufzusuchen, und ihm ins Gewissen zu reden.

M.: Gouverneur einer Provinz ist Fromal geworden; und so gut kennt er Belphegor noch, daß er ihm beständig ausweicht – um den Tugendpredigten zu entgehen. Aber Belphegor greift zur Feder, und weiß ihm seinen ergreifenden Brief doch in die Hände zu spielen, daß Fromal in sich geht – ein wenig. Ihn vor sich läßt; ihn auch bittet, wieder, wie vormals, sein Freund zu sein – was gewissermaßen eine andere Formulierung für den Wunsch darstellt : inskünftige mit solchen moralischen Behelligungen verschont zu werden.

B.: So legt es, hellhörig, auch Belphegor aus; und spricht daher mit dem ganzen schönen Ernst eines Heidenbekehrers : »‹Nicht 1 Minute kann ich Dein Freund seyn, solange Deine Reue nicht wirksamer ist : nicht bloß vergessen, sondern wiedergutmachen mußt Du Deine Ungerechtigkeyten !›« / Fromal wiederholt höflich die Versicherung seiner Reue über den bewußten Gartenraub, und glaubt damit weg zu kommen; aber Belphegor läßt nichts von seinen Forderungen ab; ja, er geht im

Feuer der Unternehmung sogar so weit : daß er von Fromal verlangt, seinen Gouverneursposten aufzugeben, um sich vor neuen Mißbräuchen desto sicherer zu hüten.

F. (kühl und reserviert): »Diese Anforderung war übertrieben, und verdarb darum die Hälfte der schon gemachten guten Wirkung. Fromals Eigenliebe fühlte etwas zu Widriges dabey, um ihm nicht ein Vorurtheil wider den Mann einzuflößen, der sie thun konnte. Aus dieser Ursache brach er kurz darauf abermahls das Gespräche ab, ohne einen weiteren Anspruch auf Belphegors Freundschaft zu machen. / Indes blieb ihm doch ein Stachel zurück, der ihn von Zeit zu Zeit an jene Vorhaltungen erinnerte : er liebte Belphegorn wegen seines Eifers für seine Besserung, er wollte ihn gern oft sehen – und gleichwohl fürchtete er eben diesen Eifer zu sehr, um ihn oft sehen zu wollen. Um sich diese beschwerlichen Anforderungen zu ersparen, bot er Belphegorn das bewußte Stück Land zum Geschenk an, das er jenem Fremden abgenommen hatte. / Belphegor weigerte sich natürlich, und seine Gerechtigkeitsliebe stellte ihm den Besiz solchen Geschenkes als einen Diebstahl vor ! Doch Fromal, der die Menschen kannte, machte ihn durch häufige Zunöthigungen, durch die damit verbundenen Vortheile und Annehmlichkeiten, mit der Idee davon so vertraut, daß Belphegor wirklich – nach langem edlem Weigern – das Geschenk annahm, ohne es weiter für einen Diebstahl zu halten.«

M.: Auch Medardus, ‹im Bunde der Dritte›, wird mit herzugezogen – er bringt die Nachricht von Akantens Tod aus Dixieland mit : anläßlich einer allzu riskanten Kuppelei erhielt sie, von dem Ehemann der betreffenden verheirateten Frau, eins über den Kopf. Medardus tröstet Belphegor mit dem Aperçu, daß es besser für sie Alle und die Welt gewesen wäre, wenn Akante solchen k. o. sofort nach der Geburt versetzt bekommen hätte.

F.: »Der Genuß mannichfaltiger Vergnügungen bey dieser Besizung, und die Erkenntlichkeyt dafür, milderten allmählich Belphegors Unwillen wider Fromals begangene Ungerechtigkeyt; und bald wurde nur noch davon gesprochen, um darüber zu speculiren. – So war nach vielfältigen, zum Theil selbsterregten Leiden, Belphegor in Ruhe. Besaß ein kleines Landgütchen, mit einer für ihn bequemen Wohnung; mit schattichten Bäumen, um darunter philosophisch zu träumen; mit einem Felde, um seinen Unterhalt darauf von etlichen Negern erbauen zu lassen, die ihm Fromal dazu geschenkt hatte : itzt, da er selbst die Nüzlichkeyt dieser Schwarzen genoß, verschwand das Düstere in der Vorstellung von ihrem Zustande ganz ! Ob er sie gleich als Menschenfreund beklagte, so schienen sie ihm doch nicht mehr halb so unglücklich, wie ehemahls.«

M.: Lange Unterredungen halten die emeritierten 3 Freunde – denn Fromal hat nun doch abgedankt; was ihm umso leichter wurde, als er demnächst doch bald gestürzt worden wäre – lange Unterredungen also, über Vorsehung, Schicksal, und ähnliche gleich unerschöpflich=zeitvertreibende Materien : Jeder bleibt letztlich auf seinem Standpunkt ! / Medardus ? : noch als er im Sterben liegt, sind seine ‹letzten Worte› sein ewig=hoffnungsvoller Refrain : »Wer weiß, wozu es gut ist ?«

F.: Fromal ? : verharrt als Anhänger des Fatalismus; unzergrübelt, verächtlich; zu den Disputen der Freunde ist sein Beitrag : »Fromal nickte, und schwieg.« – Unbelehrbar=rebellisch bleibt allein Belphegor :

B.: »‹Was findest Du nun in meinem ganzen Lebenslauf ? : blindes Schicksal ? Oder überlegte Vorsehung ? Ich solte durch eine Reihe von Beschwerlichkeyten dahin, die meistens Neid und Bosheit über mich ausgossen : keine hing mit der andern zu einem gewissen Zwecke zusammen; sondern ich wurde gequält, weil die Menschen nun einmahl so gemacht sind, daß sie nach ihren Gesinnungen und Leidenschaften – die auch nicht ihr Werck sind ! – nicht anders konnten, als mich quälen mußten.›«

(In erhabener Entrüstung): »‹Welch ein Plan ist es aber : Wesen so anzulegen, daß aus ihrem ersten Triebe der Selbsterhaltung, Leidenschaften aufwachsen müssen, die solche barbarischen Grundsäze erzeugen ? Was sind all diese Quälereyen in jenem vorgeblichen ‹Plane› ? Zweck ? Oder Mittel ? !›«

(Grüblerisch=zerquält): »‹Zweck : können sie nicht seyn : denn welche Idee wäre, wessen würdig, Creaturen zu schaffen, damit sie einander fressen ! / Mittel ? : ebensowenig; denn wozu führen solche Unthaten, einzeln oder im Ganzen ? – ›«

(Finster flüsternd; es handelt sich schließlich um die Erkenntnis=Summe eines ganzen bedeutenden Lebens): »‹Entweder müßte also hier, im Plane der Begebenheyten, ein ruchloser Zweck, oder ein thörichtes Mittel, angenommen werden.›«

(Noch leiser; noch eindringlicher; im sogenannten ‹Bühnenflüstern›, das man mühelos 30 Meter weit verstehen kann): »‹Oder aber . . . . . ? : Oder aber . . . . . ? ! : Die gantze Sache muß ein zufälliger, nicht intendirter Umstand seyn ! –

Und

Und ? ? ? . . . . . :

Und vielleicht war die gantze Reihe Meines=Deines Lebens : die Begebenheyten der gantzen Erde ! : Nichts, als Dieses . . . . .›«

(Gong)

ERSTVERÖFFENTLICHUNGEN

VORSPIEL:
in ‹Augenblick› 4, 1958, hrsg. v. Max Bense, S. 23 – 26

NICHTS IST MIR ZU KLEIN:
Süddeutscher Rundfunk, 1. Programm,
21. Oktober 1955, 22 h 30 – 24 h 00

DAS GESETZ DER TRISTANITEN:
in ‹Der Rabe› 12, 1985, hrsg. v.
Jan Philipp Reemtsma und Bernd Rauschenbach, S. 146 – 160

HERRN SCHNABELS SPUR:
unter dem Titel *Treffpunkt für Zauberer – Arno Schmidt besichtigt ‹Die Insel Felsenburg›,* Süddeutscher Rundfunk, 1. Programm,
14. Dezember 1956, 22 h 30 – 23 h 30

WUNDERLICHE FATA EINIGER SEEFAHRER:
in *Das Leptothe=Herz*. Zürich: Haffmans 1987, S. 92 – 101

EINE NOTIZ ZUM LEBEN
JOHANN GOTTFRIED SCHNABELS
unter dem Titel *Recherchen – Eine Notiz zum Leben Johann Gottfried Schnabels* in ‹Die Andere Zeitung› vom 5. 10. 1961

KLOPSTOCK ODER VERKENNE DICH SELBST:
Süddeutscher Rundfunk, 1. Programm,
18. Oktober 1958, 22 h 30 – 24 h 00

WIELAND ODER DIE PROSAFORMEN:
Süddeutscher Rundfunk, 1. Programm,
26. Mai 1957, 22 h 30 – 23 h 40

HERDER ODER VOM PRIMZAHLMENSCHEN:
Süddeutscher Rundfunk, 1. Programm,
12. September 1958, 22 h 30 – 24 h 00

BELPHEGOR ODER WIE ICH EUCH HASSE:
Hessischer Rundfunk, 2. Programm,
1. Juli 1959, 21 h 15 – 22 h 20

Arno Schmidt

DAS ESSAYISTISCHE WERK ZUR DEUTSCHEN LITERATUR IN 4 BÄNDEN

SÄMTLICHE NACHTPROGRAMME
UND AUFSÄTZE

BAND 2

EINE EDITION DER
ARNO SCHMIDT STIFTUNG
IM HAFFMANS VERLAG

ARNO SCHMIDT

Johannes von
MÜLLER

—

Karl Philipp
MORITZ

—

August Heinrich Julius
LAFONTAINE

—

Wilhelm Friedrich von
MEYERN

—

Ludwig
TIECK

EDITORISCHE NOTIZ

Diese Lese-Ausgabe bietet gewissermaßen Arno Schmidts private deutsche Literaturgeschichte; sie bringt sämtliche Nachtprogramme und Aufsätze in chronologischer Folge nach den Lebensdaten der traktierten Autoren; mehrere Arbeiten über einen Autor sind so angeordnet, daß auf die Darstellung von Leben und Werk deren Deutung und Wirkung folgen.

Die Texte erscheinen – soweit bereits in Buchform vorliegend – als vollständiger, vereinheitlichter Neusatz nach den Ausgaben letzter Hand; alle Erstveröffentlichungen folgen Druckvorlagen aus dem Archiv der Arno Schmidt Stiftung. Eindeutige Druck- oder Tippfehler wurden korrigiert.

Nachweis der Erstveröffentlichungen am Schluß des Bandes.

KORREKTOREN WAREN
ERNST BOMMER, ANDREA SCHOLZ
UND RUDI SCHWEIKERT.
TEXTREDAKTION VON
RUDI SCHWEIKERT.

1.–10. TAUSEND, HERBST 1988

UMSCHLAG, GESTALTUNG UND PRODUKTION:
URS JAKOB, HAFFMANS VERLAG AG, ZÜRICH
SATZ AUS DER BEMBO VON SATZCENTRUM JUNG, LAHNAU
HERSTELLUNG: BENZIGER, EINSIEDELN
ISBN 3 251 80050 7

Inhalt

JOHANNES VON MÜLLER

3. Januar 1752, Schaffhausen – 29. Mai 1809, Kassel

MÜLLER

oder Vom Gehirntier

Sprecher:

A.: Kenner und Anwalt der Gehirntiere

B.: Normalmensch; der sich – vieler verwundert=abweisender Fragen und des befremdeten Kopfschüttelns des ‹guten Durchschnitts› fähig – zumeist als leidend=Lernender, manchmal sogar wie im Zoo verhält (aber ja nicht karikierend!)

C.: Für die Zitate ein kehliger Bariton – man muß gleichzeitig Heldenton & Hühnerbrust heraushören können.

C. *(körnig=heroisch; aber auch ganz leicht gaumig=verdächtig):*
»Sie standen,
in schmaler Ordnung,
mit kurzen Waffen;
vierhundert Luzerner,
neunhundert Mann aus den drei Waldstätten und ungefähr hundert Glarner, Zuger, Gersauer, Entlibucher, Rotenburger, unter ihren Bannern;
unter dem Schultheiß der Stadt Luzern, und unter dem Landamman eines jeglichen Thals.
Einige trugen die Hellbarten, womit im Paß bey Morgarten ihre Ahnen gestritten;
Einige hatten statt der Schilde ein kleines Brett um den linken Arm gebunden;
erfahrene Krieger sahen ihren Muth.
Sie fielen auf die Knie und beteten zu Gott, nach ihrem alten Gebrauch.
Die Herren banden die Helme auf.
Der Herzog schlug Ritter.
Die Sonne stand hoch.
Der Tag war sehr schwül!«

(Ganz leise den ‹Berner Marsch› einblenden : Tram, tram tram . . .)

A. (spricht hinein): Also hebt an : die Schilderung der Schlacht bei Sempach . . . . .

B. (bescheidentlich anmerkend): 1386. Winkelried.

A. (zufrieden fortfahrend): . . . . . bei dem folgenreichsten unserer deutschsprachigen Geschichtsschreiber, dessen ‹Gesammelte Werke› hier auf dem Schreibtisch stehen : 40 Bände, mit 30 Millionen Buchstaben.

B. (kritisch): Ich würde lieber Bänd=*chen* sagen – es ist eine ältere Ausgabe ?

A. (verbindlich): Aber lieber Freund es giebt keine neue Ausgabe der Werke des Johannes von Müller. Noch heute muß Jeder, der ihn kennen lernen; Jeder, der ihn studieren, Jeder, der über ihn arbeiten will, nach dieser Cotta'schen Ausgabe von 1831–35 zitieren; der Leser, der Forscher, der Stilist.

B. (unangenehm berührt): Ja aber wie ist denn das möglich ? Das sind ja . . . . . *(kurze Rechenpause):* 130 Jahre her ! Wo bleiben denn da unsere Verleger ? – *(Besonnen=ernüchterter):* Oder lohnte sich ein Neudruck des Herrn Müller etwa nicht ?

A. (verächtlich amüsiert): Unsere ‹Großen Verleger› ? : oh, die haben schon ‹den Finger am Puls der Nation›; verfolgen marktforscherisch=gehorsam ‹die Bedürfnisse des Lesepublikums› – und die Folgen sehen wir denn ja auch rundum. Ganz Kühne drucken den ‹Werther› nach, oder gar Shakespeare – davon giebt's ja erst 500 Millionen Stück – und dünken sich dann flugs Cotta=gleich.

In Wahrheit ist die Lage schlechthin trostlos ! : Die wenigen wahren Benutzer reichen sich die wohlgeschonten Bände stumm und resigniert durch die Jahrhunderte weiter.

B.: Ach, hier – auf dem Vorsatzblatt des ersten Bandes – : das sind die Namen früherer Besitzer ? . . . . . *(Murmelnd):* ‹Dr. J. Cornaro der Ältere›; putzig.

A. (berichtigend): Und rührend. Und wichtig : sehen Sie die nächste Signatur ? : ‹Aus Mommsens Bibliothek› ! – Nein nein; es ist schon eine reinrassige Schande, das Getreibe der Herren Verleger; die sich zwar untereinander gern ‹Hegemeister des Geistes› titulieren; in Wahrheit aber weder die ‹bons ayeux› noch die großen Neuesten fördern : unsere Literatur, ob Druckerpresse ob Sendemast, ist nicht in den besten Händen ! – *(Mit beiden Fingerbüscheln auf die 65=Zentimeter=Reihe hindeutend):* Wie unser Exempel, Müller=hier, belegt.

B. (einschränkend): Immer vorausgesetzt, daß er wirklich ein großer Mann war; ein großer Schriftsteller; ein großer Intellektueller.

A. (grimmig gerührt ob so viel Leser=Unschuld; ironisch wiederholend): ... Ein großer; Intellektueller : Jaja!

(Gong; bedenklich=bedächtig verhallend)

A. (langsam anhebend; wie sich=erinnernd): Johannes Müller aus Schaffhausen. – 1752 geboren; also ungefähr Goethe=Jahrgang. / Aufgewachsen in Bibliotheken, in den Buchnissen ältlich=gelehrter Vorfahren. / Von frühester Kindheit an ein Gehirnwunder : »Sein Gedächtnis scheint beinahe übermenschlich!« ruft Lavater begeistert. / Oder Goethe an Schiller . . . . . :

C. (behaglich=würdigend; diesmal ohne Unterton): »Heute Abend war Johannes von Müller bei mir, und hatte große Freude an meinen Münzschubladen. Da er so unerwartet unter lauter alte Bekannte kam, so sah man recht, wie er die Geschichte in seiner Gewalt hat : selbst die meisten untergeordneten Figuren waren ihm gegenwärtig, und er wußte von ihren Umständen und Zusammenhängen.«

A.: Und wiederum, nach Müllers Tode . . . . . :

C. (wie oben): »Unser abgeschiedener Freund war eine von den seltsamsten Individualitäten, die ich gekannt habe. / Es ist eine Natur, dergleichen auch nicht wieder zum Vorschein kommen wird.«

A. (mit leichtem Spott): Hier irrte Goethe. / Oder, wohl richtiger : vorsichtig, wie er es im Alter fast immer war – nicht aus zarter Rücksicht; sondern lediglich um sich nicht nur Unannehmlichkeiten, sondern auch nur Diskussionen zu ersparen – vorsichtig also und sibyllinisch formulierte er sein Urteil über das seltsame ‹master=mind›. In Wahrheit wußte er sehr wohl Bescheid – war er doch in diversen Hinsichten ähnlich; war selbst ‹Intellektueller›.

B. (ungeduldig): Also schön : ein glänzendes Gedächtnis! Aber das ist doch schließlich die simple Voraussetzung für geistige Hochleistungen. Warum verweilen Sie gerade darauf so umständlich?

A.: Sie sagen das sehr leichthin. – Haben Sie schon einmal bedacht, daß solche Spezialisierung eine ‹Verkrüppelung› in jeder anderen Hinsicht bedingt? Einem Sportler billigt man das heute ja schon ohne weiteres zu, die besondere, genau ausbalancierte Lebensführung : täglich 8 Stunden trainieren; kein Tabak Alkohol Liebe; dafür zeitig schlafen gehen, und besondere Athletenkost essen. – *(Abfällig):* Und dabei sind das, ob Schnelläufer oder Gewichtheber, doch bestenfalls eine andere Art Windhunde oder Ochsen.

B.: Sehen Sie sich vor, wenn Sie nachher auf die Nachtstraße hinaustreten!

A.: Wieviel mehr müßte man da doch eigentlich den Weltrekordlern des Geistes – dem, was ja im Grunde den Menschen ausmacht – ‹mildernde Umstände› zubilligen. Ist es Ihnen noch nie eingefallen, daß ein Maler ein Unwesen sein könnte : nur noch Auge & Hand ! Ein Musiker ‹ganz Ohr›. Der Intellektuelle nur noch Gehirn & Zunge : das ist kein kleines Wunder, daß Die, unsäglich überarbeitet, anbetungswürdig=verschroben, pausenlos in erhabene oder lächerliche Träume vertieft, ‹Rennfahrer der Sprache›, die die empfindlichste hochtourigste Maschine unter voller Lebensgefahr erproben – leben Sie mal ein halbes Jahr von Kaffee, Alkohol, Aspirin und Schlaftabletten ! – : daß die nicht sämtlich auf den Köpfen einhergehen !

B. (ablehnend): Wieso ? ! Wir arbeiten ja schließlich Alle.

A.: Gern will ich Ihnen, eben am Fall Müller hier, einen schwachen Begriff geben : von einem Supergehirn; und ‹seiner Erdentage Spur› . . . . . *(mitleidig):* – aber Sie werden sich entsetzen.

B.: Warum ? – Ich nicht; ich hab' gute Nerven.

A.: (trocken): Auch möglich.

Müller also, mit den erforderlichen geistigen Qualitäten wohlversehen – Sie hören, ich drücke mich absichtlich unüberschwänglich aus – beginnt seine Riesenarbeit; das heißt a) zu lesen; b) zu schreiben.

B.: Ist Lesen ‹Arbeit› ?

A.: Für den Fachmann ja. Das ist eines der Kennzeichen des Intellektuellen. / Schopenhauer hielt vor allem der Gedanke vom Heiraten ab, daß er sich dann nicht mehr genug Bücher kaufen könnte. / Alexander von Humboldt gab zu Protokoll : »Wer die Qualen der Hölle schon auf Erden kennen lernen will : der verkaufe seine Bibliothek !« / Ludwig Tieck besaß 16, Müller 5½ Tausend Bände. – Drücken wir es, ganz nüchtern, so aus : Wenn Sie über einen ‹Gegenstand› schreiben wollen, müssen Sie wissen, was man v o r Ihnen darüber gearbeitet hat. Noch platter : wenn Sie über Müller referieren wollen, müssen Sie, zum reinen Anfang, diese 40 Bände hier vor sich stehen haben; sie gelesen haben : mindestens zweimal. Dem Schlosser billigt man anstandslos zu, daß sein shop voller Handwerkszeug hänge : Bücher sind das Handwerkszeug des Intellektuellen !

B.: Schön – also auch Müller liest viel.

A.: Mit welchem Fleiß, welcher Leidenschaft, mag Ihnen belegen, was er am 14. Dezember 1789 aus Straßburg seinem Bruder schreibt – es handelt sich um christliche Jenseitsvorstellungen . . . . . :

C.: »Darin ist mein Geschmack von Deinem sehr unterschieden : Du möchtest einst nicht mehr lesen – und ich möchte lesen und notieren

Alles, was geschehen und verzeichnet worden, über die Geschichte der Menschen, seit Anfang des Geschlechts : sobald ich in den Himmel komme, werde ich mich nach dem Hauptarchiv der Wege Gottes erkundigen; alsdann, von Gestirn zu Gestirn, Alles compiliren; und nach ein paar Millionen Jahren ein Compendium der Universalhistorie, zum Gebrauch der Neuankommenden, schreiben : Warum sollte das Alles nicht seyn können ? !«

B. (betroffen): Ein Scherz, ja ?

A. (mit Nachdruck): Nichts weniger; Müller war viel zu ‹fromm›, um hier zu scherzen, oder gar zu lästern. Es ist im Grunde nichts als eine Variante des prachtvoll=stolzen Lessing=Wortes vom ‹Trieb nach Wahrheit›; der, für Wesen unserer dürftigen Gehirnstruktur, wert= und ehrenvoller ist, als irgendeine – zwangsläufig immer=dubiose – ‹Wahrheit› selbst.

B. (schüchtern=hinterhältig): Nennt man das nicht Agnostizismus ?

A.: ‹Man› nicht; nur Der, der sich noch ‹Gnosis› einbildet. Und in seiner Intoleranz jeden Andersdenkenden mit einem A=privativum versieht. –

Aber haben Sie Müllers Lust an Details recht beachtet ? Kenntnisdurst, Fleiß, Wonne der Zettelkästen : er ist unbegreiflich=unersättlich ! : »Meine Abende sind köstlich !« ruft er, im Bücherhag, aus : »es ist mir immer ein Jammer, wenn ich 1 opfern muß.« –

(Erläuternd): ‹Opfern› ? : damit meint er ‹in Gesellschaft gehen›. – *(Unheimlich=vertraulich):* Haben Sie eine ungefähre Vorstellung davon, was ‹Fleiß› bei einem Gehirntier bedeutet ?

B. (achselzuckend): Ich wiederhole : mehr als arbeiten kann schließlich Niemand.

A.: Ich will es Ihnen – an nur 1 Teilgebiet, und ganz oberflächlich – schildern, wie ‹unsere Dichter & Denker› arbeiteten : Sie wissen, was man unter ‹Excerpten› versteht . . . ?

B. (ablehnend=nickend): Abschreiben. Gelehrte Auszüge aus Büchern; um sie nachher zitieren zu können; kommentieren, kritisieren – kurzum irgendwie ‹verwerten›.

A.: Und folglich lautet, kurz vor Müllers Tode, die Briefzeile an seinen Bruder : »Ich habe heute den 1833. Autor excerpirt.«

B.: Also 1833 Bücher gelesen – mit der Linken umblättern, in der Rechten den Federkiel – und ab und zu eine Stelle kopiert : ist das so überwältigend ?

A.: Nicht so hastig : ich sagte ‹Autoren›, nicht ‹Bände› : 29 Folianten ‹Rerum italicarum scriptores› stehen hinter dem einzigen Namen Muratori ! Und selbst, wenn Sie nur 1833 Folianten annehmen wollten : dann wären das 3666 Quartanten; oder 7332 Bände in Groß=; beziehungsweise 14664 in Klein=Oktav ! Nehmen Sie weiterhin an, daß er – ausgesprochen frühreif=altklug – dieser Nebentätigkeit 40 Jahre hindurch obliegen konnte, dann ergibt sich, daß er jeden Tag seines Lebens, ob Werk= ob Feiertag (ein Begriff, den ohnehin nur der glücklich=Normale kennt !), 1 bis 2 Bände von je 500 Seiten, nicht nur ‹gelesen›, nein : durchgearbeitet, hat – wozu eben das Abschreiben längerer Stellen gehört.

B.: ‹Längere Stellen› sagen Sie – : ist bekannt, wieviel Papier diese seine Excerpte füllten ?

A. (ehrerbietig): Noch heute können Sie, in der Bibliothek zu Schaffhausen, jene dreiundvierzig handgeschriebenen Folianten, mit ihren siebzehntausend Seiten sich zeigen lassen. Um sich die unsägliche Arbeit zu erleichtern, hatte er sich eine eigene Privat=Stenografie erfunden, die – folglich – nur er selber lesen konnte. Mit Recht schreibt ein Müller=Kenner : »Ein geheimnisvoller Schauer ergreift Einen, wenn man in den kaum entzifferbaren Seiten der mächtigen Bände blättert.« –

Hinzukommen noch zehntausend lose Duodezseiten, seine »Sibyllenblätter«, die er unterwegs, etwa auf Reisen, in Notizblocks eingetragen hatte . . . . . :

C.: »Bei 20 Stunden waren wir auf dem See; 2 Nächte lang habe ich kaum geruht; und mehr als 2 Tage kaum gespeist. Im Übrigen sind Liutpranden, Ratchisen, Astulfen, Carls des Großen, Ludwigs, Pius, Lothars des Ersten und Ludwigs des Zweiten, Gesetze von mir excerpirt worden : ich bringe von dieser kleinen Reise an Auszügen bey fünfthalbhundert Seiten heim.«

B.: Und das Alles ist unleserlich ? Und folglich heute nicht mehr auszuwerten ?

A.: Das ist nicht weiter schade. Denn auch Excerpte werden, letzten Endes, nicht weniger individuell gemacht, als Bücher geschrieben : aus den Quellenschriftstellern der – sagen wir beispielsweise – französischen Revolution von 1789, zieht sich der leidenschaftliche Kommunist völlig andere, für seine Einstellung wichtig=bezeichnende, Einzelheiten aus, als, etwa, ein königstreuer Oberst. – Aber darf ich Sie bitten, dieses Andere noch zu berücksichtigen ? : es handelte sich zumeist um fremdsprachige Autoren; und seien es mittelhochdeutsche, deren Lektüre ja auch schon linguistische und begriffliche Schwierigkeiten genug bietet. Also kalkulieren Sie bitte auch das noch mit ein : ein halbes Dutzend Sprachen – plus ihren mittelalterlichen oder gar antiken Varianten – nicht nur zu erlernen; sondern sich auch ihren Besitz ein Leben lang zu erhalten : das setzt nämlich beständige, nahezu tägliche Übung voraus !

B.: Also jetzt wird es allmählich genug – es kommen ja noch die Verrichtungen des bürgerlichen Lebens hinzu : Essen, Schlafen, Besuche machen & empfangen, Briefe schreiben : hat er Ämter auszufüllen gehabt?

A.: Diverse; das kommt noch. – Und vergessen Sie, bei ihrer schon recht richtigen Aufzählung, doch bitte Eines nicht : d a s Eine eigentlich : – *(klotzig=rügend):*

Vierzig Bände gute Bücher schreiben!

B. (beschämt): Hm. – Da bleibt freilich wenig Zeit mehr für Anderes.

A. (scharf): Wenig Zeit? : Lieber Freund; es bleibt *keine* Zeit! –

Keine Zeit mehr zum Schlafen : da muß der Notizblock auf dem Nachttisch liegen, griffbereit, wenn man, in Traumdurchmusterungen, Brauchbares gefunden hat, und auffährt – aber was ist das dann noch für ein ‹Schlaf›?!

Keine Zeit mehr zum Aufstehen & Anziehen : der Intellektuelle ist gleichgültig gegen Dreck! Fährt früh in 1 Ärmel des Schlafrocks, und stolpert an die Remington. Keine Zeit mehr für Bekannte & Freunde und ‹gesellschaftlichen Umgang› : das sind doch alles verlorene Stunden, wenn oben die geheimnisvoll=faszinierende Reihe der ‹Byzantiner› wartet, von Prokopios von Kaisareia an bis Nikephoros Gregoras.

Keine Zeit mehr für Liebe! : höchstens noch etwas Sexus : »Dem Gelehrten ist das Weib eine Fessel« dekretierte schon Petrarca.

Keine Zeit mehr für Charakter : höchstens kann man, ab & zu, stundenweise, irgendeine ‹Haltung› erzeugen; und nicht immer dieselbe.

(Abschließend=wuchtig): Keine Zeit mehr zum Leben : nur noch Zeit für die ‹Schweizergeschichte› in sechzehn Bänden!

(Kurzer harter G o n g à la ‹Hugh, ich habe gesprochen!›)

B. (schon mißmutiger): Das klingt allerdings bedenklich – wenn es nicht gar zu dramatisch wäre. – So ein Leben setzt aber eine recht gesunde Konstitution voraus.

A.: Eben=eben : was aber geschieht, wenn man »weiblich=klein« ist? Von »zartester Körperlichkeit«?

C.: »Man bemerkte schon in der äußeren Erscheinung Müllers eine sonderbare Dissonanz : die klare Stirn und die vom Studium geschwächten Augen verrieten den gereiften Geschichtsschreiber; die Züge des Mundes, das schwach geformte Kinn, und die blasse feine Haut hingegen, waren die eines Kindes! / Ein merkwürdiges Gemisch von Manneskraft und unreifer Jugend. / Eine jugendlich=greise Individualität. / : In seiner

Haltung war er ein Mittelding zwischen einem altgelehrten Professor, und einem Knaben von 12 Jahren.«

B. (unbehaglich): Könnten wir das nicht – es geht ja, weil um ein Menschenleben, viel zu akustisch=schnell – könnten wir das nicht etwas näher detaillieren?

A. (düster): Wenn Sie darauf bestehen...... Aber Sie werden, was unsere ‹Großen› anbelangt, einiges umlernen müssen. *(Ironisch=bitter die Plattheit):* ‹Der Dienst der Musen ist kein leichter.› –

Schwächlich also ist Müller – buchstäblich zu schwach für Frauenliebe & =ehe. Wir kommen zwangsläufig noch auf seine ‹Freunde› zurück; hier nur so viel: daß Goethes bekannte Äußerung über »Griechische Liebe« in Bezug auf unseren Müller gesprochen wurde. Zitternd & bebend also; immer frierend wie ein Rehpinscher im Januar, immer brüderliche Wärme suchend – »Die Ideen werden in den Armen eines weisen Freundes geboren« behauptet er – *(kalt):* obwohl dergleichen Wendungen auch noch einen anderen, sehr substantiellen Grund hatten.

B. (schockiert): Meingott – was soll der Bürger dazu sagen?!

A. (ablehnend): Das darf uns im Augenblick nicht interessieren. – / Die bezeichnendsten Züge treten auf, etwa Schmerzempfindlichkeit: mit 22 Jahren – also in, es klingt in diesem Fall freilich fast wie Ironie, in ‹vollblühender Jugendkraft› gibt er es uns schriftlich.....:

C. (lustig=wehleidig): »Wenn ich unter Domitian ein Christ gewesen wäre – so sprach ich dieser Tage zu Herrn Tronchin – und der Kaiser hätte mir 1 Zahn ausbrechen lassen: ich hätte Christum gewiß verläugnet! In der That: welche Marter ich ausgestanden; welchen Spleen mir dieses gegeben; wasgestalt ich weder essen noch arbeiten noch schlafen können – die Historie möchte ihren Platz in Harsdörffers ‹Schauplatz jämmerlicher Mordgeschichten› finden!«

B.: Immerhin: der Zahnarzt ist ja auch heute noch nicht Jedermanns Sache. Könnten Sie nicht noch fremdartigere, ungeläufigere, Züge vorbringen?

A.: Was halten Sie von einem überdimensionalen Orientierungsvermögen?

B. (verdutzt): ja da würde ich nur sagen – –: das wäre eine der auszeichnenden Eigenschaften eines Feldwebels.

A. (kopfschüttelnd): M=m. Nicht immer: das braucht der Hase noch mehr, als der Habicht. Orientierungszwang; Orientierungssucht: das ist sehr wohl auch 1 Zeichen von Ängstlichkeit; ein Merkmal des fantasievollen Feigen; wozu ganz ausgezeichnet paßt, daß Müller, der – körperliche, wohlverstanden! – Knirps, sich zuweilen martialisch auf die Zehenspitzchen hebt, Fäustchen macht, und verfügt: »Soldaten sollten wir Alle seyn!«

B.: Darf ich selbst einmal eine Vermutung äußern?

A. (gefällig): Ich bitte darum.

B. (grübelnd): Ich würde sagen – er scheint nun einmal von Natur aus so angelegt – er hat Interesse, schlechterdings für Alles?

A.: Ja, leider: Fudern von Details, aus welchem Wissensgebiet was immer, kann er nicht widerstehen – die lustvolle Erprobung des Wundergedächtnisses, das Experiment mit sich selbst, reizt ihn wohl unabweisbar. / Aus Alexander von Humboldts Mund saugt er Nachrichten über Amerika. / Niebuhr und Hammer=von=Purgstall – die damaligen Arabienreisenden und Orientfachleute – werden Anlaß zu tausend tausend=und=ein=nächtigen Studien. / Botanik interessiert; Astronomie; die Geografie des Strabo nicht minder als die Gesetze Jaroslaws von Nowgorod. / Sei es in Mainz, Wien, Berlin .....

B. (abwehrend): Halt=halt: bitte nicht vorgreifen! – Ohweh; ich gehe doch schon darauf ein – muß ich es nicht? –: ihm stand ein vielfältig=verwirrender Aufenthaltswechsel bevor?

A.: Ja; Müller war ein typischer Städtebewohner. Nervöse Großstädte bevorzugt. – Weiteres Kennzeichen: ein Tierfreund!: aus seinem Spitzenjabot sah grundsätzlich ein Eichhörnchen heraus; und sein Bruder macht gleich dazu die Fußnote .....:

C.: »Er war immer ein großer Liebhaber von Hausthieren, und aufmerksam auf ihre Sitten und Lebensweise. Er hatte sie gewöhnlich bei sich im Zimmer, erlaubte ihnen große Freiheiten, und war sehr sorgfältig für ihre Erhaltung. Eine kleine Sammlung merkwürdiger Erzählungen von den Trieben der Thiere, ließ er sich durch seinen Bedienten in ein Buch zusammenschreiben.«

A.: Wie gesagt: sehr bezeichnend, diese, oft scheinbar ‹rührende›, Liebe des Gehirnriesen zu Tieren. Einmal sind sie nicht so schwatzhaft wie Menschen; dazu stets regsam anwesend=abwesend; irgendeine ‹Luftwurzel› muß man als Superintellekt anscheinend auch haben: da freut sich dann eben Schopenhauer über seinen Pudel; da sitzt auf des donnernden Boythorn Kopf, friedlich=indessen, reizend anzuschauen, sein zahmes Kanarienvöglein – für ‹human relations› langt es freilich nicht mehr.

B.: Ich kann und will mich noch nicht in einen Solchen hineinfinden – ts, ist das nicht irgendwie ein unmenschlicher Charakter?!

A. (nicht unboshaft): Wenn Sie das nur einsehen! Dieses, dem Bürger befremdlichste: daß ein Gehirnriese keinen Charakter mehr haben kann!

B. (bestürzt): Keinen Charakter ? : Haben *kann ?* !

(Gong)

A.: Der höchste Intellekt kann keinen Charakter haben. – Ein ganz klarer Fall von Inkompatibilität. Und treten wir nunmehr, auf Müller=Basis, in die Beweisführung ein; erst die handgreiflichen Gründe; dann die komplizierteren, aber nicht minder stichhaltigen.

B. (zögernd): Einen allerersten könnte ich mir vorstellen – aber der ist auch schon so unwürdig; so unmännlich .....

A. (trocken): Dann wird er schon stimmen. Und das wäre ?

B.: Müller dürfte – bei seiner angedeuteten notorischen Überlastung durch, und Leidenschaft für – um einmal eine schlechte englische Sprachsitte nachzuahmen – ‹brotlose Künste›, oft nicht gewußt haben, wovon zu leben ? – *(Traurig):* Woraus dann allerdings folgt, was folgt.

A.: Sehr wohl; das war einer der Gründe für Müllers ‹Charakterlosigkeit›; zwar ein überaus ‹äußerlicher› aber doch immer wichtiger. Das ist ja ein Naturgesetz, und gar nicht etwa nur auf den Menschen beschränkt : daß die höchsten Spezialisten sich nicht mehr selbst ernähren können : auch in Insektenstaaten gibt es schon ‹Krieger=Ameisen›, die von den Andern gefüttert werden müssen.

B.: Gar nicht unwitzig – aber auch ungerecht : es handelt sich ja nicht nur um Krieger=Schmarotzer.

A.: Bleiben wir beim Gehirntier mit beschränkter Haftpflicht : das ist, von nahezu allen Genien, wohlbekannt, daß sie – unvergleichliche Meister ihres Faches ! – andererseits Rekorde an ‹Weltfremdheit› vermochten. / »Er blieb, die Musik allein ausgenommen, zeitlebens ein Kind«, schreibt sein Biograf von Mozart.

B.: Das wäre noch relativ leicht einzusehen : die Leute haben so viel ‹Anderstes› zu tun, daß ihnen für die einfachsten Verrichtungen des täglichen Lebens weder Zeit noch Sinn übrig bleibt. – Aber darf man das nun gleich wieder ‹Charakterlosigkeit› schelten ?

A.: Müller selbst erzählt vom großen Montesquieu : man hätte ihm geradezu Alles zur Unterschrift vorlegen können; so daß er einmal vertraglich eines seiner Güter für nichts einem Schwindler zediert habe. Oder Malesherbes sei soweit gewesen : daß er sich nicht mehr getraut hätte, ohne seinen treuen Diener Berrin, auch nur eine Weste zu kaufen. Und Müller fügt, in sehnsüchtiger Selbsterkenntnis, solchen Anekdoten hinzu : »Darum schienen mir oft für Leute wie ich, literarische Klöster so erwünscht : wo man für gar nichts zu sorgen hat.«

B.: Wer möchte das nicht? – Naja, aber auch das ist doch eher rührend, wie ein begabtes hilfloses Kind – : ich sehe Ihre ‹Charakterlosigkeit› immer noch nicht.

A.: Stellen Sie sich doch einmal vor: Sie hätten in Ihrem Haushalt solch einen liebenswürdig=hilflosen Genius. Unfähig, auch unwillig, sich selbst ‹redlich zu nähren›. Einen geistvollen Harald Skimpole; der, wenn er Sie ‹aufgezehrt› hat, weiterzieht, zum nächsten ‹Freunde›. Der also zwangsläufig alle Biegsamkeit des Schmarotzers, und sei es noch so seufzend, entwickeln muß: »Wie ein blinder Passagier / fahr ich auf des Lebens Posten; / einer Freundschaft ohne Kosten / rühmt sich Keiner je mit mir!« dichtete man auf Ludwig Tieck.

B.: Sie behaupten also: auch Müller mußte – um seine hyper=intensiven, ‹nichts=einbringenden› Studien zu ermöglichen, zu ‹finanzieren› – er mußte zuweilen den feilen Gesellschafter machen?

A.: Lassen wir hohe pathetische Worte wie ‹feil› beiseite; aber ein gewisser ‹Charakterschwund› ist, bei solcher Lebensweise, wohl ziemlich unvermeidlich – und, darauf möchte ich nicht versäumen, hinzuweisen: die damit verbundenen Demütigungen sind eine weitere, immer im Auge zu behaltende, geistige Belastung – schweigen wir von ‹Seele›, der Artikel ist beim Gehirntier rudimentär. Natürlich wäre es brutal=leicht, dergleichen Durchschlängeln durch die lieben Nahrungssorgen, mit einem markigen »Waschlappen!« zu quittieren, wie es General Rüchel – seinerzeit ein berüchtigter summus carnifex – über Müller tat; wozu schlicht zu sagen ist: daß Soldaten, deren Mut meist als ‹Flucht nach vorn› ausreichend gekennzeichnet wäre, nur zu oft ‹gefrorene Waschlappen› sind. Man muß, als extremer menschlicher Fall, sich eben damit abfinden: entweder charakterlich schwach; oder geistig schwach.

B.: »Es läßt sich alles beweisen, sogar die Wahrheit.« – Sie sind also der rabiaten Ansicht, daß, wer ‹Charakter› hat, in Kunst & Wissenschaft nichts leisten kann?

A.: Sagen wir so: für Wesen auf unserer ‹Menschenstufe› ist es – sowohl zeitlich (der bloßen Lebensdauer nach), als auch rein biologisch (dem Sümmchen unserer Körper= und Geisteskräfte nach) – nicht zu schaffen, in beiden Bereichen gleichzeitig Spitzenleistungen zu erzielen. – Aber wir hatten ja erst eine alleräußerlichste Begründung gegeben – nehmen wir jetzt die nächst=tiefere vor: der Intellektuelle *weiß* zu viel, als daß Charakter in ihm aufkommen könnte!

B.: Wie meinen Sie das?

A.: Nicht nur, daß sich ihm bei jedem Vorfall sofort alle historischen und literarischen Szenen im Geiste darstellen, die sich bei ähnlichen Vorkommnissen je ereigneten – seine schlagartig überfüllte Fantasie also jede ‹Entschlußfähigkeit› lähmt .....

B. (unterbrechend): Ah; das leuchtet mir ein. – Aber, halt : müßte das nicht lediglich zur Folge haben, daß es bei ihm eben etwas länger dauert, bis er, in einer gegebenen Situation, ‹Charakter zeigt› ?

A.: Nein; denn ich begann meinen Satz mit ‹Nicht nur›. – Es tritt ein Zweites hinzu : auf Grund seiner unsinnig=umfangreichen Studien, sind ihm auch die Gründe der Gegenseite jederzeit so geläufig, daß er, und zwar allen Ernstes, nicht mehr weiß, wer ‹Recht hat› : Es könnte der Andere sein ! !

B.: Während der Catcher einfach auf Kommando einhaut, achso. – Demnach brauchte man also Wesen der species Müller nicht erst zur ‹Objektivität› zu ermahnen; zumal – ah, es wird Licht ! – : zumal er auch noch Geschichtsschreiber war; und seine ‹Charakterlosigkeit› also die erforderliche ‹Weite des historischen Blicks› ganz mühelos ergab ?

A.: Böswillige werden's ‹Geschmeidigkeit› nennen, oder Unwissende ‹Labilität›; denn es ist gar nicht die mühsam erworbene und ausgeübte ‹Objektivität› des redlich=normalen Professors. Sondern vielmehr eine unheimliche Art zu sein : ein kindlich=greises, frevelhaft=schuldloses Wesen, das im Zeitenstrom dahingequirlt wird, widerstandslos, lachhaft abgelenkt von jedem läppischen Klein=Zwischenfall.

Sein verhängnisvollster Mangel : der an Produktivität. Der freilich wiederum den geborenen Archivar des Universums auszeichnet : er muß Stoff haben, Ereignisse; um darüber schreiben zu können.

B.: Stichwort ‹Produktivität› : das also bildete den Unterschied gegenüber einer anderen Spielart der Gehirntiere, wenn ich Sie recht begreife : dem Dichter. – Was aber fehlt dafür dem Dichter von den ‹Müller'schen Kennzeichen› ?

A.: Dem Dichter ? : Fehlt der Drang, die manische Sucht, nach den rasenden Mengen von Mikro=Detail; und was damit zusammenhängt : Fleiß, Gedächtnis, Sitzfleisch; der Tausendfuß als Sinnbild des Historikers.

B. (nachdenklich): Demnach wäre Müller also doch eine ziemlich einzigartige Persönlichkeit gewesen ?

A.: Mais non ! : ‹Einzigartigkeit› giebt es, bei einer Erdbevölkerung von 3 Milliarden, gar nicht. Dem Kenner drängt sich vielmehr, und unverzüglich, der Vergleich mit einem anderen großen Historiker auf, ebenfalls einem Klassiker der Geschichtsschreibung : mit Edward Gibbon.

B. (sagt den Titel auf): ‹Decline and Fall of the Roman Empire› – das heißt : ich habs nie gelesen.

A.: Auch an Gibbon – übrigens einem der berümpft=beneideten Vorbilder Müllers – ließen sich ähnlich sämtliche Symptome des Gehirntiers herauspräparieren : das riesige, zig=bändige Ein=Buch als Lebenszentrum; das Fehlen jeglichen ‹Charakters›; Fleiß; Wundergedächtnis; hinreißender sprachlicher Vortrag und glänzende Prosa=Architektonik; Pünktlichkeitszwang; höchste parasitäre Biegsamkeit beim Freundschaftskult; – selbst ihre Einstellung zum Christentum ist nur scheinbar verschieden.

B.: Und zwar ? Wie dachte Gibbon ?

A.: Gibbon war, und ganz offen, ein deklarierter Gegner alles Mystischen, sogenannten ‹tiefsinnigen›. Jedes metaphysiktriefende Mittelalter – also auch die ‹Leitfossilien› jener Epoche, die Christianer – ihm verhaßt.

Während Müller sich zeitlebens zwar hochchristlich gerierte – dabei war aber auch das, näher untersucht, greller angestrahlt, nur ein bedauernswertes Merkmal mehr, daß er längst durchgestoßen war in das ihm angemessen=Absolute.

B.: Und das ist, im Falle des Intellektuellen ?

A.: Büchererzeugende Unmenschlichkeit.

(Gong)

B.: Bitte, jetzt keine allgemeinen ‹feinsinnigen Betrachtungen› mehr : wie verlief Müllers äußeres Leben ? ! Genauer wohl : in was für Gravitationsbahnen ließ ‹Seine schaubare Großmächtigkeit› sich herumführen ?

A.: Gebürtiger Schweizer, wie bereits gesagt. Bis rund zum 30. Jahre schmarotzt er bei begüterten Freunden : zunächst – und zwischendurch immer wieder einmal – herbergt er bei Bonstetten, auf dessen Gut Valeyres am schönen Genfer See : »Geliebter« ist die Anrede der meisten wolkig=verschwollenen Freundesbriefe . . . . . :

C. (verwaschen=feurig): »Du bist meines Lebens Rose & Balsam ! – : Sorge für mich, für meine Wünsche und Hoffnungen. Warne mich; spotte meiner; beschäme mich : zürne befiehl nöthige . . . . .«

B. (betroffen): Nu hör'n Se ma . . . . . : Nu sag'n Se ma ! ! : War der Mann etwa auch noch . . . . .

A. (ihm in die Rede fallend): Sprechen Sie das Wort nicht aus, es würde uns doch gestrichen : natürlich war er ‹es›.

B. (entrüstet): Wieso ‹natürlich› ? !

A.: Brechen Sie nicht allzuschnell den Stab. Bedenken Sie lieber : auf wohlhabende ‹Freunde› angewiesen; in Ehe und Familie nur eine Schaar Hemmschuhe für den Geistesarbeiter erblickend; und, dies vor allem : eine gnomide Körperlichkeit, die zur Frauenliebe einfach nicht ausreichte – das giebt es mehrfach beim Gehirntier : von Karl Philipp Moritz teilt uns sein Freund Klischnigg in dieser Hinsicht die absurd=komischsten Züge mit. Gehen wir weiter; das Kapitel kommt noch einmal zur Sprache. –

Der nächste, der ‹aufgezehrt› wird, ist der greise Staatsrath Tronchin – da wird für Müllers delikate Position die Bezeichnung ‹Hauslehrer› gefunden. In Wahrheit eine milde Form der Unterstützung : man ‹philosophiert› zusammen; und Müller hält, vor auserlesenen Genfer Zirkeln, die ersten Vorlesungen über Schweizergeschichte.

B.: Sehr früh also erscheint der Komplex, der den eigentlichen Kern seines Lebenswerkes bilden sollte.

A.: Jedenfalls ist es wiederum und immer dieselbe Melodie . . . . . :

C.: »Mir geht es nach meiner Weise – gut genug. Wenn nur die Zeit keine Flügel hätte, und es nicht jämmerlich wäre, die Tage so unfruchtbar dahinfließen zu sehen, welches mich wahrlich sehr kränkt. Ich war geboren mit Vorliebe zum Studium der Geschichte : wenn ich mich je hätte darauf legen können, so hätte ich sie vielleicht schreiben gelernt; aber Gott weiß, warum er mir zugleich dieses, und gänzlichen Mangel an Mitteln gab, solcher Neigung nachzuhängen.«

A.: Als die Stellung bei Tronchin prekär zu werden beginnt, macht er die Bekanntschaft eines jungen Amerikaners, Francis Kinloch; der natürlich auch wieder, – darauf achtet er schon – wohlhabend ist, und Müllern ein weiteres Jahr lang über Wasser hält. Dann wieder, in raschem Wechsel, Bonstetten, Gleim, Tronchin; bis er endlich, durch Verwendung eines neuen, noch reicheren Freundes, Martin von Schlieffen, Lehrer der Geschichte in Kassel wird . . . . . :

C.: »Mein Leben schleicht in ruhigem Glück und stillem Fleiße fort. Schlieffen ermahnet mich zur Bewegung; daher wir bisweilen miteinander auf sein Gut, Wendhausen, reiten. Es liegt im Wald, 1 Meile vor der Stadt; alles hat er mit äußerster Einfalt geziert; und überall reizt eine, kaum um etwas nachgeholfene, sanfte Natur : da führt er mich bei der Hand in seine kunstlosen Alleen; dann sitzen wir in das Haus von Rohr und Baumrinde, oder essen fette Milch auf dem hochgrünen Rasen; um ihn spielen seine Affen . . .«

B. (neugierig unterbrechend): Seine was ? ! Ich denke, die Szene spielt bei Kassel ?

A.: Gelt, was sich so Alles im Gespräch ‹ergiebt› ? – Ja; Schlieffen hatte – der einzige Fall wirklicher Einbürgerung solcher Tiere im nördlichen Europa – im Jahre 1763 eine Herde Magots, von 1 Stammelternpaare, herangezüchtet : nach 20 Jahren waren es bereits 60 Stück, die völlig frei lebten. Lediglich ein paar Schutzhütten waren für sie aufgeführt, und für regelmäßige Fütterung gesorgt. . . . . . :

C.: »Mit rührender Liebe hingen die Tiere an ihrem Herrn, den sie auf seinen Spaziergängen fast immer bis an die Grenze des Gutswaldes begleiteten. Wenn der Graf seinen gewöhnlichen Ritt nach Kassel machte, erwarteten sie ihn abends, auf den Wipfeln der Bäume sitzend, und gebärdeten sich wie toll vor Freude, wenn sie ihn endlich mit seinen beiden langen Dienern zwischen den Getreidefeldern zum Vorschein kommen sahen. So gedieh die Affenkolonie vortrefflich – bis Einer von einem tollen Hunde angefallen wurde : die Andern eilten dem Bedrängten zu Hülfe; Viele wurden ebenfalls gebissen – und schweren Herzens sah Schlieffen sich gezwungen, sie Alle abschießen zu lassen. Er setzte ihnen aber im Park einen Leichenstein, in Gestalt einer gebrochenen Säule, mit einer selbstgedichteten Gedächtnisinschrift.«

B. (gutmütig): Ach. – Da werd' ich mir in Zukunft beim Namen ‹Schlieffen› lieber d a s einfallen lassen, als den nichtsnutzigen ‹Rechten Flügel›. – Sehr int'ressant : und die haben damals also auch Johannes Müller mit umspielt ?

A.: Allerdings nicht allzulange. Nach 2 Jahren zerschlug sich seine dortige Anstellung; er ging nach der Schweiz zurück, zu Freunden. Bis es dann – durch Fürsprache seiner ehemaligen Lehrer an der Universität Göttingen – gelang, ihm einen Posten als Bibliothekar zu vermitteln : beim Kurfürsten von Mainz.

B. (bedenklich): Wird das auf die Dauer gut gehen ? : Müller, als schweizer Protestant, bei einem katholischen Kirchenfürsten ? – Wäre hier nicht Gelegenheit, Ihre vorhin geheimnisvoll verklausulierte Andeutung bezüglich Müllers spezieller Spielart des Christentums des Näheren zu erläutern ?

A.: Sie wissen, ich gebe gern 1 Schock als ‹Initialzündung› vorweg – also : Müllers hochkonfessionelle »Ergebung in den Willen Gottes« ist weiter nichts, als die dringend benötigte und ihm zureichende Ausrede, für die eigene hasenherzige Rat=, Tat= und Entschlußlosigkeit.

B. (betroffen): Peng ! – Sie wollen damit behaupten : daß er auch das kleinste Neue, aus Furchtsamkeit, nicht anders zu bewältigen wußte, als es, schmeichlerisch, »Gottes Schickung« zu nennen ?

A.: Der Beweis wäre betrüblich leicht. Überflüssig häufig erscheinen in seinen Briefen die verlegen=verschmierten Wendungen, »der

Mensch, des Schicksals Ball, weiß selten, was er wünscht«. Erst rührt er Tausenderlei, in unverbindlichen, meist auch unverständlichen, Floskeln ein – und stellt sich dann tot : unfähig, selbst eine Entscheidung herbeizuführen, wälzt er die Verantwortung auf Gott ab : jedes eigene ‹Umkippen› rechtfertigt er vor sich selbst als das bekannte oberfaule ‹Nicht=Widerstreben› ! – Gerade das erbitterte in den späteren, national hocherregten Jahren, die ‹Charaktervollen› unter Müllers Zeitgenossen so sehr, : wie der kleine Mann, den Murmelmund voll von ‹pietistischer Willensaskese›, da so unverfroren seine Ansichten auswechselte, von einem feindlichen Lager ins andere schlüpfte, wieselglatt und =frech in ein= und derselben Lobrede mit Friedrich dem Großen begann und mit Napoleon aufhörte : und Alles das gemäß ‹Gottes unerforschlichem Ratschluß› !

B.: Sie meinen, seine Gegner hätten sich, mitleidig, immer vor Augen halten sollen, daß der Arme, um sich diese defekte, bzw. ganz fehlende, Seite seines Wesens zu verbergen, einer leidlich ansehnlichen Kulisse bedurfte ? Hätten einsehen sollen, daß der Bedauernswerte, keuchend unter der Last eines Riesengehirns, sich den Ausweg ersonnen hatte : Gott als ‹Handlungspartner› vorzuschützen ? Das als Entschuldigung zu begreifen, heißt aber von Gegnern, zumal zeitgenössischen, etwas viel verlangen, lieber Herr. – Hm; ein merkwürdiger Christ. Naja; gemäß Ihren vorangeschickten theoretischen Betrachtungen hätte er ja eigentlich sogar die Gabe haben müssen, aller Religionen sich ‹objektiv› zu bemeistern.

C.:

»In den Zeiten der Unordnung,
als die Waffen des Negus
und die Kósrau Nuschirwans
die Freiheit Arabiens schmälerten,
in dem 570sten Jahre unserer Zeitrechnung,
ward Mohámmed geboren;
von einem Hause, das viele Vorsteher dem Lande, viele Unternehmer der Handelschaft gegeben.
Von Jugend auf zeigte der Jüngling Nachdenken und feurige Einbildungskraft;
wohlthätig war er über Vermögen;
mitleidig;
für Freundschaft empfindlich;
sehr der Wollust zugethan.
Im Äußerlichen hatte Mohámmed jenen, die Morgenländer auszeichnenden, Ernst;
Würde im Gang;

Heiterkeit;
etwas Einnehmendes in den Zügen seines Antlitzes.
Er war mittlerer Größe; seine Glieder in dem besten Ebenmaß;
seine Nase hervorspringend;
die Zähne sehr weiß. –
Als Mekka gehorchte,
als Arabien anbetete,
gebot Mohámmed, in alle Lande den Islam zu bringen.
Er,
– vergiftet, wie man glaubt, –
in dem drei und sechzigsten Jahr seines Alters,
ging hinüber zu dem Ewigen;
dessen Einheit und Allerbarmung er,
durch die Mühe seines ganzen Lebens,
zum Glauben und Gefühl der größeren Hälfte der Alten Welt gemacht hatte.«

B.: Na was hab'ich gesagt? : ‹objektiv› ! – Und wissen Sie, wenn man so halb die Augen dabei schließt – : klingt das nicht verdammt nach ‹Schäfer : Die 13 Bücher der Deutschen Seele› ?!

A.: Psst!

B. (befremdet): Wie meinen Sie das?

A.: Psst – : Noch nicht. – : Sie werden sich noch wundern! –

(Gong)

A.: In Mainz nunmehr – dort, wie überall, unbeliebt bei den Kollegen, ob Forster ob Heinse – hier schreibt Müller begreiflicherweise die geschicktesten klerikalen Essays, auch in dem Fach beschlagen wie ein Kirchenhistoriker (meist sogar besser). Waren es früher schon die ‹Reisen der Päpste› gewesen, so sind es jetzt die ‹Briefe zweier Domherren›. Und mit der Schrift über den ‹Fürstenbund› verhimmelt er Preußen; oder, richtiger, Friedrich den Großen : Den, der die höheren Posten zu vergeben hatte.

B. (protestierend): Ich weiß nicht – Sie entschuldigen – : aber mir wird eigentlich nie recht wohl dabei, wenn Sie ‹Große Männer› immer derart cavalièrement, derart unbarmherzig traktieren.

A.: Sie scheinen völlig zu übersehen, daß ich weit mehr menschliches Verständnis für die Leute entwickle, als Freund oder Feind meist aufzubringen pflegen. Und auch sonst : möchten Sie lieber eine Hagiografie auf Goldgrund? Immer hübsch zahm, verlogen, vertuscht; daß man ja niemals ein komplettes Menschenleben zu Gesicht bekomme?

Rasch 1 Gegenimpfung : dies schrieb ein anderer großer Mann, Georg Forster, nicht minder ehrwürdig – oh, es ist Alles ‹gedruckt & bewiesen›, mein Lieber . . . . . :

C.: »Herr Johannes Müller ? – : Ist mir nichts, und kann mir nichts werden; wie Jeder, der den Mantel nach dem Winde hängt, und mit beiden Schultern trägt. Er schimpfte in meiner Gegenwart auf sein Vaterland, verspottete dessen Freiheit, und machte das Éloge des Despotismus – : um dem Minister von Schlieffen zu schmeicheln ! !«

A.: Wie weit Müller, unbegreiflich=ungescheut – das heißt : auch wiederum sehr begreiflich=gescheut – ging, wenn es sich, und sei es nur ganz von Weitem, um eine fette Pfründe handeln konnte, möge Ihnen die eben erwähnte ekle Hymne auf den Preußenkönig belegen. – Los : frei weg nach ‹Hesekiel› plus ‹Offenbarung Johannis› . . . . . :

C. (in widerlich falscher Verzückung):

»Ich stand – und siehe ! :

Ein Brausen wie von gewaltigen Winden;

ein Beben der Berge des Landes gegen Mitternacht, als ob sie in Nöthen wären zu gebären.

Und es bildete sich ein Wagen, wunderbar. Und der Geist ergriff mich, der Gestalt näher zu treten :

Über den Rädern saß ein Mensch, anderen Menschen nicht gleich.

Grau war sein, vor den vielen Lorbeeren kaum sichtbares Haar;

eine Leyer hing am sieggewohnten Arm,

und es war, als hätte er ein doppeltes Antlitz

: wie ein gebietender König. Und wie ein Mensch, der ein Weiser ist, und ein Freund . . .«

A. (ingrimmig): Der hat sein Saitenspiel vielleicht manchmal geschlagen, dieser Semi=Schweizer : falsch von Außen, wie ein fournierter Klosettdeckel ! – *(Wieder ruhiger):* Oder eben, noch einmal : als Mensch betrachtet, war Müller eins der aller=abstoßendsten Spektakel.

B. (seufzend): Blieb er lange in ‹Määnz› ?

A.: Dem Bleiben des ganzen kurfürstlichen Hofstaates – inklusive ‹Hofdamen, Kapaunenstopfer und Amme› – machte 1792 die französische Revolution ein flinkes Ende; unser Müller wurde dem Wiener Hof ‹überlassen›.

B.: Aber Österreich war doch, im ernstesten Sinne, der ‹Erbfeind› des soeben im ‹höheren Ton› besungenen Preußen ?

A.: Das kümmert den Hippokleides nicht : Müller wußte so viel Geschichte, daß es mühelos auch zum Wiener Hof=Historiografen und politischen Haus=Kommentator reichte : mit der gleichen bauchrednerischen

Fertigkeit, die es ihm ermöglichte, je nach Bedarf Chronikentöne von sich zu geben oder ‹Bullen›, Hessen=Kasselsches oder Preußisches, so war er nunmehr eben gut=österreichisch gesinnt, und hochkonservativ dazu.

B.: Was ihm leicht gefallen sein müßte. Nach dem, was ich bisher von ihm erfuhr, dürfte er doch Revolutionen aller Art verabscheut haben?

A.: So sehr er vielleicht das prickelnde Unbehagen des Zuschauers bei Revolutionsszenen geschätzt hätte, so sehr mußte er sich, aus gesundheitlichen Gründen, in dieser Hinsicht aufs ‹Schattenboxen› beschränken; mußte jede Veränderung fürchten, wie ein Kind; und stets das Lob des Schneckenhauses singen . . . . . :

C.: »Meinerseits verwünsche ich alle Revoluzionen von Herzensgrund! – Ich trachte danach, den Fluß der Zeit sanft hinabzugleiten; zu weilen, wo die Ufer blumenreich sind; und im Sturme zu denken, daß doch das Ziel die Inseln der Glückseligen seien.«

A.: Sein Ansehen als Schriftsteller, Historiker, Staatsrechtler, Publizist, war unterdessen immer gestiegen; und man erwog in Wien den Versuch, Müller für immer an sich zu ziehen : verlieh ihm den persönlichen Adel; ernannte ihn zum 1. Custoden der großen kaiserlichen Bibliothek. – Zweierlei trat ein, wodurch seines Bleibens nicht länger war.

B.: Darf ich raten? – : Österreich war ja wieder katholisch.

A.: Müller hatte rechte Mühe, diesen Tanz auf dem Seil der Konfessionen immerhin gute 10 Jahre lang durchzuhalten; obwohl, wir sahen es bereits, Müllers Religion etwas wenig Bezeichnendes an ihm war – am passendsten hätte er, und das ist kein Witz, den Turban genommen : das ‹Kismet› hätte seinem zagen Fatalismus haargenau entsprochen, halb Krücke halb Ausrede. Nicht umsonst unterlaufen ihm schließlich zuweilen, in vertrauten Briefen, Ausdrücke wie »die geweihte Heuchlersprache der Theologen«, oder »die blutrünstige barbarische Seele des Calvin«. – Nein nein; also die Konversion als solche hätte kaum Schwierigkeiten bereitet; aber für Müller stand weit Wichtigeres auf dem Spiel . . . . .

B. (strafend=amüsiert): »Weit Wichtigeres« als Religion?! – Jenun, man kann Ihnen nicht böse sein, weil Sie so ganz aus einem Guß sind. – *(Kopfschüttelnd):* Und dieses ‹Wichtigere› wäre gewesen?

A. (unerschütterlich): Die schweizer Subsidien. – Immer wieder nämlich, Müllers ganzes Leben hindurch, sammelten dann & wann biedere Eidgenossen – Landschaften, Städte, Privatpersonen – Geldspenden, um die Fortführung des Riesenwerkes zu fördern; und Müller vergalt das aber auch : durch unermüdliche Erwähnung jeder mittelalterlichen Wirtshausschlägerei, samt der Namensliste der Beteiligten. Jedenfalls wäre diese Einnahmequelle bei einer Konversion sofort versiegt ! Das war der erste Grund.

B.: Schändlich einleuchtend. – Und der zweite ?

A.: Zum zweiten wurde Wien ihm verleidet, durch eine sehr private Affäre . . . . . :

C. (gramvoll): »Ein Jüngling, voll Talente und ohne Vermögen, dem ich seit 8 Jahren Wohltäter gewesen, hat bei eilf Monaten die wärmste, innigste, reichhaltigste, Correspondenz suborniert; und, nachdem der geglaubte Freund mein argloses Herz durch jene Hoffnungen gefesselt, Assignationen auf mich unterschoben, die ich auf geglaubte Bitte des mir alles Gebenden freudig bezahlt – und wodurch ich gegenwärtig mich ruiniert, und in den größten Verlegenheiten befinde.«

A.: Also, kälter formuliert : soweit der Casus sich überhaupt durchsehen läßt – wir sind nämlich ganz auf Müllers eigene verschwollen=euryprokte Darstellung angewiesen – ein solenner Fall kinädesker Erpressung, an dem er zeit seines Lebens dann abgezahlt hat, und der ihm Wien nicht wenig verleidete.

Also nahm er – da ihm das Custodengehalt ‹keine Messe wert› war, und der Kaiserhof ihn daraufhin sofort ostentativ ‹fallen ließ› – den nunmehr, nach dem Tode Friedrichs des Großen, eben zur rechten Zeit erfolgenden Ruf nach Berlin an; als ‹Wirkliches Mitglied der berliner Akademie, und Historiograf des Hauses Brandenburg›.

B.: Berlin um 1804 ? – Das wäre also kurz vor dem Zusammenbruch: Jena & Auerstädt ?

A.: Damals giebt es 2 Parteien im Lande : einmal die sogenannte ‹Preußische› – an deren Spitze stehen die berüchtigte ‹Königin Louise›; Prinz Louis Ferdinand, »sechs Fuß hoch aufgeschossen«; der schon erwähnte General Rüchel; in unsere Tagessprache übersetzt also : Chauvinisten & Militaristen. / Und außerdem die sogenannte ‹Französische Partei›, die auf ein Vereinigtes Europa unter der Hegemonie Frankreichs hinarbeitet – der gehören vor allem zahlreiche Intellektuelle an; ihr geistiges Zentrum ist der große Christian von Massenbach. / Und Müller gerät aufs Typischste sofort ‹nicht=zwischen=die=Stühle› – das wäre ja das Kennzeichen eines wahrhaft bedeutenden Mannes : »Ein Kerl, den alle Menschen hassen / : Der muß was sein !« –

B.: Da weiß ich schon, wem Müller sich anschließt : selbstverständlich den zahlungsfähigen, den ‹staatserhaltenden› Kräften; ‹Keine Experimente !› ? : das sichert ja allezeit den Wahlsieg.

C. (in verlogenem Jauchzen): »Am fünften Tag meines Aufenthaltes in Hildesheim blies der Schwager hoch in sein Horn; fort flog der Wagen durch die Haide, den Wald, die Wasser – : Preußen zu ! / Wie lachte mein Herz beim Anblick des ersten Zollhauses auf diesem gesegneten Boden : ich hätte den Zöllner umarmen mögen, weil er ein Preuße war ! : Mit den Preußen und für die Preußen will ich leben & sterben – oder ich will lieber nicht leben !«

A.: Natürlich muß er, fast noch ‹den Fuß im Bügel›, gleich wieder das Lob Hohenzoller'scher Hausmachtpolitik verkünden – und sie vergelten es ihm auch gebührend : Woltmann hat es festgehalten, wie Müller sich die unanständigsten Späße vom Geprinz Louis Ferdinand, dem gerichtlich Entmündigten, gefallen ließ : bezeichnend für Beide ! / Die bei weitem ehrenvollste Arbeit der berliner Jahre ist seine Tätigkeit als Redakteur der Sektion ‹Geschichte und Politik› der großen Herder=Ausgabe : bezeichnend, daß man drei Koryfäen brauchte, um jene 60 ehrwürdigsten Bände zustande zu bringen – Heyne (mit Ypsilon) für die ‹Literatur›, Johannes Müller für die ‹Geschichte›, seinen Bruder, Georg Müller, für die ‹Theologie› – und den Vierten, der für die ‹Dichtung› wahrhaft zuständig gewesen wäre, vergaß man außerdem noch.

B.: Wer war sonst sein Umgang in jenen berliner Jahren ?

A.: Einmal sein ‹Gartennachbar an der Spree›, Alexander von Humboldt, dem er wichtige Einsichten in Natur und Möglichkeiten des Neuen Kontinentes verdankte; so intensive, daß er manchmal, verdutzt=kulturpessimistisch, schreiben konnte . . . . . :

C.: »Die Rolle Europens ist aus ! – Das Edelste wird über den Ozean oder nach Asien gerettet werden, und dort, neu modificirt, keimen. Was hilft klagen ? Wer kann den Rath der ewigen Götter richten ? Wer das furchtbar wälzende Rad des Schicksals aufzuhalten wähnt, den zermalmt es. Es ist nichts übrig, als für uns selbst zu sorgen, um so ehrbar und vergnüglich, als es seyn kann, durchzukommen.«

A.: Welch unangenehmer, geschwätzig=heuchelnder, Gegensatz zu ähnlichen Worten Massenbachs ! Der allerdings ein Mann, der sich selbst vor die Kanonen seiner Zeit band, um vielleicht doch das Abfeuern zu verhindern ! –

Gehen wir lieber zu weniger traurigen Schauspielen über. Da offeriert sich, etwa, Müllers Verhältnis zu Zacharias Werner . . . . .

B. (aufhorchend): Der Dramatiker ? : ‹Kreuz an der Ostsee› ? ‹Söhne des Thals› undsoweiter –

A.: Oh, fein ! – Ja; Der verdiente auch eine Erneuerung. – Jedenfalls ‹beriet› Müller ihn anläßlich seiner dritten Ehescheidung . . . . . :

C. (schwülstig): »Ich ging zum großen Johannes von Müller, der mich – nach seinem eigenen Ausdruck – als Bruder liebt, und mein einziger Freund in Berlin ist, dem ich jede Falte meines Herzens entdecke. Ich erzählte diesem großen und trefflichen Religiosen Alles; und er küßte mich weinend, und sagte : ‹GOtt hat Dich, scheint es, zu hohen Zwecken bestimmt : widerstrebe seinem Wink nicht : trenne Dich edel von Deinem Weibe, und erfülle SEin Werk !›«

A. (besonders nüchtern): Wozu dann freilich Gubitzens Schilderung des gleichen Vorfalls besonders unwiderstehlich zu lesen ist. Der nämlich berichtet, in seinen doch recht interessanten ‹Erinnerungen›, wie er, Werner, atemlos zu ihm in die Werkstatt gestürzt kam; sich, wie üblich, kompliziert auf einen Stuhl verschraubte – ETA Hoffmann hat es gezeichnet wie geschildert – eines seiner berühmt=nervösen Gesichter schnitt . . . . . :

C. (atemlos): »Friedrich : Friedrich ! : Sie liebt mich noch !«

A. (erkundigend): Und zwar warum ?

C. (wie oben): »Als wir heute nach der Scheidung Abschied nahmen, hat sie zu mir gesagt – mit Thränen in den Augen, Du ! – ‹Und, Zacharias›, hat sie gesagt : ‹Wasch Dich doch manchmal !›«

A.: Denn mit Wasser & Seife stand auch Werner auf gespanntestem Fuß. Das ging so weit, daß, bei einem Mittagessen in Weimar, der von ihm gleichfalls bezaubert=belustigte Goethe sich eine Handvoll Lorbeerblätter aus der Bratensoße greifen, und sie Werner aufs unsterbliche Haupt drücken durfte, ohne befürchten zu müssen, die ‹Harmonie der Erscheinung› dadurch zu zerstören. Auch hob Jener lediglich stolz das lange magere Gesicht : gekrönt vom Dichterkaiser war er worden : was wollte er mehr ?!

B.: Meingott, was können Sie einem Leser die harmlose Freude an den großen Gestalten unserer Dichtung ruinieren : im Urwald sind's die Termiten . . . . .

A.: Gelangen Sie doch lieber dahin : einzusehen, daß man ‹vorbildliche menschliche, moralische, humane, undwiesiealleheißen› Leistungen von unsern ‹Dichtern & Denkern› nicht verlangen kann : die Leute lösen sich auf in ihre Werke, mein Herr ! ! – Den schäbigen Rest besieht man sich als Verehrender besser nicht : stehen Sie prinzipiell davon ab, ‹Leserbriefe› zu schreiben, oder gar einen ‹Besuch beim Autor=persönlich› auch nur zu planen ! Für den ‹Umgang mit Unmenschen› giebt es noch keinen ‹Knigge›.

B.: Falls S i e ihn nicht noch liefern. – Bitte, zunächst : weiter. Sie werden wohl selbst nicht erwarten, daß ich auf der Stelle auf solche Ketzereien, solche Ungeheuerlichkeiten, eingehe. / Müllers verehrt=besungenes Preußen bricht also jetzt zusammen : wie verhält er sich dabei ?

(Gong)

A.: Die ‹Preußische Partei› hat also ihren Willen gehabt – das heißt: den Krieg. Hat prompt die verdiente Quittung empfangen; und sämtliche Helden, Seine Majestät an der Spitze, sind in Richtung Tilsit verduftet. Zurück in Berlin bleibt, wie üblich, die – erst mit Säbelrasseln ‹scharf gemachte›, nun freilich ‹wie betäubte› – Bevölkerung; in Erwartung der ‹fremden Besatzungsmacht›. / Zu den solchermaßen ‹Betäubten› zählt, wie zu erwarten, auch Müller; der, mit der bekannten Weltfremdheit des ‹Universalhistorikers› alle Zeiten begriff, nur seine eigene nicht. – Entsprechend seiner dickbesagten Mentalität stellt er sich sogleich tot . . . . . :

C. (klagend): »So hübsch war der Plan für den Rest meines Lebens; und nie würde ich dieses Land verlassen haben – da kam der Donnerschlag bei Auerstädt! / Arbeiten kann ich nicht, höchstens des Abends ein wenig excerpiren. / Nun das Alte offenbar vergangen, die Welt hingegeben, eine lange Periode der Universalhistorie geschlossen ist, so ergebe ich mich ohne Heuchelei noch Zurückhaltung.«

A. (grimmig): Jetzt auf einmal weiß er es wieder . . . . . :

C. (verworren; ablehnend): »Mein Reich ist nicht von dieser Welt: ich will meine Stelle von der Nachwelt begehren.«

A. (billigend): Er darf das schon sagen; denn sein Ruhm als Schriftsteller ist inzwischen ‹europäisch› geworden – König Ludwig von Bayern konsultiert ihn um Personenverzeichnisse für die einst zu bevölkernde ‹Walhalla› – Jedermann weiß von ihm : auch er, der Kaiser, Napoleon, er, der von allen Groß=Eroberern seit Alexander immer noch der am wenigsten Unsympathische : am 19. Mai 1806 erhält Müller durch Minister Maret die Aufforderung : den folgenden Abend, Punkt 19 Uhr, zu einer Audienz beim Empereur zu erscheinen.

B.: Also wieder einmal mehr eines jener dekorativen, sorgfältig vorbereiteten, ‹Dichtergespräche›; um dem deutschen Volk ein gewinnendes Theater vorzumachen.

A.: So sehen Sie aus! Napoleon war schon ein anderer Mann, als sämtliche Preußenkönige zusammengenommen! / Und selbstverständlich waren jene immer=merkwürdigen Göttergespräche bedeutend vorbereitet : S i e ließen sich ja schließlich auch nicht absichtlich 3 Wochen vorher den Bart stehen, und kämen in Unterhosen zu Hermann Hesse. Und wenn er Sie fragte, ob Sie den ‹Steppenwolf› kennten, würden Sie wohl auch nicht rüde erwidern : ‹Nö, ich komm'kaum ins Kino!›; sondern Sie würden zuvor, körperlich wie geistig, fein säuberlich ‹Toilette machen›!

B. (geschickt ausweichend): Aber die Gespräche waren doch unleugbar auch Politica.

A.: Sie wurden dazu. – Nicht nur, weil Napoleon dadurch die ‹führende Intelligenz› Deutschlands für sich gewinnen wollte; sondern vor allem deswegen, weil die Deutschen solcher ‹Dichterehrungen› seitens ihrer Könige gar nicht gewohnt waren. / Die Unterredungen Napoleons mit Goethe oder Wieland sind allgeläufig; aber die hier – die übrigens die erste der Serie war ! – ist relativ unbekannt. / Natürlich war Alles vorbereitet; die Kulissen gestellt : goldgestickte Marschallsröcke erschimmerten; aus fernen Zimmern klang, gedämpfter Hörnereffekte übervoll, der schweizer ‹Kuhreigen›; ab & zu unterbrach ein adjutierender Herzog mit einer welthistorisch=impressiven ‹Sondermeldung› das Kammerspiel . . . . .

C. (angeregt=vertraulich): »Der Kaiser saß auf einem Sopha; wenige Personen, mir nicht bekannt, standen entfernt im Zimmer. Er fing an, von der Geschichte der Schweiz zu sprechen : daß ich sie vollenden solle; daß auch die späteren Zeiten ihr Interesse hätten. / Wir gingen auf Alt=Griechenland über; auf die Theorie der Verfassungen; auf die gänzliche Verschiedenheit der asiatischen (und ihrer Ursachen : Klima, usw.). Die entgegengesetzten Charaktere der Araber (die der Kaiser sehr rühmt). Auch der tatarischen Stämme – welches auf die für alle Civilisation immer von jener Seite zu besorgenden Einfälle führte, und auf die Nothwendigkeit einer Vormauer dagegen. / Der Kaiser sprach anfangs wie gewöhnlich; je interessanter aber die Unterhaltung wurde, immer leiser; so daß ich mich zuletzt ganz bis an sein Gesicht bücken mußte, und kein Mensch verstanden haben kann, was er sagte. – Wie ich denn auch Verschiedenes nie sagen werde !«

A. (trocken): Wie sich bei Müller eigentlich von selbst versteht, hat er die Geheimnisse natürlich nicht für sich behalten können – etwa wenn ihm die gefährliche, allwissenheitssüchtige Groß=Klatschbase Varnhagen mit einer kostbaren Flasche Weins ‹die Zunge lupfte›.

B. (neugierig): Und worum handelte es sich wohl dabei ?

A.: Um Dinge, die, vor allem für Napoleon, äußerst aufschlußreich sind; welthistorische Erkenntnisse, bemerkenswerten Ranges, abwechselnd mit pikantesten psychologischen Interieurs aus den dämmrigen Gehirnkammern der ‹Gottesgeißeln›. –

Das glücklichste Zeitalter der menschlichen Geschichte ? – : Man einigte sich, relativ schnell, auf die Regierung der Antonine.

B.: Für mich ein sehr schattenhafter Begriff : muß ich mich jetzt sehr schämen ?

A.: Das ist eine reine Frage der Dickfelligkeit : wenn Sie anschließend nach Hause gingen, und 14 Tage lang fleißig das betreffende 2. Jahrhundert nach Christi studierten – 1 Vierteljahr wäre freilich angemessener – : dann brauchte von ‹Schämen› keine Rede zu sein. – Aber weiter : Müller blieb die Luft weg, als der Kaiser das Christentum schlankweg als Rückschlag des griechischen Geistes gegenüber dem römischen bezeichnete – das notierte sich, nebenbei bemerkt, Talleyrand aus den Gesprächsfetzen, die er erhaschte.

B.: Naja, das ist aber ..... : im Christentum wäre viel Griechisches ..... ?

A.: Viel Plato, wenn Ihnen das vertrauter tönt. –

Dann aber kam man, bei diesem Gespräch ‹quer durch die Eifel›, diesem ‹Sich=Beriechen›, organisch auch auf Cäsar zu sprechen .....

B. (hineinmurmelnd): ..... kein Wunder : Cäsar spricht über Cäsar .....

A.: Und zwar auf eines jener abstrus=interessanten Probleme à la : Was würde er getan haben, wenn er nicht ermordet worden wäre ? : die ‹Inneren Angelegenheiten› der Republik weiter konsolidiert ? Oder aber die gefährlich über die Ostgrenzen schwärmenden Parther zurückgetrieben ?

B.: Achduliebergott – : ist das nicht ein bißchen sehr akademisch ? : ‹Was wäre geschehen, falls Hagen Siegfried nicht erschlagen hätte ?› : die Aufsatzthemen hab'ich als Kind schon gehaßt !

A.: Das hier war doch weit=weit mehr ! : In einem nie=wiederkehrenden 100=Minuten=Gespräch, mit ‹Seiner Hälfte› – um mich Aristofanisch=Mythisch auszudrücken : der Geistesriese flüstert mit dem Tatenriesen; der notwendigerweise, Sie wissen es nun, in einem anderen Körper haust – in einer wahrhaften ‹Sternstunde der Menschheit› also, verriet es der große Kaiser .....

B. (mürrisch): Was heißt hier ‹verriet› ? : Wieso & Was ?

A.: Ihre Frage ist typisch für jene ‹echt deutsche› Geisteshaltung, an der der schon erwähnte Massenbach zugrunde ging. – *(Mit resigniertem Nachdruck):* Meinherr : Napoleon stand genau vor der gleichen Entscheidung, wie Cäsar in jenem hypothetischen Fall : Sollte er sich der ‹Inneren Festigung Frankreichs› widmen ? Oder aber dem ‹Krieg gegen die Parther› : dem RUSSLANDFELDZUG, MENSCH ! ! ! –

B. (betroffen): Achso ? ! Napoleon vorwegnahm das Problem ? Das ‹unserer Tage›, auf das wir – nun, da es 150 Jahre zu spät ist – so stolz sind ? Meingott, welche Parallele reißen Sie auf ? !

A.: Lange ließ er Müller reden=schwatzen. Lange ihn die Gründe pro et contra erwägen : Lange Jenen sämtliche Zeugnisse der Geschichtsschreiber aus gigantisch=unerschöpflichem Gedächtnis hersagen. – / Dann fuhr er auf. Kurz. Zerhieb das Theoriengewebe. Und befahl :

»Il aurait fait la guerre aux Parthes ! ! !«

B.: Ach ! : also : erst Rußland niederwerfen – dann Alles Friedlich=Andere ? –

Es wird mir im Augenblick zu viel ! – Was war denn Müllers Resümee jener – doch; ja; Sie haben recht : sehr bedeutenden ! – Unterredung ?

A.: Laut verkündeten es seine Briefe Allerwelt . . . . . :

C.: »Ich redete einst mit Friedrich dem Großen, und war entzückt. – Doch Napoleon ? : IST MEHR ! ! ! / Bei ihm ist Alles, was er spricht, als könnte nur er dies gedacht haben. – Bei Friedrich geriet man wohl auf die leise Frage : woher der König diesen ‹schönen Gedanken› haben möge ? ? / Wenn ich nach der Erinnerung richtig urteile, so muß ich dem Kaiser, in Ansehung der Gründlichkeit wie der Umfassung, den Vorzug geben ! / Es war einer der merkwürdigsten Tage meines Lebens : durch sein Genie, durch seine unbefangene Güte hat er auch mich erobert !«

A.: Und sogleich keimt in Müller der unschuldige Gedanke : ob nicht ein solcher Mann ihm die Stellung vermitteln könnte, nach der er strebt ? Die er ausfüllen zu können vermeint ? Ein Posten, wo man sie alle gleichzeitig hätte : Ruhm & Ehre; dabei ‹keine Arbeit›, dafür aber viel=viel ‹Gelehrte Muße›; der zur selben Zeit Unsummen einbrächte und weltlichen Glanz . . . . .

B. (entsetzt unterbrechend): Umgott Herr : welchen Posten meint Ihr ? !

A. (lachend): Tja : ich wüßte auch keinen ! – / Jedenfalls kam der Tag heran, 1807, da man in Berlin, sehr ostentativ, eine Feier zu Ehren Friedrichs des Großen organisierte; und sich als ‹Festredner› den – damals einwandfrei größten Historiker deutscher Zunge mietete : Johannes von Müller ! / Der=nun trat vor das betreffende exclusive Publikum hin; und hielt – auf Französisch ! – ein ‹Éloge : De la gloire de Frédéric›, das er – nach zungenfertig=bestellter Aufzählung aller möglichen ein= und zweideutigen Verdienste des gekrönten Lemuren – allerdings unerwartet=so schloß . . . . . :

C. (erst glatt=französisch; dann, eingeblendet, den deutschen Text): . . . »et Tu, immortel Frédéric, si du séjour éternel, où tu marches entre les Scipions . . . . . : . . . . . Und Du, unsterblicher Friederich; wenn von dem ewigen Aufenthalt, wo Du unter den Scipionen, den Trajanen, den Augusten, wandelst, Dein Geist sich einen Augenblick herablassen mag : so wirst Du sehen, daß der Sieg, die Größe, die Macht, nunmehr immer DEM folgt, der Dir am ähnlichsten ist .....«

A. (trocken das Verhimmle abkürzend): Nämlich : Napoleon Bonaparte ! – : Ein Sturm der Entrüstung ging durch Deutschland – das heißt : die sich so gern damit identifizierenden ‹Nationalen Kreise› !

B.: Das war aber auch ‹starker Toback› aus der Pfeife des Mannes, der bisher schon ein halbes Dutzend verschiedener – und *wie* verschiedener ! – Nationalhymnen georgelt hatte. Ich könnte mir vorstellen, daß die Escapade Müller ‹die Stellung gekostet› hätte.

A. (kühl): In Preußen war nicht mehr viel zu ‹kosten›. – Jedenfalls war das Wutgeheul der Chauvinisten und Offiziere ob des ‹vaterlandslosen Gesellen› schon hörenswert; und schwoll immer mehr an : wie gröl-ten die Arndt, Fouqué, Scharnhorst, und wie die ‹Luden› alle hießen .....

B. (strafend=entrüstet): »Luden« ?! .....

A. (unbefangen; warum soll's 'n Intellektueller nich ooch ma sein ?): Jasicherdoch : Heinrich Luden; 1780 bis 1847. / Schon zogen sich ‹die Bekannten› zurück; schon drohte allgemeine ‹Atimie› dem ‹Byzantiner› – als sich plötzlich, ohne jede Erregung – und gerade diese kühle Selbstverständlichkeit empörte die nationalen Beller wieder besonders ! – eine Stimme für Müller erhob : eine Stimme, die längst, allerdings vorsichtig : Märtyrerei für die Deutschen lohnt sich bekanntlich nicht ! vor der »kosackischen Gefahr«, eben den ‹Parthern› Napoleons, gewarnt hatte ..... :

C. (sachlich=nachdrücklich): »Müller hat, in einer bedenklichen Lage, trefflich gesprochen ! Sodaß sein Wort dem Beglückten Ehrfurcht & Schonung; dem Bedrängten Trost & Hoffnung einflößen mußte.«

A.: Worauf auch unverzüglich, in Cotta's vielgeltendem ‹Morgenblatt›, die meisterlich=wörtliche Übersetzung jener berliner Rede erschien, ein Muster politisch=rhetorischer Prosa – *(spöttisch):* Und nicht etwa jene ‹bedenklichen Stellen› beschönigt oder vertuscht; sondern in epischer Ruhe, souveräner Offenheit, wie gemeißelt, das Lob des Großen Kaisers verdeutschend.

B.: Und dieser Übersetzer war ?

A.: Johann Wolfgang von Goethe ! Ein Name, vor dem, ob Druck= ob Schwatz=Öffentlichkeit, schon damals die Zensorenmünder offen stehen blieben. – Und Müller, der erstaunt=Bedrängte, bedankte sich aber auch dementsprechend ..... :

C. (erlöst): »Segne Sie Gott, Verehrungswürdigster ! Nie im wildesten Tosen ägäischer Gewässer sind einem verzweifelnden Steuermann die Dioscuren heilreicher erschienen, als mir das herrliche ‹Morgenblatt› vom 3. und 4. März : haben Sie Dank, großer Mann und edler Mensch! Ihr Name ist meine Ägide gegen den Neid; Ihr Beifall instar omnium gegen alle Welt!«

A.: Dennoch ist Müller wieder einmal sowohl brot= als auch entschlußlos . . . . . :

C.: »Ich erwarte – ‹in trembling hope›, wie Gray sagt – was, durch Napoleon, GOtt über meine Tage verfügen wird. / Ich sehe in Allem eine Leitung, der sich nichts einreden läßt; ich hoffe, wünsche – aber erlaube mir nicht, Das zu wollen, oder Jenes. / Es muß abgewartet werden, ob Er, dem Alles gegeben ist, etwa auch über mich gebeut – in welchem Falle nicht zu widersprechen ist.«

A. (beißend): Bekümmert harrt also Müller auf das Eingreifen der Vorsehung. – Eine Professur in Tübingen bahnt sich an; wird akzeptiert – bereits schickt er seine Bibliothek voraus, ohne die ein Intellektueller ja nichts ist. Da erreicht ihn – (nach »abenteuerlicher Reise« – aber solchen Leuten wird das kleinste Ereignis zum ‹Abenteuer›, ob nun 1 Rad bricht, oder man ihnen vom Kofferinhalt stiehlt : wer im ‹Kristallpalast› der Gedanken haust, muß sich wohl vor jedem größeren Hagelkorn fürchten!) – da erreicht ihn, schon ist er in Frankfurt am Main, am 5. November 1807, kurz vor Mitternacht, ein Kurier des Kaisers, mit der Aufforderung : unverzüglich, »en toute diligence«, nach Fontainebleau zu kommen.

B.: Und Müller – wie Sie eben sagten auf dem Wege nach Tübingen, um eine Professur anzutreten – wendet gehorsam auf dem Absatz um . . . . . ?

A.: Am 12. November trifft er in Paris ein – und erfährt, aus dem Munde eines neugebackenen Königs, daß er Minister ist : Königlich=Westphälischer Unterrichtsminister!

B. (bedenklich): Minister Müller . . . . . : wird das auch gut gehen? – Zum zähen Verhandlungspartner, zum hartgesottenen Geschäftsmann, zum stundenlang=unterschriftgebenden Verwaltungsbeamten, zum repräsentativen Tausendsassa, war er – dem von Ihnen entworfenen Porträt nach – doch so ziemlich am wenigsten geeignet.

A. (bestätigend): Man sollte meinen, daß Müller, nach nunmehr 55 Jahren des Zusammenlebens mit sich selbst, das auch gewußt hätte. Und einerseits zuckt er schon ein bißchen; ‹scheut sich›; möchte eigentlich lieber in die Stille seiner Studien zurück – aber aus dem PS des Briefes an seinen Bruder sieht der betreffende Pferdefuß grausam=groß hervor, wenn er, kokett seufzend, mitteilt : Jener dürfe ab sofort seine Adresse so schreiben . . . . . :

C. (schmachtend, und kunstvoll=zerstreut): »Ach – : ‹An den Herrn

Johannes von Müller zu Sylvelden, des Heiligen Römischen Reichs Ritter; Minister; Generaldirecteur der Studien; Königlich=Westphälischer wirklicher Staatsrath; ä=Großkreuz des Königlich=Holländischen Löwenordens‹.«

B.: Aha : die liebe Eitelkeit – darauf hab'ich schon gewartet.

A. (ergeben): Wir wollen auch bei diesem peinlichen Zuge verweilen, um das beispielhafte Gemisch von Größe & Erbärmlichkeit – dieses Kennzeichen des ‹Gehirntiers› – ganz zu überblicken. Oder, verständnisvoller : versuchen wir, an diesem Einzelfall ein Allgemeingültiges abzulesen : auf der einen Seite hinreißender Geistesglanz. Der Rest ? : Lackierter Staub!

B.: Müssen Sie es denn unbedingt wieder derart grell formulieren ? Wäre nicht sehr wohl ein Mittelding möglich . . . . .

A. (gefällig): ‹Mitteldinger› so viel Sie wollen – ich glaube, die Zahl beträgt zur Zeit 3 Milliarden. – *(Nachdrücklich; fast roh):* Aber, lieber Freund, wir sprechen ja hier, die ganze Zeit über, von *extremen Fällen !* Und wenn sich Ihre, mit Recht so beliebten ‹Mitteldinger› unveränderlich – wohl auch unvermeidlich – bis auf die Knochen zu blamieren pflegen, wenn sie an die Ränder des Absoluten geraten, irgendeines ‹Alone›, sei es der ‹Kunst› oder sonst eines ‹Limbus Patrum› – tja; dann werden's die Gehirntiere eben tun, wenn sie unter uns, im ‹täglichen Leben› erscheinen : aut aut : wir haben's ja wohl wirklich ausreichend nachgewiesen, daß das Maschinchen es, rein biologisch, nicht hergiebt.

B. (seufzend): Also müßten – zumindest Ihrer Ansicht nach : ich verwahre mich noch ausdrücklich dagegen ! – die Hochintellekte auch grundsätzlich widerlich eitel sein ?

A. (fest): Es kann nicht anders sein. – Aber lassen Sie uns doch *so* sagen (ich bin ja viel menschlicher, als Sie meinen; ja : viel humaner als Sie selbst !) : da die Situation meistens so ist, daß die Mitwelt den Gehirntieren mit nichten die gebührende Anerkennung zollt; sie vielmehr nach Herzenslust verkennt, schmäht, lächerlich macht, ja : zwiebelt und verfolgt; kurzum : nichts von ihnen ‹hält› – *(kleine Pause):* Tja dann müssen die Unseligen aber doch wenigstens selbst etwas von sich halten ! ! – Um in all der barbarischen Nicht= oder gar Miß=Achtung nur überleben zu können, müssen sie ihr Selbstgefühl zu grotesker Höhe steigern ! Sie wissen ja selbst, wie die guten Leute, von Aristoteles über Dante, Bruno, Schiller, Joyce, Undsoweiter, zur Zeit ihres bißchen Lebens emigrieren müssen; vor Gericht gezerrt werden, gegebenenfalls verbrannt; im Gefängnis landen oder im Irrenhaus – *(mit kal-*

tem Spott): Hundert Jahre später freilich nennen sie dann Straßen nach ihnen, und verteilen Literaturpreise in ihrem Namen : die Herren Mitteldinger!

B. (échauffiert): Schön : sehr schön. / Ä=bitte zurück zu Müller : es ist, Ihrer Meinung nach, auch bei ihm also die ‹übliche› tragische Eitelkeit des Weisen – unerträglich, wenn sie nicht so rührend wäre?

A.: Seine Zeitgenossen belegen es einstimmig . . . . . :

C.: »Titel; Adel; Orden; waren die Ziele seines Ehrgeizes. Sein Repräsentationsbedürfnis war so ausgeprägt, daß er schwerlich eine glänzendere Stellung je ausschlug!«

A.: Thesenmäßiger also – das heißt ‹einen tüchtigen Satz, der auch was setzt!› – : Um sein, im Verhältnis geradezu absurdes, Versagen im ‹Irdischen›, ‹Irdenen› auszutarieren, und vor sich selbst barmherzig zu verschleiern, bedarf das Gehirntier periodisch größter offizineller Dosen Weihrauchs, möglichst von fremder Hand injiziert, notfalls tut's aber auch die eigene!

B. (trübe): Solchen Erklärungsversuch auch nur anzuführen ist, meines Erachtens, gleichbedeutend mit ihn widerlegen – meines, d. h. ‹eines Mitteldinges›, Erachtens.

A.: Die ‹linke Seite› solcher Geltungssucht ist dann die, gleichermaßen typische, Leichtverletzlichkeit durch Kritik.

B. (resigniert): Ja; gehen Sie getrost auch darauf noch ein – ist es doch in einem Aufwaschen : also auch Müller war lächerlich empfindlich für das Konfetti zeitgenössischer Rezensionen?

A.: So dünnhäutig war er, daß er einen Abbruch sogar seiner ‹Schweizergeschichte› erwog – nur, weil man den 1. Band in den ‹Göttinger Gelehrten Anzeigen› verriß. Damals heilte ihn sein Lehrer Schlözer – einer der ganz wenigen Männer der deutschen Literatur; auch er völlig vergessen; auch er einer Würdigung harrend – Der schrieb Müllern in seiner derb=aufrichtigen Art dasjenige hinsichtlich Rezensionen, was sich eigentlich jeder Autor als Trösteinsamkeit auf den Schreibtisch legen sollte . . . . . :

C. (so handfest=dröhnend wie ihm möglich): »Statt Sie zu trösten, lache ich Sie aus! – *(In geziertem Falsett):* ‹Eine Rezension : eine Rezension . . .› – *(wieder massiv):* Mann : Schweizermann! : Seien Sie größer!! / Wenn mir Einer ins Gesicht sagt, ich wäre ein Dummkopf : dann kriegt er 'ne Ohrfeige! / Sagt mir aber Einer in einem Epigramm oder in einer Recension : ich wäre ein Rindvieh; ich hätte gestohlen; hätte einen Meineid gethan – *(verächtlich schnippend):* Pf! : so mache ich kein mouvement!«

B.: Zu welchem Rezept aber eine Robustheit, auch eine Körperlichkeit gehört, wie sie Müller eben nicht besaß – ach, wie wichtig ist das im Grunde Alles; und wie wenig steht davon in den Compendien unserer Literaturgeschichten.

A.: Müller jedenfalls – der Vielversuchte, stets Unterlegene – tröstet sich über etwaige Skrupel, ob er auch den Ministerposten auszufüllen vermöge, mit einem seiner geläufigen, schwül=mystischen, ‹schrägen› Gründe . . . . . :

C.: »Glück begleitet den Kaiser Napoleon in allen=seinen Thaten : es wird auch seine Wahlen begleiten – ich fange an, mich einer Stelle gewachsen zu glauben, vor der ich mich sonst gescheut haben würde : ich komme ! !«

A.: Ein rasender Mischmasch von Aber= und sonstigem Glauben ! / Natürlich war er der ‹neuen Stellung› – die ja auch nur durch ein geradezu kompanieweis=verrücktes Zusammentorkeln von Umständen möglich geworden war – natürlich war er ihr *nicht* gewachsen ! ‹Unter Anderem› waren 5 Universitäten zu betreuen; 30 Gymnasien und dreitausend Volksschulen ! Dazu die ständigen Reibereien mit französisch=neidischen Kollegen; die naserümpfend das Wunder mit ansahen : wie der Mann nach 4 Tagen die Namen der ihm unterstellten, rund 6.000, Lehrer, richtig unterzubringen wußte ! – / Es wird ihm – dem allen Parteien gleichermaßen Verdächtigen – sehr rasch zu viel; gehörte er doch, à la Hieronymus, ‹ins Gehäus› – allerdings in ein mit Orden & Ehrenzeichen behangenes, zu dem täglich applaudierende Wallfahrten veranstaltet werden. / Vor allem ist nun auch das bißchen Körper verbraucht : sowieso ein Wunder, daß es immerhin 57 Jahre aushielt. / Vergebens, daß der Mann des eisernen Willens, der Kaiser, unwillig mahnend dem Bruder Jérôme schreibt, wenn Müller einmal, schwächlich abwehrend, die Ärmchen bewegt . . . . . :

C. (ungehalten): »Je suis fâché, que Monsieur Mueller Vous quitte ! Le fait est, qu'il était très flatté de sa place. Mais il faut, qu'il n'ait pas eu lieu d'être content : n'accordez jamais son congé à cet homme ! Vous ne savez pas, quel trésor Vous possédez ! – Tâchez de lui donner une place, plus analogue à ses goûts.«

A.: Aber es geht zu Ende. / Noch kann er die letzten Bogen seines Anteils an der großen Herder=Ausgabe verschicken – dann stottert das Tagebuch nur noch . . . . . :

C. (in Atemnot): »Üble Stimmung des Gemüths. / Abgespanntheit. Mißmuth. / Verlegenheit. / Mancherley ängstigende Besorgnisse. / Ermüdung an Leib und Seele; Verfall der Kraft; Muthlosigkeit in Allem, worüber ganze Tage ohne Arbeit verflossen : ungewohnte Kopfschmerzen; Schwindel Schnuppen Schläfrigkeit.«

A. (leiser; ein Paradigma ersten Ranges geht zu Ende): Nichts mehr nützt ihm der Umgang mit seinen Büchern – unbeachtet stapeln sich im Vorzimmer die Antiquariatskataloge, die Lektüre des Gehirntiers : Wonnen der Aufzählung; Zahlenräusche; Euphorie durch bibliografische Angaben. Der Anblick anderer ‹Absoluter› – eines Beireis=‹Münchhausen›, eines Gauß – erregt seine Zellen nicht mehr . . . . . :

C. (müde): »Meine Nerven wurden derart angegriffen, so daß ich einst, mitten in einer Unterredung, die Sprache, daß ich mehrmals plötzlich die Besinnung, verlor.«

A. (erklärend): Wer in Gesellschaft seine Tränen verbergen will, schlägt dazu am besten ein Blindekuhspiel vor. –

Seine letzte öffentliche Arbeit war ein Vortrag im Staatsrat über Preßfreiheit und Bücherzensur : am 2. März 1809.

Am 11. Mai : ein tiefeingreifender Kummer.

Am 12. und 13. merkt er sich an : »Tod zweier Freunde.«

Am 18. ging er zum letzten Mal außer Haus.

Am 19. schrieb er sein letztes Excerpt : das 1833ste. Sowie den allerletzten Brief an den Astronomen Harding, die riesigen Bogen von dessen Sternkarten vor sich . . . . . :

C. (stöhnend): »Glücklicher Mann ! : dem Plan seines Lebens zu leben, und über dem allererhabensten Gegenstand – *(in gedrücktester Selbsterkenntnis):* welcher das Nichts unserer Geschäfte so feierlich und offenbar zeigt !«

A.: Am 20. – dem zweiten Tag seiner tödlichen Krankheit – kam ein anonymer Brief aus dem Preußischen : plump; hämisch; ohne Unterschrift; voll billigen Spotts über seine Lage zu Kassel – würde beim Tod des Genius ja auch gleichsam etwas gefehlt haben, hätte ein nationaler Hanswurst es nicht verbittert.

Die letzte Zeile ist von diesem Tage . . . . . :

C. (stockend; Todesschweiß auf der Zunge): »Den ganzen Tag. : Krank. / (Rothlauf ? ?). / Mit großer Ermattung. / Auch wohl Fieber . . . . .«

A.: Am 29. Mai 1809, morgens 4 Uhr 45, erlosch er, ohne die geringste Bewegung, in den Armen eines treuen Dieners.

(Musik; leise : ‹Nun trinkt er keinen Rotspon mehr . . . . .›, d. h. also : der Chopin'sche Trauermarsch.)

(Wortstücke, von C. gesprochen, mischen sich ein in die unentwegt=abschiednehmenden Takte; erst Goethes gedankenvolle Betrachtungen: ». . . unser abgeschiedener Freund . . . / . . . das Klingen und Verklingen eines zarten, liebenswürdigen Wesens . . . / . . . eine von den seltsamsten Indivi-

dualitäten, die ich gekannt habe: es würde schwer seyn, ihn als Mann, Mensch, Talent, Schriftsteller, Geschäfts= und Lebens=Mann darzustellen . . . / . . . : eine Natur, dergleichen auch nicht wieder zum Vorschein kommen wird . . .« / / *Dann, unvermittelt, B.; brutal=laut und offizierlich schnarrend:* »Er lebte und wirkte: als Sofist, Rhetoriker und Höfling. Ward als Geschichtsschreiber vergöttert. Und sonnte sich im Widerschein des Glücks; der Fürsten, Pfaffen, und des Hochadels.«)

A. (wuchtig in all den gemüsebeetigen Stimm= und Ansichten=Wust hineinsprechend): Halt! Das müßte schon ein schlechter Kerl sein, der sich nicht schützend stellte: vor Müller und sein Werk!

(Ganz kurzer Gongschlag; dann sofort)

B.: Ja, brennend gern: zum Werk! –

Denn – ich will es Ihnen nur gestehen: sein Leben schien mir verdammt wenig ehrwürdig! Obschon Sie unermüdlich ein Sofisma ans andere Paradoxon reihten, um mir gewissermaßen das Normal=Biogramm aller Geistesheroen zu verkaufen. – Also jetzt nichts mehr von Vita=Vita: was enthalten die 40 Bände hier?!

A.: 12 davon seine Briefe. In denen Ranke »den ursprünglichen Quell seines Geistes näher, vernehmlicher rauschen« zu hören vermeinte – *(abschätzig):* ein echtes ‹Ranke=Urteil›, also ein solches, das man nur achselzuckend, und lediglich ‹der Vollständigkeit halber› mit anführt.

B.: Warum? – Ich könnte mir vorstellen, daß gerade Müllers Briefwechsel . . . . . *(schon bedenklicher):* Achso: Sie mißtrauen seiner Eitelkeit?

A.: Und der brüderlichen Pietät zusätzlich, die den Rest dekorativ frisierte. / 6 Bände werden von ‹Kleinen Schriften› gefüllt: Theoretische Rechtfertigung fürstlicher Arrondierungsgelüstchen; Rezensionen & Publizistisches; in einer der Besprechungen verkündet er als Erster die »Niebelungen als teutsche Ilias«; ‹Reisen der Päpste›; das – relativ – wichtigste Stück ist eine ‹Handübung› des Neunzehnjährigen über den ‹Cimbernkrieg›, ursprünglich lateinisch geschrieben. – Der Reiz dieser, zum Teil fragmentarischen Sächelchen, liegt für den Kenner in ihrem Skizzenhaften; das Plänemachen großer Gelehrter und Dichter hat viel Anziehendes: man könnte sie ausführen!

B.: 12 und 6 ergiebt 18: was weiter?

A.: 6 Bände nehmen ein die ‹24 Bücher allgemeiner Geschichten; besonders der europäischen Menschheit›: ein, recht geschickter, Abriß der Weltgeschichte bis 1783. – Jedoch auch er immer noch nicht ‹das Werk›.

B.: Das vielmehr – Sie haben sich's, sehr richtig, bis zum Schluß aufgehoben – das steckt also, muß stecken, in den noch verbleibenden 16 Bänden; und heißt ‹Die Schweizergeschichte›. – Ich hab' aufgepaßt.

A.: Band 7 bis 22 inclusive, umfassen die ‹Geschichten schweizerischer Eidgenossenschaft›, vom Anbeginn der Zeiten, bis zum Jahr 1489.

B. (verblüfft): Was ?! : weiter ist er nicht gekommen ?! – Sagen Sie : auf wieviel Bände war die Historie des ‹Musterländle› denn da angelegt?

A.: Genau darüber hat sich bereits Napoleon mokiert : über die hypertrofierten Lokalklätschereien; die unerträglich breit erzählten Mikrohändel jedes Fleckens – ähnlich wie bei Homer, oder in der Bibel, kurz : wie überall, wo man die eigene Kreisstadt für den Nabel der Welt ansieht.

Und sogleich drängt sich wieder auf : der Vergleich mit Gibbon : der Umfang der Buchstabenmeere ist ungefähr der gleiche. Aber Gibbon hatte ein anderes Thema; eins von wahrhaft ‹weltgeschichtlicher Bedeutung›, sodaß man bei ihm, bedauernd, oft das Gefühl hat, in allzu leeren Kammern zu stehen : man möchte *mehr* wissen; ob Rom, ob Byzanz, ob Sultan Saladin oder die Frankenreiche im Peloponnes. – *(Abfällig):* Während Müllers falsche ‹Fülle› nur durch Herzählung der einzelnen Stückchen Käse bei Tributen möglich wird.

C. (erhaben):

»Es geschahen,
vornehmlich durch die Berner,
sieben hundert und funfzig Schüsse in die Stadt:
durch welche 1 Pfaffe am großen Münster, in seinem Hause,
1 Thurmwächter,
1 Weib,
und 1 Henne mit ihren Küchlein das Leben eingebüßt.«

A.: Und ich möchte hervorheben : daß dergleichen nicht ironisch gemeint ist! / Durch Aufmästung und endlose Ausschreibung der Daten : schindet er Zeilen – nicht ‹26. 8. 1444› heißt es da; wohl aber . . . . . :

C. (langsam, ‹episch wogend›): »Früh; des Morgens um Acht, an dem sechs und zwanzigsten Tage des Augustmonates, in dem vierzehnhundert vier und vierzigsten Jahre!«

A.: Den Vorfahren jedes zahlungsfähigen, beziehungsweise =willigen Eidgenossen, hängt er ein rühmendes Beiwort an, möglichst sogar ein pralles Nebensätzchen . . . . . :

C.: »Dort fielen,

bei Jost Reding, ihrem Hauptmann, des Landammans Bruder,
die Männer von Schwyz.
Zehn atmeten noch;
Einer hatte das Herz, die Kriegsgesellen zu überleben; keine Wunde rechtfertigte ihn;
so lang er lebte, war Haß und Schmach sein Los.
Dort wurde von Rudolf Netstalers Blut der Glanz der Perlen seines Doppelkreuzes verdunkelt (oder erhöhet!).
Bei ihm des Landammans Tschudi väterlicher Tugend nachstrebender Sohn;
und, nun dem Hauptmann ausgesöhnt, Ulrich Loriti, der, vor dem Übergange der Birs,
seine Mäßigung Feigheit genannt;
unter allen von Glaris anwesenden schöpfte nur Werner Äbli (des verdienten Geschlechts von der Kilchmatten) siebenfältig verwundet, noch schweren Athem;
starb nicht;
lebte in hohes Alter;
als Zeuge der That und Haupt seines Volkes.
Muthig fiel, mit seiner Schaar, der Hauptmann von Uri, Arnold Schik;
nun gerechtfertigt, Hemmann Seevogel;
der junge Andreas Falkner, der Freiheit Freund, obwohl adelig geboren:
Burkhardt Ehrenfels hatte nicht das Glück, mit seinen Freunden zu sterben .....«

B.: Genug als Probe. Es hört sich zwar gar nicht schlecht an, aber ..... : hätten Sie nur nicht zuvor Müllers Leben so raffiniert=komplett geschildert : jetzt klingt es doch unangenehm verlogen im Munde des Weichlings, dieses ‹Glück zu sterben›!

A.: Aber die Schweizer waren entzückt, ob der heroisch=vollen Klänge! Sie Alle wollten flugs mit ins große Buch hinein; jedes Nest eine »alte, hochberühmte, wohlgebaute Stadt« heißen; jede Familie mindestens einen »langen Friedli« unter ihren Vorfahren zählen – Müller lieferte ihn, ebenso mühe= wie anstandslos, aus seinen Excerptengebirgen : und eben alles in dem Ton! : als handle es sich nicht um »1 Henne mit ihren Küchlein«, sondern um »Ein Sechstel der Erde«!

Jetzt erst erfuhren sie es, hingerissen, die Schweizer & die ganze Welt: wie allbedeutend, wie vorbildlich ihre Wirtshausprügeleien gewesen waren – die ernsthafte ‹Weltgeschichten› bislang meist vermittelst ‹Fußnoten› erledigt hatten. Jetzt erschienen sie für immer, all die sepplhosigen Helden, um die Weltliteratur nie wieder zu verlassen.

(Abfällig): Ein großer Teil des hervorgebrachten Effekts ging freilich – zur erheblichen Befremdung aller Leser dieser ‹Schweizergeschichte› – verloren, als das französische Directorium das 16=bändige Heldenvolk innerhalb von 40 Tagen zur ‹Helvetischen Republik› umorganisierte – eine Tatsache, an der kein Unbefangener auch nur 1 Augenblick gezweifelt hatte : ein andres ist eine Großmacht; ein andres sind eitle Kantönli.

B.: Also die ‹Härte› des Buches ist imitiert ? Die ‹Gediegenheit› echt Gold=Doublé ? Und die nichtswürdige ‹Fülle› wird nur dadurch ermöglicht, daß Müller in die Weitschweifigkeit der Chroniken noch mehr Wasser hineinpumpt, vermittelst des ‹Höheren Tons› ? Er walzt die – angeblich gehaltenen – Reden aus, daß man sie im ‹Witiko› nicht länger hat ? Nennt ameisig Freunde und Mäzene ? – Freilich : da läßt sich dann Einiges an Papier bedecken. – *(Unangenehm berührt):* Und vor allem eben wieder diese effeminierte Anfälligkeit für grobschlächtigstes Athletentum : und Sie wollen von ‹größter Wirkung› sprechen; ja noch mehr ?

A. (behaglich): Ich räume nur gern immer Alles beiseite, was – spreuhaft=wirbelnd, rührig=staubig – die Sicht verstellen könnte : jetzt ist das Proscenium rein gefegt von Alltäglichem; jetzt kann Bedeutendes erscheinen.

Vernehmen Sie den Satz : Müllers ‹Schweizergeschichte› ist, vom Tage ihres Erscheinens an, bis heute, eines der allereinflußreichsten, stilbildenden, formprägenden, Bücher deutscher Zunge gewesen !

Einleitend ein Merkwürdiges : Müller war ursprünglich zweisprachig; las und schrieb Französisch wie Deutsch; und entschied sich erst recht spät, und ganz bewußt, für das Deutsche . . . . . : 1773 ? :

C.: »Frantzösisch ist die Sprache des cultivierten Menschengeschlechtes !«

A.: 1783 jedoch . . . . . :

C.: »Je suis allemand : je dois écrire dans ma langue !«

B.: Besonders pikant=verwirrende Bekenntnisse, weil jeweils in der entgegengesetzten Sprache abgelegt. – Aber was war der letzte Grund zu solcher Entscheidung ?

A.: ‹Sansibar oder der letzte Grund ?› : das Französische war längst ‹vollendet› – in seiner Art – von zahllosen ‹Klassikern›. Sämtliche rhythmischen und syntaktischen Möglichkeiten – zumindest soweit man damals zu sehen vermochte – erprobt. / Im Deutschen dagegen ? : War noch alles möglich !

B.: Also reine Berechnung.

A. (wiederholend, dabei aber richtigstellend): Reine : ‹Berechnung› : sehr wohl ! / Man weiß freilich, daß Müller nie mehr dahin gelangt ist, Deutsch im mündlichen Verkehr zu beherrschen – es blieb immer ein geläufiges Radebrechen; Schwyzerdütsch plus Gallizismen; also ähnlich wie bei Chamisso. Dennoch wurden Beide bedeutende Stilisten : eben ‹aus Berechnung› !

B.: Sie meinen jetzt : Beide konstruierten sich, mühsam, fleißig, unermüdlich feilend, wenn nötig raspelnd, ihr schriftliches Spezial=Deutsch ?

A.: Wobei Müller – dieser »Wortredner des Jahrhunderts, mit seinem göttlichen Talent für die Sprache«, wie ein anderer Müller ihn nannte – sich den Tacitus zum Vorbild nahm . . . . . :

C. (diesmal völlig unkarikierend : sorgfältig; damit die seltsam ‹drahtige›, verschlungene, ‹grammatizierende› Sprache herauskommt):

»Dessen erschrak der rechtsuchende Mann; bebte; gab auf.
Sie, durch Hans Waldmann, fehdeten.
Beck's versicherten sie sich, damit er nicht, aus Furcht, unüberlegt handle.
Ehrfurchtsvoll empfing die Krieger Lindau.
Sie, die Holzleite hinan : tiefer Schnee deckte das Land.
Isny zogen sie vorbei;
: ‹Sie wollen den rauhen Weg !› seufzte der Bürgermeister, und kreuzte die Schweizer segnend.
Ihre Freundin war die Nacht;
nicht ruhig dem Abt; welcher,
im Gefühl mehrfacher Schuld,
oder wegen Hasses aller Partheien,
entwich.«

A.: Entzückt vernahmen die Zeitgenossen – nicht nur die ästhetischen Fachleute – dieses herrliche Deutsch=Latein, diese »müllerbiblischen Formen«. Verfolgten begeistert die artistischen Überanstrengungen der Syntax; parodierten, in verehrender Schelmerei, die bakelithafte Buntheit zusammengepreßter elliptischer Wendungen – die sehr wohl ‹Taciteische Gedrängtheit› ergeben hätten, wäre es eben nicht die offenbare ‹Höhere Geschwätzigkeit› gewesen. –

Denn auch dieser Gegensatz wieder ist sehr nachdenklich : die berufene ‹Kürze und Dunkelheit› des Tacitus ist bitterster Ernst; der sprachliche Ausdruck prekärster persönlicher Position inmitten einer kriegerischen Weltmacht : etwa, wie wenn ‹unter Hitler› ein berühmter Gegner gezwungen worden wäre, ihm den Hofgeschichtsschreiber zu machen. /

Bei Müller wirken die Waidsprüchlein unecht; ‹gearbeitet›; die unsinnig=hinreißenden Lakonismen wie Affensprünge; sein zungenspitzenkitzelndes Pizzicato wechselt mit einherwuchtenden Mammutsätzen, dreißig Zeilen langen, selten organisch – d. h. je nach betreffendem Ereignis – : sondern meist nach Müllers künstlichem Belieben. Nicht umsonst warnte Goethe vor jeder sprachlichen »Hämmerung und Verrenkung, die an Müller erinnern könnte« !

C. (protestierend): »Es ist kein Capitel, das nicht fünf= oder sechsmal umgearbeitet worden wäre; noch im ganzen Buch eine Redensart, welche mich nicht mehrere Spatzirgänge auf meinem Zimmer gekostet hätte !«

A.: Das ist richtig : man muß schon selbst Fachmann sein, um die köstliche Vokalharmonie, das Gerüttel der Kurzformen, zu würdigen. Beispielsweise von 2 Namensformen – wie sie ja in der mehrsprachigen Schweiz gern auftreten – wählt er ganz sorgfältig, je nach Klang und Rhythmus der umgebenden Worte, die passendste aus : aufbauend auf Klopstocks ‹Gelehrtenrepublik› – genauer : deren ‹Denkmalen der Deutschen› – lieferte Müller unser zweites Großbeispiel dehydrierter Prosa, der einzigen, bei der Kunstwerke möglich werden :

»Sie : muthbrünstig : auf !«, heißt es von Lagernden, die, geschickt haranguiert, schlachtlustig, sich vom Boden heben.

Oder, als weitere folgenreiche Kostprobe . . . . . :

C.:

»Da sie nicht weit jenseits des Rütli gekommen,
brach, aus den Schlünden des Gotthard, plötzlich der Föhn :
es warf der enge See die Wellen wüthend hoch und tief;
mächtig rauschte der Abgrund;
schaudervoll tönte durch die Felsen sein Hall ! –
In dieser großen Todesnoth, befahl Geßler, voll billiger Furcht, Wilhelm Tellen,
einem starken mächtigen Mann, den er als vortrefflichen Schiffer kannte, die Fesseln abzunehmen.
Sie ruderten,
in Angst,
vorbei die grausen Felsenufer;
sie kamen an den Axenberg, rechts, wenn man aus Uri fährt :
An diesem Ort ergriff Tell sein Schießzeug, und nahm den Sprung auf einen platten Fels.
Er kletterte den Berg hinauf;
der Kahn prellte an, und von dem Ufer;
Tell floh durch das Land Schwyz;

auch der Vogt entkam dem Sturm.
Als er aber bei Küßnach gelandet,
fiel er durch Tells Pfeil,
in einer hohlen Gasse,
hinter einem Gebüsch hervor.
: Gesetzmäßige Regenten sind heilig;
daß Unterdrücker nichts zu fürchten haben, ist weder nöthig noch gut. –
Die Verschworenen schwiegen still.
Das dreizehnhundert und siebente Jahr wurde vollendet.«

B.: Daher also Schillers intime Kenntnisse. Und Müller der im ‹Tell› gerühmte »glaubenswerthe Mann«.

A. (bestätigend): Und daher also die Sprache, etwa der ‹Dya Na Sore› ! / Denn die Wirkung war tatsächlich unvorstellbar weittragend!

Das lag einmal am unwiderstehlichen ‹Reiz des Milieus› – heute sind's ‹Zirkus; Rennfahrer; unwiderstehlich=lanzettige Chirurgen› – damals waren es (und eine ganze Motiv=Reihe ist damit angerissen !) : die halbwilden Randvölker, deren literarische Porträts den Markt beherrschten. Das wäre aber eine Abhandlung für sich; ich weise jetzt nur ganz flink hin auf : ‹Steffens' Norweger / Scotts Hochländer / Coopers Indianer / Tolstojs Kosacken / – und eben auch : Müllers Schweizer !›

B.: Ist denn schon die Rede von ‹Markt beherrschen› ? : Hatten wir doch lediglich erst Schillers ‹Tell›.

A.: Kotzebue : dramatisierte und staffierte sofort eine ‹Johanna von Montfaucon› mit vielenvielen ‹Harsthörnern› und anderem Müller'schem Zubehör. / Lafontaine – unser deutscher, wohlgemerkt : August Heinrich Julius – entnahm der Stelle 8,32 einen ganzen Kurzroman, ‹Ida von Tokkenburg›. / C. G. Cramer : plünderte die Müller'schen Wort= und Waffenkammern; Der läßt seine Helden sich gern mit »Alter Wunderfrevel !« titulieren. / Für Fouqué : wurde die ‹Schweizergeschichte› erst Lehrbuch; dann, vor allem, Namens=Reservoir : auch so ein ergiebigstes Thema, das unsere Literaturhistoriker systematisch zu durchforschen sich noch nicht die Mühe genommen haben : ‹Woher nimmt der Dichter seine Namen ? !› / Jene ganze vielberufene ‹Erneuerung des Mittelalters›, all der ‹Historismus›, den man gern der Romantik zuschreibt, geht in Wahrheit auf Müller zurück ! ! / Alle haben sie von ihm gezehrt : von seiner Sprachlichkeit Nietzsche. / Von seinem unerschöpflichen Anekdotenvorrat : Gottfried Keller ! : 9,9 beziehungsweise 9,115 ergab, Liebesroman & Namen=gleichzeitig, den entzückenden ‹Hadlaub› – ob Liebesgedicht am Angelhaken, ob die Äbtissin ‹Kunigunde von Wasserstelz› –

kennen Sie die gleichnamige Holzplastik von Heinrich Schlotter ? : Mit Gold müßte man sie aufwiegen ! – / Claudius; Immermann; Scheffel. / Und, was meinen Sie, was die Dritt=Reichler zwischen 20 und 45 – einen Hinweis Gundelfingers nicht verschmähend – so ‹kolbenheyerten› ? . . . . . :

C.:

»Alle Stärke suchten die Bürger,
in einstimmigem Bestreben,
auf einerlei Zweck.
Obwohl sie gewissen Gewerben Innungen setzten, verordneten sie
: ‹Dem, der eine Zunft, Meisterschaft, oder Gesellschaft aufrichte, das Haus niederzureißen, und eine Buße von zehn Mark Silbers abzufordern.›
Denn sie besorgten,
es würde bald Jeder seine Zunft für Vaterland halten,
und sich, an seinem Ort, von kühnen und listigen Männern zu allerlei Neuerungen verleiten lassen.
Bürger, welche einander befehdeten, mußten, Beide, von der Stadt weichen.
Sie
verwachten ihre wohl=unterhaltenen Mauern, und wohl=versehenen Thürme;
dem Graben gaben sie Tiefe und Weite;
sie litten keine neue Vorstadt, noch am Thor ein festes Haus : die Stadt war fest,
vornehmlich durch der Einwohner Muth
: weil der Mensch durch Kunst aller unbeseelten Dinge Meister wird;
Niemand aber als der Tod herzhafte Männer bezwingt. –
Viele fingen an, von Steinen zu bauen – es wurde nicht geboten, sondern empfohlen.
: Doch steht, wider allgemeinen Schaden, die Sorgfalt billig den Obrigkeiten zu
: Privatmänner vergessen über gegenwärtigen Unkosten die ungewisse ferne Gefahr.«

B.: Brave Gesinnung das, eh ? ! Wie väterlich=gottgesetzt die betreffenden ‹Obrigkeiten› sind, wie allwissend=vorsorglich, sehen wir ja dann bei jeder Inflation, bei jeder Million ‹Kriegsgefallener› !

C. (ohne darauf zu achten; körnig & fruchtbar=platt):

»Den Bauern, welche sich bey ihnen niederlassen wollten,
gaben sie

Haus Holtz Pflug,
1 Wagen mit 4 Ochsen,
1 Sau, 2 Ferkel, 1 Hahn, 2 Hennen;
Sichel Axt Beil;
Samen zu Spelt Haber Hanf und Hirs,
Bohnen Erbsen Rüben
: es ist an dem Bauernreichthum etwas Häuslichgroßes,
Patriarchalisches,
Was erschmeichelten oder erspeculirten Geldern bey aller Verschwendung immer fehlt.«

B.: Naja=also ! : Wie ich vorhin schon gesagt hätte, wäre ich nicht von Ihnen gehindert worden : ‹Schäfer : Die 13 Bücher der Deutschen Seele› !

A.: Und fein lieblich getarnt dazu – denn zum resoluten Dieb, der den fremden Mantel in so eleganten Falten zu tragen weiß, daß er schon wieder wie ein eigener wirkt, langt es eben nicht bei Jedem. / Zwanglos schließen sich an – daß wir auch darauf hinweisen ! – : sämtliche ‹Oberkommandos der Wehrmacht›; deren kostspielig=heroische Knappheit Sie nunmehr, durch all=die Kanäle, bis auf Müller & Klopstock zurückzuführen vermögen : dafür bin ich an sich sehr : daß Jedweder für seine Sprache raube, was er nur irgend bewältigen kann ! –

Aber ! :

wo der amüsierte Fachmann angeregt lernt – Snobismus erkennt; Manieriertheit unterscheidet; Kunststücke unbestechlich überlächelt; und sei es alles zur eigenen Klärung & Förderung –

: da erliegen die ewig=schlaftrunkenen Völker der imitierten Biederkeit; der ‹gekonterten› hausväterlichen Sorglichkeit; der Praktik : die gefährlichsten Ziele mit den volltönendsten Redensarten zu verdecken !

Wie herrlich ernüchternd da wieder – für den ‹Fachmann›, den ‹Bewußten› ! – wenn der alte französische Übersetzer das, von Müller aus den Chroniken frisch=aufgetriebene, sogleich begeistert verwendete, nordisch=röchelnde ‹Walstatt› – als »plan d'élection« mißverstand ! –

B. (überfüllt=kopfschüttelnd): Wissen Sie, wie ich die Aufschlüsse des heutigen Abends; für mich; zusammenfassen möchte ? –

A. (hebt erwartungsvoll die Augenbrauen; d. h. : winzige verbindliche Pause): ? ? !

B.: Ähnlich, wie es Thomas Carlyle, mit seinem ‹Blessed are the Unknown› tat – also : ‹Selig sind die Unberühmten› ! – möchte auch ich; allen schlichten Ernstes; die 9 ‹Seligpreisungen› um eine zehnte vermehren . . . . . *(tief durchatmend):*

‹Selig sind – – : die Normalen !›

A. (ernst ergänzend):

‹. . . die da Nachsicht üben : mit dem Gehirntier !›

KARL PHILIPP MORITZ

15. September 1756, Hameln – 26. Juni 1793, Berlin

DER ARME ANTON REISER

*(Vor 200 Jahren
wurde Karl Philipp Moritz,
eine der merkwürdigsten Gestalten
unserer Hochliteratur,
geboren.)*

Man gehe uns doch mit den fremden ‹Großen Psychologen›, den vielbewunderten Balzac oder Strindberg; und nichts gegen die ‹Brüder Karamasow› – es ist ein bewundernswertes Buch, zugegeben ! Aber was sind sie alle, Alte und Neue, gegen den Größten unter ihnen, dieses seelische Hochland für sich, unseren Einundeinzigsten Deutschen Karl Philipp Moritz ? ! : Messieurs, wir erheben uns von den Plätzen ! –

Moritz war am 15. September 1757 zu Hameln geboren worden; in traurigsten Familienverhältnissen : »Die ersten Töne, die sein Ohr vernahm und sein aufdämmernder Verstand begriff, waren wechselseitige Flüche, und Verwünschungen des unauflöslich geknüpften Ehebandes« der Eltern. So knapp war das Geld, wie nur je in einer Arbeiterfamilie; und dazu der wilde Intellekt des Knaben, der sich aus dem bloßen Klangnamen ‹Bremen› sogleich lange weißliche Städtebilder erbaut, etwas flach, und mit einer Art Mond darüber in Rosigem schwebend. Wie billig wird er zwecks Erhöhung dieser Anlagen zu einem pietistischem Hutmacher, Lohenstein, in die Lehre gegeben, der ihm blutige Hände macht, und in der eisigen Dezemberoker zu Braunschweig Hutfilze spülen läßt. Wie er dann verächtlich von jenem entlassen wird, als einer, »in dessen Herzen sich Satan einen Tempel gebauet«; und sich anschließend als Halbschüler des Gymnasiums zu Hannover wölfisch an Freitischen herumfrißt. Wie er körperlich verwahrlost um des Geistes willen; bis die Sonne durch ihn hindurchscheint, und er stur auf den Hausboden geht, um dort zwischen Balkengespinsten Pflaumenkerne mit dem Hammer zu zerklopfen, »Lasset uns ein Schicksal machen !«. Und in ihm läuft solche Lektüre um wie etwa diese : »Engelbrechts, eines Tuchmachergesellen zu Winsen an der Aller, Beschreibung von dem Himmel und der Hölle«, gemischt mit eigenster Prosa von Wüstenwanderungen und Menschen mit Straußengesichtern. Prediger will er werden, denn Deklamation und deren hypnotische Beeinflussung locken ihn; oder Schauspieler – und sein

Mitschüler ist Iffland : welch ein Name dem Kenner ! Endlich brennt er durch und begibt sich nach Gotha zu Eckhof – auch einer der Mimen, denen die Nachwelt wenig Kränze flocht – bis er bei den Herrnhutern zu Barby eine Zuflucht fand. Von jenen unterstützt, und es ist das größte Verdienst der Brüdergemeinde in meinen Augen, studierte er in Wittenberg Theologie, und wurde gar Lehrer an Basedow=Hagebuck's ‹Philanthropin› zu Dessau ! Dessen Geistestyrannei trieb ihn aufs neue zum Wandern; in Berlin wurde er Lehrer am Militärwaisenhaus und am Grauen Kloster. Galt in den berliner Aufklärerkreisen für einen »guten Kopf«; aber gleichzeitig auch als »exzentrisches Original«. Eine Reise nach England, zumal die ‹Höhle von Castleton›, beschrieb er in einem Buche, das die Begeisterung seiner Zeitgenossen erregte; wurde darauf Professor am Kölnischen Gymnasium in Berlin; versuchte als Redakteur der Vossischen Zeitung diese zu einem Volksblatt umzugestalten. Geriet – ach, auch das im Telegrammstil; es ist ja so lange her ! – durch die Leidenschaft für eine verheiratete Frau in »verhängnisvolle Herzenswirren«, und suchte geistige Genesung durch eine 1786 unternommene Reise nach Italien. Hier traf er in Rom mit Goethe zusammen; brach auch den Arm dort, und vielleicht stimmt es manchen nachdenklich, daß Goethe offiziell bekannte : »Ich hätte nie gewagt, die ‹Iphigenie› in Jamben zu übersetzen, wäre mir nicht in Moritzens ‹Prosodie› ein Leitstern erschienen.«

Zum Dank half Goethe nun auch seinerseits dem Freunde : »er ist wie ein jüngerer Bruder von mir, von derselben Art; nur da vom Schicksal verwahrlost und beschädigt, wo ich begünstigt und vorgezogen bin.« So erhielt Moritz eine Professur in Berlin; seine Vorträge dort waren ungewöhnlich besucht; nicht nur von Schülern der Akademie; sondern auch junge Literaten, wie Tieck und Alexander von Humboldt, saßen zu seinen Füßen.

Eines seiner unschätzbaren Verdienste sei noch erwähnt : am 7. Juni 1792 sandte ihm der an sich und der Welt fast schon verzweifelnde Jean Paul seinen ersten großen Roman, die ‹Unsichtbare Loge›, im handgeschriebenen Manuskript zu : und das ist denn wahrlich eine Zumutung ! Schon am 19. Juni empfing Paul diese Antwort : »Und wenn Sie am Ende der Erde wären, und müßt' ich hundert Stürme aushalten, um zu Ihnen zu kommen, so flieg' ich in Ihre Arme !« Die ersten 100 Dukaten Verlegergelder empfing der große Humorist so durch Vermittlung des neugewonnenen Freundes.

Bald, nur *zu* bald, am 26. Juni 1793, starb Karl Philipp Moritz als Professor der – es klingt fast komisch – ‹Altertumskunde› in Berlin. –

Sehen wir von seinen Brotarbeiten ab, (obwohl sie etwas mehr sind), wie etwa der Schrift über die römischen Altertümer, oder die ‹Götterlehre der Griechen und Römer›; auch die »Reisen eines Deutschen in England« sind schließlich nur noch historisch zu lesen. Unvergänglich jedoch, Bücher, wie sie kein Volk der Erde sonst besitzt, gegen die alle gepriesenen Ausländereien nur Schatten bedeuten, sind der 1785–90 erschienene Bekenntnisroman ‹Anton Reiser›; zu dem unauflöslich die seltsam=großartigen, stark verschlüsselten Fortsetzungen vom ‹Andreas Hartknopf› und dessen gleichnamigen ‹Predigerjahren› gehören.

So viele ‹Taschenbücher› werden in unseren Tagen gedruckt, mit reprints aller Arten : wo ist der Verleger, der diese Bücher wieder ins Bewußtsein der Gebildeten zurückführt ?

DIE SCHRECKENSMÄNNER

Karl Philipp Moritz zum 200. Geburtstag

Sprecher: 2 Männerstimmen
Referent: Kräftig; starker Akzentuation fähig.
Zitate: Hell; kalt; unbeteiligt.

Ref.: Das sah wohl der Reisende, der 1790 in der Postkutsche von Halle nach Kassel fuhr – lautlos mahlten die Räder im Schnee; die flache Mondnadel heftete Kiefernborten ans Morgenrauh; die andern Passagiere, baumelnde Gesichterguirlande an fahrenden Wänden, röchelten im Dreiviertelschlaf – : da sprang er aus dem Waldrand über'n Graben ! Straffes grauschwarzes Indianerhaar hing ihm neben dem starren Gesicht; Scharlachrock und =beinkleider machten lange Fetzen von oben nach unten; im Schnee zerliefen 2 hornige Barfüße. Und während noch die Augen im fahrenden Gesicht am Fenster größer wurden, raschelte es bereits wieder im schwarzknochigen Unterholz : Wezel war verschwunden. –

(Beginnend im klappernden Ton des Statistikers; dann wieder gesteigert): Johann Karl Wezel. Geboren 1747 zu Sondershausen. Autor des ‹Hermann›, der ‹Wilhelmine Arend›, des rasenden ‹Belphegor› – weh mir, daß ich ein Deutscher bin : denn ich muß seinen Namen erst erläutern ! – »Er hatte die unglückliche Idee, daß er von keinem Menschen, von keinem Vorurteil abhängen wollte, wie schöne Anerbietungen man ihm auch von verschiedenen Seiten gethan hat«. 1786 kehrte er, ernüchtert, von Wien zurück; in der Tasche 220 Thaler. Er setzte sich an den groben Holztisch der elterlichen Hütte, und teilte die lächerliche Summe ein, auf zehn Jahre : das ergab pro Monat 18 D=Mark. Von nun an lebte er völlig einsam; floh die Spur alles dessen was Mensch heißt; ging nie bei Tag aus; durchstreifte von Einbruch der Nacht bis zum Morgengrauen die Wälder; ‹genoß› nichts als dünnen Eichelkaffee und Pellkartoffeln. Da er noch länger lebte, als er gefürchtet hatte, erbarmte sich seiner schließlich der Hof von Schwarzburg=Sondershausen, und ließ ihm täglich 5 Groschen reichen.

Noch muß dies angeführt werden : seine und seiner Familie Begriffe standen schon in seinen frühesten Jahren in solchem Gegensatz, daß er bereits als Kind den Glauben merken ließ, er sei nicht von diesen Eltern gezeugt und geboren! Daher fruchteten ihre Erziehung, ihre Worte, ihre Züchtigungen, nichts an ihm. Seiner Mutter, die ihm analphabetisch=besorgte Briefe schrieb, und zur Unterwürfigkeit gegenüber den Großen dieser Erde weinerlich riet, antwortete er hart: »Er würde ihr nicht gehorchen. Gegen sie hätte er keine Sohnespflichten. Er könne höchstens ihr Pflegekind sein: wie wäre es denn möglich, daß sie solch einen Sohn wie ihn habe gebären können!« Er hinterließ einen hohen Stoß Papiere mit der Aufschrift »Opera Dei Wezelii, ab anno 1786 usque...«

(Sofort hiernach ein Schlag auf einen bösen Gong!)

Das wäre allerdings allzu einfach, Jenen als schlichtweg ‹verrückt› abzutun; ich wiederhole: wer in Deutschland den ‹Belphegor› kennt – es werden hoffentlich immerhin noch 3 Mann die Hand heben – wird anders urteilen. Es handelt sich vielmehr um ein nicht seltenes literarisches Phänomen: die ‹Schreckensmänner›.

(Erläuternd): ein Begriff, entlehnt von unser Aller Mutter, der großen französischen Revolution von 1789. Im vorliegenden Fall allerdings nicht Männer der Tat; sondern Objekte der Abteilung ‹kulturelles Wort›, wie es bei uns im Westen so reizend blödsinnig heißt.

Und ihre Kennzeichen sind mannigfach und immer wieder hübsch gleichmäßig vorhanden: arm geboren sind sie. Unter unglücklichen Familienverhältnissen aufgewachsen. Brennend scharfen Geistes übervoll – und dieser, da auf einen bösen Boden gepflanzt, nichts weniger als angenehm. Ihre spätere Entwicklung ist häufig eine Frage der körperlichen Konstitution: wem Allah die Knochen eines Ochsen verliehen hat, daß er mit jeder Hand einen Zentner heben kann, überlebt die grausamen Entbehrungen leichter, hat weniger Angst, wird wütender, – wenn auch vielleicht nicht ganz so giftig – als Der, der bei jedem Wort husten muß.

Ihre schöpferische Kraft ist meist gering; desto größer ihre zerstörerische. Allbedeutend können sie da werden, wo die ‹Erfindung› – ihre schwächste Seite – entfällt: Sie sind, mit ihrer überscharf gewetzten Beobachtungsgabe, ihrer allumfassenden Rücksichtslosigkeit, die geborenen Autobiographen. Dadurch, daß an ihnen das Mißverhältnis zwischen einem Geist erster Größenordnung und seiner armseligen Umgebung handgreiflich, – im wahrsten Sinne des Wortes ‹schreiend› – wird, erhalten sie den Rang von Sprechern des Vierten Standes. Die ‹besser gestellten› Gesellschaftsschichten, die ‹Gebildeten›, lernen ja von früh auf, flüssig zu reden – vom Handeln und Regieren noch ganz zu schweigen; das arme, seine Energien in körperlicher Arbeit völlig verbrauchende Volk aber, das sprachlos=preisgegebene, ist fast immer ohne adäquates Mundstück : hier springen die ‹Schreckensmänner› ein ! Oder präzis=düsterer : sie springen ins Leere ! Denn sie haben höchstes literarisches Niveau : deswegen liest sie der Arbeiter nicht ! Und über die verwildert=medusischen, ätzend herausgezischten, Interieurs von jenseits des Styx rümpft der Gebildete die feine Nase ! Auch nach dem Tode noch trifft sie also der gleiche Fluch, wie zur Zeit ihres bißchen Lebens – sie gehören nur sich selbst, und ihren finsteren Chorgenossen : im Leben versagt man ihnen das Brot; im Tode sogar den Stein !

Gewiß : jede Nation kann dergleichen ‹Schreckensmänner› aufweisen. Ich nenne, in Frankreich etwa, Rousseau; oder Jean Paul Marat; Leute gegen welche ein de Quincey irgendwie ‹satt› und ‹feinsinnig› zu lesen ist : der Sohn aus wohlhabendem Hause, der sich – bereits sorgfältig geschult, und griechischer Zitate voll – neugierig, experimentierend, einmal ‹in die Not› begibt – der künstlerische Schöpfungsakt vollzieht sich doch wesentlich bösartiger, als Lesepublikum und Ästhetiker sich anscheinend vorzustellen vermögen.

Aber, unbesorgt, die größte Zahl kann das Heilige Römische Reich Deutscher Nation aufweisen; wir brachten und bringen in überwältigender Anzahl die servilsten, die zahmsten, die ‹königstreuesten‹ Literasten hervor : da ist es nicht mehr als recht und billig, daß wenigstens eine kleine Stunde einmal den wildesten gewidmet werde. –

Basedow sei, und nicht zum letztenmal heut' Abend, genannt. Oder der große Bürger Johann Heinrich Voß, der freilich als unschätzbares Pfand die Statur des Donnerers Thor mit auf den Lebensweg bekommen hatte; und der – Enkel eines mecklenburgischen Leibeigenen, Sohn eines Dieners – die französische Revolution auch da noch bejahte, wo sich die Hausbesitzer zurückzogen; auch er ein Modellfall schreckensmännisch=deutscher Dichtung und Gelahrtheit. In unserer augenblicklichen kulturellen Situation, dieser ‹christlich=abendländischen› – hoffentlich ist der Wortwitz bald einmal aufgebraucht – heißt ein Zurückgehen auf Leute wie ihn : Fortschreiten ! – : Solange es Gogen gibt, bin ich Demagoge ! !

Zweihundert Jahre sind es heut', am Tage der deutschen Bundestagswahlen, her, daß zu Hameln an der Weser einer unserer bedeutendsten ‹Schreckensmänner› geboren wurde. Bedeutend deswegen, weil an ihm am reinsten Gaben und Begrenzungen jener Menschenklasse darstellbar sind : Karl; Philipp; Moritz !

Man gehe uns doch mit den ausländischen ‹großen Psychologen›, Balzac oder Dostojewski, denen wir angeblich nichts Gleiches an die Seite zu stellen hätten : die Selbstbiographie des ‹Anton Reiser› ist ein seelisches Hochland für sich; eine ‹Mesa›, auf der – und nicht nur vielleicht – noch tertiäre Ungeheuer hausen. Bauen wir aus seinen Zitaten die typische Jugend eines ‹Schreckensmannes› auf......

(Gong).

Zitat: Die ersten Töne, die sein Ohr vernahm, und sein aufdämmernder Verstand begriff, waren wechselseitige Flüche und Verwünschungen des unauflöslich geknüpften Ehebandes. In seiner frühesten Jugend hat er nie die Liebkosungen zärtlicher Eltern geschmeckt; nie nach einer kleinen Mühe ihr belohnendes Lächeln. Es war ihm beinahe, als müsse er beständig gescholten sein; und ein freundlicher Blick, den er einmal erhielt, war ihm etwas ganz sonderbares, das nicht recht zu seinen übrigen Vorstellungen passen wollte. / Im 8. Jahr bekam er eine Art auszehrender Krankheit. Man gab ihn völlig auf; und er hörte beständig von sich reden, wie von einem, der schon wie ein Toter betrachtet wird. Seine Base, der er doch etwas lieber als seinen Eltern zu sein schien, ging endlich mit ihm zu einem Arzt; und eine Kur von einigen Monaten stellte ihn wieder her.

Ref.: Man beachte die steinerne Bitterkeit der Formulierung; und es ist nur einer von hundert Kommentaren zum 4. Gebot...

Zitat: Kaum war er einige Wochen gesund, als ihn gerade bei einem Spaziergang mit seinen Eltern auf das Feld, – der ihm etwas sehr Seltenes, und ebendaher desto reizender war – der linke Fuß zu schmerzen anfing. Am dritten Tag war die Geschwulst schon so gefährlich geworden, daß man zur Amputation schreiten wollte. Antons Mutter saß und weinte; sein Vater gab ihm 2 Pfennige...... Am Tage vor der beschlossenen Amputation kam ein mitleidiger Schuster zu Antons Mutter, und brachte ihr eine Salbe, durch deren Gebrauch sich die Entzündung im Fuß während weniger Stunden legte. Zum Fußabnehmen kam es nun nicht; aber der Schaden dauerte dessenungeachtet 4 Jahre lang; in welcher Zeit Anton oft unter unsäglichen Schmerzen alle Freuden der Kindheit entbehren mußte.

Ref.: So also wächst Anton Reiser, alias Karl Philipp Moritz auf: Armut im Elternhaus. Zwietracht zwischen Vater und Mutter, Stiefbrüdern und Geschwistern. Krankheit und volkstümlich=abergläubischer Widersinn: denn der Vater ist leidenschaftlicher Quietist und Anhänger der Madame Guyon; stundenlang sitzt er täglich mit geschlossenen Augen da, um »die Stimme Gottes zu vernehmen« und »sich von der Sinnlichkeit abzuziehen« – was natürlich unvermeidlich zu der bekannten schwarmgeisterischen Arbeitsscheu und periodischen Nichterfüllung ehelicher Pflichten führt. Die gedankenlose Mutter ist zwar nominell

Lutheranerin; aber im Grunde aller werwölfischen Atavismen der Primitiven voll . . .

Zitat: Von seinem 2. und 3. Jahr an erinnert er sich der höllischen Qualen, die ihm die Märchen und Ausdrücke seiner Mutter und seiner Base im Wachen und im Schlafen machten ! Wenn der Wind mit sonderbarem Getön durch die Hütte pfiff, so nannte seine Mutter dies den ‹Handlosen Mann›, ohne weiter etwas dabei zu denken : wie manche grauenvolle Stunde, wie manche schlaflose Nacht, hat dieser ‹Handlose Mann› ihrem Sohn noch lange nachher gemacht.

Ref.: Als selbstverständliche Reaktion auf Krankheit – oft kann er ganze Vierteljahre lang das Haus nicht verlassen ! – auf das Toben und Schelten der Eltern, den Spott der Nachbarskinder; kurz, zur Austarierung der eigenen dürftigen Existenz, erfolgt die totale Wendung des Kindes nach Innen. Wichtigstes Hilfsmittel, früh und auch späterhin, wird die ihm jeweils zugängliche Literatur. Und es ist, gottlob, nicht nur ‹Engelbrechts, eines Tuchmachergesellen zu Winsen an der Aller, Beschreybung von dem Himmel und der Hölle›; sondern vor allem das Buch, dessen Wirkung noch längst nicht genügend gewürdigt worden ist, und auf dessen ganz besondere Beziehung zu den deutschen Schreckensmännern ich hier ausdrücklich hinweisen möchte : Die ‹Insel Felsenburg› ! Aus keinem anderen Buch, Carl Gottlob Cramer vielleicht ausgenommen, hat sich in jenem Jahrhundert des Absolutismus der einfache Deutsche so viel Trost gelesen, wie aus dieser überall, in jeder Familie, verbreiteten Utopie. Das liegt ganz simpel daran, daß sich darin – bei einer allgemein düsteren Weltansicht – der Begriff der unabhängigen Einsamkeit mit dem einer patriarchalisch=kommunistisch organisierten Gesellschaft paart. Nicht nur Wezel und vor allem Basedow waren davon beeinflußt; auch Johann Heinrich Voß las es in seiner Neubrandenburger Zeit Tag und Nacht, und hatte eine umfängliche Fortsetzung dazu geschrieben, die leider verloren gegangen ist. Was Wunder, wenn auch der arme Anton Reiser sich dort begierig ansiedelt . . . . . .

Zitat: Oft mußte er ganze Nächte hindurch wimmern und klagen, und die abscheulichsten Schmerzen alle Tage beim Verbinden erdulden. Am häufigsten las er, wenn er seinen jüngeren Bruder wiegte; und wenn es ihm damals an einem Buche fehlte, so war es, als fehle es ihm an einem Freund. Durch seine Base bekam er die ‹Insel Felsenburg› in die Hände, die er nun heimlich und verstohlen, und gleichsam mit unersättlicher Begierde verschlang. Dies waren einige der süßesten Stunden in seinem Leben; und das Spiel seiner Einbildungskraft machte ihm damals oft wonnevollere Stunden, als er je nachher wieder genossen hat . . . Weil nun seine Träume größtenteils sehr lebhaft waren, so fiel es ihm ein : daß er auch wohl am hellen Tage träume, und die Leute um ihn her, nebst allem was er sah, Geschöpfe seiner Einbildungskraft sein könnten. Er fürchtete sich vor sich selber, so oft ihm dieser Gedanke einfiel . . .

Ref.: . . . der ihm später allerdings zuweilen zum Trost ausschlägt : laß die Peiniger brüllen und lachen; sie existieren ja gar nicht ! – Einige Wochen darf der aufgeweckte Knabe einmal eine lateinische Schreibschule besuchen; was aber den Eltern sogleich wieder zu teuer wird. Er muß abgehen; und greift in seiner Verzweiflung – wie brennend gern möchte er doch lernen ! – zu einem, zumal an einem Kinde, erstaunlichen Verfahren . . .

Zitat: Anstatt, daß er sich bemühte, weiter herauf zu kommen, tat er nunmehr das Gegenteil; und sagte entweder mit Fleiß nicht, was er doch wußte; oder legte es auf andere Weise darauf an, täglich einen Platz herunter zu kommen; welches sich der Konrektor und seine Mitschüler nicht erklären konnten, und ihm oft ihre Verwunderung darüber bezeigten. Anton allein wußte die Ursache davon, und trug seinen geheimen Kummer mit nach Haus und in die Schule. Jede Stufe, die er auf die Art ‹freiwillig› herunterstieg, kostete ihn 1.000 Tränen, die er heimlich vergoß; aber so bitter die Arznei war, die er sich selbst verschrieb, so tat sie doch ihre Wirkung. Er hatte es selber so veranstaltet, daß er gerade am letzten Tage der Unterste werden mußte. Allein dies war ihm zu hart ! Die Thränen standen ihm in den Augen, und er bat, man möchte ihn nur noch heute an seinem Ort sitzen lassen; morgen wolle er gern den untersten Platz einnehmen. Jeder hatte Mitleid mit ihm, und man ließ ihn sitzen – den andern Tag war der Monat aus, und er kam nicht wieder.

Ref. (hart): Ja, was machen wir jetzt mit dem Jungen ? Kosten darf es nichts – also stecken wir ihn irgendwo in die Lehre; und wenn es beim Hutmacher Lohenstein zu Braunschweig ist. Rührend sind vorher die Spekulationen Antons . . .

Zitat: Überhaupt pflegte er in seiner Kindheit durch den Klang der Eigennamen von Personen oder Städten zu sonderbaren Bildern und Vorstellungen von den dadurch bezeichneten Gegenständen veranlaßt zu werden. Die Höhe oder Tiefe der Vokale in einem solchen Namen trug zur Bestimmung des Bildes das meiste bei. So klang der Name ‹Hannover› beständig prächtig in seinem Ohr; und ehe er es sah, war es ihm ein Ort mit hohen Häusern und Türmen, und von einem hellen und lichten Ansehen. ‹Braunschweig‹ ? : das schien ihm länglich, von dunklerem Aussehen und größer zu sein. . . . Bei dem Namen

‹Lohenstein› nun dachte sich Anton ungefähr einen etwas langen Mann; deutsch und bieder; mit einer freien offenen Stirn.

Ref.: Natürlich ist es, dergleichen ‹Sinnesvikariat› Lügen zu strafen, genau umgekehrt : ein kleiner, schwarz=blasser, bittersüßer Mann. Einer der ‹Stillen im Lande›, der viele Lehrlinge beschäftigt – kluge Betriebe leben ja von so billigen Arbeitskräften ! Über die Butter macht er ein Kreuz, ehe sie in die Speisekammer getragen wird : damit ja nicht einer der Halbverhungernden sich heimlich ein hauchdünnes Scheibchen abzuschälen wage. Beim Eintritt sieht Anton an der Stubenwand eine allegorische Darstellung der ‹Fünf Sinne›; sie werden soeben neu überfirnißt, und . . .

Zitat: die Erinnerung an den Geruch davon, welcher einige Wochen dauerte, war bei Anton nachher beständig mit der Idee von seinem damaligen Zustande vergesellschaftet : so oft er einen Firnisgeruch empfand, stiegen unwillkürlich alle die unangenehmen Bilder aus jener Zeit in seiner Seele auf. Und umgekehrt : wenn er in eine Lage kam, die mit jener einige Ähnlichkeiten hatte, glaubte er sogleich einen Firnisgeruch zu empfinden.

Ref.: Denn seine Lage ist ausgesprochen unangenehm ! Zunächst bekommt er eine schwarze Schürze, wie andere Lehrburschen auch; und, vermittelst Einschaltung seiner mächtigen Einbildungskraft, erträgt er die ersten Monate durchaus leidlich, freut sich vor allem der vom Elternhaus her ungewohnten festen Ordnung . . .

Zitat: Er fand wirklich eine Art von Vergnügen beim Auskehren, Holzspalten und Wassertragen. Seine Phantasie kam ihm aber auch dabei sehr zustatten : oft war ihm die geringe Werkstatt ein Tempel, worin er diente. Des Morgens zündete er unter den großen Kesseln das heilige belebende Feuer an, wodurch nun den Tag über alles in Arbeit und Tätigkeit erhalten, und so viele Hände beschäftigt wurden. Er betrachtete dann dies Geschäft wie eine Art Amt, dem er in seinen Augen eine gewisse Würde erteilte.

Ref.: Bald aber entscheidet der Pietist Lohenstein, der mit einer lässigen Handbewegung Mitmenschen richtet, »daß Satan seinen Tempel in Antons Herzen schon so weit aufgebaut habe, daß er schwerlich wieder zerstört werden könne«. Und – so geht ja gern die Logik der Lehrherren – da mit Antons Seele doch weiter nichts anzufangen sei, so müsse man wenigstens von seinem Körper allen möglichen Gebrauch machen . . . .

Zitat: Anton mußte fast alle Wochen nachts mit den andern Lehrburschen aufbleiben, um die geschwärzten Hüte aus dem siedenden Färbekessel herauszuholen, und sie dann unmittelbar anschließend in der vorbeifließenden Oker zu waschen, wo zu dem Ende erst eine Öffnung in das Eis mußte gehauen werden. Dieser oft wiederholte Übergang von der Hitze zum Frost machte, daß Anton beide Hände aufsprangen, und das Blut herausspritzte. / Oft mußte er in der bittersten Kälte, den ganzen Tag über, in einer ungeheizten Stube Wolle kratzen. Dies war ein klüglich ausgesonnenes Mittel des Herrn Lohenstein, um Antons Arbeitsamkeit zu vermehren; denn wenn er nicht vor Kälte umkommen wollte, mußte er sich rühren, so viel nur in seinen Kräften stand, daß ihm oft abends beide Arme wie gelähmt, und doch Hände und Füße erfroren waren.

Ref.: Bezeichnend, daß ihm am allerwohlsten noch – oder, präziser : am wenigsten elend – im ‹Trockenloch› ist.

Zitat: Dies war ein in die Erde gemauertes, oben mit Backsteinen zugewölbtes Loch, worin gerade ein Mensch aufrecht stehen, und ungefähr 2 Kinder sitzen konnten. In dieses Loch wurde ein großes Kohlenbecken gesetzt; und an den Wänden umher die mit Scheidewasser bestrichenen Hasenfelle aufgehangen. Hier, in der Enge des Orts, der nur durch die Glut der Kohlen schwach erleuchtet wurde, brachte er die seligsten Stunden zu.

Ref.: Herzbrechend amüsant zu lesen, wie Anton nach der – dabei doch so gut wie ungekannten – Gelehrsamkeit sehnsüchtig blickt, wie in ein gelobtes Land ! Und auch später bleibt ihm die Verehrung des Geistes, diese herrliche Wißbegier, die die Schreckensmänner letztlich als Angehörige einer zukunftsreichen Bevölkerungsschicht auszeichnet. ‹Jung› ? : das sind nämlich nur die Kreise und Völker, die ihr höchstes Ideal im fleißigen Intellektuellen sehen – also augenblicklich die des Ostens; nicht die metaphysiktriefenden Taumellolche des Westens – von der ‹Richtigkeit› solchen Ideals einmal ganz abgesehen. – Wie ehrerbietig kann Reiser nicht am rechten Platze sein ! :

Zitat: Ein Prediger, der gegenüber wohnte, stand zuweilen in seiner schwarzen Kleidung vor der Tür; und Anton konnte oft ehrfürchtig und im Ernst untersuchen, ob ein solcher auch wohl ein Mensch wie andere Menschen sein möchte. / Was die Verfertigung eines Buches anbetraf, so war ihm das damals schon eine so erhabene Idee; ein Buch war ihm eine so heilige und wichtige Sache, deren Hervorbringung er kaum einem Sterblichen, wenigstens keinem noch lebenden Sterblichen zutraute – der also gegessen, getrunken, geschlafen hätte, wie er. Er dachte sich einen solchen Mann, wie eine unter Menschen wandelnde Gottheit . . .

Ref.: Die Gottheit selbst allerdings ist ihm – wie allen Schreckensmännern – bereits im Kindesalter verdächtig geworden.

Zitat: Ihm ward ein kleines Buch geschenkt, das von einer frühen

Gottesfurcht handelte und Anweisung gab, wie man schon vom 6. bis zum 14. Jahr in der Frömmigkeit wachsen könne. Anton las also den Abschnitt für Kinder von 9 Jahren, und fand, daß es noch Zeit sei, ein frommer Mensch zu werden; daß er aber schon 3 Jahre versäumt habe! Dies erschütterte seine ganze Seele. Er warf sich in einem Verschlag bei der Werkstatt nicht auf die Knie, sondern aufs Angesicht nieder; flehte zu Gott, und bat ihn, wie ein Missethäter über den schon der Stab gebrochen ist, um sein Leben! Denn ihm fiel ein, daß er mehr als zwanzigmal auf der Straße gerannt war, gesprungen, und mutwillig gelacht hatte! – *(hart):* So war Anton nun, noch als Kind, durch die besondere Führung, die ihm die göttliche Gnade hatte angedeihen lassen, ein völliger Hypochondrist geworden. Der um den Genuß seiner Jugend schändlich betrogen wurde. Dem die zuvorkommende Gnade den Kopf verrückte!

Ref.: Auch späterhin bestätigt sein Freund Klischnig, daß Moritz an nichts weniger als an Unsterblichkeit und dergleichen glaubte....

Zitat (bitter einfallend): Denn nach Unsterblichkeit sehnet sich nur der Himmelgeborne; / aber Vernichtung ist süß dem müden Waller im Staube.

Selbst der Gedanke an seine eigene Zerstörung war ihm nicht nur angenehm; sondern verursachte ihm sogar eine Art von wollüstiger Empfindung, wenn er sich, des abends, ehe er einschlief, das Auseinanderfallen seines Körpers lebhaft dachte.

Ref.: Es wäre ja auch etwas viel verlangt, sich die ‹Ewige Wiederkunft› eines solchen Daseins zu wünschen! –

Jedenfalls vermag alle Unterdrückung nicht, den unseligen Überschuß an Intelligenz im Kinde zu ersticken; bewundernswert sind die zahllosen Beispiele im großen Buch vom ‹Anton Reiser›. Nicht minder erstaunlich die Gabe der Selbstbeobachtung, als auch die Schärfe der ‹Aufnahmen› von inneren Ereignissen, die sich, dank ihrer dämmrigen Beleuchtung, im allgemeinen dem normalen Blick entziehen:

Zitat: Ungemein reizend klang ihm der Ausdruck, der sehr oft in den Predigten des Pastors Paulmann vorkam: »Die Höhen der Vernunft«; dies hatte aber seine besonderen Ursachen, deren Erklärung nicht unnütz sein wird. In Hannover früher war ein gewisser Turm für ihn immer ein äußerst reizender Gegenstand gewesen, er betrachtete ihn mit Entzücken, und beneidete oft die Stadtmusikanten, die oben auf der Galerie standen, um des morgens und abends hinunterzublasen. Stundenlang konnte er diese Galerie betrachten, die ihm von unten so klein schien, daß sie ihm nicht bis an die Knie reichen würde, und über die doch kaum die Köpfe der blasenden Stadtmusikanten hervorragten; und vollends das Zifferblatt, das nach der Versicherung verschiedener Leute, die oben gewesen waren, so groß sein sollte, wie ein Wagenrad – dies alles erregte seine Neugierde im höchsten Grade, so daß er oft ganze Tage lang mit nichts als dem Gedanken und dem Wunsch umging, diese Galerie und dies Zifferblatt einmal in der Nähe betrachten zu können. Nun konnte man auf dem Turm in Hannover durch die Schallöcher, welche über der Galerie offenstanden, auch die Glocken sehen : von der Größe dieser Glocke, die sich mit ihrer ungeheuren Wölbung emporhob, hatte er von Kindheit an gehört, und seine Einbildungskraft vergrößerte das Bild in seiner Seele noch zu unzähligen Malen. Bei seinen Schmerzen nun, die er am Fuße erduldete; bei aller Bedrückung von seinen Eltern, worunter er seufzte – was war sein Trost ? Was der angenehmste Traum seiner Kindheit ? Was sein sehnlichster Wunsch, über den er oft alles vergaß ? – : was anders als die nahe Beschauung des Zifferblattes und der Galerie am neustädtischen Turm zu Hannover, und der Glocken die darin hingen ! Das Bild wich nie aus seinen Gedanken; es verfolgte ihn nach Braunschweig, und schwebte ihm dort oft in nächtlichen Träumen auf hohen Treppen, in tausend labyrinthischen Krümmungen vor. Wo er den Turm hinaufstieg, auf der Galerie stand, und mit unaussprechlichem Vergnügen das Zifferblatt betastete, und dann inwendig nicht nur die große Glocke, sondern noch unzählige andere kleinere, nebst mehr wunderbaren Dingen dicht vor Augen sah. / : So oft nun der Pastor Paulmann von ‹den Höhen der Vernunft› sprach, so dachte Anton mit Entzücken an die Höhen seines geliebten Turmes – und der Ausdruck preßte ihm Tränen der Wehmut aus den Augen.

Ref.: Er geht nämlich gern in die Kirche, weil er zweierlei dort findet : einmal die einzige ihm, dem vom Schulbesuch Ausgeschlossenen, mögliche Berührung mit Geistigem; und zweitens – ‹ein Komödiant könnt' einen Pfarrer lehren !› – sein Ideal eines mitreißend Wirkenden; jenes Gemisch von Lehrer, Schauspieler, Mahner, Deklamator und Scharlatan, wie es ihm zeitlebens stets in eins verschwommen ist.

Als die mit abgefeimt=unangreifbarer, kalt=christlicher Technik vorgenommenen Mißhandlungen durch den Lehrherrn endlich untragbar werden – ein Beispiel von ‹Kinderarbeit›, nur noch den, allerdings weinerlicher vorgetragenen, Schilderungen bei Charles Dickens zu vergleichen : auch ein Schreckensmann erster Klasse; und trotz der ‹gemütlichen Einzelheiten› viel bösartiger als man meint – da endlich beschließt Anton, sich stumm von der ‹Fülle› hinterm Haus in die winterlich schwarz=weiße Oker sinken zu lassen. Ein Mitlehrling zieht ihn heraus; aber man duldet den nunmehr als endgültig verworfen Gekennzeichneten nicht länger im frommen Hause. Der überdrüssige Vater kommt, ihn abzuholen; gibt ihm kurzerhand seinen Fluch; und in so angenehmer Gesellschaft wandert Anton zu Fuß zurück nach Hannover...

Zitat: Das Herz seines Vaters war gegen ihn kalt und verschlossen; denn dieser betrachtete ihn völlig als einen, in dessen Herzen Satan einmal seinen Tempel errichtet habe.

Ref. (einfallend): Und das bei einem dreizehnjährigen Kinde: Barmherziger Himmel!: Unbarmherziger Priester!!...

Zitat (unerschütterlich fortfahrend): Es wurde unterwegs nicht gesprochen; sondern sie wanderten immer stillschweigend fort.

Ref.: In der wiederum sporadisch besuchten erbärmlichen Vorstadtschule zeichnet Anton sich dennoch derart aus, daß es endlich – durch Vermittlung von Lehrern, nicht der eigenen Eltern!: die Eltern von Schreckensmännern sollen sich bloß vorsehen! – gelingt, ihm freien Unterricht und Bücher zu verschaffen... *(mit höhnischem Nachdruck):* Aaber!:

Zitat: Wie sehr wurde seine Freude niedergeschlagen, da sein Vater ihm ganz kaltblütig sagte: er dürfe, wenn er studieren wolle, auf keinen Heller von ihm rechnen. Wenn er sich selbst Brot und Kleider zu verschaffen imstande sei, so habe er gegen sein Studieren weiter nichts einzuwenden. In einigen Wochen würde er von Hannover wegreisen; und wenn Anton alsdann noch bei keinem neuen Meister wäre, so möchte er sehen, wo er unterkäme!

Ref.: Für einen Vater freilich eine etwas bequeme Art, sich auszudrücken. Einem mitleidig=interessierten Pfarrer gelingt es, ein winziges Stipendium für ihn zu erbitten – vom Vater der Königin Louise, nebenbei bemerkt: was haben wir unsern Fürsten und Vorgesetzten doch nicht alles zu verdanken! Ein abgelegter Rock des Vaters ergibt einen ‹Sur=tout›. Und jeden Tag der Woche erhält er einen ‹Freitisch›; das heißt, er darf ‹um Gotteswillen› bei 7 Familien die Abfälle des Mittagessens verschlingen. / Folgt im Buch die genaue Schilderung, Tag für Tag, solcher Marter – es ist leider keine Zeit, sie sämtlich analysierend durchzugehen; bezeichnend dieses: daß am Ende nur 2 aus der Reihe als erträglich übrig bleiben. Der am Montag beim Garkoch – also in der Gastwirtschaft, wo Anton das Essen einfach hingestellt bekommt, wie jeder andere Kunde auch, und Niemand sich um ihn kümmert. Und der am Dienstag beim Schuster Schanz...

Zitat: Wenn es Reiser je nicht fühlte, daß er fremdes Brot aß, so an diesem gastfreundlichen Tisch, wo er oft nachher seines Kummers vergessen hat, und mit heiterer Miene wieder wegging, wenn er traurig hingegangen war. Denn mit dem Schuster Schanz vertiefte er sich immer in philosophische Gespräche; bis die alte Mutter sagte: »Nu, Kinder; so hört doch einmal auf, und laßt das liebe Essen nicht kalt werden.« O was war der Schuster Schanz für ein Mann! Von ihm konnte man mit Wahrheit sagen, daß er vom Lehrstuhl die Köpfe der Leute hätte bilden sollen, denen er Schuhe machte. Was Anton später wohl als die tiefste Weisheit in den Vorlesungen über Metaphysik hörte, darüber hatte er oft schon stundenlang mit dem Schuster Schanz gesprochen. ... Dies Verzeichnis von Reisers Freitischen und den Personen, die sie ihm gaben, ist nicht so unwichtig, wie es Manchem beim ersten Anblick vielleicht scheinen mag. Es kam bei seinem Fleiß und den Fortschritten, die er an irgend einem Tage tun sollte, sehr viel darauf an, was er für eine Aussicht auf den anschließenden Mittag hatte: ob er gerade beim Schuster Schanz, oder bei der bösen Frau Filter essen mußte...

Ref.: Ergo verfällt bei nur zwei – noch dazu ungünstig verteilten – übrig gebliebenen warmen Mahlzeiten pro Woche allmählich sein Leib. Von den Mitschülern verkehrt kaum einer mit ihm; den meisten ist er zum Spott mit seiner steif=verschüchterten Miene und dem Kleid aus Flicken. An einen alten mürrischen Lehrer, den Kantor Winter, schließt sich das armselige, vernachlässigte Menschenkind an, den Ersten, der es einigermaßen menschlich traktiert; eine Liebeserklärung, wie es verschämter und rührender kaum eine gibt...

Zitat: Reiser suchte sich auf alle Weise in der Achtung des Kantors immer fester zu setzen. Dies ging so weit, daß er auf einem öffentlichen Spaziergang, wo der Kantor hinzukommen pflegte, mit einem aufgeschlagenen Buche in der Hand auf und nieder ging, um die Blicke seines Lehrers auf sich zu ziehen.

Ref.: Dazu in einer Dachkammer schlafen (und man verkenne ja nicht die Wirkung leerer Balkengespinste auf ein phantasievoll=wehrloses Kind!); völlig isoliert; von den Mitschülern verhöhnt: für Schrekkensmänner gibt es nun einmal den Begriff der ‹Kameradschaft› nicht – aber das weiß er damals noch nicht. Jedenfalls sind alle Voraussetzungen gegeben, zu dem, Beamten und Studienräten so befremdlich=verhaßten ‹unregelmäßigen Lebenswandel›. Seine Fingernägel sind die des gefolterten Nervösen: abgebissene, unruhige Klauen. Schon jetzt hat er alle Gleichgültigkeit des Intellektuellen gegen Dreck, wie sie uns von so vielen geistig sehr tätigen Struwwelpetern überliefert ist.

Zitat: Nachdem er zum erstenmal drei Tage ohne zu essen hingebracht, drang der Hunger mit Ungestüm auf ihn ein – er rannte mit dem Kopf gegen die Wand, wütete und tobte und war der Verzweiflung nahe.

So wie sein Körper immer weniger Nahrung erhielt, verlosch allmählich seine ihn sonst noch belebende Fantasie; und sein Mitleid über sich selbst verwandelte sich in Haß und Bitterkeit gegen sein eigenes Wesen. Wenn er auf der Straße ging und die Leute mit Fingern auf ihn zeigten, seine Mitschüler ihn verspotteten und hinter ihm her zischten, oder Gassenbuben ihre Anmerkungen über ihn machten – so biß er die Zähne zusammen, und stimmte innerlich in das Hohngelächter mit ein, das er hinter sich her erschallen hörte. / Um sich von dem Zustande des tödlichen Aufhörens aller Wirksamkeit zu retten, nahm er zu kindischen Spielen wieder seine Zuflucht, insofern dieselben auf Zerstörung hinausliefen:

Er machte sich eine große Sammlung von Kirsch= und Pflaumenkernen, setzte sich damit auf den Boden, und stellte sie in Schlachtordnung gegeneinander. Die schönsten darunter zeichnete er durch Buchstaben oder Figuren, die er mit Tinte darauf malte, vor den übrigen aus, und machte sie zu Heerführern. Dann nahm er einen Hammer, und stellte mit zugemachten Augen das blinde Verhängnis vor; indem er den Hammer bald hier= bald dorthin fallen ließ. Wenn er dann die Augen wieder öffnete, so sah er mit einem geheimen Wohlgefallen die schreckliche Verwüstung: wie hier ein Held, und dort einer mitten unter dem unrühmlichen Haufen gefallen war und zerschmettert dalag. So beschäftigte er sich oft den halben Tag; und seine ohnmächtige kindische Rache am Schicksal, das ihn zerstörte, schuf sich auf die Art eine Welt, die er wieder nach Gefallen zerstören konnte. Und doch war seine Gemütslage noch erträglich, sobald er sich nur erst wieder für seine Kirsch= und Pflaumensteine interessieren konnte! Ehe er aber auch das konnte; wenn er sich hinsetzte, und mit der Feder Züge aufs Papier malte; oder mit dem Messer auf den Tisch kritzelte – das waren die schrecklichsten Momente, wo sein Dasein wie eine unerträgliche Last auf ihm lag.

Ref.: Und wiederum weiß er nur ein Mittel dagegen:

Zitat: Das Lesen war ihm so zum Bedürfnis geworden, wie es den Morgenländern das Opium sein mag. Wenn es ihm an einem Buche fehlte, so hätte er seinen Rock vertauscht, um nur eines zu bekommen ... *(vertraulich):* aber wodurch ihm das Lesen von Romanen und Komödien zu einem so notwendigen Bedürfnis geworden war – alle die Schmach und Verachtung, wodurch er schon von Kindheit an aus der wirklichen Welt verdrängt worden war – darauf zurückzugehen hatte seine Denkkraft damals noch nicht Stärke genug; darum machte er sich selbst unbillige Vorwürfe. Drei Tage, wo er einmal ununterbrochen mit sich zufrieden war, zeichnete er als eine große Merkwürdigkeit in seinem Leben auf. / Des Abends, wenn es dunkel wurde, und er sicher war, von

Niemandem gesehen, noch von irgendeinem Menschen angeredet zu werden, machte er einen Spaziergang auf dem Wall um die Stadt. Und weiter : so wie er mühsam über die dürre Haide vor dem Walde im gelben Sande fortwanderte, umzog sich der Himmel immer trüber, indes ein feiner Staubregen seine Kleider durchnässte. Als er in den Wald kam, schnitt er sich einen Dornenstock und wanderte weiter fort. Da kam er an ein Dorf; und machte sich eben allerlei süße Vorstellungen, von dem Frieden, der in diesen ländlichen Hütten herrschte, als er in einem der Häuser ein paar Leute, die wahrscheinlich Mann und Frau waren, zanken hörte, auch ein Kind schreien.

Ref.: Solche einsamen, meist nächtlichen, Spaziergänge werden ihm immer vertrauter und angenehmer; bis er zuletzt gar eine Fußreise von Hannover bis Bremen wagt.

Zitat: Das einsame Wandern fing an, ihm so lieb zu werden. Wenn es dunkel wurde, so betrachtete er den vor ihm sich hinschlängelnden Weg, auf den er beständig sein Augenmerk heften mußte, gleichsam wie einen treuen Freund, der ihn leitete . . . »Wie sich ein Wanderer an seinen Weg hält« . . . »So getreu wie der Weg dem Wanderer« . . . »So . . . und so . . . « – dies Ideenspiel verfolgte er im Gehen; und das Einförmige der Gegend bei der umgebenden Dunkelheit und des immerwährenden Fußaufhebens, verschwand ihm unmerklich, und machte ihn nicht verdrießlich.

Ref.: Endlich wird der Direktor der Schule auf einige Gedichte aufmerksam, die Anton deklamiert, die dazu von einem anscheinend unbekannten Verfasser stammen – und so ist es auch : sie sind von ihm selbst. Von diesem Augenblick an datiert eine bedeutsame Änderung in Antons Dasein : so viel Beifall mischt der Herr Direktor in seinen ehrerbietigen Tadel, daß die Mitschüler mit größerer Achtung auf ihn zu sehen beginnen. Aber es ist zu spät : am wohlsten fühlt er sich nicht unter Gebildeten oder Kameraden; sondern unter einer sehr bemerkenswerten und verehrungswürdigen Menschenklasse, den – nennen wir sie so – ‹intelligenten Handwerkern› : die durch Ungunst der Umstände vom Erwerb einer umfassenden wissenschaftlichen Bildung ausgeschlossen, dennoch in späterer Zeit, einzig geleitet von einem lodernden Intellekt, sich geistiger Dinge aufs volkstümlich=leiderunzulänglichste zu bemächtigen suchen :

Zitat: . . . Unterwegs unterrichtete ihn Winter, wie er sich bei dem Essigbrauer nehmen; daß er nicht ‹Guten Abend›, und, wenn er wegginge, nicht ‹Gute Nacht› sagen sollte. Dann kamen sie auf der langen Osterstraße, die voller altfränkischer Häuser ist, durch den großen Torweg über einen langen Hof in das Brauhaus, wo der Essigbrauer hinten hinaus sein abgesondertes Revier hatte; in welchem die Fässer in einem großen Verschlag, wo beständig eingeheizt war, reihenweise nebeneinander standen, so daß sie eine Art von langen Gängen bildeten, in welchen man sich verlieren konnte. Wenn man hier sprach, so schallte es dumpf wider. Da nun Niemand zu sehen war, fing Winter an zu rufen »Ubi ?«; und eine Stimme in der Ferne antwortete »Hic !«. Sie gingen darauf in das eigentliche Brauhaus, dicht neben dem Revier wo die Fässer lagen; der Essigbrauer, in seinem weißen Kamisol und blauen Schürze, mit aufgestreiften Ärmeln, stand am Fenster und schrieb. Er wäre gleich fertig, sagte er; darauf gab er an Winter ein Papier, worauf einige lateinische Verse standen, die er soeben für ihn verfertigt hatte. Der Essigbrauer schien Reisern ein Mann von ungefähr 30 Jahren zu sein; in jeder Bewegung seiner Muskeln, in dem zuckenden Blick seiner Augen, schien sich in sich selbst zurückgedrängte Kraft zu äußern. Erst schien er sich gar nicht um Reiser zu bekümmern, sondern sprach mit Winter über einige neue Musikalien und andere Sachen, wobei er kein Wort anders als Plattdeutsch sprach, und sich doch dabei so richtig und edel ausdrückte, daß man mit Vergnügen und Bewunderung an seinen Lippen hing, wie Reiser nachher oft erfahren hat. Weil es schon ein ziemlich kalter Herbstabend war, führte der Essigbrauer seine beiden Gäste in seinen geheizten Saal, wo die langen Reihen Fässer standen, und wo er ihnen eine Art von süßem sehr wohlschmeckendem Bier vorsetzte. Da die Rede auf einen gemeinschaftlichen Bekannten fiel, der sehr viel Drollichtes und Sonderbares an sich hatte, fing der Essigbrauer an, den ganzen Charakter dieses Mannes mit Sternischer Laune bis auf das kleinste Detail zu schildern. Hernach las er etwas aus dem ‹Tom Jones› mit solchem Ausdruck und einer so wahren und richtigen Deklamation vor, daß Reiser nicht leicht irgendwo eine bessere Unterhaltung gefunden hat. Er besuchte nun Kunze – so hieß der Essigbrauer – fast alle Abende; und fand sich hier, wenn sie bei der hängenden Lampe, zwischen den Fässern, am warmen Ofen, auf ihren hölzernen Schemeln, saßen, so glücklich und vergnügt, als er noch nie gewesen war.

Ref.: Immer tiefer wurzelnde Neigung faßt er allmählich zum Schauspielerstand; denn das Theater däucht ihm eine angemessenere, ‹natürlichere› Welt als die, die ihn umgibt. Außerdem hat er neben sich noch das verführerischste Beispiel, wie mit ihm zusammen einer der namhaftesten deutschen Mimen aufwächst : Iffland. So sehr steigert sich in ihnen diese Leidenschaft, daß sie beide etwa gleichzeitig, wenn auch nach verschiedenen Richtungen, die Schule und Hannover verlassen, um sich Theatertruppen anzuschließen. Während es Iffland für immer gelingt, trifft Anton Reiser in dem Augenblick in Leipzig ein, wo der

Direktor mit der Kasse durchgegangen ist, und das ganze Unternehmen sich auflöst – Anton hat nun einmal kein Glück! – so daß er froh sein muß, an der damaligen Universität Erfurt eine notdürftige Freistelle zu finden. Wiederum ist seine Situation dort nicht angetan, ihn gesellig, auch nur im normalen Sinne, zu stimmen ...

Zitat: Eines Abends warf er sich mit den Kleidern aufs Bett, und blieb die Nacht und den ganzen folgenden Tag in einer Art von Schlafsucht liegen, aus der ihn erst am Abend des folgenden Tages, wo es gerade Weihnachten war, ein Bote von seinem Gönner, dem Regierungsrat Springer, weckte, dessen Frau an Reisern ein sehr großes Weihnachtsbrot zum Geschenk übersandte. Dies war nun gerade, was ihn in seiner unwiderstehlichen Schlafsucht noch bestärkte. Er schloß sich mit diesem großen Brot ein, und lebte 14 Tage davon, weil er nur wenig genoß, indem er Tag und Nacht, wo nicht in einem immerwährenden Schlafe, doch, die letzten Tage ausgenommen, in einem beständigen Schlummer im Bette zubrachte. Hierzu kam nun freilich der Umstand, daß er kein Holz hatte, um einzuheizen; er hätte aber auch nur ein Wort sagen dürfen, um dies Bedürfnis zu befriedigen, wenn es ihm nicht gewissermaßen selbst lieb gewesen wäre, den Mangel des Holzes als einen Beweggrund zu dieser sonderbaren Lebensart vorschützen zu können. Wenn er daher die gefrorenen Fenster ansah, so war ihm dies der angenehmste Anblick, weil er dadurch genötigt wurde, immer noch einen Tag länger im Bette zu bleiben. Sein großes Brot auf dem Tische betrachtete er wie ein Heiligtum, das er so sehr wie möglich schonen mußte, weil von der Dauer dieses Brotes mit die Dauer seines glücklichen Zustandes abhing.

Ref.: Natürlich ist er solchergestalt, wie alle Schreckensmänner, ein ‹a›=soziales Element – allerdings nicht im Sinne des Nationalsozialismus, was ja aber bei dessen meisten Definitionen, von ‹Asphaltliteratur› bis zu ‹entarteter Kunst›, nur ein Lob ist. Wenn nun nach Tagen solchen Heilschlafes Antons Phantasie wieder zu arbeiten beginnt, so sind es keine reizenden Bilder, die sie erzeugt. Sich selbst überlassen bringt sie Träume hervor, etwa von einsamen Wüstenwanderungen, lautlos klappern die Schuhe, nur zuweilen foppt ein Ringelreihen spottender Mit=Dämonen. Und auch, wenn er seine Energien bewußt auf ein Thema zu richten beginnt, kommt ihm keine Erleichterung – es mag ja sonnige Naturen geben, die sich Erlebnisse ‹von der Seele zu schreiben› verstehen, etwa, wie man einen oberflächlichen Fleck aus einem Gewande entfernt; wo aber der ganze Stoff durch und durch schwarz gefärbt wurde, ist dergleichen nicht möglich; da gilt vom Schreiben, daß es ‹ent=seelt›, folglich ist auch bei Anton Reiser nicht nur die Wahl des Gegenstandes höchst bezeichnend – der dazu weit über seine Kräfte, nicht nur seine damaligen hinausgeht – sondern vor allem auch seine Art der Behandlung:

Zitat: Er würde in dieser Abgezogenheit völlig glücklich gewesen sein, wenn ihn sein Gedicht über die Schöpfung nicht gequält hätte, welches machte, daß er oft wieder in eine Art von Verzweiflung geriet. Was ihm die meiste Qual machte, war die Beschreibung des Chaos, welche beinahe den ganzen ersten Gesang seines Gedichts einnahm, und worauf er mit seiner krankhaften Einbildungskraft am liebsten verweilen mochte; aber immer für seine ungeheuren und grotesken Vorstellungen keine Ausdrücke finden konnte. / Er dachte sich eine Art von falscher täuschender Bildung in das Chaos hinein, welche im Nu wieder zu Traum und Blendwerk wurde; eine Bildung die weit schöner als die wirkliche, aber eben deswegen von keinem Bestand und keiner Dauer war. Eine falsche Sonne stieg am Horizont herauf, und kündigte einen glänzenden Tag an. Der bodenlose Morast überzog sich unter ihrem trügerischen Einfluß mit einer Kruste, auf welcher Blumen sproßten, Quellen rauschten – : plötzlich arbeiteten sich die entgegenstrebenden Kräfte aus der Tiefe empor; der Sturm heulte aus dem Abgrunde; die Finsternis brach mit all ihren Schrecknissen aus ihrem verborgenen Hinterhalt hervor, und verschlang den neugeborenen Tag wieder in ein furchtbares Grab. Die immer in sich selbst zurückgedrängten Kräfte bearbeiteten sich mit Grimm nach allen Seiten sich auszudehnen, und seufzten unter dem lastenden Widerstande. Die Wasserwogen krümmten sich und klagten unter dem heulenden Windstoß. In der Tiefe brüllten die eingeschlossenen Flammen; das Erdreich, das sich hob, der Felsen, der sich gründete, versanken mit donnerndem Getöse wieder in den alles verschlingenden Abgrund. Mit dergleichen ungeheuren Bildern zerarbeitete sich Reisers Phantasie in den Stunden, wo es ihn aus der Gesellschaft der Menschen auf Böden und in Dachkammern trieb.

Ref.: An der Stelle, wo er auch Erfurt wiederum hastig verläßt, um sich, wenn möglich, in Leipzig einer Theatertruppe anzuschließen, bricht diese grandioseste, nicht nur der deutschen, sondern aller Selbstbiographien ab. Nicht umsonst haben ihm ja Goethe und Schiller übers Grab dies, ihr Xenion, nachgerufen: »Unter Allen, die von uns berichten, bist Du uns der Liebste!»

Der Rest seines Lebens sei sehr kurz skizziert: die Theatertruppe in Leipzig hat sich soeben aufgelöst. Nach kurzem Umherirren gerät er durch Vermittlung eines reisenden Herrnhuters für wenige Monate in die Brüdergemeinde nach Barby; und von da weiter zur Universität Wittenberg, wo er nach zweijährigem Studium zum Magister promoviert – ein akademischer Grad, der dadurch geadelt wird, daß ihn auch Lessing besaß. Anschließend zieht ihn der Ruf einer eben erst frisch gegründeten, famösen Erziehungsanstalt von dannen; und es ergibt sich das immer interessante Schauspiel des Zusammenstoßes zweier Schreckensmänner: er wird Unterlehrer am ‹Philanthropin› Basedows!

Nun ließen sich auch an diesem gleichermaßen dieselben grausamen Jugenderlebnisse demonstrieren, wie an unserem Anton Reiser: vom finster=grausamen, kleinen Handwerker=Vater an, bis zur versoffen=psychopathischen Mutter; undsoweiter undsoweiter, in widerlichster Parallelität. Basedows quälende Unbeständigkeit; die periodisch wiederkehrenden Depressionen; die abnorme krankhafte Reizbarkeit; sein wilder Jähzorn; die marktschreierische Betriebsamkeit; auch seine Trunksucht; bei unleugbar vorhandenen, weit überdurchschnittlichen Geistesgaben – alles wäre der gleichen Ableitung fähig. Und nun kollidiert ein solcher mit einem gleichermaßen bösartigen, unversöhnlichen, giftigen und grillenhaften Geist! Das Ergebnis: nach kürzester Frist trennen sie sich wieder – die literarische Verarbeitung wird später Moritzens zweites, hochbedeutsames Produkt ergeben.

Er wird Lehrer zu Berlin, in immer aufsteigender Karriere. Zuletzt gar Professor an der Akademie, wo dann Schüler wie Ludwig Tieck und Alexander von Humboldt zu seinen Füßen sitzen. Denn seine Wirkung auf die Zeitgenossen war nicht gering. Einmal abgesehen davon, daß ihm Friedrich der Große, auf 6 ihm gewidmete Gedichte hin, allerhuldvollst zurückschrieb:

Zitat (schnarrend): »Bemühten sich alle teutschen Dichter, ihren Styl so zu bilden, wie Ihr, so würde die deutsche Sprache bald mit anderen Sprachen wetteifern können.«

Ref.: Wobei ich allerdings ausdrücklich hervorheben möchte, daß ein Lob des großen Friedrich – zumindest in dieser Hinsicht – in den Augen des Kenners einem Vernichtungsurteil gleich kommt. Aber so erkannte ihn die wichtigste Stimme der Zeit an:

Zitat (bedeutend): »Ich hätte nie gewagt, meine Iphigenie in Jamben zu übersetzen, wäre mir nicht in Moritzens Prosodie ein Leitstern erschienen!« Und weiter nach monatelangem römischem Beisammensein urteilte derselbe Goethe: »Er ist wie ein jüngerer Bruder von mir, von derselben Art; nur da vom Schicksal verwahrlost und beschädigt, wo ich begünstigt und vorgezogen bin.«

Ref.: Genau das ist es auch: der Geist ist der gleiche; bloß eben ‹det Milljöh› war ungünstiger. –

Endlich hatte er erreicht, was er als Knabe ersehnt hatte: den

Umgang mit den bedeutendsten Geistern seiner Zeit. Wenn abends im Mendelssohnschen Hause Lessings ‹Nathan› vorgelesen wurde, und der alte Weise mit dem Homerkopf selbst die Hauptrolle übernahm, dann war Moritz entweder der Tempelherr, oder Sultan Saladin. Salomon Maimon, der Kant=Kritiker wurde sein Freund. Die neugeschnittene ‹Unger=Fraktur› wurde an den ersten Bogen von Moritzens ‹Cäcilie› erprobt. Auf Fußreisen besuchte er Wieland, Claudius, Schiller (an dem er sich zuvor, in einer bösen=schwachen Stunde, kritisch versündigt hatte !) Wohl auch den Dr. Bahrdt ‹mit der eisernen Stirn› – bei dem es ihm ausgezeichnet gefiel : ganz so verächtlich kann der nicht gewesen sein !

Eines seiner schönsten Verdienste war, daß Moritz einen Großen unserer Literatur entscheidend ermutigt und gefördert, vielleicht sogar uns überhaupt erhalten hat : Jean Paul ! Der sandte ihm, an einem Verleger verzweifelnd, das Manuskript seines ersten großen Romans, der ‹Unsichtbaren Loge›, nach Berlin : handgeschrieben, und das ist wahrlich keine kleine Zumutung ! Aber schon 12 Tage später empfing Jean Paul diese Antwort . . .

Zitat: Und wenn Sie am Ende der Erde wären; und müßt' ich hundert Stürme aushalten, um zu Ihnen zu kommen, so flieg' ich in Ihre Arme ! Wo wohnen Sie ? Wie heißen Sie ? : Wer sind Sie ? : Ihr Werk ist ein Juwel !

Ref.: Und zu so wohltuenden Worten gesellte sich die Tat : wenig später konnte der blutarme Jean Paul der erstaunten Mutter die Rolle mit einhundert Dukaten in Gold in die Schürze legen. –

Aber zurück zu Moritz selbst. Lassen wir seine Grillen, Schwächen und Schrullen – und er hatte deren nicht wenige . . . .

Zitat: Wenn wir eintraten, lag er halb nackt auf dem Sopha ausgestreckt, der bey Tage sein Stuhl, des nachts ein Bette war; oder er saß in einen Pelz gehüllt am glühend heißen Ofen. Selten ging er aus; und wenn er notwendig auswärts zu thun hatte, nahm er einen Wagen, weil er sich einbildete, zu schwach zum Gehen zu sein.

Ref.: Infolge der furchtbaren Entbehrungen seiner Jugendjahre beginnen sich Mangelkrankheiten aller Art bemerkbar zu machen. Das Haar geht ihm früh aus; Brustbeklemmungen stellen sich ein. Zwei Tage liegt er krank; am dritten – es war der 26. Juni 1793; nachmittags zwischen 5 und 6 Uhr – nimmt ihn im 36. Lebensjahr, ‹Holzmeyers Truhe› auf; gemäß jenem alten Liedchen, das er oftmals den Freunden vorgesummt hatte . . . .

Zitat: Durch Wind und Wetter / und Regen und Schnee, / über Meer und See, / sucht Walter die ‹Perle der Ruhe› . . . . .
unermüdet jagt er dem verlorenen Kleinode nach; nirgends kann er es

finden. Ermattet sinkt er endlich nieder, und, indem er seine trübe geweinten Augen auf immer schließen will . . .

blinkt ihm die ‹Perle der Ruhe› ! / »Sag an, wo hauset der köstliche Schatz ?« / – »Wo sonst, als in Holzmeyers Truhe !«

Ref.: Was bleibt, ist das Werk. –

Im Fall Moritz besteht dieses ‹Werk› aus zwei Büchern. Alles andere, und ob es 50 Titel sind, groß und klein ineinander gerechnet, ist quantité négligeable : seine einst gerühmte ‹Prosodie›; die ‹Götterlehre›; die ‹Reisen in England› und in Italien nicht minder, als seine ‹Sprachlehren›; und selbst das Schicksalsdrama ‹Blunt, oder der Gast›. All das sind größtenteils Brotarbeiten, hastig ums liebe Geld geschrieben : wer 'ne Bude auf'm Markt hat, muß eben schreien ! Oft sind die Thesen von ausgezeichneter Unfruchtbarkeit, wie seine mancherorts gerühmte Abhandlung ‹Über die bildende Nachahmung des Schönen›, deren Titel – was auch Herder und Schiller sofort anstachen – ja schon als Programm fragwürdig genug ist. Dieser ganze Papierwust ist mit Recht in der Versenkung verschwunden.

Was aber durch alle Zeiten hindurch seinen Wert besitzen wird, ist einmal der heute so ausgiebig – obwohl längst nicht genug – zitierte ‹Anton Reiser›, ein Buch, wie es kein anderes Volk der Erde besitzt.

Und weiterhin das wenig umfangreiche Stück vom ‹Andreas Hartknopf›, mit der noch weit sybillinisch=kürzeren Fortsetzung der ‹Andreas Hartknopfs Predigerjahre›. – Über dieses wichtige und gewichtige Stück kann man, an den wenigen Stellen wo es überhaupt erwähnt wird, die absonderlichsten Urteile hören : da soll es bald ‹mystisch› gemeint sein, bald ‹freimaurerisch›, bald eine ‹Allegorie›. In Wahrheit ist es weiter nichts, als eine Fortsetzung des Anton Reiser; ein ausgesprochener Schlüsselroman, wenn auch so gut wie noch nicht entziffert. Und vor allem ist es die gehässig=geniale Kampfschrift eines Schreckensmannes gegen den anderen : Moritz gegen Basedow, der darin als ‹Satan Hagebuck› erscheint; schwarzborstig, tückisch und versoffen : I love a good hater !

Schön ist das Stück, voll tiefsinnigster Einzelheiten – die erst ganz neuerdings langsam wieder gewürdigt zu werden beginnen. Leider ist ohne genauestes Studium der personellen Verhältnisse am dessauer Philanthropin keine befriedigende Entschlüsselung möglich : wer sind die gehässigen ‹Küster Ehrenpreis und Küster›; wer der einsilbig=gute ‹Gastwirt Knapp› und der befreundete ‹Grobschmied Kersting›. Daß sich unter Sophie Erdmuth Heil : Moritzens erste berliner Geliebte verbirgt, ist klar; aber im Einzelnen spottet die geniale Satire heute noch der Enträtselung, ebenso wie die Orte, an denen sie spielt, Ribbeckenau oder Gellenhausen=Dessau. Dennoch ist das Buch der größten poetischen Schönheiten voll – wie es eben nur der Racheakt eines Fürsten der Schreckensmänner sein kann.

»Hier will ich stehen bleiben« hat er dieses bedeutendste deutschsprachige Stück seiner Gattung nach einem Gespräch mit seinem Freunde Klischnig über die Willensfreiheit – die er selbstverständlich leugnete! – begonnen – bitte?: . . . .

Zitat (eindringlich): . . . . oft, wenn er den Vordersatz gesprochen hatte, so blies er den Nachsatz auf der Flöte dazu . . . .

Ref.: eine Trauung wird geschildert; auch hieraus wird Moritzens Einstellung zur Religion sichtbar:

Zitat: Die Zähne schlotterten dem alten Pfarrer im Munde. Mit beiden Händen faßte er das hundertjährige Formular, das eiserne Klammern hatte; und las die Flüche des alten Testaments dem neuen Ehepaar vor: Verflucht sei der Acker um Deinetwillen . . . !

Ref.: Beim Rettichessen müssen Sie an Karl Philipp Moritz denken:

Zitat: . . . . mit einer feierlichen Miene schälte Hartknopf ihn ab; schnitt runde Scheiben davon; indem er langsam und nachdenkend die Salzkörner darauf streuete . . .

Ref.: ‹streuete› nicht ‹streute›!: nur bei einem weiteren ‹e› sieht man die Körner richtig rieseln!

Zitat: . . . und die erste Scheibe mir darreichte, blickte er mich ernsthaft an, und sagte: ‹so oft ihr solches thut, so thut's zu meinem Gedächtnis› . . . .

Ref.: Wieder treffen wir Zeichen der äußersten Vereinzelung, wie schon im Anton Reiser . . .

Zitat: ». . . . er horchte auf den Tritt seiner Füße im Sandwald; und stand zuweilen still; und machte mit seinem Stabe Figuren in den Sand: mit dieser Handlung begannen die fürchterlichsten Stunden seines Lebens; dies war das Zeichen der gänzlichsten Leerheit.«

Ref.: Mit ‹bewaffnetem Munde› dekretiert er, und es ist kein geringer Tiefsinn:

Zitat: »Das höchste Studium des Psychologen sind die Hilfsverben.«

Ref.: Leider ist der ‹Andreas Hartknopf› – vom rein dichterischen Standpunkt aus dem ‹Reiser› zumindest ebenbürtig, vielleicht gar überlegen – dem Durchschnittsleser absolut unzugänglich. Während der ‹Anton Reiser› immerhin 3 Neudrucke erlebt hat – obwohl längst ein Taschenbuch davon fällig wäre! – ist der ‹Hartknopf› samt seiner Fortsetzung lediglich einmal, 1786–90, erschienen. Diese 200 Seiten durch eine billige Handausgabe nicht nur dem Forscher, sondern auch dem Genießenden wieder erreichbar zu machen, wäre ein Unternehmen, zum 200. Geburtstage seines Verfassers mehr als angebracht : so reichlich wuchern die genialen Bücher in unserem Deutschland wahrlich nicht, als daß man auch nur eines davon leichtfertig dürfte ausgehen lassen!

AUGUST HEINRICH JULIUS LAFONTAINE

20. Oktober 1758, Braunschweig – 20. April 1831, Halle a. d. Saale

EINE SCHULD WIRD BEGLICHEN :

Quinctius Heymeran von Flaming

Sprecher:

A.: Berichterstatter; ältlich, (alter ego)
B.: jung; moderner Literatur zugetan
C.: dessen Frau.
Zitate: auf diese 3 Stimmen verteilt. (Die ‹Regieanweisungen› lediglich zwecks leichterer Identifizierung der Sprecher mit ihren Rollen.)
‹L› = steht als Abkürzung f. Lafontaine

B. (aufgeräumt): Hoh !; auch bei *Ihnen* ein Neuer Kurs ? – *(schildernd):* Die 3 Quadratmeter Schreibtischfläche leer vom traulichen Embonpoint der Nachschlagewerke. 2 staräugige Lupen zu Füßen 1 schwarzen=schlanken Leuchte. Dafür ein Dutzend hausbacken dreinschauender Kleinoktav=Broschüren. – *(spöttisch besorgt):* Ist was passiert ?

C. (halblaut; gleichzeitig liebevoll & rügend): Schwätzer. *Natürlich* ist was passiert. – *(mit normaler Stimme zu A. hin):* Hoffentlich nichts Ernsthaftes ? Hoffentlich nur Literatur ? –

A. (nickend): Sicher : only an author's life. – *(sachlich): 20* Bändchen sind's übrigens. Und ich wollt', es wären 100; nur sind sie, dem Privatmann mit beschränkten Mitteln, nicht leicht erreichbar. Aber das wäre nicht der Grund für ein etwaiges bedrücktes Dreinschauen – *(selbst=ironisch):* wie nett, daß *in meinem Alter,* mein Gesicht immer noch die Fertigkeit bewahrt hat, Betroffenheit=Scham=Reue, nennen Sie's wie Sie wollen, auszudrücken – *(achselzuckend):* ‹Zum Diplomaten untauglich›; nu schön.

B. (aufmerksam): ‹Literarische Reue› ? Sie ? ! : *das* möcht'ich wundershalber doch hören.

A.: Ich habe früh das Studium eines unserer mittelgroßen Dichter, Fouqué, begonnen – ich war damals sehr jung; im Begriff, die übliche kolossale Romantik zu verarbeiten; der elterliche Haushalt völlig unliterarisch; auch durch ‹Lehrer›, wie üblich, nicht=beraten . . . *(wie erwachend):* Fui !; welcher Vorbau von Entschuldigungen ! – *(nüchtern):* Habe, später=dann, eine Arbeit über ihn veröffentlicht – : ich seh die Fehler jetzt. Komme mir, wenn ich die disparat=desparate Entstehung bedenke, auch durchaus *‹nicht=schuldig›* vor . . .

C. (sanft, blumenbeetmäßig): Aber weshalb dann elegisch ? Kenn'ich doch Ihr Buch; und möchte meinen, es sei zumindest materialreich . . .

A. (kopfschüttelnd): Freilich könnt'ich mir an mehreren Psyche=Stellen, Beruhigungsspritzen verpassen : daß & warum ich schief geurteilt hätte über

HEINRICH AUGUST JULIUS LAFONTAINE . . .

B. (einfallend): Also *nicht* den Franzen & Fabeldichter. Sondern unsern deutschen Trivial=Romancier : 1800=so=&=so=viel ?

A. (unruhig): Ganz recht. Aber *ich* habe ihn, so um Seite 169 herum, den *‹Wassermann›* geheißen : frei nach ETA Hoffmann . . .

B. (billigend; frei nach ‹FINNEGAN›): . . . no slouch of a name ! . . .

A. (fortfahrend): . . . urteilte auch nicht etwa, ohne Ihn *überhaupt* zu kennen : ich hatte *sehr wohl* 3 Romane von ihm gelesen : EMMA; den BARON BERGEDORF; den NATURMENSCHEN; und meinte daraufhin, das Urteil diverser renommierter Literaten seiner Zeit mit=unterschreiben zu können, die von ‹Familienpimpelei› und ‹perpetuierlichem Schnupftabak› redeten – ich, der ich damals nicht ahnte, *ausgerechnet an 3 seiner elendesten* geraten zu sein ! / Denn TIECK kam hinzu; der zu Beginn des ‹Phantasus› 1 der Helden, um sich vom Fieber zu kurieren, abgeschmackte Bücher lesen läßt; und L, mit dem Jener gleich anfängt, eine »gewisse Reinlichkeit der Schreibart« ebenso bescheinigt, wie eine »großartige Albernheit : seine Romane, denen die meisten guten Eigenschaften abgehen, ersetzen den Mangel an solchen durch die unerschöpfliche Liebe, die schon in Kinderseelen heroisch arbeitet; durch einige Verführer im großen Stil & ansehnliche Gräuel; oder gar durch Kunst=Urtheile, die mich vorzüglich erfreuten, und die er leider in seinen Büchern nur zu selten einstreut – wie war ich hingerissen, als ich in einem seiner Romane an die ausgeführte Meinung gerieth, mit der er den HOGARTH über RAFFAEL setzt !«

B. (in modern=rüstiger Ketzerei): Daß ich's nur gestehe : *ich* habe *auch* Stunden, wo ich murmle ‹HOGARTH & kein Ende !›. – Aber mit *solchen Eideshelfern* sind Sie, bei mir wenigstens, bereits entlastet.

A. (trübe): Dann im ‹Athenäum› das, was HAYM ‹eine der schönsten Perlen SCHLEGELscher Kritik› nennt : »Wie köstlich wird doch gleich anfangs die Schreibseligkeit des ‹Fröhlichen Mannes› persifliert, mit seiner ‹ein wenig auf den Kauf gemachten Moral›« – *(kopfwiegend):* was diese SCHLEGEL doch auch so für *Dreck* geschwätzt haben!

B. (launig warnend): Vorsicht! Sonst müssen Sie vielleicht wieder öffentlich revozieren.

A. (ernst): Bei *Kritikern* – einer Profession die, Alles in Allem genommen, der Literatur *nur schadet* – werde ich das *nie*: lesen Sie doch selbst, wie es in der gleichen Rezension weiter geht . . .

B. (liest): . . . : »Ein Anderer hat eine krankhafte Empfindsamkeit, eine fast gichterische Reizbarkeit der Einbildungskraft. Unbekannt mit der Welt, auf den Horizont eines kleinen Städtchens eingeschränkt, schreibt er Romane. Er lernt Männer kennen, die mit künstlerischen Absichten bei ihren Schriften zu Werke gehn, und will es ihnen gleich thun; da er doch, bei aller Belesenheit in Scharteken, die großen Meisterwerke nicht kennt & *nicht fähig ist,* sie in ihrer Reinheit zu fassen . . . er schreibt nun prätentiöse Werke . . .« – Hm; allerhand auf einmal: Wen *meint* er damit?

A.: Denselben, den HESSE im ‹Steppenwolf› liebevoll gleich neben GIOTTO & MOZART & SHAKESPEARE nennt: »Da stand im brennenden Ballon der Luftschiffer Giannozzo & stieß ins Horn; trug Attila Schmelzle seinen neuen Hut in der Hand . . .«

C. (fröhlich unterbrechend): Ach, *das* weiß sogar *ich*: JEAN PAUL!

A. (bestätigend): Sie ersehen daraus, auf was für thönernen Füßen der pompöse Plunder von ‹Kunst=Richtern›, die *nur dieses* sind, stehen kann –: was Wunders, daß der impotente Schwatzmann sehr bald zum Kinderspott wurde.

B. (grübelnd): Wenn ich mich aus meiner semi=närrischen Pflichtlektüre recht erinnere, waren aber nicht nur die Romantiker seine Feinde. Schreibt doch SCHILLER, etwa 1795, an GOETHE: »Daß in Weimar itzt die ‹Hundsposttage› grassieren, ist mir ordentlich psychologisch merkwürdig; denn man sollte sich nicht träumen lassen, daß derselbe Geschmack so ganz heterogene Massen vertragen könnte, als diese Produktion & ‹Clara du Plessis›.« – *(ergänzend):* Der meint mit ‹Hundsposttagen› ja *auch* den ‹Hesperus›.

C. (sich erkundigend): Und ‹Clara du Plessis›? – *(Da A. nur eine stumme Handbewegung macht, erstaunt=erfreut):* Ach: eben diesen LAFONTAINE hier?

B.: Dann dürfte sich in den ‹XENIEN› ja auch einiges auf ihn, zumindest *mit*=beziehen.

A.: Lassen Sie mal das dioskuriose Gewitzel beiseite; unter dem sich doch auch eine ziemliche Portion Bos= & Borniertheit barg: GOETHE

& SCHILLER GmbH, haben weit dümmlicher=unvorsichtiger geurteilt, als Jeder es einzeln=fürsich getan hätte. / Aber zurück. / Ich also *jung*. Hatte HOFFMANN gern – was *heut* noch der Fall ist – bedachte jedoch damals nicht, daß der genialische Gnom, in Fällen gänzlichen anders=artig=Seins, bohämisch=schief absprechen werde. Überdem hatte ich, einfach infolge zu weniger Lebenstage, noch nicht genug gelesen. Konnte also nicht wissen, wie BÖTTIGER berichtet, daß ein HERDER laut über die so häufigen bloßen Sophistereien der GOETHE'schen Romangestalten klagte : »Man mag unter all diesen Menschen des ‹Wilhelm Meister› nicht *leben*; *nichts* spricht Uns an !« – *(veränderte, wie erstaunte Stimme): »Wie ganz anders ist das in LAFONTAINE's Romanen !«* – *(normale Stimme):* Die nämlich galten, im HERDER'schen Hause, sofort nach JEAN PAUL, *das meiste*.

B. (aufmerksam): Erstaunlich, wie oft jetzt schon die beiden Namen hintereinander erschallten. – Und doch : *Nein*. Ihre Abbitte nunmehr in allen Ehren – sehe ich ja, daß Sie nicht allein stehen mit Ihrer Schätzung – aber mir dünkt das Leben etwas zu kurz, um mehr als nur das Allerwichtigste lesen zu können : hab' ich Unrecht ?

A.: Für ein *kurzes* Leben : nein.

C.: Wie lang wäre das ?

A.: Unter 30=35. Aber, sehen Sie, *ich* bin nun schon erheblich über die 50; und, je länger ich lebe, desto mitnehmenswerter scheint mir eine ganz bestimmte, nicht=alleroberste Klasse von Literatur . . .

B. (unterbrechend): 1 Moment bitte – es wird ja jetzt irgendwie ‹verbindlich› – : meinen Sie, die *gesamte Hochliteratur*, ich nenne einmal die Säkular= plus Dekaden=Männer so, von Denen also nur alle 10 oder 100 Jahre Einer geboren wird : meinen Sie Die befriedigend für sich ‹erledigt› zu haben ?

A.: Nicht doch. Und wenn ich Leute wie STIFTER oder KAFKA für mich ablehne, dann soll das immer rein temperament= & charaktermäßig bedingt sein : es darf sich deswegen durchaus um Große Männer handeln. Ich bilde mir gar nicht ein, stellvertretend auch nur für Irgendein 5=%=Klausliges zu sprechen. Nur habe ich es eben, *ganz für mich*, erfahren, daß mir die ‹Privataltertümer› der Menschheit zunehmend interessanter werden, als ihre Haupt= & Staats=Aktionen. – Ein Beispiel aus der bildenden Kunst hatten Wir bereits : HOGARTH; von vergleichbaren Deutschen CHODOWIECKI oder RAMBERG.

B.(reserviert): CHODOWIECKI selbstredend. Aber Wer nun gleich wieder ‹RAMBERG› sei . . . ?

A.: Einer der geschätztesten & beschäftigsten Zeichner, Illustratoren, Vignettchen= & Frontispizen=Macher – persönlicher Schüler von SIR

JOSHUA REYNOLDS übrigens. Wenn Sie mögen, zeige ich Ihnen nachher ein paar Blätter : in der großen Prachtausgabe von WIELAND's Werken, sind sämtliche Kupfer von ihm. – *(werbend zu C. hin):* Das wird *Sie* interessieren, wie er, ein großer Tierfreund, überall die lustigsten Hündlein & Kätzchen anzubringen weiß. – Aber das wär' auf dem Gebiet einer Schwesterkunst. / Hinsichtlich *Lese=Soll* präzisiere ich meine augenblickliche Ansicht einmal so : abgesehen von den groß=ausgeformten Kunstwerken der Meister 1. & 2. Ranges – denn sie gehören zusammen; es wird oft nur eine reine Schicksalsschlamperei sein, ob ein Begabter sich entfalten konnte oder nicht – könnte es 2 weitere, doch recht lohnende, Grüppchen geben.

B.: Und zwar?

A.: Einmal die ‹*folgenreichen*›; deren Themen so gattungshaft=überindividuell sind, daß ganze Reihen sich bilden, beziehungsweise bilden lassen – die ‹Hohlerden› etwa; ausgehend von, wahrscheinlich, HOLBERG's ‹Nils Klim›; das ist ja ein wahres=wirres Gekettele von lauter Vorgängern & Nachfolgern. / Und zweitens wären doch wohl bedeutsam solche Bücher, die an=sich weniger hochgradig gemeißelt sind; dafür aber stellvertretend für 1=2=3 Dezennien des Alltags einer Nation stehen.

B. (horchend): Sie meinen ungefähr – : was damals, im Bühnenspiel, zu verbilligten Preisen IFFLAND lieferte? Oder die KOTZEBUE'schen Rühreier von Empfindsamkeit & Unzucht ...

A.: Lassen Sie vorsichtshalber *die Beiden*! Oder halt, nein; hören Sie IMMERMANN : »– IFFLAND? : ist der getreueste Cicerone durch alle Schätze & Curiositäten des damaligen deutschen Familienlebens. Meine Achtung für ihn als Dichter will ich Niemandem aufreden : *als Quellenschriftsteller wage ich ihn gegen Jedermann zu vertreten : da ist er von unschätzbarer Reichhaltigkeit!*« – Lesen Sie, bei Gelegenheit, doch einmal die ganzen 3 enggedruckten Seiten. Und schließen Sie sich auch nicht der freiheitskriegerischen Campagne gegen KOTZEBUE allzusehr an : ein Mann, der von Prä=Nazis diffamiert & am Ende ermordet wurde, *Der kann, a priori, so übel nicht sein.*

B. (trutzig): Da waren sich aber doch *Alle* einig.

A. (gelassen): Vor allem Die, die ihn bestahlen. – Sie täten besser, sich an mir=heut ein Beispiel zu nehmen : dergleichen portlandzementige Sicherheit im Kurz=urteilen rächt sich. / Was die beiden Genannten auf dem Theater, *das eben war L im Roman.* Und wenn HESSE des alten HERMES' ‹Sophieens Reise von Memel nach Sachsen› rühmt; dann ist, mein Wort darauf, der ‹Quinctius Heymeran von Flaming› hier, *so gut auch.*

C. (vermittelnd): Könnte beim gelehrten Zanken vielleicht *etwas*

Rücksicht genommen werden ? – »ein Frauenzimmer ist doch nur ein elendiglich Geschöpf« : hab'ich mir erst gestern wieder, aus der ‹Regentrude› vorlesen lassen müssen – erzählen Sie doch einfach von L : das *bildet Uns*; und *Sie* können gleichzeitig Reue zeigen & einen schönen Widerruf tun . . .

(Gong)

C. (fährt fort): Wann hat er überhaupt gelebt ? – Und hat man ihn nicht immerfort verwechselt mit ‹Maître Corbeau sur un arbre perché› ?

A.: Das ist ihm häufig passiert, daß ihm gesagt wurde : »Ach, *Sie* kenn' ich recht gut : Sie haben mir in meiner Jugend viel Noth gemacht, als ich Ihre Fabeln immer auswendig lernen mußte. « – Geboren ist er in Braunschweig, 1758 : eine alte Huguenotten= & Maler=Familie.

B. (noch ein wenig mürrisch): So'n Künstlerhaushalt ? À la Kügelgen ?

A. (bestätigend): Sogar frappant ähnlich. – Der Vater war offizieller ‹Hofmaler›; erst Celle; dann Wolfenbüttel; dann Braunschweig; wo überall heut noch Bilder von seiner Hand hängen; ich kenne einige. Zumal scheint das Porträtieren – eine aussterbende Kunst – seine Force gewesen zu sein.

C.: ‹Aussterbend› ? : das wär' aber traurig.

B. (beruhigend zu ihr): Ich bestreit's doch auch.

C. (unüberzeugt): Ja *Du*. – *(Zu A. hin):* Entstehen bei Uns *keine* guten Porträts mehr ? So Holbein / Van Dyk / Gainsborough ?

A. (höflich): Leider scheinen die modernen Maler nicht genug historischen Sinn mehr, auch nicht die Selbstlosigkeit zu haben, um einzusehen, daß einer Nachwelt ja vielleicht tatsächlich daran liegen könnte, zu wissen, wie der Betreffende *nun wirklich ausgesehen* habe – heutzutage will man mehr ‹Die Atmosfäre, den Ausdruck, die Seele› erfassen. Habe ich doch, mit diesen meinen eignen Ohren, einen Maler sagen hören : ‹Hauptsache, es ist ein gutes Bild.›

B.: Ja dann segne mir aber doch GOtt die Fotografie ! Als genau=das ein ‹Seelen=Maler› einmal zu James Joyce sagte, erwiderte ihm Dieser, & gebührend schrill : »Kümmern *Sie* sich lieber um mein Schlipsmuster !«.

A. (nickend): Einzig richtige Antwort. Zumal wenn man einsehen gelernt hat : daß die Kleidung den Menschen nicht nur *ver=* sondern auch *ent*=hüllt. / Dort also, in dem gebührenden Gemisch aus Wohnung & Atelier, wächst L auf; zwischen einem Dutzend Geschwistern. Auf der einen Seite die etwas filiströse Mutter . . .

C. (int'ressiert): . . . ‹Geborene› ? . . .

A.: ... Sophie Elisabeth Thorbrügge. – *(entschuldigend):* Man muß noch heute weitgehend nach GRUBER zitieren; dem einzigen Biografieartigen, was es gibt. – Übrigens soll sie die dickste Frau in ganz Braunschweig gewesen sein; so wie L, späterhin, der beleibteste Mann von Halle war. / Der Vater – ein Weltmann; vielgereist : Italien Frankreich Holland England; und mehrerer Sprachen fonetisch=mächtig – scheint, nach Maler=Art, un=prüde & vorurteilsfrei gewesen zu sein : impulsiv & des Mehr=als=Nackten gewohnt, machte er sich gar nichts daraus, etwa einem Bettler das Hemd vom Leibe zu schenken; und sofort anschließend – unter'm goldgestickten Rock *NICHTS*! – ins betreffende Schloß zu bummeln, und den Prinzessinnen in cuerpo, ja mehr als das, Malstunde zu erteilen. Auch war er heftiger Freimaurer; ja, sogar der Goldmacherei ergeben.

C. (angeregt): Ach das'ss Alles *so nett* : Namen wie ‹Rosen=Kreuzer› hab'ich immer gerne gehört. – Da waren aber wohl auch die Erziehungsansichten von Papa und Mama beträchtlich verschieden ?

A.: Zweifellos. Der Vater hätte ihn am liebsten im ROUSSEAU'schen Naturmenschen=Kostüm herumlaufen lassen – die Mutter setzte natürlich durch, daß schon der Zwölfjährige sich zu Peruque & wohlausgesteiftem Kleide bequemen mußte; wie sie denn später auch das Theologie=Studium erzwang. / Die früheste Kindheitserinnerung jedenfalls stammt noch aus dem 7=jährigen Kriege : wie man damals aus Braunschweig zu flüchten hatte. Auch konnte er sich noch im Alter erinnern, & in Gebärde & Gangart pantomimisch darstellen, Alle, die bei seinem Vater aus= & eingegangen waren : EBERT, ZACHARIAE, GÄRTNER – *(kleine Effektpause; dann):* – LESSING; von Denen sämtlich er viel unbekannte Details zu berichten wußte.

B. (wider Willen angezogen): Oh, LESSING ?! Hat sich das erhalten ?

A. (bedauernd): Wohl kaum. – *(etwas hinterhältig):* Man hat sich halt zu wenig mit L beschäftigt, wissen Sie. – Sehr niedlich die Geschichte der Ersten Liebe ...

C.: Ajá ! : Wie alt war Er ?

A.: 15. – In den Vorbereitungsstunden zur Konfirmation lernte L ein Fräulein von Hill – ja, nicht einmal ‹kennen› : nur ‹sehen› – *(wie vorlesend):* »Er konnte sich an dem Anblick Derselben nicht oft genug erfreuen; und geriet doch jedesmahl in Verwirrung, so oft ihr Auge dem seinigen begegnete. Wiewohl's ihm stets die Schamröthe in die Wangen jagte, so unterließen die Augen doch nicht, SIE immer=wieder zu suchen – und sie wurden dabey allmählich noch eins so freundlich. Kaum aber waren die Stunden beendigt, so fühlte er sich beklommen, und konnte nur mit niedergeschlagenen Blicken grüßen. Blieb stehen & sah dem Mädchen nach, bis es um die Ecke bog. – Nach längerer Zeit erst faßte er Muth, und begleitete sie; sich schüchtern um=sehend, ob ihn wohl Jemand belausche : ? – : Keines von Beiden hat je auf diesem Weg nur 1 Sylbe gesprochen !«

C. (erfreut): Süüß ! So ganz ‹stumme Augen=Liebe›. – *(strafend):* Spiegelt Euch darin, Ihr Ungetüme.

A. (listig): Wären Sie damit zufrieden gewesen ? Lebenslänglich & hundertprozentig ? – / Jedenfalls wird L anschließend ins Internat geschickt; nach Schöningen, auf eins der berühmten Gymnasien des Landes – ein reizendes Renaissance=Gebäudlein; heut Orts=Museum. Die lustige Schülerzeit dort hat Niemand besser beschrieben denn er=selbst, im 1. Bande des ‹SONDERLING› : wie da, dem rührend=unpraktischen & dennoch so anregenden Rektor, dem Altphilologen Ballenstedt zu Gefallen, eine ‹Baliste› gebaut wurde; genau nach den antiken Beschreibungen. Das Schüler=Theater; wo L, in der ‹Minna von Barnhelm› die ‹Franziska› derart à la maitresse spielt, daß der alte Rektor der Jungen Dame ein libidinöses Kompliment ums andere sagt. – *(mit Bedeutung):* Oder *noch* ein Kulturkuriosum . . . : aber *das* müßten eigentlich *Sie*, so ‹zur Strafe›, Uns vor=lesen . . .

B. (liest; erst widerstrebend, dann gefesselter): »Sellhof that eines Tages der versammelten Jugend den Vorschlag : einmal *die Olympischen Spiele* feierlich zu begehen : ! – Der Vorschlag fand durchgehends Beyfall; sogar ärgerten sich Viele, daß sie dabey nicht ganz Teutschland zu Zuschauern haben sollten, wie die jungen Griechen ganz Griechenland. Ein Altar wurde erbaut. Einige Schüler, die bei den Übungen nicht hoffen konnten, eine große Figur zu spielen, nahmen die Rollen der Priester oder der Kampfrichter über sich. Ein Hammel wurde angekauft, um den ‹Opferstier› vorzustellen, und wurde im Garten bis auf seinen feierlichen Todestag gemästet. / Endlich erschien dieser Tag. Alle Schüler versammelten sich; und gaben sich durch Ablegung der Haarbeutel, durch Zerstörung der Frisur, durch die herausgezogenen & um die Hüften gegürteten Hemden, das Ansehen von Griechischen Jünglingen. Die Priester hingen große Bettücher um; sie trugen Kränze von Blumen auf den Häuptern & lange Bärte an den glatten Kinnen : so zog der Zug, unter Begleitung von ein paar Flöten, in den Garten. – Die Musik machte die Nachbarn aufmerksam; und die jungen Leute hatten, wenigstens in der ersten Hälfte der Olympischen Spiele, Zuschauer genug.«

A.: Sie müßten die 10 Seiten lange Beschreibung jener, literarisch belegten, *Ersten modernen Olympiade*, einmal ganz=lesen; sie ist drollig & sinnreich genug : das Sich=Ölen der Ringer; das – Uns ja sattsam geläufige – feierliche Getue der Beteiligten; die Reaktionen der Pfahlbürger . . .

B. (ihn sinnend unterbrechend): Das ist natürlich ein putzig (P)fündlein : also *nicht* ‹Baron de Coubertin›; sondern Unser=deutscher L ! – *: Wann genau ?*

A. (gefällig): 1793 ist der ‹SONDERLING› erschienen. / Aber weiter : einflußreichste Lektüre zu jener Zeit war ihm ‹Der Englische Weltweise› – und das ist ja nun *sehr* wichtig; pflegt doch bei Autoren die literarische ‹Jugendliebe› *mindestens* so folgenreich zu werden, wie die auf dem menschlichen Sektor.

B. (höflich & bissig): Würden Sie vielleicht die Güte haben, Uns – möglichst knapp, bitte – zu erleuchten : um welches Rätsel=Kleinod der Weltliteratur es sich *hier* nun wieder handelt ?

A. (munter zu C.): – Können Sie, dort neben=sich, die beiden hellbraunen Lederrücken erreichen ? Mit der Goldprägung & dem doppelten Rückenschildchen ?

C. (bewundernd): Hübsch ! – *(tadelnd zu B.):* Du sowas ha'm *Wir gar* nich.

B. (abweisend): Wir haben dafür die ‹Plejade› der ‹RECHERCHE› . . .

C. (hat indes aufgeschlagen : und liest das Titelblatt ab): ‹Der englische Weltweise / oder / Historie des Herrn CLEVELAND / natürlichen Sohns des CROMWELL / von ihm selbst geschrieben, / und aus dem Englischen übersetzt.› – *(ehrerbietig): ‹Mit Kupfern› !*

A.: Sie *kennen* den Namen des Verfassers durchaus – gehört er doch, was Sie vorhin nur ironisch meinten, *wirklich* zur ‹Weltliteratur›. – Ich sag mal den Original=Titel : ‹Le philosophe Anglais; ou l'histoire de M'sieu CLEVELAND, fils naturel de CROMWELL, écrit par lui=même› . . . ? – *(da B. & C. noch schweigen):* Wer ‹MANON LESCAUT› war, wissen Sie.

C. (eifrig): Na, die *Oper :* PUCCINI.

B. (distanziert): Mit andern Worten PRÉVOST D'EXILES. – *(etwas unsicher):* Muß man denn von Dem tatsächlich was kennen ? !

A.: Sag'ich ungefähr *so* : wie man auch 1 der Monstreromane von DUMAS kennen sollte, oder von SUE. – Dieser ‹CLEVELAND› hier, zeitlich & inhaltlich, auch der ganzen anekdotischen Nicht=Komposition nach, parallel zu unsrer deutschen ‹INSEL FELSENBURG› . . .

B. (wissend hineinmurmelnd): . . . 1730=40 also . . .

A.: Die Fabel von der Insel=Utopie, geht übrigens bei Beiden auf den, ziemlich apokryphen, Reisebericht eines Engländers, WILLIAM RAL-

LOW, zurück. – Vom ‹CLEVELAND› jedenfalls führen zahlreiche Fäden in die Romane unsres L hinüber. / Der ist unterdes zur Universität seines Geburtslandes, nach Helmstedt, abgegangen.

C.: Wo er *was* studiert?

B. (knurrig): Theologie : schon gesagt worden.

A.: Nicht *nur* nominell. Er hatte sogar wackere Kenntnisse; vor allem in Kirchengeschichte & Hebräischen Antiquitäten. ‹Ausfällig fromm› freilich war er so wenig, daß nach 10=jähriger Hauslehrerzeit beim General von Thadden, Dieser ganz erstaunte, als er zufällig erfuhr, wie sein L Theologe sei! Wenn er zu wählen hatte zwischen einer Vorlesung über Dogmatik, und einer über LUKIAN : *dann zog er den Letzteren vor.* Mathematik & vor allem Geografie haben ihn sein Leben lang interessiert – seine Sammlung orientalischer Reisebeschreibungen war berühmt; auch hatte er Arabisch & Persisch gelernt; ja, sogar etwas Sanskrit. Wie er denn überhaupt weit mehr Wissenschaft besaß, als man annimmt : hat er doch 2 Bände ÄSCHYLOS und EURIPIDES übersetzt; begleitet von eigentümlichen Theorieen über Textvarianten, sowie Verderbnis von Manuskripten durch Abschreiber. / Der, wenn schon nicht als Lehrer wichtigste, so doch ‹spannendste› Mann, war, wie für so Viele Andere auch für L, Professor BEIREIS, der ‹Zauberer von Helmstedt› . . .

C. (angeregt): Professor & Zauberer zugleich? Ach, wenn's das doch heute noch gäbe : wie anregend für die Studenten!

B. (eisig): Du meinst, für Studen=*tinnen.* – GOETHE hat den Scharlatan leider auch mal besucht. Und dadurch verewigt.

A.: Es besuchte ihn, den großen Farbchemiker mit den Adeptenmanieren, eigentlich *Jeder,* der durch Helmstedt kam. Und weil seine Lehrfächer – Physik, Medizin : Naturwissenschaften – damals noch schwer um Anerkennung, schweigen Wir von Gleichberechtigung, zu kämpfen hatten, bediente er sich eben HOFFMANNESKER Mittel; und zwar auf der eindrucksvollsten Basis : der eines soliden Reichtums – von dem Niemand wußte, woher er, und laufend, ihm zufloß. Der Literatur sind so manche Anregungen durch ihn gekommen : ‹Professor Spallanzani & sein Töchterlein Olympia› . . .

C. (elektrisiert): ‹Phöbus stolz im Sonnenwagen› & wie die Meisterpuppe dazu *tanzt* ! : *der*gleichen wäre der Zurückführung auf BEIREIS fähig?

A.: Wenn man in sein großes schönes Haus trat – es steht noch; Sie müßten sich's ma' ansehen – war das erste, was man erblickte, ein VAUCANSON'scher ‹Automat› : der ‹Flötenspieler›, der 20 verschiedene Stücke konnte & sich selbst dazu auf der Trommel begleitete. Berühmt war BEI-

REIS' Trick, wie er an der Herzoglichen Tafel ganz in dem verpönten Schwarz erschien; unbefangen die Unterhaltung führte – : und nach 20 Minuten erstrahlte sein Rock im hellst=befohlenen Scharlach!

B. (unwillkürlich interessiert): Wie hat er das gemacht?

A.: Oh, fragen Sie *mich* nicht. Ernstzunehmender ist wohl, daß er, lange *vor* den ‹Gebrüdern BOISSERÉE›, die größte Sammlung ‹altdeutscher› Bilder besaß; mit echten HOLBEIN's & DÜRER'n. Aber er war rein menschlich anziehend: Kranke behandelte er meist gratis – zum Exempel *auch unsern L*; ja, er beaufsichtigte die Bereitung von dessen Diätkost. L hat zeitlebens mit der größten Achtung von ihm gesprochen.

B. (etwas ungeduldig): Lassen Wir ihn das Studium abschließen: er mußte als Hauslehrer gehen?

A.: Sie haben gut aufgepaßt. – 1780 wird er ‹Hofmeister›, wie man sagte, von 2 Söhnen & 2 Töchtern; beim Amtmann Brinkmann, in Bartensleben=Ingersleben...

B. (einfallend): ... diese Orte auf ‹– –leben› liegen ja sämtlich irgendwie ‹im Magdeburgischen›, gelt?

A. (bestätigend=präzisierend): Die hier an der jungen Aller...

C.: Darf ich ganz kurz...?: wieso mußte L als – nun ja *doch* wohl: als *Halb=Domestik* gehen?

A.: Sein Vater war 74 gestorben; und ‹Künstlerhaushalte› pflegen dann, bedauerlich oft, in sich zusammenzubrechen. – Jedenfalls ist L, unterstützt von einer Gouvernante SOPHIE ABEL, sogar ein guter & bester Lehrer gewesen; wie uns die jüngste Tochter jenes Hauses aufbehalten hat...

C. (verschmitzt): Ein Töchterchen? – *das* muß dann aber *ich* lesen! – *(sie liest, züchtig & schwärmerisch zugleich):* »Herr L betrieb unsern Unterricht – wie Alles, was er unternahm – mit großem Eifer. Vorzüglich liebte er die Alte Geschichte, und wußte uns durch die Lebhaftigkeit seines Vortrages *so* dafür zu interessieren –« *(verschämt):* – »daß diese Stunden sehr bald unsere *Liebsten* wurden. / Um uns einen deutlichen Begriff von der Gestalt der Erde & der verschiedenen Länder auf derselben zu machen, ließ er nach seiner Angabe & unter seiner Aufsicht, einen großen Globus, von Reifen mit Leinwand überzogen, anfertigen; worauf weiter nichts verzeichnet war, als die Kreise der Länge & Breite. Nun malte ER, während des Unterrichts, die Meere Länder Flüsse darauf –« *(andächtig & begeistert):* – »und Wir sahen das Alles nachgerade vor unseren Augen entstehen! –« *(schüchtern; gleichsam mit niedergeschlagenem Blick):* »Wodurch es sich unserem Gedächtnisse sehr gut einprägte.« – *(wieder mit normaler Stimme):* Scharmánt!

B. (wissend): Jaja : unvergleichliche Gelegenheit für verliebte Schülerinnen, GOtt & den Herrn Lehrer zu identifizieren, und mächtig anzubeten. – Aber sagen Sie : *muß* ich das unbedingt wissen, daß sich, zu Olims Zeiten, im Magdeburgischen, einmal eine ‹Bonne›, Sophie Abel, befunden habe ?

C. (sofort): Herzchen, Du bist *dumm* : gibt es eine pikantere Konstellation, als so eine freund= & elternlose ‹Gesellschafterin›, verhärmt, hinreißend=schmal – : *und dá=zú nun* 1 junger intelligenter Hauslehrer ?!

A. (schmundselnd): Dank der Unterstützung. – *(zu B.):* ‹Vorsicht mit jedem Jüngling : man weiß nie, was mal aus ihm wird. Und Vorsicht mit jeglicher Jungfrau : man weiß *nie, Wen Die mal heiratet !*› : denn sie ist ‹natürlich› später ‹Frau L› geworden. / Der literarisch folgenreichste Umgang war übrigens der Besitzer jener Güter, Herr von VELTHEIM, ein schwerreicher grillenhafter Sonderling; unvermählt, da man ihm, elterlicherseits, einst nicht gestattet hatte, seine Großbrittannische Pfarrers=Jugendgeliebte zu heiraten; und nun folglich Profession machend von der menschenfreundlichsten Menschenfeindlichkeit – als er vernahm, daß L sich zum Predigerexamen vorbereitete & schwer mit dem Hebräischen kämpfe; ließ er, auf seine Kosten, einen gelehrten Rabbiner, GLÜCKSELIG, samt Familie, ein ganzes=halbes Jahr lang nach Bartensleben kommen.

B. (resigniert): Ich weiß inzwischen, daß ich – Kunststück : 2 gegen 1 ! – permanent Unrecht habe. Ich frage ja auch schon nur noch : in wiefern ist *das* wichtig ?

A.: Weil dieser VELTHEIM & sein Schicksal, die *eine* Gruppe von ‹reichen adeligen Gutsbesitzern› in L's Werken ergeben hat. Und die Affäre mit dem gelehrten Talmud=Kenner, treffen Sie im ‹SONDERLING› wieder.

C. (zufrieden): Zumindest heiratet die arme Sophie aber.

A.: Noch nicht ganz. Erst löst sich, wiedrum durch Todesfälle aller Arten, jener Haushalt auf. / Eine gehoffte Anstellung in Braunschweig erhält L auch nicht; denn der ‹Herzog Carl› – ein Mischwesen; von dem man nie recht weiß, ob man ihn partiell schätzen, oder aber bloß mit der Feuerzange angreifen solle; denken Sie an LESSING, oder MASSENBACH – macht in der Liste der ‹Amtsfähigen› seines Ländchens, zu L's Namen diese Anmerkung : ‹Nein. Ist ein Genie; muß noch warten.›

C. (entrüstet): Anstatt *froh* zu sein ! : Sind Genies bei Landesvätern *nicht* beliebt ?

B. (düster): Nee. Nie.

A. (abgeklärt): Sagen Wir *so* : erstens sind es nie perfekte Untergebene. Und zweitens verstand man zur ‹Geniezeit› etwas leicht=anderes darunter : wenn Sie sich die damaligen ‹Twens›, ob GOETHE LENZ HERzog Carl=August undsoweiter, samt Deren Affenstreichen, vergegenwärtigen; dazu Lessing's Erklärung : »Wer mich ins Gesicht ‹Genie› nennt : Dem hau ich eine rein !« – dann wird Ihnen klar werden, wie man damals ‹Genie› für *das* sagte, was Wir heut einen ‹Beatle› nennen.

B. (betroffen): Kurioser Vergleich. Aber lichtvoll : wie das ‹Sturm & Drang› aufschließt – hm.

A.: L muß sich also eine weitere Hauslehrerstelle vermitteln lassen : bei dem preußischen General von Thadden, in Halle. Zieht auch mit Diesem, als ‹Feldprediger›, in den Krieg gegen das revolutionäre Frankreich von 1789.

B. (murmelnd): Goethe ‹Campagne›; ähä . . .

A.: Begreiflicherweise hat all=das – die intime Kenntnis des ‹preußischen Adels›; der Offiziers=Nicht=Mentalität : L mußte ihnen Unterricht erteilen, und es waren Hauptleute dabei, die weder lesen noch schreiben konnten !; der Umgang mit todkranken & sterbenden Soldaten; die Märsche, die Einquartierungen; enfin : ‹Les Malheures et les Misères de la Guerre› – zu seiner weltbürgerlichen & psychischen Reifung enorm viel beigetragen : er wird etwa dreimal so viel Menschenkenntnis gehabt haben, wie, sagen Wir, ein Schiller . . .

B. (protestierend): Hoh=hoh=hóh !

A. (lebhaft): Widerbellen Sie *getrost* : ich habe schließlich *kein Wort von formaler Künstlerschaft* gesagt ! Aber wenn Sie, anschaulich=ausgesponnen, die Denkweisen Ihrer & meiner Älter=Väter & =Mütter kennen lernen wollen; dann nehmen Sie sich, *mein Tipp !*, *nicht* die ‹Braut von Messina› vor, und nicht die ‹Iphigenie› . . .

C. (fraulich=nachdenklich): . . . sondern, vielleicht, L. – *(zu B.):* Ich weiß nich, Du : aber diese grün=gewölkten Bändchen heimeln mich mehr & mehr an.

A. (zu B.): Gibt es Ihnen *nicht* zu denken, daß sämtliche Romane L's in der Bibliothek Napoleon's, zu Saint Cloud, standen ? Ob ihm gar ein braintrustiger Berater empfohlen hat : hier könne man den ‹Deutschen Volkscharakter› im Schnellkursus einsehen ? – *(da B. nur unwillig schnieft):* Die Konfrontierung mit dem ‹Neuen Geist›, hat sich jedenfalls auch L tief=tief eingeprägt . . . *(er liest):* »Eines Tages sah er ein französisches Cavallerie=Corps, über einen Gebürgs=Zweig der Vogesen, mit voller Feldmusik & mit Geschützen heran rücken. Die so vielen Tausenden tödlich gewordene ‹Marseiller Hymne› war es, welche man, drüben, angestimmt hatte. Bei den Worten : ‹Aux Armes Citoyen !›, fuhren in 1 Nu alle Säbel aus den Scheiden – – : L wurde tief erschüttert. Oft versicherte er, ein prachtvoll=schauerlicheres Schauspiel nie gesehen zu haben !«

B.: Hat sich diese – ja immerhin jahrelange Erlebnis=Kette – dito in seinen Büchern niedergeschlagen?

A.: Tz; so eine Frage: *selbstredend.* Und zwar – was wichtig & typisch für ihn ist – *in doppelter Ausformung:* Wir besitzen *zwei Romane* L's hinsichtlich jener global=wichtigen politischen Erscheinung. Die ‹Clara du Plessis›, vom Standpunkt der Revoluzzer aus gesehen & gewürdigt; und den ‹Saint Julien›, von dem der Adligen Emigranten: ergänzen sich doch *sehr ordentlich.* Und sind beide voll überraschend=feiner Beobachtungen & gut=gesehener Psychologica … *(ein bißchen hinterhältig):* Zumal heut, in einem ‹Geteilten Deutschland› verdammt modern zu lesen: man kann es so sehen –: *man kann es aber auch so sehen!*

B.: Verflixte Technik. Und: ‹Alter Separatist!›. / Aber, sagen Sie: L. geht doch nun auf die 40 zu: hat er *immer noch nichts* geschrieben?

A. (nickend): Doch; längst. / In jenen knappen Lehrerjahren, um sein Salär aufzubessern: »Die Beschäftigung hatte ihn auf den Gedanken gebracht, einen Roman zu schreiben – der auch gedruckt worden ist. Er wünschte, in seinen letzten Jahren, diesen wieder einmal zu lesen; *allein er konnte sich des Titels nicht mehr entsinnen;* – nur, daß Weygand, in Leipzig, ihn verlegt habe.«

C. (verblüfft): Ob's *das gibt?*: Daß Einer nicht mehr weiß, was Er alles geschrieben hat?

B. (unwillig): 'chwas!: Autoren=Snobismus! Höhere Eitelkeit!

A. (einschränkend): Sie: das ist, und sehr belegbar, den Besten geschehen! / Aber nunmehr, um 1800, ist L so berühmt, daß er heiraten & den Brotberuf an den Nagel hängen kann. Ja, mehr noch: bevor er frei ist, vermag er dafür zu sorgen, daß er auch äußerlich ‹ins Freie› gelangt … *(zu C.):* aber das müßten *Sie* Uns lesen …

C. (bereitwillig: wird doch ein Hausstand gegründet): »Er hörte 1 Tages vom Verkauf eines Grundstücks, dicht vor Halle, links auf dem Wege nach Giebichenstein. Das Wohnhaus, auf einer Anhöhe liegend, gewährte eine reizende Aussicht über Wiesen; die, von 3 Armen der Saale durchschnitten, auf der einen Seite von waldbewachsenen Anhöhen, auf der andern von den Gebäuden der Saline begränzt sind; gegen deren romantisches Düster frische Wiesen mit Buschwerk & dahinterliegende halbverborgene Dörfer, erfreulich abstechen. Vom Haus abwärts erstreckte sich eine beträchtliche Gartenanlage bis an den einen Arm der Saale, längs deren Ufern sich eine vorzüglich schöne Baum=Allee hinzieht. L kannte dies Grundstück, und fragte die Besitzerin um den Preis; mit dem Bedeuten, ihm sogleich *den* zu nennen, um welchen zu veräußern ihr Ernst sey; denn er sey nicht willens, zu feilschen, sondern mit ‹Ja› oder ‹Nein› augenblicks abzuschließen. – So foderte sie denn. Und er sagte zu. Und es wurde ein Tag bestimmt, an welchem der förmliche Beschluß, im Beyseyn einer Gerichtsperson, stattfinden sollte. An diesem Tage führte er seine Frau hinaus. Brachte sie in eine Laube. Bat sie, ein wenig hier zu verweilen.« – *(immer argwöhnischer):* »Kam nach sehr kurzer Zeit mit einem Papier in der Hand zurück. Und überraschte sie mit den Worten : ‹Hier 'phiekchen. : Du sitzt in Deinem Eigenthum.›«. – *(piquiert):* Ach ? *So* wurde das damals gehandhabt ? ! So ganz auf die Patriarchalische Tour ! : meine *arme*=unterdrückte Sophie !

A.: Moment. Darf ich zu bedenken geben, daß Jene zwar nicht direkt psychotisch=menschenscheu, aber doch sehr verschlossen gegen Fremde war, und nur ganz=ganz allmählich Zutrauen fassen konnte ? Hatte sie doch schon als Braut L gebeten : sie von allen größeren Gesellschaften zeitlebens zu dispensieren.

C. (mitleidig): Oh des verschüchterten Geschöpfchens ! – *(wie händeringend):* Und muß an einen *solchen Autokraten* geraten !

B. (bremsend): Du, *die* Sorte ‹Stiller Wässerchen› ist oft nur nach außen hin süß=verlegen : *daheim* verstehen sie den Mann ganz artig zu piesacken. Nous verrons ! – *(zu A. hin):* Hab'ich recht ?

A. (geruhsam ablesend): »Das Verhalten der beiden Gatten gegeneinander gewährte keinen kleinen Theil des Vergnügens, das man in L's Hause so reichlich fand. Die Frau war in so hohem Grade wahrhaft & aufrichtig, daß sie auch im Scherz eine Abweichung von der Wahrheit nicht wohl vertrug; wie sie denn, wenn L eine Anekdote mit Abweichungen erzählte, stets mit sanfter Stimme einfiel : ‹Aber=Du; das war ja anders !› – ‹Wie ists denn, Phiekchen ?› fragte dann Er : ‹hab'ich *jetzt* besser erzählt, oder früher ?› – Antwortete Sie ‹Jetzt.›; erwiderte Er : ‹Dann Ists gut.›«

B. (lebhaft): Na aber da ha'm Wir doch alles *beisamm'* ! : das ständige ‹Berichtigen›. Mit der typisch ‹sanften Stimme› ! – *(abfällig):* Anstatt sich des gelungenen Fabulierens *ökonomisch zu freuen* : von dem sie ja schließlich *mit*=lebte. Und wie !

C. (kalt & höflich): Wieviele Kinder waren da ?

A. (amüsiert): Keine. Man nahm dafür 1 Tochter, von L's Lieblings=Schwester Henriette, zu sich. Und auch 1 Schwester seiner Frau zog, mit ihren Kindern, ins Grundstück nebenan. / Als Schriftsteller hatte L, zwischen 1800 und 1805, den Höhepunkt seines Ruhmes erreicht . . .

B. (unterbrechend): Wie hoch war er, dieser ‹Höhepunkt› ?

A.: Beträchtlich. / HERDER's Lob haben Sie vernommen. / Und auch die andern Berühmtheiten seiner Zeit pflegten, wenn sie durch Halle kamen, L zu besuchen; FORSTER senior, der mit Käptn COOK die Welt umfahren hatte / ARNIM nicht minder als BRENTANO / JOHANN HEINRICH VOSS / JEAN PAUL / Von *DEM*=hier lesen Sie, bitte, selber . . .

B. (erst reserviert; dann mit vollem Interesse): »Ein andermal hatte der Kapellmeister REICHARDT ihm angekündigt, daß er ihm in einigen Tagen einen ‹Kaufmann aus Hamburg› zuführen werde; und kam auch wirklich mit einem Fremden zu ihm, den er ihm mit einigen Worten vorstellte, die L nicht verstand. Man ging in den Garten. Den Fremden interessierte die schöne Baum=Allee : Er blieb am Ende des Ganges stehen; betrachtete lange die Aussicht; und äußerte dann : ‹eine so imposante Masse von großartigen Gebäuden, wie sie sich hier auf 1 Blick darstelle, nie, selbst in Italien nicht, gesehen zu haben› !. Das Gespräch legte sich davon auf ‹Kunst & Alterthum›; und L hörte mit Erstaunen, wie geist= & kenntnis=reich dieser ‹Kaufmann› war; an Welchem seine Theilnahme von Minute zu Minute wuchs. Es war zwar ganz gegen seine Sitte, einen Besuch um seinen Namen zu fragen; diesmahl aber sagte er beim Abschied' doch : – ‹Meinherr – Sie haben mir ein Interesse eingeflößt, daß ich nicht unterlassen kann, Sie um Ihren Namen zu bitten : ?› – : ‹Mein Name ist GOETHE› – ! –«

C. (erfreut): Ach *das* geschah ihm recht!

B. (abweisend): Wem?

C. (ungerührt): Nu *GOETHE.* Wo Er sonst so ständig=steiff ‹angab›.

B. (übernimmt; verbissen=fortlesend): »‹Meinhimmel›, sagte jetzt REICHARDT : ‹Ich habs Ihnen doch beim Eintreten gesagt !› – : ‹*Was* wollen Sie gesagt haben ! ? Einen ‹Kaufmann aus Hamburg› haben Sie mir angekündigt. Und beim Eintreten haben Sie *nichts gesagt,* sondern nur *gemurmelt* !› – Schnell eilte Er nun zu seiner Frau : ‹Geschwind Phiekchen : GOETHE !› – Die Gute Frau sah aber nichts weiter mehr von Jenem, als seinen Zopf.« – *(kleine Pause, dann):* Immerhin : ich wollte, ich *hätte* GOETHE ma von hintn gesehen ! Einen Mann, von Dem ‹selbst der Chinese malte mit zitternder Hand WERTHERN & LOTTEN auf Glas›.

A.: Ach Sie : *das* Vergnügen konnte auch L haben, seine Lieder, auf der Straße, bei Leierkastenmusik, absingen zu hören : *genausogut wie GOETHE.* Sämtliche Ehrungen, auf die ein Deutscher Schriftsteller damals hoffen durfte, wurden ihm zuteil : alle seine Romane hatten binnen kürzester Frist 3 & mehr Auflagen – und waren *doch,* in den Leihbibliotheken, bis zur Unbrauchbarkeit zerlesen; und wurden Söhnen & Töchtern, von Müttern & Vätern, auf sämtliche Lebenswege mitgegeben. In schier alle Europischen Sprachen übersetzt. Kein Taschenbuch, keine Zeitschrift erschien, ohne daß L zu Beiträgen aufgefordert wurde. Die Kupfer zu Almanachen stellten gern Scenen aus seinen Büchern dar. Die Leser=Briefe & =Besuche & =Einladungen nahmen kein Ende. In den Gazetten kursierten Anekdoten über Ihn & sein Privatleben. In den Gartengaststätten drängten sich die Autogramm=Jägerinnen um ihn, die Larmoyanten & die Kecken, & wanden ihm Kränze : *selbst der Thorschreiber* machte ihm einen Diener . . .

C. (belustigt): Das ist natürlich ein gesellschaftlicher Höhepunkt : wenn ein *Beamter* einen armen Autor grüßt! – Er *‹verdiente›* also auch gut?

A. (bestätigend): Eines Tages überraschte ihn sogar ein mächtiger Brief aus Berlin, mit dem Staatssiegel darauf – : durch des Königs Gnade war L ein ‹Kanonikat›, das heißt eine mit einem Ehrensold verbundene Pfründe, am Domstift zu Magdeburg verliehen worden.

B. (rechnend): Das müßte demnach – : Friedrich Wilhelm III. gewesen sein; Der ‹Mann der Königin Luise› ?

A.: Deren Lieblingsschriftsteller L war.

B. (kritisch): An sich ein beträchtlicher Einwand gegen einen Autor, daß *Regierende* ihn mögen : Die haben ja *keine Ahnung* von Literatur! Was freilich nicht ihres Amtes ist.

A. (zurechtrückend): Und was Jenen auch kein Mensch übel nehmen würde, wenn sie sich des öffentlichen Urteilens entsprechend enthielten – sonst müssen sie halt, ebenso öffentlich, hinter den Grenzpfahl getrieben werden. / Aber L hatte immer Glück mit Potentaten : 1811, im ‹Königreich Westphalen›, wurde er zum Ehrendoktor ernannt; was er selber aber nur humoristisch aufgefaßt hat : »Meines Grundstücks wegen galt ich bisher für einen simplen Bauern; und stand als Solcher in der 5. Steuer=Klasse. Seitdem Ihr mich aber zu einem vornehmen Manne gemacht habt, hat man mir auch die Ehre erzeigt, mich in die 2. zu versetzen : *das hat man vom Vornehm=Seyn!*«. / Interessant doch auch seine Arbeitsweise – es war die TIECK's . . . *(er liest):* »Das Skelett zu einem Roman beschäftigte seinen Geist aufs Lebhafteste. Nie ohne einen besonderen=vorangegangenen Beweggrund, zeichnete er sich ein solches vor. Dann aber arbeitete seine höchst lebendige Einbildungskraft rast=los, ihm die Personen & Begebenheiten zu vergegenwärtigen; und für Jene Situationen zu erfinden, welche das Interesse erhöhen konnten. / Hatte Er nun sich entschieden, so lebte Er von nun an ganz in der Gesellschaft seiner Personen & für=Diese. Auf's Genaueste bekümmerte er sich um die Örtlichkeit, in welche er seine Gestalten versetzte; und machte sich darin so einheimisch, daß er sie mit einer Genauigkeit schillldern konnte, die den Bewohnern keinen Zweifel ließ : *Er müsse da gelebt haben!*« – *(sachlich):* Darf ich erwähnen, daß, als Er einmal in Schwetzingen war, die Kinder sich erbötig machten, ihm für ein paar Pfennije das Grab ‹CLARA DU PLESSIS› zu zeigen ? / : *Die nie gelebt hatte ! ? – (lesend=fortfahrend):* »Kam er aber nun an die Handlungen seiner Personen, so lebte Er ganz mit=ihnen; versetzte sich so in sie, daß Er all ihre Freuden & Leiden nicht etwa bloß ‹theilte›, wie ein Freund; sondern als die eigenen fühlte. Kaltblüthig zu bleiben war Ihm unmöglich; Er mußte herzlich lachen bey seinen komischen Scenen. Und nicht ohne Thränen im Auge schrieb Er die rührenden.« – *(A., mit Ernst):* Das weiß vermutlich nur der davon Betroffene : wie zehrend es ist, lebenslänglich zwischen 2 psychischen Gruppierungen hin= & =herpendeln zu müssen. Von denen die 1 sogar noch andauernd das Spektrum wechselt : die Krokierung des (relativ) Unendlichen, mit ausgesprochen=endlichen Mitteln . . . – *(wieder sachlich):* Jedenfalls : ‹mit Leichtigkeit› gearbeitet hat auch L nicht.

C.: Fällt mir doch da ein Remedium ein – : sagten Sie nicht zuvor : er sei ein ‹Großer Reisender› in der Fantasie gewesen ? : Hat er denn nun, wo Er über die entsprechenden Mittel verfügte, sich in der Hinsicht gütlich gethan ?

A.: Ach; eigentlich nicht. Was übrigens zum Charakterbilde recht stimmt : Er war, ohne sich anstrengen zu müssen, *sehr* häuslich, *sehr* bürgerlich. Hatte er doch schließlich in seinem Leben auch genug Menschen; bei der ‹Campagne in Frankreich›, genug Landschaften gesehen. / Er hat eigentlich *nur 1 Mal,* im Juli 1811 – also wied'rum unter ‹Westphälischer Herrschaft›; korrekter : zur Zeit der Inneren Ruhe West= & Mittel=Europas unter NAPOLEON – noch eine nennenswerthe Reise versucht : über Nürnberg München Innspruck nach Venedig. Zurück=dann über Udine Krain Steiermark Wien – : Anfang September war man bereits wieder in Halle. / Am besten gefallen hatten Ihm Venedig, und Prag. Wo er übrigens 1 Bruder besuchte, der dort die Familientradition als Maler fortsetzte.

B. (resümierend): Und so ist Ihm denn der ‹Lebensabend›, bequem & reichlich=ruhig verflossen ?

A.: Leider nicht. / Die ‹Großen Jahre›, 1806 bis 15, ruinierten auch Ihn – wie ‹Kriege› das denn notorisch gerne thun. / Der letzte=entscheidende Knock=Out kam 1815; als sein Verleger SANDER bankerott machte; und L's Honorarkapitalien, die Er sich sorglich aufgespart hatte, halt ‹an=stehen lassen›, dort verloren gingen : mit 55 sah er sich wieder genötigt, ums Liebe Brot zu schreiben. / Schon begann auch die Altersisolierung einzusetzen : die angenommenen Kinder heirateten fort; (der Liebling, LOUISE, starb gar !); folgten die Schwestern seiner Frau – am 7. April 1822 Diese=Selbst – da verkaufte Er sein bißchen Anwesen; und zog hinein in die Stadt, nach Halle. – : *Nie* hat Er sein Grundstück oder Haus je wieder betreten !

C. (mitfühlend): Das muß hart sein. Wo Er doch bestimmt *sehr* daran gehangen hat. – *(Sie liest die, stumm=hingereichte Bestätigung):* »Er wußte, wann in seinem Garten jeder Strauch, jede Blume blühete. Konnte fast den Tag bestimmen, wann der Finke, die Amsel die Nachtigall, bey ihm ankamen. : Die sich *gern* bey Ihm aufhielten, weil sie nirgends ungestörter waren. Er hatte seine eigenen Plätzchen, an denen Er mit dem größten Interesse Natur=Beobachtungen anstellte : unten an der Saale über Fische; über Ameisen= & Wespen=Republiken; oben, in dem größten seiner Zimmer, wurden die Fenster im Sommer & im Winter, nur zur Hälfte von einem Laden geschlossen : weil hinter deren Schutze sich Sperlinge & Spinnen angesiedelt hatten; mit Denen er ganz vertraut war, und Denen er alle Nachbarpflichten erwies. – Frühling & Herbst waren seine Lieblings=Jahreszeiten.«

B. (sachlich): Wann & wie ist er gestorben ?

A.: Allmählich nahm, halb ergötzend halb zum Erschrecken, sein *Gedächtnis* ab. Er verwechselte häufig die Namen seiner Freunde; was, da er um nicht anzustoßen – auch um sich nicht bloßzustellen – oft zu scurrilen Auftritten führte : so redete er einst eine gute halbe Stunde lang mit einem Konsistorialrat über nichts als Taktik; weil er ihn für einen Major in Zivil hielt. »Selbst auf seines guten Freundes EBERHARD Namen konnte er sich einmal nicht besinnen. Erst als der ihm gravitätisch sagte : ‹Sie kennen mich wohl nicht ? : Ich bin der selige ERSCH.› – da erst antwortete L : ‹Ach nein. Sie sind der Schelm EBERHARD.›.«

C. (schaudernd): Das muß aber bös' sein : so dies ganz langsame Porös=Werden & Auseinander=Bröckeln ! – Machen Sie rasch ein Ende . . .

A.: Wassersucht trat hinzu. Die Beine schwollen. : »Gegen Mitternacht des 19. April 1831 wurde er seltsam unruhig, fahrig, & empfand Schmerzen in der Brust. Dann sagte er wieder : ‹An der Brust möcht's doch nicht liegen; denn ich kann singen –›; und zum Beweis sang er den 1. Vers der Marseillaise, noch darüber lächelnd, wie er grad auf *die* verfallen sey. ‹Es war freilich,› sagte er, ‹ein unvergeßlicher Anblick, bey dem ich sie zuerst hörte.› / Da ging ein Student, fröhlich singend, unten am Hause vorüber : ? – Er horchte, und rief : ‹O singe ! Singe Du fröhlich zu : vor *Dir liegt* noch die Welt ! *Dein ist* noch die Welt !›. / Die Freunde entfernten sich; unter der Bedingung, daß er sich gleich zu Bette lege, was er aber durchaus verweigerte. / Am nächsten Morgen, dem 20. April, saß er im Lehnstuhl, den XENOPHON lesend. Er merkte, wie der Arzt in der Ecke mit der Haushälterin tuschelte. : ‹Na, was habt Ihr Heimliches ?›, fragte er. Lehnte das Haupt an die Ecke des Stuhles zurück – und mit dem nächsten Atemzuge war das Leben entflohen.«

(Gong)

B. (resolut): Alles, inclusive Demenz & Wassersucht, in gebührenden Ehren; aber itzt *mein* Einwand : muß ich es mir tatsächlich verübeln, daß ich nichts von ihm kenne ? Ich bin erst 30 : hätte ich *nichts Wichtigeres* bisher zu lesen gehabt ?

A.: Das wäre nun schon erheblich korrekter gefragt, als zu Beginn unsrer Unterhaltung. *Gern* gesteh' ich Ihnen zu, daß man, bei der Unsicherheit des Lebens & der Kürze der Stunden, vom *ökonomischen* Standpunkt aus, sein Dasein vielleicht wirklich in 2 große Lese=Leistungen teilen sollte – die einander zeitlich natürlich weitgehend durchdringen werden – einen ersten, wo man die ‹ichgerechten› der besten Meister studierte; und den anschließenden Rest, gleichviel wie lang der sei, wo man nun auch die bereits definierten ‹folgenreichen› Autoren ab & zu mit heranzieht.

C.: Und *so* Einer dünkt *Ihnen* eben L ?

A.: Doch; ja. / Für *wie bedeutsam* er schon seinerzeit erachtet wurde, belegt eben der merkwürdig=systematische Feldzug der Romantiker gegen ihn. Zwanglos auf den – oft gar nicht so übermäßig eleganten & geistreichen – ‹Xenien› aufbauend, hatten sie in der Literatur das ‹système de la terreur› eingeführt, und hetzten, als Gruppe, gegen L. Nun habe ich nichts gegen Kritiken, aus denen eine redliche Abneigung gegen irgendein milchgläsernes volkstümliches Idol mit Wucht spricht; aber in jenem ‹Athenäum› steht mir doch *zu viel* an Cliquen=Gekläff & blank=Revolverblättlerischem. Unserm L hier wird so ziemlich Alles abgesprochen : »Sinn für die Einheit eines Kunstwerks«; »Schwung & romantisches Gefühl vermißt«; obschon ihm »Feuer & Farbenspiel, *ja beinah Verstand*« hämisch konzediert wird; seine »unnatürlichen & *zugleich unsittlichen* Kinderliebschaften & Schwängerungen« werden getadelt; und ihm überhaupt eine »im Ganzen herabziehende Tendenz« unterstellt.

C. (sinnend): ‹Kinderliebschaften› ? : das könnte aber doch ein *Prä=* FREUD sein; ein *besonders* tiefer Menschenkenner.

A. (ernsthaft): Wie kühn=seelenkennerisch der Blick des erfahrenen Mannes war, ersieht man aus dem Briefroman der ‹BERTHA VON WALDECK›; wo der Held Anton, mit den allerernsthaftesten polygamischen

Absichten, an seinen Freund also schreibt: »Wenn ich allein bin, Kurt, so überlege ich noch immer, was längst abgemacht ist, wenn ich in Rispe bin. Ich könnte sagen, mein *Verstand* wäre noch auf der Seite Bertha's; und *Herz & Fantasie* hätte Henriette längst bestrickt; – so könnten ja meine *Sinne* noch für eine Dritte seyn?! Und in der That, Kurt, sie sind es; ohne daß ich mich darum schlechter fühle, als ich sollte.« Und dann wird eine »schöne Pohlinn« gewürdigt.

B. (amüsiert): ‹Eine Lanze für die Trigamie›! Schwankhaft=parodierend gemeint? Oder nun wirklich nur kolportagemäßig=schlüpfrig.

C. (strafend zu Beiden): Abscheulich.: Ein widriger Zug im Bilde.

A. (kopfwiegend): Ich möchte meinen, es sei doch mutig=mehr gewesen. – Sie=selbst haben den großen Namen FREUD beschworen: erinnern Sie sich seiner nachdenkenswerten Erwägungen, daß beim zivilisierten Menschen, die ‹zärtliche› und die ‹sinnliche› Komponente seines Liebeslebens verhängnisvoll auseinandergeklappt sein könnten? Daß die Fälle häufig seien, wo man ein Weib wirklich ideal & zärtlich ‹liebe› – und sich *eben=deswegen* nicht getraue, sie nun gleichzeitig auch so richtig=saftig=sinnlich zu ‹lieben›?

C. (entrüstet): Ein grammatisches Schindludertreiben mit dem Wort ‹lieben›!

A.: Lassen Wir die sprachliche Seite mal unerörtert. Ich verweise ja nur darauf: wie FREUD, der die Seele bekanntlich in 3 Instanzen zerlegt, in ‹Ich, Es, und Über=Ich›, nicht darauf verfallen ist: daß *jede* dieser Instanzen *erotisch=verschieden=fixiert* sein könnte. FREUD hat sich mit *zwei* Strömungen der Liebe begnügt: L hat, *100 Jahre vor ihm,* theoretisch konsequenter, *drei* unterschieden; und den wunderlichen Casus in einem seiner Bücher praktisch vorgeführt. ‹Anton von Stein› nämlich *liebt*

1.) mit dem *Verstand,* das heißt mit dem tugend= & ‹Gewissen›=haften Über=Ich: BERTHA VON WALDECK;
2.) mit dem *Herzen,* also dem ‹Ich›: seine Frau HENRIETTE;
3.) mit den *Sinnen,* gleich dem FREUD'schen ‹Unbewußten›: die schöne Generalin R'SCHESKA.

B. (betroffen): Das wäre allerdings verwegen entworfen. Aber Wir werden fast *zu* profund: hat L die ‹Kinderliebschaften› gleichermaßen analytisch=keck behandelt?

A.: Zu ‹Familien=Gemählden›, wie er sie prinzipiell lieferte, gehört auch die Einsicht: daß das Kind ziemlich vollgültiger Liebesleistungen willens & fähig ist. Lilliputaner=Pärchen wie ‹Ludwig & Rosa› aus dem ‹SONDERLING›: *das* ist ein, vor wie nach ihm, nicht annähernd so gut ausgewertetes Motiv geblieben. Die ‹Natürlichkeitsperiode›...

B. (brummig hinein): Jaja : »Uns kann nur das christlich=Moralische rühren, / und was recht populär, häuslich & bürgerlich ist.«

C. (protestierend): Na *hör* ma : war Dir *das Thema immer* noch nicht großformatig genug ?

B. (wie zuvor): »Nichts ! Man siehet bey uns nur Förster, Commerzienräthe, / Fähndriche, Secretairs, oder Husarenmajors.«

C. (die das Zitat noch nicht erkannt hat; befremdet): Ja, ist denn die häusliche=berufliche=bürgerliche Existenz nicht *die Existenz überhaupt* ? !

B. (spöttisch): »Sicher ! Sie spielen, sie fechten, sie lieben, sie leihen, versetzen, / borgen, stehlen auch Geld, wagen den Galgen und mehr !«

C. (aufgebracht zu A.): Nu sagen *Sie* doch ma was : *helfen* Sie doch !

A.: Keine Angst um L. Er=selbst las zwar niemals Rezensionen; erfuhr aber durch Frau & Freunde – die, wie üblich, nich den Mund halten konnten – von den Attacken; und wenn er dann wirklich einmal zurückschlug, dann ‹*saß*› das nicht nur auch; sondern – was jenen Spitznasen & ‹Avantgarde=Theoretikern› fehlte – : *bei ihm lachten gleich Millionen* über die ‹Getroffenen›. – *(langsam lesend):* »Tante Sandhagen war indes gänzlich ‹griechisch› geworden, und redete nur noch von der schönen Sinnlichkeit. / Vor 4 Wochen noch, war sie ganz voll von SHAKESPEARE gewesen; da galt ihr *Der* für den Riesengeist, der mit lebendig Herculischer Kraft die schöne=nakkte=heilige Jungfrau, die Natur, ergriffen habe. – ‹Was ? !› fragte die Base, die nicht recht hingehört hatte : ‹Nackt ? : Eine Jungfrau ? !› / . . . / Itzt, zur Mitreise nach Hamburg aufgefordert, den ‹LEAR› zu sehen, erwiderte die Tante langsam : ‹Lear ? Ei nun, ja. – Ach, mir fehlt Alles, wenn mir der Chor fehlt. Der ist bald der Geisterruf in dem gemeinen Leben; die dunkle=profetische Stimme, die den Unbändig=Rohen warnt; bald die donnernde Sprache des Fatums.› Da die Base ihre griechischen Gemählde zu stark fand, erwiderte.sie : ‹An *meiner* Zunge liegt es nicht, auch nicht an der Natur : *Sie* haben unkeusche Ohren. So gemein & roh sind wir noch, daß wir das Heiligste=Keuscheste in der Natur, die wundervolle, das hohe Geheimnis des Seins aussprechende Vereinigung der beiden Geschlechter, für unkeusch halten.› – «.

B. (ungehalten): Gegen die ‹LUCINDE› gerichtet, gelt ?

A. (lebhaft): Zweifellos. Aber meinen Sie nicht, daß *eben deren Verfasser* sich, gegen einen armen Kollegen, des Epithetons ‹*unsittlich !*› hätten enthalten dürfen ? – / Das=eben war aus dem ‹WILDFANG› – hören Sie, wie er in ‹NATUR & KUNST› den Baron von Braun schildert : »Er machte Sonnette, in denen sogar Sinn war. Er arbeitete an 10 Journalen, in denen seine Verse unter dem Namen ‹Saadi› standen; und wollte selbst nach Hindustan – wenn ihn die göttliche Emmeline nicht gehalten hätte. Er verstand altes Teutsch; und wußte 1 Dutzend Romanzen aus den Spinnstuben – worin er freilich seinen Meister an Hans, einem Stallknecht, fand. Er studierte die Apokalypse, und die Bezauberte Welt; sprach mit Begeisterung von den himmlischen Reitzen & der Würde Mariens; kannte alle Modeworte; war verklärt wie ein Apostel, wenn er redete von der Allheit im Nichts, von den Polen der Menschheit, von Dyas & Trias. Er verwünschte sich oft, daß er das Wahre Licht nicht aus den Puranas schöpfen könne; war aber ansonsten nicht ohne Kenntnisse oder Talente; denn ob er schon ein paar Worte Gaelisch wußte, war er doch ein recht guter Arbeiter bey der Regierung, wo er als Assessor angestellt war.«

C. (aufmerksam): Das könnte von HOFFMANN sein : Der sich ja auch über die Kling=Klingel=Almanachler lustig machte. – Aber 1 Wörtlein noch über ‹bürgerliche Stoffwahl›, bitte : ich bin so sehr für's Bürgerliche.

B.: Oh der wohltemperierten Atmosfäre, der katastrofenfeindlichen ! : immer so ganż ‹760 Millimeter Luftdruck›, nicht wahr ?

A.: Merkwürdig, wie gerade *Sie* – der Verehrer, unter Anderen, eines JOYCE – ergo des wunderseltsamsten, steinreichen Alltags ! – noch nicht bis zu dem Verdacht gelangt sind : daß ‹Reiche Leute›, schweigen wir ganz von ‹Königsdramen›, imgrunde doch gar keine Tragödien kennen. – *(sich unterbrechend):* Ach *den* Spaß mach' ich mir : greifen Sie doch mal hinter sich . . . *(B. greift):* Lesen Sie's Uns; der Name JOYCE steht davor . . .

B. (stirnrunzelnd): . . . »gepflegte Tragödien sind vorwiegend eine malerische Pose; wie wenn Graf TOLSTOJ, über Hosen, die der teuerste Petersburger Schneider gefertigt hat, einen russischen Bauernkittel zieht, und nun darin den ländlichen Heiligen spielen will. Die Charaktere, die solche Schriftsteller erschaffen . . .«

A. (halblaut erläuternd): . . . wahlverwandtschaftliche : von GOETHE via STIFTER, bis zu den Heutigsten . . .

B. (gezwungen fortfahrend): . . . »sind Leute voller Ungezwungenheit & hoher Bildung. Sie diskutieren Probleme anstatt Golf zu spielen. Es macht ihnen alle Ehre, daß sie die Disputierkunst dem Golf vorziehen : aber beide Ergötzlichkeiten stehen ihnen, was Wichtigkeit anbelangt, auf dem gleichen Nie=wo. Ihr geistreiches Geplapper macht Einem den Eindruck rein akademischer tischredenhafter Spiegelfechterei. – In Irland andrerseits, steht oftmals *nichts* auf diesem Eßtisch – worauf folglich *alle* Diskussionen sofort eine *ganz andere Klangfarbe* bekommen : *dieser Brot= & =Buttertest ist gar nicht so bedeutungslos !«* – *(ungehalten):* Na und ? Qu'est ce que cela prouve ? Ihr L hat doch auf seinem Gütchen wohlhäbig genug dahingelebt.

A.: Lassen Sie die dialektischen Fechterstreiche : L hatte, in jeglicher

Hinsicht, schon das Seinige durchgemacht : die geduckten Hauslehrer=Dekaden. Das pausenlose Roboten ums tägliche Brot. In Frankreich Typhus & Ruhr zugleich, bis dicht vors Ende. Tod von Frau & Adoptivkindern. Verlust sämtlicher Ersparnisse mit 55 : auch sämtlicher Bücher – und was *das bedeutet, wenn man sein gesamtes Handwerkszeug verliert,* können Sie den einfachsten Tischler fragen ! Neinein. Wenn man *ihm* mit gepflegten Fürstinnen=Problemen kommen wollte, *er* durft'es erwidern : »Tausende von armen blinden Ödipen irren itz bettelnd, an den Händen hülfloser Töchter, in fremden Landen umher; und sind noch glücklich, wenn ihnen eine Tochter oder ein Sohn übrig geblieben ist. Kein Dichter darf mehr, so lange die Erde steht, an Plänen zu Trauerspielen erfinden : *Ihr habt ihm diese Mühe erspart !*«

B. (unfreundlich): Wer=Wem ?

C. (spitz): Deine Könige : *Unsern* Bürgern – *(schmeichlerisch zu A.):* Lesen Sie doch weiter : *ich* höre . . .

A. (weiter aus dem ‹SAINT JULIEN› zitierend): »Kein Zuschauer wird mehr ein Unglück für unwahrscheinlich erklären; denn die Begebenheiten all Eurer verbannten Landsleute sind schrecklicher. Vergebens haben Eure Dichter oft die Geschichte von 6 Jahrtausenden durchblättert, um nur 1 Unglücklichen aufzufinden & mit Dessen Geschicke die Quelle Eurer Thränen zu eröffnen ? : 5 schreckliche Jahre haben ihnen 1000 Mütter gegeben, die ihre Kinder auf der Erde suchen; 1000 Söhne Brüder Schwestern Eltern Gatten, die einander nicht mehr kennen & eben darum einander vielleicht hassen; 1000 schreckliche Katastrofen, die man der Einbildungskraft nicht zugetraut hätte.«

B. (unwirsch): Ist doch alles ‹Juste Milieu›.

A. (ruhig): Wobei noch die Frage offen bliebe : ob nicht auch der Künstler, nach außen hin, gar nicht filiströs genug leben könne. / L jedenfalls hat nie allzugroßes gehalten von ‹Heldischem› oder von ‹Heiligem Dunkel›. War vielmehr ein, zuweilen merkwürdig helläugiger, niedersächsischer Humorist; der, einem aufgelockerten ‹Künstlerhaushalt› entstammend, *zusätzlich* die Erfahrungen eines vielgesichtigen Lebens mitbrachte : ärmste Hauslehrer & reiche=edle Gutsbesitzer=Sonderlinge; herrschsüchtig=harte Baronessen=Mütter & devote Inspektoren – : der fromme=geizige GOBEL, im ‹THEODOR›, ist eine prachtvolle Charakterstudie ! Und nicht minder sein hübsch=weiches, pietistisch=verzogenes Töchterlein MARIE : die sich nicht zu ‹lieben› getraut, weil ihr ständig der fatale Metzgerausdruck ‹Fleischeslust› einfällt : und *die Beiden,* Vater wie Tochter, einander nun, genau nach Bedarf, mit Bibelzitaten widerlegend !

C. (aufhorchend): Gelt : L, obschon Theologe, *war* gar nicht so gußeisern=orthodox?

A. (lächelnd): Als gutes Kind der Aufklärung ließ er auch Juden & Heiden selig werden. / In seinem, vielleicht gelungensten Buch, dem vierbändigen, 1795 erschienenen ‹QUINCTIUS HEYMERAN VON FLAMING› . . .

B.: . . . Schnurrijer Titel. Aber Sie meinen Bänd=*chen*.

A.: Nun; es handelt sich schon um gute=tausend Normalseiten. / Dort also können Sie L, in rüstiger Auseinandersetzung mit so ziemlich *allen* Fragen & Meinungen seiner Zeit begriffen antreffen. LAVATER's, ‹Physiognomik› wird ebenso ad absurdum geführt, wie GALL's spleenige ‹Craniologie›. HERMES' Theorie, daß die Keuschheit der Mädchen am besten durch Latein & Generalbaß gesichert werde. Die zelotischen KANT'ianer – die er sehr wohl vom Meister selbst zu unterscheiden wußte! – Die, unbesonnenerweise, Dessen Lehre & Methoden bis in die untersten Dorfschulen hinunter einführen wollten. Auch die Auswüchse des französischen Freiheits=Schwindels; korrekter : gegen die Landsknechtsnaturen & die berufsmäßigen Revolutionäre ‹um der Revolution willen› – NAPOLEON hat er doch mit rechtem Interesse verfolgt. Ein Schönstes & auch für Uns Spiegelndstes, ist die lange Auseinandersetzung mit MEINERS & dessem Prä=Arier=Fanatismus . . .

B. (peinlich berührt): Wieder diese schrecklichen total=verschollenen Namen. Den haben, meines Wissens, doch nich ma die Nazis ausgegraben – : *Sie* müssen natürlich damit ankommen!

A.: Wir wohnen nun einmal mitten in jenem alten ‹Königreich Hannover›. Und da ist eben der erwähnte Göttinger Professor genau der, nicht seltene Typ des dickbrilligen, fast=gelehrten Unmenschen – »seine Hauptforce bestand im Zusammensetzen von Excerpten zu eigenen Büchern«, schreibt der zeitgenössische BROCKHAUS – der, die kurzen Beinchen um den literarischen Kontorschemel krampfend, von ‹Keltinnen› schwärmte, ebenso blauäugig=blond, wie verwegen=hochgewachsen. Dafür aber – es ist dies die Konsequenz der Hohlform – längliche Aufsätze ‹Über die Rechtmäßigkeit des Handels mit Negersklaven› zu liefern wußte.

C. (mitleidig): Tz! – Vermutlich hat er sich ein Dasein in ‹ONKEL TOM's Hütte› nie komplett vorgestellt.

B. (trocken): Vermutlich. Vielleicht ist er aber auch von ‹der Regierung› – Ihr beliebtes ‹Hannover› war ja damals ungemein ‹Großbritanisch› – dafür be=ehrensoldet worden. – *(zu A. hin):* Jetz' kann ich mir den Inhalt schon denken : L wird, mild=satirisch, einige Vertreterinnen der unter uns lebenden ‹Keltinnen›, sprich ‹Thusnelden›, porträtiert haben : ?

A.: Auch dieses. / Aber das zierlich=weitschweifige Buch ist bedeutender gearbeitet, als Sie denken : sollten Sie etwa einmal über ‹Die DON=QUIJOTE's in der Weltliteratur› zu arbeiten haben; *dann müßten Sie diesen ‹QUINCTIUS HEYMERAN VON FLAMING› mit=hinzunehmen*. Als eine besonders interessante Variante *deshalb* : weil es ein Quijote *ohne* Sancho Pansa ist . . .

B. (will unterbrechen): . . . aber –

A. (abwehrend): Moment – : das scheinbare Manko soll sogleich auf's Pikanteste gedeckt werden ! / Zunächst also der gutherzige – vom Vater her, der auf RÜXNER's ‹Turnierbuch› schwor, erblich=vorbelastete – allem paradox=Bizarren unwiderstehlich zugetane Held. Der schon bei Gründung der Ersten Liebe streng nach OVID vorgeht : das ergibt wahrhaftige Laugh=Fontainen ! / Oder wenn er CAMPANELLA's Ratschlag praktiziert : wenn man wissen wolle, was das Gegenüber denke, so ahme man genau Dessen Gesichtsausdruck nach.

B. (mürrisch): Andeutung genügt : Folgen kann man sich selber ausmalen.

C. (aus Gedanken): Laß das ma gut sein. – Ich sehe : der Held nimmt, genau wie DON QUIJOTE seinerzeit, die Theorieen & Hirngespinste seiner Epoche für ‹wahr›. Insofern könnte's eben *mehr* als platt=lächerlich & ungereimt, könnte durchaus ein zusammenhangvolles Komisches=Ganzes ausmachen.

A.: Hinzu tritt – und vermögen Sie sich etwas ‹Schickeres›; *auch ‹Erogeneres›* auszumalen ? – sehr bald eine getreulich=schwarze Schildknäbin, IGLOU; ebenso intelligent, wie dem HErrn ergeben . . . *(zu B. hin):* Darf ich erwähnen, daß *der Name* zurückzuführen ist auf, dort, PREVOST's ‹Cleveland›, 4. Buch ?

B. (würdig=reserviert): Ich kenne Ihre raffinierte Technik der ‹Verknüpfungen› : und lehne sie ab.

A.: Ach, es *ist* schon eine der ganz frühen=raren ‹Stimmen des Negers›. / IGLOU=also steuert unsern=&=ihren Helden, durch jahrelang=witzigste ‹Miss=Griffe› an Arier=Rinnen hindurch, in den Hafen . . .

C. (clapping her hands): . . . der Ehe ! ? : Au fein. – *(Zu B. hin):* Du, *das* hat kein Klassiker riskiert.

A.: Tja. : Baron Flaming *heiratet* im zweiten Drittel seine lustig=demütige, warm=schlanke Negerin : beste, aber *noch konsequentere* ‹NATHAN›=Tradition.

C. (fraulich begeistert): Ach, *das* gefällt mir ! Da ist man nicht mehr so floßhaft=allein im MARE TENEBRARUM der Literatur=Endlosigkeiten : sollten Wir=Menschen, aller Jahrtausende, hoffnungslos umdünt von Euren Jahrmilliarden & Parsecs, doch *viel mehr zusammenhalten ! – (energisch zu B. hin):* Lies *Dú* immer KAFKA DÄUBLER SARTRE QUENEAU : auch *das* ist überwichtig; zugegeben. *Aber mich* laß, ein paar arme Monate lang, jetzt auch L lesen. – *(zu A. hin):* Ich vertraue mich *Ihnen* an : mit was von IHM soll ich anfangen ?

A. (ganz leicht verlegen): Sehen Sie . . . daß ich's nur gestehe . . . : : ich kenne von Seinen, etwa 100 Titeln, *erst 80*. Und mein einstiges Fehl=Urteil, im alten FOUQUÉ, hat mich *gewarnt : es könnte sein !,* daß sich unter den restlichen 20 noch durchaus diskutierbare Stücke befänden.

B. (knurrig=beruhigend): Lassen Se das ma gut sein. Genug der Beatification : ‹Absolvo Te !›. – *(großmütig):* Na, ich kann ja ma 4 Wochen dran wenden. Und meiner Frau 'n paa von den Dingern vor=lesen . . . *(dräuend) :* Frage – aber nu wirklich sorgenfaltig=kritisch – : *welche soll ich nehmen ? !*

A. (gerührt & unsicher zugleich): ‹Euch macht Ihr's leicht : Mir macht Ihr's schwer›. – / Beginnen Sie – es wäre übrigens 1 ausgesprochener Tip für Taschenbuch= & sonstige Paper=Bäcker – mit dem ‹QUINCTIUS HEYMERAN VON FLAMING›. / Dann – falls es Ihnen gemundet haben *sollte* – den ‹THEODOR›; den ‹SONDERLING›. Den ‹ARMEN LANDPREDIGER›, oder die ‹FAMILIE VON HALDEN› – ich vermag Sie im Augenblick, wie schon gesagt, nicht absolut=verbindlich zu beraten : lassen Sie mir Zeit, L *ganz genau* kennen zu lernen. –

B. (nachdenklich geworden): . . . das Endliche der Literatur, so zu behandeln : wie wenn es un=Endlich wäre . . . hm . . .

(Gong)

WILHELM FRIEDRICH
VON MEYERN

26. Januar 1762, Ansbach – 13. Mai 1829, Frankfurt a. M.

DYA NA SORE

Blondeste der Bestien

Sprecher:

A.: Referent; ruhige Bitterkeit des vom Staate mehrfach ausgeplünderten Alters.

B.: Frager; jugendlich entrüstbar.

Zitate: müssen – mit ganz wenigen, besonders gekennzeichneten Ausnahmen – heroisch=abgehackt gesprochen werden (evtl. mit einem winzigen Echoraum dahinter); jedoch nie parodierend.

B.: Welch schreckliche Lüge also wieder von ‹edler Einfalt, stiller Größe›, die man nicht nur uns, sondern Jahrhunderten vorgesetzt hat! Welch eine Revision des Griechenbildes täte doch not.

A.: Der alte Jakob Burckhardt vermied es grundsätzlich, darüber zu reden oder zu schreiben – wohl auch zu denken, fürchte ich. Dennoch bleibt der Tatbestand, daß bei den Griechen die Päderastie kein Einzelphänomen war; Homosexualität war nicht nur gesetzlich voll anerkannt, sondern es war die Abnormität eingetreten: daß alle ‹Hohe und Niedere Minne› sich auf dieses Verhältnis, als dem hochgebildeten Manne am angemessensten, konzentrierte.

B.: Der Staat griff also nicht ein?

A.: Oh doch – aber in einem Sinne, den Sie wahrscheinlich nicht meinen: die eiskalten Politiker und Filosofen erkannten in einem sorgfältig ausgeklügelten System der Homosexualität sogleich ein ideales Mittel, um die – dem Machtstaat zu kriegerischen Auseinandersetzungen ja unumgänglich nötigen – Männerbünde noch fester zu knüpfen. Sparta, Theben, Elis, hatten Begriff und Praxis der ‹Hieroi Lochoi›, der ‹Heiligen Scharen›, in denen die – später auch im Privatleben allgemein verwendeten – Bezeichnungen des ‹Erastes› geschaffen wurden, des kräftigen reifen Mannes, der seinen festen ‹Eromenos› hat: den schönen Lustjüngling, der »während des Feldzuges sein Bett teilt«. Kein anderes Ziel mehr hat der rechte Erast, als »alle Verwandten und Freunde von seinem Eromenos fern zu halten; als ebensoviele ablenkende Hindernisse der vollsten und süßesten körperlichen und seelischen Vereinigung mit Jenem« – also spricht Sokrates, der weiseste der Menschen.

B.: Aber das ist doch – entschuldigen Sie, daß ich das Wort wiederhole –: schrecklich! Wohlgemerkt: halten Sie mich bitte nicht für prüde; nichts gegen den Einzelfall! Für ihn gilt stets Adornos großes Wort: »Oberster und einziger Grundsatz der Sexualmoral: der Ankläger hat immer Unrecht!« – Aber wenn von staatswegen, aus perfider machtpolitischer Berechnung, um »die Schlagkraft der Heere zu erhöhen«, die Homosexualität als *die* ‹Erledigungsform› offiziell eingeführt und gefördert wird – dann ist das doch einfach unmenschlich!

A.: Ein unverächtlicher englischer Historiker hat es scharf, und nicht ohne klagenden ‹cant›, aber ziemlich berechtigt, so ausgedrückt: »Can any reasonable man talk of the idealising effects on art, literature or morals of a state of things, under which the most accomplished of Athenian gentlemen and the purest of Greek moralists, could not happen to pass the night in the same room, without the risk of a brutal outrage being perpetrated by the one on the person of the other?! All this constitutes so monstrous an abnormity in the history of our species, as to be nearly inconsistent with providence!«

B. (ironisch): Na, immerhin bloß ‹nearly›. – Jedenfalls zum vielangeschwärmten ‹dionysischen› und ‹apollinischen› Griechen wäre praktisch und theoretisch der ‹homosexuelle› zu stellen?

A.: ‹Theoretisch› –: wie gut, daß Sie mich daran erinnern! Denken Sie doch selbst an Platons berühmte ‹Politeia›; wo etwa dieses Gesetz vom Sokrates erlassen wird: »Daß es, solange ein Feldzug daure, Niemandem erlaubt sein solle, sich den Küssen eines ausgezeichnet Braven zu entziehen; damit dieser, der Gegenstand seiner Leidenschaft möge nun Mann oder Weib sein, desto mehr angereizt werde, nach dem ersten Preise der Tapferkeit zu ringen.«

B.: Also das ganze Staatsgebilde als Gratis=Bordell für die Träger der höchsten ‹Tapferkeitsauszeichnungen›?

A.: Oder, wie er, um sein Offizierskorps keinesfalls durch persönliche Gefühle zu entnerven, die ‹Gemeinschaft der Weiber und Kinder› vorschreibt. Durch ‹eisernes Geld› – also im Ausland ungültiges! – hört der Privatbesitz nahezu auf, Objekt des Wollens und Strebens zu sein. Dafür wird durch pausenloses Turnen und Schmieden eine fabrikmäßige Fertigkeit im Waffenhandwerk erzielt. Die Kunst ist auf die Anfertigung optischer oder akustischer ‹Apophtegmen› beschränkt: körniger Heldenwitze, heroische Mütter betreffend, die einander jauchzend beglückwünschen, wenn wieder ein Sohn fürs Vaterland gefallen ist; oder leonideske

Einzelkämpfer, Göring=Figuren, von unwiderstehlich=volkstümlicher Brutalität.

B.: Warten Sie : berief man sich nicht zur Hitlerzeit gern und ausgiebig auf eben diesen Platonischen Staat ? Ich erinnere mich, selbst einmal ein Semester lang gehört zu haben von ‹Logistikon; Thymoeides und Epithymetikon› ?

A.: Gewiß; die übliche Tyrannendummheit.

B.: Wieso ‹Dummheit› ? Ist es nicht ein – zumal in deutschen Augen – beinahe unwiderstehlicher Vorzug, wenn man sich auf ‹Ebbes Klassisches› berufen kann ?

A.: Insofern Dummheit, meinte ich, weil es doch die ‹Dya Na Sore› gibt.

B.: ‹Dya Na Sore› ? – Was ist denn das wieder ? Ich kenne wohl von Steiner her ‹Angolaina› und ähnlich unverständliche, südseehaft=wohlklingende Silbenfälle, ‹ukulele› und ‹Kon-tiki›; aber . . .

A. (ihn unterbrechend): Sehen Sie : das ist eben das Null=Niveau unserer literarischen Bildung, welcher Titel wie ‹Andreas Hartknopf›, ‹Vogelscheuche› – oder eben ‹Dya Na Sore› ! – kein Licht anzünden; sondern das allenfalls vorhandene Stümpchen einfach auspusten !

B. (pikiert): Recht verfluchten Dank auch ! : »Im Deutschen lügt man, wenn man höflich ist«.

A.: Sie sind nicht gemeint; Sie sind noch jung; Sie können noch viel lesen.

B. (herausfordernd=unversöhnt): Ja, und was ist das also : »Dya Na Sore« ? Eine Margarinesorte; Büstenhaltermarke; oder, wie ich bei Ihnen fast unfehlbar annehmen muß, ein Buch ? Irgendsoein verschollener Schmäucher; in Lederband; mit Schließen ?

A.: Gewiß, das Buch ist 170 Jahre alt. Aber wird es Ihnen interessanter werden, wenn ich Ihnen sage, daß es eine 2.500 Seiten starke profetische Beschreibung eines ‹Super=Dritten=Reiches› ist ? Denn eben dies meinte ich vorhin, mit meiner Glosse von der ‹Dummheit der Tyrannen› : soweit sind die Herren nie, daß sie alle Vorteile wüßten; alle Kniffe und Schwänke – wie gut, daß sich bei solchen Leuten, wenigstens in mancher Hinsicht, doch noch Dummheit und Bosheit die Waage halten !

B.: Sie wollen wieder einmal mehr das Ungeheuerliche behaupten ? : Daß diese ‹Dya Na Sore› ein ernst zu nehmendes Großbuch sei ? Ein Buch, das – Sie natürlich immer ausgenommen ! – Niemand mehr kennt ?

A. (ruhig): Es gehört durchaus zur Prima Plana unserer deutschen Literatur. Gewiß, ein Zwitter von Abhandlung und Erzählung; die Mitte zwischen Platons schon zitierter ‹Politeia› und dem ‹Zarathustra›. So glänzend hätte es in die Hitlerei gepaßt, daß es völlig unverständlich bleibt, warum dieses Buch 1933 nicht als allererstes neu aufgelegt wurde.

B.: Einhundertsiebzig Jahre sagten Sie . . . : das wäre demnach . . .

A.: Die erste Auflage der ‹Dya Na Sore› erschien 1787–91. Also während die Romantiker sich gerade von ‹Erdmännlein› zu faseln anschickten, hatten die Militaristen längst zugegriffen; nicht nur praktisch, sondern, wie Sie sehen, auch höchst theoretisch.

B. (ungläubig wiederholend): ‹Wie Sie sehen› ? : Ich sehe noch gar nichts. – Und, was Bramarbasieren anbelangt, hat damals nicht sogar der milde Claudius gedichtet:

»... wie süß ist's, in der Schlacht
für's Vaterland auf einem Wüt'rich sterben,
den man selbst umgebracht !« –

Von wem ist denn Ihre ‹Dya Na Sore› ?

A.: Über den Verfasser ist so wenig bekannt, daß es schon nicht mehr schön ist – vom Verfasser nämlich ! : aus den, absichtlich von ihm hergestellten, Löchern seiner Biographie blickt die Eitelkeit hervor ! Hier wäre auch noch ein lohnendes Arbeitsfeld für Heimatforscher und Fachgermanisten; wo man hier mit dem Schreibfinger nur die Erde berührte, sproßten sogleich Lorbeerbäume empor. – Wenn Sie in unserem Standardwerk, der ‹Allgemeinen Deutschen Biographie›, nachsehen, finden Sie unter

Wilhelm Friedrich von M e y e r n

eine Druckseite, deren Quintessenz sich dahingehend zusammenfassen läßt : daß man eigentlich nichts von ihm weiß. Varnhagen, die allwissende Klatschbase, hat ihn einmal im Fleische gesehen; Justinus Kerner traf den ‹geistreichen Mann mit dem merkwürdigen Buch› 1810 in Wien. Einiges Licht brachten in den zwanziger Jahren Aktenfunde im Wiener Kriegsministerium : danach wäre er 1759 in Ansbach geboren, und hieß zunächst schlichtweg M e y e r mit Ypsilon. Studierte vermutlich ein wenig an den benachbarten Universitäten Erlangen und Altdorf . . .

B. (murmelt unterbrechend): . . . Altdorf : Altdorfer; schöner Name, schöne Reminiszenzen : »Oh Nürenberg, Du edle Fleck . . .«

A.: Gemüthaftigkeit ist im vorliegenden Falle völlig unangebracht ! – 1783 taucht Meyer im österreichischen Heere als Kanonier auf.

B. (nachdenklich): Von der Artillerie sind doch eigentlich mehrfach renommierte Naturen hergekommen : Napoleon; Nietzsche – wär' auch ne Spezialstudie : ob da irgendein Zusammenhang besteht ?

A.: Vielleicht ‹Großmäuligkeit› als tertium comparationis ? – Jedenfalls Meyer dient dort als ‹Unterkanonier›, ‹Kanonier›, ‹Feuerwerker› – was ungefähr unserem ‹Unteroffizier› entspricht –; aber so recht geht es eben doch nicht vorwärts. Deswegen verschwindet er kurzerhand. Macht angeblich ausgedehnte Reisen zwischen England und Anatolien, Dänemark und Sizilien. Als er wieder auftaucht, ist er ‹Herr von Meyern›, und tritt, während der napoleonischen Wirren, wiederum in Österreich auf. Wird, als ‹Organisator des Landsturms› und bei dem bestehenden Personalmangel rasch und außerplanmäßig Leutnant und Hauptmann; bildet ‹Freiwilligenscharen›, ‹Letzte Aufgebote›; und wie die – erst verantwortungslos propagandierten, nachher meist im Stich gelassenen – Opferscharen wohl sonst noch genannt zu werden pflegen. »Ich könnte Zehntausend an einem Schlachttage ruhig in den Tod führen!« sagt er in einem Brief von sich selbst.

B.: Hat denn Niemand den Kanonier Meyer wiedererkannt?

A.: Anscheinend nicht. Und es ist sehr bemerkenswert, daß er über seine erste ‹bürgerliche› Epoche lebenslang strengstes Stillschweigen bewahrt hat; nicht nur bei amtlichen Eingaben, sondern auch privat, etwa seinem Busenfreunde, Dr. Feuchtersleben, gegenüber.

B. (erkundigend=registrierend): Also einem Zeitgenossen.

A.: Ä=nicht ganz. Feuchtersleben war beiläufig 40 Jahre jünger, als sein Erastes. – Nachdem von Meyern also während der Freiheitskriege – präziser: der Kriege zur Ermöglichung der Restauration! – die diversen Landwehren organisieren half ...

B. (murmelnd): ... also als Scharfmacher tätig war ...

A.: ... erscheint er 1815 bei der Kommission, die die Rückgabe der von den Franzosen beschlagnahmten und entführten italienischen Kunstschätze regelt – zusammen mit Canova: kein unfeiner Name: vielleicht fände sich in dessen ‹Mémoire› gar etwas über Meyern! Dann nestelt er sich beim Fürsten Schwarzenberg an – dem, der die Völkerschlacht bei Leipzig gewonnen haben soll; dann beim Botschafter in Madrid, Fürst Kaunitz. Kehrt nach Wien zurück; lebt dort in relativer Dürftigkeit; stirbt endlich, unverheiratet, 1829 als Mitglied der österreichischen Militärkommission beim alten ‹Bundestage› zu Frankfurt am Main. –

Mehr wissen wir nicht, von einem Manne, der immerhin seine Hand auf unsere Literatur geprägt hat: und noch prägen wird! – Es ist wie bei den Cheirotherienfährten der Paläontologen: das große Tier, das sie verursacht hat, kennen wir nicht mehr.

B.: Wieso hat er aber dann ‹seine Hand auf unsere Literatur geprägt›? Sie sagten soeben, ihn kenne Niemand mehr!

A.: Aber sie kannten ihn Alle! Was meinen Sie, wie etwa Jean Paul's ‹Hesperus› damit zusammenhängt? Nicht nur in Einzelheiten, sondern sogar in der Fabel von den getrennten und wiedervereinigten Brüdern ? Auch Fouqué hat, sich romantisch daran entzündend – obwohl durchaus selbständig – seine ‹Vier Brüder von der Weserburg› geschrieben. Goethe, im ‹Wilhelm Meister›, zehrt nicht schlecht von Meyerns geheimbündelnder Erziehungstheorie. Clausewitz, ‹Vom Kriege›, ist ausgesprochener Meyern=Schüler. Chamisso zitiert ihn auswendig auf der Reede von Kapstadt. Darf ich daneben noch Karl May als beeinflußt, zuerst bejahend, später ehrwürdig ablehnend, nennen ? – Und auch ein weiterer, ganz großer Name ... nun, das sollen Sie nachher selbst erraten !

B.: Ehe ich zu raten beginnen kann, muß ich erst einmal Fabel, Sprache, Gesinnung, wissen !

A.: Je nun, die Fabel ist der allerschwächste Teil. Darüber hat sich schon Schiller in einer Rezension mokiert, daß Meyern als Untertitel angab : »Aus dem Sâms=kritt übersetzt«. Die Dya Na Sore ist ein filosofisch=patriotischer Roman, und die – wirklich völlig verworrene und verwahrloste – ‹Handlung› in großen Zügen etwa folgende : Der Priester Athor hat, neben anderen Kindern, vier Söhne : den kalt=heroischen Tibar, einen »unveränderlichen Charakter« ...

B. (murmelt): ... schon faul ! ...

A.: Dya – der den Namen zum Buche hergeben muß – : hochofenhaft feurig. Altai, den man vielleicht als ‹deutschnationale Chronistennatur› charakterisieren kann. Und endlich den unwürdigen Weichling Hamor, ausdrücklich den anderen Dreien zur Folie geschaffen. Diese Vier werden in die Welt hinaus gesandt, als ‹die Wanderer› – wie ein weiterer Untertitel lautet ...

Zitat (dies erste Mal noch unauffällig=reiseberichtsmäßig): Sie fanden eine Höhle, wildes Gestrüpp hing über sie. Neben ihr rieselte eine Quelle. Unter ihr Vordach sammelten sie dürres Gras. Hell von Flammen spielte das Gesträuch im Winde. In der Stille der Nacht stand vor ihnen der Mond, glänzend in seinem Lauf. Schwarz und drohend schwebte nordhin eine Wolke; und von Westen schien in fahlem Nebel sich das Licht zu brechen.

B.: Doch durchaus Boy=Scout=mäßig : Wandervögel.

A.: Oh ja : es beginnt im Grünen – und endet blutigrot ! Durch Höhlen führt ihr Weg; über Himalayas aller Arten; Einsiedler werden angetroffen, die geheimnisvolle Weisungen zu noch unbegriffenen Geheimbündlern mitgeben. Tibar und Altai gelangen bis zum Hauptquartier der Partei : nationale Verschwörer, die ‹ihr geknechtetes Volk befreien› wollen. Sie werden nach saftigen Prüfungen aufgenommen in den Bund; und man geht ans Werk : das Volk wird bearbeitet, durch Reden, durch Flugblätter, mit Geld . . .

B.: . . . das woher kommt ? . . .

A.: Von Großindustrie und Hochfinanz, in die man sich einschaltet. Durch farbige Uniformen und Aufmärsche schürt man die Empörung gegen den herrschenden Tyrannen Ilwend. Anläßlich eines auswärtigen Krieges gelingt der Umsturz; weil Dya – seinerzeit für tausend Druckseiten durch ein Gewitter von den Heroenbrüdern getrennt – dem gemeinsamen Feinde mit seiner ‹Heiligen Schar› in den Rücken bricht. Hamor, der musische Weichling, der sich dem herrschenden verrotteten Regime angeschlossen hatte, fällt der verdienten Schande anheim. Nun wird das ‹Neue Reich› ausführlich aufgebaut : darauf komme ich noch ganz nahe zurück –; aber ‹das Volk› ist der neuen, spartanisch=strengen Herrscher nicht ‹würdig›; es will viel lieber in ‹ekler Ruhe›, ja, sollte man es glauben, ‹in Frieden› dahinvegetieren, als beständig turnen und Apophtegmen von sich geben : die edlen ‹Befreier› werden vom bequem=gewohnten Pöbel verworfen, und ziehen dezimiert – Dya selbst opfert sich in der letzten Schlacht – zürnend davon; auf fern=heroische, nicht näher bezeichnete, Außenränder der Welt.

B.: Ganz kann ich es mir nicht vorstellen. Wo liegt bei so vielen Buchseiten – Sie sprachen ja von zweitausendfünfhundert ! – der Schwerpunkt ?

A.: Nicht in der, im Einzelnen nahezu undurchschaubaren, Erfindung : da treten Personen kurz auf, um spurlos zu verschwinden; Episoden bleiben folgenlos für das Ganze; von künstlerisch diskutabler Komposition ist nicht die Rede. Das für uns Wichtigste sind die hypertrophierten reflektierenden Partien, die Gespräche und Lehrreden. Die ausgiebig und sorgfältig vorgetragenen Theorien, wie Tibar und sein Mitheld Terglud ihren idealen Staat aufbauen.

B.: Eine Zwischenfrage : hat Meyern noch andere Bücher geschrieben ?

A.: Nein. Wohl wurden nach seinem Tode noch 3 Bändchen ‹Hinterlassenes› herausgegeben; aber das sind eindeutig puerile Handübungen und Aufsätzchen, vorkantisch=einfältig. Nein : er gehört zu der sehr merkwürdigen und verdächtigen Klasse der ‹Ein=Buch=Männer›.

B.: Verdächtig warum ?

A.: Ist das ein Schriftsteller etwa nicht, der ein mit 28 Jahren geschriebenes Buch bis ins siebzigste hätschelt ? Ganz leicht verändert ? Hauchfein abwandelt ? Ich meine : wem mit 30 nicht seine Gesinnungen von 20 verdächtig sind; und mit 45 nicht die von 30 fragwürdig – der tut am besten daran, ‹konservativ› zu wählen: für die Literatur, was sage ich: für die Menschheit ist er verloren!

B.: Was Sie bis jetzt vorgebracht haben, genügt mir nicht. Das ist – verzeihen Sie – Deklamation. Bringen Sie Material, eher glaube ich nichts. Bringen Sie Sprachproben: eher nehme ich Ihnen nicht ab, daß Meyer aus Ansbach zur Hochliteratur gehört!

A.: So hören Sie denn . . .

Zitat (ab jetzt vollheroisch, wie vorgeschrieben):

Wir müssen eilen, sprach er.

Das Ende ist da. Der Himmel hell. Die Reise weit.

Am Abend empfängt uns heiliger Schatten: wir waren in wilden Gebürgen.

Um Mittag traten wir in ein Thal, von waldigen Felsen umschlossen; in der Ferne sah ich auf dunklen Höhen den bleichen Schimmer einer Burg.

: »Dorthin müssen wir.«

B.: Was ist denn das für eine verzackte Sprache?! Bitte, noch ein anderes Stück.

A.: So viel Sie wollen! – Was meinen Sie, wenn Sie einmal – Ihr Pfad verlor sich im Walde; die Nacht bricht ein; der Fuß schmerzt; Ihr Geist krümmt sich: gibt es noch ein Ziel? – auf einem Stein, der Ihnen als Sitzplatz dient, diese Inschrift mit dem Wanderstab herauskratzen?:

Zitat: Wenn der Wanderer kommt;

wenn am steilen Abhang ihn sein Aug' verläßt;

wenn er zweifelnd und kummervoll jedem Fortschritt entsagt;

: so sey sein Blick, der bis ins Innerste dieser Verborgenheit dringt, der Zeuge seiner mit ungeschwächtem Muthe suchenden Seele. Und dann in der Stunde des Kummers dieser Stein sein Freund.

: Dort, wo 3 Bäume vor der Felsenkluft stehen; wo der Stein mit hängendem Moose liegt; dort führt weit zurück in lichtloser Dämmerung ein Gang Dich aufwärts. Lange mußt Du steigen im Dunkel. Lange Dich über Klippen der Steine winden. Dann kommt eine Brücke: über den Abgrund eines reißenden Strohms hängt sie in Ketten, schwankt und wiegt sich im Winde.

Gehe Du ruhig. Ein Mann soll nichts fürchten.

Bald kommst Du zur Scheide des Berges. Stehst und siehst vor Dir des Thales Strohm; den Strohm, der reißend durch Felsen sich dringt; der schleichend und schwarz im Thale des Todes zwischen Klippen zu Deiner Linken ein See in öder Finsternis wird: Du siehst von Fels zu Fels Deinen Weg, und neben Dir in steiler Höhe die Schneegefilde.

Geh und sey kühn!

B.: Oh, bitte: noch eine solche Stelle!

A. (warnend): Hüten Sie sich! – Aber es sei:

Zitat (dithyrambisch=nachdenklich):

Was ist Freude?: als der Glaube, zu haben, was man wünschet. Und was verdienet denn unsere Wünsche? – Oh meine Freunde, meine Brüder: warum ist Ungewißheit des Menschen Los? Empfängt nicht Alles seinen Werth von der Stimmung des Geistes...

B. (unterbrechend): Ja, hören Sie: sind Sie nicht aus Versehen in Ihre Nietzsche=Ausgabe geraten?!

A. (grimmig): Na endlich! Sehr wohl: wer die Dya Na Sore nicht kennt, begreift den ‹Zarathustra› nicht, und nicht den ‹Willen zur Macht›! Über Platon, Klopstock und Meyer führt ein gerader Weg zu Friedrich Nietzsche. – Aber wieder zurück zum Thema: was halten Sie hiervon?...

Zitat: Da ich meine Verlorenen suchte, ritt ich über die Haide von Hafnam. Ich trieb mein Roß, um vor Abend das Ende zu erreichen.

Auf halbem Weg war ich irre. So weit mein Auge reichte, sah ich nur Haide und Himmel; abgestorbenen Rasen; weder Strauch noch Pfeiler, die mich zurecht gewiesen hätten; eine Wüste war vor mir. Die Nacht überfiel mich. Eine von den Nächten, wenn der Mond zwischen den lichten Säumen aufgeschuppter Wolken zuweylen schnell mit einem Blick hervorbricht, und dann plötzlich wieder dämmert.

Hoffnung und Furcht trieben mich vorwärts. Ich eilte; aber sinkende Kräfte und das immer schwächere Licht erschöpften meinen Muth; ich fürchtete Gräben und Moor; klagend erwartete ich, neben meinem Pferde hingestreckt, den Tod.

Ein hohler Ruf schallte über die einsame Öde.

Ich hörte – horchte – wandte mich nach der Gegend des Tones: ein schwaches wankendes Licht war zu sehen. Ich führte mein Pferd einen schlimmen Weg.

Ein sumpfiger Graben; eine Brücke; und jenseits ein altes Gebäude mit Thürnen und Thoren erschienen in der fliehenden Helle eines Mondstrahls.

Ich betrat den Hof. In dem Augenblick durchlief das Licht die Fenster des Thurns und verschwand. Der Mond sank aufs neue, und die Nacht war finsterer als je.

Alles todtenstille.

Ich band mein Pferd an den Gatter, und wandelte leise die Mauern hinab; ich blickte in die tieferen Fenster. Aber was ich sah, war undurchdringliche Finsternis.

Ich trat in die Vorhalle. Fühlte einen Hammer am Thor; zweifelte; horchte; – wagte es endlich, zu klopfen. Ein fürchterlicher Widerhall in der Leere eines finsteren öden Gebäudes.

Es regte sich nichts. Ich klopfte wieder.

Niemand kam. Ich klopfte zum drittenmahl : Alles still. Mir schauerte.

Das Licht erschien und verschwand im Thurn wie das erstemahl. Der nemliche hohle Ruf hallte wieder vom Thurn.

Mein Herz stockte; ein kalter Frost lief an mir hinab; ich eilte zurück. Dann machte die Furcht mir Herz; denn Herzhaftigkeit kann ichs nicht nennen, wenn ich am Rand einer doppelten Gefahr der einen durch die andre zu entgehen suche. Ich kehrte zurück, lehnte mich mit Kraft an die unbändige Masse des Thores. Es krachte und ging auf. Der Schlag, mit dem es zufiel, war ein Schlag an mein Herz. Ich wollte zurück, fand weder Riegel noch Schloß, keine Macht war vermögend, es zu öffnen.

Ich sah um, und erblickte unter einem Wölbgang am Auftritt der Stiege ein zitterndes Flämmgen. Es war ein Licht im Dunkeln, ein dumpfer Schimmer, bei dem meine Gebeine erbebten. Ich faßte Muth und nahte mich. Es zog sich langsam die Stiege hinauf. Ich folgte, folgte mit gezogenem Schwert, wie es vor mir her ging durch einen langen Gang mit stummem Entsetzen. Das Rauschen meines eigenen Trittes machte mir bange. Am Fuß einer zweiten Stiege verschwand es. Vom Thurn rufte die Todtenstimme. Es war ein entsetzlicher Augenblick; alles finster.

Mit ausgestreckten Armen bestieg ich die Stufen, eine kalte Hand durchgriff fest meine Linke und zog mich vorwärts. Losreißen war umsonst. Ich führte einen Hieb, ein gellender Schrei durchbohrte meine Ohren, die Hand blieb in der meinigen und wie ein Wahnsinniger stieg ich aufwärts.

Die Treppe war schmal und gewunden, viele Stufen zerbrochen, der Gang, der ihr folgte, eng und nieder, eine schwache Dämmerung leitete mich.

Das Licht erschien. Ich betrat eine Gallerie. An ihrem dunklen Ende erschien gewaffnet, mit blutendem Arm, der, dessen Hand ich abgehauen hatte. Er drohte ich hieb und er verschwand. Ich öffnete die Thüren zu einer Reihe von Zimmern. Auch hier Niemand. Ich gelangte zu einer zweiten – : was ich jetzt sah, war über alle Beschreybung ! . . .

B. (nach einer begierigen Pause): Ja und ? ! Was sieht er nun ?

A. (schweigt).

B.: Oh, Perfidie, hier abzubrechen ! – – Aber halt : Sie haben recht ! :

ich will nicht überfahren werden, sondern überzeugt. – Gehen wir bitte erst sachlich weiter : ich möchte die – nach dem von Ihnen Vorausgeschickten, durchaus verdächtige – Gesinnung des Buches kennen lernen.

A.: Ich fürchte, sie ist nicht so sehr verdächtig, als schon wieder hochmodern ! Der für uns, und leider also nicht nur historisch interessanteste Teil setzt da ein, als Tibar Gelegenheit bekommt, das Volk in seinem Sinne zu ‹erziehen›; also Meyerns Theorie des Staates und der Massenbearbeitung. Und vergessen Sie im Folgenden nie, die Parallelen zu den Jahren vor dem zweiten Weltkriege selbst zu ziehen. Es ist keine billige Parodie a posteriori, was ich Ihnen vortragen werde; ich referiere lediglich über ein vergessenes Buch von 1790. –

Zunächst also wird im Volk der Ahnenkult eingeführt : »die Anordnung, daß jedes Geschlecht forthin seine Stammesregister verzeichnen sollte.«

B.: Also ganz wie unter Hitler.

A.: Schon im Frieden werden die Tugenden des Soldaten geübt : sämtliche Bürger, ohne Altersbegrenzung, in eine »geübte, allzeit schlagfertige Schaar« verwandelt . . .

Zitat (kommandiert): Die Liebe des Lebens muß der Liebe des Vaterlandes weichen. Der Junge muß der Trommel zueilen, der er als Mann einst folgen soll. Spiele müssen dem Knaben seine künftige Bestimmung eigen machen, die man durch müßige Wissenschaften vergebens zu erlangen hofft : die Erduldung gemeinschaftlicher Beschwerden.

B.: Genau wie damals : HJ wird eingeführt; zum Ausgleich die Schulzeit um 1 Jahr verkürzt.

A.: Bereits die Kinder antworten in der Dya Na Sore so :

Zitat:

»Wer bist Du ?« fragte ihn der König.

»Ein Knabe, der lieber Mann wäre !«

»Warum ?«

»Um in der Verteidigung meines Vaterlandes zu sterben !«

B.: Das ist doch aber fratzenhaft und lächerlich !

A.: Es ist blutigster Ernst ! : Denken Sie doch an unsere Hitlerkinder, die gegen die russischen Panzer vorgeschickt wurden ! *(nach einer kleinen Pause):* Für die männlichen Bürger also wird die Allgemeine Wehrpflicht mit zweijähriger Dienstzeit eingeführt. Die Erziehung der Offiziere vollzieht sich in ausgesprochenen ‹Ordensburgen› . . .

Zitat: Ich räume Dir zu diesem Gebrauch die Burg von Ischra Arkousi ein. Da blühen die Freuden der Freundschaft; da wird die

Quelle der reinsten Zuneigung seyn. So trittst Du in jene unauflöslichen Verbindungen zwischen Mann und Mann, zwischen Seele und Seele, in denen alle Kräfte des Geistes sich verdoppeln. Im Einklang des Tritts die Stärke eines vereinigten Haufens; im Aufmarsch den Entschluß der Schlacht; in jedem Griff die Größe einer nach einem Ziel zusammenwirkenden Masse zu fühlen : das erhebt den Mechanismus der Übung zu einem begeisternden Gemählde.

B.: Also die von Hitler her geläufigen Apparaturen zur Gewinnung von Helden?

A.: Dasselbe. – Hier wie dort wird vorgeschrieben : »Ausgestoßen zu werden, sey ihm ein Abgrund der Schande«. Und, voller Berechnung : »Wozu er ersehen ist, erfährt er nie.« : das ‹Wissen› ist nämlich, wie in allen Diktaturen, graduell gesteigert.

Zitat: Freunde sind die erste Stufe unseres Bundes – aber höher als zum Glauben, daß an ihnen nur vorbereitet werde, was ihre Enkel vielleicht erst ausführen, muß ihre Einsicht nie steigen. Neue Begriffe, ungewöhnliche Darstellungen, müssen sie aufmerksam machen, müssen erschüttern.

B. (trocken dazwischen): Das wären also die einfachen ‹PG's›. Und ‹ungewöhnliche Darstellungen› sollen wohl ‹Reichsparteitage› sein, was? Blutrote Fahnen und Sprechchöre?

Zitat (Fortsetzung): Man hat von jeher den Menschen durch schöne Versprechungen ablocken müssen, was sie thun sollten; und durch den magischen Sinn unerklärter aber desto wirksamerer Worte, zu dem gebracht, wozu er sich selbst hätte treiben sollen. Einzelne Töne, einzelne Begriffe, haben ihn von jeher regiert. –

Vom Freunde steigt man zur Stufe der Erstgebildeten : sie kennen nur sich; sie bilden sich durch Gesinnungen; erwarten den Wink zu Thaten – aber sehen nur, was in dem Kreis, der sie umgibt, geschieht! Das Ganze ist ein Geheimnis für sie. Die Zahl der Freunde zu mehren, zu leiten, ist ihr Geschäft.

Der Lehrer steht über dem Erstgebildeten. Der Aufseher über dem Lehrer : sie kennen den Stand der Gesellschaft – aber nur für die Gegend, in der sie leben!

B.: Also der übliche Parteiapparat von Blockwaltern, Kreis-, Gauleitern, und so weiter.

Zitat (Fortsetzung): Oh, der Mensch darf nicht immer wissen, wie er geleitet wird! Es muß eine verborgene Kraft auf ihn wirken. Ein unsichtbares Etwas muß ihn mit Furcht durchschauern!

B.: Doch immer noch ziemlich verschwommen und allgemein. –

Wie werden denn die Ergebnisse solcher Heldenzüchtung geschildert? Sicher doch ‹frischfrommfröhlichfrei›, ‹keusch & kühn›, ‹rein & ringfertig›, und wie die turnväterlichen Wortklingklänge alle heißen?

A.: Sie wissen es also selbst. – Jeder, der gegen dergleichen Schulung ist, wird kurzerhand diffamiert:

Zitat: Er war von einem verachteten, durch niedrigen Wucher bereicherten Vater gezeugt! –

A. (fortfahrend): Da sehen die jungen Offiziersanwärter selbstverständlich ganz anders aus:

Zitat: Nie hatte die Natur ein Volk von schöneren Menschen gezeugt. Groß, edel, an Stellung und Wuchs. Stärke in jeder Bewegung, ausgebildet durch körperliche Übung. Ihre Kriegsbekleidung, ihre Waffen, ihr Schmuck, vermehrten den Eindruck ihres Anblicks. Man glaubte im ersten Klang ihres Tritts, in der Eile, in der Pünktlichkeit ihrer Bewegungen, den Gang von Heroen zu hören, denen der Tod nur an der Hand des Sieges gewiß scheint.

B.: Wird die Organisation des Staatswesens denn nur hymnisch=utopisch geschildert?

A.: Oh nein; Meyer ist kein Schwärmer. Gewiß charakterisiert er seinen Helden Dya zwischendurch – und gar nicht unbezeichnend! – auch so:

Zitat:

Wo sind diese Berge? Werden wir sie betreten? fragte Dya.
Er blickte unruhig um sich, daß man so lange verzog.
Er haßte Ebenen und liebte nur Höhen.

A.: Aber die Lehrpläne für die Erziehungsinstitute sind präzise, bis in die geringsten Einzelheiten festgelegt. Leider verbietet die uns hier zugemessene Zeit eine ausführliche Analyse. Wie bezeichnend sind nicht die Unterrichtsgegenstände; obwohl grundsätzlich immer wieder ausgehend von, und endend bei, Strategie und Turnen. Die Vorschriften zur Verhinderung der Entstehung anderweitiger, privater Interessen sind zur Virtuosität gebracht. Das außenpolitische Credo Meyerns ist kurz und gut dieses:

Zitat: Nationalhaß ist eine ebenso nothwendige Eigenschaft, als Vaterlandsliebe! Und wer sein Volk mit den falschen Grundsätzen einer allgemeinen Menschenliebe entnervt: der ist ein Verräther seines Landes!!

B.: Hab' ich das nicht erst neulich irgendwo gehört: Neutralität wäre verbrecherisch?! – Ts ts: also doch genau wie bei ... *(seine Stimme vermurmelt; vielleicht gelingt dem Sprecher irgend eine zeitlose Lautfolge, zwischen ‹Dschingiskhan› und ‹Hitler II›).*

A.: Der Krieg wird aufgesucht; notfalls vom Zaune gebrochen:

Zitat: Ich zittere vor dem Ende des Krieges!

Eine Erde ohne Verwüstung, eine Nazion ohne Krieg : wären ein Unglück, das man durch Gebet abwenden sollte!

Krieg ist Wachen; Friede Schlaf!

B.: Die peinliche Ähnlichkeit wieder mit Nietzsche!

A.: Meyern geht weiter; weiter als Dostojewski in seiner – im Vergleich mit dem vorliegenden Fall zu Unrecht – berühmten Stelle der ‹Dämonen›. Längst vor dem Russen lehrte die deutsche Dya Na Sore dieses:

Zitat: Häusliche Ruhe, häusliche Theilnehmung : diese sind's, diese müssen herabgesetzt werden! Das Volk muß unser All, und der einzelne Mensch nur in diesem Bezuge etwas seyn. Darum müssen wir nicht durch Güte, nicht durch Milde, unseren Krieg führen, sondern hart...

A.: ... denn – und es ist noch längst nicht der letzte, scheußlichste Klimax:

Zitat: ... unsere Schlachten müssen blutig seyn ! Der Feind soll beschränkt, aber nicht vernichtet werden : Gefahr muß dem Volke stets seine Gesinnungen predigen; und ein immer unentschiedenes Schicksal muß es stark, in der Liebe eines nie ganz erlangten Zieles, beschäftigt durch Thaten machen!

B.: Also der Krieg als Selbstzweck; als ‹Vater aller Dinge›?

A.: Durchaus. »Das Schlachtfeld ist ein Land, das tausendfältige Frucht trägt« heißt es da; und »kein guter Mann ging noch ins Treffen, der nicht besser heraus kam : Gott setzte den Krieg ein!«.

B.: Ich dachte immer, Gott sei die Liebe?

A.: Ja, das dachten *Sie*; der ‹Code Meyer› weiß das besser! – Und sofort stellt sich, wie vorhin bei den Griechen, auch die unvermeidliche Konsequenz solcher exklusiven Männerbünde ein:

Zitat: Das beste Weib ist, als Weib betrachtet, ein zu unwichtiger Gegenstand für die Würde eines Mannes. Sein Weg geht an ihr vorüber. Das Weib als Weib : was ist ihr Wesen, als Furcht und Weichheit ? Sie ist ein schwankend unerträglich Ding, das sich spreizet und ächzet, und durch seine kleinen Schrecknisse mehr Ermüdung als Theilnehmung erregt. Es ist nur *ein* großes Schauspiel in der Welt : und das ist der Mann!

B.: Das heißt : Meyerns Mann : der athletische achtzehnjährige Hasser aller anderen Nationen, was?

A.: Jawohl. Meyerns Träume sind nicht von Mädchen, sondern von Knaben; Sie könnten auch die Schlagzeile mnemotechnisch verwenden : ‹Dya Na Sore; Land ohne Frauen›. – Von der Familie – Kindererzeugung ist ja leider unerläßlich, da der Führer immer wieder Soldaten braucht ! – von der Familie verfügt Meyern dieses :

Zitat: Der Mann lernt herrschen in seiner Familie; wo er allein spricht, und ein unterdrückter Haufe sich nur im Verborgenen zu urteilen erlaubt; wo man ihm dankt für jeden milderen Augenblick, und ihn vergöttert !

B.: ‹Trautes Heim, Glück allein› : ein feiner Kommentar zur ‹Gleichberechtigung der Frau› – sagen Sie : war der Kerl noch normal ?

A.: Unterschätzen Sie solche Einstellung ja nicht ! Meyern ist viel konsequenter, als Sie denken :

Zitat: Ich habe von Jugend auf gerade mit meinen Geliebtesten am wenigsten gescherzt; ihnen am wenigsten erlaubt, mich im Schlafe zu sehen . . .

B. (unterbricht pfeifend): Huit ! Da ist ja schon wieder eine Querverbindung zu Nietzsche : wie redet Zarathustra ‹Vom Freunde› ? : »Sahst Du Deinen Freund schon schlafen ? Erschrakst Du nicht, daß Dein Freund so aussieht ?«

A.: Meyern geht noch weiter; er gibt anschließend die ganz sachliche Begründung : »Der Krieger im Harnisch – sieht im Nachtkleide wie jedermann aus.«

B.: Und das muß auf jeden Fall vermieden werden, was ?

A.: Natürlich. Aber wie weiß er nicht seine O.=A.'s zu rühmen ? ! : »Er sah 300 Jünglinge, schön wie der erste Mensch, da er aus der Hand der Gottheit kam . . .«

B. (einfallend): satirisch treffend, ohne es beabsichtigt zu haben. Aus ‹der Hand der Gottheit› kam er ja bekanntlich in Gestalt des Neanderthalers. Also wieder der in Heldenkreisen gern gepflegte Irrtum, daß nur auf einem Stiernacken ein Kopf sitzen könnte.

A.: Und nun wird Dya selbst von Meyern besungen :

Zitat (lüstern; im süßen 175er=Ton): Sein Körper – war das Meisterstück der Natur; das edelste Bild zum Gott eines Dichters. / Seine Augenbrauen sind das sanfte Spiel jeder Bewegung. / Hoher Stolz lagert sich auf seiner Stirn / und das Bewußtseyn eines nie erniedrigten Herzens sammelt freyen Muthes sich um die Nase, / und schwebt im stillen Lächeln des Mundes. / Wärme des Lebens verschmilzt die einzelnen Theile, / mit jener unnachahmlichen Schwingung, die fest ohne Härte, harmonisch ohne Weichlichkeit, jenes unaussprechliche Etwas ist. / Seine Stimme ist Gesang, biegsam, malender Ausdruck jeder inneren Bewegung, hinreißend für das Ohr, unwiderstehlich fürs Herz. Groß. Stark. Im Harnisch ein Engel des Krieges; im Friedenskleide der Bote des Himmels : / Man sagte ihm, daß er schön sey !

A. (abstechend kalt): und ich möchte ausdrücklich darauf aufmerksam machen, daß ich das Miauen noch abgekürzt habe.

B.: Allerdings; jeder weitere Nachweis der absoluten Identität mit den eingangs erwähnten Griechen erübrigt sich. – Ist über die Schulung noch etwas nachzutragen ?

A.: Oh, da wäre noch vielerlei. – Hart also werden die künftigen Führer geschult. Täglich werden ihnen Anekdoten erzählt :

Zitat: Da die Burg, von allen Seiten bestürmt, keine Hoffnung des Rettens mehr gab, trat Divi an die Spitze der Streiter.

»Wollt Ihr den Feinden entgehen, so folgt mir !«

Er stürzte in die Flamme hinab.

Sie schrieben eynmüthig an einen Stein : »Der kennet keinen Sieger, der den Tod nicht achtėt !« – und stürzten Alle ihm nach !

A.: Geschichten im Stile des Lessing'schen ‹Philotas› . . .

B. (seufzend): Das ist auch so ein Stück, von dem ich nie begreifen konnte, wieso ein Lessing, dessen ‹Minna› doch spöttisch und handfest antimilitaristisch ist – das bewegliche Sachsen siegt ja lustig=galant über das bocksteife Preußen ! Vom ‹Nathan› noch ganz zu schweigen – wieso Lessing je dergleichen verzapfen konnte ! !

A.: Jaja; unsere Klassiker haben viel gesündigt ! Jeder uniformierte Junge kann sich, wenn er mag, auf eine Stelle im ‹Wilhelm Meister› berufen, oder Klopstocks ‹Hermannsschlachten› : leider ! –

Gekoppelt mit allen Ereignissen sind bei Meyern, wie immer in solchen Staaten, Kulisse und Zeremoniell der Großen Oper : Fünfjährige Kampfspiele; Aufmärsche; denn er sagt ganz offen :

Zitat: Laßt uns also Freuden der Freundschaft; stufenweise Enthüllung, oder auch edle Verborgenheit; laßt jede Springfeder, die auf das Innerste der Menschen aus eigenem Trieb oder eigener Vorstellungskraft zu wirken pflegt, spielen. Laßt den Umgang mit Uns durch Feierlichkeit sich erheben; und das Bild unseres Gegenstandes unter tausend zauberischen Wiederholungen erscheinen ! Nehmt die Eynbildungskraft zu Hülfe, und wirkt auf das Herz durch sichtbare Mittel. Der gewöhnliche Mensch muß durch Täuschung erhitzt; der bessere durch blendende Beschäftigung zur Wahrheit gelockt; der Beste durch sinnlich=große Darstellung großer Gegenstände im Feuer erhalten werden. Jede Versammlung muß ein Fest seyn; und jeder wichtige Tag ein Schauspiel, das durch die Feerei seiner Szenen erhebt.

B.: Also eiskalte Anweisungen zu dem scheinbar unerläßlichen

Großkientopp. Und immer das uns so geläufige ‹Gemeinnutz geht vor Eigennutz› ?

A.: Pausenlos ! – Obwohl eben hier der Punkt ist, wo der Leser feine Ohren mitbringen muß. Natürlich heißt es einerseits : »Das Volk ist alles; der Einzelne nichts«. Oder : »Der Mensch ist nur groß, durch den Besitz eines Vaterlandes.« – Aber die Eingeweihten ‹hinter dem Vorhang›, die Gauleiter, wissen noch einen Spruch mehr :

Zitat (vertraulich=groß): Der Haufe ist nichts, sobald er gegen das Schicksal eines einzelnen Edlen im Spiele ist ! Mag eine Nazion sich umstürzen : es hat nie an Leuten gefehlt, aber an Menschen war immer noch Mangel !

A.: Oder, noch deutlicher, soll der Held immer vor Augen haben :

Zitat: Denke, daß die Natur Dich erkohr, die lebensfrohe, nimmersatte Heerde zur Weide zu führen : ist eine Deiner vollglühenden Minuten nicht tausend ihrer schläfrigen Tage werth ?!

B.: Das haben wir 45, im schönen Monat Mai, ja genugsam erlebt : der Kreis mag zugrunde gehen – Hauptsache, daß der Kreisleiter entkommt ! Allerdings trug er dann, am Steuer des Dienstwagens, meist schon Zivil.

A.: Das darf Sie nicht Wunder nehmen : der Held hat doch die Pflicht, sich für die – leider immer wieder kommende – nächste ‹Große Stunde› zu erhalten.

B.: Lassen wir das; der Gegenstand ist zu widerlich. – Jedenfalls : solch grotesk=grausiges Gemisch aus Himmler, dem ‹naturmenschen gustaf nagel› und Winkelried, ist tatsächlich das Heldenideal der Dya Na Sore ?

A.: Ja. Sein Ideal ist das niedrigste, was es überhaupt geben kann : das Kriegerische ! Der – zumindest vom Weibe – unberührte Generalstäbler als Weltenrichter. Ein Haufe von mäßig gebildeten, verhetzten, uniformtragenden Athleten als Elite der Nation : an der platonischen Idee des Berufssoldaten werden alle anderen irdischen Erscheinungen gemessen. Und die offizierliche Frechheit des Verfassers kennt keine Grenzen : der Verkehr mit ‹dem Zivil› spielt sich grundsätzlich in den uns geläufigen Formen zwischen Ausbilder und Rekruten ab; bestenfalls trägt man das altbekannte preußische korrekt=flapsige Benehmen zur Schau. Die knolligste eigene Meinung wird durch den uralten eristischen Kunstgriff als naturgegeben hingestellt : daß man dem Gegner die gleiche unterschiebt, aber mit der Nachsilbe ‹. . . los› gekoppelt. Der Feind ist also grundsätzlich gesinnungs‹los›, vaterlands‹los›, gott‹los› – immer die Negation der eigenen Vortrefflichkeit.

B.: Ja, und wo bleiben die Bein‹losen›, an denen diese Herren Schuld sind? Wo der grause Verband, von dem ich neulich hörte, der Augen‹losen›, »die auch beide Unterarme verloren haben«?! – »Oh, wofür, Ihr Soldaten in allen Massengräbern: wofür??!!«

A. (spöttisch): Ach, Sie kleine Seele! – Müssen Sie es denn nochmals ausdrücklich gesagt bekommen?: Natürlich lebt die Herrenrasse, die ‹Führerschicht› in stählernem Müßiggang dahin; denn – also dekrediert die Dya Na Sore:

Zitat: Nothwendige Dienste, die den Schmutz ihrer Entartung bis auf die Seele verbreiten, werden durch Sklaven verrichtet!

A.: So sieht der Führer in Wahrheit ‹sein› anonym=fleißiges Volk:

Zitat: Er hatte öffentliche Verachtung und Mißtrauen auf die namenlosen Familien des Staubes gelegt; die er, erkäuflich, bedrängt und schmutzig, als die Quelle aller Ansteckung betrachtete.

B.: Also lassen Sie uns jetzt endlich das Kind, wenn auch ein wenig unhöflich und laut, beim rechten Namen nennen: dieses Kind aber heißt der SS=Staat!

Ich meine doch: kein Held auf der ganzen Erde dürfte mittags seine Hand in die Eßschüssel stecken, ohne durch die entsprechenden Wandplakate darauf aufmerksam gemacht zu werden, daß er jeden einzelnen Bissen nicht nur nicht produziert: sondern diese Produktion durch seine Existenz wie durch sein Gewerbe erschwert! Die Nichtswürdigkeit einer solchen ‹Führerschicht› kann uns ja durch einfache Überlegung, sowie Betrachtung der allerjüngsten Historie vordemonstriert werden: ein Volk ohne Herrenrasse kann sehr wohl – nein: noch besser leben, als mit ihr! Eine Herrenrasse ohne Volk aber, würde unverzüglich verhungern! Deswegen werden die Helden nach verlorenen Kriegen dann meist zähneknirschend Bademeister oder Zigarrenreisende – weil sie halt nichts gelernt haben.

A.: Oder, weniger wütend ausgedrückt: das arme Volk stirbt meist nicht für, sondern durch sein Vaterland.

B.: Aber Sie haben recht: es ist wahrhaft unheimlich, was Sie berichten. – Jetzt die Gretchenfrage: wie steht Meyern denn zur Religion? Stimmt auch hier seine Ansicht zu der der Hitlerzeit?

A.: Wie sollte sie denn nicht?! Verkennen Sie denn immer noch, daß es sich hier nicht mehr um ein zufälliges Phänomen, die seelische Deformität eines Einzelnen handelt: sondern um ein Charakteristikum der indogermanischen Rasse? Da müßten Sie es sich eigentlich a priori ausrechnen können, daß Dya urteilt:

Zitat: Bild und Glaube sind für Schwache!

Denke des Himmels nie!

Handle, als ob der Tod Dein Ende wäre: Widerspruch wäre Beleidigung. Belehrung Pein. Worte sind unnütz: Schweigen allein geziemt sich!

B. (gehorsam): 'wohl, Herr Hauptmann!!

A.: Oder...:

Zitat: Der Jünglinge Herz wird vertrocknet durch einen Gott, dem nur der zerschlagene Sinn eines abgestumpften, duldenden, ängstelnden Schwächlings gefällt!

Ein Volk, das solche Gesinnungen heiligt, das einzelnen Menschen erlaubt, sich zu Sachwaltern einer Ehre, eines Glücks, einer Selbstberuhigung, zu machen, deren Quellen außerhalb seiner Grenzen, in einem unabhängigen Lande selbsterschaffener Begriffe liegen, einen Gott zu predigen, zu dem man auch außer den Tempeln des Vaterlandes gelangt – *(knirschend):* das verdamme Gott, wie es sich selbst verdammt!!

A.: Natürlich auch der Lehrsatz: »Darum trotzet minder auf Eure Seele, als Euren Körper.«

B.: Bei den – wie Sie sagten, absichtlich und periodisch herbeigeführten ‹militärischen Auseinandersetzungen› herrscht demnach und unverzüglich in voller Strenge der ‹Totale Krieg›?

A.: Sogar den Fahnenjunkern wird vor'm Einsatz angekündigt: »Wenn Einer von Euch zurück kömmt von dem Angriff, ohne gesiegt zu haben: so seid Ihr nur gemeine Krieger!«: Gruppenehre: Korpsgeist.

Falls eine Schlacht verloren werden sollte, treten sofort Ausnahmegesetze in Kraft:

Zitat: Der Senat versammelte sich.

Jeder allzulaute Ausbruch von Jammer wurde gehemmt. Weiber mußten die Straße verlassen. Jeder müßige Haufe Erzähler entweichen.

Der Gram sollte sich in seine Mauern verschließen, und die Klage nur im Innern der Familien sich selbst überlassen bleiben. Jedermann mußte die Nachricht seiner Verlorenen mit Ruhe zu Hause erwarten.

Niemand durfte die Stadt verlassen. »Ihre Mauern« – hieß es – »sind Eure Sicherheit.«

»Oder Euer Grab«.

B.: Meingott, ist das entsetzlich: oh, Ihr ‹festen Städte›, Breslau und Berlin!!

A.: Nur der Führer denkt und befiehlt!:

Zitat: Ich denke so, und das ist genug!

Der Geist mit dem ich handle, muß der Geist meines Heeres werden –

oder wir sind nicht füreinander. Weg mit dem Menschen, der noch wählen kann, wenn seine Ehre, die Angelegenheiten seines Vaterlandes, mit dem Leben auf der Waage stehen!

B.: Wahrhaftig verrucht=vertraute Klänge. – Das würde mich noch interessieren: Meyerns Einschätzung der Künste. In solcher Umgebung kann es ja eigentlich nur ‹Blut & Boden› sein; oder?

A.: Oh, Meyern geht weit darüber hinaus!

B.: Wie wäre das wohl möglich? Verbannt er sie etwa ganz?

A.: Nichts weniger. Erfahren Sie die Steigerung; und bewundern Sie das erfinderische Gehirn des Mannes! Ja, doch: unter der Elite der Ordensburgen, der einzelnen Männergruppen, wird immer auch je ein Künstler geduldet...

Zitat: Jeglid war ein Dichter. Ein schöner Geist; ein Mann, dessen Empfindungen sich in Worte auflösten. Jedes stärkere Gefühl ward bey ihm zur Sprache; und er theilte sich mit, in allem, was er sah und hörte...

(unwirsch): »Wie kömmt solch ein Wesen unter Männer, die sich zum Kampfe verschwuren?«

(Beschwichtigende Antwort): »Wenn nach langem Ernst und manchem trüben Tage Mißmuth unsere Seelen ergreift, und jeder Schwung zur verlorenen Bahn voriger Stärke uns mißlingt: dann muß solch ein Geschöpf, durch die Verachtung, die der Vergleich seines süßlallenden Geschwätzes und seiner Kleinheit erregt, der Funke seyn, an dem unsre Herzen sich wieder entzünden!«

B. (erschöpft): Das ist allerdings noch eine Steigerung!: Also der Künstler als Hordenclown; damit der Chefpithekanthropus beim Vergleich immer wieder seine eigene hohe Überlegenheit empfinden kann?!

A.: Just so! Über den Schriftsteller speziell urteilt er:

Zitat: Ein einziger thätiger Tag im Leben eines Feldherrn, Baumeisters, Großkaufmanns, fordert eine höhere Anstrengung, als das ganze Leben des größten Gelehrten, der nichts weiter ist! Und fast glaub' ich, Schreiben sey das Merkzeichen, mit dem die Natur von jedem höheren Anspruche ausschließt!

A.: Und da gab es Literaturgeschichtler, die – stellen Sie sich das einmal lebhaft vor! – diese Dya Na Sore abtun wollten, mit dem Hinweis auf den eben damals allgemein beliebten Bildungs= und Erziehungsroman; denen die Worte ‹Rosenkreuzer› dabei einfielen, oder gar ‹Freimaurer›. Der seinerzeit berühmte Wachler meint in seiner Geschichte der deutschen Dichtung: »Meyern stellt sittlich tiefe Betrachtungen über die Menschheit an; und politisiert, und humanisiert auf eigenthümliche Weise.«

B.: ‹Eigenthümlich› : das kann man wohl sagen ! Aber wahrscheinlich hatte er sie niemals gelesen, und schrieb nur den Vorgänger ab ?

A.: Die neueste Leistung auf diesem Gebiet sind die dreieinhalb Zeilen des Würzburger Professors Dr. Wolfdietrich Rasch, der 1952 von den »Lehren« der Dya erklärte, daß »hier ein Staatsideal wahrer Humanität begründet« würde – wahrlich, diese Fachgelehrten sind durch eine Kruste von Tradition und Methoden vom wirklichen Leben getrennt. Anstatt historisch gewitzigt unverzüglich die sich gebieterisch aufdrängenden Parallelen zu ziehen – etwa zwischen einer Rekrutenvereidigung älteren Stils, und solcher Meyer=Stellen . . .

Zitat: Und nun – : Blumen um unsere Schläfe ! Deinen Weihegesang, Opferer !

Der Schwur von Allen stieg auf – fest gedrängt schlang sich Einer am Anderen – im dumpfen Klang der Harnische – zwischen feierlicher Stille stieg er auf :

Freundschaft unter Waffen. Ein eiserner Bund. Das Opfer des Himmels. Des Vaterlandes Seegen.

A.: Anstatt redlich die Wirklichkeit abzubilden : diese himmelschreiende, von uns erfahrene, Hitler=Militärrealität, mit Entlausung, Schwanzparade, Hinlegenaufmarschmarsch ! Nein : hier heißt es nur . . . :

Zitat: Männer weinten, daß nicht sie das Glück traf, unter diesen erlesenen Kriegsscharen zu seyn; indes der Ehrgeitz, am Tage der Entscheidung nicht müßig zu stehen, Andere vor Freude taumeln machte.

B.: Also kein Gedanke an ‹Kriegsdienstverweigerung›, oder ‹Ohnemich› ?

A.: Haben Sie eine Ahnung ! In solchen Fällen träte sofort unbegrenzte Atimie ein : die BDM=Mädel zeigen's dem ‹Feigen› – denn ein anderer kann's ja nicht sein ! – :

Zitat: Kaum war ich mit der unglücklichen Nachricht zurückgekommen, als sie mit einer Stimme dem Gebrauch ihres Schmuckes zum Opfer des Vaterlandes entsagten; sich verschwuren, den Mann, der den Waffen sich entzöge, der den Feind fliehe, und den leichtesten Vorwurf verschulde, als einen Ehrlosen, unwürdig ihrer Hand und ihres Herzens, auf immer zu verwerfen !

A.: Nichts verächtlicheres weiß Meyern als ‹Umsiedler›, ‹Flüchtlinge› :

Zitat (verächtlich): Welch ein Volk, das wie ein irrender Flüchtling seinen angeborenen Sitzen, seinem Eigenthum, den Gräbern seiner Väter, entsagt; das die Mühseligkeiten eines Auszugs, die Bettlergestalt einer wandernden Horde, der Ehre im Widerstande vorzieht !

B.: Das ist ja wie beim Alten Fritz : der schrie seine Soldaten ja auch ehrlich erstaunt an : »Kerls, wollt Ihr denn ewig leben ? !«

A.: Schlachten werden im Stile unseres unvergeßlichen ‹Oberkommandos der Wehrmacht› behandelt. »Tausende sanken« heißt es da pauschal. Oder . . . :

Zitat:

Vierthalbtausend Erschlagene bedeckten das Schlachtfeld.
Der Geier fraß in ihren Eingeweiden sich satt.
Die Übrigen flohen auf 100 Pfaden in die Wälder zurück.
Lager; Geräthe; Fahnen : waren dem Sieger.

B.: Also wissen Sie : jetzt kann ich das Steinmaulgeklappe dieser Prosa aber bald nicht mehr mit anhören ! Das sind ja gefährliche, in Freiheit lebende Irre !

A.: Sie sehen : es besteht durchaus der ‹Hieros Gamos›, der ‹Heilige Ehebund› zwischen dem deutschen und dem griechischen Geiste : da hatten die alten Herren Philologen schon ganz recht ! – Und der Apparat ist zum Entsetzen komplett vorhanden : Jungfrauen werden in heiligen Gestüten für die Helden zusammengefaßt, deren ‹iste› sich taktmäßig regt. Lagerstädte, also Kasernen, meist als Akropolen vor und über den Städten gelegen. Vor Schlachten stellen sich, begeisternd=pünktlich, majestätisch dräuende Gewitter ein. Die Helden schwören viel und gern : hohe dicke Eide, über gestürzten Säulen, über Leichen der Freunde – es können aber genau so gut die von Feinden sein. – Da die Helden um der lieben Abhärtung willen ziemlich leichtbekleidet und karg zu essen gewöhnt sind, so soll ‹das Volk› verständlicherweise noch wesentlich schlechter beköstigt werden : die übliche ‹Schwarze Suppe› als logisch=unvermeidliches Ergebnis des ‹Kanonen statt Butter›. Unnötig, noch des breiten auf den hochgezüchteten Sinn für Uniformen und Orden einzugehen – das ist ja ebenso urgermanisch wie abstoßend : »Sie sind Schlesier ? : Ich ernenne Sie hiermit zum Oberschlesier !«

B.: Jetzt werden aber Sie giftig und einseitig. Ich denke nur an die Japaner : die sind doch auch sehr für Samurai.

A.: Das Schauerlichste an der Meyerschen Geistesformung ist, daß sie den Menschen bei seinen schlechtesten Instinkten anfaßt : an der Roheit, die ‹Härte› genannt wird; am Massenwahn, den man als ‹Volksempfinden› bezeichnet; man spricht von ‹Ehre & Treue› – in Wirklichkeit ist es starre Überheblichkeit; von ‹Gehorsam und Disziplin› : als die sich mühelos die gedankenlose Grausamkeit tarnen kann !

B.: Und dieses Zerrbild eines Staatswesens – wehe : es war ja grausamste, immer wiederholbare Realität ! – das hat Meyern ausgerechnet nach dem ehrwürdigen Indien Buddhas, Asokas, Nehrus, verlegt? Welche Fälschung; welche Mixtur aus Unwissenheit und Unverschämtheit!

A.: Verurteilen Sie den Verfasser bitte deswegen nicht; ich sagte schon: die Fabel ist so dünn gesponnen, der Ort so belanglos, daß es praktisch nur eine allgemein heroische Landschaft geworden ist. Typisch eben nur die obligate Adler= und Löwensymbolik – man erkennt sich instinktiv im Raubtier! Zuckende Stürme. Rasende Reiter – Geschwindigkeitsbegrenzung gilt für Helden ja nicht. Neinein: das Gerüst ist so liederlich, daß man unrecht täte, es geographisch ernst zu nehmen – obwohl sich unter all den Namen zweifellos verschlüsselte befinden werden. Sprache und Druckbild sind meist affektiert abgehackt: das soll dann wohl ‹lakonisch› sein, à la: »Dya war wieder hergestellt. Punktabsatz. Goudas Flotte landete. Punktabsatz. Die Armee rückte vor: Punktabsatz.« Vielfach falsche Adjektive und tadelige Metaphorik.

B.: Trotzdem: die Stellen, die Sie eingangs vorlasen, sind – einmal abgesehen von der heillosen Fertigkeit im Erfinden immer neuer heroischer Wendungen – einzig in ihrer Art: wir wollen nicht ungerecht sein! Geben Sie doch noch eine!

A.: Gerechtigkeit in solchen Fällen ist gefährlich: wie kann der sie beanspruchen, der sie selbst nicht auszuüben gewillt wäre! – Aber, wie Sie wollen: so sieht das Hauptquartier der Verschworenen aus...:

Zitat (erst nur gemäßigt=radikal):

Ein offener Vorhof nimmt sie auf.

In seiner Mitte ragt ein Obelisk empor. Zerstreute Bilder, von blühenden Büschen umschlungen, stehen hie und da. Das Auge verliert sich unter Säulen. In entfernte Höfe dringt zuweilen ihr Blick. Dämmerung macht alles feierlicher und größer. Ein Gebäu über das andere; eine Masse zur anderen in majestätischem Verhältnis. In ihrer Mitte ein Dom, der alle überhöht; auf seiner Spitze eine leuchtende Flamme. In nichts Neuheit: alterndes Moos; Gesträuche, das von den Zinnen in die helle Luft hinaus schwankt; Stille ewiger Ruhe; Schauer unabsehbarer Größe: so war das Ganze.

(Nun immer schneller sprechen, bis zum furiosen Endkommando):

Hastig nahm er sie bei der Hand; riß sie hinab gegen die Hallen. Es war kein Schritt der Ruhe, es war der Lauf eines Begeisterten, mit dem er sie dahinnahm.

Der See schlug laut; und wild in hundert Gängen brauste der Wind. Es hallte wider von allen Seiten; unter ihrem Fußtritt erklang die Tiefe.

Dreymahl schlug er an die metallenen Thore.

Sie sprangen auf in ihren Angeln.

Am Himmel leuchtete ein Blitz; und der Schrecken eines Geheimnisses stand vor ihnen. »Hinab mit mir!« rief er.

A.: Oder diese, von Jean Paul stark verwendete Stelle . . . :

Zitat (dithyrambisch): Nie war diese Insel schöner, als am Abend.

Ihre Ufer weiße hohe Felsen; die Stechpalme und andere dunkelfarbige Bäume trieben aus ihren Klüften empor. Wenn der letzte röthliche Strahl sie beleuchtete, zwischen die Schatten sich drängte, und in wehenden luftigen Streifen von Efeu und Farrenkräutern sich wiegte; wenn die bläuliche Welle schlug, und der Seevogel in schwindelnder Höhe mit einsamem Rufe der Weite des Widerhalls und seinem Neste zuflog – gab dies alles ein Bild melankolischer Ruhe.

Felsen erhuben sich hinter den Bäumen; eine unzugängliche Wand umkränzte die Spitzen der Berge; abgerissene Thäler trennten sie; einsamere Hütten auf sanfteren Hügeln. Die weißen Säulen an den Wänden erschienen wie Geister. Wer hier eintrat erschrak vor dem Widerhall seiner eigenen Stimme.

Vor der fürchterlichen Versammlung aller Vereinigten . . .

B. (hastig einfallend): Sagen Sie : Sie foppen mich, ja ?! Es hat nie so ein Buch gegeben. – Obwohl ich Sie, wenn Sie zu dergleichen Mystifikationen fähig wären, künftighin mit Mißtrauen ansehen müßte . . .

A.: Sie irren sich. Wohl existiert die Dya Na Sore; und ist, wie Sie sehen, keine kleine Portion ! Sondern ein ‹ewiges Buch› : weil der Menschentyp, den sie verherrlicht, leider ewig sein wird.

Drei Auflagen sind von ihr erschienen : die erste von 1787–91, in 3 Bänden, mit zusammen fünfzehnhundert Seiten. Im Jahre 1800 erschien die zweite, die ‹letzter Hand›, : die umfaßt bereits zweitausendfünfhundert. – Die dritte von 1840=41 können wir aus dem Spiel lassen; sie ist ein unveränderter Abdruck der zweiten.

B.: Welche dieser Auflagen müßte man lesen ?

A.: Unbedingt die erste ! Sie ist ganz unstreitig die verräterisch=schwungvollste.. Während ihr in der zweiten durch übermäßige Interpolation die Energie des Ausdrucks arg genommen ist. Wohl sind in ihr die zahllosen Druckfehler der editio princeps beseitigt – peinlich genau ist der Text geworden. Viele, völlig überflüssig hineinerfundene Randfiguren sind herausgestrichen, und ihre wilden Kernsprüche den Hauptshelden in die Münder gelegt worden. Die sehr angemessene Erzählungsform der 1. Auflage, ist zu einem in ‹Ich›=Form umgeschneiderten Altersbericht Altais – eines der Brüder – ausgeplättet.

B.: Also das Personal wurde vereinfacht; die Motivation gestrafft ?

A.: Ja; der rudimentären Erfindung ist ein bißchen durch Einschiebsel aufgeholfen. –

Einige sehr bezeichnende Veränderungen sind durch den Unterschied von Meyerns Dienstgrad begründet : war es in der 1. Auflage der bürgerlich=verärgerte Kanonier, der ewige ‹Gefreite› – so weiß bei der 2. Auflage Meyern sehr wohl, was er seinem nunmehrigen Hauptmannsrange schuldig ist, und schließt als solcher vorsichtigen Frieden mit den herrschenden legitimen Mächten. Wenn früher – aus 1789=er Versehen – das Wort ‹republikanisch› vorkam, ist es jetzt gestrichen. Schreibt er erst : »Mißtrauet jedem Könige!«, so läßt er, als nunmehriger Offizier des Kaiser Franz, dergleichen ganz weg. So vorsichtig ist er geworden, daß er sogar die unschuldigen Worte ‹Hof› und ‹Höfling› vermeidet, und dafür sprachlich merkwürdige Neubildungen setzt, wie etwa das markige ‹Enggeist›. Stark verwischt hat er die Stellen gegen die Landesreligion : dagegen war man in Wien sehr empfindlich!

B.: Also halten wir's fest : die erste Auflage ist die découvrierendste.

A.: Ja; sie ist bei weitem die, in Anführungsstrichen, ‹beste›; das ideale SS=Handbuch. Die Welt als ein einziger großer Kasernenhof, in dem Meyern und Seinesgleichen, ob aktive oder ausrangierte Schlagetote, immerdar ‹vor der Front› stehen : das reißzähnige Gefasel einer Schmarotzerkaste, die seit Jahrtausenden das Prassen und Wühlen im Mark ‹ihrer› Völker gewohnt ist.

B.: Ich hoffe, das Buch ist sehr rar und unzugänglich geworden?

A.: Oh ja; aber – glauben Sie mir – ein Neudruck wäre überfällig! Ein Buch wie dieses, das zum eisernen Bestand jeder internationalen Wehrkreisbücherei gehören würde, wird früher oder später doch wieder serviert werden. : Da wollen wir den Herren wenigstens die eine Schmach antun – und uns die Ehre der Toleranz – : daß sie von uns auf das prachtvolle Stück aufmerksam gemacht werden mußten.

Für Interessenten also – seien es kommende Leser=Diktatoren; seien es Verleger mit wirtschaftswunderlichem Geldüberhang : vielleicht könnte man es in Menschenhaut einbinden, pikantpikant! – : in der Bayerischen Staatsbibliothek zu München sind sowohl die 1. wie auch die 2. Auflage zu finden. Die Lektüre lohnt sich immer : solch ein Buch darf nicht vergessen werden!

Zitat: Am Ufer soll nach unserem Tode der Lobgesang unseres Daseyns widerhallen. Auf der Haide das graue Denkmal unseres Lebens sich verewigen.

Der Fels soll unsern Namen führen.

B.: Also beschaffen wir einen Fels – ungefähr wie den auf der Lüneburger Heide, wo unter der SS=Rune Hermann Löns liegt – und schreiben wir darauf:

MEYER AUS ANSBACH.

A.: Und darunter vielleicht noch:

Dya Na Sore, blondeste der Bestien!

LUDWIG TIECK

31. Mai 1773, Berlin – 28. April 1853, Berlin

‹FUNFZEHN›

Vom Wunderkind der Sinnlosigkeit

Sprecher:

A.: Referent
B.: Hörer & Zweifler
C.: Männerstimme, hell } für
D.: Frauenstimme, hell } Zitate
E.: Frauenstimme, dunkel
Gong 1: normal, sachlich
Gong 2: schlägt 1 buntsprudelnden Triller

A. *(rasch aber nachdrücklich ein Szenarium aus Stichworten aufbauend):* Dresden 1830. Über dem Altmarkt brütet Hundstagsglut : Stille vor dem Sturm der Julirevolution. / Aus seiner unlängst gemieteten Wohnung tritt, fest=einundvierzigjährigen Schrittes, der ‹Lederstrumpf› : James Fenimore Cooper. Er, der gekommen ist, um seine, in Italien von der Zensur beanstandete ‹Wasserhexe› drucken zu lassen – in der Hinsicht gibt es in Deutschland keine Schwierigkeiten . . . *(halblaut=ironisch):* – was Äußerungen über Italien anbelangt.

B. *(erstaunt=erfreut):* Sieh=da=auch=er ! Ich wußte bisher nur, daß ‹Winnetou› einmal in Dresden geweilt hat; bei Bier und Männergesangverein – eine der ernüchterndsten Leseerfahrungen meines Lebens.

C.: Wir wohnten damals einem Hause gerade gegenüber, worin T i e c k, der berühmte Novellist und Dramatiker, wohnte. Da ich keine schickliche Veranlassung fand, mit diesem Dichter bekannt zu werden, und da ich Niemandem zudringlich werden wollte, so traf ich nicht mit ihm zusammen; doch wäre es in einer Stadt von so mäßiger Größe unmöglich gewesen, nicht zu erfahren, wo ein so berühmter Mann wohne. / Die nächste Hausthür führte zu einem schweizer Conditor, bei dem ich gelegentlich ein Gläschen Eis zu mir nahm. Eines Tages trat ein junger Mann in derselben Absicht herein, und verließ den Laden mit mir. An der Thüre erkundigte er sich bei mir, ob ich ihm vielleicht sagen könne, in welchem der benachbarten Häuser Herr T i e c k wohne ? Ich zeigte ihm das Haus; und blieb eine Weile beobachtend stehen – seine Blicke zeigten nichts von Affektation; vielmehr einen unaussprechlichen

Ausdruck inniger Verehrung für den gefeierten Dichter. / »Wäre es nicht möglich, Herrn Tieck persönlich zu sehen?« / »Ich vermuthe Nein; denn man hat mir gesagt, er befinde sich eben in einem Badeorte.« / Ob ich ihm, fragte er weiter, wohl sagen könne, welches das Fenster seines Wohnzimmers sei? – Das konnte ich; weil man mir ihn dort vor einigen Tagen gezeigt hatte. / *(eindringlich):* Als ich ihn verließ, blieb der junge Mann noch stehen, die Blicke nach dem Fenster gerichtet; und wohl 1 Stunde lang beharrte er, in dieser schweigenden, tief innerlich empfundenen Verehrung befangen.

A.: Schön, wie? : anstatt ‹Kult von Ahnen› – an denen meist wenig zu venerieren ist – der der Lieblingsschriftsteller! Und Cooper fügt neidisch=resigniert hinzu . . .

C.: Hierin ist Deutschland das Land der empfänglichen Gemüther; mögen nun Musik, Poesie oder mehr materielle Kunstgegenstände die Anregung zur Bewunderung hergeben. Dagegen können schwerlich Klötze unempfindlicher sein, oder weniger wahre Hochachtung für Wissenschaften, Künste, oder innere Ausbildung überhaupt haben, als der große Haufe in Amerika.

B. (wohlgefällig): Nu, was sag' ich immer? : Land der Dichter und Denker!

A. (spöttisch): Dieses ‹Land der Dichter & Denker› hat im Fall Ludwig Tieck nichts hervorgebracht : keine Gesamtausgabe; keine Biografie; keine Briefbände. / Wohl aber ist, wie um Cooper aufs schönste Lügen zu strafen, nach über 100 Jahren Amerika in die Bresche gesprungen : wohl gibt es nunmehr eine umfassende Biografie, aber – wehe! – sie trägt den Titel . . . *(mit sorgfältiger US=Aussprache):* ‹Ludwig Tieck; the German Romanticist›. Und wohl gibt es die große Briefsammlung; aber sie heißt ‹Letters of Ludwig Tieck; collected and edited by E. H. Zeydel›.

B. (in komischem Unmut): Brrr. Das ist allerdings eine kalte Dusche für unsere kulturelle Selbstzufriedenheit. – *(ungehaltener):* Mußte denn das sein : daß unsere Germanisten sich wieder einmal derart überrunden ließen?!

A. (bös=munter): Nach solch beschämend klatschender Ohrfeige für die besoldeten Verwalter unserer Literatur, wenden wir uns Leben und Werk eines unserer ganz Großen zu . . .

(Gong 1)

A.: Das Elternhaus? – : alt und finster, aber von kleiner Wohlhäbigkeit; wie's bei Berliner Handwerksmeistern so ist.

B.: Welches Handwerk?

A.: Seiler. – Und das ewige, ehrenfest=tüftlige ‹Twisting of the Rope› hat die angeborene analytische Verständigkeit des Alten unerbittlich verstärkt...

C.: In Paul Gerhardts Lied, ‹Nun ruhen alle Wälder›, bemerkte er gegen den Vers ‹... es schläft die ganze Welt›: »Wie kann man dergleichen abgeschmacktes Zeug behaupten? Die *ganze* Welt schläft nie: in Amerika scheint die Sonne; da *wachen* die Leute!«

E. (still): Solchen Einwürfen gegenüber schloß die Frau ihre stille Frömmigkeit nur umso mehr in die Tiefen ihres Gemüthes ein.

B.: Was für ein platter rationalistischer Einwand aber auch.

A. (zögernd): Naja.... *(etwas beklommen einatmend):* Ich weiß nicht. Natürlich ist ‹ganze Welt› poetischer. Aber wäre ‹halbe Welt› – nicht nur ‹korrekter›, nicht deswegen – aber wäre es nicht gerechter; freier: menschlicher? Ich hasse nichts so sehr, wie ein diktatorisches »Ganze Abteilung kehrt!«: spricht daraus nicht ein rauher, keine Ausnahme duldender, Unendlichkeitsfimmel?

B. (lachend): Also welche Komplexbildung! – Bleiben wir lieber bei Mutter Tieck: sie also ist=ä...?

A.: Die Tochter eines märkischen Dorfschmieds; im Pastorhause erzogen – daher einerseits ihre Bibelfestigkeit; andererseits ihre ‹Offenheit› für jenen, bei Frauen leider immer=häufigen, bäuerlich=werwölfischen Aberglauben...

E.: Von einer alten unheimlichen Frau in ihrem väterlichen Dorfe erzählte sie, die für die Jugend ein Gegenstand geheimen Schauders gewesen war. Häßlich und böse, saß sie allein und schweigend in ihrer Stube am Spinnrocken; nur einen kleinen Hund litt sie um sich. Ungern entschloß man sich, sie anzureden; und geschah es, so antwortete sie zornig und in einem nur halb verständlichen Kauderwelsch, das den Kindern schauerlich, wie böse Zauberformeln, in die Ohren klang. Am schrecklichsten erschien sie, wenn ihr einziger Gefährte, der Hund, ihr entsprungen war; dann stand sie an der Thür und blickte spähend das Dorf hinab, oder lief mit wunderlichen Gebärden durch die Straßen, und rief mit gellender Stimme nach dem Hunde: »Strameh!: Strameh!!«

B. (interessiert): Ach?!: Der läuft ja, mitsamt jener alten Frau, heute noch so rum! Wie wichtig zur Genesis des ‹Blonden Eckbert›. / Übrigens jene abstoßend=unbekannte Sprache?: könnte das nicht – in der Gegend mehr als wahrscheinlich – Halb=Wendisch gewesen sein? Müßte man mal untersuchen, ob sich ‹Strameh› nicht aus jenem Spreewald=Sorbisch ableiten ließe.

A.: Leider ist dieses ‹Erdreich› der Tieck'schen Eltern und Voreltern so gut wie gar nicht weiter bekannt. Jenes Erdreich, dem 3 begabte Kinder entsprossen : Ludwig der Großgenius; der Bildhauer=Bruder Friedrich; die fantasiereiche Schwester Sophie, die, wäre sie nicht durch eine unglückliche Ehe und Kinder daraus gehandicapt gewesen, ohne weiteres eine unserer mittelmäßigen Schriftstellerinnen hätte werden können.

B.: Hinzutritt also jetzt, als ‹Milljöh›, die Großstadt von Alt=Berlin.

A.: Berlin und seine Berliner – sie, die Goethe in huldvoller Angst einen »verwegenen Menschenschlag« nannte : er hat nie begriffen, oder, richtiger wohl : nach altbewährter Taktik die unangenehme Einsicht immer verdrängt, daß die Großstadt die unvermeidlich kommende Siedlungsform der menschlichen Gesellschaft darstellt; sie also dem Künstler zur Gestaltung aufgegeben ist. Ein Manko an Wirklichkeitssinn und Mut, bezeichnend für unsere Klassiker – die sich untereinander freilich gern ‹Objektivität, Naivität, Griechheit› bescheinigten. Erinnern Sie sich bitte nachher wieder des Unterschiedes, wie dagegen der ‹*Romantiker*› Tieck, das geborene, das ‹echte› Großstadtkind, angeregt, mit argusäugig=nervöser Freude, beides akzeptiert und notiert : die sturen raffiniert=monotonen Häusermasken, und das rüstig strömende Proletariat... Spiegelreflexe in einem Teenager=Auge.

C.: Siegmund liebte nichts so sehr, als aufs Geratewohl die Straßen einer fremden Stadt zu durchkreuzen, bald hier bald dort zu verweilen, und die mannichfaltigen, wunderbaren Eindrücke in seine Seele aufzunehmen, die die fremden Gegenstände, die unbekannten Häuser, in ihm erregten. / Es war ein angenehmer Herbstabend; allenthalben stand der Rauch des Abendessens... *(winzige Pause; damit die Feinheit richtig ins Hörerohr ‹einzieht› : quelle nuance !)*... über den Häusern, und vermischte sich mit dem Dunste des feuchten Herbstnebels, der thauend in die Gassen niedersank. Der Mond fing eben an, die Dämmerung gelb zu färben, und aus den Fabriken kehrte jauchzend der Schwarm der jungen und alten Arbeiter nach Hause. Mädchen durchstreiften Arm in Arm die entfernteren Gassen, und plauderten laut durcheinander, um die vorübergehenden jungen Leute aufmerksam zu machen, und desto leichter ein interessantes Gespräch mit diesen anzuknüpfen. Kleine Jungen balgten sich; und die Bettler sumsten ihre Bitten dreister den Eilenden nach. / Siegmund labte sich an den abwechselnden Gestalten. Er stand oft still, und sah durch ein niedriges Fenster in die sparsam erleuchtete Stube, deren Schein so anlokkend, und deren enge, von der Lampe schwarzgeräucherte Wände so abschreckend waren. Die Familien der Handwerker saßen um runde Tische, und verzehrten froh, und lebhaft kauend, ihr Abendbrod. In anderen Stuben saß eine emsige Alte beim Haspel und zählte aufmerksam seine Umwälzungen, um morgen ihr gesponnenes Garn abzuliefern.

D.: Oft stand Siegmund still, wenn er in der Ferne auf den Fluren der Häuser ein Licht wahrnahm und die hin= und herschießenden Schatten. Oder wenn sich eine Thür unter dem Schall einer lauten Klingel eröffnete, und der Hausherr mit vielen Bücklingen einen Besuch entließ, der mit einer ehrbaren Laterne nach Hause schritt. Siegmund las bei solchen Wanderungen das ganze menschliche Leben gleichsam kursorisch; er dachte sich in jede Familie hinein, und erinnerte sich seiner frühesten Kinderjahre, wo ihm in trüben regnichten Nächten der Schein des Lichtes aus Häusern immer wie ein Feenland gewinkt hatte.

E.: Er bestieg endlich noch den Wall der Stadt; und sah nun auf der einen Seite dunkelflimmernde Lichter; ein dumpfes Geräusch von Wagen und Stimmen durcheinander; die sich ablösenden Wachten, und das Schlagen der Glocken; Häuser hinter Bäumen versteckt; und der Abendwind, der im rasselnden Laube nachsuchte; einen Kahn auf dem kleinen Flusse – auf der andern Seite das freie Feld; mit Nebelwolken, mit fernen Hügeln und Wäldern; Bauern, die nach Hause fuhren; Mühlen, die ihren einförmigen Takt im kleinen Wasserfall unermüdet wiederholten; Stimmen, von denen er nicht wußte, wo sie hingehörten; wandernde Vögel . . . : Er war mit sich und seinem Schicksal außerordentlich zufrieden. Nur aus den vornehmeren Häusern rauchten die Schornsteine noch, und bewölkten den Mond.

A.: Erste ‹Stadtgänge› also, wie sie ab nun nicht mehr aus der Literatur verschwinden : Poe ‹Man of the Crowd›; Quincey ‹Opium=Eater›; bis hinauf zum ‹Odysseus› des James Joyce. – Auf der andern Seite das, sich immer mehr belastend=steigernde, Naturgefühl : nur das geborene Großstadtkind vermag 1 Grasbüschel zu würdigen. Denken Sie an das grausig=exakte Zille=Bild des kleinen schwindsüchtigen Mädchens im Silo eines Hinterhofes; und der verkümmerte Bruder brüllt rauf : »Mutta ! : jieb de Pellajonje runter; Lieschen sitzt so jern in't Jrüne.«

B. (bekümmert): Unter solchen Umständen wirkt dann freilich die einfachste Landschaft wie eine Offenbarung . . .

C.: Stundenlang konnte er auf einsameren Wegen in den wildern Gegenden des Thiergartens umherirren. So einfach dies Naturleben auch war, dennoch konnte er bis zur Selbstvergessenheit darin versinken. Hier, in der Abgeschiedenheit des Waldes, unter rauschenden Bäumen, wenn im dämmernden Zwielicht zerrissene Wolkengestalten durch die Wipfel herniederblickten, wo nur der Ruf eines einsamen Vogels die tiefe Stille unterbrach – hier war er freier.

E.: Träumerisch lag er im Grase; die Sonne ging hinter den Bäumen unter; und er konnte unter dem Nachthimmel den Morgen heranwachen, bis der feuchte Thau seine Kleider überzog, ihm erstarrend in die Glieder drang und kalte Schauer ihn erweckten. Diese einsamen Spaziergänge wurden allmählich zu kleinen Fußreisen. Allein durchstrich er die Flächen, in denen Berlin liegt : die Einförmigkeit, welche die Natur hier zeigt, störte ihn nicht. Er wanderte nach den benachbarten Dörfern; er rastete in den ungastlichen märkischen Krügen; er fühlte keine Entbehrungen. Tagelang streifte er allein, in Wind und Regen, in den öden Kiefernhaiden umher.

B.: Was für eine Schulbildung wird ihm zuteil ? Ich könnte mir denken : wohlhabender Handwerksmeister; stolz auf den begabten Sohn. Undsoweiter undsoweiter.

A.: Noch nicht 4 Jahre alt, lernt er Lesen – einer der Genüsse, die ihm das ganze Leben hindurch treu bleiben. Auch dies 1 weiteres Merkmal des verantwortungsbewußten Städtebewohners : so zahlreich sind die einzelnen Berufe geworden; so divergent die einzelnen gleichberechtigten Denkweisen; so viele Landschaften gibt es auf unserem Globus – von anderen Gestirnen, mit denen man uns nur zu bald belasten wird, noch ganz zu schweigen – daß 1 einzelnes Menschenleben längst nicht mehr ausreicht, auch nur den größeren Teil davon durch Autopsie kennen zu lernen : hier muß die Lektüre einspringen. ‹Universalität›, im Sinne wie es sich der selig=beschränkte Mediävale einbilden konnte, beziehungsweise wie manche unserer Universitätslehrer es sich heute noch hilflos erheucheln=träumen : *ist dem Menschen nicht gegeben !*

B.: Ja; wir sind zum Lesen verurteilt. – Und also auch Tieck ist schon ein echter Büchermensch gewesen. Oder, was untrennbar damit verknüpft ist : ein rechter Büchernarr ?

A.: Seine Bibliothek umfaßte später *sechzehntausend* Bände : mehr als einmal drohten ihn die Regalreihen aus seiner Wohnung zu verdrängen. Einmal, in einem merkwürdigen Anfall, verkaufte er sie kurzerhand . . .

B. (hineinfragend): Wer war es doch, der – sehr richtig – den Ausspruch tat : »Wer die Hölle schon auf Erden kennen lernen will, der verkaufe seine Bibliothek« ?

A.: Der eben hundertjährig=gefeierte Humboldt. Sie haben sich übrigens gut gekannt, er und Tieck. – Aber wir wollen es nicht zu tragisch machen : natürlich fing er sogleich, noch schneller, erneut zu sammeln an. Und besaß binnen Kurzem wiederum elftausend Bände. Kataloge von Bücherauktionen las er, wie Andere den spannendsten Roman : am Tag der Versteigerung sprang er auf, ballte die Faust, und bot im Geiste mit.

B.: Abgesehen davon, daß es sich hier um Bücherlisten handelt : hatte er tatsächlich ein Verhältnis zu – wie soll ich sagen – endlosen Verzeichnissen getrockneter Einzelheiten ? War anfällig für die Faszination von Karteien, Lexika, Adreßbüchern : was ja Alles wieder nur ein anderer Ausdruck ist eben für ‹Großstadtgewimmel›.

A.: Ja, das ist ein wichtigster Zug : »Er behauptete«, – wie Einer sich befremdet ausdrückt – »zu Zeiten Tabellen und registrierende Schriften mit dem größten Vergnügen angefertigt zu haben.«

B.: Da ist er vielleicht gar, was mich bei einem Dichter immer betroffen macht, ein glänzender Mathematiker gewesen ?

A.: Stellen Sie sich vor : wunderkindmäßig wird Folgendes von ihm verbürgt . . .

C.: Die Figuren, welche durch verschlungene Rechenexempel gebildet wurden, jede einzelne Ziffer darin, schwebte ihm deutlich vor der Seele. Den Rücken gegen die große Wandtafel gewendet, konnte er sie Stelle für Stelle, ohne den mindesten Anstoß, wiederholen. Dergleichen hatte der Lehrer in seiner Schulerfahrung noch nicht erlebt; er sah darin eine psychologisch merkwürdige Erscheinung. Er ließ Tieck in die Mitte des Klassenzimmers treten; auf seinen Befehl erhoben sich die übrigen Schüler von ihren Sitzen, und mußten sich dreimal tief verneigen.

B.: Eine erste Huldigung. Wir würden heute ‹Eidetiker› sagen. – Also doch . . .

A. (einfallend): Nein; gar nicht ! Er hatte keinerlei echtes Verhältnis zur Mathematik. Das war das andere Schulfach, in dem er auf eine glänzende Zensur verzichten mußte; vergeblich hatten ihm seine Freunde – denen er dafür die Aufsätze machte – Papierstreifchen mit Formeln zubereitet : er wußte nicht einmal die zu gebrauchen. Ebenso hatte er keinen Sinn für Musik : der Vater machte ihn Geige lernen, aber . . .

C.: Da es ihm an allem Verständnis fehlte, auch sein Gehör keineswegs sicher war, so erlahmte der Unterricht bald in der kläglichsten Weise. Die Übungen, das ihm ganz rätselhafte Notenschreiben, setzten seine Geduld auf eine harte Probe. Das Instrument selbst ward ihm verhaßt. Die dabei nothwendige Haltung des Kopfes kam ihm abgeschmackt vor; die sägende Bewegung der Hand lächerlich; der schrillende Ton der Geige, seinem Ohr so nahe, schnitt ihm durch Mark & Bein. Unwillkürlich verzog er bei gewissen Tönen den Mund grimassenhaft; die sonderbarsten Gesichtsverzerrungen wurden ihm zur Gewohnheit.

B.: Der merkwürdige Fall also, daß einem – doch wirklich mit superfeinem ‹Gehör› für Worte begabten – Dichter die Musik zuwider war.

A.: Sagen wir : die *Ausübung* derselben; das ist schon häufiger. Und vor allem die allzu nahe : der Fall ist so selten nicht, daß Einem bei Geigenvirtuosen Messerwerfer einfallen.

E. (das ablehnend): Das ist ein weites Feld. – Halten wir lieber fest : trotz den ‹Fünfen› in Mathe und Musik ein ausgesprochener ‹Primus› : was sind seine großen Leseerlebnisse ?

A.: Einmal die ‹Odyssee›; die er zeitlebens der ‹Ilias› vorgezogen hat – auch dies eine typische Großstädter=Bevorzugung : was sind die übrigen geistlosen Schwerathleten der ‹Ilias›, verglichen mit dem ‹menschlichsten› aller Helden, dem klug=tapferen Groß=Emigranten in einer ebenso bunten wie unstabilen Welt ? ! : Denken Sie nachher, bitte, hieran. – Und auch die andere schicksalhafte Begegnung ergibt sich früh :

C.: Eines Tages fiel ihm bei einem sonst ziemlich gleichgültigen Schulkameraden ein Theil des Eschenburg'schen Shakespeare in die Hand – es war ‹Hamlet›. / Sogleich eilte er mit seiner Beute nach Hause. / Voll Ahnung und gespannter Erwartung konnte er die Ungeduld nicht länger zügeln. Sein Weg führte ihn über den Lustgarten durch eine der Pappelreihen, die denselben damals umschlossen. / Es war ein nebliger Abend im Spätherbst; ein feiner, durchdringender Schlagregen begann soeben zu fallen. Unter den Bäumen glommen einige kümmerliche Öllaternen. Ludwig trat hinzu; in dem matten unsicheren Schimmer wollte er wenigstens das Personenverzeichnis ansehen. Kaum hatte er einen Blick in das Buch geworfen, als er sich auch schon gefesselt fühlte. Die nächtliche Scene; die ersten Reden der Wachen; das Erscheinen des Geistes : Alles !, erfüllte ihn mit zaubrischem Grausen, und doch mit unendlichem Entzücken. / Er fühlte nichts von dem Herbstwinde, der ihm den Regen entgegentrieb. Nicht, daß er Schirm und Buch unbewußt im Gleichgewicht erhalten mußte. Nicht, daß er auf feuchtem Laube stand – er sah und hörte nur Hamlet ! Er las und las. / Erst mit dem Todtenmarsche hörte er auf : durchnäßt, an Händen und Füßen erstarrt, fand er sich wieder.

B. (nachdenklich): Und hat ja dann sein Leben lang Shakespeare=Studien betrieben : die ‹Schlegel=Tiecksche Übersetzung› . . . . .

A.: Bei der zu erinnern ist, daß Tieck nicht eines der Stücke der Serie übertragen hat. Wohl aber sind die für das Verständnis so wichtigen Anmerkungen ausschließlich seine Arbeit. / Aber zurück zur Lekture : er verschlingt Bücher. Und unternimmt die jugendlich=unsinnigsten Belastungsproben : eben ist der, auch vom jungen ETA Hoffmann begierig gelesene Roman von Grosse, ‹Der Genius› erschienen . . .

C.: Mit seinem Stubengefährten Schmohl und einem anderen

Bekannten verabredete er, ihnen jenes Nachtstück vorzulesen. Um 4 Uhr nachmittags begann die Sitzung. Ohne sich 1 Augenblick Erholung zu gönnen, las er das ganze Buch in einem Zuge durch : es war 2 Uhr morgens, als er es beendete.

D. (teilnahmsvoll): Tieck konnte nicht schlafen. Er war überwach; geistig und körperlich erschöpft. Er vergaß sich und seine Umgebung; seine Seele weilte noch in jener Welt, von der er gelesen hatte. Wunderliche Bilder wogten in ihm auf und ab; Traum und Wirklichkeit begannen ineinander zu verschwimmen. / Plötzlich rüttelte ihn ein jäher Schrecken aus dieser Betäubung auf ! Abgründe schienen sich zu öffnen, riesige Gestalten drohend auf ihn los zu schreiten; von der Decke des Zimmers, von den Wänden her, streckte es grauenhaft die Arme nach ihm aus – – mit einem furchtbaren Schrei stürzte er auf die Kammer zu, in der die Gefährten schliefen. Er tobte; er schien von Sinnen; mit dem Ausruf : »Ich werde rasend !« sank er fast ohnmächtig zu Boden. / Voll Schreck fuhren die Schlafenden empor. Mit Mühe bewältigten sie ihn, und legten ihn aufs Bett. Er verfiel in das heftigste Phantasieren. Er glaubte sich bereits gestorben; sein eigener Körper ward ihm fremd : er meinte, eine Leiche zu berühren, wenn die eine Hand auf die andere traf.

B.: Die üblichen schwermütigen Excesse hochbegabter Jünglinge. – Und wer im deutschen Aufsatz eine so große ‹Eins› hat, probiert das Handwerk des Schreibens ja unweigerlich selbst einmal; es ist immer nur ein Zufall, der den ersten praktischen Versuch auslöst : wie heißt dieser Zufall bei Tieck ?

A.: Ein junger Lehrer – nur 6 Jahre älter als Tieck; da schließt man sich leicht an : Rambach war sein Name – verdient sich zum spärlichen Konrektorgehalt ein paar Thaler hinzu. Durch journalistische Arbeiten, und anspruchslose Unterhaltungsromane im allzeit beliebten Thriller=Stil : so gut wie Herrn Schillers ‹Geisterseher› oder gar ‹Sonnenwirt› ist Rambachs ‹Eiserne Maske› auch.

B.: Ketzer !

A.: Daß Schiller heute, bei uns, der gesuchteste Drehbuchautor für Mord= und Räubergeschichten wäre, kann doch nur ein Denkfauler oder ein Germanist abstreiten. Übrigens hat Rambach auch märkische Historie dramatisiert; ja, 1813 sogar – er war schon Professor in Dorpat – eine ‹Hermannsschlacht› geliefert. Der also wird auf seinen Primus mit den funkelnden Aufsätzen aufmerksam, und zieht ihn zu Hilfsarbeiten heran. Läßt sich rasch ein paar Prosahymnen dans le genre du Ossian aufs Papier werfen; oder, wenn er, überlastet, keine Zeit mehr hat, den eben laufenden Roman zu Ende schreiben.

B.: Ts : welch ein Mißbrauch, welche Vergeudung eines großen Talentes!

A.: Achwas ‹Vergeudung›. Und was ist bei einem 17=18jährigen schon von ‹großem Talent› die Rede? Neinein. Und Tieck greift auch, sehr richtig, zu : er erlernt, billig und gründlich, ein gut Teil des handwerklich Mitteilbaren. Korrekturenlesen. Umarbeiten von ausländischen Vorlagen. Rasche Erledigung von Gelegenheitsaufträgen. – Alles Dinge, die auch der große Dichter können muß ...

B. (befremdet): Wieso ‹*muß*›?

A.: Weil er *leben* muß, Verehrtester! Die edlen und freien Künste des Essens, Verdauens und Atemholens betreiben : die ersten 10 Schriftstellerjahre eines armen begabten jungen Mannes sind nichts, um dabei liebevoll zu verweilen! / Nein : diese Schulung durch Rambach war sehr nützlich für Tieck. Wer dereinst die geisterhafte Leistung vollbringen soll, sich & nicht=nur=sich von den Revenuen seiner Stahlfeder zu erhalten, kann sich gar nicht früh genug wappnen. Und Tieck hat sich trefflich gewappnet! Das sollten später, zu ihrer Bestürzung, selbst graubärtig=gerissene Verleger erfahren : er hätte auch einen guten Business=man abgegeben.

B. (seufzend): Lassen Sie uns weiter – nicht gehen, sondern eilen : ich finde das immer so unerquicklich ...

A. (sich höflich erkundigend): ... daß ein Dichter nicht nur Busch & Tal mit Nebelglanz zu füllen hat; sondern auch sein Portemonnaie, und die Cloaca maxima seiner Behausung? Freund, was Ihnen vorschwebt, sind ‹Fliegende Köpfe›. – / Der Rambach'schen Wörterfabrik wird er durch ein kurz=dissolutes Studium entführt: Halle=Göttingen=Erlangen=Göttingen; rund 2 Jahre.

B.: Warum nannten Sie es, mit unüberhörbarem Unterton, ‹dissolut›?

A.: Einmal, weil es für Dichter keine ‹Höheren Schulen› gibt – immer noch keine. – Und dann, weil speziell im Falle Tieck sein Studium nichts ‹erbrachte›; nicht nur nichts greifbar=Akademisches – mit 50 ernannte ihn dann Breslau zum Doktor h. c.; er nahm es an : er brauchte eben eine bürgerliche Beglaubigung für Dresden – sondern erfuhr auch keine ‹Innere Bereicherung›. Das Wichtigste war noch, daß er in den jeweiligen Großbibliotheken eine Art Lesekursus eigener Wahl durchführen konnte.

B.: Und nun nennen Sie doch endlich einmal den Namen Wackenroder, ja?

A. (unwillig): Nu schön : Wilhelm Heinrich Wackenroder. »Ein Mensch von solcher Lieblichkeit« schwärmt Ricarda Huch, »daß das zarteste Wort zu plump scheint, um sein Wesen zu bezeichnen.« / Ich vermag all diese Halbkinder nicht zu verehren; von denen letzten Endes kein

Mensch weiß, was sie wirklich hätten leisten können – *(halblaut):* Beziehungsweise, man weiß es meist nur zu gut : sie sind für ihren literarischen Ruf genau zur rechten Zeit gestorben; diese – und Sie dürfen getrost wieder Ihr ‹Racha› schreien – diese Wackenroder, Hölty, Novalis . . .

B. (erschöpft=entrüstet): Also jetzt bekommen Sie tatsächlich bald Ihren Sanbenito verpaßt : haben Sie einmal des Novalis ‹Fragmente› sorgfältig gelesen ?!

A.: Leider ja : das ist doch Alles Mehl ! Kein Brot; nicht einmal Bröt=*chänn.* / Und nun speziell dieser androgyne Wackenroder hier : wessen seine gerühmte Feinfühligkeit fähig war, geht aus seinem, uns heute unbegreiflich albernen Protest gegen das von Tieck frisch eingeführte Wort ‹Waldeinsamkeit› hervor : das müßte er wieder streichen; es sei »undeutsch, unerhört, und durchaus nicht zu gebrauchen« ! – *(abfällig):* Seitdem weiß ich, wer Wackenroder war; und wenn die Huch noch so feinsinnig schwärmelt. Gottlob hat er in praxi so gut wie keinen Einfluß auf den realistischen Tieck ausgeübt.

B.: Darf ich Sie mit dem ‹Sternbald› widerlegen ? Oder den ‹Betrachtungen eines kunstliebenden Klosterbruders› ?

A.: Zumal mit dem letzteren : brüllt nicht schon der Titel förmlich vor un=Tieckischer Weltfremdheit ? Diesen Beiden spürt man, das gebe ich Ihnen gern zu, Wackenroders Einfluß an : und Sie haben folglich 2 von Tiecks dürftigsten Stücken genannt !

B.: Was noch zu untersuchen wäre. – Aber Tieck kommt erst einmal, ungefördert, von den Universitäten zurück – was hatte er übrigens offiziell dort studieren sollen ?

A.: Theologie – wie Mütter es sich so gern von den Söhnen träumen. Und was Tieck, erst andeutungsweise, dann in aller Offenheit, zu tun ablehnt. Als er zurückkehrt, ist er mit den Eltern.zerfallen; denn der biedere Vater ist ebenfalls gußeisern genug, den Sohn, der so gefährlich zum Literaten= und Komödiantentum, kurz allen ehrenrührigen Brotlosigkeiten, tendiert, vor die bekannte Wahl zu stellen. Und schon kommen Tieck ein erstes Mal die erworbenen Kenntnisse zustatten : achselzuckend verläßt er das mit Recht so genannte Vaterhaus, und mietet sich eine Sommerwohnung vor dem Rosenthaler Tor. 1 bestätigend=bezeichnender Zug : die Schwester zieht sofort zu ihm !

B. (seufzend): Schade. Warum benehmen sich Eltern nur immer so albern ? Anstatt stolz zu sein.

A. (boshaft): Das sind sie dann gern ‹hinterher›; wenn das Kind es trotz ihnen geschafft hat : dann breiten sie strahlende Hände nach allen Seiten : *Mein* Sohn !! – / Tieck hat inzwischen eine ganze Anzahl Dichtungen nicht nur entworfen, sondern auch ausgeführt; als Hauptstück den kleinen Roman ‹Abdallah›; und ihn einem bekannten und rührigen berliner Verleger eingereicht : einem sehr merkwürdigen, und längst noch nicht gewürdigten Manne : wer Nicolai war, das weiß noch Niemand!

B. (abfällig): Ausgerechnet dieser Urvater der Vernünftigkeit? – *(lebhaft):* Oh, daran erkenne ich Sie wieder einmal : Novalis abwerten; aber Nicolai erhöhen ...

C.: Gleich der erste Eintritt bei ihm war sonderbar : Nicolai, ein hagerer trockener Mann, war im eifrigen Gespräch mit seinem Sohne Karl und Bernhardi ...

A. (erläuternd hineinmurmelnd): ... Derselbe, der dann später Tiecks Schwester heiratete ...

C. (fortfahrend): ... Ihre Unterhaltung schien fast unverständlich. Sie bewegte sich in Schiller'schen Reminiszenzen. Und endlich bemerkte Tieck, daß Jeder in einem angenommenen Charakter spreche. Sie improvisierten 1 Scene aus dem ‹Don Carlos› : der alte Nicolai stellte den König Philipp, sein Sohn den Don Carlos dar; Bernhardi sprach im Tone des Marquis Posa. – *(nachdrücklich):* Es war überraschend, den kühlen nüchternen Kunstrichter und Buchhändler in einem phantastischen Spiele dieser Art zu finden!

B. (betroffen): Das überrascht mich freilich auch. Das hab' ich nicht gewußt.

A.: Kennen Sie denn *überhaupt* etwas von Nicolai?

B. (Kleine Pause. Dann, ziemlich kläglich): Nein.

A. (mit bösartiger Höflichkeit das Geständnis übergehend): Nicolai senior wie junior sind Verleger; Beide bringen laufend Arbeiten aus Tiecks Feder. – Diese scheiden sich organisch, und leicht zu merken, in 2 Gruppen; die erste ist die der schwarzen Jugenddichtungen ...

E.: So wie ein trüber Abend im September, / mit feuchtem Nebel, regenschwangren Wolken, / die schwer vom Himmel hangen – also wird / Euch dies Gedicht durch das Gedächtnis ziehn.

A.: Das Motto trifft für sie alle zu; für das Schicksalsdrama des ‹Carl von Berneck›; den umfangreichen Briefroman vom ‹William Lovell› – »ziehende Vögel spotten seiner in der Ferne. Wolken sammeln sich um den Mond, und nehmen ihn weg« : ‹Lovell› ist besser, als Ihr vorhin beliebter ‹Sternbald›. Und endlich das gräßlichste aber poetischste Stück, der ‹Abdallah› : das sind Tiecks ‹Räuber› ! Und für die etwas kindliche Fabel entschädigen zahlreiche Wortfunkeleien; etwa die Art, wie er, wechselnd mit der Stimmung des Helden, die Landschaft mitspielen läßt ...

C.: Ein Regen rauschte in den nahen Bäumen; durch den fernen Wald wandelte der Sturm dumpf murrend. ... / Er drängte sich durch die Labyrinthe der Gebüsche, und tappte in der wüsten Nacht mit den Händen umher, um den verborgenen Pfad zu entdecken. Rauschend jagten sich Wolken durch die hohen Baumwipfel; die Sterne weinten kalten Thau herab; Sturmwinde spielten heulend im dichten Walde. Abdallah stürzte oft gegen Bäume, und fuhr durch rasselnde Gesträuche. Flimmernde Lichter führten ihn oft trügend tiefer in den Wald hinein, wo ihm die Nacht noch dumpfer entgegenkam. Endlich trat er auf die Heerstraße.

A.: Schlimme Zeit, schlimme Zeit. – Wie anders dagegen, wenn es zum Rendezvous mit Zulma geht ...

D.: Abdallah sprang rasch in den Nachen, nahm das bunte Ruder, und fuhr in den glatten Strom hinein. Der Fluß schien ein Becher voll goldenen Weins, in tausend Schimmern rieselten die Wellen durcheinander, Wolken durchzogen abspiegelnd den Fluß, und kleine schießende Goldwellen jagten ihrem silbernen Saume nach. – Er landete und verbarg den Kahn im hohen Schilf, das säuselnd seine grünen Schwerter im Mondstrahl blitzen ließ, und unaufhörlich gegen Abendfliegen kämpfte.

B.: Ganz nett als ‹Jünglingsdichtung›. Aber ansonsten das Übliche : mangelnder Stoff und unzureichende Lebenserfahrung ersetzt durch ‹Stimmungen›.

A.: Zugegeben; aber für den Entwicklungsgang muß man die Stücke kennen. – / Was die zweite Gruppe der Arbeiten seiner damaligen Zeit angeht, so muß eine ganz knappe Vorgeschichte erzählt werden : Nicolai führte unter seinen zahlreichen Verlagsartikeln auch kleine, billige Romanreihen – ‹Taschenbücher› würden wir heute sagen. Eine Serie hieß ‹Straußfedern›; brachte anspruchslose ‹moralische› Literatur; zum Teil diebisch=freie Bearbeitungen englischer und französischer Unterhaltungshistörchen; und als Herausgeber war zuerst der bekannte Musäus gewonnen worden; nach Dessen Tod übernahm Müller die Redaktion ...

B. (schnell): ... Und zwar welcher der endlosen Müller=Miller=Müller ? Man kann sich da ja nur noch durchfinden, wenn man, unladylike aber nützlich, Jedem einen erhellenden Spitznamen aufheftet.

A.: Dies hier war der ‹Itzehoer=Müller›; der mit dem ‹Siegfried von Lindenberg› : lesen Sie den mal wieder. – *(bestürzt):* Wieso bin ich heut so höflich ? : ‹wieder› ... : Ich muß krank sein ! / Müller verlor jedoch bald die Lust an der öden Redakteursarbeit; und nun gelang es Nicolai, Tieck dafür zu gewinnen.

B. (einschränkend): So würden wir *heute* sagen : wo wir die Größenverhältnisse überblicken. Damals wird vielmehr Tieck froh gewesen sein

– mußte er doch seinen Lebensunterhalt verdienen, um den Alten zu überstarrkopfen – daß der bekannte Verleger ihm eine beliebte Reihe anvertraute.

A.: 3 Jahre lang hat er die Redaktionsgeschäfte geführt. Das ihm zur Verteilung zur Verfügung stehende Gesamthonorar blieb großenteils ‹in der Familie›; denn seine Schwester und deren späterer Mann, Bernhardi, halfen ebenfalls munter die Bände füllen. Natürlich war es oft nur hastige Pfuscherei – das verkennen die Herren, Verleger wie Leser, ja grundsätzlich, diese einfachste aller Wahrheiten : wenn ich 100 Mark zahle, erhalte ich eine 100=Mark=Arbeit. Gebe ich tausend : je nun, dann kann der Autor 1, 2 Monate daran wenden; und liefert mir folglich eine Tausend=Mark=Arbeit ab!

B. (trübe): Und das hatte Tieck ja leider – Sie deuteten es schon überflüssig ernüchternd an – bei Rambach gelernt, diese geschäftsmäßige Auffassung der Dichtkunst. Er hat also, wenn ich recht verstehe, ‹wacker› seine 100=Mark=Arbeiten abgeliefert?

A.: Auch solche; versteht sich. – Aber nicht *nur!* / Sie hörten eingangs die Beschreibung einer abendlich=damaligen Großstadt : die war aus einer ‹Straußfedergeschichte›. Nette Experimente finden Sie darin : eine kleine Liebeserzählung in Briefen, doppelspaltig gedruckt, immer ‹Sein› und ‹Ihr› Brief einander gegenübergestellt. Oder die ‹Gelehrte Gesellschaft›, wo ein Gedicht Wackenroders satirisch auseinandergenommen und dann seine Wirkung geschildert wird : der Eine ist begeistert; der Andre schüttelt mit dem Kopf; der Dritte lacht aus vollem Halse; ein Vierter weint – und dann erzählt Jeder, zur psychologischen Begründung seines Verhaltens, das Erlebnis, dessen Erinnerung ihn dazu veranlaßte : ganz scharmant gemacht! Der ‹Peter Leberecht›, obgleich vielfach platt, ist immer lesenswert; der ‹Tonelli› stellenweise prachtvoll grotesk; der ‹Geheimnisvolle› eine Studie in Eitelkeit. Berend's Urteil – eine Halb=Autorität für Tieck – daß man dem Dichter ob dieser Arbeiten »recht gram werden« könne, ist völlig schief gesehen : einmal hat er, wie alle diese pensionsberechtigten zweitausend=Mark=Monatsgehältler, keinerlei menschliches Verständnis für die Notwendigkeit der erwähnten 100=Mark=Arbeiten; und außerdem geht er von der vorgefaßten falschen Meinung aus, Tieck sei hochromantischer Blaublümler, und gar kein berliner Kind, das mit beiden Sohlen fest auf dem Tempelhofer Feld steht.

B. (mißtrauisch): Hören Sie – ich will nicht hoffen, daß Sie, um der lieben Originalität willen, hier den Spieß umdrehen, und behaupten wollen : Tieck sei gar kein Romantiker?

A. (fest): Schlicht : Ja ! – Tieck ist ebensowenig ‹Romantiker›, wie ETA Hoffmann.

B.: Das soll mich aber doch wundern : wie Sie die jetzt kommende Produktion, vom ‹Blaubart› und ‹Blonden Eckbert› an, umzuwerten gedenken.

A.: Darf ich, als Abschluß dieser ersten berliner Epoche, noch 1 artiges Factum beibringen ? – : Kluge Kritiker hatten mehrfach die Wendung gebraucht, Tiecks Stücke seien nicht mehr für den gewöhnlichen Leser geschrieben, sondern schon für den ‹Höheren Menschen›, der Bildung suche. Weil nun damit gerade *die* Erzählungen Beifall fanden, die Nicolai *nicht* schätzte, verramschte dieser in seiner Wut Alles, was er von Tieck in Verlag hatte, unter dem vorgedruckten Titel von ‹Sämmtlichen Schriften›; und mit der witzigen Rechtfertigung des stark herabgesetzten Preises : »daß nun auch der unbemittelte Höhere Mensch in den Besitz dieser trefflichen Werke gelangen könne.«

B.: Boshaft genug : so kam ungewollt eine erste Gesamtausgabe zustande ?

A.: Da Tieck der finanziell Geschädigte war, strengte er umgehend einen Prozeß gegen Nicolai an. Und so geschickt führte er seine Sache; so beweisend waren die zahlreichen Briefe der beiden Nicolai, die er sich unauffällig, anstelle von Verträgen, hatte schreiben lassen – : daß der alte, erfahrene, mit allen Wässern gewaschene Großverleger den Prozeß prompt verlor !

C. (spöttisch triumfierend): So wie ein Weiser schloß er seinen Lauf. / Wohlthätig war er, thätig wohl zum Guten. / Dem freien Geist konnt' Alles man zumuthen; / gebildet war er und gekläret auf.

(Gong 1)

A.: Zu einer befriedigenden Erklärung des Phänomens der, völlig irreführend mit dem Namen ‹Romantik› belegten, Seelenlage & Geisteshaltung, muß eine politisch=militärische Betrachtung vorausgeschickt werden.

B.: Das wäre ! – Ich hätte eher eine volkskundlich=religiöse erwartet.

A. (unbeirrt): Alle unsere ‹Romantiker› – Sie hören, ich spreche diesen falschesten aller Begriffe bereits in Anführungsstrichen – sind um 1775 geboren. Sind also Schulkinder, als das Ereignis losbricht, mit dem die ‹Neuzeit› eigentlich beginnt : die französische Revolution von 1789. Und von nun an erlebt jene Generation *sechs=und=zwanzig Jahre Krieg :* bis 1815. – / Erlebt Einquartierung; Durchmärsche von Truppenteilen;

Plünderung; Brandstiftung; Besoffene fuchteln und knallen aus Pistolen; Emigranten betteln sich durch, und man gibt ihnen hastig=zerstreut: bald wird man ebenso gehen, als gehobener Zigeuner. Hastige Ausweichreisen tut man von heut auf morgen : um Heerhaufen und anrückende Armeekorps herum. Inflationen kommen; ‹Währungsschnitte›, ‹Reduktionen›, oder wie die, von Regierungsseite flink ersonnenen Fachausdrücke alle lauten : gemeint ist ein Skelett, das sich mit einem Bündel Banknoten fächelt! Sie Alle haben in Kellern gesessen, auf dem Manuskriptköfferchen, und dem Bombardement=oben gelauscht. Haben altererbtes Hab & Gut in Minuten vergehen sehen, wie Rauch vor starken Winden...

B. (abwehrend einfallend): »Schmeiß'n raus; er zerreißt mir's Herz!« – wie Rothschild seinem Diener hinsichtlich jenes jammernden Bettlers befahl. / Also schön. Rund 30 Jahre permanenter Mobilmachung und Weltbrände sind für den 3. und 4. Stand verheerend; wir wissen es aus eigener Erfahrung. Die Reichen freilich haben immer noch 1 Schloß ‹zum Ausweichen›, so ‹Güter im Posenschen› – außerdem werden sie bei einer etwaigen Entschädigung immer *zuerst,* mit den größten Summen, bedacht : weil Sie ja auch am meisten verloren haben, wie? : es lebe die Logik! – Und für den geborenen Desperado ist Krieg ja ‹Erfüllung›; gewissermaßen eine Fortsetzung seines angestammten Metiers mit vollkommenerer – und legitimierter! – Ausrüstung. / Aber folgern Sie erst einmal weiter...

A.: Das dritte unstabile Menschenalter für Deutschland ist angebrochen – zuvor schon 30=jähriger Krieg; und der von 1740–63 : die wurden ihrerzeit noch relativ ‹sprachlos› ertragen : noch hatten 3. und 4. Stand kaum Lesen und Schreiben gelernt; zumindest nicht in einem, zahlenmäßigen, Ausmaß, daß gemäß der Wahrscheinlichkeitsrechnung sich genügend repräsentativ=unüberhörbare Sprecher hätten ergeben können. / Das ist um 1800 anders geworden; der ‹Mittelstand› ist nunmehr ‹gebildet›; Reporter, Zweifler, Sänger sind ausreichend vorhanden. Über dem vibrierenden, Lava Flammen Geiser und Rauch ausstoßenden Boden des politischen Geschehens, bildet sich treibhaushaft schnell und tropenbunt, echt Yellowstone, die Vegetation der ‹Romantik› : die Seelenlage des Emigranten wird als die des ‹Künstlers überhaupt› erkannt und akzeptiert; und man handelt und schreibt dementsprechend :...

B.: Stop! : Erster Einwand : den von Ihnen hergezählten – unleugbar vorhandenen – ‹äußeren Einflüssen› waren aber doch *Alle* unterworfen... *(mit Nachdruck):* zum Beispiel : unsere Klassiker!

A.: Zum Teil gewiß. Aber in Bezug auf sie ergibt sich eben auch sogleich unangenehm=Neues : ‹unsere Klassiker›, Goethe leider wie immer an der Spitze, sind unrealistisch. Suggerieren sich selbst, angesichts eines dreißigjährigen Chaos, die, selbst in Friedenszeiten absurde, Illusion einer stabilen Welt; und fordern auch ihre Leser auf, sich davon verführen zu lassen – was der Bürger natürlich sogleich begeistert tut : 99 % der Leserschaft wollen ja nicht die Realität abgebildet haben; sondern an formvollendeten Feiern teilnehmen, zu Ehren einer Daseinsstabilität, *die nicht da ist*. ‹Klassizismus› ? : das ist die Bezeichnung für eines von mehreren, angeblich unfehlbaren Verfahren, das uns umgebende und durchdringende Chaos dadurch zu beseitigen, daß man es . . . *(mit schön vornehmem ‹o›):* ‹Kosmos› nennt.

B. (nachdenklich): Es ist wahr : Goethe *war* im Alter verdammt staatserhaltend. – *(munter):* Aber Ihre Ketzerei von den »unrealistischen Klassikern« nehm'ich mir mit nach Hause : damit kann man noch Manchen schockieren.

A.: Begreiflicherweise wird diese Klassiker=Theorie von stabiler edler=Einfalt stiller=Größe sehr vom Staate gefördert : ist sie doch die Voraussetzung für jeglichen ‹Beamtengeist› – eine andere Technik des ‹make=belief› – der ja auch auf der Voraussetzung beruht, daß man dereinst, nach 40 wohlangewandten Dienstjahren, dann im Genuß einer ‹Pension› wie in Elysium dahinleben werde. Wenn man freilich vorher ‹fällt› – tja, dann ist das eben Gottes unerforschlicher Ratschluß; und ‹der Familie› kommt's trotzdem zugut. / Aber zurück zum Dichter : das muß Jeder für sich selbst entscheiden, ob er ehrlich sein will – oder aber ‹Klassiker›.

B.: Und ‹ehrlich› heißt Ihnen eben, wie ich nunmehr annehme, die Einstellung der ‹Romantiker› ? – Was man nicht Alles im Leben hört. – *(wie beiläufig):* Daß der allgemein kursierende Begriff von Romantik Ihnen entgegensteht, haben Sie noch nicht ganz vergessen ?

A.: Die Romantik, mit ihrer verschrieenen ‹Sprunghaftigkeit›, ihrem ‹Leichtsinn›, ihrem scheinbar kindlichen ‹Zauberwesen› – achwas, verwenden wir doch die gängigen Germanistenwitze : ‹romantische Ironie›, ‹Willkür›, ‹poetische Ungerechtigkeit› ! – ist vielmehr der Ausdruck des *verwegensten Realismus* in Lebensführung und Kunst. Die zugrunde liegende Erkenntnis : daß alles Dasein ein lebenslängliches Hakenschlagen ist, vor der Gefahr des Gefressenwerdens, ist mit nichten ‹oberflächlich›; wer sein Leben dementsprechend einrichtet, mit nichten ‹leichtfertig›; und der Dichter endlich, der dies Chaos redlich abzubilden unternimmt, mit nichten ‹verantwortungslos› !

B.: Achso : Sie deuten die Romantik als den bewußten Versuch, für die Überzeugung von der Instabilität der Welt, wie des Einzellebens, den künstlerischen Ausdruck zu finden : thematisch, formal, sprachlich.

A.: Das ist schon fast richtig. – Die gleichzeitigen und späteren ‹Völkischen› und ‹Vaterländler› haben genau das als Merkmal ‹wurzelloser Asfaltliteraten‹ verlästert . . . *(bedeutsam):* es wäre sogar möglich : daß man die Romantiker allmählich, bewußt und systematisch, zu belanglosen Märchenerzählern degradierte; zu liebenswürdigen Trotteln, die man nachsichtig lächelnd in einer ‹blauen Stunde›, und versonnen, zur Hand nimmt. Denn in Wirklichkeit waren die Romantiker ‹*gefährlichste Leute*› – vom Gestapo=Standpunkt aus : ausdauernd=labil; peinlich wohlversehen mit der Gabe, den Widersinn von Regierungsmaßnahmen mit dem Widersinn der Kunst zu kontern; der tapfere dünne Lärm zwischen den Felsenzähnen des Daseins.

B. (angespannt): Also wäre die sogenannte ‹romantische Willkür› nur die bewußte Bejahung des Chaos ?

A. (ungehalten): Das müßte schon ein sehr böser Bube sein, der das Chaos ‹bejahte› ! – Oh nein. Die Romantiker sind nur zu klare Köpfe, um in den wüsten Weichselzopf der ‹Geschichte› oder den Rattenkönig eines ‹Einzellebens› etwas wie ‹Sinn› oder gar ‹Leitung› hineinzugeheimnissen : sie sehen ein sinnloses, rein zufälliges Spiel. Und rächen sich an ihm auf die menschlich=rühmlichste Weise : sie beschreiben das Chaos mit einer solchen Kunst und boshaften Ausführlichkeit, daß – falls das Chaos sich selbst einmal satt kriegen und aufhören sollte – man es immer noch aus ihren Werken rekonstruieren könnte.

B.: Erst noch dies : wir arbeiten immerfort mit dem Begriff ‹Romantiker› : Wen rechnen Sie eigentlich, Ihre Theorie zu stützen, dazu ?

A.: Ich unterscheide zwischen ‹echten›, ernstzunehmenden Romantikern; und solchen, die lediglich die – dem Mittelmäßigen besonders leicht fallende – ‹neue mode› mitmachten. Echte Romantiker, das heißt wirkliche Könner; und die zudem ein so umfangreiches Gesamtwerk hinterlassen haben, daß man urteilen kann; kenne ich nur 4. Der künstlerischen Rangordnung nach : Tieck Hoffmann Brentano Fouqué; der Wirkung in Deutsch= und Ausland nach : Fouqué Hoffmann Tieck Brentano.

B. (einwendend): Eichendorff ?

A. (ablehnend): Epigone. Regierungsrat, der mit dem romantischen Apparat spielt : typisches Geplätschere, noch das Beste mit dem kurzen Atem des Lyrikers. – Ich beraube mich übrigens selbst, daß ich ihn zur Beweisführung nicht mit heranziehe; aber seine Kurzwaren=Buntheit ist ‹Mache› und unorganisch.

B. (wie zuvor): Die Schlegel ?

A. (ebenso): Beide nur Theoretiker, also Leute 4. Ranges. / Ich will Ihnen helfen : also weder Novalis noch Arnim noch Hauff. Höchstens noch Werner und Schefer.

B.: Und natürlich besonders beweiskräftig, weil kein Mensch sie kennt.

A.: Und weswegen ich sie heute auch noch nicht heranziehe. – Aber rasch, in irgendeiner Reihenfolge, der Beleg für die Abbildung des Chaos durch die Großen Vier : Fouqué ? die endlos verschlungenen Riesengobelins seiner Ritterromane : immer ist Krieg Wirrwarr Schwerter klirren gegen Zauberstäbe. / Brentanos vielberufene ‹Zerfahrenheit›. / Hoffmann : ist da etwa ein ‹Bekenntnis zur Ordnung›, wenn Hexen und Zauberer jeden Augenblick Unfug pfuschen können ? ! / Und Tieck ? – Nun; das machen wir noch ganz ausführlich.

B.: Sehr wohl : ich bitte ausdrücklich um diese ‹Ausführlichkeit›; damit wir uns nicht in einzelne, und sei es noch so elegante, Formulierungen verstricken.

A.: Darf ich, um Sie mit dem anscheinend bestürzenden Fänomen vertrauter zu machen, auf den uns noch=nahen Expressionismus hinweisen ? : auch hier eine zutiefst erschütterte Kriegs= und Nachkriegsgeneration. Auch er die künstlerische Aussageform Derer, denen die Welt jahrelang entscheidend gewankt hat, und die ihr dieses Wanken nun mit mißtrauischem Realismus vergelten : vermittelst Verkündung der neuen Einsicht, daß Leben und Biwakieren unangenehme Ähnlichkeit miteinander haben. Es ist schon die gleiche vertrauteste Wirrnis; dieselbe Überanstrengung der Sprache, von der genialsten Züchtung bisher ungepaarter Worte an, bis hin zum Zungenreden und skid=talking.

B.: Oh, da ist aber doch ein beträchtlicher Unterschied . . .

A. (unterbrechend): . . . nämlich der : zwischen 1800 und 1910 hatte der 4. Stand nunmehr reden gelernt. Das heißt der, der die eigentlichen grausamsten Lasten zu tragen hat : der die Soldaten stellt; und die überwachten Arbeiter der Rüstungsindustrie; die hageren Schneeschipperinnen; und die Flüchtlinge zu Fuß.

B.: Also mußte sogleich der Ton entscheidend lauter sein; noch kräftiger, noch rücksichtsloser. Denn wenn die Romantiker auch viel durchgemacht haben mögen : sie kannten doch weder Schützengraben noch Trommelfeuer aus eigener Erfahrung. Soviel ich weiß, ist doch lediglich Fouqué, und auch er zumeist in Friedenszeiten, Soldat gewesen.

A.: Jetzt zum ausführlichen Beleg der vorgetragenen Thesen : jetzt zu Tieck=selbst . . .

(Gong 2)

(In der folgenden Szene sind die Stimmen leicht verstellt, und so verteilt : E. spricht halblaut=eindringlich die Regiebemerkungen / A., ältlich und resigniert den abgedankten König / B.=Curio, und C.=Leander sind gefällig=charakterlose Höflinge)

E.: Zimmer im Palast. – Leander und Curio, Höflinge, beschäftigt, bleierne Soldaten in Ordnung zu stellen : der vorzüglichste darunter ist ein Reiter, des alten Königs Liebling. – Der König . . .

A.: Nun wollen wir also die Generale zusammenstellen, und ein Schicksal machen.

E.: Curio . . .

B.: Ein Schicksal ?

E.: König . . .

A.: Ja. Ich zähle immer Funfzehn ab; und wen die Zahl funfzehn trifft, bei dem bedeutet's, daß er todt ist – und sodann immer weiter.

E.: Leander . . .

C.: Warum aber gerade funfzehn, mein König ?

E.: König . . .

A.: Das könntest Du auch bei jeder andern Zahl fragen. – *(schwerfällig und trübe zählend):* . . . zwölf; dreizehn; vierzehn : funfzehn : hier : dieser Husar ist todt. – Fahr fort, Leander.

C.: . . . . ä=dreizehn. Vierzehn funfzehn : – – *(entsetzt):* Der Reiter ! !

E.: Der König, erschüttert . . .

A.: Oh weh ! Der schönste Mann geht zur Vernichtung ! – / Ach ja. Das Schicksal kehrt sich nicht an Kronen; / an Schönheit, Reichthum, an Talente nicht. / Die unerbittlich blinde Hand, gelenkt / von einem dunkeln, räthselhaften Willen, / greift unversehns hinein, und führt die Beute / zum Orkus, ohne sie nur zu betrachten. / Wenn wir die ‹Funfzehn›, die geheime Regel / der Mächte doch erforschen könnten, die / wir nur ‹die himmlischen› zu nennen pflegen, / weil ‹himmlisch› uns das Unbekannte ausdrückt.

(Gong 2; Stimmen wieder normal)

A.: Und, damit auch nichts fehle, hinterher noch das Satyrspiel der erschöpften Höflinge : dem Einen fällt den ganzen Abend nichts mehr ein, als die Zahl Funfzehn; der Andere verzweifelt daran, je wieder in gehöriger Ordnung bis funfzehn zählen zu können : so oft habe er's heute tun müssen.

B.: Und Sie sehen in dieser possenhaften Szene also nicht nur tolle ‹romantische Ironie› ?

A. (berichtigend): Die ist lediglich die witzig=bittere Abbildung der Ironie des Daseins. Wenn 1 launenhafter Frost über Nacht ganze blühende Obstbaumwälder ruiniert ? : Funfzehn.

B.: Und anstelle der ‹poetischen Ungerechtigkeit›, von welcher Profession zu machen man die Romantiker ebenfalls beschuldigte, sagen Sie . . .

A.: Eine ähnliche Erschleichung ! Denn es handelte sich schließlich um nichts weiter, als die längst fällige Anpassung der Poesie an das Leben : *wir* sollten doch wahrlich belehrter sein; und es nicht leichthin durch die grillenhafte Bosheit eines Dichters erklären wollen, wenn sein ‹Held› aus einem KZ ins andre verfrachtet wird. Es wurde um 1800 wirklich allmählich Zeit, daß man diese berufene ‹Sinnlosigkeit› – die Werfel oder Döblin oder Mann durch die Länder gehetzt werden läßt – als eines der typischen Kennzeichen des Lebens begreifen lernte : hören Sie speziell hierzu die, nur scheinbar skurrile, Szene aus ‹Däumchen›; entstanden 1811, als man wieder einmal vor lauter ‹Ausweichen› und Soldaten nicht mehr wußte, wohin treten . . .

(Gong 2. – E. wieder die Regiebemerkungen / B., elegisch und ausdrucksvoll, immer sorgsam das Versmaaß beachtend, und elegisch=bühnenhaft hervorhebend, als Semmelziege / A. als Botaniker Alfred / C. ein weiterer Freund Semmelzieges, Persiwein.)

E. (halblaut): Alfred und Persiwein, die Botanisierenden, sehen, unten aus dem Tälchen herauf, Etwas durch die Luft emporsteigen, und schwebend sinken. – Wieder hebt sich die Gestalt, und höher diesmal – landet zu ihren Füßen : Semmelziege ist's ! Hofrath und Dichter; und klagt den Freunden das Poetenschicksal . . .

B.: Vernehmt ! – : da unten wohnt in kleiner Hütte, / versteckt von Weiden, Birken, hellen Buchen, / ein Bösewicht, der mit dem fremden Heer / zum wilden Krieg, der unser Land verheert, / an dieses Ufer trat; wild, ungebändigt, / entwich er von der Schaar als Marodeur, / ließ sich in dieser Wildnis nieder; raubt; – / und als ich einst am schönsten Frühlingsmorgen / den Hain durchirrend wilde Blumen breche . . .

E.: Alfred, ihn unterbrechend . . .

A.: Giebt's auch Pilze dort ?

E.: Semmelziege . . .

B.: Rothgesprenkelte, blaugesprenkelte, und die grauen ebenfalls.

E.: Alfred . . .

A.: Sind eben nicht die seltensten. Ich habe da einen, der sich aus tausend Ästen und Röhren verbreitet, ganz fleischfarbig, ein seltner Fund.

E.: Persiwein . . .

C.: Nun ? Und da ? Wie ging Dir's weiter ?

E.: Semmelziege . . .

B.: Da gerieth ich in dieses Revier, den Blick zur Sonne gewendet, eben darüber denkend : wohin diese unendlichen Lichtmassen, welche dies Gestirn ausstrahlt, gehen; und was aus ihnen wird, da die Ökonomie der Schöpfung doch nichts umkommen läßt . . .

E.: Alfred, ihn unterbrechend . . .

A.: Sieh, das ist einmal ein vernünftiger Gedanke ! Hast Du oft solche luminösen Augenblicke ?

E.: Semmelziege . . .

B. (tragisch): So verloren in denkendes Staunen fühlt' ich plötzlich eine Faust am Genick – der Bösewicht war's ! Er schleppt' mich in sein Haus; betrachtet mich von allen Seiten; und lacht am Ende über mich : Nicht will ich Dich ermorden, spricht er endlich, / dazu bist Du mir zu gering. – Doch schien ich / dem Wüthrich nicht zu schlecht, ein zeitverkürzend / vermaledeites Spiel aus mir zu machen. – / In seinem Garten, welcher niedrig, feucht, / weich und morastig leicht bei Regenwetter, / da liegt ein Block, auf ihm ein langes Brett, / der Spielplatz ihm in den Erholungsstunden; / der Ungebildete, gleich niedern Buben, / hat hier wohl oft den Frosch hoch aufgeschnellt. / Gleich faßt er im Gemüthe den Beschluß : / mich auf des Brettes vordre Kante setzend, / drauf hinten mit der Keule heftig schlagend, / zu seinem Spaaß mich in die Luft zu schleudern : / hoch steig' ich ! –

In den Garten fall' ich nieder / auf weichen Grund. Zurück ihm muß ich eilen. / Und wiederum beginnt der schlechte Scherz. / So dien'ich ihm schon 8 und 40 Wochen, / und doch ist er der Albernheit nicht satt. / Bald ging mein Kleid in dieser Übung auf – / da steckt er mich in diesen Bauernrock : / Das war's, was Ihr erst in der Luft gesehn; / das war mein böser, himmelhoher Schwung.

E.. Alfred . . .

A.: Nicht wahr, es giebt einen verfluchten Preller, wenn das Brett so gegen den Hintern schlägt, und die Erschütterung Dich in die Luft führt ?

E.: Semmelziege . . .

B. (gramvoll=rhythmisch): Dies sagt Dir wohl die eigene Vernunft.

E.: Alfred ...

A.: Je nun; man unterrichtet sich doch gern. – Geht's immer gleich hoch?

E.: Semmelziege ...

B. (wie zuvor): Manchmal erlahmt dem Wüth'rich selbst die Kraft.

E.: Alfred ...

A.: Läßt sich denken. Er macht sich wohl hauptsächlich nach Tische die Motion?

E.: Semmelziege ...

B. (wie zuvor): Meist, wenn beginnt des Tags Gestirn zu sinken.

E.: Alfred ...

A.: Nicht unvernünftig. – Heut ist es ja aber noch Morgen?

E.: Semmelziege ...

B. (wie zuvor): Den Wilden regt die Laune plötzlich an.

E.: Alfred ...

A.: Natürlich. Solch Volk hält in nichts Ordnung.

(Gong 2)

A.: Nicht nur das ergötzliche Feuerwerk, das sich ergibt, wenn Geister und Geistlosigkeiten aufeinander platzen; sondern alle uns geläufigen Elemente politischer Grausamkeit sind implicite vorhanden. Es gehören lächerlich flüchtige Kenntnisse à la Gundelfinger dazu, in Tiecks Schaffen ‹Brüche› erkennen zu wollen: er war immer ‹Realist›; hat immer nervös an Autoritäten gerüttelt.

B.: Man braucht eigentlich nicht mehr groß zu fragen, wie er ‹dem Militär› gegenüber stand?

A.: Eben: ‹gegenüber›! – Als Schüler hatte er italienischen Unterricht genommen, bei einem gewissen Daschieri aus Modena: der war in Straßburg preußischen Werbern, also Menschenräubern, in die Hände gefallen, und von ihnen nach Berlin verschleppt worden. Als er seine Zwangssoldatenzeit abgedient hatte, und nun entlassen werden wollte, reizte man ihn vorgesetzterseits so lange, bis er ‹seinem› Hauptmann gegenüber ‹unehrerbietig› wurde; verurteilte ihn dann zum Spießruthenlaufen – und prügelte ihn zu Tode!

C. (hart): Es war ein Ereignis, das Tieck auf das Tiefste erschütterte! Was er hier als unmittelbarer Zeuge gehört, gesehen, erlebt hatte, warf einen breiten dunklen Schatten auf sein so empfängliches Gemüth; auf seine rege Phantasie –: auf das Leben selbst. Wie verhaßt erschien ihm jetzt das Soldatenwesen! Diese Erfahrungen ließen einen tiefen Eindruck für Tiecks Leben zurück : *niemals hat er sich mit dem militärischen Wesen auszusöhnen vermocht!*

(Gong 2. – Wieder übernimmt E. halblaut die Regieanweisungen / A., B. und C. sind pomadige Bürger, nur C. hat einigemal einige Bedenken. / A. muß außerdem mit rauher Kommandostimme die Antwort als General geben; B. einen dito Kapitän machen; C. den König und Uniformfanatiker Gottlieb.)

E. (halblaut): Marktplatz. Große Wachtparade; einige Regimenter marschieren auf. Zuschauer. / Der General . . .

A. (brüllt als General): Haaalt ! !

E.: Die Regimenter rangieren sich. Trommelschlag. / Ein Kapitän . . .

B. (brüllt als Kapitän): Willst Du denn gern die Schwerenoth kriegen, Kerl, daß Dir der Hut nie ordentlich sitzt ? !

E.: Er schlägt ihn. – Die Stimmen der zuschauenden Bürger . . .

C.: Der hat nun seinen richtigen Tribut bekommen.

A.: Tribut ? Ich denke, es war wohl eher eine gezwungene Anleihe.

B. (wichtig): Nein, versteht mich, Gevatter : das Dings da muß sein, wenn die Staaten in ihrer gehörigen Ordnung bestehn bleiben sollen.

A.: Da sag'ich auch immer : Ordnung will Zwang haben.

C.: Ja, wie Ihr's versteht – wenn Euch der Stock so zwischen den Ribben präludierte, würdet Ihr's schon anders meinen.

B.: Aber, Gevatter ! So seid doch nur in Henkers Namen ein Patriot; und besinnt Euch, daß es nicht anders sein kann !

A. (würdig=sinnlos): Es geschieht zur Warnung.

B. (eifrig; Groß=Kannegießer): Wer ein rechtschaffner Patriot ist, seht Ihr, der muß das zugeben : das hängt Alles mit dem großen Gleichgewicht zusammen.

C.: Still : da kommt der König.

B.: Ein angesehener Herr.

A.: Und dabei ist er so gnädig.

E. (halblaut): Der König Gottlieb mit Gefolge . . .

C. (majestätisch): Guten Tag. – Alles in Ordnung ?

E.: Der General . . .

A. (in rauher Unterwürfigkeit): Zu Eurer Majestät Befehl.

E.: Der König . . .

C.: Sind die Patronentaschen neu ?

E.: Der General ...

A.: Wie es befohlen ist.

E.: Der König; sinnend ...

C.: Ich habe verwichene Nacht daran gedacht – – : ob man nicht doch lieber an der Mütze noch einen Puschel befestigte ?

E.: Der General ...

A.: Die Akten darüber werden sogleich eingeschickt.

E.: Der König ...

C.: Nun, das ist mir lieb. Ich hab's gern, wenn meine Regierung hübsch in der Ordnung bleibt.

(Gong 2; Stimmen wieder normal)

A.: Es ist also Alles überkomplett beieinander, wie gehabt. Selbst das ersterbende Bürgergeflüster zum Schluß ... *(affektiert hauchend):* »Gevatter – : die Parade war schööön !«

B. (nüchtern): Na ja. Rosa=verstaubt, und eben ‹romantisch›, kann man's nicht nennen; dazu ist es denn doch zu satirisch. – Verflucht : warum fällt mir immerfort unser ‹Großer Zapfenstreich› ein ? ! – Aber könnte es nicht eine Einzelerscheinung sein ?

A.: Neinein, mein Lieber : *immer wieder* kommen solche Szenen im 20.000=Seiten=Werk vor. Im ‹Gestiefelten Kater›, in der ‹Vogelscheuche›; am ausführlichsten schlägt grandioser Hohn durch, in der ‹Gesellschaft auf dem Lande›, einer der prächtigsten Satiren auf Preußisches, die wir besitzen – leider noch zu geistvoll, zu elegant, zu rücksichtsvoll; so daß die Betroffenen selbst darüber zu schmunzeln vermögen. Aber es war schon bitterster Tieck'scher Ernst.

B.: Schön. – Gebe ich also zunächst das zu : ein tiefes, meinethalben realistisches, eigentlich wohl pessimistisches, Mißtrauen gegen das Schicksal; beziehungsweise dessen brutale Stellvertreter auf Erden. – *(Er schweigt sinnend):* .....

A.: Wohl dürfen Sie ihn ‹pessimistisch› nennen, den herrlichen tiefsinnigen ‹Blaubart›. Aber vergessen Sie die unerläßliche bizarre Prosa=Fortsetzung von den ‹Sieben Weibern› nicht : *Wunder von Sinnlosigkeit;* über denen man sitzen und träumen kann, stundenlang, wenn im großen leeren Mordzimmer die Gobelins an den Wänden selbstständig werden ...

D.: Plötzlich rührte sich die Tapete, als wenn sie von einem Winde hin und her bewegt würde. Es arbeitete drinnen, und emsige Stimmen redeten durcheinander. Ferne Instrumente klangen und kamen mit ihren wunderlichen Tönen immer näher und näher. Peter stand still, und wußte nicht, was aus dem Allen werden wolle.

Die Figuren im Teppich wurden größer, und wuchsen immer mehr vor seinen Augen. Plötzlich knisterte es, so wie wenn eine Kohle aus dem Feuer springt, und alle Helden des alten Testaments schritten mit lebendigen Beinen aus der alten Tapete heraus; die Bedienten und Kriegsknechte folgten ihnen; und der Saal, der sowohl in den Linien als Luftperspectiven nur schlecht gemalt war, blieb allein und leer zurück. Alle Figuren schwebten um den erstaunten Peter her, der nicht wußte, was er mit der seltenen Gesellschaft beginnen sollte. In der Verlegenheit grüßte er Jeden, und kaum hielten es einige Bediente und Mohren der Mühe werth, ihm zu danken. David stellte sich vor ihn hin, und neben ihm Tobias mit seinem Hündlein; und alle Drei schüttelten sehr ernsthaft mit dem Kopfe. Peter war überzeugt, daß er die Tapeten, wenn sie gleich moralischen Inhalts waren, doch nicht dazu gekauft hatte, daß sie ihm den Text lesen sollten; er bezeigte ihnen daher auch nicht überflüssigen Respekt, sondern verließ sich im Nothfall auf sein gutes Schwert, das er in der Hand hielt.

Das bunte Gefolge ging in Zauberkreisen um ihn her; die goldenen Gewänder und Spangen schimmerten vor seinen Augen, und er bemerkte es deutlich, wie dem großen Saul öfter auf den nachschleppenden Mantel getreten ward. Am meisten fiel ihm der schöne Helm eines Kriegsknechts in die Augen, der hell und kriegerisch aussah, und nach welchem er endlich ein inniges, unbegreifliches Begehren verspürte. Er war eben daran, den Knecht darum anzusprechen, als sich das ganze Gefolge wieder in die gewöhnliche beschränkte Lage zurückzog, und als bloßes Gemälde an der Wand figurierte. Der Ritter tröstete sich damit, daß er am folgenden Tage mit eigenen Händen dem Soldaten den schönen Helm vom Kopfe herunterbrechen wollte.

B. (tiefsinnig): Was fasziniert Sie eigentlich an solchen Stellen ? Ich begreife Sie nicht . . . . .

A. (ausweichend): An ‹solchen Stellen› haben bessere Leute als wir Beide zusammengenommen Gefallen gefunden : umsonst läßt Poe – ein echter ausländischer Bruder der ‹Großen Vier› ! – im ‹House of Usher› nicht eine ‹Journey into the Blue Distance› lesen : das ist nämlich Tieck : ‹Das alte Buch, oder die Reise ins Blaue hinein›. – Halten wir, ganz sachlich, das Eine fest : daß Tieck von der Überzeugung einer chaotischen Welt durchdrungen war. Wie bezeichnend wird da nicht von diesem neuen Gesichtspunkt aus, seine unbegriffene und sonst=unbegreifliche, Vorliebe für das Volksbuch vom ‹Fortunat und seinen Söhnen›, das ihn zeitlebens beschäftigt hat : selbst Glückssäckel und Wunschhütlein sichern ihren Besitzer nicht vorm popanzigen Schicksal ! : Es geht *doch* schief – eine tiefe Traurigkeit steht großäugig hinter all dem harlekinenen Getreibe. / Und dies war auch der allertiefste Grund des Bruches mit Nicolai, der – ehrenfest, frugal=fleißig, durchaus auch=achtungswürdig – vor Einbeziehung und Darstellung des philosophischen Chaos zurückscheute.

B.: Moment ! – Jetzt geraten wir ins Metafysische : jetzt fasse ich Sie ! : Sind nicht Viele unserer Romantiker katholisch geworden ? Haben sich also zu einer ‹Göttlichen Ordnung› bekannt ?

A.: Von unseren hier als Eideshelfern Beschäftigten – 5 sind's ja jetzt schon, mit Poe – ist *nicht Einer* katholisch geworden ! / Fouqué ? : bis 30 Heide; dann leidenschaftlich reformiert – und Der=ihre ‹Prädestination› ist auch nicht von Pappe ! / Brentano ? : brauchte es nicht erst zu werden; denn er war von Geburt katholisch. / Hoffmann und Poe ? : der Erstere religiös völlig indifferent; der Zweite ‹Heureka›. / Und Tieck ? : on verra !

(Gong 1)

A. (eindringlich): Die gern gerühmte ‹Religiosität unserer Romantiker› war nämlich überhaupt recht sonderbarer Art; und ihre ‹tiefe Frömmigkeit› nicht halb so kindlich, wie die interessierten Kreise es uns gern einreden möchten. Im Zuge dieses meines Beitrags zur notwendigen Berichtigung des Begriffes ‹Romantik›, möchte ich feststellen, daß es sich bei ihnen vielmehr um eine ausgesprochen pagane Haltung handelt.

B.: »Ich sehe Dich in 1.000 Bildern, Madonna, lieblich ausgedrückt« : so, jetzt dürfen *Sie* mit Ihren Beweisen kommen.

A.: Als Tieck im Herbst 1806 aus Italien zurückkehrt, besucht er in Heidelberg auch Johann Heinrich Voß; und sagt wörtlich zu ihm . . .

C.: Einer meiner Hauptzwecke war Forschung der römisch=katholischen Religion. Sie schien mir ein fast erstorbener Baum; aus dessen Wurzel jedoch, wenn sie gepflegt würde, ein neuer Baum ersteigen könnte, mit ursprünglicher Kraft ? – Ich habe geforscht : *und faul war die Wurzel, bis zu den äußersten Fäserchen !*

A.: Das Gleiche ergibt sich, minder pathetisch, aus seinen Unterhaltungen mit Friedrich Schlegel : Der hatte nun tatsächlich konvertiert; und verdutzt=satirisch berichtet es Tieck, wie Jener glaubte ‹an das Auflegen von magnetisierter Watte›, oder . . . . .

C. (halb amüsiert, halb indigniert): Dem reinsten Aberglauben war er verfallen ! Jedes Gespräch zeigte nur die immer größer werdende Kluft. Er behauptete, wirklich profetisch in die Zukunft blicken zu können, die er aus einzelnen Bibelsprüchen deuten wollte. Wenn ich mir erlaubte, bescheidene Zweifel zu äußern, wies er mich pathetisch mit den Worten ab : »Mein Sohn; auf Deinem Standpunkt verstehst Du das nicht.« / Ein andermal kündigte er die Nähe des jüngsten Tages an; dann würden die Gestirne des Himmels sich gegeneinander bewegen, und die Gestalt eines Cruzifixes bilden. Unwillkürlich brach Tieck bei diesem Orakel in den Ruf aus : »Mensch, sag mal : Glaubst Du denn das wirklich Alles ? !«

A.: Die Wahrheit – das heißt, die Wahrheit der romantischen Schule – ist vielmehr diese : / nach Tiecks Erfahrung sind die bunten grausamen, teils sinnlosen teils witzigen Durchkreuzungen, nicht nur des menschlichen Lebens, sondern alles Existierenden überhaupt, mit der vernünftigen Lenkung e i n e s Gottes – womöglich noch eines weise=gütig=mächtigen – nicht vereinbar. Die einfachste Erklärung für die uns, unleugbar und hagelschlagartig=unerwartet betreffenden Possen und ‹Schicksals=Streiche› wäre – : das Quer=Durcheinander=Regieren eines ganzen Olymp.

B. (aufmerksam): Hallo ! – Der Mythologie der ‹Alten›, dem vieltausendjährigen Polytheismus, läge demnach nicht ‹Unreife› zugrunde – beziehungsweise kindliche Freude an Buntheit, oder größerer künstlerischer Ergiebigkeit – sondern, ganz einfach=‹realistisch›, die simple Einsicht : daß die befremdlichen Erscheinungen dieser Welt weit faßlicher und ‹befriedigender› erklärt würden, durch den launenhaften Unfug einer Vielzahl von Götter=Männern und =Weibern, als durch die, jeden Augenblick von der Realität widerlegte Fiktion *eines* verständigen Regenten ? – Freilich; das Christentum muß ja auch ständig einen ‹Teufel› bemühen . . . . .

A.: Meiner Ansicht nach : wenn man schon mit Gottes=Hypothesen arbeiten will, dann ist Polytheismus weit ‹plausibler› als Monotheismus. Da von ‹Weisheit› in unserem KZ=reichen Dasein wenig die Rede sein kann, tja : da werden's dann wohl eben Zauberer & Hexen sein. / Mit anderen Worten : die ganze verführerisch=lustige Maschinerie von Genien und Elfen ist nicht bloß aus ‹Freude an künstlerischer Gestaltung›, oder wie die idiotischen Wendungen alle lauten, inventiert; sondern als fabulierender Ausdruck der Erkenntnis : daß selbst, falls es eine ‹Höhere Welt› plus den dito ‹Höheren Wesen› geben sollte, unsere Lage dadurch nicht um 1 Deut besser wird; denn wenn wir schon Unfug treiben, so Jene handgreiflich ‹Höhern Unfug› ! Manchmal ergibt sich natürlich auch etwas wie ‹Gerechtigkeit›; denn auch sie ist sehr wohl in der Welt, wenn auch nur als kurioses Spurenelement, und meist bei unpassender Gelegenheit.

B. (grübelnd): Also schicksalsregelnde Untergottheiten, anscheinend ohne ‹Obergott›, deren ‹Verfahren› uns bald witzig anmutet, bald gelangweilt, bald gemein; aber immer unverständlich und oberfaul. ‹Red Giants› und ‹White Dwarfs›. – Je nun : zumindest für Hoffmann stimmt Ihre Theorie noch.

A.: Jedenfalls kann sich aus Emigrantenlos und Realistik aufs organischst=unerwartetste ein resigniert=witziger Polytheismus ergeben : meinen Sie, daß, früher, sachlichste, unbestritten=größte Historiker wie Thukydides, Polybios, Tacitus : Trottel waren ? ! Wundert Sie noch, daß sich bei Schopenhauer plötzlich eine scheinbar so absurde Schutzrede findet, für's ‹Geistersehen und was damit zusammenhängt› ? Alles Ausdruck einer agnostischen Einsicht :

daß wir in einem Meer von Unbegreiflichkeiten – Ungeheuer ichthyosauren unten; gemästete Stürme oben – auf einer Planke reiten; mit unzureichenden Sinnen ausgerüstet, deren Hauptforce es noch ist, Schmerz zu fühlen : was Wunder, wenn in derart pessimistischer Situation – so aussichtslos, daß sie schon wieder komisch anmutet – was Wunder, wenn da der Plankenreiter zur ‹Erklärung› all der grausig=schnurrigen Fänomene, vom Meerleuchten an und der nahrhaften Makrele, bis zum zeppelingroßen Haifisch und Windstärke 12 – wenn er da, achselzuckend : 's iss eh wurscht !, auf den Polytheismus als wahrscheinlichste Erklärung verfällt ?

Und wenn er anschließend, für den Rest seines Balancierens, gar noch aus grippiger Kehle ein möglichstes Lied heisert, uns zu wohltuender Ablenkung . . . : *Der* Vogel, scheint mir, hat Humor !

(Gong 1)

B.: Mir wäre dennoch bei Ihren gefährlichen Paradoxa, Kollege Plankenreiter, wesentlich wohler, wenn Sie mir, vermittelst eines repräsentativen Minimums von Zitaten, im Einzelnen belegen würden, daß die Romantik viel härter war, als die Compendien uns weis machen wollen.

A.: Als praktische – das heißt bei dem vorliegenden Beruf literarische – Auswirkungen der behaupteten und beschriebenen Seelenlage des nervös=tapferen Literaten=Emigranten, ergeben sich logisch gewisse Randerscheinungen. Zum Beispiel : daß, wenn sie sterben, keinerlei ‹Nachlaß› vorhanden ist . . .

B. (neckisch): Meinen Sie finanziell ? Oder literarisch.

A.: Von Finanzen ist bei Romantikern überhaupt keine Rede; sie Alle haben ein Verhältnis zum Geld, sei es eigenes oder fremdes, daß dem Bürger die Haut schaudert. In gewissem Sinne sind sie natürlich ‹Finanzgenies› : schlängeln & pumpen sich, oft fantastisch anzusehen, durchs Leben; und prellen mit ihrer unglaublichen ruchlosen Leichtfertigkeit zuweilen die gewiegtesten Geschäftsleute – eben *weil* die sich von einem in Elfenkreisen verkehrenden Poeten nur der sinnigsten Lieblichkeit versehen.

B.: Aparte Maxime : ‹Pumpe nie einem Polytheisten !› . . .

A.: Aber ich meinte natürlich *literarischen* Nachlaß : während die Klassiker ‹Ewigkeit› spielen, und in ihrem Nachlaß sich folglich 10 Supplementbände voller Entwürfe und Halbfertigfabrikate vorfinden – es gehört nun einmal zum Signalement des ‹Klassikers›, daß er mit 80 denkt, er hätte noch 20, 30 vor sich – da sind die Schubladen des toten Romantikers realistisch=*leer*. Einzig das Fragment des Stückes, an dem im Augenblick des letalen Ausgangs gerade gearbeitet wurde, liegt links auf dem Schreibtisch – bei Tieck der ‹Hüttenmeister›; bei Hoffmann der ‹Feind› : aus ! Das Planen auf Jahrzehnte hinaus wurde ihnen von der ‹belorbeerten Furie› abgewöhnt – es erscheint sinnlos.

B. (fragend): Beziehungsweise gar frevelhaft.

A.: Achwas ‹frevelhaft› : die Umwelt ist meist wesentlich frevelhafter als die armen Romantiker. Die übrigens, Sie sollten es eigentlich geahnt haben, mit diesem Begriff überhaupt nicht arbeiten : das *ist* doch eben das Große und Verständige an ihnen, daß sie klaren Kopfs genug sind, endlich einmal nichts von ‹geheimem Sinn› oder Folgen von ‹Schuld & Unschuld› ins Chaos hineinzulügen, sondern in ihrer Technik den schlechten Witzen des Zufalls gerecht zu werden suchen : im Prolog zum ‹Fortunat› radschlägt er in Person das Amtszimmer durcheinander.

B.: Jetzt wird mir langsam begreiflicher, wieso die Romantiker oft als ‹pietätlos› erschienen, als Leute, denen ‹nichts heilig› war; die nicht an ‹Ruhegehalt› glaubten; und »abwechselnd Kopf und Hintern zeigten«, wie man von Heine gesagt hat : könnten wir Den nicht überhaupt auch dazu nehmen ?

A.: Bitte sehr ! – / Ja, vom ‹göttlichen Recht der Obrigkeit› hatten die Romantiker gar keine übertriebenen Vorstellungen. Und was ‹Untertanen› anbelangt, so waren sie auch in dieser Hinsicht von nichts weiter entfernt, als der ihnen so halsstarrig nachgesagten ‹Verehrung des Mittelalters› – das benützten sie nur, eben seiner besonders poetisch=wirren Buntheit und Verrücktheit wegen. So selten bei Tieck ‹soziale Studien› sind, so tritt doch immer wieder ‹Volk› bei ihm auf; und stellt Betrachtungen an, von derart gerissener ‹Einfalt›, daß allein schon dadurch die beliebte Gleichung von Romantik und Weltfremdheit vom Tisch gefegt wird . . . . .

(Gong 2. – Wieder spricht E. halblaut die Regieanweisungen. / C. übernimmt den Wirt; A., pompös=doof und herablassend, den König; D., die gezierte Prinzessin.)

E. (halblaut): Landstraße vor einem Getreidefeld. Ein grenznahes Wirtshaus. – Der Wirt, der mit einer Sense Korn mäht ...

C. (schwer atmend): Hhhhhhhhhhhh ..... / Das ist eine schwere Arbeit ..... Je nun, die Soldaten drüben können auch nicht alle Tage desertieren; an den guten Kindern liegt's gewiß nicht, sie haben den besten Willen, es geht aber halt nicht immer an ..... / Das Leben besteht doch aus lauter Arbeit : bald Bier zapfen; bald Gläser rein machen; bald einschenken. – Nun gar Mähen ! / Leben heißt Arbeiten : Hm, hm. / Es kam mal ein Gelehrter hier durch, der sagte : um recht zu leben, müsse sich der Mensch den Schlaf abgewöhnen, weil er im Schlaf seine Bestimmung verfehle und nicht arbeite – der Kerl muß gewiß noch niemals müde gewesen seyn und noch keinen guten Schlaf gethan haben; denn ich kenne doch nichts Herrlicheres und Ausbündigeres als den Schlaf : ich wollt' es wär' erst so weit, daß ich mich niederlegen könnte.

E.: Eine schöne Kutsche kommt, mit 8 Pferden, viele Bediente hinten. Der Wagen hält : der König und die Prinzessin steigen aus ...

A. (als König): Guten Tag, mein Freund. – Wem gehören diese Dörfer hier ?

E.: Der Wirt ...

C. (für sich): Er frägt, als wenn er mich gleich wollte hängen lassen ..... *(laut):* Dem Grafen von Carabas, Ihro Majestät.

A. (sonor): Ein schönes Land. – Ich habe immer gedacht, daß das Land ganz anders aussehen müßte, wenn ich über die Grenze käme : so wie es auf der Landkarte ist. – Hm : herrliche Länder, das muß wahr seyn : und so nahe an den meinigen ! – : Tochter, das wäre so eine Parthie für Dich ! Was meinst Du ?

D. (wohlerzogen): Sie beschämen mich, Herr Vater. – Aber was man doch auf Reisen Neues sieht : sagt mir doch einmal, guter Landmann, warum haut Ihr denn das Stroh so um ?

E.: Der Wirt, lachend ...

C.: Das ist ja die Erndte, Mamsell Königin : das Getraide !

E.: Der König, befremdet ...

A.: Das Getraide ..... : Wozu braucht Ihr denn das ?

C. (verwundert): Daraus wird ja das Brod gebacken.

E.: Der König, verblüfft ...

A.: Bitt' Dich ums Himmelswillen, Tochter : daraus wird Brod gebacken ? ! Wer sollte wohl auf solche Streiche kommen ! – Die Natur ist doch etwas Wunderbares. – Aber steig' ein; wir wollen weiter fahren.

D.: Lebe wohl, guter unschuldiger Landmann.

E.: Sie steigen ein; der Wagen fährt weiter. – Der Wirt, wieder allein . . .

C.: Wie die Welt sich umgekehrt hat. – / Wenn man so in alten Büchern liest, oder alte Leute erzählen hört, so kriegte man immer Goldstücke oder herrliche Kostbarkeiten, wenn man mit einem Könige sprach. Aber jetzt ? ! / Wie soll man noch sein Glück unverhofflerweise machen, wenn es sogar mit den Königen nichts mehr ist ? Wenn ich ein König wäre, ich unterstände mir nicht den Mund aufzuthun, wenn ich den Leuten nicht erst Geld in die Hand gesteckt hätte. – / »Unschuldiger Landmann« : wollte Gott, ich *wäre* nichts schuldig ! – Aber das machen die neuen empfindsamen Schilderungen vom Landleben : so ein König ist kapabel und beneidet Unsereinen noch. – / Kennt kein Getraide ! Ts : alle Tage erfährt man doch mehr Neues. Wenn er kein König wäre, so sollte man denken, er wäre ein ganz einfältiger Mensch : kennt kein Getraide ! / Ich muß nur Gott danken, daß er mich nicht gehängt hat. – Wenigstens kömmt es doch nun in die Zeitung, daß der König gnädig mit mir gesprochen hat . . . . .

(Gong 2; Stimmen wieder normal)

B.: Auch wieder nichts weniger als ‹verträumt› oder ‹weltfremd›. – Aber, bitte, erst noch weitere Folgerungen.

A.: Zum Carpe Diem des Emigranten gezwungen, entwickeln die Romantiker eine Überscharfheit, ja, Gewetztheit, der Sinne : gilt es doch, improvisatorisch rasch, für vergänglichste Schönheiten empfänglich zu sein. Daher die Feiern der ‹Luftschaft›, von Himmelsfarben und Landschaftsbeleuchtungen. Dem aufgenötigten Zigeunerleben wird mit kundigem Körper möglichst die beste Seite abgewonnen . . .

C.: Man legte sich zur Ruhe; dem Fremden war eine Abtheilung angewiesen, wo man das Heu für die einzige Kuh aufbewahrte, die den kleinen Hausstand mit Milch versorgte. Beglückt wühlte sich Athelstan in den Duft seines Lagers. / Er hörte noch die Stimmen von unten aus der Wohnstube; draußen sausten die Waldesbäume; ein munterer Bach rauschte melodisch dazwischen; und viele Nachtigallen wetteiferten fern und nah. Von Zeit zu Zeit ließ sich der wachsame Haushund mit Bellen vernehmen, und ein vorüberflatternder Vogel schrie in wilden Tönen. / So taumelnd, schwärmend und träumend dämmerte er schlummernd ein, und erweckte sich wieder, um durch die Spalten des Daches über sich den blauen Himmel und einige Sterne zu sehen. Wieder schlief er ein; und seitwärts durch eine kleine Wandspalte kroch ein schmaler scharfer Streif des Mondlichtes zu ihm, und spielte und spiegelte mit den grünen Gräsern, auf welchen er gebettet lag.

A.: Typisch, daß sich diese Luftschaften eben vor allem dem immer=Wandernden und =Reisenden ergeben : Tiecks Gestalten sind auffällig viel ‹unterwegs› : wiederum der ‹Emigranten=Komplex›. / Ja, die Genüsse des Augenblicks werden hochwichtig : lieber einmal mehr gegessen, und dafür gut und viel .....

C. (behaglich rasch): Warum gestehn sich die Menschen so selten, und auch dann nur ungern, die Freuden am Essen und Trinken ? : weil sie eben nicht wissen, was sie wollen. / Mir ist es immer merkwürdig und seltsam vorgekommen, daß in dem runden Kästchen, in welchem alle unsre feineren Sinne eingefugt und aufbewahrt liegen, und dem zugleich oben das Denkvermögen, die geistigsten und edelsten Arbeiten der Seele anvertraut sind, dicht darunter die roth ausgelegte Schieblade eingesetzt wurde, mit feinen Warzen, die wie Kleinodien die tönende und zitternde Zunge und Gaumen belegen, vorn mit arbeitenden und schneidenden Zähnen versehen und vom anmuthigen Munde beschlossen : Speisen ist nur ein anderes Denken. / So wird nun in dieses Kästchen Alles, was an feineren und gröberen Essenzen erschaffen ist, Duft & Saft, das anschmiegende und feine Ölige, das scheinbar widerstrebende Knuspernde, das sich schnell in Wohllaut auflösende Geistige, auf die Capelle gebracht und geprüft. Nun knirren und schneiden die Zähnchen; die so geschwätzige Zunge wälzt und handhabt das Zermahlene, drückt es freundlich und mittheilsam an den Gaumen, um ihm Freude zu machen und selbst zu genießen; und wenn der zärtlichen Bemühung genug geschehen ist, schiebet sie es, fast unwillig, endlich hinten dem schluckenden Freunde zu, der eigentlich den wahren Genuß davon hat. Indessen oben das Auge weint; das Gehirn ob dem Auge rührende Sachen denkt; die Nase, über Hyacinthenflor gehalten, der Fantasie die süßesten Bilder der Sehnsucht erweckt – lüstert und züngelt unten schon der Mund nach dem Braten oder der Leckerpastete, die vorübergetragen wird. / Wer empfindet nicht in den Austern, wenn der Sinn für sie ihm geworden ist, alle Kraft und Frische des Meeres ? O Spargel : wer Dich nicht zu genießen versteht, der weiß nichts von den Geheimnissen, die die träumende Pflanzenwelt uns offenbart. Kann man etwas von Weltgeschichte oder Poesie wissen, wenn man in allen diesen Naturgefühlen ein Fremdling ist ? ! .....

A.: Und jetzt sogleich, zur weiteren heilsamen Erschütterung des

Fantoms vom zart=blaublümelnden Romantiker ohne Unterleib, der Gegenpol des so geistreich, und im Original des ‹Alten vom Berge› weit ausführlicher besungenen Mundes – ich will mich gar nicht auf solche romantische Wendungen berufen, wie .....

C. (sackgrob): Wär' das Mädel mein – so dürft'er mir nicht wiederkommen, der Scheißkerl, ich wollt'n zum Haus 'naus portieren ! Er sollt' den Himmel vor'n Baßgeige ansehen : der Kurfürst möcht' mir im Arsche lecken ! .....

B. (erschüttert): Meingott. Dergleichen hätte ein Romantiker geschrieben ?

A. (höhnisch): Und zwar Ihr geliebter ätherischer Novalis ! – Keine Furcht; bei Tieck wird das eleganter gemacht. / Wohl beruht eine der Verwicklungen der unsterblichen ‹Vogelscheuche› – eines seiner entzükkendst=unbekanntesten Stücke, in das er alle seine Dresdner Gegner hineinverhext hat – darauf, daß sowohl ein ungezogen=gutartiger Leutnant den Rivalen, als auch eine Elfe ihren Vorgesetzten mit dem altdeutschen ‹Hansarsch› bezeichnet hat. Aber eigentlich toll=nachdenklich abgehandelt wird die Fäkalsfäre in der putzigen Erzählung mit dem täuschend poetischen Titel ‹Waldeinsamkeit› .....

C. (schnell, fast schreiend): Als die Ewige Güte beschlossen hatte, den Menschen zu erschaffen, konnte es ihr ebensowenig darum zu thun sein, ein ganz tadelloses Bild hervorzubringen, als es Einem von Uns einfallen wird, das vollendete Muster eines durchaus tugendhaften Menschen zu werden. Der Abzugskanal ist ebenso nothwendig und edel, wie der der Einfüllung; und wäre der erstere nicht, den die Menschen sich so oft verschweigen wollen : so gäbe es keinen Ackerbau, und ebensowenig Viehzucht, auch nicht Schiffahrt und Handel, mithin keine Consistorialräthe und kein Ministerium.

B. (betroffen): Wieso gerät der plötzlich auf ‹Consistorialräthe‹ ? Ist der normal ?

C. (wie zuvor): Es ist für den denkenden Christen eine große Beruhigung, daß die Sonne, bei hellem Wetter, mit so vielen gefärbten Strahlen und mannichfaltigen Röthen aufgeht, denn es giebt einen hübschen Anblick : dann fühlen wir in der Kühle auch die Kraft, wie unser gestärkter Leichnam seine Verdauung gelinde befördert, und gern von sich giebt, was ihm nun dermalen höchst lästig und überflüssig geworden ist. Eine solche gelinde Erleichterung gehört zu den größten Wohlthaten und dem wiederkehrenden Glück, das wir mit Dankbarkeit anerkennen sollten – aber niemals wollen die sterblichen schwachen Menschen von diesem Genuß und der weisen Einrichtung der Natur auch nur sprechen : unter allen geistlichen Liedern, die ich kenne, ist auch kein einziges dieser wohlthätigen und höchst gesunden Anmuthigkeit gewidmet : das heißt, die Natur verkennen!

A.: Freilich sind, in diesem sehr merkwürdigen Stück, die ‹Betrachtungen› einem harmlosen Irren in den Mund gelegt – um die Sache scherzhaft=unangreifbar zu machen. ‹In Wirklichkeit› hat man als Emigrant – jetzt einmal im weitesten Sinne genommen : als Soldat, als Mensch! – nur zu oft Gelegenheit zu diesbezüglichen Studien : man hört und riecht es nicht nur : man *sieht* es auch manchmal! / Das schönste Beispiel liefert der – sogar in die immer als romantisches Paradestück angeführte Sammlung des ‹Phantasus› aufgenommene – ‹Däumchen›. Und beachten Sie bitte gleichzeitig die genialste Parodie der Klassiker, à la Goethes ‹Helena› oder Schillers ‹Braut› : schlechthin unvergleichlich nach Witz und kunstvollstem Ton; eine Widerlegung der Klassik mit ihren eigenen Mitteln; eine ad=absurdum=Führung von deren Themen= und Formen=Pathetik, einzig in ihrer Art. – Sie erinnern sich noch des vorhin=geprellten Hofrats Semmelziege? Zunächst erklärt er, wieso er überhaupt in die ‹Hand des Schicksals› fiel : *die Frau* war unerträglich .....

(Gong 2. – C. als Semmelziege; B. als sein Freund)

C. (tragisch=meiningerhaft):
Des Hauses Sorge nahm zu sehr den Sinn ihr ein,
die Sauberkeit, das Porzellan, die Wäsche gar.
Wenn ich ihr wohl von meiner ew'gen Liebe sprach,
nahm sie der Bürste vielbehaartes Brett zur Hand,
um meinem Rock die Fäden abzukehren still.
Zuweilen selbst, wenn aus dem Feld ich heimgekehrt,
von Blumenschmelz und Frühlingspracht die Lipp' ertönt,
holdsel'gen Wahns, daß nun ihr Aug' in Thränen schwimmt –
faßt sie den schwanken Baumessproß der Haselgert,
ausstäubend mir des Tuches rückenhüllend Blau.
Doch hätt'ich gern geduldet, Alles, außer Eins :
daß wo sie stand und wo sie ging, auswärts, im Haus,
auch im Konzert, wenn Tongewirr die Schöpfung schuf,
da, zaspelnd, haspelnd, heftig rauschend, nimmer=still,
Ellbogen=fliegend, schlagend Seiten und Geripp,
sie immerdar den Strickstrumpf eifrig handgehabt.

B.: Kurioser Kauz. – : Vielleicht hat sie Dir selbst Strümpfe gestrickt?!

C. (wie vorher):
Einst, als des Thorus heilig Lager uns umfing,
am Himmel glanzvoll prangte Lunas keuscher Schein,
der Goldnen Aphrodite Gab' erwünschend mir
von silberweißen Armen ich umflochten lag;
schon denkend, welch ein Wunderkind so holder Nacht,
welch Vaterlandserretter, kraftgepanzert, soll
dem zarten Leib entsprießen nach der Horen Tanz –
: fühl' ich am Rücken, hinter mir, gar sanften Schlag.
Da wähn' ich, Liebsgekose neckt die Schulter mir,
und lächle fromm die süße Braut und sinnig an. –
Bald naht mir der Enttäuschung grauser Höllenschmerz:
das Strickzeug tanzt auf meinem Rücken thätig fort!
Ja, stand das Werk just in der Ferse Beugung, wo
der Kundigste, ob vielem Zählen, selber pfuscht.

(Gong 2)

A.: Dies vorausgeschickt zum Verständnis der ‹großen Szene› der beiden trimeterkundigen Gattinnen – der des prellenden, nun erlegten Räubers, und der des geprellten Dichters. Malwine, und Ida – welche dabei strickt .....

(Gong 2. – D. übernimmt die Ida; E. die Malwine. / Gegen Ende C. als Semmelziege)

D.:
Welch Wunder, Freundin, hast Du mir im kurzen Wort,
ausweinend Deiner herben Leiden Quaal, erzählt?
Und Semmelziege, mein Gemahl, auch lebte dort?
E.: Kann lebend heißen, wessen Kraft in Ruhe schläft?
Nur wendend an des Feuers Glanz den langen Spieß,
geschmolzen Fett hingießend auf das Bratens Dunst,
für jenen Wilden, der sich, sagt man, selbst ertränkt.
Doch schlimmer noch, wenn, grausen Spiels, der Arme saß
auf hartem Brett, und hinterwärts der böse Wirth
aufschlagend ihn geschleudert hoch zum Himmelszelt,
daß Dein Gemahl ermüdet oft, zerschüttert fast,
jedweden Stuhl ob Schmerzes Pein verschmähend stand.
D.:
O Finger Du der rachekund'gen Nemesis!

E.:
Was ruft dies Wort aus Deinem Innern mächtig auf?
D.:
Der Hochgestimmte, wie er edel war und zart,
pflag einer Sitte, die ihm Scherz bedünkte, doch,
wodurch des Hymen Fackelglanz mir fast erlosch,
das Herz mit Gram, mit nassem Salz den Blick gefüllt:
daß jenen Theil, der nunmehr hat so schwer gebüßt,
er mit des Pöbels härt'stem Ausdruck oft genannt –
Du kennst wohl selbst das schrecklich bös einsilbge Wort,
das meiner Lippen Wölbung nie austönen soll.
Beschwor ich dann mit Thränen ihn, so hartes Leid
von mir zu thun, zu tödten nicht das Zartgefühl,
so lacht' er, sprach noch lauter aus den Höllenton:
da ward mein Herz dem frechen Mann zum ersten fremd.
E.:
Nie folgt' er wieder also böslichem Gelüst;
auch wundert mich, daß er, der Edle, dies vermocht,
der immer nur der Redensarten Blüth' und Grün
sich gern gepflückt, daß oft mein Sinn ihn nicht verstand. –
Doch Eines auch mußt Du als Opfer bringen ihm,
daß häuslich Glück Euch schmücke mit dem Eintrachts=Kranz.
D.:
Mein Lebensblut soll ihm, dem Hohen, fließen gern.
E.:
Ablegen sollst Du nur des Strickzeugs Netzgeweb'.
D.:
Ihr Götter! Schlimm'res Wort als Tod sprichst Du da aus!
E.:
So wirf denn hin der fünf Gestählten Wechseltanz.
D.:
Du bist kein Weib, daß Du so kalt die Wort' aushauchst!
E.:
Und Du zerreißest muthig so sein Herz und Deins?
D.:
Nie wolle je Unmögliches ein zartes Weib.
E.:
Vorsatzes Ernst siegt Leidenschaften mächtig ob.
D.:
Wer nicht der Menschheit Gränzen anerkennt, ist Thier.

E.:
Nicht heischt sein Wort, daß Du das Werk zerstörest ganz,
Medeen gleich das Liebste Dir ermorden sollst:
nur im Konzert; nur wenn ein Buch begeistert Dir
vortragen will sein tonerfüllter Sängermund;
wenn Lieb' aus ihm begeistert spricht, und nenn' ich noch
das holde Lager, Pflanzort Deines Mutterglücks ?:
So hehren Augenblicken sey das Garn entfernt.
D.:
Erfahr' er denn, mein Lieben sey kein leeres Wort –
es sagt mein Herz ihm die Entbehrung schmerzlich zu.
E.:
Da kommt der Edle! Eilt herbei auf meinen Wink.
C. (jauchzend):
O hellbeglänzter goldner Punkt im Lebenslauf!
E. (erhaben):
Ihr seid vereint, daß Nichts Euch fürder trennen soll!
Doch nicht vergeßt, was gegenseitig Ihr gelobt:
Du sprichst nicht mehr den frevelnden unheil'gen Laut:
sie legt die Wechselwirkung schweigend oft beiseit.....

(Gong 2)

B.: Das ist natürlich eine tolle Stelle! Damit verglichen, würde ich Heine zu ‹direkt› nennen, zu plump – und auch formal nicht ebenbürtig. Welcher Witz; und welche Sprachgewalt!

A.: Ja; wir kommen langsam zum Entscheidenden. – / Wohl kann man Tieck – wie nahezu alle großen Künstler – vom Standpunkt des Bürgers, des ‹Verkehrsschutzmannes› und der literarischen Feuerwehrleute aus ‹wankelmüthig› nennen; ‹charakterlos›; einen ‹Schmarotzer›: in seiner Kunst war er von einem dem Normalmenschen unbekannten Fleiß, und kompromißlos! Und wenn die Hälfte seiner Werke unterhalb der Geniegrenze geblieben sind, so liegt das an der Ungunst der Zeit. Selbstverständlich sei zugegeben, daß – aber das ist wiederum bei den meisten Großkünstlern so! – daß wer mit dem menschlichen Träger=Rest auskommen wollte, auf die Dauer den Kürzeren dabei zog: die dem Bürger unbegreifliche, ‹hochmütige› Durchdrungenheit von der allesüberragenden Bedeutung der Kunst – *Troja* ist Staub: *Homer* lebt! – gepaart mit einer Geisteshaltung, der der Gefangenen in den Kerkern der französischen Revolution vergleichbar, die, die Guillotine im Nacken, Komödien improvisierten : dies vereint ergab, und ergibt immer wieder, jene bekopfschüttelte ‹Unmenschlichkeit›, die Kriege nur noch als blutig=lästige Störungen der Arbeit an einem wichtigen Buch ansieht.

B. *(altklug):* Ah; daher die romantische Neigung zum Improvisieren?

A.: Ja, bei den Epigonen dann. – Bei den wirklich Großen geschah das nie, weil's etwa ‹schneller geht›; sondern erzwungen durch die Umstände. Fassen Sie's tiefer; gehen Sie wieder darauf zurück : was bleibt dem Geistvollen Besitzlosen, der, nichts in der Tasche als seine Hand, vor invasionierenden Horden flüchtet?

B. (murmelnd): ‹Der Einzige und sein Eigentum›; hm ...

A.: Das ‹Gedankenspiel› – das betrifft den Stoff. Und das ‹Sprachspiel› : die Form. Dies die einzigen Unterhaltungen des von allem Entblößten : inmitten von Wüsten einförmiger Unsicherheit und langweiligem Kleinschmerz beginnt der Stoff kakteenartig zu wuchern; und die Sprache fängt an, aus Mangel an ablenkenden Besitztümern, über sich selbst zu sprechen – die Araber kennen das : »Ein nett honett Sonett so nett zu drechseln«. Lesen Sie, um die rechte Überzeugung auch von diesem Theorem zu gewinnen, die Makamen des Hariri. / Der Wortklang – also nicht der musikalische, der uns, zumal im Orchester, wortlos Harmonie vorlügt! – wird geistreich analysiert ...

C.: Ich will nur zu bedenken geben : welche sonderbaren Eindrücke in der Seele eines Kindes entstehen müssen, wenn es sich immer mit einem dumpfen Laut, wie ein verzauberter Geist, »Ulrich«, gerufen hört. Wenn es diesen seltsamen Klang mit dem Begriff seiner Ichheit verbindet – ob dies nicht einen Einfluß auf das ganze Leben des Menschen haben muß?

B.: Dabei hieß er doch selbst ... *(übertreibend dumpf):* ‹Ludwig›.

A.: Ebeneben. – / Oder wenn der intelligente Besitzlose bei Nacht – aus massiven Wolken taucht zuweilen der bleiche Schädel des Monds auf; endlos dehnt sich der Sandweg; ab und zu liegen weiße Steine in der Nacht, Wegemarken für den Postillon – wenn er, gerüttelter Intellekt über Müdigkeit und ‹Wüstengefühl›, die Situation als auf ‹u› gestimmt empfindet ...

C. *(gemessen unheimlich, immer das ‹u›, aber nicht karikierend, hervorhebend):* O mein Sohn, wie gräßlich heulend / klagt herauf vom Moor die Unke! / Hörst Du wohl Raben krächzen? / Die Gespenster in dem Sturme? ..... *(kleine Pause; dann, etwas verändert, als ‹Sohn›):* Vater, laß die Sorge fahren, / denn die Wolken ziehn hinunter; / bald wird sie der Mond bezwingen, / der zu scheinen schon begunnte.

B.: O weh : selbst der Sohn ‹tröstet› auf ‹u› ? Da geht doch bestimmt was schief ! – Was ist denn das für eine verruchte Situation, wo Einem alle Worte auf ‹u› einfallen ?

A.: Sehen Sie : Sie bekommen schon selbst typische Tieck=Reaktionen. Einmal läßt er einen zu einer ‹Dienstwanderung› genötigten Höfling sich vornehm=schaudernd im Bergwald umsehen : »Nichts als Bäume, Sträucher, Felsen, verfluchtes Unkraut : mir fallen lauter Sterbegedanken ein !« / Nie wieder, weder vor noch nach ihm, haben Personen solche Gespräche miteinander geführt – richtiger wohl Poly=Monologe gehalten – von solcher Realistik und solchem Wortschmelz, angenehmste Überraschungen an Geist und Zungentricks. *(trauriger):* Und dabei immer das grandios=erschütternde Bild intellektueller Tapferkeit des von platterdings Allem entblößten Geistes, der sich – erfinden wir die passende Situation : auf der Flucht durch ein Städtlein kommend; ein Zwangsaufenthalt ergibt sich ob verstopfter Straßen; schon werden die Gefährten ob der nahenden ‹Funfzehn› nervös – der sich dann vor das verräucherte Ladenschild eines Bäckers hinstellen, und, mit einem Solo, das kein Spott, sondern dreimal=heilig ist, die Gefährten ablenken, trösten, könnte . . .

C.: Dieses Bildwerk ist ohne Zweifel eines der ältesten, welches die Stadt besitzt; es erinnert an die Zeit des Giotto und Cimabue; und wenn es auch nicht aus jenem Jahrhundert herrühren sollte – woran ich selber mit Recht zweifle – so ist es in Colorit und Zeichnung dem Altertum angemessen; ja, in Ansehung der einfachen Darstellung, der fast steifen Symmetrie, und der tiefsinnigen und mystischen Symbolik, prägt es den Charakter der allerältesten Kunstperiode aus. / Wir sehen : den Mittelpunkt des Gemäldes macht das Backwerk, welches wir im gemeinen Leben eine Bretzel nennen. Scheinbar ein geringfügiger Gegenstand; den aber der sinnige alte Künstler, welcher seinen Dante gewiß studiert und begriffen hatte, so braucht, daß wir an das Größte und Bedeutendste durch ihn erinnert werden. / Ich weiche nehmlich von Adelung und andern Sprachforschern bedeutend in der Etymologie des Wortes ‹Bretzel› ab : vom uralten ‹Ratisha› stammt sie; unser ‹rathen, berathen, Rathschluß› sind, von jenem Stammwort abgeleitete, Bedeutungen; späterhin ‹das Räthsel› – und so meine ich auch, daß ‹Rätsel› und ‹Bretzel› ursprünglich ein= und dasselbe Wort sind; was auch die Bemerkung bestätigt, daß in manchen Provinzen, wie im Elsaß noch heutzutage, die in der Mitte zusammengewachsenen Augenbrauen eines Menschen ‹ein Räthsel› heißen. / Dieses Räthsel – was kann es anders seyn, als die Tiefe des Lebens selbst ? / Und wie, womit, ward dieses von jeher angedeutet ? : Die nährende Erde, die

Mutter, Demeter, das Weizenkorn im Gleichnis sowohl wie in der Wirklichkeit, ward von den ältesten Zeiten her als mystisches Symbol dem Menschengeiste gegenwärtig. Wir wissen nicht die eigentliche Beschaffenheit der eleusinischen Mysterien; aber doch so viel : daß sie sich auf die oft gesungene Demeter bezogen. Also ist diese, unsere sogenannte Bretzel hier, ein Räthsel, ein Mysterium. Nicht sind es 2 ineinandergeschlungene Arme; sondern es stellt uns ein gedankenvolles Backwerk eines denkenden Künstlers dar, der hier seine Vertrautheit mit dem Alterthum bekundet. / Ein solches Räthsel wie dieses braucht nicht aufgelöset, nicht zerrissen zu werden : es übergibt sich in seiner Lebensfülle dem freundlich Genießenden; man beiße hier an oder dort : man wird immer im Mittelpunkte des Verständnisses seyn : dem Thoren ein vielverschlungenes Räthsel, dem sich gläubig hingebenden ein süßer Genuß. / Aber das höchste Geheimnis darf nicht ohne Wächter seyn ! Von den Eleusinien wurden die Uneingeweihten zurückgehalten; bey den Egyptern war die Sphinx der Wächter, sie selbst ein Räthsel. Aber schon früh, schon vor dem Christenthum, ward der Löwe als Symbol der Kraft, als Schützer des Heiligen beliebt : der ‹Löwe vom Stamm Juda›; dann die Verteidiger so vieler fürstlicher und anderer Wappen. Welch große Bedeutung das Brod, die Frucht der Erde, im Christenthum wieder erhalten hat, brauche ich nur in Erinnerung zu bringen; und wie ich in meiner Ansicht der Bretzel Recht habe, beweiset, daß ganz eigene Fastenbretzeln gebacken werden : Ja; denken soll der Mensch in dieser Zeit der Buße über die Geheimnisse und hochwichtigen Gegenstände ! / Der Wächter, der Löwe rechts, sieht dem Beschauenden gerade ins Gesicht, als spräche er : Schaue; denke; erwäge ! Jener linke ist nur um ein Weniges dem Räthsel, welches er in den Pfoten hält, und der geheimnisvollsten Speise, zugewendet : er ist der forschende Wächter, der denkende Geist, der immerdar nachsieht, ob nichts am Heiligen verletzt ist, ob es noch in seiner Ganzheit bestehet. / Die Löwen selbst aber stehn in der Luft; ohne alle Basis, auf die sie den Fuß setzen könnten – wahrlich; groß gedacht ! : Nicht von der Erde, vom Irdischen, kann dieses Verständnis ausgehn. Es ruht ganz auf sich selbst; hat in sich Genüge; und verschmäht, was die gewöhnlichen Menschen Dauer und Festigkeit nennen.

B. (schwer): Wundervoll. Wenn es nicht so unheimlich jetzt wäre – *(wiederholend):* »Verschmäht, was die gewöhnlichen Menschen Dauer und Festigkeit nennen . . .«. – Ihre verruchte ‹neue perspektive› !

(Gong 1)

A.: Der äußere Lebens=Hakenschlag ist relativ rasch abzutun; es sind nur noch 3 große Stationen, trotz der vielen Flucht=Einlagen und der 50 Jahre, die er noch gelebt hat. Immer wieder mußte er den Hafen verlassen : der erste davon hieß ‹Ziebingen›.

B.: Völlig ungeläufig. Wo liegt es denn ? – ‹Ziebingen=Ziebingen› : ich tippe so ‹Schwäbische Alb› ?

A.: Verführt durch ‹Tübingen›, was ? – Nein; diesmal ist es östlich der Oder; 20 Kilometer von jenem Frankfurt; mitten in Flachland und Sandwäldern, sehr schön.

B.: Wie geriet er dorthin ? – Und übrigens gebrauchten Sie vorhin den weder zu Ihrer unruhigen Theorie, noch zu Tiecks kaum 30 Jahren recht übel stimmenden Ausdruck vom ‹Hafen› : widerlegt Sie das nicht ? Ist es nicht etwas sehr früh für einen ‹Hafen› ?

A.: Sie müssen unterscheiden zwischen dem Körper, der sehr wohl schon ‹hafenreif› sein kann; während der Geist noch vorbildlich scharf und boshaft arbeitet. Die Natur hatte Tieck das für einen Künstler unschätzbare Geschenk proletarischer Riesenknochen versagt, die – gekoppelt mit der von robotenden Vorfahren ererbten Zwangsvorstellung, jeden Tag 14 Stunden schuften zu müssen – jene Wunder an Fleiß und Kunst hervorbringen, die der Bürger sich dann behaglich als meterfüllende ‹Gesammelte Werke› hinstellt.

B.: Unangenehme Art, sich auszudrücken. – Wieso kränkelte Tieck so früh ?

A.: Schwere Gichtanfälle – richtiger wohl Gelenkrheumatismus – krümmten seinen Körper zusammen; so daß er schon Ende Zwanzig ‹kontrakt› war, wie man damals schonend sagte : bucklig ! Keinen Tag mehr ganz unbeschwert gesund; ‹Schmerzen überall erträglich› – das war schon viel, wenn er das melden konnte : einmal hat er *2 Jahre bettlägerig* in München verbracht. Infolge des beständigen ‹Glühens› wurde – wie Körper nun einmal pflegen – auch der seine immer bröckliger. Eine Italienreise brachte auch keine Linderung; wohl aber trieb er seine ‹Altdeutschen Studien› in Rom voran; Er, einer der Mitwirkenden dazu, daß heutzutage jedes Kind in der Schule ‹Mittelhochdeutsch› lesen lernt.

B. (einschaltend): Wofür ihm dieses ‹Kind› gewaltig verpflichtet sein dürfte.

A.: 1 prächtige Frucht, die er mitbrachte, sind die ‹Reisegedichte eines Kranken› – nicht nur zur damals sehr nötigen Entmythologisierung des Italienfimmels à la ‹Kennstu das Land› dienlich; sondern wichtig für die Kenntnis von Tiecks Charakter; des Maßes der geistigen Energie eines Mannes, der sich auf 2 Krücken fortschleppt, oder an Häuserwänden entlanghaspelt : und dabei helläugig Land & Leute beobachtet . . .

C.: Die künstlichen Burattini zu sehn / sucht' ich in finstrer Nacht / den großen Platz Navona. / Im Corso blendeten die Feuer, / betäubte das Geschrei / der Fruchtverkäufer. / Still und dunkel in den Nebengassen. – / Als ich geblendet, betäubt / den Weg erfrage, / stürzt mit Löffel und Schürze / ein Koch aus dem Pallast / und führt mich, belehrend und schwatzend / einige Straßen hindurch; / sich dann entschuldigend, / daß seine Bestimmung zurück ihn rufe, / rennt er hastig von mir, / ohne nur Dank zu erwarten.

Seiner Weisung folgend / tapp' ich durch die Finsternis hin, / die dichter und dichter sich vor mich baut. / Endlich steh' ich ruhend, / rathlos und verirrt, / kein Mensch in der Nähe.

Da wandelt eine Gestalt heran – / : »Wo geh' ich wohl zum Platz Navona ?« / ertönt die bescheidene Frage. »Sie sind ein Fremder,« so beginnt er, / »kein Wunder, daß in der furchtbaren Finsternis / Ihr Fuß irre geht, / und wir Armen, Elenden / stehn noch so weit andern Nationen zurück, / daß wir niemals Laternen zünden / als nur vor Marienbildern.« – / Er trat mir näher und faßte meine Hand.

»Doch gute, hülfreiche Menschen«, / sprach er leiser und liebevoller, / »ersetzen Licht und Fackel; / und wer wäre der Elende, / der nicht gern und mit Freuden selbst / dem verirrten Nächsten hülfe ? / Sei's auch mit Opfer der Zeit, / daß er mit ihm bleibt und wandelt. / Und wehe dem Eigennützigen / – er ist kein echter Römer ! – / der nur um schnödes Geld / dem Fremdling seine Dienste widmet. / Nein; immer war unsre hohe Stadt berühmt, / daß sie gern Hilfe, Rath und Trost spendete, / ohne nach dem blanken Gewinn zu schielen. / Auch ich rühme mich ein solcher Bürger zu seyn, / und mancher Dankbare nennt meinen Namen, / und mancher Undankbare verschweigt ihn. / So hat das Schicksal es freilich gefügt, / daß ich meiner Großmuth nicht mehr gehorchen darf : / flehende Kinder, die weinende Gattin / jammern ihr mächtiges ‹Nein !› entgegen. / Doch kann sich mein Herz nicht gewöhnen, / eng und kargend nach Geld zu trachten. / – Anders ist es freilich mit Edlen; / von denen darf auch der Stolze empfangen; / und der Freigebige, der tausendmal gab, / werde nicht roth, auch einmal zu nehmen. / Denn das ist gewiß : / die größesten Herzen, / die feinsten Gemüther, / kommen jenseits der Alpen uns herüber . . . . .«

Ich, des Geschwätzes müde, / hatte schon die Silbergroschen gefaßt, / die ihm nun in die Finger glitten / : »Doch wo ist der Platz ?« / fragt' ich ungeduldig.

»Trefflichster,« sagte der Schalk, / indem er mit leiser Hand / die Wange mir rührend den Kopf mir richtete / : »Hier liegt er vor Denenselben / : Wir stehn schon darauf.«

B.: Jedenfalls wohltuender, als die falsche Geblähtheit Gerhart Hauptmanns, des sogenannten ‹Naturalisten›, in jenem unerträglichen ‹Griechischen Frühling›. – Also Heilung fand Tieck nie mehr?

A.: Nein; nie mehr. – Während der Freiheitskriege wich er nach Prag aus, wo so viele Intellektuelle brauenhebend=kampierend abwarteten, daß endlich der ‹bluddle filth of Waterloo› vorbei sein würde. / 1817 kam dann eine Wunscherfüllung : 6 Monate Englandreise; unerläßlich für Shakespeare=Kenntnis. Auch brachte er, als literarische Sensation, das 1. Exemplar des ‹Waverley› mit nach Deutschland.

B.: Das paßt aber doch auch wieder nicht zu Ihrer rührenden Hypothese vom armen Emigranten, daß Tieck derartig Geld verdient hat, um 17 Jahre Landaufenthalt, mit den entsprechend kostspieligen Einlagen von Auslandsreisen finanzieren zu können.

A.: Hat er ja gar nicht. Im Gegenteil; seine äußere Lage war mehr als dürftig; hatte er doch Frau und Kind zu ernähren. Der ‹Landaufenthalt› in Ziebingen wurde dadurch ermöglicht, daß ihn von Burgsdorff, ein ehemaliger Schulfreund, auf sein dortiges Gut einlud – woraus Tieck, wie schon erwähnt, ein Pumpgenie, dann 17 Jahre zu gestalten wußte : »Wie ein blinder Passagier / fahr' ich auf des Lebens Posten. / Einer Freundschaft ohne Kosten / rühmt sich Keiner je mit mir.« spotteten die Bekannten – aus denen übrigens lediglich Neid sprach.

B.: Also stimmt's doch wieder zu Ihrer Theorie. – *Sie* entschuldigen freilich diese fatale, zuweilen widerliche, parasitäre Fertigkeit des Künstlers damit, daß er – vorausgesetzt, daß er ehrlich angestrengt in seinem Beruf arbeite – zum Geldverdienen keine Zeit und Kraft mehr hat. Es ist aber ein schwacher Trost .....

A.: Es ist schlicht die Schuld des Staates, mein Lieber! Der solchen, wirklich ernsthaft und fleißig Kunstwerke Erzeugenden ein festes Gehalt aussetzen sollte : dann würden die betreffenden, zugegebenermaßen peinlich anzuschauenden, Hofnarrenstückchen sogleich von selbst entfallen. / Auch Tieck hat sie exekutieren müssen; in Ziebingen und in Madlitz beim Grafen Finkenstein – in dieser Art das haßvollst=plumpste Bild Tiecks zu zeichnen, blieb Herrn Theodor Fontane, in seinem Scharfmacherroman ‹Vor dem Sturm› vorbehalten : nur weil Tieck nicht Trottel genug war, Joche deshalb zu lieben, weil ‹das eigene Volk› sie Einem auferlegt. Er sagte vielmehr, mit dem großen Ben Jonson : »Patriotismus ? : Ist die letzte Ausrede von Schuften!«

B.: Direkt politisch engagiert hat er sich aber doch nie? – Im Gegensatz zu Hoffmann, der ja mehrfach mit dem Preußentum karambolierte.

A.: Irrtum: er karambolierte lediglich zweimal mit einzelnen, besonders zur Karikatur herausfordernden Brüllern, 1 General und 1 Polizeidirektor; das ‹System als solches› war auch Hoffmann – ebenso wie Tieck mit künstlerischen Problemen ausgelastet – völlig piepe. / 1819 jedenfalls stirbt erst dieser Schulfreund. Dann auch der alte Finkenstein. Der Ziebinger Kreis löst sich auf – und Tieck zieht für die nächsten 21 Jahre nach Dresden; mit Frau und Kind und Gräfin Henriette.

B. (aufhorchend): Eine Tochter des Grafen Finkenstein?

A.: Die Älteste von Dreien. – Sie hat bis zu ihrem Tode, 1847, als Tiecks Freundin – in jeder Beziehung des Wortes, die Sie wollen – in dessen Haushalt mitgelebt: und ihr ganzes, sehr bedeutendes Vermögen im Laufe dieser 40=jährigen Vertrautheit ‹zugesetzt›.

B.: Also gar nicht binnen romantisch=kürzester Zeit genialisch ‹auf den Kopf gehauen›; sondern aufs verantwortungsvollste ‹eingeteilt›: um das Werk des geliebten Mannes finanziell zu sichern? – Sehr merk= und ehrwürdig. – *(kopfschüttelnd):* Dennoch: wenn man sich diesen Haushalt illustriert vorstellt? Und Alles für die Kunst. Naja. – Hat er in Dresden also weiter privatisieren können.

A.: Zunächst ja. – Abgesehen von seinen wissenschaftlichen Arbeiten, und dem Beginn der großen Gesamtausgabe, waren es vor allem die ‹Novellen› – auf Grund deren es dann wieder Mode geworden ist, von einer ‹zweiten realistischen Epoche› zu schwatzen; ein Urteil von einer Befremdlichkeit, daß man glauben möchte, die Betreffenden läsen mit verleimten Augen und Ohren! / Abgesehen davon, daß Tieck die unerlaubte Fiktion der ‹Reise› etwas sehr strapaziert – die unzureichende Entschuldigung des Faulen, der unverbindlich 1 Einfall an den andern reihen möchte; bei Tieck freilich waren eben oft die Notizbücher voll, und die Ungunst der Umstände gestattete kein sorgfältiges Planen – abgesehen also davon schiebt er doch immer wieder fantastisch=realistische Kunstwerke ein: die wundervolle Abrechnung mit Zopfpreußen in der ‹Gesellschaft auf dem Lande›, eine unserer schärfsten und geistreichsten politischen Satiren. Den hochpoetischen ‹Alten vom Berge›. Die Groß=Märchen vom ‹Alten Buch› und der ‹Vogelscheuche›. Und wieder die quirlenden Menschenmengen und das Spitzbubengespreche des ‹Jahrmarkts›. Er ist eben nie einfältig genug gewesen, *nur* zur Blauen Blume zu schwören, oder *nur* zum platten Naturalismus.

B.: Ich warte immer, daß Sie endlich einmal seine Vorlesekünste erwähnen; ich denke an die Stelle bei Eckermann .....

C.: Man hatte uns Hoffnung gemacht, daß Tieck etwas lesen würde. Die Gesellschaft begab sich sehr bald in ein entfernteres Zimmer; und nachdem Jeder es sich in einem weiten Kreis auf Stühlen und Sophas zum Anhören bequem gemacht, las Tieck den ‹Clavigo›. – Ich hatte das Stück oft gelesen und empfunden; doch jetzt erschien es mir durchaus neu, und that eine Wirkung wie fast nie zuvor. Es war mir, als hörte ich es vom Theater herunter, allein besser; die einzelnen Charaktere und Situationen waren vollkommener gefühlt : es machte den Eindruck einer Vorstellung, in der jede Rolle ganz vortrefflich besetzt worden. . . . . . Jedermann war im Anhören versunken; die Lichter brannten trübe; Niemand dachte daran, oder wagte es, sie zu putzen.

A.: Darf ich – da man nach irgendwelchen ‹Sachsenspiegeln› oder wie die Dinger heißen, immer ‹Alle Beede› anhören soll – mit Grillparzer kontern ? . . .

C. (diesmal nörgelnd): Höchst komisch war es, als ich Tieck besuchte; und statt seiner eine junge Frauensperson, wohl seine Tochter, antraf, die eben des Vaters kleine antiquarische Sammlung reinigte – sie hielt nämlich eine kleine, höchst obszöne Erzfigur in der Hand, an der sie unbefangen fortputzte, während sie mit mir sprach. / Am Abend las Tieck vortrefflich; aber höchst ermüdend, da er zwischen den Akten keine Absätze machte, und auch die redenden Personen weder durch die Namen, noch, mit Ausnahme der komischen Figuren, durch Abwechslung der Stimme bezeichnete. Die Hälfte seiner höchst gemischten Zuhörer nickte daher auf den Sitzen ein, und wurden nur durch die Zeichen des Beifalls aufgeweckt, in welche sie lebhaft miteinstimmten.

A.: Ab 1825 war er auch Dramaturg am Dresdener Hoftheater, und hat zahlreiche Kritiken verfaßt. / Aber er wurde allmählich älter; die Produktion folglich langsamer und geringer an Wert. Seine umfassenden Kenntnisse prädestinierten ihn nicht nur zum Übersetzer – da hat der ‹Don Quijote› alles andere überlebt – sondern auch zum ‹Herausgeber› : Lenz; Kleist; die ‹Insel Felsenburg›. Auch für die ‹Jungen› interessierte er sich mit Rat & Tat : Grabbe; Mörikes ‹Maler Nolten› – und nicht bloß, weil darin eine erdichtete Aufführung seiner eigenen ‹Verkehrten Welt› vorkommt. Das bedeutendste Verhältnis ergab sich zu Immermann; dem das Verdienst bleibt, in Düsseldorf die Premiere des ‹Blaubart› gewagt zu haben. / Aber er wird einsamer : 1833 stirbt seine Schwester. 37 seine Frau . . .

B. (fragend): . . . die etatsmäßige ? . . .

A.: Ja. 1841 dann sogar sein einziges Kind Dorothea – sie, wie so oft, die fleischgewordene Warnung an den Genius, *keine* Kinder zu haben : die kunstreiche Maschine ist so delikat ausbalanciert, am Rande von Dekadenz, Schwermut, Wahnsinn, daß die kleinste fremdartige Beimischung, sie sei wie sie wolle, das Gleichgewicht verhängnisvoll stört.

B.: Wieder so eine Ihrer trostlosen Maximen! – Also ist er nun allein mit seiner Henriette.

A.: Friedrich Wilhelm IV., der ‹Romantiker auf dem Thron›, beruft auch ihn nach Berlin. Sein letztes Dutzend Jahre verbringt er, vergessen von seinem ‹jungdeutschen› Volk; zumal nach 1848 geflissentlich übersehen oder gar verlästert: anstatt daß die sich auf seine politisch=militärischen Satiren wie auf einen Kirchenvater berufen hätten! Er ist nur noch sammelnd und redigierend tätig.

B.: Also nichts von ‹Altersweisheit›, ‹Alterswerk› und dergleichen?

A.: Nichts. Das ist ja nur eine, von Interessierten in Umlauf gesetzte, Fabel, daß man mit 80 Jahren doppelt so genial wäre wie mit 40: es ist nicht der Fall! / Am 28. April 1853, ein Viertel nach 6 Uhr morgens, tat er, von seinem ‹Eckermann› Köpke betreut, den letzten Atemzug seiner 80 Jahre.

B. (nach einer gepflegten, dezenten=kleinen Pause): Seine ‹Wirkung›? Etwaige ‹Schüler›?

A.: Es ist – wenn ich meine Liebeserklärung ausnehme – kaum noch Jemand, der sich nach ihm nennt. / Auf Poe hat er beträchtlichen Einfluß gehabt: ‹Abdallah› und ‹Altes Buch› auf den ‹Usher›. Die ‹Reisenden› auf den ‹Doctor Tarr›. / Wie immer wird nicht allein das Urteil, sondern das bloße Reden über Tieck dadurch erschwert, daß seine Werke nicht erreichbar sind: es giebt keine Gesamtausgabe! Die 28 fertig gewordenen Bände ‹letzter Hand› finden Sie alle 10 Jahre einmal antiquarisch, und dann für 2 bis 300 Mark. Anschließend müssen Sie dann noch Einzeljagd machen auf die ‹Gedichte›, die 2 Bände ‹Dramaturgie› und den ‹Nachlaß›.

B.: Aber die kursierenden ‹Auswahlen›?

A.: Erstens ‹kursieren› kaum welche. Und sind zweitens winzigen Umfangs und schlecht dazu. Denn Tieck?: das ist eben mit nichten der ‹Sternbald›; und nicht das ‹Dichterleben›, und die ‹Vittoria Accorombona› schon gar nicht! / Hüten Sie sich auch vor den 2 Bänden, die Paul Ernst herausgegeben hat, mit dem bekannten pompösen ‹Nachwort›, und der ebenso bekannten liederlichen Textbehandlung. Er bringt da zwar, mit vielen schönen Druckfehlern versehen, die ‹Vogelscheuche›; ‹verbessert› jedoch nach Herzenslust, was der einfältige Alte da so hinschrieb: wo Tieck den lebendigen Doppelpunkt mitten im Text hat, um Stutzendes zu konfrontieren – da macht Ernst ein Dudisches Komma. »Ahnde«, das heißt Präsens, macht er zu »ahnte«, also Imperfekt – freilich ist das Ganze ‹imperfekt›. Er kappt aufschlußreiche Vorsilben. Tieck unterscheidet Glieder »an« Infusorien – Ernst »in« ihnen. In

Gebelaune setzt er Anführungszeichen, wo gar keine hingehören : ‹Ach Ernst, ach Ernst / : Was Du mir Alles lernst ?› – Die allerneueste, just im Erscheinen begriffene Winkler=Auswahl, ist noch nicht recht zu beurteilen.

B.: Also bleibt wieder nur : sich aus der nächsten Großbibliothek – die, wieder erschwerend, ‹Gesammelte Werke› höchst ungern verleihen ! – sich die alten Bände mühsam der Reihe nach zu erbitten.

E. (mit beschwichtigendem Alt):

Wenn Winter ist, wollen wir's wieder lesen.
Es liest sich gut; doch mag nicht Alles wahr seyn.
Allein die schnurrige Manier, Geschichten,
die er erzählt, Lebensphilosophie,
von wilden Thieren, Quellen und was sonst
zum Christentum gehört, das ganze Wesen – :
Man hat es gern, wenn man's auch nicht so glaubt. . . . . .

(erst Gong 2. – Dann Gong 1; langsam ausklingend)

ERSTVERÖFFENTLICHUNGEN

JOHANNES VON MÜLLER
ODER VOM GEHIRNTIER:
Süddeutscher Rundfunk, 1. Programm,
31. Juli 1959, 22 h 30–24 h 00

DER ARME ANTON REISER:
‹Welt der Arbeit›, Köln,
1. April 1955

DIE SCHRECKENSMÄNNER:
Süddeutscher Rundfunk, 1. Programm,
13. September 1957, 22 h 30–23 h 30

EINE SCHULD WIRD BEGLICHEN:
Hessischer Rundfunk, 1. Programm,
8. März 1966, 22 h 20–23 h 20

DYA NA SORE – BLONDESTE DER BESTIEN:
Süddeutscher Rundfunk, 1. Programm,
22. Februar 1957, 22 h 30–23 h 35

FUNFZEHN ODER:
VOM WUNDERKIND DER SINNLOSIGKEIT:
Süddeutscher Rundfunk, 1. Programm,
9. Oktober 1959, 22 h 30–24 h 00

Arno Schmidt

DAS
ESSAYISTISCHE WERK
ZUR DEUTSCHEN LITERATUR
IN 4 BÄNDEN

SÄMTLICHE NACHTPROGRAMME
UND AUFSÄTZE

BAND 3

EINE EDITION DER
ARNO SCHMIDT STIFTUNG
IM HAFFMANS VERLAG

ARNO SCHMIDT

Samuel Christian
PAPE

Friedrich de la Motte
FOUQUÉ

Leopold
SCHEFER

Carl
SPINDLER

Adalbert
STIFTER

EDITORISCHE NOTIZ

Diese Lese-Ausgabe bietet gewissermaßen Arno Schmidts private deutsche Literaturgeschichte; sie bringt sämtliche Nachtprogramme und Aufsätze in chronologischer Folge nach den Lebensdaten der traktierten Autoren; mehrere Arbeiten über einen Autor sind so angeordnet, daß auf die Darstellung von Leben und Werk deren Deutung und Wirkung folgen.

Die Texte erscheinen – soweit bereits in Buchform vorliegend – als vollständiger, vereinheitlichter Neusatz nach den Ausgaben letzter Hand; alle Erstveröffentlichungen folgen Druckvorlagen aus dem Archiv der Arno Schmidt Stiftung. Eindeutige Druck- oder Tippfehler wurden korrigiert.

Nachweis der Erstveröffentlichungen am Schluß des Bandes.

KORREKTOREN WAREN
ERNST BOMMER, ANDREA SCHOLZ
UND RUDI SCHWEIKERT.
TEXTREDAKTION VON
RUDI SCHWEIKERT.

1.–10. TAUSEND, HERBST 1988

UMSCHLAG, GESTALTUNG UND PRODUKTION:
URS JAKOB, HAFFMANS VERLAG AG, ZÜRICH
SATZ AUS DER BEMBO VON SATZCENTRUM JUNG, LAHNAU
HERSTELLUNG: BENZIGER, EINSIEDELN
ISBN 3 251 80050 7

Inhalt

SAMUEL CHRISTIAN PAPE

22. November 1774, Lesum bei Bremen – 5. April 1817, Nordleda

SAMUEL CHRISTIAN PAPE

Vergessene Dichtung aus Moor und Heide

Sprecher:

A.:	Männerstimme, tief	2 Berichterstatter im Wechselgespräch
B.:	Männerstimme, hell	
C.:	Männerstimme, Bariton; langsam=besinnlich bis schwermütig.	für die Zitate.
D.:	Frauenstimme	

C. (herzlich; langsam=begeistert): Ach; den zwölften September : da hätten Sie hier seyn sollen ! Die beiden Millers, Hahn, Hölty, Wehrs und ich, gingen noch des Abends nach einem nahe gelegenen Dorfe. Der Abend war außerordentlich heiter und der Mond voll. Wir überließen uns ganz den Empfindungen der schönen Natur. Wir aßen in einer Bauernhütte eine Milch; und begaben uns darauf ins freie Feld. Hier fanden wir einen kleinen Eichengrund; und sogleich fiel uns Allen ein, den Bund der Freundschaft unter diesen heiligen Bäumen zu schwören : wir umkränzten die Hüte mit Eichenlaub, legten sie unter den Baum, faßten uns Alle bey den Händen, tanzten so um den eingeschlossenen Baum herum, riefen den Mond und die Sterne zu Zeugen unseres Bundes an, und versprachen uns eine ewige Freundschaft.

A.: So – auch heute noch unverwelklich=jünglingshaft zu lesen – beginnt die ‹Stiftungsurkunde› des ‹Hainbundes›, der an jenem kühlen und windigen Herbstabend des Jahres 1772 zu Göttingen geschlossen wurde. Die Namen einiger Mitglieder sind in dem Brief des großen Johann Heinrich Voß bereits genannt worden; andere waren etwa Boie; Cramer; Leisewitz; die beiden Reichsgrafen Stolberg .....

B. (einschaltend): ..... ein Mißverständnis nebenbei, das sich 50 Jahre später grausam rächen sollte.

A. (fortfahrend): ..... auch Gottfried August Bürger .....

B. (wie zuvor): ..... *wiederum* eine Verkennung der Zugehörigkeit : *er* tendierte weit mehr zur Wielandschen Schule.

A. (fortfahrend): ..... Und selbst der fünfzigjährige, schon recht serafisch=steife Klopstock ließ sich eine zeitlang von so viel Schwung und Jugenddrang überwältigen ....

B. (wie zuvor): . . . . . und Lob & Weihrauch, in Litern und Scheffeln, kam ihm *auch* immer gelegen. – Abgesehen von einigen – bei Jünglingen allenfalls verzeihlichen; an Klopstock, dem Kirchenvater verschwommener Teutomanie, weit unangenehmer berührenden – Ausbrüchen von Chauvinismus, und ergötzlicher Unduldsamkeit anderen damaligen Literatur=Richtungen gegenüber, waren die Ziele dieser ‹Gruppe 72› recht klar formuliert : Realisten, mit stark naturhafter und sozialkritischer Tendenz.

A.: Stammte ja einer ihrer bedeutendsten und aktivsten Köpfe, eben Voß, von Mecklenburgischen *Leibeigenen* her!

B.: Dennoch wäre eine Auflösung rasch wieder erfolgt – waren doch, noch nicht ganz zwei Jahre später, sämtliche Mitglieder bereits auf Berufssuche durch ganz Deutschland zerstreut – hätte man sich nicht, höchst glücklicher Weise, ein bedeutendes Bundesorgan geschaffen : den ‹Göttinger Musenalmanach›; der, zunächst von Voß, dann von Bürger, zuletzt von Reinhard redigiert, periodisch erschien, und sich 30 Jahre lang behauptet hat.

A.: Wohl sickerte zwischendurch Fremdartiges ein. Die Stolbergs fanden rasch in Brackwässer des Geistes zurück, zu den ihnen anständigeren Kräften von Restauration und Gegenreformation. Das Ätherfeuer der Gründer vernutzte sich zu ehrbarer Heerdesglut; der Wind jenes ersten Herbstabends flügelte matt ihre Alltagsmühlen; sein Mond maß ihnen die Zeit zwischen 2 Gehaltsempfängen; aus dem Tanz um den Eichbaum wurde der Trott des Registrators.

B.: Aber wenn auch über *ihre* Münder sich Aktenstaub lagerte : immer wieder wurden durch den alten bezaubernden Gründungsvorgang neue junge Talente herangezogen. Aufblühende Dichter; Geistesverwandte, denen ‹die Richtung› zusagte : volkstümliche Liedhaftigkeit in leise schattierter Schwermut; Naturzeichnung in großen einfachen Massen, als Stimmungshintergrund für balladeske Liebe und Tod; die schüchterne soziale Keckheit des eben erst sein Haupt erhebenden, und sich selbst besingenden, 3. und 4. Standes – selbst in dieser zahmen Form ein Bedenklich=Unerhörtes damals, im Deutschland der 300 souveränen Staaten.

A : Das schicklich vergrauende Ende glich noch einmal wohltuend dem Anfang : als letzter Nachzügler des ‹Hainbundes›, als letzter Mitarbeiter am ‹Göttinger Musenalmanach›, fand sich hinzu :

Samuel Christian Pape.

(Gong)

B.: Aus dem Nordwestwinkel Deutschlands, dem Land zwischen Weser und Elbe; wo die Orte noch nicht ‹Berlin=Siemensstadt› heißen oder ‹Köln=Zollstock›; sondern – noch völlig unzerträumtes Lautmaterial! – fleischfressende Namen tragen, wie diese . . . . .

C. (intensiv aufzählend): Eickeloh / Krähenmühle / Gelbenschule / Schatthaus.

D. (die Reihe aufnehmend): Aschenkrug / Schierholz / Kanalhäuser / Palsterkamp.

C. (wie zuvor): Hölzerne Klinke / Im Sunder / Uhlenbruch / Modermühle.

D. (wie zuvor): Im weißen Moor / Erdhütte / Dodshorn / Rode Schuur . . . . .

A.: Und solche Trollnamen werden nicht etwa nüchtern verwaltet in ‹Regierungsbezirken› oder ‹Kreisen›; sondern sind belegen in Bauerschaften, Gohgerichten, Vogteien, Börden, Kirchspielen, Bürgereien, – ein Reichtum historischer Ent= und Ver=wickelungen, wie er kaum größer gedacht werden kann.

B.: Schnurrige Vorschriften und Gesetze sind zu beachten : die Lebendigen aus Frelstorfermühlen gehen zur Kirche in Alt=Luneberg; die Toten müssen nach Beverstedt getragen werden.

A.: ‹Grundröhring› : wenn auf der Landstraße ein Frachtwagen stürzt – was in jenen vergangenen Jahrhunderten der grundlosen Wege keine sonderliche Seltenheit bildet – so gehört die Last *Dem,* auf dessen Grundstück das Fuhrwerk zu liegen kommt : *ein nacktes Strandrecht zu Lande!*

B.: Selbst die Steuern ermangeln der poetischen Kniffe nicht : das ‹Worth= oder Stede=Geld›, eine Art Grundstückssteuer – mußte am Ostersonnabend gezahlt werden. . . . .

A. (halblaut): . . . . . und nun kommt's! . . . . . :

B. (breit betont): . . . . . bei Sonnenschein!

A.: Man stelle sich nur die Situation vor : Ostern vor der Tür. Alle Knospen brechen auf : ‹The lark's on the wing, / the snail's on the thorn›; der Acker duftet Erdruch. Feierabend ist es . . .

B.: . . . und Sonnenschein ! : ‹God's in his heaven : / all's right with the world!› – Man *kann* doch einfach nicht böse sein über das bißchen Steuer, jetzt, wo Alles blüht, und man künftige ausgleichende Ernten fast handgreiflich vor Augen sieht!

A. (vertraulich): Der historischen Wahrheit die Ehre zu geben : diese letzten psychologischen Feinheiten hatten, wie billig, Priester ersonnen : die Erzbischöfe von Bremen und Verden.

B.: In solcher Umwelt – also sowohl vom Landschaftlichen, als auch vom Sozialen her trefflich im Sinne der Hainbundstifter vorbereitet – wird am 22. November 1774 Samuel Christian Pape geboren; weit hinten in der nebligen Wesermarsch, in Wulsbüttel, beim Großvater Pfarrer, wo die Mutter Wochenbett hält.

A.: Eine durchaus ‹literarische› Familie – freilich nur der ‹kleinen› Literatur zuzuzählen : die Lappenbergs, mütterlicherseits, haben Theologen, Ärzte, Lokalhistoriker gestellt, mit für den Kenner unverächtlichen Leistungen. Der Vater des Kindes, Henrich Pape, Pastor zu Wulsbüttel, ist selbst Autor.

B. (entschuldigend): Wie man eben in Pfarrhäusern zu schriftstellern pflegt : Kirchenlieder; Predigtsammlungen – darunter eine ergötzlich=zornige ‹Wider boshafte Schuldner und Konkursmacher›, die nicht gänzlich frei von Persönlichkeiten zu sein scheint – Homilien, Konkordanzen, eine Übersetzung der ‹Schutzrede› des Stephanus : immerhin, 21 Titel umfaßt das – nebenbei bemerkt nicht vollständige – Verzeichnis seiner Schriften im ‹Rotermund›. Seine Fachbibliothek, 5.000 erlesen rare Bände, ist bei den Kollegen weithin bekannt.

A.: Und es sei mit Gregor=Mendelschem=Nicken vorweggenommen, wie die Dichtergabe sich da so artig vererbt : die Vorfahren Papes also schrieben; sein Bruder Johann ist als Verfasser von Gelegenheitsgedichten gefragt; ein anderer, jüngster, Bruder, Ludwig Matthias, später Pfarrer zu Buxtehude, veröffentlicht sogar mehrere Bände Lyrik – ihn hat Karl Gerok, der ‹Palmblätter=Gerok›, uns geschildert, als er am 15. Mai 1839 vor der Überfahrt nach Helgoland eine Pause in dem Elbstädtchen einlegte .....

C.: Dienstag fuhr ich mit einem Marktschiff die Elbe hinab gen Buxtehude, ohne weitere Abenteuer, als daß mich gleich anfangs in Altona der spitzbübische Kapitän im Wirtshaus sitzen ließ, und ich per Extrapost in einem Kahn 5 Minuten lang nachjagen mußte. Abends kam ich in dem freundlichen Städtchen an, und wurde von dem blonden Pastor Pape, der in vollem Ornat von einem Hochzeitsschmaus weg mich zu umarmen kam, und von seinem liebenswürdigen Frauchen, aufs herzlichste empfangen. 2 vergnügte Tage brachte ich bei ihnen zu : Essen, Trinken und Tabakrauchen; Auf= und Abgehen und Plaudern mit ihm, über Württembergica, Theologica und Poetica, sintemal er Dichter ist : Essen; anspruchsloses pfarrhäusliches Klavierspiel und Gesang von *ihr*; kleine Wasserfahrten nach dem Garten : und Essen; Unterhaltung mit den 4 liebenswürdigen Kindern – und endlich Essen, füllte die Stunden aufs angenehmste aus. – Am Morgen des 3. Tages begleitete mich die ganze Familie zu Wagen die 4 Stunden nach Stade.

A.: Auch die nächste Generation schreibt weiter : Papes jüngste Tochter, Elisabeth Juliane Marie, wird, als ‹Marie von Hadeln›, eine noch heute zitierte Lokaldichterin.

B.: Das eigentliche Talent aber ist unser Samuel Christian. – In der, wie es einem Pfarrer wohl ansteht, üppig anwachsenden Großfamilie – allein 8 *lebende* Kinder bleiben übrig; 7 Todesfälle und Fehlgeburten noch gar nicht gerechnet – wächst der Kleine auf; am engsten dem um nur 2 Jahre älteren Bruder und Spielkameraden Johann angeschlossen.

A.: An Schulbesuch ist in dem Dörfchen nicht zu denken. Zwar Bremen ist nicht weit – aber Bremen ist *Ausland*; und die Beziehungen zwischen dem Kurfürstentum Hannover, dessen Herrscher gleichzeitig allmächtige Könige von Großbritannien sind, und dem eigenwilligen Stadtstaat grundsätzlich gespannt. Also übernimmt der grundgelehrte Vater verständlicherweise den ersten Unterricht; und tut, wie damals im Zeitalter der gräßlichen ‹Wunderkinder› üblich, des Guten fast zuviel.

B.: In jedem Dichterleben kommt nun einmal der Zeitpunkt, wo man *‹seine›* Landschaft kennen lernt – jene Kombination von Bodenformen, Pflanzenarten und Wettererscheinungen, die die ideale Anregung für Produktion ergibt, und in die man später, oft unbewußt, fast jede Fabel verlegen wird : Theodor Storm wäre undenkbar im Orient; Wieland in der Tundra; Lessing im Walde.

A.: Nur zu oft ist es der Fluch des Dichters – präziser : *einer* seiner Flüche – daß er sein ‹Gelobtes Land› nur von weitem schauen darf. Einmal zehrend kurz hineinblicken – und dann wieder davon muß, unter die groben Leute : ‹J'ai vu la Grecque, et retourne en Scythie› sang Chamisso davon. Andere haben das beneidenswerte Glück, sich jahrelang, manchmal zeitlebens, der großen, immer heimlich fortwirkenden Anregung erfreuen zu können.

B.: Als Samuel Christian Pape 8 Jahre alt ist, wird der Vater versetzt nach Visselhövede, an den Westrand der Lüneburger Heide; damals wohl das am dünnsten besiedelte Gebiet Deutschlands – noch ganz ohne Heiderummel.

A.: So groß ist die Einsamkeit, so unheimlich die grenzen= und pfadlose Öde, daß noch 1813 Marschall Davout von Soltau bis Hamburg Stangen einschlagen ließ, um seinen Nachschubkolonnen die Richtung für ihren ‹Gang durch den Sand› zu bezeichnen : genau wie nur je im, von geistig unnötig=Landflüchtigen bewunderten, ‹Llano Estacado› amerikanischer Wüsten.

B.: Und die ebensooft, ganz à la Karl May und seinen ‹Stake=Men›, von Bauern und Partisanen herausgezogen, und *umgesteckt* wurden : um die wertvollen Transporte irre zu führen, in Moor, in Dickicht und Dorngedränge; sie dort zu überfallen, die Begleitung zu versprengen oder niederzumachen – und dann wieder in die besitzerlosen, kaum kartografierten Weiten zu verschwinden.

A.: Visselhövede selbst, damals, 1780, ein Flecken von rund 60 Feuerstellen, mit spitzer Kirche, und von durchaus ländlichem Charakter, liegt inmitten von Wiesen und spärlichen Feldern; im Grenzgebiet des Bistums Verden, wo im Westen die Pferde mit Holzpantoffeln durch den Moorrauch stapfen; nach Osten beginnen die Prärien Lüneburgs : wir haben alles hierzulande : Savannen und Galeriewälder!

B.: Und das Kind lebt auf beim Anblick der seltsamen Wacholdersteppen : kleine Lichtungen in starren ungepflegten Waldungen; schiefgeweht die borstigen Föhren vom beharrlichen Schlechtwetterwind; die Kolonnen der Nebel; tagelang ist der Mond ein nasser weißer Fleck; Pilzvölker machen stumme, befremdlich=bunte Flecke .....

C.: Wenn der Nord durch kahle Wälder hallte, / durch die Heide, durch die tote Flur, / weilt' ich gern am Grabe der Natur, / wo mich mein Elysium umwallte!

A.: Mitten im Flecken liegt der Kirchhof, nach gewöhnlicher Art nahe=fern mit Häusern umbaut; in seiner Mitte eine grüne Einsenkung, mit Weiden und Hainbuchen durchpflanzt – am östlichen Ende, unter den Gräbern hervor, entspringt als klarer Quell die junge Vissel; und fließt jenseits des Ortes durch Wiesen und Weiden hin, mit solcher Kraft, daß sie schon binnen einer Entfernung von 15 Minuten eine Mühle treiben kann.

B.: Hier, an dieser seltsamen Stelle, sitzt der Kleine häufig; denn »Geh auf den Kirchhof spielen« heißt es, wenn berufliche Arbeiten, oder – leider häufige – eheliche Zerwürfnisse die Kinder zu Hause überflüssig machen.

A.: Da sitzt er denn, und spielt mit dem Bach. Sieht die offenen Gräber; die frisch zugeschütteten; die blumengeschmückten; hört Gesang und Orgelsummen – tief prägen sich ihm die Bilder des schwarzmäntligen Todes ein.

B.: Oft schließt er vor Angst die kleinen Augen, und versucht, sich statt des Leichenbegängnisses ein hohes Kirchenfest einzureden – etwa wie es später, im kunstreich auf 2 Stimmen verteilten Wechselgespräch zwischen Gefangenen und Türmer geschieht...

C. (dunkel, schwermütig):
Auf Sanct Marien Kirchhof
da blick ich still hinab;
drey Männer stehn so traurig –
O Thürmer, wie so schaurig –:
Ist wahrlich dort ein Grab?
B. (hell und gleichgültig):
Ich seh drey Junggesellen
mit Spaten in der Hand. –
Sie pflanzen dort in Reihen
am Kirchhof *junge Maien*
wohl zur Kapellenwand.
C. (wie vorher):
Auf Sanct Marien Kirchhof
da hör ich Grabgesang.
Das hallt so dumpf und traurig –
O Thürmer, wie so schaurig –:
Ist wahrlich Todtenklang?
B. (wie vorher):
Ich hör von ferne läuten
durch Regen und durch Sturm.
Ich hör die Jungfraun singen:
Die *Feierglocken* klingen
wohl am Kapellenthurm.
C. (wie vorher):
Auf Sanct Marien Kirchhof
da weht ein schwarzes Tuch.
Die Menge geht so traurig –
O Thürmer, wie so schaurig –:
Ist wahrlich Leichenzug?
B. (wie vorher):
Ich seh den Pfaffen wallen
den Kirchensteig hervor;
ich seh die Menge gehen –
Fronleichnamsfahnen wehen
wohl am Kapellenthor.
C. (wie vorher):
O nein! O nein! Sie senken
den schwarzen Sarg hinab.
Die Sterbeglocken hallen,

die Grabgesänge schallen:
ist meines Liebchens Grab!

Wohl über wenig Tage –
ein Tag ist bald vorbei –
dann klagt nicht mehr der Ritter
am dunklen Sklavengitter;
dann bin ich los und frei.

Auf Sanct Marien Kirchhof
da sehn' ich mich hinab.
Bald siehst du, Thürmer, traurig,
von deiner Warte schaurig
auch auf des Ritters Grab!

A.: Ansonsten ist Samuel Christian durchaus ein kräftiger Junge: rotbackig und braunhaarig; mittelgroß, aber breitschultrig und untersetzt.

B.: Jedoch von viel zu geringer Ruhefähigkeit schon als Kind!: Keinem Tisch, keinem Bücherbrett, sofern sie von ihm abhängig sind, kann er lange ihre Stelle gönnen. Seine Bücher sind einem beständigen Tauschhandel mit Geschwistern und Freunden unterworfen. Selbst später, als Mann, hat er seine Kleider und sonstigen Sachen immer bald wieder verkauft, um sich andere dafür anzuschaffen: das, von vielen Dichtern her bekannte, Bedürfnis nach ‹Tapetenwechsel›.

A.: Im Vorbeigehen gesagt: durchaus nicht immer ein Zeichen von Morbidität oder Schwäche! – ‹Schwach›?: das ist viel eher der Ordnungsfanatiker; der – unbewußt, um Katastrofenreaktionen zu vermeiden, dem ‹Hirnverletzten› ähnlich – selbst kleinsten Veränderungen seiner Umwelt händefuchtelnd widerspricht.

B.: Hier, ob Lessing oder Pape, handelt es sich vielmehr um ein entscheidendes Zuviel an Phlogiston im Blut – aber das ist ja bei uns ausgesprochene Mangelware, und also immer besser als das Gegenteil.

A.: Wichtig zur endgültigen Einstufung auch dieses noch: zögernd wird von Zeitgenossen – damit ja keines der Kennzeichen des hastigen Melancholikers fehle! – sein »in Gesellschaften lebhaftes und wortreiches Wesen« erwähnt.

B.: Seine Lieblingsbücher in jenen Tagen sind der schwermütig=musikalische Hölty; die unvermeidlichen ‹Nachtgedanken› Youngs; und – nicht minder ‹natürlich› – Macphersons geniale Fälschung vom ‹Ossian›.

A.: 1785 wird er, zusammen mit dem Bruder Johann, auf die Bremer Domschule geschickt – eine Hannoverisch regierte Häusergruppe inmitten der erbosten Hansestadt. Wohnen können sie beim Großvater, dem Auktionator und Notar, der noch vom Spanischen Erbfolgekrieg zu erzählen weiß, und nicht müde wird, den Jungen das ‹Marlborough s'en va-t-en guerre / ne sait quand reviendra› vorzupfeifen.

B.: Aber das ist auch das einzig Zerstreuende; denn alle anderen Kinderbriefe klagen vom Steinkäfig der großen Stadt; wie da, trotz des ernsten Gesichts des Präceptors, manchmal die Buchzeilen zu verschwimmen anfangen, zumal wenn die Kirchenglocken, ‹the poor man's only music›, ihn an das ferne ‹Jugendparadies› erinnern. Wohl findet er verständnisvolle Lehrer – der ‹Rector Ummius› wird genannt, und ein ‹Collaborator Schiphorst›; und einer, der ‹Grammaticus Lülmann›, ist sogar sein Onkel, der eine Vater=Schwester geheiratet hat – aber wirkliche Lichtblicke sind eben doch nur die Ferien!

A.: Zu Michaelis 1791 kehrt er dann endgültig zurück nach Visselhövede; wo ihn der Vater in zusätzlich=sorgfältiger, dreijähriger Schulung, vor allem im damals vielgeltenden Hebräisch, auf die Universität vorbereitet.

B.: 18 Jahre; 19 Jahre; 20 ? – : da ist es ja nur recht und billig, daß die große Liebe kommt. Und es ist natürlich – schwermütig=sicher legt sein Schicksal einen grauen Stein zum andern – die unheilbar schwindsüchtige Friederike W.; voll jenes hinfälligen Liebreizes, auch der schmächtigen süßen Stimme, wie sie Solche oft auszeichnet . . . . . :

C.:
Draußen auf der braunen Haide,
linker Hand zum Thor hinaus,
unter einer Pappelweide,
liegt ein kleines Schäferhaus.

Wo die hohen Pappelbäume,
wo das stille Häuschen liegt,
ward ich oft in süße Träume
unter Thränen eingewiegt.

In der Hütte wohnt ein Mädchen,
eine Lautensängerin :
öfters ging ich aus dem Städtchen
nach den Pappelweiden hin.

Mußte dann das gute Mädchen
an der Thür mich wandern sehn,
ließ es wohl das Spinnerädchen
in der Myrthenlaube stehn.

Nahm wohl seine runde Laute
in die zarte weiße Hand;
spielte, bis der Himmel graute,
bis der Mond am Abend stand.

Und sie sang von ihren Thränen
und von treuer Liebe Noth;
wie die Liebenden sich sehnen
nur nach Grabgeläut und Tod.

Daß sie wiederfinden wollte
ihren Liebsten, der sie kennt,
wo ihrs Niemand wehren sollte,
wo kein Tod sie wieder trennt....

A.: Denn die ewige ‹Mutter› mischt sich natürlich auch noch ein, die plump ‹Erfahrene› – anstatt die so sichtbar Unschuldigen getrost dort vorm Haus sitzen zu lassen : es ist ja doch nur ein kurzes Glück!.....:

C. (fortfahrend):
Meine Thränen flossen immer;
immer naht' ich ihr so gern;
aber, ach – ich wagt' es nimmer –
denn die Mutter war nicht fern!

Mußte bald das Hüttchen meiden,
wo das gute Mädchen wohnt;
in die Fremde mußt' ich scheiden
– weh mir! – im Septembermond.

B.: Denn zu Michaelis 1794 muß er nun endlich die Universität Göttingen beziehen. Und schweren Herzens studiert er an der hochberühmten Georgia Augusta.....

C.:
Monde gingen mir vorüber,
sieben Monde gingen hin :
immer dacht' ich noch hinüber
an die Lautensängerin.

Und die Vöglein sangen Lieder,
und der schöne Lenz begann :
und im Maien kam ich wieder
in der lieben Heimath an.

Täglich ging ich aus dem Städtchen
nach den Pappelweiden hin,
nach der Hütte, nach dem Mädchen,
nach der Lautensängerin :

Konnt' ich doch das gute Mädchen
nimmer vor der Hütte sehn !
Sah ich doch kein Spinnerädchen
in der Myrthenlaube stehn !

Hörte keine runden Laute
von der zarten weißen Hand,
harrend, bis der Abend graute,
bis der Mond am Himmel stand. –

Da gedacht ich ihrer Thränen,
und der treuen Liebe Noth :
wie die Liebenden sich sehnen
nur nach Grabgeläut und Tod.

Heimlich, in der Abendstunde,
ging ich nun zum Kirchhof hin –
und der Kirchhof gab mir Kunde
von der Lautensängerin.

A.: Im November 1794 war Friederike ..... *(betont den Buchstaben):* ‹W.› gestorben – nicht einmal ihren Familiennamen können wir mehr ermitteln; denn die Kirchenbücher jener Jahre sind verloren. Vielleicht bringt noch einmal ein Brieffund oder der glückliche Griff eines Lokalhistorikers nähere Auskünfte über die vormärzliche Gestalt.

B.: Aber weiter, Schwager Chronos! – Wieder in Göttingen studiert er bei Planck, Heyne – mit Ypsilon – Lichtenberg, Blumenbach: welche Namen dem Antiquar! er sieht Gottfried August Bürger, und gibt eine schüchtern=betroffene Schilderung des zerfallenden ‹Hurre=Hopphopphopp›=Mannes.

A.: Und hier, in Göttingen, erscheint auch sein erstes Buch; bezeichnenderweise eine Mischung von Fachabhandlung und Poesie: eine Übersetzung des ‹Buches Hiob› im Versmaß des Originals. Professor und Hofrat Eichhorn, der damals berühmte Orientalist, schreibt eigenhändig eine Vorrede dazu; und das Unterfangen muß schon vorzüglich gelungen sein, denn selbst Herder erwähnt es; und noch 20 Jahre später forscht ein Breslauer Professor öffentlich in den Zeitungen nach, bedauernd, daß man so gar nicht erfahren könne, wo denn dieses große Genie geblieben sei?!

B.: Eine Übersetzung von Ovids ‹Metamorphosen› wird begonnen; Stichwortartig Materien zu einer Sammlung von ‹Kurzbiographien Unbekannter› notiert; die Hand in rhythmischen Vorarbeiten geübt – wie etwa der formal recht interessanten, leider nicht vollendeten, Klage der ‹Maria Stuart› . . . . . :

C.:
O Seele, was *ist* das,
daß Du *weinest* ohn' Unterlaß?
D.:
O Herr, Du *weißt,* was!
Du *kennst* ja meine schwere Sünde;
die macht mir die Augen so naß –
großen *Schmerz* ich empfinde!

A.: Entscheidend aber ist die Bekanntschaft mit dem damaligen Herausgeber des ‹Göttinger Musenalmanach›, Karl ‹von› Reinhard. Der, obgleich selbst nichts als ein geschickter Faiseur, und – wohl auch aus Geldmangel – grundsätzlich auf unhonorierte Beiträge aus, erkennt das junge Talent. Läßt den Unbefangenen von sich erzählen, Herkunft und Anlagen enthüllen; und gibt ihm dann – dies allerdings nie ein geringes Verdienst! – mit routiniert-todsicherer Hand die Richtung, ein gutes Beispiel verlegerischer ‹Hebammenkunst›. Gleich der nächste Jahrgang bringt die ersten Stücke.

B.: Und verblüffend ist, gleich von Anfang an, der ‹Hainbund=Ton›! Der nicht etwa ‹getroffene› – das heißt glücklich, oder bauchrednerisch=raffiniert imitierte; sondern der unnachahmliche Stimmklang der *Blutsverwandtschaft* : ‹Voß› murmelt man unwillkürlich; ‹Adelstan› fällt Einem dabei ein; oder ist es gar ‹Lenore›, dieser ‹Jäger› . . . . .

C.:
Am Sonntag war's, nach Mitternacht,
am ersten Tag im Maien –
der Jäger hört, vom Traum erwacht,
den Todtenvogel schreien.
Das treibt ihn wunderlich heraus
aus seinem Bett, den Saal hinaus :
er schaut sich um im Freien.

Früh Morgens um die Kirchenzeit,
sieh da ! von seiner Lieben
ein großer Brief, so lang als breit,
von ihrer Hand geschrieben ? :
Der Brief, als der gelesen war,
da ward's ihm Alles hell und klar,
was ihn heraus getrieben.

Der Jäger setzt' sich auf ein Roß,
hinüber durch die Heide,
daß ihm der Schweiß herunterfloß
an seinem Jagdgeschmeide.
Und als er kam ins Dorf gerannt,
da ging sie an des Priesters Hand,
in eitel Gold und Seide.

Er sprang herab, er wankte hin
mit Zittern und mit Beben;
ihm ward so grauenvoll zu Sinn,
wie zwischen Tod und Leben.
Dann rief er dumpf, und weinte laut :
»So bist Du nun des Pfaffen Braut ?
Das mag Dir Gott vergeben !«

Und als sie sprach kein einzig Wort,
und als sie stand in Trauer,
da trieb er sich unbändig fort
mit wildem Todesschauer;

und nieder schlug er leichenblaß,
und taumelt unter Moor und Gras,
hart an der Kirchhofsmauer.

Da riß sie ihn in Todesqual
hervor aus Leichensteinen;
hier sah er noch zum letzten Mal
die Abendsonne scheinen.
Um zwölf Uhr, als der Wächter rief,
das war die Stund, als er entschlief. –
Da hub sie an zu weinen.

A.: Nach abgeschlossenem Theologiestudium kehrt er wiederum für einige Monate heim : dort findet er klageweibernes Elend : im Oktober 1795 hat eine furchtbare Feuersbrunst den größten Teil von Visselhövede zerstört; auch das Pfarrhaus nicht verschont. Die unersetzliche Riesenbibliothek ist vernichtet. Der Vater – aus heute nicht mehr durchsichtigen Gründen – von der Mutter geschieden. Er hat jedoch bereits wieder geheiratet : die Haushälterin, und eigentliche Erzieherin der Kinder, Sophie Bartels, eine Chirurgentochter aus Rethem an der Aller, die schon längst von Allen als die wahre Mutter verehrt und geliebt wurde.

B.: Als 1 Zeugnis dessen ein Brief, wie Pape sie mehrfach an die geliebte Stiefmutter richtete – eigentlich mehr als ein Brief. Denn er gibt Kunde nicht nur von dem Überschuß an Formgefühl unseres jungen Dichters; sondern überhaupt sollte uns der Gedanke an eine Zeit, an eine Kultur, nachdenklich stimmen, wo Korrespondenzen noch nicht begannen mit ‹Betreffend Ihr sehr Geehrtes vom zwanzigsten Dieses› und schlossen mit ‹Ich verbleibe inzwischen, mit dem besten Dank für Ihre Bemühungen, hochachtungsvoll›; beziehungsweise, wie unsere heutigen postalischen Schwedentrünke es sonst noch geben. Sondern wo man sich – und gern dazu : *ist* es denn nicht eine lustige Arbeit ? ! – die Mühe nahm, auch Einfachstes *so* zu berichten . . . . .

C.:
Hören Sie ! noch gestern gegen Abend
bin ich unten im Kastaniengang,
horchend einem schönen alten Harfner,
und der Tochter rührendem Gesang –
als ein Mann im blauen Frack, mich grüßend,

vor mir steht, mich auf die Schulter schlägt,
mit der Linken mich umarmt und traulich
meine Hand in seine Rechte legt.
Da erkannt ich meinen Freund. O dieses
offne, treue, redliche Gesicht,
wär' es unter tausenden verborgen,
ich erkennt' es und verfehlt' es nicht!
»Lieber Albert!« rief ich; und ich sah es,
Tränen waren seinem Auge nah,
als er mich umarmt, und mir bedenklich
auf die abgezehrten Wangen sah ....
Liebend war er mir zuvorgekommen;
denn erwarten die bestimmte Zeit,
da ich kommen will und ihn besuchen,
kann er nicht in seiner Herzlichkeit,
reißt sich los von seines Hauses Frieden,
sieben Meilen eilt er her zu mir,
mich zu holen, sich mit mir zu freuen ....
Und wir wurden Beide wieder heiter,
und wir gingen in die Komödie,
horchten dort der süßen Ouvertüre,
sahn die beiden Piccolomini.
Und wir gingen in die ‹Goldne Krone›,
an den vielbesuchten Abendtisch;
unter edlen und geliebten Menschen
saßen wir in traulichem Gemisch.
Horch! die frohen Prager spielen draußen
rauschende, belebte Symphonie'n.
Aber plötzlich wenden ihre Saiten
sich zu trauersüßen Melodie'n.
Und da sitzen wir, und horchen schweigend,
zur Musik gestimmt von Lieb und Wein;
und da tritt ein auserwählter Sänger,
wie ein freundlicher Apoll herein ......
So in Traum und Wirklichkeit verloren,
weckte mich der helle Hahnenschrei;
und vom Turm der nahen Klosterkirche
schlug die Glocke melancholisch Drey.
In der Brust voll wunderbaren Friedens,
mit erheitertem und reinem Sinn,

losgerissen von der Erde Kummer,
tret' ich an das offne Fenster hin.
Horch! da wehte durch die tiefe Stille,
die entschlafne, dunkle Straß' entlang,
wie ein Ruf zum Auferstehungsmorgen,
leis' und feierlich ein Grabgesang.
Und da lag der Himmel mit den Sternen,
mit den ew'gen vor mir ausgespannt,
und mit stillem namenlosem Sehnen
blickt' ich auf in das gelobte Land. . . . .
Albert kam. Wir gingen beide schweigend
in der Dämmerung die Stadt hinab.
Von den flachen waldbedeckten Hügeln
blickte scheidend noch der Mond herab.
Oh wie wohl ist's in der heil'gen Frühe,
in dem kühlen, leichten Morgenwind
hinzuwandern durch betaute Wiesen,
wo der Bach in seinem Nebel rinnt!
Hinzuwandern durch die üpp'gen Fluren,
wo der Segen jedes Feld bedeckt,
durch die Fliederhecken, durch die Büsche,
wo der Morgen alles Leben weckt! . . . .
Meine Freundin, von der kurzen Reise
dieses Tags erzähl ich Ihnen nichts.
Wohlbehalten waren wir am Ziele,
vor dem Untergang des Sonnenlichts.
Denn uns trugen wohlgenährte Rosse
zu der stillen Friedenswohnung hin,
wo ich glücklich in des Freundes Armen,
wo ich ruhig, wie zu Hause, bin.
Und da sitz ich nun am späten Abend
in dem weiten, hochgebauten Saal
noch allein, und denke dieses Tages
und der jüngstvergangnen noch einmal.
Alberts Mutter ging schon längst zu beten
mit den Kindern in ihr Schlafgemach;
auch mein Albert und die treue Gattin
folgten bald der frommen Mutter nach.
Und so muß ich, meine theure Freundin,
schließen, und zur Ruhe gehn, wie sie.

Von der Reise ward ich herzlich müde;
doch an Sie zu denken, werd' ich's nie!

B.: Wenn man es ganz nüchtern betrachten will, ist dergleichen jedem Dichter, zumindest als Handübung, zu empfehlen – mögen auch unsere heutigen Burbanks der Worte überzüchtet dazu lächeln – als Handübung für etwa ein solches Prachtstück wie ‹Die Kleine› . . . . . :

D. (trotzig=traurig und handfest=verliebt):
Sie weinte bitterlich,
die liebe gute Kleine:
»Da geh' ich hier und weine;
und denke nur den ganzen Tag,
wann doch mein Wilhelm kommen mag?
Ach, käme nur ein Wandersmann,
und sagte mir was Gutes an
von meines Trauten Leben –
ich wollt' ihm alles geben,
und einen Kuß dazu!«

C.:
Sie weinte bitterlich
und blickt' ins Feld hinüber.
Und, sieh! da ritt vorüber
ein Mann mit einem langen Bart,
daß auch dem Mägdlein bange ward,
ein Jäger, blank von Haupt zu Fuß;
der bot ihr einen schönen Gruß
so wohlgemut und munter
von seinem Roß herunter,
und einen Kuß dazu.

C.:
Sie weinte bitterlich
vor lauter Herzenssehnen;
sie trocknete die Tränen
mit ihrem schönen, seidnen Tuch,
daß ihr das Herz im Busen schlug.
Da nahte sich der blanke Mann.
»Du, liebe Kleine!« hub er an,

»das Tuch kannst Du mir schenken
zum süßen Angedenken,
und einen Kuß dazu!«

D. (entrüstet):
Sie weinte bitterlich:
»Ei sieh! Was mich doch wundert!
Warum nicht lieber Hundert?
Ein fremder Mann, ich weiß nicht, Wer?
Ja, käme so mein Wilhelm her,
und fordert' er, ich weiß nicht, was,
und sagte mir nur dies und das:
wenn er nicht haben sollte,
was er nur haben wollte,
und einen Kuß dazu!«

C.:
Sie weinte bitterlich.
Da hub er an: »Oh, weine
nicht so, Du liebe Kleine!
Sieh her! An dieser rechten Hand
siehst Du das Ringlein mit Demant?
Das war an seinem Hochzeitstag,
da schenkt' er mir den Ring und sprach:
Den gab mir einst im Städtchen
ein kleines eitles Mädchen
und einen Kuß dazu!«

D.:
Sie weinte bitterlich:
»Ei sieh! Was ich wohl dächte!
Du bist mir auch der Rechte!
Ja ja; als er zu Felde ging,
da gab ich ihm den schönen Ring.
Allein das andre ist nicht wahr;
das lügst Du, Jäger, offenbar!
Du willst mich nur betrügen,
mein schönes Tuch zu kriegen
und einen Kuß dazu!«

C.:
Sie weinte bitterlich.
»O doch, Du liebe Kleine!
Du weißt wohl, was ich meine.
Es sind der schönen Mädchen mehr,
die locken hin, die locken her.
Dein Trauter ist ein wackres Blut;
der ist den schönen Mädchen gut.
Da ließ er sich nun fangen
durch rosenrote Wangen
und einen Kuß dazu!«

D.:
Sie weinte bitterlich:
»Das hätt' er lassen müssen!
Er konnte m i c h ja küssen!
Nicht wahr? So hatt' er mich nur lieb,
so lang er immer bei mir blieb?
Gewiß, das hat er schlecht gemacht;
das hätt' ich nimmermehr gedacht!
Da läßt er sich nun fangen
durch rosenrote Wangen
und einen Kuß dazu!«

D.:
Sie weinte bitterlich;
sie bat ihn auf und nieder:
»Gib mir das Ringlein wieder!
Ich bitte Dich, so viel ich kann,
Du lieber, lieber schöner Mann!« –

C.:
»Nein, Mägdlein, nein! Ich bin kein Tor.
Willst Du, so mußt Du mir zuvor
zum süßen Angedenken
das Tuch von Seide schenken,
und einen Kuß dazu!«

D.:
Sie weinte bitterlich:
»Ach, hier ist was zu küssen!
Soll ich mit Tränengüssen

Dich, harter Mann, noch länger flehn?
So magst Du meinetwegen gehn!
Ich kaufe nicht um solchen Preis;
allein ich weiß wohl, was ich weiß:
den Ring hast Du gestohlen!
Nun willst Du dies noch holen,
Und einen Kuß dazu!«

C.:
Sie weinte bitterlich.
Da bog er sich hinüber;
die Augen gingen über,
daß er in Tränen sich ergoß.
Er sprang herab von seinem Roß.
Herab die Maske vom Gesicht:
»Und kennst Du Deinen Wilhelm nicht? –
Da hast Du meine Treue
und meine Hand aufs Neue
und einen Kuß dazu!«

D.:
Sie weinte bitterlich.
Sie schrie vor lauter Wonne.
Die goldne Abendsonne
umglänzte sie mit Himmelslicht,
wie eines Engels Angesicht. –

C.:
Er stand nach einem halben Jahr
mit seiner Kleinen am Altar.

D.:
Sie gab ihm, was er wollte,
und was er haben sollte –
: und einen Kuß dazu!

B.: Angesichts solcher – wir wollen es *ganz* vorsichtig formulieren – *vielversprechenden* Ergebnisse, wirkt die Reaktion der damals allgeltenden ‹Jenaischen Allgemeinen Literaturzeitung› zunächst unbegreiflich. In ihrer Nummer 13 vom 12. Januar 1797 verreißt ein Rezensent den diesjährigen ‹Göttinger Musenalmanach› erst einmal als Ganzes; und dann speziell noch die, bescheiden mit ‹Pp› signierten Beiträge . . . . . :

C. (hart): Indessen ist uns nicht oft etwas so Starkes vorgekommen, als die Nachäfferey des altenglischen Balladentones, reichlich mit Reminiszenzen aus Bürger untermischt, in einer Menge Romanzen von einem gewissen Pape. Sie sind meistens mit refrains, sans rime et sans raison, verbrämt; – man sehe zum Beispiel, wie im Almanach für 96, Seite 190 und folgende, die Zeile ‹im ganzen weiten italischen Land› in jeder Strophe wiederzukehren gezwungen wird. – Die Personen sterben darin häufig aus heiler Haut; und zum Überfluß ist über diese angeblich altfränkischen Gedichte eine Brühe der neumodigsten Empfindung ausgegossen.

A.: Und ein gewichtiger Name steht darunter : Schlegel. – Da wird das überharte Urteil verständlicher, wenn auch beileibe nicht richtiger : Schlegel, als Theoretiker und Manager der eben neu auftretenden ‹Romantischen Schule› *muß*, schon aus Selbsterhaltungstrieb, jede andere Richtung, per fas et nefas, bekämpfen; muß rücksichtslos *seine* Gruppe, die neuen Talente eines Novalis, Tieck, Fouqué, durchsetzen.

B.: Aber wenn auch, zugegebenermaßen, ein *Gutes* geschafft werden soll, so geschieht doch, und bei solch einseitigem Verfahren besonders unvermeidlich, stets das *Böse* mit. – Tief von jener ungerechten Kritik betroffen; gleich beim ersten Auftreten mit gewetztem Hohn empfangen; dazu der eigenen Begabung sich selbst durchaus noch nicht gewiß; und deshalb nicht imstande, die eigene Persönlichkeit ruhig und sicher gegen tendenziöse Anwürfe unbeschädigt zu behaupten, will Pape die Stimme stocken.

A.: Wohl entwirft er nun seinerseits etwas gegen die romantischen ‹Karfunkler›; etwa das Epigramm ‹An Sylphophilus› . . . . . :

C.: Singest Du denn schon für Geister, für Gnomen, Sylphen und Elfen ? –

Laß das. Singe doch erst lieber für Menschen, mein Freund !

B.: Aber der Rückschlag ist doch einmal da; die Lust am Schaffen vergällt. Und eine bitterböse Ironie des Schicksals enthält ihm eine andere Besprechung seiner Gedichte vor, die jene abfällige mehr als auszutarieren angetan gewesen wäre : der mit seinem Lob wahrlich nicht freigebige große Ludwig Tieck selbst, schreibt im ‹Archiv der Zeit› : »Auf einen Dichter, Pape, von dem ich bisher noch nichts gelesen hatte, möchte ich Sie aufmerksam machen; in seiner ‹Ahndung eines Gefangenen› sind *außerordentlich schöne poetische Züge !*«

A.: Freilich vermerkt er auch, mit bedenklichem Kopfwiegen, eine gewisse »beengte und verworrene Schwermuth« des Verfassers; dennoch überwiegt bei weitem das *aufmunternde Lob : und ausgerechnet das hat Pape nicht erreicht!*

(Gong)

A.: Heilsame Ablenkung kommt von außen. – Wie damals praktisch *jeder* Pfarramtskandidat, muß auch er bis zur ersehnten Planstelle hauslehrern gehen. Das Schicksal weist ihn, gütig=hinterhältig, zum Pastor Sartorius nach Grasberg – einem Platz, der sich unleugbar zum Dichten zu eignen scheint : Diedrich Speckmann hat es später erneut probiert.

B.: Auf Worpswede zu, mitten im Teufelsmoor, liegt der eben erst von dem berühmten Jürgen Christian Findorf neugegründete – ja, kann man es ‹Ort› nennen ? : 2 Feuerstellen nur sind es; nämlich außer der Kirche noch das Pfarr= und das Küster=Haus. Nirgends sonst ein Gehöft; nur manchmal erblickt man fern den Rauch der nächsten Kolonistenhütten.

A.: Das dortige Lokalepos, ‹Diedrich un Meta; oder wo de Weyerbarg herkummt› und sein möglicher Verfasser, sind mehrfach Gegenstand von Untersuchungen gewesen : Schriefer, in seinen 1907 erschienenen ‹Worpsweder Bildern›, schreibt es unserem Samuel Christian Pape zu ! – Zumindest hat er während dieser seiner Grasberger Jahre ausreichend Gelegenheit zu den entsprechenden Landschafts= und Menschenstudien über ‹Jan Murken› gehabt. Und *gefallen* muß er sich dort sehr haben; denn in einem seiner Briefe erfolgt der bezeichnende Satz : »Ich lebe vergnügt, wie ich selten gewesen bin.«

B.: Auch ist die Umgegend zwar schön=einsam; aber gar nicht arm an Erlebnissen oder Persönlichkeiten. – Schon sein Brotherr, Pastor Sartorius, ist ‹Alterthümler›; das heißt, er gräbt und manscht nach der unsystematisch=vergnügten Art der Dilettanten aller Zeiten in der Erde herum. Glaubt Steinbeile zu finden; Reste von Knüppeldämmen; ‹Moorleichen› sind ein interessantes Thema.

A.: Und ein damals *weltberühmtes* Forschungszentrum ist sogar *ganz nahe*: Lilienthal; wo der Oberamtmann Schroeter mit seinen Riesenteleskopen – den konkurrenzlos größten auf dem ganzen Kontinent ! – die Oberflächen der Planeten studiert; umgeben von einer Schar erlauchter Mitarbeiter und Besucher : Harding, Olbers, Gauß, Bessel.

B.: Selbst gesellschaftliche *Reibereien* bleiben nicht aus : mit den steifbeinigen Bremischen Plutokraten; mit durchlauchtigsten französischen Emigranten – einmal ist es sogar ein Graf von Artois, der später, als

‹Charles Philippe›, König von Frankreich sein wird. Noch mehr Schwierigkeiten gibt es mit dem einheimischen Adel und dessen halbfreien Hintersassen, wo man, als von beiden Seiten um Beratung angegangener Pfarrer, wohl oder übel Partei ergreifen muß. Welche Partei der Kandidat Pape im Stillen für sich ergreift, ergibt sich aus seiner ‹Schäferin vom Lande› . . . . . :

C.:
Es ritt ein Junker, schön und fein,
durch einen grünen Wald;
und als es war um Abendschein,
und als er kam zum Kirmesreihn,
da tanzte Jung und Alt :
die Schäferin vom Lande
gefiel dem Junker bald !

»Küß' mich, Du schönste Schäferin,
mit Deinem Rosenmund !
Mir ist so weh in meinem Sinn,
all meine Ruh nahmst Du dahin :
mach' Du mich nun gesund !
Die Schäferin vom Lande
lieb' ich von Herzensgrund !«

D. (schnippisch):
»Geh Du nur hin, Du stolzes Blut,
in Deinem Jägerstaat !
Dein Herzchen wird wohl wieder gut,
jagst Du zu Roß mit Junkersmuth
durch Korn und Weizensaat !
Die Schäferin vom Lande
weiß keinen bessern Rath !«

A.: Recht interessant auch der Briefwechsel jener Jahre, zumal mit dem schon mehrfach erwähnten Bruder Johann : der hat die Juristenlaufbahn eingeschlagen; reüssiert rasch; und geht als bremischer Sekretär mit zum berühmt=berüchtigten ‹Rastatter Kongreß›. Seine Briefe geben manche Interieurs, auch Charakteristiken der dort anwesenden ‹Großen Vier›; und berichten atemlos von der grausigen Ermordung der gesamten französischen Abordnung durch die Österreicher, mit der jene Konferenz als Knalleffekt schloß: »Man verabscheut die Tat – und dankt Gott, daß er sie zugelassen hat.« schließt er witzig.

B.: Endlich, nach also absolviertem Praktikum, erfolgt am 6. Mai 1799 das Predigerexamen vor dem Konsistorium zu Stade: ehrenvoll wird Pape in die zweite Klasse der Amtsanwärter eingestuft, und besonders sein frappantes Deklamationstalent rühmend hervorgehoben.

A.: Noch einmal muß er für 2 Jahre als ‹Hofmeister› gehen – diesmal beim einflußreichen Justizrath von Spilcker in Stade – dann endlich sieht er sich befördert zu Amt und Würden:

B.: Am 12. April 1801 wird er Pastor diaconus, zweiter Prediger, zu Nordleda, in der Nähe von Cuxhaven. – Und, wie es bei jungen Geistlichen gern zu sein pflegt: wollen sie zuerst nichts sehnlicher als ‹die Parr›, so muß es gleich danach auch ‹die Quarr› sein – und schon aus menschlichen Gründen, nil humani, sollte sich ein Pastor ja unbedingt verehelichen. 2 Monate später bereits heiratet Pape seine Johanna, die Tochter des dortigen Primarius, Lerche.

A.: Die jedoch, nachdem sie ihm 4 Kinder geboren hat, 1808 – erst 25=jährig; o weh! – an der Krankheit des Tieflandes, der Schwindsucht, stirbt. »Ich bin jetzt, seitdem ich Witwer bin, so äußerst hypochondrisch, und dabei so träge und faul, als ich nie gewesen bin; sodaß ich mich kaum überwinden kann, die allernötigsten Geschäfte abzutun« klagt er der verehrten Stiefmutter.

B.: Nach dem Trauerjahr heiratet er – Witwer mit 4 kleinen Kindern! – aufs neue; wiederum die Tochter eines Konfraters, Elisabeth Schneider, die er dereinst selbst konfirmierte. Aber das Glück kommt nie: von seinen insgesamt 7 Kindern muß er 4 zu Grabe tragen. Aus der ersten Ehe überleben 2 Söhne, von denen aber der Eine auch nicht gut tut, und dem folglich, nach einer Sitte der Zeit, die Fahrkarte nach Texas in die Hand gedrückt wird. Aus der zweiten Ehe bleibt ihm lediglich 1 Tochter.

A.: All das müßte man aber noch ertragen – ‹Leben›?: das heißt nun einmal, 50 Jahre lang Haken schlagen. Aber das dichterisch Entscheidende .....

B. (einfallend): ..... und wir beschäftigen uns, in berechtigt=unmenschlicher Beschränkung, ja eben höchstens noch mit dem *Dichter* Pape .....

A. (fortfahrend): ..... die Landschaft dort ‹paßt› ihm nicht! – Schlick, und sogenannte ‹fette› Marschen; Getreide in blondgekämmten Vierecken; Äcker von geradlinigen ‹Knicks› umzogen – er nennt es verbittert »eine *frucht*bare Öde«! Der sorgfältig geplättete Deich macht den sauberen Rand um die matschige Weltschachtel, und der Regen der regnet jeglichen Tag : Pape sieht sich verbannt in die ‹Tiefsee› unseres Luftozeans, die ‹Meerlunge› des alten griechischen Reisenden Pytheas, wo sich Wasser, Luft und Land zu *einem* grauen Gemisch verbunden haben. Die Fensterscheiben zerlaufen vor seinem Blick in Protoplasmaschlieren : nirgends sieht er einen Wald, nirgendwo die geliebten Wildpflanzen !

B.: Regelmäßig=lustlos arbeitet ihm der Zweitaktmotor des Gehirns, mit der periodischen Verfinsterung des Bewußtseins zur Nacht – die wird, wie bei allen alternd=Erschöpften, auch von ihm begrüßt : bringt sie doch die Bilder froherer Jugend mit herauf . . .

C. (schwer; in traumbefangenem zähem Gram):
Am entfernten Meeresstrande
träum' ich von dem bessern Lande
meiner Kindheit manche Nacht.
Ach, es ist ein Traum ! Doch einer
von den alten, der, wie keiner
immer täuschend glücklich macht.

Ach ! da sah ich sie schon wieder,
jene Büsche voller Lieder
auf der väterlichen Flur !
Und ich sah die Lämmer weiden
auf den freien braunen Heiden
meiner heimischen Natur.

Und ich sah die grünen Felder
im Gehäge dunkler Wälder,
wo die Quelle murmelnd rinnt;
wo die Saaten reiner düften,
und wo droben in den Lüften
alle Wesen muntrer sind.

Oft sieht mich die Morgenfrühe,
wie ich so von Träumen glühe,
eingewiegt in alte Lust.
Meine Jugendfreuden schweben
um mich her, und neues Leben
senkt sich in die kranke Brust.

Dann erwach' ich; und mit Trauer
starr ich auf die Kirchenmauer,
kaum von Morgenlicht besonnt.
Horch! schon weht es – und herüber
ziehn die Wolken immer trüber
vom gestreiften Horizont.

Und es jagt und wölkt sich weiter,
und es stürmt den Himmel heiter,
um ihn dunkler zu beziehn.
Nebel steigt und senkt sich wieder
auf die nasse Fläche nieder;
Lust und Freude muß entfliehn!

Ach, daß ich den Heimgang wüßte
von der rauhen Meeresküste!
Denn *daheim* genes' ich nur. –
Ohne Freuden, ohne Schmerzen,
schwer und kalt sind hier die Herzen,
wie die nordische Natur.

A.: Ob solcher gedruckten Einstellung gibt es natürlich mit den lokalpatriotischen Einwohnern zusätzlichen Streit; sodaß er sich, ohnehin Hypochonder und Pessimist, immer mehr in sich zurückzieht. Härter wird er; realistischer. Kaum veröffentlicht er noch etwas; obwohl er nicht etwa ‹verstummt› : er produziert *durchaus* noch – aber der Ton schallt eben grimmiger . . . . .

C. (kalt und wegwerfend):
In den Tagen frommer Jugend
hab' ich einen Bund geglaubt
zwischen Erdenglück und Tugend –
: dieser Wahn ist mir geraubt!

A.: In den endlosen Dämmerungen zwischen Herbst und Herbst bleibt nur noch : ‹Die Tobackspfeife› . . . . . :

C. (in bedeutender Behaglichkeit):
O Busenfreundin, die ich zuerst verkannt,
dann lieb gewonnen, die Du mir nun hinfort
Gefährtin seyn sollst meines Lebens :
Pfeife ! : Dir will ich ein Loblied singen!

(noch C.):
Des Hohns unachtsam, den mir ein Stutzerheer
entgegenzischelt, oder ein strenger Mann,
dem unter vier verhaßten Dingen
Rauch des Tobacks in der Seele feind ist,
A. (bühnenflüsternd): ..... Goethe! .....
C. (fortfahrend):
verkünd' ich Wahrheit. Lieblicher reizen nur
der Zunge Nerven etwa der Traube Saft,
des goldnen Apfels milde Frische,
oder des träufelnden Honigs Süße,

als Deine Düfte, die Du mit gleicher Lust
zwey Sinne nährest, Pflanze Columbiens,
wann Du in sanft verschlungnen Kränzen
aus der umbänderten Pfeife wirbelst.

Die schönste Speise wecket den Überdruß,
zu oft genossen. Sattheit und Ekel folgt
dem Fürstenmahle. Einzig Eines
mundet uns immer: Genuß des Brotes,

und Du, oh Pfeife! Leg' ich am Abend Dich
befriedigt nieder, fliegt doch mein erster Wunsch
an jedem Morgen Dir entgegen,
daß Du Gefährtin des Tages werdest.

Wohl viel entbehrt sich. Steht auf dem Schenktisch mir
der Becher trocken, dampfet die Bowle nicht,
ich schlag es aus dem Sinne. Deiner
lernte kein Sterblicher sich entschlagen!

Oh Du, der Mühe Freundin, des Armen Gut!
Unschätzbar Kleinod Arbeitermüdeter!
Da steht, gesengt vom Sonnenbrande,
schlaff und ermattend der Landbebauer:

oh, gebt ihm Labung! Ihr, die ihr nie entbehrt,
die ihr im stäten Kitzel der Sinne nie
Bedürfnis kennt, erquickt den Armen! –:
Siehe, Dich nimmt er, gewünschte Pfeife,

und ist zufrieden. Rechne die Freuden auf,
die Du geschaffen, zähle die Schmachtenden,
die Du erquickst, und gib mir Zeugnis,
ob ich in Thorheit ein Lied Dir weihe!

Auch mich erfreust Du, Freundin, in Eynsamkeit.
Wie oft aus Träumen, Mißmuth und Ungeduld
führst Du zum Gleichmuth mich zurücke
und zu der Häuslichkeit stillen Freuden!

Gedankenfreundin, die Du am stillen Pult
den Grübler stärkest, manches gelehrte Werk
hast Du gesponnen; manches Liedes
Muse warst Du, wann die Neune schliefen.

Von Dir gefördert rinnen in sanftem Fluß,
Band der Gesellschaft, froh die Gespräche hin;
Geselligkeit und Zutraun strömet
schnell in dem Kreise Dein blauer Duft aus.

Herold des Friedens, dampfendes Kalumet,
wie könnt' ich Dein vergessen?! Oh, kommt heran,
ihr, dieses Liedes böse Spötter:
laßt uns die Pfeife des Friedens rauchen!

A.: Auch ‹die Flasche› fängt er – gleichgültig den Körper vernachlässigend, und für das nasse Klima sehr anfällig – zu gebrauchen an; vor allem seitdem sich bei dem bisher robusten Manne ein Brustleiden einzustellen beginnt: man spürt dann die Beängstigung nicht so sehr!

B.: Auch erfolgt – wie es dem reifenden Manne wohl ansteht – die Wendung zur Prosa: Kurzgeschichten, wie die Totenklage des ‹Vaterschmerz›: er hat ihn viermal erleben müssen! Hinzu kommt notiertes Kleinmaterial über die eigene Zeit.....

A. (einfallend): Und *was* für eine Zeit ist gerade angebrochen: Norddeutschland ist dem großen Französischen Kaiserreich einverleibt worden; Besatzungsgeschichten aller Art passieren; abends huschen Schmuggler über alle Wege à la ‹Onnen Visser›; wer sich über die Behörden informieren will, muß Wedekinds ‹Jahrbuch für die Hanseatischen Departements› zur Hand nehmen.

B.: Von einem persönlichen Gegner – leider einem einflußreichen – werden Gerüchte ob Papes ‹vaterlandsloser Gesinnung› in Umlauf gesetzt : nur weil es ihm im Lande Hadeln nicht gefiel; auch sein Bruder Johann ‹collaborateur› war, ‹Commis=Greffier› am französischen Tribunal zu Bremen. Er erwidert nur kalt mit dem Epigramm . . . . . :

C.: »Elender ! : Dir allein ist nicht Dein Vaterland theuer ? !« –

: »Ja, beym Himmel ! : Auch mich kostet es Thränen genug !«

B.: Aber seine Gesundheit verfällt rasch : Herzasthma gesellt sich hinzu; bei einem Beruf, der auf die Geläufigkeit der Zunge, die Lautstärke des Organs, entscheidend angewiesen ist, doppelt hinderlich.

A.: Bald wird er bettlägerig. – Eines Tages fährt die Frau ins benachbarte Otterndorf : als er sich allein findet, zerrt er sich aus dem Bett, auf dem ganzen sterbenden Leibe. Erst zum Schreibtisch, dann zum Ofen, in den er, schon mit kalkweißer empfindungsloser Hand, Heft nach Heft schiebt. Die Frau findet ihn, umqualmt, befriedigt röchelnd, entleerten Auges in die Schichten aus Glut und Asche gaffend, vor dem offenen Feuerloch.

B.: Am nächsten Tage, dem 5. April 1817, morgens gegen 6 Uhr, stirbt Samuel Christian Pape; 43 Jahre alt; »an einem, durch sein langwieriges Kränkeln herbeigeführten, schlagmäßigen Zufalle«, wie das Kirchenbuch meldet.

A.: Während die Ortschronik diskret=hämisch verzeichnet – und die Art der Notierung wirkt umso peinlicher, als der Verfasser, eben jener Nordledaer Küster und Organist, später sogar Schultheiß, Heinrich Beckmann, *nach dem Tode Papes dessen Frau heiratet !* . . . . . :

C. (giftig): . . . . . Mn=ä : »Er wollte seinen Mißmuth bey der Bouteille verscheuchen; gebrauchte aber diese Cur zuletzt in einem solchen Übermaße, daß er sein Leben dadurch verkürzte.« –

B.: 4 Jahre nach seinem Tode sammelt einer seiner Verehrer – und selbst einer der berühmtesten damaligen Dichter : Fouqué ! – mit Hilfe von Papes schon erwähntem Bruder Ludwig, was sich von Gedichten und Fragmenten noch auffinden läßt : 1821 erscheint das Bändchen bei Osiander in Tübingen; 1823 ein Nachtrag dazu in Gubitz'ens ‹Gesellschafter›, einer der gelesensten Familienzeitungen.

A.: Und nun, wo es *zu spät* ist; nun, als es dem unterm Hügel Liegenden *nichts mehr nützt : nun kommt* das widerlichste aller Mischgetränke : das posthumen Lobes !

B.: »Eine wirklich recht wundersame Poesie« heißt es jetzt mit anerkennend gehobenen Brauen. Und das ‹Literaturjournal› zollt dem Herausgeber Fouqué öffentlich »*den Dank der Nation*« für seine Mühe . . . . .

C.: »Die meisten dieser Gedichte zeichnen sich aus durch Gefühl, Andacht, und natürliche Hingebung; vor allem aber durch klassischen, ungezwungenen Ausdruck : das einzige Stück, überschrieben ‹*Die Kleine*›, eine Ballade vom Jahre 1797, *wiegt gewiß zwei Drittel der ganzen diesjährigen Almanachpoesie auf!*«

A. (in unwilliger Wehmut): Jaja : jetzt sah man es ein! – *(langsam die Stelle aus dem einleitenden Zitat wiederholend):* »... Wir umkränzten die Hüte mit Eichenlaub. Legten sie unter den Baum. Faßten uns Alle bei den Händen – und tanzten so um den eingeschlossenen Baum herum .....«

B.: Und wenn wir nunmehr wieder die unsterblichen Jünglinge tanzen sehen, wollen wir doch auch *ihn* in den ewigen Reigen mit aufnehmen, ihn, den Letzten des Hainbundes :

Samuel Christian Pape.

(Gong)

FRIEDRICH BARON DE LA MOTTE
FOUQUÉ

12. Februar 1777, Brandenburg a. d. Havel – 23. Januar 1843, Berlin

BEGEGNUNG MIT FOUQUÉ

»Griechen und Römer hatten die Wahl / unter der Götter großer Zahl, / daß Jeder sich einen erküre, / zu dessen Fahnen er schwüre. / / Aber nun denselben Gebrauch / haben die Katholiken auch, / unter den Heiligen allen / zu wählen nach Wohlgefallen. / / Und wir anderen Ketzer auch / üben denselbigen Gebrauch; / von Dichtern groß und kleinen / erwählt sich Jeder seinen. / / – Die Götter waren oft sunderlich, / und die Heiligen wunderlich; / : und so ist das Gelichter / auch unserer Lieblingsdichter.«

Und das Tollste an diesen Verselein ist : Rückert hat genau *den* Mann dabei im Sinne gehabt, von dem auch ich im Folgenden erzählen werde : FOUQUÉ!

Ich bin immer ein Gegner der Lehre von der Willensfreiheit gewesen; nicht nur, weil ich 6 Jahre beim Militär gedient habe; sondern auch aus theoretischen Erwägungen – als Eideshelfer zitiere ich außer dem großen Schopenhauer noch Voltaire; Freud; Spinoza; für Fromme Luther. Und da lernte ich z. B. mit 3 Jahren lesen, *weil* meine um eben so viel ältere einzige Schwester es in der Hamburger Volksschule erduldete – 1 Vierteljahr später beherrschte ich es à la maître, und war ergo zum Wortschlemmer prädestiniert.

Nun hat man im Lauf seines Lebens schätzungsweise 1 Dutzend literarische Groß=Lieblinge – es mag freilich vermessen sein, daß ich solch Diktum aufstellte; ich bin erst 47, und weiß nicht, wie ich mit 65 denken würde (falls ich so alt werden sollte; ich lege aber keinen Wert darauf.)

Mein erstes ganz großes Bucherlebnis war, mit 6 Jahren, die ‹Reise zum Mittelpunkt der Erde› des Jules Verne – obwohl ich damals noch nicht wußte, daß Storm's ‹Regentrude› davon herkommt, und anderes mehr. Anschließend, wie billig, Karl May; der – 4 oder 5 merkwürdige Bände ausgenommen – viel Mist geschrieben hat; dessen literarische Wirksamkeit aber endlich einmal untersucht werden sollte : von Zuckmayer, über Fallada und Frank's ‹Räuberbande›, bis zu mir.

Dann kam aber auch sofort schon, mit 15, Schopenhauer; Nietzsche – gegen den ich inzwischen recht mißtrauisch geworden bin; Wieland; Poe; Jean Paul; Hoffmann; Tieck : das war ein sehr großer Mann ! Aber auch Dickens; Scott; Swift.

Im Augenblick dominieren der ‹Anton Reiser›; die ‹Insel Felsenburg›; ‹Dya-Na-Sore› und ‹Tristram Shandy›; Voltaires ‹Candide› und Lessing – aber das sei jetzt einmal alles vergessen.

Ich will hier vielmehr von einem Augenblick sprechen, der ‹in meinem Leben Epoche gemacht› hat – ich weiß nicht, wer der Erfinder der Redensart war; nehme jedoch an : er wird auch nicht an die Freiheit des Willens geglaubt haben. –

Es muß also ein schöner Morgen zu Ende Juni des Jahres 1932 gewesen sein – ich weiß das deshalb so genau, weil ich Oberprimaner war, in Görlitz der Stadt, und eben die großen Ferien begannen. Wir 3 oder 4 literarisch Interessierten der Klasse standen also, die Luft war gelb & blau, in der ‹Schulbibliothek› – die bestand aus einem Schrank voll bankerotter Bücher, irgendwie zusammengelaufen; und vor uns lehnte, klein=breit und wohlwollend lächelnd, Studienrat Dr. Hasenfelder, der Mathematiklehrer, der aus unerfindlichen Gründen dies Amt zu versehen hatte – es sei denn, daß er ‹der Jüngste›, in Anführungsstrichen, des ‹Lehrkörpers› war : gehen Sie mir doch mit der ‹Freiheit des Willens› ! Er war ein persönlicher Lieblingsschüler Einsteins gewesen – das war damals noch nicht verboten – und mir arg zugetan; weil ich das brennendste Interesse für nichteuklidische Geometrien und Lorenztransformationen zeigte (damit bin ich nachher, im Abitur, ‹drangekommen›, und habe männiglich damit verblüfft; damit, und in ‹deutsch›, wo ich den Expressionismus pries – was mich folglich im Frühjahr 33 das ‹Sehr Gut› im Abschlußzeugnis kostete).

Ich sehe mich also stehen – blutjung; endlos lang; dafür Beine und Hüften, mit denen ich ‹durch eines Aldermanns Daumenring schlüpfen› konnte; vergeistert und eifrig – neben mir mein Freund, Heinz Jerofsky : jetzt ist er Oberstudiendirektor und Leiter derselben Schule ! Wir tragen Jeder in der Hand 1 Mikroskop, das wir uns für die Ferien ausgeliehen haben; und wollen nun eben auch noch ein paar Bücher mitnehmen. –

‹Felix Dahn› ? : da kann ich nur frech und abfällig rotzen ! Ich habe vorher, in Hamburg, Spanisch gelernt; und lese immerhin den ‹Don Quijote› in der Ursprache ! (Und immer, wie schon erwähnt, vor den hohen Fenstern die Sommerluft, tiefblau & hellgelb : solche Beleuchtungen gibt es heute nicht mehr !).

Ich bückte mich – vielleicht ‹wurde gebückt›; von wem weiß ich nicht – und zog den unteren Schub des altmodischen Schrankes auf : da lagen etwa 10 ausrangierte Bücher, die Kreuz die Quer. Ich griff – und was heißt ‹ich› ? Ich betrachte meine adrige rechte Hand »Da sitzt 1 Herr;

und ich in ihm : wer aber ist dieser ? !« hat Jean Paul erfunden – ich griff also nach dem obersten alten Band. Der war dick, wie Bücher sein sollen; rotleinen eingebunden; ich schlug ihn auf und las :

» ‹Die Nacht wird kalt›, sagte der alte Rudolf, ‹Von dem Wetterfähnlein kreischt es herunter; die Eichen fangen zu rauschen an – : lege mehr Holz an den Heerd, Alwin. «

Da war ich hin ! : Von dem herrlich ausgewogenen Prosatakt ! (Denn es gibt ja nichts schöneres auf der Welt, als 1 gute Seite Prosa ! !).

Nun habe ich es von jeher geliebt, unnütze Fragen zu tun; ich wandte mich deshalb zu meinem verehrten Lehrer – (ein Schüler Einsteins, man bedenke doch ! Er brachte uns zukunftweisende Ansichten bei : wie es läppisch sei, 1 Schlips zu tragen, als ob man sich beständig des Stranges bewußt sein müßte; wie lächerlich, sich die Nase abzuduellieren; auch, daß über Parlamentsgebäuden grundsätzlich die Inschrift ‹Nanu ! ?› stehen sollte) zu dem also wandte ich mich eifrig, und fragte: »Kann ich das hier mitnehmen ?«

Er sah auf den Titel. Runzelte die Stirn (ich wußte damals noch nicht, warum). Beblickte mich Langen. Zog ein Gesicht wie Adenauer, wenn man von Anerkennung der DDR spricht. Und sagte säuerlich »Bong.«

Ich nahm also den uralten Band mit heim, und las in ihm – von der ‹Undine› (vor wenigen Jahren hat Henze sie erst neu komponiert); ‹Sintram und seine Gefährten›; das Meisterstück des ‹Alethes von Lindenstein› – Meisterstück nicht nur relativ; sondern wirklich eines der ganz großen romantischen Paradigmata überhaupt. Die erste dichterische Formung der ‹Nibelungen›, seit Hanssachs : und der ist in solchem Zusammenhang wahrlich nicht erwähnenswert ! –

(murrend): »Wolfsfleisch & Otternbalg – seltsame Speise ! –
Zumal zum Abendbrot; wenn gleich darnach
der Mond aufgeht, rot über'n Bergwald her,
und Nachtgespenster auf Gewitterwolken
durchreiten das schweflichte Himmelszelt. –
Tja. –
Seltsamliches Essen war's gewiß. –
Doch tischt' es mir die Schwägrin trefflich auf,
und hat mir recht den Sinn damit erfrischt. – –
Mir ist was wild zumut. – – He, nun, was schadet's ? :
wird's doch gewittern diese Nacht ! –
(weiter vorgehend):
Bin wohl schon in des Schlangentöters Zimmern ? –
Da schläft 1 Mann. Hat in des Weibes Schoß

sein Haupt gelegt. :
das Weib ist meine Schwester. –
Ganz recht : soll Sigurd doch mein Schwager sein;
ich hab's in fernen Landen schon gehört. – – –« – –

Als diese ‹Großen Ferien 1932› aufhörten, war ich gefangen.

Und versuchte mit meinen, damals sehr geringen, und eben deshalb listigst=auszunützenden, Mitteln : mir mehr von diesem merkwürdigen Mann zu beschaffen. Als nächstes fand ich bei Bäsoldt in Görlitz – einem jener geheimnisvoll=unschätzbaren Winkelantiquariate – einen Band des sogar vom berühmten Goedeke ungekannten schwedischen Nachdrucks der ‹Sängerliebe›.

Denn wie hätte ich auch, gläsern=glühend, und noch empfänglich=offen für alle Schlüsselworte, nicht *dem* unterliegen sollen, von dem ein Edgar Allan Poe bekannte: »For one Fouqué there are 50 Molières !«. Hätte ich Stellen widerstehen sollen, wie diesen ? :

(Before) :

»Der Pforte Ring klang.

Alwin trat in den blühenden monderhellten Garten.

Von allen Seiten nickten ihm die Gebüsche einladend zu; alle schienen ihn neckend festhalten zu wollen, und lockten ihn von einer Laube zur anderen. Bis er Lichter aus Flaminias Schlafzimmer blinken sah, und vor einer offenen Seitentür des Schlosses stand : drinnen bezeichneten Lampen mit lindem vertraulichem Schein die Wege zum süßen Ziele hinauf.

Wohlgerüche erdufteten.

Der glühende Jüngling schlich leiseleise mit hochschlagendem Herzen über die schöngewundene Treppe – an der nächsten Türe rauschte 's wie von seidenem Gewande. Sie ging auf ! – : und Flaminia stand vor ihm; leicht gekleidet; fast unverhüllt jeglicher jugendliche Reiz; jegliche zarte weibliche Form.

Er führte sie, er trug sie, wollusttrunken, ins blumenumkränzte Gemach. Und sein ward alle Wonne und Herrlichkeit der Liebe.«

Und nun das *‹After› ! :*

»Alwin schwankte.

Wie im Traum. Die Steigen hinab, drauf die Lichter schon größtenteils erloschen waren. Ungewiß tappte er öfters an den Wänden umher.

Als er die Tür nach dem Garten zu aufstieß, war's draußen neblicht und finster. Der Mond stand ganz bleich über den nördlichen Gebürgen. Die Gänge und Gebüsche sahen unbekannt und seltsam aus. Feuchte Morgenkühle hauchte über sein glühendes Gesicht. –

An der Pforte wartete Klothilde; vom Frost halb erstarrt; und nahm mit schläfriger Gebärde und eiskalter Hand das Gold, welches er ihr darbot.

Darauf schlug sie hinter ihm die Türe zu; und er hörte sie mit schnellen Tritten nach dem Schlosse zurückfliehen, durch ein inneres Grausen gejagt.

Fernher tönte das dumpfe Schießen von der Gegend des Berges heran.« –

500 Jahre waren seit dem Tode des ‹Mittelhochdeutschen› verflossen; als, geheimnisvoll & unerfindlich, ein anachronistischer Fluch für ihn selbst, ein Rätsel voll heiliger Absurdität für uns und die Zeitgenossen, 1777 der Mann geboren wurde, der – ein ‹reiner Tor› à la Parzival, wenn je einer war – die ‹janze Richtung› des Mittelhochdeutschen zum Abschluß zu bringen ‹bestimmt› war:

Friedrich Heinrich Karl, Baron de la Motte Fouqué, Baron de Thonnayboutonne, Baron de Saint=Surin, Seigneur de la Grève. –

Zwei mal zehntausend Arbeitsstunden habe ich seitdem ‹freiwillig›, unterstützt von meiner Frau, an die Aufhellung des Lebenslaufes dieses Ein=und=Einzigsten gewendet. Jahre lang, immer anschwellend, hat das Manuskript seiner Biografie mir dagelegen: nunmehr liegt es vor als

Fouqué und einige seiner Zeitgenossen

(2. verbesserte & beträchtlich vermehrte Auflage, 735 Ss./ Leinen 24.80 DM, Verlag Bläschke, Darmstadt, am Marienplatz).

Nicht, daß ich der blinde Verehrer eines Mannes wäre, den ich, im Laufe meiner Studien, als politisch und sozial ‹völlig unvernünftig› habe erkennen müssen – das ist peinlich oft vereinbar mit dem Begriff des ‹Großen Dichters›, obwohl unangenehm genug; man denke an Stifters ‹Nachsommer› oder Goethes ‹Wahlverwandtschaften› – aber ich kann mich, auch heute noch, (wo ich doch des Themas, infolge der Überbeschäftigung damit, redlich müde sein dürfte!), *dem* nicht entziehen, was Jean Paul bei ihm ‹Schlag= und Zündworte› nannte, die «wie Zauberspiegel plötzlich eine Ferne der Vergangenheit und eine der Zukunft aufthun; wo Würgengel die blutrothen Flügel entfalten.« –

Natürlich ist seine Welt, ganz im Sinne mittelalterlicher ‹Radkarten› vereinfacht: den Außenrand bildet 1 Wendelmeer, grauwellend, nicht allzutief; aber am schleimigen Boden bewohnt von beuligen Ungeheuern. / Nach Norden ist die Begrenzung ein heidnisch=wirres ‹Finnland›, mit

Föhrenwäldern; so dicht, »daß kein Vogel durchfliegen kann«. / Im Süden dehnt sich eine, gleichermaßen apokryphe, Sandwüste; sparsam durchsetzt mit Oasen, selbstgeschaffen=willkommenen Zentren für höchstpoetisches, ‹arabeskes›, Geschehen. / Nach Westen schließt das Irland elfengrüner Pflanzenmärchen; und eine Ossianische Nebelwelt. / Im Osten wehrt ein tiefgestaffelter Hag gigantischer wandernder Staubsäulen; ausgespannt zwischen ihnen Vorhänge von Stürmen; hinter denen nur zuweilen Laut hervordringt, wie von Waffengeklirr und Rosseshufen. / Eine Weltkarte, auf der überzeugend dicht nebeneinander eine guitarrenschwirrende ‹Provence› steht, neben den Klippen ‹Norwegs›; ein prachtvoll langgewandiges ‹Mohrenland›, neben etwa solchem ‹Harzgebürge› . . . . . . :

»Durch üppig verzweigtes Gebüsch, über unwegsames Gestein hinauf, klommen die Ritter, während der Sturm heulend den waldigen Abhang hinunterzog, und in grausiger Tiefe mit den Wellen eines ungestümen Bergwassers brüllend rang. Endlich zeigte sich durch die bereiften Äste der Buchen, durch der Tannen schneebelastetes Dunkelgrün, ein freier Platz; hoch in dessen Mitte, fast wie ein Felsengeklipp, ragte der heidnische Opferheerd gegen den Himmel an. / Noch standen die Ritter zweifelnd; ungewiß, ob sie hier die Erscheinungen der frevlen Abgötterei erwarten, oder lieber angreifend die Eingänge aufsuchen sollten – da merkten sie mit einigem Schaudern unversehens, daß sie zu Vieren waren: ein riesengroßer, aber ganz schattenartiger Mann stand neben ihnen. Der sagte mit hohler verblasener Stimme: ‹Ihr meint es gut; und ich möchte Euch doch lieber raten, abzustehen, die drunten sind verzweifelt stark! Wollt Ihr aber durchaus nicht ablassen, da müßt Ihr an die Nordseite des Heerdes, wo die beste Einfahrt ist, dreimal mit den Klingen anklopfen, und dazu sagen:

Gib uns guten Gang, Du, / Gries, Gestein und Hartwuchs. / Haußen harren Starke; / haben Lust zum Abgrund!›

Damit schwand der wunderliche Waidmannsschatten in den Wald hinein; und die Herren beschlossen, seinem Rate zu folgen, weil er ja doch etwas recht ritterliches und tapfres enthalte. Sie schlugen mit den Klingen gegen die Nordseite des Opferheerdes; und Heerdegen, welcher die Beschwörungsworte am besten behalten hatte, sagte sie dazu her. / Da fing es an sich zu regen und rollen in dem Gestein; und auseinander tat sich die moosige Wand, daß man tief hinein sehen konnte, in einen langen, steil abschüssigen, sehr engen Gang. Der edle Wunsch, keiner Gefahr später als die Waffenbrüder zu begegnen, trieb Otto und Heerdegen an des Seekönigs Seite vor; und nebeneinandergereiht schritten die 3 Genossen mitsammen fürder, ihre langen glimmenden Schwerter wie Fühlhörner in die Dunkelheit vorausstreckend. / Sie trafen auf nichts feindliches. Vielmehr je tiefer sie stiegen, je mehr erweiterte sich das Gewölbe, je milder senkten sich die Stufen – plötzlich standen sie auf ganz ebenem Boden; eine Zugluft hauchte sie an, wie aus freier Gegend, und sie meinten umso mehr in eine solche geraten zu sein, da es hoch über ihnen, als von der Himmelswölbung, herabfunkelte mit einigem Sternenlicht. Wie sie in dieser ungeheuren Tiefe zum Anschauen des Firmaments gelangt sein möchten, darüber sannen sie noch zweifelnd nach, da schon der Falke von Ottos Brust in die Höhe stieg, freudigen Schwunges den ungehemmten Raum begrüßend. Bald aber kam das mutige Tier verstört und taumelnd zurückgeflattert; sie sahen wohl, es hatte seine Jagd beginnen wollen, und war auf entsetzliche Gestaltungen gestoßen, die nun dicht über den Häuptern der Ritter hinwallten – man wußte nicht, war es riesiges Geflügel von unerhörter Art, waren es Höhlendämpfe, die in dieser unterirdischen Gegend in so zahlreichen Scharen und bedräuenden Bildern umherzogen; denn daß man in einer unterirdischen Wölbung war, nur von gewaltiger Art und Höhe, und von der schwarzschwindligen Kuppel herab Lampen wie Gestirne leuchteten, davon hatten sich nun schon die in der Dunkelheit nach und nach gestärkten Augen der Wanderer überzeugt. / Ein großer See lag zu ihren Füßen, das schwarze Gewölb und die Lampensterne recht freudlos rückspiegelnd. Die Ritter fühlten mit ihren Schwertern hinein; Arinbjörn endlich mit seiner langen Hellebarde : es war auch ganz dicht am Ufer an keinen Boden zu denken. / Mehr als eine Meile lang waren sie schon am Borde hingewandert, da tat es sich vor ihnen auf, wie ein steiler Hügel, auf dem eine getürmte Feste stand. Während sie sich ihr nähern wollten, bemerkten sie, daß der See hier einen wildrauschenden Fluß aufnehme, der sich gerade zwischen sie und das nächste Ziel ihrer Reise hinzog. An Durchwaten oder Schwimmen war bei diesen schäumenden Wirbeln nicht zu denken; man hielt sich also stromaufwärts. Bald auch erreichten sie eine hohe, von lauterem Erz gewölbte Brücke, die unter den geharnischten Fußtritten der Wandelnden wie in Melodien eines grausen Marsches zu tönen anhub. Jenseits angelangt, sahen sie ein weites, ebenes Feld vor sich; man hätte es eine blühende Aue nennen mögen, denn es leuchtete wie von vielen Blumen darauf hervor, aber diese gaben sich allzumal im Näherkommen als bleiche, wunderlich geformte und Schwefelduft aushauchende Flämmlein kund. Doch war es, als ob viele seltsame, über die Ebene bald einzeln, bald in Scharen hintrabende Tiere, halb wie Rosse halb wie Stiere gebildet, ihre Nahrung daraus zögen; denn sie rupften oft solche Flämmlein ab und sprangen dann lustiger fürder. / ‹Sollten wir uns doch solch ein Roß fangen, und darauf einreiten in die Burg ?› fragte Heerdegen mit einem dreisten Lachen, verhoffend, dadurch das Grauen in sein und seiner Gefährten Brust zu erstikken; aber der vom Entsetzen geborene Scherz weckte auch wieder zum Entsetzen auf; sie schauderten alle 3 zusammen, daß die Harnische rasselten. Zudem kam schon ein häßlicher Zwerg auf einem Beine gesprungen; der sagte : ‹Neinein ! Lasset Euch nach diesen Tieren nicht gelüsten. Das sind der Göttin Freia Zauberrosse : damit reitet sie durch den Wald, und jagt Menschen, die ihr nicht opfern wollen. Ich aber bin der edlen Rosse Hirt.› Nach diesen Worten stieß er in ein ungeheures Horn, so gellenden und zugleich donnernden Tons, daß die Ritter sich des Zurückwankens kaum erwehren konnten. ‹Erschreckt's Euch ?› lachte der Zwerg, ‹ich spiele ja nur ein bißchen auf der Schalmei, wie es der Hirten Art und Weise ist. Hier unten klingt ein eigner Schall, und blüht ein eigner Mai : da macht es denn die Schalmei den beiden nach. – Wenn Ihr wollt, kann ich Euch auch unsere Hirtentänze sehen lassen ? : ich habe noch viel Genossen hier nahe bei.› – Die Ritter winkten ihn mit den beerzten Händen fort, und gingen schweigend auf die Burg zu; gellend lachte der zwergische Hirte ihnen nach, und die Zauberrosse sprangen wiehernder über die Wiesenflämmchen. / Über Zugbrücken gingen die 3 Herren; auch durch Tore hin; wie in eine ordentliche Ritterburg; einige Männer, schien es, hielten an den Eingängen Wacht. Neigten sich auch vor den Eintretenden mit strengem Waffengruß, ohne daß man doch eigentlich recht wissen konnte, ob es nicht bloß künstliche Bildsäulen wären, die so wunderlich zusammenrasselten; und sich bückten; und dann wieder grade ständen, in regungsloser Härte fest. / Durch leere Gemächer und Säle hin führte der Gang; die Tritte hallten sehr wieder in dem, es schien, ganz erstorbenen Gebäu. Flackernde Lampen hingen hin und her an den Wänden. Endlich kamen sie in ein reichgeschmücktes, aber mit Verzierungen sehr wunderlich aussehendes Zimmer; da saß ein Ritter darin, hinter einem langen Tisch, und las in einem aufgeschlagenen Buche. Dem Otto ward es zumute, als habe er Ähnliches irgend einmal schon wo im Traume gesehen ? – Indem er sich noch darüber besann, schloß der Ritter sein Buch; richtete sich in die Höhe; und sagte, hinausgehend : ‹Ihr hättet klüger getan, weg zu bleiben. Da Ihr nun aber einmal hier seid, will ich Euch melden.› . . . . . . «

»Ihr hättet klüger getan, weg zu bleiben« – jaja.

FOUQUÉ, DER LETZTE RITTER

»Alwin schwankte wie im Traum die Steigen hinab, drauf die Lichter schon größtenteils erloschen waren. Ungewiß tappte er öfters an den Wänden umher; als er die Tür nach dem Garten zu aufstieß, wars draußen neblich und finster, der Mond stand ganz bleich über den nördlichen Gebürgen, die Gänge und Gebüsche sahen unbekannt und seltsam aus. Feuchte Morgenkühle hauchte über sein glühendes Gesicht; an der Pforte wartete Clothilde, vom Froste halb erstarrt, und nahm mit schläfriger Gebärde und eiskalter Hand das Gold, welches er ihr darbot. Darauf schlug sie hinter ihm die Türe zu, und er hörte sie mit schnellen Tritten nach dem Schlosse zurückfliehen, durch ein inneres Grausen gejagt. Fernher tönte das dumpfe Schießen von der Gegend des Berges heran .....« – solche Stellen vermochte um 1813 Niemand ohne Herzklopfen zu lesen; und gleich beliebt wie dieser »Alwin« war auch sein Verfasser, Friedrich Baron de la Motte Fouqué.

Am 12. Februar 1777 wird er, als Sprößling einer Hugenottenfamilie, in Brandenburg geboren. In einem Spukhaus steht seine Wiege; später sind es schöne reichliche Schlösser, Sakrow bei Potsdam etwa, in denen der Kleine, wohlbezopft und im Tressenröckchen, an der Hand des »Hofmeisters« dahinwandelt. Erst einer der Seitengestalten der Frühromantik, Hülsen, gelingt es, den Knaben für Sprachen und Wortgetön empfänglich zu machen.

Entsprechend der Familientradition (er ist Patenkind Friedrichs des Großen; der Großvater ein bekannter General) tritt Fouqué ins Heer ein; und zwar bei den »Weimar=Kürassieren«, bei denen auch Goethe eben die »Campagne in Frankreich« mitgemacht hat. An den Gefechten des Jahres 1794 nimmt er redlich Anteil, bis man sich dann im Oktober über den Rhein zurückziehen muß. Im Frühjahr 1796 wird sein Regiment aus der Friedensgarnison Aschersleben ins Bückeburgische abkommandiert; wo er, zumeist aus Trotz über eine an Nichtigkeiten zerbrochene Jugendliebe, die Tochter seines Kommandeurs, Marianne von Schubaert, heiratet. Unausgefüllt von der Einförmigkeit des täglichen Exerzierdienstes, hat er mit Feuereifer wieder begonnen, die Wissenschaften zu betreiben, und versucht auch schon die Hand in eigenen Dichtungen. Da wird denn die Ehe mit dem unreifen, kaum sechzehnjährigen Mädchen, das zudem Kopf und Mund nur voll von Paraden und Beförderungen hat, denkbar unglücklich; schon nach wenigen Jahren wird Fouqué von ihr geschieden, und überläßt ihr die Reste seines Vermögens als Entschädigung.

Schuldig geschieden nämlich. Er hatte in Berlin eine schöne und geistreiche Witwe kennen gelernt, zwar etwas älter als er, und im Grunde zweifelhaften Rufes; aber die Bezauberung durch die elegante und reiche Schriftstellerin Caroline von Rochow wirkt unwiderstehlich. Auch wird er hier für die »Neue Schule«, die Romantik, geworben : zu Anfang 1803 quittiert er den Dienst; im Januar schließt er die neue Ehe, und zieht in Nennhausen bei Rathenow ein.

Sogleich nimmt ihn A. W. Schlegel, der Talenttrainer, mitleidslos in die Lehre : zu Griechisch, Latein, Englisch, Französisch, kommen jetzt Spanisch, Italienisch, Portugiesisch, später noch die nordischen Zungen, von Isländisch bis Dänisch hinzu; formvollendete Übersetzungen aus jeder dieser Sprachen zeugen von ihrer untadeligen Beherrschung. – Die ersten eigenen Bücher, unter dem Pseudonym »Pellegrin« veröffentlicht, sind noch Schülerwerk. Dann aber sind alle Erfordernisse zu eigentümlicher Aussage endlich beisammen : errungene Herrschaft über die Sprache, menschliche Reife, ländliche Einsamkeit und gesicherter Lebensunterhalt.

So veröffentlicht Fouqué in den folgenden Jahren Buch auf Buch; nur einmal unterbrochen durch die Freiheitskriege, an denen er als freiwilliger Jäger teilnimmt : Lützen, Dresden, Leipzig. Aber wenn er nun, nach der glücklichen Vertreibung Napoleons, erst recht seine Zeit als Dichter gekommen glaubte, sah er sich schrecklich enttäuscht. Die gebildete deutsche Jugend, die immer ungebärdiger den zu Anfang des Volksaufstandes so freigebig versprochenen Anteil an der Regierung verlangte, wandte sich ernüchtert von dem kritiklosesten Paladin der absoluten Monarchen ab.

Als ihm 1831 die zweite Frau starb, war er jedenfalls schon isoliert genug; kaum noch gelang es ihm, Manuskripte unterzubringen. Auch mit der einzigen Tochter, Marie, zerfiel er, als er 1833 die um 30 Jahre jüngere Albertine Tode heiratete – die Ehe ist (nachdem er bereits unter Caroline über Vernachlässigung, ja »Sklaverei«, geklagt hatte) todunglücklich gewesen. Als ihn 1840 König Friedrich Wilhelm IV., der »Romantiker auf dem Throne«, von Halle, wo Fouqué seit 1834 ein knappes Auskommen gefunden hatte, unter Erhöhung seiner Militärpension nach Berlin berief, schildern die wenigen gebliebenen Freunde schon erschüttert den Greis, wie er da durch die Straßen schlürft, und Vergessen im Trunk sucht. – Am 23. Januar 1843 erliegt er auf der Treppe zu seiner Mietswohnung einem Schlaganfall. –

Wenn er auch in der Märchennovelle »Undine« eine noch heute Jedem geläufige Gestalt der Weltliteratur schuf; oder die erste Nibelungentrilogie, »Der Held des Nordens«, sowie ein bedeutendes, noch ungedrucktes Epos, »Parzival«, schrieb – sein Bestes gab er im Roman. Der »Alethes von Lindenstein«; der große Ritterroman vom »Zauberring«; »Die vier Brüder von der Weserburg«; und endlich der oben zitierte, autobiographische »Alwin«, verdienten durchaus, ins Bewußtsein der Nation zurückgerufen zu werden: Tolle, lege!

UNDINE

(Am 27. Mai, vor 125 Jahren, starb das Urbild zu einer der unvergänglichen Gestalten der Weltliteratur)

». . . . die Arie aus der Oper ‹Undine› von Albert Lortzing« : schon öffnet sich ein gewölbter Tenormund und klagt gekonnt, daß er weder »Vater, Mutter, Schwestern, Brüder« auf der Welt mehr habe – auch heute, nach 100 Jahren noch, gehört das Stück mit seiner handfesten Bühnenwirksamkeit zum eisernen Bestand der Spielopern. Und wer arg gelehrt ist, erinnert sich, daß es noch ältere Vertonungen gibt, von Girschner, oder dem großen ETA Hoffmann; und wenn ein Germanist in der Familie ist, murmelt er wohl Fouqué; und wenn er ehrlich ist, runzelt er ein bißchen die Stirn über sich, daß er von dem großen Romantiker so blutärmlich wenig weiß.

Friedrich Baron de la Motte Fouqué nämlich heißt der Schöpfer jener unvergleichlichen Märchengestalt, und als das Bändchen 1811 erschien, begrüßte es sogleich der ungeteilte Beifall der ganzen gebildeten und unverbildeten Welt. Binnen wenigen Jahren wurde es in sämtliche Kultursprachen übersetzt; davon allein ins Französische etwa 10 Mal, so daß es durchaus kein Zufall ist, wenn gerade jetzt die Fabel dort wieder aufgegriffen wurde. Sir Walter Scott, auf der Höhe seines Ruhmes, verschmähte nicht, die Undine offen nachzubilden, in seinem ‹Weißen Fräulein von Avenel›. Edgar Allan Poe, als er es zum ersten Male las, geriet wie außer sich, wies immer wieder auf das Wunderwerk hin, und nannte es das vollendetste Prosastück aller Zeiten : »Auf einen Fouqué schafft die Natur 50 Molières« erklärte er in einer seiner glasharten Formulierungen. Am letzten Abend seines Lebens las Richard Wagner den Seinen noch einmal das Märchen vor. –

»Wie der Ritter zu dem Fischer kam« hebt es im Volkston an : Herr Huldbrand von Ringstetten, verirrt im Wald der Welt, trifft bei den Netzen am Seeufer den frommen Alten, der mit seiner bejahrten Lebensgefährtin und der geheimnisvollen Pflegetochter Undine in einfältiger Einsamkeit dort Haus hält. Inmitten einer polytheistisch-vergeisterten Natur : Nebelwitwen, Grubenjäger, Windkerle. Aber über Allem, durch Alles hindurch, klingt ständig die große Wasserfeier, in reißenden Bächen, ziehender Flußbreite, und dem zornigen Lallen des Großes Sees, des allumgebenden Außenrandes jener Inselwelt. Aus ihm ist auch

Undine gekommen, um in der Vereinigung mit einem Menschenmann eine Seele zu gewinnen – daß dies nun gerade Huldbrand, der ständig zwischen zwei Frauen Schwankende, sein muß, kann auch der bizarr=mächtige Oheim Kühleborn nicht verhindern. Und es kommt natürlich, wie es kommen muß : ‹Geist› ist für kurze Zeit ganz apart, aber auf die Dauer dem Menschen unheimlich; kein Wunder, daß die oberflächenbunte Bertalda die stille Nebenbuhlerin mit ihrer murmelnden Sippschaft aussticht. Undine, einmal geschmäht, versinkt wieder; warnt jedoch, grundwasserhaft allgegenwärtig, den Ritter vor neuer Bindung. Die Folge ist beider Tod; nur das Menschenweibchen wird überleben. –

Nun ist die ‹Undine› durchaus literarhistorisch «behandelt» worden; da wird mit dem erforderlichen Zitatenapparat ‹nachgewiesen›, daß eine Handvoll Zeilen bei Paracelsus, und außerdem die Stauffenbergersage Fouqués ‹Quellen› waren; und als endlich das Bekenntnis des Dichters, daß es sich ihm um ein Herzenserlebnis handelte, nicht mehr übersehen werden kann, da wird in einer Fußnote gesagt, daß Fouqué wahrscheinlich an die Trennung von seiner ersten Frau gedacht habe. Sonst nichts; und man weiß nicht, ob man sich mehr über die Gefühllosigkeit der Verfasser, oder ihre durch vorhergegangene Jahrhunderte großgezogenen ‹Methoden› mehr entsetzen soll. Dabei erkannte der so weit entfernte aber kongeniale Poe sogleich, daß es sich um eine ausgesprochene Bekenntnisdichtung handeln müsse; und wirklich hätte ja nach dem angeführten ausdrücklichen Geständnis des Dichters jeder im Besitz seiner gesunden fünf Sinne Befindliche zuerst nun einmal Fouqués Leben auf den Ursprung der Dichtung hin untersucht.

Denn da reitet Herr Huldbrand von Ringstetten – ach, von Huld hat Fouqué selbst nur zu oft gebrannt; und daß ‹La Motte› im Altfranzösischen eine erhöhte Burgumwallung bedeutet, also recht eigentlich eine ‹Ring=Stätte›, verrät er selbst in der Biographie seines Großvaters, (des bekannten Generals Fouqué, seiner Zeit Intimus Friedrichs des Großen). Zu allem Überfluß gibt er ihm auch noch die eigenen Wappenfarben, Veilchenblau und Gold (während eine Dissertation verständnislos plappert, der Dichter habe seinen Ritter »nicht bunt genug ausstaffieren« können !) Dazu läßt er ihn, wie er fast sein ganzes Leben auch von sich denken mußte, als den Letzten seines Stammes sterben. Und durch wilde Wälder kam Fouqué auch eben geritten, als Soldat, auf dem Rückmarsch durch die öden Heiden Westfalens :

Dort nämlich schlägt, im Mai 1795, wie er in der Selbstbiographie sagt, »seine Stunde« : bei einem ländlichen Fest in der Nähe von Minden fällt ihm während des Tanzes ein ‹elfenhaft› schwebendes junges Mädchen auf, mit »himmelklaren Blauaugen« – wobei man ja sofort an die »seeblauen Augenhimmel« Undinens denken muß; und 15 Jahre ist sie alt: so stehts auch präzisest im Märchen. »Wer ist das ?« fragt er den neben ihm Sitzenden; und »Meine Schwester« erwidert stolz der Angeredete, froh der Bewunderung, die der junge Kürassieroffizier mit dem alten berühmten Namen Jener rückhaltslos spendet. Einigemale noch treffen sie sich bei Gesellschaften; dann versagt sie sich ihm plötzlich kühl, wenn er um den nächsten Tanz bittet – ein Regimentskamerad hat hämisch=sorglich vor dem ‹Flatterhaften› gewarnt; auch den Eltern sind die Huldigungen etwas zu stürmisch vorgekommen, und der erwähnte Bruder beauftragt worden, vorsichtig zu bremsen. Beide wenden sich trotzig von einander ab; jedoch Jedes fühlt, daß hier etwas fürs Leben geschehen ist. Nur ganz wenige Tage hat das Idyll gedauert; dann marschiert das Regiment Weimar Kürassier – ja, ganz recht, bei dem auch Goethe seinerzeit... – zurück in seine aschersleben̲er Friedensgarnison. Wenig später wird Fouqué dann zur Sicherung der ‹Demarkationslinie› des Baseler Friedens ins Bückeburgische versetzt, wiederum unweit Mindens – aber er betritt die Stadt nie wieder; zu tief sitzt das Gefühl der Verschmähung (so tief, daß er wenig später aus Trotz die Tochter seines Regimentskommandeurs heiratet). Aber das Bild der norddeutschen Landschaft hat sich mit dem der Geliebten unlösbar verwebt; zumal das des großen – damals noch weit umfänglicheren – Flachsees, des Steinhuder Meers: das nämlich ist der Undinensee ! Oftmals rudert Fouqué hinüber zum Wilhelmstein (z. B. am 23. 7. 1797 sieht man seine Eintragung im dortigen Gästebuch); einmal stürmt es bei der Heimfahrt, und in einem solchen Sturm läßt er auch den Pater Heilmann zu den Fischersleuten gelangen: der aber wieder stammt, wie er berichtet, »aus Kloster Mariagruß, von jenseits des Sees« – bei *Mariensee* bestand damals ein (freilich säkularisiertes) Kloster, und vom Bückeburg Fouqués aus gesehen, liegt es genau »jenseits des Sees« ! Im Märchen kränkt er dann die Geliebte, daß sie ins Unwiederholbare entschwindet; aber tot ist sie nicht; das müssen die Frauen an den Ufern des Rhins – Rhin=Rhein=Donau hat er zur Tarnung abgewandelt – erfahren; sie selbst beschwören durch ihr Wesen immer wieder den unseligen Vergleich herauf, seine späteren 3 Ehen sind sämtlich ‹unglücklich› gewesen. – Allerdings im Gedicht wenigstens tut Fouqué seinem klopfenden Herzen Genüge, in der leeren sonnigen Einsamkeit auf der Seespitze: weit fort sind die Menschen; mit innigem Wohlbehagen sieht er, wie der trennende Waldstrom sich sein Bette breiter und breiter reißt, und die Abgeschiedenheit auf der Nun=Insel sich für immer längere Zeit ausdehnt; was ihm das Leben versagte, ersetzt schöner, unsterblich, die Fantasie. »Man könnte dies Alles, weiß der Schreiber, ordentlich ausführen; vielleicht sollte mans auch. Aber das Herz tut ihm dabei allzuweh; denn er hat ähnliche Dinge erlebt, und scheut sich in der Erinnerung noch vor ihrem Schatten.« Fünfzehn Jahre hat es gedauert, bis er die erste poetische Fixierung wagte.

Auch in anderen Dichtungen Fouqués erfolgt die Auseinandersetzung mit dem Nichtgeschehenen; so in seinem Märchen von ‹Schön Irsa›, einem der guten Beispiele deutscher Pflanzensymbolik, das auch in jenem Weserwinkel spielt; die weiße Emilie seines unsterblichen ‹Alethes von Lindenstein›, zuerst am Wasser getroffen, ist es wiederum; aber warum weiter vergessene Titel, ‹Welleda und Ganna›, oder ‹Folke und Isula› aufzählen?

In seiner Selbstbiographie verschlüsselt Fouqué ritterlich ihren wirklichen Namen: »Laßt sie uns Eloisa benennen in diesen Blättern. Sie hieß anders in der Zeit.«

»In der Zeit« hatte sich ihm der Bruder vorgestellt: »Gestatten: von Breitenbach«; so nämlich spricht Jener den Familiennamen ‹Breitenbauch› in vornehmer Verlegenheit grundsätzlich aus, ja, unterschrieb sich öfters so: dies ist auch wahrscheinlich der Grund, warum sich für Fouqué ihr Bild sogleich mit dem des fließenden Wassers in Eins blendete. Ihr Vater ist der königlich preußische Kriegs= und Domänenkammerpräsident zu Minden, Franz Traugott von Breitenbauch, aus einer uralten thüringischen Adelsfamilie, die schon 1147 zum erstenmale urkundlich erwähnt wird, und damals eigentlich (wie auch jetzt wieder) »Breitenbuch« hieß; Ranis, Brandenstein, Lichtentanne, sind die Hauptbesitzungen gewesen. Aus seiner ersten Ehe mit Philippine Albertine Winter von Marbach hat er 12 Kinder: das achte davon ist der oben zitierte Bruder Albert, ein leichtsinniger, notorisch schlechter Wirt, der eines der Güter nach dem anderen zur Deckung der Schulden abstoßen muß; er taucht mehrfach im Goetheschen Kreise auf.

Das elfte dieser Kinder ist Friederike Lisette Auguste Eberhardine Ernestine, genannt Elisabeth (=Eloisa!), am 7. Mai 1780 wird sie in Minden geboren (»getauft am 17. Mai auf dero adelichem Hofe«); als Taufzeugen unterschreiben sich Mitglieder der namhaftesten westfälischen Adelsfamilien: ein Fräulein Spiegel von Pickelsheim; von Hardenberg; von Vincke; sogar der Regierungspräsident zu Cleve, Freiherr von der Reck, ist dabei.

Auch sie hat Fouqué nie vergessen; obgleich sie am 14. Mai 1800 – der Mai ist ihr Schicksalsmonat: geboren; Fouqué kennen gelernt (er sagt aus ungenauer Erinnerung: Juni); – den preußischen Hauptmann August von Witzleben ehelicht. Drei Kinder hat sie mit ihm; zwei Töchter, die früh wieder sterben, und den Sohn August, der diesen Zweig der Familie fortpflanzt. Bis zum großen Desaster 1806 und der Restauration 1813 leben sie in Halberstadt; dann gehen sie über Wolmirstedt, den Familienbesitz des Mannes, nach Dresden und Halle. Der Gatte stirbt dort bereits 1821, und läßt die Witwe mit dem halb erwachsenen Sohne zurück, der seine Ausbildung dann in Potsdam erhält.

Gleich darauf macht Elisabeth von Witzleben, wie sie jetzt heißt, in Halle die Bekanntschaft von Fouqués erster Frau, die inzwischen einen Vetter des Dichters geheiratet hatte, und erfährt von Jener, wie nahe sie ihm jetzt eigentlich ist; zögernd beginnt eine Korrespondenz : »Er kam zu mir, er sang zu mir / nochmals von Lieb und Treue; / doch als ich frug : ‹Wie geht es Dir ?› / schwieg er in banger Scheue.« schreibt Fouqué 1823 unter dem Titel ‹Undine› in sein poetisches Tagebuch. 1826, anläßlich eines Besuches bei ihrem Sohne, haben sich die Beiden dann noch einmal wiedergesehen : »Es war ein Wiedersehen, wie nach dem seligen Sterben : ohne Wunsch, ohne Schmerz, ohne Erwartungen; aber reich an stiller Freude und fortan störungsloser Freundschaft.«

Nur wenige Jahre kann er ihr noch von Leben und Arbeit berichten : 1832 – wie billig, im Mai, am 27. – stirbt sie zu Glaucha bei Halle, an einem schleichenden Fieber, eben 52 Jahre alt. »Im eigenen Herzen geboren. Nie besessen. Dennoch verloren.« In einem hohen, schwarzsamtenen, mit Silber beschlagenen Sarge wird die ewige Undine in die Erde gebettet.

von Breitenb(a)uch.

Das Geschlecht erscheint zuerst urkundlich 1147 in Naumburg a. d. Saale. Bis zum Jahre 1530 lautet der Name . . . buch; danach in . . . bauch verderbt; seit dem 17. 3. 1906 wird wieder der alte korrekte Name geführt. – Wappen : In Blau zwei rote Sparren, auf dem Helm zwei Hörner, blau und rot.

1. Franz Traugott, ⋆ . . . . . 6. 1. 1739, † Minden 5. 5. 96, Herr auf Ranis, Brandenstein, Lichtentanne, Schmiedeberg und Wikkendorf, kgl. preuß. Kriegs= und Domänenkammerpräsident, ⚭
   a) . . . . 1763, mit Philippine Albertine Winter von Marbach, ⋆ Stuttgart etwa 1740, † Minden 26. 1. 1794
   b) Minden 3. 2. 1795, mit Antonie von Gustedt, ⋆ . . . . . 6. 1. 1766, † 25. 1. 14

Kinder:

1/a/1. Franz, * Stuttgart 16. 11. 1764, † Darmstadt 24. 1. 81, Fahnenjunker.

1/a/2. Antoinette, * Berlin 25. 12. 1766, † Gotha 22. 12. 21, ⚭ ..... 16. 7. 87 mit Heinrich Friedrich Ludw. Sennft v. Pilsach, * Höpsen 25. 5. 1744, † Breslau 20. 5. 15, als Stadt= und Polizeidirektor daselbst.

1/a/3. Friedrich, * ..... 30. 6. 1767, † ..... (vor 1817)

1/a/4. Wilhelmine, * ..... 21. 2. 1768, † ..... (vor 1817)

1/a/5. Eleonore, * ..... 16. 12. 1772, † ..... ?

1/a/6. Luise, * Minden 30. 6. 1773, † Hess. Oldendorf 21. 6. 12, ⚭ Minden 17. 3. 96 mit Karl von Mengersen, * Oldendorf 11. 8. 1762, † das. 24. 12. 10, kgl. preuß. Hauptmann.

1/a/7. Clamor Werner, * ..... 12. 5. 1775, † ..... 24. 6. 00, ⚭ ..... ?, mit ..... von Schilling, * ..... ?, † ..... ?

1/a/8. Albert, * Minden 18. 8. 1776, † Brandenstein 24. 4. 52, Herr auf Ranis, Brandenstein, Taubenhain u. Petzkendorf, kgl. preuß. Landrat des Kreises Ziegenruck (dies der von Fouqué erwähnte »Bruder« !), ⚭

a) Grafendorf 25. 2. 05, mit Karoline v. Brandenstein, * Gräfendorf 7. 11. 1783, † Brandenstein 24. 5. 15

b) Burg Ranis 9. 12. 21, mit Julie v. Breitenbauch, * Wurzen 2. 2. 1800, † Brandenstein 30. 1. 39

1/a/9. Hugo, * ..... 19. 1. 1778, † ..... (vor 1817)

1/a/10. Friederike Sidonie Klementine, * ..... 23. 4. 1779, † ..... (vor 1817)

1/a/11. (Tochter), * Minden 7. 5. 1780, † (wenige Tage später); ihre Zwillingsschwester ist

1/a/12. Friederike Lisette Auguste Eberhardine Ernestine, genannt Elisabeth, die »Undine«, * Minden 7. 5. 1780, † Halle 27. 5. 32, ⚭ Halberstadt 14. 5. 00, mit August v. Witzleben, * Wolmirstedt 11. 8. 1768, † Halle 28. 2. 21, kgl. preuß. Hauptmann a. D.
Kinder:

1/a/12/1. August, * Halberstadt 29. 3. 1802, † Potsdam 5. 2. 42, ⚭ ..... 6. 4. 33, mit Karoline Freiin v. Meysenbug, * ..... ?, † ..... ?. – Zwei Kinder: Elisabeth, * Quedlinburg 19. 1. 1834 / August, * das. 5. 9. 1835

1/a/12/2. Elisabeth, * Halberstadt 20. 11. 1803, † das. 12. 7. 09

1/a/12/3. Antoinette, * Halberstadt 24. 5. 1805, † das. 10. 7. 09

1/a/13. Philippine, * Minden 17. 4. 1782, † Breslau 4. 2. 64, ⚭ Breslau

8. 7. 02, mit Friedrich Gottlieb Moritz v. Thielau, * Lampersdorf 30. 5. 1767, † Breslau 20. 12. 21, Major.

Da die Fouqué=Forschung noch völlig im Anfangsstadium begriffen ist, besteht durchaus die Möglichkeit, daß sich bei den Nachkommen all der genannten Familien noch wertvolles, von der Forschung bisher unberührtes, Urkundenmaterial befindet. Für jede Mitteilung und Beratung bin ich dankbar.

ANACHRONISMUS ALS VOLLENDUNG

(Zum Gedächtnis an Friedrich Baron de la Motte-Fouqué :)

1. Sprecher: Keiner der großen literarischen Richtungen ist es beschieden gewesen, innerhalb des ihr gewordenen Zeitraums völlig auszureifen; das Letzte, Repräsentativste an Konsequenz der Thematik, Denkweise, und optimaler spezifischer Sprachfärbung – im Sinne ihrer »Platonischen Idee« – zu fixieren.

2. Sprecher: Kein Wunder bei der wetterleuchtend kurzen Dauer von nur zwei Jahrzehnten, wie sie etwa unserem Expressionismus beschieden war : da ist an Vollendung wahrlich nicht zu denken.

1. Sprecher: Dauerte die Hochromantik denn länger ?

Und die Klassik ? : stand ihre längste Zeit nur auf 2 Augen.

Sturm und Drang ? : oh, der herrlich=ungebärdigen 10 Jahre !

2 nur hielt der Hainbund zusammen, in dem durchaus die Keime zur Entwicklung einer hocheigentümlichen, landschaftlich und sozial gespeisten, Dichtung lagen.

2. Sprecher: Und selbst, wenn wir weiter zurückgehen, werden die Epochen der einzelnen Stilrichtungen nur scheinbar länger. – Da haben wir etwa einen Begriff »Mittelhochdeutscher Dichtung« geprägt : im wahrsten Sinne des Wortes »aufgedrückt« auf die drei Jahrhunderte von 1050 bis 1350. – Um die halb eingesunkenen Grenzsteine literarischer Namen zu nennen : vom Rolandslied bis Hugo von Trimberg.

1. Sprecher: Das erste beste Beispielpaar schon kann zur Warnung dienen, einen so ungeheuren Zeitraum als Einheit, oder auch nur als »Entwicklungsreihe« betrachten zu wollen :

Welcher Abstand in Sprache und Denkweise zwischen der aus kreuzzugsderbem Eisenzwirn und bajaderenhaftem Crêpe Mille et une Nuit gewobenen Alexanderfabel – und der soziologischen Studie des Meier Helmbrecht, der ersten Bauerntragödie unserer Literatur.

2. Sprecher: Der ersten ? Woher wissen wir denn, daß es die erste war ?! – Man vergesse doch ja nie die Lückenhaftigkeit der Urkunden; lasse nie aus den Augen, daß wir nur 20 Prozent noch von dem besitzen, was einst da war. Und wenn selbst an diesem armseligen Material schon solche Bruchstellen deutlich werden, wie etwa die zwischen dem realistischen Roman vom Ruodlieb, und den überzüchteten Tändeleien Ulrichs von Lichtenstein : dann können wir, zumal bei Berücksichtigung der

Datierungen, sicher sein, daß im Nebelwatt der bezeichneten dreihundert Jahre mindestens ein halbes Dutzend divergenter literarischer Priele neben= und durcheinander strömten.

1. Sprecher: Meistens freilich – obwohl selbst das nicht immer! – einander »oberflächlich« ähnlich gemacht durch die äußere Form der Reimprosa – aber das ist lediglich ein »Habitus«, eine Hautähnlichkeit, wie wir sie in anderen paläontologischen Bereichen ja mehrfach antreffen.

Die Reimprosa wurde dadurch zum Erfordernis, zur simpelsten Voraussetzung der Lesbarkeit –

2. Sprecher: – besser Hörbarkeit –

1. Sprecher: weil die Kunst des Dichters in einer praktisch schriftlosen Zeit auf den Reim angewiesen war: das noch ganz rudimentäre Ohr des Publikums verlangte einfach um der Einprägsamkeit willen den groben Schuppenpanzer der kurzen klappenden Reimpaare – heute, im Übermut der Alphabeten, nennen wir eine bestimmte Art derselben direkt schon »Knittelverse«.

2. Sprecher: Gleichviel aber welche – uns heute aus Mangel an Daten nicht mehr erkennbare – Vielfalt literarischer Strömungen sich unter dem Tarnnamen »alter maeren« verbirgt: auch hier ist festzustellen, daß keine dieser Richtungen damals ihre höchste Vollendung erreicht hat.

Nicht erreichen konnte, weil die Sprache noch nicht geschmeidig genug geworden war – wenn auch Germanisten den panzerhaft dröhnenden Klang nicht genug zu rühmen wissen: *ich* wage nicht, »Wohlklang« zu sagen, weil die Phonzahl von »helleden lobbebaeren« für unser Ohr zu stammelnd hoch geworden ist. Zumindest sträubt sich unser für Proportionen geschärftes Gefühl gegen die akustische Anmaaßung, eine Kopfbedeckung einen »hu=ott von zobbele« zu nennen: solch pompösem Platzkonzert würden wir – und mit Recht! – die Kammermusik vom »Zobelhut« vorziehen. –

Aber auch der Sinn für Psychologica, das Gefühl für Landschaft, waren damals längst nicht entwickelt genug, um *das* gültig zu fixieren, was wir heute als die »Idee« zumindest *einer* dieser Richtungen definieren würden:

1. Sprecher: Nämlich: in einer vom Schüdderump der Reimprosa befreiten, rhythmischer und phonetischer Tempoveränderungen fähigen, Sprache diese konsequent schematisierte Welt abzubilden: »Burgen«, als überbelichtete, innerlich und äußerlich überhöhte Zentren allen geistigen und materiellen Raffinements; getrennt voneinander durch verwickelt= unendliche Ödeneien voll plump dämonischer »geuerlichkeiten«.

2. Sprecher: Man halte uns hier bitte nicht sogleich den Parzival entgegen, und den patriotisch fast unantastbar gewordenen Namen Wolfram : Jeder von uns mischt da unwillkürlich das Wagnersche, *genau im Sinne der eben gegebenen Definition gearbeitete* Konzentrat hinein ! Wer das mittelalterliche Buch als Einheit zu genießen versucht, wird bald genug mit flirrendem Auge und betäubtem inneren Ohr, dazu gähnend, den unbehilflichen Band beiseite legen ! –

1. Sprecher: Immer bemerkenswert muß es für den Literaturhistoriker sein, daß die »Vollendung« später kam. Erst schob sich die »abgeschiedene Vielfraßweis« ein, das Wortkonfetti Fischarts; der Hahnentritt des Barock; die grölende Genialität Günthers –

2. Sprecher: : Vierhundert Jahre waren seit dem »Tod« des Mittelhochdeutschen verflossen, als, geheimnisvoll und unerfindlich, ein anachronistischer Fluch für sich selbst, ein Rätsel voll heiliger Absurdität für die Zeitgenossen, 1777 *der* Mann geboren wurde, der jene längst verschollene Richtung zum Abschluß bringen sollte : *(laut):* Friedrich Baron de la Motte=Fouqué !

1. Sprecher: Und wir verfolgen, Schritt für Schritt, das Ineinandergreifen von Unglaublichkeiten : es war die letzte Möglichkeit !

2. Sprecher: Schon rein äußerlich sieht die Welt damals noch entscheidend anders aus, als heute. Sie ähnelt weit mehr dem buntgewirkten Kosmos=Chaos der Ritterzeit als unserer heutigen schnellen Sachlichkeit; sie hat noch geographisches Geheimnis; sie hat noch unentdeckte Außenränder :

Australien ist ein bröckliger Umriß ohne Namen.

Zum ersten Mal erfährt die Rousseauisch entzückte Welt von den Unschuldsparadiesen des Südmeers.

Eifrig debattiert man, ob Amerika und Asien nicht doch noch, irgendwo hoch im Norden, zusammenhängen.

Von Afrika ist eigentlich nur der maurische Nordrand sagenhaft= leidlich bekannt : das Innere der großen Kontinente ist Dunkel wie seit Jahrtausenden : noch ist überall Raum für Fabelküsten.

1. Sprecher: Vergessen Sie bitte nie, daß damals algerische Korsaren vor der Emsmündung kreuzen, und man über Nacht Christensklave, Giaur, beim Dey von Tunis werden kann : Mozarts »Entführung aus dem Serail« ist ein makabres, bitter aktuelles Thema von Menschenraub ! –

2. Sprecher: Nach all dem Vorausgeschickten wäre es lächerlich, zu erwarten, daß der Vollender der mittelhochdeutschen höfischen Epik in einer Bauernhütte das Licht der Welt erblickt, oder in einem Kaufmannshaus à la »Soll & Haben« : natürlich ist Fouqué der Nachfahre genuinster normannischer Ritter, die schon beim Lateinischen Kreuzzug in Eisen einherschritten. »Baron de Thonnayboutonne; Baron de Saint=Surin; Seigneur de la Grève; Baron de la Motte=Fouqué« unterzeichnet sich bei feierlichen Anlässen noch der Großvater, ein General und – soweit dies möglich ist – Freund Friedrichs des Großen: der König selbst ist der Taufpate unseres Dichters!

1. Sprecher: Geboren wird er in einer »Curie«, dem uralten Haus eines Domherrn, zu Brandenburg an der Havel, in dem es – das steht außer allem Zweifel – ortsgebunden spukt. Manchmal ist es ein athletischer Geist in rotem Mantel, der die Domestiken erschreckt; manchmal ein Frauenkopf, der vorbeischwebt, die zusammengeketteten Hände übers Gesicht geschlagen. Noch die Balken, das unbelebt=vierkantige Bauholz, nimmt teil am Schrecknis: Jahre hindurch wagt sich Niemand an die Arbeit des Abbrechens, weil bei jedem Axthieb der Zimmerleute sich daraus zorniges Klagegetön vernehmen läßt.

2. Sprecher: Was ist das Los des perfekten Ritters?: nicht »gemâche ân êre« nicht breites »Verliegen«; sondern Bewegung durch weite Räume; isoliert im Käfergehäuse der Rüstung; mit hallenden Waffen behängt, über denen, rätselhaft=passenderweise, der süßeste Liedermund sich öffnet.

1. Sprecher: Folglich finden wir solch schicksalhaftes Wandern schon in den Knabenjahren Fouqués vorgebildet: Brandenburg, Sakrow, Halle, Potsdam, Lauchstädt, Berlin, Lentzke – es wäre unschwer zu demonstrieren, wie solches Umgetriebensein den Grund gelegt hat zu den endlosen Gobelins seiner Romane, wo die Schauplätze ebenfalls schwermütig=rastlos wechseln. – Und ein huldreicher Zufall hat uns zum Beleg dieses Menagerieprogramm schon des sechsjährigen Puppenspielers aufbehalten:

Stimme: »Beschreybung des künstlichen Maschinenwerckes,
so sich zu Sacrow präsentieren wird:

Zuerst wird ein schöner künstlicher Berg sich zeigen, welcher sich öffnet, und aus welchem Schäfer, Ritter, Einsiedler, Zauberer, Nimphen und Zauberinnen herausgehen. Sie tanzen hierauf eine Weile zusammen, und gehen danach wieder in den Berg, welcher sich zuschließet. Der Berg fällt zusammen, und wird zu Wasser:

ein Schiff in vollen Segeln erscheint darauf, worin zwei Ritter und zwei Trompeter, welche unter Trompeten und Paucken vorbeysegeln. Das Meer wird stürmisch; und aus dem Schiffe entspringt:

ein belagertes Schloß mit Wällen, Graben und Thoren. Drey Damen sehen zu den Fenstern heraus; worauf Ritter erscheinen, welche die Burg belagern, über welcher geschrieben stehet: ‹Unüberwindliche Burg›.

Die Ritter reiten auf die Burg los, und als sie bald heran gekommen sind, steigen sie ab, stürmen die Burg, und nehmen sie weg. Die Damen kommen heraus und tanzen mit den Rittern.

Hierauf wird sich darstellen : ein Sturm, in welchem ein Schiff mit großer Gefahr fährt, welches von einem anderen Schiffe attaquiret, geentert, und dann gefangen fortgeführt wird :

Dieses wird zu sehen sein bey

Friedrich von Fouqué.«

2. Sprecher: Kindheit in Gärten und Schlössern; in die sich periodisch die wunderlichst=angemessenen Phänomene mischen, wie etwa der Riesenwinter von 1788/89, der schwerste des ganzen Jahrhunderts : da schneit das entlegene Gut ein. Zur Erhöhung der Verdüsterung stirbt die Mutter. In tagelangem Schlittentreck versucht man dem Bilde des Todes durch die grausame Winterwüste zu entfliehen; als sie in Potsdam einfahren, brennt nur *eine* trübe Lampe über eingestürzten Schneetunneln – welche Rolle spielen nicht die »Fröstelnden« in Fouqués Werk!

1. Sprecher: Spontan bezeichnend die Reaktionen schon des Kindes auf einfache Fakten. – Keinen organischeren Übergang zu Aventiuren weiß sich mittelalterliche Dichtung, als das »Verirren« des Helden : naivem Sinn der plausibelste Weg, in eine von der Vernunft unkontrollierbare Wunder= und Kampfeswelt überzugehen. Und konsequenterweise gesteht Fouqué, daß er einst, auf einer Reise mit den Eltern von einem »Verirrtsein« hörend, nun sogleich erwartet habe, man werde sich in den weiten wirren Waldungen des Fläming Hütten bauen, und, mitsamt der Dienerschaft, ein Leben im Stile jener mittelalterlichen Verirrten beginnen.

2. Sprecher: Einmal ballt sich ein furchtbares Gewitter überm Gutshaus zusammen, würdig, weitschweifig in der Dorfchronik festgehalten zu werden : stundenlang zuckt der Blitz und rast der Donner, so daß selbst die Erwachsenen unruhig werden. Und typisch, eine echte Fouqué=Reaktion, ist es, wenn das Kind – keineswegs ängstlich, oder von Weltuntergangsstimmung gepackt! – zu der Folgerung kommt : die Atmosphäre müsse sich derart verändert haben, daß von nun an ständig Blitz und Donner herrschen werde, und man sich darauf »einrichten« müsse, nur noch zuckend erleuchtete und besorgte Gesichter zu sehen : mühelos akzeptiert er auch eine solche Welt!

1. Sprecher: Aus verständlichem Mangel äußerer Daten sind in jeder Dichterjugend die inneren zu beachten : Traum und Spiel. Und da hören wir, wie sich Roland der Riese vom Rathaus zu Brandenburg in seine Nächte drängte, das mannshohe Steinschwert in der Faust, das er – in herrlicher Allegorie ! – dem ächzenden Epigonenkinde in die widerstrebenden Fingerchen zu drücken versuchte.

Wenn die gestrengen Hofmeister ihn der Zucht entlassen, springt der Knabe hinaus in die nahen Wiesen:

Stimme: »Was für schöne Abende das waren, wenn er hinaus durfte in das blühende Thal, und die wundersamsten Geschichten spielte mit der umgebenden Natur, und sich selbst!

Die Blumen wuchsen zu schönen Frauen empor, feindlich umdrängt von den alten riesigen Eichen, deren Äste sich als so viele Arme gegen den kühnen Ritter ausstreckten, der zu der Damen Befreiung vordrang. O Sturm, wie bliesest Du schlachtdrommetend drein, und ihr glühende, schattende, wechselnde Abendgewölke, wie seltsame Drachen und Greife sandtet ihr den Riesen zu Hülfe ! Hinten drohten und grauten die Felsen als herrlich magische Burgen:

Flieg nun, du Rohr in des Knaben Hand, flieg, ein gewaltiger Wurfspeer, gegen die Eichenriesen an, oder brich vor ihnen als mächtige Lanze im Anlauf ! Kiesel schleudert er kühn gegen die wolkigen Drachen hinauf; und sein Stab, ein ritterlich Schwert, trifft auf den Waldstrom, die große schäumende Schlange des Thales.

Dann ist der Sieg erfochten, und der Ritter lagert sich neben den befreieten Mägdlein, den milden Vergißmeinichten; oder zu den Füßen der Rosen, der hohen entzauberten Schönheit : o süßes Schmiegen, o wonniglich Liegen, o mildes Umfangen, o labe noch eins die glühenden Wangen ....«

2. *Sprecher:* Zu Hilfe kommen ihm bei solchen romantischen – zunächst möchte man es noch »normale« Eskapaden nennen – die früh verschlungenen dichterischen Gebilde von Klopstocks »Hermann«, oder das heute lächerliche Gebrüll »Sineds des Barden«, denen er seine erste Bekanntschaft mit der altgermanischen Götterwelt verdankt.

1. *Sprecher:* Und sogleich hören die am Bettchen wachenden Erwachsenen mit Entsetzen, wie sich im Fieber der schrecklich häufigen Kinderkrankheiten die Miniaturgestaltchen der ersten Chodowiecki=Fibel mit den schauerlichsten Erscheinungen der nordischen Sage mischen. Wie er sich im Schwindeltanz mit dem riesigen Wasser=Leib der Midgardschlange drehen muß, im kurzen Gitterbettchen, mit verklebtem Haar, aber zäh gaffenden Mundes.

Stimme:

»Horch ! Und die alten Schlangen wachen auf. –
Mit tausendfacher Regung wirrt sich's los;
in Klumpen scheußlich erst, nun scheußlicher

in vielgelenk'ger, windender Entwicklung!
Der eine dort hebt seinen roten Kamm
lang übers andre Drachenvolk hervor –
Hu, wie im Rachen rasch die Zung' ihm spielt! –
er will auf mich – ihn hungert sehr nach mir –
nur sitzt er mit dem schuppig langen Schweif
noch zwischen andren Ungeheuern fest.
Er ist sehr greulich! – Greulicher noch der,
der unbeholfen in der Mitte liegt.
Ich glaub, man heißt solch Untier einen Molch:
's hat noch nicht ausgeschlafen – blinzt die Augen –
Was? Träum ich, oder ist es gar ein Mensch?
Nein, nur den Spott des Menschenangesichts
trägt er auf seiner Larve. – Wie er gähnt!
Nun wälzt er seinen dicken Laib hervor,
der Lange kräuselt sich ihm nach – o, mir!
Tod ist nur Spiel, doch Hölle dies Entsetzen!«

2. Sprecher: Kaum dem Knabenalter entwachsen, reitet er gegen »den Feind« – wobei es bei einem Ritter belanglos ist, wie dieser Feind heißt: Hauptsache, wie das ja schon im Namen begründet liegt, er reitet. Und so zieht denn auch Fouqué gegen einen Feind, den er sich nicht einmal neu zu begründen braucht; denn es handelt sich ja um die unverständlich=grausamen Vertreter des dritten und vierten Standes, die Franzosen der ersten Revolution: nicht anders zogen die Brüder vom Deutschen Hause gegen die heidnischen Pruzzen.

1. Sprecher: Unnötig zu verfolgen, wie hier jeder Schritt zum unbewußten Kunstwerk wird: das Bild der Wartburg über den Wipfeln der Thüringe; der malerische Durchbruch des Rheins durch das Tal bei Bingen; das Standlager des Regimentes Weimar=Kürassier

2. Sprecher: – ganz recht: bei dem auch Goethe damals die »Campagne in Frankreich«......

1. Sprecher: Aber – Heil uns Bürgern! – ewig dauert solch heroisches Zwischenspiel nicht mehr: nach gut einem Schlachtenjahr erfährt man in der Friedensgarnison Aschersleben die Kehrseite modern=heldischen Gebarens: den ermüdend=mechanischen Gamaschendienst, den die immer zunehmend kompliziertere Führung der Waffen nun einmal zwangsläufig mit sich bringt. – Da giebt es keine andere Rettung, als »Beschäftigung«; und wenn auch Meister Wolfram in schwer begreiflichem Stolz von sich prahlte, daß er weder lesen noch schreiben könnte – hier wissen wir erleichtert, daß »ein ritter so gelêret was / dass er an den buochen lâs«; denn Fouqué beherrscht immerhin schon außer Deutsch und Französisch auch Latein und Griechisch : das sind stupende Kenntnisse in einer Zeit, wo hinter den meisten Junkernamen in den Offizierslisten verzeichnet steht : »Kann weder lesen noch schreiben«, und der Feldprediger in den Winterquartieren mühsam Schule halten muß.

2. Sprecher: Und ein neuer »Zufall« fügt es, daß genau in eben diesem Zeitpunkt, 1802/03, in größerer Menge die ersten programmatischen Schriften einer neuen, der sogenannten »Romantischen« Schule erscheinen : Novalis, Wackenroder, Tieck. Nicht ungern liieren sie sich mit dem altberühmten Namen, und umso eher, als der junge Mann unverächtliche Anlagen zu besitzen scheint.

1. Sprecher: Natürlich muß das poetische Füllen zunächst »gebrochen« werden. Der »Bronco« muß erfahren, daß es noch andere, einem Dichter notwendige Dinge außer der Praxis der Phantasie giebt; und so bedeutend ist immerhin der Eindruck des Neuangeworbenen, daß der Großmeister selbst, August Wilhelm Schlegel, ihn persönlich an die Longe nimmt. Lernen muß er : Spanisch, Italienisch, Portugiesisch; Mittel= und Althochdeutsch; und die schwierigsten, kompliziertesten Metren der Romanen vollendet nachbilden : Espinele, Glosse, Triolett, assonierende Vierfüßler, Sonette, Romanzen, dramatische Szenen : »Sprüche lern' ich sprechen, / Worte lern ich wenden, / walten über Dunkel und Licht / : Wer widersteht mir ? !«

2. Sprecher: Man sage ja nicht, das seien unnütze Übungen ! : ebensowenig, wie wenn der Soldat die schwere Muskete unzählige Male schwenken, strecken und heben muß : die Waffe soll »leicht« in der Hand werden.

1. Sprecher: Und sie wurde leicht ! Späterhin bringt Fouqué die unglaublichsten Form= und Sprachkünsteleien fertig : es macht ihm gar nichts aus, fünfzigmal einen sinnvollen Reim auf »al« zu finden; oder als Brief solch ein Gelegenheitsgedicht hinzusprudeln :

Stimme:

»Seht, ich will im Reim Euch künden,
fort und immerfort auf »us«
meiner Seele Ernst und Lachen –
manchem Reimer wärs ein Muß
(zwar nur Solchen, die im Reim selbst
nichts sehn, als nur herbe Nuß !);
doch mir ist, dem alten Reimbold,
Reim hold, wie ein Frühlingsguß
knospenreichen Blumenwiesen :

dann erst kommt die Blüth' in Schuß,
dann erst schaun vom schlanken Zweig her
Rosen spiegelnd sich im Fluß. –
Seht, Ihr wolltet mich verbrennen,
Xeniendichter, wie den Huß;
doch die Muse hat den Glutzorn
umgehaucht zum Freundeskuß :
und das freut mich so herzinnig,
wie's den Schiffer freuen muß,
wenn an schroffer Klipp' er antrifft
froher Gastlichkeit Genuß. . . . «

1. Sprecher: . . . . und so schallt es weiter in sinnverwirrender Rede auf »Ruß/Entschluß/Tartarus/Zornerguß/Dädalus«. – So groß ist seine taschenspielerische Geschicklichkeit geworden, daß selbst der unbestechlich=gestrenge Schutzheilige aller Germanisten, Jakob Grimm, gehässig=bewundernd gestehen muß :

Stimme: »Fouqué weiß nur manche Regeln der Eddastrophen nicht genau; sonst würde er sie, bei der sündlichen Gewandtheit, die er im Versmachen hat, schon alle herausbringen !«

2. Sprecher: Kurzum : so gut und solide ist seine linguistische Ausrüstung, daß er späterhin aus 10 Sprachen übersetzen kann. Daß er Thomas Moore's wahrlich anspruchsvolle »Lalla Rukh« mit geradezu bauchrednerischer Formgewandtheit nachzubilden weiß; nicht minder, als des tiefsinnig zerfahrenen Schweden Clas Livijn genialische »Spader Dame«. –

1. Sprecher: Als sich nach und nach dann auch die vom rein Menschlichen her erforderliche Erlebnisfülle um ihn versammelt : Liebe, Freundschaft, Geburt und Tod. Als der »Meister« Schlegel – als künstlerisches Vorbild durchaus unzulänglich; nur als »Trainer« brauchbar – sich, wiederum genau zur rechten Zeit, von Madame de Staël entführen läßt : ist die Zeit für eigene Produktion gekommen.

1. Sprecher: Glänzende sprachliche Ausrüstung; Vollkraft der Dreißig Jahre; ein tiefes Naturgefühl; psychologische und Lebenserfahrung; finanziell gesichertes Dasein auf dem Riesengut seines Schwiegervaters, Nennhausen bei Rathenow : alle Voraussetzungen zu einer einmaligen literarischen Ernte sind gegeben : und siehe : sie kommt ! –

1. Sprecher: Zunächst, um überhaupt vor der Oberfülle der Realien überleben zu können, um nicht im Wort= und Bildsumpf zu versinken, muß der Dichter die zerstörende Vielfalt der Welt für sich vereinfachen. Man muß Lücken nicht nur zugeben, sondern einrichten; weil die mangelhafte Struktur unseres Gehirns – lediglich für ein befristetes Überleben biologisch ausreichend – nicht einmal die Erfassung, geschweige denn die Verarbeitung großer Detailmengen erlaubt. – Wichtig ist allein, *was* für Streichungen man vornimmt; in *welche* Grenzen man sich räumlich=zeitlich einschließt; *was* man von Rezentem und Historischem bevorzugt, und wie man dies mit seinen Phantasien amalgamiert.

2. Sprecher: Vereinfachen wir also die Welt; ganz im Sinne der mittelalterlichen »Radkarten« :

Den Außenrand bildet ein Weltmeer; grauwellend; nicht allzu tief, aber am schleimigen Boden bewohnt von beuligen Ungeheuern.

Nach Norden ist die Begrenzung ein heidnisch=wirres »Finnland«; mit »Föhrenwäldern so dicht, daß kein Vogel durchfliegen kann«.

Im Süden dehnt sich eine ebenso apokryphe Sandwüste; sparsam durchsetzt mit Oasen, selbstgeschaffen=willkommenen Zentren für Höchstpoetisches, »arabeskes«, Geschehen.

Nach Westen schließt das Irland pflanzengrüner Elfenmärchen, und eine ossianische Nebelwelt.

Im Osten wehrt ein tiefgestaffelter Hag gigantischer wandernder Staubsäulen; ausgespannt zwischen ihnen Vorhänge von Stürmen, hinter denen nur zuweilen Laut wie von Waffengeklirr und Rosseshufen hervordringt.

1. Sprecher: Eine Weltkarte, auf der überzeugend dicht nebeneinander eine guitarrenschwirrende »Provence« neben den Klippen »Norwegs« steht; ein prachtvolles »Mohrenland« neben

(langsamer): etwa solchem »Harzgebirge« :

Stimme: »Durch üppig verzweigtes Gebüsch, über unwegsames Gestein hinauf, klommen die Ritter, während der Sturm heulend den waldigen Abhang hinunter zog, und in grausiger Tiefe mit den Wellen eines ungestümen Bergwassers brüllend rang. Endlich zeigte sich durch die bereiften Äste der Buchen, durch der Tannen schneebelastetes Dunkelgrün, ein freier Platz, welchen sie alsbald im Betreten für den vom Köhler angegebenen erkannten. Denn hoch in dessen Mitte, fast wie ein Felsengeklipp, ragte der heidnische Opferheerd gegen den Himmel an, und der Mond, plötzlich aus einer Wolke vorbrechend, warf seinen bleichen Totenschimmer auf schwarze Holzbrände und verwittertes Gebein, über der furchtbaren Oberfläche des Baues zusammengehäuft.

Noch standen die Ritter zweifelnd vor dem gewaltigen Heerde, ungewiß, ob sie hier die Erscheinungen der frevlen Abgötterei erwarten, oder lieber angreifend die Eingänge aufsuchen sollten. Da merkten sie mit einigem Schaudern unversehens, daß sie zu Viert waren : ein riesengroßer, aber ganz schattenartig aussehender Mann stand neben ihnen. Der sagte mit hohler windiger Stimme : ‹Ihr meint es gut, und ich möchte Euch doch lieber raten, abzustehen. Die drunten sind verzweifelt stark. Wollt Ihr aber durchaus nicht ablassen, da müßt Ihr an die Nordseite des Heerdes, wo die beste Einfahrt ist, dreimal mit den Klingen anklopfen und dazu sagen:

Gieb uns guten Gang, du,
Griess, Gestein und Hartwuchs.
Haußen harren Starke,
haben Lust zum Abgrund. –

Angriff ist immer das Beste : bei meinen Lebzeiten hab' ich grimmige Tiere auch lieber angefallen, als mich von ihnen anfallen lassen !› – Da ihn die Ritter mit forschender Verwunderung anblickten, sagte er noch : ‹Ich möchte Euch gern ein Stückchen auf dem Jägerhorn vorblasen, damit Ihr desto kampflustiger würdet; aber ich darf mich jetzt hier nicht sehr laut machen. Glück auf, Ihr wackeren Bergleute !› – Damit schwand der wunderliche Waidmannsschatten in den Wald hinein, und die Herren beschlossen, seinem Rate zu folgen, weil er ja doch etwas recht Ritterliches und Tapfres enthalte. Sie schlugen mit den Klingen gegen die Nordseite des Opferheerdes, und Heerdegen, welcher die Beschwörungsworte am besten behalten hatte, sagte sie dazu her.

Da fing es an, sich zu regen und zu rollen in dem Gestein, und auseinander tat sich die moosige Wand, daß man tief hinein sehen konnte in einen langen, steil abschüssigen, sehr engen Gang. Lichtlein gaukelten, bald wie mutwillig, bald wie scheu, die Mauern entlängst, über die verfallenen Stufen hinab. Der Seekönig Arinbjörn schritt rasch in die Wölbung hinein; Otto ihm nach, einen Blick noch auf die lichte Mondscheibe zurückwerfend; dann folgte Heerdegen, ein altes Lied von Berggeistern vor sich hin summend. Der Falke schmiegte sich scheu an Ottos Brust, wohl fühlend, daß er zwischen diesen engen Wänden seinen kühnen Flug nicht entfalten dürfe. Bald aber ward es geräumiger. Der edle Wunsch, keiner Gefahr später als der Waffenbruder zu begegnen, trieb Otto und Heerdegen an des Seekönigs Seite vor; und nebeneinander gereiht, schritten die drei Genossen mitsammen fürder, ihre langen Schwerter wie Fühlhörner in die Dunkelheit vorausstreckend.

Sie trafen auf nichts Feindliches. Vielmehr, je tiefer sie stiegen, je mehr erweiterte sich das Gewölbe, je milder senkten sich die Stufen : plötzlich standen sie auf ganz ebenem Boden. Eine Zugluft hauchte sie an, wie aus freier Gegend; und sie meinten umsomehr in eine solche gelangt zu sein, da es hoch über ihnen, als von einer Himmelswölbung, herabfunkelte mit einzelnem Sternenlicht. Wie sie in dieser ungeheuren Tiefe zum Anschauen des Firmaments gelangt sein mochten, darüber sannen sie noch zweifelnd nach, als schon der Falke von Ottos Brust in die Höhe stieg, freudigen Schwunges den ungehemmten Raum begrüßend. Bald aber kam das mutige Tier verstört und taumelnd zurückgeflattert; sie sahen wohl, es hatte seine Jagd beginnen wollen, und war auf entsetzliche Gestaltungen gestoßen, die nun dicht über den Häuptern der Ritter hinwallten; man wußte nicht, war es riesiges Geflügel von unerhörter Art, waren es Höhlendämpfe, die in dieser unterirdischen Gegend in so zahlreichen Scharen und bedräuenden Bildern umherzogen.

Ein großer See lag zu ihren Füßen, das schwarze Gewölb und die Lampensterne recht freudlos rückspiegelnd. Die Ritter fühlten mit ihren Schwertern hinein, Arinbjörn endlich mit seiner langen Hellebarde : es war auch ganz dicht am Ufer an keinen Boden zu denken ! Das kam ihnen ganz schauerlich vor, so ein Wasserabgrund tief noch unter den Bergen wo sie standen. Sie nahmen sich aber vor, ihr Abenteuer frisch zu Ende zu bringen, und schritten das Ufer des mächtigen Weihers entlängst; der Falke ruhte auf Ottos Helm.

Mehr als eine Meile lang waren sie schon am Borde hin gewandert, da tat es sich vor ihnen auf, wie ein steiler Hügel, auf dem eine getürmte Feste stand. Während sie sich ihr nähern wollten, bemerkten sie, daß der See hier einen wildrauschenden Fluß aufnehme, der sich gerade zwischen sie und das Ziel ihrer Reise hinzog. An Durchwaten oder Durchschwimmen war bei diesen entsetzlich schäumenden Wirbeln nicht zu denken : man hielt sich also stromaufwärts, um vielleicht irgendwo einen Übergang zu entdecken. Bald auch erreichten sie eine hohe, von lauterem Erz gewölbte Brücke, die unter den geharnischten Fußtritten der Wandelnden wie in Melodieen eines grausen Marsches zu tönen anhub. Jenseits angelangt, sahen sie ein weites ebenes Feld vor sich; man hätte es eine blühende Aue nennen mögen, denn es leuchtete wie von vielen Blumen darauf; aber diese gaben sich allzumal im Näherkommen als bleiche, wunderlich geformte und Schwefelduft aushauchende Flämmlein kund. Doch war es, als ob viele seltsame, über die Ebene bald einzeln, bald in Scharen hintrabende Tiere, halb wie Rosse, halb wie Stiere gebildet, ihre Nahrung daraus zögen, denn sie rupften oft solche Flämmlein ab und sprangen dann lustiger fürder.

‹Sollen wir uns doch solch ein Roß fangen ? Und darauf einreiten in die Burg ?› fragte Heerdegen mit einem dreisten Lachen; verhoffend, dadurch das Grauen in sein und seiner Gefährten Brust zu ersticken. Aber der vom Entsetzen geborene Scherz weckte auch wieder zum Entsetzen auf; sie schauderten alle Drei zusammen, daß die Harnische rasselten.

Zudem kam ein kleiner häßlicher Zwerg auf einem Beine gesprungen, der sagte : ‹Nein, lasset Euch nach diesen Tieren nicht gelüsten : das sind der Göttin Freia Zauberrosse; damit jagt sie die Menschen, die ihr nicht opfern wollen : Ich aber bin der edlen Rosse Hirt.› Nach diesen Worten stieß er in ein ungeheures Horn, so gellenden und zugleich donnernden Tones, daß die Ritter sich des Zurückwankens kaum erwehren konnten. ‹Erschreckt Euch das ?› lachte der Zwerg : ‹Ich spiele ja nur ein bißchen auf der Schalmei, wie es der Hirten Art und Weise ist : hier unten klingt ein eigner Schall, und blüht ein eigner Mai – da macht es denn die Schalmei den beiden nach. Aber wenn Ihr wollt, kann ich Euch auch unsre Hirtentänze sehen lassen; ich habe noch viel Genossen hier nahe bei – : ?› Die Ritter winkten ihn mit den beerzten Händen fort, und gingen schweigend auf die Burg zu. Gellend lachte der zwergische Hirt ihnen nach, und die Zauberrosse sprangen wildwiehernd auf der Flammenwiese umher.

Die drei Herren gingen über Zugbrücken, durch Tore hin, wie in eine ordentliche Ritterburg; einige erzgeharnischte Männer, schien es, hielten an den Eingängen Wacht. Sie neigten sich vor den Eintretenden mit strengem Waffengruß, ohne daß man doch eigentlich recht wissen konnte, ob es nicht bloß künstliche Bildsäulen waren, die so wunderlich zusammenrasselten und sich bückten und dann wieder grade standen, in regungsloser Härte fest.

Durch leere Gemächer und Säle hin führte der Gang; die Tritte hallten schauerlich wieder in dem, es schien ganz erstorbenen, Gebäu. Flakkernde Lampen hingen hin und her an den Wänden, den Weg der Wandernden wie mit Grabkerzen beleuchtend. Endlich kamen sie in wunderliches Zimmer; da saß ein Ritter darin, hinter einem langen leeren Tisch, und las in einem aufgeschlagenen Buche, auf dessen Blättern sich grauenvolle Züge, mit Runenschrift untermischt, wahrnehmen ließen. Dem Otto ward es zumute, als habe er ähnliches irgend einmal schon wo im Traume gesehen. Indem er sich noch darüber besann, schlug der Ritter sein Buch zu, richtete sich in die Höhe, und sagte hinausgehend : ‹Ihr hättet klüger getan, wegzubleiben; da Ihr nun aber einmal hier seid, will ich Euch melden.› . . . . «

1. Sprecher: Das war eine Probe aus dem berühmten »Zauberring«, dem »größten Roman aller Zeiten«, wie einst der junge Willibald Alexis, und mit ihm so mancher Burschenschaftler schwor : eben er eine jener »Vollendungen« mittelalterlicher Zustände und Denkweisen; vom naiv=verwegensten Sprachschatz genährt; Stichflammen von Metaphern; himmelsfarbene Lautkristalle, aneinander geschliffen und mit ihresgleichen in hinreißende Muster gelegt : tolle lege!

2. Sprecher: Nachdem man sich solchermaaßen räumlich orientiert hat, bietet sich organisch auch die zeitliche Umschränkung dar: der Dreißigjährige Krieg ist die Begrenzung nach oben; eine durchaus unverächtliche »Hermannsschlacht« nach unten; der Akzent liegt auf dem Jahre 1200:

Denn Fouqué ist ein mittelhochdeutscher Dichter!

1. Sprecher: Nie ist er näher als bis auf 200 Jahre an seine eigene Zeit herangegangen, höchstens einmal im autobiographischen Schlüsselroman. – Und noch weniger Schwierigkeiten bereitet die »Handlung«.: Gobelinbunt ist die Welt, unerfindlich das Geschick, dem Ritter stellt sich ernst=regelmäßig Aufgabe nach Aufgabe. Leben?: das heißt Fechten mit dem Überall; Ausfallen in alle zweiunddreißig Winde; verbindlich nur diese Vier:

Stimme:

»A Dieu mon âme.
Ma vie au Roi.
Mon cœur aux Dames.
L'honneur pour moi!«

1. Sprecher: Überflüssig erläuternd noch Dieses:

Selbstverständlich ist die tiefe Abneigung gegen Mathematik und Naturwissenschaften – damals noch erlaubt; heute ein Einwand gegen einen Dichter. Politisch ist er natürlich völlig unvernünftig; soziale oder wirtschaftliche Probleme giebt es nicht; seine Staffage, sein »Volk«, Kinder, Landleute, Dienende, sind so putzig ehrenfest, ein Böser schon am Namen »Malvoisin« so erkennbar, daß ein Rationalist nur schmunzeln kann.

Aber das ist belanglos. Es bleibt übrig, die vier erwähnten, »durch den Reim gesicherten«, Grundthemen der Fouquéschen Dichtung näher zu untersuchen.

2. Sprecher: »A Dieu mon âme.« – was ist das Christentum bei Fouqué? – Und hier zeigt sich in aller Deutlichkeit *das* Dilemma aller Dichter: in ihrer magischen Welt, an den Außenrändern umflossen von Fragwürdig=Ungestaltem, ummurmelt von Wildvölkern, schweren Heidenzaubers mächtig, kann ein konkurrenzfähiges Christentum nur die Gestalt des allerhöchsten, »weißen«, Zaubers annehmen! Wenn Fouqués Ritter, ehrbar=verständlich ermüdet vom Kampf mit Drachen, grinsenden Finnen, Zaubermenschen auf Straußen, eben am Unterliegen sind: drehen sie stets als letztes Mittel, ultima irratio, das Schwert um, und recken es in Kreuzesform den Höhnisch=Heulend=Siegreichen entgegen: ein Trick, auf den die ruchlosen Magier nie gefaßt sind, und dem sie regelmäßig unterliegen!

1. Sprecher: Ewig bemerkenswert der uralt=germanische Zwiespalt im Herzen : »Bloße Märchen können die Geschichten von Odin nicht gewesen sein«; in bewußt=erbittertem Gegensatz zu dem überheblichen Wort des heiligen Augustinus : »Die Tugenden der Heiden sind nur glänzende Laster !«. –

Was für herrliche Mythen sind das doch, von Baldur dem Guten; von Loki, der klagenden Flamme; oder die tiefsinnige Sage vom Helgi, der dreimal leben mußte, ehe sein Maaß von Heldentum und Frauengunst voll war. Gegenüber solch feuriger Gestaltenfülle von Fenriswolf, Götterdämmerung und Schwarzer Hel, durfte eine neue Religion nimmermehr nur aus blassen Begriffen bestehen : um auch künstlerisch wettbewerbsfähig zu werden, mußte sie ebenfalls »Gestalt annehmen«; »Farbe bekennen«; halbgottmäßige Engel und Heilige hergeben; Epizykel eigenster Fabulierkunst erlauben.

2. Sprecher: An diesem Scheidewege stand auch Fouqué; und er schlug, nicht ohne Zögern, den für einen Künstler einzig möglichen Weg ein : den der Dämonisierung des Christentums.

1. Sprecher: Dennoch bleibt dies ein dem Christen mühsam=anstößiges, und deshalb im Endergebnis stets fragwürdiges Unternehmen.

Grundsätzlich sind ihm die Gestalten der Heiden – und der hinreißenden Heidinnen ! – bezaubernder und eindrucksvoller gelungen, als die der christlichen Hauptheldcn. Zumal in späteren Jahren; als er, in bei sehr Frommen charakteristischer Verengung des Geistes, vor jedem unschuldigen Wort, jeder unbefangenen Handlung, reflektierend erschrickt, sich selbst sündiger Profanierung des Allerheiligsten verdächtigend : ob er künftig im starr=brausenden, süß=schillernden Nebel seligen Heidentums umhertappte, oder sich mühsam an Gekreuztem hielt : in beiden Bereichen war ihm die künstlerische Unschuld verloren gegangen !

2. Sprecher: Dennoch gelangen ihm auch hier zur guten Stunde schlichte Klänge :

Stimme:

»Wenn Alles eben käme,
wie Du gewollt es hast,
und Gott Dir gar nichts nähme,
und gäb Dir keine Last :
wie wär's da um Dein Sterben,
Du Menschenkind, bestellt ?
Du müßtest fast verderben,
so lieb wär Dir die Welt !«

1. Sprecher: Aber weiter, zum zweiten Grundbaß seines Daseins : »Ma vie au roi« – Daß er seinem – leider arg unzulänglichen – Preußenkönig 8 Jahre als Berufssoldat diente, ist bereits angedeutet worden. Bemerkenswert ist da zweifellos noch dieses : wie Fouqué, dessen Helden unverändert »hochschlank«, zwischen 6 und 7 Fuß groß, und grundsätzlich mit »herrlich tönender Schlachtenstimme« versehen sind; ja, die im Berserkerzorn zuweilen durch bloßes Sträuben des Haupthaares den Stahlhelm abschleudern können ! – – wie *sein* Äußeres also beschrieben wird :

Stimme: »Schon als ich einmal Fouqués Bildnis sah, war mir zumute, wie Einem sein müßte, dem unser Herr Christus als leipziger Magister erschiene – schlimmer nicht, aber auch nicht viel besser, war mir heute, wo ich ihn persönlich kennen lernte :

Die kleinen chinesischen braunen Augen; das häßlich geformte Kinn; der unansehnliche Wuchs : erschienen mir zwar, weil treuherzige gutmütige freundliche Züge das Gesicht belebten, weniger unangenehm als in jenem Konterfei. Aber die quäkige feine Stimme, das dünne schnarrende Organ, und die fatale meißnische Mundart machten's wieder schlimmer.«

1. Sprecher: Natürlich meldete er sich auch sogleich als »Freiwilliger Jäger« zu den »Freiheits«=Kriegen – der Kenner kann das Epitheton ja nur in Anführungsstriche setzen – und ging auch späterhin grundsätzlich in Majorsuniform aus : der Ritter läßt die Rüstung nicht!

2. Sprecher: Wobei dann, in der modernen Welt ergötzlich=unerläßlich, sich die amüsantesten Mißhelligkeiten ergeben : etwa wie ihm anläßlich der Reise nach Prag, beim damals unvermeidlichen Somerset der Postkutsche, das unerbittlich mitgeführte Schwert »fast die Hüfte zerbricht«.

1. Sprecher: Wie man denn überhaupt bei Betrachtung seines Erdenwallens nie das Gefühl einer tieftragischen Ironie los wird, die die kleinsten Handlungen des 600 Jahre zu spät geborenen Ritters von der traurigen Gestalt verzerrend begleitet. Bei Ereignissen des Alltags rät er unfehlbar auf »mittelalterliche« Motive, und Folgen, die es nach dem Lauf der Dinge am allerwenigsten sein können. Er ist nicht »unbesonnen«, denn er besinnt sich zuweilen lange : aber seine Einbildungskraft hat stets einen solchen Vorsprung vor seiner Vernunft, daß diese das Handicap unmöglich aufholen kann. Tiefste – für einen Dichter allerdings ehrenvolle – Menschenunkenntnis stürzt ihn, zumeist vermittelst »Bürgschaften«, immer wieder in peinliche Schulden; so daß ihm seine Frauen, eine wie die andere schon nach kurzer Ehe resolut die Führung der Geschäfte aus der Hand nehmen; ihm wohl gar ein fixes »Taschengeld« aussetzen – eine Bevormundung, über die er mehrfach aufs Empörteste klagt.

2. Sprecher: Wobei wir zwanglos bei dem heikelsten Kapitel angelangt wären : »Mon cœur aux dames« ! –

1. Sprecher: Fouqué war, wie alle Menschen starker Phantasie, ein »Erotiker«. Zunächst im Sinne der guten, naiven Sinnlichkeit der Antike, die ihn unbefangen gestehen läßt : »Wie unwiderstehlich die Wollust aus schönen Weibergestalten nach ihm fasse«. In seinen grandiosen frühen Romanen vom »Alethes von Lindenstein«, oder dem »Alwin« finden sich Szenen des »Before and After« solcher Prägnanz :

Stimme: Vorher : »Der Pforte Ring klang : Alwin trat in den blühenden, monderhellten Garten. Von allen Seiten nickten ihm die Gebüsche wie einladend zu; alle schienen ihn neckend festhalten zu wollen, und lockten ihn von einer Laube zur anderen; bis er Lichter aus Flaminias Schlafzimmer blinken sah, und vor einer offenen Seitentür des Schlosses stand. Drinnen bezeichneten Lampen mit lindem, vertraulichem Schein die Wege zum süßen Ziele hinauf. Wohlgerüche erdufteten. Der glühende Jüngling schlich leise, leise, mit hochschlagendem Herzen über die schöngewundene Treppe – an der nächsten Türe rauschte's wie von seidnem Gewande; sie ging auf – und Flaminia stand vor ihm, leicht gekleidet, fast unverhüllt jeglicher jugendliche Reiz, jegliche zarte weibliche Form. Er führte sie, er trug sie wollusttrunken in's blumenumkränzte Gemach, und sein ward alle Wonne und Herrlichkeit der Liebe ....«

Nachher : »Alwin schwankte, wie im Traum, die Steigen hinab, drauf die Lichter schon größtenteils erloschen waren. Ungewiß tappte er öfters an den Wänden umher. Als er die Tür nach dem Garten zu aufstieß, war's draußen neblich und finster; der Mond stand ganz bleich über den nördlichen Gebürgen; die Gänge und Gebüsche sahen unbekannt und seltsam aus. Feuchte Morgenkühle hauchte über sein glühendes Gesicht. An der Pforte wartete Clotilde, vom Frost halb erstarrt; und nahm mit schläfriger Geberde und eiskalter Hand das Gold, welches er ihr darbot. Darauf schlug sie hinter ihm die Türe zu, und er hörte sie mit schnellen Tritten nach dem Schlosse zurückfliehen, durch ein inneres Grausen gejagt. Fernher tönte das dumpfe Schießen von der Gegend des Berges heran ....«

2. Sprecher: Kein Wunder, daß eine der für Fouqué bezeichnenden Situationen die zwischen zwei Frauen ist – im Mittelalter gab es da den Grafen von Gleichen. Auch *die* Dichtung, die seinen Namen in absolute Unsterblichkeit hinübergerettet hat, die »Undine«, fixiert dieses Dilemma.

1. Sprecher: Die »Undine« ist nämlich – wie der räumlich so weit entfernte, aber kongeniale Edgar Poe sofort erriet – eine Schlüsselnovelle ! Das Wasserwesen war die ganz reale Jugendgeliebte Fouqués gewesen, Elisabeth von Breitenbuch, die späterhin noch in manchen – nicht *allen* : das wäre allzu spießbürgerlich=systematisch ! – seiner Dichtungen wiederkehrt.

2. *Sprecher:* Durch läppische Zwischenträgereien und anschließende Eltern=Übervorsicht dem Mädchen aus Minden entfremdet, heiratete er aus Trotz die unreife Tochter seines Regimentskommandeurs. Wurde nach kurzer Ehe »untreu«; unwiderstehlich angezogen von einer athletisch=geistreichen Viertelsweltdame, Caroline von Rochow, die nicht nur eine bedeutende Stelle im Leben unseres Dichters einnimmt (sie regierte ihn immerhin dreißig Jahre lang mit überlegener Hand); sondern auch in der deutschen Literatur, obwohl da von ihr die kurze Notiz ETA Hoffmanns gilt : »Als Hausfrau besser, als sich drucken lassend.«

1. *Sprecher:* Die fast klassisch zu nennende Klatschbase Varnhagen berichtet, boshaft auf die körperliche Diskordanz des schwächlichen, oft von schlagartigen Zufällen heimgesuchten Dichters und seiner vitalen Eheliebsten anspielend :

Stimme: »Der nur im Schreiben rüstige Fouqué genügte ihr in keiner Weise. Sie betrachtete ihn in weltlichen Angelegenheiten völlig wie ein Kind, und nahm sich jegliche Freiheit.«

2. *Sprecher:* Wie billig suchte auch er sich da anderweitige Erfüllung – wenn auch nur, schon kränklich und ganz geübter Ritter, im Sinne der »hohen minne« seiner Vorbilder : die neue Muse, oftmals und ausdrücklich besungen, wurde die Prinzessin Marianne, nach dem Tode der Königin Luise unbestritten die First Lady des Preußen der Zwanziger Jahre.

1. *Sprecher:* Über eine zu böser Letzt geschlossene dritte Ehe mit der barther Chirurgentochter Albertine Tode sei hier nur ganz kurz angedeutet, daß auch sie völlig im Rahmen blieb : König Marke hatte seine Isôt, und die Tristrams blieben nicht aus.

2. *Sprecher:* Aber nun zum Letzten, Umstrittensten : »L'honneur pour moi«. –

1. *Sprecher:* Wohl mag Mancher behaupten, Fouqué sei »vergessen« – : so ist sogleich die entscheidende Frage zu stellen : Von wem, und warum vergessen ?!

Meinen Sie, daß ein Schriftsteller, dessen Bücher 20 Jahre lang im gesamten deutschen Sprachraum verschlungen wurden, »vergessen« werden darf ? So scherzhaft Hauffs Kapitel in den »Memoiren des Satan«

formuliert sind, so ernsthaft ist das Faktum, und der Literaturhistoriker mag sich danach richten.

2. Sprecher: Nur der Literaturwissenschaftler ? ! : Meinen Sie tatsächlich, daß ein Dichter, von dem der geniale Allesspürer Poe abschließend urteilen konnte :

Stimme: »Auf fünfzig Molières schafft die Natur einen Fouqué !«

2. Sprecher (fortfahrend): daß dieser Mann vergessen werden darf ? : Dergleichen Vernachlässigung ist ein Makel nicht für den betreffenden Dichter, sondern für seine Nation !

1. Sprecher: Ungeziemend wäre es uns, den beim Nachtprogramm Wachenden, *des* Mannes zu vergessen, der die erste Neuformung des Nibelungenstoffes vornahm – eine überschwengliche Rezension schrieb Jean Paul in den Heidelberger Jahrbüchern ! Wichtigstes verdankt ihm hier Richard Wagner, der noch am letzten Abend seines Lebens den Seinen die ganze »Undine« vorlas.

2. Sprecher: Ungeziemend wäre es, seiner heute nicht zu gedenken. – Obwohl sich schon zu seinen Lebzeiten sämtliche Freunde von ihm lösten; obwohl Eichendorff über ihn spottete –

1. Sprecher: der gleiche Eichendorff, den Fouqué – als der berühmte ältere Kirchenvater der Poesie die Aufgabe der Förderung des Nachwuchses sehr wohl erfüllend – einst zuerst dem Publikum vorgestellt hatte, wie er ihm Chamisso, Rückert, Willibald Alexis, und viele heute Verschollene vorstellte.

2. Sprecher: Fouqué, in dessen nennhauser Schloß sie Alle einmal, oft monatelang, weilten : ETA Hoffmann, Houwald, Schwab, Contessa, Hitzig, Schlegel, Fichte, Bernhardi, Horn, Perthes, Kleist, Eichendorff, Veit, Löben, Massenbach, Miltitz, Humboldt –

1. Sprecher: Nennhausen ist eines der geheimen Zentren des deutschen Geistes gewesen, höchstens Weimar noch nachstehend ! –

2. Sprecher: Nichts half es ihm, daß er unendlich fleißig war; einer jener Wühler, die alle zwei Jahre einen dicken Roman vorlegen : es fehlt uns heute nicht nur eine Biographie; sondern vor allem eine kluge, knappe Auswahl aus seinem Werk : Fouqué ist heute dem Gebildeten einfach der Unzugänglichkeit seiner Bücher halber nicht mehr zugänglich : der läppisch=widerwärtigste aller Gründe ! Auf 3.000 Druckseiten könnte man die wichtigsten seiner Werke retten : buchstäblich retten ! ! Vom Manuskript seines nie erschienenen Riesenepos »Parzival« – welch ein Name nun, nach solcher Beleuchtung ! – fehlt heute schon als memento mori eine längere Szene !

1. Sprecher: Und hier, in eben diesem Parzival, zwischen den einzelnen Gesängen, finden sich regelmäßig eingestreute Gespräche zwischen »Meister Wolfram« – der ihm als Tröster, Förderer, Stoffbringer erscheint – und »Meister Friedrich« : *Fouqué selbst*, der sich nunmehr, als Vollendeter, in völlig berechtigter, naiver, nur kenntnislosen Spöttern anstößiger, Selbstverständlichkeit, mit Jenem als ein Gleicher bespricht.

2. Sprecher: Aber nichts half ihm mehr solche Identität : das »Junge Deutschland« sah in ihm nur den politischen Reaktionär : oder bestenfalls wie Eichendorff in seiner »Geschichte der poetischen Literatur Deutschlands« wissen wollte :

Stimme: »Bei Fouqué überwältigte die reiche, nur auf einen Punkt gespannte Fantasie, verbunden mit einer ehrlich ritterlichen Intention, alle anderen Geisteskräfte, und machte ihn so zum Don Quijote der Romantik. Kein Wunder daher, wenn die Welt über sein absonderliches Heldentum allmählich ein Lächeln überkam, und endlich ein rohes Lachen über alle Romantik ausbrach, für deren Hauptrepräsentanten er bei der Menge gegolten.«

1. Sprecher: Hier irrte Eichendorff : Er hatte nicht begriffen, daß er und seine Zeitgenossen ein Wunder des geheimnisvollen, hier einmal ganz überschaubaren Großkontinuums unserer Literatur gesehen hatten, Anachronismus als Vollendung : den letzten Ritter :

2. Sprecher: Friedrich Baron de la Motte=Fouqué.

LEOPOLD SCHEFER

30. Juli 1784, Muskau/Oberlausitz – 16. Februar 1862, Muskau

DER WALDBRAND

oder Vom Grinsen des Weisen

Sprecher:

A.: Referent; ruhig=wissend; (autobiografische Züge).

B.: Frager, bzw. fördernde Einwürfe; also einerseits bildungs=gut=willig, andererseits aber auch zweifelnd=reserviert – mit Recht; wer auf ‹Anhieb› glaubt, ist wertlos.

C.: Männerstimme für Zitate; feuriger Bariton.

D.: Frauenstimme für Zitate.

C. (mit Nachdruck): Zweierlei Arten von Werken brechen sich selbst ihre Bahn : die Schöpfungen der ganz großen Dichter, im Lauf der Jahrhunderte; und, bestsellerhaft=quick, der Edelkitsch. Deshalb ist es wichtig, für das Schaffen der *Guten Meister zweiten Ranges* einzutreten, die sonst oft, unbeachtet, durch die Dünung der Jahrzehnte an die Ränder des Literaturmeers gespült werden. Der normale Leser sieht sie nie. Der Germanist verzeichnet, bebrillten Gesichts und plombierter Zunge, das verschollene Jahr ihres Erscheinens, Titel und Seitenzahl. Der Selbst=Schreibende bestiehlt sie, und schweigt. So stehen die Bände und Bändchen, und harren ihrer Atombombe entgegen. – *(Energischst):* Noch bin ich nicht faul oder blasiert genug, auf ein großes Meteor *nicht* mit dem Finger zu zeigen!

(Gong – falls juristisch verantwortbar Feuersirene)

A. (gedankenvoll; sich erinnernd): Es sind jetzt gerade 27 Jahre her, daß wir Oberprimaner mit unserem ‹Klassenlehrer› einen ‹Schulausflug› machten . . . .

B. (bescheiden=unerbittlich sich erkundigend): Darf man auch die Gegend wissen ? : das Ganze spielt wo ?

A. (Nickend; wie zuvor): Das war in Görlitz; an der äußersten Südostecke der DDR. – Unser Ordinarius mochte so Anfang 40 sein; langbeinig und militärisch=kurzhaarig, wie es einem Deutschlehrer – weiland ‹Seiner Majestät schönster Leutnant› – anstehen mag, stakte er vor uns dahin, die Beine in Breeches und Wickelgamaschen. Er machte uns im Lauf der Jahre lehrplanmäßig die schlesischen Grenzgebirge besichtigen, wie auch sächsische Braunkohlengruben ......

B. (verständnisvoll einfallend): Und über jeden dergleichen ‹Gang durch den Sand› mußte anschließend der unvermeidliche ‹Aufsatz geschrieben› werden.

A. (fortfahrend): Oder wir bekuckten uns verdrossen Schloß Friedland in Böhmen, ‹O Täler weit, o Höhen› ....

B. (interessiert): Wo der ‹Friedländer› residierte? Der Wallenstein?

A. (bestätigend; aber): Der tschechische Führer nannte ihn immer nur den ‹Waldstein› und widerlegte überdem unseren Studienrat mit Daten und boshaften Interieurs aus der böhmischen Geschichte, daß es eine rechte Lust für uns zu hören war, und wir – uns amüsiert gegenseitig ellenbogend – diesmal dem deutsch-slawischen Zungenduell sogar mit einigem Interesse lauschten.

B. (mahnend; die Kunst ist lang): Damals, vor 27 Jahren jedoch, ging es *wo*hin? – Sie entschuldigen.

A.: Nach ‹Moskau› – natürlich nicht dem russischen, sondern unserer deutschen Miniaturausgabe: ‹M*u*skau›; es kommt aber schon beides vom slawischen ‹Muzakow›, das heißt ‹Männerstadt›. Es ist sinnlos, den Einfluß der ‹Satem=Sprachen› dort wegzuleugnen oder auch nur bagatellisieren zu wollen: ‹Their names are on our hills›; ich stamme selbst daher.

B.: Und Muskau ist ja nun ein Begriff: die Riesen=Parklandschaft des Fürsten Pückler.

A. (gedankenvoll): Tchaa. Auch der nunmehr zu beiden Seiten der Neiße. – Und er war auch der Grund, warum wir, 18 Jahre jung, dorthin geführt wurden. *(Kopfschüttelnd):* Es muß schon ein kurioser Anblick gewesen sein: wir 13 oder 14 Halbmenschen; meist ‹in Sachen unserer Väter›; zwischen Eins Fünfzig und Eins Fünfundachtzig groß; vom eleganten Arztsohn an, der schon, aus hygienischen Gründen, eine Mätresse benützte; bis hinunter zum Waisenknaben, der, körperlich zurückgeblieben, immer halboffenstehenden Mundes, unbegabt aber zäh=verzweifelt, mitstudierte – und vor uns bummelt der Prä=Nazi, in soldatische und Felix=Dahn'sche Wahngebilde vertieft.

B.: Der hat sich also gehütet, auf ‹Zentren des Wendentums› und dergleichen, hinzuweisen?

A.: Aber nicht mit 1 Wort! – Dieser Volksgruppe ist erst im letzten Jahrfünfzehnt von staatsseiten Gerechtigkeit widerfahren; damals hieß es nur ‹Umschulen› – und gleich nachher ‹Ausrotten !› – Neinein; also davon nichts. Aber im Park selbst erhielten wir dann natürlich einige nichtsnutzige Belehrung, wie der Lehrer sie vermutlich am vorhergehenden Abend kurz nachgeschlagen hatte : geschwatztes Geschwätz über jenes unwichtig=merkwürdige Seifenblasenwesen, das sich Hermann, Fürst Pückler=Muskau genannt hatte. Einige der ‹Dichterbäume› wurden uns vorgestellt – *(selbst=befremdet):* da ist mir, völlig rätselhafterweise, einzig die ‹Houwalds=Buche› im Gedächtnis geblieben; obgleich ich damals keine Ahnung hatte, wer das wohl sein möchte.

B. (als Vorschlag): Vielleicht der Gegensatz zwischen einem hellgrünen Baumriesen, und dem wurzelhaft=chthonischen Doppel=‹u› ? *(Wiederholend):* Huhwalds=:Buche . . ?

A.: Schwerlich. – Aber all das – diese ganzen ‹Fasanerien›, das ‹Englische Haus›, die ‹Alaunquelle› und das Jagdschlößchen ‹Hermannsruh›, ja der Park selbst : das sind nur noch unverbindliche Schattenbilder, und basislose Akusmata für mich; sämtlich untergegangen in den vielen, seitdem gesehenen, Wiesenweiten und Baumgruppen.

B.: Und der Grund, warum Sie dennoch davon erzählen ?

A. (eindringlich): Weil ich *Eines* noch weiß : wir hatten jene DOMAIN OF ARNHEIM – Poe erwähnt Pückler darin ! – eben hinter uns; als mir, dicht dabei, ein originelles Gebäudlein auffiel, halb deutsches Innen=Wohnhaus, halb mediterraner Außenbau. Mein Schulfreund hielt es sogar, durch die erduldeten Sehenswürdigkeiten auf Alles gefaßt, für die Nachbildung eines ‹Griechischen Kapellchens› – auch diese verdrehte Begriffskombination war so unpassend gar nicht. / Da der Herr Doktor nichts sagte, drückten auch wir uns schweigend vorüber; froh, uns wieder etwas weniger merken zu brauchen.

B.: Und das also, darf ich wohl annehmen, wird die eigentliche Sehenswürdigkeit Muskaus gewesen sein ? – *(winzige Pause; dann, entschieden):* Obwohl auch ich, trotz jetzt schon minutenlanger Versenkung in den Namen ‹Muskau›, ebenfalls nicht weiß, warum Ihr Lehrer vor dem rätselvollen Bauwerklein hätte stehen bleiben sollen.

A. (entrüstet): Nicht nur stehen bleiben hätte er sollen, der ‹Große Duns› : er hätte auch getrost seinen Löns=Hut vom Kopf nehmen dürfen; ihn ehrerbietig in beiden Händen halten; und dann, nach einer schicklichen Pause, mit leicht gedämpfter Stimme zu uns sagen müssen :

(einprägsam):

»Hier hat Leopold Schefer gelebt !«

Und schon tags zuvor, im Klassenzimmer zu Görlitz, hätte er einen alten Band in die nikotingebräunten Finger nehmen müssen; mit gerunzelter

Stirn »Ruhe.« sagen – es hätten immerhin 3 von uns aufgehorcht – und dann, eindringlich, brustgewaltig, zu lesen anfangen ....

(Gong; möglichst also die Feuersirene, denn jetzt beginnt der eigentliche ‹WALDBRAND›)

D.: Der Frühling war schön!

Die Pfirsiche blühten rosig um unser Haus; die Apfelbäume prachtvoll, wie mit Rubinen geschmückt, im Baumgarten; unsere Bienen trugen bis in die Nacht. Sie hatten nicht weit zu den blühenden Fichten, die wie eine grüne, palasthohe Wand den eingezäunten Acker umragten. Und wenn ich am Saume des Waldmantels stand, und einen Zweig faßte – so tauchte der letzte Zweig des letzten Baumes am Waldrand drüben ins Stille Meer: so verschränkte sich Zweig in Zweig; und ein Eichhörnchen hatte nicht den kleinsten Sprung zu tun, und konnte auf dem grünen Waldmeer hinlaufen, wie eine Spinne über ein dichtgewebtes Kleefeld.

C. (eifrig): Und welches Wunder war schon nur ein Baum! Grad aufgeschossen aus der fruchtbaren Erde, wie eine grüne Flamme. Thurmhoch, zweigvoll, vom Wipfel bis an den Boden; und die Zweige blüthenvoll an allen Spitzen, wie von göttlichem Feuer angeglommen. Ein luftiger=duftiger Palast für ein Vogelpaar; ja, geräumig genug für eine ganze Familie. Was für den Menschen eine Reise auf den Chimborasso ist, das war für die Ameise ein Ersteigen des wie an die Wolken rührenden Wipfels – ich beneidete manchmal das kleine Thier, das herabkam; denn so etwas giebt es für Menschen nicht. / Ich sah die Gestalten des Wolkenzugs mit Erstaunen an; ich hörte mit stiller Bewunderung die Flamme im Holz auf dem Heerde sausen; und hielt die schimmernde Taubenfeder – die sich, wie furchtsam, noch vor der Adlerfeder daneben krümmte – mit Lächeln gegen die Sonne.

D. (besorgt): Aber es ward Sommer. Und es war Trockne, Dürre, erstickende Hitze. Meine Pfirsiche, meine Apfelbäume, hatten umsonst geblüht! Umsonst der ganze, königreichgroße Wald. Das Getreide war vor der Zeit gereift: ohne Körner. Die Brunnen versiegten; die Bäche vertrockneten ganz; das Wasser des Weihers war breit vom Rand zur Mitte gewichen. Die Baumstämme waren heiß, selbst des Morgens noch warm; die Zweige matt, die Nadeln bleich und welk, das Laub verfärbt wie im Herbst, fahl und kraftlos, es fiel ohne Lufthauch. Die Tannen, Fichten und Pechkiefern schwitzten Harz wie vor Angst. Das hohe Gras raschelte dürr, wenn ein Hauch es bewegte, wie Stroh.

C. (ängstlich): Ein Blitz konnte den Wald entzünden! Ein Sturm die

Wälder entflammen. Denn nur von dem Hauche und der Kohle eines Indianers hing unser Leben, das Leben von Millionen Waldwesen, das Dasein der Wälder, ab.

D. *(schwermütig ergeben):* Ehe wir noch etwas sahen, verbreitete sich in der Nacht ein eigener Wohlgeruch; nach einigen Tagen zu herb, zu bitter – zuletzt brandig. Die Augen fühlten sich gedrückt; ja, Einige weinten, ohne zu wissen worüber. Einige lachten. Unabsehbare Züge von Tauben flogen, den Himmel verfinsternd und auf der Erde einen flirrenden, wie dahinrauschenden Schatten werfend, über uns weg – und sie kamen doch sonst erst im Herbst, auf unsere reifenden Felder?

C.: Wilde, schwere Truthühner folgten ihnen tiefer. Sie waren so müde, daß sie in unsere Gehöfte fielen, und die Menschen sie fangen konnten: sie duckten die rothen Köpfe an den langen schwarzen Hälsen auf die Erde; und zogen vor der sie fassenden Hand nur das weiße Lid über das Auge.

D. *(dumpf aufgeregt):* Jetzt war im Westen ein Rauch wie Hegerauch zu sehen, der in der Morgensonne erschreckend glühte! Lange, lange weiße Streifen flossen davon wie Ströme in die Thäler. Dünner, dann dichter, dann dichterer Rauch, überzog das Gewölbe des Himmels; die Sonne schien roth, dann düster und matter hindurch, bis sie gänzlich verschwand. Der Rauch, schwerer und schwerer, senkte sich tiefer und tiefer; bis er wie ein Nebel über uns fiel; alles ausfüllte wie eine Fluth, und Jedem nachwallte, der in ihm schritt. Alles Leben stockte. Ein Jeder ging müßig. Nichts mehr wurde getan, als noch gekocht.

C. *(sorgenvoll gefaßt):* Und ich war der Mann, dem die Sorge für dies Dorf anvertraut war! – Aber gerade die Erfahrensten beruhigten mich: neue Ansiedler konnten sich, wie alle Jahre geschieht, Plätze zu Wohnungen, Gärten und Feldern leer brennen. Und brenne die Flamme auch weiter als ihr Gebiet – wen kümmere das? Zuletzt stehe der Brand an baumleeren Savannen, an Seen, Flüssen, Felsengebirgen; oder Regen und Frost lösche ihn endlich aus: Einer trage des Andern Last.

D. *(immer bedrückter):* Als aber nicht allein Hasen und Rehe, selbst am Tage, vor uns in der Rauchdämmerung wie Schatten vorüber flohn; sondern Hirsche, wilde Ochsen und Büffel? Als die Bären brummten, die Wölfe heulten, als selber die schlauen Füchse kamen – da mußte der Waldbrand uns nahe sein, denn Feuer war nicht zu sehen. Als aber 1 Elenthier sich gezeigt, aus dem nördlich gelegenen Wald; als Jemand einen Caguar, aus dem südlichen wollte gesehen haben – da mußte der Waldbrand groß sein. Als aber die Menschen aus dem westlich gelegenen Kirchspiel kamen, mit Andern, noch ferner von ihnen Wohnenden: als sie Menschen begegneten, die aus dem nächsten östlichen Kirchspiel geflohen : da schien es, als habe der Waldbrand uns schon umringt!

C. (entschlossen): Die Notglocke erscholl. Wir hielten einen Rath. Wir versammelten uns auf dem freien Platz vor der Kirche. / Die Fremden saßen und ruhten; manche selbst ohne ihre Bürden abzulegen, oder ihre Bündel aufzumachen. Unsere Weiber und Kinder verteilten indes still Speise und Trank an die Flüchtigen; Niemand dankte, so natürlich war Geben und Empfangen. / »In den brennenden Wald können wir nicht« sprach Einer; »aber nur ein Adler, oder ein Mann im Luftball könnte uns dahin führen, wo er nicht brennt. O es giebt einen Ausweg, hundert : aber wir wissen sie nicht, und fehlen sie !«

D. (unruhig klagend): »Haben wir Lebensmittel genug«, rieth ein Anderer, »so suchen wir gerade den abgebrannten Wald auf! Die Stämme stehen, wie Ihr wißt, nach dem Waldbrand noch; nur die Baumstürze sind dort zu fürchten, denn die Wurzeln der Bäume sind mit verkohlt : aber wie wissen wir den schwarzen Wald ? !«

C. (verhalten kopfschüttelnd): Die ängstliche Menge folgte nur ‹Eingebungen›, ja, wahren Täuschungen. Ein Häuflein ließ sich von einem lichten Streifen am Himmel, vom Winde dort aufgedeckt, nach Norden hin ziehen : »Dort ist es feuchter !« trösteten sie sich. Sie nahmen kaum Abschied; Niemand sah ihnen nach.

D. (ratlos): Andere beschlossen, der Richtung der wilden Thiere nachzuziehen. Ja, die Meisten folgten einem alten Manne – bloß, weil er ‹Noah› hieß ! Und doch lachte Niemand. Das war wohl entsetzlich !

C. (gefaßt): Nun hatt' ich bloß für mich noch zu sorgen, das heißt : für die Meinigen. Eoo saß zu Hause, und weinte um ihre Tochter Alaska. Aber sie befolgte eilig, was ich rieth : Jagdkleider, womöglich alles von Leder, anzuziehen. Auch Hüte sollten uns gut thun. Wir beschlossen, die milchende Eselin nur mit dem nöthigsten zu beladen.

D. (hausfraulich bekümmert): Alle Dienstbarkeit hatte aufgehört; kein Mädchen, kein Diener war mehr im Hause zu finden. »Ich gehe fort«, meldete Eine, nur in die Thür tretend – »Geh mit Gott«, sprachen wir.

C. (anordnend): Eoo ließ die Kühe los. Sie machte den Hühnern und Tauben den Vorrathboden auf; den Papageien das Fenster. Ja, sie ordnete Alles und stellt'es an seinen Ort, als sollten hohe, himmlische Gäste das Haus betreten. / Und als sie nun Alles besorgt, was ihr Pflicht schien, trug sie uns zur letzten Mahlzeit den großen gebratenen Truthahn auf, dessen rother Kopf noch glänzte. Der kurzen Sicherheit froh aßen wir still, und hätten gern das Mahl noch Jahre womöglich verlängert. / Es geschahe nun eilig : die Eselin war mit Tüchern für die Nacht; einem kleinen Bett unter Okkis Kopf; und mit Bouillon=Tafeln, wie ich sie sonst mit auf Reisen nahm, und mit wenig anderm Geräthe, beladen. Meine Frau war wie ein Jäger gekleidet – und schien gleichsam von sich selber Abschied zu nehmen; denn sie sah in den Spiegel; und sah über ihre Achsel mich; ihre Augen füllten sich mit Salz, ich sahe das wohl. Doch Fassung war nöthig.

D. (eintönig=ergeben): Als wir nun schieden, trat ich noch einmal dicht an ein Fenster; hielt die Hände neben das Gesicht, wie Scheuleder, vor, um nicht geblendet zu sein; und übersah noch flüchtig das Zimmer, den Aufenthalt von Menschen, die so lange darin glücklich gewesen waren : in der Mitte stand der Tisch von gesprenkeltem Ahorn. Am Kamin der verlassene ‹Sorgen›=Stuhl. Dort Eoos kleines Mahogany=Tischchen; darauf der halbfertige kleine Strumpf. Am Kamin stand Okkis braungemaltes Wiegenpferd und machte ein schweigendes finsteres Gesicht. Und im Spiegel sah Jemand, mir gegenüber, herein – der ‹Ich› war; und der wunderliche Geist sah mich an, und äffte mich still.

C. (übernimmt; die Reise eilt): So zogen wir hin. Und als der Weg aus ging, als die Laschen und Male an den Stämmen sich auch verloren, als der Bach eine Wendung machte : war der Hund unser Wegweiser auf der Fährte des Wildes; und wir Menschen nahmen sie an.

D.: Es war ein tiefes Schweigen im Walde. Nur aus der Ferne hörten wir zu Zeiten einen verhallenden Schall von Fliehenden, die sich anriefen, um sich nicht zu verlieren im Nebel des Rauchs. – So zogen wir bis an den Abend.

C. (gezwungen=rüstig): Eoo breitete nun Tücher; hing Tücher über Zweige – und unsere Hütte war fertig. Wir aßen. Wir schliefen oder glaubten zu schlafen. Wir wachten – und glaubten zu träumen; so verworren war unser Bewußtsein. Furcht jagte vielleicht=uns=schon in der Nacht auf : denn durch den Nebel brach ein sanfter Feuerschein und Glanz, wie wenn man im Flusse die Augen auftut, wenn brennendes Abendroth auf ihm liegt.

D. (mit Halbfassung, im Versuch sich abzufinden): Am Mittag traten wir wider Vermuthen in einen Eichen= und Buchenwald, der ausgebrannt war. Abgebrannt ließ sich nicht sagen, denn die Bäume standen noch; aber die Stämme schwarz, unabsehbar, ein Anblick wie ein Trauergefolge aus Millionen Trauernder. Aller Unterwuchs war verschwunden, Kräuter Gerank Gesträuch; der Wald war eine schwarzgraue Wüste.

C. (männlich=schlimmer; wie überhaupt im Folgenden zunehmend härter und unheimlicher): Nur die Wurzeln, oder die Rinde der Bäume glühte noch auf, wenn der Wind daherfuhr; dann leuchtete und knisterte es tausendfältig. Graue Eichhörnchen, Füchse und Luchse hatten auf diese verschonten Bäume sich gerettet – aber sie saßen still, als wir nahten : sie waren todt. Von der Hitze darunter erstickt. Sie hatten die Augen zu; sie schliefen.

D. (entsetzt): Von dem äußersten Ast einer der Buchen hing, mit der Klapper angewickelt, verkehrt, mit dem Kopfe nach unten, eine Klapperschlange herab : ihre schaukelnde Bewegung war nur vom Winde; und sie glänzte und sie troff von ihrem Fett. / Weiter hin fanden wir ein, auf dem weißen Gesicht liegendes Opossum, das sich todt gestellt in der tödtlichen Gefahr – aber die Gluth war an dem, seinem rettenden Triebe getreuen Thier, nicht vorüber gezogen, ohn'es mit ihrem Hauch zu tödten. Eines seiner Jungen hatte Athem schöpfen wollen – und glühenden Tod geschöpft.

C. (mitleidig): Der Anblick der treuen Thier=Mutter, des armen Opossum=Kindes, ergriff Eoo. Sie stand; sie blickte zum Himmel – der nicht zu erblicken war. Hinzukamen die Fragen Okkis, unseres Sohns, dem wir von Allem Auskunft geben sollten; oder der uns bat : nach Hause zu kehren; er habe genug gesehen; er sei so müde. Dann nahm ihn die Mutter vom Esel, und trug ihn, bis er einschlief. Und trug den Schlafenden. Und wenn ich ihn nehmen wollte, wehrte sie still mit ihrer Hand, und lächelte mich an. Fühllos aber sprang der kleine Esel mit seinem großen Kopfe tölpisch hinter uns drein; ich gönnt' ihm sein Glück.

D. (betäubt bis traumhaft): Auch schienen wir jetzt im Sichern. Nur der Boden war so heiß; und uns war, als zögen wir unter scheitelrechter Sonne. / Wir ruhten, schon im Abenddämmern, auf dem hohen Felsenufer eines dampfenden Sees; denn die noch wenigen Bäche führten fast siedendes Wasser ihm zu.

C. (sich umsichtig orientierend): Um seine Ränder und Buchten hatte die Waldung gebrannt. Die Sümpfe umher waren sehr eingetrocknet; ihr Wasser hatte sich bis tief in den Grund erhitzt; die Fische hatten nicht entfliehen können . . . . . *(stutzend):* Auf einmal hörten wir es von ferne brüllen ? ! Wie dumpf eine Heerde Büffel brüllt. Nur klang es ängstlicher; und ängstlicher vom Echo wiederholt.

D. (erläuternd aufnehmend): Es näherte sich uns. Wir saßen still; wir hatten das Feuergewehr auf dem Knie. Indes fürchtet' ich nicht so sehr; denn vor eigener Angst scheute der Todtfeind jetzt den Todtfeind. – Jetzt sahen wir es springen wie Kälber, mit tölpischem Sprung; dann ruhte, dann brüllte, dann sprang es wieder ! Und so eine Reihe entlang, wie Gespenster, die sich kauernd und brüllend und springend nahen . . . . . . ?

C. (still resigniert): »Ochsenfrösche!« sagte mein Weib; mit Lächeln erst, dann mit Thränen im Auge: »Sie suchen frisches Wasser.« / Aber sie irrten entsetzlich. Denn durch unser lautes Anrufen, »Ho! – Ho!«, das sie zurückscheuchen sollte, machten sie nur einen Bogen – nicht weit von uns sprang die grünliche Schaar desto schneller vom Fels in den See. – *(steinern):* Und das Brüllen verstummte. Nach und nach schwammen sie Alle, aufgetaucht, auf der Fläche umher. So hatte sie ihr Trieb doch nicht ganz getäuscht: sie waren nun ohne Qual, und ruhig.

D. (erschöpft): Jetzt sahen wir erst: bräunliche Biber saßen, aus ihren glühenden Bauten vertrieben, auf den Felsen umher; und schienen auf die Fläche des Sees zu starren, die von zahllosen Fischen bedeckt war, die auf der Seite lagen – und schimmerten. Große gelbliche Wasserratten krochen darauf umher; und Wasserschlangen suchten matt und mit halbem Leben an den erhitzten Felsen emporzuklimmen – und sanken im Fall geringelt zurück. Ein Flug von Wasservögeln wollte sich an einer freien Stelle in den See stürzen; aber die Führer versuchten; und schrien kläglich über die Verwandlung ihres Elements; und schwirrten weiter im Dampfe dahin.

C.: Wir aber brachen auf, die Höhe des Berges zu erreichen. Wir fanden eine Felsennische. Eoo bettete das Kind weich auf Laub und Tücher; wies den müden Hund an, bei ihm zu wachen, der sich ihm gleich zu Füßen legte. Die Esel, Mutter und Sohn, mit Klingeln um den Hals, und dem Rufe gehorchend, weideten indes zum dürftigen Abendbrot. Und wir stiegen zum Felsengipfel....

D. (erschüttert schwindelnd): Welch ein Blick in das Land umher! So weit das Auge trug. Heftiger Unterwind herrschte; uns gegenüber, am Horizont, hatte er eine Rauchwand aufgethürmt, riesengroß und schwarz wie die Nacht. Ein breiter Strich des Himmels war offen: aus der schweren Decke, die über unserer Heimath lag, fuhren geschleuderte Feuerschlangen empor, denn die Täler brannten alle! So schlug eine brennende Flammengicht, breit von Süd bis West, in den Äther hinauf, und stand, in der Ferne schweigend und unbewegt, wie ein Nordschein. Aber über den nähern Wäldern bewegte Sturm die wallenden Flammen wie Saaten der Hölle; ein rothes Meer von Erinnyen gestrickt.

C. (voller Abscheu): Mich hatte eine Furcht befallen vor der Natur! Ich saß auf dem Berge, und wiegte Okki einen Tag lang auf meinen Knien, mocht'er nun wachen oder schlummern an meiner Brust. Ich schien mir kein Mensch mehr; denn um mich war nicht mehr die gewohnte Welt. Speise und Trank war vergessen. So saßen wir; mir dämmerte es nur im Sinn. Und immer häuften sich in der Nacht die Thiere im verödeten Walde. Ihr Geheul verriet noch Angst; aber die Mächtigen schonten der Kleinen. Beim ersten Dämmer des Tagscheins brachen wir wieder auf.

D. (mütterlich): Ein beschwerlicher Weg ! Eine fast hoffnungslose Flucht. Kleine Bäche von Harz und Theer, halberstarrt, waren hier; dort Hügel von Asche, vom Winde zusammengewirbelt. Feuchte, quellige Stellen dampften noch. Brach ein schwefliger Sonnenblick durch die niedrige Luft, und sah ich unsern Schatten an der Erde hinziehen – dann konnt'ich weinen. Da verschwand er wieder; aber die Thräne blieb im Auge stehen.

C. (dahinziehend): Endlich gelangten wir in frischen Wald, von Weymouths= und Pechkiefern und Sprussel=Fichten; voll zahlloser großer Heuschrecken und Schmetterlinge. Es zirpte und schwirrte wunderlich, und flirrte, wie Schnee flirrt. Ich hörte das an : es war unerforschlich; geisterhaft; und verschwand nicht; und hörte nicht auf. Ich zog wie im Schattenreich; 2 Stunden; unheimlich – ich möchte sagen ‹unweltisch›, wie ich nie gelebt.

D.: Glaubt es, oder glaubt es nicht : unser allergrößter Schmerz war in den Schläfen und Kinnbacken; vom beständigen Aufblasen der Bakken, um den Rauch zu verscheuchen. Wir sahen kaum mehr !

C.: Wir entzündeten ein kleines Feuer – von dem großen mochten wir nicht. : Auf einmal hob es sich empor ! Fast mannshoch; und der Boden mit ihm, wie ein umgestürztes Boot. Das brennende Holz und Kohlen rollten auf beiden Seiten herab, und fielen uns fast auf die Füße. Dann borst die Erdrinde, von einer unsichtbaren Gewalt gesprengt – wir schrien uns auf und flohen . . . .

D. (fast mitleidig): . . . . . und ein weit geöffneter, nach Luft schnappender Rachen eines Alligators streckte sich aus der Gruft. Dann brach er, noch Brände auf seinem Rücken, mit 1 Sprunge hervor ! Aber er ruhte schlaftrunken, und lag geblendet von auflodernden Flammen – das Feuer über seinem Rücken hatte ihn aufgeweckt, aus der Tiefe des Schlammes und Mergels, worin er sich, die Hitze des Sommers über, vergraben.

C.: Wir ergriffen einen brennenden pfahlstarken Ast, und stießen ihn tief in den zähnestarrenden Rachen – der sich vor Schmerz noch weiter öffnete : da lag der ungebetene, todesgefährliche Gast auf dem Rücken, und dampfte. Schlug mit dem Eidechsenschwanz in die Glut, daß sie umherflog. Und ehe er noch wieder wußte, er lebe, war er schon todt. Das Feuer wurde um ihn geschürt; und die große Krokodilgestalt schrumpfte zusammen, und hob, wie um Erbarmen bittend, die Schildkrötenpfoten gleichsam gefaltet zum Himmel.

D. (verstört; präziser : verhext): Und der Nachmorgen hatte etwas zauberhaftes ! Als sei die Erde unter andere Gestirne versetzt : 5 Sonnen standen am rauchumzogenen Himmel; roth wie Lichter durch Rubinglas ! – Meine Sinne waren durch so viel Nie=Erlebtes gelöst, daß mir fast nichts mehr wunderbar dünken konnte. Woher es stamme, was es bedeute und sei, fiel gewiß Niemandem ein. Alles war nur, was es im Augenblicke schien : heiß und kalt; trüb und hell : das war, was uns rührte.

C. (langsam, bitter, in metafüsischstem Mißtrauen): Ich senkte die Augen, die alles nur dunkel sahen, wie in einem Flor : meine Stiefeln waren abgerissen; ich schwarz bis an den Gürtel. Ich nahm 1 Hand voll Sand auf; betrachtete ihn; und der Staub war mir unbegreiflich : woher ewig ? Ewig wozu ? ! *(Leiser; bedeutender):* Unnöthig – wenn nicht entsetzlich – daß er sei . . . . . .

(Gong)

B. (einmal tief durchatmend): Ich muß gestehen – : das habe ich nicht gewußt !

A. (geduldig): Die Gesamtheit der Deutschen hat es vergessen, daß dort, in der Lausitz, vor über 100 Jahren, ein bedeutender Dichter – nicht vom allerhöchsten; aber ein guter Meister zweiten Ranges ! – sein mächtig=insulares Dasein geführt hat.

B.: Können Sie zuerst einmal rasch Ort und Zeit umreißen ? Damit wir auf keinen Fall ins Schwimmen geraten.

A.: Der Ort : die Lausitz. Also ein in vielfachen Beziehungen nachdenkliches Gebiet. Zur Gottsched=Zeit, genauer : kurz davor, hielten lausitzer Professoren an der Leipziger Universität, was akademische Poesie und Rhetorik anlangt, mehrere Jahrzehnte lang das Heft in Händen – so ‹Christian Weise aus Zittau›. Und den Größten der Landschaft kennt ja Jeder : ‹Leschnigg aus Kammenetz› . . . .

B. (betroffen): Wen verballhornen Sie so ? Doch nicht etwa . . . . .

A.: Ich kann nichts dafür, daß ‹Lessing› im Slawischen einen ‹Heger› einen ‹Förster› bedeutet; und ‹Kamenz› schon im Namen seinen steinigen Boden anzeigt. Natürlich war Lessing, der Sprache nach, rein deutsch – seine Ahnen allerdings werden wohl schon überwiegend Wendisch, Sorbisch gewesen sein. – Warum werden Sie unruhig ? : War die Mischung so schlecht ?

B. (verlegen): Das nicht. Aber . . . . .

A.: Ich wollte damit auch nur auf ein Zweites zu sprechen kommen :

auch in dieser Hinsicht nämlich waren die beiden Lausitzen ein Präzedenzfall, gerade heute wieder wichtig zu erwägen, daß dort, jahrhundertelang=friedlich, Slawen und Deutsche neben=, oder besser durch=einander gewohnt und geheiratet haben. Man kann kleine Häkeleien und Spottreden als Argument gegen mich ins Feld führen – wo im Grenzland könnte man das nicht ? – aber die waren dort stets harmlos; nahezu nichts, verglichen mit dem, was sich Völker verschiedener Abstammung wohl sonst hundertfach antun. Neinein : hier in den Lausitzen wurde schon echte große Toleranz vorgelebt, in jeder Beziehung. Hier fanden Ketzer ein freundliches Obdach; hier, als alle andern Orte verfänglich schienen, gründeten die Herrnhuter : denken Sie an Niesky und Schleiermacher. – Und ist es denn letztlich ein Grund zum Totschlag, ob der Wende ‹Pomogaj bog wam› grüßt, und der Deutsche ihm ‹Vergelt's Gott› zurückgiebt ? Oder der wendische Priester segnet : ‹To pomogaj si bog wosc, bog syn, a bog swety duch› – und der deutsche respondiert : ‹Im Namen des Vaters, des Sohnes, und des Heiligen Geistes› ?

B. (mit gut gespieltem Mißtrauen): Nu sagen Se mal : nu hören Se mal : wieso können Sie denn das so gut ! ? Stammen Sie etwa auch aus jenem vorgeblichen Musterländchen ?

A. (achselzuckend gleichmütig): Ich kann nichts dafür, daß Vater und Mutter, Undsoweiterundsoweiter, mitten aus der Lausitz stammten – setzen Sie mich deswegen nur nicht gleich noch einmal auf die Proskriptionsliste des Hochdeutschen. – *(ironisch vertraulich):* Väterlicherseits bin ich sogar nur 20 Kilometer von Muskau her !

B. (resigniert): Womit wir also wieder bei Schefer wären : auch er ?

A. (amüsiert bestätigend): Auch er. Die Mutter sprach und sang gerne wendisch; und der Lausitzer vermerkt in seinen Büchern immer wieder die lokalen, farbigen Dialektausdrücke : wie da Truthähne ‹gaudern›; das Kälbchen an der Mutter ‹nuppelt›; die Schatten im Hof ‹sich arfeln›; die Greisin ‹barmt› / Die Mutter eine lausitzer Predigerstochter; der Vater Arzt in Muskau : dort wird am 30. Juli 1784, einem Freitag, Leopold Schefer geboren.

B. (stirnrunzelnd nachrechnend): Siebzehnhundert, vierundachtzig – : das heißt also, als sächsischer Untertan noch; denn preußisch machte man die Gegend ja erst 1814; um die Wut auszulassen, daß Friedrich August so lange zu Napoleon gehalten hatte.

A.: Der Vater – originell, ja skurril, wie ländliche Autokraten so oft – wollte den Sohn wohl einmal mit Stutenmilch großziehen. War andererseits aber auch vernünftig genug, auf den Rat Fichtes zu hören, der Hauslehrer im benachbarten Wolfshain war ....

B. (anerkennend hineinmurmelnd): Jetzt wieder Fichte noch! – Sie verstehen es aber tatsächlich, eine Gegend herauszustreichen.

A. (fortfahrend): .... Der riet dem Vater immer wieder: »Mathematik und Griechisch, Herr Doktor! Und zeitig, zeitig; sonst lernt man es nicht, und damit nichts!« / Als nun der Vater früh wegstirbt, gibt die Mutter den 14=jährigen Jungen auf das Gymnasium zu Bautzen=Budissin ins Internat. Von seinen dortigen Klassenkameraden ist Keiner über den Ruhm des ‹local=boy› hinaus gelangt – Pädagogen nicken vielleicht noch beim Namen ‹Blochmann in Dresden›. Wichtig wird, daß sich schon früh Schefers zweite große Begabung zeigt: für Musik. Er komponiert bereits; groteskerweise setzt er sogar seine Schulzeugnisse ....

B.: Gar nicht so un=lustig oder abwegig – aus der Situation heraus, mein' ich: ‹DAS GYMNASIUM / Komische Oper in 3 Akten›. / Dort in Bautzen also macht er sein Abitur; beziehungsweise das zeitgenössische Äquivalent?

A.: Nicht ganz: mitten in Oberprima wird er nach Hause berufen. Die immer kränkelnde Mutter hat einen besonders schlimmen Anfall, und wünscht den Sohn bei sich zu haben. Einmal herausgerissen, bleibt er dann, unter der Nicht=Aufsicht von Mutter und Großmutter, im heimatlichen Muskau. Autodidaktisch=rastlos bildet er sich weiter. Abends sitzt man beisammen im Zimmer: er an der einen Tischecke, dichtend und komponierend; die Mutter an der andern, mit Handarbeiten beschäftigt; die Ahne döst in der Ecke; nur 1 Licht brennt.

B.: Demnach war mit dem Tode des Vaters die Armut eingezogen?

A.: O nein. Direkte Not hat Schefer in seinem Leben, unserer Kenntnis nach, nicht gelitten – es war wohl mehr vorsichtige bürgerliche Sparsamkeit, als eigentliche Dürftigkeit. / Schon früh hat er begonnen, Tagebuch zu führen – es lag ‹zu meiner Zeit› noch, wie überhaupt der ganze Nachlaß, im Archiv der ‹Oberlausitzischen Gesellschaft der Wissenschaften zu Görlitz›: hoffentlich ist er heute noch erhalten – und aus ihm ersehen wir die übliche schwermütige Unrast des Jünglings ....

C.: O, daß doch der Same, aus dem ich gezeugt, meinem Vater entgangen wäre; oder meine Mutter Schaden genommen hätte, daß ich vor der Geburt gestorben wäre! – Wie kränkte es mich, als ich erfuhr, daß ich ‹vom Weibe› war! Aber auch mein Vater war von einem Weibe;

und Alle hinauf von einem Weibe – aber in der Bibel, da stand's : *Eva, die war von Adam ! !* In meinem Leben hab' ich mich so nicht wieder gefreut ! –

Nie konnt' ich Klopstocks Fanny leiden : weil er ein Mann war, und sie ein Mädchen, und das Mädchen die Liebe dieses Mannes verschmähen konnte ! Es ist nichts grausamer, als solch ein elend Geschöpf, das aus weißgott was für ‹Gründen› die Liebe eines großen Mannes von sich stößt. Wenn sie noch lebte, hatt' ich mir fest vorgenommen, sie zu blamieren !

B. (lustig=gerührt): Wie nett jung ! –

A.: Mit Freunden aus dem Städtchen durchstreift er weit umher die Gegend – Heide ist dort, endlos=faszinierende Sande und Kiefernwaldungen; ich kenne sie wohl – nicht selten bleibt er die Nacht über draußen, und nächtigt in einer Köhlerhütte oder im Freien. Und das Lebendigste liebt Todesgedanken . . . . .

C. (schwärmerisch): Wenige Lenze zurück – und wir waren noch nicht. Dann schien auf uns die Sonne, und die Erde bot uns ihre Gaben. Wir dachten nicht, woher wir gekommen, wie irdisch unsere Hoffnung; wir machten Pläne bis an unsern Tod, ohne daß dieser uns vorschwebte. Lächerlich, wie ein Sterbender, der nach der Mode fragt, wie jetzt die Todten zur Schau liegen. –

D. (ebenso): Ich trat nackt, die Geige in der Hand, in meiner Stube vor den Spiegel : ich betrachtete mich, das Licht in der rechten. Aus dem Boden hörte ich unten die Uhr den sicheren Schlag der Zeit gehen : so, dachte ich, werde ich im Sarge liegen, indem ich das Licht so hielt, daß nur ein Profil zu sehen war, das Auge der Lichtseite schloß, und aus dem in Schatten gehüllten Auge meine blasse Wange und meinen zuckenden Mund betrachtete. –

C.: Ich trat auf den Hügel Deines Grabes, und fühlte es mit den Füßen – die Erde schien mir nur eine starre Leiche, mit dem schwarzen Leichentuche der Nacht zugedeckt. Und ich fragte voll lachenden Spottes die Sterne, die, wie Leichenlichter, ohne Ordnung gestellt, im Winde gräßlich wehten, diese fragte ich : »Und ? !« Das heißt : ist die unbefriedigende Fabel schon aus, und folgt keine Pointe ? »Und ?« soll künftig mein Abend= und Morgengebet sein ! Ich will einen Menschen malen lassen, der, von Nacht umgeben, auf einem Grabe steht, und mit sinnendem Blick die Sterne fragt : »Und ? !«

B.: Der häufige prometheische Trotz jener Entwicklungszeit. – Wie war in späteren Jahren seine Einstellung zu den Religionen ?

A.: Darauf müssen wir noch ausführlich kommen. Christ war er freilich nie; dies vorweg; denn also spricht der Derwisch mit dem Rosenzweige zu Gott ......

C. (bedeutsam):

Ich vergebe Dir die Schöpfung
: Du vergiebst mir fromm den Menschen;
der gewiß mir schwerer drunten
auf der Erde ist zu tragen,
als das Allah=Sein Dir droben!

A.: Interessant noch seine Stellung zu den politischen Ereignissen jener aufgeregten Jahre : er war glühender Napoleonhasser! Eines seiner ‹längeren Gedankenspiele› bestand darin, den großen Kaiser zu ermorden ....

C. (vertraulich): Ich hatte mir einen Mann aus Lumpen und alten Kleidern gemacht – wem ähnlich kannst Du Dir denken! – und ermordete ihn alle Abende einmal; um des Mannes und der That gewohnt zu werden.

B.: Sieh an! Nichts Altes unter der Sonne. – Aber eben doch wohl nur Theater eines potentiellen Herostratus. Immerhin dürfte er auch später, in Wort & Schrift, radikale Lösungen nicht gebilligt haben.

A.: Au contraire : er scheute nie im Werk das ‹ensanglanter la scène›; und hat 1819 Sand wegen des Mordes an Kotzebue sehr gelobt. Aber seine Abneigung gegen die Franzosen saß schon ziemlich tief: einmal ist er, größtenteils per pedes, bis Aspern gewallfahrtet, um sich am Anblick der Walstatt zu weiden, wo Napoleon wenigstens einmal annähernd gekontert wurde; und in den Jahren 1812 bis 15 hat er häufig außerhalb Muskaus, im Walde, genächtigt, um unliebsame Zusammenstöße mit durchmarschierenden Franzosen zu vermeiden – Soldatenfreuden bedeuten Menschenleiden; und er fürchtete die eigene Heftigkeit.

B. (leis mahnend): Sie haben ein Vorurteil gegen Soldaten?

A. (ablehnend): Ich würde mich schämen, wenn ich keins hätte! / Aber Schefer : auch bewegt er deshalb beständig Auswanderungspläne im Herzen .....

C. (unmutig): Ein Bettler in Amerika ist jetzt selbständiger, als ein König in Deutschland : wenn man nicht, indem man aus Europa ginge, sich von so vielen schönen Werken trennen müßte, von der Fülle der Literatur – so wäre ich längst unter Denen, die nach Amerika gehen. Bis der Druck diese Vorteile aufwiegt, so lange bleibe ich noch hierzulande.

A.: Dies Problem der Auswanderung hat ihn zeitlebens beschäftigt; mehrfach hat er sich die Situation literarisch=intensiv suggeriert : in den DEPORTIERTEN, dem großen WALDBRAND, oder der PROBEFAHRT NACH AMERIKA.

B. (schnell): Aber nie ausgeführt, wie ? Also ein Mann der Theorie & Fantaisie. Dabei hätte er an dem gottverlassenen Nest doch wahrlich nichts Erkleckliches verloren.

A.: Sie urteilen viel zu schnell : Muskau war nicht nur nicht ‹gottverlassen› – was übrigens nichts weniger als ein Einwand gegen Kultur ist – sondern bot sehr wohl unverächtliche Bildungsmöglichkeiten. Es war nämlich eine ‹kleine Residenz› mit Schloß und Bibliothek : ein ausgesprochenes ‹Kulturzentrum›. Das ‹Fürstentum Muskau› war größer, als so mancher souveräne deutsche Kleinstaat; größer als, sagen wir, Schaumburg=Lippe oder Reuß=ältere=Linie. Gerade im Geburtsjahr Schefers hatten die Pückler es sich erheiratet.

B.: Also von dem Allen weiß ich nur jenen weltberühmten ‹Großen Park›.

A.: Der allerdings erst ab 1817 angelegt wurde. / Aber wieder retour : natürlich wucherten die gesellschaftlichen und intellektuellen Genüsse in Muskau dennoch nicht derartig, daß man auf den hübschen intelligenten Doktorsjungen hätte verzichten mögen : Schefer wurde großzügig und rückhaltlos in den Kreis der Schloßbewohner aufgenommen; und befreundete sich rasch, sowohl mit den offiziellen, wie mit den ‹natürlichen› Söhnen und Töchtern des Magnaten. Besonders eng wurde das Verhältnis zu Hermann, dem späteren mondänen Fürsten Pückler – nach dem man, in sehr richtiger Würdigung seiner eigentlichen Verdienste, mehrere Tafelgenüsse getauft hat : ‹Fürst=Pückler=Eis›, und so. Es kam schließlich so weit, daß Schefer ganz ins Schloß übersiedelte.

B.: Und wie ging es ihm dort ? Wußte er sich zu ‹bewegen› ? Oder mußte er abwechselnd den Hof=Poeten und =Narren agieren ?

A.: Aber nein ! Denken Sie ja nicht, Schefer wäre – wie so viele andere deutsche Dichter; zugegeben – ‹weltfremd› gewesen. Er brillierte bald als Gesellschafter; unterhielt die Freunde mit seinen Dichtungen : 1811 gab Pückler Schefers ersten Gedichtband so geschickt anonym heraus, daß man jahrelang ihn für den Verfasser gehalten hat. Wenn es Musik galt ? : Schefer spielte außer der Geige auch noch fertig Klavier und Glasharmonika; er komponierte. Und gar nicht lange, so heißt es in einer ELEGIE – was nur die Form anzeigt, und nichts mit ‹elegischem Inhalt› zu tun hat . . . .

D. (schwärmerisch): Götter, was habt Ihr getan ? ! – Hier unter demselbigen Dache / gabt Ihr den herrlichen Freund, und die Geliebte zugleich ?.......

A.: Das war nämlich die 14=jährige Gräfin Agnes Pückler – den 16. Juni 1809 bezeichnet er im Tagebuch als den ‹Tag seiner Verliebung›.....

D. (aufgeregt): Sie trug ein gelblich seidenes Kleid, als ich sie zum ersten Male sah, und im schwarzen Haar Rosen; auch vor der Brust – und dann das Futteral, worin sie die Engelsflügel eingefaltet, welche sie beim Betreten der Erde abgelegt hatte!

A. (launig): Das aparte Geschöpf hatte nämlich einen deutlichen Ansatz zum – Buckel.

B. (betroffen): Ts, sieh da. – Und 14 Jahre erst ? : ist diese geradezu indische Frühreife in Ihrer Niederlausitz häufig ?

A. (ablehnend): Biologisch betrachtet, ist eine Vierzehnjährige eine fertige Frau.

B. (der inzwischen weiter gedacht hat): Ja und der ‹Standesunterschied› ? Auf den damals ja doch wohl alles ankam ?

A.: Daß Schefers Liebe im Stillen aufs Zärtlichste erwidert wurde, darüber kann kein Zweifel bestehen. Auch von ‹1 Kuß auf den Busen› berichtet das Journal – aber die Sitten waren dort derart großzügig, daß es wohl allenfalls auch als eine Art vertrauteren Grußes ausgelegt werden konnte. Freilich heiratete Agnes nur zu bald ‹standesgemäß›; und starb, relativ früh, im fremden Lande, fern in der Provence. Die Freundschaft mit Fürst Hermann litt jedenfalls nicht im Geringsten darunter; der 1812 auch Schefers erste Sammlung von Kompositionen, ‹bey Breitkopf & Härtel›, finanzierte.

B.: Und nun kommen die berufenen Freiheitskriege.

A.: Fürst Pückler kalkuliert die Chancen, welchem Thronsitzer man sich am lukrativsten anschlösse – und geht in russische Dienste. Als Adjutant steht er viel herum; ist, vermutlich aus Langeweile, wohl auch einmal ‹tapfer›; den Abschied erhält er als Oberstleutnant. Für die Zeit seiner Abwesenheit ernennt er zum verantwortlichen Verwalter seiner ganzen riesigen Besitzungen ? – : Leopold Schefer.

B.: ‹Pegasus im Joche› – je nun; man kann nicht immer dichten. Wie hat er die ungewohnte, in Kriegszeiten gewiß doppelt schwierige, Aufgabe gemeistert ?

A.: Recht ordentlich. Er führt rastlos ‹Bücher›; wirtschaftet fleißig und sparsam; und lindert das Elend der von den pausenlos durchziehenden ‹Heerhaufen› nicht wenig gepiesackten Landbevölkerung, so weit er nur vermag – ‹Junger Vater› nannten ihn dankbar die Wenden.

B. (amüsiert=unwillig): Sie immer mit Ihren ‹Wenden› !

A.: Natürlich fehlt es nicht an aufregenden Zwischenfällen : ein Kosackenoberst will Schefer einmal aufknüpfen lassen, weil der nicht sofort vor dem Herrn Hetman aufgesprungen war ......

B. (die gute Gelegenheit spitzfündig nützend): ...... auch ein Slawe, gelt?

A. (fortfahrend): Die Mutter stirbt am Schlaganfall, als unversehens ein Trupp plündernder Franzosen in die Küche dringt – eben hat sie noch am Heerd gestanden, im Topf gerührt, und dazu ‹Kde domov muj› gesungen, ‹Wo steht mein Vaterhaus› ? Erbittert hält es das Tagebuch fest. / Ein andermal muß er sich mit dem Romantiker Fouqué herumzanken; weil der Kriegskontributionen einzutreiben beauftragt war – ein Geschäft, für das der Dichter der UNDINE auch nicht gerade geschaffen war. / 1815, nach vollbrachtem Sieg, erschien Pückler dann selbst wieder auf seinen Gütern. Und es beginnt eine neue, scharf abgesetzte, nicht nur längere, sondern vor allem auch literarisch folgenreiche Episode in Schefers Leben : die Zeit der großen Reisen.

(Gong; normal)

B.: Wobei ich gleich bremsend zu bedenken geben möchte, daß Goethe, der bis Sizilien gekommen war, in jener guten alten Zeit als ‹enorm weitgereister Mann› galt.

A.: Schon. Aber Schefer kam etwas weiter. – Zunächst nahm Pückler ihn mit nach England, um dort die berühmten Parkanlagen zu studieren : Vorarbeiten für Muskau. 36 dieser vorbildlichen Groß=Gärten werden genau durchmustert – eine sehr bedeutende Tagebuchnotiz jener Wochen formuliert es .....

C. (fest und laut): Mein Credo : Die Welt ist schaffbar!

A.: Nebenher läuft natürlich viel vornehmer Unfug : Beide, Pückler wie Schefer, nehmen an öffentlichen ‹Derbys› aktiven Anteil. Im Theater wird die damals berühmte Miss O'Neil angeschwärmt. Die wichtigste literarische Bekanntschaft ist der MARIA STUART=Übersetzer, Dr. Mellish : Schefer hilft ihm bei der Arbeit, und hat noch spät Briefe mit ihm gewechselt.

B. (kritisch): Etwas weiterhinaus müssen Sie Ihren Helden aber noch führen; sonst nenne ich ihn nicht ‹weitgereist›.

A. (bestätigend nickend): Anschließend kommt die eigentliche ‹Große Tour› : er legt sein Verwalteramt in Pücklers Hände zurück; macht Alles, was er besitzt, zu Geld – zum Beispiel Haus & Hof der Großmutter – und geht zunächst nach Wien.

B.: Und zwar zu welchem Zweck?

A.: Um sich als Komponist weiter zu bilden, und sich für den Orient vorzubereiten. Aber er betrieb nicht nur Petrarca=Studien in der Bibliothek; oder lernte Türkisch und Neugriechisch : auf Pücklers berühmtem Rennpferd ‹Sledmere› ritt er als Jockey bei öffentlichen Rennen mit, und soll seinem Gestütsbesitzer angeblich sogar einmal einen Preis von 4.000 Dukaten gewonnen haben.

B. (anerkennend): Ho ! Da kenne ich wenige deutsche Dichter, die ihm das nachgemacht hätten – Hagelstange war wohl in der Olympiaauswahl; und Risse Rennfahrer. Aber sonst . . . . .

Wie lange hat Schefer dort den ‹Generalbaß› gestrichen?

A.: Ein volles Jahr lang. Er schrieb dort auch den Text und die Musik zu seiner Oper SAKONTALA . . . .

B. (gehorsam=gebührend hineinmurmelnd): . . . . . Willst Du den Himmel, die Erde, mit *einem* Namen begreifen . . . . . *(lauter):* Wer war denn sein Lehrer dort?

A.: Vorzüglich ging er mit Heidenreich um, und dem alten Salieri.

B.: Doch nicht etwa der mir von Gluck und Mozart her geläufige Salieri?

A. (bestätigend): Eben der. – Schefer hat übrigens viel komponiert : allein 12 ‹große Symfonien für Orchester›; ‹Römische Quartette›; 80 Lieder . . . .

B.: Sind Urteile von Fachleuten darüber bekannt?

C. (gewichtig): Ein Kern der Harmonie, der an Beethoven mahnt. Im Adagio ein Geist, so zart wie der Mozarts. Im Vaterunser ein Anschluß an die Kirchenstücke der Italiener aus der Blüthezeit. In den Ideen, wie in der Kunstform, voll Anmuth und Wohllaut; in der ganzen Auffassung ungewöhnlich und originell!

B. (neugierig): Sagt *Wer?*

A.: Immerhin Robert Schumann. – Leider scheint das Meiste sehr schwer zugänglich geworden zu sein; ich kann gar nicht urteilen. / Aber weiter : zu handgreiflicher Widerlegung der, im Volke noch vielfach verbreiteten Ansicht, daß ‹Dichter› gleichbedeutend mit ‹Trottel› wäre, sei noch erwähnt, daß Schefer die diversen Währungsgefälle und Valuten so geschickt zu manipulieren wußte, daß er von Wien mit *mehr* Dukaten in der Tasche *abfuhr*, als er *angekommen* war. Zunächst ging er nach Triest; und sorgte dort dafür, daß Winckelmanns Grab anständig hergerichtet wurde – das Geld dazu gab ein wohlhabender Italiener; Rosetti war sein Name; wir wollen ihn ruhig erwähnen, er hat es sich verdient. / Dann kam Venedig.

B.: Und ? War er begeistert ?

A.: Teils. Die Stadt als Ganzes schien ihm ausgesprochen häßlich; einzelne Palazzi dagegen unvergleichlich herrlich. Von Venedig aus unternahm er Ausflüge; zumal ins Paduanische, nach Arquá, wo er natürlich Petrarcas Haus besuchen mußte – er war ein großer Petrarca=Verehrer; lange hat er den Plan zu einer LAURA gehegt; am ausführlichsten schildert er des alten Dichters Haus in der LENORE DI SAN SEPOLCRO, wo er Georg von Königsmarck und die schöne Julia ebendort Zuflucht finden läßt.

B.: Graf Königsmarck ? : ‹Aurora› einer=, die ‹Prinzessin von Ahlden› andererseits ?

A.: Sehr wohl; das hier war ein Onkel dieser Beiden. / Aber weiter geht's : zu Fuß über Ancona und Loretto – von seinen diesbezüglichen Gedankengängen will ich nur 2 anführen;

a) ironisch – entrüstet : »Die Fabel von Christo hat uns schon viel Geld eingebracht«; und b) herrlich, wie ein Mann denken soll : »ich will nicht freventlich in der Arche Noah sitzen : ich will rechtschaffen mit ersaufen !«

Vor Rom hatte Schefer zunächst ein wahres Grauen.

B.: Warum ?

A.: Zu den Einzelheiten ist keine Zeit; er nennt es jedenfalls, zusammenfassend, »zwiefach tot«. – Immerhin hat er fast 2 Jahre dort verbracht; mit Bunsen, Cornelius, Thorwaldsen, Niebuhr, Umgang gepflogen. Neapel und Pompeji besehen. Und vorsichtshalber noch ein wenig Arabisch gelernt.

B.: Hatte er tatsächlich vor, so weit im ‹Schatten des Großherrn› zu reisen ?

A.: 1819 schifft er sich, von Ripa Grande aus, nach Sizilien ein – die gemächlich=lange Seefahrt hat er zu einem Training seiner Fantasie benützt, von dem er gern seltsame Resultate erzählte : er will es damals dahin gebracht haben, mit geschlossenen Augen jede Landschaft in beliebiger Beleuchtung zu sehen; und Töne jedes Instrumentes zu hören – durch derlei Übungen, glaubte er, werde der Mensch erst völlig ‹Herr seiner Sinne›.

B. (skeptisch): Interesting. If true.

A.: Von Messina aus besucht er Syrakus und Agrigent; besteigt auch den Ätna. Dann wird, in Begleitung des griechischen Widerstandskämpfers Andreas Miaulis – Sie sehen, welche Tradition die EEOOKAA hat ! – die Überfahrt nach Hellas angetreten. Flüchtig Morea, wie man damals den Peloponnes nannte, und Delphi besucht; und anschließend längere Station in Athen gemacht. Viel durchstreift er das Erzinselland ......

B. (bittend): Sagen Sie lieber das schöne deutsche ‹Archipel›; sonst denkt man womöglich noch an ein Erzbergwerk –– *(entsetzt):* Meingott, was'n Wort wieder : ‹Erzberkwerk› ! Wie das schnarrt und scheppert.

A.: 1 Monat lang hält er sich in der Troas auf; von da geht er nach Istanbul, wo er sich in historische Untersuchungen vertieft; er hat profunde Kenntnisse der ‹Byzantiner› gehabt – lassen Sie sich von einem Fachmann erklären, was das bedeutet, wenn Einer die ganze Reihe, so von Prokopius an bis hinauf zum Kantakuzenos, gelesen hat. Für mehrere seiner Novellen hat er jene Zeiten und Landschaften als Rahmen gewählt, etwa den GEKREUZIGTEN, die PRINZENINSELN, und vor allem den umfangreichen dreibändigen Roman der EROBERUNG VON KONSTANTINOPEL. / Aber er lebt auch in seiner Zeit mit : bunteste Abenteuer besteht er; mit schön=hitzigen Griechinnen nicht minder, als mit häßlich=hitzigen Korsaren. Sorgfältig notiert er sich landschaftliches Detail – »Gäistisches«, wie er es zu nennen pflegte – Sitten, Trachten, Naturfänomene, vom Heuschreckenschwarm bis zur Pest : nach 2.000=tägiger Abwesenheit trifft er wieder in Muskau ein.

(Gong; normal)

B.: Und hat er nun – er ist ja wohl bald 40 – die Siebenmeilenstiefel abgelegt ?

A.: Schefer wußte allzeit die GANGARTEN des Menschen einzuhalten . . . . . .

C. (fest, gedrungen; aber nicht zu langsam):

Als ich ein kühner Knabe war – bin ich gesprungen.
Als ich ein frommer Jüngling war – bin ich gewallet.
Als mich die weite Erde zog – bin ich gepilgert.
Als mich die junge Schöne rief – bin ich geklettert.
Da ich zum ernsten Manne ward – nun kann ich gehen.
Wenn mir das Alter angeklopft – dann werd' ich schleichen.
Und kommt der schwarzen Männer Schar – werd' ich getragen.
»Nun wähle Dir das Beste aus !« – : »Am besten ? : Alles !«

B.: Er setzt sich also jetzt, ganz bewußt und bedeutend, ‹zur Ruhe› ?

A.: Besser : er nimmt Platz zum Beginn seiner eigentlichen Wirksamkeit. Seine Ansichten über Heimat und Fremde legt er, des größeren Nachdrucks halber, einem ‹Ausgewanderten› in den Mund – also monologisiert der Franzose d'Issaly im WALDBRAND . . .

C. (bedeutungsvoll=bizarr): Er that, als umarme er sich, und drücke sich selbst an die Brust; und ich hörte den Laut zweier Küsse. Dann setzte er sich; und rauchte wunderlich eine Friedenspfeife mit sich selbst. Dabei sah er mich öfter an; und als sie ausgegangen, und er den letzten Zug des Rauches dem Himmel zugeblasen, schien er mir zur Lehre zu sagen, was er indes gedacht:

»Nur auf derselben Stelle« – sprach er – »können wir leben; wenn ‹leben› heißt: Einsicht in die Welt erlangen, in ihren Lauf; antheilvoll wirken, und Wirkungen empfangen. Nicht die Stadt, nicht das Dorf sollten wir verlassen, worin wir geboren und auferwachsen sind: nur dort wird uns die Landschaft, die Natur, zur Gewohnheit: die äußeren Erscheinungen stören uns nicht, unser inneres Leben fortzusetzen. Über *ein* Menschenleben recht klar werden, das stellt uns höher, als an Millionen vorüberziehen, deren Herz und Schicksal uns verschlossen ist. Und unser eigener Sinn wird nicht klar und voll, wo wir nicht fußen und urtheilen können. In unserer Heimath allein kennen wir das Herkommen; die Mitbewohner und ihren Sinn, ihre Werke von Jugend auf. Wir sehen, wie Anfänge ihren Fortgang und ihr Ende erreichen; wir sehen die Kinder um die Gräber der Eltern spielen; Fremde in Häusern wohnen, darin wir liebe Freunde gewesen: diesen heiligen Wandel der Welt mit dem Geiste sehen und bewundern lernen, ist mehr werth, als Auswandern! Als fremde Meere und Länder, Berge und Bäume, Gebäude und Menschen sehen. Mehr werth, als ein Leben, das uns ein nie verstandenes verworrenes Gewebe ist. Darum: wer auswandert aus seiner Heimath, der bringt sich schlimmer als um das Leben. Und geschieht ihm das Äußerste daheim – es ist immer noch besser, als in der Fremde mit Rosenöl gesalbt zu werden.«

B.: Darüber könnte man sich natürlich stundenlang in die Haare geraten – nehmen wir's für jetzt als ‹Schefers Ansicht› zur Kenntnis: als jüngerer Mensch hat er übrigens, Sie erwähnten es, anders gedacht. – Schön: er fixiert sich also ganz bewußt in seinem Geburtsstädtchen?

A.: Getreu seinen jetzigen Einsichten, nimmt er sich Johanne Friederike Lupke zur Frau: ein Muskauer Kind; des weiland Bürgers und Schuhmachermeisters Johann Gottfried Lupke nachgelassene jüngste Tochter: denn nur mit ihr wird die letzte menschliche Verständigung möglich sein; nur Eine=Solche versteht=begreift die feinsten Anspielungen in Dialektwort und Gebärde – »Das beste Weib ist und bleibt, die unsere Sprache spricht, und unsere Götter glaubt.«

B. (murmelnd): Beziehungsweise mit nicht=glaubt.....

A.: Ihr hat er später seine 12=bändigen AUSGEWÄHLTEN WERKE gewidmet; und es in der DANKSAGUNG FÜR DAS LEBEN stoisch ausgesprochen......

D. (reserviert):

Denn nicht ein Lüftchen fehlte, mich zu kühlen:
am rechten Abend stand die Jungfrau mir
zum Weibe da. – Am rechten Morgen richtig
lag ihr ein Kind im Schoß. Zu rechter Zeit
ward ihm die Erdbeer' wie die Kirsche reif. –
Zur rechten Stunde ward das erste Haar
mir reif. – Zum rechten Augenblick starb
mein Weib ......

B. (konsterniert): Numomentmal – : er dankt auch d a f ü r ?!

A.: Keine vorschnellen Deutungen. Einmal ist das Leben *noch* komplizierter, als Sie jetzt meinen; und überdem dankt er nicht fröhlich – gehen wir erst noch historisch weiter vor. / Er baut sich ein klein=merkwürdiges Haus am Stadtrand, dicht beim Park .....

B. (verständnisvoll): Aha : siehe der ‹Schulausflug›. Das also die schnurrige kleine Villa, deren Sie einleitend gedachten.

A.: Vermutlich unterstützte ihn dabei finanziell der ‹Große Freund› Pückler, der eben die Tochter des allmächtigen Fürst=Ministers Hardenberg geheiratet hatte, die 10 Jahre ältere Lucie, seine »gute Schnucke«; während sie ihn mit »teurer Lucifer« anredete – aber lassen wir das; es ist alles sehr verworren. Und verwirrend.

B. (trägt bei): Ich habe mir über Pückler nie ein Urteil gebildet – einerseits läßt ihn der große ETA Hoffmann doch im ÖDEN HAUS als ‹Graf P.› auftreten ....

A. (schnell): .... und andererseits Immermann den auf Hochglanz polierten Adligen Glücksritter im MÜNCHHAUSEN. Begnügen wir uns zur Stunde damit, daß er viel für Schefer getan hat : das war ein bedeutendes Verdienst ! – / 42 Jahre lang jedenfalls, menschenalterlich=endlos, hat Schefer ab nun in Muskau zugebracht, von 1820 bis 1862 – er lehnte selbst kleinere Reisen konsequent ab.

B.: Und hat wovon gelebt ? – Hatte er ‹Familie› ? : Stellten sich Kinder ein ?

A.: Ja. Auch Kinder hatte er : Sechs. Von denen ihm eine, die kleine Marie, früh wegstarb .....

D. (schwermütig): Roher Tod. Warum nahmst Du das fröhliche Kind mir ? *Ich* hatte / einen Engel an ihm – *Du* nur ein Särglein voll Staub.

A.: Die anderen 5 Kinder überlebten ihn sämtlich. Geheiratet hat davon allerdings nur 1 Tochter – Alles verschwindet wieder, wie es sich geziemt, im Dunkeln.

B. (herausfordernd=kritisch): Wie es sich geziemt ?!

A. (achselzuckend): ‹Atterdag›. – Schefer hatte jedenfalls keine hemmenden Nahrungssorgen. Abgesehen von etwelchen Unterstützungen ‹seines› Fürsten, entfaltete er ab 1821 eine rege – nicht nur fleißige, sondern auch bedeutende – Tätigkeit als Mitarbeiter an ‹Taschenbüchern› und zeitgenössischen ‹Almanachen›. Man nahm seine Beiträge immer gern, und honorierte sie hoch : die ZEITUNG FÜR DIE ELEGANTE WELT, das Taschenbuch AGLAJA in Wien, die IRIS, die URANIA oder Winkler=Hells PENELOPE. 74 Novellen und Romane hat er – anscheinend; es ist hier bibliografisch noch ziemlicher Moorboden – geliefert.

B.: Und darunter womöglich mehrere spektakuläre Prachtstücke, wie vorhin den groß=zitierten WALDBRAND? – Warum=wieso hat man nicht auf ihn geachtet ?

A.: Oh, ‹man› hat schon auf ihn geachtet ! ‹Man› kannte sehr wohl die lange Reihe, vom PALMERIO an, mit dem er die ‹Philhellenen›=Konjunktur weidlich=richtig ausnützte; bis hinauf zur merkwürdig=letzten VERSAMMLUNG DER JUGENDFREUNDE IM ALTER, eine Art Werfelschen ABITURIENTENTAGES – wir verfolgen die Serie nachher noch. Ein bißchen. / Am populärsten wurde er durch seine didaktischen Sammlungen, etwa die Gedankenlyrik des LAIENBREVIERS . . . .

D.:

Nun tragen sich in ihren kleinen Händchen
die Kinder mit der rothen würzigen
Erdbeere – ihnen köstlicher als Schätze !
Die Kleidchen duften; und die Finger duften,
benetzt vom Rosenblut der reifen Frucht,
worin des Himmels Säfte sich verwandelt,
als wär' sie aus der Erd' hervorgeschlichen.
Der Mund der Kinder duftet; und sie preisen
die Mutter, die sie aus dem Wald gebracht. –
Oh, sieh die Freude doch so leicht nicht an;
nein, fröhlicher und göttlich=froher noch.
Der Gang der Mutter kostet : 1 Reise
der Erde um die Sonne; und der Sonne
viel 1.000 Strahlen; die viel 1.000 Strahlen
viel blaues Öl dort, aus dem blauen Äther !
Und wenn Du eines Sommers Götterarbeit
– und Götterglück ! – und Erd= und Himmels=Kosten
ermessen kannst, und still erwogen hast –
so sag' ich der Erstaunten leis das Wort :
»Die Erdbeer' kostet, was 1 Sommer kostet;

und was 1 Sommer kostet diesem All.
Sie sind 1 frohes Werk der schweren Müh;
die Kinder sind 1 schweres Werk der Mutter;
die Mutter ist 1 schweres Werk der Erde –
die Erde ist 1 schweres Werk des Meisters!
: Nun freue Dich noch einmal. Größer. Schöner.«

A.: Im LAIENBREVIER, in den VIGILIEN, im WELTPRIESTER, im KORAN DER LIEBE und in den HAUSREDEN verkündet Schefer – meist in reimlosen Quinaren : ich füge das hinzu, um das eigentlich unangebracht=dicke ‹verkünden› heilsam zu entmythologisieren – seine Weltanschauung, die der »Tiefst=Betrogenen aller Dinge«. Da erscheint im Einzelnen etwa die, dem Okzidentalen aus seiner Religion nicht geläufige, Tierliebe; ein ‹Rinderdienst› fast.....

D. (fröhlich=mütterlich):
Die Mutter spricht: »Kind komm zu sehn den neuen
Weltbürger!«....... Und Du siehst die gute Kuh
im Stall an ihrer Krippe steh'n, ganz froh,
und mutterstolz; denn neben ihr steht schon
ihr Sohn, das Kalb, und ißt schon Blumen mit.

A.: Und denken Sie dabei an Arthur Schopenhauers, unseres Größten, entrüstete Beschwerde : daß die Menschen für das Gebären, Aufsäugen, Essen, Wandeln, der Tiere, andere, hochmütig=herabsetzende, Ausdrücke verwendeten, als für die physiologisch doch haargenau gleichen Verrichtungen des Herrn Homo Sapiens. Kein gleichwertiger Verstand, klar : aber ein gleichwertiges Herz! Und da kann ich mich nicht satt lesen, an Schefers ehrwürdig=groteskem »Lammtöchterlein« und »Bienenknäbchen«.

B. (nüchterner): Also, wenn ich Sie bis hierher recht verstehe, hat Schefer eine Reihe von ‹Lehrgedichten› veröffentlicht, in loser Spruchform, in denen er – bong; drücken wir's so aus : Spinoza=Ähnliches predigt? Deus sive natura?

A. (etwas zögernd): Ja; man kann es so ausdrücken.

B. (schnell dazwischenfahrend; es ist ja auch eine recht dürftige Bestätigung): Also kann man es auch *nicht* so ausdrücken?

A.: Wohl lehrte Schefer eine Sorte Pan=Theismus trotz Einem. Im Ganzen hatte sich ihm, aus Leben und Studien, aus Büchern und Erfahrung, eine Art wohltuenden Agnostizismus' ergeben; ein redliches Manichäertum, halb Ahriman halb Ormuzd.

B. (schlau): Ein orthodoxer Christ würde ihn also ‹ungläubig›, und ‹links› nennen?

A.: Genau. – Nach 1850, als bei uns, wieder einmal, die Reaktion im größten Stile einsetzte, haben ihm Gegner immer wieder die »merkwürdige Mischung feindseligen Hohns gegen Staat und Kirche, und tiefen innigen Gefühls für Glück Bedeutung und Segen der Familie« bescheinigt. / Er sah eben nicht nur ‹das Gute›; sondern auch den sinnlosen WALDBRAND. Er beschrieb die wundersam rot= und grünschillernde Großwolke, die sich über die kleinasiatischen Gefilde feierlich herandreht, und ihre Folgen : denn es ist ein Heuschreckenschwarm, und es knuspert und knistert und »schnurpst« unheimliche Seiten lang – ausgerechnet in der Geschichte vom GEKREUZIGTEN, dem Prä=Kommunisten Böre Dede Sultan. Die ‹Jenseitsneugier› des Christen, ist bei Schefer ersetzt durch die ‹Diesseitsneugier› des gebildeten Fatalisten : nicht nur das Lächeln liegt um den Mund des Erfahrenen; sondern auch das *Grinsen des Weisen !*

B. (nachdenklich): Seine Stellung zur Religion also – oder, da das bei uns ja für identisch gehalten wird : zum Christentum – geht vom jünglingshaft=ablehnenden Trotz an; bis zur gelassenen, halb freudigen halb eisengrauen, Resignation ?

A.: Ich gebe einige bezeichnende Kurzzitate dazu : 1804 entwirft er den FEHDEBRIEF AN EIN UNDING, an Gott : »Mit Dir heraus, Du gift'ger Bluthund ! / Ich bin Dir ebenbürtig, wie Du mir !« / Dann, in immer ruhiger werdenden Tagebucheintragungen : »So wahr als ich bin : so wahr ist Gott nicht !«

B. (nachdenklich murmelnd): Umkehrung des ‹Cogito, ergo sum› . . . .

A. (fortfahrend): Oder : »Gott hat den Menschen geschaffen ? : Es mag wohl umgekehrt sein. « / »Frische und gesunde Leute sind geborene Freidenker. « / »Was verlöre die Welt, wenn kein Gott wäre ? : sie bliebe doch wohl noch dieselbe !« / »Ich lebe nur, solange mein Körper lebt. Ich gehe sorglos an die offene Tafel der Natur zu Besuche. Ich lebe seitdem mehr gleichgültig, weder böse noch gut. Ich folge nur mir : aber deswegen hab' ich mehr zu tun, als alle Gesetze von mir verlangen !«

B. (anerkennend): Ein schöner und vertrackter Gedanke : daß Der richtig lebte, der – wenn auch alle Gesetze und Religionen aufgehoben würden – nichts an seiner Lebensweise zu verändern brauchte. – Hmhm . . . . . .

A.: An der Bibel interessierte ihn – wie übrigens viele Künstler – am meisten das Alte Testament. Über die kommende Religion hat er einen tiefsinnigen Satz . . . . . .

C.: Die Kunst wird am Ende alle Völker, alle Sinne vereinigen. Ihre

Wahrheiten sind unleugbar, ihre Schönheiten Jedem fühlbar. Sie ist ein Kind des Menschen, eines Kindes der Natur : sie ist, als rein menschlich, die einzig wahre Religion für den Menschen, zu der sie sich Alle bekennen sollten, und werden.

A.: Genial=bizarre Themen finden sich überall : in den Gedichten erscheint Benjamin Franklin als Re=Inkarnation des Prometheus. / In SULEIKAS HAUT werden die ‹Lebenswerkstätten› durchschritten . . . .

D. (leicht schaudernd):

Da lasen sie an ungeheuren Bütten,
voll weißen Brei's die Aufschrift angemalt :
‹Gehirn für Menschen› . . . . . dort : ‹Gehirn für Bienen› . . . .
‹Gehirn für Elefanten› . . . . . da : ‹Für Mäuse›.
Dann lasen sie an Riesenschalen, groß
wie Erdenteiche : ‹Blut für Löwen› . . . ‹Ziegen› . . .
‹Für Fische, kalt›, ‹Für Schlangen, weiß›.
Dort lagen
Gebirge
: ‹Braunes Haar für Menschenkinder›,
und Lüfte spielten unterdeß damit . . . .
Noch weiter sahn sie Berge Diamanten :
der Wesen Augen; von dem Milbenauge,
vom kleinsten bis zum hellen Sonnenauge . . . . . .

A.: Der EWIGE JUDE erlöst sich kurzerhand selbst, indem er in der Türkei einfach zum Islam übertritt, und dem Herrn des ‹Auge um Auge›, bei Schweinebraten und Wasserpfeife, ein Schnippchen schlägt : kein schrulliger Einfall; sondern lediglich Ausdruck der Ansicht, daß ‹ewige Strafen› für uns arme Luder völlig fehl am Platze sind : das hat der Schlimmste von uns nicht verdient ! / DER CONVENT DER 500 HAGESTOLZEN DER REPRÄSENTANTEN DES AMERIKANISCHEN FREISTAATES MAINE, in dem, ironisch und geistvoll, die Ehelosigkeit angepriesen wird. / Der GLOCKENKLÖPPEL; wo er – im Anschluß an Schillers GLOCKE – die Gesellen auf einmal feststellen läßt, daß ihre ganze Glocke ja gar nicht klingen könne : weil Schiller den Klöppel zu gießen vergessen hat ! Und nun wird die nachträglich=hastige Anfertigung dieses Klöppels possierlich geschildert. / Oder hören Sie das Wort von der Macht der Dichter, wie es das SYMPOSION DER GÖTTER verkündet . . . .

C. (diesmal gleichzeitig zitierend und referierend; es wird sonst allzu klein gehackt): »Mir träumte, bei den Göttern war ich froh zu Gast; / ich lag bekränzt an ihrem goldnen Tische mit« – *(mit veränderter Zwischenrednerstimme, etwas leiser wird genügen):* Da bekommt er von ihnen die Kraft verliehen, alles das wirklich zu machen, was er singt; und nun . . . . . »als mir aus meinem Mund Felsstücke, Berge gar / und Bäume flogen; Hirten, Lämmer, alles voll; / vor allem schöne Jungfraun tanzend in der Luft, / daß Zeus und Aphrodite mit Apollo selbst / versicherten, sie hätten niemals so gelacht !« . . . . Auf Heras schelmisch=impertinente Erkundigung, ob er denn immer unvermählt bleiben wolle, ersingt er sich flugs die Liebste: sie erscheint; zürnend, voll Schaam. Und als er nun auch noch von ihren gemeinsamen Kindern und deren Zeugung singt – und diese plötzlich im Göttersaal laut und keck schon umherspringen – erbleicht sie zürnend, und sinkt gestorben hin. / Da beginnt der Dichter zu grollen; und singt ein Lied, das vom Tode der Götter handelt : und siehe, sie sterben wirklich ! . . . . »Nur kalte, todte Götter faßt' ich an. / So geht es Jedem, den die selber arme Schaar / der Götter, willenlos, an ihre Tafel zieht, / den goldnen Lebenstisch : Gesang erschafft umher / uns unsern Traum lebendig. Liebst Du morgen noch, / so liebe morgen frei und treu, nie menschenscheu / : denn morgen sind sie – bist Du – sind die Götter todt !«

B.: Ihr ‹Zungenkonterfei› wird tatsächlich immer interessanter – : wo kam dieser Schefer eigentlich literarisch her ? Ich meine : kein Dichter – kein Mensch überhaupt ! – steht ja ‹auf sich selber so ganz allein› : wen kann man Schefers literaturgeschichtlichen ‹Vater im Geiste› nennen ?

A.: Einen, den er nie sah; der aber dennoch – ‹im Geist› ist dergleichen eben aufs Schönste möglich – sein genuiner Ahnherr ist : Wilhelm Heinse ! in dessen ARDINGHELLO, HILDEGARD VON HOHENTHAL, ANASTASJA ODER DAS SCHACHSPIEL, glüht der gleiche, weltzugewandte Geist. Es ist derselbe Schauplatz; die gleiche Schätzung der Kunst; die gleiche diesseitige Gesinnung : HAFIS IN HELLAS. Man darf diese Herleitung getrost vornehmen; denn die stolze Behauptung, ‹Man sei Niemandem etwas schuldig›, ist immer dubioser Natur; die kann den Sehr=Reichen ebenso zieren, wie den Ganoven, dem kein Mensch mehr etwas pumpt.

B. (hartnäckig): Schön. Und weiter : hat Schefer – Sie vindizierten ihm zuvor eine ‹insulare Existenz› – Schüler, beziehungsweise etwas dem nennenswert=Ähnliches, gehabt ?

A.: Abgesehen von Einzelzügen – wie zum Beispiel seine VIRGINIA ACCOROMBONI mit Tiecks späterer VITTORIA ACCOROMBONA zusammenhängt : alles Themen, die anzugehen ich noch nicht arm genug bin – haben Zwei, und zwar recht bedeutende spätere ‹Gute Meister zweiten Ranges› ihn stark benützt. – / Im Laufe des Jahres 1836 empfing Adolf Freiherr Brenner von Felsach, eine ganze Anzahl Briefe, in denen ihm sein Busenfreund – *(kleine Pause):*

300 Zeilen lang 7 Gedichte abschrieb, ohne ihm den Verfasser, »auf den Jener raten solle«, zu nennen : ‹Sterngedichte›, und solche von ‹Wassernüssen› – sie entstammen sämtlich dem LAIENBREVIER Schefers ! Und auch die berühmte Vorrede zu den BUNTEN STEINEN, das ganze ‹Sanfte Gesetz›, geht auf Schefer zurück : »Dem Größten fehlt Geschichte. / Das Kleine ist Geschichte, und ist klein !«

B. (skeptisch): Ist das bekannt und offiziell genehmigt ?

A.: Soweit ja. Weniger – vielleicht noch gar nicht untersucht; ich bin kein Stifterfachmann; seit 1953 kann allerlei geschehen sein – ist der Einfluß der Scheferschen *Prosa* auf die Kunst Adalbert Stifters; (vor dem ich übrigens alle Achtung habe; man hat das aufgrund meiner Dekapitierung des NACHSOMMER vielfach verkannt : in den STUDIEN – in denen vor allem ! – aber auch in den BUNTEN STEINEN, den ERZÄHLUNGEN, und im WITIKO finden sich ‹Dinge›, vor denen ich ohne weiteres salutiere.) Von Schefer nämlich, hat Stifter die Technik der endlos=langen, der ‹fressenden›, den Leser ‹aushöhlenden› Groß=Schilderungen erlernt : ist doch der berühmte EISBRUCH der MAPPE – wie Sie vielleicht jetzt schon zugeben werden – nichts anderes, als der ‹gekonterte› WALDBRAND : Verwandlung von Feuer in Wasser ! Der Hagelschlag im KATZENSILBER das Pendant zu der schon erwähnten Heuschreckenwolke in Schefers GEKREUZIGTEM. / Auch einzelne Motive schuldet Stifter ihm : in den ABDIAS hat er die Rosalie und ihren betäubenden Blitz aus Schefers KUSS DES ENGELS übernommen. / *(Halblauter, aber desto nachdrücklicher; eines der ‹Dinge› die man noch nicht sagen darf):* Von Schefer datiert auch der ‹merkwürdig› fatalistische Zug Stifters – bei einem angeblich so eingefleischten Katholiken befremdlich genug – *(noch leiser):* falls man sich nicht allmählich entschließen sollte, Stifter als ‹unfromm› zu werten : ich habe ihn längst im herrlichsten Verdacht deswegen ! – Hier ist jedenfalls noch Stoff zu Vergleichungen die Hülle und Fülle.

B. (mit Vorbehalten): Das warten wir also vorsichtshalber ab, bis die Filologen zu ‹Ergebnissen› gelangt sein werden – die ‹Stifter=Gesellschaft› mag erst einmal ‹Stellung nehmen›. / Ja und der zweite bedeutende Schüler ?

A.: Zu den – nach Goethes humorigem Ausdruck – ‹Fasanen und Kapaunen›, mit denen Edgar Poe ‹sein Bäuchlein gemästet›, gehört auch unser Schefer : nicht umsonst ist die erste Novellensammlung, 1825 bis 29, in Deutschland ein so rares Stück : 2.000 Exemplare nämlich wurden, unter Schefers eigener Vermittlung, 1830 nach den USA verramscht.

Vergleichen Sie etwa seine PFLEGETOCHTER – in der bei Gewitter die scheintote Lady wieder in den Saal tritt – mit dem HOUSE OF USHER. DONNA PAULA mit den SPECTACLES; den ZWERG mit HOPFROG. Undsoweiter; es wäre auch eine Dissertation wert. / Jakob Wassermann's ‹Graf Erdmann Promnitz› – schlicht gestohlen von Schefer – wie auch des, heute noch unbekannteren, Wilhelm Wolfsohn ‹Neues Laienbrevier› und ‹Osternacht›, seien nur am Rande erwähnt.

B.: Das erledigen wir heute Abend nicht mehr. – Schefer lebte also, in selbstgewählter Isolation, in seinem Muskau dahin; von den Zeitgenossen geachtet und geschätzt . . . .

A.: Das nun eben nicht ! Ein rheinisches Plappermaul, ‹Müller von Königswinter› – dessen ‹Bedeutung› man durch 1 Lexikonsatz abtun kann : ‹In seiner Heimatstadt wurde ihm 1 Denkstein errichtet› – der also sprach im Namen von Schefers Zeitgenossen . . . . . .

C. (geziert=deutsch):

Welch kunterbunt Geschnörkel
von lauter Seltsamkeit ! –
zu suchen Auslands=Dunst,
Kopfhängen, Würze naschen :
das ist nicht deutsche Kunst !
Die Türken und Chinesen,
wir halten gern sie weit;
und auch das Slawenwesen
paßt nicht in deutsch Gebreit !

B. (nüchtern): Für meinen Geschmack 1 decouvrierendes Mal zu oft mit dem Wörtlein ‹deutsch› gearbeitet – : zitieren Sie was Besseres !

A.: Wie wär's mit Wolfgang Menzel ? – : »Seinen Kirchenhaß äußerte Schefer meist in Versen . . . . . dieselben erscheinen ganz harmlos und sentimental, sie verbergen aber eine zitternde Wut. Seine Poesie gleicht einer sanften, das Auge anlockenden Blume, deren umheimlicher Geruch aber bald ein tödliches Gift verrät . . . . . er hat unter den süßesten Redensarten von der Welt das Christentum als das heilloseste Übel bezeichnet, das je die Welt verpestet, und seine Mitmenschen gleichsam mit dem innigsten Mitleid gebeten, doch ja von diesem Übel abzulassen . . . . Es liegt etwas diabolisches in dieser Manier . . . «

B.: Menzel, wie er leibt & lebt. – Bei aller Achtung vor der immensen Belesenheit seiner Literaturgeschichten muß man sich ‹sobald er urteilt› immer die 1 Regel vor Augen halten : die von ihm Getadelten sind grundsätzlich erste Garnitur. / Also zitieren Sie noch was Besseres !

A.: Heinrich Laube, der ‹Jungdeutsche›, der Verfasser der KARLS-

SCHÜLER, der auch als ‹Politischer› redlich seine 9 Monate in der berliner ‹Hausvogtei› abgesessen hat, wurde eine zeitlang in die ‹Verbannung› geschickt – nach Muskau eben; und er hat den alternden Schefer in seinen ERINNERUNGEN beschrieben . . . .

C.: Schefer war ein Muskauer und lebte in Muskau. Lange Zeit war er oberster Verwalter daselbst gewesen; jetzt lebte er im Pensionsstande. Er hatte sich am Ende des Städtchens ein originelles Häuschen gebaut; es stand in einem kleinen Gemüsegarten, und er hauste da wie ein bescheidener Bürger mit seiner Familie, welche ganz kleinbürgerlich geartet war. Alles an ihm, Schrift wie Wesen, erinnerte an Jean Paul; an einen Brahminen, welcher geduldig Sonnenschein und Regen, Gedeihen und Vernichten, hin nimmt . . . . . . Frau Schefer war da anderer Meinung, und verlangte reellere Gaben zur Beglückung; er aber lächelte zu ihren Einwendungen, nahm 1 Prise, und ging zur Tagesordnung über – zum Schreiben an einem großen Tisch, der mit vollgeschriebenen Papierbogen bedeckt war . . . . . / Er war von kleiner Gestalt, und sah sehr schlicht aus. Ein röthliches Antlitz, ein ziemlich kahles Haupt, eine ruhige, immer sinnige Sprechweise, kennzeichneten ihn : große Toleranz für alle Meinungen war ihm eigen.

A.: Selbst sein äußeres Leben ist noch weitgehend ungeklärt; trotz BRENNING's handwerkerhaft=halbredlicher Vorstudie : Der war nicht der Mann, Schefer zu würdigen, dieser entlaufene Theologe, dem vor der ‹Erotik› und ‹Atheistik› immer wieder schauderte ! Hier eröffnet sich ein endloses Arbeitsfeld für einen guten Biografen. / Über Schefers letzte 5 Jahre weiß man so gut wie nichts. – Die letzte, bisher=finale Eintragung, vom 9. Juli 1859, ist die VERSTÄNDIGE GENÜGE . . . . .

C. (langsam=ältlich):
Auch nur das ‹Morgen› ist schon unerreichbar.
Der Tag und jede Stunde aber ist
mit Allem, was sie bringen und enthalten,
es sei nun gut, nun schlimm, nun klein, nun groß,
für sich ganz eine eiserne Erfüllung,
die überstanden werden muß von Allen . . . . .
Das Allergrößte – auch das Allerkleinste –
den trüben Sonnenaufgang mußt Du nehmen,
den heißen Tag, den Regen oder Schnee :
Dein Morgen, heut, wird nie ein andrer sein !
Dein hartes Brod zu Deinem Frühstück heut
wird nimmermehr Dir je ein weiches sein –
es müßte Dir die Welt denn sonst ganz anders

von Anbeginn bis in das Heut verlaufen.
Dein heut versalzner Fisch am Mittagsmahl
bleibt Dir auf alle Ewigkeit versalzen;
Du kannst ihn nur entbehren – oder essen.
Den schlechten Wein ? : Nur meiden, oder trinken.
Dein hartes Bett ? : Verschmähen, oder drücken. –
So grolle mit den Deinen nicht bis Nacht :
ein Jeder hat es möglichst gut gemacht :
Jed' Heut ist von der Vorzeit Bann bedingt !

A.: Am 16. Februar 1862 starb, 78=jährig, zu Muskau, wo er geboren war – das eine ohne; das letzte mit seinem Willen – einer unserer besten Meister zweiten Ranges; einer der LAVALEUTE; wohl Edgar Poe vergleichbar – von ‹seinem Volke› vergessen noch immer :

Leopold Schefer. –

C. (geheimnisvoll): »In seinem Nachlaß fand man eine versiegelte Rolle, in der man noch eine wunderliche Schrift vermutete. Als sie eröffnet ward, sah man ein wunderbares Bild :

Es war ein über alle Worte erhaben schönes Antlitz; ein Kopf – ja, nichts als Gesicht, mit großen, reinen, unaussprechlich wichtigen Augen, aus dessen Zügen die zärtlichste Liebe quoll. Ja, es fehlten in den Wangen die Grübchen nicht. Reiches Haupthaar umfloß das Gesicht, und verfloß darunter, in den vollen, breiten, lockigen Bart, der in einer Spitze schloß – nicht in zweien, wie sonst die Jesusbilder ! / Dieses wunderbare, überirdische, göttliche Gesicht umschloß, über den Scheitel hinweg, an den Wangen herab, und unter dem Barte sich wieder vereinend, ein Blumenkranz, von bekannten und unbekannten Blumen. Das colossale Ganze war bloß in Gold gemalt : wie in der Weise punktierter Kupferstiche waren alle Züge, – Augenbrauen, Augensterne, Lippen und Locken des Barts : lauter Sternbilder ! Nebelflecke und Milchstraßen. – In der Verschlingung einer Winde fand sich die Sonne – und, als 1 kleiner Goldpunkt : die Erde !«

D. (erst normal; dann immer leiser werden; nur den einen Namen injizierend):

L e o p o l d   S c h e f e r
Leopold   Schefer
Leopold   Schefer
Leopold   Schefer

CARL SPINDLER

16. Oktober 1796, Breslau – 12. Juli 1855, Bad Freiersbach in Baden

DER VOGELHÄNDLER VON IMST

Gespräch über Carl Spindler,
sowie über die Historie im Roman

Sprecher :

A.: Referent; im 60'sten; lädierter BaßBariton.
B.: TextilFabrikant; gebildeter 45'er; Bariton.
C.: Dessen Gattin; ebenfalls literarisch int'ressiert, diese allzuzeitgemäße Schwäche jedoch lieber durch verwegne Einfälle tarnend; nahe 40; she's a mezzo.
D.: B's Neffe; Anfang Schwanzig, also Urwühlerbart; Tenor.
E.: Dessen BlumenKind; dressed within an inch of her life, und lang=dünn an sich selbst gekettelt; 19 ?; ein Sopran.
} dh die bekannten vorsätzlichen Bärenhäuter : gepflegte Ungepflegtheit dekorativ angeschmutzt

HundstagsMittag : die Weiße Brust einer Wolke, (‹topless› wie in Sans=trop=peu). Horizont kiefernborstig. Links, im Vordergrund, ein durch ungemähtes Gras davon=watender Katz. / Vor einem, gute 8 m langen ‹WohnwagenAnhänger› alle 5 Beteiligten : B=C als zeittrunkne Eigner, stolz erwartend. D geübt malcontent; E goldmünzt. Neben A ein Pappkarton mit kleinen Büchern; man hat ihm – schonend vorbereitend – einen bunten Prospekt in die Hand gegeben; den er, unerfreut, mit dem Original vergleicht : ? –

A. (abmurmelnd): – ‹. . . erst das Denken im Detail rechtfertigt das Große : mit viel know=how und Umsicht . . .› – : also die Sprache der Dinger könnte einen Heiligeren zum Fulminieren bringen.

D. (leicht spöttlich): ‹Whatever is, is right› ! Es gibt diese Dinge. Zehntausendfach.

A. (gefaßt): Sie mißverstehen mich, Incroyabelster. Ich beanstande mitnichten das Gerät, wohl aber die Karibik seiner Beschreibung – : ‹Der Größte. Der Unvergleichliche. Der Schönste! Gleichzeitig der Teuerste. Sein Name ? . . .›. – *(zu B=C):* Und damit waren Sie hinterm Eisernen Thor ? – *(Er sieht sich nach seinem Karton um; – er murmelt):* 'Ch glaub, ich geh lieber; – vielleicht ein ander Mal . . .

C. (mit hastiger Energie): Nichts da ! Jetz' wird erst ma' mit reingekomm'm, Verunglimpfendster; (vielleicht hab' ich umsonst drinnen all die Tischchen gedeckt ?). – *(schmeichelnd):* da können Wir Uns auch, in aller stillen Tobsucht, die hübschen roten Dingerchen=dort ansehen – wenn mich Phöbi Glanz nicht irreführt, so ist's KleinOktav ?

B.: Nun, dann mögen's immerhin 102 Bändchen sein. – *(Er hat einen Blick auf einen der Deckel geworfen : ? – halblaut):* ‹CARL SPINDLER› – ? – ist mir nicht, als hätt' ich den Namen, kurz vor Methusalems Zeiten & im Halbschlaf, schon mal vernommen ?

C. (um A. keinerlei Zeit für Erwidrungen oder Ausflüchte zu lassen, zu D=F): Wo habt *Ihr* denn Eure Räppchen wieder lauf'n lass'n ? – Im ‹Greulichen Bruch› ?; (so sieht's auch aus; aber) : *so* kommt Ihr mir nich über'n PerlonTäppich : zieht erst die Schuhe aus ! – Wàs ?; die *sind* schon aus ? ! – : dann führt Euch geg'nseitig erst ma' untern WasserHahn, Inurbanste. Loslos; macht mich nich mißfidel ! *(Sie treibt A. vor sich hinein ins WohnwagenInnere; (ergo Stimme verhallend)):* Von mir aus lacht Euch die Zwergfelle in Stücke : *Wir* sind hier wohl *auch* genialisch; aber . . .

A. (seufzend): In GotzNam'm . . .

(Leichter sommerlicher Gong. / Gleich darauf A=B, gelehnt an ‹Daniella=Teak›. / C. schenkt die Gläser voll eines durchgeschmuggelten Rumänischen Roten; sie spricht dazu)

C.: Also ich hab' wahrlich nich mein'n dies criticus; und chaque fou à sa marotte; aber 'n Kamm ins Haar bring'n, hätt'n die Beid'n heut doch wirklich mal könn'n.

B. (beistimmend): Jenseits des Retyezat fiel's nich weiter auf; da sah schließlich jeder Schafskopf im Schafspelz so aus : aber von Natur halt. – *(Da C an Kühlschrank (‹60 Liter !›) und WasserTank zu schaffen hat; vertraulich leis zu A.):* Die Weiber zwar gelbbleich wie Unschlitt; aber brilljante Wad'n : sämtliche circuli vitiosi hinreichend sichtbar . . .

C. (warnend herüberrufend): Ich stutze . . .

(D und E kommen, mit höhnischen Gesichtern, durch die ‹Stalltür› (‹verstellbarer Kiemenlüfter›) gebarfüßelt – der unumgängliche ‹Protest› drückt sich durch SohlenPatschen aus. Sie setzen sich; und starren A. ungeniert an : ? – : ! – / C. nimmt dito Platz. Reiseschildernd)

C.: Standquartier war Baile Herculane – *(verliebt):* also die U=Dur=

Sprache der Leute! – Hier, seh'n Sie ma' ... *(Sie liest den BuchTitel ab):* BARBU STEFANESCU: ‹Trubadurul›: 'ch versteh kein Wort vom Inhalt; bin aber hin! – D's war sogar 'ne alte RömerSiedlung ...

D. (herüber nickend): Fingerbreit nördlich von Orsova.

E. (lebhaft): Auf den Dörfern immerfort ‹Wurst=Bälle›: Murmel-Geplauder von MethLiebhabern ...

B. (bestätigend=berichtigend): Spezialität: im Ganzen gekochte Kürbisse; die, noch dampfend, stückweis verkauft werden – ? – m=m̀: Geschmack etwas fahl. Die größeren Dörfer schon widerwärtig, da mit allen Untugenden von Städtchen behaftet: selbst in'n besseren Gasthöfen nur Löffel=&=Gabel; ‹Messer› führen die Gäste prinzipiell selber mit sich. – Dies eine WirthsTöchterlein, ‹Miriota Koltz› hieß sie, glaub' ich ...

C. (spitz): Ich stutze fort(e), Ghoulistanischster!

B. (sich berichtigend): ä=mit andern Worten: Reste von Tempeln ...

A. (nickend; er ist ein ausgesprochen ‹beschriebenes Blatt›): Ich weiß: Mehadia; das Dacische ‹ad Mediam›. Der Ort ist viel 'rumgekomm'm; war Römisch; Attila'sch; Türkisch; Östreich=Ungarisch: ‹Ich laß es ungemeldet; das fördert schneller ans Ziel› ... *(er erzeugt ein höfliches Gesicht zu E=D hin: ?)*

D=E. (gleichzeitig sprechend – es macht sich gar nich üb'l): Ist das nicht genau das bekannte ‹Wandern im Sande› der Herren Hirn=Künstler? Die in dem Rührei aus Unsinn, das Wir ‹Die Gegenwart› nennen, nicht mehr zu unterscheiden wissen zwischen Speck und Spinat? – *(Sie heben, und nich ma' leis', zu pfeifen an).*

C. (ungehalten D=wärts): Heb Dir Dein'n chaotischen Elan für andre Gelegenheiten auf, Sohn einer Trompete. – *(zu E.):* Kannst *Du* Uns übersetzen, was er meint, Gleichschenkligste?

E. (mit Teener=Nachsicht): Ganz einfach. – : ‹Wir hätten das Glück, keine poetischen Naturen zu sein; und gewahrten also den Nexus immer noch nicht, zwischen der ‹unaufdringlichen Romantik der RöschenTapete› hier, Herr Carl Spitt'ler dorrt; der WeltHistorie einer=, und Unserm stillen Trip zum Vulkan=Paß andererseits› – : hab' ich Dich recht gefaßt, Inspirierendster?

A. (der geduldig in den Büchern gesucht hat): Einen der gewünschten Zusammenhänge kann ich sogleich herstellen. – *(Er liest vor):* ‹Ich schicke Sie nicht nach Dieppe, (sagte ich), und nicht nach Nizza; am allerwenigsten in ein deutsches Bad – die deutschen Brunnen sind nicht energisch genug. Wir Deutsche verstehen wohl das Pumpen aber nicht das Baden: *das* lernen wir nur im Ausland; und was *da* her kommt, tut uns unbedingt wohl. Und deswegen, Herr, schlagen Sie den Weg nach Mehadia ein!

Dort hinten, bei den Türken, in der Gesellschaft von Bosni= und andern Hanaken, springt die Quelle, die Ihnen gut tun wird ... dieses jenigtselbe Mehadia liegt in einem Bergkessel – *alle* Bäder liegen in Kesseln ...›

C.: Ein schöner Satz; (und gut zu merken) – kommt auch direkt das ‹Herkulesbad› vor?

A. (nickt, und fährt bestätigend fort): ‹das ist das KapitalWasser von 240 Pferdekraft! : Fahret hin, Erkältung, Rheumatismus, Gicht und Podagra jeglicher Art ...› – ?

denn B. (hat, um's Wörtlein bittend, die Hand erhoben): Die Kunst, Andere zu unterbrechen, sei auch mir nicht fremd – : von *wann* ist das Stück?

A.: Es sind die – wie der nur zunächst unförmlich anmutende, in Wahrheit recht tripelbödige Titel des Buches lautet – ‹Lustige Geschichten für ernste Zeit. Weltansichten, Historien und wunderliche Bekanntschaften vom Touristen Theophil Langenstrick, genannt Grand=Fusil›, von 1850 – : was war Ihnen da auffallend, Hermeneutischster? – *(da heut ja anschein'nd SuperlativTag ist).*

B.: Der früh=witzige Gebrauch des ‹Pferdekraft›, Unterrichtendster. – Aber da hätten Wir ja gleich das Erste=Nähere : ein ‹gereister Mann›; und ‹blühte um 1850›?

A. (bestätigend): Sanders, in seinem Großen Wörterbuche, führt Spindler unter den BelegAutoren für die Zitate mit auf. Schopenhauer schreibt von ‹einmal renommierten Federn, wie früher die der Spindler, Bulwer, Sue›. – Aber jetzt werde natürlich auch ich einer Abschweifung schuldig : Sie waren tat*säch*lich auf dem Plateau des Orgall?

C. (schenkt ein, und spricht dazu): Sehr wohl : unser Ausflug nach dem ‹Karpathenschloß›, das ist *auch* so etwas, was Sie dereinst vor GOttes Thron mitnehmen dürfen, – tz, die *Haare* möcht' man sich rauf'n, wenn se nich so viel kostetn! – Der Abend vorher noch so lau und schön. Der pucklije Mond, mit halbgeschwärztem Gesicht und vergoldeter Nase, bevoyierte die ‹Langbettgruppen in Bug und Heck› – *(sie zeigt mit den Fingern zugleich nach rechts und links):* – ich will's nur zugesteh'n : ich *hatte* leis' auf eine gewisse Maulfaulheit und Immobilität gestichelt ...

B. (ironisch): ‹Leis›! – Und mir war das Haupt grad so schön entsunken, da der Saribant an mit rüttelte ...

C. (desgleichen): ... ‹entsunken›, Apoplektischster? : ein Schnarcher, der nur auf Sekunden eine Pause machte; um alsdann wieder, mit einem förmlichen Gebrüll, zu beginnen?! – *(zu E.):* Und dabei Wir, à la ‹International Temptress› gekleidet!

E. (ganz feinstimmige Wissende): Das ist, gelind gesagt, wahr : ‹Zum

Ehstand sich bequemen, heischt LöwinnenMut !› – *(anzüglich zu A. hin):* Bulwer. – *(ein wenig schwermütig):* Das entgegengesetzte Geschlecht gewährt, ungestreichelt, selten solch Gesuch. – *(zum knurrenden D., tischüberhin):* Ja wie ? : hattest Du nicht selbst, beim Namen ‹Jules Verne›, eine, (Dich durchaus kleidende), Faszination zu erkennen gegeben, inter=canem=et=luPumster ?

D. (ansonsten abweisend): Weil Verne sich, zumindest die ersten 60 Jahre lang, bemüht hat : nie ein Irmensäuligster zu sein, künstlich jedwedem fremden Zusammenstoß entzogen. Obwohl er seine Sächelchen in einer gräßlichen DissertationsProsa vortrugte. Dabei sind ‹Worte› durchaus ‹Dinge›; (wenn nicht gar Kolonien von Dingen !).

C. (aufmunternd zu D.): Das ist – wenn auch nich gänzlich neu – so doch wenigst'ns 'n Satz : darüber schreib mal Deine nächste Seminar-Arbeit, Vertagendster !

D. (ablehnend): Es gibt Naturen, bei denen Das Gespräch ihre Art zu produzieren darstellt.

B. (kopfschüttelnd): Was Ihr HalbHerren so für Kunstausdrücke bemüht, um Euer steriles MarathonGewäsche vor Euch & der Welt zurechtfertigen – dabei läuft's am Ende nur auf ein ‹Lob der Unarbeitsamkeit› hinaus, oder auf die zureichende Begründung des WirtshausGehens. – *(da er sieht und hört, wie A. eifrig in einem der Bändchen, es ist der ‹Fridolin Schwertberger›, blättert):* Nee; nichts Einschlägiges vorlesen : stärk'n Se Denen ja nich noch de Faulheit, Einschiebselndster !

A. (liest): ‹Mein Grundsatz ist, dem Glück, als unserm höchsten Meister in der Welt, immer eine Thüre, oder, wenn's sein kann, einige, offen zu halten : ich setze in alle Lotterien; irgendwo, denk ich, *muß* es einschlagen; und dann verdien' ich, mit wenigen Gulden, ohne ferneres Zuthun, tausendmal mehr, als ich mit hunderttausend Hobelstrichen gewonnen hätte, die mir den Arm stumpf machen, und gerade nur für Maschinenmenschen eine passende Arbeit sind. Wer etwas im Kopf hat, der soll spekulieren, und die Taglöhnerfrohne Andern überlassen : mit den Kunden scharwenzen und pastetlen, daß man nur das tägliche Brot davon habe, das ist keine Sache für einen freien Mann und Bürger; das mögen meine Gesellen thun; das regt *mich* nicht an. Wie sind die Leut' mit mir umgesprungen ! : ich sei faul, und trinke gern, und habe kein Sitzfleisch, und sei ein schlechter Hausvater, und was dem mehr. Dennoch hatte ich *gerade nur Unglück !* Wenn einmal ein Geschäft nicht gehen *will* – nicht wahr, Gevatter ? – so *geht es nicht*, und wenn der Teufel auf Stelzen käme. Überall ist ein Schicksal vorhanden; und darüber kann kein Mensch, und wenn er sich tot hetzt und schindet, und sich die Finger bis unters Schulterblatt abarbeitet. Ich Esel hab mich anfänglich sehr gekümmert, wie die Leut so lieblos schwätzten; aber was half's ? Die Sach ging drum nicht besser. Ich nahm mir vor, ein übriges zu tun. Ein paar Spießbürger hatten mir geraten, der *Früheste* in der Werkstatt, und der *Späteste* darinnen zu sein; das bringe Glück – ja, prost die Mahlzeit ! : *dumm* wird man bei der GaleerenArbeit, blitzdumm; und – es nützt platterdings nichts ! Denn es ist gewißlich wahr : wenn die Hand auch will, so will das Werkzeug nicht, wenn einmal's Unglück drinnen sitzt. Das ist kein Aberglaube . . .› : ?

D.=E. (nachdenklich nickend): Bitte, weiter –

A.: ‹So oft ich mir dachte, und vornahm : Jetzt willst Du Dich recht zwingen, und ein Stück hinarbeiten, daß der Himmel davor Respekt haben muß – was geschah ? Das konträrste Gegenteil ! Bald bogen sich die Ahlen wie die BauernFünfer, und ließen sich nimmer grade klopfen, oder brachen sie kurz und gut; und Adieu Arbeit ! Oder das Schneidmesser ward plötzlich stumpf; oder die FalzZange wollte nicht mehr kneipen; oder ich hieb ungeschickter Weise den Texel statt in den Sattelbaum in meinen Fuß. Brach nicht der Draht alle Augenblicke, so war's nicht recht; und war mir das Leder nicht ausgegangen, wenn ich's am nötigsten brauchte, so war's ein Wunder. Da hielt kein Stift; da packte kein Nagel; da paßte kein Riem; da pickte kein Kleister – kurz, kein Glück und kein Stern.›

E. (angeregt): Genau wie Du neulich Deine ProtestSongs druckreif machen wolltest, Gitarreschwirrendster ! : da war auf einmal kein Papier im Hause; das Farbband transportierte nicht mehr; war auch bereits so abgeschrieben – *(strafend zu B hin):* Beweis von Fleiß *und* Sparsamkeit ! – daß man keine Buchstaben mehr sah; bei 4 Tasten erkannte man gar nicht mehr, was für Buchstaben drauf standen . . . Nein nein; das ist kein Aberglaube. Bitte weiter; ich vergrößere meinen Argumentenschatz gern.

B. (geruhsam): Die angeführten Phänomene könnten wohl auch noch andre Ursachen haben. Und fortgefahren wird *nicht,* Entremesigste . . .

A. (begütigend): Bin gleich fertig. – ä=*(er fährt fort):* ‹Wenn alles nicht half, ließ ich's freilich stehen und machte mir Feiertage. Das war vernünftig; aber während der Zeit bestahlen mich Gesell und Lehrjung'. Die Frau wirtschaftete verdrossen und schludrig; schlechte Kunden brannten durch mit starken Rechnungen, und ich hatte das Nachsehen; der Kaufmann dagegen, von dem ich Tuch und Borten, der Händler, von dem ich das Leder nahm, drangsalierten mich unbarmherzig. Des Hausherrn

Böse Sieben schikanierte mich mit der Miete, und hußte immer an meiner heuchlerischen Rippe – daher alle Stunden, zu Tag und Nacht, Verdruß und Streit; und alle Augenblicke eine Klage, ein Vorstand bei Amt, ein ZahlungsBefehl : vor den Gerichten verlor ich die Zeit; im Haus meine Ruhe. Da setzte ich mich immer mehr im Wirtshaus fest; und das war wieder vernünftig. Dort wartet sich die GerichtsStunde besser ab, als im Gericht selbst, mitten unter stinkenden Kaffern und dergleichen. Dort zerstreute und sammelte ich mich; und mied allen Anlaß zu Hader und Disput, den ich zuhaus gehabt haben würde : wenn ich immer hätt' im Wirtshaus verbleiben können, ich wär' der friedlichste und gehorsamste Bürger geworden und geblieben ! Aber – weil ich denn doch zu meinem Unglück ein Weib und Kinder hatte – mußte ich wenigstens zur Nacht heim; und die verdarb denn gewöhnlich, was ich am Tage gut gemacht hatte : wo ein Weib im Haus ist, tödtelet es schon, und kein Segen ist mehr darinnen.›

E. (halblaut): Was hab' ich vorhin gesagt ?

D. (bestätigend gähnend): Hat ja schon der alte Russell verfügt : die überkomm'ne Ehe und Familie tun's nicht mehr. Communen und Symposien . . . *(er gähnt).*

A. (freundlich weiterlesend): ‹Was der Gevatter da vom Wirtshaus gesagt hat, ist wahr und klar wie die Sonn' am Himmel : das Wirtshaus ist das beste Haus von der Welt. Dort zerstreut sich der Mensch von schwerer undankbarer Arbeit; dort ergötzt er sein Gemüt mit Gespräch und Gesang, und erquickt seinen müden oder sorgenvollen Leib. Dort hört er vom Krieg und Frieden, und wie's in der Welt draußen zugeht; macht nützliche Bekannte, findet nicht selten Kundschaft. Dort lernt er allerlei Vorteile für seine Profession, und hört von den Praktiken der bösen Zahler; dort spricht er vom gemeinen Wesen, und gewöhnt sich das Ofen-Hocken ab, das einem Mann übel steht, und selbst seiner Familie unerträglich wird; denn 's Weib kann's nicht leiden, wenn ihr der Mann überall auf den Fuß tritt, die Nas' in alle Häfen steckt; und die Kinder fürchten ihn, wenn er immer da ist, sie wissen schon warum. Nein nein, das Wirtshaus ist gut; und wenn die Pfaffen drüber schimpfen, so tun sie's, weil sie selber nicht hinein dürfen; und schelten uns Vollzapfe und Schläger und Müssiggänger – eins so unwahr wie's andere. Die sich im Wirtshaus prügeln, hätten sich auf der Gasse ebenfalls geschlagen : in der Regel machen sie's ja auf der Gasse aus ! Und die sich im Wirtshaus betrinken, hätten's auch zuhause gethan.›

B. (kühl): Ich glaube, wir kehren doch lieber wieder nach Rumänien zurück – *(unerfreut):* obwohl das, meiner Erfahrung nach, die größten

Ganoven sind, soweit die Welt rot ist – ? – *(da Eins gefragt zu haben scheint):* die idealen GeschäftsPartner sind die Chinesen, und besser noch als die Russen. – Aber zurück : gewiß war's ein regnichter rieselichter Morgen, da wir zum Vulkan=Paß aufbrachen . . .

A. (unerfreut nickend): ‹Rumänien=Offensive›, vom Herbst 16. – *(entschuldigend):* Ich geb's zu; ich bin, in jeder Hinsicht, ein schwer Kriegs-GeschäDichter; und kann Worte wie ‹Zelten› nicht gut hören, seitdem ich Pee=oh=weh war : bei Songs à la ‹Wir Campten im Allgäu, Wir Campen auf Sylt› verhalt ich mir die Ohren. – Sie aber caross'ten also in Richtung Werst ?

C. (lebhaft): Was in *meiner* winzigen Macht stand, hatt' ich geleistet. Hatte gewarnt, und gute Räthe gegeben – *(vertraulich): meine* Intentionen waren mehr auf Stadt und Festung Belgerad gerichtet gewesen : ‹bei Semlin schlug man das Lager› . . .

B. (ihr ins Wort fallend): . . . da jedoch keine Deiner, wohl an die tausend, Andeutungen berücksichtigt wurde, Intimidierendste . . .

C. (mit Würde): . . . stieg ich theure Donna Quijote – voreilig geschworen habend ‹to love, to honour, and obey› – stumm, aber wie ich hoffe bedeutsam, in den Mercedes. – *(energisch zu A.):* Glauben Sie an Ahnungen ?

A. (zögernd): Nicht gern. Denn entweder liegt unser Schicksal bis ins Kleinste *fest :* wozu dann ‹Ahnungen ?; sie ändern ja doch nichts. Oder aber es ist noch Alles offen ? : tja, dann sind gar keine Ahnungen möglich. – Aber ich versteh schon : Sie haben eine Panne oder sowas gehabt ?

C. (noch heut entrüstet): ‹Panne› iss gar kein Ausdruck, Antizipierendster ! : *zwei Stunden lang* haben Wir am, nicht vorhandenen, Straßenrand gehockt, und einander Rätsel aufgegeben, ‹Pfeifer saß im Graben und Pfiff›. Alle zehn Minuten ein Rennender, der gleichsam vierbeinig an Uns vorüberstäubte – so ‹Raitzen›, wissen Sie ? : Männer mit langen dünnen Zöpfen hinter den Ohren; die ihre Weiber vor sich her prügelten – nein : die SchicksalsPastete *dieses* Tages war selbst mir zu fett.

E.: Dabei war *das* grad das Bleibende ! – *(schwärmerisch zu D.):* Wie Du mir, beim fünften Anschieben, – und das kostete Achselschmalz !; (: ach, ich riech's jetzt wieder, Fred !) – *(sie wusch'schlt sich an ihn; schnuppert; und fährt, pobewegt, fort):* – wie Du, Intuitivster, Mir in's Ohr keuchtest : ‹*Das* wird Unsre nächste Tracht für Recklingshofen !› –

D. (gleichmütig): Jå; d's war 'ne Erleuchtung. – *(zu B.):* Wann wirst Du Uns endlich die zwei Rollen Markstücke dafür geben ?

B. (erstaunt): Wann & Wo bin ich Dir dergleichen schuldig geworden, Eklatantester ? Mag ja sein, ich erscheine Euch ‹undankbar›; aber früher hat man eher was *gezahlt* für's Mitgenomm'werdn ! – ? – *(Er feixt; er murmelt):* Müßt' natürlich ganz raitzend ausseh'n : SilberMünzen im OhrZoff; Zischmen an den Füßchen; süß=schnauzbärtig oben und untn; in der Hand den leichten=langgestielten Damen=Czsakan . . . *(wieder laut):* Du sollst das Geld haben – vorausgesetzt, Ihr haltet jetzt weitgehend den Schnabel; und ich brauch Euch vor=October nich wiederzuseh'n.

(D. & E. nicken unverbindlich. Er beginnt, zum äußerlichen Anzeichen der Unint'ressiertheit, mit ihren Äpfeln zu kosen; sie, lockkerhokkend auf ihren 5 Buchstaben. / Was A=B doch mit Augen verfolgen. – / Dann packt A. jedoch seine SPINDLER=Ausgabe aus : . . . – . . . – . . . zum Gespräch auf Baukasten=Ebene. Anschließend blickt er, gefaßt, durch's ‹Fenster mit Grün=Pigment›. / B. – (nachdem er mit C. geph'listert hat) – greift sich das ein= & andre der rotrückigen heraus; und sieht nach dem (oftmals mangelnden) Inhaltsverzeichnis : ? – : ? – / C. geht. Und kommt; und stellt Becher mit ‹SalzStangen› auf. Nimmt dann endgültig Platz; und erkundigt sich)

C.: Unter welchem Namen verehre ich seinen Geburtsort?

A. (vorsichtig): Spindler stellt einen der Fälle dar, wo ein beliebter Autor sich, mit Erfolg, gegen die meist überflüssige Neugier bezüglich ‹Vita & Bio› zu wehren verstanden hat.

B.: Trotz eines so weit gedehnten Irrwalds von – ja, war'n sie wirklich so verbreiteten ? – Romanen ?

A.: Durchaus. Ein Teil waren best=seller; vom frühen ‹Bastard› beginnend, der sehr bald in ein Halbdutzend Sprachen übersetzt wurde. Und diese Beliebtheit hielt fast seine ganzen 30 SchreibeJahre hindurch an; so daß GUTZKOW öffentlich neidisch darauf ward . . .

B.: Der war schließlich auf Alles neidisch : hab neulich erst wieder, und kopfschüttelnd, gelesen, was er sich zu SCHEFFEL's 50. Geburtstag, und der anläßlich desselben stattfindenden Feiern, geleistet hat – tz; nur noch pathologisch erklärbar !

A. (zu C.): Geboren ist er – obwohl WOLFGANG MENZEL, der viel mit ihm verkehrt hat, ‹Straßburg› angibt – am 16. Oktober 1796 zu Breslau : ohne aber deswegen, wie NADLER dies voreilig tat, ‹ein Schlesier› genannt werden zu dürfen. *(Er zitiert):* ‹In der Summe der Vorzüge (dieser Stadt) ist eine Lücke : sie hat nicht die Ehre, von mir, ihrem Anbürtigen, gekannt zu sein. Nicht *ein* Haus ihrer vielen Häuser, durch deren Reihen ich ohne Zweifel öfters spazieren getragen wurde, ist in meinem Gedächtnis geblieben . . . nicht 1 Winkelchen in der Wohnung meiner Eltern – Alles vergessen, verschlafen, verträumt.› Und er fügt, klug, hinzu : ‹Gewiß hab' ich in reiferen Lebensjahren manchmal die Lust verspürt, Breslau mit Bewußtsein anzuschauen; dennoch bin ich davon abgestanden ... es ist lange her, seit das breslauer Theater von der Madame Wäser kommandiert worden; und eben dazumal waren Vater und Mutter dabei angestellt – aber schon ein paar Jahre verwehen, wie der Sand der Wüste, die Spur des wandernden Mimen.›

C. (angeregt): Ach da schau : ein KomödiantenKind ? wie POE ?

A.: Sogar schon die Großeltern sind solche Wanderschauspieler gewesen; es saß also tief drin. – Aber mit Nadler's ‹Schlesiertum› ist es also nichts : ‹Die Sprache daheim war eine Art Österreichisch› schreibt er; und ‹wenn's auf mich ankäme : *ich* würde mit großer Freude das liebe Wien als meine ursprünglichste Heimat in der Welt ausherolden. Denn in Wien bin ich eigentlich zum Leben erwacht.› Die Vorfahren waren Alle Öst'reicher, angeblich sogar mit einem Schuß Türkenblut; und das Porträt, das Winterhalter von ihm gemalt hat ...

B. (unterbrechend): Nanú ! ich denke, der hatt' bloß ‹royalty› porträtiert ?

A. (fortfahrend): ... zeigt ihn ‹etwas beleibt; sehr sonngebräunt; ein unheimliches Feuer in den Augen›. – Der Vater, der einen Schuß Musikertum gehabt haben muß, dachte mehr französisch=rheinbündnerisch. Die Großfamilie blieb auch im revolutionären Straßburg hängen; da dort gewonnene Freunde ihm eine Stelle als Unter=Cantor am Münster verschafften; wo er denn auch gestorben ist.

B. (verständnisvoll): Ahá; daher jene Angabe von ‹in Straßburg geboren›.

A.: Spindler hat, vermutlich ‹aus Gründen›, keine Autobiographie hinterlassen; ich komm gleich noch drauf zurück. – Aber erst noch einmal nach Wien; wo er etwa von 1797 bis 1800 gewesen sein wird – *(er zitiert):* ‹Das Erwachen meiner Seele erfolgte zur Abendzeit; und zwar in einem Theater, dem Leopoldstädter : ein blendender Harnisch war das erste, das mein Auge ergötzte.› Die zweite Erinnerung ist mit der Großmutter verknüpft : ‹Mir sind zum erstenmal die Haare geschnitten worden; und noch heut empfinde ich die angenehme Kühle, die selbigesmal meinen Kopf umsäuselte. Jener Tag war auch der einer weiteren Emancipation : Karlchen hatte einen, den ersten, Überrock bekommen, einen grauen, bis an den Hals zugeknöpften ... Das Wetter war schön; Karlchen auch; und ich weiß noch recht gut, daß meine Großmutter mich öfter auf den Arm genommen ... und auf einmal sagt sie : ‹Karl, nimm dich in acht; da geht's eine Treppe hinunter.› Und welche Treppe ! Zum Glück wußt' ich damals noch gar nichts von Hölle und Tartarus; aber doch beängstete mich nicht wenig der düstre Schlund, in den wir stiegen. (Da kann mir indessen meine Phantasie einen argen Streich gespielt haben – es kam später noch oft vor – es ist vielleicht gar keine so arge Treppe gewesen.) Genug; Wir befanden uns endlich im sogenannten ‹Süßen Löchel›, Nomen und Omen. Ein Löchel allerdings, finster und unräumlich; aber süß. Die Oma ließ sich einen Meth vorsetzen, und das Enkelchen davon nippen ... Da klang so ungemein verlockend das Geklimper des Löchel=Harfenisten, daß Karlchen immer vergnügter wurde; und da endlich Mutter und Großvater eintrafen, sich mit dergestalt geröteten Wangen und kristallhellen Augen finden ließ, daß die allzugute Großmama schwerlich ohne einen kleinen Vorwurf davon gekommen sein wird.›

D. (betont süß): Ist ein Hinweis auf SIGMUND FREUD erlaubt?

C.: Geh mir mit Deinem Freud, Subrosaster! – *(zu A.):* Oder sind Sie etwa auch dafür? (Tz; ich weiß nicht, was Ihr Nicht=Blinden für Aufhebens von Euren Augen macht.)

A. (weiter vorlesend): ‹Kurz; diese zweite meiner LebensErinnerungen bricht hier ab; und die Pause war, denk' ich, am Platze.› Er creiert also eine Lücke; denn ‹allzuviel schon hatte das Schicksal für mich in diesen Tag zusammengedrängt; nur eine robuste Natur wie meine dreijährige konnte dieser Masse von Eindrücken widerstehen; aber auch sie bedurfte der Ruhe – und somit ruhte sie im ‹Süßen Löchel› zur rechten Zeit ein.› – *(zu D.):* Selbstredend haben Sie recht: all solche ‹Deck-Erinnerungen› sind sexuell befestigt. Auch die nächste wieder; wo man, auf der Reise zum neuen Engagement nach Frankfurt am Main, im Gasthaus zu Regensburg Station macht, ‹um meinen Vater kennen zu lernen; der, aus einem anderweitigen BühnenEngagement kommend, mit uns zusammentraf ... und wo ich die erste GespensterErscheinung hatte: die Erscheinung eines ‹Schwarzen Bockerl›; von der ich, nach glaubwürdigen Berichten, im Halbschlaf viel gefaselt, und über welche das Zureden meiner Eltern mich lang nicht beruhigen konnte.›

D=E. (prusten heraus; dann E.): Doch auch so ein, à force de répétition und durch Eifersucht fixiertes, kindliches Jedermanns=Erlebnis: die Schatten der, näcktlicherweise, ‹bockenden› Eltern – Mitteilungen, naif und ehrlich.

A.: ‹In Frankfurt erwartete mich mein erstes Debüt auf dem Theater: die Rolle des Cora=Kindes war mir anvertraut worden; in den, heute schon längst seligen, ‹Spaniern in Peru› ... ?›

da B. (ums Wort bittet): Neue Verbindung zu POE: die genannte ‹Cora›? hat doch dessen Mutti mehrfach gespielt, wie?

A. (bestätigend): Völlig korrekt. Aus KOTZEBUE's ‹Sonnenjungfrau› plus ‹Rolla› hatte, für den englischen Sprachraum, SHERIDAN – (?) : ganz recht : Der von der ‹School for Scandal› – einen ‹Pizarro› gestrickt . . . ?

denn D. (ruft, seinem Versprechen zum Trotz, jetzt doch wieder): Ich frage das Wohnungsamt : *muß* das sein ? Diese beinah verrückte Genauigkeit ! : ?

B.: Du bist ein ganz dummer Mensch ! : bei so gleicher Herkunft, und fast genau derselben Zeit ? : lassen sich bestimmt noch mehrere Ähnlichkeiten da herausholen. So ‹SchauderRomantizismen›, ‹Vampire› und Dergl.

A. (nickend, und noch mehr präzisierend): Ja; das ist auch noch undurchforscht und unbegriffen : es giebt durchaus ‹Schauspieler, die Schauspiele schreiben› – IFFLAND; RAIMUND; NESTROY; HOLTEI; WEDEKIND – aber das wäre allzuverständlich, dies ‹BerufsMimen, die mit ihrem Beruf einig sind›; obschon Holtei zu der änigmatischeren Gruppe überleitet : jenen TheaterErzeugten, die dann *Romane* schreiben.

C. (unüberzeugt): Namen her. – ?

A. (nachdenkend): Nu etwa – SPIESS (‹Hans Reiling›, ja); GLEICH; HOLTEI; VACANO (Der speziell ein ‹Abgebogner›); DAHN; POE; und eben Unser SPINDLER=hier. ?

Da D. (durch den Bart her, heiter zwischenwirfelt): ‹Bäcker, die auch Briefmarken sammeln› – *(zu seiner E. hin; nur wenig leiser):* ‹Kuckucks-Uhren, die statt dessen Arschloch rufen› ! (Tz, diese verzwergten Streblinge; narrisch vor Fleiß und verFlichtEifer – oh, wenn ich doch nur 1 Mal Unrecht hätte !).

B. (mit Entschiedenheit): Dafür zieh' ich Dir eine Rolle ab, Impertinentester ! – : Erblickst Du denn nicht, daß es sich um eine ganze Gruppe, imgrunde episch Veranlagter – vom Kismet zur NovellenKomödiantik notgezogner – Naturen handelt ? Die denn wohl auch in einem beständigen, äußeren wie inneren, Widerstreit ihr Leben verbringen werden; der sich, in jungen Jahren, gefährlich heftig äußern – im Alter sich mehr in stillen Wunderlichkeiten manifestieren könnte.

C. (heiter): Als da sind ? – *(erklärend):* Ich hör' gern von wunderlichen Leuten; es gibt so wenige; (mit ihn'n zusamm'lebm wär allerdings=ä . . .)

A.: Nun, etwa wie AUFFENBERG . . .

D. (schon wieder unterbrechend): Nie zu hören in unsern Kreisen, der Name !; mein'n Kopf zum Pfande.

B. (brüsk): Ein schlechtes Pfand. – *(Zu A.):* Bitte, nicht stören lassen : ‹Das weiß nicht, was es tut und spricht.›

A.: Dieser Auffenberg – nebenbei ein Bekannter Spindler's; Theater-

Intendant in Karlsruhe – war Verfasser von vielen Bänden ‹Trauerspielen› : er pflegte jegliche seiner Gestalten, in dem Kostüm das zu ihr gehörte, vor'm Spiegel zu schreiben . . .

C. (betroffen=beeindruckt): . . . sich also selbst ‹stimmte›, ja ‹hypnotisierte› ? gar nich dumm, Sie ! Hm – *(hausfraulich ‹erwachend›):* obwohl das mit den ‹Kostümen› ja schändlich Geld gekostet haben wird – ?.

B. (achselzuckend): Hast doch gehört : ‹TheaterIntendant›; der sich also die Gard'robe wählen konnte.

A.: Das dürfte er – er war nämlich nicht nur ‹feinsinnig› sondern auch Freiherr – verschmäht, und individuelle Maßarbeit vorgezogen haben; (allenfalls vom Theaterschneider ihm anprobiert). Aber eine weitere, von ihm wohl zunächst auch nicht vorhergesehene Folge solch gefährlich=umständlicher Identifikation, war – (vermutlich ‹unter anderem› noch) – wie ihn die Begeisterung derart mitriß, daß er dann nicht mehr aufhören konnte, eben diese Person fortreden zu lassen : in seiner ‹Alhambra› kommen Monologe von 100 und 400 Seiten vor . . .

C. (verblüfft): Wieviel Seit'n hatt'n seine Trauerspiele denn da so durchschnittlich ?

A.: Nu, so 15 Hundert. – Aber zurück zu Spindler : er hat damals ‹alle möglichen Kinder=Rollen› gespielt; und war, wie für ein Theater-Kind unvermeidlich, äußerst frühreif : mit 4 Jahren konnte der Schwarzkopf (‹kraus und dichtgelockt wie ein Pudel›) bereits perfekt lesen . . .

denn C. (nachdenklich): Werden diese ‹Jackie Coogan›=Typen aber nicht Alle früheitel ?; und ergo, für's ErwachsenenLeben dann, schwer gehandicapt ? Sollten da verantwortungsbewußte Eltern nicht . . . *(sich besinnend):* Naja; Wir haben keine Kinder – *(achselzuckend):* 1 Sorge weniger; 1 Verständnislosigkeit mehr – : in *Ihren* Büchern kommen übrigens auch keinerlei Kindlein vor ! – ?

B. (etwas nervös): Lass'n Wa das. *(argwöhnisch):* Oder hast Du etwa vor, mich noch mit Einem zu beschenken ? Hüte Dich, Du ! – *(Indes E=D schadenfroh kichern. Und C., beteuernd, die Hand auf's Herz legt : ! – B., ärgerlich=sachlich weiter):* Damals, um 1800, dürfte das Problem sich ja schlicht *so* gestellt haben : ‹Wohin mit dem Gör, während Wir auf der Bühne stehen ?›. Gab's doch weder ‹Kindergärten› noch ‹Krippen›; ‹Babysitter› waren teuer und unzuverlässig : ließen sich doch ‹anständige Leute› mit dem Fahrenden Volke lieber überhaupt nich ein – blieben eigentlich nur noch 2 Möglichkeiten : *ent*weder das Bälglein im WäscheKorb in die Kulisse ? (Wo Mutti, nach jeglichem ‹exit› schnell ma hinhusch'n konnte). Oder aber eben, sobald die Beinchen sich nur einigermaßen selbst dirigierten : ruff uff de Bretter ! (daß man es *so* vor Augen und unter Aufsicht hatte) – : stimmt's ?

A.: Es wird ungefähr darauf hinausgelaufen sein. – Sein allererstes Auftreten sollten Sie aber eigentlich doch noch hören – *(er liest):* ‹Aus der unbedeutenden Partie – (besagtes ‹Cora›=Kind hat sich nur umhertragen; herumreißen; und einmal auf den Boden niederlegen zu lassen) – machte ich doch eine ziemlich glänzende. Eine junge Schauspielerin, wenn ich nicht irre Demoiselle BOUDET, (die ich übrigens sehr liebte; weil sie mir sehr gefiel, und zugetan war), stellte die Cora dar, die in fraglichem Stück ihr Kind herumschleppt wie einen Reisesack. Sie hatte mir gesagt : ‹Karlchen; ich werde Dich auf den Boden legen; mit meinem Schleier zudekken, und davon gehen. Fürcht' Dich aber nicht, und bleib' ruhig liegen, als schliefst Du. Der gute Herr Lux – (weißt Du : Derselbe, der Dir schon manches Gutsel gebracht hat) – wird kommen, und Dich aufheben, und davon tragen. Es geschieht Dir nichts : nur nicht fürchten, und nicht schreien !›. Ich schrie nun zwar nicht; aber ich fürchtete mich. Denn kaum lieg' ich unter'm Schleier, und Cora ist abgegangen, so geht ein Gewitter los, (auf dem Schnürboden); und es donnert übernatürlich, und blitzt zur Ungebühr; und der gute Herr Lux kommt immer noch nicht; dagegen wird es stockdunkel auf der Szene ! Und wie ich mich dergestalt fürchte, so denk' ich : besser sei's, von dem Spektakel weit und bei der Mutter zu sein. Gedacht getan. Karlchen wirft den Schleier von sich; springt auf, und in die Kulisse hinein – wo allerdings die Mutter steht; aber das Karlchen gar nicht per ‹Karlchen› sondern mit gerechten Vorwürfen empfängt ! Was war zu tun ? Ohne das Kind konnte nicht fortgespielt werden; das begriff ich plötzlich; und meine nie genug zu preisende Geistesgegenwart tat das übrige. Das Publikum lachte noch, den Donner überbrausend, meiner Flucht nach – aber schnell besonnen kehrt Karlchen zurück; legt sich, ergeben und gefaßt, auf das rechte Fleckchen nieder; zieht den Schleier über sich her und schläft. – Der Beifall des Volkes bricht los; der Applaus wird 2=3 Mal wiederholt . . . indessen kommt Vater Lux wirklich, und trägt mich als ein Juwel in seinen Armen davon. – Es wundert mich, daß die Frankfurter BühnenDirektion mich nicht gleich auf Lebenszeit angestellt hat.›; fügt er ironisch (ja, etwas bitter) hinzu.

C.: Warum jetzt gleich wieder ‹bitter›, Allrunigster ?

A. (ruhig): Sollen's sofort vernehmen. – Also etwa 1801 werden Spindler's nach Straßburg verpflanzt : ‹eine Familie, die sich erst seit kurzer Zeit in der Judengasse angesiedelt hatte. Sie war mit einer SchauspielerGesellschaft, die den Straßburgern einen langweiligen Winter mit allerlei Comödien vertändelt, aus Deutschland herübergekommen.› Denn die

Eltern haben das Nomadisieren anschein'nd satt. – (Sie vergeben solche Einstellung, trotz des langen ‹Caravan›, ja ?) – und Spindler setzt hinzu : ‹was mich kleinen Kerl nicht nur wunderte, sondern unangenehm überraschte : Hin=&=Herziehen, ‹Reisen›, dachte sich das 5jährige Karlchen bereits als die höchste Freude !› . . . ?

(denn D=E applaudieren hörbar. / Auch C. läßt ein, nicht unbeistimmendes, graciöses Brummen hören.)

B. (besonnener): Was für ‹jüngere Leute›; und auch da noch, temperamentsbedingt, nur für die Gruppe der ‹ZigeunerNaturen›. – Aber ‹Elsaß› ? : unvergleichliche Gelegenheit, ‹zweisprachig› zu werden. Wie lange sind Spindler's dort seßhaft gewesen ?

A.: Unser Karl hier : 12 Jahre. Er erhielt zunächst PrivatUnterricht; bei Adam Strobel; in Französisch und Latein . . . ?

denn E. (ihn feinstimmig unterbrechend): Muß man sich auch *den* Namen merken ?; (und wenn ‹Ja›, warum ?).

A.: Weil er im späteren ‹Schwertberger› namentlich vorkommt, und man über ihn nachschlagen kann : er war später Professor an der Uni Straßburg; elsässischer Historiker; und die Beiden haben lebenslang korrespondiert, und sich auch immer wiedergesehen. Strobel ist's zu verdanken, daß Spindler's erster Roman erhalten blieb; in ‹Ein Autor von 11 Jahren› kann man das Fragmentlein noch lesen – selbstverständlich nur ein Produkt seiner damaligen Lektüre; denn er verschlang täglich seinen Band Cramer, Schilling, Lafontaine : ‹Ich möchte schon einmal werden wie der Spiess !› Und : ‹was mit der Liebe ist, und wie die Liebsleute reden, dàs hab' ich schon lang auf dem Theater gesehen und gehört – wenn ich nur groß wäre, und nichts andres zu tun hätte : ich wollt's schon machen.›

C. (zu B.): Das darfst Du mir mal vorlesen – notier Dir's, Einstweiligster. – *(zu A.):* Sein Deutsch also ein Quodlibet einheimischer Dialekte ?

A. (nickend): Mit Ausnahme alles NordDeutschen – Preußen, präziser die berliner Mentalität, war ihm immer z'wider. Ab 1813 beginnt die ‹obscure Strecke› seines Lebenslaufes; er selbst nennt sich lediglich ‹vom Schicksal nach Deutschland verschlagen› – in des alten Menzel ‹Denkwürdigkeiten› steht Einiges : als Der, 1821, sich im schweizerischen Aarau aufhielt, ‹kam auch eine SchauspielerTruppe, und spielte in einer Scheune. Es war eine armselige Truppe; der mittelmäßige Schauspieler aber, der die Bösewichter darstellte, war Carl Spindler . . . der damals in den elendesten Verhältnissen lebte. In Straßburg gebürtig, hatte er die Rechte studiert . . .› ?

B. (ungläubig): Wie das? : mit 16=17?

A. (gleichmütig): Es muß wohl die von ihm beliebte und habituell angedeutete vita gewesen sein – hier, hinter Band 22, finden Sie ihn, in den VerlagsAnzeigen, sogar als ‹*Dr.* C. Spindler› angeführt – *(achselzukkend):* als ‹bürgerliche Beglaubigung› heut noch zuweilen von Manchem überbewertet.

C. (erstaunt): Aber ich bitt' Sie: so ein ‹Doktor› ziert doch den ganzen Menschen! – *(zu B.):* Wie oft hab' ich Dir nicht schon gesagt: stift' doch mal hunderttausend Mark! Und...

B. (unterbrechend): ... und schon gälte ich bei allen ehrlichen Geschäftsleuten als Hanswurst! Und für Künstler ist's erst recht nichts: der Synthetische, also der ‹schöpferisch Veranlagte›, hat mit den ‹Analytischen› nichts gemein; und die VereinnahmungsVersuche der HochSchulen sind nur Ausdruck der – sogar etwas arroganten – Fiktion: ‹bei ihnen würden alle Leute auch so was›. Nee neee; immer Distanz.

A.: Lassen Sie mich lieber weiter MENZEL zitieren: ... ‹Er war unter Umständen, über die er sich niemals äußerte, ins Leben hinaus geworfen worden; und trieb sich mit einer untergeordneten SchauspielerTruppe in Ungarn, Österreich und Deutschland umher... Ich forderte ihn auf, die reichen Lebenserfahrungen, die er während seines Umherziehens in der Welt und in mancherlei Elend eingesammelt haben müsse, zu schildern. Aber er beschwor mich, in der höchsten Aufregung, auf dieses Thema *nie wieder* zurückzukommen; und ihn nie an seine Vergangenheit zu erinnern, vor der er nur schaudern könne! – Wie heiter auch sein Leben sich gestaltet hatte, lag doch immer eine geheime Schwermuth auf seiner Stirn...› –: bitte, schöne Interrumpierendste? –

C. (angeregt): Jetzt wird's ja direkt spannend! Oder war's nur der, dem Menschen angeborne Hang zur Anreicherung der Wahrheit?

A. (bedächtig): Es ist allmählich durchgesickert: daß er Frankreich wohl verlassen hat, um sich der Aushebung zu entziehen; als Rekrut für den Rußlandfeldzug, plus die, sich anschließenden, FreiheitsKriege...

D=E. (Beifall sprechend): Bravo! Einer der auch *praktisch* demonstriert hat? : der Mann beginnt mir einzuleuchten. (Nur Tröpfe halten ja bei sowas geduldig die Köpfe hin.)

A. (bremsend): Halt, Protestierendster. – Das ‹SchriftstellerLexikon› der DDR – wenn auch noch nicht vorbildlich; so doch durchaus auf dem Wege zum Guten befindlich – schreibt in seinem Artikel über SPINDLER etwas von einem ‹kurzen Dienst in der französischen Armee›. Da jedoch der ganze Artikel von einem geschrieben scheint, der Spindler's Werke höchstens halb gelesen hat, und auch noch anderweitige Fehler aufweist ... nu, eins seiner Pseudonyme hieß nicht ‹Spinal*ba*› mit ‹b›; sondern ‹*da*›.

D. (ernsthaft): Oh wie wichtig ! – *(mitleidig):* sagen Sie : ist das nicht die typische KorinthenKackerei der Älteren Semester ?

B.: Durchaus nicht, Zuchtlosester : denn aus ‹C. Spinalda› kann man ‹C. Spindla› bilden. Oder vorhin nannte sich der Verfasser ‹Grand Fusil› – was aber heißt auf Französisch ‹die Spindel› ? : nu, ‹fuseau› ! (*Das* muß ich ja schließlich wiss'n) – *(kopfschüttelnd):* Daß Ihr wähl'n dürft, iss auch so'n Scherz von der Regierung : *raufgesetzt* werden, auf 26, müßte das WahlAlter ! – *(zu A.):* Oder haben Sie sich etwa, mit 18, für politisch=reif und stimmfähig gehalten ?

A. (erschrocken): Nicht ich !

C. (um des lieben Friedens lüstern tuend): Die Herren vom Theater sind aber doch stets von laichten Sitten – wie stand's denn da mit dem Charakterchen ? War er überhaupt verheiratet, Unwiderleglichster ?

E. (hell): ‹Die Ehe› ? : ist Ursach von 60 % aller Krankheiten, Vulnerabelste. – *(zu D.):* Und ein Symptom des LebensDilettanten, gelt ?

D. (der denn auch sofort bekräftigt): Ähnlich, wie jegliches Werk über 5 Seiten ein Symptom des LiteraturDilettanten. – *(geringschätzig) :* Wer wird denn heirat'n ?; pff.

A. (beim Thema bleibend; zu B=C.): ‹Seine kleine runde Frau hatte er aus Ungarn mitgebracht› – präzise : aus Hermannstadt, in Siebenbürgen; Fanny hieß sie. Und ergänzend hierzu GUTZKOW, aus Baden=Baden : ‹Eine auffallende Erscheinung war die Gattin Carl Spindler's : die kleine dicke rotwangige Frau lebte von ihrem Manne getrennt; und verfolgte die Bahn der Emanzipation, ohne daß man hätte sagen können, das Rauchen von Zigarren, das sie am Kurhause offen zur Schau trug, oder ihre Hosen, hätten ihr besonders anziehend gestanden›; ‹Anzeichen geistiger Störung› heißt es sogar anderswo.

E. (sogleich süßstimmig): Sicher; eine selbstständige Frau muß mindestens geisteskrank sein ! – *(zu D.):* Hätt's'D nich ne Zie'rette für mich, Strahlenbrechendster ? – (?) *(ihm hinterher=rufend):* Im ‹Stauschrank›; im Bû=hug ! ...

B. (mit grimmigem Behagen): Und jetz' womöglich die Einbildung, ‹frei !› zu sein. Hätte unser Insurmontabelster berichtet, daß jene Madjarin betont=öffentlich Grog trank, wäre ja garantiert die RumFlasche angefordert worden – stimmt's, Konfuseste ? – *(nachäffend):* ‹im Kühlschrank ! : ganz hinten=rè=hechts !›

C. (befremdet): Wieso weißt'nn Du das schon wieder ? 'Ch hab sie doch heut früh erst ...

denn E. (mit gehobnen feinen Brauen): Inwiefern widerlegt Uns das, Gichtknotigster ? – *(zu A.):* Aber jetzt rundet sich, unter anderem, auch das : wieso Spindler tief in die Ungarische Wirtschaft geraten konnte : befindet sich doch in Mehadia (beziehungsweise im HerkulesBad) ein altes Theaterchen : da sind die SchmierenBühnen also, während der Saison, von einem KurOrt zum andern nomadisiert. – ? – *(zu D.):* Ahja : Dank Dir, Invitierendster. Nun contentire mich noch völlig, und gib Feuer – : –

A. (bestätigend): Ja; das ist auch eines seiner permanenten Themen : das Badeleben; die Spieler, und die alldort auftretenden Virtuosen und Virtuosinnen. Nach Homburg hat er eine der tiefsinnigsten Varianten des ‹Teufelsbündnisses› gelegt, die Jeder, den dergleichen ‹Memoiren des Satan› int'ressieren, kennen muß. – Aber seine Erfahrungen aus jenen halbtürkischen Niemandländern werden ziemlich deftig ausgefallen sein; es giebt ein Stück von ihm ‹Ungarn vor 40 Jahren› : also wenn *das* der (oder die) Verfasser des erwähnten DDR=Artikelchens gelesen hätte, seine Urteilerei wäre wahrlich anders ausgefallen. Denn es finden sich, über's ganze weite Werk verteilt, mehrere ‹soziale› Pièccn, voll einer solchen Gesellschafts-Anklage, daß jeder Marxist wohlgefällig auf ihnen verweilen dürfte : ‹Maruzza›; ‹Alte und Neue Zeit›; die ‹5 Stockwerke› der Szenen.

B. (nachdenklich fragend): Also nicht ausschließlich PseudoRomantik ? Nicht nur Ränder des Realismus, mit TheaterJargon verkräuselt ? – *(sich besinnend):* aber rasch noch ein bißchen LebensSpreu : da es keine Biographie giebt, müßte man also, punktweis', in mühsamer ZeitgenossenLektüre, versuchen, etwelche Einzelheiten aufzutreiben – ä=hat er Kinder gehabt ?

A.: Zumindest eine Tochter ist gesichert – er hat einmal mit ihr eine DonauFahrt nach Wien gemacht, und beschrieben – : ‹sie war kunstliebend; mit frommer Malerei beschäftigt, interessant und liebenswürdig; aber nicht glücklich›; weiß MENZEL. Sie heiratete einen jüngeren Maler; und es ist – sie hatte bisher ganz beim Vater gelebt – vielleicht nicht unanmerkenswert, daß Spindler'n in ihrer HochzeitsNacht, am 12. 7. 1855, der Schlag traf.

C. (betroffen): Wie ? – : tot ? ! –

A. (bestätigend): Tot. – *(zu B.):* Aber Sie haben Recht; man würde die abstrusesten, bisher unausgewerteten, womöglich an unbekannten Orten noch lagernde BriefWechsel auftreiben plus durchstöbern müssen : MENZEL / SEYDELMANN / RAIMUND / CHÉZY / AUFFENBERG / SCHWAB / MÖRIKE / BLUMENHAGEN / CLAUREN / HAMMER=PURGSTALL / SAPHIR / FRANKH=HALLBERGER / ARMING / GRÄFFER / ALBAN STOLZ ...

(denn selbst C. legt bei soviel unbekannten kleinen Größen eine gewisse löffelklappernde Unruhe an den Nachmittag / der Einzige, der brav aushält, ist B.; der aber doch auch einen Schluck Menescher Essenz zu sich nehmen muß / ganz zu schweigen von E. und

D. (erst knurrend): – (und wenn's mich noch das *zweite* Röllchen kostet !) *(lauter):* Haben Sie vor, längere Strecken des seligen GOEDEKE herzusagen, Nachschlagendster ? Und prinzipiell diese subalternen SchriftStehler : immer einen Knecht Dunkelschatt am andern Bönhasen ! Subliterarische Stotterer und Bettnässer; (aufgezählt von mit Buchstaben gefüllten Hohlseelen, veralteten . . .)

auch E. (hinter sich geschmiegt; die Brust zum Gefechte gelüftet): Keine Umgänge für lebendige Menschen. – ä=Woher Dein ‹Bönhase› eben, Apartester ?

B. (spricht ruhig): Meint Ihr, daß GOtt, nachdem er *Euch* geschaffen, sich die Hände mehr als gewöhnlich gerieben haben werde ? ‹Hochfahrend über Unbekanntes urteilen› ? : das iss bloß 'ne halbe Scheere, mein haut=Goûtester. – *(zu E.):* Und die Herkunft von ‹Bönhase› wird Ihnen sogleich werden, Anatomischste . . . *(er macht eine HandGeste zu A. hin: ? –)*

A.: Angeblich von ‹Banausos›; (in dessen Nebenbedeutung des ‹artifex illiberalis›). – Die Genannten haben sich Alle gekannt; waren Mitarbeiter an den gleichen Morgenblättern und Abendzeitungen; lieferten Beiträge in dieselben Taschenbücher der ‹Liebe und Freundschaft›, die ‹Urania / Cornelia / Penelope / Eidora›. MÖRIKE zB hat den Versuch, als ‹freier Schriftsteller› zu leben, an der, von SPINDLER herausgegebenen ‹Damenzeitung› gemacht; und ist natürlich, wie bei seiner Mentalität unvermeidlich, an der Forderung fleißig=regelmäßiger Arbeit gescheitert . . .

denn D. (pseudosouverän): Séhr sympathisch ! – ‹arbeiten› werden Wir im Monat noch genug können; gelt, Rückenfreiste ? – *(er legt, lässig den Arm um Jene und buss'lt an ihr, unter herausfordernden Seitenblickungen).*

B. (kopfschüttelnd; erst zu A.): Ich werd' tatsächlich immer mehr Ihrer Ansicht, daß die Generationen freiwillig auseinander rücken sollten : wenn man den Beifall solcher Typen erhält, dann hat man doch garantiert was falsch gemacht. – *(bedachtsam zu D=E.):* Irrtum. Ihr werdet eben *nicht* mehr genug im Leben lernen und arbeiten können, wenn Ihr bis 25 nur als Fechtbrüderlein & =Schwesterlein zu vegetieren gedenkt. Das ist ja wohl der milljonenfach=schrecklichste Anblick unserer Tage : 40=Stunden=Wöchner; ins Paradies (nämlich der Freizeit) verstoßen – : und wissen nischt damit anzufangen !

D. (geringschätzig; über eine unsichtbare Brille hinweg): Wie nun, in=verba=magistri=Schwörendster : wenn Wir unter ‹Kultur› etwas gänzlich=Andres verstünden ? Und auch im Sozialen Euer WeltGebäu, vom Kellerloch bis zum Firsthahn, ablehnten ?

B.: Ihr habt, auf keinem Gebiet, etwas für Uns=Ältere Attraktives vorzuzeigen, Unvermögendster : nicht *Wir* bestehlen *Euch;* wohl aber *Ihr Uns* ! – *(zu der irenisch murmelnden C. hinüber):* Sag doch selbst : Wenn man 1 Mülljon von Denen – meinethalb'm versehen mit allen erst=erforderlichen pioneers=Gerätschaften; (was nb schon eine unverdiente Starthülfe darstellte) – in eine klimatisch=leidlich Region von Australia Felix verflottete ? – : *was* würde ein, dix ans plus tard dort vorüberstreichendes Schiff wohl erblicken ? –

(Meerfaches antwortet –

D=E.: Südsee=Schönrückige, Palmenschüttelndste ! Heilig=Träge; von GemäldeGullerien und Bübliothekereien Befreite ! SexualForsche; zufrieden lutschend am BrotFruchtBaum !

C. (zögernder): Villeicht 'n Settelment. Ohne den altn Allà und seine geflügeltn Scherg'n. (Kirchen, die im 20. Jahrhundert praktisch immer noch dasselbe glauben wie im 10. sind ja nicht mehr gut erträglich.)

A. (noch am zögerndsten): Ein befördertes KrähWinkel. Voll sonderbar=träger Behaarlichkeiten in (Schlauraffen)Liebe und (Kultur)Haß. Eine überCANDIDE'lte Variante von HAUPTMANN's ‹Insel der Großen Mutti›.

B. (triumphierend=zusammenfassend): Erblicken ? würd' er, der Neue Kuck, was ? – : einen langen Wall bleichender Knochen ! abwechselnd mit WeichselZöpfen und CassettenRecordern !

D=E. (hitzig=hetzend): Umgekehrt, Fernsehendster ! : Was würden *Unsere* AuslegerBoote, voll entkomplexter, trällernd condiddelnder Menschen, dann hier bei Euch antreffen ? : pumphosije Trabanten mit arschnackten Schädeln ! Hausend in Kasernen voll Tünnef & Scheel, LeidWährungen tauschend; nur noch mit MüllRäumen beschäftigt !

A. (rückblendend): Womit wir gleich wieder bei SPINDLER wären : in seinem ‹Langenstrick› findet sich eine der frühesten Jeremiaden über ‹Umweltverschmutzung› (via Gestänke demonstriert). – Nach rund 10 Jahren ThespisKärrnerei fing er, zaghaft, an zu schreiben. 1823 erschien sein ‹Eugen von Kronstein›; ein flacher GesellschaftsRoman, noch völlig profillos – es ist meist schwer zu entscheiden, was bei einem Autor unwichtiger ist : sein ‹Erstling›, oder sein Letztling. Er lebte zunächst in der Schweiz; dann kürzere Zeiträume hindurch in München, Stuttgart, Freiburg. In Baden=Baden konnte er sich endlich Haus und Grundstück kaufen; denn seine ‹Historischen Romane› wurden sehr beliebt; und die ‹Almanache› jener Zeit rissen sich um die kleineren Beiträge – *sind* auch immer wieder hübsche Sächelchen dabei; die ‹Scenen›; ‹Bonaccia›; die ‹Erzählungen bei Licht› – sehr bald begann sein Verleger Frankh (später Hallberger), die Bände gleich in Format und Aufmachung von ‹Gesammelten Werken› zu drucken – *(er weist auf die roten Bändchen):* was den Vorzug hat, daß die Reihe, in der letzten Hälfte, praktisch die ‹Erstausgaben› enthält. Der Verleger zahlte ihm, für die ausschließlichen Verlagsrechte allein, 18.000 Gulden.

C.: Ist aber doch eigentlich allerhand, was man da von ihm weiß – zumal Sie ja, biogrammatisch, zusammengedrängt haben werden : ?.

A.: Eben nicht. Außer dem Angeführten liegen nur noch ein paar unverbindliche Oberflächlichkeiten vor. Etwa wie MENZEL mit ihm, dem ‹stets einfach Gekleideten›, und GUSTAV SCHWAB, einen Frühlings-Ausflug in die Baumblüte machte. Oder ein gewisser WILHELM VON CHÉZY – sehr befreundet mit ihm; laut BRÜMMER sollen sogar mehrere von Chézy's Novellen SPINDLER's Werken einverleibt worden sein – erzählt aus der Badener Zeit : wie er mit fabelhafter Schnelligkeit geschrieben; und das Geschriebene nie wieder gelesen habe.

B. (kopfwiegend): Machen doch nicht wenige Autoren, von GOETHE angefangen, daß sie in ihre eig'nen Bücher möglichst nie wieder reingucken; (und Leser, die sich gern mit ihnen drüber unterhalten möchten, zu deren Verwunderung abweisen).

C. (resolut): Nennen wir statt des (dürren) Strauches, endlich die auf ihm erblühten Rosen – da : eins *heißt* ja direkt ‹MoosRosen› ! – : man merkt sich CARL SPINDLER also als Verfasser von Historischen Romanen.

A.: Bitte nicht. Das ist nun 120 Jahre lang genug geschehen, dies Abstempeln als ‹den Deutschen Scott› . . .

B.: Lass'n Se mich wenigstens mal 'n paar Titel hören – *(er greift in die Bandreihe hinein):* hier, die dicksten, das sind die Romane, ja ? – : ‹Der Jesuit›. ‹CharakterGemälde aus dem ersten Viertel des 18. Jahrhunderts› ? : warum so zeitlich=exakt ?

A.: Weil es jenen sonderbaren – (und auch wiederum betrüblich nicht=sonderbaren; wie man will) – Jesuitenstaat in Paraguay schildert.

B. (int'ressiert): Ach ?; was in unsern Tagen DÖBLIN's Trilogie leistete : ‹Der Blaue Tiger› ?

A.: Ganz recht. – Angefangen hatte er diesen einen GroßSektor seiner literarischen Betätigung mit dem ‹Bastard› dort – den man gleichzeitig als Thriller und Krimi, (aber zerfahren; mit zahllosen sub=plots) einstufen könnte; ganz außen, am panoramatischen Rande, mit ein paar historischen Gestalten aus Kaiser Rudolf's Zeiten bestückt : Wälder mit Banditen, soviel als Bäume; Heldinnen, ‹füllreich› (eins seiner Lieblingsworte !) und durchaus umhalsbar; Wahnsinnige stecken die Köpfe an den unpassendsten Stellen aus Mauerspalten; greise Mörder schleichen asthmatisch . . .

C. (lüstern bettelnd): Oh, lass'n Sie doch ma 'n anständigen schleichen, Zitierendster ! – ? –

A. (sich effektvoll vor=räuspernd): mChm̃ ! – : ‹Nicht minder unruhig erwartete Simon den Glockenschlag Eilf. Mit einigen Bechern Weins hatte er sein Herz gestärkt, sein Gewissen eingeschläfert, seine Sinne betäubt. Die Vorstellung von dem ‹wunderbaren Ringe› hatte ihn wie verzaubert; und ihn zu erringen hätte er den Kaiser erwürgt ! Die starke Schlinge lag vor ihm auf dem Tisch; der Prediger des Mords, der blinkende Dolch, daneben, der im Nothfall den Ausschlag geben sollte. Die Blendlaterne stand angezündet bei der Waffe. Ihr volles Licht fiel auf den blutgierigen Frevler, dem das weiße Haar verstört um das Gesichte hing; dessen Augen scheu an der Wand herumschweiften, und fürchterliche Bilder in den Schatten derselben zu sehen vermeinten. Endlich brummte die Glocke vom hohen Thurm; seine Kniee schlotterten zusammen, und unwillkürlich griffen seine zitternden Hände nach dem letzten Becher Wein – mit jedem Schlage der Uhr saugten seine Lippen einen Schluck des Feuertranks in sich, der, angenehm belebend, die Knochen des morschen Sünders zum Verbrechen stärkte. Noch ein tiefer Seufzer . . . ein leiser Fluch zur Ermunterung . . . und die Schlinge samt Dolch hingen am Gürtel; die Blendlaterne am kleinen Finger der linken, der Nachschlüssel in der rechten Hand. Behutsam streifte er die Schuhe von den grauwollnen Strümpfen . . . ›

D. (zwischen den Zähnen murmelnd): – d's'ss schöner Zug : gibt sogar die Farbe der Schweißsauger an, nüchtern und graunvoll – mal weiter, Exhumierendster.

A. (ungekränkt fortfahrend): ‹. . . und schlich, vorsichtig, auf die weite Hausflur. – : ? – Alles stille. . . . die Thür zur Straße unverriegelt, so wie er es befohlen . . . auf der mondhellen Gasse keine Seele . . . die Zeit war günstig.› – *(sachlich einschaltend):* aber Archimbald, der heldische Bastard des Buches, erwartet ihn schon – : ‹er riß sich, gewaltsam, auf vom Bette . . . : ‹Herr ! erbarme Dich meiner !› seufzte der lästernde Mund des Ertappten, als der Rächer riesengroß über ihm stand und plötzlich, beim Scheine der des Schirms beraubten Nachtlampe, bekannte Züge in sein Antlitz starrten – er las sein Urteil in diesen düster glühenden Augen, und dem fliegenden röthlichen Haupthaar, wie der Bart in unzähligen Locken um das drohende Gesicht hängend . . .›. –

E. (an D.'s Untlitz herumstreichelnd): Ganz wie Du, Aktuellster ! – Du; das müss'n Wir ma' mach'n : bei jedem Glockenschlag, um Mitternacht, 'n Schopp'm Aguardiente !

A. (nur rasch ein Ende machend): ‹Mit einem verzweiflungsvollen Schrei fuhr der Alte zusammen; riß mit der letzten Anstrengung den Dolch aus dem Gürtel, und führte von unten einen Stoß gegen den Bastard. Dieser gewahrt' es jedoch; trat die frevelhafte Faust samt der Waffe zu Boden, und rannte den Türkendolch dem greisen Ungeheuer zwischen den Zähnen hindurch in den Schlund, daß, als er die Klinge zurücke riß, ein Strom schwarzen Bluts dem gewaltsam aufgerissenen Halse entstürzte – in Zuckungen wälzte sich der Bösewicht in die trübe schaurige Fluth . . .›

B. (besonnen): Rinaldesk genug. Allerdings erscheint mir, abgesehn von einiger CALLOT'scher Comparserie, nichts daran ‹historisch› – : ?.

A. (bestätigend): Ich sagte schon es sei das erste Stück einer sich rasch konsolidierenden Reihe. / ‹Der Jude› – zur Zeit des Kostnitzer Konzils – enthält schon mehr und gertreulicher Charakterisierendes; ist aber dennoch heute nur mit Anstrengung zu lesen. / Ähnlich die ‹Nonnen von Gnadenzell›; wo die üblichen KlischeeVorstellungen von ‹klösterlichen Sünden› strapaziert werden. / ‹Der König von Zion› nimmt die Münster'schen Wiedertäufer vor; mit ‹Jan van Leyden› als HauptFigur. Und hier dürfte Spindler – ist es doch eine Studie in Diktatoren=Mantollität – das hitlerisch=korrekte Gemisch aus sich überIchlos gebärdendem Sadisten & epileptischem Schwärmer getroffen haben – *(trübe seufzend):* die Zeiten sind immer noch schlechter, als man denkt.

da B. (einen der dicksten Bände hervorkippt und hinhält : ?)

A. (unerfreut): Jå; das iss der ‹Invalide› – ein Versuch, mit den Jahren 1789–1815 fertig zu werden – und, wie billig, beklemmend unzulänglich geraten.

denn D.: Warum ‹wie billig›, Guillotinierendster ?

B. (derb): Weil man, inmitten von aktuellem KleinKrims, die großen=orientierenden Linienzüge nicht erkennen wird. Ähnlich wie es, mitten aus dem Innern der Milchstraße heraus, ja unglaublich schwer gewesen ist, und endlos lange gedauert hat, was ein Beobachter von außen nach einem flüchtigsten Blick angemerkt hätte : ‹Ach schau : wieder so'n SpiralNebel›. Noch erhellender : trautest *Du* – ein, soviel ich mich erinnre, 1950 Geborner – Dir zu, die 50'er, 60'er Jahre verbindlich zu beschreiben ?

D. (brauenhebend berichtigend): 49. – Und, schlicht : Ja. Ich habe es zwar noch nicht versucht, zweifle aber nicht daran.

B. (spöttisch): Beneidenswertester ! : der schon als fortgeschritt'ner Embryo Sinn & Unsinn des ‹MauerBaus› verstand ! – *(mit Gewicht):* denn er hatte beides. – Falls Ihr Euch, unter'nander, ma' nobilitieren solltet – : Ihr tendiert durchaus dahin ! – würd'ich Dir raten, ein Kamel als Wappentier zu wählen.

denn C. (direkt etwas unruhig): Ja'bba was *iss* denn dann ‹Geschichte› ? Was GESTERN war, für *heute* !; (würde gleichzeitig bedeuten : was heut geschieht, für morgen).

D. (boshaft): ‹Geschichte› ? : ist, laut FONTENELLE, eine ‹fable convenue›. 'Ch hab' erst neulich, bei einem gewissen HARDOUIN, gefunden, daß die ganze ‹Antike› eine bloße freche Erfindung sei : sämtliche ‹alten Autoren›; Münzen, Kunstwerke, Inschriften, *Al=les !* fabriziert von einer Fälschergruppe, unter ihrem – zweifellos genialen ! – Chef, SEVERUS ARCHONTIUS. – Du regst Dich, Fühllreichste ?

denn E. (ihrer Sache piepsig gewiß): Unkraut und Schlamm der Zeiten. Beschäftigung für kapitalistisch kalte, ameisige Müßiggänger; und Deren Vorwand für ‹unentschuldigtes Fernbleiben› in der Gegenwart. ‹Sogenannte historische Romane sind gemeiniglich die langweiligsten›, hab' ich neulich, als ich ihn aus Versehen aufschlug, beim HERDER gelesen.

B. (skeptisch nickend): Eure Einstellung widerlegt sich, (wie meist), allein dadurch, eben *weil* man so viel (Lern)Arbeit damit einspart. – Aber mir fällt – es gehört irgendwie dazu – Sir WALTER RALEIGH ein; der 1615 als verdächtiger Verschwörer im Tower saß, und an seiner Weltgeschichte schrieb. Er trat von ungefähr ans Fenster; hörte plötzlich Lärm im Hof entstehen, und sah, wie Jemand auf einen Andern einschlug. Dieser Andere schien, der Kleidung nach, ein Offizier; trug auch einen Degen, den er gegen den Angreifer zog, und Jenem durch den Leib rannte. Der Erstochene sank um; konnte jedoch vorher noch dem Offizier einen Stockstreich versetzen, daß Der ebenfalls zu Boden stürzte. Dann kam die Wache, und schleppte den fast besinnungslosen Offizier weg; während ein paar Leute den Getöteten durch die Zusammengelaufenen Neugierigen davon trugen. – Tags darauf erhielt Raleigh den Besuch eines für seine Rechtschaffenheit bekannten Freundes, dem er den Vorfall erzählte; und erstaunte nicht wenig, als Der ihm kopfschüttelnd sagte : ‹Da hat man Ihnen schön was weiß gemacht ! Der angebliche ‹Offizier› war nur der LivreeBediente des portugiesischen Gesandten, und hat als Erster zugeschlagen; auch mit nichten den Degen gezogen, sondern der Andere hat ihm den entrissen und durch die Rippen gejagt – worauf einer von den

Zuschauern den Mörder mit einem Stockhieb zu Boden schlug. Dann sind ein paar Ausländer gekommen, und haben die Leiche des Erstochnen mit sich genommen.› ‹Ja, erlauben Sie›, sagte Raleigh; Ich hab's aber doch mit meinen eignen Augen gesehen, wie sich das alles, im Hofe unten, dort bei jenem Quaderstein abgespielt hat !› ‹Ganz recht›, versetzte der Freund : ‹auf eben diesem Stein hab' ich gesessen, als die Chose losging : sehen Sie hier die Schramme auf meiner Backe ? : die hab' ich bekommen, als ich dem Mörder den Degen aus der Hand rang. Mein Wort darauf: Sie haben sich über nahezu alle Punkte des Vorfalls betrogen.› – Woraufhin Raleigh das Manuskript des dransten Bandes seiner Weltgeschichte, und bedächtig, ins Kaminfeuer legte; mit etwa den Worten : ‹Wenn ich bei einem Ereignis, dessen Augenzeuge ich doch war, derart fehlgehen kann : Wer steht mir dann noch gut für Geschichten, die sich Jahrtausende vor meiner Geburt ereigneten ?› –

C.: Ja aber Anekdotischster : das iss doch das nackte Wasser auf *Der*=Ihre Mühlchen ! Sicher; insofern als immerhin ein konkreter Vorgang zugrunde lag – und man, ganz reduzierend, von ‹Schlägerei mit tödlichem Ausgang im Towerhof› sprechen könnte – hat es ein bißchen ein andres Bewenden bei Dir; aber ein *viel*=besseres auch nicht. – *(zu A.):* Was sagen Sie, Beunruhigendster ?

A.: Daß man, wie Sie schon selber getan haben, aus verschiednen Aussagen doch einen gemeinsamen, sei's noch so magren, Kern wird herausschälen können. – Gerade bei unserm SPINDLER giebt es Einschlägiges : ‹Ein paarmal ist mir ein solches eigenmächtiges Ausmalen von Dingen und Lokalitäten, die ich vor längerer Zeit besichtigt, auffallend in die Quere gekommen. Ich führte einst ein paar Damen in den Gebäuden der Salzsiederei zu Hall bei Innsbruck umher; einen gefälligen Beamten an der Seite; und erzählte ihnen allerlei von dem, in einem Geschäftszimmer hängenden Porträt des Fürsten von Lobkowitz; der, sehr ähnlich, und in voller reichgeschmückter BergmannsUniform, von einem gelenken und geschmackvollen Pinsel gemalt, zur Zierde der Anstalt im Bilde geworden, so wie er es auch als ihr Chef im Leben war. – Der Beamte, der mit Uns ging, sah mich ein paarmal lächelnd an, als sei er im Verständnis eines heimlichen Schwanks, der bald ans Licht treten werde. Ich achtete nicht darauf; und malte nun selber, in vollster Überzeugung & mit bestem Gewissen, mit Worten das lebendige, geistvolle, herrlich kolorierte Gesicht des Fürsten; die elegante Manier, womit das schwarze Gewand, die Bergmannskappe, Alles mit breiten Goldstickereien verziert, ausgeführt worden; namentlich aber die schöne Fernsicht durch das Fenster, das hinter dem Fürsten befindlich, auf blaue Berge und weiße Ferner !

Voll von Neugier betraten die Damen das Zimmer : ? – ‹Oh weh !› nahm ich gleich das Wort, da ich die Wände kahl sah : ‹wohin ist das schöne, lebensgroße Bild des Fürsten gekommen ?› – ‹Es ist noch da›, sagte der Beamte schalkhaft; (da er in der Meinung war, ich wollte einen Witz, einen schlechten, machen) : ‹dà !› – Er deutete auf eine schmale Wand zwischen zwei Fenstern : da hing, in KleinQuart, das Bild des Fürsten; eine Lithographie, und wahrlich nicht die beste, die aus einer wiener Steindruckerei hervorgegangen : alles übrige mein Traum, meine Phantasie !› – Er zählt 3 oder 4 solcher Vorkommnisse auf; und fügt dann, es ist charakteristisch für den Mann, hinzu : ‹Ich wüßte nicht, daß je meine Einbildungskraft, herüberlangend in das prosaische Gebiet des Gedächtnisses, sich an einem *schönen* Gegenstand je versündigt hätte : sie hat immer nur schön ausgemalt, was in der Wirklichkeit ziemlich unschön oder ordinär gewesen.‹ – *(sinnend):* Ich würde diese ganze Frage nach ‹Historie & derem Roman›, von einer noch=andern Seite her angehen – : wie weit hat der Mensch noch leidliche Verbindung mit der Geschichte ? JAKOB BURCKHARDT hat da etwas sehr vorsichtig=Bedeutendes gesagt : ‹Das Gefühlsleben vergangener Zeitalter ist uns ein versiegeltes Buch. Wir können entschwundenen Geschlechtern nicht weiter nachfühlen, als bis in die Zeit unserer Großväter : was diese Uns erzählen, das können Wir miterleben – Alles was weiter zurückliegt, soweit es sich um das Gefühlsleben handelt, bleibt Uns ewig ein Rätsel !›.

B. (murmelt): Also ‹mündliche Verbindung› ? Hm, GEORGE BORROW, (geboren 1802), kannte Einen, der Einen gekannt hatte, Der königliche Reiter in Richtung Raseby, 1645, ausziehen sah. – ?

denn C. (die ein paar der Bändchen hin=&=her gedreht hat, tut 1 leises Schreilein : ! – Sie zeigt= und liest=vor): ‹Herrn / JOHANN GOTTLIEB EHRENTRAUT / zur Erinnerung. / Baden=Baden, den 4. April 1855 / *CARL SPINDLER›* !. – : von Ihm=selber signiert ? !

(daß auch die andern Drei herzudrängen – : ? – : ? – : ?)

B. (kennerisch): Hübsch vergilbte Dinte – : *jetzt* wird's Einem natürlich noch um drei Strich vertraulicher. – *(studierend):* ist das nun 'ne ‹ausgeschriebne Hand› oder nicht ?; trotz all der 20.000 Buchseiten. – *(zu D.):* Na, Geruchsamster ?, kriebelt Dir nich etwas die geehrte heutige Haut ?

D. (spöttisch durch den Bart): Wüßt nich weswegen. – *(zu E., die schmiegt):* Gib acht, Sandfarbenste, wie ich die Gilde der unsichtbar=Camembärtigen itzt mit sich selbst confrontiere. – *(höflich hohnneckend zu A.):* Irre ich mich, Beharrlichster, wenn ich für gewiß annehme, daß Sie sich mit sothanem VorBesitzer zwanghaft beschäftigt haben werden ? – : Was *war* er ? – *(besonders hohl=hämisch): Wie* sah er aus ? ! –

E. (schier um 1 Spürlein klüger): Du, sei vorsichtig, Wirbeltürichster! *Die,* in der bigatteria ihres Geistes, sind capabel, und erfinden Uns was vor.

(denn schon auskunftet A. höflich): Er war damals ein junger Gerber-Gesell, und 1836 geboren. Später dann ein etwas langer Mann, mit kahlem Kopf & kurzem braunem Vollbart. – *(er murmelt, mehr für sich) :* Kur'jose Geschicke... *(er fumbelt im Hosensack):* hier ist übrigens sein ‹Petschaft›, messingsch=unbeholfen ein ‹J. E.› : unter einer, fünfzack'jen, Krone, eine Art SteuerRad; indes von jeder Seite, halb drehend halb stützend, ein Löwe geruht...

C. (bereits ahnend : wie von der Spind$\frac{el}{ler}$ *gestochen):* Mich trifft ein bißchen der Schlag!

D=E. (durcheinander): Halt! / Wie? / Wollen Sie Uns den Nachmittag vergraulen, Allenthalbenster? / Bei so skrupelloser Individualisierung bewegen sich mir so ganz leicht die GehörKnöchelchen!

A.: Handwerksburschen wanderten damals noch sehr. Jener Ehrentraut bis ins Elsaß; wo er – ansonsten drohte ja überall ein langer Friede – sich, 18jährig, erst als ‹Tambour›, (Sie denken gewiß auch gleich an Monet's ‹Fifer of the Guard›), dann als Infant'rist für den ‹Krimkrieg› anheuern ließ. (Wie er denn, späterhin, auch '64, '66, und '70=71 mitgemacht hat).

B. (einflechtend): ‹Krimkrieg›? : Zuaven und Turco's. ‹Raglan›=Ärmel und Bourbaki. – *(ihm scheint etwas zu schwanen):* Ei verflucht! –

A. (doch auch etwas ‹bedrückt›): Ja. Er war mein Großvater. Und ich weiß wohl noch, wie Er – halbtrunken; den Bart voll Cacao – sich von oben=hehr bückte, und Mir, an seinem Knie, die ‹Schlacht von Inkerman› in den Staub des (ovalen, mahagonig=einfüßigen) Tisches zeichnete : hie General Bouquet – : dort der Fünfte=Elfte=Vierundfünfzig.

D. (besonders nasenhaft; um eine gewisse Betroffenheit auszutarieren): – und wenn *Der* erst anfing, von *seinem* Großvater zu erzählen, was? – Gleich dem Kutscher des Grafen von Saint=Germain; der, gefragt, ob sein Herr denn nun *wirklich* 300 Jahre alt sey?, zu erwidern pflegte : *Da*=für wolle er sich nicht verbürgen; *er* sei erst 150 Jahre bey ihm.›

C. (leicht schuddernd): Haben Sie nicht etwas heiter=beschwingteres, Krimstechendster? Eh' ich mit Fakten seuchen Schlages in die Wette zu denk'n wage... Nee; dann doch lieber noch die Sprache uns'rer Prospekte; wie sie, mein'thalben ‹Gränzbildungen der Unrechtschreibe›, unser Zeitalter einst richten werden – mögen die ‹designer› unsres WagenPalais noch so extrovertierte Kerls sein, und der Kitsch der ‹anmuthigen RöschenFolie› noch so ekelatant : man iss doch weh'chstens *sicher* in seinem Jahrzehnt! – *(Sie schaut sich, Bestätigung* $\frac{\textit{heisch}}{\textit{erbitt}}$*end, um : ?)*

B. (nachdenklich): ‹Securi adversus homines, securi adversus Deos› – hm.

E. (zustimmend): Jawohl! fort mit diesen, Anheimelung mimenden, Titelchen=dort – *(sie liest sie, vorwurfsvoll=ablehnend, ab):* ‹SommerMalven / WinterRosen / Mosaiken / Rosetten / Frutti di Mare / Mancherley / MoosRosen› – *(zu D.):* Hinweg mit allen Dezennien, die das Wort ‹Strumpfhose› noch nicht hatten! : einig, Intromittierendster?

D. (mit Bartstimme): Sogar noch=einiger, als Du denkst, Tiefffühlendste. Der ‹historische Roman› unterliegt, von der bloßen Theorie des Dichtens her, Einwänden von solchem Gewicht, daß selbst der wandelbarst Denkende ihn für sich ablehnen müßte ... – ? – *(zu B., der ihm eine bremsende linke Hand vorgehalten hat):* Nu zum Beispiel : weil ein, vom ‹Lauf der Geschichte› erzwungenes, ‹Pensum› aberzählt werden muß – was ja wohl unleugbar die Freiheit des künstlerischen Schaffens beeinträchtigen dürfte : bis in die Wahl der Namen hinein handicapt sich der Historiodule! Parier's, Vollblütigster! : laß se doch ma Alle Revue passieren – *(satirisch):* Felix Dahn's ‹Kampf um Rom›. ‹Ekkehard›, von Scheffel ...

A. (gefaßt): ‹Die schlimmen Nonnen von Poitiers› sind nett. Und Scheffel hat Spindler auch gekannt; (und ist außerdem gar keine so kleine Portion, wie Sie durch Ihre Aussprecherei anzudeuten belieben). – Aber ehe ich Ihnen zu bedenken gebe : wie jeder dahin=inklinierende Künstler sich schon genau *die* Zeit aussuchen werde, die ihm auf den (Astral)Leib geschnitten ist – wodurch sich also Ihr Einwand sogleich umkehren würde; nämlich : daß der Schreiber eine beträchtliche Erfüllung seines Wesens in ‹seinem› historischen Roman dann fände! – *(zu E. hin):* erst noch zu der, durchaus gefädelten Begründung *Ihrer* Ablehnung : Wort & Begriff der ‹StrumpfHose› – und, wahrlich, nicht un=lecker eingesetzt! – erscheinen genau in jenen Jahren in der Literatur, 1830=40 : bei Holtei; und noch vor ihm, Sie gestatten : *bei Carl Spindler.*

C. (eingreifend vermittelnd): Verlier'n Wir Uns, bitte, nich. – Ich, für meine Kleine Portion, *brauche* den historischen Roman! Ich vermag weder die toten Sprachen, um die Chroniken zu lesen; (und selbst *wenn* ich's könnte, stieße mich der kleinkarierte LokalPatriotismus ab). – *(speziell zu B.):* Ich ändre Dein WaidSprüchlein vom ‹Studium der letzten 200 Jahre› mal dahin ab : die letzten 70 tun's *auch*! Für Alles, was da*vor* liegt, bitt' ich mir meinen ‹historischen Roman› aus.

B. (grübelnd): Schon recht, Begreiflichste. Aber : in welche Hände geraten Wir da? – Bis zum ‹Simplicissimus› hin helfen Uns die zeitgenössischen Romane aus; die ihrerzeit guten=aktuellen, die einfach durch ihr Alter zu ‹historischen› werden – *(zu A.):* obschon ich, ehrlich gesprochen, selbst bei der ‹Insel Felsenburg› gefühlsmäßig nur noch zur Hälfte mit=kann. – Aber mich informiert weder die prüdkühle Steifbeinigkeit des ‹Witiko›; noch COLLINS' ‹Antonia›. DUMAS ist ein Windbeutel und Haselant; wogegen man bei SUE's ‹Mystères du Peuple› (woher übrigens FREYTAG's ‹Ahnen› angeregt sein dürften) das Gruseln lernen ... *(zu dem, in den Wand=gelassen stöbernden D.):* ‹Quo vadis?›, Unbefangenster?

D.: Auf der Suche, nach dem was bleibt, Irascibelster. – *(bittend zu C.):* wo habt Ihr d'nn den Doppelkorn hingestellt?

E. (bittend): Auch mir davon; (tz, das Gespreche gerät immer kimmerischer). – *(hitziger):* Aber an solch wertlosen ‹Problemen› erkennen Die einander so deutlich, als trügen sie ein Feldzeich'n: zum prätentiösen Gesichtchen oben, der schmalbackige Hintern in der Mitte, und die SpindlerBeine unt'n! – *(ihr Becherlein hinbietend):* Gibt unchristlich Maß, Hänsel!

A. (überhörend): Vielleicht, daß man der einseitigen Betrachtungsweise *eines* historischen Roman=Schreibers, durch die Einseitigkeit eines andern begegnen könnte – zB dem ‹Rienzi›=Bilde BULWER's, durch Spindler's ‹Der alte Ordelaffe und sein tapfres Weib›: ‹Er ritt daher auf einem weißen Pferde mit rotsammetnen Decken und Troddeln von Gold – aber noch heller schimmerte das Antlitz des Herrn Tribunen. Er stand im Ruf, beim Trinken gut vorstehen zu können, und das war kein ungerechter Leumund, sintemal er rot leuchtete von Stirne Nas' und Wangen, wie eine Schmiedestätte. Er pfausete auch mit Backen und Nasenlöchern ...›: ?

denn C. (int'ressiert): Sie, daß'ss aber hübsch! Ein WortMengling aus ‹pausbackig plus pfauchen plus Pfauenstolz›: Zu=, beziehungsweise EinzelFall? Oder absichtlich herbeigeführt? – *(ernüchtert):* oder man bloß'n Druckfehler?

A. (kopfschüttelnd): Seltsames Mißtrauen! – nein, es ist kein Zufall. Wir müßten SPINDLER's Sprachfertigkeit zumindest antippen; er hat durchaus ‹des Goldes gel*f*en Schein› sobald's ein bißchen fafnirt; oder ein derbyschnelles ‹des Ar'bers Roß›; und die etwas lose ZimmerWirtin kann auch ‹die AfterVermieterin› sein. Ich gedenke ihn gar nicht tendenziös hoch=zu=loben: die schon talmudische Spitzfertigkeit eines JOYCE im EtymDrechseln besaß er nicht. – *(Er runzelt schwach die Stirn; er fährt fort, zu lesen):* ‹Nimm zum glänzenden Fleisch einen langen roten Bart; Augen die bald versanken im Fett des Angesichts, bald sich grimmig aufrissen und rollten. Nicht minder rechne zu allem einen ungeheuerlichen Bauch, wie ihn weyland die Äbte beim Eselsfest geschleppt haben; die Hände eines feisten Metzgers, und kurze dünne Füße : so hast Du ein treffliches Conterfey des Cola Rienzi.› – *(ergeben):* Und damit gar nichts zum Bilde der De Gaulle= oder Kennedy=Besuche fehle, heißt es von seiner Anrede an die Truppen noch : ‹Zum Schluß wollte er uns sicherlich zeigen, daß er nicht umsonst so lange am kaiserlichen Hoflager zu Prag gewesen, und wälschte noch ein paar deutsche Brocken heraus.› – *(sachlich):* Ich möchte betonen, daß SPINDLER's ChronikenNovelle *vor* BULWER's Roman erschienen ist.

C.: Eingedenk der ‹PestScenen› des ‹Rienzi› fällt mir grade ein : ist SPINDLER auch der Seuchen=Fascination von 1830=31 erlegen?

D. (vom Doppelkorn aufschauend): Warum grad nur um jenes Datum, Rue Morgue'igste ? Iss das nich *immer* schick : ‹Der Schwarze Tod› – ‹Der Englische Schweiß› – ‹Die Franzosen› ?

B. (resolut): Nu, weil um 1830=35 die große CholeraWelle um die ganze Erde ging, Doppelkörnigster. – *(zu A.):* Was war SPINDLER's Beitrag ?

A.: ‹Die Pest in Marseille›; von '33. Er bringt in dem 180=Seiter eine Reihe von schauderiösen Details. Die eindrucksvollste seiner Gestalten ist hier die schwarze einäugige Bertrande, jung boshaft und häßlich wie die Nacht; die, behangen mit Rosenkranz und Reliquien-Schächtlein, aus dem Fenster des fest verrammelten Hauses liebegiert – damals, 1720, sollen 60.000 in der Stadt daran gestorben sein. – Aber um auf seine, meiner Meinung nach wirklich ‹bleibenden› Stücke zu kommen . . . ?

D. (arrogant knurrend): Ich weigre mich, bei Leutlein von solchem Mittelmaß, das Wort zu akzeptieren. Sie haben doch bisher nur gemütlich=Vermüfftes zitiert. – *(kopfschüttelnd):* Ich seh noch nicht ein, warum ich, mit Bezug auf ihn, als ein andrer Mensch von der Polster-Bank aufstehen sollte.

A.: Nun, zum Beispiel NADLER nimmt ihn ernst; (obschon er von seinen Werken nur eines, und natürlich das falsche Drittel gelesen hat). ERNST JÜNGER kauft in Antiquariaten seine ErstAusgaben – aber das werden Ihnen schließlich ebensowenig Autoritäten sein, wie MENZEL oder HACKLÄNDER . . .

(denn E=D lachen erst einmal ebenso unfreundlich wie ironisch hinein. / Er fährt also fort

A.: Hier, das ‹DiamantenElixier› nimmt weitgehend die Einfälle eines modernen französischen Romans vorweg : Vom Unsterblichkeitstrank; und der arme Voreilige muß nun, mit immer abnehmendem Vergnügen, durch die Generationen fort leben; sich die Haare zur Tarnung weiß färben ...

C. (eifrig): Ja, das ist=ä – : das Dings von der Frau vom SARTRE; ‹Alle Menschen müssen sterben› oder so ähnlich. – Das wird aber auch schon so .... nå – 20 Jahre alt sein, Unzeitgemäßester!

A. (gleichgiltig): Schon möglich; das ist, in der Literatur, immer noch ‹heute›. – Die ‹Erzählungen bei Ebbe und Fluth› sind um den Mont Saint Michel lokalisiert ...

B.: Immer mit der Langsamkeit! – *(zu C.):* Da war'n Wa doch auch schon mal : sind 4 Jahre her, ja ? – *(zu A.):* mieses Wetter die ganze Zeit. Ich hab' mich mehr an die einheimischen Gerichte gehalten : Muscheln, in der fetten Butter von Avranches geröstet : Hammelrippchen auf Kohlen geschmort ...

C. (lüstern): Mich haben diese Triebsandfelder intriguiert : wenn so, zur EbbeZeit, die stummen Kinder mit Korb & Hacke & StachelStange, auf der ‹Grêve› sich, langsam, bewegten ...

A. (bestätigend vorlesend): ‹Horch ! wie die Glocke schwingt und klingt, die heulende KlagFrau ! Ein Mensch verunglückt auf der Grêve ! Ein Mensch geht unter in der wachsenden Fluth ! – Ja, schreit es nur durch die Gasse, bindet los den einzigen Rettungskahn, treibt án die Pferde, und werfet die Taue aus ! *Dem* hilft kein menschlicher Arm, *den* erreicht kein Ruder : die breiten Wogen speien den Strick aus; und der klaffende Sand schnappt nach den Hufen der Pferde, wenn sie nicht zeitig den Rückweg suchen. Gafft nicht neugierig über Mauer und Brustwehr ... – Eine solche Geschichte hat sich bei Uns zur KaiserZeit begeben; und wer sich fürchten will, der höre zu !›

B. (erstaunt): Hoh ! Das'ss ja 'n ganz anderes Tempo auf einmal ! Einwandfrei ‹gearbeitet›, und gar nicht übel. – *(abfällig):* Wie mochte denn da dieser MENZEL behaupten : daß SPINDLER völlig gedankenlos, ohne seine Seiten je nochmals zu überlesen, und rasend schnell vor sich hingeschludert habe ? – *(er liest, entsprechend geziert, das anmaßende Geschreibsel des ‹Kaschuben›, wie ich KASIMIR EDSCHMID ihn habe nennen hören):* ‹Ich gab mir große Mühe, ihn dahin zu bringen, daß er sich mehr regele, und auch in der Sprache verbessere. Aber er war merkwürdigerweise zu einer höheren Auffassung der Poesie nicht fähig; er war selbst weder begeistert, noch trachtete er danach, seine Leser zu begeistern, oder Meisterwerke von künstlerischer Vollendung zu schaffen, die ihm zu einem unsterblichen Ruhme verhelfen sollte. Er gestand ganz offen, daß er nur zur Unterhaltung der Gegenwart, und nur um Geld schreibe.› – *(kopfschüttelnd):* Nun gehören natürlich, seit des seligen Midas Zeiten, zum Handwerkszeug des Kunstrichters ein Paar schmucke EselsOhren : aber der ‹Denunziant›, der ‹Franzosenfresser›, konnte ja wirklich *vieh*dumm sein!

A. (bestätigend): Zumindest insofern, als er den Dichtern ihre ‹Sprüche› nicht nur abgenommen (dh geglaubt); sondern sie sogar noch, zwecks Informierung der Nachwelt, zu Papier gebracht hat.

C. (erstaunt und protestierend): Ja aber Einschränkendster – : wie soll Unsereins denn da wissen . . . *(leicht entrüstet): Wir* sehen, gläubich, zu den wahnschaffnen Creatouren auf : ? – : und *Die* öffnen den, zum Schwindeln weit gespaltnen Mund, und lügen Uns die Hucke voll, Entmenschtester ?!

B. (ber$\frac{uh}{icht}$*igend):* Das'ss doch ganz simpel, und begreift sich. *Ich* kann mir das gut vorstell'n, wie Einer – sei's zur überdrüssigen Abfertigung Zudringlicher; sei's, um allgemein Zeit zu sparen – ein rundes Körbchen Formeln parat habe. Erinner' Dich an diesen Tenor=da, vom StadtTheater, bei Uns; der öffentlich grundsätzlich hinzuwerfen pflegt : ‹Die SpringFlut der BewundererPost habe Formen angenommen, daß er, seit vergangnem Herbst schon, nur noch GeldBriefe öffne !› – dabei iss er notorisch der eitelste Mensch; der am liebsten Jedem sein Foto, mit schräggeschriebnem Autogramm, aufdräng'n möchte!

A.: Ja, selbstverständlich ist Menzel ihm ‹aufgesessen›. Spindler arbeitete schon : wälzte entlegne Chroniken – vergleiche seinen ‹Großen Antlass zu München›, die farbige und int'ressante Beschreibung des FronleichnamsUmzuges von 1580 – und seine, in Concurrenz zu Zschokke geschrieb'nen, Stücke für's Volk, etwa die ‹Erzählungen bei Licht›, sind klassisch : eben weil er die Denkweise und den Slang der Landbevölkerung besser kannte, als alle Andern, vor und nach ihm.

B.: Halten Se nich so mit den wichtigsten Sachen zurück, Knalleffektigster : nennen Sie mal ein paar Stücke, die, heute gedruckt & morgen erschienen, immer noch gelesen werden könnten. Oder, ich will's ermäßigen : die, für den Zusammenhang der deutschen Literatur, unbedingt aufbewahrt werden müßten : ?.

A.: Abgesehen von einem Dutzend kleiner Stücke, die ihrerseits einen Band füllten, sind es 3 Romane, die mir unerläßlich dünken . . . ?

(denn es sind diverse Ejaculationen vernehmbar geworden : *C.:* ‹Die Flasche jetz ma her : Wer nich arbeitet, soll auch nich trink'n !› / *D.:* Den hier noch : dreimal iss Bubenrecht ! / *E.:* Ja; halt aus, Unbiegsamster ! –

dann E. (zu A.): Ich will's wissen : hat der rotbändige Mensch die Reklamen & Moden, die Margarinen und Konjacke seiner Zeit aufbewahrt; wie Joyce ?

A. (noch einmal, geduldig, zurückschaltend): Können Sie sich eine ‹Toque à la Fiancée› vorstellen ? Eine Empfangstracht ‹à la Druidesse› ? Reitsungen mit ‹Crèpe Aërophane› $\frac{\text{verhüllt}}{\text{betont}}$? – *(er liest aus den ‹Scenen und Geschichten›):* ‹Kennen Sie die neue Beleuchtung, die in Paris vom allerletzten Geschmack ist ? Es wurden nämlich Kugeln von Zucker aufgesetzt, inwendig hohl, und von einer kleinen Wachskerze erleuchtet & transparent gemacht. Da gab es welche von OrangeFarbe – und man glaubte, von der untergehenden Sonne beschienen zu werden. Andre, von hellblauer Farbe, warfen einen Mondschimmer über die Tafel. Die weißen bildeten leuchtende Schneeballen; und die rotgefärbten strahlten wie Feuer über das Tischtuch & die Gesichter der Nebensitzenden.› Das ist ein graziös=gewichtiges Bändchen, diese ‹Scenen und Geschichten›; kleine, dialogisierte Novelletten voller Kultur= und SittenBilder : ‹Ein Dampfschiff› – die damals noch ganz neu waren, und doch schon bevölkert von IndustrieRittern und ruchlos=technischem Personal. ‹Dichters Taglauf›; mit den Mitteln des Ballett's geschrieben, und tanzpoetisch durch und durch. Die ‹5 Stockwerke›; der BilderQuerschnitt durch ein hohes Mietshaus; je mehr Treppen hoch, desto ‹sozialer› zu lesen – aber Spindler weiß zu unterscheiden : der verdiente Arme kriegt *auch* sein Fett ! Die ‹Proben und Prüfungen›; ein Stück TheaterPraktik, und gleichzeitig Satire auf die Meyerbeer's; ein Pröbchen KulissenLuft, würdig eines Hoffmann.

C.: Mir geht immer noch seine ‹entsetzliche Vorzeit› im Kopfe rum – (bin eine Frau, und hab meine KlatschbasenAder) – : wenn er das WanderkomödiantenDasein so oft, und, wie Sie sagen, stets leidlich=heiter beschrieben hat, kann *das* jenes ‹Entsetzliche› demnach kaum gewesen sein. *Ich* meine : wovor's Einem so=sehr schaudert, wo man was ausgefressen hat : davon redet man öffentlich nich groß; das vermeidet, das ‹verdrängt› man – : ? –

A.: Und selbst, wo er nicht das Theater direkt bemüht, bedient er sich für seine Helden doch gern der Schwadroneurs= und WandersmannsWortschätzchen seiner Mitglieder : diese Geisteshaltung ‹Fahrenden Volkes› haben ja mehrere, obwohl fein gegeneinander abschattierte Berufe, gemeinsam : ‹HandlungsReisende› ebenso wie ‹Irrende Ritter›; ‹Handwerksburschen auf obligater Wanderschaft›, wie ‹Zirkusleute und Komödianten›. Er hat Uns – dem Außenstehenden zunächst befremdliche – Äußerungen von Fachleuten aufbewahrt. Der berühmte Mime Seydelmann schob den Verfall der dramatischen Kunst auf das Vorhandensein der großen, ‹stehenden›, Hof= und StadtTheater, die er ‹Pensionate der Mittelmäßigkeit› nannte, ‹Invalidenhäuser für begünstigte Ohnmacht ... Die Zeiten, da der Komödiant so ein bißchen in Acht & Bann gestanden, waren die ersprießlichsten für die Kunst: ein Künstler muß ein bißchen Vagabund sein; die Ansässigkeit tut ihm nicht gut.› Und noch schärfer RAIMUND: ‹Schaun's (sagte er einmal in München zu mir); Wir sind mehr im Salon als am Studier'n zu find'n, treiben unser Metier also grad wie vornehme Herrn, und das tut's nicht. Der Schauspieler sollte für das Publikum immer ein aparter Mensch bleiben, den man just nur hinter den Lampen zu sehen kriegt. Nur gleichsam incognito sollt' er unter den Menschen umherschleichen; denn am MenschenHerzen, und sogar am Thun und Treiben der Menschen, lernt Keiner jemals aus. Dagegen sollt' er mit seinen Collegen ein rechter Freund und Bruder sein; denn nur auf die Weise wird aus der Darstellung eines Stücks ein Ganzes. Nein nein; ich bin vergnügt, daß ich jetzt so frei und lescheer durch die Welt wandern kann, und spielen, wann und wo mir's just gefällt. Aber noch schöner wär's: wenn ich so eine freie und brave Truppe durch die Welt dirigieren könnt'; und alle Städt' und Dörfer sich schon im Vorhinein freuten auf den Raimund & seine Gesellen.›

C. (fürwitzig): Wie ward Ihnen denn da, Immobilster, als Sie dies Lob des ambulanten Künstlers vernahmen?

B. (berichtigend): Es war die Rede vom Schauspieler, Herzchen; der bei dem beständigen ‹Tapetenwechsel› ja nur im Training der sich rastlos verändernden Kulisse bleibt – int'ressant. – Aber noch mal zum Thema ‹historischer Roman›: das wären also die eigentlichen, wirklich verläßlich=echten: die detailfülligen Zeitromane, *nach 100 Jahren gelesen*! Wie GUTZKOW's ‹Ritter vom Geist›.

A. (bestätigend): Oder das Werk LUKIAN's; oder JOYCE's ‹Odysseus›. Oder, um mal was Ausgefallneres zu nennen, HOPE's ‹Anastasius›: die Abenteuer eines spitzbübischen Griechen zur PhilhellenenZeit; das Leben in der Levante ist, obwohl bewußt von der Nachtseite menschlichen Fummelns her gesehen, so Fesselnd beschrieben; es beginnt so leichtfertig, und endet so trüb ...

E. (kunstvoll wimmernd): Oh, was ha'm Wir bloß ausgefressen!?: d'i'ss ja ne litterarische MüllKippe hier! – *(amüsiert zu D.):* Du, die halt'n JOYCE für neu! –

A. (der durchaus zugehört hat, fährt fort): DE QUINCEY, POE, haben dies' ‹Anastasius› geliebt. BYRON heulte förmlich, daß er nicht von ihm stamme. Leider ist es so unzugänglich, daß sogar die deutsche Übersetzung von 1825 kaum auffindbar ist.

D. (ironisch): Da Sie dem alt'n Knab'm dort die seinerzeitige Aktualität so bescheinigen – ja, ihm einen gewissen kulturgeschichtlichen Quellenwert beimessen : *darf* man fragen, wo denn da seine (wenigstens literarische) Teilnahme an dem Großen Jahr '48 sich manifestiert hat ? : ein europäisches Ereignis, wo sich zum erstenmal die Kraft der außerparlamentarischen Opposition erprobte . . . ?

B. (unterbrechend): ‹Europäisch› erfreulicherweise nun eben nicht, Linkshändigster : Rußland blieb ruhig . . .

D. (hineinprotestierend): Friedhofsruhe !

B. (fortfahrend): Die skandinavischen Länder . . .

D. (dito): Kleine Drecker !

B.: England – das ja wohl auch zu Europa gehört – blieb *so* ruhig, daß es sich erlauben konnte, sämtlichen Herrn Revoluzzern Asyl zu gewähren.

D. (auffahrend): Nicht mehr als seine Schuldigkeit, Antisozialster !

C.: Na hör ma'; – sich seuche Läuse, die ‹Ruhe geben› weder wollen noch können, sich in den Pelz zu setzen, beweist aber nu wirklich souveräne Großzügigkeit.

B. (nickend): Denn die hielten ja mit nichten die Klappe; sondern mißbrauchten das Gastrecht, daß es eine Scham war, all diese Mazzini, Marx, Kossuth. – *(zu E=D.):* Warum=wohl hat ein Mann wie SCHOPENHAUER sein gesamtes Vermögen ‹den Witwen und Waisen der 1848 im Kampf *gegen* die Revolution gefallenen Soldaten› hinterlassen ?

D.=E. (einstimmig): Schande über den reaktionären Klotz ! : mit dem Rücken an die Wand alle seine Bücher !

C. (verweisend): Wo Du's so recht & billig findest, daß Dein'n ‹Roten Gitarren› Asyl plus Amnestie plus Maulfreiheit zustehe : warum da nicht auch dem AndersSchreibenden ? Überhaupt : was has'Dú denn gegen SCHOPENHAUER's Werk eigentlich vorzuzeigen ?

E. (eifrig): Darauf kommt's jetz nich an.

B.: Darauf kommt es sehr wohl an, Arroganterste. Ich stelle die Gegenfrage : darf jeder unbewährte, wühlerbärtige Primaner a. D. – der nicht 1 armseliges HalbesDutzend eigener Bücher auf die Beine gestellt hat – denn so daherreden, ohne sich selbst irgendwie ‹komisch› vorzukommen ?

A. (beschwichtigend; nur um weiter zu kommen): Sicher; im Alter läßt der Körper nach; (jenseits 30 ist kaum noch ein SpitzenSportler möglich). – *(untergründiger):* Jenseits der 12 soll bereits das Gehör zu erschlaffen beginnen. – Jedenfalls hat SPINDLER auch das Jahr '48 mit einem Roman von immerhin 1600 Seiten begleitet, ‹Putsch & Co.› Und seine Impressionen vom Badischen Aufstand sind durchaus ‹mitzunehmen› – *(zu D.):* Sie müssen sich nicht schmeicheln, Einschneidigster, auch nur 1 Neue

Wendung beibringen zu können, die sich nicht schon bei SPINDLER (dem Beschreiber ‹von innen›), beziehungsweise bei HACKLÄNDER (dem Beschreiber ‹von außen her›) fände.

B. (aufmerksam): Ach ?; so die DDR=Stereotypen, was ? – (ich hör manchma' den Rundfunk=drüben) – : ein Land, in dem leidlich Ruhe herrscht, ist ein ‹reaktionärer Sumpf› ? / Wenn die eignen Leute fliehen, ist das ‹ein kühner FlankenMarsch der FreiheitsKämpfer›. – Aber wie zogen se damals durch Baden ? : ‹Eine Feder auf dem Hut, / dürstend nach Tyrannenblut, / große Stiefeln, WasserSohlen, / Säbel trägt er und Pistolen› ! – *(zu C.):* Nu, das HECKER=Lied›.

D. (spitz=geringschätzig): Hab' ich Dich nicht noch, vor einigen runden Jahren, die ‹Männer von 48› ernstlich loben hören, Tyrannischster ?

B. (nachdrücklich): Was ich noch heute tue, Che=Guevara=mäßigster. Allerdings denke *ich* dabei an die Besten des Frankfurter Parlaments : *dar*innen waren ehrwürd'je Namen; Männer mit edlen und schönen Träumen – obschon, damals wie heute, nur Schwärmer oder Betrüger das Volk in irgendeiner Beziehung für ‹reif› halten können – also etwa die Leute von Uhland bis Fallmerayer mein' ich. Nicht aber reisende Spezialisten für Barrikadenbau, (ob nun von ‹rechts› oder ‹links›); nicht professionelle bewährte UnheilStifter à la STRUVE/HERWEGH/FICKLER/BÖNING, samt ihren Bösen Buben vom ‹Korps der Rache›; oder der ‹Polnischen Legion› (ohne die, rastlos stochernd in jedem fremden UnruhHerde, einem GroßKrawall ja gleichsam etwas gefehlt hätte) . . .

denn D. (schnarrend): Zwecklügen, Voreingenommenster ! *Ihr* wertet natürlich nur stock=konservative – also doppelt=trübe – ‹Quellen› aus.

A. (ablehnend): Ich zitiere nur Zeitgenossen & Augenzeugen. Sie dürfen getrost auch ‹gute linke Leute› nachlesen; etwa CORVIN, einen der Haupthähne des revolutionärrischen Baden : wie *Der,* ein Dutzend Jahre später, in seinen ‹Denkwürdigkeiten›, die eignen Kumpel gekennzeichnet hat ! . . .

B. (ohrenspitzend): Moment : ‹CORVIN› ? Iss das Der aus der NaziZeit ? (wo ja ähnlich Rechts=Radikale hausten, wie 48 die Linksäugigen) : Der mit dem ‹PfaffenSpiegel› ? – Tz; naja; iss ja imgrund auch die gleiche Gorilla= und LandsknechtsMentalität; die lediglich 'n paar Jahre, ohne zu arbeiten, im VolksVermögen prassen und schwelgen will. Wozu denn wohl ganz organisch gehört, daß dergleichen Zeitläufte nie eine Kultur hervorbringen . . . – *(auf einen HandEinwand D.'s hin):* Nein; auch der ganze Kommunismus (bis jetz) nich. . . . – (?) : selbstverständlich; ich meine das, was ‹Der Bürger› seit ein paar hundert Jahren unter ‹Kultur› versteht.

A.: Ich raffe nur schnell ein paar Einzelzüge zusammen. – In den WarteSälen ist bei den Fahrplänen das ‹Großherzoglich› mit kühnem Rotstift getilgt. / Ein Hauptvergnügen der in der Festung Rastatt eingeschlossnen Aufständischen bestand darin, die BahnwärterHäuschen vom Bahndamm herunter zu schießen : ‹sie saßen in langen Reihen auf den Brustwehren, und ließen die Beine zierlich herabhängen›. / ‹Turner› in grauleinenen ‹GesundheitsAnzügen›, mit roter Halsbinde und schwerem Hirschfänger . . .

B. (kopfschüttelnd): Dà ! Also auch ‹Turner› haben die äußersten Extreme gemeinsam : ‹Vater JAHN› auf der einen; ‹Förderung des Sports in der DDR› auf der andern Seite.

A. (fortfahrend): Die schreiten den Bahnsteig ab; und blicken freundlich in die Wagen 4. Klasse hinein / sachlich in die der 3. / ernst und unangenehm bedeutsam in die der 2. : ! – Trüppchen von Zuzüglern erscheinen : ‹Es waren wirklich abenteuerliche Gestalten. Ernst und feierlich zogen sie daher, Aug und Mund dem Himmel zugekehrt, von keinen irdischen Gütern beschwert; auch nicht 1 Einziger hatte 1 Lot Gepäck bei sich. Ihr Führer hatte die Hände auf dem Rücken, unter den Schößen eines fadenscheinigen schwarzen Fracks verborgen, und sein Gesicht war mit einem Bart verziert, wie ich nie einen gesehen : er reichte bis zu den Knien in angemessener Breite, und war wahrhaft fürchterlich . . .›

D. (sich den seinen stolz streichend, höhnisch): Na also ! : int'ressant, wie da anscheinend schon immer der Spießer ‹rot› sah.

C. (tadelnd): Gar nicht ‹Spießer›: Schriftsteller waren (und sind) doch wohl Leute, die beim Spießer selber schon als ‹bürgerlich unzuverlässig› gelten.

B. (derb): Daß man die meisten Berufe im Haarkleid nich ausüben kann, iss Denen insofern ‹kein Einwand›, als sie ja auf jegliche berufliche Betätigung verzichten. – *(zu D., der gemurrt hat):* Na, mein Lieber : 'm Chirurgen, der mir solche Dreck= und BazillenMaquis entgegenbückte ? : würd' ich den Rücken dreh'n und zum Nachbarn gehen. Und als Koch möcht' ich 'n ooch nich : ‹Haare in der Suppe› goutier ich nur im Sprüchwort. Schauspieler *müssen* bartlos und kürzest geschoren gehen : wegen Perücken und Maskenbildnerei. Selbst Sportler, Schwimmer, scheren sich neuerdings schon freiwillig die Ärsche kahl ! – Nee nee : Euerm puerilen Ideal des ‹Great Outlaw›, ist das des ‹Great Inlaw› entgegen zu setzen !

A.: Und der Tatbestand scheint doch gesichert. MENZEL bestätigt, daß ‹danach›, ‹in Sinsheim der Boden des dortigen Wirtshauses ganz mit DemokratenBärten gepolstert, und mehrere Barbiere noch eifrig beschäftigt waren, den vor den Preußen fliehenden Demokraten die Bärte abzunehmen.› – Urlauber verabschiedeten sich mit der kuriosen Beteuerung : ‹Wenn ich morgen nicht pünktlich zurück bin, könnt Ihr mich erschießen lassen !›; oder ‹Keiner tat etwas Unerlaubtes; da ihnen ja Alles erlaubt war›.

C.: Auf welcher Seite stand denn nun SPINDLER ?

A. (achselzuckend): Wenn Sie so wollen, ‹halbrechts›. Er, selbst langjähriger Angehöriger eines ambulierend=anrüchigen Randberufes, hat sich in einigen seiner Stücke mit echter Sympathie auf die Seite der Parias gestellt. Aber er war inzwischen 50 geworden; brauchte, gesundheitlich, ebenso ein Dach über'm Kopf, wie aus Gründen der ArbeitsOrdnung; hatte eine Tochter zu versorgen . . .

C.: – und wahrscheinlich eine, nach Katholenbrauch zwar nicht von ihm geschied'ne, dafür aber getrennt lebende Frau, zu alimentieren ?

A.: Vermutlich; (obwohl ich mir über seine nominelle Religion gar nicht einmal im Klaren bin – in praxi war er da völlig indifferent). – Aber er hatte inzwischen auch eingesehen, daß nur die fleißige geregelte Arbeit des Bürgers diese=unsre Welt geschaffen hat & in Gang erhält; und daß alle andern, extremen, StandesGruppen, ob darüber ob darunter, lediglich Nutznießer der Mitte sind . . .

D. (einwerfend): Und Arbeiter & Bauern ?

B.: Die sind bei Uns längst ‹Mittelstand›.

A.: Jedenfalls findet bei SPINDLER, in ‹Putsch & Co.›, der ‹Turner Titus›, wie auch der Schauspieler und Freiheitsfreund Raphael durchaus kopfschüttelnde Sympathie; ebenso wie der von unklaren EinheitsIdealen verführte Spiegler; und der, mit größerem Recht über die junkerhafte Offizierswirtschaft aufgebrachte Soldat Lenhard – aber er kennt eben auch die anrüchigeren Abstufungen : den geschmeidigen Agitator ‹Bürger Melchior›; die entwurzelten, landsknechtsfremden Emigranten= Legionäre; bis hinab zum sehr int'ressanten, rotunmündigen ‹Volksschullehrer Wurstinger› – eine der am feinsten erkannten Gestalten; getragen von der Einsicht, daß hier, wohl in jeder Nation, eine gefährlich=buntflickige Stelle entstanden ist.

B. (bestätigend): Sehr richtig. : Menschen, auf Staats= (das ist : *Unsre*) Kosten halbgebildete Eingebildete. Man hat sie sprechen gelehrt; und die ZwergRiesen benützen es, um ihren 10=Jörigen zu imponieren; ihre Besseren zu begiften. – Also war es auch damals, 1848, wie heute wieder : durch die Auswüchse der ‹Linken›, wird die ‹Mitte› nur noch rascher nach ‹Rechts› gedrängt.

A. (halb ausweichend, halb erklärend): ‹Papa Hinterbein› verheiratet seine 4 Töchter – die Mathilde & die Cornelie, das Katherinchen und das Cymbelinchen – am Ende doch noch glücklich genug, an das, nicht minder gelungene FreundesQuartett : die, ein frühes Mal von Gewissenlosen verschleißte WeltMaschinerie, repariert sich selbst via ‹Menschlichkeiten›. – Aber von den beiden ‹engagierten› Stücken – *(er erkundigt sich bei B.):* sagt man so ? oder verwend' ich das Wort fürwitzig ?

(da D. & E. nur prusten. / Und auch C., skeptisch, den vollen Mund wölbt –

B. (giftig): Aber absolut verfehlt, Verwegenster ! ‹Engagiert› ? darunter versteht man ‹ProtestSongs›, zu denen eine Gitarre ‹schrumm=schrumm› macht. – *(wieder ruhiger):* Kommen Sie nur zu dem letzten, hoffentlich erfreulich unengagierten Roman – : ?

A. (erleichtert): Ja; das ist eine ausgesprochene ‹Perle›; und die Schande nicht gering, daß unsre Buchläden sowas nicht, vorrätig, im Regal liegen haben : ‹Der Vogelhändler von Imst› oder ‹Tyrol vor 100 Jahren› . . .

denn C. (trällert recht angenehm): ‹Schenkt man sich Rosen in Tirol› – : auch so ein ‹Vogelhändler›. : Wo liegt'nn dies ‹Imst› ?

A.: Halbwegs zwischen Innsbruck und Bodensee. Das, 1841=42 erschienene, 750=Seiten=Buch, bezeichnet sich zwar im Untertitel als ‹Volksroman› . . .

B. (einschaltend): – was in der Kunst bekanntlich gar kein Güte-Schildchen darstellt . . .

A.: Weswegen ich ja auch schon ein ‹zwar› eingemischt hatte. Verstehen Sie's so : er *spielt* im Volke. Und da enthält die Geschichte des kleinen Seraphin Plaschur, mit seiner Liebe zu der, noch=kleineren Martina, der Tochter des dicken Vogelhändlers Tammerl, eben Szenen, die – und ich weiß, was ich sage – von JEAN PAUL sein könnten ! Haben Sie keine Angst : nichts darin ist süßlich; (etwas, was man bei SPINDLER überhaupt ganz selten antrifft); seine Schilderungen, zumal der Herren Landwirte, können von einer unglaublichen Realistik und Härte sein : man lernt aus seinen ‹VolksRomanen› das ‹Volk› mit nichten lieben und ehren !

B. (bestätigend): Verdammt ungeschliffne Edelsteine. – Aber könnten Sie nich ne, ganz=lütte, Probe geben ?

A.: Nein ! – Sie glauben ja nicht, wie ich mich beherrschen muß, um Ihnen die Szene, wie Seraphin der fremd=vornehmen kleinen Martina, sein von ihm abgerichtetes LieblingsRotkehlchen und ein gemaltes Lebkuchenherz in die Hände spielt, *nicht* vorzulesen. Ihnen *nicht* den Egidi vorzuführen, mit seinem SprachGemisch aus Deutsch und Romansch; oder die böse Grödnerin, die Krämersfrau; oder den Haushalt des reichen

Tammerl, wo drei Frauen zugleich durcheinander herrschen – Alles, sowohl die Kulisse, als auch die Population, ist – ich will nicht sagen ‹getroffen›, denn ich kenn die Gegend nicht – aber hinreißend gestaltet. Nein : Sie sollen sich das Buch von mir zur Lektüre ausbitten.

B. (erstaunt): Hoh !; viel Ehre – wo Sie doch sonst nie Bücher verleihen ?

A. (etwas verlegen): Nun ja. – *(mit einem unwillkürlichen Blick zu D=E hinüber):* Ich setze voraus, daß Sie es nicht noch weiter verborg'n.

(verächtlich=amüsiertes Gelächter seitens D=E, und ‹no fear !› / C. neigt erst den Kopf zur Seite 'nüber, wo es in irgend einem Elektrogerät ‹KnickPock› gemacht hat – : ? – : ! – Sie erhebt sich und spricht

C.: Und das wäre also nun das Ende unsres Ausfluges ins Spindler-Land ? – *(sachlich):* In 2 Minut'n wird gegessen; sonst wird's wieder kalt.

A. (rasch; he can take a hint): Das ‹ENDE› sei die ‹Kapuzinerfahrt›; die schön=ruhevolle, schwierig zu enträtselnde, überaus ‹aufgebaute› Allegorie vom Menschenleben – beginnend mit ‹Der Morgen dämmerte kaum› bis hin zum ‹er verblich›. Mit ‹Marcus› als ‹Jedermann›; begleitet vom Hündlein ‹Canis›, (ein ‹sprechender› Gattungsname). Seinem, ‹schlechteren›, alter ego Adalbert. Dem einsargenden, RAIMUNDisch= vereinfachten Tod ‹Steinheil› . . .

B. (erklärend zu C.): Nu, das letzte ‹Heil› liegt im Grab‹Stein›.

A.: Den Über= manchmal auch Übe*l*=Ichen der diversen ‹Guardiane›. Dem sich hundertfach nicht=wandelnden, dialektisch geschulten ‹Bösen›, dem sachlich klugen Teufel Ernef . . .

B. (wie zuvor): Nu, 'n Anagramm von ‹enfer›.

A.: Die Details dieses Prä=Jedermann gut und schwermythig : die Komödianten, mit dem durchaus picasso'schen ‹Mägdlein auf der Kugel›; das Badstuben=Geferkel des Mittelalters . . .

(schon zuvor hat TellerGeklipper und das von Gabeln hineingespielt; nunmehr erschallt der DoppelRuf

C.=E.: Bitte, zu Tisch, die Herren !

B. (sich schwerfällig hochstützend): Man lädt Uns in den ‹sozusagen Mittelpunkt des Wagens : die im Heck untergebrachte Rundsitzgruppe im LandhausStil; die so recht zu einem Umtrunk einlädt : nun wissen Sie, was Wir mit *primus inter pares* meinen !› – tz; ich kann das Zeug ooch schonn auswendig ! –

(Gong)

ADALBERT STIFTER

23. Oktober 1805, Oberplan im Böhmerwald –
28. Januar 1868, Linz a. d. Donau

DIE HANDLUNGSREISENDEN

1. *»Wißt Ihr, warum Euch die Käfer, die Butterblumen so glücken?:*
Weil Ihr die Menschen nicht kennt, weil Ihr die Sterne nicht seht!
Schautet Ihr tief in die Herzen, wie könntet Ihr schwärmen für Käfer?
Säht Ihr das Sonnensystem, sagt doch, was wär' Euch ein Strauß?!
Aber das mußte so sein; damit Ihr das Kleine vortrefflich
liefertet, hat die Natur klug Euch das Große entrückt.«

(Hebbel an Stifter)

2. *»Wie gewaltig und in großen Zügen auch das Tragische und Epische wirken, so sind es doch hauptsächlich immer die gewöhnlichen, alltäglichen, in Unzahl wiederkehrenden Handlungen des Menschen – gleichsam die Millionen Wurzelfasern am Baume des Lebens – in denen das sanfte Gesetz sich zeigt, wodurch das menschliche Geschlecht geleitet wird.«*

(Stifter an Hebbel)

Das war ja der klassische Zusammenstoß der beiden großen Schulen, damals um 1850; und bezeichnend daran auch, daß der Dramatiker Hebbel, angriffslustig wie nur je ein literarischer Highwayman, die Messerbüschel seiner Distichen wetzte, während der Oberplaner gelassen hinter dem undurchdringlichen Lederschild seiner abwehrenden Prosa weiterwandelte. Noch heute kann man, kommt die Rede auf diesen Zwist unter Zauberern, Erbauliches über die Verschiedenheit von Temperamenten lesen; viel Feinsinniges über den Unterschied zwischen Idyllisch und Episch, Beschaulich und Heroisch, zwischen Tatmenschen und Träumern.

Auf die Gefahr hin, einer ausgesprochenen oratio pro domo bezichtigt zu werden, möchte ich die beiden großen Schulen – von denen die eine gar viel, die andere weit weniger Mitglieder zählt – hier einmal endgültig definieren und von einander abgrenzen.

Natürlich drängt sich zuerst die Hebbelsche vor, mit dem Geschrei nach Handlunghandlung, nach Aktion und blitzartig hochgerissener Gebärdung (wobei man als Dichter viel Anatomie erspart; und wenn die Fantasie einmal ausgeht, stellt sich »organisch« noch eine gefällige Staubwolke ein). Da qualmt also das Getümmel um Ilion; da brüllt man im Schwertergefuchtel; da platzen Vulkane; geschieht affenteuerlich Unerhörtes; Reporter rasen hinter Rennwagen; Morde werden erwogen; Rinaldos hechten aus durchgehenden D=Zügen mitten in die Handlung hinein; man »kämpft um ein Weib«. Oder, weniger satirisch ausgedrückt

– oh, ich wette, Sie haben »meine Richtung« schon jetzt erkannt! – es giebt Schriftsteller (und sie sind, wie gesagt, bei weitem in der Überzahl) die das Heil nur in der »Handlung« sehen, etwa nach den Rezepten jenes unselig=geschäftigen Lessingschen Laokoon. Und ich will gern zugeben – muß ich es nicht? – : man kann das machen! Man kann die blendendsten Kunstwerke, die erschöpfendsten Weltbilder, auf diese Weise geben; die Reihe der Belege wäre endlos, von Homer bis zum Jüngsten, der die Neune erfolgreich anredete.

Gut.

Aber es giebt eben auch eine zweite Schule, bei der die Fabel nicht aus Taten und Handlungen, sondern aus Zuständen, Denkweisen, Funktionen und Befindlichkeiten besteht!

Man kann dem großen Adalbert Stifter mühelos die Ungerechtigkeit antun (und wie man oben sieht, hat schon Hebbel viel dummes Zeug in dieser Richtung dahergeschwätzt), und die Fabel etwa des »Hochwaldes« unzulänglich nennen; unreif, backfischhaft, provinziell, klischiert, weltfremd; bekanntlich ist sie ja sogar blank gestohlen, bis in kleine Einzelheiten, vom großen James Fenimore Cooper (und die entzückend naive Unbeholfenheit dieses Diebstahls müßten unsere gewiegten Plagiatoren eigentlich gerührt lächelnd als zusätzlich vormärzlichen Reiz schmekken). Zugegeben also, man kann das : aber eben nur vom Standpunkt der Handlungsreisenden aus!

Stifter behält stets diesen unanfechtbaren Satz vor Augen : daß »in Wirklichkeit« viel weniger »geschieht«, als die Liebhaber von Kriminalromanen uns glauben machen wollen; das Leben besteht, was »Handlung« anbelangt, aus den bekannten kleinen Einförmigkeiten. Und logischerweise wird es sogleich zum vornehmsten Kennzeichen jener (»unserer«) Gruppe extremster Realisten, daß man sich um der Wahrheit willen der Fiktion pausenlos=aufgeregter Ereignisse verweigert; die radikalste Kühnheit in Denkweise, Sprache, Architektonik, kann hierbei durchaus gepaart sein mit solcher, nur dem oberflächlichen Beurteiler befremdlichen, Handlungsleere.

Den Realisten macht nämlich nicht die noch so »realistische« Darstellung eines gelungensten Mordes, wie da Blut feistet, um dampfende Eingeweide, (oder, wie ich neulich amüsiert las, gar Einer sein Opfer anschließend auf einen Sitz auffrißt) : sondern der wahre Realist lehnt im Allgemeinen dergleichen Schilderungen einfach ab. Nicht aus »sittlichen« Gründen; wohl aber, weil solche äußerst seltenen Ausnahmezustände ganz und gar nichts »Bezeichnendes« haben; weil sie nichts über die Wirklichkeit einer Zeit aussagen; weil sie in einen gewichtig=ehrwürdigen säkular=addierenden Prozeß (die Handlungsreisenden nennen ihn bürgerlich=filiströs) eine verzerrte Katastrofenfreudigkeit hineinlügen, und unersetzliche Daten des Menschengeschlechtes aufs Unverantwortlichste zu verfälschen vermögen ! Wie nachdenklich und menschlich höchst beunruhigend etwa der wahre »Egmont«, der holländisch=bedächtige Fast=Fünfziger und Familienvater, den eine gewaltige flegmatisch=gravitationsgleiche Deichkraft seinen Todesgang gehen heißt – und wie albern=oberflächlich wirkt der Goethesche liebelnde Springinsfeld dagegen ! Deswegen würden, bei einem gegebenen Thema, beide Schulen sogleich ganz bezeichnend reagieren. Um es an einem bis zur mehrfachen Verfilmtheit geläufigen Beispiel zu erläutern : der einen Schule wäre an der berühmten Prinzessin von Ahlden der Knalleffekt der Königsmarck=Katastrofe das naturgewollt Interessante. Die andere würde mit gleich aufreizender Selbstverständlichkeit die anschließenden langen zweiunddreißig Jahre in dem einsamen Amtshause der Lüneburger Haide zu ihrem Vorwurf wählen. Hier stehen wir Stirn an Stirn.

Und der Gattungsunterschiede ist konsequenterweise kein Ende ! Die Einen erwittern mit radarfeinen Sinnen nichts als Katastrofen, und überlegen : was machen wir rasch und am effektvollsten mit der Geschichte ? Die Andern lesen noch mehr Chroniken, und fragen sich besorgt am Ende : Wie ist es also nun gewesen ? Die Einen verabscheuen die Mathematik (oder präziser : haben kein Organ dafür; aber das geben sie nicht zu, sondern beweisen lieber, daß man sie verabscheuen *müsse*). Die Anderen – etwa Stifter, Cooper, Poe – beherrschen sie, und gewinnen gern wichtigste Anregungen aus ihr. Die Einen denken sich ihre Landschaften aus. Die Andern fahren vorher hin, und sehn sie sich an : als ein Freund den Cooper auslachte, wie der sich am Schauplatz eines künftigen Romans gar bückte und sorgfältig die Pflanzen notierte, die da wuchsen, wies dieser ihn ruhig zurecht : auch das gehöre zum charakteristischen Porträt einer Landschaft, von denen jede ebenso einmalig sei, wie ein Menschengesicht; er würde sogar die korrekten Bewegungen und Fasen des Mondes berücksichtigen. Auch sagte er noch spöttisch : daß es doch auch einmal eine Welt ohne Menschen gegeben habe, sogar ohne handelnde Tiere, wo nur Pflanzen standen und warteten : wie langweilig das so gewesen sein müsse, was ? –

Zurück zum »Hochwald« : natürlich sind die Menschen bei Stifter nicht etwa gänzlich entbehrlich; Menschen sind auch da. Aber ich zitiere Schopenhauer – mehr kann man doch wirklich nicht verlangen ! – : »Die Aufgabe des Romanschreibers ist nicht, große Vorfälle zu erzählen, sondern kleine interessant zu machen.« Da bietet sich wie von selbst der

»Witiko« an : wir erfahren hinreißend das »Milieu«; und auch, durch das viel geschmähte Mittel der seithundertelangen Reden auf dem Wysehrad, die Denkweisen jener Zeit. Wohl ist das große Buch voll pflanzenhaft langsamer Befindlichkeiten – »langweilig« ruft hier scharf die andere Seite dazwischen –, wohl sind in ihm nicht Personen die Träger der Handlung, sondern eben Zustände : aber gehört es deswegen weniger zu den Kronjuwelen unserer Literatur ?!

Ich reiße kurz die literarhistorische Perspektive auf : Virgils Georgica ist mehr wert als seine Äneis. Die fälschlich so festgenagelten »malenden Dichter« um 1750; voran mein verehrter Brockes, in dessen präzis glühende Gärten sich nicht Jeder wagen möchte ! Was halten Sie vom »Tristram Shandy« ? Ich verweise auf den unsterblichen »Robinson Crusoe« (man sehe ab von dem heftigen Gestaltengewimmel zu Anfang und Ende; das ist ja nur das Vehikel, um den »Helden« glaubhaft mit der Normalwelt in Verbindung zu setzen) : das faszinierende ist hier doch lediglich der »Zustand«, wie da Züge der äußersten Einsamkeit versammelt werden. Alle Ereignisse hören auf; Geschehen störte hier; nur die Denkweise und die Befindlichkeit erzwingen das unvergeßlich glühende Bild. Wielands grandiose »Abderiten« gehören hierher. Man lese Jean Pauls »Campanerthal«, wo man bei völlig unzureichender, »läppischer«, Handlung zwischen den umgrünten Marmorwänden des Pyrenäentals von Unsterblichkeit flüstert. Coopers »Pioneers«, über deren »Fabel« man nur lachen kann, während unvergleichlich Standort und Sitten sich einprägen. Was »geschieht« denn letzten Endes selbst in des allgewaltigen Poe »The Man of the Crowd« ? : ist es »Handlung«, daß zwei Männer hintereinander hergehen ? Oder im »House of Usher« ? : freilich stürzt am Ende mit bleikammernem Gepolter das Schloß ein – aber das hat man schon gegen Ende des ersten Absatzes gewußt. »Domain of Arnheim«, wo Einer im Boote dahin *treibt*.

Herakles kai pithekos : ich habe die Stirn, mich selbst am Ende anzuführen. Ich will mich nicht herausreden, und sagen, daß bei so kurzen Formen, wie ich sie aus Gründen prinzipiell verwende, gar keine mordsmäßige Handlung möglich wäre : da könnte man mir triumfierend genügend Herren der anderen Schule entgegenhalten, die auf der gleichen Seitenzahl gut und gern ein halbes Dutzend stattlicher Totschläge erledigen. Aber etwa in meiner »Seelandschaft« ist keine »Handlung« vonnöten; ja, mehr noch : sie würde sogar nur die Zeichen von Wasser, Himmel und Sonne, von konsequenter Erotik, und – logischerweise – Atheismus, reklamehaft überkleben. (Ich protestiere hier übrigens einmal ausdrücklich gegen die Erschleichung, die in dem Wort »Atheismus« liegt: als ob sich »Theismus« von selbst verstünde!)

Obwohl also von Stifter an Temperament, Weltanschauung, und sprachlichen Absichten grundverschieden, gehöre ich dennoch – und so sehr er selbst dagegen protestieren würde! – zu seiner Schule. Seine berühmte abwehrende Formulierung vom »sanften Gesetz« bedeutet auch mir die gültige Ablehnung artfremder klappernder Handlung; die Lüge der »Aktiven«, daß am Menschen und durch ihn stets planvoll=bedeutende Aktion vor sich geht, ist zu bekämpfen: sie entspricht nicht der Realität.

Schon bin auch ich ungerecht geworden, da ich die fliegenhaft surrende Handlung schmähe, wo sie doch nur »das Andere« ist; aber im Allgemeinen sind ja in tausend Fällen neunhundertneunundneunzigmal »wir« die Angegriffenen; und wenigstens alle hundert Jahre einmal muß ja auch die Wahrheit, »unsere« Wahrheit, gesagt werden.

You this way. We that way.

DER SANFTE UNMENSCH

Einhundert Jahre ‹Nachsommer›

Sprecher:

A.: energisch & wuchtig; ja, klotzig.

B.: schnell & scharf.

A.: Am 12. September 1857, mittags um 12 Uhr, wurde das letzte Wort geschrieben; schon 3 Tage später brachte die ‹Linzer Zeitung› diese Notiz . . .

B. (journalistisch=flink hineinredend): Der k. k. Hofrat, Herr Adalbert Stifter, hat dieser Tage einen neuen dreibändigen Roman, betitelt ‹Nachsommer› beendigt, und das Manuskript bereits dem Druck übergeben. – *(leiser werdend):* Das Werk, welchem wir mit dem größten Interesse entgegensehen . . .

A. (laut, normal, hinein): Ein umfassendes Buch war vollendet : Eintausend Seiten Dünndruck – das sind zehn Goethe'sche ‹Werther› ! 1 Komma 4 Millionen Buchstaben ! Dazu, was mehr ist : ein Zeitroman, der Stifterschen Gegenwart von 1805 bis 1868 entnommen.

Denn wenn ich auch abgesagter Feind bin der beliebten Forderungen, was der Dichter alles ‹soll› . . .

B. (abfällig einfallend): . . . ‹deutsch› soll er sein; und ‹bieder› soll er sein; staatserhaltend & keusch; frischfrommfröhlichfrei reinundringfertig und wie die Wortklingklänge alle heißen : oh weh !

A. (wieder aufnehmend): Eines aber sollte jeder Dichter einmal leisten : ein Bild der Zeit uns zu hinterlassen, in der er lebte ! –

Denn wenn ich Zustände und Denkweisen einer Epoche erfahren will, benütze ich mit nichten die Meßtischblätter der Historiker – auf denen kann ich allenfalls exakt Namen & Daten abgreifen – sondern ich nehme mir für, sagen wir 1770, den ‹Werther› zur Hand; den größeren ‹Anton Reiser›; meinetwegen auch Sklavenhändler Nettelbeck, sowie noch 1 Dutzend anderer Zeitgenossen – aus einem Dutzend Zweispitzsegmente klebt man bekanntlich die komplette Kugelwelt eines Globus – : und dann weiß ich Bescheid !

B.: Ganz abgesehen davon, daß ein um Stoff verlegener Schriftsteller ja lediglich in seine volle Gegenwart zu greifen braucht: das Erlebnis von Düsenjägerakzenten am Himmel kann mir Goethe nicht vorweggenommen haben: die Gegenwart ist stets neu und originell! –

A. (nachdenklich): Eintausend Seiten, 1805 bis 1868, also? – Das ist viel Papier. –

(bedeutsam): Was wird da alles drin stehen . . .

(Gong)

(Als greller Fanfarenstoß die Takte der Marseillaise ‹Aux armes, Citoyens!›; laut, und lang ausgehalten.)

A.: Am 23. Oktober 1805 wird Adalbert Stifter geboren? : Da schreibt sie, unser Aller Mutter, die Große Französische Revolution von 1789, noch den 1. Brumaire des Jahres XIV! – Um Stifters ganzes Leben stehen, ein Hag von Feuerflammen, die Sturmzeichen der Kriege und Revolutionen!

B.: Seine ersten Augenblicke bescheint die Sonne von Austerlitz! / Jena & Auerstädt. / Aspern & Wagram. / Moskaus Brand und der Übergang über die Beresina . . .

A. (düster):

Da erfuhren sie Beide die traurige Mär:
daß Frankreich verloren gegangen.
Besiegt & geschlagen das große Heer.
Und der Kaiser? – Der Kaiser? ? : Gefangen!!

B. (plappert friseurhaft=flink hinein): »Das freut dem Schwerte sehr!« *(er lacht sinnlos auf):* Hihihihi.

A.: Wartburgfest. / ‹Heilige Allianz›, tout comme chez nous. / Der Aufstand der Griechen und Missolunghi . . .

B. (ekstatisch): Weiß ich nun, wo ich bin! : / Mitten der Insel drin, / mitten in Pelops Land, / erde= wie see=verwandt!

A. (das Faust=Zitat aufnehmend): Träumt Ihr den Friedenstag? / : Träume, wer träumen mag! / ‹Krieg›! ist das Losungswort! / ‹Sieg›! und so klingt es fort!

B. (triumfierend): Welche dies Land gebar / aus Gefahr in Gefahr; / frei; unbegrenzten Muts; / verschwenderisch eignen Bluts – / : dem nicht zu dämpfenden heiligen Sinn, / Alle den Kämpfenden bring' es Gewinn!

A. (verbissen fortfahrend): 1830: Revolution! – Bleibt auf Frankreich beschränkt? – Immerhin . . .

B. (hastig ergänzend): Zeichenderzeit; Zeichenderzeit; Zeichenderzeit.

A.: Denn es naht sich das große europäische Jahr 1848!

B.: Und speziell in Österreich : wie da Studenten & Arbeiter die Barrikaden bauen; und besetzen – und halten! Hört man das Knistern im um eine grobe Spur zu künstlich gefügten Gebälk der Donaumonarchie?

(Musik, leise, lauter, wieder leise : der ‹Ungarische Marsch› aus ‹Faust's Verdammnis› von Hector Berlioz).

A.: Ungarn steht wieder einmal – und nicht zum letzten Male – auf : diesmal, was vielleicht Manchen befremden mag, gegen den ‹Freien Westen›! : Kossuth & Görgei; Waitzen & Komorn; Budapest & Arad!

B.: Aber Preußen hilft doch? – / Und wenn nicht Preußen – dann ist Mütterchen Rußland zur Hand, alle freiheitlichen Regungen niederzuknüppeln : West wie Ost sind gegen uns – ach, wir Armen!

A.: Den greulichsten der Regierungsmetzger stellte Österreich : Haynau hieß der Bastard des Kurfürsten Wilhelm I. von Hessen, der mit dem Zopf; und war eines solchen Vaters würdiger Sohn, Feldmarschall Haynau, der Henker und Dränger der Kronländer, der ungarische Frauen auspeitschen ließ ...

B. (höhnisch): ... und dem dafür die wackeren Arbeiter der Londoner Brauerei Barclay & Perkins, als der Blutmensch sie im September 1850 zu besichtigen wagte, die Achselstücke herunterrissen, ihn verprügelten, und ihm den Bart abschnitten – zum maulaufsperrenden Entsetzen Vetter Michels, und dem Wutgeheul der betroffenen Kaste.

A.: Oh, diese Straßenkämpfe in Wien! – Aber noch einmal gelingt es, alle freiheitlichen Regungen niederzuknüppeln : »Erschossen wie Robert Blum« kursiert wohl heute noch als gängige Wortmünze. *(In diesen letzten Absatz den ‹Radetzky=Marsch› kurz einblenden).*

Weiter : es schließt sich an der ‹Krimkrieg›!

B. (hastig=tonlos): Half a league? – *(tonlos=bestätigend):* Half a league. Half a league. – *(Pause; dann herrisch):* Onward!! – *(traurig):* All in the valley of death rode the sixhundred.

A.: Und wenn es nur die Namen sind; Balaklawa und Malakoff; und sei der Herr poet laureate noch so deklamatorisch und hofsängerhaft : es werden doch wenigstens die Namen genannt!

B.: Und dann Olmütz – das ist : das Vorspiel zur unvermeidlichen Auseinandersetzung mit dem sich wölfisch großfressenden Preußen. / Es kommen die Auseinandersetzungen mit Dänemark ...

A. (niedergeschlagen die Storm'schen Zeilen): Sie halten Siegesfest; / sie ziehn die Stadt entlang; / sie meinen Schleswig=Holstein zu begraben ...

B.: Es folgen Magenta & Solferino, der italienische Krieg. Ganz zu schweigen von Benito Juarez; oder dem Sezessionskrieg zwischen Nord= und Südstaaten . . .

A. (abwehrend einfallend): Das ist weit weg.

B.: Aber näher ist dann doch wohl ‹Das päpstliche Blutbad von Perugia›; näher liegt ‹Königgrätz› ? !

A. (prahlerisch): »Von hier & heute geht eine neue Epoche der Weltgeschichte aus; und Ihr könnt sagen : Ihr seid dabei gewesen !«

B. (unsicher=mißtrauisch): War; Stifter; dabei ? ? –

(Gong; der nach und nach übergeht in das scharmante Geschunkele der ‹Schönen blauen Donau›.)

B. (entgegenkommend): Oder war er vielleicht gar innenpolitischer Kommentator ? –

A.: Da wäre – gerade bezüglich Österreichs – allerdings vieles zu sagen und schreiben gewesen : da waren zum Beispiel die Industriearbeiter . . .

B. (zähneknirschend hineinredend): Deutschland ! : Wir weben Dein Leichentuch ! / Wir weben hinein den dreifachen Fluch ! / Wir weben : wir weben ! !

A.: Noch 50 Jahre später bewegte es einem Gerhart Hauptmann heißblütigst die Seele. Oder das gräßliche Problem der ‹Kinderarbeit›, das der gleichzeitige Charles Dickens geißelte.

B. (angeregt): Und war Stifter nicht Schulrat ? : Was wird er nicht da alles berichtet haben ! – War nicht im damaligen Österreich der Besuch ausländischer Universitäten bei Geldstrafe untersagt ? Zunächst ab 1819 für 5 Jahre; dann wurde das Verbot unter der Hand auf unbestimmte Frist verlängert.

A. (gefällig): Zweifellos wird er sich darüber mokieren : da werden wir ausgiebig erfahren, wie die materielle und geistige Lage der Volksschullehrer notorisch nirgends trauriger war, als in Österreich : »Der Unterricht war bis auf Seite & Zeile im vorgeschriebenen Lehrbuch für jede Stunde festgesetzt !«. Auch war das gesamte Unterrichtswesen der Aufsicht der Geistlichkeit preisgegeben !

B.: Hören werden wir, vermutlich, vom armen fremdsprachigen geschundenen Rekruten im ‹Ehrenkleid› – freilich; Stifter ist nie Soldat gewesen. Vom Beamtentum werden wir satirisch hören; vom k. und k. System des Hinhaltens, Verschleppens, gemütlichen Wenigtuns – jedem Beamten wäre ja eine gewisse ironische Auffassung seines Berufes zu wünschen. Das religiöse Problem wird wohl eine kleinere Rolle spielen; aber das ‹nationale› wieder ! : Bestand doch das Österreich Stifters aus einem halben Dutzend anderssprachiger Völker, der ‹Koloß auf tönernen Füßen› . . .

A. (warnend): Oh weh – da bin ich mißtrauisch !

Ich denke da etwa an Grillparzer; der über die tschechischen Unabhängigkeitsbestrebungen nur wußte . . .

B. (dürr; hofrätig=überheblich): »Der Herr Professor Palatzky ist nunmehr wahnsinnig geworden !«

A. (fragend): Und, bitt' schön : warum ?

B. (trotzig): »Er stellt in einem ernsthaft gemeinten Aufsatz an die Regierung die Anforderung, den einzelnen Kronländern eigene Ministerien des Innern, des Unterrichts, undsoweiter, zu geben !«

A. (sachlich): Dabei konnte ja wohl nichts billiger sein ! – Jedenfalls ist es ein Beweis für Grillparzers Sagazität, daß 50 Jahre später Böhmen ‹ČSR› hieß. *(Bitte exakt aussprechen : Tsché, Ess, Err.)*

B.: Oder auch Hebbel ? : Wie begleitet wohl er, mit den Mitteln des Dramatikers und Lyrikers, solche erschütternden inneren Zwiespälte ?

A.: Leider : wie nur je ein Enttäuscher : ihm gelingt eins der nichtswürdigsten und abgeschmacktesten Dichterworte, das je zum Kampf der Völker gefaselt worden ist :

B. (läppisch, wie hier angemessen): Auch die Bedientenvölker rütteln / am Bau, den Jeder tot geglaubt. / Slowenen und Kroaten schütteln / ihr struppig Karyatidenhaupt !

A.: Aber ist nicht die Zensur zu berücksichtigen ? Die strengste vielleicht, die jemals bestanden hat ?

B.: Das wohl. Zweifellos ertönt als Antwort auf alle Leiden pausenlos die Platte mit dem Hohen Lied von der Restauration unter Metternich I.; gewiß waren die ‹Pressegesetze› so gummihaft=dehnbar wie nie zuvor auf der Welt, eine rechte Lust der Justizminister und haarspalterischer Juristen – aber schließlich gibt es ja Emigration genug, äußere & innere; man kann als Schriftsteller sehr wohl andere Weisen anstimmen, als . . . *(hier einen leisen Chor einblenden, nach der Melodie des ‹Deutschlandliedes›; aber man muß die Worte verstehen; ‹Gott erhalte Franz, den Kaiser : unsern guten Kaiser Franz !›)*

A.: Eben jene Type, dem bei Betrachtung der allgemeinen politischen Lage Österreichs das ‹Kaiserwort› einfiel : »Mi und den Metternich halt's noch aus«. *(Wienerisch gesprochen).* – Aber lassen wir die anderweitige Vogel=Strauß=Dichtung jener Tage, die Unangenehmes nicht sehen will; überlassen wir Verständnislosigkeit und Schönfärberei Leuten wie

Grillparzer und Hebbel – im deutschen Sprachraum waren die ‹Eisernen Lerchen› ja stets Mangelware – gehen wir über zu Adalbert Stifter's ‹Nachsommer›.

B. (eindringlich): Vor solchen Rundumhorizonten, schwarzen und rotgeflammten : was für ein Buch muß da nicht ein Zeitroman sein ! – *(erschüttert):* »Mütter; Mütter : wie wird's Euch das Herz zerreißen ! ! !«

(Gong)

A. (banal): »Ob wir heute noch'n Gewitter kriegen ?« –

B. (erläuternd): Diese Befürchtung ist der Grund, die Heinrich, den Helden des ‹Nachsommer›, hügelan gehen macht, auf das große weiße Haus zu, um dort Schutz vor möglichem Regenguß zu suchen.

A.: Wobei aber gleich eingeschaltet sei : daß dem Leser der Name des Helden erst auf den letzten 10 Seiten des Buches verraten wird; wo er denn unter ehrfürchtigen Schauern erfährt, wie Jener ‹Heinrich› heiße – ein Geheimnis, das des so langen Aufhebens schwerlich wert war. Obwohl es natürlich gewisse Kreise gibt, wo dergleichen Narretei als besonders zart und feinsinnig gilt. – Im Gegensatz zum ‹Grünen Heinrich›, dem genau gleichzeitigen und gleich umfänglichen Bildungsroman; auf den wir sowieso noch mehrfach zurückkommen müssen.

B.: Heinrich also ist ein sanfter und ordentlicher Gesell. Sohn eines wohlhabenden Kaufmanns, der zu seiner Liebhaberei geschnittene Steine sammelt; alte Bauernmöbel; schön gemaserte Tischplatten, und andere gesprenkelte Naturerscheinungen : Praise be God for dappled things !

A.: Dort also, friedlich und erbaulich, bei gutbürgerlicher Küche, wohlsituiert und enthaltsam, wächst Heinrich, zusammen mit einer Schwester, heran. Erhält eine gute Schulbildung . . .

B. (berichtigend einfallend): Halt ! : eben keine ‹Schulbildung› ! Hauslehrer sinds : das anaerobe Dahinleben, edle Einfalt stille Größe, darf durch keine Berührung mit anderen Kindern gestört werden.

A.: Fleißig lernt er : neue & alte Sprachen; Geistes= und Naturwissenschaften. Noch einmal fällt eine große Erbschaft an, um die mijnheerhaft=sparkassige Existenz für alle Zeiten zu sichern – und da kann ihm der Vater freilich freigeben – und tut es auch – sich einen Beruf nach Belieben zu suchen.

B.: Heinrich, nach reiflicher Überlegung, entschließt sich – gar nicht dumm ! – so für ‹die Wissenschaften im Allgemeinen›; und bildet sich weiter als Autodidakt.

A.: Mäßig studiert er nun dahin, pasteurisierten Gemüts. Von dem

Geldlein, das ihm der weise Vater monatlich übergibt, ihn an den Umgang mit dem guten Baaren zu gewöhnen, erübrigt Heinrich noch regelmäßig ein Erkleckliches; die kleinen Zinsen legt er so gut auf die hohe Kante wie die großen : schon mit 20 ist er der vollkommene Rentier. Der nie einen Schoppen trinkt; selten mit anderen jungen Leuten verkehrt – die haben so was Unsolides ! – Und das ist nicht etwa eine – in dem Alter völlig unangebrachte – ‹Würde›; sondern jene steife Ängstlichkeit, die sich fürchten muß, einen raschen Schritt zu tun, aus Besorgnis, sie würde dann nie mehr ehrbar dahinwandeln können.

B.: Auch körperlich lebt man ganz ‹nach der Gesundheit› : Heinrich wandert viel. Gerät solchermaßen tief in die Natur : überall ergibt sich Notizliches : welch billiges und bekömmliches Vergnügen !

A.: So wurmisiert er denn abwechselnd in seinem Großstadtheim und in den Bergen herum, wo er Seen nachmißt, Marmorstückchen zu Briefbeschwerern sammelt – kurz : er ist die merkwürdigste Mischung von altkluger Weisheit und Ausdauer, und sanfter schnöder Herz= und Gefühllosigkeit; so Einer, der den Notizzettel durchstreicht, ehe er ihn zerreißt, zusammenknüllt, und wegwirft : Heinrich, mir graut's vor Dir !

B.: Während er also dergestalt zwischen Elternhaus und Alpenwelt hin= und herpendelt – daraus besteht letztlich die äußere Fabel des Buches – droht das eingangs erwähnte Donnerwetter ihn zu übereilen; und er sucht Deckung im Asperhof des Freiherrn von Risach . . .

A. (unterbrechend): Namen, die ich lieber gleich hersetze; während im Buch selbst natürlich erneut das artigste Versteckspiel damit getrieben wird : *die* Sorgen, und Rothschilds Geld !

B.: Da erblickt Heinrich als erstes bewundernd : wie zwischen dem Leben und dem Asperhof die riesenhohe, sorgfältig gepflegte, ja abgestaubte Rosenwand steht. Und, damit ja nichts bei Dornröschens zu wünschen übrig bleibe :

A. (in gezierter Geschäftigkeit): »An jedem Stämmchen hing der Name der Blume, auf Papier geschrieben, und in gläserner Hülle, hernieder.« – Worauf dann diese sinnreich eingerichtete gläserne Hülle des Breiten beschrieben wird.

B.: Und – nach solcher Erfindung freilich kaum noch überraschend – : Risach sammelt auch Tischplatten !

A.: Allerdings in weit grandioserem Maßstabe, als Heinrichs Vater : hier ist alles erfaßt : holzgeschnitzteste Plastiken; Marmornes; alte Schränke; sogar eine echte griechische Statue steht im Haus. Und ganz hinten im Garten, dezent durch Bäume getarnt, hat Risach auch noch eigene Werkstätten zur Restaurierung und Neuanfertigung.

B. (schneidend): Und dazu immer die wichtigen Mienen der Kerls, die ein Ornamentchen hin= und herwenden, als hielten sie den Erdball in Händen ! : wer nicht mitmacht ist doof; und wird entsprechend erzogen, oder nachsichtig lächelnd übergangen : der Innenarchitekt als Weltenrichter.

A.: Denn ein ganz großes Problem im ‹Nachsommer› ist die Arbeitslosigkeit, die Stifter ergreifend zu schildern weiß : seine Helden sind sämtlich arbeitslos !

B.: Die ‹Arbeitslosigkeit› der Wohlhabenden freilich : um den naheliegenden Vorwurf absoluten Müßigganges zu vermeiden, ‹beschäftigen› seine Helden und Heroinen sich – eine kleine Sonderklasse, die sich allein berechtigt dünkt, mit Kunst und Wissenschaft zu spielen, arbeitsscheu und feinsinnig; genügsam; und in ihrer kleinlichen faulen Art fleißig.

A.: Aber es ist jener nichtsnutzigste Fleiß, den die Eckensteher des Lebens auf eben solche Schnurren, solche ausgesprochenen Feierabendbeschäftigungen verwenden. Im übrigen sitzt unser Heinrich demütig und langweilig herum, und führt steife und langweilige Gespräche mit anderen Herumsitzern, die auch nichts besseres zu tun wissen : welch neues wohlfeiles Vergnügen hat sich dem sparsamen Heinrich aufgetan !

B.: Und des altklugen Gewäsches – unerträglich im Munde eines Zwanzigjährigen ! – ist kein Ende. Nichts geschieht aus dem Stegreif; alles nach endloser tüftelnder Überlegung : die bekannte Tatsache, daß Leben Hakenschlagen heißt – oder, vornehmer : Improvisieren – wird glattweg geleugnet : wir restaurieren Kirchen, und ehren das Mittelalter, im sorgfältig geregelten, durchaus staatserhaltenden Müßiggang.

A.: Kein Gedanke an Schilderung etwa der – durchaus vorhandenen – unheimlichen Züge des Sammlertums ! Nein nein. Anspruchslos, sanft und ehrbar sitzt man beisammen – – : Das Unmenschliche daran ist nur, daß zur selben Stunde in Ungarn zehntausende standrechtlich erschossen werden, und Frauen öffentlich ausgepeitscht ! : Hinter der angeblichen Feinsinnigkeit und Gutherzigkeit liegt eine nicht mehr zu überbietende Härte und Gefühllosigkeit verborgen, vor der man nur zurückbeben kann !

B.: Der friedfertige gewiegte Alte erkennt auch instinktiv, daß der junge Heinrich nicht mehr und nicht minder als sein vollkommener Doppelgänger ist : das gleiche aquarienbunte Gemütchen; der gleiche Firnis von Bonhommie; der gleiche Mischmasch von Pedanterie und Einseitigkeit.

A.: Also läßt er ihn vorausschauend mit seiner nunmehr gealterten Jugendliebe und deren Kindern bekannt werden : das ist einmal der

»bescheidene Gustav«; ein fünfzehnjähriger langbeiniger Nichtsmensch, dessen Züchtigkeit und ‹Bescheidenheit› einem unschwer auf die Nerven fällt.

B.: Ähnlich nämlich wie in Vossens ‹Luise›, wo der junge Bräutigam, der verliebte cand. theol. beständig ‹der edle bescheidene Walther› heißt: was soll diese ständige Anmaßung auf seine verfluchte Bescheidenheit ?! Worauf sind denn solche Leute bescheiden ?! So darf man doch höchstens einen bedeutenden Menschen nennen, der sich in einer Menge nicht vordrängt, und vergißt, daß er etwas Apartes sei: an einem solchen ist Bescheidenheit eine Tugend und erwähnenswert – aber was sollte dieser Gustav hier anders sein ?!

A.: Sei dem, wie ihm wolle. – Die wichtigere Person ist die Tochter Natalie, eine rüstige und gebildete Jungfrau – unbesorgt: Heinrich und sie sind derart für einander geschaffen, daß es schon nicht mehr schön ist!

B.: Zusammen mit diesen und der Mutter, Frau Mathilde, besucht man deren weitläufiges Besitztum, den Sternenhof – und, Gott's Wunder!: Se sammeln ooch Tischplatten!!

A.: Nicht Doppel= mehr, nein: Drei= und Vierfachgängerei! Wodurch die Familienähnlichkeit des Maskenzuges natürlich nicht sonderlich gemildert wird.

B.: Nun hätten wir sie also glücklich beisammen: einen ganzen Hofstaat peinlich geputzter, verständiger und ehrbarer Tischplattensammler; die alle in Vernünftigkeit wetteifern, und die sonderbarsten Unterhaltungen führen.

A.: Während draußen, wie gesagt, die verhungernden Weber Fabriken stürmen, und die Donner des Krimkriegs brüllen, tüftelt man hier drinnen auf das angelegentlichste darüber, ob man von dem Schlößchen den Außenputz der Wände entfernen solle, über die Zweckmäßigkeit solchen Anschlages und dessen vermutlichen Kostenpunkt: »um des widrigen Anblicks entledigt zu werden.«

B.: Oh weh: da gab es widrigere Anblicke zur Stifterzeit! – Denn sei das ‹Awakening› Heinrichs noch so zart und umfassend geschildert – die unmenschliche Sanftheit eines aller Autopsie und Erfahrung baaren Aberwitzes wirkt nicht nur lächerlich und gespreizt, sondern ausgesprochen empörend! – Es fehlt eben die tiefe Einsicht Kellers: »daß 3 Gerechte nicht lange unter 1 Dach leben können, ohne sich in die Haare zu geraten.«

A.: Wohl fühlt man auch einiges mit – ach, es ist ein wattiertes Mitgefühl, nach Art reicher Leute; wohl erlernt man, wenn aller andere Zeitvertreib erschöpft scheint, das seltene Spanisch: ochgott, was sind wir vornehm! Aber ansonsten sprechen sie Alle, Alle, so salbungsvoll dahin, wie gelehrte Blinde, die nichts von der Welt sehen : ein Evangelium gepflegten Stumpfsinns.

B.: Alle Gestalten im ‹Nachsommer›, von der ersten bis zur letzten, sind hinsichtlich Realität nur selektiv unterrichtet. Kein Konflikt der Generationen. Man bewegt sich zeitlupig; denn : »Leidenschaft ist unsittlich«, wie Stifter in unbegreiflicher Geistesverengung dekretiert, und sich damit selbst dichterisch entmannt hat. Der Würgengel vermeinter Sittsamkeit garantiert die stereotypste Starre und Kälte : im ganzen Buch lacht nicht ein Mensch!

A.: Ein Kabinettstück in seiner Art der chemisch gereinigte Liebeshandel Heinrichs und Nataliens : noch frostiger und pomadiger kann man sich nicht gerieren.

B.: Zum happiest of ends hat der Held schließlich nicht weniger als 4 – in Worten : vier – elegant möblierte Wohnungen zur beliebigen Benützung! Denn der Vater hat sich nun auch auf seine Renten zurückgezogen, und eine große Besitzung mitten zwischen Sternen= und Asperhof sich zugelegt. Die andere ‹Dame ohne Unterleib›, die Klothilde, wird Gustav zugesichert, zur endgültigen Komplettierung flegmatischsten Filistertums : es ist erreicht!

A. (hohnvoll): Seht : ich lehre Euch den Letzten Menschen!

Die Erde ist dann klein geworden; und auf ihr hüpft der Letzte Mensch, der alles klein macht; sein Geschlecht ist unaustilgbar wie der Erdfloh : der Letzte Mensch lebt am längsten. / »Wir haben das Glück erfunden« – sagen die Letzten Menschen und blinzeln. / Sie haben die Gegenden verlassen, wo es hart war, zu leben : denn man braucht Wärme. Man liebt den Nachbar und reibt sich an ihm : denn man braucht Wärme. / Krank=werden und Mißtrauen=haben gilt ihnen sündhaft : man geht achtsam einher : ein Tor, der noch über Steine und Menschen stolpert! / Man arbeitet noch, denn Arbeit ist eine Unterhaltung – aber man sorgt, daß die Unterhaltung nicht angreife. / Jeder will das Gleiche : jeder ist gleich – wer anders fühlt, geht freiwillig ins Irrenhaus. – »Ehemals war alle Welt irre«, sagen die Feinsten, und blinzeln . . .

(Gong)

B.: Ganz kurz die Staffage des ‹Nachsommer›. – Stifter weiß es sehr wohl selbst : »Es ist einmal gegen mich bemerkt worden, daß ich nur das Kleine bilde; und daß meine Menschen stets gewöhnliche Menschen seien.« Und auch Hebbel hat ihm ja in einem berühmt gewordenen Epigramm bescheinigt, daß ihm »die Käfer & Butterblumen« verächtlich gut glückten . . .

A. (indigniert einfallend): Ja, wenn's doch nur der Fall wäre ! Wenn Stifter doch redlich ‹das Kleine› abgebildet hätte – hat doch der große Alfred Döblin sehr wohl den ‹Tod einer Butterblume› beschrieben. Aber wo ist hier im ‹Nachsommer› das tägliche Elend des Landarbeiters ? Wo ist das Grauen einer Welt, deren Geschöpfe dadurch leben, daß Eins das Andere auffrißt ? ! Hätte er doch all die Urfänomene nicht vergessen, deren keines der Kreatur erspart bleibt : Hunger; Krankheit; Armut; Tod; Häßlichkeit; Trunksucht; Prostitution; Verbrechen – *(kleine, boshafte Pause):* Selbstmord ! –; ja, auch das Ekelhafte : sind ewig : denn sie sind !

B. (abfällig): Aber der ‹Nachsommer› ? – Sein ‹Volk› ist grundsätzlich der ‹Untertan› à la Heinrich Mann : gutgeölte Knechte & Mägde, die lautlos funktionieren. Wäldler von geradezu widerlicher Treuherzigkeit; Untergebene, allem unsittlichen Klassenkampf von Natur aus abhold : wie falsch wird da sein Ton, wenn er – ganz kurz und vorsichtig – diese breitgestirnten glatten Scharen seiner Statisten vorführt.

A.: Die grauenhafte Selbstverständlichkeit Stifters – die er mit dem von ihm hochverehrten späten Goethe teilt, der ja auch einen seiner Helden aufs unverschämteste aussprechen läßt : »Ich mag mit Bürgern & Bauern nichts zu tun haben, wenn ich ihnen nicht geradezu befehlen kann.« –

B.: die genau gleiche scheußliche soziale Herzverfettung : da sitzen die ‹Herren› eben unter dem Kirschbaum, bekochlöffeln das nicht kommende Gewitter, und Heinrich fragt nach den weit drüben das Landschaftsbild artig belebenden mähenden Landarbeitern ? – : »Diese wissen gar nichts von dem Wetter«, entgegnet ihm Risach kalt, »und mähen nur, weil ich es angeordnet habe.«

A.: ‹Kein schönrer Tod ist auf der Welt›, als sich für den Gutsherrn krumm zu schuften, gelt ja ? Doch : so groß ist die Ordnung, daß ich mich nicht erinnern kann, im ganzen Tausendseitenbuch auch nur einmal einen Polizisten erwähnt gefunden zu haben.

B.: Erwähnt sei noch die edle Unverfrorenheit, mit der vorausgesetzt wird, daß Jedermann katholisch sei : dadurch begibt sich Stifter nämlich ein weiteres Mal eines bedeutenden menschlichen Konfliktstoffes; wie er denn das Eliminieren unangenehmer Fakten aus dem Grunde versteht.

A.: Wenn man all diese Bergbauern und Holzfäller, diese Gärtner und Landarbeiter, rückschauend an sich vorüberziehen läßt, bekommt man unweigerlich den Eindruck eines ganzen Regiments von Andreas

Hofern : dasselbe biedere Mienenspiel Allen vorn drauf gepappt. : Da sieht man, wie bitter nötig damals die Forderung des alten Julian Schmidt war : der Roman solle das deutsche Volk bei seiner Arbeit aufsuchen!

B.: Noch greller wird die Ruchlosigkeit seines Optimismus, seiner bürgerlichen Katastrofenfeindlichkeit, wenn man sich seine berühmte ‹Natur› besieht : nicht vom stilistischen Standpunkt; das kommt auch noch; sondern um endlich einmal sein Maximum an Seelenlosigkeit klar herauszustellen.

A.: Ehrfurcht vor dem Leben ? –

Freilich; was ist in dieser Hinsicht schon von einem Halbmenschen zu erwarten, von dem beste Gewährsmänner berichten : »Noch in seiner Studienzeit stellte Stifter den Meisenfang hoch über jedes Vergnügen, und pflegte ihn alljährlich mit steigender Leidenschaft, wenn er in seiner Heimat war. Er verfolgte den Zug der Meisen mit unermüdlicher Zähigkeit, und fing oft Hunderte dieser Vögel in wenigen Tagen; dann verschenkte er, heimziehend, die Beute.«

B. (scharf): Ehrfurcht vor dem Leben ?! : Wenn irgendwo beim Sternenhof eine Pappelallee das schönheitstrunkene Auge der alten Mathilde stört, mit der elenden Begründung »weil sie so grade wären« – dann werden sie einfach beseitigt : was heißt hier schon 'n 100 Jahre alter Baum ?!

A.: Und ich möchte bei dieser Gelegenheit, einmal ausdrücklich die Herren Vegetarier daran erinnern, wie einer ihrer Vormänner, Bernard Shaw, so abgesägt=unglücklich dreinschaute, als Sir Jagadis Chandra Bose ihm experimentell vorführte, wie sich sein geliebtes Gemüse qualvoll krümme, und unter heftigen Konvulsionen sterbe, wenn es von ihm zu Tode gebrüht werde!

B. (scharf): Ehrfurcht vor dem Leben ?! : Wie dekretiert doch Risach in seiner fruchtbaren Öde von den Insekten ? : die sind nur geschaffen, daß sie von den Vögeln gefressen werden. Ja, er weiß es ganz genau : »Zu dieser Arbeit ist von Gott das Vogelgeschlecht bestimmt worden, und insbesondere das der kleinen und singenden.«

A.: Welch fürchterliche unnatürliche Taubheit gegenüber dem Leiden der Kreatur ! Der sehr große Arthur Schopenhauer hat einmal bei ähnlicher Gelegenheit erschüttert geäußert : »Wenn ein Gott diese Welt geschaffen hat, so möchte ich dieser Gott nicht sein : ihr Jammer würde mir das Herz zerreißen!!«

B.: Als Beispiel dafür, wie ein *Mensch* solche ‹Insektenfrage› behandelt, sei die ‹Kleine Passion› Gottfried Kellers angeführt : auch ein großer Mann! – :

A. (stockend; aber durchaus unsentimental):

»Der sonnige Duft, Septemberluft,
sie wehten ein Mücklein mir aufs Buch;
das suchte sich die Ruhegruft
und fern vom Wald sein Leichentuch.
4 Flügelein von Seiden fein
trug's auf dem Rücken zart,
drin man im Regenbogenschein
spielendes Licht gewahrt.
Hellgrün das schlanke Leibchen war,
hellgrün der Füßchen dreifach Paar,
und auf dem Köpfchen wundersam
saß ein Federbüschchen stramm;
die Äuglein wie ein goldnes Erz
glänzten mir in das tiefste Herz.
Dies zierliche und manierliche Wesen
hatt' sich zu Gruft und Leichentuch
das glänzende Papier erlesen,
darin ich las, ein dichterliches Buch;
so ließ den Band ich aufgeschlagen
und sah erstaunt dem Sterben zu,
wie langsam, langsam ohne Klagen
das Tierlein kam zu seiner Ruh.
3 Tage ging es müd' und matt
umher auf dem Papiere;
die Flügelein von Seiden fein,
sie glänzten alle viere.
Am vierten Tage stand es still
gerade auf dem Wörtlein ‹will !›
Gar tapfer stand's auf selbem Raum,
hob je 1 Füßchen wie im Traum;
am fünften Tage legt' es sich;
doch noch am sechsten regt' es sich;
am siebten endlich siegt' der Tod,
da war zu Ende seine Not.
Nun ruht im Buch sein leicht Gebein,
mög' uns sein Frieden eigen sein !«

B.: Wo ist hier im ‹Nachsommer› dieses große Mitleid, diese ‹Grundlage aller Moral› ? Jenes Mitleid, das zumal den Dichter auszeichnen sollte ? : ist das Stifters viel= und augenverdrehend=berufenes ‹Sanftes Gesetz› ? !

A.: Das Sekretieren und Unterdrücken unangenehmer Fakten, das Verkapseln und Verdrängen – oder, weniger höflich ausgesprochen : die Vogel=Strauß=Praktik ! – Stifters hat im ‹Nachsommer› den höchsten und bestürzendsten Grad erreicht; sichtbar wird der Super=Palmström, der uns weismachen möchte, »daß nicht passiert sein kann, / was nicht sein darf!«

(Gong)

A.: Es erübrigt sich fast, von der typisch tüdesken Servilität der Helden zu reden, mit ihren übertriebenen Vorstellungen vom ‹göttlichen Recht der Obrigkeit›; von der schweifwedelnden Ergebenheit gegenüber dem ‹Herren Gesetz›, dem ‹Großen Popanz› – wie es lustig bei Ludwig Tieck heißt – : überall die, freilich für jede Regierung äußerst schmeichelhafte Voraussetzung, daß alle die Herren, die ja ‹auf den Staat studiert› hätten, ‹es schon machen› würden : eine Prämisse, die den Völkern nicht nur immer wieder einen Hitler nach dem anderen beschert; sondern womit damals gerade Stifters Österreich nachgewiesenermaßen in Grund und Boden regiert wurde!

B.: Ja kein Wort im ‹Nachsommer› vom Tanz auf dem Vulkan : wenn jemals, dann dort und seinerzeit ! Kein Windhauch bewegt die Oberfläche des großen Sumpfes; überall die geistloseste Stabilität : und eben unterstützt, ja, entscheidend gefördert durch pseudorealistische Schriftstellertypen wie Adalbert Stifter, die das Ausweichen vor der eigenen Zeit mit einer heillosen Virtuosität übten!

A.: Kein Wunder bei einem Mann, von dem sein Freund berichtet : »Alles Verworrene und Verwirrende war ihm verhaßt. Er wollte das Walten des Sittengesetzes sehen; und wo er es nicht zu erblicken vermochte : wandte er am liebsten den Blick ganz ab.«

B.: Die unvermeidliche Folge solchen ‹Abwendens des Blickes› ist dann freilich eine Ahnungslosigkeit in sozialen, menschlichen, politischen Dingen, wie sie in so betrüblichem Grade wohl eben nur ein Hauslehrer des Fürsten Metternich fertig bringen konnte.

A.: Rührend unwissend – *(stark):* und lächerlich gemein ! – sein Brief, mit dem er den Krieg von 1866 eröffnen hilft : »Vielleicht feiere ich im Herbste das Siegesfest in Wien mit; denn ein Sieg muß es diesmal werden, sonst müßte man ja an allem Rechte verzweifeln. – Wenn der, welcher in neuerer Zeit unsere Zuchtrute geworden ist, wenn er, der stets den Frieden stört, jetzt schon berufen ist, unter den Rädern seines Getriebes zermalmt zu werden, dann ist im kommenden Herbst das Siegesfest noch nicht; aber es kömmt gewiß, und auch dann, wenn ihn Gott einfach zur Strafe zu sich ruft.«!

B.: Und Österreich gewann den Krieg *nicht*. Und Gott nahm Bismarck *nicht* zu sich. Und auch Stifter verzweifelte mit *nichten* an aller Gerechtigkeit – alles Sachen, die ich ihm hätte voraus sagen können – sondern machte munter weiter in Denkmalspflege und Innendekoration.

A.: Also keine Rede etwa von einer ehrenvollen ‹Inneren Emigration› – die sich ja irgendwie ausgesprochen hätte : in vertrauten Briefen; im Gespräch mit Freunden; in getarnten Anspielungen : keine Rede davon, daß der ‹Nachsommer› boshaft=allegorisch gemeint sei; durch breite Darstellung einer so göttlichen Ordnungswelt, daß sie schon wieder eine Satire auf die wirkliche geworden ist. Auch nicht, daß er sich irgend hätte zwingen müssen, die Magermilch frommer Denkungsart dermaßen keimfrei zu servieren – nein nein : der Mann war von Natur aus so!

B.: War so steif und schüchtern, daß er in Gegenwart Fremder Tische & Stühle umrannte; vor Examensangst nicht zur mündlichen Prüfung erschien – obwohl er in der schriftlichen exzelliert hatte, und seine große Liebe entscheidend auf dem Spiele stand! Der Mann war so kleinlich und hartnäckig, daß er zu Zeiten imstande war, polizeiliche Hilfe gegen eine grobe Magd anzufordern.

A.: Und die Briefstelle ist allzu bezeichnend, als daß man sie nicht zum Beleg zitieren sollte – *(eigensinnig):* »Ich verlange von der Hinterhofer schriftliche Satisfaktion : Es drohen von dieser Klasse ohnedem künftig Übel für die Gesellschaft!«

B.: Achsiehda! – Und demgegenüber mußte natürlich die ‹Konstanz der Arten› zum Dogma erhoben werden : von einem Menschen, der es versäumte – ja, sogar verschmähte! – am Schicksal nicht nur seines Volkes, nicht nur der Menschheit, sondern aller Kreatur teilzunehmen!

A.: Es ist deshalb eine schreiende Ungerechtigkeit Stifter gegenüber, wenn bei uns mit allen Mitteln der Begriff vom ‹Elfenbeinturm› in Kurs gesetzt werden soll : wir, als Deutsche, und ach so eifersüchtig auf unser Primat in allen Erfindungen, sollten ihn doch wahrlich durch den des ‹Asperhofes› ersetzen! Eine noch eindringlichere Magna Charta des Eskapismus ist schwer vorstellbar.

(Gong)

B.: Dennoch – trotz des hochbedenklichen Blindekuhspiels mit der

Realität; trotz all der gemütlichen Verrohung – : der ‹Nachsommer› könnte ein großes Kunstwerk sein.

A.: Nämlich in sprachlicher Hinsicht. – Und man soll mir nicht vorwerfen, daß ich sofistischerweise aus allen möglichen Standpunkten, und sorgfältig, mir den herausgesucht hätte, aus dem mir das Buch schief vorkommen müsse – und mich dann anschließend darüber lustig machte : daß das Ding so herrlich schief ist. – *(laut und energisch):* Wir lauschen der Sprache des ‹Nachsommer› !

B.: Und bitte nichts gegen Monotonie : es gibt Situationen, wo dergleichen nicht nur angemessen ist, sondern unumgänglich und charakteristisch sein muß – aber nicht 1.000 Seiten lang und 5 Jahre Handlung hindurch !

A.: Man kommt sich fast läppisch vor, die Binsenwahrheit hier noch einmal zu wiederholen : im Ablauf, und sei es nur eines Tages, wechselt das Tempo der Ereignisse ! Und folglich wird jeder wahre Dichter dem sogleich gerecht zu werden suchen; durch Rhythmus, Skansion, Vokalwahl, Auslese und Anordnung der Worte.

B.: Im ‹Nachsommer› herrscht, von der ersten bis zur letzten Zeile, das gleiche standuhrige Wortgependel. Obwohl er selbstgefällig seinen Helden von sich sagen – nein : prahlen ! – läßt : »Mir, der ich mich an den einfachen, folgerichtigen Ausdruck gewöhnt hatte . . . «

A. (einfallend): Einfach ? Folgerichtig ? – : On verra !

B.: ‹Gleichwohl las ich das Vergnügen auf seinem Gesicht› – tja; so würde ein normaler Mensch gesagt haben. Stifter gibt dem simplen Sätzchen dieses Embonpoint : »Gleichwohl glaubte ich das Vergnügen ihm von seinem Angesichte herablesen zu können. « : ‹Herablesen› – wie man Läuse von einem Kopf abliest.

A.: Nicht doch : das unschuldige Wort ‹Kopf› ist ihm irgendwie zu unedel; und er setzt grundsätzlich, bis zum Weißkohl hin, »Haupt« dafür; wobei dann zuweilen sich Wendungen ergeben, wie solche : der treueste der Wäldler kann Heinrichs Ankunft gar nicht erwarten; und hatte schon lange »auf die vielen Fenster emporgeblickt, um zu sehen, ob nicht aus einem derselben mein Haupt hervorrage«.

B.: Bei all den schönen Möbeln bleibt Heinrich nichts weiter übrig : »Es ergriff Einen ein Gefühl eines Bedeutungsvollen. « Oder, an anderem Ort von einem Mädchengesicht : die guten klaren Augen »schauten daraus heraus« : welche Taubheit des Ohres, welch rindsledernes Trommelfell, setzt solch dreifach=maulaufsperrendes Diftongengebell voraus ! ! – Wie hieß doch jener nicht unverständige Griechenländer, der schon damals feststellte : »Die Optimisten schreiben schlecht« ?.

A.: Der alte Risach »macht folgenden Ausspruch« – wozu er später bedeutend=ergänzend noch hinzusetzt: »da ich nun meine, daß es so ist, wie ich sage« – und was sagt er?: »Eine erweiterte Pflege der Kunst und der Wissenschaft, eine erhöhte Geselligkeit, und die Regierung des menschlichen Geschlechtes sind in der Stadt«, und »ob größere Zweige der allgemeinen Leitung der Menschen auch auf das Land gelegt werden könnten«, weiß er nicht – eines der wenigen Dinge, die er nicht weiß: man lacht nie über die nachsommerlichen Helden, ohne daß man sie nicht gleichzeitig ohrfeigen möchte!

B.: Einfache Leute muß es geben; und die Begründung dafür ist ebenso egoistisch wie sprachlich befremdlich: »Sie müssen in großer Menge sein, daß die Welt in ihren Angeln bleibe; daß das Stoffliche gefördert werde; und alle Wege im Betriebe sind.« – kann man sich noch zopfiger ausdrücken? – Jaja; aber »die Ruhe schließt dann so schön das Gemüt und den Willen ab«, wenn man solchen Gemeinplatz von sich gegeben hat, wie?

A.: Grundsätzlich wählt Stifter von 2 möglichen Formulierungen die längere. Er erläßt uns kein Dativ-‹e›; keine Elefantiasis seiner schwerfällig watschelnden ‹derselbe, dieselbe, dasselbe›. Das barbarische Gestammel seiner gemästeten Nebensätze! Die manirierte Einfältigkeit, die, um eine entscheidende Spur zu oft, an selbstauferlegten Schwachsinn grenzt!: ‹Selbstauferlegt›, weil er sehr wohl anders kann!

B.: Was soll die sprachliche Unart der Nachstellung der Adjektive?: »Ihre Bewegungen hatten sich als natürliche gezeigt«; die Getreidefelder »waren wogende«; das Verhältnis »ist ein richtiges«.

A.: »Ein eigentümlicher Gedanke kam mir bei der Betrachtung dieser Zeichnungen« – und nun hätte wohl jeder Mensch aufgehört; aber nicht Stifter, nein; der muß den Kropf aufblähen: »in das Haupt«: wo anders hätte ihm sein Gedanke wohl sonst hinkommen sollen?

B.: »Sie hatte 2 große schwarze Augen« – bong; soll se – »unter der Stirn« ergänzt Stifter bauernschlau. Und »die beiderseitigen Lippen küßten sich«: ja nicht etwa ‹ihre›! Am andern Ort versteigt er sich bis zum ‹Kinn ihres Antlitzes›: aber auf solchem Sandboden pflückt man solche Kartoffeln! Sollte dergleichen wassersüchtiger Stil denn zum berüchtigten ‹Einfach=leben› wirklich unerläßlich sein?

A.: »Allen Tatsachen, die wichtig sind, hat Gott außer unserem Bewußtsein ihres Wertes auch noch einen Reiz beigesellt, der sie annehmlich in unser Wesen gehen läßt.«: hat sich je ein Schriftsteller abgeschmackterer und umständlicherer Wendungen bedient?

B.: »Ich begann später Männer Greise Frauen, ja auch andere Teile des Körpers zu zeichnen« : was soll hier das verwünschte ‹ja auch› ?! Oder wenn es von einem Bilderrahmen heißt : »obwohl er erhabene Arbeit in Blumen, Verzierungen, und sogar in Teilen der menschlichen Gestalt enthielt«.

A.: Ich muß bei dergleichen ‹Teilen des Körpers› immer an Scheffel denken, der sich vom Eisenbahntürschild seiner Zeit lustig notierte : ‹Es ist verboten, den Kopf oder andere Teile des Körpers aus dem Fenster zu halten›.

B.: Heinrich zeigt seiner Schwester die Berge; und alles strömt, will er uns einreden, herbei, um das Meerwunder zu besehen : »Es war hier ein noch größerer Jubel, als in dem Seehause; es freute sie, daß eine solche Jungfrau in die Berge gekommen sei ... Klothilde betrachtete alle diese Menschen.« : Braves Volk das, wa Puppe ? Wie gesagt : wenn es ironisch gemeint wäre ...

A.: Und das ist nicht etwa archaistische Steifheit; denn nie, auch nicht zu Homers Zeiten, haben je Menschen so gesprochen und gedacht, wie die Marionetten des ‹Nachsommer›. – Leider ist die Zeit zu kurz, um die längere Probe einer abderitischen Konversation zu geben; Liebhabern solcher Kuriosa empfehle ich die zwischen Mathilde & Natalie, ungefähr in der Mitte des Kapitels ‹Der Einblick› : die Öde seiner Schreibe ist – hoffentlich ! – unnachahmlich !

B.: Und selbst abgesehen von Wunderlichkeiten : wie oft sind seine verblasenen Formulierungen nicht geradezu falsch und absurd zugleich ?! : »Dichte Menschen standen herum« : doch wohl ‹Menschen standen dicht› ?

A.: Am schnalzendsten schlägt der Aberwitz die rollenden Wahnsinnsaugen auf, wenn Stifter an sein Lieblingswort ‹Ding› gerät. – Schon früh hat eine alte Frau verkündet, »daß aus Heinrich einmal große Dinge werden würden«; wobei, abgesehen von dem völlig überflüssigen Plural, festgehalten sei : daß ein Mensch eben kein ‹Ding› ist !

B.: Ein Sohn empört sich gegen den Vater – nicht bei Stifters; unbesorgt ! – »und ruft unnatürliche Dinge in die Welt« – dies, nebenbei, anläßlich der unerträglich naiven Schilderung einer King=Lear=Aufführung; in der ergreifende Wendungen zum Vorschein kommen, wie »Mir kam es beinahe sonderbar vor, daß sie und ich selber, einem Raume zustrebten, in welchem eine erlogene Geschichte vorgespielt wird«. Und als Heinrich, vor Ergriffenheit, dann zu Hause nicht nachtmahlt »wurde die Mutter besorgt, und sprach von Arznei ...«

A. (beißend): »Und wenn Blutegel sich an seinem Steiß ergetzen, / ist er von Geistern und vom Geist kuriert !«

B.: Aber zurück zu den ‹Dingen› : von dem hypothetischen Liebhaber seiner Schwester verkündet Heinrich »Er wird ein Ding sein, das sich in dem Hause allmählich gestaltet« : herzbrechend lustig ist es, dergleichen sagenhaftes Gefasele zu lesen ! / »Er besaß Steine, in welche Dinge geschnitten waren«. / »Ich konnte das Ding nicht genug bewundern«. / »Gott hat der Ausübung der Tugend einen eigenen Reiz gegeben, welchen Dingen die edlen Gemüter nachstreben« : ein Vandale haust in Logik und Sprache ! / »Sicherheit und Vornehmheit ist nur ein Ding, welches man lernt« : erstens sind es zumindest zwei Dinge; und außerdem sind es eben keine Dinge sondern Abstrakta ! / »Welch ein hohes Ding die Schönheit sei.« / Alle suchen bienig »Kunstdinge«. / Bilder erscheinen dem Helden »gewissermaßen als kostbare Gegenstände, die da sind, und auf denen sich Dinge befinden«. / Das Hochgebirge, »wo ein scheuer Geier, oder irgendein unbekanntes Ding vor uns aufflog« : es gibt Seiten im ‹Nachsommer›, auf denen siebenmal dies berüchtigte ‹Ding› herumaustert. Selbst in der einzig=ledernen Szene der Liebeserklärung darf es zwanzigfach=ungeschlachten nicht fehlen. Und wenn er, immer wiederkehrend, wieder einmal ein Bäckerdutzend Details aufgetischt hat – schickt er unvermeidlich und erbarmungslos ein »und andere Dinge« hinterher. – Wenn heutzutage ein Autor dergleichen ‹Dinge› schriebe : steinigen würde man ihn ! : Und mit Recht !

A.: Wenn Stifter den ständigen Gebrauch solchen Unwortes einer Einzelperson als Eigenheit aufgeheftet hätte – dann meinethalben; obgleich es immer eines der billigeren Mittel der Charakterisierung darstellt, wie nur allzuoft bei Dickens : als bewußter Witz also könnte Stifters endloses ‹Ding›, sparsam verwendet, unschätzbar wirken. Aber im Fall ‹Nachsommer› hat das nichts mit etwelchen Stilkünsten zu tun : es ist die nackte Unfähigkeit und Albernheit.

B.: Halt ! Give the devil his due : einmal, aber auch nur einmal, hat er für Tropfendes das sehr suggestive Neue : »Das Wasser pippte« : sehr gut !

A.: Aber für eintausend Seiten Verirrung doch etwas wenig : stilistisch und sprachlich betrachtet ist der ‹Nachsommer› eine Bonanza des verknöchertsten Aberwitzes !

(Gong)

A.: Ein kräftig Wörtlein über seine ‹Ansichten der Natur› . . .

B. (mahnend): – und, wohlgemerkt : wir sprechen jetzt vom ‹Nachsommer›; nichts anderem !

A. (fortfahrend): An 3 oder 4 Stellen des Buches bewährt er seine Kunst zarter und schwerfälliger Landschaftsschilderung – etwa bei vorgewitterlicher Beleuchtung; oder der Gletschertour – obwohl kein Vergleich mit dem großen ‹Eisbruch› der ‹Mappe› stattfinden kann : der ist eine wahre Bereicherung unserer Bilderwelt; eine bedeutendste Information für Städtebewohner!

B.: Im allgemeinen aber ist der ‹Nachsommer› ein rechter Trutz=Laokoon; und die Unart von Stifters katalogisierenden Schilderungen muß gerügt werden. Mag er meinethalben ein Haus vom Keller bis zum Boden beschreiben, als müsse er einen Auktionskatalog liefern, oder einen Steckbrief fürs Fundbüro – auch das wieder könnte man als Stilmittel bewußt verwenden : etwa um den unheimlichen Ordnungszwang eines Pedanten & Filisters wiederzugeben – wie es eben Gottfried Keller so entzückend versteht.

A.: Aber im allgemeinen kann man, ohne sich zu versündigen, sagen: Stifter mißlingt die Landschaft – es sei denn, er hätte 10 Druckseiten dafür zur Verfügung.

B.: Was frommt 1 ganze Seite voller Details, wenn ich sie als Leser nicht mehr ‹zusammensetzen› kann ? Durch Aufzählung fossilisiert ein Dichter seine Landschaft!

A.: Stifter hat eines nie begriffen : Daß ‹Landschaft› ein Seelenzustand ist ! ‹Das Universum als Fortsetzung des Sinnensystems› / Die wahre Landschaftsschilderung hält sich an 2 höchstens 3 haarscharf beobachtete Merkmale, sprachlich zuschärfst angeschliffen – : und suggeriert dadurch den Rest der Fantasie, der eigenen Erinnerung des Lesenden.

B.: Nun gibt es bei Stifter sehr wohl – wenn auch relativ zu selten; ‹relativ› : d. h. im Verhältnis zur Zahl der dafür benötigten Druckseiten – die schärfste Detailbeobachtung; zuweilen wird durchaus Neues erobert und sichtbar gemacht; aber in der Regel wird bei ihm Geläufiges=Allzugeläufiges zeilenschindend wiederholt; und beim angespannten Versuch, sich 100 Einzelheiten stirnrunzelnd einzuprägen – immer wieder soll man retouchieren ! – verliert man als Leser die Fysiognomie des Ganzen : das Bild muß mit einem Zuge dastehen!

A.: Ein Beispiel für seine ‹Undeutlichkeit› :

Man lege zehn Zeichnern den ‹Pickwick Club› des Charles Dickens vor; und fordere sie auf, das große Buch zu illustrieren – : sämtliche Bildchen werden prompt, auf die unbegreiflichst=begreifliche Weise, den ältlichen Helden zeigen; mit all seiner Wohlbeleibtheit, dem kahlen klugen Köpfchen – nicht ‹Haupt› ! – den schwarzen gaiters, und den lustig funkelnden Äuglein hinter der neugierigen Brille.

B. (abfällig): Aber hier dieser Heinrich ? Diese Natalie ? : Das sind doch alles Menschen ohne Gesichter ! : Homunculi : Homuncula !

(Gong)

A.: Und nun, nachdem es Stifter im ‹Nachsommer› gelungen war, der deutschen Sprache ein Optimum an Eintönigkeit abzugewinnen; nachdem er einen Kranz von Gestalten konstruiert hatte, deren Gehaben an vollschlanker Förmlichkeit und gezierter Umständlichkeit bis jetzt seinesgleichen sucht. Nachdem er, eine riesige rosa Brille auf, und überdimensionale Scheuklappen ‹um das Haupt›, eine Summa an Kleinlichkeit und Beschränktheit, verdünnt mit Perfidie, geliefert hat, die peinlich wirkt und verstimmt – nunmehr ist es erbaulich, zu vernehmen, wie Stifter sich für solch Deutschen Spießers Wunderhorn beifällig selbst auf die Schulter klopft.

B.: Kaum hat er »das süße Tagewerk seines Dichtens« vollbracht . . .

A. (einfallend): . . . und schon dieser Ausdruck wieder ist découvrierend genug : er schwatzt gern ! – Während nahezu jeder andere Dichter die fertige Arbeit, ausgehöhlt und mit entleerten Augen, die nichts als schlafen wollen, verwünscht !

B.: Kaum also ist Stifter fertig, als er auch schon in Briefen betont, »wie so rein, so edel, einfach und innig« das Produkt ihm geraten sei. »Nur von Goethe übertroffen«, bildet er sich ein : ‹Nur die Lumpe sind bescheiden› ! Und nach der bekannten, dem Redlichen freilich äußerst bedenklichen, Manier aller Frommen, behauptet er salbungsvoll=unfehlbar, daß »nur die Verkommenheit sich über den ‹Nachsommer› erzürnen könne !« : ein Schriftsteller, der von vornherein jeden Widersprecher in solcher Weise moralisch diffamiert, darf sich nicht beklagen, wenn man ihm mit gleicher Münze heimzahlt !

A.: Die rechte Antwort hat ihm postwendend und öffentlich Friedrich Hebbel erteilt !

(wuchtig; ja, klotzig): »Drei starke Bände ! – Wir glauben nichts zu riskieren, wenn wir demjenigen, der beweisen kann, daß er sie ausgelesen hat, ohne dazu als Kunstrichter verpflichtet zu sein, die Krone von Polen versprechen. Wir machen jedoch den Verfasser nur in geringem Grade für das mißratene Buch verantwortlich; er war sogleich bei seinem ersten Auftreten Manierist, und mußte, verhätschelt wie er wurde, zuletzt natürlich alles Maß verlieren . . . Zuerst begnügte er sich, uns die Familien

der Blumen aufzuzählen, die auf seinen Lieblingsplätzen gedeihen; dann wurden uns die Exemplare vorgerechnet; und jetzt erhalten wir das Register der Staubfäden. – Das äußerste der ganzen Richtung, die unter dem prahlerischen Aushängeschild der ‹Ursprünglichkeit› und des ‹gesunden Realismus› nur Farbstoffe zusammenträgt, und die Palette selbst für ein Bild ausgeben will, scheint nun endlich in dem Stifterschen ‹Nachsommer› erreicht zu sein. Was wird hier nicht alles weitläufig betrachtet und geschildert ! Es fehlt nur noch die Betrachtung der Wörter, womit man schildert; und die Schilderung der Hand, womit man diese Betrachtung niederschreibt, so ist der Kreis vollendet. Ein Inventar ist ebenso interessant; und wenn die Gerichtsperson, die es abfaßt, ihr Signalement hinzufügt, so sind auch alle Elemente dieser sogenannten Erzählung beisammen.«

B.: Worauf sogleich – ‹Wir Heiden sind tolerant›, hat Nehru einmal gesagt – das Pendel nach der andern Seite ausschlagen mag : Friedrich Nietzsche verfügte in der von ihm beliebten aforistischen Art – wobei man freilich viel Beweismaterial spart ! –

A. (träumerisch): »Wenn man von Goethes Schriften absieht – und namentlich von Goethes ‹Unterhaltungen mit Eckermann› : dem besten deutschen Buche, das es gibt ! – was bleibt eigentlich von der deutschen Prosaliteratur übrig, das es verdiente, wieder und wieder gelesen zu werden ? – : Lichtenbergs Aforismen; das erste Buch von Jung=Stillings Lebensgeschichte; – *(Pause; erhaben):* Adalbert Stifters ‹Nachsommer› ! ! –; und Gottfried Kellers ‹Leute von Seldwyla› – und damit wird es einstweilen am Ende sein !«

B.: Man bekommt wieder einmal mehr einen rechten Ekel vor Nietzsche, zumal wenn man die Aufgeblasenheit der Formulierung recht ins Auge faßt : ein 35=jähriger, literaturgeschichtlich mäßig gebildeter Altfilologe, urteilt ohne zureichende Kenntnis des Materials dergestalt über die Deutsche Literatur ab ? !

A.: Ganz abgesehen davon, daß eine wunderliche Mentalität dazu gehört, den ‹Eckermann› als das undiskutabel beste deutsche Buch schlankweg zu dekretieren : also noch besser, als Goethe selbst ! – : wo ist der alte ‹Anton Reiser›, der solches Prädikat weit eher verdiente ? Wo ist der ‹Werther› ? Wo Kleists Anekdoten; wo Klopstocks unvergängliche ‹Gelehrtenrepublik› ? Wo Jean Paul; wo Justinus Kerners ‹Reiseschatten›; wo der ‹Blonde Eckbert›; wo Lessings theologische Schriften; die ‹Insel Felsenburg›; das pränazistische Gedonnre der ‹Dya Na Sore› – von dem Nietzsche nicht schlecht gespickt hat ! – wo sind : Herder, Schopenhauer, Mommsen, Heine, Heinse, Storm, Luther, Fischart : alles

Männer, die man nie am gleichen Tage mit Herrn Eckermann nennen sollte!

B.: Aber, abgesehen von Nietzsches groteskem Fehlurteil, über das man ja nur lächeln kann –: was war denn wohl das tertium comparationis zwischen ihm und ausgerechnet solchem ‹Nachsommer›? Kann man sich ja doch, sei es an Temperament, sei es an Sprachkraft oder weltanschaulichen Differenzen, kaum einen größeren Gegensatz denken, als zwischen Nietzsche & Stifter?!

A.: Wohl eben gerade das! : Den ‹Übermenschen› faszinierte das Trugbild solcher Idylle. Den gewetzten Wortformer das undurchdringliche Leder solch befremdlichen Sprachleibes.

B.: Und unangenehmst einig waren sie Beide in der aristokratisierenden Grundeinstellung: der Teilung der Welt in Herren – und geduldig demütige Knechtlein: écrasez l'infâme!!

(Gong)

A.: Mit Adalbert Stifter wird seit geraumer Zeit ein Götzendienst getrieben, der so weit geht, daß man kaum noch wagen darf, über seine Werke eine eigene Meinung zu haben; oder gar an der Bewunderung, auch der zusammengestückeltsten seiner Produkte, keinen Anteil zu nehmen. Da wird es wahrlich einmal Zeit, zur Rektifizierung solch öffentlicher Heiligsprechung – und sei es nur als Akt ausgleichender Ungerechtigkeit! – unbefangen über seinen ‹Nachsommer› zu urteilen. Ihn als historisches Denkmal abzuwägen; und ihn der Kritik zu unterwerfen, der jedes literarische Erbstück sich zu stellen hat: der ‹Nachsommer› ist ein Tiefpunkt im Schaffen Stifters, zwischen den ‹Studien› und dem ‹Witiko›!!: Wenn nur er von sämtlichen deutschen Büchern übrig bliebe: welch seltsames Bild müßten nicht unsere Nachfahren vom Jahre 2500 von uns bekommen!!

B.: Hinzuweisen ist endlich darauf: daß hier eintausend Druckseiten hindurch über ungesehenes Leben zu referieren unternommen wurde: das ‹Zeitlose› war immer der Treffpunkt literarischer Drückeberger und menschlicher Deserteure!

A.: Zu brandmarken die pleonastische Plattheit der Sprache; die sich, sei es bewußt, oder unbewußt, ein Studium daraus macht, vor lauter vornehmer Langeweile oder auch ratloser Weltangst, Alles und Jedes so weitschweifig wie möglich auszudrücken.

B.: Nicht nur, und voller Indignation, anzuprangern, was *nicht* im Mammutbuche steht. Mehr noch: zu attackieren, was Stifter hier gelobpriesen hat : die sittliche Verkommenheit falscher Exklusivität, nicht minder, als die grauenhafte Gefühllosigkeit seines Ideals:

Die sanften Unmenschen ! ! !

. . . UND DANN DIE HERREN LEUTNANTS !

Betrachtungen zu ‹Witiko› & Adalbert Stifter

Sprecher:

(sämtlich Männerstimmen)

A.: energisch; rüstig dozierend

B.: jünger; fördernde Fragen, zögernde Einwände

C.: Zitate.

A.: Bitte, auf keinen Fall literarischen Führerkult!

B. (fragend): GOETHE?

A.: Nicht halb so bedeutend, wie Ihnen in der Schule – wozu auch Universitäten gehören – eingeredet wurde; vielmehr bewußt ‹aufgebaut›, bis heute. 20 % des Œuvre, *höchstens*, sind gut; aber mit neuen ‹Gesamtausgaben› sollte man den Büchermarkt nicht mehr belasten : *weniger* GOETHE!

B.: Von mir aus gern; ist doch die Zahl der wirklich lesenswerten Bücher allmählich zu groß geworden, als daß man ganz Plundersweilern noch für alle Zeiten mit sich herumschleppen könnte. Immerhin : wird man Ihnen nicht eine ‹Sucht, das Erhabne in den Staub zu ziehen› unterstellen?

A.: Das müßte schon ein *sehr* Böswilliger sein, der verschwiege, daß ich mich notorisch lieber mit ‹Rettungen› befasse – freilich hat ab & zu & Hand in Hand damit, ein Kritisieren von fälschlich Überbewertetem zu gehen.

B. (zweifelhaft): Tadeln verarmt eine Literatur : Warnschild ‹Wolfgang MENZEL›!

A. (ablehnend): Ich gebe mir zweierlei Mühe. Einmal : dem Publikum für jedwedes Talmiprodukt mindestens 2 echte Perlen, am liebsten frisch aus dem Meer der Unbekanntheit heraufgesucht, vorzuweisen . . . . .

B. (listig sich erkundigend): Der Herr sind selbst Juwelier?

A. (nicht minder geschickt durch Lob ausweichend): Sehr hübsch; genau dies nämlich mein Anderes : Machtsprüchen auf jedem Gebiet – auch auf dem der Macht – grundsätzlich erst einmal mit fachmännisch=kühler Versteifung zu begegnen; dann zu prüfen; und endlich das Ergebnis auch auszusprechen.

B. *(gibt halblaut zu bedenken):* Suaviter in modo. Fortiter in re.

A.: Ich bin mehr für Fortissimo in *beidem :* »Wer den Teufel erschrekken will, der muß *laut* schreien !«

B. *(erst anzüglich hüstelnd ob des GOETHE=Zitats; dann, sachlich):* Also kurzum : Endzweck die Zurechtrückung von Maßstäben. – Wer oder Was wird heute zurechtgerückt ? *(entschuldigend):* ich schließ'es nur aus Ihrer energischen Ausdrucksweise .....

A.: Seit 100 Jahren geht in unserer Literatur ein Streit um 2 Romane, jedweder ein Buch von 3 Alfabeten .....

B. *(die ältliche Maßangabe sacht ins Moderne übersetzend):* ..... also Tausendseiter .....

A. *(fortfahrend):* ..... und beide sind sie, wie der Verfasser überhaupt, in der beschriebenen peinlichen Art ‹hochgespielt›, das heißt pauschal heiliggesprochen worden, die jedem Denkenden sofort Anlaß wird, dem Betreffenden & seinem Werk vorsichtshalber erst einmal mit beträchtlicher Reserve gegenüberzutreten : der ‹Witiko›=Rummel hat allmählich *Formen* angenommen .....

B. *(kunstvoll schockiert):* Hören Sie, wie man abschaltet ! ? – Oh, sagen Sie : hätte journalistische Technik, ja die bloße Klugheit, mit einem so schneidenden Urteil nicht effektvoller bis zum Ende zurückgehalten ? – *(etwas leiser):* Schweigen wir ganz von Urbanität .....

A. *(ungerührt):* ‹urban› : ein gutes Stichwort; das kann ich gleich brauchen. – STIFTER selbst hat, wie nur recht & billig, erstaunlich viel von beiden Romanen gehalten; ja, sogar seine frühen Arbeiten, als im Vergleich dazu durchaus ephemer geraten, herabgesetzt. Allerdings kennzeichnet seine Mentalität nichts besser, als daß er Jeden, der seine Alterswerke ablehnte, von vornherein der »Verkommenheit & Unsittlichkeit« zieh : angesichts solch infamer Unverfrorenheit, die den Andersdenkenden, ohne dessen Argumente zu kennen, als erstes einmal *moralisch diffamiert,* wäre jegliche Schonung fehl am Platze !

B. *(zögernd):* Sie meinen, er hätte den Gegner ‹verständnislos› nennen dürfen; ‹oberflächlich› – allenfalls ‹dumm› ?

A.: Allenfalls das. Obwohl man dann immer noch das heilsame Stutzen vermißte : ob er nicht vielleicht doch, ein im schweren Altersabbau Begriffener, steiferes=mißrateneres als früher geliefert haben könnte ?

B.: ‹Beneidenswert, wer frei davon !› Aber hat STIFTER nicht gewichtigste Fürsprecher ? Also Grund zu einiger Hoffährtigkeit ?

A.: Abgesehen von NIETZSCHE – der aber, wie zum Beispiel von Naturwissenschaften, so auch von Literatur & deren Geschichte nicht übermäßig viel verstand : was ja als Ordinarius für Philosophie gar nicht seines Amtes, und auch arbeitsmäßig nicht zu schaffen war – abgesehen von seinem Preis des ‹Nachsommer› also, haben sich eigentlich immer nur Mediokritäten wie BAHR und SCHAEFFER für STIFTER's Romane ausgesprochen; sowie Kirchen & Regierungen ihn den Ihrigen wärmstens empfohlen.

B.: Und zwar warum ?

A.: »Sie denken : duckt er da, folgt er Uns eben auch.« – Die Übersicht über Lob oder Tadel ist, ebenso wie eine Vorentscheidung über Wert oder Unwert, in diesem Fall besonders leicht gemacht, weil es das Buch ‹Die Kunst ADALBERT STIFTER's› gibt, von JULIUS KÜHN . . . .

B.: Wann & Wo ?

A.: 2. Auflage 1943, Berlin : ‹Juncker & Dünnhaupt›. – Geisteshaltung und Methode des Verfassers ersehen Sie am kürzesten daraus, daß ihm Kollegen – die *auch* über STIFTER arbeiteten, aber dissentierten, »wie das denn wohl zuzeiten kommen mag« – nicht ‹URBAN ROEDL› sind . . . . .

B. (erinnernd murmelnd): . . . . . ah : ‹Urbanität› . . . . .

A. (nickend fortfahrend): . . . . . sondern – *(brutal):* »der Jude Bruno Adler« !; »der wiener Jude Otto Stoeßl« !; »Gundolf : ebenfalls Jude« ! . . . . .

C. (barbarisch): »Solche Elemente – für sie wäre ein deutsches Wort zu schade – verdienen gebrandmarkt und unschädlich gemacht zu werden ! Man erweist ihnen schon zuviel Achtung, wenn man ihre Machenschaften überhaupt zur Kenntnis nimmt !«

A. (mit Kälte): Dies, nachdem Herr Kühn 10 Zeilen zuvor Alfred Rosenberg's ‹Mythos› gelobt hat, den ‹Völkischen Beobachter› erwähnt, und seine Studie mit einem Hitler=Zitat rundet.

B. (unbehaglich): Tz, das ist natürlich hoch=nachdenklich . . . . .

A. (ihm ins Wort fallend): . . . . . ach; nur das ? Vielleicht, wenn Ihnen noch ‹arg unangenehm› oder ‹bedauerlich› einfiele, dann wäre das suaviter in modo ja komplett vorhanden.

B. (resoluter): Ja, Sie haben recht : diese perfide Verketzerung eines Gegners; gekoppelt sogar mit der Aufforderung, ihn unschädlich zu machen ! ? Ist dem Herrn denn nicht eingefallen, daß es schon mehrfach Zeiten gab, wo ‹Deutscher› ähnlich als globales Schimpfwort kursierte ? – Die offizielle STIFTER=Forschung hat sich selbstredend sofort von dem Machwerk distanziert, ja ?

A. (achselzuckend): Ich bin zwar kein STIFTER=Kenner – will übrigens auch keiner sein : dazu ist mir der Mann als Schriftsteller nicht bedeutend genug; als Mensch ausgesprochen unsympathisch – aber, nicht doch : die STIFTER=Forschung arbeitet noch heute lustig mit Kühn's Buch; einem Alliierten, wie etwa Franco in der NATO. – *(ironisch):* Ist es ja doch auch ganz im Sinne des Meisters=selbst, dieses ‹Wer wider mich ist, muß unsittlich, muß verkommen sein› !

B. (bekümmert): Also wäre ein FRIEDRICH HEBBEL zwar kein ‹Jude›, wohl aber ‹unsittlich› gewesen, als er den ‹Nachsommer› für eine Mißgeburt und schlicht lächerlich erklärte ? HERMANN HESSE ‹verkommen›, nur weil er den ‹Witiko› beißend ein Buch nannte, »in dem geschildert wird, wie sich 3 Menschen auf 3 Stühle setzen« ?

A.: Ja; es scheint leider ein Literatur=Gesetz zu sein, daß die Bildung von ‹Gesellschaften› um einen bedeutenden Namen herum, identisch sein müsse mit Gründung eines ‹Clubs von Götzendienern›; im Ergebnis also scheuklappiger Bienenfleiß plus erstarrte Anbetung.

B. (bittend): 1 Beispiel : Ketzereien werden so anschaulich dadurch . . . . .

A.: Sehen Sie sich die gruselich=selbstgefällige Reihe der ‹GOETHE=Jahrbücher› an : einer der *ganzganz wenigen guten Beiträge* ist der im Jahrgang 1920 über ‹Mignon› von GUSTAV COHEN . . . . .

B. (resigniert): – ‹auch ein Jude› würde ergo Kühn knirschen . . . . .

A.: . . . . . worin nachgewiesen wird, daß ‹Mignon› als Zwitter, als hermafroditische Gestalt angelegt ist; wodurch GOETHE's kuriose Andeutungen, ‹er würde nach seinem Tode *mehrfach als Weib* wiedergeboren werden›, ja eine äußerst interessante & fruchtbare Beleuchtung erfahren ! – *(abfällig):* Und wie schrien in den anschließenden Jahrgängen nicht die Professoren, die Feuerwehrleute, ob der ‹Lästerung› auf ! – Folglich befindet sich auch die STIFTER=Forschung hoffnungslos in jener halb=kultischen Geistesverfassung, die dem Andersdenkenden nur die Wahl zwischen ‹Armer Blinder› und ‹Bösewicht› lassen möchte. Immer noch nicht ist man so weit, zuzugeben, daß der Akzent auf dem jungen & mittleren STIFTER liegt; der späte, hoch=tabuisierte Rest jedoch künstlerisch wertlos; obschon medizinisch interessant ist.

(Gong)

B. (mahnend): Also der ‹Witiko› . . . . .

A.: . . . . . ist in so vielen Exemplaren verbreitet, so unnötig ‹im Handel jederzeit erhältlich›, daß Jeder wissen wird, wie es sich beim Titel=

Helden um einen Twen des Mittelalters handelt: ein genau Zwanzigjähriger zieht am Anfang auf aventiure aus.

B. (verdachtsvoll): Wie alt war STIFTER, als er das schrieb?

A. (ganz knapp): 60.

B.: Hm – *(zögernd):* Ist dergleichen klug & gut?

A.: Fast genau so bedenklich, wie wenn ein 20=jähriger Autor sich einen Sechziger zum Helden wählte: dies 1 der Gründe, warum der Ton des ‹Witiko› so absurd wirkt: wirken *muß!* – Da reitet, von Seite 3 ab, ein »Ledermann« im Schritt auf Uns zu – ich bin wahrlich kein Freund von Mopeds: sie sind mir zu laut!; aber ein 20=jähriger, der auf dem seinen *immer nur 20* führe, wäre mir doch auch wieder nicht recht – aber Der=hier kommt grundsätzlich so an; fortwährend mit jener unangenehm bedächtigen Berechnung, die gerade bei Jünglingen so fatal wirkt, darüber tüftelnd, wie er es am raschesten zum »Anführer« bringen könne.

B. (betrübt): Bin ich da ein schlechter Mensch, voll subversiver Gedanken, weil mir bei dem Wort immer ‹Jemanden anführen› einfällt?

A. (gravitätisch): Absolvo te: das ist die Schuld unserer Sprache. – Zuweilen steigt Witiko auch ab, und »wandelt auf verschiedenen Wegen des Waldes«, Persona erecta, mit dem gemessenen Schritt Eines, dem der Gummizug in der Unterhose gerissen ist; langt auf des Berges Spitze an, zieht sich die Nase tiefer ins Gesicht, und beginnt, zur Übung, sich nach strategisch wichtigen Punkten, vor allem aber nach Bauplätzen umzusehen.....

C. (halblaut & pomadig): »In dem Walde ist ein angenehmes Wohnen. /...../ ‹Die Wladyken müssen größer werden. Wir dehnen unsre Besitzungen gegen den Wald aus: Du mußt auch streben, Witiko, gleiches zu tun. Und mit der Hülfe GOttes, und der Heiligen Jungfrau Maria, und unserer Heiligen Wenzel & Adalbert werden wir unsere Ziele erreichen.› /...../: Dort sollte eine Burg stehen.«

A.: Denn damals nannte man das Eigenheim des höheren Berufsoffiziers ‹eine Burg›. – So steht Witiko kalkulierend da, und nickt dem Böhmerwald zu, »einer der einheitlichsten Menschen in unserer Dichtung« wie Kühn möchte; oder, wie Hüller den gleichen Befund formuliert: »das Antlitz Parsivals blickt uns an.« – *(energisch):* ich will ihm sagen, was mich anblickt: eine unerträglich berechnende Hutzelseele; ein frecher Kaltblüter, zur Karriere entschlossen!

B. (betroffen): Das wäre! Huldigen STIFTER=Verehrer ihm nicht, als der ‹Verkörperung bäuerlichen Rechtsempfindens›, ja, des ‹Rechtsgedankens schlechthin›?

A. (ironisch): ‹Bäuerliches Rechtsempfinden› – ich empfehle Ihnen, wieder einmal GOTTFRIED KELLER's ‹Romeo & Julia auf dem Dorfe› nachzulesen. Und was Recht & Richter seien, haben wir doch wohl zur Hitler=Zeit – und seitdem auch schon wieder ein paarmal – sattsam erlebt : also dergleichen zu ‹verkörpern›, wäre eine Ehre, die wohl jeder wohlgeratene Zwanzigjährige lächelnd von sich ablehnen dürfte; wäre solche Selbst=Fossilisation ja auch keine kleine Schande. – Da schreitet also die Spottgeburt pomadig wieder bergab, militärisch=langen Haarschnitts & achtsam geschonten Leibes : so Einer, der nach der Stoppuhr frißt; und jeden Bissen 32=mal kaut, um seine Schlagkraft zu erhalten. Schon auf Seite 26 begegnet er seiner Gattin=in=spe.

B. (angeregt): Liebesszenen ? Ei, nun wird's munter.

A.: Ach nein. Witiko geht auch bei Gründung der ersten Liebe unnachahmlich pedantisch vor; er ‹regelt› gewissermaßen auch diese Seite des Lebens, bevor er sich ernstlich seiner beruflichen Laufbahn zuwendet – und wenn er Bertha nicht kriegen sollte, ist es ja auch nicht so wild . . . . .

C. (pomadig): »‹Ich werde es ertragen›, sagte Witiko.«

B.: Und ‹Sie›, Bertha ?

A.: Ist seiner würdig : Ist genau das korrekt=gebaute, standesgemäße BDM=Mädchen, vor dem jedem ehrlichen Literaten graut; und Die die Angelegenheit im gleichen Lichte betrachtet . . . . .

C. (gemütlich=sachlich): »‹Baue Dir ein Haus, Witiko›, sagte Bertha; ‹und wenn dann noch kein Makel an Dir ist, so folge ich Dir.›«

B. (zusammenrechnend): Also ‹Hausbesitzer› muß ihr Künftiger sein; und 'ne angesehene & einträgliche Stellung nachweisen können : dann sind ihre ‹Liebesbedingungen› schon erfüllt ?

A.: Doch; Witiko würde sich mit einer ‹Irischen Mitgift› ja auch nicht ganz begnügen. – Zeigte man sich nicht so nett zwischendurch gegenseitig Haare, Schwert & Scheide, und führte sie nicht die ‹mystische Rose› im Stirnband, das Gemähre des seitenlangen »sagte er« »sagte sie« »sagte er« »sagte sie«, wäre nicht zu ertragen. Das ganze, eben wegen seiner unerlaubten ‹Einheitlichkeit› lächerlich unrealistische Buch, ist übrigens *nur* mit solchen Gliederpuppen bevölkert, die sich alle auf Basis von Wendungen unterhalten, wie etwa Schulgrammatiken von 1870 . . . . .

C. (mit Würde): Deine Tochter, mein Freund, hat eine schöne Stirn.

A.: Jeder mag hier seine eigene Blütenlese anstellen. Jedenfalls schrieb STIFTER im Alter *ein Deutsch unter aller Kritik*, für das eine Bezeichnung wie ‹steifleinener Schulfuchs› viel zu gelind wäre. Auch falsch übrigens; denn eine so befremdliche Verarmung im bloßen Wort= und Vokalbestand ist ein psychiatrisches Problem : würde man heutzutage selbst dem gehetztesten Groschenheft=Verfasser solche Witiko= Wendungen hingehen lassen . . . . . ? :

C. (trocken): »Es wurden Güter auf das Schiff geladen, und Menschen gingen auf dasselbe.«

A. (halblaut hineinerläuternd): ‹Menschen› ! Und ‹auf dasselbe› : Gospodin pomilui !

C. (wie zuvor): »‹Setze Deine Haube auf; damit Dein Haupt nicht von der Kälte Schaden leide›, sagte Witiko. ‹Ich werde es tun›, entgegnete Huldrik.«

A. (wie zuvor): ‹Stehen Sie bequem› : oh ein gütiger Herr !

C. (wie zuvor): »Sie ritten an vielen Menschen und Dingen vorüber . . . . . und verschiedene Gespräche wurden geführt.«

A. (wieder mit normaler Stimme): Ledern, süß ledern ! Das rühmt man uns womöglich als ‹Plastik›; oder seine Aufzählungen, wenn er wieder einmal 50 Seiten lang PALACKY abliest – einen gefälschten PALACKY obendrein – als ‹Fülle›.

B.: ‹Gefälscht› : könnten Wir nicht diese unangenehme STIFTER'sche Taktik vermeiden ?

A.: In diesem Fall ist das Wort *deswegen* angebracht, weil es eine sehr unangenehme – von Kühn, zur Zeit des Tausends=Reiches, natürlich sogar noch als besonders umfassend=hochstehend bezeichnete – Art, basislos zu schwätzen geißelt : wie würden *Sie* denn einen heutigen Autor nennen, der sich als Kulisse die Tschechoslowakei wählte; zu Helden reinrassige Böhmen; und dann noch PALACKY, diesen ausgesprochenen Germanenhasser – der Mann hatte übrigens seine guten Gründe ! – als Hauptinformationsquelle zugrunde legte ?

B. (befremdet): Davon habe ich aber gar nichts gemerkt : das Buch ist doch so deutsch ! Man fühlt & denkt & spricht : Deutsch ! . . . . .

A. (ihm ins Wort fallend): Eben=eben ! Wie wichtig, wie richtig & interessant wäre nicht, und sei es nur eine *Art* Auseinandersetzung zwischen Germanen= und Slawentum gewesen ? Und wie töricht muß nicht derjenige Verfasser sein, der sich einen nicht nur so tausendjährig= bedeutsamen Großkonflikt, sondern vor allem die sich aus ihm in allen Richtungen ergebenden, dichterisch fruchtbaren ‹Spannungen› entgehen ließ ? Da ist der gern, und meist nicht mit Unrecht, belächelte PAUL KELLER in der ‹Alten Krone› geschickter gewesen, als STIFTER mit seiner pappenen, zweidimensionalen Welt=Attrappe. Aber Sie unterbrachen mich beim Stichwort ‹Wonne der Aufzählung› : nennen Sie das ‹Fülle›, wenn es, anläßlich der Herzogswahl auf dem Wyschegrad, bei jeglichem Redner & Zwischenredner hergeleiert wird .....

C. (eintönig): »Auf dem Haupte hatte er eine dunkelpurpurne Haube mit einer weißen Feder. Neben ihm saß Einer in grauem Gewande mit grüner Haube und weißer Feder.... Neben Smil saß Einer in schwarzem Gewande mit schwarzer Haube grauer Feder.... Jetzt erhob sich auf der linken Seite des Saales ein Mann in einem dunkelblauen Sammetgewande mit einer weißen Feder auf der schwarzen Haube .....«

A. (ihn unterbrechend): – und dergestalt wird etwa 100 Mal hölzern hergestottert, was die Hundert für ‹Gewand Haube Feder› an sich hatten; bis man, nach 5 Leseminuten, Keinen mehr vom Andern unterscheiden kann .....

B. (einfallend): – ä=Moment. Könnte es sich nicht gerade um ein Kunstmittel handeln, große Menschenmassen gleichsam aus der Vogelschau handelnd einzuführen, daß der Leser am Ende eben nur noch ein Gewoge von Gewändern, ein Genicke von Federn erblicken soll?

A.: Wenn das 1 Mal, und mit geschickten Maßen, so gehandhabt wäre, dann hätte Niemand weniger dagegen einzuwenden, als ich. Aber bei STIFTER ist es eine immer wiederkehrende, völlig schülerhafte Art, Personen einzuführen, vorzustellen, *und sie anschließend nicht mehr beschäftigen zu können*, daß man wahrlich schon bis zum Gestümpre des ‹Theuerdanck› zurückgehen muß, um in unsrer Literatur so viel barbarisches Ungeschick anzutreffen.

B.: Wer hat besser aufzuzählen verstanden? 1 Beispiel nur, daß das wirklich geht!

A. (jovial): Ho ho ho! ‹Ob es gehe›? ..... *(mit Macht hersagend):* Und schau, mir dünkte, etwas käme aus solchem Schallen, und Irgendwer rege sich mächtig im Dunkelall. Erst war's wie ein Klumpen; und dann ein Vielleicht. Da, sieh, wie 1 Licht; und nun wie ein Witzblitz; nein, mehr wie 1 Docht glimmt – ja, was Lichtschwäche angeht, war die Ähnlichkeit täuschend: ER, den Handstock zur Hand, die aktive Seite der Prosa zugewandt, gekleidet einem Jarl gleich, in just korrektem Schnitt: ein klassischer Klasse=Mantel, fröstle mich Fries, von überlegenster Aufgerauhtheit, brav indig=und=braun, zum Trekken & Trampen; darüber ein irischer Grobschmiedskragen, mit Meerschweinborsten, freischwingend über die Schultern; und dicke geschweißte Hosen, ihm aufgehämmert um der extremsten Öffentlichkeit & sämtlichen Klimen zu trotzen; eiserne Hacken zu sparsamen Sohlen; und ein wohlbevorratetes Vorsehungsjackett, wollig=wollend, mit sanftwallenden Lispelschößen dran und mächtigen Knöpfen aus Siegelwachs, eine gute Portion größer als die

Lochschlitze dafür, von 22=karätigem Krasnopopsky=Rot; und die undurchdringliche Jute=Weste; den volkstümlichen Hemdkragen, Größe sex & firz=ich, mit der fälligen Bohème=Krawatte; dann das damascierte Oberhemd, dessen er sich im Innersten rühmte ..... *(wieder sachlich):* aber STIFTER ? ? Ebensogut könnte man das stukkernde Schlagen der Räder eines Güterzuges mit dem Wort Aufzählung ehren ! ‹Epische Breite› ? : oh weh, 1 Stümper vergreift sich an der geheiligten Form aller Formen, der des großen Prosagebildes ! Nein; der Wassergehalt des Stükkes, sowie die Klischeevorstellungen & die Zungenverfettung seines Verfassers verbieten es, von einem ‹Kunstwerk› zu sprechen.

B. (immer noch pikiert): ‹Klischeevorstellungen› ?

C. (herablassend dozierend): »‹Wenn Ihr in dem Walde gegen die Wölfe gehet, da sie sich einmal zu sehr mehren,› sagte Witiko, ‹und wenn ein Mann durch diese Wölfe im Streite verunglückt, so tragt Ihr es.› ‹Wir tragen es, wenn es auch ein Unglück ist›, sagte Andreas, ‹und diese Menschen, die gegen uns & den Herzog sind, diese sind *auch* wie Wölfe, die sich vermehrt haben.› ‹Wohl ist es so›, sprach Witiko.«

A.: Wie einfach, gelt ?; wie leicht faßlich gemacht, warum es Kriege gibt ! – Welch ein perfider Begriff von einem ‹Gegner›. Und das ist nicht etwa nur im ‹Witiko› so; schon früher, als der junge STIFTER sich vom ‹Stefl› aus umschaute, rühmte er den Inhalt des Wiener Zeughauses so .....

C. (stolz): »Unsre Kanonen : die Zähne, die wir dem Fremden weisen, *wenn ihn nach unserm Gute gelüstet !*«

A.: Die vernagelte, inhumane Tücke solcher Äußerungen, erwartet man allenfalls von Angehörigen der generalstäblernden Herrenkaste : wenn ich sie bei STIFTER nur als ‹Klischeevorstellungen› bezeichne, *dann schone ich damit den Dichter der ‹Narrenburg› & des ‹Hagestolzen›*; und berücksichtige das geduckte Leben eines Haus= und sonstigen Lehrers, der seine Helden nach Feierabend »Fußtritte des Herrn« sammeln läßt.

B. (etwas nervös): Ich verstehe schon Ihre ‹Haidedorf›=Anspielung : Sie beanstanden nicht nur ‹Franzdenkaiser› sondern auch das ‹Gotterhalte› – ja hätte STIFTER denn um 1150, rein zeitlich, religiöse oder gar filosofische Skrupel anbringen *können* ? 'mal ganz abgesehen davon, daß er nie welche hatte.

A.: Auch in dieser Beziehung war die behandelte Zeit so reich & farbig – ob Griechisch=Orthodoxe, ob Bogomilen Tempelherren & Islam – daß STIFTER's Verschweigung nicht nur wahrheitswidrig ist, sondern einmal mehr einer künstlerischen Selbstentmannung gleich kommt. Bei ihm erscheint nur mehrfach der ‹bescheidene Hauskaplan›, der prinzipiell zuunterst am Tisch sitzt & immer als Letzter zur Türe hinausgeht : der Erste im Reiche der Demut ! Neinein : STIFTER's Hohlwelt ist schon unerlaubt reduziert; seine Gedankengänge sind kanalisiert : ‹Alte Männer› sind grundsätzlich ‹weise› – *(abfällig)*: und geben denn auch diarrhöemäßig die absurdesten ‹Weisheiten› von sich .....

C.: »‹Es sind sehr viele Dinge, mit denen die Menschen sich beschäftigen›, entgegnete der Bischof Silvester.«

A. (ihm scharf das Wort abschneidend): Haben Sie das gehört : diesen geistigen Leerlauf ? Oh durchwürzte & beblümte Ledertümlichkeit ! – *(gelassener)*: Wäre es parodistisch gemeint, etwa um das ‹unterm Krummstab ist gut wohnen› zu satirisieren – für Krummstäbler=selbst mag's gelten – dann meinethalben. Aber leider ist das STIFTER's blutigster Ernst.

B. (trübe): Sind ‹Alte Männer› Ihrer Ansicht nach *nicht* weise ?

A.: Erkundigen Sie sich bei den Leitern von Altersheimen – Sir William OSLER, der Fürst der britischen Ärzte & Soziologen, hat mein Credo in diesem speziellen Punkte unverbesserlich zusammengefaßt, als er von dem ‹unberechenbaren Segen sprach, der der Welt daraus erwachsen würde, wenn Menschen über 60 sich ihrer Abgenutztheit, wie sie ja nicht mehr als natürlich ist, bewußt würden; und von diesem Alter an jegliche berufliche & vor allem politische Tätigkeit konsequent einstellten !›.

B. (ebenso unwillig wie unsicher): Die Großen Alten Männer also .....

(in seine Rede hinein):

(Gong)

A. (gefällig die Formel verwendend): Der Große Junge Mann, randvoll des Ehrgeizes, ein Gauleiter zu werden, nestelt sich also, sehr geschickt, an einige bereits einflußreich=Arrivierte an. Sieht sich in ihren Miniatür=Hofhaltungen um; macht sich mentaliter fleißig Notizen, wie man die Knechte regiert und ihnen ‹das Recht spricht›; horcht auch herum, Wer in den unvermeidlich kommenden Inneren Auseinandersetzungen mit Wem gehen werde. Verrichtet unterdes dienstfertig die bekannten kleineren nationalen Aufträge : macht Botengänge; schmuggelt zeitweise in Ungnade Gefallene aus dem Lande; trainiert zwischendurch unverdrossen sich & seinen Gaul – und bearbeitet vor allem die Bevölkerung in der Umgebung des von ihm ins Auge gefaßten Bauplatzes.

B.: So wie Sie's darstellen, erscheint aber *nur* ein berechnender Charakter; ein ‹Vadder Vernünftig› unangenehmster Sorte; ein genau so widerlicher Geselle, wie der ‹sanfte Heinrich› des ‹Nachsommers›.

A.: Ja, meinen Sie denn immer noch, die fürchterliche Leichtigkeit, mit der ein Kühn ihn für's Dritte Reich vereinnahmen konnte, sei nur von ungefähr, und eigentlich an den Haaren herbeigezogen ? Oh nicht doch : der Witiko ist schon folgenreicher, weil ‹giftiger›, als der ‹Nachsommer›; ist ein ausgezeichnetes ‹Handbuch für Offiziersanwärter› . . . . .

B. (mahnend unterbrechend): Sie schätzen die Herren von dieser Farbe nicht ?

A. (kopfschüttelnd): Mir ist *jeglicher* Beruf verdächtig, der zu seiner Ausübung einer besonderen Kostümierung bedarf; und ein anständiger Mensch sollte meines Erachtens den gleichen Widerwillen vorm ‹Gehorchen› wie vorm ‹Befehlen› empfinden. Wie nennen *Sie* das denn, wenn auf einer zwanglos=einberufenen Volksversammlung, bei der es um die Teilnahme an einem ‹Feldzug› geht – unter Witiko's Führung, versteht sich – mit solchen Mitteln gearbeitet wird . . . . .

C.: » ‹Ich habe Euch dieses gesagt›, sprach Witiko, ‹wenn etwa Einer für das Rechte & Gute mitgehen will› . . . . .

A. (halblaut zurechtrückend): man beachte, wie er sich & seine sehr=persönlichen Ziele so ganz unauffällig mit ‹dem Rechten & Guten› gleichsetzt . . . . .

C. (fortfahrend): ‹Wir müssen unsere Sache verteidigen dürfen !›, rief ein junger Mann; ‹und es braucht nicht ein Jeder mitzugehen : *wer nicht den Mut hat, bleibt daheim !*›. Nach diesen Worten sprangen mehrere junge Männer von den Bänken auf. «

A.: Diese geläufig=plumpe Weise, es ‹auf den Mut !› hinauszuspielen; diese ochsige Diffamierung des sich von einer höchst dubiosen Massenpsychose Ausschließenden, bespricht einen peinlichen Schwund an einfachster Menschlichkeit; einen Denk=Defekt im Verfasser, in STIFTER – um es einmal mehr schonend auszudrücken.

B. (unbehaglich): Ja aber könnte dergleichen nicht *gerade* eine glänzende Studie über den ‹Führer & sein Volk› sein ? Absichtlich & ganz tendenziös von STIFTER so angelegt ? : die ‹An=Führer› kalt & raffiniert; das Volk ewig=unvergleichlich an der Nase herumführbar.

A. (resigniert): Schön wär's. Aber der späte STIFTER ist so bindegewebig=verkarstet, daß an Ironie in diesem Punkte bei ihm gar nicht zu denken ist. Geht doch aus seinen Privat=Briefen, aus seinem ganzen Gebaren als Mensch & Schulrat, sattsam hervor, daß auch er – genau wie sein Held Witiko – nicht daran interessiert war, das Volk zu *bilden*, es zum *Denken*, zu helläugiger *Kritik* zu erziehen, es zu fruchtbarster *Unruhe* aufzurufen; im Gegenteil, er bestärkte nach Kräften die Engstirnigkeit, half Vorurteile befestigen, und die Lenkbarkeit des Untertanen noch perfekter zu machen.

B. (nachdenklich bei sich erwägend): Der *größere* Mut könnte durchaus im *Nicht*=Mitmachen bestehen? – hm. – *(bittend):* Könnten Sie mir Begrenztheit & Unzulänglichkeit dieser Witiko'scheren Art der Volksbearbeitung nicht an irgendeinem mild=grellen Beispiel ganz klar machen?

A.: Falls immer noch nicht so viel Witiko=Ausgaben im Handel sein sollten, wie im Interesse der Regierung liegt, wäre mein bescheidener Vorschlag: einmal=eine zu veranstalten, wo immer 1 Seite STIFTER und 1 HENRY MILLER abwechselnd aufeinander folgten.....

B. (bittend): Muß es direkt MILLER sein? Sie wissen doch, daß Der jeden Augenblick bei uns beschlagnahmt werden kann: hätten Sie nicht Jemand etwas=Passenderen?

A. (heiter): Nu schön; sagen wir ‹Gil Blas›. Und dann aber bitte das Ganze, zur endgültigen Austarierung, von ZILLE illustrieren lassen; damit doch etwas Menschlichkeit & Abwechslung hineinkäme in die – *(ironisch leiernd):* »Männer von verschiedenen Gestalten und in verschiedenen Bekleidungen.« – Aber wir sind schon wieder aus dem Geleise geraten; ich schalte zurück auf 1 der Kardinalfragen: darf ein Autor das darstellen, was er *nicht kennt?!*

B. (leicht zweifelsvoll): Bloß ‹dürfen› schon; aber wenn er klug ist tut er's von selber nicht. – *(stutzend):* Achso, jetzt versteh' ich erst: Sie beanstanden, daß STIFTER Krieg & Kriegsgeschrei, sowie den ‹Offizier› & dessen Mentalität – was immer das auch sein möge – zu schildern unternahm, ohne von speziell diesem Ernst des Lebens die blasseste Ahnung zu haben?

A. (tiefernst): Ganz recht. In seinem Fall hat es sich wieder einmal hervorragend ‹ausgezahlt›, diese kluge ‹Exemtion›, mit der die Regenten früherer Jahrhunderte *Studierende nicht* zum Militärdienst einzogen: keiner unsrer verehrten Klassiker – nicht Klopstock Lessing Wieland Herder Goethe Schiller – ist je ‹Soll=datt› gewesen: ergo fand die blutige Langeweile der ‹Stahlgewitter›, die Malaise der Drillpferche & Schwanzparaden, der Sadismus der versoffenen ‹Spieße› und größenwahnsinnigen Batteriechefs.....

B. (flink einschaltend): ..... Sie waren bei der Artillerie? –

A. (unwillig fortfahrend): ..... die ganze menschenunwürdige Maschinerie, gesteuert durch eben jene Witiko=Typen, vor denen ergraute Familienväter zu springen hatten, fand in jenen vergangenen Jahrhunderten *keinen Sprecher!* Das sachlich=verachtungsvolle »La guerre est l'industrie nationale de l'Allemagne« mußte uns ein Ausländer sagen;

bei uns durfte offiziell nur von jenem ‹ärmsten Depp› geschwärmt werden, der gleichzeitig ‹der getreueste› sei : und aus eben dieser übelerregenden Unwissenheit heraus, gepaart mit der ehernen Stirn, *dennoch* darüber ausgiebig zu platonisieren, serviert uns STIFTER seine Miliz=Gedankengänge : ein Mensch, der auch in dieser Hinsicht wieder nichts weiß & nichts durchgemacht hat, verschleiert uns das unsägliche Elend & die Verrohung, die im Gefolge von Rüstung & Krieg aufzutreten pflegen.

B. (unbehaglich): Könnten wir nicht das Wörtlein ‹heute› gänzlich umgehen ? Sie bessert nichts; und ist so unpopulär, auch unbesonnen, diese ‹freche, unehrerbietige Kritik bestehender Zustände› –

A. (fest): Ich möchte auf keinen Fall dereinst auch einmal nationalen Scharfmachern zum Alibi herhalten. – Aber wie Sie meinen; zurück zum Thema : ‹Und dann die Herren Leutnants !› . . .

B.: Sie haben bisher aber verschwiegen, daß Witiko bei seinen Wäldlern *sehr beliebt* ist : die Frauen & Mädchen schwärmen von ihm; die Alten wissen seine Leutseligkeit zu rühmen; die jungen Männer . . . . .

A. (einfallend): . . . . . lassen sich von ihm begeistert vormilitärisch erziehen, und nehmen dann auch »große Säcke für die Beute« mit; da haben Sie recht, das Buch wimmelt bis zum Ekel von ‹treuen Dienern› und ‹Hausmeistern Huldrik› – allein der *Name* des Rüstzeugs schmeckt bereits nach ‹Huldigung› ! Schon früh benennen die jungen Mädchen der Gegend einen Berg nach ihm; weil er öfters dorthin zu gehen und sich nach Bauplätzen umzuschauen pflegte; aber auch reifere weibliche Jahrgänge unterstützen ihn . . . . .

C. (wild): »‹Eher zünden wir die Wälder an !›, rief ein goldblonder Jüngling. ‹So wehrt Euch !› schrie eine alte Frau, die an dem unteren Ende des Tisches saß. . . . ‹Witiko der Führer !› riefen Mehrere. ‹Witiko der Führer !› riefen fast Alle.«

A.: Witiko's zähe Bearbeitungstechnik, diese bekannte unsubtile Mixtur aus sackgrober Schmeichelei & herrischer Menschenverachtung, beginnt, sich allmählich im größeren Stile zu lohnen : der Deutsche Mensch, stets auf der Suche nach einem Arsch, in den er kriechen . . . . .

B. (beschwörend unterbrechend): Oh ‹suaviter› bitte ! – Lieber Freund, Sie schaden einzig sich selbst.

A. (energisch): Und ob auch Sie anscheinend den Krieg bereits wieder vergessen haben : ‹itzt will ich stolz reden !› : *Unsere Weltgegend ist die Hölle !*, das las ich erst neulich. Der haben Wir die Treue insofern zu halten, als Wir ihr unermüdlich am Zeuge zu flicken, sie beschreibend vermessen & fruchtbar zu machen haben, wie einst die Deportierten ihr

Paramatta. Deshalb bin ich nicht der leutselige ‹Freund des Volkes›; schon eher ‹L'ami du peuple› .....

B. (neuerlich peinlich berührt; murrend): ..... ausgerechnet gleich wieder Marat –

A. (ernst): Doch. Ja. Andre haben wohl ‹Danton› gefeiert, die ‹Gironde› und ‹Lafayette aux chevaux blancs› : wenn ich mir die Große Französische Revolution so ansehe – und ich habe es sehr sorgfältig getan ! – dann wüßte ich, immer cum grano salis, Keinen, der mir interessanter & nachdenklicher schiene als JEAN PAUL MARAT. – Ist Ihnen das teppichbeißend=hysterische Gekeife des – *(nachäffend & gellend):* »Eher zünden wir die Wälder an !« – *(wieder sachlich):* also jene verruchte, obschon in ‹Wochenschauen› und ‹Berichten des Oberkommandos der Wehrmacht› verherrlichte, Theorie der ‹verbrannten Erde› etwa sympathischer ? Oder jene Flintenweiber à la STIFTER's »Dimut« – *(spöttisch):* in praxi übrigens für ‹eine Truppe› so ziemlich das Lästigste ! Meinen Sie, daß Kühn STIFTER umsonst mit Hans Grimm's ‹Volk ohne Raum› im gleichen Atemzug nennen konnte .....

C. (halblaut=bröckelig): »Der Raum, den mein Bruder erobert hat, / liegt im Guadarra=Massiv : / er ist ein Meter achtzig lang, / und ein Meter 20 tief –«

B. (etwas pikiert): Schier Alle aber doch .....

A. (unterbrechend): ..... graut Ihnen bei diesen 5 Silben nicht, noch ehe Sie sie aussprechen ? Widert Ihnen nicht die Hinterhältigkeit eines kleinlich=ehrgeizigen Charakters entgegen, der selbst bei nebensächlichen Fragen nie mit ‹Ja› oder ‹Nein› antworten kann; sondern allenfalls ein unverbindliches »Es mag vielleicht nicht unrecht sein« steril herausquätscht ?

B.: 1 Bitte –

A. (boshaft): So spricht man bei Witiko's nicht; es heißt : »Ich trage noch eine Bitte in meinem Haupte« – *(eindringlich):* Es wäre eine Untersuchung für sich wert, die farblosen Wahnsinnsfloskeln der Kerls einmal zusammen zu stellen; diese kreisförmigen Redereien mit Vorbehalten; diese zu nichts verpflichtenden Wendungen; diese auf Schrauben gestellten Nicht=Zusagen, von denen das Delfische Orakel noch das Ausweichen lernen könnte : das völlig entleerte, geschriebene Geschwätz, das uns mit starrem Gesicht aufgedrungen wird, ist *sa=gen=haft* .....

C.: »Der Herzog sprach : ‹Ihr kennet diesen Mann, und habt ihn schon einmal vor Euch gesehen.› –

‹Wir kennen ihn›, sprach Bolemil.

‹Wir kennen ihn›, sprach Lubomir.

‹Wir kennen ihn›, sprach Otto.

‹Wir kennen ihn›, sprach Zdik.

‹Wir kennen ihn›, sprachen Viele.«

B. (ergeben): Naja; auf die Weise kann man natürlich unschwer 1169 Seiten – soviel hat die 1. Auflage ja wohl – voll=füllen. Tz; die Oberflächenbehandlung ist tatsächlich kümmerlich.

A. (bedeutsam): Es ist wesentlich *mehr*; ist eine handgreifliche Bankerotterklärung der Bild= & Sprachkraft eines zu Anfang gar nicht unbegabten Mannes. – Mich soll Niemand überreden wollen, daß Witiko ein wirkliches=menschliches Wesen sei. Oder gar ein Ideal. Wollen wir ihn rasch versorgen; und dann eine noch etwas tiefere Erklärung des kuriosen Fänomens versuchen.

B.: Ja; das wäre schön – es würde mich beruhigen. Lassen wir flugs das Zerrbild eines Jünglings sich im Zerrbild eines Volkes ansiedeln – so viel ich mich erinnere, betteln die ja tatsächlich förmlich um ‹einen Herrn› . . . . .

C. (erfreut): »Es gingen auf dem Wege Männer, Frauen, Jungfrauen und Kinder mit. Sie riefen ihm zu : ‹Witiko, sei gegrüßt !›; ‹Witiko, bleibe bei uns›; ‹Witiko, Du gehörst jetzt zu uns !›

Witiko ritt sehr langsam in der Mitte der Menschen, und blickte herum, und grüßte mit seinen Mienen gegen Viele.

‹GOtt segne Witiko ! Unsern HErrn, der von uns ist›, rief Peter Laurenz, der Schmied von Plan. . . .

‹Es ist so›, sagte der Pfarrer, ‹und die Leute sagten : weil er der Herr des Waldes ist, so wird er sich eine Burg in dem Walde bauen. Und wir haben davon geredet; und sind gekommen, Dich zu bitten, daß Du die Burg bei uns bauest.›

‹Ja, Du mußt Dir eine Burg bauen›, sagte Martin.

‹Ich werde ein Haus errichten, darin wir Alle wohnen können›, sprach Witiko.

‹Und diese Freude, die über uns gekommen ist !›, sagte Martin : ‹Ihr müßt jetzt Dienstmannen haben, und ein Geleite !› –«

A. (für sich): Also dieser Stil ! Und diese Braun=Nasen ! ! – *(wieder mit normaler Stimme):* Es ist erreicht : ‹ich hân mîn lehen !› –

C. (vertraulich): »‹Nicht die Leute des Waldes haben bei sich sofort beschlossen, in den bevorstehenden Krieg zu ziehen : Ihr habt den Zug vorbereitet, Witiko ! Ihr habt zu den Leuten gesprochen; Ihr habt ihnen gesagt, wie die Dinge sind, und habt ihren Willen den Dingen zugelenkt. Ihr habt Waffen vorbereitet, und Gewänder & Zurüstungen & Übungen, und seid selbst der Lehrer in den Übungen gewesen.› ..... Bertha sagte oft freundlich zu ihm : ‹Witiko : jetzt ist Dir Keiner gleich !›«

A. (trübe): Die sozialen, die Klassen=Gegensätze, die ja gerade im Mittelalter gen Himmel stanken, sind nicht nur verschleiert oder verschwiegen; nein, schlimmer : sie sind auch als selbstverständlich gegeben, ja ‹gott=gegeben› geschildert. Und werden, wie STIFTER uns einreden möchte, auch von den betroffenen Arbeitern & Bauern so betrachtet : sein ‹Volk› ist ein Böhmerwaldverein; seine Menschen sind, von Katechismus & Chauvinismus künstlich provozierte Punkt=Punkt=Komma=Strich=Typen – eine Ignoranz & Verantwortungslosigkeit sondergleichen !

B. (bedenklich): Ich werde aber doch das Gefühl nicht los, es sei noch mehr, als etwa nur der Unterschied gegenüber HAUPTMANN's ‹Webern›. – *(überlegend):* Eine derart reduzierte Wirklichkeit – eine so basislose Weltfremdheit, wie sie allenfalls in die seltsamen Mondflaschen Ariostos gehörte – eine derart unter dem erlaubten Nullpunkt zu früh erstarrte Wortgrütze – kann man doch nicht bloß mit handfesten Gegengründen & 1 Achselzucken abtun : das ist doch, irgendwie, *‹nicht mehr natürlich›!*

(Gong)

A. (bestätigend): Damit dürften Sie den Finger an eine der wichtigsten=wunden Stellen gelegt haben : nein; sie ist selbstredend *nicht* mehr ‹natürlich›, diese atrophierte Gestik von STIFTER's Marionetten; und die rigide Formelhaftigkeit ihrer Redensarten, der dünkelvollen wie der rechthaberischen, ist nur noch medizinisch erklärbar. Korrekter : gerontologisch aufschlußreich.

B. (stirnrunzelnd): Sie wollen damit sagen : die Maskenstarre dieses ganzen ‹Witiko› könnte auf die autistische Schrumpfung eines früh Vergreisten zurückzuführen sein ?

A.: ‹Stilisieren› ist ein edel Wort; aber fast immer handelt es sich um eine, sei es noch so ‹dekorative› Schwäche, eine vom Standpunkt des Vollen Lebens aus unerlaubte Simplifizierung. Jenseits der 40 bis 50 – selbstverständlich ist ein individueller Spielraum zu lassen – beginnt nun einmal der biologische, nicht aufzuhaltende Abbau : nicht nur die Beine mit allem Drum & Dran ergreift ein progressives Zittern; sondern auch im geistigen & seelischen Bereich treten Ausfälle ein – man hat halt zu sterben begonnen. Dergleichen leugnen, oder es gar noch als ein besonders apartes ‹Stadium der Reife› rühmen zu wollen, sei den Betroffenen überlassen – ‹Die Greislein, sie hören es gerne‹ – es ist anscheinend eine ganz=allgemeine Schwierigkeit, zum Beispiel auch der Kindheit & Jugend, die gerade laufende Lebensphase zu akzeptieren.

B. (skeptisch): Was im Alter, Ihrer Ansicht nach, mit ‹resignieren› zu übersetzen wäre. ?

A.: Ich fürchte, es ist nicht viel anders. – Nur so jedenfalls lassen sich bei STIFTER, dem schon als jungem Mann Sammlermentalität & die des Beamten eignete, all diese sehr befremdlichen Wendungen=Windungen erklären à la . . . . .

C. (gepflegt): »Er setzte seine Haube auf das Haupt, und befestigte sein Schwert an seiner Seite.«

B. (abschätzig): Wie wenn er sich seine Haube auch woandershin gesetzt, und das Schwert eines Fremden zwischen die Beine genommen haben könnte ? – also das ist doch nur noch das erbarmungswürdige Gestotter einer ständig belegten Zunge.

A.: Ich möchte aber meinen, diese verarmten Maschinentexte seien noch etwas anderes – künstlerisch schlicht lächerlich, sicher – aber vor allem sind's unbewußte Mitteilungen eines in Auflösung Begriffenen. Diese immerwiederkehrende *Überbetonung des Possessiven* – »sein« Haupt, »sein« Schwert, »seine« Seite – ist einerseits eine, zum Beispiel bei briefmarkensammelnden Verbrauchten nicht seltene Regression auf die bekannte infantile Sucht zur Eigentumsbildung . . . . .

B.: Was ist es andererseits ?

A.: Andererseits ist es *noch* ein bißchen unheimlicher. – Diese ganzen STIFTER'schen Reihenbildungen, dies monotone sich & uns Vorstellen von ganzen Saal=Fluchten voller Männer mit Gewändern=um & Hauben=auf & Federn=dran, sind ein zwar nicht ‹schönes›, aber sehr instruktives Beispiel, für die bei vielen Greisen auftretende Manie, bei ihren vereinsamten Handlungen halblaut oder leise zu ‹zählen›. Da stehen die Unseligen denn abends, auf 1 dürren Bein hüpfend, vorm Bett; packen sich stöhnend die adrige Querhand vor die Stirn, und erkundigen sich bei sich selbst : ‹Was wollt'ich denn jetzt noch – achso : Oberhemd ausziehen –› – :

: aufknöpfen 1 / rechten Ärmel anzupfen 2 / linken : 3 . . . . .

ich habe Einen gekannt, der es dergestalt beim Verlassen eines Raumes – beim Kittelausziehen, Schlüsseleinführen, Klinkeprobieren – bis auf 18 brachte . . . . .

C. (stumpf=ergeben): »Der Reiter ritt, da er bei diesen Häusern angekommen war, auf dem schmalen Weglein gegen das Wirtshaus; dort hielt er an . . . . .

A. (ab nun immer hinein=zählend): 1 –

C.: . . . . . und stieg ab. ((2)) Er führte sein Pferd zu einem der Pflöcke

((3)), nahm ihm die Gebißstangen aus dem Munde ((4)), zog eine Halfter aus der Satteltasche ((5)), und band es mit derselben an den Pflock ((6)) . . . . .

B. (ungehalten): ‹mit derselben› ? – hätte er nicht einfacher=besser ‹damit› sagen können ? ! – Komisch.

C. (stur): – Da dies geschehen war, nahm er Wolllappen von der Größe starker Männerhände aus dem Sattel ((7)), und strich mit den Lappen . . . . .

B. (wie zuvor): ‹damit› ! . . . . .

C. (ungerührt): . . . . . und strich mit den Lappen wechselnd die Seiten und andere Teile des Tieres ((8)) . . . . .

B. (entrüstet): ‹und andere Teile des Tieres› ? ! – Hör'n Se auf. Ich bin bedient !

A. (ernsthaft): Nicht doch : *zu bedauern* ist der Mann, der sich durch das mühsame Beschreiben & Nummerieren seiner Hand=Griffe etwas wie einen ‹letzten Zusammenhang der Dinge›, eine ‹kausale Folge›, ja eine ‹immer=noch Einheit der Persönlichkeit› & einen ‹Kosmos›, verzweifelt einzureden versucht ! Diese gar nicht aus strotzender Lust an der farbigen Fülle der Welt sich einstellende Zählsucht, ist vielmehr ein *gequältes Ceremoniell* ‹vorm Einschlafen›; ist unbewußter stilistischer Ausdruck eines hochgradigen Ermüdungs=, Erschöpfungs=, Abnützungs=Zustandes; sowie der übergroßen Angstbereitschaft Eines, der weiß, daß er schon ständig auf sich aufzupassen hat – nur noch vergleichbar dem Steifheits= & Ordnungs=Zwang des Gehirnverletzten. Der ‹Witiko› ist, wie vor ihm schon der ‹Nachsommer›, identisch mit STIFTER's Austrittserklärung aus der menschlichen Gesellschaft !

B. (still): Ich möchte meinen : Sie sind aber jetzt quitt mit seinem – zugegeben nicht minder unstatthaften – ‹unsittlich & verkommen›. Also darf ich mir's so einprägen : das bei den Ganz=Großen sich anscheinend unvermeidlich einstellende Alters=Gelächter – siehe LUKIAN, VOLTAIRE, DON QUIJOTE, TOM JONES, TRISTRAM SHANDY, SHAKESPEARE, JEAN PAUL's ‹Komet›, FINNEGANS WAKE – das war STIFTER's Sache nicht ?

A. (zögernd): Ich weiß nicht. – / Ich würde gern – um ihn mir näher erklären, ihn auch entschuldigen und ihm einen größeren Tiefgang zubilligen zu können – noch etwas anderes dahinterblenden mögen. – STIFTER, dieser so unduldsame, so bedrückend humorlose Mensch, war gleichzeitig das Paradebeispiel einer zeitlebens unüberwundenen katholischen Erziehung. Das heißt : er akzeptierte kritiklos einige Denkverbote mehr, als jener GOETHE, auf den er sich doch immer so gern berief. Und da ist nun etwas typisches seine habituelle Verschwiegenheit & Unaufrichtigkeit in sexuellen Dingen. In dieser Beziehung machte er Profession von einer konsequent=tauigen Oberflächenkeuschheit, die natürlich auch immer die Wonne seiner Verehrer gewesen ist.

B. (zurückhaltend): Ja; nur zu sehr. – Aber warum Ihr Ausdruck ‹Oberfläche› ? Gibt es etwa ‹unterdrückte Bücher› auch bei STIFTER ?

A.: Kein Gedanke. Wohl aber unterdrückte, artig=unartige Vorstellungen, wie sie einem kräftig=gesunden Manne durchaus anstehen; und wie sie, durch mehrere Schichten von Sprachtünche verdeckt, gut erkennbar bei ihm durchschimmern. Das belegt nicht nur seine absurde Zwangsbindung an Worte wie »Ding« und »Geschlecht« – gibt es doch Seiten, auf denen dies »Ding«, dies sexuelle Leitfossil, ein volles Dutzend Mal herumspukt; eine ‹Hörigkeit› einem Wort gegenüber, die zwar nicht gerade ‹einmalig›, aber doch ziemlich selten ist. Und ich beanstande noch nicht einmal so sehr, daß er, STIFTER, uns nun ständig seine ‹Liebesbedingungen› herzählt . . . . .

B.: Was heißen soll ? –

A.: Nun, zum Beispiel, daß seine Heroinen grundsätzlich=rothaarig sein müssen. Nein; am découvrierendsten sind immer noch STIFTER's ‹Landschaften› . . .

B. (verdachtsvoll): Demnach ausgerechnet das, womit seine Verehrer sich das meiste wissen; und deren Exaktheit & Schönheit gar nicht genug rühmen können ?

A.: Na also seine ‹peinliche Genauigkeit› ist *nicht* über jeden Tadel erhaben. Man muß auch bei ihm darauf gefaßt sein, daß mitten in einer schönen Sommernacht der ORION am Himmel steht . . .

B. (fragend): Gibt es das nicht ?

A. (möglichst ernsthaft): In unserem Äon schwerlich mehr. – Also nein: STIFTER, in Jugend & Mannesalter doch wohl normal=temperamentvoll zu nennen, und also auch randvoll amouröser Gedanken, war, von der Klosterschule Kremsmünster her, dazu angehalten worden, sich als Eunuch aus eigenem Willen zu gerieren. Was selbstverständlich *nur eine* Folge haben konnte – nämlich zu ‹Verdrängungen›, und einem betrüblich zu schauenden – weil so dumpfen – Pan=Sexualismus ‹unterhalb der Schwelle› zu führen. STIFTER's ‹Landschaften› – vor allem das heimliche Zentrum seines ganzen Lebens & Strebens, die ‹Narrenburg› – sind Organabbildungen, sind Projektionen von Genitalien.

B. (schockiert): ‹Phoebus, what a word !› – Sie, also das werden Sie zu begründen haben.

A.: Kommen Sie nur einmal frisch mit mir auf die besagte rote=

nackte Bergkuppe zu : da führt der Weg des Reiters durch dichtbehaarte Fichten, durch hängende Moosbärte, und harzige Runzligkeiten. Oben angelangt, erblickt man »nur eine einzige offene Stelle«, wo, zum Erstaunen des närrischen Naturforscher=Helden, »die dunkle Mündung eines Pförtchens« sichtbar wird – *(sachlich):* die bekannte ‹FREUDsche Lücke› der ‹Traumdeutung› also – daneben stehen schon »der Schloßmeister mit dem roten Stabe, und neben ihm der Kastellan mit seinem Abzeichen, dem Großen Schlüssel«, alles ganz geläufige phallische Symbole. Man tritt ein, und . . . . .

C. (etwas unwillig): »in demselben Augenblick ging ein fürchterlicher, ein zärtlich gewaltiger Ton über ihren Häuptern durch die Luft. ‹Es ist nur die Geige des Prokopus›, sagte Ruprecht, ‹er grüßt Euch, Erlaucht : tretet nur ein in diese Stadt des alten Geschlechtes.›«

A.: Also eine ‹Stadt des Geschlechtes› liegt allhier ! Der ‹Rote Turm› des Prokopus – von ‹copuliren› – »steht wie ein Stift« –

B. (entgeistert): Meingott : ‹Stift : STIFTER› ! ? –

A. (ergänzend): . . . am stiftesten. Die bekannten verräterischen Worte & Silben=Einschleichlinge beginnen unauffällig herbeizuschlendern : »Brüstungen bauschten sich« – von ‹Brüste› und ‹Bauch› – »aus einem Schoße dichten Gebüsches« sieht es herüber, »ein edles Geschlecht von Säulen« : Alles wandelt sich ins ambi=busig omni=buschige; immerfort schwimmt es am hoch=sommerlichen Horizont wie von Beinen & Brüsten in Rosenglut ! STIFTER's Buchseiten sind Palimpseste, durchaus im polarisierten Licht zu lesen, und am ratsamsten mit dem ‹Schuh der Hände› anzufassen : oben, guterkennbare steifhosige Moralvorschriften; darunter, halbverwischt, ein recht munteres Loblied auf lauter rothaarige Aphroditigkeiten. All diese abnorm Mond=Gebundenen sind ja imgrunde heimliche Megalomanen & Busen=Erotiker.

B.: Wollen Sie damit behaupten, daß STIFTER sogar ein ganz wüster Sexualist gewesen sei ! ?

A. (tadelnd): ‹wüst› plus ‹Sexualist› ? : Sie, die Verlötung *dieser* beiden Begriffe lösen Sie doch möglichst wieder bei sich auf ! – *(mahnend):* wollen wenigstens *Wir* uns doch Mühe geben, menschlich zu sein; ob wir gleich ab & zu durch Wahrheit ein bißchen ärgern müssen. Die STIFTER=Fans sollten jedenfalls ihrem Gott danken, daß sich noch kein begabter Tiefenpsychologe über ihren ‹Schwarm› hergemacht hat : da möchten kuriose Sächelchen zum Vorschein kommen; ganze Perlenschnüre unbewußter Meineide.

B. (unbehaglich): Ich verstehe schon worauf Sie vermutlich hinaus wollen. Nämlich, daß zwar eine beträchtliche sexuelle Selbst=Disziplinierung selbstredend unbedingt=erforderlich ist, und sei es nur im Interesse der Erhaltung der menschlichen Gesellschaft, wie sie zur Zeit nun einmal gebaut ist; daß aber Diejenigen, die nun, wie eben leider STIFTER, gleich wieder soweit gehen, zu verfügen .....

C. (würdevoll & vernagelt): »Leidenschaft ist unsittlich.«

B. (fortfahrend): ..... und er meinte ja hauptsächlich die Sexualität damit – daß diejenigen ‹Milchbrüder› grundsätzlich von der rächenden ‹Antwort der Tiefe› gleichzeitig=immerfort ad absurdum geführt werden : ‹Naturam expellas furca –

A. (das Zitat aufnehmend): ... tamen usque recurret.› Sie hätten getrost noch weiter gehen, und hinzufügen dürfen, daß ich eben diese verklemmten Typen vom Schlage eines STIFTER – zumal wenn sie ins Stadium des Profetenzürnens geraten; sich selbst heilig sprechen, und bessere Leute als sie selbst sind, der Hölle zuzuweisen beginnen – daß ich solche Herren notorisch gern & schmunzelnd auf das ihnen gebührende Mittelmaß reduziere. In ihren literarischen Auswirkungen sind sie meist recht schädlich .....

B.: Wollen Sie *auch* anfangen zu verleumden ? Wieso gleich wieder ‹schädlich› ? Genügt nicht bemitleidenswert ?

A. (nachdenklich): Ich meinte es gar nicht böse – : ‹schädlich› insofern, als das Volk durch sie noch tiefer in Pseudo=Ideale von einer Unrealistik hinein=verführt wird, die dem Einzelnen das Zurechtfinden in der wirklichen Welt aufs unverantwortlichste erschwert. Also ich bleibe dabei : STIFTER ist *inhaltlich schädlich. Künstlerisch*, in seinen Romanen *unter Mittelmaß*. Als Mensch war er ein ganz=ganz armes Würstchen .....

B. (aufgebracht): Also ..... Es macht sich natürlich sehr effektvoll, diese Koppelung von Slang=Formeln mit unbekannten Größen : aber ist es noch redlich ? !

A.: Ich will mich gar nicht noch einmal auf das ‹jus talionis› berufen; aber *‹unredlich› war Herr STIFTER !* Was in seinem Fall nicht nur die Ober= beziehungsweise Unter=Töne seiner Texte ergeben, wenn man sie geschickt abklopft; sondern – er war ja auch Maler – seine Bilder : das Strichschema der meisten ergibt, daß es sich auch bei ihnen um nichts als hinausprojizierte, landschaftengroße Genitalien handelt. Aber das im einzelnen zu ventilieren, ist hier nicht das Forum. Leider.

B. (stirnrunzelnd): Ich werde das alles noch ausführlich überlegen, auch prüfen müssen – *(murmelnd):* äußerst merkwürdig ! – *(wieder laut):* Ja, und finden Sie denn gar keine ‹schönen Stellen› im Witiko ?

A.: Also das müßte schon ein sehr schlechter Kerl sein, dem auf

1200 Seiten nicht auch schöne Stellen unterliefen : gern rühme ich ‹Dinge› wie dies . . . .

C. (diesmal gut & mit Feuer lesend): »Sie zogen auf der Ebene hin; die Sonne schien schon tief aus Wolkenschleiern. Und da sie an das Ende der Ebene gekommen waren, ging sie unter. Nun fing wieder hoher Wald an, der sachte abwärts ging. Weil es in ihm dunkelte, stieg Witiko ab und führte sein Pferd hinter sich her. Nach 1 Stunde kamen sie auf eine freie Stelle. Sie hörten im Walde einen Ruf. Sie blieben stehen. Es war stille. Dann tönte wieder der Ruf. Sie blieben noch stehen. Die Stelle war sehr sonderbar. Es glänzte Wasser im Monde; es glänzte das Gras um das Wasser; und die Büsche daran glänzten auch. Aus ihnen ragten dunkle Giebel wie Dächer von Hütten empor; und oben war der Mond in gelblichen Wolken. Am Saume des Waldes standen 3 Gestalten, welche in weite Gewänder gehüllt waren, und die Gewänder auch über die Häupter gezogen hatten. Sie schienen Weiber zu sein. Es tönte wieder im Walde der Ruf; dann war es wieder stille. Dann tönte der Ruf noch einmal aber schwach; dann begann ein Gesang wie von vielen Stimmen. Der Gesang war ruhig und langsam. Er dauerte eine Weile. Dann war es stille. Dann begann der Gesang wieder. – *(halblaut):* ‹Das ist ein heidnisches Ding› . . . . .«

B. (herausfordernd): Ja, ist das nicht wunderschön ! ?

A. (ruhig): Ein ‹Wunder› nun eben nicht; aber ‹schön› ? : ja. Immerhin finden Sie solcher Stellen kein Dutzend : etwas wenig bei so viel Papier.

B. (läßt nicht locker): Warum befassen Sie sich denn aber dann überhaupt mit STIFTER ?

A.: Max STEFL, der Nestor der STIFTER=Kenner, hat es bezeugt . . . . .

C. (fest): Nachdem seit den 20=iger Jahren die beiden Romane durch Neuausgaben in den Gesichtskreis der literarischen Öffentlichkeit gerückt worden waren, entstand da & dort eine bedenkliche Neigung, diese großen Werke als den eigentlichen STIFTER einzuschätzen, und man betrachtete die Erzählungen als minder gewichtig. Das zwar zweifellos eine neue Einseitigkeit der gegenüber Hofmiller mit Recht betont hat : ‹Der *wesentliche* STIFTER – das, was sogleich hell anklingt, wenn man nur seinen Namen nennt – sind & bleiben doch die *‹Studien›*.«

A.: Was ich=für=mich noch *so* einengen möchte : STIFTER ? : das ist *mir* der ‹Narrenburg›=Komplex; an den ja vielleicht auch das zweite, durchaus dämonische Stück, der ‹Hagestolz› anzuschließen ist. – Im Lauf der Jahrzehnte wird es sich, ähnlich wie im Falle GOETHE, schon noch herumsprechen, daß der Akzent auf dem *jungen & mittleren* STIFTER liegt : Der war gar keine unebene Figur, und ein guter Meister zweiten Ranges ! Wogegen eine Vorliebe für ‹Nachsommer› und ‹Witiko›, diese sprachlichen Endmoränen mit höchstens ab & zu 1 kümmerlichen ‹Gartenflüchtling›, gar nichts Apartes oder Auszeichnendes ist; vielmehr ein Symptom der Schrumpfung im Humanen. Gern rühme ich die schüchtern=rosenrote Genitalität der Stud=Studien : das kann Einem noch im Traume einkommen !

B. (resümierend): Aber ‹Nachsommer & Witiko› nicht ?

A.: Nein. – Dergleichen gehört zu den unangenehmen ‹Alterswerken›. Denn wenn es überhaupt eine Wahrheit gibt, dann ist es diese, daß nur sentimentale Narren oder aber selbst=interessierte Alternde sich einbilden können, sie würden, wie Whisky, je älter desto besser. – Noch einmal : nein ! : die Zahl der unerläßlich zu lesenden Bücher ist inzwischen zu groß geworden, als daß man guten Gewissens den ‹Witiko› noch Jemandem, den man gern hat, empfehlen könnte. –

(Schlußgong)

ERSTVERÖFFENTLICHUNGEN

SAMUEL CHRISTIAN PAPE:
unter dem Titel *Der Letzte des Hainbundes,* Süddeutscher Rundfunk, 1. Programm,
18. April 1958, 22 h 30–23 h 30

BEGEGNUNG MIT FOUQUÉ:
in ‹Die Andere Zeitung›, 19. Februar 1959

FOUQUÉ, DER LETZTE RITTER:
Erstveröffentlichung

UNDINE:
unter dem Titel *Undine stammt aus Niedersachsen* in ‹Hannoversche Presse›,
1./2. Dezember 1956

ANACHRONISMUS ALS VOLLENDUNG:
Süddeutscher Rundfunk, 1. Programm,
2. Dezember 1955, 22 h 30–23 h 00

DER WALDBRAND ODER VOM GRINSEN DES WEISEN:
in *Belphegor.* Karlsruhe: Stahlberg 1961, S. 180–229

DER VOGELHÄNDLER VON IMST:
Südwestfunk, 2. Programm,
7. Februar 1974, 20 h 20–22 h 00

DIE HANDLUNGSREISENDEN:
in ‹Texte und Zeichen› 7,
1956, (2. Jg., 3. Heft) hrsg. v. Alfred Andersch, S. 296–299

DER SANFTE UNMENSCH:
Süddeutscher Rundfunk, 1. Programm,
21. November 1958, 22 h 30–24 h 00

... UND DANN DIE HERREN LEUTNANTS!:
Hessischer Rundfunk, 1. Programm,
3. August 1965, 22 h 20–23 h 20

Arno Schmidt

DAS ESSAYISTISCHE WERK ZUR DEUTSCHEN LITERATUR IN 4 BÄNDEN

SÄMTLICHE NACHTPROGRAMME UND AUFSÄTZE

BAND 4

EINE EDITION DER
ARNO SCHMIDT STIFTUNG
IM HAFFMANS VERLAG

ARNO SCHMIDT

Karl Ferdinand
GUTZKOW

—

Heinrich Albert
OPPERMANN

—

Theodor
FONTANE

—

Karl
MAY

—

Paul
SCHEERBART

—

Gustav
FRENSSEN

—

Gottfried
BENN

—

Ernst
KREUDER

—

Rudolf
KRÄMER-BADONI

—

Alfred
ANDERSCH

—

Arno
SCHMIDT

EDITORISCHE NOTIZ

Diese Lese-Ausgabe bietet gewissermaßen Arno Schmidts private deutsche Literaturgeschichte; sie bringt sämtliche Nachtprogramme und Aufsätze in chronologischer Folge nach den Lebensdaten der traktierten Autoren; mehrere Arbeiten über einen Autor sind so angeordnet, daß auf die Darstellung von Leben und Werk deren Deutung und Wirkung folgen.

Die Texte erscheinen – soweit bereits in Buchform vorliegend – als vollständiger, vereinheitlichter Neusatz nach den Ausgaben letzter Hand; alle Erstveröffentlichungen folgen Druckvorlagen aus dem Archiv der Arno Schmidt Stiftung. Eindeutige Druck- oder Tippfehler wurden korrigiert.

Nachweis der Erstveröffentlichungen am Schluß des Bandes.

KORREKTOREN WAREN
CHRISTIANE HEUWINKEL, ANDREA SCHOLZ
UND RUDI SCHWEIKERT.
TEXTREDAKTION VON
RUDI SCHWEIKERT.

1.–10. TAUSEND, HERBST 1988

UMSCHLAG, GESTALTUNG UND PRODUKTION:
URS JAKOB, HAFFMANS VERLAG AG, ZÜRICH
SATZ AUS DER BEMBO VON SATZCENTRUM JUNG, LAHNAU
HERSTELLUNG: BENZIGER, EINSIEDELN
ISBN 3 251 80050 7

Inhalt

KARL FERDINAND GUTZKOW

17. März 1811, Berlin – 16. Dezember 1878, Sachsenhausen bei Frankfurt a. M.

DER RITTER VOM GEIST

Sprecher (= 3 Männer):
A.: Berichterstatter; ältlich
B.: Zuhörer; Fragen & Einwände
C.: Zitate; (etwas hohe Stimme, wie Gutzkow selbst)

C. (eifrig): Mühelos will ich das *Glück* : nicht kann ich werben & schmeicheln / um ein ergiebiges Amt, Titel & Orden vollends. / Mühelos will ich *Gewinn* : nicht kann ich sparen, nicht schanzen; / Würfel gewinnt's & das Rad – Rad & der Würfel verspielt's. / Selbst in der *Liebe* verdrießt mich die Müh'. Am Fenster der Schönen / sang ich mein schmachtendes Lied, als ich bartlos noch war. / Jetzt, so geschwellt auch die Brust von Frauenbezauberung, dennoch / *kurz* ist mein werbendes Wort : ‹Darf ich dienen, so sprich !›. / – *(kleine Pause; dann, mit Nachdruck): Einem* nur kenn' ich Geduld & Schweiß & Sorge & Mühe; / müde das Auge am Tag, müde den Schlummer gebannt; / immer die Seele im Zwang, und unterworfen dem Willen; / Wasser gefüllt in ein Sieb, bergauf Räder gerollt – : / : wenn aus der Ahnung sich hebt – und formt – und gestaltet – : *Das Kunstwerk* !, / dessen gegipfelter Bau schwankt auf der zitternden Hand; / halb zur Vollendung gereift; in Trümmer sinkend; und wieder / aus dem verschütteten Sturz neu sich gestaltend erhebt ..... *(kleine Pause zum Verarbeiten).* –

B. (interessiert): Gar nicht übel – hübsch schroff – darf man fragen ... : ?

A. (halb wehmütig halb ironisch wiederholend): ‹Schroff›, jaja. – Wenn *Sie* jetzt wenigstens feinschmeckerisch gelächelt, und nickend den Namen hinterhergesagt hätten, ...

B. (abweisend): Ich hab' schließlich sofort gefragt. – Man kann nicht *Alles* kennen.

A. (kühl): ‹Alles› ? : davon hab'ich kein Wort gesagt. Aber so die rund=tausend guten Bücher des eigenen Volkes, *die* dürfte man getrost kennen. – Es ist eben wieder das Alte Lied : Er ‹euer Dichter›; Ihr ‹sein Volk›. Die Namen tokiotischer Springinsfelde wißt Ihr aus dem Herzen; und die der ‹Büblein auf dem Eis› ...

B. (ergeben=unterbrechend): Gut; nehm'ich's als 1 der Vergeltungen für mein neuliches Lachenmüssen, da *Sie* nicht wußten, wer ‹Brigitte Bardot› sei – gut. – Der betreffende Autor ist also ‹bekannt› ?

A.: Er war nicht nur gut; sondern auch sehr mar= & bekannt. So bekannt, daß sich in einem Florenzer Hotel diese Szene abspielen konnte : als der Oberkellner an die Gäste in der Halle die Morgenpost verteilte, fuhr der schmächtige, einst hellblond gewesene itzt graue, Mann mit dem ‹Henri Quatre› auf : !; und pfiff den arrogant Befrackten an :

C. (giftig): Ob wohl der Verfasser des ‹Grafen von Monte=Christo› bei Ihnen auch mit *(deutsch aussprechen):* ‹Herr Du=mass› angeredet würde ? Ich heiße nicht ‹Gutz=kóff›, sondern ‹Gútzko !›

B.: Nu schön; also Karl Gutzkow. – Aber, ich bitt' Sie : hatte der Mann das nötig, einen *Kellner* anzuschnarren ? War er denn derartig . . .

A. (einfallend): . . . ‹mit den Nerven runter›, ganz recht. Immerhin haben Sie bereits seinen Vornamen genannt : was wissen Sie *noch* von ihm ? Es würde mich interessieren; und sei es nur als Symptom, wie weit unsre Gebildeten . . .

B. (murmelt hinein ein): . . . Dank auch . . .

A. (amüsiert weiter): . . . noch unterrichtet sind von einem unsrer großen deutschen Schriftsteller. Bitte, konzentrieren Sie sich einmal in aller Schnelle : ‹GUTZKOW !› : was taucht auf ? –

B. (reserviert): Nichts. – *(kleine Pause; dann):* Also wenn Sie darauf bestehen : ‹Junges Deutschland› . . .

A.: Mhm.

B. (unsicher): Gutzkow . . . *(um Zeit zu gewinnen):* ich war, wie stets, auf Ausgefallenes gefaßt; aber . . . zitiert FREUD ihn nicht, ‹über das Unheimliche› ? . . . *(erleuchtet):* Halt ! – *(triumfierend): »Alles schon dagewesen« : BEN AKIBA !*

A.: Also immerhin ‹Uriel Acosta› : »Ich bin von Denen, die am Wege sterben« – übrigens nicht feinsinnig ‹am Wegrand›; sondern schlicht infolge allzulangen Gehenmüssens. – Und das wäre nun Alles ?

B. (etwas ärgerlich bestätigend): Alles.

A. (etwas besorgt): Dann dauert's lange heute. Dann müssen wir ganz von vorn anheben . . .

(ein nüchterner G o n g=Klacks)

A. (sachlich): Geboren 17. März 1811 zu Berlin.

B. (sich orientierend): Ah, Freiheitskriege. Und ‹Märker›, hm . . .

A. (horchend): Wieso ‹Hm› ?

B.: Naja; *mir* fällt bei ‹Berlin› & ‹Junges Deutschland› eigentlich immer so etwas Nicolaitisch=Rationalistisches ein.

A.: Das sollte Ihnen einerseits als ‹westliches Vorurteil› erscheinen; andererseits haben Sie, grad heut Abend, *mehr* Recht, als Ihnen noch lieb sein wird : ‹Deutschland› ist eins der kompliziertesten Objekte; und die ‹Gutzkowsche Lösung› . . . aber das kommt noch ausführlicher. Ist Ihnen noch nie aufgefallen, daß ‹Freiheit› und ‹Flachland› sich sehr gut vertragen ?

B. (erstaunt): Andreas Hofer ?

A. (ablehnend): Der=ausgerechnet kämpfte weit weniger für ‹Die Freiheit›, als vielmehr für die Erhaltung ihm & seinen Tirolern liebgewordener *Denkverbote,* inclusive seines ‹Guten Kaiser Franz› & des ‹Zauberers von Rom› . . . *(winzige Pause – : ? – nein; es erfolgt nichts; also weiter):* ‹reformiert› & ‹protestiert›, ja ‹48› sogar ‹revolutioniert›, hat im Heilig=Römischen Reich immer noch die Norddeutsche Tiefebene, wie ?

B. (unbehaglich): Ach; solche Betrachtungen sind doch ebenso unerquicklich wie unergiebig; unser Thema heut heißt lediglich . . .

A. (wissend nickend): Karl Gutzkow; eben=eben. / Einfachste Eltern : der Vater ‹Bereiter› – gehobener Pferdeknecht – beim preußischen Prinzen Wilhelm . . .

B. (ungeduldig): Ist der Name wirklich wichtig ? Ich habe im Leben noch mehr vor, als mir den Stammbaum des ‹Hauses Habsburg› einzuprägen.

A. (geduldig=verweisend): Wohl war auch jener Hohenzoller ein Pinsel; aber seine Gattin, Prinzessin Marianne von Hessen=Homburg, ist – nach dem Tode der unnütz=berühmten ‹Königin Luise› – 40 Jahre lang die ‹First Lady› Preußens gewesen; und hat durch ihre curiose Mentalität den unheilvollsten Einfluß geübt. Nicht nur auf König Friedrich Wilhelm den 4.; sondern auch auf unsres Gutzkow Elternhaus & Kindheit; auch tritt sie mehrfach=handlungsfördernd in 1 seiner 2 großen Bücher auf . . . :

C. (leicht ironisch): Die hohe Dame, aus Süddeutschland gebürtig, hätte am liebsten allezeit im Freien gelebt, unter dem blauen Himmelszelt, und wäre auf Wiesenteppichen durchs Leben gewandelt. Sie trat gern mit ‹werkthätiger Theilnahme› mitten ins Leben gewisser Armer; und suchte dabei für ‹christliche Wiedergeburt› zu wirken, die damals immer mehr im Preise stieg. – *(schärfer werdend):* Die Prinzessin hat viel zu verantworten, für die Zeit des preußischen Abwärtsgehens von den Bahnen des Lichts & des Fortschritts ! Solche hochgestellten Günstlinge des Glücks haben gut reden von ‹Wiedergeburt› : bei ihnen sorgt selbst für das Prinzip der ‹Entsagung› die Kunst, der Luxus. Die Großen haben leicht ausrufen : ‹Ich & mein Haus wollen dem HErrn dienen !› : der HErr schmückt ihnen sogleich ihr Haus mit Kruzifixen von Silber, Breviarien mit Miniaturen, Bibeln mit echten Handzeichnungen, bunten Fensterscheiben, geschnitzten Betschemeln aus Jakaranda=Holz; Sammetpolster erleichtern das Knien, Fransen spielen um die zum Beten gekreuzten Hände . . .

A. (einfallend): Zurück zu Gutzkow's Eltern : seine Mutter, Sophia geborene Berg – das älteste von 18 Kindern eines halbwendischen Zukkerbäckers – konnte mit Mühe lesen=buchstabieren, schreiben gar nicht – »sie konnte in aller Gelassenheit fragen : ob in Wien auch eine ‹Spree› sei ?«

B.: Ist dergleichen nicht einerseits rührend ?

A. (reserviert): Für den ‹Betroffenen› vermutlich weniger – es ist schwer zu entscheiden. Andrerseits ist die Situation eines knospenden Genius, in einer Umgebung ohne jeglichen Geist= & Welterweiterungs= Trieb, ausgesprochen unbeneidenswert; zumal dann, seitens solcher Eltern, *fast nie* Verdächtigungen, ja glatte Beschimpfungen, gekoppelt mit geistigen Vergewaltigungen der eigenen Kinder, auszubleiben pflegen.

B. (behutsam dämpfend): Das hören Eltern aber *gar nicht* gern. – Haben Sie nicht ein paar hübsche Momentaufnahmen aus Gutzkow's Kindheit ?

C. (sinnend): Noch steht das Bild der Rückkehr aus Frankreich dem Erzähler vor Augen. / Die Weiber gingen ihren Männern entgegen, schon bis zum halben Wege von Potsdam. Hinter Steglitz umarmten sie die Langentbehrten, endlich im Staub erkennbaren. Aber wie sind sie verändert : die wilden Bärte reiben Einen ja fast wund ! Und die Worte, was die neu sind. Die Fragen wie so zerstreut, so fremdartig & so vergeßlich sie klingen ! : »Das Pferd da, Sophie ?; das hab' ich erbeutet, aber ich verkauf' es – die Juden in Magdeburg haben schon 60 Thaler geboten. Der Stallmeister gibt 70. – Da : 3 Uhren ! 1 für'n Bruder; 1 für'n Vetter; 1 für den Ältesten, zur Einsegnung : lauter echte Breguets ! – Hier, Tücher : Lyoner seid'ne Tücher; nicht viel, nur um die Mode zu zeigen. 1 Ring – na, später sag'ich's, von wessen Hand; nimm ihn nur : die Kosacken verkauften Alles um ein paar Gläser Branntwein. – Was könnt'ich nicht alles erzählen ! – Im Mantelsack liegen auch ein paar Thaler, ja.«

A. (einschaltend): Landsknechtsanschauungen, wie sie auch heut noch ‹im Volk› bezüglich ‹Kriegsbeute› überall herrschen. Und die ‹Besseren Hälften› sind wie immer die schlimmeren . . .

C. (entrüstet): »Und das ist«, fragte die ihr Eherecht schon wieder Fühlende, auf dem Wege, bereits bei Schöneberg, »die ganze Bescheerung ? Das ist Alles ? ! – Da sind doch Andre, die auch zurückgekommen sind :

was haben Die nicht mitgebracht ! Wahrhaftig mehr als 1 Tabakspfeife mit silbernem Beschlag; mehr als pariser Seife; oder die Spieldose da mit der Mode=Arie des Tages, ‹Ich war Jüngling noch an Jahren› : lauter unnütze & verschwenderische Dinge das !«. *(nüchtern):* Und nun zeigt sich auch sofort, daß die Haupterrungenschaft der Krieger – ihre wahre gemachte Campagnebeute – Mißmut, Zorn, überspannte Fantasie, tolle Lebenslust sind, und ein überraschender Reichtum von neuen, bisher unerhörten, sackermenter'schen ‹Bougre›=Flüchen & Kreuzhimmelherrgottsverwünschungen über die ‹Stubenhocker›, die ‹Schleicher›, und die nimmersatte Habgier & Putzsucht der respectiven Ehehälften.

B. (verdachtsvoll): Gutzkow war kein Freund vom ‹Militär› ?

A. (achselzuckend): Ich denke deswegen nicht schlechter von ihm. Sein älterer Bruder – es waren im ganzen 5 Kinder da; von denen 2 früh starben – war Artillerie=Unt'roffzier; und der kleine Karl hat ihn oft in der Kaserne besucht . . .

C.: Unten im Hofe, meist abgeprotzt, standen die Kanonen. Stundenlanges Bewundern des ‹Man so tuns› im Richten Auswischen Laden Zünden. Bewundern der ‹Donnerwetter !› die dabei mit Stentorstimme von den Unt'roffzieren geschnarrt wurden & desto lauter, je näher die Offiziere standen. – / *(sehr kritisch):* Dies Kasernenleben erzeugt in seinen Teilnehmern eine Gemeinschaftlichkeit der Stimmung, die auf den Geist schließen läßt, dessen Offenbarungen wir in unserer Prätorianerzeit ja kennen gelernt haben : der ‹Gemeine› blickt auf den Sergeanten; der Sergeant auf den Leutnant; der Leutnant auf den Hauptmann; der Hauptmann auf den Major undsoweiter. Die laufende Chronik des Appells, der Wache, des Exercirens, der Parade, des ‹Antreten zum Kirchenbesuch›, des Manövers, der Revision der Armatur & Kleidungsstücke, die Ankunft von Rekruten, das Avancement : das erfüllt hundert=Tausende Seelen, wie die alleinigen Fragen der Welt & des ganzen Lebens ! Bewunderer unseres wieder eisern gewordenen Zeitalters . . .

A. (flink hinein): . . . Sie sehen : Ben Akiba hat wieder Recht . . .

C. (fortfahrend): . . . finden darin ein großes Erziehungsmoment unseres Volkes; eine Rückwirkung solcher Regelmäßigkeit auf die Sitten des Lebens. – *(etwas leiser):* Andere=dagegen wollen finden, daß sich mit diesem Formalismus, die Liebe zu Müßiggang & Verantwortungsscheu einstellen; und das Verlernen der Handgriffe & Fertigkeiten, die doch wieder zum späteren Erwerb dienen sollen – *die nachgerade für die Gesellschaft bis zum Unerträglichen gesteigerte ‹Arbeiterfrage› hängt mit der allgemeinen Wehrpflicht mehr zusammen, als man bisher dargestellt hat.*

A.: In Gutzkow's ‹Neuen Serapionsbrüdern› spricht sich ein Fabrikbesitzer – also ein direkt=Betroffener – noch wesentlich deutlicher aus, über jene Sorte Helden, die den Hungertod fürchten müssen, wenn das Wort ‹Neutralisierung› fällt.

B. (bedeutsam): Ist das nicht etwas *zu* scharf?

A.: Ich sehe das Bild noch vor mir : wie im Lager Luthe bei Hannover – ich war Dolmetscher – ein beneidenswert in die Freiheit entlassener Berufsoffizier nach 8 Tagen wieder vor'm Stacheldraht stand : man möge ihn doch erneut als Kriegsgefangenen aufnehmen; er finde sich ‹draußen› nicht zurecht!

B. (einem Urteil ausweichend): Ist Gutzkow selbst Soldat gewesen?

A.: Nein; er war etwas schwächlich. / Aber wir haben vorgegriffen. Erst muß er ja noch in die Schule, und stößt mit Händen & Füßen um sich : ‹Er *wisse* doch noch gar nichts; er *könne* nicht in die Schule!›

B.: Lustig. Hat wohl gedacht : an der Stätte der *Weis*heit müsse man was *wissen*.

A.: 1 der merkwürdig=nachwirkenden Lebensereignisse erfolgt am 29. Juli 1817 . . . :

C. (eifrig): . . . der Brand des Schauspielhauses! Der schwarze, von den ‹Linden› abwärts wallende, den ganzen Himmel verdüsternde Rauch, der tagelang nicht weichen wollte. Das war ein Trommeln Blasen Fahren Lärmen Sturmläuten! Und diese Flammen, diese knisternden 1000 Funken, diese verwehten angebrannten Papierstreifen : Ifflands alte Rollen, Kotzebues beliebteste Stücke, alle herumfahrend in der Luft! Zindelschnitzelchen . . .

B. (schnell): . . . ein hübsches Wort! . . .

C. (fortfahrend): . . . Zindelschnitzelchen, die der Knabe weitweit vom Schauplatz des Brandes entfernt, glitzernd auf dem Boden fand; Atome der ihm noch unbekannten ‹wirklichen› Bühne, Wunder des Geheimnisses! So ausgestreut & verzettelt, über alle Straßen, im Tageslicht! –

A. (ehrerbietig): Und aus einem Fenster am Gendarmenmarkt sieht, flammenangeleuchtet, ein mageres Gesicht dem Salamander=Schauspiel zu : der Kammergerichtsrat ETA HOFFMANN, dessen Oper ‹Undine› 2 Tage zuvor, die letzte=große Aufführung gewesen war. – Und genau= dies ergibt gleich wieder die nächste – ja, ‹Differenz› würde einem so fundamentalen Zerwürfnis nicht gerecht – : als der Gymnasiast Gutzkow dann, klopfenden Herzens, gehen will, die ‹Iphigenie› zu sehen oder den ‹Freischütz›, oder Raimund=selbst in seinem eigenen ‹Menschenfeind› – da wird so eine nächste Wirkung der ‹Hohen Herrin›, Prinzeß Marianne, offenbar . . . :

C. (nimmt bitter auf): ... für den Erzähler dieser Erinnerungen existierte leider diese Kunstsphäre nicht. Sein pietistischer Vater sprach die Verdammungsurteile über ‹Theater› in immer heftiger werdenden Ausdrücken aus; so daß die Frage, ‹ob die Mittel zum Besuch vorhanden wären ?›, nicht erst nötig hatte, aufgeworfen zu werden. : »Unser Heiland hat nichts vom Theater gelehrt ! Die werden's schon einst am Jüngsten Tage spüren, ob sie lieber in's Komödienhaus gegangen sind, oder in die Kirche !«

A. (halblaut einschaltend): Dies der Segen, über Gutzkow gesprochen, wenn er *ging* – dem dann, wenn er *kam* ...

C. (wieder aufnehmend): ... bald nach 10 Uhr, wo die Haustür geschlossen wurde, die Erklärung des Vaters, der jene erst zu öffnen hatte, folgte : »An Dir wird Satan seine Freude haben ! *Du* gehst den graden Weg zur Hölle ! !«

B. (mitleidig): Das ist nun natürlich *nicht* mehr ‹rührend›. – Tz : dann wundern sich ‹Eltern› womöglich noch, daß ihr Kind ihnen SHAKESPEARE & CERVANTES vorzieht. – *(fragend):* Aber wieso kam er denn überhaupt ins Theater ?

A.: Ja, das ist auch so eine rechte ‹Curiosity of Literature›. – Der Freischüler am ‹Werderschen Gymnasium› ...

B. (unterbrechend): ... ach : wo auch TIECK seinerzeit ... ?

A. (nickend): Ganz recht. – Gutzkow also war, wie Jungen pflegen, unwiderstehlich angesteckt von ‹Vater Jahn›. Und die Ermordung Kotzebue's schien ihm nicht nur untadelig; sondern ...

C. (munter): Hatte schon die Hinrichtung Ludwig Sand's den Grund zu einer Lebensanschauung gelegt, die mit wohlgemuther Ergebung auf eine Laufbahn der Märtyrerschaft hinausgehen wollte; hatte der Knabe in seiner Kammer – wie oft ! – die Situation nachgeahmt : sich auf einen Stuhl zu setzen; den Hals zu entblößen; und den tödtlichen Streich zu empfangen, grade wie auf dem Wiesenrain bei Mannheim; so wurden die Wirrsale des Kopfes immer heißer & bedenklicher.

A. (behaglich): Der Herr Vater wettert gegen den Sohn freilich gleich wieder mit weitmäuligstem Geschütz los : »Turner Demagoge Literat Gottesleugner !«

B. (kopfschüttelnd): Verständnislos. – Aber wann kommt Ihr Clou mit den Theaterbillets ?

A.: Hier ist er. – : Der bestgehaßte Mann der damaligen Preußischen Regierung, dessen Bücher beim ‹Wartburgfest› mit verbrannt wurden; der auch in der Literatur jener Tage baß herumspukt – am herrlichsten in HOFFMANN's ‹Meister Floh›, als ‹Knarrpanti› ...

B. (angeregt unterbrechend): Ach, da weiß ich's : der Demagogenschnüffler Kamptz!

A. (nachdenklich): Ich mag ihn *auch* nicht. Und dennoch : nehmen Sie das, was jetzt folgt, zum Gesamtbild des Mannes immer mit hinzu ... :

C. (betroffen): Seltsam ! – Ein Zufall hatte mich diesem gefürchteten Präsidenten der Untersuchungskommission, diesem in unsern Geschichtsbüchern – ich darf mich des Ausdrucks bedienen – ‹gebrandmarkten !› Staatsmann; dem vortragenden & dirigierenden Rat zweier Ministerien, des der Justiz & des für den Kultus, persönlich bekannt gemacht. Oft bin ich mit diesem Mann des Schreckens, den die Geschichte des deutschen öffentlichen Geistes für immer zu den ‹Toten› geworfen hat, durch die Straßen Berlin's geschlendert, um ihn bis ins Schloß zu begleiten, wenn er in den Staatsrat ging : diese Ehre wurde einem *Sekundaner* zuteil, der neben ihm schritt, mit umgeschlagenem Hemdkragen & ohne 1 Spur von Handschuhen. Ich ging schon damals mit vollkommen gebrochenem Herzen neben Sr. Exzellenz; und seufzte schwer auf : wie ich 16=jähriger Bursch in so viel Versuchung hätte geraten müssen, den Mann, den mich alles, was ich schon vom öffentlichen Leben Deutschlands erfahren hatte, zu *hassen* aufforderte, lediglich *lieben & schätzen* zu sollen ! Denn, wenn Ihr Großen Gelehrten Deutschlands, Eure neuesten Werke, in Goldschnitt & mit gepreßtem Ledereinband einschicktet ...

B. (konsterniert): ... der Zensur ! ? ...

C. (fortfahrend): ... so kamen sie, mit noch zusammenklebendem Goldschnitt, m i r zuhanden. Durften mir auch nicht selten ganz verbleiben; und machten mich, schon als Gymnasiasten, zum Besitzer einer Bibliothek, um die mich ein Privatdozent hätte beneiden dürfen ! – Dieser, in 100 Liedern & Büchern verwünschte Karl Albert Christoph Heinrich von Kamptz, konnte ein gemütvoll herablassender Mann sein; und Dem, dem er wohlwollte, die freundlichsten Dinge sagen – oder, richtiger, stottern : denn der Große Gegner des konstitutionellen Systems & der parlamentarischen Rednerbühne stotterte !

B. (verständnisvoll, zwischen den Zähnen): Ah : Freud : ‹Schuldbewußtsein› !

C. (weiter): Diesen meinen Sekundaner= & Primaner=Spaziergängen mit einem Manne, den ich zugleich hassen & lieben mußte, verdanke ich vielleicht eine frühe Anlernung zum Betrachten aller Dinge von 2 Seiten. – Und hatte ich der Excellenz nicht sogar einen wahren Zauberabend zu danken ? ! Ein Sohn des Königs vermählte sich ...

A. (schnell): Sehen Sie : das ermöglicht die genaue Datierung : es war am 26. Mai 1827 ...

C. (fortfahrend): Im Opernhaus gab es Große Redoute. Die Karten waren nur durch ganz besondre Gunst zu erlangen. Was geschah mir da ? – : *Der Großinquisitor schickte mir 1 solche Karte !* Mit der hinzugefügten Weisung – *(etwas schnarren):* ‹Richten Sie aber Ihre Toilette hofmäßig ein.› –

B. (zweifelnd): Ein großes Wort : Einem Sekundaner gegenüber.

C. (heiter fortfahrend): Und so sei es denn künftigen Geschichtsschreibern zu beachten empfohlen : Kamptz schickte einem Gymnasiasten ein Redoutenbillet : *eingewickelt in einen 50=Thaler=Schein . . .*

A. (halblaut umrechnend): . . . nach heutiger Michel=Mark rund 800 . . .

C. (weiter): . . . und – steinigt mich, ihr Catonen von 16, ihr Brutusse Ohnebart : ich habe diese Banknote nicht zerrissen; habe sie nicht dem Absender vor die Füße geworfen; sondern ich kaufte mir wirklich dafür Schuhestrümpfekrawattehandschuh; mietete mir einen Wagen; und half die Hochzeit eines Prinzen mit einer Prinzessin aus dem Hause Weimar mit=feiern & =verherrlichen nach Kräften. *Ich genoß den ersten Zauberabend meines Lebens !* Vertilgte am Büfett, *wo die Diener eines Königs meinen Winken gehorchen mußten !,* eine Menge mir bisher absolut unbekannt gewesener Backwerke & Getränke. Und sog eine solche Fülle von Licht Glanz Schönheit, von reizendsten Toiletten, prachtvollsten Uniformen ein, daß diese Bilder mir wochenlang nicht mehr vom Auge zu bannen waren.

B. (tiefatmend): Demnach hätte der Mann die Deutsche Literatur ja aber zuweilen sogar *gefördert ! ?* Was man nicht Alles erfährt. – Zweierlei Fragen ? – *(Da A. stumm einzuwilligen scheint):* Einmal seine Lieblingslektüre als Jüngling; das ist ja immer=wichtig.

A. (knapp): Auf 2 Namen reduziert : JEAN PAUL. Und SCOTT.

B. (angeregt): Ach. – ‹Quentin Durward› & ‹Das Herz von Mid=Lothian›; ‹Waverley› und ‹Norna von Fitful=Head› ?

A. (anerkennend): Also jetzt aber mindestens ‹1 Platz rauf› !

B. (sinnend): Und dazu dann JEAN PAUL FRIEDRICH RICHTER : ‹Titan Liane Roquairol›. – mHm. / Ja aber nun Frage 2 : wie steht's mit der ‹Jugendliebe› ? Oder weiß man das nicht ?

C. (antwortet von selber): Der Knabe empfand 2 Neigungen zu gleicher Zeit – ein Fall, der seinem Doppelleben entsprach. Die ‹Liebe in der Armut› galt der Tochter jenes Selbstmörders in der Sattelkammer . . .

A. (wie zum Hörer=Leser hin): . . . Sie entschuldigen, daß bei so relativ=knapper Zeit, die Struktur eines Referats löchrig wirken *muß :* man *kann* ein Leben von 65 Jahren & ein Werk von 30.000 Seiten an 1=armen=Abend nur behelfsmäßig schildern . . .

C. (sich weiter erinnernd): ... die ‹Liebe im Reichtum› war ein lebhaftes witziges ausgelassenes Mädchen, eines ‹Rates› Tochter – *(selbst=betroffen): beide Fantasien ähnelten sich zum Verwechseln !* – Sie wurden mit demselben Herzen, demselben Munde durchlebt. Die eine auf den dunklen Schleichwegen des Akademischen Turms & im Wiesengras der Alltagswelt – die Andere, sonntäglich, auf dem Teppich ihres väterlichen Salons. Beide hatten dasselbe krause schwarz=weiche Haar; Beide kurzgeschnitt'ne sogenannte ‹Schwedenköpfe›; Beide feurige braune Augen; Beide dieselben weißen Zähne, dieselben kleinen Stumpfnäschen; Beide waren behend wie Gazellen; älter als der Knabe, der auch in beiden Körpern nur 1=&=dieselbe Seele liebte.

B.: Dergleichen ist natürlich ‹fatidik›. – Ja und ? ...

C. (fortfahrend): Und diese Neigungen – die eben nur Gefühle waren; ausdruckslose Stimmungen – *wurden erwidert !* Von beiden Wesen fand sich der Knabe bevorzugt – *(nüchtern):* Wie Mann eben von Frauen bevorzugt wird : zum Necken; zum Gehänseltwerden. Was ist den Frauen Männerliebe ? : Dienen & Apportieren. – Und darum schwärmte der Knabe auch mit der Tochter des Erhenkten unter den Sternen; und mit der Tochter des Rats unter den duftenden Zimmerblumen. –

B. (vorsichtig): Siehe da, die ‹Kindsbräute›. – War sein Kismet etwa seitdem der ‹Mann zwischen 2 Frauen› ?

A.: Nur zu sehr. Er hat, später=dann, immer geschwankt. Ob zwischen Rosalie Scheidmantel & Leopoldine Spohn, der ‹Seraphine›; oder Amalie Klönne, der ‹Angetrauten› und einer ‹Therese›. – Immerhin ist es in unsrer=häutigen ‹nabelfreien› Zeit irgendwie ‹rührend› zu hören : *diese Erregung,* wenn er einmal ein paar Zentimeter Frauenfleisch zu sehen bekam ...

C.: Die Russen sollen ein Wort für die ersten Liebesschauer der Jugend haben : ‹Sasnoba›. Gewiß ist damit, beim Anblick seiner Schönen, Gesichtskrampf, Stocken der Redewerkzeuge, das Gefühl urplötzlicher Verdummung verbunden. : ‹Schneid doch nich so schreckliche Gesichter !›, hatte die Hofratstochter von früher gesagt, als ich eines Tages einen Rückfall in Sasnoba bekam, weil ich sie auf der Hochzeit der Schwester mit *entblößten Armen* erscheinen sah ! Damals trat, unter unbestimmter Angabe ihrer Familienstellung, auch 1 junge Dame auf – nicht nur von blendender Schönheit; sondern auch in einem Kostüm, wie dem Jüngling dergleichen nur vom Theater her bekannt war : aus einem Garten unter ein Rebdach schlüpfend, einen Korb voller Äpfel Birnen & Trauben unter dem halbnackten=bräunlichen Arm – mir erschien die, ausnehmend wohlwollende Dame, die nur zu bald im Hause wieder verschwand, wie eine vom Fest des Dionysos verirrte Bacchantin.

B.: Schön; aber fast zu viel. Und die Zeit schwindet. – Gutzkow macht also sein ‹Abitur› . . . ?

A.: Ja. Und der erste Schritt des Studenten besteht darin : von den Eltern, zu denen das Verhältnis platterdings unerträglich geworden ist, wegzuziehen ! Er ernährt sich mühsam durch ‹Stunden=Geben›.

B.: Was studiert er denn nun ?

A.: Vielerlei; wie sich's ziemt. ‹Juristerei & Leiderauchtheologie›; vor allem Deutsche Literatur. Er dissertiert mit einer Abhandlung ‹Über die Schicksalsgottheiten der Alten› . . .

B.: Waren unter seinen Lehrern bekannte Namen ?

A.: Das kommt auf den Umfang der ‹Bekanntheit› an. Es waren schon ‹Namen› darunter; ob Berlin ob Heidelberg ob München : Schleiermacher; Lachmann, der Mittelhochdeutsche, oder Friedrich von der Hagen, dem Gutzkow 1 Handschrift des ‹Jüngeren Titurel› gratis kopiert hat – was immerhin 1 der schönsten Szenen dann in der ‹Wally› ergab : wie Sigune, um ihren Jugendliebsten Schionatulander gegen fremde Liebe zu feien, sich ihm – aber nun wirklich ‹tauig=keusch›; bibbernd & blushing ! – 5 *Sekunden lang nackt zeigt :* es gibt kaum etwas Netteres & Züchtigeres in all=unsrer Literatur !

B. (aufmerksam): Und ?

A. (trocken): . . . und Gutzkow hat dann, 4 Monate lang, in Mannheim als ‹Pornograf & Gotteslästerer› dafür *sitzen* müssen ! – Es war nämlich gerade eine jener in Deutschland anscheinend unvermeidlichen periodischen Kulturschweinereien erfolgt : jener berüchtigte ‹Bundestagsbeschluß› . . .

B. (erschöpft murmelnd): . . . Bu – – Meingott : »Alles schon da gewesen !«

A. (unerschütterlich fortfahrend): . . . vom 10. Dezember 1835; in dem einer ganzen literarischen Richtung, offiziell & pauschal, der Gar=aus gemacht werden sollte. – Und wenn das, selbstverständlich, auch *nicht* gelang – denn ‹was bleibt› stiften erfreulicherweise immer noch die Dichter !; nicht Politiker oder Generäle ! – das bürgerliche Leben ihnen so recht gehässig=con=amore zu erschweren : das schaffte man mit GOttes & einiger Richter Hülfe durchaus !

B. (seufzend): Ach es ist so peinlich : dies grundsätzliche ‹Versagen› des gesamten Vaterlandes – ob Regierende; ob Arbeiter & Bauern – gegenüber dem Schriftsteller ! Wenn man sich heute vorstellt, daß HEINRICH HEINE, so ganz simpel ‹verboten› werden konnte . . .

A.: Ja; was werden dereinst unsre Zeitgenossen im Grabe rotieren müssen, wenn es ein Literatur=Kinsey 'mal aussprechen wird : ‹In Deutschland gab es nur 1 Auszeichnung für einen Schriftsteller : von den Behörden verfolgt zu sein›. Es war nicht nur Heine=allein; sondern eine ganze Gruppe : Laube & Börne; Mundt & Wienbarg & Kühne – und eben, vor Allen, Karl Gutzkow ! – *(boshaft & amüsiert):* Nicht nur all=Deren *bisherige* Werke wurden in Deutschland verboten; sondern auch ihre künftigen ! Und da sagt man unsern Behörden womöglich noch Humorlosigkeit nach. – *(sachlich):* Übrigens hat sich als der auf lange Sicht ‹gefährlichste Mann› mit nichten Harry Heine erwiesen; sondern einwandfrei Gutzkow, der den größeren ‹Tiefgang› besaß – im neuen 8=bändigen DDR=Lexikon heißt es nicht umsonst von ihm, daß er »den meisten Charakter« bewahrt habe.

B. (mit Zurückhaltung): Was immer noch zu beweisen ist. Bitte, weiter.

A.: Er war, wie jeder gute Primaner, der im Deutschen Aufsatz eine Eins zu schreiben pflegt, in die Literatur hineingeschlittert – sofort mit einer eigenen Zeitschrift, ‹Forum›, : *70 Abonnenten*; die heute zu den rarsten Gutzkow=iana zählt. Dann durch Anschluß an den damals berüchtigtsten Kritiker, an Wolfgang Menzel . . .

B. (unterbricht): Den Heine'schen ‹Denunzianten› ?!

A.: Ja; ein energischer Dunkelmann. Aber von einer dämonischen Belesenheit, die seine 3=bändige ‹Deutsche Dichtung› wichtig macht; einmal, weil er von jedem Buch kurz den Inhalt angibt, mit den Namen der Hauptpersonen – ein Vorläufer des ‹Oxford Companion› – und dann, weil seine Urteile so verläßlich=falsch sind, daß man jedwedes von ihm verketzerte Buch noch heute mit Genuß lesen wird. Bei dem also dient Gutzkow als Adjutant, das heißt verreißt wacker Bücher mit – Menzel lobt dafür Gutzkow's erste kleine Romane : ‹Maha Guru›, und die ‹Briefe eines Narren an eine Närrin›. Bis dann eben, ob erwähnter ‹Wally, die Zweiflerin› der vorauszusehende Bruch erfolgt : das erwähnte liebliche & rührend=ernste ‹strip›=Scenchen; umrankt von Wendungen wie : »Ach, hätte die Welt nie von GOtt gewußt, sie würde glücklicher sein.«, brachten Menzel derartig auf, daß er in 2 unglaublichen Kritiken »Sturm läutete«, und »alle guten Patrioten allarmierte« gegen »die französische Affenschande, die hier mit ihrem Bordell=Gift durch die Schriften von Hurern & Buben den deutschen Volkskörper verseuchen wolle !«. Die bekannte Methode der ‹herausgebrochenen Zitate›, vereint mit Entstellungen, Verdrehungen, persönlichen Verdächtigungen & Beleidigungen. – *(mit Entschiedenheit):* Wenn man heute diese beiden Nummern, 93 & 94 des ‹Literaturblatts› unvoreingenommen nachliest, kann das Ergebnis nur lauten : eine öffentliche Aufforderung an die Staatsanwaltschaften, einzugreifen; formuliert von einem zu eigenen Schöpfungen unfähigen, also künstlerisch=impotenten, dabei ebenso verbissenen wie beschränkten Christen.

B. *(unbehaglich mahnend):* Müssen Sie – jetzt & hier – solche Wendungen gebrauchen ?

A.: Erste Gegenfrage : welche hat denn Menzel gebraucht ! ? / Zweitens : da es uns auch heute, immer noch, an einem Gesetz fehlt, das ‹Atheisten=Lästerung› bestrafte, bleibt in solchen Fällen nur die Selbsthülfe : und Gutzkow's größtes Werk hat genau diesen Handschuh, und aufs herrlichste, aufgenommen – nun; das kommt noch ausführlich. / Und endlich drittens : vielleicht stellen Sie sich auch 'mal einen best=begabten jungen Schriftsteller, *weil er ein gutes Buch geliefert hat, monatelang im Kerker* vor . . . :

C. *(leidenschaftlich):* . . . Ich hab' in meiner Jugend nichts gehört, als ‹Königliche Hoheit›, ‹Königliche Majestät›, ‹Herr Geheimer Rat›, ‹Excellenz› ! Ich bin der Sohn eines Mannes, der jedem seiner Vorgesetzten mit Wonne den ihm nach dem Staatsadreßbuche gebührenden Titel möglichst oft gab, und der seine Kinder früh zu derselben Unterwürfigkeit erzog. Die ganze Spießbürgerlichkeit meiner Familie drang täg=lich fragend zweifelnd, und mein ‹amtloses› Treiben, meine ‹anstellungsfeindlichen Gesinnungen› bekopfschüttelnd, auf mich ein; und ich mußte mich daran gewöhnen, diesen Jammer für die Zugabe meines bißchen täglichen Brotes zu halten. – Denn ich ? : ich las !; ich forschte; mein Geist lechzte nach Freiheit : ich sprengte die Fesseln, und werde, da ich einmal knechtisch erzogen bin, ewig hassen, was vornehm ist ! – Ich konnte stolz mein Haupt erheben, denn Alles gelang mir; nur die heimischen Verhältnisse drohten mich zu ersticken – ich floh vor ihnen. – *(beschwörend): Ich war doch nie Egoist !* Ich schuf doch nur um zu wirken ! – *(niedergeschlagen):* Mich versteht Niemand. Alle, die in meine Knaben= & Jünglingserinnerungen verflochten sind, rennen der Krippe des Staates zu. Jedes Wort, das ich höre, ist knapp kurz zugemessen, so ganz in der herzlosen Art, die man ‹preußisch› nennt. *(wieder erregt):* Meine Bücher existieren nicht ! Selbst bei Denen nicht, denen ich sie in die Hand gab. – *(verzweifelt): Ich werde verwildern ! Ja, schon hass'ich die Bildung, der ich mein Denken verdanke ! . . .*

A. *(nicht laut, aber sehr eindringlich):* Das sind so einige ‹De Profundis›=Pröbchen, aus Gutzkow's ‹Kerkertagebuch› – *(satirisch):* ‹Immer haben Wir eine Liebe zu Dir gekannt› – : als er aus der Zelle kam, *erkannte* seine Verlobte den hageren vergrämten Mann nicht; und als sie ihn erkannte, lief sie vor Schreck ob des Anblicks buchstäblich aus der Tür. – *(ernst & höflich):* fällt Ihnen noch etwas ein, warum Gutzkow eine sonderbar=große Zuneigung zu Deutschland hätte hegen sollen ? –

B.: Am Schluß sag' ich's vielleicht. Erst muß ich noch mehr wissen.

A.: Also Gutzkow heiratet – Amalie, geborne Klönne; hat 3 Kinder mit ihr – zieht ständig um : auch das anscheinend so ein Dichter=Kismet. / In Hamburg erfolgt 1 der schön=seltenen Erlebnisse : die Bekanntschaft mit Karl IMMERMANN . . . :

C. (in angenehme Erinnerungen versunken): Spät in der Nacht trennte sich die Gesellschaft. – Der Mond war aufgegangen; das Laub der entblätterten Bäume raschelte im kühlen Nachtwind; magische Lichter blitzten über die sanftgeschaukelte Wogenmasse des Alsterbassins; die Pyramide des Petriturms ragte geisterhaft in den glänzenden Sternenhimmel – rings alles still & bezaubernd : denn man muß wissen, daß in Hamburg die Nächte schöner als die Tage sind. / Wir wollten uns noch nicht trennen, und wandelten die entlaubten Alleen auf & ab; und man hörte nur das nachhallende Echo unserer Schritte in den einsamen Straßen. »Ich bin gezwungen« sagte er, »den merkwürdigen Umschwung der neuern Ideen anzuerkennen; und so, kann ich Ihnen sagen, beschäftigt mich gerade nichts so sehr, als das verpönte Gebiet, auf dem sich die neuere Literatur bei uns bewegt. Es ist meine Absicht, selbst an diesen Diskussionen teilzunehmen; mag man auch die Autoren, die sich darauf einlassen, mit dem Namen des ‹Jungen Deutschland› bezeichnen.« Besonders, gestand er, rege ihn in den neueren Versuchen Alles an, was die Natur & die Bestimmung des Weibes beträfe. / . . . / Es war nahe an 1 Uhr. Der Mond schien nicht mehr so hell, trübe Wolken verschleierten ihn; die Alster war in feine Nebel gehüllt. Wir nahmen Abschied ohne Szene. Wir dankten nicht für wechselseitige Aufmerksamkeit. Wohl aber blieb die Hand des Jüngern länger in der Hand des Älteren, als bei der Bewillkommnung am Tage vorher : 1 warmer Druck. 1 letztes Begegnen des Auges. 1 scharfer Ostwind. Der grelle Schrei des Wächters vom Petriturm – *(monoton ausrufend):* »Ein Uuuhhhr !«. – *(normal=sachlich):* »Auf Wiedersehen denn.«

B. (in Gedanken): Demnach müßte man Immermann ja eigentlich auch noch zum ‹Jungen Deutschland› mit=rechnen – : Wer hat die Bezeichnung eigentlich in Kurs gebracht ? Ich meine, so wie Klinger damals das ‹Sturm & Drang› ?

A.: Nu Wer sonst, als Gutzkow ? ! Freilich der ‹Giovine Italia› Mazzinis nachgebildet; was die ‹Metterniche› jener Zeit, sämtlich der geistlosesten Stabilität des ‹Keine Experimente !› zugetan, natürlich besonders ärgerte. – Anschließend war Gutzkow jahrelang in Dresden. Erfuhr dort, als Nachfolger Tiecks, die ‹Leiden eines Theaterdirektors› – hat er doch rund 30 Bühnenstücke geschrieben . . .

B. (erkundigend): Darunter Bleibendes ? – ‹Uriel Acosta› hatten wir schon.

A. (achselzuckend): Den ‹Königsleutnant› oder ‹Zopf & Schwert› wird man immer wieder 'mal aufführen. Das beste, auch literarisch wie autobiografisch unerläßlichste, ist der ganz frühe ‹Nero›, voller Jugendfeuer & gepreßt=gepackter, bizarr=poetischer Einzeleinfälle. Ansonsten liegt, meines Erachtens, der Akzent auf seinen Arbeiten für's Theater nicht; ebensowenig wie auf den zahlreichen Novellen – meist wohl Brotarbeiten. Nur wenige, die sehr sorgfältig auszuwählen wären – etwa ‹Ein Mädchen aus dem Volke›, ‹Die Nihilisten›, die ‹Diakonissin›, mein't-halben auch die ‹Kurstauben› – enthalten hübsche, nüchtern=scharfe, Beobachtungen. Auch tritt öfters, leicht verlarvt, die Prominenz des Tages in ihnen auf.

B.: Er *kannte* also manch bedeutenden Mann seiner Zeit ?

A.: Oh, fast Alle ! Heißt doch ein ganzer Sammelband ‹Öffentliche Charaktere› : Humboldt & Herwegh; Moritz von Schwind & Begas & Rethel; Meyerbeer & Mendelssohn & – *(französisch aussprechen):* Adolphe Adam : speziell in diesem Fall hat Gutzkow eine schwierigste Aufgabe gelöst, und, in Berlin, 1 Toast auf alle 3 anwesenden Maestri zusammen ausgebracht. In Wien besuchte er nicht nur den »nicht ganz zuverlässigen Orientalisten Hammer=Purgstall, und den nicht ganz zuverlässigen Okzidentalisten von Hormayr«; sondern sah auch Grillparzer, und Metternich=selbst – eine Audienz, die wörtlich in den ‹Zauberer› eingegangen ist. Oder schlenderte mit HEBBEL über'n Stefansplatz; wobei Der ihm gestand : »Lieber Freund, ich bin von manchen Dingen zurückgekommen : *nur Geld ! Geld !* Alles Übrige ist mir gleichgültig.«

B. (schockiert): Tz – ob das stimmt ?

A. (gemütlich): Lieber Herr, schreiben *Sie* erst einmal ein Dutzend Jahre lang Unsterbliches : so mit geklauten Bleistiftstümpchen, am wakkelnden Tisch, auf Zeitungsränder, als Hauptnahrungsmittel die eigenen Nägel – dann werden Sie vielleicht einsehen, daß einem Solchen ‹Geld› identisch wird mit *‹Freiheit›* ! Sicher : Derjenige, Der behauptet, nur noch auf handgeschöpftem Bütten dichten zu können, ist ein Fatzke, klar. Andrerseits gehört es sich nicht, daß eine Nation ihre notorisch guten Künstler sich zum Krüppel schuften läßt. / Jedenfalls hat Gutzkow über sie Alle berichtet : ob Kerner Lenau Schwab und die dicke Birch=Pfeiffer; ob Thiers George Sand & Vigny – *Heine* besuchte er in Paris absichtlich *nicht.* In Dresden hatte er mit Richard Wagner zu tun & mit Eduard Vehse . . .

B. (halblaut protestierend): . . . Ihre ‹unds› können Einen aber tatsächlich schwach machen . . .

A. (weiter): Die tiefsinnig=netteste – im Endeffekt auch folgenreichste – Bekanntschaft aber war noch ein Anderer . . .

C. (zunächst etwas abfällig): Ich faßte ihn nach dem Eindruck, den mir als Student sein Name auf dem Verzeichnis der berliner Vorlesungen gemacht hatte. Da war er ein ständig genannter Privat=Dozent, der *nie las.* Wir glaubten, er hätte keine Zuhörer. – Jetzt sah ich ihn täglich. Daß er Fahnenflüchtling war; ganz hier in Frankfurt lebe; und eigentlich in Berlin für verschollen hätte gelten müssen, das erfuhr ich nun erst, als ich den Mann mit dem Stierkopf und seinem großen weißen Pudel um die Thore Frankfurts rennen & seine Mittagsmahlzeiten auslaufen sah. Er besuchte dasselbe Lesezimmer wie ich; stocherte sich da die Zähne; führte mit seinem draußen, auf dem Roßplatz, zurückgebliebenen Pudel, mimoplastische Unterhaltungen durchs geschlossene Fenster; blätterte in den ‹TIMES›; holte sich dann 1 Prise vom Sekretär – kurz mir erschien das alles, wie die Weise eines Ausgedienten. Im Sommer trug sich der ‹Schote› . . .

A. (halblaut erläuternd): . . . in hessischer Sprache das *Gegenteil* von ‹gescheut› – vom jiddischen ‹Schaute› . . .

C. (fortfahrend): . . . nach dem Geschmack alter Engländer : die Beinkleider waren im Sommer von gelbem Nanking; das Oberkleid ein schwarzer Frack; eine hochgehende, an der oberen Öffnung gezackte Weste, weiße Halsbinde; und ein Quäkerhut. Den Abschluß gab der oben geschilderte Kopf auf breitem Nacken. Ein Backenbart war anfangs grau; allmählich dann weiß . . .

B. (ungeduldig): Ja, und *Wer war* der Geheimnisvolle nun ?

C. (antwortet): Der Mann schien mir auch da noch der Vergangenheit anzugehören, wenn ich ihn die Stiegen meines Wohnhauses heraufstürmen zanken lärmen hörte, mit meinem späteren Schwiegervater, der die Krone Schweden=Norwegen als Generalkonsul vertrat. Konkurrenz= Arbeiten hatte – *(effektvolle Kleinstpause; dann):* – *ARTHUR SCHOPENHAUER* geliefert; für Preise, die der Hohe Norden, Christiania & Drontheim, für philosophische Fragen ausgesetzt hatte . . .

B. (sich halblaut erinnernd): . . . ‹Über die Freiheit des Willens› . . .

C. (erfreut fortfahrend): Der Glückliche hatte einen dieser Preise einmal *ganz,* ein andermal im Akzessit gewonnen. / Freilich wurde die, allerdings imponierende, Selbstgenüge des Mannes, fast erdrückt durch die

Fülle von Anekdoten, die über seine Wunderlichkeit umliefen; ja, über die Herzlosigkeit, daß er mit seiner eigenen Mutter im Prozesse lebe. Bei alledem glaube *ich=mir* das Zeugnis geben zu dürfen, daß ich nach dem Erscheinen seiner überraschenden ‹Parerga und Paralipómena› das größere Publikum auf ihn aufmerksam machte : das geschah in einem Artikel meiner weitverbreiteten ‹Unterhaltungen am Häuslichen Heerd›. Für mein Teil *selbst überrascht* von dem, was mir da gleichsam unter der Erde verborgen gelegen hatte, nannte ich ihn einen ‹Selbstdenker›, und wies auf sein Buch als eine *Fundgrube anregender* Gedanken hin.

A. (amüsiert): Von der ‹Andern Seite her›, sah das *so* aus . . . :

C. (bullig=schnarrend): Pff : inzwischen hab'ich meinerseits *auch* einen Aufsatz entdeckt, über die ‹Parerga›, und zwar, wo ich ihn am wenigsten suchte : in Gutzkow's ‹Unterhaltungen am häuslichen Herd›. Überschrieben ‹Ein Selbstdenker›. Ist voller Lob; aber assässoniert mit einigem Tadel, der imgrunde gar nicht mit dem Lob bestehen könnte; und auch sonst abgeschmackt. Auch mit einer persönlichen Anzüglichkeit, zu welcher *keinen Anlaß* gegeben zu haben, mir über die Maaßen leid seyn sollte . . . *(verächtlich):* und *Der* hat *fünf=tausend Abonnenten!*

A.: Desto wichtiger wird in diesem Zusammenhang, daß *Gutzkow im Alter* einwandfrei Schopenhauerianer war ! In seinem allerletzten Roman, den ‹Neuen Serapionsbrüdern›, führt er an & empfiehlt er immer wieder, die in den auf's ‹Undsieheeswarallesgut› eingeschwornen Kreisen sogenannten ‹negativen Philosophen› : KANT 1 Mal; HARTMANN 3 Mal – *(mit Nachdruck):* ARTHUR SCHOPENHAUER ? : *zwanzig Mal!*

C. (fest bestätigend): Nein ! Neinein : ‹sittliche Weltordnung› ist eine Phrase, die nur zur Beschönigung von Lüge & Heuchelei dient. Wo bleibt bei ‹sittlicher Weltordnung› die verratene Gerechtigkeit ? Wo die überall gestörte Harmonie ? : ‹Harmonie› ist da, durch unsre Vernichtung ! Unsre Ignorierung ! Sind nicht tausende der herrlichsten Schöpfungen untergegangen : die schönsten Standbilder, die herrlichsten Tragödien ? / Achnein, Freund : dem chaotischen Bösen Zufall, der diese Welt regiert, dem ungeheuren Gesetze der Regelmäßigkeit & Unerbittlichkeit gegenüber, bleibt *Uns* nichts übrig, als *Trotz Standhalten Widerpart* mit den ehrlichen Waffen der Bildung & eines möglichst richtig organisierten Herzens. Das ist die Errungenschaft der Zeit; und da ist der Pessimismus dem grausen Rätsel gegenüber berechtigt.

A.: Aber, rascher, weiter. – Gutzkow arbeitet das heißt schreibt. /

1 ‹Nebenfrau› gaukelt eine Zeit lang herum; eine ‹Therese von Bacheracht›, die ‹auch schrieb› – und die wieder loszuwerden er ergo ziemlich froh war . . .

B. *(nervös):* Was bedeutet Ihr verwünschtes ‹ergo› itzt wieder : wenn uns Auto=Rinnen zuhören ? : bedenken Sie doch.

A. *(unerschüttert):* Weil Frauen letztlich ‹kultur*feindlich*› sind – zumindest im Sinne der *augenblicklich vorhandenen Kultur;* die ja notorisch von *Männern* aufgebaut ist. *So genau* wie wir=Männer, wollen die Frauen 's gar nicht wissen; und unsere Spitzenkönner wie FREUD JOYCE GAUSS finden bei ihnen keinen Anklang – wohlgemerkt : womit ich *gar nicht* bestritten haben möchte, daß ‹Die Frauen› durchaus eine *ganz eigenständige, extrige Kultur* aufzubauen imstande wären ! Aber die – im Männersinne – ‹*intelligenteste Frau*› wird immer nur 1 *Schatten* sein, im Vergleich mit einem nur einigermaßen wohlgeratenen intellektuellen *Mann* : *das* ist es *wahrlich* nicht, was wir am ‹Gedam› schätzen ! / Aber wie dem auch sei : »Der klügste Stand für den Schriftsteller ist der Cölibat« hieß für Gutzkow der Weisheit letzter Schluß in *dieser* Richtung.

B. *(Korrektur, Frage, Einwand zugleich):* Im *Alter.* : ?.

A. *(gemütlich):* Ja, zugegeben : *nachdem* die betreffenden Drüsen ihre Funktion einzustellen begannen – also nicht *über*wichtig zu nehmen. / Die 48=er Revolution hat er – obwohl sie ‹als Ganzes bejahend›, doch schon mit einiger Reserve – durchlebt. Seine Frau mußte ihm auch gerade in jenen Tagen sterben. Er hat dann ihre Kusine geheiratet, Berta Meidinger . . . – *(da B. aufhorcht):* Doch; ja; ganz recht : eine Nachkommin jenes Grammatikers, dessen Name noch bei RAABE als Synonym für ‹abgestandenen Witz› auftaucht. – Er war der Hand= & Maulschellen seitens der Regierung, allmählich ebenso müde geworden, wie der Eselstritte der vereinigten ‹Arbeiter & Bauern›; er saß, wie jeder Gute Schriftsteller übrigens, zeitlebens *zwischen* sämtlichen Stühlen.

B.: Und das war schon ‹Das Ende› ?

A. *(ernst):* Er hat noch *Büchner* entdeckt & dessen Namen redlich gefördert. / Hat, zusammengebissenster Zähne, mitangesehen, wie in München 9 Advokaten vor dem *Ölbild König Ludwigs* öffentlich niederknien & Abbitte leisten mußten – *(satirisch):* ‹Siehst, Vater, Du den Hut dort auf der Stange ?› : auch Saphir . . .

B. *(angewidert):* ‹Komm; laß uns gehn›. –

A. *(fortfahrend):* Hat die ‹Schillerstiftung› mit=begründet; und ist, ein paar Jahre lang, deren Sekretär gewesen – *(bitter):* weil dem 50=jährigen die 250 Mark=monatlich als Anker=Hafen=Rettung erschienen . . .

B. *(erschüttert):* Wieso *das* denn ? !

A. (ruhig): Wohl konnte er seine Werke in 20 plus 10 Bänden sammeln – die 2 besten=Umfangreichsten sind noch nicht einmal dabei! – aber er war *so* ‹überreizt hin kaputt›, daß Erscheinungen von Verfolgungswahn auftraten, die in Selbstmordversuche ausmündeten. Zuerst 1865 – *da* fing man die Hand, die den Dolchstoß führte, ab; und brachte ihn 1 Jahr lang ins Sanatorium Gilgenberg. / Er hat sich dann noch einmal *auf*gerafft. Ist *noch* 13 Jahre lang, ein Schatten seiner selbst, umhergewankt: mit *sehr* viel Tinte an den Fingern. Nur noch von Schlafmitteln lebend. *Immer* noch gezwungen, immer *noch elendere* Romane & Schau=Spiele zu emanieren – ‹Hohenschwangau› oder ‹Der Gefangene von Metz› besieht sich Der, der Gutzkow schätzen gelernt hat, besser *nicht* mehr – ein erschütterndes Schauspiel, wär'es nicht so deutsch=alltäglich: ‹Le Chevalier de l'Esprit› – *(laut): das kommt jetzt gleich!* – *(still, wie zuvor):* ermüdet durch zu viel gute & komplizierte Leistungen: so fand man ihn, am Morgen des 16. Dezember 1878, in seinem Zimmer erstickt auf. – *(sachlich):* Er hatte eine große Dosis Chloral genommen. Noch eine zeitlang, dem Geiste gehorsam, gelesen & notiert. Dann *scheint=irgendwie* die Lampe umgestürzt zu sein: ?: die Vorhänge waren angegangen – der zeitgenössische ‹Larousse› spricht von ‹circonstances mystérieuses› & deutet Selbstmord an. – Seitdem ruht KARL GUTZKOW auf dem Friedhof zu Sachsenhausen: jedem Jungen Menschen, der mit dem Gedanken an ‹Schriftstellerruhm› spielt, zur ewigen Warnung.

B.: Oder auch *Ansporn!* – Und nun: wie heißt die ‹eigentliche Leistung›: das ‹Bleibende›?

A.: Das Leben verloren –: 2 Bücher gewonnen! ‹DIE RITTER VOM GEISTE›. Und den ‹ZAUBERER VON ROM›.

(Gong)

A.: Vorausgeschickt werden muß 1 Kurzbemerkung über das, in jeder Hinsicht nachdenkliche, auch zeitlich seltsam gut=geschlossene, Fänomen der Monstre=Romane: zwischen 1840 und 1910 liegen sie alle...

B. (abwehrend): Was meinen Sie jetzt? So ‹Dumas=père›?

A.: Der eigentliche Erfinder – übrigens wohl auch besser als DUMAS – war EUGEN *SUE*: als 1842 Dessen – *(etwas karikierend):* ‹Geheimnisse von Paris›!: jedes Wort ein Schlager...

B. (abfällig): ... *‹Reißer›* würd'*ich* sagen. – Wieso war SUE passabel?

A.: Er war finsterer, energischer, als Dumas. Natürlich weit entfernt von *‹gut›*: der Kerl schrieb einen Styl, wie lauter Karl May & Courths=Mahler durcheinander! Auch setzte er rücksichtslos die beliebten ‹Journalistigen Mittelchen› ein : *boue et sang plus Thränen !* Den unwiderstehlichen Arzt=Komplex; die Welt der Ganoven; die Leiden & Freuden des 6., 7., 8. Standes; vertauschte Kinder & korrespondierend=edelmütige ‹Fürsten des Elends› . . .

B. (berichtigend): Sie, jetzt sind Sie aber wirklich in Karl MAY geraten.

A.: Mais non : Dessen ‹Fürst von Befour› ist nur die dresdener Variante von Sue's ‹Rudolphe de Gerolstein› ! – Immerhin besaß Sue echte Kenntnisse jener Millie=lieues : er war Schiffsarzt, zum Teil in den Tropen; ist später auch kommunistischer Abgeordneter gewesen – und manche seiner ‹Nachtstücke› haben eben doch unwiderstehlich auch auf bessere & beste Zeitgenossen gewirkt; lesen Sie einmal EDGAR POE's Rezension nach. Enfin : Sue war der Erfinder des ‹roman feuilleton›, Länge von 2.000 Seiten an aufwärts; Sensationsinhalte, Hochspannung, und zwar mit ganz kurz=undulierenden ‹Stromspitzen›, erzwungen & äußerlich angezeigt durch das ewig=zündende *‹suite à demain !›*

B. (resolut): Also von vornherein zum Staccato=Kitsch verurteilt : volkstümlich mitreißend; künstlerisch undiskutabel.

A. (bestätigend): Es ist schier immer dabei geblieben. Ob Sue's nächstes, fast *noch* glänzender ‹angekommenes› Stück vom ‹Ewigen Juden›; ob Dumas' ‹Musketiere, Monte=Christo, La Reine Margot›; ob die nicht ausbleiben könnenden deutschen ‹Zweiten Aufgüsse› Sir John Retcliffe's – der aber immer noch, zumal in den alten ungekürzten Ausgaben, besser ist, als der Großmeister der Langweile, Gregor Samarow – ob der frühe Karl May, oder Robert Kraft, dessen 5.500 Seiten langer ‹Detective Nobody› noch mich Fünfjährigen entzückt hat . . .

*B. (neugierig einfallend): . . . Fünf*jährigen ?

A.: Ja; ich hab' mit zweieinhalb lesen gelernt. – Leider sind die jetzt grade im Handel erscheinenden Neuausgaben Kraft's hoffnungslos ‹gekürzt & bearbeitet›; so daß sie – zumindest *mir* – kaum noch 1 Begriff von dem, unleugbar vorhandenen, Reiz des grillenhaften Mannes geben.

B. (drängend): Aber ‹Literatur› – was man so *echte Literatur* nennt ! – ist Keiner davon ?

A.: Eine der ernster zu nehmenden Leistungen in dem Genre – weil von vornherein als Buch geplant, und recht bedeutenden Inhalts – sind OPPERMANN's ‹Hundert Jahre›; in denen übrigens Gutzkow persönlich auftritt : *die* Bekanntschaft erwähne ich noch; das wird dann, wenn auch keine Freude, so doch eine rechte Überraschung setzen. Leider war Oppermann nicht Berufsschriftsteller; infolgewessen ihm etwas wirklich Gutes nicht gelingen *konnte.* / Aber es sind eben noch *zwei Bücher* erschienen, die nun wirklich aus dem Buchstabenmeer des Riesenromans Hohes entwickelt, die Form gleichsam gerechtfertigt & geadelt haben, und die unartistischen Anfänge Sue's vergessen machen ...

B. (beschleunigend): ... mit andern Worten : unser – beziehungsweise *Ihr* – Gutzkow.

A.: Beide Bücher sind immerhin bei Brockhaus erschienen. Vom Herbst 1849 an, bis zum August 51, arbeitete er an den ‹Rittern vom Geiste› – und um Sie vor weiteren Voreiligkeiten, wenn nicht gar Dummheiten, zu bewahren, hören Sie doch gleich, was *Fachleute* über das Ergebnis urteilten ... :

C. (lobend): Die ‹Ritter vom Geiste› – äußerlich an Sue anknüpfend – erheben sich zu einer solchen inneren Selbständigkeit, und bestätigen Gutzkows bewunderungswürdigen Instinkt für das geheime Walten & Weben der zukunftsschwangeren Gegenwart auf *so glänzende Weise*, daß die seltene Produktion nicht bloß als Roman, sondern auch als historisches Daguerrotyp einen hohen Rang in Anspruch nehmen darf!

A.: Das war Friedrich *Hebbel*. Oder, für den Fall, daß Sie Gottfried *Keller* besonders schätzen : er lobte »das *bedeutende Werk*, mit seinen *sehr* trefflichen & feinen Zeit= & Charakterschilderungen« nicht minder. – *(etwas spöttlich):* Ich weiß es selbst : es *ist schwer*, über Bücher, die man nicht kennt, *nicht* zu urteilen; aber Sie müßten sich dazu erziehen. – Die ‹Ritter vom Geist› also, 3.000 Normalseiten, sind aus *drei Gründen* immer lesenswert.

B. (muffig): Erstens ...

A.: Der sich im Titel aussprechenden Konzeption wegen : das ‹Heil einer Nation› – das heißt, das wirtschaftliche, gesellschaftliche, politische; letzten Endes auch das künstlerische & wissenschaftliche Heil – kann weder von ‹oben› her, also etwa durch Herrscheradelgeistlichkeit; und noch *viel weniger* von *unten*her, vom Volke kommen. Sondern nur durch eine *»Organisation der Élite«*, wie Gutzkow an seinen Freund Levin Schükking schrieb; einen ‹brain=trust der Intelligenz› – wofür seitdem eben die *deutsche* Formel lautet : *‹Die Ritter vom Geist›.*

B. (doch neugierig geworden): Ähä ! – Das Heil *weder* befohlen von Kanzlern oder Konter=Kanzlern, noch von Seelen & Seelenhirten; *noch* vom Wähler der ‹Labúr=Partie› oder etwelchen ‹Landvolks› – hübsch unpopulär eigentlich.

A. (lächelnd bestätigend): Sondern eben vom Orden der ‹Ritter vom Geist›; eine Organisation – übrigens ‹nach unten›, zum Volke hin, ‹offener› denn nach ‹oben› ! – welche aufzubauen freilich das Montecuculische Dreierlei erfordert ...

B. (wissend): . . . erstens Geld zweitens Geld drittens Geld.

A.: Wofür in der Fabel des Buches durch einen Millionenprozeß gesorgt ist, der auch gewonnen wird – allerdings geht das Kästchen mit den berliner Stadt=Schuldscheinen, bei der Überbringung noch, wieder im Feuer verloren : *‹es hat nicht sollen sein !›.* Und gerade der unselige Träger besagten Schatzkästchens, schlafwandelnd durch die funkensprühende Nacht, ist *die* Gestalt des Buches; eine der *ganz=großen* Charakterstudien der Weltliteratur : *‹Fritz Hackert›*, das erste, und schier immer noch das beste, *Großstadtkind* unseres Schrifttums; ein Menschenporträt, wie *so voll & meisterlich=changierend nur Gutzkow* es malen konnte.

B. (bedenklich): Ich ‹trespass›e schon wieder; ich weiß – aber ist das Ihre *ganz=wohlerwogene* Meinung ?

A.: Ästimiren etwa auch Sie es als ‹einen Tic von mir› : möglichst unbekannte Leute möglichst lautstark zu rühmen ? Das wäre die peinlich=übliche Verschanzung der *Ignoranz* : nicht *ich* mache Profession von Absurdität; wohl aber sind die *Leser* unwissend & faul. – Neinein : vom 1. Augenblick an, wo Hackert sich, Stroh im Haar, aus dem Getreidefeld erhebt, in dem er genächtigt hat; und mit frivol=knöchernem Finger auf ‹einen Fehler› in Siegbert Wildungens Zeichnung deutet – *(vertraulich):* der hat nämlich, an dem umbüschten Kirchlein, die Enden des Kreuzes über der Tür, bald mit 3= bald mit 4=blättrigen Kleeblättern versehen –

B. (unwillig): Wieso ist dergleichen christliche Ornamentik jetzt wichtig ?

A.: Weil der Prozeß später eben *genau darum* gehen wird : die mit dem *drei*blättrigen Klee bezeichneten Baulichkeiten, gehörten einst den Tempelrittern, aus deren Erbschaft – *(bedeutsam):* der Erbschaft von seinerzeit *auch zum Scheiterhaufen Verurteilten ! :* man findet sich im Leben so zusammen, wissen Sie – der Neue Orden finanziert werden soll.

B.: Zweitens ?

A. (kopfschüttelnd, aber ungekränkt – er ist über 50): Der *zweite* Vorzug des großen Romans besteht in den lupenrein fotografierten ‹Dias› der Einzelbilder : das ‹Weinlesefest› bei der Fürstin Wäsämskoj . . .

B.: Ach : etwa angeregt von damals, von jener ‹Prinzenhochzeit› her ?

A. (mit Recht eine Antwort für überflüssig haltend): Die Carmagnolen des Volkes, der ‹Fortunaball› ! / Oder wie Hackert die Halb-Verschwörung der ‹Ritter› in den gemütlichen Trinkzellen des Ratskellers=unten belauscht : sich mit dem Polizeispitzel Schmelzing durch Fingergestik verständigend; im Steinfußboden die vom Gaslicht leuchtenden Kreuze der obersten Gewölbeöffnungen : an den Enden doch *wieder* das 3=blättrige Kleeblatt! / Oder die Schilderungen der allerersten Mietskaserne der deutschen Literatur, des Hauses ‹Brandgasse Nummer 9›...

C.: Das Ehepaar Mullrich, das am Eingang dieser Pesthöhle von Verworfenheit & Armut wacht. Das Aus= & Ein= & Wieder=Aus lichtscheuen Gesindels; das Wispern & Flüstern auf den Treppen, das der brutale Schrei eines Trunkenen durchbricht. Die ganze Atmosfäre der dämmerigen Höfe, mit den Ausdünstungen ihrer zusammengepferchten Bewohner. Und mitten in diesem Mief=Kraal, die kleinen Idyllen: die Eisoldt'sche Familie; die möglichst=immer lustige Näherin Franziska Heunisch...

A. (einfallend): Und – nicht nur ‹beiläufig eingemischt›, sondern gewissenhaft ventiliert & begründet – Warnungen vor ‹Systemen›, wo, selbst in Stunden der Gefahr, die Wählerstimme eines Goethe oder Alexander von Humboldt angeblich *das gleiche Gewicht* habe, wie die eines unbedarften Jungknechts von eben=21, oder eines wakkelndsten Mütterleins von 90, nur noch auf einen Sitzplatz im Himmel bedacht...

B. (bremsend): Das ist alles Gutzkow's Ansicht, ja?

C. (erwidert unverzüglich): ‹Das Volk› ?: das ist der Große Caliban; das, einmal aus seiner tierischen Vegetation, aus seinem Dämmerleben aufgeweckt, *auch erwachend wie im Traum handeln*, und statt der Leuchte der Vernunft, Feuerbrände schwingen würde; um, über das Maß seiner Kraft hinausgewachsen, in Irrtum oder Selbstmord zu enden.

A.: Das *dritte* schließlich ist: daß die *Prosaform überhaupt* mit Gutzkow einen gewaltigen Schritt nach vorn tat – leider damals ohne Nachfolger & Fortsetzer. Er schuf nämlich sich den Begriff, *und* das Ding=selbst nicht minder: den *‹Roman des Nebeneinander›*...:

C. (eifrig erläuternd): Den ‹Roman des Nebeneinander›, den ich aufgestellt habe, wird man verstehen, wenn man sich aus einem Nachschlagewerk die Durchschnittszeichnungen eines Bergwerks, eines Kriegsschiffs, einer Fabrik vergegenwärtigt: wie da, das nebeneinander existierende Leben von 100 Kammern & Kämmerchen, wo eins von dem andern keine Kenntnis hat, *und doch* zu einer überschauten Einheit sichtbar wird: *so* wird der ‹Roman des Nebeneinander› den Einblick gewähren, in 100 sich immer wieder berührende & doch von 1=einzigen Pulsschlag des Lebens ergriffene Existenzen. Eine Betrachtungsweise, wo ein Dasein, unbewußt, die Schale – oder gegebenenfalls der *Kern* – des anderen wird; jede Freude von einem Schmerz benachbart ist; und wo andrerseits eine Unbill auch schon wieder unbewußt den Rächer auf den Fersen hat: *das* wird den Roman weit eher als früher zum Spiegel des Lebens machen.

B. (tiefsinnig): Sie, das hieß ja aber schon – ja; doch : das ist die Theorie JOYCE's und seiner Abbildung ‹Dublins› im ‹Odysseus› vorweggenommen : der wäre doch *genau=so* ein ‹Roman des Nebeneinander› zu nennen !

A.: Wenn Sie das nur einsehen. Die Unterschiede sind : JOYCE war der wesentlich größere Sprachmeister; dafür ist bei Gutzkow, zumal im nächsten Stück, die fachmännische ‹Verzahnung, das dove=tailing›, *noch* geschickter=solider. – Hören Sie Erwägungen, wie unser Mann sie bezüglich von Einzelheiten angestellt hat; Überschrift ‹Die Wahl der Vornamen› : . . .

C.: Die Musik der Sprache hat bestimmte Gesetze in betreff der Folge, zum Beispiel der sogenannten stummen oder flüssigen Buchstaben; oder in den Rhythmen, die, unmittelbar aufeinanderfolgend, dem Ohre angenehm klingen oder nicht. Vor *langen Eigen*namen ist gut ein *kurzer* Vorname : Karl, Immermann. Da gegen : Sigismund, Weiß. Ebenso für die Reihenfolge *mehrerer* Vornamen gibt es bestimmte rhythmische Gesetze, daktylisch oder trochäisch . . .

A. (abbrechend): Gutzkow, der nach seiner eigenen Berechnung rund 500 entscheidende Namen für Romane & Dramen zu erfinden gehabt hat, beobachtete dabei genau diese, in seinen ‹Unterhaltungen› ausgeführten, Lautgesetze. / Bei solcher Lage der Dinge – wo wir also nicht nur mit blendender Meisterschaft ausgewählte, nicht nur glitzernd=glänzendst geratene Spiegelreflexaufnahmen zu rühmen haben; sondern auch auf wichtigste roman=theoretische Erwägungen gegründete, vorbildlich saubere Verarbeitung ! – da wirkt *besonders* läppisch das Urteil eines der, uns überflüssig bescheerten, Literaturprofessoren : Herr Harry Maync verschmähte in seiner Mörike=Biografie – einem durchaus liebenswürdigen, obschon etwas knieweichen Dichter – selbst den schalsten aller Kalauer nicht : bei Gutzkow vom ‹Roman des *Durch*einander› zu schwätzen ! Er hatte, falls er die beiden Stücke gelesen haben *sollte*, wessen ich mir nicht ganz sicher bin, wieder einmal nichts verstanden. Ob die Herren denn *nie* zu der Einsicht gelangen werden, daß ihnen irgendetwas – nennen wir's der Einfachheit halber 'mal ‹Das Schöpferische› – *fehle ? ! : wenn WIR nicht ab & zu Bücher schrieben, müßten die Leute doch verhungern ! – (wieder ruhig): Ich=jedenfalls* pflege, jedem knospenden Autor, grundsätzlich so einige Bücher zum Dauerstudium zu empfehlen . . .

B. (neugierig): Darf man wissen ? . . .

A. (etwas ungehalten): Sie haben mich selbst mehrfach daran erinnert, daß ‹Die Zeit› verrinne . . . nu schön : also WIELAND's ‹Aristipp›

DICKENS' ‹Bleakhouse› – *(schlau):* Und dann eben noch *‹Der Zauberer von Rom›!* –

(Gong)

A.: Und war in seiner *ersten* großen Leistung noch »die Fabel unhaltbar« gewesen – Gutzkow hat es selbst, resigniert, so bezeichnet; und meinte damit ‹ein schöner, aber unrealistischer Traum› – war das Aufgebot an Fündlingen & Fehltritten für *meinen* Geschmack auch etwas sehr groß, und überhaupt noch etwas viel unabgestreiftes Pathos darin; so haben die ‹Ritter› doch immer die Frische einer ersten=großen ‹Handübung›. Die dann dem ‹Zauberer von Rom› zugute kam: diesmal wendete er über vier Jahre an den Dreitausendseiter.

B.: Ununterbrochener Arbeit?

C. (übernimmt die Antwort): Gutzkow schrieb im Sommer, von früh 6 Uhr bis abends zum Dunkelwerden. 1 Stunde vor Tisch zum Baden in der Elbe, wozu ich ihn abholen kam, und 1 kurze Mittagsrast bildeten die einzige Pause des ganzen Tages. *Nach* 21 Uhr erschien ich wieder, um ihn zu einem Spaziergange in den großen Garten zu begleiten... *(Kleinstpause; dann, ergriffen – aber, bitte, nicht zu sehr: wir sind hier nicht ergriffen; wir sind auf dem Lande):* – ich fand ihn oft wie gebrochen; und geistig so abgestumpft, *daß er kaum zu gehen & nur mühsam an der Unterhaltung teilzunehmen vermochte.* – Wenn man ihm Vorwürfe wegen seines Fleißes machte, und ihm Schonung anriet, führte er gern GOETHE's Verse aus dem ‹Tasso› an:

‹Verbiete Du dem Seidenwurm zu spinnen,
wenn er sich schon dem Tode näher spinnt!› –

wobei aber jedesmal bei den folgenden Worten:

‹das köstliche Geweb' entwickelt er›

ein bitteres Lächeln um seine dünnen Lippen spielte.

A.: Und *dies*mal hatte er sich vor allem das entsprechende Riesen=Thema gewählt: eines der wichtigsten für jeden denkenden Deutschen: *die Darstellung des Katholizismus!*

B. (bedenklich): War ausgerechnet Gutzkow – geborener ‹Protestant›; dann gar, wie Sie schilderten, einer der großen ‹Gottesleugner› seiner Zeit – war *Der dazu* der berufene Mann?

A.: Sie irren sich unermüdlich: der unheimliche Beobachter & Menschenkenner; nach geduldigsten Lokal= und Aktenstudien; auf der Höhe seiner Kraft & Kunst; hat eine gleichzeitig so gewissenhafte & gewaltige Darstellung dieser speziellen ‹Roots of Heaven› gegeben; daß ‹man› sich, als schon die ersten 5 der insgesamt 9 Bände erschienen waren, immer noch darum streiten konnte : ob das Stück nicht doch von einem *Katholiken* herrühre ! ?

C. (ruhig): Ich habe mir gerade *die* Aufgabe gestellt, allem Poetischen im Katholizismus Rechnung zu tragen; und die *gewöhnliche* Art, das Priestertum & namentlich den Cölibat zu verfolgen, gänzlich zu vermeiden. Der im 2. Band hervortretende eigentliche Held des Ganzen, Bonaventura von Asselyn, ist ein Priester, um den ich alle nur erdenklichen Glorien der Sittlichkeit & des Edelsinns gezogen habe; sodaß, was auf der einen Seite Angriffe auf den Ultra=Montanismus schlimm machen könnten, auf der andern wieder die lieblichen Farben, mit denen dieser Held – oder sein Oheim, der Dechant – gemalt sind, gutmachen; und eine *ruhige* Prüfung sich sagen muß :

: Gutzkow hat sich eine, für *Uns allerdings verdrießliche Aufgabe* gestellt; sucht sie aber würdig, und mit sichtlicher Schonung unserer Gefühle zu lösen.

A.: So hat er selbst an Brockhaus geschrieben. – Und man muß ihm zugeben, daß er *ganz erstaunlich objektiv* geblieben ist. / Die schönste der Gestalten ist diesmal eine *Frau* : die lange ‹Lucinde Schwarz›; das weibliche Gegenstück zum ‹Hackert› der ‹Ritter›; wiederum eine der *ganz=großen* Studien eines ‹gemischten› – sprich : *natürlichen !* – Charakters. / Um sie, in Riesen=Kreisen herum=geordnet : der alte ‹Kronsyndikus›; ein Kerl wie Gog & Magog zusammen; der von jedem hübschen=frischen Bübchen oder Mädchen am liebsten behaupten möchte : es müsse ein *Kind von ihm* sein ! – Der köll'sche Kaufmann Thiebold de Jonge : reich, gemütlich, & von bestechender Banalität. – Herrliche Bilder : der im ‹Mühlenviertel› von Paderborn, zwischen Wasserdonnern & Räderrasen eingesperrte Backfisch ‹Armgart von Hülleshofen›. – *(vertraulich): Sehr int'ressant* – dies eine Mitteilung ‹im engsten Kreise›, bitte ! – die *‹Technik der drei Punkte›* – die 1 Sonderuntersuchung verdiente. (Und mit der schon SUE im ‹Juif› Versuche gemacht hatte.) / *Und* vor allem eben : Mentalität & geistiger Mechanismus des ‹Priesters› & seiner ‹Gläubigen›. Angefangen von Mönchen & Nonnen & deren Klöstern; bevölkert ebenso mit edlen & zart=geknickten Erscheinungen; wie auch mit ‹Pater Quirinus›, der ursprünglich ‹zur Post› gewollt, sich dann aber, wegen Stellenüberfüllung, für die Kutte entschieden hatte. Auch jenes sizilianische Kloster fehlt nicht, wo die Mönche, die Flinte überm Rücken, zum HErrn um 1 Engländer zu beten pflegten, den ER vielleicht, beim Ätna=Abstieg, an ihnen vorüberführen möchte . . .

B. (ungläubig): Ist das nicht etwas *sehr* skurril ! ?

A.: Sorry : Rehfues bestätigt gerade=das – Ihnen unbekannt ? : also ‹meine Schuld›, bong. / Aber Gutzkow schonte – woran man den *Ehrlichen* erkennt ! – *keine* Seite. Er verschwieg auch nicht die ‹Preußische Einstellung›; wo »die Schusterjungen, wenn sie in Berlin, im Winkel am Königlichen Opernhaus, ihre Bedürfnisse befriedigen wollten, von den dortigen Gensdarmen hören konnten : ‹Wozu ist denn da=drüben die katholische Kirche da ? !›. – / Der Landpfarrer Müllenhof, der ochsige Zelot – der dabei aber fleißig Haushälterin & Mägde schwängert – tritt auf : im Gegensatz dazu der hochgebildete Dechant zu Kocher am Fall, der Kunst=Kenner & =Liebhaber. Die ‹dichtenden Kapläne› mit ihren Blättchen; der Abt mit der ‹Hänge=Manie›. / 1 Sonderkapitel sind die ‹Renegaten› : Leo Perl mit seiner Jugendliebe, Veilchen Igelsheimer, die dem ‹Gott Spinozas› treu blieb. Lucinde=selbst. Oder ‹Doktor Klingsohr›, der hochbegabte, aber etwas willensschwache protestantische Gelehrte, der als Vorsitzender der ‹Index=Congregation› endet.

B.: Dem Titel nach zu schließen, hat er sich aber doch mit nichten auf die ‹untere Geistlichkeit› eingeschränkt ?

A.: Oh gar nicht ! – *Ein ganzes Buch* befaßt sich mit dem damaligen ‹Kirchenstreit›, der zur Verhaftung des kölner Erzbischofs, v. Droste=Vischering, führte; Eines, der das ‹fidem a catholicis non esse habendam› etwas *sehr* übertrieb. / Vor allem in Rom dann wird rechtrecht ausgiebig dargetan, *wie gut* unterm Krummstab wohnen sei . . .

B. (unterbrechend): Also im Ganzen eben *doch* ‹negativ›.

A. (sanft): Am Ende steht das grandiose Gesicht : wie der neuerwählte Papst, Liberius II., ein Deutscher, seine Macht in die Hände eines Konzils abgibt : das Studium der Bibel in den Landessprachen bei den Gläubigen obligatorisch macht. Das ‹Beichtgeheimnis› wird ebenso abgebaut wie der Cölibat. Kurzum : *die Selbstauflösung der katholischen Kirche* wird würdig vollzogen.

B. (ablehnend): Völlig illusionistisch ! Würde *ich* urteilen.

A.: Wie Sie wollen. – Immerhin ist dieser ‹Zauberer von Rom›, die *unvergleich beste Schilderung der katholischen Welt, die es gibt*; und, zumal für einen Deutschen, eigentlich eine unerläßliche Lektüre.

B.: Können *Sie* das beurteilen ? – Sie entschuldigen, daß ich so gradheraus frage . . .

A. (genehmigend): Einmal ist mir so Mancher in diesem Urteil vorangegangen – H. H. Houben; oder Gensel – und weiterhin habe ich 8 Jahre in Süddeutschland – davon volle 4 auf ‹gut=kathol'schen› Dörfern, leben müssen . . .

B. (ahnungsvoll): ‹müssen›; ähä . . .

A. (lächelnd): ... und kann nur sagen : *ich* wäre *so objektiv* mit der Römischen Zauberkunst *nicht* verfahren. / Ich bin heut dabei, mich sowieso unbeliebt zu machen; und möchte also – ohne mich oder Andersdenkende zu echauffieren; Lokalhaß spricht *nicht* aus mir ! – nur gleich meinen Eindruck hersagen, der genau der Eindruck Gutzkow's ist : *Wir gehören nicht zusammen !*

B. (streng): Was soll das heißen ?

A. (nachdenklich): Wollen wir einmal ganz davon absehen, daß *ich* zugestandenermaßen mit ‹Geoffenbarten Religionen› nichts anzufangen weiß – bleiben wir *ganz bei Gutzkow*. Da gibt es, eben aus jenen Schwerst=Jahren, als er am ‹Zauberer› arbeitete, 1 Brief an Heinrich Albert Oppermann, in dem er andeutet : daß er, Gutzkow, seinerseits nichts dagegen hätte, *wenn Deutschland quergeteilt* würde.

B.: Wollen Sie, daß ich mit eigener Hand abschalte ! ?

A. (kopfschüttelnd): Sagte ich nicht, daß der ‹Zauberer› *um 1860* entstand ? Also zu einer Zeit, da ‹Hannover› *Krieg* gegen ‹Preußen› führte; und ‹Bayern› verächtlich *auf Beide* herabblickte ? – Frage : *sind wir nicht* ein ausgesprochenes Dreifach=Volk ?

B. (ungehalten): Strebte nicht auch Ihr, vorhin zitiertes, ‹Junges Italien› zur *Einheit* ! ?

A.: Und gibt es nicht, ganz offiziell & unangefochten, auch heute noch *deutschsprachig=nichtdeutsche* Staaten ? So ‹Österreich› & ‹Die Schweiz› ? / Und erleben Sie nicht – gerade im Augenblick ! – wie die englisch=sprechende Welt sich *zer=teilt* ? Wie ‹Great Britain› zergeht : in Canada; Australia, South=Africa, schweigen wir ganz von Indien ? / Also Ihre ‹Tendenz zur Einheit› *stimmt* nicht. Und stimmte zur Gutzkow=Zeit nicht : *Der* wußte's, wie die Bayern von den ‹Sau=Preißn› sprachen; oder wie jener ‹Freiherr vom Stein› Friedrich Wilhelm den Dritten beschworen hatte : doch nicht die *herrlichen Friesen* hinzugeben, für diese=*wörtlich »windigen katholischen Rheinländer«* !

B. (konsterniert): Aber Alle sprechen doch schließlich *deutsch !*

A. (kalt): Und die USA – die auch schon 2 Mal Krieg geführt hat mit England ! – *spricht englisch,* true=true. – Gutzkow's Ansicht jedenfalls war : *(bedeutend):* Unser ‹Osten› ist hin zum *Slawentum* orientiert – unterbrechen Sie mich jetzt 'mal nicht : *‹their names are on our hills› !* / Der Norden ist ausgesprochen *‹angelsächsisch›* : ‹*Hengist & Horsa*› kamen von der schleswig=holsteinischen Westküste; und *woher* stammt wohl das jetzige ‹englische Königshaus› ? Und Beide sind, heute noch, halb=protestantisch; halb ‹Glaube der Nordmark›. / Unser ‹Süden & Westen› ? *Ist einwandfrei romanisch ausgerichtet & katholisch. – (kleine Pause):* ‹Steinigen› Sie mich nur nicht – das hieße sich die Antwort *leicht* machen! – aber das Beste, was uns widerfahren könnte, wäre, *immer frei nach Gutzkow!* – *nicht* die angeblich so brünstig ersehnte ‹Wiedervereinigung›; sondern, im Gegenteil, *die Querteilung der Westdeutschen Bundesrepublik* : dann würde es – so meinte Gutzkow : *so meine auch ich – ruhiger werden in & um Deutschland.*

B. (unwillig): Müssen *auch=Sie – (verbissen):* genau wie Ihr Gutzkow – mit derlei nichtsnutzigen Utopien ankommen?

A. (ruhig): Worauf *ich* Ihnen entgegne – *mit ‹meinem› Gutzkow : jawohl!* –:

: »Macht *Ihr* Geschichte. –: *Wir* wollen Romane schreiben!« – *(ganz kleine Pause; dann, werbend):* Wäre sie denn tatsächlich *so schlimm,* die Situation : Wegegabel dreier bedeutender Kulturen zu sein? Unsern Lebensfaden spinnen nun einmal diese 3 Parzen : Slawen; Romanen; Germanen : gab's für 1 Volk je eine fruchtbarere & int'ressantere Situation, als der Treffpunkt aller Macht & Kunst zu sein?

B. (kopfschüttelnd): Sie schwärmen. Und *gefährlich* noch dazu.

A. (mit Unschuld): Ich?! – Ich lese, selbst in meiner Freizeit noch, *nur für mein Volk! – (träumerisch):* Herz dreier – ja, nun nicht mehr Einzelvölker, sondern Groß=Gruppen – *(erwachender):* Im Augenblick wissen wir vielleicht nicht sicher anzugeben, wo der deutsche Geist steht; aber wohin er, *einseitig,* sei es an der Hand Pankows, sei es an der Bonns, *geraten würde : das* wissen wir leider nur zu gut! – *(zu C. hin):* Mit welchem Dreifach=Wort schließt dieser allbedeutende ‹Zauberer von Rom›? –

C. (fest): Freiheit!

Freiheit!

Freiheit!

(Gong)

B.: Könnten Wir vielleicht, so zum leidlichen=Abschluß, wieder etwas sachlicher werden? – Gesetzt den Fall, ich *hätte* vor...

A. (zuvorkommend): Lassen Sie sich getrost noch ein paar Konjunktive einfallen : nein!; Im Handel ist *nichts mehr* von Gutzkow erhältlich. / Zu seinem 100. Geburtstag – also auch schon wieder über 50 Jahre her – wurde der bisher letzte Wiederbelebungsversuch unternommen : ‹Ritter› wie ‹Zauberer› kamen, leider um 20% gekürzt, und auch in nur behutsam=kleiner Auflage 1911 heraus – das Unternehmen verpuffte in den, berechtigt=größeren Sorgen des 1. Weltkrieges.

B.: Also immer noch ein zu früh aus der Beobachtung entlassenes Objekt. – Gibt es eine nennenswerte Gutzkow=Forschung?

A.: Nein. Ein ‹Briefband› fehlt ebenso wie eine Biografie : hier ist kaum erst der Anfang gemacht. / Am dringendsten wären, als Fundament für Lektüre wie Untersuchungen, *Neudrucke :* zuerst des ‹Zauberer von Rom›; dann der ‹Ritter vom Geist›. Dann ein Sammelband : die ‹Briefe eines Narren an eine Närrin›; ‹Wally›; ein paar, vorhin schon aufgezählte Novellen; der ‹Nero› – ob von den 30 Schauspielen noch mehr erhaltenswert sei, wage ich nicht zu entscheiden : ich bin kein übermäßiger Freund des ‹Theaters›, und verstehe ergo zu wenig von seinen Bedürfnissen & denen seines Publikums.

B. (zweifelnd): Was würden Kritik & Käufer sagen?

A.: »Der Kritik ist nicht zu trauen«; das hat schon Gutzkow gewußt. Und *ich* erlaube mir, hinzuzufügen : Rezensenten sind immer verdorbene Produzenten. Die rufen's pathetisch hinaus : ‹Ein *neuer Lessing* täte unserm Volke not !›; und hintennach murmeln sie unfehlbar : ‹Wenn ich bloß mehr Zeit hätte›. / Sie haben mich – in andern, wohlgesetzten Worten freilich – ‹verstiegen› gescholten & ‹unrealistisch› . . .

B. (kunstvoll empört; dennoch heimlich schuldbewußt): Das ist eine Unterstellung ! Eine reine . . . *(er verstummt lieber von selbst).*

A. (schmunzelnd): Wollen wir's *dabei* bewenden lassen : daß Wir uns heut wieder einmal von einem guten=deutschen Schriftsteller unterhalten haben; *auch* so einer »unfaßbaren Persönlichkeit«, wie Laube ihn nannte . . .

C. (abschließend): Nur diejenigen Standbilder rühren & erheben uns, an deren Sockel wir die Inschrift zu lesen glauben :

: ‹Geweiht dem unermüdlichen Geiste; der, immer neu schaffend, nimmer beim Geleisteten lange verweilend, in den Tagen, da er lebte, nicht die Muße & das Glück hat finden können, im Bereich seiner Schöpfungen auszuruhen, und zu vernehmen : wie geliebt sie sind, und wie bewundert› . . . . .

(Schlußgong)

HEINRICH ALBERT OPPERMANN

22. Juli 1812, Göttingen – 16. Februar 1870, Nienburg

HUNDERT JAHRE

Einem Manne zum Gedenken

Sprecher:

A.: Referent; ältlich herb
B.: Frager und Einwändler; jünger; mit Maßen begeisterungsfähig
C.: Zitate, Männerstimme

A. (langsam, gewichtig): In unserer, an trüben Kapiteln so deutsch=reichen Literatur weiß ich ein trübstes : Den Politischen Roman.

B.: Aber muß er denn unbedingt sein ? Ein garstig Lied, pfui !

A.: Traurig genug, wenn ich die Existenzberechtigung des Politischen Romans erst nachweisen müßte. »Die Politik ist das Schicksal !«; das hatte schon der alte Aristophanes eingesehen.

B. (trocken=unüberzeugt): Bitte, Beispiele.

A.: Das Parlament beschließt eine ‹Wiederaufrüstung› ? : da klopft früher oder später der Postbote an Ihre Kammertür, und überreicht Ihnen den Einberufungsbefehl. Alle Handwerker haben gleich doppelte Arbeit; bauen Kasernen, beschlagen Stiefel, brünieren Läufe. / Krieg in Korea ? – beziehungsweise wie verantwortungslose Journalisten dafür setzen, weil gleichermaßen lüstern=verantwortungslose Leser es so wollen : *(geziert):* ‹Schüsse am 38. Breitengrad› – also Krieg in Korea ? : da steigen sogleich die Lebensmittelpreise; da zahlt die schweizer Regierung ihren Beamten 1 Monatsgehalt voraus : zur Anlegung von Vorräten. / Aufstand in Ungarn ? : Hunderttausend kommen über die Grenzen gerobbt, und der Wohnraum verknappt. / Die Sowjets schießen den ersten Sputnik ins Weltall ? : da sinken die ‹betreffenden› Aktien an der New Yorker Börse; da rollt die ‹Zigarrenlawine› von Eisenhower bis Cape Carnaveral ..... Lieber Freund : und Sie fragen noch, ob der Politische Roman sein muß ? !

B. (wie zuvor): Sie haben lediglich geschildert : politische Fakten, und deren Auswirkung auf den Einzelnen, die bekannten Sächelchen. – Aber : hat sich der *Dichter* mit dergleichen zu befassen ? There's doch the rub !

A.: Wer hätte sich denn sonst damit abzugeben ? – *(Verbindlich=hinterhältig):* Ihrer Ansicht nach.

B. (fest; allzufest): Der Historiker.

A. (ironisch): Soso. Der Historiker. Also Der, der 100 – manchmal auch 1000 – Jahre später, wenn dann ‹die Akten zugänglich werden›, die Daten verwaltet. So ‹Mommsen : Römische Geschichte› 1850 geschrieben; oder Burckhardt, der »vom Goldglanz um den Sohn des Philippos« schwärmte ? Nein nein; die Herren lassen erstens allzugern einige Säcula verstreichen, ehe sie ein ‹heißes› – womöglich gar noch glühendes – Eisen antippen . . . . .

B.: Kommen wir gleich zum : zweitens ?

A.: Vergessen Sie doch, zweitens, nie : daß auch jeder ‹objektive Historiker› seine Richtung hat ! Sie können nämlich gleichermaßen ‹urkundlich belegen›, daß Luther Profetenmaß hatte, wie auch, daß er ein verhängnisvollster Schismatiker, ein Menschen= und Nonnenverführer war. Studieren Sie die Französische Revolution von 1789 : a) bei Mortimer=Ternaux; b) bei Kropotkin. – Darf ich auf Adolf Hitler verweisen ? : Lesen Sie doch bei Rosenberg & Goebbels nach, Grimm Blunck Johst Frenssen : Was'n großer Mann ! ! – *(Nüchterner):* An den Schriften jener Herrlichen Tage läßt sich parallel=genau jener Burckhardt'sche Alexander=Goldglanz demonstrieren : die Technik, Schrecklichstes unter übermäßigem Licht zu verbergen !

B. (warnend): Gehen Sie ja nicht noch näher an unsere Zeit heran; sonst wird sofort abgestellt. – *(Eine ‹Entschuldigung› vorbringend):* Übrigens sind Professoren Staatsbeamte.

A. (dringlich): Ebeneben ! Weswegen schon Schopenhauer die Befürchtung äußerte, sie möchten ihre Aufgabe lediglich darin sehen, die jeweilige Regierungspolitik und Staatsreligion theoretisch zu begründen. Machen wir uns lieber jene andere, nun auch schon 2.000 Jahre alte, Forderung zu eigen – Diodor hieß der nicht unverständige Mann – daß der gute Historiker, und er meint im Grunde den Verfasser politischer Romane !, dreierlei nicht haben dürfe . . . . . *(kleine Kunstpause, um das Schockierende recht vorzubereiten. Dann, mit Wucht):* Kein Vaterland ! / Keine Freunde ! / Keine Religion ! –

B. (erst betroffen; dann pikiert): Kein Vaterland ?

A. (scharf): Ganz recht ! – Oder, wenn Sie's anders hören wollen : Er darf kein Chauvinist sein. Kein ‹Patriot›, der die schreienden Gebrechen seiner Nation mit völkischen Lügen übertüncht.

B. (wie vorher): Keine Freunde ? Dürfte ein rechter Historiker haben ?

A.: Auf Einfachdeutsch : keine blinde Vorliebe darf ihn hemmen; kein zuviel von Syndetikon im Blut; klar muß er scheiden : daß Stifter ein bedeutender Dichter war, wer leugnet's ?; aber, außen= wie innenpolitisch, ein gefährlicher Rattenfänger in edle Weltfremdheiten : fruchtbare Einöde.

B. (abwehrend): und keine Religion dürfte ein echter Historiker haben?

A. (bestätigend): Keine Religion. Er darf keine Kirche kennen; sondern, bestenfalls, Kirchänn : Mehrzahl. – *(Dringend):* Wollen wir's doch ganz deutlich sagen : MENSCH muß er sein; nicht ‹Deutscher› ! / MENSCH; nicht ‹Anhänger› ! / MENSCH; nicht ‹Christ› !

B.: Ich bin noch nicht überzeugt – – *(verlegener):* Obwohl ich einzusehen beginne, daß die Historiker Schwierigkeiten haben, ‹zuständig› zu sein. Wenn die ‹Archive zugänglich› werden, sind die Augenzeugen längst, nicht nur mund= sondern ganz=tot. Diodorische Rücksichtslosigkeit ist nicht vereinbar mit Pensionsberechtigung. Und kompliziertes menschliches Verhalten laß' ich mir doch allerdings lieber vom Dichter erklären ..... *(Betroffener, wie wenn ihm 1 Licht aufginge):* Achsooooo .....

A. (erheitert): Leiten wir den Politischen Roman – den ich, nebenbei angemerkt, ja nicht mit dem – *(spöttisch):* ‹Historischen› zu verwechseln bitte .....

B. (hastig): Moment. Wieso das wieder? Umschließt der Historische Roman nicht grundsätzlich auch die Politik des behandelten Zeitalters und Landstriches?

A. (nüchtern): Jaja. Zuweilen ja. Aber das ist natürlich nie mehr ‹echt› : sogenannte ‹Historische Romane› schreibt nur der literarische Schwätzer.

B. (protestierend; vielleicht denkt er an Stuckens ‹Weiße Götter›): Ist das nicht ein überflüssig hartes Wort? – *(Er wiederholt, unangenehm berührt):* ‹Schwätzer› ...

A.: Aber gar nicht. Niemand kann, auch nach den mühevollst=umfassendsten Studien nicht, die Denkweisen eines fernen Jahrhunderts nachvollziehen. Er mag sich noch so ‹feinsinnig› und ‹mitfühlend› gerieren, wie er will : es fehlt ihm grundsätzlich der echte Stimmklang des Mit=Betroffenen; der genialste Dichter wirkt hier wie ein Bauchredner, verglichen mit dem schlichten Wort eines Zeit=Genossen. Denn nur ein Solcher kann ja Einzelheiten wahrnehmen und notieren, die einem ‹Nachvollziehenden› weder zugänglich noch erfindbar sind : Anspielungen, ‹Querverbindungen›, kulturelles Kleindetail, Privataltertümer, ‹Geflügelte Worte›, Zitate : wissen Sie, daß wir von der Literatur des Altertums bestenfalls 10% kennen?! – *(Seufzend):* Neinein : der Politische Roman ist schon eine der schwierigsten Formen des Schrifttums überhaupt. Hier einmal 1 vollendetes Kunstwerk zu sehen, welch schöner Traum – zumal unter Deutschen : unsere sogenannten ‹Klassiker› haben, wie schon der Name andeutet, in dieser Hinsicht sämtlich versagt!

B.: Also schön : wer Rücksichten zu nehmen hätte oder gedächte, sollte keinen Politischen Roman beginnen. – Wie müßte man Ihrer Ansicht nach denn – gesetzt man gehörte zu dem Lippenvolk der Schriftsteller – praktisch vorgehen ? Untersuchen wir das handwerklich Mitteilbare : wieviel Seiten müßte Ihr Politischer Roman mindestens aufweisen ? Dreihundert körnig=kurze ?

A. (ablehnend): Nichts da : Schweigsamkeit ist grundsätzlich nur reziproke Schwatzhaftigkeit. Nein : umfangreich muß der Politische Roman sein; sonst vermag er die Fülle der Ereignisse nicht darzustellen : unter tausend Seiten braucht man gar nicht anzufangen. Muß er doch, ich möchte sagen, ‹Hundert Jahre› umfassen, um Ursachen & Wirkungen zeigen zu können.

B. (stirnrunzelnd): Warum ausgerechnet hundert ? Gerät man damit nicht zwangsläufig in den – eben erst von Ihnen pathetisch abgelehnten – ‹Historischen Roman› ?

A.: Nein; denn er muß gleichzeitig zeitgenössisch sein ! Am Ende müssen stehen : der Verfasser und seine eigene Zeit. / Und wieso man auf 100 Jahre kommt, will ich Ihnen gleich vorrechnen : wer sich heute, jetzt, 1960, hinsetzte, uns einen politischen Roman zu bescheeren, müßte 45 oder 50 Jahre alt sein. Eher hat er, selbst wenn er fleißig und mitfühlend war, zu wenig gelernt und erlebt, studiert nachgedacht gesammelt.

B.: Schön; gut; den politischen Roman eines Zwanzigjährigen möchte selbst ich nicht lesen. Und den eines Achtzigjährigen erst recht nicht!

A. (zustimmend fortfahrend): Nun beherrscht unser Fünfziger aber, zusätzlich noch, bis ins Kleindetail hinein, die Umwelt seiner Eltern; kennt aus ihrem Trällermund die längst verschollenen ‹Couplets›, mit ihren Anspielungen; weiß den Wortschatz jener Zeit, dicht vor seiner Entstehung; die Geräte; die altertümlichen Autoformen; hat mit den ‹Orden & Ehrenzeichen› gespielt, als damals der Vater seine Weltreise alla tedesca machte, d. h. an Bord eines Truppentransporters – : da sind wir, gesichert und zwanglos, schon auf 1880.

B.: Stimmt. Ich erinnere mich noch an politische Limericks meines Vaters, von einem ‹Li=Hung=Tschang aus Tschina› – und wenn ich auch die Sache nicht mehr weiß : die Formel schallt mir noch im Ohr.

A. (bestätigend): Nun wissen Sie aber selbst, wie man als Deutscher – und unser Roman müßte ja ein deutscher politischer Roman sein; obwohl unsere Fähigkeit, die eigenen Zustände nicht zu verstehen, immer hoch entwickelt war! – als Deutscher also, wiederhole ich, müßte man, die Denkweisen gewisser retrograder Kreise, Generäle Minister Großgrundbesitzer, zu erklären; oder die Beziehungen der gefährlich verschiedenen ‹Stämme› zu begreifen, die folgenreichen Kriege von 70/71 mit heranziehen; 66 : den vor allem! Vielleicht auch noch 64. Und auch da sind unverächtliche intime Interieurs möglich : haben ja die Meisten ihre Großeltern noch persönlich gekannt.

B.: Also noch weiter zurück würde ich nun aber nicht gehen.

A.: Auf keinen Fall! Von dem, was weiter als 100 Jahre zurückliegt, interessieren uns nur noch – und das sollte manchem geblähten politischen Granden zu denken geben – : die großen Erscheinungen der Kunst.

B.: Das war ja meine Rede : ‹Was bleibt, stiften die Dichter› : sollte man also nicht doch lieber ‹zeitlos dichten› ?

A.: Und uns unterdessen munter von den Politikern zwiebeln lassen, gelt ja ? ! : Wer hindert Sie denn, auch den politischen Roman als Kunstwerk höchsten Ranges zu gestalten ?

B.: Jaja, wer hindert's ? ! – Aber wenn Ihr politischer Roman zwangsläufig zeitgenössisch zu sein hat – um zumindest den vollen Wert 1 Ansicht, deren etwa ein halbes Dutzend divergente denk= und vertretbar sind, zu haben – würde da der Verfasser nicht automatisch zur Selbstbiografie genötigt ?

A.: Unvermeidlich; es ist gar nicht anders möglich. Denn jeder ehrliche Mann bestrebt sich, uns Farbe und Trübungsgrad des Glases anzugeben, durch das wir bei ihm beobachten müssen. – Sie können sogar noch viel weiter gehen, bei der Berechnung des ‹Handwerklich Mitteilbaren›, wie Sie vorhin so treffend sagten .....

B. (einschaltend): Mange tak.

A. (lächelnd fortfahrend): Es liegen sogleich fest : Ort und Landschaft des politischen Romans. Es müssen solche sein, die der Verfasser, und sorgfältig, kennt : an die beliebten mythologischen ‹Außenränder der Welt›, in ‹erträumte Landschaften›, allgemein : ‹in den Thymian›, verlegt seine Wortpossen .....

B. (abwehrend): ‹Nur der Schwätzer›, ich weiß. Bleiben wir doch bei unserm, wahrlich ernsthaften, Thema : also Zeit & Ort liegen undiskutabel fest, zugegeben. Aber weiter .....

A.: 10 Berufe muß der politische Roman zu schildern suchen : das sind ja, auch bei uns heute noch, ‹Stände›, soziale Querschnitte. Und bitte nicht in der Manier von Tiecks ‹Jungem Tischlermeister› : was ist Holz für ein wunderbarer Stoff, und wie ist so gar nicht die Rede davon.

Dabei ist es doch eine alte – ja, nicht ‹Weisheit› : das ist ein viel zu hoher Ausdruck : 'ne Selbstverständlichkeit ist es ! – :

daß ein Mann erst dann interessant wird, wenn er zu fachsimpeln anfängt. Alles andere, die Todesfälle und Krankheiten, die merkwürdigen Anekdoten, die Kriegserlebnisse die ganze Schweinerei : die hab'ich genau so selbst zu Hause.

B.: Also nicht die Schilderung einer Familie; nicht ‹Die Forsythes› ?

A.: Die schon gleich gar nicht ! – Nein; die ‹selected areas› müssen sich erstrecken vom Hof seiner Majestät an, bis zum Shanty der ‹Filler Marthe›; das Personal von der Gräfin Melusine von Wildhausen an, bis zum ‹Schlachtmeister Schulz›.

B. (befremdet): Also Fleischer=Schlachter=Metzger; warum verwenden Sie den krummen Ausdruck ‹Schlachtmeister› ?

A. (behaglich): Sehen Sie an ! ‹Schlachtmeister› ist ein spezieller ‹Weserausdruck› : wenn Sie durch Bremen spazieren, und da an die ‹Schlachtpforte› geraten, drehen Sie sich nicht gleich vegetarisch=entrüstet um; sondern merken Sie sich ab heute, daß man dortzulande unter ‹Schlagten› die Uferbefestigungen versteht. / Aber ich wiederhole : nicht ‹Familienroman›; das verführt den Historie=Beabsichtigenden nur zu psychologischen Exkursen, die ihm den Platz für Wichtigeres nehmen; verstellt ihm auch, was noch schwerer wiegt, die Möglichkeit, Ereignisse von allen Farben des sozialen Spektrums aus zu analysieren : wenn die Zechenbarone jubeln, flucht der Verbraucher; wenn die Generäle lachen, weinen die Menschen !

B.: Schön; ich begreife und gebe zu : Ihr idealer Politischer Roman müßte autobiografische Züge, als ‹Leitfossilien› überall eingestreut, enthalten; in solchem Fall ist Autobiografie die einzige nachprüfbare Garantie dafür, daß ich nicht im ganzen Buch belogen werde.

A.: Und ‹Autobiografie› ist, logisch weitergedacht, ja nur ein anderer Ausdruck dafür, daß es sich um ‹eigene Erlebnisse› handelt : leidenschaftlich muß man sein; trotzig; jedes geschehene Unrecht muß einen Aufschrei erzwingen : lieber einmal zu oft und einmal zu laut, als einmal zu wenig ! Rücksichtslos muß man sein; Namen ungescheut nennen; kritische Opposition; tapfer vor allem : nicht abgeklärt ! Hüten Sie sich vor der heute vielgerühmten ‹Altersweisheit› : so mit versagendem Gedächtnis, gelt ja ?; nicht nur die Zähne fallen aus, auch die Zitate aus Büchern, die man früher mal jewußt hat; so mit wackelnden Beinen, greisenhaft=eigensinnig, unfehlbar=altersfrech; gewiß, die ‹Labour Party› nennt sich wohl auch, in entzückender Naivität, ‹His Majesty's Opposition› . . . . .

B. (vorsichtig umlenkend): Ach, das ist aber interessant : der Politische Roman könnte nur aus den Reihen der Opposition kommen?

A.: Ohja, mein Lieber; denn der ideale Untertan, wie die Regierungen ihn sich brünstig wünschen, wäre : während seines 8=Stunden=Tages bienenfleißig; während seiner Freizeit in abgeschmackte Zerstreuungen eingewiegt oder nationale Träume oder religiöse; nachts zeugt er fummelig seinesgleichen . . . . . : Neinein! Was gut ist, das ist anscheinend unvermeidlich ‹in der Opposition›. Überall. Denken Sie an unsere, rundum verehrten Dichter : Dante ? stirbt als fluchender Emigrant. / Schiller ? : flieht vor seinem tyrannischen Herzog. / Dostojewski ? : ins Totenhaus geschickt. / Victor Hugo : im Exil. / Unser gutmütiger, achsohumoristischer Fritz Reuter ? : Wissen Sie, daß der Mann als ‹Politischer› zum Tode verurteilt war ?! Dann zu 30 Jahren ‹begnadigt› ?! Später gar – welch Manna träuft doch zuweilen auf uns herab! – amnestiert . . . . . *(hart):* in Wahrheit gebrochen für immer : zum grölenden halbvertierten Quartalssäufer hatte ‹man› ihn gemacht! – Wir tun freilich stark gebildet; und haben ihre Werke, elegant gebunden, in sorgfältig entschärfter Auswahl, abends auf dem Bücherbrett stehen : freilich, wer einmal an Mystik gewöhnt ist, befindet sich bei klarer Deutlichkeit am übelsten ! Aber ein helläugig Schaffender mit Zivilcourage ? : das ist, rechts wie links des Eisernen, so ziemlich das Unerwünschteste, was ein Minister sich vorstellen kann.

B.: Aber halt; halt noch einmal ! – : Könnte nicht doch auch aus Rechts=Kreisen der große Politische Roman kommen ? Ich denke da an=ä . . . . . Moment . . . . .

A.: Nein; nie & nimmer die gestiefelte Verbissenheit nationalen Grimms!

B. (einfallend): Ja sehr richtig! Genau so wollte ich sagen : Hans Grimm.

A. (dramatisch): Auch das noch! – – Gewiß; das Buch hat 1.350 Seiten : aber sonst auch nichts ! Schlagen Sie bloß die Einleitung auf, und vernehmen Sie sofort jenen Ton : j e n e n T o n ! ! ! . . . . . :

Zitat (langsam; schollegebunden, ganz Blut & Boden, wie jene Herren es lieben : also bocksteif, und ‹völkischster› Borniertheit voll): »Vor diesem Buche müssen Glocken läuten . . . . . Und wenn die metallenen S=timmen dröhnen und schüttern, oder auch nur beraubt und eintönig gellen, zwischen Maas & Memel . . . . . dann sollen alle Mann in Deutschland die Arme heben . . . . . und sie sollen heischend und s=tumm vorschreiten, mit den lodernden Armen und den verhungerten Augen der deutschen Menschen jeglichen Alters . . . . und GOtt soll erkennen die Ungeheuerlichkeit ihres Schicksals . . . . . der deutsche Mensch braucht Raum um sich und Sonne über sich und Freiheit in sich, um gut & schön zu werden . . . . . :

oder meinst Du etwa, daß es irgend Größeres gebe, auf Erden & im Himmel, als die letzte Schicksalsfrage unseres Volkes ? !«

A. *(kalt):* Das ist doch noch eine Probe von – *(nachäffend=schwerfällig; ganz Schleswig=Holstein=meerumschlungen):* ‹unsere doitsche Lirre=ratur› nöch ? ! *(Wieder sachlich):* Deshalb hat dieser herrliche ‹Deutsche Mensch› dann wahrscheinlich 20 Millionen Andersdenkender, Andersrassiger, vergast. Dieser dreimal verfluchte ‹Deutsche Mensch›, von dem ein wirklich=Großer, Karl Immermann war sein Name, mit weit mehr Wahrheit feststellen durfte, daß er seit eh & je »die besten Bedienten gestellt« habe : das nämlich ist's genau : die Lakaiennatur; die ‹Lust an der Uniform›, die ‹jeden Befehl ausführt›. – Kurzum : Herr Hans Grimm, und von mir aus darf er 100 Jahre alt werden, hat jede der eingangs aufgestellten, unabdingbaren Forderungen verletzt:

denn er hat 1 Gott – gleichviel, wie er das Dings nennt; –

er hat 1 Vaterland – und was für eins, oh leck! –

und er hat Freunde ringsum – allerdings nicht in ‹Roten Kreisen›. –

(Sachlich): Und also ist er nicht der Mann dazu, dem ältlichen denkenden Menschen ein verläßliches Geschichtsbuch zu liefern : in einer Reihe ernstzunehmender Schriftsteller – nicht etwa nur in einem Kompendium ehrwürdig Protestierender – kann sein Name nur mit 1 Achselzucken abgetan werden !

Wer nicht einsieht, daß über ‹dem Deutschen› – dieser verdächtigen Standortvarietät – als ein Höheres der Begriff der ‹Menschheit› steht. Und über=dieser der Begriff des ‹Lebewesens›. Und über diesem=noch ein halbes Dutzend umfassendere – der soll sein Ränzel schnüren, und – ich habe ihn eben im Haus ! – : Fliesenleger werden : wir sind unsere Arbeitskraft, mehr noch : unsere Lese=Kraft !, ernsthafteren Büchern schuldig.

B. *(versucherisch):* Also dann noch lieber ‹Heinrich Mann : Der Untertan› ?

A.: Nein. Auch der nicht. Der ist wiederum nur bitterböse Satire. Im Einzelnen gewetzt beobachtet, ja; im Ganzen aber doch nur Karikatur. Zeitlos, bodenlos, unverankert, wie alle Manns; vor allem : viel zu kurz : wer sieht beim Wetterleuchten ? !

B.: Meingott : wer kann es Ihnen denn nur recht machen ? !

A.: ‹Recht› – im nunmehr länglich=pedantisch definierten Sinne – machte es mir, in aller deutschen Literatur, bisher nur 1 Buch, und Einer :

die ‹HUNDERT JAHRE› des Heinrich Albert OPPERMANN.

(Gong; blubbt kurz und betroffen=fragend)

A. (nachdrücklich): Hundert Jahre : 1770 bis 1870 . . . . .

B. (einfallend): Das würde sich also in praxi mit dem vorhin von uns skizzierten ‹neuen Politischen Roman› genau überlappen : der sollte ja die Jahre von 1860 bis 1960 erfassen . . . . . *(hoffnungsvoll=halblaut):* Na, vielleicht übernimmt's Alfred Andersch . . . . .

A. (wieder anknüpfend): . . . . . das Gebrodel des ganzen ‹Beginns der Neuzeit› also; vom amerikanischen Unabhängigkeitskrieg an, bis zum Vorabend ‹70/71› – das hören wir gleich des Näheren, Schritt für Schritt kommentiert, wenn wir die 9 Bände, mit ihren 3.000 Seiten und 4 Millionen Buchstaben, der Reihe nach durchgehen.

B. (in komischem Entsetzen): Neun Bände ? ! – Das kann eine lange Nacht werden, endlos=unmagisch.

A. (scharf): ‹Magie ? !› : treibt in der Literatur nur Der, der keine verläßlichen Daten vorzulegen weiß; das ist lediglich ein anderer Ausdruck für Mangel an Stoff : wo das Material ausgeht, beginnt die ‹tiefschürfende Bemerkung›. Genau so sicher, wie der Hörer sich darauf verlassen kann, daß Regierungssprecher dem Namen DDR unverzüglich ein »sogenannt« beigeben – hei, wird das binnen Kürzestem ein Erwachen setzen ! – nicht minder gewiß mag er sein, daß der Verfasser einer ‹Deutung des Werks› zu faul war, Archiv= und Kirchenbuchstudien auf sich zu nehmen.

B.: Weil wir vom Politischen Roman sprechen, will ich's hingehen lassen. – Aber nun, da die betreffenden ‹Hundert Jahre› festliegen, folgt logischerweise die Frage nach dem ‹Ort› : irgendwo müssen ja, laut Theorie, und wenn das Thema auch ‹Die Ganze Welt› heißt, die Wurzeln sitzen. – *(Da B. sieht, daß A. eben antworten will, hastig=erleuchtet):* Oderhalt; nein; lassen Sie mich selbst versuchen : nennen Sie mir das Vaterland – beziehungsweise, da Sie Wort und Begriff wenig goutieren; den Lebensraum des Verfassers : wo fühlte Oppermann sich ‹zu Hause› ?

A. (leichthin): In Hoya. – *(Korrekte Aussprache* : Hoh=ja*).*

B. (resigniert): Da steh' ich nun . . .

A. (aufgeräumt): In Niedersachsen also; im alten Königreich Hannover. Göttingen ist ein weiteres der Zentren. Auch der benachbarte Solling, Waldhaufen getürmt auf den Hügeln. Bremen. Und eben Hoya : durch das ganze Buch strömt, ein langes Lebewesen, seit diversen Myriaden Jahren an der gleichen glitzernden Stelle : Die Weser. –

Aber zur Sache !

(Gong)

A. (in nachdrücklicher Ankündigung, wie auch später bei jedem neuen Buch): Erstes Buch! Niedersachsen 1770?: Das ist uralter englischer Boden; und man braucht durchaus nicht – wie modische Politiker gerne argumentieren – bis Hengist & Horsa zurückzugehen, oder ähnlichen Räuberfirmen: seit 1714 stellt das ‹House of Hanover› offiziell die englischen George.

B.: Und dieses Hannover eignet sich warum?, besonders gut zur Demonstrierung umfassender Politica?

A.: Abgesehen davon, daß es des Verfassers Lebensraum ist – was, laut Theorie, bereits Grunds genug wäre – ergibt sich aus diesem Vorangeschickten, daß der Herrscher fern im Schlosse zu St. James sitzt; für das Stammland sorgt eine kleine ‹Deutsche Kanzlei›; in Hannover selbst schaltet & waltet, nahezu allmächtig=unbeaufsichtigt, der einheimische Adel, der eifersüchtig sämtliche Beamten= und Offiziersstellen besetzt hält: das Ergebnis ist eine geradezu Südafrikanische ‹apartheid›! Da führt etwa, schon rein äußerlich, der adelige Beamte einen andern, volltönenderen Titel, als der Bürgerliche, der die gleiche Stellung bekleidet, die gleiche Arbeit leistet – im Durchschnitt natürlich wesentlich mehr sogar: ein heutiger Landrat hieß, war er aus dem Bürgerstande, ‹Amtmann›; war er ‹von Adel›, d. h. durfte er – »gleichsam als a=privativum« sagt Oppermann – ein ‹von› führen, ‹Der Herr Landdrost›.

B.: Also steht der Bürger Oppermann grundsätzlich auf Seiten der ‹kleinen Leute›?

A. (abwehrend): Oh nein, nicht'och. Er hat, genau nach Vorschrift, keine Freunde. –

Zurück: Hier in Heustedt also herrscht, als ungekrönte Königin, die Gräfin Melusine von Wildhausen, eine echte Tochter der Aufklärung: freien Geistes, freiester Sitten, sehr reich, sehr hochmütig, sehr hübsch und geil. In einer Sonderabteilung des großen Parks, der ihr Schloß umgibt, steht der ‹Chinesische Pavillon›, halb Gartenhaus, halb heimliches Liebesnest, das die ärgsten Ausschweifungen ermöglicht – wenn die schöne Melusine an einem athletisch=gebräunten Förster Gefallen findet, darf auch er einmal mit hinein: die zweite Tochter, Heloise, ist das Ergebnis einer solchen Laune; der Vater der älteren Olga mag ihr Gatte sein.

B.: Dies also die Spitzen der dortigen Gesellschaft?

A.: Zunächst ja; denn die Könige selbst treten persönlich erst in den späteren Bänden auf. – Sorgfältig und mit guter Sachkenntnis wird nun weiterhin der Beamtenapparat der kleinen Verwaltungsstadt aufgebaut: der Drost und seine Schreiber; die Advokaten= und Arztfamilien; Pfarrer und Deichinspektoren. Wichtige Namen sind die Förster Baumgarten und Haus.

B.: Die also weitere Helden liefern, wenn ich recht verstehe?

A.: Ganz recht : einige der Helden. Ohne die erforderlichen vielverzweigten Stammtafeln vor Augen finden Sie nicht durch – einer der ganz großen Nachteile des bloßen hastigen Hörens : ernsthaftes Studium ist da unmöglich; ich bin ein Gegner von ‹Schall & Rauch & Rundfunk› ! – Also geben Sie's von vornherein auf, die reizvollen Familienverhältnisse der Personen durchschauen zu wollen; halten Sie sich an die interessanten, die pikanten, Episoden. –

Es folgen auf den Stufen der damaligen sozialen Leiter die Handwerker – hier ist die wichtigste Familie die des, erst Drechsler= dann ‹Schlagt›=Meisters Schulz; die Kaufmannssippe Junker, in Bremen; der Großbauer Dummmeier – und Sie müßten das Wort, mit seinen 3 ‹m› hintereinander, immer wieder, bei Oppermann gedruckt sehen : das wirkt frappant! Myrmidonisch=wimmelnd; ich fand ähnliches gestern in meiner alten Tieck=Ausgabe – sehen Sie : ein ‹Feinsinniger› würde schon wieder »bei meinem Tieck« gesagt haben!

B.: Sie können einen Menschen aber auch völlig durcheinander bringen : was hat das jetzt wieder mit unseren ‹Hundert Jahren› zu schaffen?!

A. (schnippisch): Betrachten Sie es als Episode : gegen einen ‹Duden›, der uns durch seine halb pedantischen, halb gußeisernen Vorschriften unter anderem auch um solche unvergleichlich=einprägsamen ‹typografischen Porträts› bringen möchte : gegen den ist keine Invektive zu scharf! –

Aber natürlich leben in Hoya=Heustedt auch Arbeiter Knechte Mägde. Der ‹Halbmeister› Filler .....

B. (nickend): Ah, das weiß ich zufällig : einer jener vom Volke, halb in Furcht halb in Verachtung, erfundenen Titel des Henkers und Abdeckers.

A.: Ganz recht; also ‹die Fillers› stellen, zumal in ihren weiblichen Mitgliedern, eine bedeutende Gruppe Personal. Dann die Juden : erst Hausierer, später Bankiers, sind die Meyer=Hirschsohns; habsüchtig, gewiß; aber eben vom ‹Deutschen Menschen› Grimm'schen Schlages in solch geldrafferische Isolierung gezwungen. Geistreichigkeit à la Rahel Varnhagen; Heinisch=listig. – Den Typ des Abenteurers vertritt der Jütländer Claasing; ein nordisch=schöner Raufbold, Spieler, für Stunden wohl auch Liebhaber adliger Damen; zum Schluß schlängelt er sich mit letzter Heiratskraft ins Großbauerntum ein, und endet als versoffener Roßtäuscher.

B.: Ziemlich boshaft : was würden Wirth, Kossinna, Schuchhardt und die sonstigen ‹Könige der Germanen› s=pucken, wenn sie ihre Lieblingsrasse derart beschrieben fänden?

A.: Die würden ‹Wikinger› dafür sagen; ein Unterschied ist da ja höchstens mit bewaffnetem Auge zu erkennen. Denn dieselben Eigenschaften spiegelt sogleich auch der einheimische Adel : von den teils verrotteten, teils vertrottelten, Grafen Schlottheim an; bis zum Reiteroffizier Viktor Justus Haus von Finkenstein. – Endlich die Künstler aller Art . . . . .

B.: Ist das Absicht, solch=Ihre Anordnung ? : wollten Sie doch »auf der sozialen Stufenleiter abwärts steigen« . . . .

A.: . . . . . dieses ‹Fahrende Volk› also, vertreten der Maler Hellung aus Dresden. Und vor allem eben Literaten jeder Spielart : von Gottfried August Bürger und Lichtenberg an; über ‹Werthers Lotte›, bis hinauf – zeitlich hinauf – zu Gutzkow Dingelstedt Carrière Creizenach Prutz – Oppermanns Schwager übrigens – Hoffmann von Fallersleben . . . . .

B.: Damit greifen Sie aber bestimmt wieder vor; wir sind noch im ersten Band.

A. (bestätigend): Im ersten Band; der aber zunächst einmal die Kulissen aufstellen muß, und das Personal hinein. – Da dröhnt und kracht der Eisgang auf der Weser, bis dem Leser so recht heimlich=unheimlich wird . . . . .

Zitat: ‹Matthis brekket dat Is !› – : Es regnete fein, was man in Heustedt ‹stöbbern› nennt. Als am folgenden Tage Wagen um Wagen den Deichen zu fuhr, um Faschinen, Stroh und sonstige Zubehörungen zu bringen, regnete es schon stark; und so regnete es 2 Tage und 3 Nächte. Der weiße Schnee war in dieser kurzen Zeit von allen Feldern, selbst von den nach Norden gekehrten Wänden der Gräben verschwunden. Das Wasser stand zum Theil über dem Eise der Weser; erst nach ein paar Tagen sah man, daß der Wasserstand um einige Fuß gestiegen war. Es kam Matthias=Tag, aber er brach das Eis nicht. Am vierten Regentage krachte das Eis zum ersten Male, donnerähnlich. Tiefe Spalten und Ritzen bildeten sich; die Schollen vor den Eisbrechern wurden langsam höher und höher an ihnen hinaufgehoben. Das Wasser war bis Sonntag auf 12 Fuß gestiegen; und zur Verwunderung Vieler ging das Eis unterhalb der Brücken am Sonntag, gegen Abend, ohne Schwierigkeiten fort. Allein die unvorsichtigen Bewohner der Oststadt wurden des Nachts durch Alarmschüsse und Geschrei erweckt, und mancher, der aus seinem Bette sprang, trat bis an die Knöchel ins Wasser : aus den Ritzen der Fußböden in der Hinternstraße quoll das Wasser bald fußhoch in die Stuben und Kammern; und in den Straßen begann sich an den tieferen Stellen das Wasser zu zeigen. Nun erhob sich ungemeine Geschäftigkeit. Vor dem Neuen Schlosse und an dem Thorwege zum Park wurden die großen Pechpfannen angezündet, die mit ihrem rothen und qualmigen Lichte das Schloß und einen Theil der Schloßstraße erleuchteten. In dieser begann ein buntes Getreibe bei Fackel= und Laternenerleuchtung. Nachdem die Einwohner nämlich vor allem die Keller geleert, und alles Werthvolle aus den Räumen zur ebenen Erde auf die Böden und in die oberen Räume gebracht hatten, fing man an, die einzelnen Häuser einzudeichen; damit sie von der Straße her nicht durchfluthet würden : man schlug etwa 3 Fuß voneinander Pfähle in das Pflaster des Trottoirs, lehnte Dielen dagegen, und füllte die Zwischenräume mit Strohdünger aus, 3 bis 4 Fuß hoch. Das Wasser in den Straßen stieg zusehends. Schon kamen aus der Weserstraße Kähne mit Betten, Möbeln und Hausgeräth, Wiegen mit schreienden Kindern darin, aus den ärmlichen Wohnungen der Hinternstraße geflüchtet, wo obere Wohnräume nicht existierten, vor dem Schloßthore an. In der Schloßstraße selbst stand das Wasser nun noch nicht so hoch, daß man die Kähne benutzen konnte; deshalb mußte in dieser alles bis kurz vor den Rathskeller, wo es wasserfrei war, von Männern in Wasserstiefeln getragen werden; auch Frauen und Mädchen wurden so getragen. Dazu erschallten von Norden her von Zeit zu Zeit starke Donnerschläge; das Eis hatte sich bei Paß Hengstenberg gestopft, und der Deichgraf versuchte Sprengungen mit Pulver. ..... Alle gewöhnlichen Geschäfte hatten aufgehört; alle Schulen waren ausgesetzt; gerichtliche Termine wurden nicht abgehalten, es war Justitium eingetreten; man glaubte sich plötzlich nach Venedig versetzt. ..... Während dessen war man oberhalb der Brücke und des Überfalles auch nicht müßig; das Wasser spülte bis an die Krone des Deiches; 30 bis 40 Personen waren damit beschäftigt, dicke Seile von Stroh zu drehen; ebensoviele Andere schlugen diese am äußersten Ende des Deiches mit Pflöcken übereinander fest; dahinter wurden Faschinen oder Säcke mit Sand gelegt, und Erde darüber gefahren. Dummmeier sah aber ebenso häufig nach dem Himmel als nach der Weser; der wollte ihm nicht mehr recht gefallen. Dort hatten sich am nordöstlichen Himmel dunkle Wolken, Gewitterwolken ähnlich, gebildet, welche trotz des Südwindes rasch emporstiegen. Da hörte man 6 Kanonenschläge. ‹Dat is de Moordorper Dick, de to'n Düwel geiht›, sagte Dummmeier, ‹Nu schull Ji mal sehn, Jungens, wie dat Is nu Luft kriggt un losgeiht !› : Erst langsam, kaum merklich, schoben sich die Massen zusammen; noch einmal krachte es, als würde die Erde in ihren Grundfesten erschüttert; dann sah man, wie die auf den Eisbrechern ruhenden Schollen über deren Spitzen weggeschoben wurden. Auf diesen Spitzen aber brachen die Schollen auseinander, küselten unter das Wasser, und eine suchte der anderen zuvorzukommen, es war ein Drängen, Reißen, Stoßen, Übereinanderhinwegstürzen. Trotz des Eisgangs stieg das Wasser, und schien sich gelblich zu färben : ‹Iss all Fuldewater› brummte Dummmeier . . .

B.: ‹brummte Dummeier› – aber lassen wir die, dem Lokalhistoriker oder Eingeborenen zweifellos sehr interessante Schilderung . . . . .

A.: Denen am wenigsten : Die kennen das nämlich ganz genau ! Jedem Anderen vielmehr sollte solche Information, solches ‹Fachsimpeln› wie wir vorhin sagten, willkommen sein . . . . . aber schön; lassen wir, breitbeinig, die Hände in den Taschen, ums Haus den jahrhundertealten Eichenkamp, den niedersächsischen Bauern da auf dem Deich stehen – fleißig und handfest ist er, gewiß; aber auch tückisch und rückschrittlich, was man in interessierten Kreisen dann lobend ‹konservativ› nennt oder auch ‹gesund›; in Wahrheit ein Schläger und Dreckfink, der die Mägdekammer nur allzugern als seinen Privatharem betrachtet, wie denn aus Oppermanns eingelegten Novellen recht nachdenkliches Licht speziell auf diesen Zweig nächtlich=bäuerlicher Tätigkeit fällt.

B.: Kannte Oppermann das Landvolk aber auch wirklich ? Das ist nämlich gar nicht einfach; Literaten fallen meist böse hinein, wenn sie sich, womöglich noch unter neckischen Nachahmungsversuchen des betreffenden Dialektes, an bukolisch=misthaufige Themen wagen.

A.: Oppermann kannte ‹seine› Hoyaer Bauern sehr genau; zumal als ländlicher beliebter Anwalt, der schätzbare Fachbroschüren über das alte ‹Meierrecht› herausgegeben hat. Neinnein : seine Interieurs sind alle wohltuend exakt. Unter der Ampel steht das krummbeinige Rokokotischchen; darauf der Perlmutterkasten mit Zunder Stahl Stein und Schwefelfaden zum Feuerschlagen; da versammelt man sich bei der Lektüre eines Säkulums – die man also organisch wachsen sieht : zu Anfang ist es noch, und selbst die Kinder lernen buchstabieren daran, die alte ‹Insel Felsenburg›; dann kommen die ‹Neuerscheinungen›, Lessings ‹Minna›, Goethes ‹Götz› und ‹Werther›. – Innenpolitik gibt es noch nicht; höchstens in Spurenelementen zopfiger Zunftstänkereien erkennbar; noch existieren keine Sprecher des 3. und 4. Standes. Unterwürfig bestaunte Gesprächsthemen liefern, damals wie heute, die Verhältnisse der regierenden Herrschaften : damals also die ‹Struensee=Affäre› um Königin Karoline=Mathilde von Dänemark, und deren plötzlich=mysteriöser Tod. – Die heranwachsenden Gymnasiasten Karl Haus und Heinrich Schulz, die einst als nächste Generation die Handlung übernehmen werden, machen eine Fußwanderung ins interessanteste Ausland : die Großhandelsstadt Bremen . . . . . :

Zitat: Durch die Wachtstraße ging es der großen Weserbrücke zu, zu welcher der Zugang durch ein festes Thor verteidigt werden konnte. Die

Brücke war von Holz, ohne jedes Geländer; gleich rechts an ihr stand ein großer kupferner Kasten, 15 Fuß lang breit hoch und tief; davor in der Weser war ein großes Rad, so groß, wie die jungen Männer noch nie ein solches gesehen hatten : es hatte 50 Fuß im Durchmesser, mit sehr breiten Schaufeln; an diesem hingen Kannen, die unten in der Weser sich voll Wasser füllten, und sich oben in eine Rinne leerten, welche das Wasser in den erwähnten Kasten führte, der ziemlich hoch auf einem Pfahlwerke stand. ‹Dat iss'at Waterrad› erläuterte Brauer, ‹toulezt 1710 upgebuet; und gript 9 Tonnen Water, wenn et einmal rum geiht. Dat Rad geiht aber in 1 Stunne 51mal rümmer; bringt also in 24 Stunnen 10.800 Tunnen à 125 Stübchen. Me düssen Water werd die gemeinen Woltgoten speiset; und unter den groten gemeinen Röhren gift et vor jedet Hus Privat=Nebenröhrn : so kriggt jedet Kirchspeel un jedet Hus sin Water.›

B.: Sieh da : ein altes Wasserwerk. Und das war 1800 so noch in Betrieb ?

A.: Unverändert, seit 1400; ja. – Dort in Bremen wohnt der große Olbers; gleich in der Nähe befindet sich eines der heimlichen Zentren damaliger astronomischer Forschung : Lilienthal. Dort in Bremen treffen unsere jugendlichen Helden eine weitere allerhistorischste Hauptgestalt : Justus Erich Bollmann.

B.: Über den ich Wo=Was finde ?

A.: Das ist auch wieder so ein wunder Punkt : weder in unserem Standardwerk, der ‹Allgemeinen Deutschen Biografie›, noch der eben davon erscheinenden Neuauflage, finden Sie, völlig unbegreiflicherweise, den Namen aufgeführt. Dabei war er eines der interessantesten ‹Kinder zweier Völker›; einer der ganz wenigen Deutschen, die, gleich Steuben oder Karl Schurz, eine lebendige Verbindung zu den Vereinigten Staaten herstellen. Varnhagen hat ihm, nach seiner aalglatten klein=schlechten Art ein Biogramm hinterher geschrieben; ihm, dem Fast=Befreier Lafayettes aus Olmütz, dem Fast=Gründer von Pittsburg, ihm, dem Finanzexperten des Wiener Kongresses, ihm, der zu Hoya geboren war, und auf Jamaica starb, ein Anderthalb=Odysseus seiner Zeit.

B.: Also kann ich aber schlechterdings von ihm nichts wissen; wenn man ihn in den 56 Bänden der ADB vergaß, bin ich der Schande los und ledig. – Aber Sie betonten so verdächtig Bollmanns ‹Historischen Namen› : ich denke, *sämtliche* Namen sind rücksichtslos=historisch ?!

A.: Die Personen schon; ihre Namen nicht immer – Oppermann war ja schließlich kein Selbstmörder; bzw. nicht unklug genug, sein Leben in endlosen Prozessen zu vergeuden, wie es leider manchem feurigen Dichter ergangen ist, Cooper oder May. Die Namen sind grundsätzlich leicht getarnt; obwohl dem Kenner blitzschnell durchschaubar à la ‹Hoya=Heustedt›. Wollen Sie jeden einzelnen der Beschriebenen auch heute noch beim Zopf erhaschen, so macht das keinerlei Schwierigkeit : wenn Oppermann angibt, daß der Betreffende 1840 Wasserbauinspektor zu Hoya gewesen sei, dann . . . . .

B. (herausfordernd): Ja, was dann ? ! Sie können doch keinem Leser zumuten, mit Gewalt nach Hoya zu pilgern, und dort monatelang Lokalstudien zu treiben – oder ist das etwa schon geschehen ? Gibt es einen, im Druck vorhandenen Schlüssel zu den ‹Hundert Jahren› ?

A.: Leider noch nicht. Heute müssen Sie sich noch die Katasterplankarte von Hoya zur Hand nehmen; und dazu die betreffenden Jahrgänge der Staatshandbücher des alten – erst Churfürstentums, dann Königreichs – Hannover : in diesen, noch viel zu wenig ausgewerteten, historisch=biografischen Quellen finden Sie Allealle. Eine solche Art der Verschlüsselung ist gar keine !

(Gong)

A. (mit Nachdruck): Zweites Buch ! –

Da befinden wir uns, zu Anfang der 1790er Jahre, in Göttingen, er Stadt der Georgia Augusta, der großen Universität : 3 der ‹jüngeren Helden› – genauer wäre ‹der mittleren› – studieren hier. Justus Erich Bollmann, der Mediziner; Karl Haus der Jurist; Heinrich Schulz der Theologe.

B.: Mir fallen, von bekannten Namen, im Augenblick nur ein : Tieck und Pape; Metternich und der Präkommunist Saint=Simon; Wolfgang Bolyai und ER, der Größte der Großen : Karl Friedrich Gauß.

A.: Am Rande erscheinen sämtliche Professoren : Kästner Heyne Blumenbach; Eichhorn Pütter Tychsen Spittler Heeren . . . . .

B. (hineinmurmelnd): . . . ‹Ideen über die Politik, den Verkehr und den Handel der vornehmsten Völker der Alten Welt› : sehr wichtig : Der und Mannert ! . . . . .

A. (weiter die Vergessenen ‹zitierend›): . . . . . der Ritter Zimmermann ‹Über die Einsamkeit› und sein Gegenfüßler von Knigge : ‹Über den Umgang mit Menschen›. Und schließlich er, der Mächtigste, schon Zerfallende : Gottfried August Bürger ! Zu ebener Erde wohnt sein Hauswirt, der Kupferstecher Riepenhausen=Hogarth; oben im Dach der ewige ‹Arme Poet›. Und er, der als ‹Gänsemännchen› gleichzeitig 2 Schwestern geliebt hatte, ist zur Zeit der Gatte einer Jung=Dritten, jener berüchtigten

Elise Hahn, die sich öffentlich angeboten hatte, ‹Mollys› Stelle auszufüllen .....

Zitat: ‹Getreu wird's› – *(mit bedeutendem Tonabfall ins Zynische):* das Schwabenmädchen nämlich ! – ‹. . . unter Himmelssegen / des einzig lieben Mannes pflegen / bis zu dem höchsten Stufenjahr; / und Deutschland soll's zu rühmen haben, / daß dieses Jungferlein aus Schwaben / einst Bürger's Gattin war !› – / *(Vertraulich):* Heute empfing die Frau Professorin : ein nicht sehr großes Zimmer nahm 15 Personen auf, darunter 6 Herren und 9 Damen; man trank Thee und aß Kuchen und Butterbrot dazu. Die Damen waren jung, die Herren nur Studiosen; zum Tanzen war kein Platz; Elise schlug ein Pfänderspiel vor. Die Strafen diktierte Amor; sie bestanden regelmäßig in Küssen, bei denen nur die Zahl, die Art & Weise, ob die ganze Gesellschaft durchgeküßt wurde, oder ob einzelne Personen sich küssen mußten, ob dies öffentlich oder im dunklen Nebenzimmer geschah, wechselte. Nach dem Pfänderspiel kam Blindekuh an die Reihe : man tanzte im Kreise um die Blindekuh, die dann plötzlich zwischen die Tanzenden sprang, um eine Person zu haschen und zu benennen – es entspann sich oft ein Kampf, bei dem der Blinde sich erlauben durfte, was dem Sehenden unerlaubt gewesen wäre ! Kurz, es war ein Leben & Treiben, zu dessen Schilderung ein Hogarth'scher Pinsel gehörte. / ‹Mach daß Du fertig wirst›, sagte Riepenhausen zu Bollmann, der noch immer an seinem Punsche braute, ‹diesen Höllenlärm da oben ertrag ich nicht mehr. Auf die Gefahr hin, daß Ihr mir mein Staatszimmer zurechtschmökert, daß Lichtenberg, der morgen meinen ersten Abdruck sehen will, zu schimpfen anfängt, wenn er den Knaster riecht, führe ich Euch dorthin. Da sind wir unter Bürgers Schlafgemach, und haben diese wilde Jagd hoffentlich nicht über uns.› / ‹Bin sofort fertig› sagte Bollmann, die letzte Citrone ausdrückend, ‹aber sag'einmal, um aller Welt willen, wie kann der Bürger so blind sein ? !›

A.: Ach, es ist zu viel und zu schön, dieses Dutzend Seiten voll ungedrucktester Details; das muß man, als Deutscher, selbst lesen !

B. (ebenfalls hoch aufatmend): Dergleichen erfreut natürlich des Deutschen Herz; unbedingt. Es scheint doch ein ‹groß wüst Buch›, diese ‹Hundert Jahre›. Aber ‹stimmt› denn das auch alles ?

A.: Oh unbedingt ! : Oppermann ist verläßlich ! Wie sagt er doch, gleich zu Eingang des zweiten Buches ? ..... :

Zitat: Wer in den Zwanziger und Dreißiger Jahren in Göttingen studierte, oder sich dort Studierens halber aufhielt, der ist auch im Hause des witzigsten aller ‹Kroneninhabers›, Friedrich Bettmann gewesen; nämlich in der ‹Goldenen Krone› an der Weenderstraße. Wer dort aber jenerzeit ein= und ausging, der fand allda=alltäglich ein altes zusammengeschrumpftes Männchen, mit gelber Perrücke, die weniger als Haarschmuck, denn zur Erwärmung des Kopfes diente; abends in der hinteren Stube vor der Mutterflasche mit gelbem Lack sitzend, sich und den Stammgästen daraus einschenkend und diese lebhaft unterhaltend : als die Georgia Augusta 1787 ihr funfzigjähriges Jubiläum feierte, da war dieser Mann schon wohlbestallter Universitäts=Kupferstecher; und als Göttingen 1837 sein hundertjähriges Jubiläum feierte : da war Riepenhausen einer der Wenigen, die noch vom Jahre 87 erzählen konnten. Sobald es dunkelte, Sommer und Winter, war er der erste Gast in der Krone. Er wußte viel zu erzählen, der alte Herr; und er hat mir Dinge berichtet, von denen in unzähligen Büchern, die über Göttingen geschrieben sind, kein Wort steht! Und hätte sich Otto Müller von ihm eine Stunde über Bürger erzählen lassen : er würde einen besseren Roman als den uns vorliegenden geschrieben haben!

B. (tiefsinnig=nachdenklich): Achrichtig. Oppermann hat die Leute ja noch Alle persönlich gekannt; sieh da! – Wie geht es weiter?

A.: Bollmann, der Älteste der erwähnten Drei – auch der Unternehmungslustigste – wird nach Paris gehen; jenem revolutionären Paris, das Louis Sébastien Mercier so unnachahmlich=falsch geschildert hat, mit den berüchtigten ‹Mitteln des Journalisten› – *(nüchtern):* der außerdem zumeist während der von ihm so ‹anschaulich geschilderten› Szenen in leichter Haft saß : ein unschätzbarer Vorteil für solche ‹Pseudisten›! Sie sind einerseits ‹Zeitgenossen›; und können andrerseits doch faselnfaseln, bis ihnen der schönfärbige Schaum vorm Plappermaul steht.

B.: Er gibt aber doch, meines geringen Wissens, auch unverächtliche Details – die ‹Jou=Jou=Manie› etwa .....

A.: ... über die Sie, eben bei Oppermann, Deutsch=Verläßlicheres nachlesen können : das spielt man auch in Heustedt; wo Karl Haus und Olga sich platonisch lieben – während Anna Dummmeier und Graf Schlottheim sich mehr der Praxis widmen. – Ein bedeutender Stichtag ist der 10. August 1792 .....

B.: Warum gerade, vor allen andern, er?

A.: Weil an ihm einmal der unselige 16. Ludwig in Paris guillotiniert wird : das berichtet, in sonst nicht wieder abgedruckten Briefen, Bollmann. / Weil an ihm gleichzeitig Anna Dummmeier den verachtetenveralteten Abenteurer Claasing, und Comtesse Olga den débauchirten Grafen Schlottheim ehelichen müssen. / Und weil gleichzeitig an eben diesem Schicksalstage der cand. theol. Schulz in Hedemünden, bei seinem Schwager, dem Oberförster Baumgarten, einen Mann kennen lernt, der –

neben Hormayr und Christian von Massenbach – dem Kenner eines der ‹Leitfossilien› des ausgehenden 18. Jahrhunderts geworden ist : Friedrich Ludwig Freiherr von Berlepsch.

B.: Wieso eigentlich kaprizieren Sie sich darauf, nach einer spannenden Einleitung, einen Namen zu servieren, den selbst der Große Brockhaus nicht mehr kennt?

A. (heftig): Ist das vielleicht meine Schuld, wenn sich Einer ehrlich bestrebt, das Gedächtnis der Menschheit zu sein – daß Der dann sogleich als antiquiert, ja, verschrullt, ausgeschrien wird ? ! : Nur weil die Trägen – und ihre Zahl, fürchte ich, ist identisch mit der der Lebenden ! – nicht mehr ‹Bescheid wissen› ? – Ich bin nicht auf die Welt gekommen, um Rücksichten zu nehmen; ich wiederhole also noch einmal, und feierlich:

Friedrich Ludwig Freiherr von Berlepsch!

B. (resigniert): Schön. – Aber wehe Ihnen, wenn Sie mich enttäuschen : was hat er Nennenswertes geleistet?

A.: Folgendes : – Er, im Goethejahr 1749 geboren; leidenschaftlich und exzentrisch, d. h. kann=man=sagen, war Einer der Wenigen, die das Fänomen der großen Französischen Revolution von 1789 richtig würdigten. Er voraussah weiterhin : daß ‹sein› Hannover da zwangsläufig zwischen West & Ost zermahlen werden würde – ungefähr vergleichbar der augenblicklich sogenannten ‹Bundesrepublik› und der nicht minder sogenannten ‹DDR›. Und also trug er offiziell darauf an, daß die ‹Calenbergische Nazion›, deren einer offizieller Vertreter er war, unverzüglich Frieden und Bündnis mit Frankreich schließen sollte – natürlich wurde er sofort erst einmal entlassen!

B.: Es klingt doch aber auch verdammt eigenbrödlerisch : ‹Calenbergische Nazion› – was ist das überhaupt : ‹Calenberg›?

A. (ablehnend, man muß dabei hören, daß er die Stirn runzelt; ein Nachtprogramm ist eben viel zu kurz, als daß man auch nur das Wichtigste erläutern könnte): Eine der 9 ‹Landschaften›. Lassen wir die Einzelheiten : zwischen Einem wie mir, der 6 Bände Berlepsch gelesen hat; und Einem wie Ihnen, der eingestandenermaßen nichts davon weiß – *(strafend):* nichts wissen will! – ist eine Verständigung schwer möglich.

Berlepsch also – meinethalben ‹leidenschaftlich & exzentrisch›; aber ein solcher Überschuß von Phlogiston war bei uns stets Mangelware und sollte kostbar gehütet werden ! – Berlepsch war einer der ersten Deutschen, die Recht & Gerechtigkeit nicht devot erbaten, sondern schlichtweg forderten ! Dessen Anträge freilich nirgends durchdrangen, ‹weil die abstoßende Form zu schockierend wirkte›.

B. (verständnisvoll): Achso : der Inhalt wäre sonst so übel nicht gewesen ?

A. (achselzuckend): Mit unerschrockenem Mut vertrat er jederzeit, unter einheimischer wie unter fremder Herrschaft, die Interessen der Untertanen – selbstverständlich seine eigenen mit; obwohl auch hier hervorgehoben sei, daß er für den Adel, dem er doch selbst angehörte, eine besonders hohe Besteuerung vorschlug. – Vor allem aber hatte er, Einer der ganzganz Wenigen Klarblickenden seiner Zeit, früh genug erkannt, daß 2 Staaten, genauer Ost & West, sein Hannover aufzufressen höchst appetitlich=bereit waren : einmal Frankreich, um die Seeküsten wirksam gegen den natürlichen Feind des Festlandes, England, sperren zu können .....

B. (kopfschüttelnd; er kennt eben Massenbach auch nicht): Den ‹natürlichen Feind des Festlandes› – ich fühle mich fast versucht, Sie ebenfalls, gleich Ihrem Berlepsch, ‹leidenschaftlich & exzentrisch› zu heißen.

A.: Deswegen nun – weil England keinen Frieden wollte; und das ihm liierte Hannover keinen machen durfte – deswegen schlug Berlepsch ganz kalt dem ‹Calenbergischen› Landtag vor : auf eigene Faust Frieden mit der jungen Republik Frankreich zu schließen ! Man folgte ihm nicht; lachte vor Dummheit, und brüllte vor Wut. Aber die Jahre 1801–13 zeigten umgehend und nur allzudeutlich, wie sehr Berlepsch im Recht gewesen war, seine ‹Calenbergische Nazion› vor der Französischen, wie vor der strammen Preußischen zu warnen. – Jedenfalls ist er immer eines der ersten klassischen Beispiele auf deutschem Boden : wie 1 Einzelner, nur mit seinem Wort bewaffnet, öffentlich mutig unermüdlich, auftritt, gegen die myopische Regierung seines Vaterlandes !

B.: Was diese Regierung vermutlich sogleich dahingehend verdrehte, als sei Berlepsch gegen ‹das Vaterland› selbst. – Aber wir müssen weiter .....

(Gong)

A.: Drittes Buch !

B. (bittend): Könnten wir nicht eine Zigarettenpause einlegen ? Bei mir beginnt es bereits langsam zu drehen : Hoya & Bolyai; Riepenhausen=Bürger; das Bremer Wasserrad & Berlepsch – das sind erst 2 Bücher, und ich eigne nicht den Magen eines Vogel Strauß.

A. (unerbittlich): Drittes Buch ! : das zerfällt ins Bedeutend=Weite. – Bollmann hat den Grafen Narbonne für die Frau von Staël aus Frankreich hinausgeschleust; muß aber im Umgang mit den degenerierten Émigrés jener Jahre nur zu bald erkennen, wie doch die herrschende französische Kaste nichts als ‹lackierter Staub› war. Sofort anschließend versucht er ein zweitesmal sein Glück als politischer kidnapper : der Held der amerikanischen Freiheitskriege, Lafayette, ist in österreichische Gefangenschaft geraten, Olmütz heißt sein Kerker; und Bollmann, zusammen mit dem Amerikaner Huger, unternimmt es, ihn zu befreien.

B.: Gerade heute wieder, im Zeitalter des Menschenraubes, eine recht schwermütige historische Anekdote.

A. (ungehalten): Ja leider tendieren wir Deutschen dahin, Gegenwart und Historie zu trennen, als gehörten sie gar nicht zueinander ! Dabei ist es doch so : das individuelle Gedächtnis des Einzelnen ergibt Verhaltungsmaßregeln nur für eine recht beschränkte Zahl von Erlebnissen; für die weitaus größte muß eben vikariierend das ‹Gedächtnis der Menschheit› einspringen : einer der Zwecke der ‹Geschichte› ! Nur so wird es ja möglich, Gleichungen wie ‹Alexander = Hitler› zu erkennen; oder bei uns das ‹Neue Mittelalter›. Freilich reicht dazu weder ‹die Volksschule› aus, noch eine gerichtet=dürftige ‹Lehrerbildung›, wie sie den Regierenden gern vorschwebt. –

Aber weiter : während Bollmann also in Wien und Olmütz sich historisch betätigt, kost Karl Haus in Heustedt mit seiner schwarz=bleichen hochadligen Olga – was jedoch die erfahrene Melusinen=Mutter nur allzubald entdeckt, und ihn als Sekretär des Grafen Münster – 7 Fuß hoch aufgeschossen – nach Italien abschiebt. Unterdessen kommentiert der Pfarrkandidat, Heinrich Schulz, die neueste Kantische Schrift ‹Vom ewigen Frieden›; ehelicht ein Bauerntöchterlein; und – während dergestalt die ‹Registraturen› erledigt werden –

B. (einfallend): . . . ein Rechtsanwaltsausdruck Oppermanns wohl ? Um, immerwieder=zwischendurch, die Biografica seiner Helden kurz & gut zu Papier zu bringen ?

A. (bestätigend): . . . unterdessen erscheint in Hannover Heinrich Hauenschild aus Wetzlar, der letzte Reichskammergerichtsbote; der gleichzeitig ein, nicht mehr appellationsfähiges, Urteil überreichen, und seine Schwester Barbara besuchen will : die aber dient als Magd bei ‹Werthers Lotte› – beziehungsweise, schlichter, bei Frau Charlotte Kestner, geborene Buff.

B. (verständnisvoll): Was natürlich wiederum zu den leckersten literaturgeschichtlichen Anekdoten Gelegenheit darbeut. – Aber Sie sagten eben, die Handlung ginge in diesem Buch ‹ins Bedeutend=Weite› ?

A.: Allerdings : Olga, nunmehr leider verehelichte Gräfin Schlottheim – obwohl sie vorm Altar ‹Nein !› gehaucht hat, und dem ausschweifenden Gatten nicht erlaubt, die Ehe zu vollziehen – lebt in Italien; trifft dort den Immer=Jugendgeliebten Karl Haus – dem sie ‹es› natürlich gestattet. Exakt geschildert das damalige Königreich Sizilien; Neapel; Schuft Nelson . . . . .

B. (befremdet=tadelnd): . . . Ich meinte, der Mann wäre Admiral gewesen ? –

A.: Bittebitte : wenn Sie – aus Unkenntnis der historischen Gegebenheiten, – Oppermann nicht trauen, dann lesen Sie doch bei Massenbach nach, oder – tres faciunt collegium – in Coopers ‹Wing and Wing› : er war ein einarmiger, verbuhlter, gewissenloser, wortbrüchiger ‹Schläger zur See› ! – Und anläßlich einer Lustfahrt um Bajä=Capri also, passiert eine der größten damaligen Schweinereien : Korsarenschiffe entführen Olga und den Maler Hellung nach Zuwân.

B.: Demnach war also Mozarts ‹Entführung aus dem Serail› gar kein bodenloser tausendnächtiger Opernstoff, sondern brutalste Wirklichkeit ? Etwa wie wenn ich heute . . . . .

A.: Genau so ! Man hat nur vergessen, daß Frankreich vor 120 Jahren Nordafrika besetzen *mußte* : im Namen der reinen Menschlichkeit ! Um Zehntausende weißer Männer von den Galeeren, Zehntausende weißer Frauen aus den Harems geil=indolenter Paschas zu erlösen ! Die ‹Rechte der farbigen Völker› in allen Ehren : aber erst müssen sie sich wie die Menschen benehmen lernen.

B.: Bis 1830 ging damals dieser Menschen=Großhandel ? !

A.: 1818 noch kreuzten algerische Korsaren vor unserer allerpreußischsten Emsmündung; und das siegreiche Volk der Freiheitskriege mußte sie mit den schimpflichsten Tributen abkaufen ! – Bei solcher Lage der Dinge ist es Oppermanns Pflicht gewesen, ausführlich auf den – bis jetzt ehrenvollsten – frühen Waffengang der blutjungen Vereinigten Staaten hinzuweisen. Die erste Beschämung des camemberthaft=verschimmelten Alt-Europa durch die rühmlichst=zukunftsträchtigen USA. Als die, 1801 bis 03, ihre erste ‹Mittelmeerflotte› entsandten, unter Commodore Decatur, das Großschlachtschiff ‹Chesapeake› sich vor Tripoli legte, und Feuer aus 38 schwerkalibrigen Rohren spie, bis dem Herrn ‹Dei› der Turban wackelte : das war schon eine schöne Geschichte ! – *(Anzüglich):* Und ebenfalls wert zu wissen. . . . . .

(Gong)

A. (rüstig): Viertes Buch !

Unterdessen ist Hannover besetzt worden – genau, wie Berlepsch vorgewarnt hatte – zweimal von den Preußen, zweimal von den Franzosen, die es dann bis 1813 innehatten. Wieder einmal hatten Minister & Generäle, die bewährten Unheilstifter, es dahin gebracht, daß Deutschland zur Kloake von 10 Besatzungsmächten wurde – *(bitter):* wie zur Zeit eben wieder.

B. (beruhigend): Nicht zu laut. Das Thema ist allzu bitter. Begeben wir uns lieber wieder ins Jahr 1805 : das ist so schön lange her.

A.: Die ‹Filler=Marthe› ist mit ihrer Tochter Anna nach Bremen ausgewichen, wo allerlei Besatzungsgeschichten geschehen. Karl Haus hat seine Olga aus der Gewalt der Barbaresken befreien, nach Amerika führen, und dort heftig ehelichen können. Und, immer deutlicher herausgearbeitet, immer stärker von Oppermann hervorgehoben, immer ausführlicher dahintergeblendet : Amerika ! – Bollmann hat die Erzlagerstätten von Pittsburg entdeckt, und dort die, heute noch blühenden, Hüttenwerke gegründet. Auswanderertypen werden vorgeführt, Deutsche Iren Italiener. Aber nicht nur die guten zukunftsträchtigen Seiten erfahren wir; sondern auch die schäbig=lächerlichen : den, heute noch unverändert=affigen, Wahlrummel – kein Mensch, der noch ein bißchen auf sich hält, würde ja unter solchen Bedingungen für den Präsidentenstuhl kandidieren ! Die wüste Sklavenhalterei : ‹Ku=Klux=Klan›, so knackt ein Gewehrhahn !; und die unsinnigsten religiösen Sektenbildungen.

B.: Ist das Ihre vorhin gerühmte Toleranz à la Diodor ?

A.: Wie das klingt : ‹À la Diodor› : schön ! Ich fürchte, Sie haben mich da mißverstanden : selbstverständlich registriert der Autor des Politischen Romans alle religiösen Erscheinungen; aber nicht alle sind ja gleich ehrwürdig ! Der ‹Billy=Graham=Rummel› ist eine läppische Hanswurstiade. Das ‹Buch Mormon› dagegen weiß Oppermann sehr wohl zu würdigen.

In Europa nun, ist das Zeitalter Napoleons angebrochen. Um die deutschen Kleinstaaten für sich zu gewinnen, hat er 1 ‹Musterkönigreich› gegründet : Westfalen.

B.: Aber jetzt halt, lieber Herr ! War das nicht nur der ‹Morgen=wieder=luschtik›=Jérôme ?

A.: Freilich verfehlen unsere billigen Geschichtslehrbücher, wie auch die teuren, nie, wenn sie auf jene Zeit kommen, von »dem frevlen Spiel des Korsen mit Völkern und Thronen« zu deklamieren – anstatt des Breiten dabei zu verweilen, wie die Kurfürsten von Hessen sich durch den schmutzigsten Untertanenverkauf bereichert hatten. Mit vollem Recht durfte das 27. Bulletin verkünden : ‹Das Hessen=Kasselsche Haus hat seine Untertanen seit vielen Jahren an England verkauft, und dadurch der

Kurfürst so große Schätze gesammelt. Dieser schmutzige Geiz stürzt ihn nun : das Haus Hessen=Kassel hat zu regieren aufgehört !›

Und in einer Instruktion vom 15. November 1807 entwickelt Napoleon seinem Bruder Jérôme seine äußerst beachtenswerten Gedankengänge : Preußen und Österreich sind besiegt; Rußland für den Augenblick freundschaftlich eingefroren – es gilt, das politisch=weltanschauliche Vakuum zwischen Rhein und Weichsel auszufüllen, es ‹für den Westen zu gewinnen›, für eine vernünftige, fortschrittliche Entwicklung friedlich zu erobern.

B.: Achso. Und hierzu bot sich, logisch weitergedacht, ein Weg, der jeden Verständigen überzeugen mußte : die Schaffung eines Musterkönigreiches ?

A.: Sehr richtig : von Cuxhaven bis Magdeburg, von der mittleren Elbe bis Marburg, entstand so, nach dem Willen des Imperators, das ‹Königreich Westfalen›. Denn, wie Napoleon es sich in seiner vernünftigen Unschuld dachte . . . . . :

Zitat: »Die deutschen Völker verlangen mit Ungeduld, daß die bürgerlichen Talente nicht gegen den Adel zurückgesetzt, daß jede Art von Leibeigenschaft abgetan werde, daß alle Schranken, welche den Landesherrn von der niedrigsten Klasse seiner Untertanen trennen, hinwegfallen.«

A.: Genau dies, und noch mehr, sollte in Jérômes Reich vorbildlich verwirklicht werden :

Zitat: »Die Wohltaten des Code Napoleon – die Öffentlichkeit der Gerichtsverfahren, die Einführung der Schwurgerichte, werden die unterscheidenden Kennzeichen des Westfälischen Staates sein. Es ist notwendig, daß das Westfälische Volk eine Freiheit, eine Gleichheit, und einen Wohlstand genieße, wie sie den Völkern Deutschlands bisher unbekannt waren. Eine solche liberale Regierungsart wird den günstigsten Einfluß auf die Machtstellung der Westfälischen Monarchie ausüben, und eine mächtigere Schranke gegen Preußen sein, als die Elbe, die Festungen, und der Schutz Frankreichs. Welche Provinz wird auch unter das despotische preußische Regiment zurückkehren wollen, wenn sie einmal die Wohltaten einer weisen und liberalen Verwaltung gekostet hat ? Es kann gar nicht ausbleiben, daß Westfalen ein moralisches und geistiges Übergewicht über die benachbarten absoluten Könige erlangt.«

B. (nachdenklich): Napoleon betrachtete demnach das neue Königreich als ein Mittel, die Segnungen der französischen Revolution, speziell die Hebung des 3. Standes, den Deutschen handgreiflich vor Augen zu führen.

A.: Mehr noch: in allen übrigen deutschen Landen sollte der Wunsch erweckt werden, gleicher Wohltaten teilhaftig zu werden. Deutet der Kaiser doch vorsichtig an, daß auf diesem Wege vielleicht gar eine Vergrößerung des Staates auf friedlichem, ‹kaltem›, Wege erreicht werden könnte! Als – von Oppermann ausführlich beschriebene – Hauptstadt wurde Kassel auserlesen, wo König Jérôme, diese Lieblingsfigur witzelnder Historiker, residierte .....

Zitat: Ein Jahr Westfälischer Herrlichkeit war schon vergangen – und Kassel stand sich nicht schlecht dabei! Jérôme besaß einen Hofstaat nach brüderlich=kaiserlichem Muster, er ließ die Garden in glänzenden Uniformen auf dem Friedrichsplatz Parade machen – freilich, was den Althessen und Hannoveranern sehr mißfiel, ohne Zopf, mithin ohne Ansehen und Würde. Dafür hatte Jérôme aber für sein zusammengewürfeltes Reich etwas, das allen anderen deutschen Staaten damals noch fehlte: Reichsstände, ein Parlament, mit Deputierten des Handelsstandes, der Industrie, sogar der Wissenschaft! Es hatte kaum 2 Jahre gedauert, da war Westfalen ein wirklich einheitliches Reich. Frankreichs Maß, Gewicht und Münzen waren eingeführt; und das hielt Jedermann für ein Glück; denn die zwanzigerlei Albus, Mariengroschen, Gute Groschen, Kreuzer, Pfennige, Heller, waren erschrecklich gewesen. Der Code Napoleon war zum Gesetze erhoben, und öffentliches mündliches Verfahren im Civil= und Criminalprozeß an die Stelle des alten geheimen schriftlichen Schlendrians getreten, was Leuten, wie dem nun glücklicherweise in England weilenden Geheimen Cabinettsrath Rudloff, gegen den Executionen niemals zu vollziehen gewesen, freilich ein Greuel war. Die Leibeigenschaft wurde aufgehoben, die Feudallasten verschwanden, der Bauer konnte freier aufatmen. / Der Hof des Königs Jérôme in Kassel war viel besser, als sein Ruf; wie auch der König selbst es als Herrscher mit seinen Untertanen besser meinte, als alle die ‹legitimen› Hessenfürsten, die vor und nach ihm auf demselben Throne gesessen haben. Und doch war man nur in dem aufblühenden Kassel zufrieden; das übrige Land sehnte sich nach den alten ‹gewohnten›, wenn auch schlechteren Zuständen zurück, oder ‹hing vielmehr mit Liebe an der angestammten Dynastie›, wie die nationalen Lohnschriftsteller von 1814–15 sagten. Nun, die ‹Liebe› war nicht weit her; es gab nicht 1 Bauernfamilie, die nicht in Amerika einen Sohn verloren oder von dort als Krüppel zurückbekommen hätte; allein die Gewöhnung war zu mächtig bei den verdummten niederen Ständen. Jedes Neue wurde als Übel betrachtet; die allen Deutschen anklebende Schwerfälligkeit, sich in Neues hineinzugewöhnen, zeigte sich bei den zusammengewürfelten Stämmen vom Main bis an die Elbe; und es wurde ihnen des Neuen auch sehr reichlich geboten. Später betrieben kurfürstliche Soldschriftsteller dann eine systematische Verleumdung des Westfälischen Hofes : aus einem einmal genommenen Bouillon= oder Rothweinbade machte man ‹tägliche Bäder›; alle Libertinagen einzelner Großen wurden in der Person Jérômes centralisiert.

A.: Und ich möchte noch einmal ausdrücklich darauf hinweisen, daß Oppermann geborener Westfälischer Untertan, und ergo über jene Zeit leidlich im Bilde war. Ist e r aber schuld, daß manche seiner einfachen Feststellungen und Faktenreihen, ‹zynisch› in völkischen Ohren klingen ? . . . . . :

Zitat: Vor dem Frankfurter Thor angekommen, begann die Capelle der Jäger=Carabiniers eine alte Harzweise zu spielen, der man zu verschiedensten Zeiten die verschiedensten Texte untergelegt hat – damals war eben eine Hymne für Jérôme darauf gedichtet; als später Georg 4. sich einmal das Hannoverland ansah, feierte man ihn mit derselben Melodie; und unsere Zeitgenossen haben sie, von Fuhrmannspeitschen=Concerten unterbrochen, zu Ehren Ernst August's bei dessen Militärjubiläum gehört; und Georg der 5. ist, nebst seinem Kronprinzen, durch die ‹treuen Harzer› mit ihr angesungen worden – wie auch König Wilhelm von Preußen mit ihr angesungen werden wird, wenn er einmal ‹seine› Bergstädte besucht.

B.: Es wiederholt sich doch aber tatsächlich alles – man sollte wirklich mehr ‹Geschichte› wissen – : ich erinnere mich aus meiner Kindheit noch des nationalen Marschliedes ‹Am Wege Heckenrosen blühn / frisch auf : SA zieht nach Berlin› . . . . .

A. (ergänzend): Und ich kenne, aus dem Beginn der Zwanziger Jahre, auf die gleiche Melodie, dies : ‹So leb denn wohl, mein Rotgardist, / der Du ein Freiheitskämpfer bist !›. – Aber leiderleider ist unsere Zeit zu kurz, um all die zahllosen faszinierenden Details auch nur aufzuzählen : etwa wie die Schmuggler damals, in der noch völlig unwegsamen Lüneburger Heide, die einsamen Stangen, die Marschall Mortier, um den Weg nur einigermaßen zu markieren, hatte aufstellen lassen : umsetzten ! Um die französischen Geld= und Nachschubtransporte in die Irre, in Einöden, Heiden, Sümpfe, ‹Wilde Moore›, zu verführen; sie dort zu überfallen . . . . .

B. (murmelnd): . . . also wie bei Karl May, im ‹Llano estacado› : warum in die Ferne schweifen ? . . . . .

A.: Die geheimnisvoll=verlästerte Schlüsselgestalt des mächtig=labilen Johannes von Müller erscheint. Oder die des, weit überschätzten ‹Grafen Reinhard›. – Anmerkenswert noch, daß Sie in den ‹HUNDERT

Jahren› die ausführlichste und korrekteste Schilderung des sogenannten ‹Dörnbergischen Aufstandes› von 1809 finden.

(Gong)

A.: Fünftes Buch!

Das beginnt mit Szenen à la ‹Abu Telfan› – obgleich sehr schwer festzustellen wäre ‹Wer von Wem›? Vermutlich haben Beide, Raabe wie Oppermann, nach der gleichen ‹Wahren Geschichte› gearbeitet – : der Maler Hellung nämlich, gleichzeitig=damals mit Olga von Wildhausen in mohrische Gefangenschaft geraten, erfährt im Atlas erst leidliche, dann gute, dann beste, Behandlung. Darf die Wonnen des Harems schmecken; wird jedoch – nachdem sich viel=schöne Gelegenheit zu ketzerisch=toleranten Vergleichungen, ‹alla Diodor›, zwischen Christentum und Islam ergeben hat – der indolenten Üppigkeit rasch müde; und kann, mit gutem Wind, nach Dresden entkommen. Wo er 1 Sohn zum Maler, den andern – und es ist bedeutend=symbolisch gemeint! – zu dem Beruf erziehen läßt, dem die Zukunft gehört: Theodor Hellung, Einer=Derer, die später ‹die Handlung› übernehmen werden, bildet sich zum Eisenbahningenieur.

B.: ‹Dichter und ihre Gesellen› – damit würden Sie ja bei den meisten Poeten, selbst unserer Tage noch, schön ankommen! ‹Eine Logarithmentafel auf dem Schreibtisch hat noch Niemand geschadet› – haben Sie das mal irgendwo gesagt?

A.: In Mitteleuropa also französische Besatzungszeit: die Försterfamilie Baumgarten gelangt unversehens zu Geld! Der 15jährige Sohn Hermann – an dem der hitzig=unklare, von regierungswegen für einige Jahre künstlich erzeugte, Vaterlandsrummel demonstriert wird – der also erspäht aus dem Gebüsch, anläßlich eines Kgl. Westfälischen Geldtransport=Geleits, wie durch einen weitblickenden Fuhrmann 1 Goldfäßchen heimlich herabgekollert wird. Bemächtigt sich des raren Tönnchens; vergräbt den Hauptanteil; und benützt den Rest, sich und ein Dutzend anderer gleichaltriger Teutssöhne, als ‹Lützower Jäger› einzukleiden – eine Schar, deren sinnlos=eifriges, ausgesprochen opernhaftes, Hin= und Her=Jagen schon nach kürzester Zeit Allen auf die Nerven fiel .....

Zitat: Lützow und sein Corps wurden, je mehr sie sich der großen verbündeten Armee näherten, desto auffallender von den Führern ignoriert: keiner von diesen schien irgend eifrig, die ‹Lützower› zu haben! / Der Freischaarführer hatte vor, die Verbindung zwischen dem Armeecorps Bülow's und den Verbündeten herzustellen. Als dies nicht gelang, machte er den Versuch, zwischen dem Blücherschen und Schwarzenbergischen Corps zu vermitteln – allein sowohl Fürst Schwarzenberg wie Blücher thaten nicht, als ob er und sein Reitercorps überhaupt noch existiere ! Das empfand nach & nach jeder einzelne Reiter; man fühlte aber auch, daß es im Kriege in Feindesland, wo der Enthusiasmus für ‹Die Schwarzen›, der in Deutschland noch überall von seiten der Bevölkerung den Lützowschen Schaaren entgegengekommen war, aufhörte; daß in einem Kriege von solchen Dimensionen es nothwendig sei, einem größeren Ganzen sich anzuschließen; und daß ein Operieren auf eigene Hand wenig Nutzen bringen, wohl aber gefährlich werden konnte. Hatte man doch an das Hauptquartier des Kommandierenden in einer französischen Stadt mit großen Fracturbuchstaben das Schiller'sche Distichon angeschlagen, mit der Überschrift : »Pflicht für Jeden; an Lützow ! :

Immer strebe zum Ganzen; und, kannst Du selber kein Ganzes / werden, als dienendes Glied schließe dem Ganzen Dich an !«

B. (in Gedanken): Sehr merkwürdig – das sind alles so speziöse Details, die man uns sonst brennend gern vorenthält. Und ausgerechnet zu Zeiten, wo man dergleichen ‹wild=verwegene› Freischaren, weitblikkend, zu propagieren sich anschickt; Hmhm. – *(Er seufzt einmal tief auf):* Bitte weiter . . . . .

A.: Hermann Baumgarten kehrt denn auch, einigermaßen belehrt, aus dem ‹Heiligen Kriege› heim; und entschließt sich, von einer weiteren Daumenbreite seines Goldfäßchens, zu studieren – ‹Älteste Deutsche Geschichte› freilich; so bis höchstens ‹Heinrich dem Löwen› : was'n Name ! : Wer möchte nicht Löwe sein ? ! – *(Mit deutlichem Tonabfall):* Je nun; an dieser Gestalt gedenkt Oppermann dann noch Diverses zu demonstrieren : ‹Wartburgfest› & ‹Burschenschaft›. Nach beendetem Studium postkutscht der junge Herr Doktor erst einmal nach Wien, wo eben eine Cousine von ihm, Veronica Cruella, als Sängerin alle Herzen – und auch Organe weiter südlich – entzückt.

B. (fragend): Cousine ?

A. (rasch): Ajá, die Tochter einer Mutter=Schwester – geben Sie's auf; Sie können sich's platterdings nicht merken. Aber merken Sie sich wenigstens das Eine : Lesen ist Lernen & Leben – Hören bloßer Ohrenkitzel !

B.: Sie sprechen aber gar nicht in Ihrem eigenen Interesse : ich konnte mir vorstellen, daß gewissenhafte, dazu beeinflußbare, Hörer, jetzt, fester Hand, sogleich abstellten.

A. (eigensinnig): Damals in Wien wurde seitens der Monarchen und ihrer Kanzler organisiert : die Restauration, die Große Lähmung, die

‹Heilige Allianz› – das Windei, an dem wir auch heute wieder saugen. Unser dummes Volk freilich – zu dessen Merkmalen es gehört, daß es kitschigen Formulierungen gegenüber besonders widerstandslos ist – hat sich die sinistren Fakten dessen, was damals mit ihm gemacht wurde, durch folgende Überschrift aus dem Gedächtnis weg=eskamotieren lassen : ‹Der Kongreß tanzt› : so bringt man dem ‹Untertan› Geschichte bei : es lebe die Mnemotechnik!

B.: Welcher der Helden berichtet denn all die Einzelheiten aus der Kaiserstadt?

A.: Jaja, so nennen sie Kreuzworträtsel und Illustrierte. – Justus Erich Bollmann ist es. Oppermann hatte, dank seines Hoyaer Aufenthaltes, intime Verbindungen zu dessen Verwandten, und konnte ungedruckte Quellen auswerten, die uns heute längst wieder unzugänglich geworden sind. Berühmt sind die ‹Charakterbilder›, die Nostiz vom Wiener Kongreß gegeben hat – nahezu gleichwertig die, die eingesargt sind in den ‹Hundert Jahren›.

B. (erschrocken): ..... ‹eingesargt› ? ..... *(Eine kleine, schuldbewußte Pause).*

(Gong)

A.: Sechstes Buch! – *(Ehrfürchtig wiederholend):* Sechstes Buch – da müßten wir eigentlich viel langsamer reden .....

Sputnik=gleich – dem Aufmerksamen ein Fanal : daß schon damals, 1818, Europa rüstig dabei war, technisch ins Hintertreffen zu geraten – überquert die ‹Savannah› den Atlantischen Ozean, das erste Dampfschiff auf großer Fahrt ..... *(schwermütig):* Robert Fulton hat es nicht mehr erlebt.

In Deutschland ist man indessen mit den, für 20 Jahre letzten, politischen Plänkeleien beschäftigt : Demagogenriecherei; Stourdza; Aachen; Sand ermordet Kotzebue .....

B.: Billigen Sie das etwa ?!

A.: Was für eine Frage ?! : überlassen wir die Politischen Morde, ‹Karl & Rosa›, den diversen ‹Femen›. Auch fällt mir beim Namen ‹Kotzebue› zuerst immer Chamisso ein : »Wer gab am Nordpol hart und fest / mir das verwünschte Felsennest ?« – Verdammt, daß Einem ständig Zitate ‹aufstoßen›; wir haben doch wahrlich mit dem Labyrinth der ‹Hundert Jahre› genug zu tun :

Karl Haus, aus Amerika zurückgekehrt, ist, wider seinen Willen, zu einem ‹Freiherrn von Finkenstein› promoviert worden – durch Intervention seiner, noch immer adelsstolzen Olga : was soll man machen; man ist eben verheiratet. Sein einer, schon derb korrumpierter Sohn galoppiert als Pseudohusar durch den Rest der Bände.

B.: Es geht jetzt also, durch die Flaute der zwanziger Jahre – aber lebt man als Bürger bei Politischen Flauten nicht am behäglichsten ? – es geht also langsam auf die Revolutionen der Jahrhundertmitte zu, ja ?

A.: Da wird zunächst, aus intimster Detailkenntnis Oppermanns, das göttinger Studententreiben geschildert. Da ergibt sich, sich entzündend an der ‹Julirevolution›, der ‹Göttinger Aufstand von 1831›.

B.: Der was bezweckte ? Ein Vorspiel von 48 ?

A.: Einer der ‹jüngeren Helden›, Gottfried Schulz, hat sich als Krause=Schüler, als philosophischer Privatdozent, dort etabliert; und wird, ganz gegen seinen idyllisch=meditierenden Willen, hineinverwikkelt. Oppermann beschreibt den Krawall, nebst dem just vorangehenden berühmten Nordlicht, zunächst aufs Putzigste .....

Zitat (atemlos, ein Schüler spricht): »Wie wir grad aus der Klasse kamen, die des Jahrmarkts wegen um eine halbe Stunde früher geschlossen wurde, kam auf einmal eine ganze Schar Bürger und Studenten, alle mit weißen Binden um den Arm, und gingen die Rathaustreppe hinauf; und bald verkündete eine Stimme : der Magistrat habe eingewilligt, daß der Polizeicommissar Westphal entlassen werde, und daß sich eine Bürgergarde und akademische Nationalgarde zur Erhaltung von Ruhe und Ordnung bilde : O, Onkel, Du mußt das sehen, wie das auf dem Markt zugeht – das ist ärger als im Jahrmarkt zu Plundersweilern ! Alles packt ein über Hals und Kopf; nur die braunschweiger Pfefferküchlerinnen fürchten sich nicht; verkaufen frisch drauf los, und wiederholen immer : ‹Heern Se mal, kaufen Se mich was ab; von uns Braunschweigern kennen Se lern, wie man Revolution machen muß.› Aber, Onkel, ich muß ein Gewehr haben; um 4 Uhr ist Appell, da muß ich dabei sein !«

A.: Das ist Oppermann selbst, der lustig mithilft, das Pflaster aufzureißen, dekorative Barrikaden zu errichten, und der begeistert dem Dr. Rauschenplat folgt, wenn der, in ‹Heckerhut› und Kanonenstiefeln, 4 Pistolen und 1 Säbel im dreifarbigen Gürtel, beherzt und stämmig und vollbartumgeben, seine trotzigen Reden hält. – Übrigens war der Mann durchaus ernst zu nehmen; er hat auch späterhin, in Italien Spanien Deutschland, an allen Insurrektionen wacker mitgeholfen, ein zu früh Geborener; und erst im Alter, als die Körpermaschine nicht mehr mitmachte, wich er in selbstgewählte Unscheinbarkeit aus. – Unterdessen spielen sich in Göttingen Szenen wie aus den ‹Fliegenden Blättern› ab .....

Zitat: »Es wird sich kaum bezweifeln lassen, daß, wenn man die Leute in der Universitätsstadt ruhig hätte fortwirtschaften lassen, ohne 8.000 Mann Truppen zusammen zu ziehen, die sogenannte Revolution wahrscheinlich ebensobald zerfallen wäre, als sie jetzt zu Ende gebracht wurde – ein Leben, wie man es seit 8 Tagen in Göttingen führte, läßt sich nicht wochenlang aushalten! Kein Handwerker arbeitete; es sei denn, daß es sich um das Schmieden von Piken handelte, oder um das Setzen und Drucken von Decreten und Bekanntmachungen. Alle Philister waren, wenn sie sich nicht auf der Wache befanden, oder zur Parade aufmarschieren mußten, vom Morgen bis zum Abend im Wirthshause, um ihr Dünnbier, Klapütt genannt, und den reinen Korn dazu zu trinken, zu politisieren, und die Freunde, welche noch nicht eingeschlachtet hatten, mit den Resultaten der diesjährigen Weiß= Knack= Leber= und Rothwursternte bekannt zu machen. Die ‹Hauptwachen› aber, auf dem Rathhause und in der Bosia, waren weiter nichts als große Kneipen; in denen es vom Morgen bis in die Nacht lustig & guter Dinge herging, bis einer der Wachthabenden in die ‹Todtenkammer› gebracht werden mußte, um seinen Rausch auszuschlafen. Da wurde gesungen, gezecht, Karten gespielt – und was das Beste war: das Alles ging auf ‹Regimentsunkosten›, wie man es nannte. Der wachthabende ‹Offizier› requirierte; da hieß es: soundsoviel Eimer Bier, soundsoviel Flaschen Branntwein, mindestens 2 Dutzend Flaschen Wein (denn es waren Freunde zu empfangen, und die Ronde zu beköstigen), Brot, Schinken, Mettwurst soundsoviel Pfund; Morgenkaffee 30 Portionen mit ebensoviel Franzbroten. Nur das Wachestehen in der rauhen wolkigen Mondnacht auf den windigen Wällen und vor den Kirchthurmthüren kam die verwöhnten Musensöhne hart an; und das Patrouilliren in der Nacht, außerhalb der Thore, durch die Garten= und Feldwege, reizte durch die damit verbundene Spannung. Auf jeder Wache wurde ein Verzeichnis der wohlhabenden Bürger angelegt, und diese der Reihenfolge nach beschickt: der Eine mußte heute dies, der Andere morgen jenes liefern. An eine Weigerung war nicht zu denken; sonst folgte regelmäßig eine freiwillige Executionsmannschaft von 8 bis 10 Studenten, die sich sofort vor und in dem betreffenden Hause niederließ, und nicht eher wich und wankte, bis sie neben dem Geforderten noch einige Flaschen Wein, Cigarren, mitunter, wenn die Köchin oder ‹der Besen› hübsch war, auch einige Küsse als Executionsgebühren erhalten hatten – diese ‹Bons› und Requisitionen hatten in den Rauchkammern der göttinger Hausfrauen binnen 8 Tagen mehr Verwüstungen angerichtet, als sonst die Monate von Januar bis April: das war Anarchie! Aber es war eine gutmüthige, lustige, romantische Anarchie; und mancher Graukopf wird sich noch heute mit Vergnügen solcher Executionskommandos erinnern.«

B.: Sagen Sie..... Eines fasse ich nicht: wieso räumen Sie solchen Schnurren so viel Platz ein?

A.: Weil Sie wissen müssen, daß Oppermann sehr wohl solche Scherze vom wahren Ernst zu unterscheiden weiß. Er, der bald als Bruno, bald als Karl Baumann, also, um mehr Bewegungsfreiheit zu haben, gleich zweimal, im Buche auftritt.....

B. (protestierend einfallend): Wie? Nicht einmal sich selbst, führt er mit Namen auf?! Was ist denn da noch das tertium comparationis zwischen Baumann und Oppermann?

A.: Vielleicht –: Der Mann! Und dieser Mann schildert uns nicht nur die Hundertjahrfeier der Georgia Augusta, an der er, 25jährig, teilnahm – und die Porträts, rund 50 sind es, werden immer belehrend zu lesen sein – sondern er gibt uns weitweit mehr.....

(man hört der Stimme die Ehrerbietung an, als das Stichwort fällt): die beste, ausführlichste Schilderung der ‹Göttinger Sieben›, und seines eigenen, ewig=ehrenwerten Anteils daran.

B.: Ich kenne zwar nur die ‹Göttinger Achtzehn› unserer Tage, die – unter dem reißzähnig=schaummäuligen Wutgebrüll der betroffenen Interessenten – gegen alle Atomrüstung protestierten. – Was war damals vorgefallen?

A.: Damals hatte sich soeben – auf Grund des uralten ‹Salischen Gesetzes›, das in Deutschland keine weibliche Erbfolge zuließ – England von Hannover getrennt: in Großbritannien bestieg Queen Victoria den Thron; in Hannover Ernst August: der reitet da heute noch, in Kalpack und metallenem Dolman, vorm Hauptbahnhof nicht=herum. Diese, gleich komische wie empörende, Figur nun – nicht nur ‹Rex mulierosus›; er wußte sehr wohl auch die Wonnen gleichgeschlechtlicher Liebe zu würdigen; ein gekrönter Louis, dem man in seinem englischen Vaterlande öffentlich in den Zeitungen bescheinigen konnte, »daß er alle Laster habe, außer, leider, dem Selbstmord« – diese Type also, die weder Deutsch noch Englisch richtig konnte, »Jedweder Zoll ein Heldenbild« sang ergebenst Blumenhagen, der also hatte zweierlei dringendste Anliegen – die freilich beide dem zur Zeit seiner Thronbesteigung geltenden Staatsgrundgesetz widersprachen.....

B.: Und das waren?

A.: Einmal hatte er, wie alle diese Herren, unmäßig viel Schulden – ergo gedachte er die, zur Westfälischen Zeit von bürgerlichen Käufern, mit ihrem sauer verdienten Geld erworbenen Staatsdomänen, kurzerhand wieder zu enteignen. Das zweite war ein noch weit Merkwürdigeres : als pure=pute Selbstverständlichkeit schrieb jenes Hannoversche Grundgesetz vor, daß Niemand König werden könne, der ‹unfähig dazu› sei.

B. (tolerant): Numeinjott, was heißt schon ‹regierungsunfähig› ? Was brauchen die Herrschaften letzten Endes mehr zu können, als im Frack rumzuwanken, und ab & zu ihren Namen auf ein Blatt Papier zu schreiben ?

A.: Gesetzt jedoch den Fall, der betreffende ‹König› oder wie sich das Dings nennt – *sähe* nichts ? ! Im ‹Hause der Welfen› waren nämlich alternierend diverse ‹Erbübel› an der Tagesordnung : Bluter, Wahnsinnige, Blinde – und eben das war ‹Kronprinz Georg› ! Persönlich bedauerlich; aber einen ‹Blinden König› hatte bisher, außer bestenfalls in Uhlands Ballade, noch Niemand gekannt. Also ließ Ernst=August mit leichter Hand auch dies noch ins Grundgesetz einschmuggeln : nicht ‹Unfähigkeit allgemein› sollte die Thronfolge verhindern können; sondern ‹geistige Unfähigkeit› – ein feiner, aber für den vorliegenden Fall völlig ausreichender Unterschied.

B. (kopfschüttelnd): Wie ging das praktisch vor sich, diese ‹Änderung des Grundgesetzes› ? Wie bei uns : 'n halbes Jahr lang Reklame in ‹Presse & Rundfunk›, 10 Platzkonzerte, und Alles stimmt mit ‹Ja !› ? – Oder nein; damals war's wohl noch einfacher; ‹Parlamente› gab's ja noch nicht.

A.: Vermittels des sattsam bekannten ‹einfachen Federstriches› wurden sämtliche Beamte des Königreiches von ihrem – bei Amtsantritt zunächst natürlich unter allerhand Brimborium und ehrfürchtigen Schauern geleisteten Diensteide entbunden. Und ihnen statt dessen ein anderes Formular zur Unterschrift hingelegt, dessen Inhalt ‹den wahren Bedürfnissen des Landes besser entspreche›.

B. (bedächtig): Wenn ich recht verstehe, wurde also damals, von einem praktisch landfremden, dazu finanziell wie persönlich höchst interessierten ‹Dritten›, aus Willkür und reinem Eigennutz, das Grundgesetz eines ganzen Staates aufgehoben ! Nicht, um es zu verbessern oder zu ergänzen . . . . .

A. (grollend, in rotglühendem Grimm): Sagen wir doch gleich so : Von den ‹wahren Bedürfnissen des Landes› wußte der heuchlerische Despot, der sich nie zuvor um Hannover gekümmert hatte, wenig ! Auch war im Lande=selbst, der pomadigen Art jener vorwiegend bäuerlichen Bevölkerung gemäß, die Aufregung nicht übermäßig. Nur dort, wo man sich das menschliche und staatsbürgerliche Gewissen – vom juristischen zu schweigen : für *die* Herren war das Ganze lediglich eine Frage, über die endlos=lukrative Deduktionen angefertigt, und Cumuli von Aktenstaub erzeugt werden konnten ! – aber eben dort, von wo schon so manche mannhafte Tat ausging – auch in unseren Tagen, wo eine andere Regierung ein ähnlich=frevelhaftes Spiel zu treiben sich mächtig anschickt – : in Göttingen erhoben sich Sieben der ordentlichen Professoren von ihren Lehrstühlen; und erklärten, angesichts des ganzen, tatenlos=aufhorchenden, Deutschland : daß sie nicht vor der ihnen anvertrauten Jugend als Männer erscheinen wollten, die mit Eiden ein leichtfertiges Spiel treiben !

Zitat (laut & herausfordernd): »Sollten etwa Albrecht und ich künftig als höchsten Grundsatz des Staatsrechtes vortragen : Gesetz sei, was der Macht gefällt ? !«

A.: Es war ein Wort bester Entrüstung, genau zur rechten Zeit. Ein Wort, das der brutalen Gewalt schlicht das Pflichtgefühl des ehrlichen Mannes gegenüberstellte; ausgesprochen von Gelehrten, deren Name dafür bürgte, daß sie, ohne alle Gewinnsucht oder Effekthascherei, ihre Überzeugung dartaten.

B. (eifrig=bittend): Bitte : die Namen der Sieben ? !

A. (langsam, einprägsam): Es waren

DAHLMANN – Professor für Geschichte und Nationalökonomie;

ALBRECHT – für deutsches Staats= und Privatrecht;

EWALD – ausgezeichnet durch exegetische Leistungen;

WEBER – der mit Gauß den Telegrafen erfand;

GERVINUS – verdient durch Werke der Literaturgeschichte;

und endlich

die GEBRÜDER GRIMM : berühmtesten Namens. –

(Eindringlich): Also nicht nur zuständig für ‹Märchen›, wie man sie abermals=fälschlich festzunageln beliebt hat ! –

Aufstanden diese Männer gegen einen bornierten Landjunker, der, mit zynischer Gemeinheit, in Berlin zu einem Alexander von Humboldt zu äußern wagte : »Professoren ? : haben kein Vaterland ! Die und Huren und Tänzerinnen kann man für Geld überall haben.«

B.: Und Humboldt hieb ihm keine rein ? !

A.: Leider nicht. Die meisten Leute hätten da wohl heute noch Hemmungen, wenn irgend ein gekröntes Stück Vieh, irgend ein groß=greiser Chefpolitiker, ihnen dergleichen Unverschämtheiten ins Gesicht mümmelte. – Aber : Oh ! : Wollen Sie nicht noch die weiteren Details hören ? Wie man ‹DIE SIEBEN› gründlichst verfolgte ? Ihnen, wo immer sie sich hin wandten, hochfürstliche Steckbriefe nachschickte : nirgends sollten sie mehr angestellt werden dürfen ! Sie, die das Unerhörte=Unglaubliche gewagt hatten : die Faust zwischen die rostigen Räder einer Staatsmaschinerie zu hämmern !

(Hämisch): Oder wie man die Sache ‹offiziell erledigte›, vor dem damals=höchsten Gerichtshof – nämlich bei der Frankfurter Bundesversammlung – man kriegt allmählich einen richtigen Ekel vor dem Worte ‹Bund› ! – da stimmten die Regierungen darüber ab, was mit Ernst=August, ‹Einem=von=unsre=Leit›, geschehen solle. Und, obgleich das Endergebnis von vornherein nicht unsicher sein konnte, es geschah das Wunder aller Wunder : von 17 Stimmen stimmten 8 gegen, 9 für den neuen ‹angestammten Herrn› !

B.: Das wäre ja immer=wichtig – ist doch die ‹namentliche Abstimmung› das einzig=historische, schwächlich=edle, Mittel des Unterliegenden – wer stimmte für jenen Ernst=August ?

A.: Tout comme chez nous. – Natürlich die ‹Beiden Großen Höfe›, Österreich und Preußen, natürlich Preußen. Dann etwa noch Dänemark : wegen seiner Stimme für Schleswig=Holstein. Oder Holland : wegen Luxemburg ! – Als die Stimmen 8 : 8 standen, gab den Ausschlag ..... nu, raten Sie ? :

B.: Doch nicht etwa ..... : Hannover selbst ?!

A.: Nu wer sonst ?! – Aber nicht Allen war wohl zumute. Und Einzelne, selbst der Fürsten, scharfsinnig genug, einzusehen : daß hier, von einem schlechten Mann, ein Beispiel schlimmster Art gegeben sei; daß hier die Monarchie in Deutschland an ihrem eigenen Grabe schaufle. – Und wenn Sie künftig wieder eine Illustrierte finden, wo die Hochzeiten dieser Herren liebevoll beschrieben werden : bestellen Sie sie ab !! : Die lesen uns ooch nich !

B.: Aber nun Oppermanns Rolle bei der ganzen – zugegeben : bedeutenden ! – Angelegenheit. Wenn ich Sie recht verstanden habe, befand er sich eben zu der Zeit in Göttingen ?

A.: Oppermanns Rolle ist einzig schön ! Vielleicht ist sogar er es, dem wir dieses unsterblich=europäische Fanal verdanken. – Er hat sie, in berechtigtem Stolz, mehrfach geschildert; wir folgen heut Abend der Darstellung in den ‹Hundert Jahren› :

Zitat: »Es war am 19. November, als ein ihm befreundeter junger Professor ihn im Museum beiseiterief, ihm etwas Geschriebenes in die Hand steckte und sagte : ‹Das Neueste; lesen Sie; aber nicht hier.› Bruno eilte nach Hause, und las hier den Protest der Sieben : Dahlmanns, Albrechts, Jakob & und Wilhelm Grimms, Ewalds, Gervinus' und Wilhelm Webers. / Der Protest durchschütterte jede Fiber seines Körpers; er war ihm kein Schriftstück, sondern eine That, wie er sie seit Wochen provocirt hatte; eine That, die sich anreihte dem Thesenanschlag Luthers an die Kirchthüren von Wittenberg ! – Diese That konnte nur durch möglichst weite und schnelle Verbreitung an Bedeutsamkeit gewinnen! / ‹Laßt für heute die Kindereien› sagte er zu seinen jungen Freunden: ‹ich brauche Eure Hülfe. Georg: Oskar: Karl –: laßt den Gartensalon erleuchten und heizen, und richtet 12 Plätze zum Schreiben ein, mit den nöthigen Materialien. Ihr Andern geht zu den nächsten Freunden, und treibt sie hierher: in 1 Viertelstunde müssen sämtliche Plätze besetzt sein, ich werde dictieren.› / Nach einer halben Stunde waren 12 Abschriften des Protestes vorhanden. /: ‹Die Herren werden ohne weiteres begreifen, um was es sich handelt: die schnellste Verbreitung; und mindestens 24 Stunden Geheimhaltung. Ich ersuche Sie, die Procedur noch dreimal zu wiederholen! – Außer diesen Exemplaren bedarf ich noch 22, die in 1 Stunde geschrieben sein müssen. Dann schreibt Jeder für sich selbst 1 Exemplar ab; treibt soviel Freunde zusammen als er findet: und wiederholt die Procedur bis zur Ermüdung in der Nacht: die Abschriften werden in alle Theile Deutschlands verschickt; und wer im Ausland Bekanntschaft hat, sendet sie auch dahin!›«

A.: Gut & Schön war der Protest der Sieben: aber erst durch Heinrich Albert Oppermann wurde er, was er wirklich war! .....:

Zitat (befriedigt): »So geschah es – ohne Wissen und Willen der Sieben – daß hunderte von Abschriften des Protestes durch Deutschland, ja Europa, verbreitet wurden. / Unsere Generation ist gewohnt, auf die That eines solchen Protestes geringschätzig hinabzublicken. Ein Fähnrich oder Hauptmann, der bei Königgrätz verwundet davonkam, glaubt sich ein Held, gegen solches ‹Federvieh›. Aber, so sagt Robert Prutz: ‹Es handelte sich darum, ob – unter irgendeiner Verfassung – irgendeine königliche Ordonnanz die ewigen Grundfesten der Sittlichkeit und Wahrheit mit einem brutalen Quos ego erschüttern darf!›; eine Wahrheit, die man heute verachtet, und die das Jahr 66 und die folgenden sich gesagt sein lassen sollen: es ist die alte Speise, woran die Menschheit seit Jahrhunderten kaut: Recht oder Gewalt; Wahrheit oder Lüge; Redlichkeit oder List!«

A.: Und, weit rührender noch, die bewegte Schilderung, wie die studentische Jugend sich ihrer geliebten Lehrer annahm .....

Zitat: »Es war Sonnabend, der 16. December nachmittags, als Creizenach dem Freunde Bruno Baumann, mit dem er verabredet hatte, den Entsetzten das Geleit nach Kassel zu geben, die Nachricht brachte: der Prorector habe die Reise über Münden inhibirt, und den Professoren eine Zwangsordre gegeben, über Witzenhausen zu reisen. ‹Außerdem aber, denke die Schweinewirtschaft!, hat die Polizei allen Pferdephilistern bei 20 Thalern Strafe untersagt, heute und morgen an Studirende Wagen oder Pferde zu verleihen! – Wir haben jedoch trotzdem beschlossen, nachmittags nach Witzenhausen voranzugehen, um dort den Verbannten einen würdigen Empfang zu bereiten.› / . . . . . / Die Studiosen zogen gegen Abend zu verschiedenen Thoren hinaus : Hunderte aus allen Gauen Deutschlands zogen mit ihnen ! / Der Abend war frisch, die Felder lagen voll Schnee, der Mond schien hell, und es leuchtete um die Wette. Die Studiosen erhielten noch andere Arbeit : im Dorfe Friedland brannte es; und die Schar der jugendlichen Retter trug nicht wenig dazu bei, die Macht des Elementes zu dämpfen. / . . . . . / Da ward ein Zeichen gegeben, daß die Professoren sich nahten : Alles stürzte nun hinaus, um jenseits der Brücke auf dem rechten Werraufer Spalier zu bilden. / Der Wagen nahte, der Kälte wegen mit verschlossenen Fenstern; das Hurrah ! begann. . . . . Ohne Verabredung trat man vor die Wagen und spannte die Pferde aus, wie sehr auch Dahlmann und Jakob Grimm abmahnten. Eine Anzahl junger Männer bat um die Ehre, die Wagen ziehen zu dürfen; die nächststehenden Studenten griffen zu; und unter donnerndem Hoch rollten die Wagen über die Brücke dem Rathausplatze zu, wo vor dem Goldenen Hirsch noch einmal ein Vivat aus tausend Kehlen ertönte. Der Enthusiasmus und die Rührung waren unbeschreiblich – jung und alt vergoß Thränen; nur der Himmel lachte. Wahrlich, das war eine andere Stimmung als die, wo – noch nicht 30 Jahre später – der Sohn des Vertreibers der Sieben, ein König zwar, aber geflüchtet aus seiner Residenz, von Göttingen auszog; um nimmer wieder unter dem Thronhimmel zu sitzen, von dem er behauptet hatte, daß er ‹bis zum Ende aller Dinge› dauern werde. / Die Verbannten fuhren davon; die Mehrzahl der Studenten kehrte nach Göttingen heim; Baumann jedoch in seinem Wagen folgte mit mehreren andern nach Kassel. Von diesen Ackerwagen sang man, nach einer amerikanischen Melodie, die Grant einem Lied aus Creizenachs ‹Sohn der Zeit› untergelegt hatte :

‹Wie lagen wir in tiefer Nacht / so bang.
Gottlob, daß wieder Ruf zur Schlacht / erklang !
Wir scharen uns nach träger Ruh / zu Hauf;
und rufen Wald und Strömen zu / : Wacht auf ! –›

Wahrlich : die Jugend, welche 1837, am 17. Dezember Dahlmann Grimm und Gervinus begleitet, war aufgewacht !«

A.: Logischerweise ergeht es Oppermann alias Baumann, wie es ihm ‹gebührt› : jede Hannover kritisierende, ‹Politische Notiz›, die in auswärtigen Zeitungen erscheint – in ‹einheimischen› ohnehin nicht – wird flugs ihm zugeschrieben. Ihm, der längst sein juristisches Studium beendet hat; ihm, der längst Dr. jur. ist, wird die Erlaubnis zur Ausübung der Anwalts= und Notars=Praxis – je nun, nicht direkt ‹verweigert›, oh nein.

Aber es ist eben ‹kein Platz frei›. Dafür steht er unter Polizeiaufsicht, jahrelang; bis er es endlich – man möchte sagen, ‹erleuchtet !› – zu journalistisch=toll treibt; und, als eine Art Strafe, eine ‹Planstelle› erhält, im ‹verfluchten Nest›, in Heustedt.

B.: Läßt sich das, was Sie da vortragen, aktenkundig belegen ? Oder ist es lediglich auf der Selbstdarstellung der ‹Hundert Jahre› begründet ?

A. (sachlich): Wenn Sie sich im Niedersächsischen Staatsarchiv zu Hannover die Mappe ‹Hann. 26a, XXX, 3; Nr. 464 und 465› – nämlich die ‹Personalakte Oppermann› – herauslegen lassen, dann werden Sie zwar, leider, über seinen Lebenslauf wenig finden; wohl aber viel über seine 10 toten Göttinger Jahre, wo man ihn, einen der in unserer deutschen Literatur so raren Männer, von staatswegen zur Untätigkeit verdammte. Die kleinlich=elendesten Berichte von Polizeispitzeln über ihn ‹abheftet› – ‹von Beaulieu› hieß der Chef=Schuft des damalig=dortigen ‹Verfassungsschutzamtes› : auch diesen Trabanten=Bonzen gebührt ihre spezielle Sorte Unsterblichkeit ! – jedenfalls ist die erwähnte Akte unangenehm aufschlußreich; man sollte sie veröffentlichen, als klassisches Exempel geheimer Regierungs=Machinationen gegen einen Bedeutend=Einzelnen.

B.: Den wir heute Abend feiern – anscheinend mit Recht; und also ausgiebig. – : Eigentlich gar keine schlechte Tätigkeit : die gedankenlos abseits Gestellten wieder zum Leben zu erwecken – und sei es für 1 arme Stunde !

(Gong)

A. (beifällig): Siebtes Buch ! –

Da begleiten wir, wiederum voll=autobiografisch, unseren ‹Wühler mit dem großen Barte›, ihn, ‹der in der Erregung die Fäuste ballen konnte, daß ihm die Glacé=Handschuhe platzten›, in die Kleinstadt Hoya=Heustedt, ins ‹Exil›.

B.: Wohin ihn also die Regierung ‹abschiebt›. Die endlichendlich einsieht, daß es grundfalsch gewesen war, sich einen helläugigen, scharfzüngigen, verärgerten Augenzeugen und Kommentator in Göttingen festzuhalten. Endlich ist man im Ministerium dahinter gekommen : gebt dem Mann doch in der Provinz, irgendwo, eine Stelle; und Arbeit, viel Arbeit. Da sind wir den lästigen Aufpasser los; und er hat gar keine Zeit mehr zum Räsonnieren.

A. (bedächtig): Es kommt ergänzend noch dies hinzu : Oppermann stammte aus ärmlichsten Verhältnissen, und mußte sich einen Lebensunterhalt verdienen – wenn man ihm also keine Advokatenstelle gewährte, hätte sich die Regierung eigentlich sagen müssen, daß sie ihn mit solchem Verfahren einem oppositionellen Journalismus in die Arme förmlich zwang! Wann werden die Regierungen wohl einmal einsehen, daß man die meisten großen Widersprecher am leichtesten zum Verstummen brächte: nicht durch Drohung Prozeß Gefängnis Exil; sondern, weit wirksamer, durch eine Pension von Tausend Mark im Monat.

B. (zweifelsvoll): Na ich weiß nich ..... hieße das nicht, eine Belohnung auf oppositionelles Gebaren aussetzen?

A.: Kaum: ich habe nicht ohne Grund von den ‹Großen› gesprochen; von Denen, die so gut sind, daß sie, hätten sie Muße und leidliches Auskommen, sogleich mit allen Kräften in die Höchstliteratur einbiegen würden. Da würden sie dann zwar auch noch opponieren – ‹Unveränderlichkeit des intellegiblen Charakters› – aber die Form wäre dann so anspruchsvoll, so unverständlich=experimentell, daß kein Mensch sie mehr verstünde. – Aber wir werden den Teufel tun, und den Regierenden wichtigste Belehrungen zukommen lassen.

B.: Die überdem doch nicht akzeptiert würden. – Wie sind wir eigentlich darauf gekommen?

A.: Durch Oppermann; an dem sich reizend=traurig demonstrieren läßt, wie es immer wieder falsch gemacht wird.

B.: Wieso? Ich denke, nun hat man ihn endlich ‹beschäftigt›, indem man ihn, immer widerstrebend, in ‹Amt & Brot› bringt?

A.: Das schon; aber wiederum kann man es sich nicht verkneifen, ihm, in Gestalt eines ‹Vertraulichen Berichtes›, einen Steckbrief voraufzuschicken: heute noch können Sie, unter höhnisch=grimmigem Kopfnicken, die ‹Vorwarnung› nachlesen, an den derzeitigen ‹Drost von Honstedt›: wie Oppermann der ständigen scharfen Beaufsichtigung bedürfe uswusw.; die Kenntnisnahme bestätigen, durch Unterschrift am Rande, die Assessoren von Bremer, Meyer, Gleim, Denecke.

B. (ungeduldig): Das bedeutet also?

A.: Daß man von Regierungsseite doch wiederum die Dummheit beging, Oppermann gesellschaftlich isolieren zu wollen – ihn also erneut in Einsamkeit und Widerspruch zu drängen.

B.: Ich weiß nicht .....: ich kann mir einfach nicht denken, daß man: ich meine, die Herren sind ja schließlich auch Jahrtausende daraufhin geschult, Gegner mundtot zu machen – daß man da immer wieder solche Fehler begehen sollte. Gibt es denn keine anderen, gescheuteren Mittel?

A. (höhnisch): Aber selbstverständlich gibt es ‹Mittel› – – *(kälter):* Zu einem glatten Mord greift man ungern; das hat höchstens dieser unvorsichtige Schiller im ‹Tell› propagiert – man schont sein bißchen Gewissen gern : vielleicht gibt's ja doch etwas wie eine, na nennen wir den Ort=nach=dem=Tode lieber nicht. Neinnein : dafür gibt es ja immer noch das Militär . . . . .

B. (stirnrunzelnd): Jenes gewisse Verfahren, über das man bei Salomon Näheres nachlesen kann ?!

A.: Nicht doch; der schiere Mord ist erst seit 1918 bei uns Mode geworden. – Nein; damals, zu Oppermanns Zeiten, erledigte man solche Fälle durch ein Duell : Rochow contra Hinkeldey . . . . .

B. (verständnislos): Nie gehört.

A.: Also nicht einmal ‹Irrungen=Wirrungen› mit offenen Augen gelesen; bedauerlich. – Nun; hier in Heustedt läßt man also den Baumann des Romans durch einen waffengeübten Major solange systematisch ‹reizen›, bis – nach den damaligen Anschauungen – ein Duell unvermeidlich wird. Vergebens schreibt, witzig und mahnend, Detmold ihm :

Zitat: Lieber Freund ! Welche Tollheit muß ich von Ihnen hören ? Wenn unser Heldenmuth darin bestünde, daß wir uns mit jedem Fähnrich oder Major einer in der Zeitung gethanen Äußerung wegen schießen wollten, so würde es leicht sein, alle mißliebigen Literaten, Dichter, Advocaten todtschießen zu lassen. – Nun, die Sache hat einen guten Verlauf genommen, und man gönnt hier allgemein dem Major, daß er flügellahm geschossen ist. Er wird indeß befördert werden, freilich aber zukünftig statt des Sabuls die Feder führen müssen : ich höre, heut ist er als Militärbevollmächtigter Hannovers nach Frankfurt bestimmt. Glück zu !

B.: Wenigstens einmal ein offizieller Mordversuch, der ‹andersherum› ausgegangen ist. – Aber wer schrieb eben an Oppermann : Detmold ? Kann es sein, daß mir der Name – witzig und krumm irgendwie – schon anderweitig aus der Hochliteratur im Ohre liegt ?

A.: Sicher; von Heine her; der Briefwechsel der Beiden liegt vor. – Aber, damit Sie, bei so vielen Autobiografica, kein ‹Versanden der Fabel› zu befürchten brauchen – eine Gefahr, die, zugegeben, gern eintritt, wo Privates sich vordrängt – zweierlei Gewichtiges noch enthält dieser siebte Band : einmal die Schilderung der ewig=deutschen KZ=Justiz . . . . .

B. (peinlich berührt): ‹Ewig ?› – Aber bitte . . . . .

Zitat: Da unterbrach Pferdegetrappel Baumanns Gedankengang. Der Criminalassessor kam ihm in kurzem Trabe auf einem großen schwarzen Rappen entgegengesprengt, an dessen Schweif ein alter Mann mit grauen Haaren, dem die Hände mit einer Kette gefesselt waren, angebunden war, und welcher mit keuchender Brust folgen mußte. In kurzer Entfernung folgten 2 berittene Gensdarmen. Als der Assessor der Stadt näher kam, fing er an, Schritt zu reiten; was zunächst die Folge hatte, daß der Gefangene auf das Hinterteil des Pferdes stürzte. Zur Erde konnte er nicht fallen, dazu war die Fessel zu kurz. Nun machte der Reiter halt; die Gensdarmen trabten heran und entfesselten den Greis, der atem= und kraftlos zu Boden sank.

A.: Anschließend – nachts und allein – inquiriert der ‹Deutsche Mensch› dann .....

Zitat: Um 10 Uhr hat sich der Assessor mit einem Buch Papier, Tinte und Feder in die Zelle des Gefangenen begeben, sich vom Gefängniswärter 2 Wachslichter anzünden lassen, und diesen zu Bett geschickt. ‹Wenn ich ihn brauche, werde ich schellen; dann vergesse Er aber den Ochsenpesel nicht !› hat er diesem gesagt. Gegen 2 Uhr in der Nacht hat der Assessor heftig geschellt, und Nappmeyer ist mit dem Ochsenpesel in der einen, der Laterne in der andern Hand in die Zelle getreten. Bei seinem Eintritt ist der Assessor vom Tische, an dem er protokollirte, aufgestanden, und hat Dummmeier angeschrieen : ‹Hund, willst Du nun unterschreiben ? !›. Der Gefangene, an einem Bein gefesselt, hat ein heiseres rauhes ‹Nein› hervorgepreßt, und so mußte Nappmeyer ihm 12 aufzählen. Delinquent stürzte bei dem letzten Schlage zu Boden, und stöhnte : ‹Wasser !› Der Wärter holte einen Krug von unten; der noch immer auf der Erde liegende Dummmeier steckte die Zunge hinein, und fing wie ein Hund an zu lecken. ‹Jetzt, wenn ich noch einen Krug Wasser bekomme, und mich setzen darf, will ich unterschreiben›, hat er gesagt. Der Wärter schob ihm den Stuhl hin, auf dem bis dahin der Assessor gesessen; dieser hatte sich wie schlaftrunken auf die Pritsche des Delinquenten niedergelassen. Er rückte die Lichter näher, gab Dummmeier die Feder, und verließ dann die Zelle, um unten den Krug von Neuem mit Wasser zu füllen. Als er wieder heraufkam, hatte Dummmeier seine Schreiberei beendet; die Aufmerksamkeit des Wärters wurde aber abgelenkt auf den Assessor, der sich mit stieren Augen und wilden Gebärden von seinem Lager erhob, und schrie : ‹Fort ! Fort ! : Siehst Du die Mäuse nicht und die Ratten, Nappmeyer ? ! Fort ! Die ganze Zelle ist voller Mäuse und Ratten !›. Der Wärter, ein vorsichtiger Mann, hat dann freilich die Lichter ausgelöscht, aber das Protokoll liegen lassen, die Zelle verschlossen und den Assessor mit Mühe die 3 Treppen hinaufgebracht. Heute Morgen, als er dem Gefangenen die Suppe bringen will, findet er ihn an der Erde liegend am eigenen Halstuche, das an der Pritsche befestigt ist, erhängt. ‹Aber, meine Herren›, fuhr der Drost in erhöhtem Tone fort, er hatte sich schon in die Fistel hineingeredet : ‹wissen Sie, was der Dummmeier unter das Protokoll geschrieben hat ? So etwas ist mir in meiner langjährigen Praxis noch nicht vorgekommen; ich habe es mir deshalb abgeschrieben.› Er zog einen Flicken Papier aus seinem Uniformsrocke und las : ‹Alles erlogen und erstunken ! Der dreimal verfluchte und besoffene Menschenschinder hat mich 2 Stunden lang am Schwanze seines Pferdes nach Heustedt geschleppt; mich dann, nachdem ich kaum zu Atem gekommen und in Schweiß gebadet war, mitten in der Nacht lange Stunden stehen lassen, daß ich vor Frost zitterte und bebte; mir einen Trunk Wasser, um den ich zehnmal bat, verweigert; und mich dann durch Prügel zwingen wollen, seine eigenen, wüsten, räuberischen, versoffenen Phantasien als eigene Bekenntnisse zu unterschreiben : Verflucht sei der Menschenschinder ! Verflucht die Gerechtigkeit im Lande Hannover ! ! !›

B. (nervös): Empörend, zugegeben. – Aber . . . . . *(in etwas gezwungener Lustigkeit):* . . . wie das ‹Puppenspieler=Lisei› sagt : ‹Ob's G'schichtl auch net derlogn iss ?›

A.: Leider nicht : wie so oft in den ‹Hundert Jahren› finden Sie auch hier die Fußnote : ‹Zu Anfang der vierziger Jahre geschehen; aktenmäßig› – das heißt : wer Lust hatte, konnte beliebig über den Justizmord nachlesen. Wäre das große Buch denn heute noch diskutabel, wenn es uns nicht auch in dieser Hinsicht den Spiegel vors Germanengesicht hielte ? Freilich. Amerikaner verhören auch gern ‹im dritten Grad›.

B. (ablenkend): Sie sagten vorhin : noch ein zweites Wichtiges würde im vorliegenden Bande begonnen ?

A. (gefällig): Ohja. Es entbrennt der alt=neue, nie genug gewürdigte, Großaufstand von 1848–49; er füllt das Ende des siebten, den Anfang des . . . . .

B. (hastig einfallend): Halt, erst der Gong ! Ordnung muß sein. . . . . .

(gehorsam erfolgt 1 Gong)

A.: Achtes Buch !

‹Gegen Demokraten helfen nur Soldaten !› : so singt & klingt, so wrangelt & windisch=grätzt, so marschiert & trampelt es in den 3 Zentren der Volkserhebung : Berlin, Wien, Dresden. Und überall haben wir ja Helden der ‹Hundert Jahre› sitzen, die uns als Augenzeugen berichten können : in Wien die Finkensteins und Baumgartens; in Dresden die jüngeren Hellungs. Nach Berlin fährt Baumann selbst : er hat sich, freien Geistes, mit einer hübschen hitzigen, auch reichen jungen Jüdin, der Heustedter Sidonie Hirschsohn, verlobt; die ihn aber fallen läßt, als sie, die scharfsinnige Rechnerin, erkennen muß, daß Baumann auf die falsche Karte gesetzt hat .....

B.: Richtiger : die ‹lange› Karte; die, die erst 70 Jahre später ‹rauskam›.

A.: Der Arbeiter auf den Barrikaden sind zu wenig – es ist allzuviel Theaterdonner von nichtstuerischen Emigranten und schlechten Literaten dabei. Als die wenigen wirklich guten ‹Eisernen Lerchen› fliehen müssen, gibt auch Sidonie ihrem Bruno den Laufpaß .....

Zitat: Bruno rannte statt nach links, nach rechts; und sah erst, als er durch die Propyläen des Brandenburger Thores gegangen, und nun vor dem kahlen Thiergarten stand, daß er irregegangen. Er hatte das Brandenburger Thor oft abgebildet gesehen, und geglaubt, daß es von Marmor, mindestens von Granit oder Sandstein sei; jetzt, da er zurückging und sah, wie die Tünche abfiel, sagte er ‹Berliner Schwindel !›, und suchte baldmöglichst sein Hotel zu erreichen.

B. (verblüfft): Ja wieso ? ..... Das hatte ich aber doch auch immer gedacht, daß das irgendwie ‹graniten› wäre, ‹monumental› : wo doch jetzt ständig dieser Zauber damit veranstaltet wird !

A. (ironisch=gemütlich): Tja, man lernt nie aus. – Es folgt noch Frankfurt mit seinem ‹Professorenparlament›, über das Baumann die appetitlichsten Details weiß : hat er doch, als eine Art Sekretär, den Notizblock in der Hand, immer hinter dem Minister Detmold gesessen, dem »kleinen Scheusal«, dem unzuverlässigen, das späterhin lustig die Demokratie verriet; und, mit dem ‹Guelphen=Orden› dekoriert, sogar jenem schon erwähnten Ernst=August diente. Zu figurenreich ist der Reigen, um sie Alle einzeln hier erwähnen zu können, die Jochums und von Vincke, die Grävell und andere ‹Piepmeier›. Oder der interessante ‹Reichsregent› Karl Vogt, der große Biologe und Darwinist, Professor und Expeditionsleiter, dessen ‹Untersuchungen über Thierstaaten› immer lesenswert bleiben werden, eine Kombination von solider biologischer Belehrung, und witzigster politischer Satire – freilich muß man viel Geschichte wissen, um es voll genießen zu können; denn auch das wissen die ‹Hundert Jahre› längst, und es könnte heute geschrieben sein ..... :

Zitat: Es war eine schlimme Zeit für die Presse in Deutschland ! Die ‹Deutschen Jahrbücher› waren unterdrückt; die ‹Neue Rheinische Zeitung› ebenfalls; die Censur ward allerorten verschärft; während in Berlin Romantik, Frömmelei und eine verschwommene Naturphilosophie den Reigen führten. Die Kritik rüttelte und schüttelte zwar an allen Ketten und Vorurtheilen; aber sie durfte keinen Gedanken klar und scharf aussprechen; sie mußte errathen lassen, was sie meinte, sich in Bilder und

Phrasen hüllen, und nur hoffen, daß Publikus verstehen werde, zwischen den Zeilen zu lesen : in diesem Sinne muß alle Literatur von 1840–48 gelesen werden!

A.: Während man also, allerorten im ‹Deutschen Sprachraum›, wieder einmal die Demokratie verröcheln macht, begibt sich Oppermann, rührend zukunftsgläubig, wieder nach . . .

(Gong)

A.: den Vereinigten Staaten : im 9. Buch.

Und zwar ziehen seine Helden – nunmehr die ‹jüngsten› – nach zwei bedeutendsten Richtungen : Oskar Schulz studiert in den Südstaaten das Sklavenproblem; hört ‹Spirituals›, ‹I hear their gentle voices : poor old Joe !›; schäkert mit giftig=frühreifen Creolinnen; tritt Geheimbünden, den ‹Cedern des Libanon›, bei; und erlebt nicht nur Menschenjagden mit Bluthunden; sondern auch siegreiche Aufstände der ins Herkulische Gequälten.

Nach Westen treckt Theodor Hellung, um im Auftrag der Central Pacific Railway Company die Trasse für die Bahn durchs Felsengebirge abzustecken : Lagerfeuer, Indianer und Büffelheerden; die Geiser des Yellowstone; da schäumt der Platte=River; und endlich gelangt man auch in eines der merkwürdigsten Staatengebilde der Welt : nach ‹Deseret›. Oder, wie der bekanntere Name lautet : nach Salt Lake City, der Mormonenstadt. Da wird eingeblendet der große Treck Brigham Youngs nach Utah; wie Schlagintweit sehr richtig sagt : »einer der großartigsten, den die Weltgeschichte überhaupt kennt.« Löwenthor, Plurality und der ‹Tempel Moronis›.

B.: Kehrt man nicht nach Deutschland=Hannover zurück ?

A.: Und wie ! Während dort, einem Symbol schollenverbundener Brüchigkeit gleich, erst die ‹Gründerzeit› herrscht; dann der ‹Blinde König›, Georg 5 . . . . . .

Während dort weitläufig die Einführung eines ‹Neuen Katechismus› vorbereitet und beschlossen wird : eines schwarz gebundenen Büchleins, das, unter anderem, die Existenz eines leibhaftigen Teufels lehrte ! . . . . .

Während in Hannover, befürwortet vom ‹Konsistorialrath Taubenschlange› – eine prächtige Kurzfassung des betreffenden, immer merkwürdigen, Bibelwortes ! – das ‹Grüne Buch› angelegt wird, in das »Alle Mißvergnügten eingetragen werden sollen« . . . . .

B.: Also bitte jetzt nicht mehr einen Detail=vollgestopften Nebensatz mit ‹während› beginnen !

A. (mahnend): Sie wollen sich also, abgekürzten Verfahrens, der zeitgemäßesten Einzelheiten begeben ? Wie da, im Zuge der Rüstung, für die Herren ‹Kriegsräthe› mancherlei abfällt ? Wie man die Regierungsnachrichten nur der ‹gutgesinnten Presse› zuleitet – um ‹die Anderen› hoffnungslos veralten zu machen ? Wollen Sie nicht Szenen hören, wie etwa diese :

Zitat: Der Consistorialrath wollte antworten; aber König Georg, als sähe er dies, erhob sich und sagte : »Ich sehe, daß die Sonne Abschied nehmen will; es wird kühl, und es ist Zeit ins Haus zu gehen.« – *(Mit deutlichem Stimmabfall):* Dem war freilich nicht so; die Sonne stand noch hoch am Himmel; aber die Bäume des Parks, namentlich die von dem großen Springbrunnen her, warfen ihren längeren Schatten in die Seitenallee, in welcher der König saß.

A. (halblaut): Oder – auch das bildet sich die ‹Blindheit›, jeder Sorte, gern ein . . . . . :

Zitat: ‹Wenn ich sehe, wie meine treuen Hannoveraner, mit freudestrahlenden Gesichtern, an dem Sitze ihres angestammten Königshauses vorbeiströmen, so fühle ich so recht, wie keiner der deutschen Stämme inniger mit seinem angestammten Hause verbunden ist !› sagte Se. Majestät. / Gerade in diesem Augenblick ging indeß eine Gruppe von Menschen an dem Königssitze vorüber, unter denen keiner der Herren den Hut zog, keine der Damen eine Verbeugung machte : es waren das Karl Baumann aus Heustedt, in Begleitung seiner Frau, nebst Hans Dummmeier von der Wüstenei. Graf Schlottheim lorgnettierte die Gruppe; und Baumann warf ihm von unten 1 bösen Blick zu.

B.: Grotesk ! Daß dergleichen in Deutschland möglich war . . . . .

A.: Lieber Freund ! : Deutschland ist seit eh & je von ‹Blinden Königen› regiert worden !

(Bedeutende, erkenntnisreiche, Pause).

B.: Aber Ihre ‹Hundert Jahre› können=dürfen doch nicht mit dem Bilde eines gekrönten Simplex schließen !

A.: Und warum – Ihrer Ansicht nach – nicht ?

B. (erbittert=bittend): Wo geraten wir denn hin, wenn wir – nach einem solchen ‹Gang durch den Sand› eines Jahrhunderts ! – wenn wir da mit einem derart Stumpf=Unfruchtbaren schlössen ?!

A.: Sie wollen also, daß es ganz Deutsch her= und zugehe ? – Wohlan :

Theodor Hellung, nach geradezu Karl=May=haften Szenen – was nebenbei schon Sonnemann anmerkte, in seiner maschinengeschriebenen Dissertation – hat ein Kalifornisches Gebirgsthal entdeckt, das ihm geeignet scheint, einen Idealstaat, das ‹Paradies Hellungen› zu gründen.....

Zitat: Im August und September des Jahres 1868 zirkulierte in Sachsen, in Nord= und Süddeutschland, in liberalen Kreisen, ein lithographiertes Schreiben, das also lautete:

Freunde in der Heimat! Gesinnungsgenossen! Kampfgenossen für die Freiheit! Ein deutscher Landsmann bietet Euch in einem fernen Erdtheil eine Heimstätte, wie sie schöner belegen, von der Natur in jeder Beziehung mehr begünstigt, gesünder und fruchtbarer, vielleicht auf dem ganzen Erdboden nicht mehr gefunden wird. Nach den Grundsätzen

Freier Boden / freie Arbeit /

freie Rede / freie Menschen!

ist der Bau begründet; und auf dieser Grundlage soll er fortgeführt werden......

B.: Alles gut und schön; aber.....

A.: Lassen Sie uns erst aussprechen!.....:

Zitat: Wir sind glücklicher daran, als alle Europäer und Asiaten, welche mit den Ruinen und dem Schutt der Vergangenheit zum Erdrücken beladen sind; welche mit schlechten Gebräuchen Sitten Vorurtheilen, mit überlebten Einrichtungen zweier Jahrtausende zu kämpfen haben: wir haben einen jungfräulichen Boden frisch anzubauen! Uns steht kein historisches Gerümpel, keine ‹Gerichtslauben›, kein römisches sogenanntes ‹Recht›, noch das ‹Recht› (d. h. Unrecht!) des Krieges im Wege! Wir haben weder Kasernen noch Citadellen! Wir füttern keine Mumien, weder dynastische noch klerikale! – Eine Kirche?: mag sich eine gläubige Gemeinde, wenn sie sich je in Hellungen finden sollte, selbst bauen – aber ich hoffe: der Evasee ist zu klar & hell, als daß die Schwarzen sich je darin spiegeln möchten!

B.: Schade eigentlich. –: Nach 3.000 Seiten scharfgesehener Realität; nach Erneuerung von Eintausend halbvergessenen guten Namen; nach all dem Aufwand an Wirklichkeitssinn also – mündet schließlich die Fabel von allen Enden her in ein – entschuldigen Sie den Ausdruck, aber es ist ja nicht anders – in ein Traumreich?!

A.: Ich sage vielmehr so!:

Die abschließende Blitzlichtaufnahme ‹Hellungen› ist mir das Sinnbild erhabener Resignation. Der Weisheit letzter Schluß eines Mannes, der, nach ausführlichster analytischer Betrachtung von einhundert Jahren deutscher Geschichte, an seinem Vaterlande verzweifelt!: Verzweifeln muß!!

Die Zukunft gehört nicht Europa – das ist, seit Leibniz schon, unter Wissenden kein Geheimnis mehr; und immer wieder gesagt worden : von Johannes von Müller; Massenbach; Oppermann. Immer wieder überhört worden. – Bis es sich denn, heute allmählich, herumzusprechen beginnt : die Zukunft gehört den Amerikanern. Und – von Oppermann leider vergessen ! – : den Russen !

(Gong)

B.: Ihr Gesamturteil nun über diese ‹Hundert Jahre› ? – Die, ich möchte es doch, und zweifelsvoll, angemerkt haben : samt ihrem Verfasser in keinem Konversationslexikon mehr zu finden sind.

A. (abwehrend): Das ist noch kein Einwand gegen einen Schriftsteller, daß er nicht im neuesten ‹Brockhaus› steht : Manche verdienen Denkmäler; und Andere kriegen sie : das ist ‹bei=uns=zulande› nicht anders.

Was nun die Vergessenheit speziell der ‹Hundert Jahre› angeht, so trafen hier eine ganze Anzahl ungünstiger Umstände zusammen . . . . .

B.: . . . von denen ich mir einige zu erraten zutraue.

A.: Und zwar ?

B.: Wenn es, wie Sie sagten, 1870 erschienen ist – tja, dann war es einmal, nachdem 66 das alte Königreich Hannover bankerott gemacht hatte, ‹moutarde après le diner›.

A.: Schon recht; obwohl berücksichtigt sei : daß eben *vor* 66 eine solche Schilderung hannoverscher Zustände nicht möglich gewesen wäre. – Wichtiger jedoch dies : als das Buch im Frühjahr 1870 bei Brockhaus herauskam . . . . .

B.: Also als Oppermann schon tot war ? : Hat er das etwa absichtlich so arrangiert ? Als gewiegter Jurist ? Um jedweder ‹gerichtlichen Verfolgung› enthoben zu sein ?

A.: Das glaube ich nicht; er hat im Laufe seines Lebens wenig ‹Menschenfurcht› gekannt. Mir war dies posthume Erscheinen eigentlich eher die Erklärung für die zahlreichen Druckfehler. –

Nein; was ich hauptsächlich betonen möchte : das große Buch wurde vergessen – und geschickt vergessen gemacht ! – im großen Trubel von 70/71 : die Stimme der Vernunft wurde wieder einmal mehr übertönt von der ‹Trompete von Gravelotte› : »sie, die mutig mit schmetterndem Grimme / uns geführt in den herrlichen Kampf hinein !« . . . . . *(Bitter):* beziehungsweise, vornehmer formuliert : der Zeitpunkt für Oppermanns kritisches Groß=Werk war denkbar ungünstig.

Die nationale Woge hat – und es liegt ja eine gewisse solide Ironie darin – den einzigen Politischen Roman der Deutschen fortgeschwemmt.

B.: Schön. – *(Schnell):* Das heißt : ich bin in Gedanken schon weiter; die Tatsache, die Sie erwähnten, ist natürlich nicht schön ! – also ich würde, nach meiner jetzigen, leidlich=oberflächlichen Kenntnis des Riesenfrieses so sagen .....

A. (anerkennend einfallend): ‹Riesenfries› ist gut : ohja : al fresco, mit sicherer Hand, gemalt.

B. (grübelnd fortfahrend): –– großartig angelegt, da gibt es gar keinen Zweifel. Oppermann hat – wahrlich, soweit ich sehe, als Einziger ! – das geleistet, was Gustav Freytag versprach=und=nicht=hielt; was Gutzkow zerfaselte; was die damaligen Lyriker bestenfalls schneidig ‹anritzten›. Besonders nachdenklich zu lesen, vor, zwischen und hinter Stifters ‹Nachsommer› : Wird man dereinst glauben : daß beide Bücher, gleichzeitig, dieselbe Zeit schildern ?! Auf demselben Stern geschrieben sind ?!

A.: Darf ich – ein anderes Positives hervorhebend, das Sie gar nicht würdigen können – darf ich betonen : exakt & kunstreich komponiert ist das Mammutbuch. Die Verhältnisse der Haupt= und Nebenpersonen wohlüberlegt, und organisch ineinander verschlungen. – Weiterhin : Oppermann gibt, als rechter Polymathestatos, in reichster Fülle schätzbare Einzelheiten : der Roman ist zur Erkenntnis der Denkweisen jenes Jahrhunderts unerläßlich.

B.: Gestört hat mich Eines : – die Sprache der Textproben ! – Ich bin da etwas verwöhnt; und sie schienen mir doch herzlich nüchtern – um nicht direkt platt zu sagen.

A.: Sie haben den Finger auf den einzigen – nicht direkt ‹wunden›, aber doch ziemlich verhornten, Punkt gelegt : Ja, der Wert der ‹Hundert Jahre› liegt absolut im Material; nicht in dessen Verarbeitung. Holofernes war weder Redner noch Dichter.

B. (fragend): ‹Holofernes› ? – Was soll der gewalttätige Klang hier ?

A.: Es war, zeit seines Lebens, Oppermanns Spitzname : sein rötlich gesträubtes Haar; seine wilden, immer zum Trotz bereiten Gesichtszüge; seine vierschrötige Gestalt mit den knotigen Fäusten – die er, wenn's ihm nottat, auch zu brauchen verstand : beste plebejische Kraft, mein Lieber !

B.: Ich kenne Ihre Vorurteile zur Genüge ! – Also auch eine unverächtliche Selbstbiografie hat er gleichzeitig geliefert, herausfordernd verschlüsselt – d. h. so erkennbar, daß damals wahrscheinlich Jeder sogleich aufgeschrien, und mit Fingern auf den Betreffenden gezeigt haben dürfte – etwa, wie wenn Einer heute aus ‹Greiffenberg› ‹Falkenberg› machte. Eine Maskenredoute, ungefähr wie in May's ‹Silberlöwen› .....

A. (berichtigend): Wobei ich jedoch den fundamentalen Unterschied nie aus dem Auge zu lassen bitte : bei May ist Vieles persönlich=kleinlich; der unhistorisch=private Racheakt, freilich ein glänzend kostümierter, auch tiefsinniger, eines Dichters. – Bei Oppermann ist alles ins selbstlos=politische gewendet : es geht um ein ganzes Volk, und seine, meist unseligen, Fata !

B.: Also 1812 – sagten Sie – war er geboren. Was war der Herr Papa von Beruf?

A.: Ludwig. Ein einäugiger, armer Buchbinder.

B.: Dann also Schüler; Student; endlich auf Anstellung wartender Literat, in Göttingen. Advokat in Hoya : aber dann ? – Ä : übrigens : Frau & Kinder ?

A.: Verheiratet war er mit Elise Bloede aus Dresden – auch diese Familie und ihre Schicksale ist in die Fabel des Buches mit verschlungen : der Schwager nahm – ich brauche wohl nicht zu sagen, auf welcher Seite – am dresdener Aufstand teil; und mußte, zu 12 Jahren ‹Waldheim› verurteilt, fliehen : in Richtung ‹Hellungen›, wo, gegen Ende des Buches, fast alle Helden sich einfinden. – Nachkommen hatte Oppermann vermutlich keine; zumindest bezeichnet er sich noch 1854, in einem der Aktenstücke, als ‹kinderlos›.

B.: Und er starb also in Hoya ? – Ist er viel ‹gereist› im Leben ?

A.: Er unternahm, nach Art jener nicht=globetrottenden Epoche, nur seltene und kleine Ausflüge – zweimal, soweit ich ihm nachgehen konnte, war er in Wien=Österreich, den Rhein hinauf, und über Prag wieder zurück. Trips in Niedersachsen natürlich ausgiebig : Bremen Hannover Hamburg. Einmal zur Erholung nach Marienbad.

Und gestorben ist er in Hoya mitnichten : er wurde bald Anwalt & Notar in Nienburg, wo seine markante Figur, seine impulsive verständnisvolle Art, ihn zum Liebling der bäuerlichen Bevölkerung machten : die wählten ihn denn auch, gleich nach 48, als Abgeordneten in die Hannoversche zweite Kammer. Nach der Annexion des Landes, 1866, gehörte er, bis zu seinem Lebensende, folglich dem preußischen Abgeordnetenhause an.

B.: Sie sagten vorhin aber, er sei ‹kein Redner› gewesen : ist das nicht, gerade für solche Karriere, ein verhängnisvolles Manko ?

A.: Seine liberale Partei wußte dennoch sehr wohl, was sie an ihm hatte : einen eisernen Fleiß, dem man die unglaublichsten Arbeiten zumuten durfte. Eine Uneigennützigkeit, die bis zur Selbstaufgabe ging. Eine Sachkenntnis – nicht nur von ephemeren Einzelheiten, sondern eben ‹Hundert Jahren› ! – gekoppelt mit dem, was Parteileitungen durchaus zu schätzen wissen : einer polternden furchtlosen Energie, die, ohne Rücksicht auf ‹äußere Formen›, die schlagendsten Kurzbemerkungen in die parlamentarische Debatte zu schleudern imstande war.

B. (nüchtern): Also zäher Fleiß, und – ziemlich grobfädige – Wahrheitsliebe; unterstützt durch eine gußeiserne Konstitution : rasende Redlichkeit.

A. (indigniert): Natürlich kann konsequente Bosheit es auch so ausdrücken ! : Lieber Freund, Sie überblicken eben einfach ‹Das Werk› nicht ! Der Mann hat immerhin ein halbes Dutzend Bücher hinterlassen, meist historischer oder juristischer Art, gewiß ! Aber gestatten Sie mir – mir, der ich rund das Zwanzigfache über den Gegenstand weiß ! – es abschließend zusammen zu fassen :

Heinrich Albert Oppermann zeigte, zeit seines Lebens, die – meiner Ansicht nach – für sämtliche existierenden Wesen einzig legitime Haltung gegenüber jeder ‹Höheren Instanz› . . . . *(grollend):* die, grundsätzlich, uns, den mit unzureichenden Organen von ihr ausgerüsteten, gegenüber, die *schuldige* ist ! –

redlichen Trotz !

So starb er, ungebeugt, zu Nienburg, am 16. Februar 1870.

B.: Kein Bild kündet von ihm ? Keine Büste, kein Gedenkstein ? – Nun; wir haben Besseres : seine ‹Hundert Jahre›.

A. (bedeutend): Wie für jeden richtigen Mann brauchte man für ihn 2 Nachfolger :

1 für seinen Sitz im Abgeordnetenhaus

1 für seine Anwaltspraxis :

diese fanden sich. – Der Dritte, der fähig gewesen wäre, uns die nächsten ‹Hundert Jahre› zu schreiben – : fehlt bis heute !

THEODOR FONTANE

30. Dezember 1819, Neuruppin – 20. September 1898, Berlin

FONTANE UND DER ESKIMO

Eine gute Handübung für die »Verwendung« fremder literarischer Materialien ist es schon, wenn man mehrere Bände »Wanderungen durch die Mark Brandenburg« zusammenträgt; wo sich dann leichte=allzuleichte geographische Abschilderung aufs zwangloseste mit »Stammessagen« der betreffenden Herrensitze paaren läßt; Dorfchroniken zitiert man gern – so eine alte holzschnittkräftige Stelle ziert ja ein ganzes Kapitel – anstößige Stellen werden ausgelassen oder gefälscht.

Als die Konjunktur es dann gebieterisch forderte, gab Fontane seinen »großen« (d. h. umfangreichen) nationalen Roman »Vor dem Sturm« heraus, bei dessen Lektüre man unschwer einsieht, daß es sich ursprünglich um einen neuen Band der »Wanderungen« handeln sollte; so unverkennbar sind hier Auszüge aus Kirchenbüchern und märkische Anekdoten aneinander geleimt. Schlimmer noch : der Leser älterer Literatur stößt auf Schritt und Tritt erbittert auf Stoffe, die er längst aus Nidda oder Fouqué vorher kannte ! Ich will diese Plagiate jetzt nicht im Einzelnen festnageln, sondern mich heute lediglich auf die Episode beschränken, nach der sogar ein ganzes Kapitel heißt : »Von Kajarnak, dem Grönländer«.

Fontane – was der Blitzkerl für eine Phantasie gehabt haben muß ! – hat nämlich in die unvermeidliche Adelsfamilie eine alternde Tante eingeführt, die in ihrer Jugend Missionarsgattin auf Grönland gewesen ist, und, bei stockender Fabel, ihrerseits aus dem reichen Schatz ihrer Erfahrungen etwa dieses mitteilt :

Kajarnak war ein Eskimo, der anläßlich der Vorlesung einer Übersetzung des Johannesevangeliums, die Bruder Matthäus Stach verfertigt hatte, plötzlich aufsprang, und mit zitternder Stimme – also einwandfrei »vom Geist ergriffen« – ausrief : »Wie war das ? Ich will das noch einmal hören.« Kein Wunder, daß er bekehrt wird; daß die heidnischen Angekoks dann gar Mörder gegen ihn aussenden, so daß er mit seiner 14 Mitglieder zählenden Großfamilie, nachdem er am 2. Osterfeiertage mit Frau und Tochter Anna getauft worden, nach Süden fliehen muß. Ein Jahr später dann – »wir feierten eben Johannistag« – und zusätzlich noch die Hochzeit von Anna Stach und Friedrich Böhnisch (einem weiteren Missionarspaar), kehrt Kajarnak zurück. Kann sich fürderhin in seiner Glaubenstreue nicht genug tun; »übernimmt sich«, trotz seines »schwachen

Körpers«, bei der Verbreitung des Evangeliums unter seinen Landsleuten; wird schwächer; hält am 25. 2. 1741 eine gottselige Rede, und schläft danach ein. Seine Frau bestand darauf, daß er nach christlicher Weise begraben würde. – So erzählt das, natürlich weit ausführlicher und das Gemüt angreifender, die Tante Schorlemmer (die, als Augenzeugin, mindestens 100 Jahre alt sein müßte). –

Nun ist aber leider im Jahre 1765 ein über 1100 Oktavseiten umfassendes Buch erschienen, »David Crantz : Historie von Grönland«, in welchem ebenfalls fromm=weitläufig die Geschichte der dortigen Stationen Neu=Herrnhut und Lichtenfels exponiert wird. Da, verstreut auf den Seiten 490–531, wird der Lebenslauf Kajarnaks, des Eskimos, ausführlich angegeben :

Die Übersetzung des Johannesevangeliums war nicht von Bruder Stach, sondern von Johann Bek : eine Veränderung, an sich völlig unverständlich, und von Fontane nur zur Verschleierung seiner Quelle vorgenommen ! / Kajarnak sagte bei der Verlesung zwar genau die oben angeführten Worte, fügte jedoch als unbefangen ehrlich=begehrliches Naturkind noch hinzu : »Denn ich möchte auch gern selig werden !« Das schien ihm sicher etwas Hübsches ! / Nicht 14 Mitglieder hatte seine Familie; sondern nur 9 ! / Als nach einem halben Jahre endlich die Taufe dieser 4 ersten Grönländer erfolgte, war das nicht am zweiten Osterfeiertag, sondern am ersten ! / Fontane gibt den Taufnamen der kleinen Tochter immer vornehm mit Anna an; beim Crantz heißt sie stets, nach der verspielten Brüderweise, Ännel ! / Wohl kommt Kajarnak nach rund einem Jahr wieder; aber nicht Johanni – oh, wen ergriffe hier nicht die preußisch=exakte Symbolik, daß am Lichtfeste der erste grönländische Zeuge des Lichtes wiederkehrte ! – sondern am 4. Juli 1740 ! Leider muß ich auch dies herrliche Faktum ruinieren ! / Gewiß wäre es ein rührender Zug, daß sich Kajarnak (»er war nur von schwachem Körper !«) in seinem Eifer, das Evangelium unter seinen Landsleuten zu verbreiten, »übernahm«. – Von alledem weiß Crantz nichts; wohl aber, daß er ein »Meister im Tantz« gewesen sei; was bei Wilden ja eine ziemlich angreifende Übung zu sein pflegt ! ! / Gewiß hält er seine rührende Totenrede; aber nicht »danach schlief er ein, während unsere Gebete seine scheidende Seele dem Erbarmer empfahlen« ! Man kann natürlich der Ansicht sein, daß es ganz einfach Kajarnaks Pflicht gewesen wäre, sofort nach solch erbaulichen Worten zu verscheiden; aber leider hält die Brüderhistorie fest, daß sein Tod erst drei Tage später erfolgte ! / Die gleichfalls bekehrte Gattin »besteht« bei Fontane darauf, daß ihr Mann nach Christenweise bestattet werde; während Crantz erstaunt verzeichnet : Frau und Anverwandte seien

»gegen der Grönländer Gewohnheit« ganz gelassen geblieben, und hätten nur gesagt : »wir sollten es mit dem Begräbnis halten, wie es unter den Christen gebräuchlich wäre«. Was ja dem Sinne nach wohl etwas grundverschiedenes von »bestand darauf« ist ! –

Scheinbar hat Fontane angenommen, daß er der letzte Lebende sei, der die olle ehrliche Brüderchronik aufschlagen würde. Aber wer seine Bücher mit einem solchen gußeisernen Maaßwerk von Namen und Daten, mit soviel grauseidnen hochadeligen Einzelheiten versieht, muß dann auch schon, als ambitiöser Halbgelehrter, mit der entsprechenden Kritik rechnen.

Nichts gegen »Hoppenmarieken«, oder seine späteren handfest=versponnenen berliner Romane; nichts gegen das Primat der märkischen Angelegenheiten über die göttlichen; aber mit Grönländern läßt sich ein Berliner scheinbar besser nicht ein !

KARL MAY

25. Februar 1842, Hohenstein-Ernstthal
bis 30. März 1912, Radebeul bei Dresden

VOM NEUEN GROSSMYSTIKER

(Karl May)

Stimmen:

erster Sprecher (besonnen, positiv)
zweiter Sprecher (scharf, advocatus diaboli)
Zitate (Männerstimme, jambengewohnt)

1. *Sprecher:* Goethe sagt einmal .....

2. *Sprecher (unterbricht schon jetzt):* ... dann hat er an anderer Stelle bestimmt auch das Gegenteil gesagt!

1. *Sprecher (ruhig):* das ist durchaus möglich : es wäre ja ein Einwand gegen ihn, wenn er sich im Laufe eines solchen Lebens nie gewandelt hätte.

2. *Sprecher:* Gewiß; jedoch macht dergleichen Polyglossität einen Kronzeugen immer verdächtig. – Aber was hat er diesmal wieder speziell an *(ironisch betonend)* ‹Bedeutend Allgemeinem› geäußert?

1. *Sprecher (zitierend):* »Wenn ein Autor eine Auflage von einer Million erreicht : so muß schon etwas an ihm sein!«

2. *Sprecher (spöttisch=zuvorkommend):* Siehe Courths=Mahler.

1. *Sprecher:* Die Bibel.

2. *Sprecher:* Als Pendant vielleicht – ‹Mein Kampf›?

1. *Sprecher:* Shakespeare!

2. *Sprecher:* Contra! : Karl May! – Aber da hätten wir ja schon die reizendste Blütenlese beisammen; mehr als hinreichend, die Fragwürdigkeit auch dieses Goethewortes zu illustrieren : was ist denn an der Courths=Mahler mehr, als daß sie so ganz Abderit war, und ihre hausmachernen Histörchen mühelos im Ton des Treppenhausklatsches hindahlte? : Die Erbärmlichkeit des Lesepublikums ermöglicht bei ihr die Auflagenziffer!

1. *Sprecher:* Und bei der Bibel?

2. *Sprecher:* Sie erwarten hier nicht im Ernst eine freimütige Antwort: onward Christian Soldiers! – Bei Shakespeare ist es teils das präjudicium auctoritatis; teils die zeitliche Aufsummierung verständnisvoller Verehrer : in 300 Jahren kommen schon ein paar Hunderttausend zusammen.

‹Mein Kampf› erhielten damals alle jungen Leute anläßlich der Eheschließung : kein unfeines Memento bei solchem Anlaß!

1. *Sprecher (amüsiert):* Unverbesserlicher Hagestolz!

2. *Sprecher:* Auch schon ein rares Wort; und eigentlich nur noch die Studie von Stifter, oder ein Schauspiel Ifflands. – Aber von was wird Karl May getragen ? : Von der Jugend.

1. *Sprecher:* Das eben wäre zu untersuchen : sollte *wirklich nicht mehr* an einem Manne sein, von dem eine Nobelpreisträgerin sagen konnte : »Wenn ich nur *eines* seiner Werke hätte gestalten können, dann hätte ich mehr erreicht« ?

2. *Sprecher (mißtrauisch):* Nobelpreisträgerin ? Doch nicht Selma Lagerlöf ?!

1. *Sprecher:* Nein; Bertha von Suttner : Friedenspreis 1905. – Soll ich erst noch Hermann Hesse als Eideshelfer zitieren ? Oder Carl Zuckmayer ? Einstein, Fallada, Rosegger, Molo : Josef Nadler ?

2. *Sprecher (komisch=entsetzt):* Nein, um keinen Preis! Nicht Rosegger; *das* bitte nicht – *(argwöhnisch=zaudernd):* Zuckmayer ? ? –

1. *Sprecher:* Bitte! Anläßlich der berliner Aufführung des ‹Winnetou› schrieb er : »Diese Gestalten leibhaftig auf der Bühne zu sehen, das ist eine solche Erfüllung und ein solches Glück – mich hat es zwischen Lach= und Heultränen herumgeschüttelt! – daß zunächst mal jede Kritik schweigt.«

2. *Sprecher (nüchtern):* Also doch : Jugendreminiszenz! – Das kommt vor. Ich habe Siebzigjährige gekannt, die noch den ganzen endlosen Namen auswendig hersagten : ‹Hadschi Halef Omar, Ben Hadschi Abul Abbas, Ibn Hadschi Dawuhd al Gossarah !› Aber *Nadler* würde ich doch gern noch hören!

1. *Sprecher:* Aus ‹Maißnische Geistigkeit›, Essay von 1934 ....

2. *Sprecher (verständnisvoll unterbrechend):* Ah! : Damals war schon bekannt, daß ‹Mein Führer› sämtliche May=Bände griffbereit neben dem Kopfkissen hatte ? –

1. *Sprecher:* Wir wollen nicht gleich immer auf die anrüchigsten Motive raten.

2. *Sprecher:* »Von zwei möglichen Auslegungen ist allemal die dem Autor nachteiligste zu wählen«; das hat schon Jean Paul gewitzelt : *auch* ein großer Mann! – Aber wie stand's 1934 um die ‹Meißnische Geistigkeit› ? Ich ahne Schreckliches.

1. *Sprecher (rezitierend):* »Die drei Männer, die im engeren Bezirk des Literarischen den meißner Stamm bezeugen können, ...«

2. *Sprecher (halblaut einschaltend):* ...... und jetzt kommt's .....

1. Sprecher (unbeirrt fortfahrend): »Richard Wagner; Friedrich Nietzsche; *(kleine Kunstpause : dann mit Nachdruck):* Karl May ....!«

2. Sprecher: Herakles kai pithekos. – *(resigniert):* Na, ich hab's nicht anders erwartet. – Dabei ist doch wirklich nichts leichter, als zu entscheiden, ob ein Autor zur Hochliteratur gehört oder nicht : das ist ja schließlich keine Frage des persönlichen Geschmacks; sondern man hat da ganz einwandfreie Kriterien – Bemühung um Sprache, Form, Inhalt – aus denen sich die Rangordnung eines Schriftstellers einwandfrei ergibt ! Mich interessiert *nicht*, ob von May bisher 13 Millionen Bände verkauft wurden : *das* ist ein Merkmal, das er sowohl mit dem größten Schöps als auch dem größten Genius gemeinsam hat ! Mich interessiert *nicht*, ob er die exotischen Länder, die er so ausgiebig beschrieb, tatsächlich mit Leibesaugen gesehen hat – Schiller war auch nie in der Schweiz : und *wie* wimmelt es im Tell von Lawinen und Alphörnern ! Ebenso ist mir *völlig uninteressant*, ob er ein Jugend= oder Volksschriftsteller ist : *das* wäre das Stigma des früher oder später *doch* rettungslos für die Versenkung Bestimmten ! *Ich* frage hier lediglich :

»Gebührt May eine Stelle im Kontinuum unserer Hochliteratur ?«

Oder, anders formuliert : »Kann ihn ein denkender Mensch über 20, der inzwischen begeistert Goethe gelesen hat, Schopenhauer, die Romantiker : kann ein Solcher ihn noch mit Ehren in die Hand nehmen ?«.

1. Sprecher: Ich will noch knapper antworten : Ja !

2. Sprecher: Ohne Einschränkung ?

1. Sprecher: Lediglich mit *der* Einschränkung, die für *jeden* Dichter gilt : ich gebe Ihnen einen *Teil* des Werkes anstandslos preis ! Nennen Sie mir *den* Schriftsteller, von dessen Gedrucktem wir nicht der Hälfte entraten könnten ! *(bedauernd):* selbst Edgar Poe ....

2. Sprecher (sympathisch): Nun; das hatte immer seine finanziellen oder sonstigen sehr entschuldbaren Gründe : wir verehren ETA Hoffmann ja nicht *wegen* seiner läppischen ‹Räuber›; sondern *trotzdem*. – Also *das* sei Ihnen gewährt : so viele Bände auszuklammern, wie Sie wollen – Hauptsache, es bleibt etwas übrig ! – Zunächst : wer war May eigentlich ?

1. Sprecher: Oskar Panizza hat zwar in ‹Imperjalja› allen Ernstes behauptet, daß der eigentliche Verfasser jener Reiseromane Kaiser Wilhelm der Zweite gewesen sei ......

2. Sprecher (lachend einfallend): in Anbetracht so mancher schnurrbärtiger Teutomanieen gar keine üble Konjektur ! Nicht umsonst ging auf dem Stadtplan von Hohenstein=Ernstthal die ‹Karl May Straße› zwanglos in die ‹Straße der SA› über ...

1. Sprecher: Aber hier ein Biogramm : 1842 wird er als eines von 14 Kindern blutarmer erzgebirgischer Weber geboren; hübsch zwischen der brusttötenden Stickluft des Heimwebstuhls auf der einen, dem Gejohle der Schnapsdestille auf der anderen Seite. Wenn die Leinenpreise sinken, wird Unkraut von den Schutthalden gekocht : als Folge von Mangelkrankheiten erblindet der Kellerkeim von Jungen für vier ganze Jahre.

2. Sprecher (betroffen): Das ist wichtig ! : Also ein isoliertes Geschöpf; organisch auf Gedankenspiele umfänglichster Art angewiesen.

1. Sprecher: Unzureichender Schulunterricht addiert sich zu wahlloser Lektüre, vor allem der giftigsten Hundertheftromane . . . .

2. Sprecher (im Ausschreierton): Rinaldo Rinaldini, der große Bandit; auch Seeräuber und Inselkönig : von Vulpius, Goethes Schwager ! / Heinrich Anton Leichtweis, der verwegene Räuber und Wilddieb des Rheinlandes; oder dreizehn Jahre Liebe und Treue im Felsengrabe !

1. Sprecher: Aber auf dem Hausboden, dicht neben dem leeren Taubenschlag, liegt auch noch dieses Buch :

Zitat: »Der Hakawati. / Das ist / der Märchenerzähler in Asia / Africa, Turkia, Arabia, Persia et India / sampt eyn Anhang mit Deytung, explanatio et interpretatio / auch viele Vergleychung und Figürlichseyn / von Christianus Kretzschmannus : der aus Germania war / Anno 1605.«

1. Sprecher: Und wie dem jungen Goethe – *(entschuldigend):* nur als äußerlicher Vergleich; ich bin nicht Nadler – in löschpapierener Ausgabe immer wieder das Volksbuch vom Doktor Faust in die Finger lief; so ist es hier, ähnlich bestimmend für Leben und Produktion, das Märchen von ‹Ardistan und Dschinnistan› :

Zitat: Wenn man von der Erde aus drei Monate lang geraden Wegs zur Sonne fliegt, und dann in derselben Richtung noch drei Monate lang über die Sonne hinaus, so kommt man an einen Stern, der ‹Sitara› heißt.

Dieser Stern hat mit unserer Erde manches gemeinsam : er dreht sich in einem Tag um sich selber; in einem Jahr um die Sonne. Aber während man auf der Erde 5 oder 6 Kontinente zählt, ist das Festland von Sitara in viel einfacherer Weise gegliedert : es ist ein einziger zusammenhängender Weltteil, der in ein flaches, sümpfe- und wüstenreiches Tiefland, und ein der Sonne entgegenstrebendes Hochland zerfällt. Das Tiefland – flach, ungesund, giftiger Pflanzen und reißender Tiere voll – heißt ‹Ardistan› (von ‹Ard› gleich ‹Scholle, Materie›). Das Hochland – gebirgig, gesund, reich an edenischen Früchten – ist ‹Dschinnistan›, und

‹Dschinn› bedeutet ‹Genius; elfischer Geist›. Tief unten herrscht über Ardistan ein Geschlecht von finsteren selbstsüchtigen Gewalthabern; hoch über Dschinnistan gebietet schon seit undenklicher Zeit ein Geschlecht großherziger Fürsten.

Kein Wunder, daß in Manchem, unverschuldet im tiefsten Ardistan Geborenen, die Sehnsucht nach oben so stark wird, daß er sich aufmacht, den Weg nach Dschinnistan zu suchen. Zwischen den beiden Welten aber liegt noch ‹Märdistan›; eine steil ansteigende Wildwaldzone, in die, wie schon der Name sagt, sich nur ‹Männer› wagen dürfen; und wo so viele Häscher lauern, daß Jeder unweigerlich ergriffen, und in die ‹Schmiede der Geister› geschleppt wird . . . . .

2. *Sprecher (scharf):* Da schmieden Geister?

Zitat: »Nein : man schmiedet sie! / Der Sturm bringt sie geschleppt, um Mitternacht, / wenn Wetter leuchten, Tränenfluten stürzen. / Der Haß wirft sich in grimmer Lust auf sie; / der Neid schlägt tief ins Fleisch die Krallen ein; / die Reue schwitzt und jammert am Gebläse. / Am Amboß steht der Schmerz, mit starrem Aug / im rußigen Gesicht, die Hand am Hammer. / : Da, jetzt, o Scheik, ergreifen Dich die Zangen! / Man stößt Dich in den Brand; die Bälge knarren; / die Lohe zuckt empor, zum Dach hinaus; / und alles, was Du hast und was Du bist, / der Leib, der Geist, die Seele, alle Knochen, / die Sehnen, Fibern, Fasern, Fleisch und Blut, / Gedanken und Gefühle, alles, alles / wird Dir verbrannt, gepeinigt und gemartert / bis in die weiße Glut!« *(schreit mit fremder Stimme):* Allah! Allah!

(wieder wie zuerst): »Schrei nicht, o Scheik; ich sage Dir, schrei nicht! / Denn wer da schreit, ist dieser Qual nicht wert; / wird weggeworfen in den Brack und Plunder, / und muß dann wieder eingeschmolzen werden. / : Du aber willst zum Stahl, zur Klinge werden, / die in der Faust des Parakleten funkelt : / Sei also still!«

2. *Sprecher (unterbrechend):* Was sind das für Verse?!

1. *Sprecher:* Eine Probe aus dem einzigen Bühnenwerk Mays – allerdings *die* ‹schöne Stelle› – Aber lassen Sie uns erst weiter aus Ardistan erzählen : der begabte Knabe fällt wie üblich dem Rektor auf, dem Pfarrer. Anschließend an die Elementarschule wird familiengemeinschaftlich das Lehrerseminar erhungert : mit 19 Jahren ist May Fabrikschullehrer in Chemnitz . . . . . .

2. *Sprecher (erläuternd):* Karl-Marx-Stadt : für ostdeutsche Hörer! –

1. *Sprecher:* Und nun kommt der von der Milieutheorie prophezeite Bruch : einem Stubenkameraden entwendet er die Taschenuhr – die Einzelheiten sind unklar – und geht dafür ein paar erste Wochen ins Gefäng-

nis. Es hieße die Karl May Frage unnötig komplizieren, wollten wir hier auf seine insgesamt achtjährigen Gefängnis= und Zuchthausstrafen eingehen; zumal sie letzten Endes alle auf die *eine* Ursache zurückzuführen sind : das Mißverhältnis zwischen einem phantastisch=überlegenen Geist, und seiner unverschuldet=niederziehenden Umgebung.

2. Sprecher: Ja, lassen wir das. – Bei der hochentwickelten Technik neuzeitlicher Justiz, die es mühelos ermöglicht, daß die Besten der Nation ‹rechtskräftig› zu Tausenden in Konzentrationslager aller Arten geschickt werden können : da ist es ja schließlich nur noch Glückssache, ob man OT oder sonst einen Scarlet Letter trägt oder nicht!

1. Sprecher: Wichtig für uns hier wieder : daß er erneut viele gräßlichste Jahre in Lagen geriet, in denen nur die Flucht in extremste, auch räumlich entlegenst=lokalisierte Gedankenspiele, ihm ein Überleben ermöglichte. Vollkommenheiten, die ihm das Leben versagt, muß die Phantasie liefern. Zur Austarierung der Claustrophobie erzeugt er imaginäre Fluchtbewegungen durch weiteste Räume. In der Einsamkeit der Schweigezelle spaltet sich für immer seine Persönlichkeit : »stundenlang täglich unterhielt er sich halblaut mit seinen Figuren« wird später die Frau berichten.

2. Sprecher: Ungefährlich, ja unschätzbar, sind solche Menschen in der Einsamkeit, wo ihr Überschuß an Bildkraft und Geltungsbedürfnis sich literarisch emanieren kann; sobald May jedoch mit der Außenwelt in Berührung kommt, gerät er sofort schicksalhaft in die lächerlichsten Situationen : Casella erzählt von einer Begegnung mit dem nun schon Fünfundfünfzigjährigen, wo May in München einem unkritischen Verehrerkreis weiszumachen suchte : er sei eben jetzt zum zweiundzwanzigsten Male nach Amerika unterwegs; wenn er hinüberkomme, könne er sogleich anstelle des – nebenbei am 2. 9. 1874 – verstorbenen Winnetou an die Spitze von fünfunddreißigtausend Apatschenkriegern treten; ja, auch ‹Doktor› sei er selbstverständlich : bei der Universität Rouen seinerzeit promoviert ! – Sogleich steht der alte Mann als lächerlichster Schwadroneur, als widerlichster Bramarbas vor uns ! *(seufzend):* Ach ! Schriftsteller sollte man nie persönlich kennen lernen!

1. Sprecher: Jedenfalls gelang es ihm, dem so furchtbar Gehandicapten, sich mit eiserner Energie wieder eine normale bürgerliche Stellung zu erringen; und ein – zumindest finanziell – erfolgreicher Schriftsteller zu werden. Bezeichnend aber gleich wieder, daß er sich hochtrabende Pseudonyme zulegte; vom noch einfach verantwortbaren ‹Karl Hohenthal› an, bis zu ‹Latréaumont›, ‹Ernst von Linden› und ‹P. van der Löwen›.

2. Sprecher: Wohl mehr Spekulation auf deutsche Mentalität : Hermann Gödsche zieht nicht; aber ‹Sir John Retcliffe› : da klingt das Geld im Kasten !

1. Sprecher: Als jedoch der für einen Erfolgreichen unvermeidliche Augenblick eintrat, da man sich auch mit der *Persönlichkeit* des beliebten Schriftstellers zu befassen begann, war Mays Schicksal besiegelt. Seine Gegner machten es sich leicht; zerrten seine Vorstrafen ans Tageslicht; isolierten ihn gesellschaftlich; und verbitterten ihm die letzten fünfzehn Lebensjahre aufs Gründlichste.

2. Sprecher: Sie folgen durchaus seiner Selbstbiographie ? : Nun ist aber ‹Mein Leben und Streben› eine reine oratio pro domo, wenn je eine war. Dazu gramvoll=unanschaulich; objektiv verlogen; selbst in Einzelheiten verdächtig, dazu nur in ‹Bearbeitung› vorliegend, und überhaupt unbrauchbar. – Und was hatte er denn schon bis 1900 groß geschrieben, daß Sie ihn einen ‹beliebten Schriftsteller› nennen ?

1. Sprecher: Bei May muß man *vier* Perioden literarischer Tätigkeit unterscheiden : er begann als Verfasser von ‹Erzgebirgischen Dorfgeschichten›; und, von keinerlei Sachkenntnis getrübten ‹Historischen Novellen›, zumeist vom ‹Alten Dessauer›.

2. Sprecher: . . . einer Bestie in Menschengestalt, die an beispielloser Roheit ihresgleichen suchte; die Menschenhandel trieb : einen langen Kerl gegen einen Biber; die aber in ihrer volkstümlich=unwiderstehlichen Brutalität mit allen SS=Größen wetteifern kann.

1. Sprecher: Beruhigen Sie sich; ich gebe Ihnen alles zu. – Ungefähr gleichzeitig läuft die zweite Gruppe : Lieferungsromane elendester Sorte; ausgesprochene Kolportagehefte, von erschütternd geringem Wortschatz.

2. Sprecher (spöttisch): Die ‹Liebe des Ulanen› heißt einer. Der immer wieder beliebte ‹Verlorene Sohn›. Ein ‹Weg zum Glück›. Auch ‹Deutsche Herzen – deutsche Helden›. Und schließlich ‹Das Waldröschen / oder / Die Verfolgung rund um die Erde. / Enthüllungsroman über die Geheimnisse der menschlichen Gesellschaft› : bei dem nannte er sich ‹Ramon Diaz de la Escosura› : stolz lieb' ich den Spanier ! –

1. Sprecher: Und selbst falls 5 % der Texte nicht von May herstammen sollten : hier gehört er trotzdem zur untersten Literaturschicht ! –

Es schließt sich an die dritte Periode : die der ‹Reiseromane› . . . . .

2. Sprecher (abwehrend=unterbrechend): Rohe, eilfertige Erfindungen : aus Arabien oder Wildwest; wer also *zwei* kennt, kennt *alle !* Man hat seine ‹Landschaftsschilderungen› gerühmt : dazu darf man allerdings nie etwas wirklich Gutes gelesen haben ! Voll der stereotypsten Wachsfiguren : sechsmal wird in jedem Buch der Held gefangen, und ebensooft wieder befreit.

1. Sprecher: Das liegt in der Entstehungsweise begründet. Zuerst sind nämlich fast stets Einzelepisoden in Zeitschriften erschienen, aus denen May dann später Romanbände zusammensetzte; die Suturen verschmierte, Unstimmigkeiten möglichst ausglich, undsoweiter.

2. Sprecher (ablehnend): Das *erklärt* allenfalls ihre Entstehung, *entschuldigt* sie aber nicht ! – Ganz modern ist zur Zeit ja seine ‹Politik der Stärke› : der ‹Henrystutzen› überzeugt als MP; unerbittlich gütige Apostel auf volkswagenschnellen Pferden : die Bösen werden gejagdhiebt; die Guten siegen lächelnd und prophezeien bei Gelegenheit was Weniges – also gleich bezaubernd für SA wie CVJM.

1. Sprecher: Gut. Seine ersten drei Epochen – *muß* ich es nicht zugeben ? ! – sind literarisch nicht ernst zu nehmen. – Ich will Ihnen sogar selbst noch Material für Invektiven liefern : wie reizend spielen patriotische Gefühle mit hinein ! In dieser Beziehung war er der plattsohlige Philister in Reinkultur, wie er nach 70/71 voll erblühte. Ganz Bier, ganz Männergesangverein; wahrhaft und wehrhaft, rein und ringfertig, und wie die Wortklingklänge alle heißen. Die Deutschen sind das Salz der Erde; und die Bagdadbahn *wird* gebaut : nun, John Bull, nimm Dich in Acht !

2. Sprecher: Da war es ja ein Glück, daß er, 1912 gestorben, den Weltkrieg nicht mehr erlebt hat : wie entsetzlich découvrierend hätte sich da Old Shatterhand benommen !

1. Sprecher: Auch als Verderber der Jugend, wie Sokrates, hat man ihn angeklagt; und zweifellos kommen Grausamkeiten aller Art bei ihm vor : Auspeitschungen, unter denen die Gesichtshaut dekorativ aufreißt. Einmal wird dem Bösewicht raffiniert der Kopf kahl rasiert, und Wasser auf die nackte Stelle getropft, bis der Ärmste dem Wahnsinn nahe ist.

2. Sprecher: Das wäre *kein* entscheidender Einwand : was ist das, gegen unsere heutigen Fortschritte in Mordepik, wo etwa bei Tennessee Williams der Neger sein zu Fetzen massiertes Opfer auf einen Sitz mit Haut und Haaren auffrißt ? ! Viel bedenklicher scheint *mir*, daß er von seinen Bemühungen um die Form damals ganz naiv gestand :

Zitat: »Die Wahrheit ist, daß ich auf meinen Stil nicht im Geringsten achte. Ich schreibe nieder, was mir aus der Seele kommt; und ich schreibe es so nieder, wie ich es in mir klingen höre. Ich verändere nie, und ich feile nie.«

2. Sprecher: Ein Mann, der so etwas nicht nur *zugibt*, sondern sich dessen gar noch öffentlich *rühmt*, richtet sich literarisch selbst ! Es mag ja im Volk Kreise geben, die solch handwerksburschenhafte Eilfertigkeit als selbstverständliches Kennzeichen des echten, des ‹geborenen› Dichters ansehen; aber in Wahrheit handelt es sich um nichts als läppischen Größenwahn oder freche Schlamperei!

1. Sprecher: Die Bestätigung liefern die wenigen erhaltenen Manuskripte, die seitenlang *nicht eine* Korrektur aufweisen. – Aber das wäre auch noch zu ertragen, gegenüber dem gewichtigeren Einwand der Wirklichkeitsfremdheit. Obwohl ich betonen möchte, daß die Jugend noch, gottlob!, meist im ehrenvollen Sinne wirklichkeitsfremd ist.

2. Sprecher: Zweifellos ist das verzeihlich=schön. Nichts fataler als ein junger Mensch, der sich allzufrüh schon gut in der Welt zurechtfindet! Aber es ist doch auch wieder ein Einwand mehr gegen Mays *literarische* Bedeutung. Wie befremdlich überhöht sind zum Beispiel die meisten seiner Frauengestalten: er war scheinbar Anhänger des Matriarchats! Seine alte Großmutter, mag sie auch die absonderlichste Welleda gewesen sein, dominiert im völlig bachofenschen Sinne: *die* kann freilich nicht verführerisch auf die Sinne der Heranwachsenden wirken! In dieser Hinsicht kann man May unbedenklich seine verlogene Ungefährlichkeit bescheinigen. Er kennt wohl auch das Schattenbild solch weiblicher Idealfigur: die trägt dann Ponyfrisur – für ihn scheinbar das non plus ultra der Verworfenheit – und wird überhaupt kurzerhand mit der Sinnlichkeit gleichgesetzt.

1. Sprecher: Aber für die Jugend doch durchaus angebracht!

2. Sprecher: Wir sprechen jetzt nicht von der Jugend! Man kann ein guter Mensch sein, aber gleichzeitig ein spottschlechter *Musikant*: *ich will wissen, ob May literarisch diskutabel ist!* – Welcher Art ist eigentlich sein Christentum?

1. Sprecher: Er scheint konfessionell nicht gebunden. Am Anfang seiner Laufbahn stehen die behäbig=verantwortungslosen ‹Geographischen Predigten›, eine Perlenschnur von Platitüden...

Zitat (kindlich=wichtig, voll kleiner Gelehrsamkeit): »Die Heimat des Menschengeschlechtes, Erde genannt, die sich mit einer Geschwindigkeit von 1687 Komma 5 Kilometern in der Stunde um sich selber bewegt, wiegt ungefähr sechs Null Null Null Null *(leiser werdend, immer weiter, bis 24 Nullen voll sind)*....«

2. Sprecher (hineinsprechend): Er erspart uns von der Quadrillion keine der 24 Nullen, auch im Druck nicht: und wo wäre *der Verstockte*, der bei 24 Nullen *nicht* Gottes Größe empfindet?! – Oder wenn er uns mit salbungsvoller Perfidie also die Biologie erklärt:

Zitat: »Gott hat alles weiser geordnet, als der Gedankenlose begreift....: Wie könnte allein die Bewohnerschaft Londons jährlich 110

Millionen Stück Austern verspeisen, wenn diese Muschel nicht eine so ungeheure Vermehrungsfähigkeit besäße?«

2. Sprecher: Ein grausiges Beispiel jener selbstzufriedenen Teleologie, die mit den Schrecknissen des Universums, halb Atombombe, halb schleimige Schmiererei, schäkert. Wie ehrfürchtig dagegen Schopenhauer: »Wenn ein Gott diese Welt erschaffen hat, so möchte ich dieser Gott nicht sein: ihr Jammer würde mir das Herz zerreißen!!« – Und diese ‹Geographischen Predigten› nannte ihr erster Herausgeber dann – wahrscheinlich in der Entdeckerfreude – ein ‹eigenartiges Werk›!

1. Sprecher: Leider. Kaum eine Höhere Tochter alten Stils könnte süßlicher und verblasener daherschwadronieren – wenn *das* das ganze Geheimnis der alten Mamsell wäre, könnten wir May allerdings sehr kurz abtun. Kein Wunder, daß bei so viel ‹Beweis der Kraft› seine Religion zuerst durchaus das Christentum eines Schwergewichtlers ist. Später tendiert er dann anerkennenswert zum Dualismus; wie ja eigentlich alle seine Bücher, zumindest inhaltlich, von dieser Spannung zwischen Gut und Böse leben: der Mann war im Grunde Manichäer!

2. Sprecher: Ich resümiere: die Produktion seiner ersten 60 Lebensjahre also ....

1. Sprecher (bestätigend): ... ist quantité négligeable; und wird früher oder später rettungslos verschwinden. – Aber zu eben dem erwähnten Zeitpunkt trat die bereits angedeutete Wendung ein; Kritik und Konkurrenz begannen sich mit dem bei der Jugend zu einer unbestreitbaren Großmacht gewordenen Karl May zu befassen. Während die Konkurrenz mit ‹Enthüllungen›, also ausgesprochen schmutzigen Methoden arbeitete, verschmähte die Kritik dergleichen unsachliche argumenta ad hominem. Sie stellte kurzerhand – und völlig berechtigt! – fest, daß es sich bei Mays bisher vorgelegten Werken um schriftstellerischen Bodensatz handele. Von beiden Seiten sah sich May, der inzwischen eine schöne Villa bei Dresden hatte bauen können, gefährdet. Litt er schon unsagbar unter den abgefeimten Attacken der Neider, so fast noch mehr unter der kühlen Feststellung der Fachleute, daß er, künstlerisch betrachtet, ein Mann fünften Ranges sei.

2. Sprecher: Bei einer Skala von bestenfalls sechs! – Seine verunglückte Erwiderung bestand zunächst in der Ausrede, daß alle seine Schriften, von der ersten an, nur symbolisch gemeint gewesen seien – eine Tatsache, von der bisher keiner seiner Leser, auch der bestwillige nicht, etwas gemerkt hatte. Schon die sporadische Art der Entstehung seiner Bücher verbietet den Glauben an einen von langer Hand vorbereiteten Plan.

1. Sprecher: Aber jetzt, an der Schwelle des Greisenalters, von gehässigen Gegnern wieder in umheulteste Isolation gedrängt, sich auch künstlerisch ‹herausgefordert› dünkend, beginnt May den ‹Nachweis› zu führen, daß er alle seine Bücher nur symbolisch gemeint habe – es beginnt die *letzte, die vierte* Schaffensperiode : und nun wird es auch für uns wahrhaft ernst.

2. Sprecher (nüchtern): Was für Voraussetzungen bringt May für die beabsichtigte Gleichnisdichtung denn mit ? Ich würde ihn doch jetzt, nach abgelieferten 50.000 Druckseiten, nur noch einen abgenützten Vielschreiber nennen !

1. Sprecher: Und Sie hätten Unrecht ! – Durch die vorhergehenden, allerdings gefährlich umfangreichen, Handübungen hat er sich eine, wenn auch noch so fragwürdige Schreibtechnik erworben; durch seine in Steppe und Wüste lokalisierten Gedankenspiele sich die Direktheit und Naivität des Nomaden errungen. Sein geliebter Orient – zu kluger Schonung und Erholung der Phantasie verlegte er ja die Handlung grundsätzlich abwechselnd nach Amerika oder Nahost – ist ohnehin die unverwüstliche Heimat von Les Milles et une Nuits. Und *das* vor allem unterscheidet May, den tiefsinnig=fleißigen Gedankenspieler, vom süchtig=faulen, daß er interessiert=verdutzt beginnt, arabisch zu lernen : man muß sich ja mit den im eigenen Innern ‹Begegnenden› zünftig unterhalten können, wie ? ! So sorgt er allmählich dafür, daß die arrogante Fabel vom allwissend=mächtigen ‹Ich› Old Shatterhands und Kara Ben Nemsis langsam und wenigstens zum Teil zur ‹Wahrheit› wird.

2. Sprecher: Dieses vielfach angegriffene ‹Ich› seiner Romane ist ja letzten Endes weiter nichts, als *die* grammatische Form, die sowohl dem Leser als auch dem Dichter die notwendige Identifikation mit seinen Gestalten erleichtert. So ist es bei Dante wie im ‹Werther›, im ‹Taugenichts› wie im ‹Steppenwolf›; und es wäre lächerlich, den Dichter hundertprozentig damit identifizieren zu wollen.

1. Sprecher: Nun hatte aber, wie gesagt, May die Behauptung aufgestellt, daß dieses ‹Ich› nichts als der ‹Jedermann› sei; die ‹Wüsten› seiner exotischen Kriminalromane gleichzeitig ‹Wüsten des Geistes›. Flugs erfindet er einmal mehr die uralten Gleichungen : Weiß gleich Licht gleich Gut gleich Gott. Und, da man ihm solche Feinheiten a posteriori nicht glaubt . . . .

2. Sprecher (berichtigend): . . . . . nicht glauben *kann* . . . .

1. Sprecher: geht er an die Arbeit des Beweises. – Das beste Beispiel, *wie* diese Reihe der Alterswerke beginnt, ist das kleine Stück vom ‹Zauberteppich› :

Zitat: »Zu Ijâr, dem im ganzen Morgenland bekannten Teppichweber, kam Jussuf el Kürkdschi, der ebenso berühmte Musannîf, um einen Teppich zu bestellen, der Eigentum seines Freundes Mâsak, des jungen Kutûbi, werden sollte.«

1. Sprecher: Wenn man nun das türkische Wörterbuch zur Hand nimmt, ergibt sich schon bei der simplen Übersetzung, wie Karl May sich zunächst die Praxis der Symbolik vorstellte – bitte, noch einmal da capo:

Zitat: »Zu Ijâr . . . .

1. Sprecher (halblaut): der Monat *Mai* : er selbst!

Zitat: »Zu Ijâr, dem im ganzen Morgenland bekannten Teppichweber . . . .

1. Sprecher (wie oben): also ‹Spinner› : Schriftsteller!

Zitat: »kam Jussuf el Kürkdschi . . . .

1. Sprecher (wie oben): ‹Josef der Kürschner› : also der bekannte Geheimrat und Herausgeber.

Zitat: »Der ebenso berühmte Musannîf . . . .

1. Sprecher (wie oben): heißt Autor . . . .

Zitat: »um einen Teppich zu bestellen . . . .

1. Sprecher (wie oben): ergo ein Buch . . .

Zitat: »das Eigentum seines Freundes Mâsak, des jungen Kutûbi, werden sollte.«

1. Sprecher (wieder normal): Wobei ‹Mase› Ziege heißt; ‹Mâsak› also etwa ‹Zieger› : und eben das war der Name eines damaligen jungen Verlegers. – »Ich erzähle rein deutsche Begebenheiten in persischem Gewande« sagt May einmal naiv in seiner Selbstbiographie. 1900 nun, als die endgültige Wendung zur Symbolik eintrat, war er gerade mitten in seinem vierbändigen Roman vom ‹Reiche des silbernen Löwen›; die zwei ersten Bände lagen bereits vor – ganz der zum Überdruß geläufige gobelinbunte und =flache unerbittliche Wechsel von Raufereien und Vergebungen. Nun aber, umhechelt von der Meute von Angreifern aller Schattierungen; in seiner bürgerlichen und künstlerischen Existenz entscheidend bedroht, griff May zum ersten, natürlichsten Mittel der Selbsterhaltung: sich all den Ekel und Ärger vom Halse zu schreiben! –

Und es beginnt eins der allermerkwürdigsten Schauspiele; in solchem Umfang literarisch ohne Parallele.

Der einzig mögliche Vergleich ist der mit den ewig besehenswerten ‹Türkennummern› der ‹Fliegenden Blätter› von 1848 : damals nämlich, als politisches Oppositionsblatt durch Zensurschikanen verärgert, beschloß man angeblich, die Redaktion des Witzblattes in die Türkei zu verlegen – was sich dahingehend auswirkte, daß in der nächsten Nummer zwar die alten wohlbekannten Typen unverändert wieder auftraten; aber – und Spitzweg hat unvergänglich Komisches hier beigetragen! – *alle mit Turbanen versehen!* Und so erscheinen sie auch auf den 1200 Seiten von Mays ‹Silbernem Löwen›: die beiden Frauen; seine Verleger; Gegner und Freunde: alle in Burnus und Haik. Dies ist ja wohl die erste und verzeihlich=leichteste Art einer Verschlüsselung: der eigene Lebenslauf bietet sich dar zur Deutung. Kindlich ergötzt und boshaft erfindet man Decknamen (zum Teil entzückend in ihrer Bildhaftigkeit!); sich selbst kann man auch einmal herzhaft rühmen; und die Feinde werden nach alter guter Dante=Sitte in *die* Höllentöpfe gesteckt, die am dichtesten beim Feuer stehen.

2. Sprecher: Das ist menschlich begreiflich: Dichtung als Sicherheitsventil. Aber ich möchte festgehalten wissen, daß ein solcher Maskenball noch keine Allegorie ist; nicht Mystik, sondern Mystifikation! – Aber geben Sie erst einmal kurz den Inhalt der beiden Bände.

1. Sprecher: In Südpersien liegt, umrahmt von hohen Bergen, das Tal der Dschâmikun: der Leser Karl Mays. Hier herrscht er als Ustâd, als Meister; ihm unterstellt der eigentliche Scheik des Völkchens, der Pädâr, der die Gedanken des Meisters sogleich ins Praktische überträgt: das ist sein Verleger Fehsenfeld.

2. Sprecher: Wie leben die Karl May Leser denn dort in ihrem Paraiso terrestro?

1. Sprecher: Das ist natürlich – wie bei allen literarischen Himmelreichen – der schwächste Punkt. Man lebt dahin, in edler Einfalt, stiller Größe. Erschreckend ohne Details: es sind ja auch gar keine möglich! Gewiß: man lächelt verinnerlicht zwischen Rosenbüschen; hört Predigten, Harfen= und Glockenklang....

2. Sprecher: Also die üblichen himmlischen Pflastertreter. Und sein Selbstporträt?

1. Sprecher: Er erscheint sogar gleich doppelt: May als Kara Ben Nemsi besucht May, den Ustâd. Er war, wie bei allen alternden, stark Gläubigen, scheinbar unvermeidlich, nun auch unfehlbar geworden; und voll der widerlichsten – eben nur noch offiz*in*ell erklärbaren – Selbstgefälligkeit. Er sieht aus »wie Abraham, der Erzvater«; besitzt ein »Ehrfurcht gebietendes Antlitz« mit der dazugehörigen »Tiefen, klangvollen Stimme« darin. »Sein Geist verschmäht schon längst die Oberfläche des Lebens; er schöpft nur noch aus der Tiefe« sagt er bescheiden von sich. Apostrophiert sich bei Gelegenheit aber auch im noch höheren Ton:

Zitat (brünstig; im gewölbten Bariton des Hofpredigers): »Jahrtausende haben da unten gebaut, stark und fest, wie für endlose Zeiten, und doch vergeblich für die Ewigkeit ! : Und da kommst Du, o Ustâd, Du Unbekannter, Du, der Du dem Auserwählten von Chaldäa gleichst . . . . . . !«

2. *Sprecher (lachend einfallend):* Oh Abällíno, Abällíno ! – Auch *er* hat also die bei Unbefangenen so fatal wirkende Überzeugung, Gottes spezieller Vertrauter, sein ‹Buddie›, zu sein ?

1. *Sprecher (bedächtig=berichtigend):* Sagen wir lieber *so* : in dem überdimensionalen Tornado von Schmutz und Haß, der sich um ihn drehte, *mußte* er, um nur überleben zu können, sein Selbstgefühl zu *ebenso* grotesker Höhe steigern ! – Denn er hat Feinde ringsum : im Süden streifen die ‹Massaban›, die Unseligen, in denen er die gierigen Schundromanverleger seiner früheren Jahre versinnbildlicht, die vom geistigen Diebstahl Lebenden. Die Hauptgefahr aber droht von Nordwesten her . . .

2. *Sprecher (einfallend):* Nordwest, von Persien aus gesehen : die Himmelsrichtung ist in diesem Falle zur Entschlüsselung wichtig !

1. *Sprecher:* Dort hausen nämlich die mächtigen Taki=Kurden . . . .

2. *Sprecher (halblaut):* ‹Taki› gleich ‹fromm› . . . .

1. *Sprecher:* Und sie werden so charakterisiert : »Die betreffenden Kurden führen diesen Namen, weil sie wegen des Glaubens sehr streng gegen andere sind, und mit großer Bestimmtheit behaupten, daß nur sie allein den Himmel erlangen werden.

2. *Sprecher (halblaut):* ‹alleinseligmachend› steht wohl an anderer Stelle . . . .

1. *Sprecher:* »Jeder nicht ganz Gleichdenkende wird als verdammenswerter Ketzer betrachtet und mit unnachsichtlicher, herzloser Strenge verfolgt.« Zur Ergänzung werden sie auch noch ‹Ultras› genannt; oder »denkschwache Eiferer, die Fâtima noch über Mohammed setzen« . . . . .

2. *Sprecher (verständnisvoll):* Ah, jetzt weiß ich schon.

1. *Sprecher:* Am Freitag beten sie nicht, sondern »plärren, plappern und murmeln« gebetsmühlig. Und eines schönen Tages kommt ins Dorf gar ein Scheïk-ul-Islâm eingeritten, einer der höchsten Würdenträger der Taki, dem »Tausende von Seelen von Allah anvertraut sind«, und der von sich behauptet, daß er »Allahs Auserwählter und der Inbegriff des ganzen Korân« sei. Er wird begleitet von 1 ‹Seligen›, 1 ‹Heiligen›, 1 ‹Hauptpriester› und 2 ‹Generälen› . . . .

2. *Sprecher:* Und man erinnere sich, daß etwa die Jesuiten, die ‹Kompagnie Jesu›, unter Ordens=‹Generälen› stehen !

1. *Sprecher:* Dieser Scheïk-ul-Islâm macht dem Ustâd den Vorschlag, auch der Meister der Taki zu werden . . . .

2. *Sprecher:* Also alles einmal ungeschminkt zusammengefaßt : demnach wäre eines schönen Tages irgendein höherer katholischer Würden-

träger bei May erschienen, und hätte ihm den Antrag gemacht, fürderhin offiziell im katholischen Sinne zu werben?

1. Sprecher: Zweifellos. Und wir lesen manch feine Einzelheit: zum Beispiel hat ‹Allahs Türsteher› .....

2. Sprecher: Wer dächte da nicht an Petri Schlüsselgewalt .....

1. Sprecher: sich zunächst als ‹Katîb› verkleidet – das heißt aber arabisch ‹Schreiber›; und es paßt verdächtig gut, daß es um 1900 tatsächlich einen katholischen Kirchenfürsten dieses Namens gab. Leider läßt uns hier wieder einmal mehr die noch sehr im Argen liegende biographische Forschung im Stich; aber an der Sache selbst kann kaum ein Zweifel sein.

2. Sprecher: Und wie reagiert May, ja *selbst* längst der Auserwählte Allahs, auf solche Offerte?

1. Sprecher: Wir greifen damit zwar vor; aber –: er wirft Allahs Pförtner hinaus! Denn May hat mehrfach Ärger mit katholischen Stellen gehabt; stand doch einmal ein Band von ihm auf dem Index des Borromäus=Vereins. Der Gerechtigkeit halber sei erwähnt, daß es bei den Taki auch eine gemäßigte Partei gibt, mit der May dann noch zu einem modus vivendi kommt. –

Aber wieder zurück: in Karlmayistan erhebt sich, angelehnt an eine mächtige Bergwand, ein uralt=riesiges Bauwerk. Das unterste Stockwerk – wuchtig, düster, allem Folgenden Fundament – steht prähistorisch=entleert. Das nächste darüber mahnt an Altiranisches, an Parsismus; über ihm, im wieder=nächsten, nur einige verstaubte Gegenstände noch: gesprungene Tafeln, ein Siebenarmiges. Ganz oben, scheinbar mitten im Ausbau erstarrt und unterbrochen, ein Gedränge zahlloser Türmchen und Küppelchen, Fialen und Campanile, lächerlich zerspalten .....

2. Sprecher: Also ‹Alte Kirchen›, ‹Lehrgebäude›, in jedem konkreten wie abstrakten Sinne des Wortes; vom düsteren Heidentum bis zur Sektenvielfalt der Christianer.

1. Sprecher: Dies eindringlich allegorisch gelungene ‹Rotten Borough› der Religionen nun, wünscht der besuchende geistliche Würdenträger um jeden Preis zu erhalten; denn es gehört auch zu den Dogmen seines Stammes, daß »selbst der Wahn heilig wird, wenn er so lange währte, daß er durch sein Alter zur Ehrfurcht mahnt«.

2. Sprecher (verständnisvoll murmelnd): Mmmm: die Rolle der ‹Tradition› im Katholizismus.

1. Sprecher: Aber in dieser imponierenden Spionagezentrale treibt auch noch eine zweite große Klasse von Gegnern ihr Unwesen: zu den ‹Frommen Lichtern› haben sich, May zu vernichten, die ‹Gottlosen Schatten› gesellt; ein Geheimbund, weit verbreitet über alle Lande; unterirdisch wühlende und raffende Gesellen, die sich an Worten erkennen, an Ringen, und Heimlichkeiten mancher Art. Ihre persischen Namen bedeuten, übersetzt, etwa : Demokraten, Freimaurer, Atheisten. Und an ihrer Spitze steht, hoch und finster, er, der Oberste aller Schatten, *der* Feind par excellence, Ahriman Mirza : Prinz Teufel !

2. *Sprecher:* Oh : Sehr angenehm ! Darf man wissen, wie *diese* Maske aussieht ?

1. *Sprecher:* Ein *schöner* Mann, unleugbar – aber von der verdächtigen Schönheit Lokis. Prächtig gekleidet – obwohl die Goldtressenfülle und Riesendiamanten unecht zu sein scheinen. Bemerkenswert seine Stimme : »Kraftvoll war sie und wohllautend, der feinsten Abtönung, der unwiderstehlichsten Überredung fähig. Plötzlich aber klang sie zischend scharf, schrill, widerlich rauh. Es war die Stimme eines Verführers, aber auch eines grausamen Befehlshabers.«

2. *Sprecher (murmelnd=nachdenklich):* Soso. – Wer könnte das denn sein ? – Um 1900; in Persien ? –

1. *Sprecher:* Ja : im Reich der Zend Avestas und Amdschaspands; des Zervan Akerene und=ä – Zarathustras; *(rasch weiter):* Über und über ist Ahriman Mirza mit Waffen behängt . . . . .

2. *Sprecher:* Aahh ! ! : Wer kommt denn da ? *(deklamierend):* »Du sollst den Krieg mehr lieben als den Frieden; und den kurzen Frieden mehr als den langen !«

1. *Sprecher:* – immer wippt ihm in der Hand die Peitsche . . . . .

2. *Sprecher (zitiert den Beleg):* »Nach dem Takt meiner Peitsche sollst Du mir tanzen und schrein !« Oder : »Gehst Du zum Weibe . . . . . !«

1. *Sprecher:* Seine Methoden faßt er an einer Stelle so zusammen : »*Ich* will Edles erreichen, indem ich das Gemeine knechte. *Ihr* wollt das Niedrige erheben, indem Ihr das Hohe bekämpft !«

2. *Sprecher:* Herrenmoral und Sklavenmoral . . . .

1. *Sprecher:* Bis in Kleinigkeiten hinein erkennt man den Antipoden : »Es gibt ja gar kein Ende !« hohnlacht Ahriman dem Ustâd, der ihn vorm Tode warnen will, die ‹Ewige Wiederkunft› ins Gesicht. – Einmal sagt der »Schwachheithassende« von sich : »Ich bin geladen, wie eine aufrichtige Kanone !«

2. *Sprecher:* Wie oft und markant hat Nietzsche sich nicht mit seiner Artilleristik gebrüstet ! : »Ich habe die große Kanone, ich schieße die Zukunft der Erde in zwei Stücke !«

1. *Sprecher:* Und wie bezeichnend, daß er der ‹Kaiser der Schatten› ist ! *Ein* Satz aus dem ‹Ecce Homo› genüge als Beleg für die Berechtigung solcher Allegorie :

Zitat: »Damals – es war 1879 – legte ich meine basler Professur nieder, lebte den Sommer über *wie ein Schatten* in St. Moritz; und den nächsten Winter, den sonnenärmsten meines Lebens, *als Schatten* in Naumburg. Dies war mein Minimum; ‹Der Wanderer *und sein Schatten*› entstand währenddem. Unzweifelhaft : ich verstand mich damals *auf Schatten*. . . . .«

1. Sprecher: Also gleich viermal in einem kleinsten Absatz ! – Natürlich ist Ahriman stolz wie Luzifer; ganz Empörer, der sich dünkt, Gott gleich zu sein . . . . .

2. Sprecher (sympathisch murmelnd): »Wenn es Götter gäbe : wie hielte ich's aus, *kein* Gott zu sein ?«. – Aber ist diese Ihre Deutung denn auch wirklich gesichert ? Auf den kühnen Wegen allegorischer Interpretation weiß man ja mancherlei Inhalt zu finden : an solcher bisher verachteten Stelle einer Auseinandersetzung mit Friedrich Nietzsche zu begegnen, wäre ja unerwartet=gespenstisch; unheimlich=amüsant, wie das Ungeheuer aus dem Loch Ness, oder eine fliegende Untertasse unter der Serviette !

1. Sprecher: Hören Sie nur weiter ! : Er, Ahriman Mirza, wird zwar begleitet von der sinnlichen ‹Gul-i-Schiras›, mit Ponyfrisur – nicht die Unfeinste ‹Unter Töchtern der Wüste› ! –; aber May selbst gibt ihm zu, »daß er seinen Haß immer Haß genannt hatte, und zu stolz war, fast möchte ich sagen, zu ehrenhaft, um im Verborgenen zu wühlen.«

2. Sprecher (unterbricht): Oh, das ist schön ! Das hätte ich May gar nicht zugetraut !

1. Sprecher (fortfahrend): Natürlich muß auch dieser Ahriman vor dem Ustâd zugrunde gehen – : Sie wissen, wie Nietzsche starb ?

2. Sprecher (ablehnend): Im Wahnsinn.

1. Sprecher (entschieden): Also verfällt auch Ahriman am Ende in geistige Umnachtung ! Und May ist gut informiert gewesen : brach Nietzsche in Turin neben einem Droschkengaul zusammen, so sinkt auch Ahriman auf sein totes Pferd nieder.

2. Sprecher: Sie sagten, daß May ‹gut informiert› gewesen sein muß : läßt sich denn nachweisen, daß er Nietzsche überhaupt gelesen hat ?

1. Sprecher: Das Verzeichnis von Mays Bibliothek ergibt, daß er *einen* Band ‹Gedichte und Sprüche› von Nietzsche besaß; dazu *acht* Bände ‹Gesammelte Werke›; und weiterhin, ganz auffällig und eindeutig als Zeichen der Beschäftigung mit ihm, nicht weniger als *sechs* Bände *über* Nietzsche : das war damals, um 1900, enorm ! Daß in der Villa Shatterhand Nietzsche nicht verstaubte, beweisen auch die Aufsätze von Mays zweiter Frau, die gern einmal ein ganzseitiges Zitat aus der ‹Morgenröte› anhängt. – Eine weitere Pikanterie für den Kenner ergibt sich daraus, daß der hier analysierte ‹Silberne Löwe› 1902/03 in eben der speziellen Nietzsche=Landschaft, zu Riva am Gardasee, geschrieben wurde. *Wie eingehend* May sich eben zu jener Zeit mit Nietzsche beschäftigte, belegt ein Brief vom 14. Oktober 1902, wo er ihn sprachlich kritisiert....

2. Sprecher (ungläubig=belustigt): May schulmeistert Nietzsches *Sprache?!*

1. Sprecher: Warten Sie nur; die Sache geht anders aus, als Sie denken! – Es heißt da:

Zitat: »Können *Sie* Jemanden bewundern, der es fertig bringt, zu schreiben *(jetzt breit leiernd):* ‹Die Naturwissenschaft der Tiere bietet ein Mittel, diesen Satz wahrscheinlich zu machen›? *(Wieder normale Stimme):* Statt ‹Naturwissenschaft *der* Tiere› müßte es doch wohl zumindest ‹Naturwissenschaft *von* den Tieren› heißen; aber selbst *so*: wo lebt der Mensch, dem dafür nicht ‹Zoologie› einfiele? Dann weiter; sie ‹bietet ein Mittel›?: er meint wohl: ‹sie bietet Material dar›? Auf gut Deutsch jedenfalls hieße Nietzsches Schwulst: ‹Die Zoologie könnte vielleicht Beweismaterial liefern› – und *das* ist Einer, der von sich rühmt, ‹an einer Seite Prosa zu arbeiten, wie an einer Bildsäule›!«

1. Sprecher: Sie sehen, May kannte seinen Mann unangenehm gut!

2. Sprecher (ungläubig): Ja, ist der angeführte Unfug denn aber auch *wirklich* von Nietzsche?

1. Sprecher: Ich habe die mir natürlich auch nicht geläufige Originalstelle nur durch Zufall gefunden: es ist unleugbar der Aphorismus 377 aus ‹Menschliches, Allzumenschliches›.

2. Sprecher (betroffen=nachdenklich): Herz, was willst Du mehr!

1. Sprecher: May ist überhaupt viel feiner, als Sie vermuten: er treibt Ahriman in den Wahnsinn, indem er sich ihm als ‹Doppelgänger› zeigt. Gekleidet wie er, mit Halbmaske und Peitsche, sehen sich Ahriman und der Ustâd zum Verwechseln ähnlich! Wie betroffen muß May die Erkenntnis gemacht haben, daß man seine Helden – man denke an Halef, der nichts Schöneres kennt, als seine geliebte Karbatsche tüchtig ‹sprechen› zu lassen! – ohne weiteres zum ‹Übermenschen› Nietzschescher Prägung stempeln könnte!

2. Sprecher: Die Kongruenz beweist ja jenes Dritte Reich, wo man sich synchron auf die ‹Blonde Bestie› des einen und die ‹Winnetous› des anderen berufen konnte.

1. Sprecher: Durch Auseinandersetzungen wie die erwähnten: mit Katholizismus und Zarathusterei, gewinnt der ‹Silberne Löwe› schon entscheidend an Niveau. Noch mehr aber hebt ihn ein anderes aus der

Wasserflut der früheren Bände : die erstmalige Bemühung um die Sprache ! Mitten im Prosatext – zunächst liest man darüber hinweg – erscheinen Jamben; bilden Reihen; ganze Ketten von Blankversen fliegen auf; bis es am Ende Seiten fünffüßiger Jamben werden, sogar vermischt mit den schwierigen sechsfüßigen, oder präziser, Trimetern. Anfangs entdeckt man noch die ehrwürdige Unbeholfenheit metrischer Verstöße; den ‹Schmutzigen Daumen› des Fleißigen. Und hinzu kommt die orientalische Bildhaftigkeit des alten Nomaden, der den Dichter auf seinem Pegasus beschreibt : nicht anspruchsvoll als Gedicht deklariert, nein, bescheiden=selbstverständlich mitten im Text :

Zitat: »Das war das Roß der Himmelsphantasie, / der treue Rappe mit der Funkenmähne, / der keinen andern Menschen trug, als seinen Herrn, / den nach der fernen Heimat suchenden. / Sobald sich dieser in den Sattel schwang, / gab es für Beide nur vereinten Willen. / Die Hufe warfen Zeit und Raum zurück; / der dunkle Schweif strich die Vergangenheiten. / Des Laufes Eile hob den Pfad nach oben. / Dem harten Felsen gleich ward Wolke, Dunst und Nebel, / und durch den Äther donnerte das Rennen / hinauf, hinauf ins klare Sternenland. / Dort flog die Mähne durch Kometenbahnen, / und jedes Haar klang knisternd nach der Kraft, / die von den höchsten aller Sonnen stammt / und drum auch nur dem höchsten Können dient. / Und taten sich die Tore wieder auf, / die niederwärts zur Erdenstunde führen, / so tranken Roß und Reiter von dem Bronnen, / der aus der Tiefe jenes Lebens quillt, / und kehrten dann im Schein der Sterne wieder. / Der Reiter hüllte leicht sich in den Silbermantel, / den ihm der Mond um Brust und Schultern warf, / und seiner Lokken Reichtum wehte ihm vom Haupte. / Des Rosses düstre Mähne aber wehte, / im Winde flatternd wie zerfetzte Strophen, / schwarz auf des Mantels dämmerlichten Grund. / Und jene wunderbare Kraft von oben, / die aus den höchsten aller Sonnen stammt, / sprang in gedankenreichen Funkenschwärmen / vom wallenden Behang des Wunderpferdes, / hell leuchtend, auf des Dichters Locken über, / und knisterte versprühend in das All.«

2. *Sprecher:* Nicht eben überwältigend; konventionelle Metaphern – aber immerhin : ich hätt's nicht erwartet!

1. *Sprecher:* Mit den schon erwähnten ‹Alten Lehrgebäuden› befaßt sich ein höchst bedeutsamer Traum Mays : unter den bröckelnden Hallen gähnt ein schwarzes Seebecken, in welches Schatten und Taki die ihnen Widerstrebenden stürzten . . . .

2. *Sprecher:* à la ‹Was fallen will, das soll man auch noch stoßen›, wie?

1. *Sprecher:* Aus all der gequälten Architektonik der Religionen – von

vornherein zum Einsturz verdammt – wird am Ende ‹Das Gebet› frei; die einfach=ungekünstelte, keiner kostümierten Zwischenhändler bedürfende, Verbindung zwischen Mensch und Gott; die unvorbelastete; so sich kein ‹Seil der Bekenntnisse› mehr vor dubiose Paradiese spannt, wie May sie überraschend eindringlich beschreibt:

Zitat: »Ich ritt davon, in dieses vielgerühmte Himmelreich hinein. Fragst Du mich vielleicht, wie lange es dauerte, bis ich es kennen gelernt hatte ? / Ein ganzes ganzes Menschenelend lang ! / Soll ich beschreiben, was ich sah, was ich entdeckte ? / Schon gleich am ersten Tage blieb ich nicht allein : / Der Menschheitsjammer kam zu mir / und weinte mir aus tiefen Augenhöhlen zu : / er hat mich nicht verlassen bis zum letzten Schritt ! / Das Erdenweh gesellte sich zu mir; / es kroch zu mir aufs Pferd, und schlang die Arme fest um meine Hüften. / Des Lebens Elend faßte meinen Bügel / und schleppte sich an meiner Seite weiter. / Es kam die Not gerannt und griff in die Kandare, / um mich in meiner Richtung zu beirren. / Wenn sich die Dämmrung senkte, tanzten die Schatten des Verbrechens vor mir her, und in der stillen Nacht / begannen Schuld und Strafe hinter mir zu heulen. / Ich ritt wochenlang durch Trümmerstätten, in denen mich der hohnlachende Menschenwahn als Gespenst der Vernichtung begrüßte. Ich kam über schier endlose Gräberfelder, aus deren Höhlen das irre Gekicher der Unduldsamkeit schrillte. Ich sah Tempelruinen, in denen der Unverstand im tiefsten Stumpfsinn hockte. Um die zerbrochenen Säulen einstiger Heiligtümer schlug die Narrheit ihre widerlichen Kapriolen. An ausgetrockneten Quellen träumte die Gleichgültigkeit in Lumpen, die ihre Blöße kaum bedecken konnten. Die Scheinheiligkeit andächtelte vor eingestürzten Kapellen, für deren Erhaltung sie keine Hand gerührt hatte . . . . .«

2. Sprecher (bedächtig): Nicht übel. Unverächtlicher Wortschatz; obwohl vielleicht etwas zu undulatorisch – : und ob ihm Zarathustra nicht doch ein wenig die Zunge gelöst hat ?

1. Sprecher: Nur kein Neid; jedem das Seine ! – Leider verbietet die Länge der Stelle, hier die Erlebnisse Mays in den Labyrinthen der ‹Alten Lehrgebäude› zu verlesen : unvergleichlich höhlenhaft, Voyage au Centre de la Terre; ein Gemüt, so einfach gefügt, daß es schon wieder an Tiefsinn grenzt. – Jedenfalls sind hier orientalisch tingierte Symbolik, moreskentänzerhaft verlarvte Biographica – in einer Transformation, die *keine* Verzerrung ist ! – und ein unerwartet=erstaunlicher Überschuß an Formgefühl, derart gekoppelt, daß die beiden letzten Bände dieses ‹Silbernen Löwen› eine Auto= und Psychobiographie einziger Art geworden sind !

2. Sprecher (nüchterner): Vermutlich eine Art botanischer Kuriosität. – Und das also ist Mays Höchstes?

1. Sprecher: Noch nicht ganz. Zwar komponiert er sogar ‹Ernste Klänge› – er war Orgelspieler. Veröffentlicht auch ein ziemlich ungenießbares Lesedrama, ‹Babel und Bibel›: Sie hörten zu Anfang schon von der ‹Geisterschmiede›! – Sogar einen Band Lyrik ......

2. Sprecher (neugierig): Gedichte?! das wäre!

1. Sprecher (seufzend): Ach, das ist etwas, was besser *nicht* wäre! Vergebens warnte ihn sein Verleger, solche Banalitäten lieber nicht zu publizieren. Die ‹Himmelsgedanken›, Goldschnitt rundherum, sind eigentlich nur durch die Naivität bemerkenswert, mit der May einleitend Gott Vater zu sich sprechen läßt: »Ich lieh Dir diese Lieder; / sie sind mein Eigentum.«

2. Sprecher: Wer sie also verreißt, versündigt sich eigentlich an Gott?: Gar nicht dumm eingefädelt!

1. Sprecher: Ganz abgesehen einmal von den vielen sächselnden Reimen auf *(übertrieben kaffeesächsisch):* ‹Süden / Blüten› und ‹reichen / zeigen›, gibt *dies* hier ein gutes Bild von der sagenhaft primitiven Formelhaftigkeit seiner Reimereien:

Zitat (aufs grausamste schmalzig, aber keinesfalls sächselnd!): »Es war im Wald. Die Bäume alle *schliefen.* / Der Mond: *belauschte lächelnd* ihren Traum. / Die Schatten lagen ruhig in den Tiefen. / Die Welle *küßte still* des Weihers Saum.«

1. Sprecher: Oder:

Zitat (wie oben): »Ich schlafe ein *an meiner Mutter Brust*: / O welche *Wonne*, welche *sel'ge Lust!* / Die Mutter ist so *fromm*, sie ist *so rein*–: / Und ich will so wie sie *auch* immer sein!«

2. Sprecher: Ts, ts! Und das zu einer Zeit, wo der Expressionismus längst begonnen hatte!

1. Sprecher: Ja, es ist unsagbar erbärmlich. – Ganz selten – um präzise zu sein: *zweimal!* – gelingen ihm allerdings auch Zeilen wie solche:

Zitat (diesmal schlicht, voller Altersmüdigkeit): »Ich bin so müd', so herbstesschwer, / und möcht' am liebsten scheiden gehn. / Die Blätter fallen rings umher: / wie lange, Herr, soll ich noch stehn? / Ich bin nur ein bescheiden Gras, / doch eine Ähre trag auch ich; / und ob die Sonne mich vergaß, / ich wuchs in Dankbarkeit für Dich.

Ich bin so müd', so herbstesschwer, / und möcht' am liebsten scheiden gehn; / doch, brauche ich der Reife mehr, / so laß mich, Herr, noch länger stehn. / Ich will, wenn sich der Schnitter naht, / und sammelt Menschengarben ein, / nicht unreif zu der Weitersaat / für Dich und Deinen Himmel sein.«

2. Sprecher: Reminiszenz an Klopstock : ‹Saat von Gott gesät, dem Tage der Garben zu reifen›, wie?

1. Sprecher: Mag sein. – Wäre er nun beim ‹Silbernen Löwen› stehen geblieben, hätten Sie recht mit Ihrer Formulierung von der ‹Botanischen Kuriosität›. Als nächstes jedoch wagte er sich – endlich – an sein Kindermärchen von Sitara, dem Stern und dessen Kontinenten, ‹Ardistan und Dschinnistan›. Ein Leben lang hatte ihn der Stoff beschäftigt; nun, fast siebzigjährig, reitet Kara Ben Nemsi auch dorthin. – In einem pränatalen Zustand beginnt das Buch; vor aller Geburt flüstern Seelen mit Seelen; als unverkennbarer ‹Schutzengel› wird der Held nach Ardistan gesandt . . . .

2. Sprecher (erinnernd=erläuternd): zur tönernsten Erde hernieder . . .

1. Sprecher: Ganz recht. – Ein ‹Edelmensch› nämlich soll auf seinem ‹Pilgrim's Progress› von dieser Welt in die nächst höhere geleitet werden. Nur, daß bei Bunyan alles puritanisch hölzern bleibt; während May in blühender nackter Mystik wuchert, bei der wir die Kühnheit und Anmut des Fortschreitens von einer Gedanken= und Bilderreihe zur anderen, ohne uns etwas zu vergeben, bewundern dürfen ! Er verschafft sich zudem gewichtigste Vorteile über den beschränkten Engländer dadurch, daß er mit einer *seelischen* Entwicklung aufs Geschickteste eine *historische und religionsphilosophische* koppelt. – Nach der Überfahrt im Schiff ‹Die Geburt›, landet der Held zunächst an den sumpfigen Gestaden der Ussûl . . . . . .

2. Sprecher (wiederholt fragend): Der Ussûl ? –

1. Sprecher: Eines schwerfällig=seßhaften Urvolkes, verstrickt in Schamanentum und Mutterrecht; Pfahlbauern im Urschlamm, und athletische Angler. Hier findet er ein Kind Gottes, den ‹Edelmenschen›, eingesperrt in den Stachelkäfig des Aberglaubens; heulend umkreist von Geschlechtlichkeiten – symbolisiert in den bärenstarken Hunden ‹Er› und ‹Sie› (die aber durch Kreuzung mit Dschinnistanrassen zu ‹Bruder und Schwester› veredelt werden können !)

2. Sprecher: Also etwa im Sinne des späten Tolstoi der ‹Kreutzersonate›.

1. Sprecher: May befreit den schönen, riesenstarken und =reinen Erdengast; und geleitet ihn durch mohammedanisch=feindliche Reitervolker, durch lamaistische Städte, hinauf nach Dschinnistan, zu Gott – der erscheint persönlichst als liebevoller Vater, der den Sohn in die Arme schließt; für Feinde aber auch der Emir von Dschinnistan an der Spitze seiner Panzerreiter, ganz ‹Herr der Heerscharen›.

2. Sprecher: Also christliche Mystik in Reinkultur ?

1. Sprecher: Ja. Und zwar in weit vielfältigerem, farbigerem und künstlerisch konkurrenzfähigerem Sinne, als Sie annehmen. Ergreifend wird da etwa die Friedenssehnsucht der Menschen als Schrei nach Wasser gestaltet : in den Bildern der steinernen Brunnenengel, den einzigen Zugängen zu dem versickerten ‹Fluß des Friedens›; umheult=vergessen von kriegerischen Wildvölkern; auf den versandeten Sockeln nur die Spuren von Vogelfüßen – dennoch Treffpunkt Aller, die überleben wollen.

2. Sprecher: Stand nicht solch ein ‹Brunnenengel› in seiner radebeuler Villa ?

1. Sprecher: Das ist nur belanglos=wichtig. Ebenso wie die Frage, wieweit er etwa in seinen Ussûl ein Super=Patagonien, ein Elefantenzeitalter, nach Vorlage von George Musters, gezeichnet hat. Die Dehnbarkeit der Allegorie erlaubt viel; auch muß die geistreichste Deutung da versagen, wo versäumt wurde, hinreichend Biographisches Detail für den Leser zu sammeln. – Jedenfalls ist dieses Tausendseitenbuch von ‹Ardistan und Dschinnistan› nicht nur, wie May vor allem wollte, ‹zur Lektüre für den Kaiser, für einflußreiche Menschen› gedacht –

2. Sprecher (skeptisch): ..... für *die* wohl am allerwenigsten ! –

1. Sprecher: sondern der auch uns Außenstehenden geheimnisvoll=zugängliche Beleg für das Vorhandensein einer eigenartigen geschlossenen Gedankenwelt; eines Binnenreiches, sehr wohl vergleichbar dem ‹Orplid› Mörikes, oder der ‹Gondal=World› der Brontës.

2. Sprecher (gutmütig=ironisch): Also ! : Auf in die Buchläden, und diese vier Bände gesichert, wie ?!

1. Sprecher: Hier muß ich leider schon wieder ‹Halt› rufen; denn Sie haben damit ein überaus trauriges Kapitel berührt. – Vielleicht haben Sie, als Verehrer des Exakten, sich schon gewundert, daß ich bei keinem meiner Mayzitate eine verläßlich=verbindliche Seitenzahl gab ? : das ist nicht meine Schuld. Obwohl es seit über 40 Jahren einen ‹Karl=May=Verlag› gibt, sind sämtliche Bände im Laufe der Zeit ‹überarbeitet›, das heißt : *verändert* worden.

2. Sprecher: Tempelschändung ist's nun freilich nicht; weil die meisten Bände, wie Sie selbst zugaben, keinerlei Tempel sind. Aber worin bestehen diese Veränderungen ? Sind sie erheblich ?

1. Sprecher: Einmal wurden sämtliche Fremdworte mitleidslos ‹übersetzt›, um May auch äußerlich zum Absoluten Volksschriftsteller mit unverdächtig geringem Wortschatz zu stempeln – *und wie übersetzt !*

Wenn ursprünglich ein Pferd ‹Lançaden› machte, wird neu ‹Bewegungen› daraus : wenn dem Bearbeiter wenigstens noch ‹Bogensprünge› eingefallen wäre ! Aus ‹Konti›, also ‹Schuldbücher›, werden neu abgesägt=

simple ‹Hefte›. Aus ‹Patriarchalisch› wurde ‹kameradschaftlich› – also ungefähr das Gegenteil; undsoweiter, undsoweiter.

2. Sprecher: Sinnloser Purismus : der arme alte Mann!

1. Sprecher: Leider : man hat das Erbe schlecht behütet! Und ging noch viel, viel weiter. Es gibt ja wohl kein erschütternderes Schauspiel, als wenn ein Mann, der jahrzehntelang wertloses Zeug produzierte, sich nun im Alter mächtig aufrafft – *und die Feinde im eigenen Lager* frustrieren aufs plumpste solch anerkennenswerte Steigerung! Wenn May seine schon mehrfach heute belegten Jamben wellen läßt:

Zitat: »Die Sättel waren hohe Throngestelle, / mit farbenreichem Teppichwerk belegt, / mit Fransen= und mit Federschmuck behangen, / sodaß der Reiter, falls es ihm gelang, / sich auf der stolzen Höhe festzusetzen, / und wenn er jene Phantasie besaß, / die leidenschaftlich gern auf Höckern reitet, / sich leicht als Allahs Liebling dünken konnte – : / Hast Du auch dieses Bild verstanden, Sihdi?«

1. Sprecher: Also untadelige Blankverse; im gewollten, geheimnisvoll=gehobenen Halbsingsang des Märchenerzählers, absichtlich primitiv die Cäsur meist am Ende der Zeile – dann machte die Bearbeitung von 1954–57 in unbegreiflicher Geschmacklosigkeit daraus:

Zitat: »Die Sättel waren hohe Throngestelle, / mit farbenreichem Teppichwerk belegt .... /

1. Sprecher (halblaut, scharf): und nun geht's los mit der ‹Verbesserung›!:

Zitat (übermäßig das Gehinke der Jamben hervorhebend): »mit Fransen= und Federschmuck behängt, / so daß sich der Reiter, falls es ihm gelang, / sich auf der stolzen Höhe festzusetzen, / bei einiger Einbildungskraft, / leicht als Allahs Liebling dünken konnte – : / Hast Du auch dieses Bild verstanden, Effendi?«

2. Sprecher: Und so rollt der Schüdderump voll abgemurkster Jamben dahin, im grobschlächtigsten Pumpertakt.

1. Sprecher: Wenn May an verwickelten Traumtüren eine »dunkle *Schattenhaftigkeit* sich tief verneigen« läßt, so wurde aus dem so glücklich geprägten, larvenhaft=vielgliedrigen, grotesk auf ‹i› geknickten Wort, ein stümperhaft=nichtssagender ‹Schatten›.

Zur Entschlüsselung wichtigste Einzelheiten wurden superklug ‹verbessert› : wenn in ‹Ardistan und Dschinnistan› einer zwölfmal auf den Gong schlug – gleich zweimal sechsmal; entsprechend den ‹sechs heiligen Silben› im Lamaismus : Om mani padme hum – und es früher korrekt *zwölfmal* von der Waldkulisse am Fluß her antwortete; dann weiß die 1955er Ausgabe, daß »ein *hundertfaches* Echo« erweckt wurde. *Warum, um*

Himmels willen, solche Verstümmelung ? ! Ein ausgesprochener *Feind* des alten Mannes hätte dergleichen nicht boshafter ersinnen können !

2. Sprecher (trocken): Ewiges Rätsel des Verlegerherzens. – Was ist denn seitens des Verlages an Positivem geschehen ?

1. Sprecher: Man hat z. B. sechzehn Bände ‹Karl=May=Jahrbücher› veröffentlicht; in denen nur selten schätzbares bio= und bibliografisches Kleinmaterial neben knolligen Lobeshymnen körperlich oder geistig Halbwüchsiger steht : zwei Drittel der Papiermasse sind, meines Erachtens, unbrauchbar. – Jedenfalls : wenn es noch keine ernsthafte Karl=May=Forschung gibt – der Karl=May=Verlag ist nicht ohne Schuld daran.

2. Sprecher: Was wäre also, Ihrer Ansicht nach, hier zu tun ?

1. Sprecher: Was not tut, um das bisher geübte abscheuliche Verfahren zu neutralisieren, wäre Folgendes : wir haben heute nicht mehr den Originaltext, weder des ‹Silberlöwen›, noch von ‹Ardistan und Dschinnistan›. Dies aber sind die einzigen, wahrhaft ernstzunehmenden – unbedingt aus der geistigen Quarantäne zu erlösenden ! – Bücher Mays (was, im Vorbeigehen gesagt, schon dadurch belegt wird, daß sie die geringste Auflagenziffer der Romanreihe aufweisen). Deshalb ist es als Erstes erforderlich, einen gesicherten Text dieser Bände herzustellen, vermittels buchstaben= und zeichengetreuer Veröffentlichung der Handschriften; dazu als Fußnoten die Varianten der noch von May selbst durchgesehenen Ausgaben.

2. Sprecher: Ich würde bei Mays Tendenz zum Schlüsselroman – lassen Sie gut sein; ich weiß, der Begriff ist hier nicht ganz zuständig ! – vor allem auch eine umfassende Biographie für nützlich halten.

1. Sprecher: Sehr richtig : aber bitte *nicht* von einem Verehrer Mays geschrieben, beziehungsweise von einem finanziell Interessierten ! Am besten wäre ein ehrlicher Gegner. – Hinzu müßte womöglich noch ein Band Briefe kommen, der immer den unmittelbarsten Einblick in eine Gedankenwerkstatt erlaubt. – Ihm *ist* Unrecht geschehen; ihm *geschieht* Unrecht noch *heute !* Es gilt, unserer Literatur zwei merkwürdige Bücher zu erhalten.

2. Sprecher: Da dies aber zunächst nichts als fromme Wünsche sind : was kann man im Augenblick tun, sich diesen beiden Stücken zu nähern ?

1. Sprecher: Im Augenblick ist die Situation so : für die kritiklose Jugend mögen die vorliegenden redigierten Bände allenfalls ausreichen; für den älteren ernsthaften Leser, oder gar Literaturhistoriker, sind sie nur unvollkommen brauchbar. Wer den *Dichter* Karl May wahrhaft würdigen lernen will, dem empfehle ich, auf die – allerdings nur noch antiquarisch erreichbaren – Vorkriegsausgaben zurückzugreifen. Zur Freude aller Kenner – deren Anzahl zur Zeit noch bedauerlich gering ist – hat der Karl May Verlag, Bamberg, der in beneidenswertem Besitz der Originalmanuskripte ist, endlich Textkritische Ausgaben einiger Spätwerke angekündigt : sobald sie vorliegen, wird die deutsche Hochliteratur um 2 sehr merkwürdige Bücher reicher sein.

Aber : beschränken Sie sich, ich rate Ihnen gut, strikt auf diese beiden :

‹Im Reiche des Silbernen Löwen›, und

‹Ardistan und Dschinnistan›.

Hier sehen Sie Karl May, als das, was er ist : *der bisher letzte Großmystiker unserer Literatur !* – Der Rest : ist Schweigen.

ABU KITAL

Vom neuen Großmystiker

Sprecher:

A.: tiefe ruhige Männerstimme.
B.: helle Männerstimme, rascher als A.
C.: Zitate für Bariton, jambengewohnt.

C. (geheimnisvoll): Wenn man von der Erde aus drei Monate lang geraden Wegs zur Sonne fliegt, und dann in derselben Richtung noch drei Monate lang über die Sonne hinaus, so kommt man an einen Stern, der ‹Sitara› heißt.

Dieser Stern hat mit unserer Erde manches gemeinsam : er dreht sich in einem Tag um sich selber; in einem Jahr um die Sonne. Aber während man auf der Erde 5 oder 6 Kontinente zählt, ist das Festland von Sitara in viel einfacherer Weise gegliedert; es ist ein einziger zusammenhängender Weltteil, der in ein flaches, sümpfe= und wüstenreiches Tiefland, und ein der Sonne entgegenstrebendes Hochland zerfällt. Das Tiefland – flach, ungesund, giftiger Pflanzen und reißender Tiere voll – heißt ‹Ardistan› (von ‹Ard› gleich ‹Scholle, Materie›). Das Hochland – gebirgig, gesund, reich an edenischen Früchten – ist ‹Dschinnistan›, und ‹Dschinn› bedeutet ‹Genius, elfischer Geist›. Tief unten herrscht über Ardistan ein Geschlecht von finsteren selbstsüchtigen Gewalthabern; hoch über Dschinnistan gebietet schon seit undenklicher Zeit ein Geschlecht großherziger Fürsten.

Kein Wunder, daß in Manchem, unverschuldet im tiefsten Ardistan Geborenen, die Sehnsucht nach oben so stark wird, daß er sich aufmacht, den Weg nach Dschinnistan zu suchen. Zwischen den beiden Welten aber liegt noch ‹Märdistan›; eine steil ansteigende Wildwaldzone, in die, wie schon der Name sagt, sich nur ‹Männer› wagen dürfen; und wo so viele Häscher lauern, daß Jeder unweigerlich ergriffen, und in die ‹Schmiede der Geister› geschleppt wird . . .

B. (fragend): Da schmieden Geister ?

C.: Nein : man schmiedet sie : / Der Sturm bringt sie geschleppt, um Mitternacht, / wenn Wetter leuchten, Tränenfluten stürzen. / Der Haß wirft sich in grimmer Lust auf sie; / der Neid schlägt tief ins Fleisch die Krallen ein; / die Reue schwitzt und jammert am Gebläse. / Am Amboß steht der Schmerz, mit starrem Aug / im rußigen Gesicht, die Hand am Hammer. / : Da, jetzt, o Scheik, ergreifen Dich die Zangen ! / Man stößt Dich in den Brand; die Bälge knarren; / die Lohe zuckt empor, zum Dach hinaus; / und alles, was Du hast und was Du bist, / der Leib, der Geist, die Seele, alle Knochen, / die Sehnen, Fibern, Fasern, Fleisch und Blut, / Gedanken und Gefühle, alles, alles / wird Dir verbrannt, gepeinigt und gemartert / bis in die weiße Glut ! *(schreit mit fremder Stimme):* Allah ! Allah !

(wieder wie zuerst): / Schrei nicht, o Scheik; ich sage Dir, schrei nicht ! / Denn wer da schreit, ist dieser Qual nicht wert; / wird weggeworfen in den Brack und Plunder, / und muß dann wieder eingeschmolzen werden. / : Du aber willst zum Stahl, zur Klinge werden, / die in der Faust des Parakleten funkelt : / Sei also still !

A.: Das große Buch selbst, der 1300=Seiten=Roman von ‹Ardistan und Dschinnistan› beginnt in einem pränatalen Zustand; vor aller irdischen Existenz flüstern Seelen mit Seelen; von Menschheit, und Frieden, und geheimnisvollen, zunächst noch unbegriffenen Aufträgen. Genau im platonischen Sinne – daß nämlich alles ‹Lernen› nur ein Sichwiedererinnern an vormals Gewußtes, nur Vergessen=Verschüttetes sei – erfährt der Held Manches über seine künftige Aufgabe; macht sich, wie gelehrte Abendländer pflegen, Exzerpte und Notizen – nur, um nach der Überfahrt im Schiff, an dessen Bug der Name ‹Geburt› steht, bestürzt festzustellen : daß er all diese Notizen ‹vergessen› hat !

B.: So landet er zunächst an den sumpfigen Gestaden der ‹Ussul› – was auf arabisch ‹Ursprung› heißt. Der Verfasser hat nämlich aufs Geschickteste mit der geistigen und seelischen Entwicklung seiner Einzelmenschen auch eine historische und religionsphilosophische parallelisiert.

A.: Hier also findet er ein schwerfällig=seßhaftes Urvolk; Pfahlbauern im Schwemmland; Viehzüchter und athletische Angler; ein Elefantenzeitalter. Verstrickt in Schamanentum und Mutterrecht; von agil=bösen Nomadenvölkern der angrenzenden Wüste geplagt und gebrandschatzt : die sind schon eine Stufe weiter, Mohammedaner; obwohl mit der bekannten bös=rüstigen Wendung, daß das Paradies im Schatten der Schwerter gedeihe.

B.: Bei den Ussul jedenfalls findet der Berichterstatter – ‹Karl der Deutsche› heißt sein Name, wenn man ihn aus dem Morgenländischen zurückübersetzt – einen bemerkenswerten Gefangenen vor. Einen völkischen Mischling : seine Mutter war eine Ussula; der Vater ein Dschinnistani. Mehr noch : wie sich zum Schluß herausstellt, war er der ‹Mir von Dschinnistan›; der Herrscher jenes fernen englischen Landes.

A. (einfallend): Was nichts mit Großbritannien zu tun hat; sondern, wie früher, und nicht nur im ‹Faust›, gebräuchlich, von ‹Engel› herkommt. Dieses echte ‹Kind Gottes› also harrt hier in Ussulistan, eingesperrt in den Stachelkäfig feindseligen Aberglaubens; heulend umkreist von Geschlechtlichkeiten – symbolisiert in den bärenstarken Hunden ‹Er› und ‹Sie›; die aber durch Kreuzung mit Dschinnistanrassen zu ‹Bruder› und ‹Schwester› veredelt werden können – genau im Sinne des späten Tolstoj.

B.: Der deutsche Karl befreit den schönen, riesenstarken und =reinen Erdengast; und geleitet ihn durch mohammedanisch=feindliche Reitervölker, und das Gewühl und das Religionsgemisch wimmelnder Großstädte.

A.: Meist fehlt es an Wasser in Ardistan; denn der große Fluß des Landes, ‹Es Suhl› ist vertrocknet: ‹Es Suhl› aber heißt: ‹Der Friede›! Wohl findet man noch, vereinzelt über das Land verstreut, die steinernen Riesengestalten von Engeln; umheult=vergessen von kriegerischen Wildvölkern; auf den versandenden Sockeln nur die Spuren von Vogelfüßen: dennoch sind sie die einzigen Zugänge zu dem versickerten Fluß des Friedens; Treffpunkt Aller, die überleben wollen.

B.: Die ganze alte herrliche Hauptstadt von Ardistan mußte aufgegeben, verlassen werden; und steht nun mit ihren endlosen Häuserzeilen und Großbauten erstarrt, und schauerlich wohlkonserviert in der leeren Wüstenluft, eine ‹Stadt der Toten›.

A.: Dabei wäre es so leicht, sie wieder zum Leben zu erwecken! Denn auch hier ragt riesig ein Brunnenengel; und in verborgenen Magazinen lagert Getreide für Millionen. Unvergeßlich werden diese Bilder und Legenden vom ‹Maha=Lama=See› und dem Prozeß der Lebenden und der Toten.

B.: Freund und Feind drängen einander weiter, bis hinauf in die Grenzgebirge, wo der ‹Panther›, der Gegner par excellence, fällt. Hinauf nach Dschinnistan, zu Gott: der erscheint persönlichst als liebevoller Vater, der den heimgekehrten Sohn in die Arme schließt; für Feinde ist er allerdings der ‹Mir von Dschinnistan› an der Spitze seiner Panzerreiter, ganz ‹Herr der Heerscharen›.

A.: Sei es nun, daß lediglich ein ‹Edelmensch› auf seinem ‹Pilgrim's Progress› von dieser Welt in die nächst höhere geleitet werden soll; sei es, daß vielleicht sogar ein ‹Heliand› beabsichtigt war, – in jedem Fall muß unparteiisch festgestellt werden, daß bei dem Engländer Bunyan doch meist recht gewaltsam allegorisiert wird, und alles puritanisch hölzern bleibt; während *(kleine Kunstpause):*

(dasselbe):
in blühender nackter Mystik wuchert, bei der man die Kühnheit und Anmut des Fortschreitens von einer Gedanken= und Bilderreihe zur anderen, ohne sich etwas zu vergeben, uneingeschränkt bewundern darf. Hier hat einmal ein Befähigter der – vom künstlerischen Standpunkt aus recht unergiebigen und nicht ernstlich konkurrenzfähigen – ‹Niederen Mythologie› des Christentums bemerkenswert aufgeholfen; (freilich auf seine, wie stets, ziemlich unorthodoxe Art, vermittels derer man mit der gleichen verdächtigen Mühelosigkeit z. B. auch zum Islam gelangen könnte; immer aber, falls das Jemanden trösten sollte, zu irgendeiner Spielart von ‹Religion› : Wer't mag, däi mag't.)

B.: Und nunmehr, da der Name einmal genannt, der Schock erfolgt ist; lassen Sie uns das Fänomen Karl May ernstlich untersuchen.

A.: Am 25. Oktober 1825 war es, als Goethe zu Eckermann sagte : »Was 20 Jahre sich erhält, und die Neigung des Volkes hat, das muß schon etwas sein !«. Und wenn er dann auch, an anderer Stelle, wieder einmal andeutete, daß wahrhaft gute Bücher, eben wegen der zu hohen Anforderungen an den Leser, nie populär werden könnten, so liegt die Wahrheit in dieser Frage doch noch anderswo, als in der Mitte.

B.: Das nämlich können der größte Genius und der größte Schöps gemeinsam haben, daß ihre Bücher Auflagen von Millionen Ziffern erreichen : das allein beweist noch nichts ! Das Entscheidende ist dieses : ob jene Millionenauflage im Lauf von 20 Jahren zustande kam – und ein paar Menschenalter später macht es Mühe die Titel auch nur in einer Bibliografie noch eingesargt zu finden. Oder ob jahrhundertelang die Besten aller Nationen immer wieder zu den betreffenden Bänden greifen. Es ist, auf eine ganz kurze Formel gebracht, der Unterschied zwischen Shakespeare und Courths=Mahler . . . .

A.: oder eben, wie man bisher gewollt hat, Karl May : wie weit Lob oder Tadel am Platze sind – ob Verdammung, oder gar eine Einreihung in das Kontinuum unserer Hochliteratur – ist der Gegenstand dieser Sendung.

(Gong)

B.: Die Wichtigkeit des Themas zu belegen, seien kurz folgende Eideshelfer zitiert : Eine Nobelpreisträgerin wagte das Diktum : »Wenn ich nur eines seiner Werke hätte gestalten können, dann hätte ich mehr erreicht !« : Bertha von Suttner; bezeichnenderweise die Trägerin des Friedenspreises von 1905.

In den meisten Fällen freilich ist es eitel Jugendreminiszenz; ob Albert Einstein, Rosegger, Fallada, Molo, Ernst Kreuder oder Carl Zuckmayer; der anläßlich der berliner Aufführung eines ‹Winnetou› schrieb : »Diese Gestalten leibhaftig auf der Bühne zu sehen, das ist eine solche Erfüllung, und ein solches Glück – mich hat es zwischen Lach= und Heultränen herumgeschüttelt ! – daß zunächst mal jede Kritik schweigt.« Denn es gibt 70= und 80jährige genug, die noch ohne zu stocken den ganzen endlosen Namen jenes ‹Sancho Pansa› herzusagen wissen :

Hadschi Halef Omar Ben Hadschi Abul Abbas
Ibn Hadschi Dawud al Gossarah.

A.: Und wenn dergleichen auch für den literarischen Wert Karl Mays nichts besagt; so ist doch immer höchst wichtig, und hätte längst Gegenstand diverser Dissertationen sein sollen : in den Werken der später geborenen, und nicht nur der deutschen, Dichter, die mächtigen, unvermeidlich immer wieder durchbrechenden Spuren solch intensiver Jugendlektüre nachzuweisen.

B.: Oder auch im praktischen, Militärisch=Politischen : man vergesse doch nie, daß ‹Mein Führer› sämtliche Karl May Bände griffbereit neben dem Kopfkissen hatte ! Und also zur selben Zeit Josef Nadler in seinem Essay über ‹Meissnische Geistigkeit› beteuerte, daß »drei Männer im engeren Bezirk des Literarischen den meissner Stamm bezeugen können : Richard Wagner; Friedrich Nietzsche; – Karl May !«

A.: Wozu allerdings bemerkt sei, daß Nadler seine Behauptung auf völlig falschen Prämissen aufbaut : warum er allenfalls Recht haben könnte; und auf welche Werke Mays er sich für ein solches überraschendes Diktum zu berufen habe – davon hatte er keine Ahnung !

Aber zunächst, nachdem die Berechtigung einer ernsthaften Prüfung nachgewiesen ist – denn auch Hermann Hesse hat ein, obwohl sehr bedingtes, Lobeswort gesprochen – sei der Lebenslauf des Mannes angedeutet – freilich nicht nach ‹Professor Karl=Heinz Dworczak›=seiner Biografie, (»einem der besten Kenner Karl Mays, und auf Grund sachlicher Forschungen«), an der eigentlich nur der Titel bemerkenswert ist, (der uns hurtig einmal mehr die alberne Gleichung May=Old Shatterhand serviert – bekommen die ‹Kinder mit Bärten› diese Possen denn nie satt ? !); und die, je nun, nennen wir es filologische Naivität, mit der der Verfasser etwa den ‹Winnetou› als biografische Quellenschrift ersten Ranges auswertet; oder – all der späten, so signifikanten Taki=Symbolik Mays zum Trotz ! – ihn schlicht als Katholiken vereinnahmt. Da ist es doch immer noch weniger mißlich, Mays ‹Mein Leben und Streben› zu folgen – obgleich das nun eine reine oratio pro domo ist : gramvoll=unanschaulich; voll verdächtigster, selbsthergestellter Lücken; allzuviele Einzelheiten sind unverkennbar absichtlich vergessen worden, verdrängt, verkapselt; auch liegt es heute nur in ‹Bearbeitung› vor, die echte erste Ausgabe wurde noch nicht wieder erreichbar gemacht. Also beschränke man sich klüglich auf ein kurzes Biogramm; zumal wenn 50 Jahre nach des ‹Meisters› Tode auch noch der bescheidenste Briefband fehlt.

B.: Nun hat zwar Oskar Panizza in ‹Imperjalja› allen Ernstes behauptet, daß der eigentliche Verfasser jener Reiseromane Kaiser Wilhelm der Zweite gewesen sei – in Anbetracht so mancher schnurrbärtiger Teutomanieen gar keine unwitzige Konjektur –; aber in Wahrheit hat es den Schriftsteller Karl May durchaus ‹gegeben› : im Jahre 1842 wird er als eines von 14 Kindern blutarmer erzgebirgischer Webersleute geboren.

A.: Hübsch zwischen der brusttötenden Stickluft des Heimwebstuhls auf der einen, dem Gejohle der Schnapsdestille auf der anderen Seite. Wenn die Weblöhne sinken, wird Suppe aus dem Unkraut der Schutthalden gekocht : als Folge von Mangelkrankheiten erblindet der Kellerkeim von Junge für vier ganze Jahre.

B.: Das ist wichtig ! Schon in der Kindheit also ist er ein isoliertes Geschöpf; zwangsläufig auf Gedankenspiele umfänglichster Art angewiesen.

A.: Unzureichender Schulunterricht addiert sich zu wahlloser Lektüre; vor allem der giftigster Hundertheftromane : nie wird er diese ersten ‹literarischen› Eindrücke los werden!

B.: Erzählen wir zunächst noch weiter aus ‹Ardistan› – : Der begabte Knabe fällt, wie üblich, dem Rektor auf, dem Pfarrer. Anschließend an die Elementarschule wird familiengemeinschaftlich das Lehrerseminar erhungert : mit 19 Jahren ist May Fabrikschullehrer in Alt=Chemnitz.

A.: Und nun kommt der von der Milieutheorie her prophezeibare Bruch : einem Stubenkameraden entwendet er die Taschenuhr – die Einzelheiten sind unklar – und geht dafür ein paar erste Wochen ins Gefängnis. Es hieße die Karl May Frage unnötig komplizieren, wollten wir hier auf seine insgesamt achtjährigen Gefängnis= und Zuchthausstrafen eingehen; zumal sie letzten Endes alle auf die eine Ursache zurückzuführen sind : das Mißverhältnis zwischen einem phantastisch=überlegenen Geist, und seiner unverschuldet=niederziehenden Umgebung.

B.: Wichtig für uns hier wieder : daß er erneut viele gräßliche Jahre in Lagen geriet, in denen nur die Flucht in extremste, auch räumlich entlegenst=lokalisierte Gedankenspiele, ihm ein Überleben ermöglichte. Vollkommenheiten, die ihm das Leben versagt, muß die Phantasie liefern. Zur Austarierung der Claustrophobie erzeugt er imaginäre Fluchtbewegungen durch weiteste Räume. In der Einsamkeit der Schweigezelle spaltet sich für immer seine Persönlichkeit: »stundenlang täglich unterhielt er sich halblaut mit seinen Figuren« wird später die Frau berichten.

A.: Ungefährlich, ja unschätzbar, sind solche Menschen in der Einsamkeit, wo ihr Überschuß an Bildkraft und Geltungsbedürfnis sich literarisch emanieren kann; sobald May jedoch mit der Außenwelt in Berührung kommt, gerät er sofort schicksalhaft in die lächerlichsten Situationen: Casella erzählt von einer Begegnung mit dem nun schon Fünfundfünfzigjährigen, wo May in München einem unkritischen Verehrerkreis weiszumachen suchte: er sei eben jetzt zum zweiundzwanzigsten Male nach Amerika unterwegs; wenn er hinüberkomme, könne er sogleich anstelle des – nebenbei am 2. 9. 1874 – verstorbenen Winnetou an die Spitze von fünfunddreißigtausend Apatschenkriegern treten; ja, auch ‹Doktor› sei er selbstverständlich. (Eine Chicagoer ‹Diplommühle› ‹verlieh› ihm 1902 den Titel für seinen ‹Silberlöwen›: pikant!)

B.: An Sprachen beherrscht er, wie er angibt, »Französisch, Englisch, Italienisch; Spanisch, Griechisch, Lateinisch; Hebräisch, Rumänisch, Arabisch ...«; und so geht es weiter, bis es nahezu 40 sind, »einige Sunda=Idiome« noch gar nicht gerechnet: Mezzofanti war ein Waisenknabe gegen Old Shatterhand! – Oder, ohne Ironie: sogleich steht der alte Mann als lächerlichster Schwadroneur, als widerlichster Bramarbas, vor uns!

A.: Obgleich man nie vergessen darf, daß – zumal sehr erfolgreiche – Schriftsteller vom verehrend staunenden Leser oder Hörer, in die Rolle des allwissenden Übermenschen geradezu gedrängt werden! Der naive Leser niederer Gattung verlangt eben einfach, daß Hans Dominik weißbekittelt im Labor abgebildet wird, zwischen Retorten und Reagenzgläsern – wovon er den Teufel etwas verstand; oder ist enttäuscht, wenn er erfährt, daß Ceram bisher noch keinen Tut=Ench=Ammon eigenhändig entdeckt habe.

B.: Jedenfalls gelang es May, dem so furchtbar Gehandicapten, sich mit eiserner Energie wieder eine normale bürgerliche Stellung zu erringen; und ein – zumindest finanziell – erfolgreicher Schriftsteller zu werden. Bezeichnend aber gleich wieder, daß er sich hochtrabende Pseudonyme zulegte; vom noch einfach=verantwortbaren ‹Karl Hohenthal› an, bis zu ‹Latréaumont›, ‹Ernst von Linden› und ‹P. van der Löwen›.

Vielleicht allerdings auch nur Verleger=Spekulation auf deutsche Mentalität : Hermann Gödsche zieht nicht; aber ‹Sir John Retcliffe› – da klingt das Geld im Kasten!

A.: Als jedoch der für einen Erfolgreichen unvermeidliche Augenblick eintrat, daß man sich auch mit der Persönlichkeit des beliebten Schriftstellers zu befassen begann, war Mays Schicksal besiegelt. Seine Gegner machten es sich leicht : zerrten seine Vorstrafen ans Tageslicht; isolierten ihn gesellschaftlich; und verbitterten ihm die letzten fünfzehn Lebensjahre aufs Gründlichste.

B.: Als er 1912 in seiner Villa zu Radebeul bei Dresden die Augen schloß, waren dennoch seine letzten gestammelten Worte : »Sieg, Großer Sieg : ich sehe alles rosenrot!« – er muß, und frohlockend=überzeugt, an sein Werk gedacht haben.

A.: Hinsichtlich dieses ‹Werkes› muß man bei May, will man überhaupt erst einmal eine Übersicht gewinnen, vier – sich natürlich teilweise überschneidende – Perioden literarischer Tätigkeit unterscheiden.

Er begann mit erbaulichen Aufsätzchen; mit ‹Erzgebirgischen Dorfgeschichten›; und verniedlichenden, von keiner Sachkenntnis getrübten ‹Historischen Novellen›; mit Vorliebe vom ‹Alten Dessauer› – in Wahrheit eine gekrönte Bestie in Menschengestalt, die an beispielloser Rohheit ihresgleichen suchte; die Menschenhandel trieb : einen ‹Langen Kerl› gegen einen Biber; die aber in ihrer volkstümlich=unwiderstehlichen Brutalität mit allen SS=Größen wetteifern kann.

B.: Ungefähr gleichzeitig läuft die zweite Gruppe : Lieferungsromane elendester Sorte; ausgesprochene Kolportagehefte, von erschütternd geringem Wortschatz.

(spöttisch): Die ‹Liebe des Ulanen› heißt einer. Der immer wieder beliebte ‹Verlorene Sohn›. Ein ‹Weg zum Glück›. Auch ‹Deutsche Herzen – deutsche Helden›. Und schließlich ‹Das Waldröschen / oder / Die Verfolgung rund um die Erde. / Enthüllungsroman über die Geheimnisse der menschlichen Gesellschaft›; bei dem nannte er sich ‹Kapitän Ramon Diaz de la Escosura› : stolz lieb' ich den Spanier! –

A.: Und selbst falls, wie gerichtlich festgestellt, 5 % der betreffenden Texte nicht von Karl May herstammen sollten : die restlichen 95 genügen vollständig, um mehr als einen schriftstellerischen Ruf zu ruinieren! All diese Produkte, inklusive ‹Fürst & Junker›, gehören zur untersten Literaturschicht.

B.: Es schließt sich an die dritte Periode, die der ‹Reiseromane› : rohe eilfertige Erfindungen aus Arabien oder Wildwest; wer also zwei kennt, kennt alle. Man hat versucht, seine ‹Landschaftsschilderungen› zu rühmen – dazu darf man allerdings nie etwas wirklich Gutes der Art gelesen haben. Eine wahre Inflation stereotypster Wachsfiguren füllt die nicht zu umklafternde Bandreihe : der ‹Superman› des Helden; sein Freund; nie mangelt es an einer ‹Lustigen Person›; der Bösewicht ist kohlschwarz; Frauen fehlen in diesen Reiseromanen so gut wie ganz.

A.: Nicht minder wird die Geduld des anspruchsvollen Lesers durch die immer gleiche Handlung überfordert : sechsmal wird in jedem Buch der Held gefangen, und befreit sich ebensooft wieder. Ganz modern ist ja zur Zeit wieder seine ‹Politik der Stärke› : der ‹Henrystutzen› überzeugt als MP; unerbittlich gütige Apostel auf volkswagenschnellen Pferden : die Bösen werden gejagdhiebt; die Guten siegen lächelnd, und profezeien bei Gelegenheit was Weniges – also gleich bezaubernd für SA wie CVJM.

B.: Wie reizend spielen patriotische Gefühle mit hinein ! In dieser Hinsicht war er ganz der plattsohlige Philister in Reinkultur, wie er nach Siebzigeinundsiebzig voll erblühte. Ganz Bier und Tabak; ganz Männergesangverein; wahrhaft & wehrhaft, rein & ringfertig, und wie die Wortklingklänge alle heißen. Die Deutschen sind das Salz der Erde; und die Bagdadbahn wird gebaut : Nun, John Bull, nimm Dich in Acht ! – Es war sein Glück, daß er den ersten Weltkrieg nicht mehr erlebt hat : wie entsetzlich découvrierend hätte sich da Kara Ben Nemsi benommen !

A.: Wobei jedoch immer eingeräumt werden soll, daß May, als bloßer Jugendschriftsteller betrachtet, – wie ja auch der Riesenerfolg beweist – geradezu ‹klassisch› war, und volles Maß hatte – wenn auch vielleicht nicht mehr hat : dazu sind seine Schilderungen des Amerika um 1860 heute doch schon allzu irreführend : wie würde sich das Leserkind nicht wundern, wenn er, den ‹Winnetou› als Baedeker in der Hand, drüben die ‹dark and bloody grounds› suchen sollte. Und auch der Versuch, May kulturgeschichtlichen Wert zu vindizieren, wäre fehl am Platz; da rangiert er himmelweit unter Cooper.

B.: Dabei hat man ihn auch – obwohl, meines Erachtens ohne Grund – als ‹Verderber der Jugend› angeklagt. Stand doch sogar einer seiner Titel ‹Und Friede auf Erden› eine Zeit lang auf dem Index des Borromäusvereins, und wurde erst wieder daraus gestrichen, nachdem der Verlag das Original gehorsam=wunschgemäß abgeändert hatte; oder präziser : bis zur Unkennbarkeit verschlechtert. Auf diesen Umstand, nämlich den der gesicherten Texte, muß später ohnehin noch ausführlicher eingegangen werden.

A.: Zweifellos kommen bei May Grausamkeiten aller Art vor : Auspeitschungen, unter denen nicht nur die Gesichtshaut dekorativ aufreißt. Einklemmen in gespaltene Bäume. Einmal wird einem raffiniert der Kopf kahl rasiert, und stundenlang Wasser auf die nackte Stelle getropft, bis der Ärmste dem Wahnsinn nahe ist – gewiß, es ist der Bösewicht des Buches; aber die Methode erinnert trotzdem unangenehm an Inquisition und KZ.

B.: Viel bedenklicher als all dies jedoch, scheint in literarischer Hinsicht, daß May von seinen Bemühungen um die Form damals ganz unbefangen gestand:

C.: »Die Wahrheit ist, daß ich auf meinen Stil nicht im Geringsten achte. Ich schreibe nieder, was mir aus der Seele kommt; und ich schreibe es so nieder, wie ich es in mir klingen höre. Ich verändere nie, und ich feile nie.«

A.: Ein Schriftsteller, der so etwas nicht nur zugibt, sondern sich dessen freiwillig und öffentlich rühmt, richtet sich literarisch selbst! Es mag ja im Volk Kreise geben, die solch handwerksburschenhafte Eilfertigkeit als selbstverständliches Kennzeichen des echten, des ‹geborenen› Dichters ansehen – in Wahrheit handelt es sich um nichts als läppischen Größenwahn oder freche Schlamperei! Die Bestätigung liefern die wenigen erhaltenen Manuskripte, die tatsächlich seitenlang nicht eine Korrektur aufweisen.

B.: Für die weltanschauliche Einstellung Mays während der erwähnten ersten drei Perioden, seien stellvertretend die behäbig=verantwortungslosen ‹Geografischen Predigten› erwähnt; aus der Perlenschnur der Platitüden nur eine.....

C. (kindlich=wichtig, voll kleiner Gelehrsamkeit): »Die Heimat des Menschengeschlechtes, Erde genannt, die sich mit einer Geschwindigkeit von 1687 Komma 5 Kilometer in der Stunde um sich selber bewegt, wiegt ungefähr sechs Null Null Null Null *(leiser werdend, immer weiter, bis 24 Nullen voll sind)*.....«

A. (hineinsprechend): Er erspart uns von der Quadrillion keine der 24 Nullen, auch im Druck nicht: und wo wäre der Verstockte, der bei 24 Nullen nicht Gottes Größe empfindet?! – Oder wenn er uns mit salbungsvoller Perfidie also die Biologie erklärt:

C.: »Gott hat alles weiser geordnet, als der Gedankenlose begreift.....: Wie könnte allein die Bewohnerschaft Londons jährlich 110 Millionen Stück Austern verspeisen, wenn diese Muschel nicht eine so ungeheure Vermehrungsfähigkeit besäße?«

B.: Ein grausiges Beispiel jener selbstzufriedenen Teleologie, die mit den Schrecknissen des Universums, halb Atombombe, halb schleimige Schmiererei, schäkert. Wie ehrfürchtig dagegen Schopenhauer: »Wenn ein Gott diese Welt erschaffen hat, so möchte ich dieser Gott nicht sein: ihr Jammer würde mir das Herz zerreißen!!« – Und diese ‹Geographischen Predigten› nannte ihr erster Herausgeber dann – wahrscheinlich in der Freude des Entdeckers – »ein eigenartiges Werk« !

A.: Kaum eine Höhere Tochter alten Stils könnte süßlicher und verblasener daherschwadronieren – wenn das das ganze Geheimnis der alten Mamsell wäre, könnten wir May allerdings sehr kurz abtun. Kein Wunder, daß bei so viel ‹Beweis der Kraft› seine Religion zuerst durchaus das Christentum eines Schwergewichtlers ist. Später tendiert er dann anerkennenswert zum Dualismus; wie ja eigentlich alle seine Bücher, zumindest inhaltlich, von dieser Spannung zwischen Gut und Böse leben : der Mann war im Grund Manichäer !

B.: Sogar einen Band Gedichte, ‹Himmelsgedanken›, fühlte er sich bemüßigt vorzulegen; obgleich ihn der eigene Verleger bestürzt davor warnte, dergleichen Trivialitäten doch lieber nicht zu publizieren. Der schwere kostbare Leinenband, Goldschnitt rundherum, ist eigentlich nur durch die Naivität bemerkenswert, mit der May – zu einer Zeit, wo der Expressionismus längst begonnen hatte ! – einleitend Gott Vater sagen läßt :

C. (erhaben): »Ich lieh Dir diese Lieder. / Sie sind mein Eigentum.«

A.: Ganz abgesehen einmal von den vielen sächselnden Reimen auf *(übertrieben kaffeesächsisch):* ‹Süden / Blüten› und ‹reichen / zeigen›, gibt dies hier ein gutes Bild von der sagenhaft primitiven Formelhaftigkeit seiner Reimereien :

C. (aufs grausamste schmalzig, aber diesmal keinesfalls sächselnd; das Zeug ist so schon elend genug !): »Es war im Wald. Die Bäume alle schliefen. / Der Mond belauschte lächelnd ihren Traum. / Die Schatten lagen ruhig in den Tiefen. / Die Welle küßte still des Weihers Saum.«

A.: »Grüß Gott, du liebes Tröpflein Thau !« – Sehr selten – dreimal meines Wissens – gelingen ihm wohl auch schlichte Zeilen, wie solche :

C. (diesmal schlicht, voller Altersmüdigkeit): »Ich bin so müd', so herbstesschwer, / und möcht' am liebsten scheiden gehn. / Die Blätter fallen rings umher : / wie lange, Herr, soll ich noch stehn ? / Ich bin nur ein bescheiden Gras, / doch eine Ähre trag auch ich; / und ob die Sonne mich vergaß, / ich wuchs in Dankbarkeit für Dich.

Ich bin so müd', so herbstesschwer, / und möcht' am liebsten scheiden gehn; / doch, brauche ich der Reife mehr, / so laß mich, Herr, noch länger stehn. / Ich will, wenn sich der Schnitter naht, / und sammelt Menschengarben ein, / nicht unreif zu der Weitersaat / für Dich und Deinen Himmel sein.«

A.: Zwar unverkennbar Reminiszenz an Klopstock's ‹Saat von Gott gesät, dem Tage der Garben zu reifen›; aber es mag angehen. Der überwältigende Teil des Geverseles ist jedenfalls so grausam platt, daß man May dabei recht von Herzen gram werden könnte!

B.: Wir resümieren : die Produktion seiner ersten 60 Lebensjahre also? . . . .

A. (bestätigend): . . . . . ist quantité négligeable; und wird früher oder später rettungslos verschwinden. – Aber zu eben dem erwähnten Zeitpunkt trat die bereits angedeutete Wendung ein; Kritik und Konkurrenz begannen sich mit dem bei der Jugend zu einer unbestreitbaren Großmacht gewordenen Karl May zu befassen. Während die Konkurrenz mit ‹Enthüllungen›, also ausgesprochen schmutzigen Methoden arbeitete, verschmähte die Kritik dergleichen unsachliche argumenta ad hominem. Sie stellte kurzerhand – und völlig berechtigt – fest, daß es sich bei Mays bisher vorgelegten Werken um schriftstellerischen Bodensatz handele. Von beiden Seiten sah sich May, der inzwischen eine schöne Villa bei Dresden hatte bauen können, gefährdet. Litt er schon unsagbar unter den abgefeimten Attacken der Neider, so fast noch mehr unter der kühlen Feststellung der Fachleute, daß er, künstlerisch betrachtet, ein Mann fünften Ranges sei.

B.: Bei einer Skala von sechs. – Seine verunglückte Erwiderung bestand zunächst in der Ausrede, daß alle seine Schriften, von der ersten an, nur symbolisch gemeint gewesen seien – eine Tatsache, von der bisher keiner seiner Leser, auch der bestwillige nicht, etwas gemerkt hatte. Schon die sporadische Art der Entstehung seiner Bücher verbietet den Glauben an einen von langer Hand vorbereiteten Plan.

A.: Aber jetzt, an der Schwelle des Greisenalters, von gehässigen Gegnern wieder in umheulteste Isolation gedrängt, sich auch künstlerisch ‹herausgefordert› dünkend, beginnt bei May, dem typischen ‹Spätentwickler›, die letzte, die vierte Schaffensperiode : und nun wird es wahrhaft ernst.

(Gong)

B.: Bei Betrachtung der Voraussetzungen, die May für seine nunmehr beabsichtigte Gleichnisdichtung mitbrachte, neigt man, begreiflicherweise mißtrauisch geworden, erst einmal zu der Ansicht, daß es sich bei ihm, nach abgelieferten fünfzigtausend Druckseiten, nur noch um einen abgenützten Vielschreiber handeln könne.

A. (einfallend): Und man hätte Unrecht! –

Durch die vorhergehenden, allerdings gefährlich umfangreichen, Handübungen hat er sich eine, wenn auch noch so fragwürdige Schreibtechnik erworben; durch seine in Steppe und Wüste lokalisierten Gedankenspiele sich die Direktheit und Naivität des Nomaden errungen. Sein geliebter Orient – zu kluger Schonung und Erholung der Phantasie verlegte er ja die Handlung grundsätzlich abwechselnd nach Amerika oder Nahost – ist ohnehin die unverwüstliche Heimat von Les Milles et une Nuits. Und das vor allem unterscheidet May, den tiefsinnig=fleißigen Gedankenspieler, vom süchtig=faulen, daß er tatsächlich interessiert=verdutzt, begann, Arabisch zu lernen : man muß sich ja mit den im eigenen Innern ‹Begegnenden› zünftig unterhalten können, wie ?! So sorgt er allmählich dafür, daß die arrogante Fabel vom allwissend=mächtigen ‹Ich› Old Shatterhands und Kara Ben Nemsis langsam und wenigstens zum Teil zur ‹Wahrheit› wird.

B.: Dieses vielfach angegriffene ‹Ich› seiner Romane ist ja letzten Endes weiter nichts, als die grammatische Form, die sowohl dem Leser als auch dem Dichter die notwendige Identifikation mit seinen Gestalten erleichtert. So ist es bei Dante wie im ‹Werther›, im ‹Taugenichts› wie im ‹Steppenwolf›; und es wäre lächerlich, den Verfasser hundertprozentig damit identifizieren zu wollen.

A.: Nun hatte aber, wie gesagt, May die Behauptung aufgestellt, daß dieses ‹Ich› nichts als der ‹Jedermann› sei; die ‹Wüsten› seiner exotischen Kriminalromane gleichzeitig ‹Wüsten des Geistes›. Flugs erfindet er einmal mehr die uralten Gleichungen : Weiß gleich Licht gleich Gut gleich Gott. Und, da man ihm solche Feinheiten a posteriori nicht glaubt .....

B. (berichtigend): ..... nicht glauben kann .....

A.: geht er an die Arbeit des Beweises. – Das beste Beispiel, wie diese Reihe der Alterswerke beginnt, ist das kleine Stück vom ‹Zauberteppich› :

C.: »Zu Ijâr, dem im ganzen Morgenland bekannten Teppichweber, kam Jussuf el Kürkdschi, der ebenso berühmte Musannîf, um einen Teppich zu bestellen, der Eigentum seines Freundes Mâsak, des jungen Kutûbi, werden sollte.«

A.: Wenn man nun das türkische Wörterbuch zur Hand nimmt, ergibt sich schon bei der simplen Übersetzung, wie Karl May sich zunächst die Praxis der Symbolik vorstellte – bitte, noch einmal da capo :

C. (langsamer): »Zu Ijâr .....

A. (halblaut): Der Monat Mai : er selbst !

C.: »Zu Ijâr, dem im ganzen Morgenland bekannten Teppichweber .....

A. (halblaut): also ‹Spinner› : Schriftsteller !

C.: »kam Jussuf el Kürkdschi .....

A. (halblaut): ‹Josef der Kürschner› : der bekannte Geheimrat und Herausgeber.

C.: »Der ebenso berühmte Musannîf . . . . .

A. (halblaut): heißt Autor.

C.: »um einen Teppich zu bestellen . . . . .

A. (halblaut): ergo ein Buch, das geistige Äquivalent eines ‹Gespinstes›.

C.: »das Eigentum seines Freundes Mâsak, des jungen Kutûbi, werden sollte.«

A. (wieder normal): Wobei ‹Mase› Ziege heißt; ‹Mâsak› also etwa ‹Zieger› : und eben das war der Name eines damaligen jungen Verlegers. – »Ich erzähle rein deutsche Begebenheiten in persischem Gewande« sagt May einmal naiv in seiner Selbstbiographie.

1900 nun, als die endgültige Wendung zur Symbolik eintrat, war er gerade mitten in seinem vierbändigen Roman vom ‹Reiche des silbernen Löwen›; die zwei ersten Bände lagen bereits vor – ganz der zum Überdruß geläufige gobelinbunte und =flache unerbittliche Wechsel von Raufereien und Vergebungen; bei leichtem Fieber erträglich zu lesen, das Genre ist alt : Happel. Nun aber, umhechelt von der Meute von Angreifern aller Schattierungen; in seiner bürgerlichen und künstlerischen Existenz entscheidend bedroht, griff May zum ersten, natürlichsten Mittel der Selbsterhaltung : sich all den Ekel und Ärger vom Halse zu schreiben ! –

B.: Und es beginnt eins der allermerkwürdigsten Schauspiele; in solchem Umfang literarisch ohne Parallele.

Der einzig mögliche Vergleich ist der mit den ewig besehenswerten ‹Türkennummern› der ‹Fliegenden Blätter› von 1848 : damals nämlich, als politisches Oppositionsblatt durch Zensurschikanen verärgert, beschloß man angeblich, die Redaktion des Witzblattes in die Türkei zu verlegen – was sich dahingehend auswirkte, daß in der nächsten Nummer zwar die alten wohlbekannten Typen unverändert wieder auftraten; aber – und Spitzweg hat unvergänglich Komisches hier beigetragen – alle mit Turbanen versehen ! Und so erscheinen sie auch auf den 1200 Seiten von Mays ‹Silbernem Löwen› : die beiden Frauen; seine Verleger; Gegner und Freunde, alle in Burnus und Haik. Dies ist ja wohl die erste und verzeihlich=leichteste Art einer Verschlüsselung : der eigene Lebenslauf bietet sich dar zur Deutung. Kindlich ergötzt und boshaft erfindet man Decknamen (zum Teil entzückend in ihrer Bildhaftigkeit !); sich selbst kann man auch einmal herzhaft rühmen; und die Feinde werden nach alter guter Dante=Sitte in die Höllentöpfe gesteckt, die am dichtesten beim Feuer stehen.

A.: Das ist nun zwar menschlich begreiflich; aber halten wir sogleich fest, daß ein solcher Maskenball noch keine Allegorie ist; nicht Mystik, sondern Mystifikation. – Aber zunächst sei erst einmal der Inhalt der dickleibigen Bände vereinfachend angegeben.

B.: In Südpersien liegt, umrahmt von hohen Bergen, das Tal der Dschâmikun – der Leser Karl Mays. Hier herrscht er als ‹Ustâd›, als Meister. Ihm unterstellt der eigentliche Scheik des Völkchens, der ‹Pädâr›, – Vater, Pater, Patér; Pädâr; und man denke daran, daß etwa auch Ernst Rowohlt sich von seinen Autoren gern ‹Väterchen› nennen hört – der Pädär also, der die Gedanken des Meisters sogleich ins Praktische überträgt : das ist sein Verleger Fehsenfeld.

A.: Das Leben der Karlmayleser in diesem ihrem irdischen Paraiso terrestro ist natürlich – wie bei allen literarischen Himmelreichen – der an Einzelheiten ärmste Teil. Man lebt dahin, in edler Einfalt, stiller Größe. Gewiß, man lächelt verinnerlicht zwischen Rosenbüschen; hört Predigten, Harfen= und Glockenklang; aber, wie schon gesagt, erschreckend ohne Details – es sind ja auch gar keine möglich. Der Hintergrund jedenfalls ist erfüllt von den üblichen himmlischen Pflastertretern.

B.: Sich selbst hat der Verfasser diesmal gleich doppelt angebracht : May als Kara Ben Nemsi besucht May, den Ustâd. Er war – wie bei allen alternden stark Gläubigen anscheinend unvermeidlich – nun auch unfehlbar geworden; und voll der widerlichsten – eben nur noch offizinell erklärbaren – Selbstgefälligkeit. Er sieht aus »wie Abraham, der Erzvater«; besitzt ein »Ehrfurcht gebietendes Antlitz« mit der dazugehörigen »Tiefen, klangvollen Stimme« darin. »Sein Gesicht verschmäht schon längst die Oberfläche des Lebens; er schöpft nur noch aus der Tiefe« sagt er bescheiden von sich. Apostrophiert sich bei Gelegenheit aber auch im noch höheren Ton :

C. (brünstig; im gewölbten Bariton des Hofpredigers): »Jahrtausende haben da unten gebaut, stark und fest, wie für endlose Zeiten, und doch vergeblich für die Ewigkeit ! : Und da kommst Du, o Ustâd, Du Unbekannter, Du, der Du dem Auserwählten von Chaldäa gleichst . . . . . !«

A. (bedächtig einfallend): Oder sagen wir – nachdem das erste Amüsement vorbei ist – so : in dem überdimensionalen Tornado von Schmutz und Haß, der sich um ihn drehte, mußte er, um nur überleben zu können, sein Selbstgefühl zu ebenso grotesker Höhe steigern ! – Denn er hat Feinde ringsum : im Süden streifen die ‹Massaban›, die Unseligen, in denen er die gierigen Schundromanverleger seiner früheren Jahre versinnbildlicht, die vom geistigen Diebstahl Lebenden. Die Hauptgefahr aber droht von Nordwesten her;

B.: Dort hausen nämlich die mächtigen Taki=Kurden . . . .

A. (halblaut): ‹Taki› gleich ‹fromm› . . . . .

B.: Und sie werden so charakterisiert : »Die betreffenden Kurden führen diesen Namen, weil sie wegen des Glaubens sehr streng gegen andere sind, und mit großer Bestimmtheit behaupten, daß nur sie allein den Himmel erlangen werden.

A. (halblaut): ‹alleinseligmachend› steht wohl an anderer Stelle . . . .

B.: Jeder nicht ganz Gleichdenkende wird als verdammenswerter Ketzer betrachtet, und mit unnachsichtlicher, herzloser Strenge verfolgt«. Zur Ergänzung werden sie auch noch ‹Ultras› genannt; oder »denkschwache Eiferer, die Fâtima noch über Mohammed setzen« . . . . .

A.: Am Freitag beten sie nicht, sondern »plärren, plappern und murmeln« gebetsmühlig. Und eines schönen Tages kommt ins Dorf gar ein Scheïk-ul-Islâm eingeritten; einer der höchsten Würdenträger der Taki, dem »Tausende von Seelen von Allah anvertraut sind«, und der von sich behauptet, daß er »Allahs Auserwählter und der Inbegriff des ganzen Korân« sei. Er wird begleitet von 1 ‹Seligen›, 1 ‹Heiligen›, 1 ‹Hauptpriester› und 2 ‹Generälen› . . . . .

B.: Und man erinnere sich, daß etwa die Jesuiten, die ‹Kompagnie Jesu›, unter Ordens=‹Generälen› stehen.

A.: Dieser Scheïk-ul-Islâm macht dem Ustâd den Vorschlag, auch der Meister der Taki zu werden . . . . .

B.: Also alles einmal ungeschminkt zusammengefaßt : demnach muß eines schönen Tages irgendein höherer katholischer Würdenträger bei May erschienen sein, und ihm den Antrag gemacht haben, fürderhin, über das kleine ‹k› im Kürschner hinaus, nun auch offiziell im katholischen Sinne zu werben.

A.: Zweifellos. Und wir lesen manch feine Einzelheit : zum Beispiel hat ‹Allahs Türsteher› . . . . .

B.: Wer dächte da nicht an Petri Schlüsselgewalt . . . . .

A.: sich zunächst als ‹Katîb› verkleidet – das heißt aber arabisch ‹Schreiber›; und es paßt verdächtig gut, daß es um 1900 tatsächlich einen katholischen Kirchenfürsten dieses Namens gab. Leider läßt uns hier wieder einmal mehr die noch sehr im Argen liegende biographische Forschung im Stich; aber an der Sache selbst kann kaum ein Zweifel sein. – Jedenfalls fertigt der Ustâd den Betreffenden auch derb ab. –

B.: Aber wieder zurück : in Karlmayistan erhebt sich, angelehnt an eine mächtige Bergwand, ein uralt=riesiges Bauwerk. Das unterste Stockwerk – wuchtig, düster, allem Folgenden Fundament – steht prähistorisch=entleert. Das nächste darüber mahnt an Altiranisches, an Parsismus; über ihm, im wieder=nächsten, nur einige verstaubte Gegenstände noch : gesprungene Tafeln, ein Siebenarmiges. Ganz oben, scheinbar mitten im Ausbau erstarrt und unterbrochen, ein Gedränge zahlloser Türmchen und Küppelchen, Fialen und Campanile, lächerlich zerspalten . . . . .

A.: Also ‹Alte Kirchen›, ‹Lehrgebäude›, in jedem konkreten wie abstrakten Sinne des Wortes; vom düsteren Heidentum bis zur Sektenvielfalt der Christianer. – Dies eindringlich allegorisch äußerst gelungene ‹Rotten Borough› der Religionen nun, – dem in Lessings ‹Parabel› mehr als gleichwertig; vielleicht dadurch sogar angeregt –, wünscht der besuchende geistliche Würdenträger um jeden Preis zu erhalten; denn es gehört auch zu den Dogmen seines Stammes, daß »selbst der Wahn heilig wird, wenn er so lange währte, daß er durch sein Alter zur Ehrfurcht mahnt«.

B. (verständnisvoll murmelnd): Mmm : die Rolle der ‹Tradition› im Katholizismus.

A.: Aber in dieser imponierenden Spionagezentrale – (scheint nicht ein Saal sogar als Druckerei eingerichtet ?) – treibt auch noch eine zweite große Klasse von Gegnern ihr Unwesen : zu den ‹Frommen Lichtern› haben sich, May zu vernichten, die ‹Gottlosen Schatten› gesellt; ein Geheimbund, weit verbreitet über alle Lande; unterirdisch wühlende und raffende Gesellen, die sich an Worten erkennen, an Ringen, und Heimlichkeiten mancher Art. Ihre persischen Namen bedeuten, übersetzt, etwa : Demokraten, Freimaurer, Atheisten. Und an ihrer Spitze steht, hoch und finster, der Oberste aller Schatten, der Feind par excellence, Ahriman Mirza : Prinz Teufel !

B.: Ein schöner Mann, unleugbar – aber von der verdächtigen Schönheit Lokis. Prächtig gekleidet – obwohl die Goldtressenfülle, die Riesendiamanten, unecht zu sein scheinen. Bemerkenswert seine Stimme : »Kraftvoll war sie und wohllautend, der feinsten Abtönung, der unwiderstehlichsten Überredung fähig. Plötzlich aber klang sie zischend scharf, schrill, widerlich rauh. Es war die Stimme eines Verführers, aber auch eines grausamen Befehlshabers.« So herrscht, im Reich der Zendavestas und Amdschaspands, des Zervan Akerene und – *(kleine Pause):* – Zarathustras dieser May'sche Ahriman Mirza, über und über mit Waffen behängt . . . . .

C. (hell und herrisch): »Du sollst den Krieg mehr lieben als den Frieden; und den kurzen Frieden mehr als den langen !«

A.: – immer wippt ihm in der Hand die Peitsche . . . . .

C. (zitiert den Beleg): »Nach dem Takt meiner Peitsche sollst Du mir tanzen und schrein !« oder : »Gehst Du zum Weibe . . . . . ?«

A.: Seine Methoden faßt er an einer Stelle so zusammen : »Ich will Edles erreichen, indem ich das Gemeine knechte. Ihr wollt das Niedrige erheben, indem Ihr das Hohe bekämpft !«

B.: Herrenmoral und Sklavenmoral .....

A.: Bis in Kleinigkeiten hinein erkennt man den Antipoden : »Es gibt ja gar kein Ende !« hohnlacht Ahriman dem Ustâd, der ihn vorm Tode warnen will, die ‹Ewige Wiederkunft› ins Gesicht. – Einmal sagt der »Schwachheithassende« von sich : »Ich bin geladen, wie eine aufrichtige Kanone !«

B.: Wie oft und markant hat Nietzsche sich nicht mit seiner Artilleristik gebrüstet : »Ich habe die große Kanone; ich schieße die Zukunft der Erde in zwei Stücke !«

A.: Und wie bezeichnend, daß er der ‹Kaiser der Schatten› ist ! Ein Satz aus dem ‹Ecce Homo› genüge als Beleg für die Berechtigung von May's Allegorie :

C.: »Damals – es war 1879 – legte ich meine basler Professur nieder, lebte den Sommer über wie ein Schatten in St. Moritz; und den nächsten Winter, den sonnenärmsten meines Lebens, als Schatten in Naumburg. Dies war mein Minimum : ‹Der Wanderer und sein Schatten› entstand währenddem. Unzweifelhaft : ich verstand mich damals auf Schatten .....«

A.: Also gleich viermal in einem kleinsten Absatz ! – Natürlich ist Ahriman stolz wie Luzifer; ganz Empörer, der sich dünkt, Gott gleich zu sein .....

C.: »Wenn es Götter gäbe : wie hielte ichs aus, kein Gott zu sein ? !«

A.: Und überraschend genug mag es Manchem kommen, an solcher, bisher verachteter Stelle einer Auseinandersetzung mit Friedrich Nietzsche zu begegnen; unerwartet=gespenstisch, unheimlich=amüsant, wie das Ungeheuer aus dem Loch Ness, oder eine Fliegende Untertasse unter der Frühstücksserviette.

B.: Ahriman Mirza wird zwar begleitet von der sinnlichen ‹Gul-i-Schiras›, mit Ponyfrisur, – nicht die Unfeinste »Unter Töchtern der Wüste« –; aber May selbst gibt ihm in rühmlicher Objektivität zu, »daß er seinen Haß immer Haß genannt hatte, und zu stolz war, fast möchte ich sagen, zu ehrenhaft, um im Verborgenen zu wühlen.«

A.: Da Friedrich Nietzsche im Wahnsinn starb, verfällt auch Ahriman Mirza am Ende in geistige Umnachtung. Und May ist gut informiert gewesen : brach Nietzsche in Turin neben einem Droschkengaul zusammen, so sinkt auch Ahriman auf sein totes Pferd nieder !

B.: Zur weiteren Stützung dieser, zumindest als Arbeitshypothese ergiebigen, Parallele Ahriman=Nietzsche, belegt das Verzeichnis von May's Bibliothek, daß er einen Band ‹Gedichte und Sprüche› besaß; dazu acht Bände ‹Gesammelte Werke›; und weiterhin, ganz auffällig und eindeutig als Zeichen der Beschäftigung mit ihm, nicht weniger als sechs Bände über Nietzsche : das war damals, um 1900, enorm! Daß in der Villa Shatterhand Nietzsche nicht verstaubte, beweisen auch die Aufsätze von May's zweiter Frau, die gern einmal ein ganzseitiges Zitat aus der ‹Morgenröte› anhängt. – Eine weitere Pikanterie für den Kenner ergibt sich daraus, daß der hier analysierte ‹Silberne Löwe› 1902/03 in eben der speziellen Nietzsche=Landschaft, zu Riva am Gardasee, geschrieben wurde. Wie eingehend May sich eben zu jener Zeit mit Nietzsche beschäftigte, belegt ein Brief vom 14. Oktober 1902, wo er ihn sprachlich kritisiert...

A. (betont wiederholend): Karl May schulmeistert Nietzsches Sprache : – *(Pause):* und die Sache geht anders aus, als man denkt; May schreibt da:

C.: »Können Sie Jemanden bewundern, der es fertig bringt, zu schreiben *(jetzt breit leiernd):* ‹Die Naturwissenschaft der Tiere bietet ein Mittel, diesen Satz wahrscheinlich zu machen› ? *(wieder normale Stimme):* Statt ‹Naturwissenschaft der Tiere› müßte es doch wohl zumindest ‹Naturwissenschaft von den Tieren› heißen; aber selbst so : wo lebt der Mensch, dem dafür nicht ‹Zoologie› einfiele ? Dann weiter; sie ‹bietet ein Mittel› ? : er meint wohl : ‹sie bietet Material dar› ? Auf gut Deutsch jedenfalls hieße Nietzsches Schwulst : ‹Die Zoologie könnte vielleicht Beweismaterial liefern› – und das ist Einer, der von sich rühmt, ‹an einer Seite Prosa zu arbeiten, wie an einer Bildsäule› ? !«

A.: Und die – mit vollem Recht gerügte – Stelle ist unleugbar von Nietzsche : der Aphorismus 377 aus ‹Menschliches, Allzumenschliches› !

B.: May ist überhaupt viel feiner, als man vermutet : er treibt Ahriman in den Wahnsinn, indem er sich ihm als ‹Doppelgänger› zeigt. Gekleidet wie er, mit Halbmaske und Peitsche, sehen sich Ahriman und der Ustâd zum Verwechseln ähnlich ! Wie betroffen muß May die Erkenntnis gemacht haben, daß man seine Helden – man denke an Halef, der nichts Schöneres kennt, als seine geliebte Karbatsche tüchtig ‹sprechen› zu lassen ! – ohne weiteres zum ‹Übermenschen› Nietzschescher Prägung stempeln könnte !

A.: Die Kongruenz beweist ja eben jenes Dritte Reich, wo man sich synchron auf die ‹Blonde Bestie› des Einen und die ‹Winnetous› des Anderen berufen konnte. Einzelne Partien jedenfalls – mag er auch Ahriman noch mit Münchmeyer oder Lebius unter= und überblendet haben (wie er, in putziger List, durch den Maler=Freund der späten Jahre, Sascha

Schneider, ja auch auf den Titelbildern einiger Bände die Bösewichter mit den Porträtköpfen seiner besten Feinde versehen ließ) – aber zumindest einzelne Partien, wie gesagt, müssen auf den Unvoreingenommenen (der ich weder bin, noch sein will : ‹Objektivität› gibt es gar nicht; und zur bloßen sanften Teilnahmslosigkeit bin ich noch nicht unmenschlich, noch nicht abgenützt, genug) – einzelne Partien machen, nunmehr also zum dritten Male : so belegt man Hypothesen !, unabweisbar den Eindruck, als seien sie in direkter Konkurrenz zum ‹Zarathustra› entworfen worden.

B.: Durch Auseinandersetzungen wie die erwähnten – mit Katholizismus und Zarathusterei – gewinnt der ‹Silberne Löwe› schon entscheidend an Niveau. Noch mehr aber hebt ihn ein anderes aus der Wasserflut der früheren Bände : die erstmalige Bemühung um die Sprache ! Mitten im Prosatext – zunächst liest man darüber hinweg – erscheinen Jamben; bilden Reihen; Ketten von Blankversen fliegen auf; bis es am Ende ganze Seiten fünffüßiger Jamben werden, sogar vermischt mit den schwierigen sechsfüßigen, oder präziser, Trimetern; im gewollten, geheimnisvoll=gehobenen Halbsingsang des Märchenerzählers, absichtlich primitiv die Zäsur meist am Ende der Zeile. Anfangs entdeckt man noch die ehrwürdige Unbeholfenheit metrischer Verstöße; den ‹Schmutzigen Daumen› des Fleißigen. Und hinzu kommt die orientalische Bildhaftigkeit des alten Nomaden, der den Dichter auf seinem Pegasus beschreibt : nicht anspruchsvoll als Gedicht deklariert, nein, bescheiden=selbstverständlich mitten im Text :

C.: »Das war das Roß der Himmelsphantasie, / der treue Rappe mit der Funkenmähne, / der keinen andern Menschen trug, als seinen Herrn, / den nach der fernen Heimat suchenden. / Sobald sich dieser in den Sattel schwang, / gab es für Beide nur vereinten Willen. / Die Hufe warfen Zeit und Raum zurück; / der dunkle Schweif strich die Vergangenheiten. / Des Laufes Eile hob den Pfad nach oben. / Dem harten Felsen gleich ward Wolke, Dunst und Nebel, / und durch den Äther donnerte das Rennen / hinauf, hinauf ins klare Sternenland. / Dort flog die Mähne durch Kometenbahnen, / und jedes Haar klang knisternd nach der Kraft, / die von den höchsten aller Sonnen stammt / und drum auch nur dem höchsten Können dient. / Und taten sich die Tore wieder auf, / die niederwärts zur Erdenstunde führen, / so tranken Roß und Reiter von dem Bronnen, / der aus der Tiefe jenes Lebens quillt, / und kehrten dann im Schein der Sterne wieder. / Der Reiter hüllte leicht sich in den Silbermantel, / den ihm der Mond um Brust und Schultern warf, / und seiner Locken Reichtum wehte ihm vom Haupte. / Des Rosses düstre Mähne aber wehte, / im Winde flatternd wie zerfetzte Strophen, / schwarz auf des Mantels dämmerlichten Grund. / Und jene wunderbare Kraft von oben, / die aus den höchsten aller Sonnen stammt, / sprang in gedankenreichen Funkenschwärmen / vom wallenden Behang des Wunderpferdes, / hell leuchtend, auf des Dichters Locken über, / und knisterte versprühend in das All.«

A.: Zugegeben, es ist nicht eben überwältigend; die Metaphorik konventionell – aber immerhin : wer, der bisher die Nase über Karl May rümpfte, hätte dergleichen bei ihm vermutet?

B.: Mit den schon erwähnten ‹Alten Lehrgebäuden› befaßt sich ein höchst bedeutsamer Traum May's : unter den bröckelnden Hallen gähnt ein schwarzes Seebecken, in welches Schatten und Taki die ihnen Widerstrebenden stürzten . . .

C.: ‹Was fallen will, das soll man auch noch stoßen›.

A.: Aus all der gequälten Architektonik der Religionen – von vornherein zum Einsturz verdammt – wird am Ende ‹Das Gebet› frei; die einfach=ungekünstelte, keiner kostümierten Zwischenhändler bedürfende, Verbindung zwischen Mensch und Gott; die unvorbelastete; wo sich kein »Seil der Bekenntnisse« mehr vor dubiose Paradiese spannt, wie May sie überraschend eindringlich beschreibt:

C.: »Ich ritt davon, in dieses vielgerühmte Himmelreich hinein. Fragst Du mich vielleicht, wie lange es dauerte, bis ich es kennen gelernt hatte ? / Ein ganzes ganzes Menschenelend lang ! / Soll ich beschreiben, was ich sah, was ich entdeckte ? / Schon gleich am ersten Tage blieb ich nicht allein : / Der Menschheitsjammer kam zu mir / und weinte mir aus tiefen Augenhöhlen zu : / er hat mich nicht verlassen bis zum letzten Schritt ! / Das Erdenweh gesellte sich zu mir; / es kroch zu mir aufs Pferd, und schlang die Arme fest um meine Hüften. / Des Lebens Elend faßte meinen Bügel / und schleppte sich an meiner Seite weiter. / Es kam die Not gerannt und griff in die Kandare, / um mich in meiner Richtung zu beirren. / Wenn sich die Dämmrung senkte, tanzten die Schatten des Verbrechens vor mir her, und in der stillen Nacht / begannen Schuld und Strafe hinter mir zu heulen. / Ich ritt wochenlang durch Trümmerstätten, in denen mich der hohnlachende Menschenwahn als Gespenst der Vernichtung begrüßte. Ich kam über schier endlose Gräberfelder, aus deren Höhlen das irre Gekicher der Unduldsamkeit schrillte. Ich sah Tempelruinen, in denen der Unverstand im tiefsten Stumpfsinn hockte. Um die zerbrochenen Säulen einstiger Heiligtümer schlug die Narrheit ihre widerlichen Kapriolen. An ausgetrockneten Quellen träumte die Gleichgültigkeit in Lumpen, die ihre Blöße kaum bedecken konnten. Die Scheinheiligkeit andächtelte vor eingestürzten Kapellen, für deren Erhaltung sie keine Hand gerührt hatte . . . . . «

B.: Leider verbietet die Länge der Stelle, hier die Erlebnisse May's in den Labyrinthen der ‹Alten Lehrgebäude› zu verlesen : unvergleichlich höhlenhaft solcher ‹Sprung in die eigene Vergangenheit›, Voyage au Centre de la Terre; ein Gemüt, so einfach gefügt, daß es schon wieder an Tiefsinn grenzt. – Jedenfalls sind hier orientalisch tingierte Symbolik, moreskentänzerhaft verlarvte Biographica – in einer Transformation, die keine Verzerrung ist ! – und ein unerwartet=erstaunlicher Überschuß an Formgefühl derart gekoppelt, daß die beiden letzten Bände dieses ‹Silbernen Löwen› eine Auto= und Psychobiographie einziger Art geworden sind. Nichts weniger als etwa nur eine ‹botanische Kuriosität› : sondern, zumal in ‹Ardistan und Dschinnistan›, der auch uns Außenstehenden geheimnisvoll=zugängliche Beleg für das Vorhandensein einer eigenartigen geschlossenen Gedankenwelt; eines Binnenreiches, sehr wohl vergleichbar dem ‹Orplid› Mörikes, oder der ‹Gondal=World› der Brontës.

(Gong)

B.: Jedes weitere Wort wäre nicht nur müßig, sondern sogar störend, träte nicht ein Umstand ein, der die allgemeine Überprüfbarkeit der heute Abend hier vorgetragenen Thesen erschwert :

Im Laufe der Jahre sind nämlich – sei es in der DDR, in Österreich, oder auch der Bundesrepublik – die Werke Karl May's oft und mannigfach ‹bearbeitet› – präziser : ‹verschlechtert› – worden : allein vom ‹Silberlöwen› besitze ich 4 Fassungen !

A.: Zuvor schon wurde eine ‹schöne Stelle› von der ‹Geisterschmiede› zitiert (präziser : *die* schöne Stelle; im Großen und Ganzen handelt es sich um ein esoterisch=verworrenes Gespinst : Qu'est ce que cela prouve ?) aus der ‹Arabischen Fantasia›, ‹Babel und Bibel›, May's einzigem Bühnenwerk – dem gottlob einzigen ! Für's Drama hatte er ungefähr so viel Talent, wie AAAAAAA für Politik ! (Statt der Blockade darf Jeder den Namen desjenigen seiner Antipoden einsetzen, der ihm am unfähigsten dünkt).

2 Akte sind's; jeder, und gewiß nicht zufälligerweise, von genau 1.000 Zeilen fünffüßiger Jamben – d. h. in der editio princeps von 1906; in der neuesten Ausgabe von 1956 habe ich neulich eine fehlende Zeile entdeckt, sodaß ich mich nicht mehr verbürgen mag, ob man die erwähnte schön=runde Zahl auch heute noch zusammenbekommen würde.

B.: Dafür stößt man aber sogleich auf die rüstige Zerstörung von

Feinheiten aller Art ! Wenn May von einem Tor sagte, daß »seine Gewände« aus Steinblöcken bestünden – also einen völlig legitimen, in jedem ‹Duden› stehenden Ausdruck verwendet – dann wird aus solcher konzis=alten Formulierung neuerdings »die Seitenwände des Eingangs«. ‹Epische Breite› in allen gebührenden nichtswürdigen Ehren; aber die hat der Alte doch wahrlich auch ohne Nachhilfe überflüssig !

A.: Wenn May ursprünglich von einem Hundertjährigen vorschrieb, »nicht ungebeugt von diesem Alter« – dann steht heute da »vom Alter gebeugt« ! Eine ‹Verbesserung›, deren fragwürdigen Wert man vielleicht durch eine andere, heute besonders rasch und gern gezogene, Parallele illustrieren könnte : ‹nicht unbeeinflußt vom Marxismus› = ‹Kommunist› !

B.: Schattenspieler erscheinen, »Phantastisch aufgeputzt« – heute »toll« : arme Fantasie ! (Man fragt sich nur, warum sie dann nicht auch gleich vorn, im Personenverzeichnis, als ‹Eine Tolle› charakterisiert wurde ?). / Manche Änderungen müssen, solange die Texte ungesichert sind, den vertrauensvollsten Leser verwirren. Etwa wenn das Herdfeuer flackert : »das gibt gespenstige Schatten« – heute sind's »Bilder«. / »Skandierung« wurde mit »Versmaß« übersetzt; »Trick« zu »Kniff« erniedrigt; »Paradies« in ein merkwürdig nichtssagendes »Erdengröße« entschärft (wäre die dem griechischen ‹paradeisos› am nächsten kommende Übersetzung nicht ‹Tierpark› ?).

A.: Jawohl; leider wurden – wohl in allen Bänden – sämtliche Fremdworte mitleidslos ‹übersetzt›; um May auch schon äußerlich zum absoluten ‹Volksschriftsteller› mit unverdächtig geringem Wortschatz zu stempeln.

B.: Und wie übersetzt !

Nehmen wir die zur Zeit kursierende Bearbeitung von ‹Ardistan und Dschinnistan› zur Hand : Wenn ursprünglich ein Crin blanc »Lançaden« machte (ein Reitschulbegriff), dann wurden neuerdings »Bewegungen« daraus – wenn dem Betreffenden wenigstens noch ‹Bogensprünge› eingefallen wäre ! / Aus »Konti«, in diesem Fall einwandfrei ‹Schuldbücher›, wurden abgesägt=simple »Hefte«; aus »Skripturen«, also ‹Schriftstücken›, nichtsnutzige »Schreibereien«. Als weitere Gleichungen dieser Art werden uns zugemutet »phantastisch« = »malerisch«; »porös« = »locker«; »patriarchalisch« = »kameradschaftlich«; »Topographie« = »Bodenbeschaffenheit« (dabei wäre gerade hier ‹Geländebeschreibung› doch wirklich unschwer zu finden gewesen).

A.: Ein »blank polierter« Brustschild (also eine Art der Oberflächenbehandlung) ist nicht identisch mit dem neuerdings »blank geputzten« –

das muß man zum ‹Waffenappell› ! / Alt : »Halef stimmte bei« – neu : »Halef stammelte«. / 1906 war ein Blockhüttchen noch ein »kleines Gebäude« – seit 1955 steht an der gleichen Stelle »ein geräumiger Schuppen« : Ussulistan ist schöner geworden !

B.: »Der Sturm traf den Engpaß in seiner ganzen Länge« – May weiß genau was er sagt ! Er hat sich, einer seiner großen Vorzüge, wie immer ein überscharfes (und deshalb auch für den Leser stets suggestives) Bild jener merkwürdigen Örtlichkeit gemacht. (Ein ganz wichtiger und belegter Zug : er ließ Illustrationen zu seinen Büchern abändern, wenn auf dem Bild der Mond nicht richtig stand ! Recht so ! : Nicht wie bei Scott, wo mehrfach der Mond im Nordwesten aufgeht !). Aber wieder zurück : wenn unsern deutschen ‹Hindenburg=Damm› – der Sylt ähnlich mit dem Festland verbindet, wie Chatar, der Engpaß der Gefahr, das Land der schnellberittenen ‹Wüst›=linge mit dem der Haarmenschen – wenn über den der Nordsturm hinfegt, dann trifft der ihn auch quer, und also »in seiner ganzen Länge« ! – Heute freilich steht das genau falsche »Breite« da.

A.: Zur Entschlüsselung wichtige Einzelheiten wurden superklug ‹verbessert› : wenn früher Einer zwölfmal auf den Gebetsgong schlug – gleich zweimal=sechsmal; entsprechend den ‹Sechs Heiligen Silben› im Lamaismus, ‹Om Mani Padme Hum› – und es früher korrekt=bedeutend zwölfmal von der Waldkulisse am Fluß her antwortete; dann hat der unkritische Leser – und welcher Karl=May=Leser wäre das nicht ? – heute zu akzeptieren, daß ein »hundertfaches Echo« erweckt wurde : warum, um Himmelswillen, solche Verstümmelungen, beziehungsweise Interpolationen ? Ein ausgesprochener Feind des alten Mannes hätte dergleichen kaum boshafter ersinnen können !

B.: Mays ursprüngliches »neugeborenes erstes Viertel des Mondes« ist neuerdings zu einer kompletten »Mondscheibe« aufgefüllt worden (wobei sogleich wieder die unbestreitbar beabsichtigte Symbolik des ‹zunehmenden Erkenntnislichtes› in die Brüche geht !). Nur schade, daß 18 Buchseiten und wenige Stunden später diese, in ausgesprochener Gebelaune erfundene »Scheibe« wiederum zu einer »werdenden Mondessichel« eingeschnurrt ist – nicht einmal Konsequenz in der Inkonsequenz !

A.: Noch bedauerlicher das Kapitel ‹Streichungen› – es fehlen, nach einer raschen Schätzung, rund 10 % des alten Textes !

Da entfiel etwa ein dreifacher Hurra=Ruf – freilich, ein bißchen ‹unpassend›; aber nicht nur beabsichtigt, sondern vor allem auch gleichzeitig wilhelminisch=découvrierend. –

Die prächtige ‹erzgebirgische› Weihnachtsbescheerung im 2. Bande – : man muß ja dem uralten Kinde May einfach gut werden, wenn er sich unermüdlich Draht um den Finger wickelt, zu Lichtertüllen ! – Weggelassen ! Manchmal fehlen glatt 5 Seiten hintereinander : »Ich weiß es wohl; so klingt das ganze Buch; ich habe manche Zeit damit verloren« !

B. (einfallend): . . . und was für Seiten ! Also schildert May in gar nicht salzloser, und vor allem heute wieder echt nachdenklich zu lesender Satire die ‹Wehrmacht› Ussulistans :

C.: »Aber sag, was schaust Du so erstaunt um Dich ?« –

Diese Frage bezog sich auf eine Beobachtung, die ich erst jetzt machte, weil wir nun in das Innere der Stadt gekommen waren. Hier . . . gab es freie Plätze; hier hatten sich viel mehr Menschen aufgestellt als bisher, und unter ihnen bemerkte ich auffallend viel Verletzte, Verunstaltete und Krüppel, die, wenn sie auch nicht zusammen, sondern allein standen, doch infolge einiger Eigentümlichkeiten ihrer Kleidung als zusammengehörig erschienen.

Sie hatten nämlich Alle sehr hohe, lederne Stiefel an, die denen unserer Kürassiere und Gardereiter glichen. An diesen Stiefeln steckten ungeheure Reitsporen mit riesigen Rädern, die bei jedem Schritt laut klirrten, und darauf schienen diese armen Leute außerordentlich stolz zu sein. Auf dem Rücken trug jeder von ihnen einen schwer gefüllten, rucksackähnlichen Ranzen aus Hundefell. Den Inhalt konnte man nicht sehen. Hierzu kamen 2 eiserne Nachbildungen von Kanonenrohren, auf jeder Achsel eines, natürlich in verkleinertem Maßstabe. Die Rohre hatten etwas mehr als die Länge der Achselbreite. Sie ragten also noch ein wenig über die Schultern hinaus, was der betreffenden Person den Ausdruck größerer Körperentwicklung und Kraft verlieh. Man hat sich diesen Schmuck . . . so ungefähr als Achselklappe oder Epaulette zu denken, unter der auf der linken Seite in heller Schrift ‹Wir sterben für› und auf der rechten Seite ‹den Mir von Ardistan› zu lesen war. Wie ich später sah, gab es nicht nur solche eiserne, sondern auch versilberte und sogar vergoldete Kanonenrohre, je nach der Höhe des Ranges, den diese Leute auf der Stufenreihe ihrer öffentlichen Geltung einnahmen. Alle, die ich während unseres Einzuges hier stehen sah, hatten ein sehr hilfsbedürftiges Aussehen. . . .

»Dir scheinen unsere Soldaten aufzufallen«, fuhr sie fort.

»Soldaten ?« fragte ich. »Du meinst Veteranen, die Gebrechlichen, die Siechen, die Verabschiedeten ? . . . Bei Euch nimmt man also zum Kriegführen nur Leute, die sonst unbrauchbar sind ?«

»Natürlich ! Ist das etwa bei Euch anders ?«

»Ja. Da sucht man grad die besten, die kräftigsten, die gesündesten heraus.«

»Wie schade, jammerschade! Ich habe geglaubt, daß bei Euch alles so klug, so weise, so wohlüberlegt gehandhabt wird, und nun erfahre ich von Dir gerade das Gegenteil! ... Es ist eine unverzeihliche Unklugheit und Sünde, grad die Ernährer des Volkes dem Feinde entgegenzusenden, damit er sie vernichte! Wir tun das Gegenteil: wir behalten sie daheim! ... Wir liefern (dem Mir von Ardistan. Anm. d. Verf.) nur solche Leute, die wir los sein wollen, oder die wir auch hier in der Heimat ohnedies unterhalten müßten, ohne daß wir Nutzen davon hätten. Das sind die Kranken, die äußerlich und innerlich Kranken; die Faulen, die Leichtsinnigen, die Unzuverlässigen, die Lügner, die Diebe. In dieser Weise verhindern wir Verbrechen, und ersparen Gefängnisse. Nur darum konnten wir Dir versichern, daß kein Ussul Dich belügen werde, denn die Schlechten sind beim Mir, aber nicht mehr bei uns!«

A.: Gewiß, nur der Standpunkt eines naiven, wenig ‹fortgeschrittenen› Naturvölkchens. Dazu geschrieben von einem ‹Wehrunwürdigen›, wie der Fachausdruck flugs erfunden wurde – aber ausgerechnet in einer der richtungslosesten deutschen Stunden ein derartiges bedeutendes Bekenntnis einfach zu unterdrücken! Ein Bekenntnis, dessen Längen=, Breiten= und Quer=Streuung gar nicht überschätzt werden kann – dafür reicht der oben benützte Ausdruck ‹bedauerlich› nicht mehr zu!

B.: Hingewiesen werden muß weiterhin auf zehntausend Exemplare vom 4. Band des ‹Silberlöwen› – 118. bis 127. Tausend; für einen künftigen ‹Goedeke›: welches Buch erreicht schon eine Auflage von 10.000?! – wo, unter anderem, tausende von Blankversen »entjambt« wurden.

Im ‹Original› läßt May seine, heute schon mehrfach belegten, Fünf= und Sechsfüßler wellen, à la ...:

C.: »Die Sättel waren hohe Throngestelle, / mit farbenreichem Teppichwerk belegt, / mit Fransen= und mit Federschmuck behangen, / sodaß der Reiter, falls es ihm gelang, / sich auf der stolzen Höhe festzusetzen, / und wenn er jene Phantasie besaß, / die leidenschaftlich gern auf Höckern reitet, / sich leicht als Allahs Liebling dünken konnte – / ; Hast Du auch dieses Bild verstanden, Sihdi?«

A.: Also untadeliges ‹deutschestes› Versmaß seit Brawe. Daraus machte jene Bearbeitung von 1954–57 (stamme sie nun von dem 1946 in einem amerikanischen KZ umgekommenen Otto Eicke; oder, wie das

Impressum angibt, nach dem man als Bibliograph schließlich wird gehen müssen, von Schmid, Pseudonym ‹Satanello›) in unbegreiflicher Geschmacklosigkeit:

C. (wiederholend): »Die Sättel waren hohe Throngestelle, / mit farbenreichem Teppichwerk belegt, / . . .«

B. (halblaut; scharf): . . . und nun geht's los, mit der ‹Verbesserung› ! . . . :

C. (ungerührt und übermäßig das Gehinke der Jamben hervorhebend): ». . . mit Fransen= und mit Federschmuck behängt, / so daß sich der Reiter, falls es ihm gelang, / sich auf der stolzen Höhe festzusetzen, / bei einiger Einbildungskraft / leicht als Allahs Liebling dünken konnte. – / : Hast Du auch dieses Bild verstanden, Effendi ?«

A.: Und dergestalt rollte der Schüdderump abgemurkster Jamben zehntausendfach dahin, im grobschlächtigsten Pumpertakt!

B.: Wenn May einstmals an verwickelten Traumtüren eine »dunkle Schattenhaftigkeit sich tief verneigen« ließ; dann wurde aus dem so glücklich geprägten, larvenhaft=vielgliedrigen, grotesk auf ‹i› geknickten Wort, in jener kuriosen Bearbeitung ein stümperhaft=nichtssagender »Schatten«.

A.: Meiner Schätzung nach enthält jene Myriade Silberlöwen=Bände rund 10.000 Textvarianten gegenüber der als ‹Ausgabe letzter Hand› doch wohl genuineren Edition von 1902/03; gibt es doch Seiten, auf denen unschwer 20 und mehr Abweichungen feststellbar sind. Seitdem, vom 128. Tausend ab, ist eine Wendung zum Besseren eingetreten – zur Zeit dürften es nicht mehr 10, sondern nur noch 2 bis 3 Tausend Varianten sein.

B.: Im Augenblick jedenfalls ist die Text=Situation so:

Für die kritiklose Jugend mögen die vorliegenden Bände meinethalben ausreichen; für den älteren, ernsthaften Leser oder gar Forscher (der sprachliche und stilkritische Untersuchungen beabsichtigt) sind sie nur unvollkommen brauchbar. Wer den Dichter & Denker Karl May wahrhaft würdigen lernen will, dem muß zur Zeit noch empfohlen werden, auf die – allerdings nur noch antiquarisch und mit Glück erreichbaren – Ausgaben der Jahre vor dem ersten Weltkrieg zurückzugreifen.

A.: Zur Freude aller ‹Kenner› – deren Zahl jetzt noch erschreckend gering ist! – hat der Verlag in Bamberg, der im beneidenswerten Besitz der Originalmanuskripte ist, endlich textkritische Ausgaben der Spätwerke angekündigt. Sobald sie vorliegen, wird die deutsche Hochliteratur um 2 merkwürdige Bücher reicher sein.

B.: Aber, man beschränke sich, ich rate gut, strikt auf diese beiden:

Im Reiche des silbernen Löwen
und
Ardistan und Dschinnistan.

Hier sieht man May als das, was er ist : der bisher letzte Großmystiker unserer Literatur ! –

A.: Der Rest – – : ist Schweigen.

OLD SHATTERHAND UND DIE SEINEN

Eine Darstellung von Leben und Werk KARL MAY'*s*.

Sprecher:

A.: referierender Fachmann; Männerstimme.

B.: Fragen & Einwände; Frauenstimme (Typ ‹kluge, besorgte Mutter›).

C.: Hohe Jungenstimme (Imitator !).

Zwischenmusik: zwischen den einzelnen Absätzen, leitmotivisch, platzkonzertmäßig mit viel ‹Blech› gespielt, die 2 Zeilen : ‹DIES IST DER TAG DES HERRN – BUMM, BUMM ! – DIES IST DER TAG DES HERRN.›

C. (begeistert, atemlos): »Büffelstirn knirschte mit den Zähnen : ‹Der Tod wäre zu wenig; der Hund soll es büßen !› Er schob den Kopf des Franzosen erst auf die linke, und dann auf die rechte Seite, um ihm erst das rechte, und dann das linke Ohr abzuschneiden, wobei die beiden abgelösten Ohrmuscheln jedoch an der oberen Kopfhaut hängen blieben. Der Sergeant konnte den Oberkörper nebst den Armen nicht bewegen, weil der Mixteka auf denselben kniete; aber die Beine waren ihm freigelassen. Er warf sie in die Luft, er schlug mit ihnen die Dielen vor Schmerzen. Er brüllte nicht, denn die Töne, die er ausstieß, waren kein Brüllen mehr zu nennen. Es gibt sogar kein Tier, das imstande wäre, so grauenhafte Laute auszustoßen. Der Häuptling blieb kalt. Als er die Haut abgezogen hatte, sagte er : ‹Dies ist die Haut eines Feiglings, der schreit, wenn er skalpiert wird. Büffelstirn wird sie *nicht* tragen; sondern er schenkt sie Dir, als Andenken an diese schöne Stunde. Und dazu wird er Dir noch die Nase geben, die bisher in Deinem Gesicht gewesen ist.› Dabei faßte er mit 2 Fingern der Linken die Nase, und trennte sie mit einem raschen Schnitt von ihrer Stelle; schleifte den Skalpierten in eine Ecke› – *(genüßlich=langsamer): ‹wickelte die Nase in den Skalp, und legte dann beides neben ihm hin.«* *(Kleine Pause; dann)*

A. (chauvinistisch=forsch): Ähh . . . . . : »Als am Sonntag Abend der weltbekannte Schriftsteller und Denker Karl May das Rednerpult betrat, fand er die große Turnhalle stark besetzt – noch nie zuvor war der Saal so

überfüllt. Dem Vortrag ging das Massenchorlied der deutschen Gesangvereine voraus, ‹DIES IST DER TAG DES HERRN›; später sang der Chor ein Rheinlied. / Der Redner entrollte das unerfreuliche Bild der Weltgeschichte. Er begann mit der alten Chinesenzeit vor 7.000 Jahren; berührte die Ägypter Babylonier Perser Mazedonier Römer ..... Keines der genannten Weltreiche ist bis zum Geistesstaat gelangt.« – *(langsam & wuchtig): –* »*Das Germanentum allein* rang sich von der triebhaften Selbstbejahung bis zur *Erkenntnis der Volksseele* durch. Es verschwendete zuerst den größten Teil seiner *Kraft* nach außen : diesem *Frondienst für andere Völker* wurde erst von *Friedrich dem Großen Einhalt geboten*, und von *Bismarck ein Ende gemacht. Deutschland* erhob sich zum wirklichen *Machtstaat.* ..... Erst spät wurde den *Deutschen* klar, was ihre *Aufgabe* war – und so steht die *germanische Rasse* hier in Amerika *an der Spitze* !«
(Kleine Pause; dann)

B. (ganz gedehnt & schmalzig): »Ich *schlafe ein* an meiner *Mutter Brust.* / : Oh welche *Wonne* ! Welche *sel'ge Lust !* / Die *Mutter* ist *so fromm*, sie ist *so rein*; / und so wie sie will *ich auch* immer sein !«. – *(Kleine Pause.)*

A. (mit seiner normal sachlichen Stimme, leicht bekümmert): Nunmehr liegen sie vor, die ‹Gesammelten Werke Karl Mays› in 70 Bänden – und wer will, kann sich begeistern beim Anblick der zweieinhalb Meter; er hat, falls harm= und anspruchslosen Gemüts, seine Gründe dazu. Und wer will, mag schimpfen : er hat, zumal wenn er an Literatur interessiert sein sollte, bedeutend mehr ! Und der ‹Kaufmann› mag genüßlich schmunzeln, beim Gedanken an rund 20 Millionen Bände ‹Umsatz›. Und der Kulturhistoriker darf trübsinnig nicken, ob des dubiosen Schauspiels einer, in solchem Maßstab selbst in Deutschland einmalig meinungs= und gedankenspielbildenden Großmacht.

B. (einwendend): Sind im angelsächsischen Sprachraum nicht ebenfalls 25 Millionen Bände vom Knochenbrecher TARZAN ähnlich im Umlauf?

A.: Halten Sie es für eine Entschuldigung, daß *auch andere* Völker für Kitsch anfällig sind ? Nein nein : die in den einleitenden Zitaten angedeutete Mixtur aus atavistischer Grausamkeit; chauvinistischem Schindludertreiben mit dem Wörtlein ‹deutsch !›; schmalzigster Sentimentalität; und einer Frömmelei, die noch näher zur Sprache kommen wird : daß eben diese speciöse ‹MAY=Mischung› dem ‹Deutschen Menschen› so wohl & lange mundet, gibt arg zu denken. – Denn seit 80 Jahren verschlingen die Kinder, ob mit Milchgebiß ob im Rauschebart, die dicklichen grellbedeckelten Bände; und nahezu *Keiner* lebt, der nicht ihren Einfluß empfunden, und, bei Gelegenheit, auch zum Ausdruck gebracht hätte. *Einstein* soll *Schweitzer* anläßlich einer Indianerschau in Colorado angestoßen, und sich gemeinsam mit ihm der Lektüre der Jugend erinnert haben. Fallada, Franck, Kreuder, Mann, Zuckmayer, der halbe ‹Kürschner›, verwebten Reminiszenzen in ihre Bücher. Ob Kind im D=Zug, ob Greis im Kindergarten : ich stehe nicht an, zu behaupten, daß, wenn man ein deutsches Normalgehirn zu öffnen sich die Mühe machte, man, unter andern, wunderlich nicht=zusammenhängenden Bildungsbröckchen à la ‹Karldergroße / 70=71 / die alten Römer; der alte Fritz, der alte (oder junge ?) Goethe / Schneewittchen & die 7 Zwerge / das kategorische Imperfekt / das immer siegreich geschlagene Frankreich› – man unweigerlich auch jenes neue Siegfried=Surrogat darin vorfinden würde – *(betont): OLD SHATTERHAND AG ! – –*

(Zwischenmusik; pompös, mit vollen Backen).

B.: Wer war der Mann eigentlich ? Ich weiß von ihm nur, daß mein Junge und diverse Männer der Nachbarschaft ihn mit einem so stabilen Enthusiasmus studieren, daß die Leihbibliothekarin kaum Schritt halten kann.

A.: Von seinem *Leben* ist heute, 50 Jahre nach seinem Tode, noch unverhältnismäßig wenig bekannt. Ein umfassend=verläßliches Porträt dieses komplizierten, gräßlich interessanten Mischwesens steht noch aus : 90 Prozent Wortplattler und 10 Prozent Genius; anerkennenswertester Fleiß und überdimensionale Windbeutelei; gehröckige Bonhommie und die Verruchtheit des Werkbesessenen.

B.: Was müßte eine gute Biografie, Ihrer Ansicht nach, denn etwa über ihn ausführen ?

A.: Wie Karl May, ein fünftes Kind von vierzehn, ab 1842 im Milieu der HAUPTMANN'schen ‹Weber› aufwuchs. In einem ausgesprochenen ‹Notstandsgebiet› unweit der Böhmischen Grenze : es gab Zeiten in diesen erzgebirgischen Weberdörfern, wo die gesamte männliche Einwohnerschaft im Gefängnis saß – wenn Frau & Kinderdutzend am Verhungern sind, geht wohl Jeder Wildern & Paschen. Dennoch wurde der kleine May von Mangelkrankheiten befallen, die zu jahrelanger Erblindung führten.

B.: Das allein wären aber schon ‹mildernde Umstände› für schlechthin *Alles*.

A.: Und auch *das* ist einer : wie sich zu ständig dürftiger Schulbildung und der Kinderarbeit des Kegelaufsetzens nicht nur die erlauschten Gesprächsfetzen fuselduftender Kegelbrüder, sondern vor allem die pausenlose Lektüre constrictorener Hintertreppenromane addieren. Konsequentem Darben der Familie gelingt es, dem begabten Jungen ab 1857 den Besuch eines Volksschullehrer=Seminars zu ermöglichen. Mit 19 beginnt er zu junglehrern.

B.: Und das ging Alles ganz glatt ? Ich könnte mir eher ‹psychische Brüche› vorstellen – bei *der* Kindheit.

A.: Nur zu richtig. Und zwar führten sie bis zu – durch den vorhandenen Überschuß an Intelligenz & Fantasie noch verhängnisvoll verkomplizierten – kriminellen Akten. Zum Teil, wie er in seiner Selbstbiografie eindringlich und durchaus glaubhaft schildert, in neurotischen Dämmerzuständen begangen; aber leider fehlen auch recht unangenehme Streiche, im Stil des ‹Schweren Jungen› nicht. Jedenfalls hat May insgesamt achtjährige Freiheitsstrafen verbüßen müssen.

B.: Ich frage ganz primitiv : hatte er sie ‹verdient› ?

A.: Ohne jeden Zweifel. – Danach etabliert er sich jedenfalls als ‹Schriftsteller›.

B.: Wie kam er darauf ? Es ist doch immer ein weiter Weg vom Zuchthäusler zum vielgeliebten Autor.

A.: Der in den ‹Teens› unseres Jahrhunderts durch ‹Dürerbund & Kunstwart› recht bekannte Avenarius schrieb dazu – *(ziemlich klotzig):* »Ein entlassener Lehrer wird Schwindler, Dieb, Einbrecher, Straßenräuber; nach schweren Gefängnisstrafen verfällt er aber darauf, daß sich für einen Menschen von Gescheitheit, Skrupellosigkeit und Talent mit der Feder gefahrloser Geld machen lasse, als mit Dietrich & Brecheisen.«

B.: Ziemlich rüde formuliert.

A.: Und verständnislos obendrein. In Wahrheit dürfte es vielmehr so gewesen sein, daß May, wie so mancher Einzelhäftling, sich um des bloßen Überlebens willen in umfängliche, entlegenst=lokalisierte Gedankenspiele gerettet hat; und nach seiner Entlassung darauf verfallen ist, sie niederzuschreiben. Er war eben *nicht* nur – wie ein anderer Gegner gescholten hat – der ‹Geborene Verbrecher›; sondern auch der geborene Schriftsteller.

B. (verständnisvoll): Achso; nun wird natürlich Einiges begreiflicher : die Weite des ‹Wilden Westens› und östlicher ‹Wüsten› deshalb, weil dreitausend Tage Zellenangst auszutarieren waren : er flüchtet in Gedanken protektiv ‹ins Freie› ? Und setzt sich jetzt hin, und schreibt seine unzähligen Bände.

A.: Der haftentlassene May übt erst die Hand in volkstümlich=platten ‹Humoresken›; gründet einen Gesangverein – er hat sogar einmal eine ganze *Oper* komponiert ! Schließlich wird er gar ‹Redakteur› bei einem Kolportage=Verlag, und hat seine ‹eigene Zeitschrift›, manchmal auch deren zwei.

B.: Was versteht man eigentlich genau unter ‹Kolportage› ? Haftet dem nicht sogleich irgendwie das Odium der ‹Hintertreppe› an ?

A.: Nicht mit Unrecht. – Der zugrundeliegende Gedanke ist *der* : Käuferschichten zu erfassen, die dem Sortimenter nicht zugänglich sind; einfache Menschen auf entlegensten Dörfern, die nie in ihrem Leben eine Buchhandlung beträten, werden ‹besucht› und ihnen ‹Literatur› offeriert – Hausieren mit Heften.

B. (kritisch): Was folglich gleich zweierlei erzwingt : niedrigsten Pfennigpreis, also elendeste Ausstattung. Und, ebenso unvermeidlich, ein bedauerliches Null=Niveau an Qualität. Also von vornherein zum *Schund* verurteilt.

A.: Das nicht; aber zum ‹*Kitsch*›, zum literarischen Bodensatz. Von Handwerksburschen diarrhöemäßig erzeugt; von Drucker=Spekulanten – ‹Verleger› kann man sie ja nicht gut nennen – auf Zeitungspapier befestigt und in einen grellen Umschlag gesteckt; von skrupellosen Werbern & Werberinnen an den Mann, beziehungsweise an die Frau gebracht.

B.: Kein erquickliches Bild. – *(betrübter):* Sicher; heute liegen ja auch die 60=Pfennig=Schwarten überflüssig in allen Kiosken herum. – Und so hat May angefangen ? Müßte es einen Schriftsteller nicht eigentlich anekeln, dergleichen ums liebe Brot zu fabrizieren ?

A.: Oh, da irren Sie aber gewaltig ! Jene Herren brauchen sich mit nichten dazu zu *zwingen*; sind *gar* nicht voll des Gefühls der eigenen Nichtswürdigkeit. Solches Zeugs mit Erfolg schreiben kann nämlich *nur Der*, der *selbst* so ganz ‹Volk› ist, daß ihm gar nichts anderes einfällt, als falsche Ursachen zu knalligsten Wirkungen. Dem selbst nichts ‹natürlicher› erscheint, als in einem Roman von 4.000 Seiten 10 ‹vertauschte Kinder› anzubringen; 3 ehrwürdige, wahnsinnig gemachte Greise; Gift & Gegengift; edle Räuberhauptmänner, die nur lange Finger machen, um das Nationaleinkommen gerechter zu verteilen; nur morden, um der Justiz unter die trägen Arme zu greifen – und solche Absurditäten vor allem vorgetragen auf Basis eines Wortschatzes, der auf *keinen Fall* mehr als 3.000 betragen darf : das ergibt sowohl ‹volksnahe› Unverdächtigkeit als auch frappante ‹Fülle›.

B.: Sie entwerfen ein bitteres Bild vom Kolportage=Autor.

A.: Vom ‹*Volksschriftsteller*›, bitte ! – *die* Vorsilbe scheint bei uns unwiderstehlich; ob nun =Aktie, =Kraftstoff oder =Partei darauf folgt. – Jedenfalls hatte Dresden damals eine Offizin dieser Sorte, die den Lesepöbel Sachsens seit Jahren mit den begehrten Schnulzen versorgte; und ihr Chef, Münchmeyer, erkannte mit unangenehm=fachmännischem Blick, daß der Zufall ihm in jenem Vierziger Karl May geradezu einen Phönix an Verkitschtheit in die Redaktion geweht hatte. Beide Teile kamen überein, daß von 1882 bis 86 5 solcher Roman=Riesenschlangen geliefert werden sollten. Es waren dies – *(erst theatralisch räuspern; dann, im Ausschreierton):* ‹Das Waldröschen; oder die Verfolgung rund um die Erde. – Großer Enthüllungsroman über die Geheimnisse der menschlichen Gesellschaft. Von Kapitän Ramon Diaz de la Escosura !›.

B. (unterbrechend): Es genügt. – Abscheulich banal!

A.: Gerade heute, wo der ‹Karl=May=Verlag› in Bamberg den Sächelchen keck wieder »ein hohes Maß an Fabulierkunst und handwerklichem Können« zusprechen möchte, will *ich* betonen, daß May damals jedwedem anderen Schmierer getrost beide Türme auf dem Brette der Geschmacklosigkeit hätte vorgeben, und ihn dennoch mühelos schlagen können! – Bemerkenswert hier war lediglich einmal der *Fleiß* des Mannes, der 5 Jahre lang, Tag für Tag sein gutes Dutzend Druckseiten ablieferte.

B. (einfallend): Ist er wenigstens leidlich bezahlt worden?

A.: Er erhielt rund 40 Mark für jedes Heft; und wird im Ganzen auf 3 bis 400 im Monat gekommen sein.

B.: Hoh! Wenn man die damalige Kaufkraft des Geldes in Anschlag bringt, dürften das rund=äh . . . . .

A. (einhelfend): Zwischen 1 und 2 Tausend Mark gewesen sein; May hat immer gut verdient. – Was mir jedoch an jenen pseudo=realistischen, reduzierten Weltgemälden für ‹Arme im Geist› immer am befremdlichsten geblieben ist: wieso May – der ja doch eigentlich hätte froh sein müssen, dem Sumpf entkommen zu sein – eine so ganz auffällige *Vorliebe für die Schilderung von Ganoven=Kreisen* hatte! May scheint auch späterhin *nie* etwas wie ‹Schuldgefühl› gekannt zu haben; keinerlei ‹Geständniszwang›, wie doch so oft bei nachdenklichen Verbrechernaturen; und schon gar kein ‹Strafbedürfnis› à la Raskolnikoff: die *‹Kraft›* dieser, irgendwie sehr unheimlichen, Individualität muß *ganz eminent* gewesen sein! Die ‹Mehrstöckigkeit› seines Bewußtseins – die sich übrigens auffällig oft in geheimnisvollen ‹Riesenbauten› im Werk objektiviert hat – wird immer ein psychologisches und literarisches Phänomen bleiben.

B.: Obwohl sich in solchem ‹Labyrinth=Komplex› doch auch eine beträchtliche Unsicherheit manifestiert. – Jene Kolportage=Zeit war also nur eine Episode in seinem Leben?

A.: Es hatte sich ihm indessen eine nächst=*höhere* Stufe literarischer Betätigung eröffnet – wir sehen dem Prozeß eines ‹Bürgerlich=Werden=Wollens› zu . . . . .

(Zwischenmusik einblenden: nicht sehr laut.)

A.: Im Jahre 1873 hatte das deutsche Katholikentum – in dem dumpfen Empfinden, daß es literarisch nicht ganz ‹à jour› sei – sich eine neue, umfangreich=solide Zeitschrift gegründet: ‹DEUTSCHER HAUSSCHATZ, in Wort und Bild›. Ein Organ, das übrigens, mit der allen katholischen Institutionen eigenen, zum Teil beneidenswerten, zum Teil dubiosen, Zähigkeit *noch heute* erscheint.

B. (anerkennend): Seit fast 100 Jahren?!

A.: Bereits im 5. Jahrgang 1879 erscheint darin May's erste kleine Wildwesterzählung.

B.: Und wieso handelt es sich dabei um ein unleugbares ‹Avancement›? Freilich; vom Kitschverfasser an, kann es ja eigentlich *nur aufwärts* gehen.

A.: Es war schon in mehr als einer Hinsicht ein echter Fortschritt. Abgesehen einmal vom ‹Opfer des Intellekts› – das May aber, zumindest 25 Jahre lang, nicht als solches empfunden, geschweige denn erkannt hat – geriet er hier zum ersten Male an ein bürgerlich & kaufmännisch ernstzunehmendes Institut.

B. (einwerfend): Ich vermisse das ‹literarisch› ...?

A. (etwas unbehaglich): Naja. Also ich gestehe gern, daß ich lediglich die 30 Jahrgänge, in denen eben May vorkommt, durchgearbeitet habe. Aber da ist das künstlerische Niveau derart medioker – die Mitarbeiter lauter Namen, die ein Barbar wie ich zum ersten & einzigen Male hörte – da gelten Goethe und Lessing als baare Teufel, und selbst der arme Rosegger als ‹fleischlich & üppig›; die Bebilderung ist ein Studium für sich; kurz, dem kopfschüttelnden Beschauer wird eine solche signifikante ‹Begegnung von Kirche und Kultur› vorgeführt, daß es schwerlich ein anderes Resümee geben wird, als ‹Eine bigott gewordene GARTENLAUBE›.

B.: Behalten wir lieber May's Fortschritt im Auge: er hat doch, zum Beispiel, seinen Kolportage=Stil hier nicht einfach fortsetzen können.

A.: Das nicht: aber May war zeitlebens –: wollen wir es ‹wendig› nennen?

B. (achselzuckend): Warum nicht? Wenn er es war ...?

A. (nachdenklich): Vermutlich wär'es richtiger, zu sagen, daß ‹Religiöse Fragen› ihm nie ein Problem waren: sobald er ein ‹metaphysisches Bedürfnis› spürte, hielt er eine spiritistische Sitzung ab. – Um voll ‹hausschatzfähig› zu werden, warf May kurzerhand einige Dinge über Bord: eliminierte so gut wie alle ‹Frauengestalten›, beziehungsweise ließ sie zu bloßer Staffage verblassen; nannte sich selbst schlankweg ‹katholisch› ...

B.: Moment mal! –: er ist es *nicht* gewesen; und hat sich doch, aus schnöden ‹geschäftlichen Rücksichten› so bezeichnet?!

A. (verbindlich): Jahrgang 92, Seite 202, können Sie es wörtlich lesen.

B.: Und man ist beim HAUSSCHATZ 25 Jahre darauf reingefallen?

Abgesehen davon, daß es doch *auch* wieder eine Art Betrug war : darf ein Mensch, speziell ein Autor, seinen Glauben ohne zwingende Notwendigkeit einfach verläugnen ?

C. (fürwitzig radebrechend): »Iss es nich ejal, ob wir sagen ‹Allah›, oder ob man lautet auf Gott und den Heiligen Drei Königen ?«

B. (entgeistert): Was ist denn das ?

A. (gemütlich): Das war der *frühe* May der ‹DEUTSCHEN HELDEN›. – Lassen wir uns daran genügen, daß er jahrzehntelang das offiziöse ‹(k)› hinter seinem Namen im ‹KÜRSCHNER› duldete; und seinen Verleger munter mit ‹Gutachten von Bischöfen› arbeiten ließ, in denen ihm seine ausgezeichnete Verwendbarkeit als Katholik bescheinigt war.

B.: Sie können *noch* so viel Sophismen vorbringen – *mir* ist *nicht wohl* dabei.

A.: Im ‹Briefkasten› dieses HAUSSCHATZES können wir die Bildung der May=Legende aufs amüsanteste verfolgen. Da wird neugierig=bewundernden Lesern & Leserinnen mitgeteilt, wie der ‹Weltläufer› sich 1884 in Ägypten aufhalte . . . . .

B. (aufmerksam): Also *doch* ein weitgereister Mann ?

A.: Ach, keine Spur ! Er saß in aller Ruhe daheim im schönen Sachsen. Die, zumal von jugendlichen Lesern so inbrünstig gewünschten ‹Frühen Weltreisen› sind, gelinde ausgedrückt, ‹nicht nachweisbar›.

B. (resigniert): Naja; ich hätt' mir's denken können. Schiller ist ja wohl auch nie in der Schweiz seines TELL gewesen.

A.: Auch 1895 läßt man May von einer längeren Reise heimkehren : »Aus Kahira und Bagdad«.

C. (eifrig): »Der beliebte Schriftsteller ist jetzt 50 Jahre alt; und lebt, von seinen Reisen ausruhend, in glücklicher Ehe in Oberlößnitz bei Dresden.« / *(sachlich):* »Nein. Eine Biografie Karl May's gibt es noch nicht.« / *(leicht entrüstet):* »Sie belieben zu scherzen ! Herr Doktor Karl May ist – wie wir selbst uns zu überzeugen das Vergnügen hatten – mit einer *Europäerin* verheiratet !«

B. (befremdet): ‹Doktor› Karl May ?

C. (wichtig): »Jawohl : Herr Doktor Karl May ist von Beruf Philologe. – Im Buchhandel ist erst 1 Roman vollständig erschienen . . . . . *(begeistert):* DIE WÜSTENRÄUBER ! *Erlebnisse* einer *Afrika=Expedition* durch die *Sahara.* Von *Doktor Karl May !*«

B.: Ist es *das*, was Sie mir als ‹Verbürgerlichung› aufschwatzen wollen ? ! : Eine Villa in Dresden ? Ein Gehrock mit einem Stich ins Pastorale ? Ein *Doktor*titel ? ! . . . . .

(Zwischenmusik; massiv & unerschütterlich.)

B.: Also jetzt *heraus* damit : wo & über was hat May promoviert ?!

A. (gemütlich): Als er 1898 darüber vom Untersuchungsrichter vernommen wurde, gab er an, er sei zwar nicht im Besitz eines *deutschen* Diploms; wohl aber habe er den Doktortitel von der Universität *Rouen*, Frankreich, verliehen bekommen.

B.: Das hat sich ja wohl nachprüfen lassen.

A.: In Rouen war nichts bekannt. / Bei der neuerlichen Vernehmung erklärte May, daß man ihm einst, in China, eine dem ‹Doktor› gleiche, beziehungsweise *noch etwas höher* stehende Würde verliehen habe – leider stellte sich sehr rasch heraus, daß er das Reich der Mitte nie betreten habe.

B.: Ts; mein Gott!

A.: Anläßlich einer, in noch anderem Zusammenhang vorgenommenen *Haussuchung,* wurde sein ‹Doktordiplom› dann gefunden : ausgestellt 1902 von der ‹Universitas Germana=Americana› in Chicago, die ihm aufgrund seines Buches IM REICHE DES SILBERNEN LÖWEN den Titel ‹honoris causa› verliehen hatte.

B.: Immerhin etwas spät, scheint mir : hatte er sich nicht bereits ab *1888* so bezeichnet?

A.: Als man sich nach dieser bisher noch gar nicht bekannten Hochschule direkt beim Kaiserlichen Generalkonsul in Chicago erkundigte, antwortete dieser .....

C. (stockend): »Auf Ihr Schreiben erwidere ich ergebenst, daß, soweit hier bekannt, der inzwischen verstorbene *Barbier* John Malok die sogenannte ‹Deutsch=Amerikanische Universität› in der für Handelsgesellschaften im Staate Illinois vorgeschriebenen Form hat eintragen lassen. Die Anstalt ist von den zuständigen Behörden *als reputable nie anerkannt* worden. In Wirklichkeit soll dieselbe überhaupt nicht existiert haben, und wurde seinerzeit auch in hiesigen Zeitungen öffentlich als ‹Schwindel› und ‹Diplommühle› gebrandmarkt. Ende der 90er Jahre waren die ‹Institute› in einem zweistöckigen Häuschen hier untergebracht; in welchem außer dem ‹Rektor magnificus› Malok noch eine Hebamme wohnte.«

B. (angewidert): Abscheulich!

A. (beschwichtigend): Wollen wir nicht lieber *so* sagen ? : May wurde, sowohl von seinen Leserkindern, wie vom Verleger, in die Rolle des ‹Übermenschen› doch geradezu *gedrängt.*

B.: Ich kann keinen Grund einsehen, warum er diese Rolle gleich wieder hat *übertreiben* müssen! – *Das* begreife ich schon, daß Jemand sein beschädigtes Selbstbewußtsein zu reparieren sich bemühen wird : aber sollte der richtigste Weg hierzu nicht sein, daß man tat*sächlich* etwas leiste?

A. (ernsthaft): Das *hat* May im Alter dann ja auch. In seinen ersten 60 Lebensjahren freilich besieht man sich den Bramarbas besser nicht.....

C. (prahlerisch): »Ich spreche & schreibe –« *(kleine Pause, in der man das ‹Luftholen› bezwecks Aufzählung hört):* – »Französisch englisch italienisch spanisch griechisch lateinisch hebräisch rumänisch arabisch 6 Dialekte / Persisch kurdisch: 2 Dialekte / Chinesisch 6 Dialekte / Malaiisch Nanaqua einige Sunda=Idiome Suaheli Hindostani Türkisch / die Indianersprachen der Sioux Apatschen Komantschen Suakes Utahs Kiowas, nebst dem Ketschumany 3 südamerikanische Dialekte. – Lappländisch will ich nicht mitzählen.....«

B. (resigniert): Warum denn nicht? Ist doch ein Aufwaschen.

A.: Um Ihnen einmal zu demonstrieren, mit welchen Mitteln man im May=Verlag *heute noch* arbeitet, zitiere ich Band 34.....

C. (spitz=trotzig): »Diese Sprachproben haben immerhin die bisherigen Nachprüfungen großenteils bestanden.«

B. (entrüstet): Na, hören Sie mal! Das weiß doch jedes Kind, wie dergleichen gemacht wird – oder halt; nein: *Kinder* eben nicht –: wenn ich in einem Buch einen Russen auftreten lassen will, dann kauf' ich mir für 5 Mark 50 einen ‹Sprachführer›; und finde darin mehr Redensarten fertig vorgestrickt, als ich brauche.

A. (bestätigend): Und solche ‹Sprachproben› ‹bestehen› dann – wer hätte es gedacht? – *sämtliche Nachprüfungen! – (nüchtern):* Vorausgesetzt, daß ich nicht mit dem Finger in die falsche Zeile gerate.

B. (abfällig): Ich möchte fast sagen: ich weiß jetzt genug.

A.: Und das wäre genau *der* Irrtum, dem die meisten ernsthaften Beurteiler verfallen sind. Korrekter: verfallen *mußten*; weil man ja platterdings *Niemandem* zumuten kann, sich durch 65 pueril=aufschneiderische Bände hindurchzufressen; um dann *endlich*, *ganz* weit hinten, auf 2 diskutable Leistungen zu stoßen.

B.: Sehr richtig. – Ich weiß von bekannten Studienräten, daß die sich wirklich *redlich* bemüht; nicht nur 1, nein *10* Bände mühsam durchgelesen – *(kühl):* tcha; und dann eben den Kindsbrei endgültig & für immer beiseite geschoben haben. Frage: hatten Jene *recht* damit, oder nicht?

A. (ernsthaft): Sie hatten recht. Zumal die Verteidiger May's sich immer noch nichts Besseres wissen, als auf der Saite des ‹Volksschriftstellers› herumzuharfen. – Aber darf ich in meinem Bericht von einem wunderlichen Leben fortfahren?

B.: Viel Lust hab' ich nicht mehr. – – : Na, bitte . . . . .

A.: Und langsam kommt in die hoch=trabenden 1=Satz=Auskünfte des ‹Briefkastens› ein *unheimlicherer* Klang . . . . .

C. (scharf): »Ist Jemandem von den geehrten Lesern bekannt, von wem ein Roman DEUTSCHE HERZEN = DEUTSCHE HELDEN geschrieben ist ? – *(langsam=hämisch):* Von demselben Verfasser sollen auch ‹WALDRÖSCHEN›, und DER FÜRST DES ELENDS stammen ? !«

B. (angeregt): Halt ! : Waren das nicht eben die Titel der frühen Hintertreppenromane ? !

A.: Vergebens werden Hunderttausende von ‹Porträtpostkarten› versandt; auf denen man, wie der Kölner Kritiker Cardauns sich ausdrückte, »einen sehr unternehmend dreinschauenden Herrn erblickt, mit Lasso und einem Halsschmuck, der anscheinend aus Bärenzähnen besteht. Unterschrift : OLD SHATTERHAND gleich Doktor Karl May, mit Winnetous ‹Silberbüchse›. «

B.: Hat er das Theater *so* weit getrieben ?

A. (ironisch): Das ist nun einmal ‹deutsche Art›. Haben Sie nicht auch seinerzeit=ähnlich Hans Dominik, im weißen Kittel, in einer Art ‹Laboratorium› abgebildet erblickt ? – Aber zurück : schon heißt es in der Antwort auf eine Leser=Erkundigung . . . . .

C. (entrüstet): »Ihre Anfrage, ob Doktor Karl May auch in der Tat jene Länder bereist habe, in denen er seine Romane spielen läßt, erinnert uns unwillkürlich . . . . . *(gegen ‹erinnert› zu, leiser werdend : hineingeblendet die Zwischenmusik.)*

A.: Zwischenein aber war eine *weitere* Stufe zur Respektabilität erfolgreich erklommen worden : hatte bis 1892 praktisch noch keine Veröffentlichung in Buchform vorgelegen, so fand sich nunmehr – nach Abschluß eines Vertrages, bei dem *beide* Teile finanziell gut gefahren sind – *der* Karl=May=Verleger : Ernst Fehsenfeld. – Und pilzhaft schossen die Bände hervor !

B.: Kein Wunder : brauchte ja schließlich nur alles in Zeitungen Erschienene zusammengedruckt zu werden.

A.: Im Prinzip schon. – Obwohl das *ganz* so einfach *nicht* ging : so war, zum Beispiel, der ‹Münchmeyer=Kitsch› in seiner ‹Urform› nicht verwendbar – obwohl er ihn zeitlebens ‹ausgeschlachtet› hat. / Selbst den HAUSSCHATZ=Veröffentlichungen haftete, aufgrund ihrer sporadischen Entstehung, manch Unfertiges an; was sich freilich durch eine, relativ leichte, letzte Überarbeitung ausplätten ließ. / So erschien denn, als Band 1 bis 6, erst einmal der – anfänglich noch verdammt nach ‹Münchmeyer› schmeckende; in den letzten 3 Bänden ‹bessere› – Roman ‹IM SCHATTEN DES GROSSHERRN›.

C. (begeistert): DURCH DIE WÜSTE . . . . . !

A. (bremsend): Zuerst hieß es, vielversprechend=schwül : ‹DURCH WÜSTE *UND HAREM*› ! – Dann begannen jedoch bereits die Schwierigkeiten : die nächsten 3 Bände, WINNETOU, konnten nur durch ziemliches rohes ‹Zusammenkleistern› gewonnen werden – ein Paradebeispiel, wie bei Kindeskindern *formale* Erwägungen überhaupt keine Rolle spielen.

B.: Und das Unternehmen florierte ?

A.: Verfasser wie Verleger wurden schnell wohlhabende Leute. – Wohl konnte man die herrlichen Aventiuren zunächst auch noch in Heft=Form beziehen; sehr bald aber war Alles, grundsätzlich geschickte 600 Seiten dick, in *Leinen* lieferbar. Ja, *kostbarste* Bindungen, Silberne Schalen für die betreffenden Pferdeäpfel, erscheinen : ‹Saffian› mit ‹Rundumgoldschnitt› ! Sogar eine ‹Illustrierte Ausgabe›, in größerem Format, wurde versucht.

B.: Und immerfort – 33 dicke Bände lang; beziehungsweise, die ‹Münchmeyereien› hinzugerechnet, nunmehr schon 70 ! – *nichts als ‹Schmetterhände› ? Der pausenlose Appell an den Größenwahn im Kinde ? !*

A.: Leider. – Für einen *wahrhaft* Erwachsenen, der auch nur *einigermaßen* weiß, was ‹Literatur› bedeutet, wird die ewige ‹Hammerdullerei› nach 3, 4 Bänden *unerträglich !* Die fatale Familienähnlichkeit sämtlicher Helden – ein=eiige Hundertlinge; Alle gegeneinander austauschbar – sowie der stereotypen Situationen : Gefangennahme=Befreiung; Schützenkünste & Großwildjagd; und wieder Reiten=reiten=reiten, hinein in Band 1, und zu Band 70 wieder hinaus – wird nur noch von der ausgezeichneten Plattheit der Sprache übertroffen. Wer sich verwundert, sagt »Uff !«; wer etwas zeigen will, »Schau !«; die ‹Lustigen Personen› ermangeln der exorbitanten Nasen und ‹stehenden Redewendungen› nicht; die ‹Germanische Waffenlust› gemäß der die Helden ihren Keulen ‹Namen geben› ist komplett vorhanden. Vom 25=schüssigen ‹Henrystutzen› berichtet May, im üblich=rodomontierenden Ton . . . *(brutal):* »Ich habe nur noch *zwei* große Lebenszwecke zu erfüllen : eine Mission bei den Apatschen, deren Häuptling ich bin; und eine Reise zu meinem Halef, dem obersten Scheik der Haddedihn=Araber. – Dann aber werde ich vor den *Deutschen Kaiser* treten : ‹*Majestät ? ! : Wir wollen einmal miteinander schießen !*› – Ich werde ihm meinen Stutzen vorführen; und *kein Volk der Erde wird dann je den Deutschen widerstehen können !*«

C. (fleißig=aufsagend): »Trommeln, Pfeifen & Gewehr; / Fahnen,

Säbel & *noch* mehr; / ja : ein *ganzes Krieges=Heer* ! / möcht' ich *gerne* haben. –«

B. (finster): Und er bekommt's ja meist auch, sein Leben lang. – Sagen Sie : gedenken Sie mich noch lange mit solch grobem Unfug zu unterhalten ?

A.: Viel wäre noch zu erwähnen. – Etwa seine, teils rührend teils borniert ‹schiefgesehenen› ‹Farbigen›, vor allem ‹Ostasiaten›. / Oder das, nicht nur für den rebellischen ehemaligen ‹Sträfling›, sondern ‹überhaupt› typische heroische Umspringen mit Niederen Behörden, von dem der Deutsche so gerne liest, es zu tun jedoch sich gewaltig fürchtet. Wozu auf der andern Seite, als dito=typische Komplettierung, das Schweifwedeln vor den ‹Höheren Ständen› gehört : so etwa vom ‹Fürsten› an aufwärts entschlägt sich May nicht nur jeglicher Kritik; sondern verrät sich auch durch Träume von ‹Nobilitierung›.

B.: Wissen Sie denn *nur* Schlechtes von dem Manne zu sagen ?

A.: Durchaus nicht. Ich räume nur immer gern erst alles Negative beiseite; und kann, wenn Sie wollen, gleich mit der Rühmung beginnen : wenn auch May's nicht nur ‹Lustige Personen›, sondern Gestalten=allgemein, oft von einer geradezu transzendentalen Albernheit sind, so gibt es doch 1 Ausnahme .....

C. (begierig einfallend): Winnetou ! Der große Häuptling der Apatschen ! –

A. (nüchtern berichtigend): Der nun grade nicht ! *Mir* ist er, schon als Kind, mit seinem steif=brutalen Wesen – ein Unfehlbarer, der kaum einmal leis lächelt – stets als ausgesprochen solenner *Flaps* erschienen. Auch däuchte mir bereits damals, daß in einem Roman eigentlich schon *ein* Allwissend=Unüberwindlicher vom Übel sei – ich sah Dergleichen nirgends in meiner Umgebung ! – : was hätte ich da gar mit *Zweien* von der Sorte anfangen sollen ? !

B. (mürrisch): Und wer *ist* nun diese 1, leidlich gelungene Figur in all den Prosa=Elefantiasen ?

A.: May hatte schon sehr früh aus seiner Persönlichkeit für immer einen ‹Hadschi Halef Omar› abgespaltet; eine durchaus zur ‹Sancho=Pansa=Gruppe› gehörige Gestalt : den ‹Diener›, der sich zum Halb=Freund hocharbeitet. *Der* nun, zuerst rein picaresk angelegt, späterhin an Fülle zunehmend, ist allmählich ein rechter ‹Charakter› geworden : witzig; aufschneiderisch; nicht unnötig scharfsinnig, vielmehr überzeugend *un*zulänglich : kurzum : *ein Mensch !* .....

C. (lustig): »Übertreibungen ? ! – Oh, Sihdi, wie ist es mit Deiner Erfahrenheit & Menschenkenntnis doch so schlecht bestellt ! Der Mensch ist das einzig ungläubige Geschöpf, welches auf der Welt wohnt; denn Tiere, Pflanzen und Steine können nie ungläubig sein. Weil nun der Mensch den Unglauben ganz alleine besitzt, so hat er davon eine so große Menge, daß sie gar nicht gemessen und berechnet werden kann. Sagst Du das Wort ‹Hundert›, so wird man Dir nur 20 glauben; hast Du 5 Kinder, so traut man Dir nur 2 zu; und behauptest Du, alle 32 Zähne zu besitzen, so läßt man Dir nur 10 oder 11, zwischen denen sich 21 Lücken befinden. Darum wird ein kluger Mensch stets mehr sagen, als eigentlich richtig ist: ich, der Besitzer eines einzigen Kindes, sage, daß ich 10 Knaben & 20 Mädchen habe; ich behaupte, 96 Zähne zu besitzen, und das ist keine Lüge, denn ich weiß ja, daß man mir wenigstens drei=Viertel davon abziehen wird. Ich sage keine Unwahrheit, ich übertreibe nicht; denn wenn ich sage, daß ich 2 Beine besitze, so glaubt man nur an eines, und ich muß also, wenn die Wahrheit getroffen werden soll, wenigstens von Vieren sprechen !«

B. (erst ablehnend): Nach dieser schönen Maxime hat May sich freilich sattsam gerichtet. – *(entschlossen):* Aber natürlich gar nicht unwitzig; zugegeben.

A. (bestätigend): Während besagter ‹Winnetou› schon relativ früh abgeschossen wird – ohne im Trubel all der kaleidoskopischen Kollidier=Eskapaden eine fühlbare Lücke zu hinterlassen – hat dieser ‹Halef› ihn bezeichnenderweise bis an sein Ende begleitet. Ja; May's zweite Frau weiß zu berichten, wie einmal – als Jener, im 3. Bande des SILBERLÖWEN sehr erkrankt war – May händeringend durchs Haus geirrt sei, und ein=übers andremal ausgerufen habe: ‹Ich kann Halef nicht *auch* noch sterben lassen!› – : Der hatte sich eben als weit ‹tragfähiger› erwiesen, denn jener witzlose, seriös=rothäutige Schläger.

B.: Kann man es *so* schroff ausdrücken?

A.: Die fürchterliche Ambivalenz der meisten May'schen Gestalten – die eben *gar keine Vorbilder* sind; sondern von denen aus man, mit der gleichen bestürzenden Leichtigkeit, zum CVJM=Angehörigen wie auch zum SS=Mann voltigieren kann, belegt wohl sattsam jene einstige Reklame des May=Verlages, die nicht genug zu rühmen wußte, *wie ‹Mein Führer› sämtliche May=Bände griffbereit am Kopfende seines Bettes im spartanisch dekorierten Schlafzimmer stehen habe!!* –

(Zwischenmusik; diesmal besonders röhrend.)

B.: Zweierlei ist mir aufgefallen. – Erstens sprachen Sie von einer ‹Zweiten Frau› . . . . . ?

A.: Hmm. – 1880 hatte er Emma Pollmer geheiratet; eine üppige Schönheit, aus *mehr* als ‹einfachen Verhältnissen› . . . . .

B. (einfallend): War *er* das nicht dito?

A.: Schon. – Immerhin hat er, als er sich dann, dicht vor der ‹Silberhochzeit› von ihr scheiden ließ, eine in ihrer Art *einzige ‹STUDIE›* über sie geschrieben: ein Kabinettstück an giftiger Unflätigkeit, und sentimental=verlogener Selbstvergötterung, das hoffentlich bald der Öffentlichkeit zugänglich gemacht werden wird.

B.: Zweitens erwähnten Sie ‹1 Haus›?

A.: May – immer erfolgreicher, mit immer steigenden Einnahmen – sah sich endlich in den Stand gesetzt, sich eine ‹Villa› zu kaufen; in Radebeul, auf der Straße, die bis 1945 seinen Namen trug. Allerdings gab es in ihr nicht nur hart=männliche Räume, die den Besuchern gezeigt wurden, mit Löwenfellen belegt, Waffenrosetten an der Wand; sondern auch schwüle ‹nackte Zimmer›. Und *noch* dämmrigere, wo man mit süchtigen Gesichtern, wie narkotisiert, über ‹Rückende Tische› gekrümmt saß, und die Frauen als ‹Schreibmedien› agierten. / Aber die ‹Sturmzeichen› waren inzwischen *so stark* geworden, daß man, und zwar im größten Stil, endlich den Nachweis erbringen mußte, daß OLD SHATTERHAND gereist sei. –

C. (stolz): Karl May ist gereist! – Sein ‹Orientalischer Reisepaß› ist in Band 34 abgebildet!

A. (trocken): Obwohl er genau das Gegenteil von dem leistet, was er soll: May war eben *vorher nicht* gereist! – Jedenfalls wurde das Propaganda=Manöver stattlich aufgezogen: May ließ sich fotografieren zu Schiff, zu Kamel; *vor* den Pyramiden, *hinter* den Pyramiden, *auf* der Sphinx; im weißen Anzug mit Tropenhelm; neben dem Rettungsring des betreffenden Dampfers .....

B. (grüblerisch): Hätte er nicht auch ganze Schwärme von Ansichtspostkarten auffliegen lassen können? Mit exotischen Briefmarken, Poststempel & Autogramm?

A.: Unbesorgt! – May war sogar übelberaten genug, *‹Offene Briefe an Zeitungen›* einzusenden, die umgehend abgedruckt wurden – *(geringschätzig):* und durch die er prompt zum verdienten Gespött wurde. – Die ‹Pfälzer Zeitung› brachte am 16. Juni 99 solch Gemächt, datiert »Aus dem Bischari=Lager, 6 Reitstunden von Schallahl in Nubien entfernt: Sie sehen, daß meine Bücher *nicht* in meiner Studierstube entstehen!«. / Am 8. November erschien in der Dortmunder ‹Tremonia› die Sensationsnachricht, daß May in Asien »ein reiches ausgedehntes Goldfeld entdeckt habe« .....

C. (eifrig einfallend): »Vielleicht ein orientalisches Klondyke? – aber dieser Fund läßt mich sehr kalt; ich brauche ihn nicht. – Ja, wenn die

Gegend in der Nähe einer *deutschen* Ansiedlung läge, dann würde ich vielleicht nicht schweigen. Aber *Fremden* – ? *Nein* !«

A. (ironisch): »Es ist zu befürchten, daß Herr May das Geheimnis mit ins Grab nehmen wird«, merkt Cardauns, der die Beispiele einmal zusammengestellt hat, satirisch an.

B.: Also wissen Sie : ich finde, es ist ausgesprochen *Übelkeit* erregend !

A.: Gleich wird es ernst. – Münchmeyer, jener erste Hintertreppenverleger, starb; seine Witwe verkaufte; und schlagartig erschienen die Inserate, wie jetzt gleich, in Riesenauflage, *‹KARL MAY's ILLUSTRIERTE WERKE›* auf den Markt geworfen würden .....

B. (unterbrechend): Ich denke, die Rechte besaß Fehsenfeld ?

A. (unbeirrt fortfahrend): ..... und die Titel jener Werke hießen : ‹DAS WALDRÖSCHEN ODER DIE VERFOLGUNG RUND UM DIE ERDE›. – Enthüllungsroman .....

B. (überrascht unterbrechend): Ach ! : Der hat einfach die alten *Kitsch*=Romane neu drucken lassen ?!

A.: Denn ‹alle Schuld rächt sich auf Erden›. May reagierte, wie zeitlebens, grundfalsch – er stritt glatt ab, daß jene Produkte aus seiner Feder stammten.

B.: Womit er wohl schwerlich durchkam.

C. (hastig=betrübt): »Der HAUSSCHATZ war aufmerksam gemacht worden, daß Karl May 1883 bis 87 bei Münchmeyer Hintertreppenromane der allerbedenklichsten Sorte herausgegeben habe. Nachdem wir uns durch Autopsie von dem *über alle Maßen unsittlichen Inhalt* überzeugt, und uns die wiederholte Erklärung des Verlegers Fischer gesichert hatten, daß der Verfasser identisch mit dem Karl May sei, der für Fehsenfeld schreibe, wurde May von uns befragt. Er antwortete hierauf .....

A. (trotzig): ‹Ich werde die Münchmeyer'sche Verlagshandlung gerichtlich belangen; und Ihnen das Resultat mitteilen !›

C. (fortfahrend): Doktor Karl May hat aber weder den Rechtsweg beschritten, noch auch sonst den allermindesten Versuch gemacht, sich von der schweren Anschuldigung zu entlasten : *Damit ist für uns die Sache entschieden !*«

A. (mit normaler Stimme): Nämlich dahingehend, daß 10 Jahre lang im HAUSSCHATZ nichts mehr von dem armen Schelm erschienen ist. – May besann sich nun eines *etwas* Besseren : gab zwar die Autorschaft zu; behauptete jedoch, seine damaligen Manuskripte seien nicht getreu, sondern von gewissenlosen Lektoren verändert abgedruckt worden.

B. (skeptisch): Er hat doch wohl Korrekturen lesen müssen. Hat er jemals 1 Original=Manuskript als Beweis vorgelegt? – Wie ich ihn jetzt kenne, möchte ich ‹auf Anhieb› sagen: ‹Ausrede!›.

A.: Die Manuskripte existierten nicht mehr. – Jedenfalls schloß May am Ende eine ‹gerichtliche Vereinbarung›, daß man 5 Prozent der ersten Fassung als nicht von ihm herrührend betrachten wolle; eine recht kuriose Art der Beweisführung. Immerhin war ihm die Beschuldigung derart in die Knochen gefahren, daß er mit zitternden Händen & fliegender Hast jetzt auch seine ‹Reiseromane› zu verändern begann. Behauptete, alles sei, von Anfang an, ‹symbolisch gemeint› gewesen – wovon bisher kein Leser etwas gemerkt hatte. Band 1, DURCH DIE WÜSTE: das bedeute die ‹Wüste des Alltags›, durch die der ‹Ritt nach oben› zu führen habe.

B. (verdachtsvoll): Sagten Sie nicht, das Buch habe DURCH WÜSTE *UND HAREM*! geheißen?

A.: Das ließ der alte Taschenspieler untern Tisch fallen. Gleich wurden auch ‹symbolische Deckelbilder› engros angefertigt; von einem Maler namens Schneider, der sich nicht nur des wohlklingenden Vornamens ‹Sascha›, sondern auch einer recht merkwürdigen Mentalität erfreut zu haben scheint: hatten die Bände bisher einfältig=bunte, ergo genau zum Inhalt passende, Deckelbilder gezeigt, so reckten ab etwa 1904 dem erstaunten Leser fast auf jedem ein paar nackte, grün & blau getönte Kerle die Hintern entgegen!

B.: Bitte: lassen Sie uns aus *der* ‹Wüste› etwas flott ‹nach oben› gelangen.

A.: Im Verlauf der Mammutprozesse kamen immer unangenehmere Dinge zur Sprache. May's erste Frau nahm Partei gegen ihn; worauf er sich scheiden ließ, und aus seinen Büchern sämtliche Stellen tilgte, wo von ihr die Rede gewesen war. Gleich darauf heiratete er dann die Witwe eines jüdischen Freundes.

B.: Die besser zu ihm gepaßt hat?

A.: Anscheinend ja. Sie war ihm kritiklos ergeben; und das ist bei einem excentrischen Autor ja schon die halbe ‹vollkommene Ehe›. – Anstatt jedoch durch jenen ersten ‹Schuß vor den Bug›, bezüglich seiner ‹Vergangenheit› vorsichtig gemacht zu sein, ging May – nach Überwindung des, nicht kleinen, Schocks – auf seine Popularität pochend, zum Gegenangriff über. Er beschloß nicht nur die Abrechnung mit seinen ‹Feinden›; sondern auch einen Großnachweis dessen zu führen, was er als Künstler & Symbolist vermöchte; das Ergebnis heißt: IM REICHE DES SILBERNEN LÖWEN, Band 3 und 4.

B.: Warum nicht auch 1 und 2?

A.: Weil es sich bei denen noch um früher entstandene, üblich=grob zusammengeleimte Schmarren handelt. Nun aber, ab 1903, kommt das, was die ‹Freunde des *Volks*schriftstellers› May – *(geringschätzig):* was sich der arme=alte Mann so an ‹Freunden› hat gefallen lassen müssen, *heute* noch !, ist *herzbrechend !* – was *die* also den ‹Bruch im Werk› nennen. – *(Resolut):* Mit anderen Worten : genau *die* Stelle, wo ein vernünftiger Mensch endlich aufzuatmen beginnt.

B.: Wenn ich recht verstand : ein ‹Racheakt› ? Wo Alles in orientalischem Kostüm auftritt ?

A.: Alle agieren sie dort moreskentänzerhaft : Freunde wie Feinde; Rezensenten wie Verleger; die beiden Frauen; vor allem *er=selbst,* und zwar, was nun wirklich bedeutend=symptomatisch ist, in *mehrere* Gestalten zerlegt. Noch heut ist das Stück unvollkommen entziffert; hier wäre Gelegenheit zu den schönsten, philologisch=detektivischen Untersuchungen. Denn das ist nun *wirklich nur äußerlich* ein ‹Reiseroman›; im ‹polarisierten Licht› gelesen jedoch eine schön & wunderlich verlarvte Selbstbiographie, und ein tolles Exempel, wie ein Autor seine zerfallende Persönlichkeit zusammenzuhalten versucht hat.

B. (ungläubig): Verbietet aber nicht sein primitiv=kleiner Wortschatz, das Buch als wahrhaft bedeutend zu bezeichnen ?

A.: Das *ist* es ja eben ! : Die Sprache dieser Spätwerke ist wie mit einem Schlage ‹angehoben›; zuweilen kann man, 10 Seiten hintereinanderweg, ganz anspruchslos als ‹Prosa› deklariert, *Jamben & Trimeter* lesen ! Und einzelne Episoden, wie etwa DER SPRUNG IN DIE VERGANGENHEIT würden jeglichem Schriftsteller Ehre machen.

B.: 2 Fragen : bezeichnet May sich auch hier nun noch als ‹Katholiken› ?

A.: Im Gegenteil ! Er erfand für Jene ein komplettes ‹Volk›, die TAKI, ebenso perfide & hinterhältig, wie scheinheilig & bigott; denn – ein echt May'sches ‹denn› – katholische Rezensenten hatten ihn nunmehr, nach erfolgter ‹Entlarvung› am erbittertsten attackiert, und figurieren folglich, gebührend verscheusalt, als des Buchs größte ‹Schurken›.

B. (etwas leiser): Hat er seine ‹Vorstrafen› erwähnt ?

A.: Das war der *zweite* ganz große Schock, der ihm bevorstand. Bis dahin hatte er die bloße Erinnerung daran *so* erfolgreich verdrängt, verkapselt, und sich selbst durch so rasenden Fleiß betäubt, daß *sogar seine erste Frau* nichts Genaues über seine ‹Sturm= und Drang=Zeit›, wie er es wohl gelegentlich neckisch umschrieb, gewußt hat. – Nunmehr, bei dem sich immer mehr verfitzenden Rattenkönig von Prozessen, unterlief ihm der Fehler, daß er *einen* der Gegner verhängnisvoll unterschätzte : den

Journalisten Rudolf Lebius, der findig genug war, sich die ehemaligen Strafakten Mays zu besorgen; auch mit der geschiedenen ersten Frau Verbindung aufzunehmen, und sich über sie die zumindest Halb=Kenntnis so manchen peinlichen Faktums zu verschaffen – das gesamte, unverächtliche, obwohl vom Haß zusammengetragene und dementsprechend *vorsichtig* zu benützende Material ließ er dann 1910 skrupellos in einen stattlichen Band zusammendrucken : DIE ZEUGEN KARL UND KLARA MAY.

B. (mitfühlend): Oh weh ! – *Das* kann ich mir natürlich *gut* vorstellen : ein alter Mann, der sich fleißig – wenn auch manchmal mit bedenklichen Mitteln – um eine bürgerliche Existenz gemüht hat, muß erleben, wie seine ‹dunkle Vergangenheit›, die schon gnädig vergessen geglaubte, nekromantisch wieder heraufbeschworen wird ? – Wie reagierte er diesmal ?

A.: May – inzwischen ja auch gealtert, überarbeitet, von Kummer gebeugt – hatte nicht mehr die Energie weder zum ‹Gegenschlag› noch auch nur zur heilsamen ‹Wurschtigkeit›. Es reichte gerade noch zu einer großartigen ‹Fluchtbewegung›, dem 1200 Seiten starken Buch von ARDISTAN UND DSCHINNISTAN, *der zweiten, unbedingt unserer Hochliteratur zuzurechnenden Leistung Karl May's.* Ganz typisch : sobald er unternahm die ‹Realität› zu schildern, wurde's bei ihm unweigerlich ‹falsch›; sobald er sich in erdachte Traum=Großreiche begibt, alles bergende, alles erlaubende, ist er *sofort ernst zu nehmen;* ein strenger, ältlich=pazifistischer Mystiker, oft großer Bilder mächtig, bei denen man immer abwechselnd an BUNYAN und die ‹Zenturien› TRAHERNE's denken muß.

B.: Schön; geh' ich nachher in die Buchhandlung, und seh mir die beiden Stücke einmal von nahem an.

A.: Das können Sie leider nicht. Die May=Bände sind im Lauf der Zeiten *so* verändert worden, daß Sie schon warten müssen, bis Ihnen einmal die echten=alten *Freiburger* Ausgaben, aus den Jahren vor dem *Ersten* Weltkrieg, über'n Weg laufen. Gerade was die, wirklich eigenartigen, Spätwerke anbelangt, ist heute eine *Textverwahrlosung* eingerissen, im Vergleich mit der die seinerzeit entrüstet beschrieenen Münchmeyer'schen 5 Prozent harmlos wirken.

B. (verständnisvoll): Allein schon deshalb, weil es sich *damals* um *Kitsch, hier* um *wertvolle* Bücher handelt. – Kann ich das, was Sie mir heut skizziert haben, irgendwo ausführlich nachlesen ?

A.: Auch heute noch, 50 Jahre nach May's Tode, gibt es weder eine gesicherte *Bibliographie* – das bisher Aufgetischte ist unsagbar armselig – noch einen *Briefband*, noch eine umfassend=verläßliche *Biographie.* Wohl aber können Sie in dieser Hinsicht auf deliziöse literarische Kuriosa treffen; wie etwa dem, 1955 vom bamberger ‹Ustad=Verlag› veröffentlichten, treuherzigen Bericht eines Herrn Barthel, daß er 1938 *Verbindung mit May's Geist aufgenommen*, und von Diesem, durch ein dreifaches ‹Ave Maria› gesichert, die Mitteilung empfangen habe, wie er erfolgreich auferstanden sei.

B. (konsterniert): Das ist doch nicht möglich, uns *so etwas vorzusetzen!* – Sie übertreiben, ja?

A.: Schön wär's. Aber in Bamberg scheint man unter der Rubrik ‹Hütung des Erbes› vielerlei und nicht Un=Merkwürdiges zu begreifen. – *(sachlich=rasch):* Nun, vielleicht erbarmt sich ja im nächsten Frühjahr, nach Erlöschen des Copyrights, ein Verlag unser, der Leser; und legt die gesicherten Texte, wenigstens der beiden großen Stücke, vor: *ein schlichtes Zurückgehen auf die alten Ausgaben hieße hier Fortschreiten.*

B.: Dürfte ich wenigstens 1 kurze Probe, nicht von dem läppischen ‹*Volks*schriftsteller›, sondern von dem Karl May der bedeutenden *späten* Jahre hören?

A. (geheimnisvoll):

»Zu Märdistan, im Walde von Kulub,
liegt einsam, tief versteckt, die Geisterschmiede.«

B. (fragend):

»Da schmieden Geister?«

A.:

»Nein. Man schmiedet *sie*!
Der Sturm bringt sie geschleppt, um Mitternacht,
wenn Wetter leuchten, Tränenfluten stürzen.
Der Haß wirft sich in grimmer Lust auf sie;
der Neid schlägt tief ins Fleisch die Krallen ein;
die Reue schwitzt und jammert am Gebläse.
Am Blocke steht der Schmerz, mit starrem Aug
im rußigen Gesicht, die Hand am Hammer.
Da, jetzt, o Scheik, ergreifen Dich die Zangen!
Man stößt Dich in den Brand. Die Bälge knarren.
Die Lohe zuckt empor, zum Dach hinaus;
und Alles, was Du hast und was Du bist,
der Leib, der Geist, die Seele, alle Knochen,
die Sehnen, Fibern, Fasern, Fleisch und Blut,
Gedanken und Gefühle, Alles=Alles
wird Dir verbrannt, gepeinigt und gemartert
bis in die weiße Glut –

C. (traumhaft=hochstimmig aufschreiend):

– : »Allah ! – Allah ! ! !«

A. (kopfschüttelnd; ernst):

»Schrei nicht, o Scheik. Ich sage Dir, schrei nicht.
Denn wer da schreit, ist dieser Qual nicht wert;
wird weggeworfen in den Brack und Plunder
und muß dann wieder eingeschmolzen werden.
Du aber willst zum Stahl, zur Klinge werden,
die in der Faust des Parakleten funkelt:
sei also still. –«

B. (angeregt): Bravo ! *Darauf* war ich *nicht* gefaßt. Die Summe unsres Gespräches also ?

A. (fest): Karl May ist tot. – : Es lebe Karl May ! – (normaler Gong).

JENSEITS VON FORSCHUNG UND TEXTKRITIK

(Betrachtungen und Beispiele zu einigen Lücken unserer Pressegesetzgebung).

In Schweden – einem kleinen Lande, zugegeben – trat vor einigen Tagen ein sehr bemerkenswertes Gesetz in Kraft, nach dem es

VERBOTEN !

ist, die Werke eines Künstlers zu ‹bearbeiten›, oder sonst zu verändern. Und da gerade in solchen Fragen von Urheberrecht & Copyright eine starke Tendenz zu internationaler Angleichung besteht, (und bestehen *muß*; um den Austausch von Kulturgütern zu regeln, zu schützen, ja überhaupt erst zu ermöglichen), eröffnet sich uns die erfreuliche Aussicht, daß nun auch in der Bundesrepublik über kurz oder lang ähnliche Bestimmungen wirksam werden könnten.

Man sollte, und es gehört wahrlich wenig Überlegung und Einsicht zu solcher Erkenntnis, noch wesentlich weiter gehen. ‹Verboten› müßte es z. B. sein, die Bücher eines großen ausländischen Dichters in gekürzter, entstellender, oder auch nur stümperhafter Übersetzung dem Publikum – ja, ‹vorzulegen› nicht; das hieße von vornherein unrealistisch fordern, das könnte schwerlich verhindert werden. Aber davor müßte die Leserschaft geschützt werden, daß ihm nun die betreffende, notorisch mangelhafte Übertragung bis 50 Jahre nach dem Tode des Verfassers *aufgezwungen* wird. (Um ein Beispiel zu bringen : 1927 erschien die unzulängliche Übersetzung vom ODYSSEUS des James Joyce, eines Dichters vom allerersten Rang; da Dieser 1941 starb, wird sein Werk erst 1991 ‹frei› – vierundsechzig Jahre lang also kann ‹rechtens› verhindert werden, daß eine bessere, würdigere Übersetzung erscheint; oder, mit noch andern Worten: zwei volle Generationen Deutsche sind, insofern sie nicht wirklich sehr gut Englisch können, dazu verurteilt, nie ein ausreichendes Bild davon zu bekommen, worum es sich bei diesem BUCH DES HALBJAHRHUNDERTS handelt !). Dergleichen Gesetzesparagrafen ‹schützen› demnach ein Kunstwerk nicht nur ganz mangelhaft; sondern können vielmehr zu wahren Ungeheuerlichkeiten gegenüber dem Interesse der Allgemeinheit führen, und wären, milde ausgedrückt, revisionsbedürftig.

Und das Thema ist längst nicht erschöpft; es sind auf diesem zwielichtigen Gebiet Dinge ebenso möglich wie auch praktisch durchführbar, von denen sich das gutmütige Lesepublikum nichts träumen läßt ! Wie etwa, wenn von einem bekannten Schriftsteller unveröffentlichte Manuskripte vorhanden wären, hinreißendster Art; tausende von Briefen Tagebücher Akten bändeweis' – und seine Erben hielten die Sachen einfach zurück ? Oder hätten begonnen, im großen Stil zu vernichten, weil ‹die Sachen ihnen peinlich› sind, (oder gar ‹den Umsatz› gefährden könnten !) ? (Ein Kollege erwähnte einmal, im Gespräch, das Gerücht, daß Panizza dergestalt blockiert werde – ich weiß es nicht.) Ein solcher ‹Erbe› könnte sich also behaglich, ganz ‹im Panzer des Gesetzes›, vor den ihn flehend=beschwörend umtanzenden Literarhistoriker hinsetzen, Blatt auf Blatt an die brennende Kerze halten, und sadistisch dazu lächeln, (beziehungsweise, was vielleicht noch schlimmer wäre, borniert & abweisend entgegnen : »Die Sachen gehören doch mir ! Damit kann ich doch machen, was ich will.«).

Selbst ein bloßes ‹Abwarten› – weil man, aus reinlichsten kommerziellen Erwägungen erst einmal die 50 Jubeljahre des Copyrights verstreichen lassen, und anschließend immer noch an dem großen=alten Toten verdienen will – ist ja, wenn man sich im Rasierspiegel wohlgefällig als ‹Hegemeister des Geistes› zunickt, und den Mund notorisch gern zu einem ‹Kultur› zuspitzt, imgrunde nicht zu vertreten. Wohlgemerkt, Niemand kann mehr als ich dafür sein, daß die Frau und die unmündigen Kinder eines Dichters, (für die er ja geschuftet hat), aus seinen Arbeiten, wenn er dann tot ist, ihren Unterhalt ziehen – erhält doch auch jeder Beamte, der nichts dergleichen Bleibendes geleistet hat, seine stattliche Pension. Aber wenn's dann munter immer weiter hinaus geht; und ‹Fremde› sich geschickt einschalten; und vor allem eben die Gefahr sich abzeichnet, daß das Erbe nicht gehütet werde – wäre dann nicht ein ‹videant consules› am Platze ?

Natürlich ist nichts simpler, als nun gleich ein verantwortungsbewußtes Gesicht zu schneiden, den Fall für ‹ungeheuer kompliziert› zu erklären, und überhaupt jedes einzelne Haar in 70 zu spalten. In Wahrheit ist nichts einfacher : es liegt hier ganz schlicht eine Gedankenlosigkeit, ein Versäumnis unserer Gesetzgeber vor. (Denen ich ansonsten gern bescheinige, daß sie die ‹Pressegesetze›, freilich in anderer Richtung, mit überflüssiger Betriebsamkeit zu ‹verfeinern› bestrebt sind.)

Jeder Schriftsteller vom ersten, zweiten, und auch noch ein beträchtlicher Teil derer vom dritten Range, sind nun einmal, (wie alle Künstler überhaupt), keine ‹Privatpersonen› mehr, wie das Gesetz den Begriff definiert; und ein berechtigtes Interesse der Öffentlichkeit an ihnen liegt vor. Das Publikum kann mit allem, leider aber immer noch nicht ‹juristisch verankertem› Recht verlangen, daß ihre Werke so erscheinen, wie ihr Urheber sie gewollt hat, unverbogen und unverstümmelt von plumpen Händen. Das Publikum kann verlangen, daß es über ihr Leben unterrichtet werde, so vollkommen, wie es das vorhandene Material nur immer erlaubt: das hat gar nichts mit Klatschsucht und Sensationslust zu schaffen; sondern ist vielmehr ein todternstes, metaphysisches Fragen, dies Wissenwollen, wie jene Sprecher der Menschheit, jene stellvertretenden Exemplare der Gattung, ‹gebaut› waren. Wozu wiederum die Voraussetzung ist, daß der Forscher und Fachmann gegebenenfalls erzwingen könne, daß alles Vorhandene durch den Druck zur Aufbewahrung gegeben und dergestalt leicht zugänglich gemacht werde; damit dann, ‹wind, weather & war permitting›, der Tote & sein Werk, sobald wie nur irgend tunlich, gesichert und nach Kräften unverzerrt dastehe.

Selbstverständlich wird kein Vernünftiger bestreiten, daß Rücksichten zu nehmen sind: 20 Jahre nach dem Tode eines berühmten Mannes ist eine offene, umfassende Biografie unmöglich! Noch können dann durch Veröffentlichung einzelner Fakten (und seien es nur Hypothesen) Mißhelligkeiten hervorgerufen, ja Tragödien ausgelöst werden; und dazu sind sattsam Gesetze vorhanden, nach denen Eltern, Geschwister, Frau und Kinder ‹klagen dürfen›, sobald sie sich in ihrer ‹Pietät› beeinträchtigt fühlen – ich muß das Wort in ‹› setzen; weil auch das wieder so eine unzulängliche Bestimmung ist, die in ihrer jetzigen handwerksburschenhaften Gefühllosigkeit zu literarischen Grotesken führen kann. Ich zitiere meinen eigensten Fall: über FOUQUÉ, geboren 1777 (!), war vor 1926 (!) kein freies Wort möglich; weil damals noch ein posthumer Sohn von ihm lebte! (Und dann kamen mir, dem Biografen, noch Hitlerei und Krieg dazwischen; sodaß das Buch, und ich mußte noch froh darüber sein, 1958 endlich erscheinen konnte.) Auch hier wäre es hohe Zeit, den – gleichfalls kinderleicht einzusehenden – Unterschied zu machen, zwischen Privatmann und öffentlicher Persönlichkeit; abzuwägen ob falsche Empfindlichkeit (oder gar bloße Spekulation) von 3 oder 4 Halb=Beteiligten den Vorrang haben dürfe, vor dem Interesse von Millionen Mitlebenden und Nachkommen; und endlich nicht mehr die Anrempelungen durch blanke Revolverblätter und die Ergebnisse ernstzunehmender, entsagungsvoller Forscherarbeit auf ein= und dieselbe Stufe zu stellen.

Nur beim ersten Überfliegen hört sich ein Satz, wie dieser, absurd an: ich verlange, gesetzgeberisch festzulegen, daß spätestens 50 Jahre nach dem Tode eines Schriftstellers seine Biografie nicht nur erscheinen darf, *sondern muß* ! Nichts kann wichtiger sein, als das betreffende große ‹Gehirntier› – oft nachlässig gekleidet; manchmal längst jenseits von Wasser & Seife; auf seiner ständigen Wippe zwischen Betäubung und Erleuchtung – uns in allen Einzelheiten sichtbar zu machen; auf daß wir erfahren, aufgrund welcher geistigen und körperlichen Ökonomie (oder auch Nicht=Ökonomie), aufgrund welcher Anlagen und guten (bzw. schlechten) Eigenschaften & Angewohnheiten die betreffenden Höchstleistungen zustande gekommen sind; es ist wichtig, und könnte, gegebenenfalls, vorbildlich werden ! Und wer künstlich dafür gesorgt hat, daß der große Mann ein ‹weißer Fleck› bleibe; wer uns bewußt ganze Hektare von Urkunden vorenthielt, daß sie in Kisten auf Dachböden vermodern, oder in wirr=gekalkten Kellern (‹Mäusefarmen› !) nur mit der Taschenfackel im Maul zu betretenden, Der – ich bediene mich gern der volkstümlichen Wendung – ‹Der müßte bestraft werden› !

Fordern wir also den nächsten Bundestag ganz allgemein auf:

> Werk und Nachlaß jedes auch nur einigermaßen bedeutenden Schriftstellers – in Zweifelsfällen gibt die DEUTSCHE AKADEMIE FÜR SPRACHE UND DICHTUNG gewiß gern Auskunft – sowohl der Spekulation als auch der persönlichen Empfindlichkeit Einzelner zu entrücken !

(oder, um es Klopstock'isch auszudrücken : »Urenkel ! schütze sein Werk gegen die Leerheit, die Fühllosigkeit, und die spitzfindige Denkungsart deiner Brüder !«).

Um von einem aufs andere zu kommen : Wer – abgesehen davon, daß 16 Millionen Bände von ihm im Umlauf sind – Wer war KARL MAY ? Und man halte mir bitte nicht die Nr. 34 der ‹GESAMMELTEN WERKE IN 70 BÄNDEN›, die vor kurzem fertig wurden, unter die Nase : vor einem Band von 570 Seiten, voll mit Namen, Ortschaften, Sachen, dem dabei, als aller=äußerlichstes Kennzeichen, *ein Register fehlt,* kann ich nur die Achseln zucken ! Abgesehen von der Frage, ob es sich hierbei um falsche Sparsamkeit handelt, oder aber um eine aller filologischen Elemente baare Geisteshaltung, wäre es doch wohl ein schlichtes Gebot der Politesse, dem, tagsüber mit anderweitiger ehrenwertester Berufsarbeit ausgelasteten Leser anzuzeigen, wo er das betreffende kümmerliche Material über, z. B., den Verleger Münchmeyer finden könne ? Zur Zeit sucht man sich buchstäblich zuschanden. (Und kann sich nicht einmal darauf verlassen, daß May nun auch wirklich so geschrieben habe; denn die Angabe des Vorworts, daß die Texte ‹auf Grund der Urausgaben neu erstellt› worden seien, besagt ja mit nichten, daß hier ein diplomatisch genauer Abdruck der 1910=er Erstausgabe vorliege.) Wer heute ein bißchen mehr über May wissen möchte, muß sich neben den ad usum delphini zurechtgemachten Band 34 den alten Rudolf Lebius, ‹Die Zeugen Karl und Klara May› legen; (auch nichts weniger als eine ‹reine› Quelle; aber zur Austarierung unerläßlich.)

Und es wäre doch eben eine unschätzbare, schier beispiellose Fülle von Material vorhanden!

: tausende von Briefen, und immer neue tauchen im Handel auf (und selbst die unverbindlichste Notiz ergibt ja noch 1 Ort & 1 Datum !). Die Prozeßakten von May's letztem Jahrdutzend, die von Details, Hinweisen, Andeutungen strotzen, liegen in Bamberg da (und in Dresden findet sich, ein ‹Leser› schrieb es mir, gleichfalls ein beträchtlicher Teil). Die ‹Copie Nr. 2› ist vorhanden – höchstwahrscheinlich identisch mit der ‹Akte Emma Pollmer› – durch deren Veröffentlichung May endlich einmal des Odiums des ‹Jugendschriftstellers› überhoben würde; ein psychologisch einzigartiges Stück, (und zur Entzifferung des Silberlöwen dem Forscher so unerläßlich, daß eine Unbekanntschaft damit ihn sogleich ins Lachhafte distanziert : warum dürfen wir, nach nun über 50 Jahren, immer noch nicht wissen, daß der ‹Aschyk› Max Moritz Welte hieß ? Deswegen friert kein Mensch mehr an die Füße : ‹Ihre Leiber deckt der Sand. / Sie sind in ein ander' Land / aus dieser Welt gefahren› !).

Vorhanden sind die Manuskripte der beiden einzigen Werke May's, die nun wirklich unserer Hochliteratur angehören, der späten ‹Silberlöwen› & ‹Ardistan›. Aber wo sind uns die Textvarianten zugänglich ? (Oder die zu den, immer noch leidlich beachtlichen, ‹Winnetous Erben› ?).

Wo sind exakte Untersuchungen über May's früheste Münchmeyer=Romane, (die immer wieder als Steinbruch, bzw. als ‹Sandgrube› verwerteten); die etwa ausgiebig anführten, wie im alten ‹Waldröschen›, ein Stück, im Vergleich mit dem das Chaos selbst ein Kosmos ist, die gleichen ‹Steinblöcke auf Rollen› vorkommen, wie 30 Jahre später in ‹Ardistan›; daß man auch dort ‹Bärlappmehl durch eine Flamme bläst›, oder Halef=Helmers nach dem Sturz vom Rosse kurios erwacht.

Wo ist endlich, nach nunmehr 50 Jahren Copyrights, eine verläßliche Bibliografie, der man (und ich schlage irgendein Beispiel auf; es sind ihrer so viele, daß man sich schämt, das Wort ‹wählen› zu strapazieren) als Forscher, als besonnener, der sich vergewissern *muß*, ehe er urteilt, wenigstens dieses zu entnehmen vermöchte :

Ardistan und Dschinnistan. – Erste Fassung als ‹Der 'Mir von Dschinnistan›, Reiseerzählung von Karl May; in ‹Deutscher Hausschatz›, 34. Jahrg., (= Okt. 1907 bis Okt. 08), ab Heft 3 (Red.=Schluß 18. 10. 07), Seiten (doppelspaltig !) 81–87. / Bis, dito, 35. Jahrg., (= Okt. 1908 bis Okt. 09), Heft 24 (Red. = Schluß 30. 8. 09), Ss. 922–936. / *Anmerkung* : diese Fassung enthält rund 80 normale May=Druckseiten mehr, als die spätere Buchveröffentlichung bei Fehsenfeld; Textvarianten daher unbedingt zu berücksichtigen !

Geht man zu weit, wenn man die Frage aufwirft : ob hier etwa ein solcher Fall vorliegen könnte, wo ‹ein Erbe nicht behütet› wurde ? Zumindest der eine Tatbestand ist betrüblich leicht zu belegen, daß in mehreren Fällen die Texte nicht nur ‹nicht behütet›; sondern sogar ‹verfälscht› wurden; und der ‹Wahrheitsbeweis› ist das simpelste von der Welt : links lege man sich die neue Bamberger Ausgabe hin, rechts eine gute=alte Freiburger, (aus der Zeit vor dem ersten Weltkriege).

‹WINNETOUS ERBEN› ist einer der bösesten Fälle ! Die betont pazifistische Richtung jenes Alterswerkes, (jedem ‹Alternden› wohltuend zu lesen), ist von irgendeinem Bearbeiter ‹auf Vordermann gebracht› worden; d. h. in Einklang mit den sonstigen dummen=frühen Bänden. Die letzte Hälfte des ‹SILBERLÖWEN› (vielleicht *das Hauptstück ?*) wurde gefühllos ‹entjambt›; ‹ARDISTAN› altklug verschlechtert. Kurzum, nicht eines der späteren Stücke – und sie sind & bleiben die einzig diskutablen; the rest is tinnef – ist heute im Buchhandel in der Form erhältlich, wie MAY es geschrieben hat.

Das ist ein so dicker Satz, daß er, wenn auch in knappester Form, immer wieder neu bewiesen werden muß. Ich habe ihn bisher an den Bänden 28, 29, 31, 32, 33, 34, 49 öffentlich demonstriert; nehmen wir also heute die Nr. 25, ‹AM JENSEITS›, zur Hand, (der Wert des Stückes liegt darin, daß es als Übergang, als ‹Handübung›, zu kommendem Besserem betrachtet werden kann; recht interessant die verzerrte Orientierung zum Spiritismus hin; die Visionen des ‹Gerichts› gar nicht übel, vielfach in gebundener Rede.)

Als erstes ergibt sich, aufgrund einer bloßen Buchstabenschätzung, daß rund 10% des Textes gestrichen wurden – ich habe links das 121.–130. bamberger, rechts das 26.–30. des freiburger Tausends – überdem hat man aus den alten strotzenden 4 Groß=Kapiteln, (die ein prächtiges Maß für May's Arbeitskraft abgeben : soviel hat er nämlich in 1 Zuge geschrieben !), 12 klein=neue fabriziert.

Ein Beispiel der erwähnten ‹gebundenen Rede› (meist sind es 5= oder 6=füßige Jamben) :

1 »Auch Dich hat er noch nicht frei gegeben . . .
2 ich sehe ihn hier lauern an deinem Weg . . .
3 Ich wurde gebeten, dir zu sagen,
4 daß du dem Drachen gerade entgegengehst . . .
5 Du wirst mich im Augenblick der Gefahr
6 das Wort ‹Aschdar› rufen hören . . .«

beziehungsweise :

1 »Auch Dich hat er nicht etwa frei gegeben . . .
2 ich seh' ihn lauern hier an Deinem Wege . . .
3 Ich wurde jetzt gebeten, Dir zu sagen,
4 daß Du dem Drachen grad entgegengehst. . . .
5 Du wirst mich im Momente der Gefahr
6 das Wort ‹El Aschdar› dreimal rufen hören . . .«

(ich glaube, es ist überflüssig, darauf hinzuweisen, was hier die echte=alte Fassung ist, und was die befremdlich=neue.) Nichts Weltbewegendes wird man sagen; zugestanden, aber immer ein Karl May, der endlich einmal nicht mehr dem Gefangenen bei lebendigem Leibe die Nase abschneiden, und, in den dito ‹genommenen› Skalp gewickelt, daneben legen läßt.

Unverständlich, nach welchen Prinzipien gestrichen, bzw. ergänzt wurde ! S. 261 liest man zur Stunde, über Affen=Liebende »wie sie arbeiten und sich sorgen, sich ganz hingeben, sich aufopfern, bis das Gepräge ihrer Seele völlig verwischt und verschwimmt !«; im Urtext (323) hieß es : ». . . bis sie am Charakter vollständig zum Schatten geworden sind !«; und das ist insofern wichtig, als hier einer der, mehrfach hineingearbeiteten Übergänge zu den letzten beiden Bänden des allwichtigen ‹Silberlöwen› vorliegt. Das hat der Bearbeiter übrigens auch gewußt; S. 119 gibt er in einer Fußnote die krumme Verweisung : »Siehe Karl May, ‹Die Verschwörung der Schatten›« – ich will darauf verzichten, mich kunstvoll ironisch zu stellen, und etwa auszurufen : »Au fein ! : ein ganz unbekannter, noch nicht erschienener May=Band !«; wohl aber die Gelegenheit benützen, die neuerdings betriebene babylonische Titel=Verwirrung zu beanstanden : alte & junge May=Leser werden bereits Schwierigkeiten haben, sich da zu verständigen ! ‹Sand des Verderbens› ? Kenn' ich nicht; mir ist ‹Orangen und Datteln› geläufig. Und selbst in Fällen, wo eine gewisse Berechtigung vorliegt – wie etwa bei der ‹Felsenburg›; ich weiß wohl, daß die im ‹Hausschatz› so hieß – hätte man doch das ‹Satan und Ischariot› der ‹Ausgabe letzter Hand› beibehalten sollen. Leider ist es ohnehin, im Großen & Ganzen, so weit gekommen, daß man sich kaum noch getraut, May zu zitieren; es tut mir leid, aber ich muß Jedem, der ernstlich über ihn zu arbeiten gedenkt, den wohlerwogenen Rat erteilen : sich nur der Freiburger Ausgabe zu bedienen ! Ein Auf=der=Stelle=treten wäre Fortschreiten gewesen, im Vergleich mit dem, was hier geschehen ist.

Wie erquicklich mutet es an, auf S. 133 zu lesen, daß MAY doch auch klare Augenblicke hatte, in denen er von seinen schnulzigen ‹GEDICHTEN› verordnete, daß sie »einst nach meinem Tode« veröffentlicht werden sollten, (und wenn er ‹nie› dekretiert hätte, wäre es noch einsichtiger gewesen) – in der neuen Ausgabe sucht man solche Selbsterkenntnis vergebens. Aber schon genug von einem Buch, das selbst auf der reduzierten Skala MAY'scher Werke nur zur 2. Klasse gehört; enthält es doch noch allzuviel an stürzenden Block=Forts, Helden und Jungfrauen, von denen der Boden förmlich dröhnt, noch zu viel jener nunja ‹Geisteshaltung›, die das Entzücken der Hausknechte, Kutscher, Soldaten und ‹Näherinnen=allgemein› ist – – zum Teil ehrenwerte Berufe, meinethalben; literarisch aber eben ‹Kinder›. –

Kommenden März nun, in gut einem halben Jahr, jährt sich Karl May's Todestag zum 50. Male, wird er ‹frei› . . . . . : darf man sich erkühnen, eine Voraussage hinsichtlich der Entwicklung des ganzen Komplexes zu geben ? –

Die ‹Reiseromane› sind in rapidem Veralten begriffen : sie ‹stimmen› nicht mehr; weder die Landschaft, noch der ‹Wilde Westen›; das athletische Christentum vielleicht, aber nicht mehr die teils rührend teils borniert schief=gesehenen ‹Farbigen›. Weder die ‹Verkehrsmittel› überzeugen mehr, (es sei denn, ein neuer, noch energischerer ‹Bearbeiter› täte den Schritt vom ‹RIH› zum ‹PORSCHE›); weder die Vorderlader, System ‹Bärentöter›, noch die Hinterlader, System Schneider. Viele meinen sogar, daß es nie gestimmt habe, (trotz all der schönen Titel à la ‹DIE WÜSTENRÄUBER / ERLEBNISSE EINER AFRIKA=EXPEDITION DURCH DIE SAHARA / VON / DOKTOR KARL MAY›; so viel Worte, so viel schlechte Witze) – ich schlage, als Kompromiß, vor : ‹Vor 100 Jahren war es noch weniger falsch›. Diese ‹Räuberpistolen› also halten sich nur deshalb noch, weil ein neuer ‹Jugendschriftsteller› dieses Schwergewichts seitdem noch nicht da war. (Im angelsächsischen Sprachraum hat der ‹TARZAN› freilich auch 25 Millionen Bände erbracht – ‹Die Rache des Proconsul› !). Es müßten eben doch selten viele Schattenhaftigkeiten wieder in einem Menschenkopfe beisammen sein, ehe erneut dergleichen hippopota=Musige Verkaufsschlager entstehen könnten . . . . .

Ab 30. März 1962 also wird die Karl=May=Forschung, (hoffen wir es inbrünstig : es steht uns da einiges bevor !), beginnen.

Sie wird die zwei großen Alterswerke aus dem ganzen restlichen Wust herauszunehmen, und deren Texte zu sichern haben. Materialien für eine Biografie werden zugänglich gemacht werden müssen; noch erwünschter freilich wäre, sie erschiene, tausendseitig, selbst. All dies kann schlechterdings nicht länger hinausgezögert werden. Ist es doch ein Unding, daß wir über einen Mann, der seit nun 80 Jahren die große Masse unseres Volkes pausenlos, und zum Teil doch recht ergötzlich, unterhalten hat, heute immer noch so wenig wissen.

Möge der MAY=Verlag sich endlich entschließen, die massenhaft vorhandenen – von Radebeul nach Bamberg überführten : also zugänglichen ! – Urkundenschätze seines Archivs uns, der bis jetzt zu kurz gekommenen Leserschaft, vorzulegen.

‹WINNETOUS ERBEN›

Karl May und die Frage der Texte.

Als Karl May 57 Jahre alt geworden war, wurde er der Unterhaltungsschriftstellerei müde, die er bis dahin mit etwas betrieben hatte, das man ‹exemplarischen Fleiß› nennen möchte, wäre das 50=bändige Ergebnis nicht gar so flach & falsch geraten, und begab sich bewußt daran, der Lesewelt nunmehr ernstlich zu beweisen, was er literarisch zu leisten vermöchte. Ganz bewußt; denn Ende 1902 schrieb er, mitten aus der Arbeit am SILBERLÖWEN, seinem Verleger Fehsenfeld : »Sie werden finden, daß Sie etwas ganz Anderes drucken ließen, als Sie glaubten. Unsere Bücher sind für Jahrhunderte bestimmt. Man wird das endlich zuzugeben haben. . . . . . Also : Meine Zeit ist endlich da !«.

Ganz einwandfrei also ein ‹Bruch im Werk›. Nur, daß die Kurve von jetzt ab *ansteigt*, nicht, wie die ‹Kinder mit Bärten› gerne möchten, nach unten abknickt – je nun, die lieben Kleinen erkennen sich untereinander an solchen Behauptungen; blicken mit puerilem Bedauern auf die ‹Alterswerke› herab; und gehen dann gleich wieder spielen.

Wohin die May noch verbleibenden 12 Jahre führten – daß sie 2 unbestreitbar der Hochliteratur angehörende Werke ergaben – dafür verweise ich auf die 45 Seiten der in meinem Buch DYA NA SORE enthaltenen Abhandlung. Dort findet der Leser den ausführlichen Beleg, daß es für ernsthafte Menschen, d. h. solche, die von ernstzunehmender Literatur herkommen – also Herder geschmeckt haben und Poe; Joyce und Däubler; Hippel und Tieck – daß es für sie nur 1 möglichen Weg der Annäherung an Karl May gibt : nämlich mit Band III und IV des SILBERLÖWEN zu beginnen, und mit ARDISTAN UND DSCHINNISTAN. Wer klug wäre, beschränkte sich dann auf diese Beiden. Da aber, sehr begreiflicherweise, Jeder *noch* klüger ist; sich sagt : ‹Es ist nicht möglich. In den übrigen 65 Bänden *muß* doch noch etwas sein !›; auch allzuoft von Literaturhistorikern an der Nase herumgeführt wurde und nur noch den eigenen Sinnen trauen will – einen Solchen, von ehrwürdigstem Fürwitz Geplagten, der es aufrichtig und gut meint, mit der deutschen Dichtung, und mit Karl May, sollen die folgenden Notizen bei der Weiterarbeit unterstützen.

Als nächsten Schritt gilt es, die May'sche Altersproduktion im Zusammenhang zu überblicken; und ich gebe zu diesem Zweck ein Diagramm:

3 horizontale Niveaus sind eingezeichnet: unten das der ‹Münchmeyer=Romane› (ein Begriff, der bald erklärt werden wird), das, ohne May Unrecht zu tun, so ziemlich mit dem absoluten Nullpunkt gleichgesetzt werden darf. Zweitens das der ‹Reiseromane›; über dem dann, drittens, die ‹untere Grenze› der eigentlichen Hochliteratur verläuft. Die senkrechten Linien gleichen Abstandes stellen die Jahre 1899–1910 dar. Zwischen diesen rechtwinkligen Koordinaten verläuft das breite Band von May's Produktion, steigt und fällt; die Titel sind auf das Jahr des Erscheinens gesetzt.

Man erkennt sogleich, daß sämtliche Werke dieses Jahrdutzends qualitativ *über* dem liegen, was May bisher gegeben hatte; sieht aber auch am Verlauf der Maxima und Minima, daß selbst zwischen diesen Alterswerken wertmäßige Unterschiede von mehreren Größenklassen bestehen. Wohl sind manche als ‹Vorstufen› zu werten; und wer sich, über SILBERLÖWE und ARDISTAN hinaus, mit May befassen möchte, muß, als nächsten Schritt, nunmehr zu ihnen greifen; aber ab jetzt tut viel Vorsicht not, auch Nachsicht; eine Kenntnisnahme von May's Leben wäre anzuraten – kurzum: wer jetzt weiter und tiefer gehen will, müßte eigentlich schon ein ernsthaftes Studium daran wagen wollen.

Schalten wir die rührend unbeholfene Gedichtsammlung der HIMMELSGEDANKEN aus (mit ihren 365 Stücken unverkennbar als eine Art ‹Hauspostille› angelegt); ebenso das befremdlich=nächtliche Schattengespiele von BABEL UND BIBEL; auch das, allerdings zu den eben erwähnten ‹Hilfswissenschaften› gehörige, MEIN LEBEN UND STREBEN (zu dessen Rektifizierung und Neutralisierung jedoch unbedingt Lebius, DIE ZEUGEN KARL UND KLARA MAY, heranzuziehen ist: nie, weder vor= noch nachher, hat der Haß ein solches Material zusammengeschleppt, bzw. fabriziert!). Dann bleiben als eigentliche ‹Vorstufen› die 3 Romane: AM JENSEITS, UND FRIEDE AUF ERDEN, WINNETOUS ERBEN.

Der fraglos schlechteste davon ist Et in Terra Pax; so dürftig, daß ich mich in unduldsameren Stunden mehr als einmal versucht gefühlt habe, ihn ungehörig herabzusetzen. Schuld am Fiasko ist, daß May hier einen ganz bestimmten, ‹hypermodernen› Rahmen gewählt hat – nämlich seine Ostasienreise 1899/1900 – worauf denn prompt seine ganze Unfähigkeit, die Realität abzubilden, zum Vorschein kam: bei May ‹stimmen› nur die erdachten Landschaften! Seine ‹Ostasiaten› sind so falsch gesehen; so unbegreiflich kurzsichtig seine politischen, wirtschaftlichen, kultu-

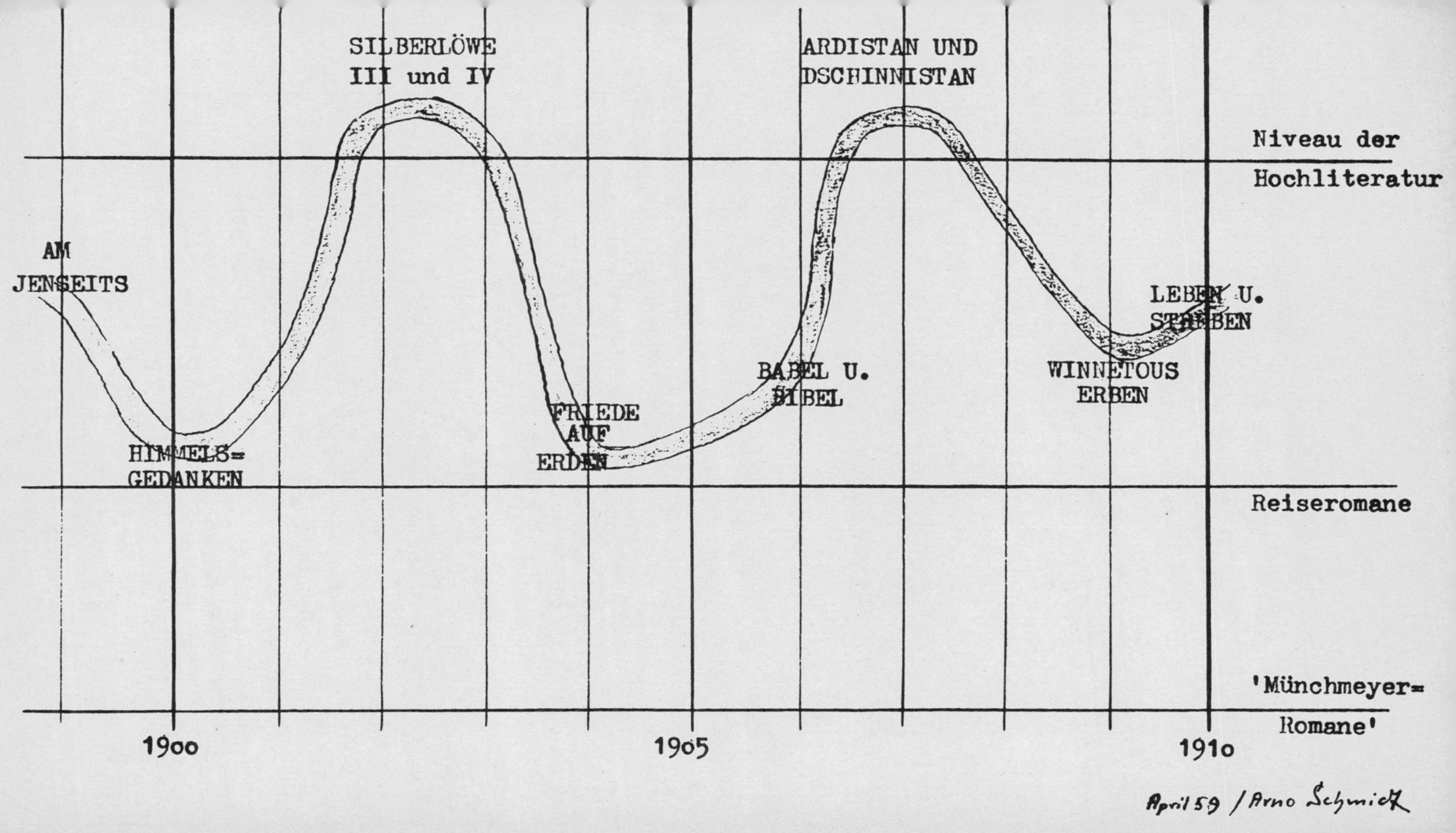
SILBERLÖWE
III und IV
ARDISTAN UND
DSCHINNISTAN
Niveau der
Hochliteratur
AM
JENSEITS
LEBEN U.
STREBEN
BABEL U.
BIBEL
WINNETOUS
ERBEN
FRIEDE
AUF
ERDEN
HIMMELS=
GEDANKEN
Reiseromane
'Münchmeyer=
Romane'
1900
1905
1910
April 59 / Arno Schmidt

rellen Prognosen; daß man das Buch heute nur kopfschüttelnd aus der Hand legen kann – ich vermag nicht einmal die voluntas zu loben.

AM JENSEITS ist bedeutender ! Allein dadurch, daß May sich wieder in die mythische, Alles erlaubende, Alles bergende ‹Wüste› begeben hat, ist der Leser vor schief gesehener und mild=verlogen abgezeichneter Realität sicher; sicher wie der, ebenfalls für die Erdenwelt blinde Münedschi, der von Ben Nur, dem Engel, bis zur Brücke des Todes geführt wird; dort stehen darf – eben : AM JENSEITS ! – und in unverächtlich=profetenzornigen Bildern die endlos ziehenden Scharen der Toten strafend schildert. Noch überwiegen die Elemente der Reiseromane – Handgemenge; Überfälle=Duelle; Schützenkünste und Spurenleserei – aber schon klingt, zum ersten Male, jener Ton hindurch, wird spürbar jene Kraft einfach=starker, abseitig=eindringlicher Metaforik, wie sie dann in überströmender Fülle die beiden großen Stücke so auszeichnet.

Bleibt WINNETOUS ERBEN – hier stock'ich schon ..... (und will dies Stocken flugs zu einem fundamentalen Exkurs benützen).

Wer die rechte Ordnung in seine May=Bestände bringen will, tut gut, sich 6 Fächer einzurichten :

1.) Die frühen Zeitungsarbeiten bis etwa 1880. – Diese Abteilung wird vermutlich immer leer bleiben; denn die Drucke, meist in längst abgestorbenen Zeitschriften erschienen, sind derart selten geworden, daß sie (obwohl zur Kenntnis von Mays Technik unerläßlich; sie werden einmal Gegenstand genauer Untersuchung werden müssen) selbst dem fleißigen Sammler nicht mehr erreichbar sind.

2.) Das nächste – wohl ebenso zu immerwährender Leere verurteilte – Fach wäre bestimmt, die 5 mal 5 = 25 Bände der sogenannten ‹Münchmeyer=Romane› aufzunehmen. Das sind jene zahllosen, rund 550, Groschenhefte, die May in den Jahren 1881–86 verzapft hat; jener absolute Kitsch, bei dessen diarrhöemäßiger Erzeugung er sich auf 20 Jahre hinaus die Hand verdarb. Es sind dies DAS WALDRÖSCHEN, oder die Verfolgung rund um die Erde; / DER VERLORENE SOHN, oder der Fürst des Elends; / DIE LIEBE DES ULANEN, Originalroman aus der Zeit des deutsch=französischen Krieges; / DEUTSCHE HERZEN, DEUTSCHE HELDEN (und ich gebe spaßeshalber einmal die Untertitel der Einzelbände : Eine deutsche Sultana; Königin der Wüste; Der Fürst der Bleichgesichter I und II; und Der Engel der Verbannten – Teufelteufel, das müssen schon Sachen sein !); / und endlich

Der Weg zum Glück. Glück hat May hierbei insofern gehabt, als er eine gerichtliche Bestätigung erlangen konnte, daß sein Kolportageverleger eigenmächtig 5% der Texte geändert habe, und die Bände als nicht mehr von May herrührend zu bezeichnen seien. Da besagte 5% nirgends näher bezeichnet sind – es könnten die Zeilen dazu gehören, die man eben zitieren will! – schließt jeder bedächtige Forscher und Leser die berufenen 25 Bände unverzüglich aus dem Kreis seiner Betrachtungen aus. – Seitdem hat man aus ihnen 18 neue gemacht, die Nummern 51–68 der augenblicklichen Gesammelten Werke; im Zuge dieser Renovation ergab das alte Waldröschen wieder seine 5 Bände; der Ulan und das Deutsche Herz nur noch je 4; das Glück 3; und vom Verlorenen Sohn blieben lediglich noch 2 übrig – der eben zitierte bedächtige Forscher und Leser schüttelt den Kopf, und schließt auch diese zweite Bearbeitung jener ersten Bearbeitung aus dem Kreise seiner Betrachtungen aus.

3.) Nunmehr aber folgt die wichtigste der 6 Abteilungen: es ist die editio princeps; das Fundament aller Beschäftigung mit Karl May; die ‹Freiburger Ausgabe› der Jahre 1890–1912 des Verlages Fehsenfeld. Ihre 33 Bände (zu denen noch die 3 nicht in die Reihe aufgenommenen Himmelsgedanken, Babel und Bibel, Mein Leben und Streben treten) stellen den Text dar, auf den Jeder zurückgreifen muß, der May auch nur zitieren will. Die Sache ist so wichtig, daß ich die Kennzeichen jener alten Bände hier einmal kurz zusammenfasse:

Man erkennt sie, rein äußerlich, unfehlbar an Dreierlei. Auf dem Rücken, unten, steht ‹Fr. E. Fehsenfeld / Freiburg Br.› und sonst nichts. Der Serientitel hat römische Zahlen. Die Type ist Fraktur.

Auch hier gibt es noch, in der Druckgeschichte jedes einzelnen Bandes, Unterklassen. So ist die erste Ausgabe meist eine ‹grüne›, Leinenband mit einfältigem Deckelbildchen (das mir allerdings immer noch lieber ist, als die augenblicklichen grellen Plakate!); dann folgt eine ‹blaue› mit anspruchsvollem symbolistischem Deckelbild von Sascha Schneider; auch ist von Band 1–30 eine größerformatige ‹Illustrierte› Ausgabe erschienen (blaues Leinen mit schwarzen und roten Rückenschildchen), deren ziemlich primitive Bebilderung dadurch einigen Wert bekommen hat, daß May dem Zeichner bedeutend ‹hinein-

redete›, und wir deshalb ungefähr erfahren, wie er sich die betreffende Situation beim Schreiben vorgestellt hat.
Auch treten im Zuge der einanderfolgenden Auflagen bereits kleinere Textänderungen auf, die hoffentlich bald einmal aufgespürt und zusammengestellt werden, um diese allwichtige Edition Fehsenfeld restlos brauchbar zu machen. Zum Teil sind diese Varianten persönlich bedingt – so hat May in Band I und II des SILBERLÖWEN das Lob seiner ersten Frau Emma später durch das der zweiten Klara ersetzt (Ehescheidungen ergeben nun einmal Bitterstoffe im Gemüt; und er war von der Art, die, um leben und arbeiten zu können, Störendes restlos verdrängen muß.)
Noch einmal sei es ausdrücklich wiederholt : diese alten 33 Bände enthalten den Text, wie May selbst ihn gewollt hat, vom 1. Tausend an, bis zur ‹Ausgabe letzter Hand›. Mit Zähigkeit und etwas Glück wird man im Lauf von 30 Jahren die Reihe so ziemlich zusammenbekommen; obwohl manche Einzelstücke so rar geworden sind, daß selbst das Verlagsarchiv nicht alle 1. Tausende besitzt.

4.) Es folgt das Fach, welches die ‹Radebeuler Ausgabe› aufzunehmen hätte; d. h. die zwischen 1913 und 45 erschienenen 65 Bände (die jedoch, wie gesagt, höchstens bis Band 49 einschließlich als von May herstammend angesehen werden können – schon da muß man, in einzelnen Fällen, viel Spaß verstehen.)
Auch sie weisen noch Fraktur auf; tragen jedoch auf dem Rücken bereits den ‹Karl May Verlag› (darunter freilich noch zusätzlich das ‹Fehsenfeld & Co.›) und als Verlagsort ‹Radebeul – Dresden›. Die Seriennummer ist in arabischen Zahlen.
Im allgemeinen ist diese Reihe noch leidlich brauchbar; obwohl es Bände gibt, vor denen gewarnt werden muß; denn gleich nach 1913 haben leider schon die ‹Bearbeitungen› eingesetzt; weshalb der Kenner ein Gefühl des Unbehagens dabei nie ganz los wird. (Ab Anfang der zwanziger Jahre wurde dann auch noch, brav nach ‹Duden›, die Rechtschreibung geändert). Mag sie also zu einer ersten Kenntnisnahme noch ausreichen, zur Forschung ist die Reihe bereits weitgehend untauglich.

5.) Die seit 1945 laufende Reihe, Band 1–70, will ich, nach dem einmal angenommenen System, die ‹Bamberger Ausgabe› nennen. –
Sie hat, schon äußerlich jetzt leicht unterscheidbar, auf Antiqua umgeschaltet; die Prinzipien ihrer Textgestaltung gibt sie selbst

also an : »Mitarbeiter beschäftigten sich mit der Aufgabe, noch einmal eine genaue Prüfung von Text und Anlage vorzunehmen. ..... sinngemäßer ..... tunlichst von Fremdkörpern, Weitschweifigkeiten und Unstimmigkeiten befreit ..... die Alterswerke sind zudem ... nochmals sorgfältig auf Grund des Urtextes überprüft worden.«

Ich habe schon einmal in meinem oben erwähnten Buch, 8 Druckseiten lang, zu diesen schönen Maximen Stellung genommen, und dort nachgewiesen – man schämt sich fast, das Wort ‹nachweisen› zu strapazieren : eine simple Gegenüberstellung der betreffenden Textpartieen tut's handgreiflich, *faust*greiflich, dar! – daß es sich, zumindest in den untersuchten 3 Fällen, um plumpe und gefühllose Verballhornungen handelt, Versehen gedankenloser Handlanger, hochbedenkliche Umbiegung May'scher Gedankengänge.

Jedenfalls hat sich diese zur Zeit im Handel befindliche ‹Bamberger Ausgabe› meinem Urteil nach, das sich inzwischen immerhin auf die sorgfältige Textvergleichung von 8 Alterswerken stützen kann, wiederum noch weiter von der ‹Freiburger Ausgabe› entfernt.

6.) Die letzte Abteilung kann man bis heute leider sehr kurz abtun : das Schrifttum *über* Karl May.

Es besteht im Grunde erst noch aus einer Handvoll Broschüren. Die älteste jener schon erwähnte Lebius (1910); dann folgt der Romanist Forst=Battaglia (1931); dann die Stolte'sche Dissertation (1936); meine Darstellung in der DYA (58); und, trotz aller seiner Unvollkommenheiten, der neueste Band 34 – und damit wird es wohl zunächst sein Bewenden haben. Denn der 1 Sammelband aus den ‹Jahrbüchern›, der not täte (allerdings nicht voll neckischer Artikelchen à la Wie mir Karl May übers Zahnziehen hinweghalf; sondern etwa das vollständige Verzeichnis von Mays Bibliothek oder Wulffens Untersuchung über die Vorstrafen), sowie die von der Leserschaft inbrünstig erhofften Bände der Briefe, Biografie, der ‹textkritischen Ausgaben›, scheinen noch weit im Felde.

Und nun zurück zum vorhin noch unerledigten Roman von WINNETOUS ERBEN.

Beziehungsweise, wie er auf dem Deckel meines 1.–10. Tausends betitelt ist : ‹WINNETOU in hoc signo vinces ? !› (und in der oberen

Hälfte das strahlende Kreuz, auf das von allen Seiten her die Gestaltchen nackter Erlöster abgeschossen werden). Wahrlich, das hätte Niemand gedacht, daß die 3 ersten Bände WINNETOU solcher Deutung fähig gewesen wären; und das Fänomen wird noch bedeutsamer, da May auf Seite 11 ausdrücklich betont, daß »der vorliegende Band zu gleicher Zeit auch der vierte Band von OLD SUREHAND und SATAN UND ISCHARIOT ist.«

(Jugendliche Kenner – der Reiseromane nämlich, wie ich sie mir wünschte – höre ich mir hoffentlich hier mit entsprechender westmännlicher Schärfe in die Rede fallen:

a) ‹Auf Seite 11 und Umgebung steht nichts dergleichen!› – Antwort: In der Urausgabe doch; in dem neuen (mir für alle folgenden Zitate dienenden) 198.–207. Tausend ist die Stelle freilich gestrichen.

b) ‹Es muß ein Fehler sein; denn OLD SUREHAND hat ja nur 2 Bände!› – Antwort: In der grundlegenden Freiburger Ausgabe hat er noch 3; freilich nahm schon die Radebeuler den mittelsten heraus, und machte aus ihm Band 19, KAPITÄN KAIMAN. –

Dem jugendlichen Kenner entfährt ein betroffenes ‹Uff!›. Ende des Zwischenspiels).

Höchst bedeutungsvoll also sollten nach dem Willen des Alten WINNETOUS ERBEN sein, Abschluß, ja Krönung von 3 dreibändigen früheren Romanwerken. Interessant wird es auch dadurch, daß es sein absolut letzter Roman war (was er natürlich nicht gewußt hat). – Die Fabel ist, ganz kurz, folgende:

den alten Old Shatterhand erreichen Briefe aus den USA mit immer geheimnisvolleren Andeutungen über einen letzten großen Kampf; über noch unbegriffene Unternehmungen und Pläne, die mit dem Namen Winnetou zusammenhängen; schließlich bittet ihn ‹Tausendsonnen›, der oberste Medizinmann aller Indianerstämme, zu erscheinen und seinen Freund zu retten. May entschließt sich mit seiner Frau zu der Reise, und besteht, ehe er den Mount Winnetou, den eigentlichen Schauplatz der Handlung, erreicht, allerlei lustige und rührend, seltsam ältliche Abenteuer. Als er an Ort und Stelle eintrifft, sieht er, daß man im Begriff steht, das ‹Bild› Winnetous entscheidend zu verfälschen, d. h. es einzig und allein auf den Gewaltmenschen festzulegen (dessen Züge freilich in den alten Bänden betont ‹drin waren›!). Gleichzeitig aber hat sich, in bewußter Gegenbewegung, ein großer Bund nächstenliebender Indianer, der ‹Clan Winnetou› gebildet, die den edelmenschlicheren, friedfertigeren Seiten des großen Häuptlings nachleben wollen. Whispering Galleries,

Höhlen, Berge und Bergstürze müssen ihre Rolle spielen; uralte Bauwerke, von geheimsten Gängen durchsetzt; ein vorbildlicher Wasserfall liefert die ideale Projektionsleinwand um darauf den Sascha Schneider'schen Winnetou abbilden zu können (wenn auch der dicke Euryprokte dem Kenner fatal genug wirkt). Am Ende stürzt das falsche Riesenstandbild verdientermaßen in den dafür vorhandenen Schlund : nicht das Pantherhafte ist das entscheidend=Große an Winnetou gewesen; den richtigen Weg schlug vielmehr der sich nach ihm nennende Clan der ‹Schutzengel› ein.

Hochinteressant – um 1 Lieblingswort Mays zu benützen – wie er zum ersten Mal, noch zögernd, gewisse Möglichkeiten der modernen Technik auf ihre Verwendbarkeit für seine Traumwelten abtastet : Fotoapparat; Projektor; Flugzeug; elektrisch Licht – man gewinnt manchmal den Eindruck, als sei er selbst plötzlich aus 40=jährigem Geträum erwacht, und erblicke nun staunend und betroffen eine Neue Welt. (Präziser : seine eigene Umwelt ! An deren Entwicklung nicht teilgenommen zu haben einer der größten Einwände gegen ihn ist !)

Aber mag man über diese ‹Ergänzung› der früheren Reiseromane denken wie man will; mag man einwenden, daß die Einstellung eines Mannes in den Jahren seiner Vollkraft doch wohl das Ausschlaggebende, ‹Gesündere›, sein eigentliches Credo, sei – dennoch ist diese umdeutende Ergänzung nun einmal da ! Es wäre das unfehlbare Kennzeichen des Trottels, wenn Jemand mit 70 Jahren noch genau so dächte, schriebe, handelte, wie mit 20; dergleichen ‹Einheitlichkeit des Werkes und der Weltanschauung› tritt höchstens bei ganz unbedarften literarischen Salzknäblein auf : jeder rechte volle Mensch ‹wandelt› sich und sei es organisch, im Lauf der Jahrzehnte, und mit ihm sein Werk, vorausgesetzt, daß es nicht nur das Erzeugnis 1 Stunde war. Man lebt und lernt; wächst und nimmt zu; vergißt und welkt. Und *wo* die bleibende Leistung eines Schriftstellers sich manifestieren wird – ob im Buch des Jünglings, oder des Mannes, oder des Greises – das weiß im Voraus kein Mensch. Und bei May ist die Tatsache unbestreitbar, daß er seine höchsten *künstlerischen* Leistungen eben im Alter vorgelegt hat. Akzeptieren wir also auch WINNETOUS ERBEN, diesen zitterigen Swan=Song eines Greises, der meint, eingesehen zu haben, daß Liebe & Friede wertvoller sind, als die interessanteste Prügelei, und der sein unsinnig umfangreiches Lebenswerk in dieser Hinsicht, in aller Einfalt und Ruhe, zu ergänzen gedachte.

Zu ergänzen : nicht umzufälschen ! Denn er ließ auch den früheren Bänden ihr Recht; ließ sie, wie sie waren, in all ihrer dumm=tapferen Buntheit; wies jedoch nunmehr mit strengem Nachdruck darauf hin, daß es bei jener Sorte ‹Heldentum› gefährliche Konsequenzen geben möchte. –

Man kann das Buch recht verschieden bewerten. Daß es 2 Größenklassen unter den beiden Spitzenleistungen liegt, ist unbestreitbar; die Wiederholung alt=neuer Motive, die formalen Schwächen, die gesunkene sprachliche Kraft, das moralisierende, oft verspielt=tändelnde Tremolo, sind deutliche Zeichen des endgültigen Verfalls – erklärbar aber auch aus der irrsinnigen Situation, in der der alte Mann schrieb : verfangen in den endlosen staked=plains und Dornenfeldern schäbiger, fast immer unnötiger Prozesse; bis ins Mark erschüttert durch gewissenlos=erpresserische Nekromanten, die seine eigene düstere Vergangenheit, die schon gnädig vergessen geglaubte, lukrativ wieder zu beschwören versuchten – ein Fachmann hat geschätzt, daß die von ihm mit eigener Hand geschriebenen Prozeßakten rund 6–8 Karl=May=Bände füllen würden ! Da ist es vielmehr wieder erstaunlich genug, daß er, reizbar, schlaflos, hinfällig wie ein pausenlos leicht Fiebernder, überhaupt noch die Kraft fand, irgendetwas zu gestalten.

Wichtig wird der Band durch die zahlreichen, bewußt gezogenen Querverbindungen zu früheren und künftigen Büchern; wichtig, weil sich in der müden Fahrigkeit, der hilflosen Nervosität der Kleinerfindung, der ‹Mensch in seiner Qual› offenbart; wird wichtig, weil er die unangenehme ‹Geschlossenheit› eines Lebenswerkes widerlegt, das eben durch sie unglaubwürdig geworden wäre : ein Siebzigjähriger, der nichts Schöneres kennte, als sich, wie einst im Mai, mit Schuljungen herumzuschmeißen, dürfte freilich stolz an seine Brust schlagen und behaupten, daß er sich seit seinem zehnten Lebensjahre ‹nicht gewandelt› habe – aber wäre er uns darum ehrwürdiger ? ?

Wobei ich beim peinlichsten Kapitel angelangt wäre : wer sich einen Band des erwähnten 198.–207. Tausend kauft, wird genau den falschen Eindruck vom alten May erhalten ! Muß ich also, zur Verteidigung meiner Thesen, an einem weiteren Bamberger Bande demonstrieren, wes Geistes Kind die zur Zeit umlaufende »sinngemäßere« Fassung ist. (Bei den angeführten Zitaten folgen in Klammern erst die Seitenzahlen der alten Originalausgabe, dann die neue Bearbeitung).

Kurz abtun will ich die kleineren Finessen – etwa wenn im Urtext »Mutter« stand, und die Neuausgabe macht eine Oma draus (157/143). / Wenn es früher »Quadrat« hieß, und jetzt »Viereck« : der Mathematiklehrer wird dem Schüler schon noch beibringen, daß Viereck der Oberbegriff ist, und Quadrat eine ganz spezielle Sorte von ‹Vierecken› ! (367/

316). / Eine alte »Münchhauseniade« ist mehr als die neue »Übertreibung« : es fehlt das im vorliegenden Fall genau vorhandene haut goût des ‹Jägerlateins› (415/357). / »indolente Papusengesichter« gilt *nur* für die der Kinder; während heute die »gleichgültigen stumpfen Gesichter« ohne weiteres auch auf die ebenfalls am Wegrand stehenden Männer und Frauen bezogen werden können (418/360). / »Er ist schon seit gestern dabei, sich eigene Flügel zu bauen« – jetzt : »zusammenzubasteln« (458/394) : was soll das Tiefergreifen im Ausdruck ? / »Als ob der Tag . . . zu uns herniederschaue«; heute »herabschaute« (473/407) : warum hat man den genau beabsichtigten, geheimnisvolleren Konjunktiv gekillt ? / »Eine tannenmörderische Sägemühle kreischte« (das Beiwort soll den Abscheu selbst gegen die bloßen Nebenarbeiten am falschen Riesenstandbild unterstreichen !); heute das nichtssagende »Eine Sägemühle kreischte« (558/481) : 1 Grund, 1 anständigen Grund, für die kalte Streichung solcher wirklicher Feinheiten ! / Aber Schluß mit diesen Kleinigkeiten; es würde noch Stunden dauern, und bedauerlich=Wichtigeres ist zu rügen.

Und wenn es die bloße Länge der einzelnen Kapitel betrifft. Sie liegt bei May zutiefst in seiner Arbeitsweise begründet; es ist ausreichend überliefert, wie er jedes Kapitel, in höchster Konzentration, in einem Zuge hinschrieb, bis er erschöpft war, leer, ausgehöhlt; das bedeutet aber weiterhin : daß die Länge seiner Kapitel ein wichtiges *Maß seiner Arbeitskraft* abgibt ! Früher hatte WINNETOUS ERBEN 8 Großkapitel – heute hat man sie in 15 kleine zerhackt. Schade. (D. h. *ich* weiß mir wohl zu helfen, wie unter anderem dieser Aufsatz beweist; aber Gott gnad' de Annern !).

Warum wurden May harmlose kleine Witzchen gestrichen, wie alte Leute sie lieben ? Als das Wort ‹Alëuten› fällt, weiß Pappermann sofort Bescheid : »O, das will gar nichts sagen, lachte er. Als ich in die Schule ging, drüben in Deutschland, da kannten wir die Alëuten und die Behringsstraße besser als unsere eigenen Städte und unsere eigenen Gassen.« Heute bemerkt Mr. Hammerdull nur steif : ». . . es gehört zu dem wenigen, was ich mir aus der Schule gemerkt habe.« (277/248) – (Die kleine Bosheit, die ich mir mit den Namen erlaubt habe, werde ich dem o. a. jugendlichen Kenner gleich ausgiebig erklären). / Heute raucht Frau May die Friedenspfeife, gibt sie zurück, und hat »feuchte Augen« : Punkt. – Früher stand noch schalkhaft dabei angemerkt : »aber es war nicht zu unterscheiden, ob es die Rührung oder eine Folge des Tabaks war.« (426/367) : Warum dem Alten einen tierischen Ernst anschminken, den er nicht hatte ?

Sämtliche Verweisungen auf ein künftiges Buch, WINNETOUS

Testament, sind herausgestrichen worden! Dabei liefern gerade sie den einzig=unschätzbaren Anhalt, wie May dies kommende Stück angelegt haben würde. 2 Beispiele für rund ein halbes Dutzend. / »Ich würde mehrere Druckbogen brauchen, um das Innere dieser wunderbaren Höhle auch nur einigermaßen zu beschreiben, doch kann ich dies einstweilen unterlassen, da sich mir später reichlich Gelegenheit geben wird, sie so zu schildern, wie sie es verdient. Sie kommt in Winnetous Testament des öfteren vor und ist dort der Schauplatz von Begebenheiten, über die ich jetzt noch schweigen muß.« – Heute steht an der gleichen Stelle die verlegen=verquetschte Frase: »Gern würde ich dem Leser an dieser Stelle ein genaues Bild dieser wunderbaren Höhle vermitteln, nur weiß ich nicht recht, wie ich das anfangen soll. (sic!!) Mit beschreibenden Worten ist in solchem Fall erfahrungsgemäß (sic!) nichts getan.« / Und wieder, auf der gleichen Seite, mit einem Schlage ganze Partieen jenes nicht mehr geschriebenen Buches erhellend, liest man aus Winnetous hinterlassenen Schriften vor; und während es ursprünglich ganz offen hieß: »Den Inhalt dessen, was ich vorlas, wird man kennen lernen, wenn das Testament im Druck erscheint« (nämlich eine Art Portrait of the Chief as a young Man). Heute steht da: »Den Inhalt dessen, was ich vorlas, kann ich hier nur annähernd, mit kurzen Worten andeuten.« (522/451): Warum hat man alle Anspielungen auf das beabsichtigte Buch so sorgfältig getilgt?! Hat etwa der Bearbeiter den Ehrgeiz gehabt, à la Band 50, In Mekka, die Leser=Kinder auf der Basis dieser Andeutungen mit einem Testament zu beschenken?

Wieder um einen Grad unangenehmer wird es, wenn es über die exakten, nicht nur zur Ausdeutung, sondern zum simplen Verständnis wichtigen lokalen, etc., Angaben hergegangen ist. / »Es herrschte, genau abgemessen, ein Zweidritteldunkel.« Tja, früher vielleicht; heute herrscht »ein seltsames Halbdunkel.« (353/304). / »Ich stieg voran; dann folgte das Herzle, der ‹Junge Adler› hinter ihr her.« – Heute hat man kehrt gemacht: »Der junge Adler stieg voran; dann folgte meine Frau, ich hinter ihr her«. (366/315). Warum weiß ich nicht. / So groß ist die Hochebene vor dem Mount Winnetou, »daß ihr Durchmesser die Länge fast einer ganzen Reitstunde betrug.« Augenscheinlich handelt es sich um eine Schrumpf=Prärie; denn heute beträgt »ihre Länge wie ihre Breite fast eine *halbe* Reitstunde.« / Auf der gleichen Seite wird weiterhin beschrieben: »Die untere Stadt war dichter besetzt als die obere. Die letztere enthielt nur Zelte; in der ersteren gab es auch kleinere Blockhütten usw.« Also in der oberen nur Zelte. – Heute hat sich das geändert, es sind freilich 50 Jahre seitdem vergangen, heute heißt es: »Die untere Stadt war dichter besetzt als die obere. Sie wies nur Zelte auf; in der oberen gab es auch kleinere Blockhütten usw.« (390/337). Also genau umgekehrt wie früher! Wodurch die ohnehin gefährlich schattenhaften Bilder nicht gerade an Deutlichkeit gewinnen. / Hinunter führt der große Erkundungsritt: »Es ging immer rundum, doch in Schraubenlinien immer tiefer hinab.« – Heute sind's »Schlangenlinien« was alles natürlich das Vertrauen zu der großzügig mitgelieferten ‹Karte› arg ramponiert! (451/388).

Noch befremdlicher wird es, wenn man feststellen muß, daß der Bearbeiter sich Freiheiten genommen hat, zu deren Verantwortung man schon im Besitz eines ziemlich gußeisernen literarischen Gewissens sein muß. Da wohnt nämlich, zu Anfang des Buches, in Trinidad ein »alter guter Bekannter von mir, namens Max Pappermann, einst ein brauchbarer Präriejäger, jetzt aber Besitzer eines sogenannten Hotels.« Und es wird recht nett geschildert, wie May in dem betreffenden ‹Hotel› absteigt; eben hat Pappermann es verkauft, und die einzigen Gäste sind der alte und der neue Wirt, die, einander die Rücken zugekehrt, tiefsinnig am selben Tisch sitzen, und Jeder den Handel zu bereuen scheinen. Also eine jener Nebenfiguren mehr, wie sie Mays Werke so zahlreich bevölkern. – Tja und heute?: »In diesem Trinidad wohnten nämlich *zwei* alte gute Bekannte von mir«; und, siehe da, es sind die unwiderstehlichen Pitt Holbers und Dick Hammerdull, und des immer wieder ach=so=spaßhaften ‹alten Coons› ist kein Ende mehr. Was schiert es den Bearbeiter, daß in der Folge nun unvermeidlich immer einer der Achtels=Heroen arbeitslos herumsteht? Neinein, da wird Einem doch gleich wieder so richtig wohl wie einst als Büblein=klein: ‹Herr Wirt, noch'n Coon!› / Hoffentlich ‹langt es›, und nicht nur dem jugendlichen, Kenner allmählich bei der aufdämmernden Erkenntnis, daß im Urtext ganz andere Figuren auftreten können, als in der jetzigen Fassung.

Und das traurigste kommt erst noch: nicht nur, daß man uns neuerdings die zuvor skizzierte Wandlung Mays vom ‹Abu Kital›, dem Vater des Kampfes, zum ‹Abu Schalem›, dem Vater des Friedens, unterschlägt: man hat seine Weltanschauung sogar durch eine andere ersetzt, durch eine andere .....

Der alte May war ausgesprochener Pazifist geworden: »Wahrhaft große Männer pflegen nicht eher zu sterben, als bis sie wenigstens innerlich das erreicht haben, was sie erreichen wollten oder sollten. Die sogenannten Helden des Krieges und der Schlachtfelder sind hiervon natürlich ausgenommen« setzt er ironisch=verächtlich hinzu. – Heute heißt es: »Die Helden, die der Kampf forderte, sind hiervon natürlich ausgenommen.« Eine Wendung, die, abgesehen von ihrer erlesenen Plattheit, genau das Gegenteil besagt ! (152/139). / »Sein Pferd war kein gewöhnlicher Gaul, und die Haltung des Reiters durfte als . . . indianisch=edel bezeichnet werden.« – Zur Zeit ist das Pferd ein »rassiges« Tier, und die Haltung des Reiters »schneidig«. (323/281). / Die alten Indianer denken nur an ihre Privatrache, und sind »leichtsinniger, viel leichtsinniger, als früher die jungen jemals waren.« – Das ist natürlich saft= und kraftlos, und die Neubearbeitung sagt's uns unmißverständlicher : »Sie haben die *kriegerischen Tugenden* ihrer *Rasse* verloren, weil sie diese Fähigkeiten nicht mehr geübt haben. Das ist der Fluch einer *unheldischen* Zeit; sie *entnervt* ihr Geschlecht.« (357f./308). – Det ha'ck doch schonn ma jehört ? : ‹schneidig, kriegerische Tugend, Rasse, unheldisch, entnervt› ? Wieso bediente May sich denn auf einmal derart geläufig des Wortschatzes jenes 3. Reiches ? ! (Freilich, er hat sich zuweilen der Gaben eines kleineren Profeten gerühmt). / »Du bist doch Duellgegner ?« fragt ihn die Frau; und Old Shatterhand antwortet greis=selbstbewußt : »Sogar sehr !« – Heute dagegen lacht er auf, und belehrt die besorgte Gattin : »Klara ! Bitte, male Dir einmal das Bild aus : Old Shatterhand, der einst gegen Blitzmesser gestanden und Intschu tschuna überwunden hat, der im Stii-poka nicht gewichen ist . . . . . der sollte sich plötzlich hinter die Erklärung verkriechen, er sei Zweikampfgegner. – Sie senkte beschämt den Kopf.« (528/456). Anstatt also Mays ausdrücklich zu Protokoll gegebene Erklärung stehen zu lassen, daß er im Alter gegen alle atavistischen Raufereien war, läßt man ihn neuerdings munter das Gegenteil behaupten; ja, sich sogar an der Aufzählung früherer blutrünstiger ‹Heldenkämpfe› berauschen. / Wenige Seiten später erhebt sich der Alte in großer Versammlung und spricht also : »Ich bin alt und bedachtsam geworden. Ich verdamme jedwedes Blutvergießen. Ich bin ein Gegner des Zweikampfes – –«. – Heute läßt man den alten Mann lügen : »So verdamme ich jegliches *unnötige* Blutvergießen . . . und bin ein Gegner jedes *vermeidbaren* Kampfes –« (533/460). Und schon ist es durch dieses taschenspielerhaft raffinierte Einschmuggeln zweier unscheinbarer Beiwörtlein geschafft; denn über das, was ‹unnötig› und ‹vermeidbar› ist – tja, darüber gehen die Meinungen eben oft beträchtlich auseinander, und werden wohl am einfachsten vermittelst eines solennen Krieges geklärt. / Der Alte weiß, daß sein Henrystutzen »sich überlebt« hat : es wird ihm natürlich prompt gestrichen – ‹natürlich›, wenn man, was jetzt hoffentlich allmählich der Fall ist, begriffen hat : daß unter den Bearbeitern dieser heutigen WINNETOUS ERBEN mindestens 1 Nazi gewesen sein dürfte !

Das ließe sich allenfalls noch begreifen, wenn man im Karl=May= Verlag sich schon relativ früh entschlossen hätte, diese Alterswerke unauffällig ‹auslaufen› zu lassen; denn zu den übrigen Bänden ‹passen› sie – wenn man schon durchaus die Mentalität kindlicher oder primitiver Käuferschichten zu berücksichtigen gedächte – wahrlich nicht. Aber das Verfahren, derartige Verballhornungen bösartigster Tendenz in Umlauf zu setzen, darf nicht unwidersprochen passieren. Es stünde zu wünschen, daß der Verlag sich bald einmal öffentlich=nachdrücklich von einigen dieser Bearbeitungen distanzierte.

PROFIL VON LINKS

Karl Mays ‹Leben und Werk›
Ges. Werke, Bd. 34

Es gibt die Anekdote von den Seekadetten, die, mitten im hohen Atlantik, zum ersten Male zu Sextant und Logarithmentafel greifen durften, um ihr Problem aller Probleme – die Ortsbestimmung auf See – praktisch zu erledigen. Sie maßen, zitternd vor Stolz; und rechneten gewaltig; trugen auch das Ergebnis zum Kapitän und harrten des Lobes. Der greise Seebär ging schweigend die Blätter durch; lange ruhte sein Blick auf dem Endergebnis; dann entblößte er ehrerbietig das Haupt : »Meine Herren«, sagte er feierlich, »tun Sie desgleichen : wir befinden uns mitten in der Westminsterabtei !«. –

Genau das gleiche Gefühl hat der Kenner, wenn er mit den 570 Druckseiten des neuen Zehntausend von Karl Mays ‹Ich. Leben und Werk› zu Ende gekommen ist. (101.–110. Tausend; Bamberg 1958). Fuß=Noten hat das Buch und Kärtchen, Bildtafeln und Faksimiles und impressive Kolonnen von Bibliografischem – und doch kann man nur einmal mehr die Achseln zucken : wieder liest man nicht von einem vollen Menschenleben; nirgends wölkt, manichäisch=überzeugend, das Gemisch kräftigster Lichter und Schatten eines kompletten Mannesdaseins. Aber Acta Sanctorum sollen wir akzeptieren; eine Pseudo= und Viertels=Biografie, in usum delphini redigiert und kastriert; ein Profil von rechts und durch immer rosaere Brillen gesehen : ein schlechtes Buch !

Dies Urteil könnte dem Nicht=Fachmann streng scheinen; also muß es – es geht immerhin um die Einsicht in eine literarische Großmacht von 50.000 Seiten ! – ausführlich begründet werden.

Die ersten 250 Seiten nimmt Mays bekannte Selbstbiografie Mein Leben und Streben ein. Abgesehen davon, daß *alle* Selbstbiografien nur sehr begrenzt brauchbar sind – ist es doch eine Binsenwahrheit, daß Jeder vertuscht hat, verdrängt, vergessen; retuschiert, posiert, gelogen – abgesehen hiervon also, ist das vorliegende Selbstzeugnis noch zusätzlich von einem Menschen abgegeben, der nicht die geringste Anlage zum Historiker hatte, mit dem die Fantasie ständig durchging, und der überdies mit solcher Arbeit die ganz spezielle Absicht verfolgte, sich gegen öffentliche Angriffe aus 2 bestimmten Richtungen zu verteidigen. Es handelt sich also vielmehr um eine ausgesprochene oratio pro domo; eine trüb=schallende Deklamation in eigenster Sache.

Wenn man diese Vorbehalte nie außer Acht läßt, gibt es durchaus bedeutende Partien in dem Buch; einige Stellen sind sogar hinreißend, wie etwa die Seiten 174ff. Dennoch – und geschehe es nur als Akt ausgleichender Ungerechtigkeit (was aber gar nicht der Fall ist!) – das uns präsentierte, chemisch gereinigte Heiligenbild eines Schnurrbartmenschen ohne Unterleib muß berichtigt werden. Etwa so:

Karl May hatte sich, nach ärmlichster Jugend, eine leidlich solide Bildung erworben; und ist Zeit seines Lebens aufs ehrwürdigste bemüht gewesen, sie autodidaktisch immer mehr zu erweitern. Er entstammte leider einem ausgesprochenen Notstandsgebiet des Erzgebirges; mit einer Bevölkerung, die, zum Teil ohne ihre Schuld, sondern aus Armut und Verzweiflung, in jeder Beziehung richtungslos geworden war. Es gab Zeiten in diesen Weberdörfern, wo die gesamte männliche Einwohnerschaft im Gefängnis saß – wenn Frau und Kinder am Verhungern sind, geht man eben Paschen und Wilddieben! May mußte also nicht nur Mangelkrankheiten erdulden, sondern hatte zusätzlich noch Milieu=Unglück, und schlitterte ebenfalls jene schiefe Ebene hinunter, verhängnisvoll gefördert von Intelligenz und einem noch nicht in literarische Betätigung abgeleiteten Überschuß an Fantasie. Manche seiner Streiche waren ausgesprochen stilvolle Schelmenstückchen; die Mehrzahl allerdings ziemlich gemein: er war durchaus ein ‹schwerer Junge›. (Wozu sofort Heinrich Mann sehr richtig anmerkte: »Jetzt vermute ich in ihm erst recht einen Dichter.«). Er hat seine 8 Jahre Gefängnis und ‹Zet› redlich abgesessen und gebüßt: erledigt.

Während dieser Zellenzeit kam ihm die unschätzbare Erleuchtung, daß er sein Zuviel an Flogiston in Temperament, Wissen und Fantasie nicht nach auswärts, in Taten, abreagieren dürfe; sondern via Federkiel und Tinte aufs Papier: von dem Augenblick dieser Einsicht an ist er mit dem Gesetz nicht mehr in Konflikt gekommen. (Denn daß er später im Privatleben von geradezu sagenhafter, grotesker Eitelkeit war, hat offizinelle Gründe – wie bei vielen Künstlern – und die Hälfte der ‹Schuld› trugen noch die Leser=Kinder mit ihrer Anhimmelei.)

Nachdem er kümmerlich die Hand in Kurzgeschichten und ‹Humoresken› geübt hatte – sie waren ‹volkstümlich› und also schlecht – führte ihm ein guter=böser Stern (deren er mehrere gehabt hat) den Kolportageverleger Münchmeyer über den Weg, der ihm die Gelegenheit verschaffte, Großgebilde zu emanieren. Es waren ihrer 5, und, entsprechend

Mays unzulänglichen Begriffen von Kunst, Kitsch – nicht ‹Schmutz & Schund›, oh nein, ein Begriff, mit dem man überhaupt nicht arbeiten sollte; aber so billig und albern, wie etwa die ‹Elfenreigen› überm Mittelstands=Ehebett. Darüber gibt es gar kein Debattieren : jene Stücke sind künstlerisch nicht ernst zu nehmen. (Und was die immer wieder schaudernd erwähnten 5% Textveränderungen anbelangt, die daran vorgenommen worden sein sollen, so haben die schwerlich etwas verschlechtert – Karl May hat mit seinen Texten eben immer Pech gehabt. Oftmals in einem Maßstab, wogegen jene 5% noch gar nichts sind : in einer der neuesten Bamberger Ausgaben von UND FRIEDE AUF ERDEN (83.–92. Tausend) sind ihm allein rund 13% (in Worten : dreizehn !) des Originals *gestrichen* worden; über die ‹Bearbeitung› des verbleibenden Restes werde ich an anderer Stelle berichten.)

Einen Aufschwung brachte die Einsicht, daß das bisher vorgelegte hintertreppige Gemisch von Kindesraub und Mord, von Gift und Gegengift, von schwarzen Schurken und weißen Helden – Kind, Heiliger und Weltmeister im Schwergewicht zugleich – in einer sich rapide technisierenden Welt allmählich völlig unglaubwürdig, weil unrealistisch, wirken müsse. Ergo nahm er 2 Großänderungen vor : verlegte einmal die Handlung in möglichst noch rauhe Weltränder, in unreinliche Landstriche, wo dergleichen Wildwestheiten noch glaubwürdiger wirkten; und ließ weiterhin praktisch sämtliche Frauengestalten weg – wodurch er sieghaft seine Unfähigkeit zur Darstellung einer kompletten zweigeschlechtlichen Welt umging. Abgesehen von dieser bedenklichen Reduzierung auf die Mentalität von Kindern und Kindes=Kindern, blieb die Themen= und Motivreihe dieselbe : er hat bis an sein Lebensende die ‹Münchmeyereien› wacker ausgeschlachtet; ja, zum Teil in einem Maße ‹übernommen›, daß seine S. 224 vorgetragene Behauptung, er habe sie nach der Niederschrift nie mehr angesehen, in die Klasse der ‹Verdrängungen› zu setzen ist. Einzelheiten aus dem WEG ZUM GLÜCK sind sogar in den späten SILBERLÖWEN übergegangen; die Mixteka=Episode des WALDRÖSCHEN in SUREHAND II.

In der beschriebenen Art – d. h. Kindern vom 1. bis zum 6. Alter Aventiuren in Wild=Ost und Far=West vorzufabulieren – hat er ‹Klassisches› geleistet : er ist schon in dieser Periode ein rechter ‹Jugendschriftsteller› gewesen.

Dann erfolgte der nächste, gleichzeitig der letzte, Schritt nach oben. Er war so bekannt geworden, daß man sich in der Presse intensiv mit ihm zu befassen begann. Neidische Kollegen, die weniger verdienten als er, verfielen darauf, mit ‹Enthüllungen› zu arbeiten, mit Veröffentlichung seiner ‹Vorstrafen› – worauf May dummerweise, verstört und verängstigt, zu reagieren anhub (anstatt einfach mit den Fingern zu schnippen, und behaglich weiter zu schreiben : er hatte doch seine Villa und sein ausreichendes Brot !). Aber auch ernsthafte Kritiker warfen ein paar kenntnisnehmende Blicke in sein bisher Geleistetes, und rümpften sogleich und derb die Nasen : vom Standpunkt wirklicher Literatur aus war das Zeug nicht diskutabel. Gegen dieses Urteil gibt es auch heute noch keine Berufung : es sind süße Nichtigkeiten, diese ganzen endlosen Abziehbilder. Und haben so viel mit Dichtung zu tun, wie ‹Comics› mit bildender Kunst.

Hinzu kam, daß in der ‹Villa Shatterhand› selbstverständlich nicht nur hart=männliche Räume existierten – unten Löwenfelle, an der Wand ein oder der andere ‹Henrystutzen› – sondern auch schwülste und dämmrigste Zimmer, in denen man wie narkotisiert, mit süchtigen Gesichtern, über rückende Tische gekrümmt saß; wo seine Frauen als spiritistische Schreibmedien agierten, und angeblich=wahrscheinlich saftigste Erotica stattfanden, wie bei einem Menschen starker Fantasie ja grundsätzlich der Fall ist ! Nach fleißigst geleisteter Tagesarbeit ist ein Schöpferischer so hilflos und leer, so aufs ehrwürdigste ‹widerstandlos›, daß ein Raffinierter *Alles* mit ihm machen kann (und leider findet sich auch meist Einer=Eine.) Diese Seite Kara=Ben=Nemsischer Tätigkeit wird uns völlig vorenthalten : aber May war schon, wie jeder bedeutende Mann, ein unheimlicher Geselle ! Auf Meeren von Unbegreiflichkeiten, ja Perversitäten aller Art, schwimmen, bunten Spänen gleich, die Bücher der Dichter. –

In der beschriebenen Weise allseitig attackiert, nahm er noch einmal einen ähnlichen Übersetzungsvorgang vor : er transponierte die gleiche Münchmeyersche Themenreihe ins Autobiografisch=Symbolisch=Märchenhafte; und erzielte nun endlich Spitzenleistungen, einmalig in ihrer Art, durchaus anhaltender Beschäftigung mit ihnen wert. Mit den beiden letzten Bänden des Silberlöwen und Ardistan und Dschinnistan erzwang er sich die Aufnahme in unsere deutsche Dichter= und Gelehrtenrepublik :

Hut ab vor solch einer fabelhaften Energieleistung ! –

. . . . . wenn sie uns so geschildert worden wäre . . . . .

»So lernt der Leser das einzigartige Dokument dieser Selbstbiografie so kennen, wie Karl May es niederschrieb, mit allen Schwächen« (S. 257) – wenn es auch längst nicht genügte : es wäre aber immerhin schon etwas ! Nur gibt es leider noch, außer der uns hier neu vorgelegten Ausgabe von Mein Leben und Streben, das Original von 1910; und schon der kürzeste

Vergleich damit führt die stolze Behauptung, daß man »weitestgehend auf die Urausgabe zurück«=gegriffen habe, aufs enttäuschendste ad absurdum : das Original ist nicht halb so schlecht wie dieser neue Band 34. – Nur ein paar kurze Andeutungen, wie man im Text gewirtschaftet hat :

‹Übersetzung› von Fremdworten : wie nett ist nicht die Szene, wo der Kleine von der Schmierenbühne herunter seine ergötzliche Rede hält : ». . . Also rrein mit der Hand in den Beutel ! Und rraus mit den Moneten, rraus !« Heute liest man, statt des so haarscharf=populär eingepaßten ‹Moneten› ein, den Rytmus und die Situationskomik sinnlos zerstörendes, ‹Münzen› ! / S. 169 liest man : »Ich zog meine Gelder ein, und machte eine längere Auslandsreise«; so spricht allenfalls der hochmütige Zechenbaron; wie aber schreibt ein Schriftsteller ? : »Ich kassierte meine Honorare« – und schon stimmt Alles. / »Kulissen« werden zu »Schiebewänden«; aus »Milieu« gar »Gegenstand«; aus »Parodie« farblose »Verse« – endlos ist die Liste der gefühllosesten Purismen !

Unnötige Auslassungen paaren sich mit bedenklichen Kürzungen und Änderungen : S. 92 gibt May anklagend eine Liste der Schundlektüre seiner Jugend; als Letztes ‹Die Sünden des Erzbischofs› – das ist neuerdings weggelassen; Erzbischöfe sündigen anscheinend nicht. / S. 83 steht heute nur einmal »evangelisch=lutherisch« – im Original wird es *viermal hintereinander* dem Leser eingehämmert. Was insofern wichtig ist, als manche Katholiken – die May gar nicht leiden konnte : man vergleiche die ‹Taki› des Silberlöwen – ihn gar zu gern für sich vereinnahmen würden. / S. 89 : ». . . Humboldt, Bonpland und alle jene Großen, die der Wissenschaft mehr als der Religion vertrauen . . . . .« : im Original steht das ‹Großen› in Extra=Anführungsstrichen, woraus man ja sogleich wieder den verfluchten überheblich=muckerischen, dunkelmännischen Sinn des Alten erkennt, den er leider nur zu oft entwickeln konnte – diese Gänsefüßchen sind heute diskret fortgelassen. (Zugegeben : es war hoch=albern von May; aber die Wahrheit ist eben trotzdem ein schön Ding !). / S. 175 lehnt May sich an die Kirchhofsmauer und schluchzt : ». . . das war wohl unmännlich; aber . . .« – schon hat man ihm den Passus gestrichen : ein May *ist* nicht unmännlich ! / Wenn er einmal, erleuchtet und ehrlich, offen zugibt : »In meinen Werken (gibt es) keine einzige Gestalt, die ich künstlerisch durchgeführt und vollendet hatte, selbst Winnetou und Hadschi Halef Omar nicht, über die ich doch am meisten geschrieben habe.« – dann streicht man ihm dieses aller Achtung werte Zeugnis der Selbsterkenntnis : *warum ? !* / S. 229 bezeichnet May die ewigen ‹Leserbriefe› als »störend« (und jeder Schriftsteller kann da ja nur wehmütig Bestätigung nicken) – heute ist es zu einem »hemmend« abgedämpft. / S. 235 ist die Rede von den erwähnten 5 »Schundromanen« – heute hat man die erste Silbe gekappt. / Jedes Schättchen ist herausoperiert : das harmlose »gestohlen« auf S. 118. Die »Detentien« auf S. 134, die man heute auf den Singular reduziert hat. / S. 24 wird empfohlen, »der Schutzengel eines andern« zu sein – im Original steht : »eines, resp. einer Anderen« : mußte selbst an dieser unverfänglichen Stelle das Ewig=weibliche weichen ?

Womit wir zwanglos bei dem folgenreichsten Kapitel der Textveränderung angelangt wären : Mays erste Frau, Emma Pollmer, kommt sehr schlecht bei ihm weg. Er hat sie, nachdem der erste Sexualrausch vorüber war – und er dauerte lange; denn sie besaß machtvolle Reize ! – zur Hälfte als dumme fette ‹Köchin› empfunden, zur andern Hälfte als dämonische Bestie und urböse Sfinx; so erscheint sie z. B. als Doppelgestalt Pekala=Gul im SILBERLÖWEN, so liest man es auch einwandfrei im Original seiner Selbstbiografie. Heute ist das nahezu alles gestrichen. / Wenn er ursprünglich bekümmert schrieb, daß Emma »nie« in seinen Büchern gelesen habe, dann steht heute an der gleichen Stelle »wenig«. / Wenn er die schreckliche Szene schildert, wie ihren Großvater der Schlag gelähmt hatte, und »sein Enkelkind saß in einer seitwärts liegenden Stube bei einer klingenden Beschäftigung. Sie hatte nach seinem Gelde gesucht und es gefunden. Es war nicht viel; ich glaube, kaum 200 Mark. Ich zog sie davon fort, zu dem Kranken hinüber« – so ist uns neuerdings, auf S. 200, diese bedeutende Menschlichkeit verschwiegen. / Daß Münchmeyer sehr bald zum »Hausfreund« wurde, wird nicht minder vertuscht, wie überhaupt das ganze makabre Bild jener ‹Rose von Schiras›. (Es soll, laut LEBIUS, S. 106, eine ganze Studie über diese erste Frau, von Mays eigener Hand gegeben haben : warum wird, falls noch vorhanden, diese nicht einmal veröffentlicht ? Es gäbe doch wahrlich nichts Wichtigeres in Bezug auf biografisches Material !).

Als Ersatz für solche Auslassungen wichtigster Portionen sind dann freilich Stellen unbekannter Provenienz in den Text hineinredigiert, mit einer literarischen Unbefangenheit, bei der Einem die Haare zu Berge stehen, und zu der man schon aller filologischen Elemente baar sein muß ! Ich wähle ein beliebiges Beispiel von Dutzenden : auf S. 90 des Originals heißt es von der kuriosen ‹Lügenschmiede› nur »Das Haus wurde der Erde gleich gemacht«. Heute steht da : »Das Haus wurde 1900 abgebrochen, und es blieben nur einige wenige Abbildungen erhalten« – die geleistete ‹Forschungsarbeit› in allen Ehren : *aber das hätte doch in eine Fußnote gehört; das darf man doch nicht einfach in den Urtext einsetzen !* (Ähnliche Beispiele finden sich auf den Ss. 111, 116, 117, 166 usw. usw.) Freilich stößt man heutzutage überall, was die Begriffe von ‹gesicherten Texten› angeht auf die traurigste filologische Verwilderung, ob Nietzsche, ob Büchner; aber soweit soll es hoffentlich nie kommen, daß dergleichen unwidersprochen hingenommen wird.

Wenn manche Varianten nur nicht so völlig unbegreiflich wären! Da führt May, S. 186/87 im Zuchthaus Waldheim ein Gespräch mit dem ehrwürdigen katholischen Katecheten; und »Haben Sie alles verstanden ?« fragt Jener bezüglich eines psychologischen Schriftchens. »Nein, noch nicht«, antwortete May früher; heute sagt er : »Das meiste, wie ich glaube« – warum diese Veränderung ? / Das Gespräch geht weiter; und »Nein, das verstehe ich noch nicht« gesteht May ein : »Sie sollten darüber nachdenken !«, Ausrufungszeichen, kommandiert daraufhin der geistliche Herr heute. Ursprünglich äußerte er sich nachdenklicher und wohltuend=bescheidener: »Ich auch nicht,« gab er zu, »Aber denken Sie darüber nach !« – Nun frage ich jeden unbefangenen Leser : Was, in aller Welt, hat solche Veränderungen ‹nötig› gemacht ? Zumal, wo man sich noch ausdrücklich damit brüstet, daß man uns hier ebbes Echtes vorgelegt habe ?

Einer der glänzendsten Witze – unvergleichlich dazu angetan, die ‹Folgen› solcher ‹Bearbeitung› zu illustrieren – findet sich auf S. 223, anläßlich der bekannten Bemerkung Mays : »Ich habe ein einziges Mal etwas Künstlerisches schreiben wollen . . .«. Hierzu erscheint neuerdings eine Fußnote, die ich der Rarität halber vollständig hersetze.

> Dieses bekannte und bisher zuweilen unrichtig zitierte Wort (‹. . . ich habe ein einziges Mal etwas Künstlerisches *und Formvollendetes geschrieben* . . .›) erscheint hier wieder im Urtext.

Oh ja, es *ist* des Öfteren unrichtig zitiert worden, in humorvoller oder auch kopfschüttelnder Entrüstung, daß das gemeinte Babel und Bibel selbst vom Verfasser derart überschätzt werden konnte : so hat sich der Romanist Forst=Battaglia darüber mokiert, oder Stolte, und amüsantesterweise heißt es sogar in der allerneuesten Bamberger Ausgabe der Lichte Höhen (1956, S. 462) noch falsch (sic!). Ja, und warum ? Antwort: *weil der Karl May Verlag uns von 1916 bis 57 das betreffende Wort einhunderttausendmal falsch serviert hat ! ! !* Das schätze ich über Alles : dem Leser erst fehlerhaftes Material unterbreiten, und sich dann im Druck darüber aufhalten, daß der Arme fehlerhaft zitiert ! –

Endergebnis : mein Vergleich mit dem Original hat mich die Überzeugung gewinnen lassen, daß auch in diesem Fall von Mein Leben und Streben der Text nicht nur ‹bearbeitet› sondern sogar ‹zugerichtet› worden ist!

Bezüglich der ‹Bibliografie› wäre es sehnlichst zu wünschen, daß der betreffende Bearbeiter einmal über einen Band des ‹Goedeke› geriete, damit er endlich sähe, wie man so etwas macht. Wiederum sucht man vergeblich nach – sagen wir – dem Jahrgang des DEUTSCHEN HAUSSCHATZES, mit Nummer und Seitenangabe, in dem die ersten Fassungen so vieler Stücke erschienen sind. Wenn man sich leider schon nicht dazu aufraffen konnte, im Anhang endlich einmal die allwichtigen Textvarianten abzudrucken : dann hätte man aber doch wenigstens verraten dürfen, wo das Alles notfalls=mühevoll aufzutreiben wäre, vom SCHATTEN DES GROSSHERRN an bis hinauf nach DSCHINNISTAN. (Und ein Register wäre auch was Schönes !).

Oder was sollen Scherze, wie der auf S. 344; wo zwar zugegeben wird, daß May schwerlich die Dutzende von Sprachen, mit denen er supermännisch aufschnitt, beherrscht haben kann; »aber diese Sprachproben haben immerhin die bisherigen Nachprüfungen großenteils bestanden.« Wie rätselhaft und geheimnisvoll ! : Sollte doch etwas daran sein ? ! Dabei weiß ja jedes Kind – oder halt; nein : *die eben nicht !* – wie ein Schriftsteller so etwas macht. Wenn ich in einem Buch 1 Russen auftreten lassen will (von dessen Sprache ich leider keinen blassen Dunst habe) : dann kaufe ich mir für 5 Mark 50 einen kleinen ‹Sprachführer›, und finde darin mehr Redensarten, als ich brauche, fertig vorgestrickt – und, gottswunder !, die ‹bestehen dann immerhin großenteils› (einesteils & andrerseits & außerdem) jede Nachprüfung !

»Das persönlichste aller bisherigen Werke« über May schrieb, wenn man S. 392 glauben wollte, Fritz Barthel mit seinem LETZTE ABENTEUER UM KARL MAY. »Gipfelpunkt und einmalige Kostbarkeit« des betreffenden Buches ist allerdings nicht die »packende Schilderung« von Mays letztem Wiener Vortrag; sondern, meines Erachtens weit charakteristischer, die Behauptung, daß Barthel 1938 Verbindung mit Karl Mays GEIST (sic !) aufgenommen, und von diesem, durch ein dreifaches ‹Ave Maria› gesichert, die Mitteilung empfangen habe, daß er auferstanden sei !

: Eingeklemmt zwischen dergleichen Offenbarungen via Null & Nonsens auf der einen, und ‹Textbearbeitungen› wie die beschriebenen auf der anderen Seite, steht nun heute, fast 50 Jahre nach Karl Mays Tode, der verzweifelnde Leser immer noch da !

Gewiß, einzelne Daten und Angaben bringen den kritischen Benutzer doch zuweilen 1 Stückchen weiter. Die Bildtafeln sind zum Teil schätzbar; die Stammtafel; und ein Aufsatz wie der von H. Wollschläger über DAS ALTERSWERK entschädigt für so manchen grausamen Witz vorhergehender Seiten (obwohl man auch hier schmerzlich Präzises – Namen Daten Seitenzahlen – vermißt.)

Dennoch bleibt wieder nur übrig, weiterhin auf eine wirkliche, ernstzunehmende Biografie zu hoffen : Quousque tandem, Bamberg ? !

‹GESAMMELTE WERKE IN 70 BÄNDEN›

Startschuß zum Beginn der Karl=May=Forschung.

1

Nunmehr, in den ersten Wochen dieses 1961. Jahres lag er endlich vor, der letzte, 70., Band der endlosen Reihe – und wer will, mag sich begeistern beim Anblick der gut zweieinhalb Meter, (er hat, zumal falls harm= und anspruchslosen Gemüts, Grund dazu); und wer will, mag schimpfen, (er hat, zumal wenn er an Literatur interessiert sein sollte, bedeutend mehr). Und der ‹Kaufmann› mag genußvoll lächeln, beim Gedanken an 15.000.000 Bände ‹Umsatz›; und der Kulturgeschichtler mag trübsinnig nicken ob des dubiosen Schauspiels einer in solchem Maßstab selbst in Deutschland einmalig meinungs= und gedankenspielbildenden Großmacht.

Denn seit 80 Jahren verschlingen die deutschen Kinder, ob mit Milchgebiß ob im Rauschebart, die dicklichen, buntbedeckelten Bände; und nahezu Keiner lebt, der nicht ihren Einfluß empfunden, und, bei Gelegenheit, auch zum Ausdruck gebracht hätte. Einstein soll Schweitzer anläßlich einer Indianer=Show in Colorado angestoßen, und sich gemeinsam mit ihm der Jugendlektüre erinnert haben. Zuckmayer, Fallada, L. Frank, uswusw., von A bis Z, der ganze ‹Kürschner› durch verwebten Reminiszenzen in ihre Bücher. Ob Kind im D=Zug, ob Greis im Kindergarten : ich stehe nicht an, zu behaupten, daß, wenn man 1 deutsches Normalgehirn zu öffnen sich die Mühe machte, man, unter anderen wunderlich nicht=zusammenhängenden Bildungsbröckchen à la ‹Karl der Große / 70=71 / die alten Römer, der alte Fritz, der alte (oder junge ?) Goethe / Schneewittchen & die 7 Zwerge / das kategorische Imperfekt / das immer siegreich geschlagene Frankreich›, man unweigerlich auch Hadschi Halef Omar darin vorfinden würde : OLD SHATTERHAND AG.

2

Von seinem Leben ist heute, fast 50 Jahre nach seinem am 30. 3. 1912 erfolgten Tode, trotz ‹Band 34›, unverhältnismäßig wenig bekannt. Ein umfassend=verläßliches Porträt dieses hochinteressanten gräßlichen Mischwesens steht noch aus : 10% Genius und 90% Wortplattler; anerkennenswertester Fleiß, und windbeuteligste Unzuverlässigkeit; gehrökkigste Bonhommie und die verruchteste Perfidie des Werkbesessenen. Halb Eulenspiegel, halb ‹schwerer Junge›; halb Manichäer und halb Spiritist; halb keusche Bergeshöh' und halb ‹nacktes Zimmer› seiner radebeuler Villa, hat er in Wirklichkeit das volle Leben des echten Literaten geführt, und nicht im geringsten jenem wehmütig=blutlosen Miniaturalbino geglichen, der uns bisher serviert worden ist. Die Forderung nach einem freimütigen, ‹aktenmäßig belegten› 1000=Seiten=Band – in dem freilich viel ausgesprochenes ‹Spiegel›=Material zum Vorschein käme; ich nenne hier als einziges Beispiel die so allwichtige ‹Copie Nr. 2› – wird dadurch unüberhörbar, daß eines der 2, unweigerlich unserer Hochliteratur zuzurechnenden Bücher May's, (nämlich die letzten Bände des Silberlöwen) ohne eine solche Großbiografie weder genossen noch gewertet werden können : ein Schriftsteller, der ganz bewußt und recht kunstvoll, sein Privatleben zum Thema eines Buches von 1.200 Seiten gemacht hat, muß sich auch darüber klar gewesen sein, daß dereinst nach seinem Tode, (und wenn keiner der Beteiligten mehr Kopfschmerzen darob bekommen könnte), eben dieses Leben als legitimes Hilfsmittel der Werk=Forschung aufs eingehendste herangezogen werden müßte.

Eine solche Biografie hätte also zu behandeln, wie May, ein 5. Kind von 14, ab 1842 im Milieu etwa der Hauptmann'schen ‹Weber› aufwuchs; früh von Mangelkrankheiten befallen, die zu jahrelanger Erblindung führten. Wie dürftige Schulbildung mit der pausenlosen Lektüre constrictorener Hintertreppenromane eine Liaison Dangereuse einging. Wie es konsequentem Darben der Familie gelang, dem aufgeweckten Jungen ab 1857 den Besuch eines Volksschullehrer=Seminars zu ermöglichen; dann wird für ein paar Monate gejunglehrert. Aber schon beginnen schwerste psychische Brüche offenkundig zu werden, die zu – durch den vorhandenen Überschuß an Fantasie noch verhängnisvoll verkomplizierten – kriminellen Akten führen; zum Teil wohl in Neurosen oder gar Dämmerzuständen begangen, zum Teil aber wohl auch pikareske Streiche; jedenfalls hat May zwischen 1862 und 74 insgesamt 8jährige Freiheitsstrafen verbüßen müssen.

Danach etablierte er sich, zumeist in oder um Dresden wohnhaft, als Schriftsteller; immer erfolgreicher, mit immer=steigenden Einnahmen; bis er sich zuletzt in den Stand gesetzt sah, sich eine schöne Villa in Radebeul zu kaufen, auf der Straße, die bis 1945 seinen Namen trug. Wein, Weib & Gesang, auch Kaffee & Schlaftabletten, brauchte er, wie es dem

Literaten, auf seiner ewigen Wippe zwischen Erleuchtung & Betäubung wohlansteht. Spiritistische Séancen, große Mode um 1900, fehlten nicht. Eine erste Ehe mit Emma Pollmer (1856–1917) erwies sich als langjährig=unglücklich für beide Teile – den bis jetzt nicht=vorliegenden Nachrichten zufolge, scheint es sich bei ihr um eine ausgesprochene ‹Hexe› gehandelt zu haben, im Sinne von L. Stein's ausgezeichneter Studie ‹LOATHSOME WOMAN=WITCHES AMONG US›; auf jeden Fall ist sie Modellfigur für den 1 Typenkreis seiner ‹Frauengestalten› gewesen. Eine 1903 geschlossene zweite Ehe mit Klara Plöhn (1864–1944), der Witwe eines jüdischen Freundes, deren schlichte Ergebenheit seinem excentrischen Wesen wohl tat, findet sich gleichfalls sentimental abgebildet in seinen Büchern. Den Alternden führten Auslandsreisen in den Orient (ab April 99; 18 Monate lang); sowie Ende 1908 nach den USA; (die von jugendlichen Lesern so inbrünstig gewünschten ‹frühen Reisen› sind, gelinde ausgedrückt, ‹nicht nachweisbar›). Er starb, nachdem er das letzte Jahrzehnt seines Lebens praktisch verprozessiert hatte – fachmännische Schätzung spricht von eigenhändig geschriebenen Akten, die 8–10 normale May=Bände füllen würden – kurz nach seinem 70. Geburtstage.

3

Wichtig wird nunmehr, nach dem offiziellen Abschluß der ‹Gesammelten Werke›, ein erster gedrängter Überblick über das œuvre, vor allem in Hinsicht auf die Wertrelation der einzelnen, im Lauf der Zeiten erschienenen Serien.

Wer sich als Forscher oder auch als guter Leser intensiv mit May befassen möchte, täte gut daran, seine diesbezüglichen Bücherbestände in 6 getrennten Fächern unterzubringen; und zwar sind dies:

1.) *die frühen Drucke*, bzw. die Vorabdrucke in Zeitungen und Zeitschriften; vor allem die im ‹Deutschen Hausschatz› der Jahrgänge 5–35 (= 1879–1909), von denen mit Ausdauer noch einzelne aufzutreiben sind. In 2 Fällen werden diese Erstfassungen besonders unerläßlich: bei ‹ARDISTAN UND DSCHINNISTAN› (Hausschatz 1908 und 09), und bei ‹WINNETOUS ERBEN› (Augsburger Postzeitung, 1909).

2.) In den Jahren 1882–86 lieferte May für den Verlag Münchmeyer 5 jener, damals beim untersten Lesepöbel sehr beliebten, ‹100=Heft=Romane›; rund 30 Normal=May=Bände von geradezu herzbrechender Banalität – nicht etwa ‹Schmutz & Schund›;

1 sich heutzutage allzuleicht einstellender flink=unscharfer Slogan; und in dem schon einmal erwähnten deutschen DIN=Brägen fast identisch mit ‹AlleswasnichtCDUist› – aber in jener ‹Epoche seines Schaffens› hätte May jedwedem anderen Autor getrost beide Türme auf dem Brett der Verkitschtheit vorgeben können, und ihn dennoch mühelos geschlagen; (ich möchte dies Urteil doch zu Protokoll geben; ob auch ‹Band 34› den Sächelchen »ein hohes Maß an Fabulierkunst und handwerklichem Können« vindiziert). Die betreffenden Produkte, jegliches seine guten 3.500 Seiten länglich, heißen, der Reihenfolge ihrer nu sagn wa schonn ‹Entstehung› nach ‹Das Waldröschen / Die Liebe des Ulanen / Der verlorene Sohn / Deutsche Herzen – deutsche Helden / Der Weg zum Glück›. Die Sächelchen wären, wie gesagt, vom literarischen Standpunkt aus nur als schnulzige Kuriositäten zu verzeichnen, wenn der Fachmann sie nicht deswegen kennen und berücksichtigen müßte, weil May sie in größtem Maßstab als ‹Steinbrüche›, meinethalben ‹Sandgruben›, für spätere Arbeiten ausgebeutet hat. Solche Benützung geht von einzelnen Worten, Namen und Formulierungen an, über Charakterisierungen von Gestalten, Gedichte, ganze Klein=Szenen, bis hinauf zur fast=genau wörtlichen Übernahme ganzer Partieen von 170 Seiten hintereinander, wie z. B. in ‹Old Surehand› II, S. 251–423, (entsprechend der ‹Königsschatz›=Episode in Waldröschen II. – ‹Was die Gewohnheit nicht tut, sagte der Schneider, und stahl Tuch von den eigenen Hosen›; was man natürlich auch vornehm so ausdrücken kann: ‹An sich selbst begeht man kein Plagiat›, Schopenhauer.) – Nun ist bei diesen Münchmeyer=Romanen die Textfrage auch recht verfitzt; am Anfang war also die ‹Heftfassung›, die für den Privatmann heute kaum noch aufzutreiben sein dürfte – vielleicht liegen, gebündelt in den Bodenkammern älterer kaffeesächsischer Häuser, sous les toits de Tharandt, hie & da noch Exemplare; es wäre doch eine systematische Nachsuchung wert. Aber schon hier soll eine ‹Verfälschung› von 5 % vorliegen. Als Münchmeyer dann von Ad. Fischer aufgekauft wurde, war es dessen erstes, diese 5 Romane, und illustriert, neu herauszugeben; wiederum sollen Klein=Veränderungen erfolgt, nach dem Urteil eines zeitgenössischen Kenners jedoch belanglos sein; sodaß also diese, im Antiquariatsbuchhandel zuweilen noch auftauchende Fischer=Ausgabe das sein dürfte,

was zunächst mit erträglichem Such=Aufwand und einiger Sicherheit zu benützen wäre. Die Varianten des späteren Karl=May=Verlages – seien es die in den 20er Jahren im VATERHAUS erschienenen; seien es die radebeuler & bamberger Bände 51–68 – sind von vornherein auszuscheiden. – Was auch für 2 weitere Nummern gilt, die Bde. 50 (er ist nicht von May); und 70, bei dem es sich um die Bearbeitung eines Romans von Ferry handelt. – Zu der Gruppe dieser Kolportageromane, die man doch als Ganzes wird betrachten und behandeln müssen, gehören noch 3 weitere Titel : ‹ZEPTER UND HAMMER› plus ‹DIE JUWELENINSEL› (= Bd. 45 und 46; Zeitschriftendrucke in ‹Alldeutschland› 1877, und ‹Für alle Welt› 1880); dann der ziemlich apokryfe Band 69, ‹RITTER UND REBELLEN›, (bei dem man, meines geringen Erachtens, auch nicht übel fahren würde, wenn man jene 5% Klausel mehrfach applizierte); und endlich die Erzählung vom ‹KAPITÄN KAIMAN› (zur Zeit Bd. 19, Nr. 1; früher in OLD SUREHAND II), die vor Zeiten ‹SCHLOSS WILDAUEN› hieß, oder auch ‹AUF SEE GEFANGEN› – wünsche ‹Frohe Stunden› damit.

3.) Ins dritte Fach gehörte dann die fundamentale ‹Ausgabe letzter Hand›, die ‹freiburger Ausgabe› des Verlages Fehsenfeld; die, in den Jahren 1890–1912 erschienenen Bände 1–33 einschließlich. Außerdem gab es noch 4 weitere, jedoch nicht mit in die Serie aufgenommene Titel; nämlich ‹HIMMELSGEDANKEN, 1900 / ERZGEBIRGISCHE DORFGESCHICHTEN, 1903 / BABEL UND BIBEL, 1906 / MEIN LEBEN UND STREBEN I, 1910›. – Diese editio princeps stellt den Text dar, auf den Jeder zurückgreifen muß, der sich irgend ernstlich mit Karl May zu befassen gedenkt. – Auch hier gibt es aber schon Unterschiede, die man kennen sollte. Rein äußerlich sind da die bekannten dunkelgrünen Bände erschienen; daneben aber auch dunkelblaue, mit anspruchsvollem symbolistischem Deckelbild von Sascha Schneider, (was nur bei den Nummern 25 und 28–33 eine gewisse Berechtigung hat; im übrigen dürften sich bei den vielen nackten Buben, die einem den Hintern förmlich entgegenrecken, einige Schwulitäten ergeben); und endlich existiert von Bd. 1–30 auch noch eine ‹illustrierte Ausgabe› in größerem Format, (mittelblaues Leinen, mit rot= und schwarzen Rückenschildchen : Cave ! : andere ‹Zählung› als in der normalen Serie !), deren ziemlich primitive Bebilderung einzig dadurch einigen Wert bekommen hat, daß May den Zeichnern, ob Moralt ob Bergen, bedeutend ‹hineingeredet› hat, und wir deshalb zuweilen ungefähr erfahren mögen, wie er sich die betreffende Situation ‹vorgestellt› hat. (Er konnte sich, nach einer mir gewordenen Mitteilung von Herrn Roland Schmid, darüber aufregen, ‹wenn der Mond falsch stand› – : sehr nett !). – Aber im Zuge der einander folgenden Auflagen treten eben auch damals schon kleinere Textvarianten auf, (die hoffentlich bald einmal aufgespürt und zusammengestellt werden, um diese allwichtige ‹freiburger Ausgabe› restlos brauchbar zu machen); sie sind z. T. persönlich bedingt; so hat May in den ersten Bänden des SILBERLÖWEN das Lob seiner 1. Frau ab 1902 durch das der 2. ersetzt. – Zu dieser Reihe hinzustellen müßte man noch die 7 Bände (35–37, 38,1 und 39–41), die im GUTEN KAMERADEN erschienen sind.

4.) Im nächsten Fach wäre dann die ‹radebeuler Ausgabe› der Jahre 1913–45 unterzubringen (1–65). Sie ist für eine erste Kenntnisnahme noch leidlich brauchbar; obwohl man die Ausnahmen (14–15–19) kennen muß, – so ist, z. B., aufs schärfste zu warnen vor den Nummern 25, 30, oder gar 33 ! (Besonders dies letztere, trotz aller Alterserscheinungen eines der immerhin=Stücke, ist übel verballhornt worden; Nachweis siehe meinen gleichnamigen Artikel in der ‹ANDEREN ZEITUNG›, Nr. 28 u. 29 vom Juli 1959). Ab Anfang der 20er Jahre hat man dann auch laufend die Orthografie, gehorsamst=dudenhörig, abgeändert – sei's drum. – Bei den noch nicht erwähnten Bänden 42–44 und 47–49 tut auch Acht not; zumal 48 und 49 enthalten unentbehrliches Kleinmaterial, wie etwa den ABDAHN EFFENDI, neuerdings den ZAUBERTEPPICH, oder die MERHAMEH, eine Short=Story aus dem ‹Dschinnistan=Kreis›; aber auch hier greife man vorsichtshalber=immer auf die ersten Fassungen zurück; (also beim ABDAHN auf die ältliche ‹Bibliothek Saturn›; bei der MERHAMEH auf das schöne, vor einiger Zeit vom bamberger Verlag uns geschenkte Faksimile : 1 dankenswerte Tat !).

5.) Die zur Zeit im Handel befindliche ‹Bamberger Ausgabe›, (1948 ff.; Bd. 1–70) ist, wie mir die genauesten Textvergleiche von nunmehr neun Bänden ergeben haben, derart durchgreifend überarbeitet – von dem, von mir grundsätzlich eingenommenen Standpunkt der ‹Hochliteratur› aus – und ich kenne keinen anderen : von Leser=Kindern nehme ich ebensowenig Notiz, wie sie von mir ! – verschlechtert worden, daß sie mir für den Forscher schwerlich mehr verwendbar erscheint. Und wenn man sämtliche ‹Reiseromane›, (an denen ja nichts zu verderben ist), bei der Betrachtung ausschalten wollte, so ist doch die Behandlung, die die ganz wenigen, wirklich guten Stücke erfahren haben, kaum zu verantworten! (Ich muß hier, aus Raummangel, auf meine DYA NA SORE, S. 149–193 verweisen). – Nimmt man noch hinzu, daß seit dem letzten Kriege auch noch ‹österreichische› und gar ‹DDR=Fassungen› in Umlauf sind, so rundet sich das Bild einer Textverwahrlosung, für die ein Beiwort wie ‹bedauerlich› nicht mehr ganz zulangt.

6.) Die Literatur über Karl May ist noch erstaunlich unbedeutend. – 2 Dissertationen junger Leute haben sich lediglich mit dem ‹Volksschriftsteller› befaßt; beide beneidenswert ohne Kenntnis der babylonischen Textverwirrungen und odioser Biografica. A. Droop's Broschüre von 1909 hat hübsche Stilblüten und Parallelstellen gesammelt; Josef Nadler, gleichfalls von geringer Sachkenntnis in diesem Falle, ihn für ‹Meißnische Geistigkeit› vereinnahmt. Zwischen 1918 und 33 erschienen 16 Bände eines veritablen ‹Karl May Jahrbuches›, mit Beiträgen von – wie sagt man gleich in Filologen=Kreisen? – ‹höchst ungleichem› Wert. Ja ja ja. LEBIUS erwähne ich weiter unten noch.

4

Das wäre nun Alles, so betrüblich oder, meinethalben, erstaunlich es auch anmuten mag, nicht weiter der Rede wert; denn von den 70 Bänden der ‹Gesammelten Werke› sind eben 62 – wenn ich, zumal morgens, streng urteile, sogar 66 – reinlichste Kindernahrung. Für einen erwachsenen Menschen, der einigermaßen weiß, was Literatur oder gar ‹Dichtung› bedeutet, wird die ewige ‹Hammerdullerei› nach 1, 2 Bänden platterdings unerträglich. Die fatale Familienähnlichkeit sämtlicher Helden – eineiige Hundertlinge; Alle gegeneinander austauschbar – sowie der stereotypen Situationen: Gefangennahme, Befreiung, Schützenkünste, Gift & Gegengift, Vertauschte Kinder, ehrwürdige Wahnsinnige; und wieder reiten reiten reiten, hinein in Band 1 und zu 70 wieder hinaus – wird nur noch von der ausgezeichneten Plattheit der Sprache und Diktion übertroffen: Wer sich verwundert, sagt ‹Uff!›; Wer etwas zeigen will, ‹Schau!›; die ‹Lustigen Personen› ermangeln der exorbitanten Nasen und stehenden Redewendungen ‹dahier› nicht; und die Wilhelminische Symbolik ist aufs peinlichste beisammen : ganz Gewaltige sehen grundsätzlich wie Bismarck aus; und mit dem Beiwort ‹deutsch› wird das bekannte chauvinistische Schindluder getrieben ! (Man kann natürlich auch – vielleicht geschieht es bereits ? – von ‹Germanischer Waffenlust› schwadronieren, wenn ‹Die Schwerter› Namen bekommen à la ‹Mimung› oder ‹Bärentöter› – ebeneben : ‹Meinführer› hatte die Scharfmachereien nicht umsonst neben dem Feldbett stehen !). –

Bei solcher Tätigkeit hatte May immerhin schon das 60. Lebensjahr erreicht, (und hätte zweifellos noch einige ähnlich=nichtsnutzige Dezennien zugegeben); da erlitt er, in relativ kurzem Abstand, 2 schwerste Schokke. Und prompt vollzog sich eines der erstaunlichsten Schauspiele in unserer Literatur !

Betroffen ob der kolossalen Selbstreklame May's, (der allerdings ungewöhnlich stark an den Schild schlug; obwohl etwa d'Annunzio's ‹FUOCO› noch um 1 Grad genial=widerlicher zu lesen ist), kam die ‹Entdeckung› jener Münchmeyer=Romane, (infolge der Neu=Auflegung durch Fischer), den Gegnern wie gerufen. Und wenn auch bei Einzelnen Futterneid mit im Spiele gewesen sein sollte, so war es doch bei Anderen redliche und sehr wohl angebrachte Besorgnis – bei Cardauns um Religion und Jugendgefährdung; bei Avenarius um Literatur & Kultur, wenn der Letztere das, bis 1902 von May Vorgelegte, als literarisch undiskutablen Kitsch bezeichnete – : der Mann hatte ganz schlicht recht !

Dies also war der 1. Schock; und May nahm den Fehdehandschuh ingrimmig auf : er hatte eben die beiden ersten Bände seines SILBERLÖWEN beendet, (und es war wieder einmal mehr der zum Überdruß geläufige Wechsel zwischen Prügeleien und Vergebungen geworden); aber nun, zu Beginn des ewig denkwürdigen dritten Bandes beschloß er nicht nur 1 Großabrechnung mit den Gegnern, sondern auch ihnen zu zeigen, was 1 MAY vermöchte ! Diese beiden Bände sind nämlich nur scheinbar ein ‹Reiseroman›; ‹im polarisierten Lichte gelesen› ist es vielmehr nichts als eine, wunderlich verlarvte, Selbstbiografie, mit schön=nomadischen und recht bedeutenden Einzelzügen. May selbst erscheint darin in mehrfacher Gestalt; seine beiden Frauen fehlen nicht; auch nicht die ‹Verleger›; und nicht die feindlichen Rezensenten & Rechtsanwälte. Und die Sprache ist, wie mit 1 Zauberschlage, ‹angehoben›; zuweilen kann man, 10 Seiten hintereinander=weg, jambenwellende Prosa lesen; und Einlagen, wie die im IV. Bande, S. 314–352, vom ‹SPRUNG IN DIE VERGANGENHEIT›, könnte jeder Schriftsteller, (und die meisten gar gern !), in seinen Büchern sehen wollen. – Vor allem ist auch die, früher betrüblich grobfädige christoide ‹Weltanschauung› etwas doch wesentlich ‹Geheimnisvollerem› gewichen – d. h. falls Einer auf ‹Geheimnisse› versessen ist; ich eigentlich nicht – : es wölkt dualistisch=spiritistisch; und Friedrich Nietzsche tritt, in 1 seiner Anhänger verkleidet, persönlich auf.

1 ‹Gedichtband› erschien, ‹HIMMELSGEDANKEN›, wahrhaft grausige Reimereien; gekontert mit ‹Aforismen›, die er sich auch besser nicht hätte einfallen lassen; (die meisten nach dem Rezept gebaut : ‹1 unscheinbares Blümchen kann das ganze Zimmer mit seinem Dufte erfüllen – : was kanns'Du ? !›). Und auch in seinem ‹Schau=Spiel›, BABEL & BIBEL, hat er sich, wenn man die 2 kargen ‹schönen Stellen› herausnimmt, wiederum so viele Blößen gegeben, daß man den Gegnern Recht geben muß, wenn sie über dergleichen Schulaufsätzchen baß die Achseln zuckten.

Da aber erfolgte der 2. der erwähnten Schox : May – ohnehin nicht der ‹röteste Gentleman›, wenn es Zeugenbeeinflussung oder sonst ‹Prozeßkniffe› galt – hatte 1 seiner Gegner gewaltig unterschätzt. Dies war der, schon erwähnte, Rudolf LEBIUS (1868–1946), seines Zeichens Journalist; der eine ganze Anzahl Streitschriften und Broschüren über Sozialismus und Gewerkschaften veröffentlicht hat, auch über Schulfragen und Schriftreform, und sogar 2 Lustspiele. Wie sich zwischen den beiden Groß=Gegnern im einzelnen Schuld und Nicht=Ganz=Schuld verteilen, ist bei der traurigen Forschungslage heute noch nicht zu entscheiden, (50 : 50 trifft's bei Auseinandersetzungen auf dergleichen Wildwest=Ebene meist !). Jedenfalls war Lebius findig genug, sich sämtliche Straf= und Scheidungsakten, (auch, über May's geschiedene Frau, Privatbriefe und, zumindest die Halb=Kenntnis so manchen peinlichen Faktums) zu verschaffen : im Jahre 1910 ließ er dann sein ganzes unverächtliches, (obgleich natürlich vom Haß zusammengetragenes, und dementsprechend vorsichtig zu benützendes) Material in einem stattlichen Band zusammendrucken (‹DIE ZEUGEN KARL UND KLARA MAY›, Berlin, 1910; z. B. in der Göttinger Uni=Bibliothek, Signatur H.lit.biogr. VI, 3231). Schon 5 Jahre zuvor hatte er May's Vorstrafen in der Presse bekannt gemacht; und so die gesellschaftliche Position, die der Alte sich mühsam zusammengebastelt hatte, aufs schwerste untergraben. (May hatte seine Jugendsünden bis dahin so geheim halten können, daß selbst seine 1. Frau nichts Genaues darüber wußte) – nun las es Allewelt, Schwarz auf Weiß, in der Zeitung !

Diesmal nun hatte er – inzwischen ja auch gealtert, überarbeitet und von Kummer gebeugt – nicht mehr den Mut, weder zum direkten literarischen Gegen=Racheschlag; noch die Energie zur ‹Wurschtigkeit› – es reichte gerade noch eben zu einer großartigen, (natürlich auch schon offizinell zu wertenden !) Fluchtbewegung; zu dem 1.200 Seiten starken Buch von ‹Ardistan und Dschinnistan›, der zweiten, der Hochliteratur unbedingt zuzurechnenden Arbeit, die Karl May geleistet hat. Große Bilder, bedeutend=ältlicher Todessehnsucht nach dem ‹Reich des Untergangs› (im Sinne Petriconis; und sei auch die 1001=nächtige ‹Legende von der Messingstadt› noch so erkennbar dahinter geblendet) machen diese Schilderung zweier symbolischer Traum=Großreiche zum ‹Pilgrim's Progress› eines unverächtlichen deutschen Mystikers.

: und selbst diese beiden, wirklich eigenartigen und guten Stücke nicht unangetastet gelassen zu haben, ist einer der Vorwürfe, die man der heutigen ‹Bamberger Ausgabe› nicht ersparen kann ! –

(Man könnte vielleicht, als Treppen hinauf bzw. hinab, noch Bd. 25, ‹Am Jenseits›, als eine Art überleitender Lektüre mit heranziehen; oder, mit noch mehr Berechtigung, Bd. 33, ‹Winnetous Erben›, über das sich sowieso erst ein abschließendes Urteil wird bilden lassen, wenn die ‹Postzeitungs=Erstfassung› leichter zugänglich geworden sein wird. – Liebhaber mögen meinethalben auch noch Bd. 30, den ‹Friede›, schätzen – aber bei all diesen Stücken ist der Abstand zu den beiden wahrhaft großen Werken doch zu beträchtlich.)

5

Was nicht nur der May=Forscher, sondern auch der simple ‹Gute Leser› allmählich beanspruchen dürfte, wären einmal verläßliche textkritische Ausgaben der 2 genannten Hauptwerke. Weiterhin muß endlich auf eine ausführliche Bibliografie gedrängt werden; (was uns bisher unter dieser Rubrik vorgesetzt wurde, ist so unsagbar erbärmlich, daß man nur darum beten kann, daß einem der verantwortlichen Herren einmal 1 Band des alten Goedeke in die Hände fallen möge, damit er sähe, wie man sowas macht : es ist einfach nicht länger angängig, uns Titel, Jahrgang, Datum & Nummer & Seitenzahl, der frühen Zeitschriften, wo man die Erstfassungen antrifft, vorzuenthalten. Bei dem bißchen Pseudo=Listenkram im augenblicklichen ‹Band 34› kann der Fachmann nur erst lächeln, dann halblaut fluchen ! (‹Es geht auch anders; doch so geht es auch› ?). –

Die Notwendigkeit einer Biografie betonte ich bereits. Ebenso steht noch ein, möglichst umfangreicher, Briefband aus, (meinethalben in Regestenform, falls das Material zu umfangreich sein sollte); aber die bis itzt ‹durchgehaltene› Daten= und Geschichtslosigkeit muß ein Ende haben ! –

Hoffen wir=Leser, daß im nächsten Jahre der 50. Todestag des Mannes, (der immerhin 2 gute Bücher geschrieben hat; was nicht=Jeder von sich sagen kann !), der Karl=May=Forschung d e n Impuls geben wird, dessen sie so dringend bedarf. Bis jetzt existiert sie kaum dem Namen nach – und kann es auch nicht !.

Trotz ‹Gesammelter Werke in 70 Bänden›. –

EIN TOAST FÜR NUMMER 104 !

Rowohlt's ‹Bild=Monos› starten die biografische Forschung um KARL MAY.

I

Und sie verweilten in ihrer Höhle 300 Jahre & noch 9 dazu. / Und Du hättest sie für wach gehalten, wiewohl sie schliefen. Wärest Du auf sie gestoßen, Du würdest Dich vor ihnen zur Flucht gewendet haben und wärest mit Grausen vor ihnen erfüllt. *(KORAN, 18. Sure; Vers 17 u. 24)*

Ein hoch entwickelter Erwerbssinn ziert den Verleger. Mehr noch : es ist seine Aufgabe, die (Lese=)Hämmel zu scheeren, wo er sie findet; um nämlich die Mittel zur Finanzierung bedeutender (dh anfangs mäßig ‹gehender›) Bücher stets bereit zu haben – das macht den Unterschied zwischen dem Großen Verleger, und einem Kaufmann, der mit bedrucktem Papier handelt. Betrachten wir unter diesem Gesichtspunkt eine der finanzstärksten deutschen Offizinen, den ‹Karl=May=Verlag› (KMV); früher in Radebeul, itzt in Bamberg.

Da erblickt man auf der einen Seite 70 grün=bunte Bände, einen durchaus studierenswerten Bildersaal im großen Reiche des Ungeschmacks. Abgesehen davon, daß die derzeitigen Texte nur noch an May angelehnt sind – ‹Bearbeitungen› bilden 1 der Spezialitäten des Hauses – handelt es sich dabei um reine Kindernahrung; im Sinne der Literatur um Stümpereien. Das hat man anscheinend schon in Radebeul eingesehen; ergo aus dieser Not nach Kräften eine Tugend gemacht & konsequent auf den Saiten des ‹Volksschriftstellers› und der ‹ewig jungen Freunde› herumgeharft. Aber ‹Volksschriftsteller› ?, das ist eben nur ein rücksichtsvollerer Ausdruck für Kitsch; und ‹Ich schwöre mir ewige Jugend !› heißt man auch bloß : ‹ich schwöre mir ewige Unreife›. Aber beim May=fan findet nun einmal die ästhetische Indifferenz des künstlerisch noch ganz Rohen statt, (der deswegen aber durchaus Ordinarius sein kann, oder Minister); handelt es sich um die üblichen ‹Gläubigen›, die fröhlichst=feiernd mit ihrem Gott machen was sie wollen; um Überzeugte, die nur Bestätigungen suchen – da freilich wäre, wie so oft, Opposition identisch mit Defizit. Ich bin, wie gesagt, gar nicht so umsatzgefährdend unrealistisch, um diese Seite des Betriebes nicht schmunzelnd zu begrüßen : feiert verfilmt verpfietschert May nur frisch ! Laßt Euch die Festzüge von ‹General Knüller› organisieren; zieht Eure Festschriften à la ‹Bild› auf; soll

Nixdorf, wenn er & die Zeiten danach sind, es zitieren : »In Zukunft werden Euch, Ihr Hitlerjungen, . . .« – ich empfehle, bei einer derart verdeppten & gleichzeitig fanatisch zahlenden Abnehmerschaft, Modelle der ‹Silberbüchse› aus Bakelit anzubieten; Autogramme des ‹Leibzwergs› Halef; oder von Karabennemsi eigenhändig beschossene Lanzen, (leicht & billig herzustellen : gebt mir nur Bohnenstangen & 1 Drillbohrer !).

Nun aber zu den wirklich bedeutenden Veröffentlichungen des Verlages über das große Modellobjekt MAY – denn ein Schriftsteller, an dem sich seit nun 3 Generationen ein Volk derartig erkennt, ist eines; (obschon kein ‹großer Dichter›, au contraire) – : ja, wo sind sie, die, und sei es nur in kleinster 300=er Auflage hergestellten, Sammlungen der Textvarianten ? Die Monografien ‹May & . . .›; (Spiritismus, Frauen, Reisen, Sprachkenntnisse usw. usw.) ? Wo ist der Briefband ? Wo die umfassende Biografie; jetzt, 3 Jahre schon wieder nach May's 50. Todestag ? ! – Es sind alles verdammt dünne Lichtlein, die uns der KMV in dieser Beziehung bisher angezündet hat; (‹May=Jahrbücher› ? : Nachbar, Eure Flasche !); und was Leistungen & Pläne des Verlages betrifft, so sind, ähnlich wie bei Leben & Taten des Meisters=selbst, sämtliche Berichte darüber mit Vorsicht zu benützen, besonders die von Augenzeugen. Kurz – damit ich endlich zu Wichtigerem gelange – die Ergebnisse der bisherigen, mit wahrhaft türkischer Indolenz betriebenen ‹Forschung› *sind gleich Null* ! Schlimmer noch : das bizarre Mißtrauen des KMV, zusammen mit seiner stereotypen Tendenz, May=Kritik mit May=Beleidigung gleichzusetzen & möglichst sofort ‹notarisch› zu reagieren, haben bis 1962 – wo speziell *dies* Spiel ein Ende hatte – wie ein Hemmschuh gewirkt; und anscheinend bei der Firma selbst allmählich die Illusion hervorgerufen, daß das Schweigen des Geschehenlassens identisch sei mit dem Schweigen der Zustimmung. –

2

Gelobt sei ALLAH, der das Buch auf seinen Knecht hinabsandte,
und es nicht gekrümmt machte !

(KORAN, 18. Sure; Vers 1).

Nicht daß ich Rowohlt überschätzte – dazu hat ‹Väterchen› es mir um 1 Mal zu oft zugeschnarrt, ‹er verstünde nichts von Literatur›, (und damit übertrieb der Herr nicht) – aber eines hatte er eben doch : den ‹dash›, den Mut zu folgenreichen Kurzentschlüssen. So wird er in der Geschichte des deutschen Verlegertums das seltsame Schauspiel des Mannes bieten, bei dem die apartesten ‹Erstlinge› erschienen; dem es dann aber an der Geduld, der Ausdauer (wie man's nun nennen will) gebrach, die anschließenden 10 Durststreckenjahre seiner ‹Jungen Männer› zu warten.

Und so ist denn auch diese allererste May=Biografie wieder 1 der beträchtlichen Rowohlt'schen ‹Taten›; denn der Name ‹Hans Wollschläger› erscheint das erstemal vor einem eigenen Buch. Natürlich wird jeder erkennen, daß es sich um einen ‹Pseudo=Erstling› handelt; das verrät einmal der bloße Stil, bei dem man grienend eine Art von Dauer=Duell verfolgen kann, zwischen der, die Reihe leider etwas oft belastenden ‹flüssigen Lesbarkeit›, und der ununterdrückbaren Fähigkeit des Verfassers zu eleganten Formulierungen; und dann auch seine, unverkennbar bereits trainierte Kunst der Materialkomprimierung. Und in Reinbek scheint man endlich auch eingesehen zu haben, daß es sich in diesem 1 Fall um das Digest aus einem vielfach größeren Fundus handele; und hat, höchst dankenswerterweise, einen kleinen Apparat von Anmerkungen durchgehen lassen, und vor allem *die erste solide Bibliografie*. (Also das, was Herr Roland Schmid vom KMV – wir sind *nicht* verwandt – mir gegenüber einmal als »positivistische Zahlenklauberei« bezeichnete; eine Einstellung, bei der man freilich viel Arbeit spart; und das bisher in Bd. 34 Vorgelegte, ist ja denn auch ebenso keß wie stümperhaft ausgefallen.)

Ansonsten ist der Verfasser Norddeutscher; eben 30 Jahre alt; als Übersetzer aus dem Englischen gekannt bei Nannen (‹Die Stimme des Negers›), Rowohlt, Suhrkamp, Walter; aus Zeitungsartikeln & Rundfunklesungen; und sein großer Roman vom ‹Fall Adams› wird hoffentlich auch bald erscheinen – ich empfehle ihn mit allem Nachdruck. Daß er für Karl May zuständig ist, beweist nicht nur das ‹Hamail› an seiner Windschutzscheibe; sondern mehr noch der Umstand, daß er – und nun wird's ja irgendwie curios – langjähriger Mitarbeiter des KMV ist.

Ich ergänze : so weit ich die zuständige, nicht=existierende, Fachliteratur überschaue – und ich habe schließlich auch mal über May geschrieben – ist Wollschläger der einzige wissenschaftlich integre Mann im sonst rein emotionell orientierten Hohen Hause dort; (seinen früheren, besonders lesenswerten Artikel über die Manuskriptlage des ‹Silberlöwen› (‹konkret›; Sept. 62) hat der Bescheidene nicht einmal erwähnt). Er hat die Textbearbeitungen mild, aber völlig ausreichend gekennzeichnet, ein rechtes Muster des suaviter in modo; er hat das virtuos verhängte Daten= & Urkunden=Embargo erfolgreich durchbrochen; hat, mit stiller Musikerhand, das in dämonischer Ausdauer falsettierende ‹in schnulci jubilo› grundbässig untermalt : *ein gutes Buch !*

Gut vom Anfang an. Dem ‹trauten Heim› May'scher Kindheit, dh dem üblichen Kampfplatz mit den eigenen Eltern; der Seminarzeit mit dem Freund Carpio=Garbe – *die* Bestätigung war mir sehr willkommen, daß ‹Weihnacht› im Gasthofe ‹Ernst Herzig› entstand; hatte ich mir doch bereits 100 statistische Häufungen von ‹Herr plus Herz plus ernst› notiert. Von Strafen ist also eine weitere aufgetaucht – nun; es stand zu erwarten – und das schöne=rare Foto von Schloß Osterstein ist doch wohl die grandiose ‹Todtenstadt› aus ‹Ardistan›. Jaja Frau Emma; die mit sich auch nicht sehr selige Transvestite, Lesbierin & Perverse, die ihren »Scheißkerl!« mit seiner »verfluchten Veredelung« so gern occasionell losgeworden wäre; (»Die Frau Münchmeyer war gescheiter als ich! Die mauste ihrem Manne das Geld gleich tausendmarkweise & noch mehr: die ließ ihn nicht in die Küche, nicht in die Kammer & nicht ins Bett. Sie hatte die ganze Villa; ihn aber steckte sie hinüber ins Seitengebäude, in eine leere Stube: da spielte er Violine & fraß Kuchen dazu! Unsereins ist zu dumm & zu gut.«). Und unerbittlich sieht man's weitergehen: all die Buchstabenmeere, die der ‹la main qui frappe› entflossen; die gruseligen Harlekinaden der Altersweltreisen; die ‹Aforismen› des geistlichen Bramarbas, (selbst die schönsten darunter kommen Einem so merkwürdig bekannt vor!); dann die beiden, *nun wirklich großen Romane* vom ‹Silberlöwen› und ‹Ardistan & Dschinnistan›; bis hin zur üblichen Schlußstimmung jedes Fleißigen, dem ‹Ein Königreich für einen freundlich=raschen Herzinfarkt!›

Auch die Bebilderung ist sehr ordentlich; ein schöner Beleg zu RAABE's Wort, »je häufiger & desto lieber ein Mensch sich fotografieren läßt, desto weniger ist an ihm dran«; (obwohl der ‹Spiegel› vom 12. 9. 62 hier eine gewisse Bahn gebrochen hatte). Einzelnes wäre selbstredend noch typischer zu halten gewesen; etwa die Probe von Sascha Schneider's Künsten, einer der ‹nackten reifen Männer; der einem Jüngling die brennende Fackel hinhält, auf daß Dieser die seinige daran entzünde› . . .

3

Sprich: würde das Meer Tinte für meines Herrn Worte, wahrlich, versiegen würde das Meer vor den Worten meines Herrn; auch wenn wir noch ein gleiches zu Hülfe brächten.

(KORAN, 18. Sure; Vers 109).

Ausstellungen zu machen wäre bei 167 Seiten ein zu kleines Kunststück – es ist schon Alles geschehen, was man zwischen den 4 Ecken eines Blattes suchen kann. ‹Dehydrieren› ist ein andrer Ausdruck für ‹Qual der Wahl›, und die Palinurus=Geschicklichkeit des Verfassers sowieso bewundernswert. (Druckfehler sind fast keine vorhanden. Der einzige Irrtum scheint mir, auf S. 44, die *‹vii›* des Kapitels von ‹Scepter›; jener ‹tolle Prinz› ist die Nr. ix.) Wenn ich jetzt einiges hinzufüge, dann liege das getrost daran, daß Wollschläger selbstredend einige Akzente anders setzt als ich; und auch an der ‹Tragik›, daß ein gutes Buch über May *nicht beim KMV erscheint*.

Da nehme zB ich mir die Freiheit zu ergänzen, daß besagter Schneider, »für Mays letztes Jahrzehnt die allerbedeutendste Figur« (S. 106) total homo=sexuell war. / Der Grund, warum Münchmeyer das Pseudonym ‹Ramon Diaz de la Escosura› wählte, dürfte keck dieses gewesen sein : daß 1872–74 der spanische Gesandte in Berlin, der Schriftsteller ‹Don Patricio de la Escosura› war; und die Spekulation also gelautet haben wird : ‹Ach guck an; sicher ein Bruder jenes Herrn !›. / Wobei wir gleich bei May's Mezzofantiasis wären; die hier, aus Raummangel, zwar ironisch genug angeschmitzt ist; aber leider Pikanterien unerörtert lassen muß, wie etwa, daß ein ‹Prä=Winnetou› (in den ‹Deutschen Helden›) Lata Nalga heißt – laut May apatschisch ‹Die starke Hand›; während Jeder, der nur ein kleines spanisches Wörterbuch sein eigen nennt, feststellen wird, daß ‹lata› dort ‹breit› heißt, und ‹nalga› der ‹Hintern› : how culious ! / Oder wieso es kommt, daß im Fehsenfeldschen ‹Kurdistan›, S. 120, für Bürgermeister das ghost=word ‹Nezanum› auftaucht; in den neuen Ausgaben durch etwas völlig=anders klingendes ersetzt – ich habe in Darmstadt einen türkischen Studenten gefragt, der sich lediglich den Bart strich & mir entgegnete : »Ich weiß es nicht«; (worauf ich Schwarzer Peter, angesichts der Zähigkeit, mit der May das Wort verwendet – es gibt sogar weibliche ‹Nezanas› ! – mir bis auf weiteres das ‹nez + anum› notierte). / Lebius soll May, während 1 ihrer Prozesse, mal auf englisch angeredet haben – an sich eine unvergleichliche Gelegenheit, ihn in fließendem Persisch oder Nahuatl zu beschämen – leider wußte Old Shatterhand nichts stichhaltiges zu erwidern. / Ein für alternde Groß=Autoren wichtigster Komplex ist leider gar nicht angetippt worden – dies die gewichtigste meiner Ausstellungen ! – : das unvermaidliche Antanzen jugendlichster Ver=ehe=Rinnen; ‹Vivat Carolus Magnus !› Vor allem also Lou Droop – die ‹Merhameh› der gleichnamigen Novelle, und in ‹Ardistan›; die ‹Aschta› aus ‹Winnetous Erben›; (denn wenn die ‹Erste Liebe› bei einem Dichter wichtig ist : die ‹letzte› wird es nicht minder). Und auch sie hat man anscheinend wieder unverhört sterben lassen, 1959; anstatt ihr, der bestimmt großzügig gewordenen Alten Dame ehrerbietigst die einst=schöne Zunge zu lupfen, und ihr dann fein=aufmerksam zuzuhören – es ist immer wieder das Alte Lied : da, wo der bloße Leser ob der Fülle des Neuen mit dem Kopf wakkeln wird, da erblickt der Kenner vom KMV nicht ausgefüllte, wenn nicht gar selbstgeschaffene, Lücken. / Immerhin lautet die Summa dieses Bandes 104 : *das erste verläßliche Porträt Karl May's*. Ein bedeutsamer Vorfrühling der May=Forschung.

4

Wenn aber meinem Herrn Verheißung nahet, wird er sie zu einem Staubhaufen machen; und meines Herrn Verheißung ist Wahrheit. / Und an jenem Tage werden wir sie übereinander wogen lassen; und gestoßen wird in die Posaune, und versammeln werden wir sie allzumal.

(KORAN, 18. Sure; Vers 98, 99).

Wieviel Dünkel dazu gehört hat, selbst den ‹Silberlöwen› und ‹Ardistan & Dschinnistan›, May's eigentliche ‹Weltentwürfe›, nicht unverstümmelt zu lassen, wird erst die nächste Generation einsehen. Und wenn man von den Erstfassungen von ‹Babel & Bibel› hochmütig dekretiert : »zur Veröffentlichung sind diese Stücke ungeeignet« (Bd. 49, S. 462); dann erlaube *ich* mir die Erwiderung : *das* zu beurteilen dürfte, nach dem bisher Vorgelegten, der KMV *schwerlich* die rechte Instanz sein. Jene Familie Schmid hält die unersetzlichen Manuskripte der Spätwerke für ihren privaten Besitz ? *Sie irrt sich : es handelt sich um ein Eigentum der Nation !* –

Nun, wie dem auch sei; zumindest ist ein zweites Mal bewiesen worden, daß es zur Not auch ohne den KMV geht; (ja, was die Wiederherstellung, die höchst fällige, der echten=alten Texte anbelangt, wird es sogar unvergleichlich besser ohne ihn gehen. Ich besitze sie alle : si vis pacem para bellum.) / Abgesehen von der endlich fälligen Groß=Biografie – für die nunmehr Hans Wollschläger der richtige Mann zu sein scheint – wären also einmal die unverfälschten ursprünglichen Texte wieder auf den Markt zu bringen; (was Bertelsmann vorlegt, ist nur eine weitere, die Manuskriptlage noch mehr verwirrende, Bearbeitung). Und das gilt nicht nur für die Spätwerke, die der Hochliteratur zuzuzählenden; sondern selbst für die Reiseromane, deren augenblickliche Entstellung unbegreiflich erscheint. So unglaublich ist die Textverwilderung, daß selbst ein ‹Geist der Llano› um rund 10 % gestümmelt vorliegt; wo Figuren entführt, andere umgetauft sind – heißen doch die ‹Schurken› ursprünglich ‹Cortejo› (wie im vorangegangenen ‹Waldröschen›); und die, sonst nur aus dem 1. ‹Silberlöwen› her bekannten beiden Nasenmenschen, die ‹Snuffles› treten auf ! Wie wichtig wäre nicht ein ‹MAY=Lexikon›; eins der schnurrig=anregendsten Nachschlagewerke der Weltliteratur; eine ‹Allgemeine Deutsche Biografie› ersten Ranges ! (Der hier ebenfalls erstmalig erwähnte Mitarbeiter Hatzig, Mannheim, soll seit Jahren eine Vorarbeit hierfür, nämlich Register über die einzelnen Bände, anlegen – Frage : wo sind sie ?).

Es wäre fehl am Platze, kunstvoll eine akademische Ratlosigkeit zu erheucheln. Sei's also ausgesprochen : wieder einmal ist eine der ganz raren Grund=Schriften über das Fänomen MAY erschienen – und ebenso wieder einmal *nicht beim KMV !* Quousque tandem ? . . .

SÄCHSISCHER JANUS

(Am 30. März, vor 50 Jahren, starb Karl May)

1. Sturm und Drang.

a) *»Sei uns gegrüßt! Wir, Deine Erdentaten,*
erwarteten Dich hier am Himmeltor;
Du bist die Ernte Deiner eignen Saaten
und steigst mit uns nun zu Dir selbst empor.«
(MAY; Grabinschrift für MAY).

b) *»Aufgrund der heute stattgefundenen Verhandlung erkennt das Kgl. Bezirksgericht Mittweida für Recht: daß Karl Friedrich MAY... mit Zuchthausstrafe in der Dauer von 4 Jahren zu belegen ist.«* *(URTEIL vom 13. 4. 1870).*

Und wer dann am 2. Mai 1874 – einem stürmischen Frühlingstag; es regnete & schneite durcheinander – das mickrig=pfiffige Männchen (1.66; »als stünde er immer im Winde & fröre«, G. GROSZ, 1910) wieder hätte aus dem Tor des Zuchthauses Waldheim treten sehen, dem wäre vermutlich als Diagnose nur eingefallen, daß er hier einen ‹mittelschweren Jungen› gegen Ende seiner schiefen Bahn vor sich habe – in Wahrheit handelte es sich um den Beginn einer der wundersamsten literarischen Karrieren, von denen die zuständige Muse zu berichten weiß. –

Erzgebirge 1842. Eines der permanenten Notstandsgebiete; im Winter gibt es Zeiten in diesen Dörfern, wo die gesamte männliche Einwohnerschaft im Gefängnis sitzt: wenn Frau & Kinderdutzend am Verhungern sind, geht ja wohl Jeder Wildern oder Paschen. Dort, ein 5. Kind von 14, wächst Karl MAY im ‹Milljöh› von HAUPTMANN's ‹Webern› auf. Der Vater begabt; aber anscheinend etwas leicht, (eine winzige Erbschaft vertut er in klein=törichten Projekten); die Mutter fleißiger, schwerblütiger. So groß ist die Armut, daß die 1 Tagesmahlzeit oft aus Unkrautsuppe besteht: da wird der Kleine früh von Mangelkrankheiten befallen, die in jahrelanger Erblindung gegipfelt haben sollen. Folgenreichste geistige Einflüsse ergibt weniger die dürftige Schulbildung; sondern einmal, während der Kinderarbeit des Kegelaufsetzens (und die gut=schalleitende Bahn trägt ihm fuselduftende Zoten zu), die gierige Lektüre von Hintertreppenromanen; und weiterhin, als typisch MAY=liche Messerspitze Widersinnigkeit, die ‹Symbolmärchen› einer Magna Mater, die, ‹wenns stimmt›, eine kuriose Drude gewesen sein muß.

Der begabte Junge fällt, wie üblich, Rek= & Kantor auf; und einem *noch* konsequenteren gemeinsamen Darben der Familie gelingt es tatsächlich, MAY den Besuch eines Volksschullehrerseminars zu ermöglichen. Dort ergibt eine erste kleine Panne ein, auf jeden Fall rührend unschuldiger, Wachsunterschleif, der mit einem bloßen Anstaltswechsel abgemacht ist. (Im Abschlußzeugnis fällt das ‹Gut mit Auszeichnung› in Musik auf; er hat Orgel gespielt; Gesangvereine dirigiert; auch komponiert, einmal eine ganze Oper, DIE PANTOFFELMÜHLE.) Mit 19 Jahren ist er soweit, daß gejunglehrert werden kann.

Anstatt daß jedoch nun eine solid=hoffnungsvolle Laufbahn sich auftäte, beginnen vielmehr psychische Brüche manifest zu werden; und zwar ist das noch weniger seine erste 6=wöchige Gefängnisstrafe (zu der er, und seine Darstellung wirkt hier wiederum recht glaubhaft, mehr aus Unerfahrenheit & Fehlverhalten kam), als vielmehr die desperate Art, wie er darauf zu reagieren anhebt : penetrant Hintertreppe ! Vieles aus diesen Jahren 1862–74 schläft noch in Dresdener Archiven; auf jeden Fall ist nun eine lange Reihe von kriminellen Akten erfolgt, die durch den vorhandenen Überschuß an Fantasie & Intelligenz schier jedesmal verhängnisvoll verkompliziert wurden. Aber selbst, wenn man MAY zugute hält, daß er zeitlebens schwerer Neurotiker gewesen ist, der anscheinend zuweilen an förmlichen Dämmerzuständen gelitten hat; und auch wenn man die mehr picaresk anmutenden Streiche abzieht – es bleibt eben doch unangenehm viel an glatten Diebstählen & raffinierten Betrügereien übrig. (Auf Straftaten, die eine gewalttätige Körperlichkeit erfordern, scheint er sich, in kluger Beschränkung, nie eingelassen zu haben). Das Ergebnis bestand jedenfalls in ungefähr einem halben Dutzend Verurteilungen zu insgesamt 8=jährigem Freiheitsentzug; und bei objektiver Betrachtung der von MAY ‹gedrehten Dinger› wird man schwerlich umhin können, solch Strafmaß als ‹verdient› zu bezeichnen. – Wichtig zu erwähnen noch eines : MAY empfand sein Leben lang (und es ist dies kein geringes Zeichen dafür, daß er nicht gerade zu schwächlichem Menschenmaterial gehörte) weder Geständniszwang noch Strafbedürfnis; er ‹verdrängte› seine ‹Sturm= & Drangzeit› dergestalt, daß FREUD a Freud gehabt hätte.

2. Bei der Kolportage.

a) »O, wende Deine Strahlenaugen / von meinem bleichen Angesicht! / Ich darf ja meinen Blick nicht tauchen / zu tief in das verzehrend Licht.« (MAY; WALDRÖSCHEN)

b) »Der Prinzipal schpricht, Sie wär'n een wahrer Segen für seine ganze Cartonnage!«

(MAY; LEIDEN & FREUDEN EINES VIELGELESENEN).

‹Kolportage› – der zugrundeliegende Gedanke ist der, Käuferschichten zu erfassen, die dem Sortimenter nicht zugänglich sind : einfache Menschen auf entlegenen Dörfern, die von sich aus nie eine Buchhandlung beträten, werden ‹besucht› & ihnen ‹Literatur› offeriert. Was ergo niedrigsten Pfennigpreis erzwingt, und ein ‹Niewoh›, das sich, wenn überhaupt dann nie weit, vom Trivialroman entfernen darf. Rücksichtsloser formuliert : Kitsch, von Handwerksburschen diarrhömäßig erzeugt; von Drucker=Jobbern auf Holzpapier befestigt; vermittels skrupelloser Werbung an den Mann gebracht – enfin : genau jene Opiate des 4. Standes, von denen es auch in unsern Kiosken=Kloaken wimmelt.

In Dresden nun floriert, so um Mars=la=Tour herum, eine renommierte Offizin dieser Art, ‹H. G. MÜNCHMEYER›, und der Chef des Hauses (der, wenn nötig, gleichfalls Reisendengestalt annimmt) hat beim alten MAY Manuskripte von ‹Humoresken› & ‹Dorfgeschichten› gesehen – Handübungen eines Sohnes, wie ihm gesagt wird – die ihm ungemein einleuchten. Nichts natürlicher, als daß er nach MAY's Entlassung mit dem Vorschlag an ihn heran tritt, für ihn zu arbeiten; (der Gewinn an Übersicht für den Leser rechtfertigt, daß ich die sich zeitlich etwas überlappenden Epochen klar voneinander trenne). Die Gruppe der also gelieferten Kolportageromane umfaßt 8 Titel. Zuerst 3 kleinere : SCHLOSS WILDAUEN (z. Zt. zusammengestrichen in Bd. 19); das ziemlich apokryphe Gebilde der BEIDEN QUITZOWS (etwa Bd. 69); und endlich ZEPTER & HAMMER plus JUWELENINSEL, in deren 2 Bänden sich bereits eine unverächtliche Meisterschaft der Verworrenheit kundgibt. Das ist jedoch alles nichts, im Vergleich mit den 5 Mammut=Schnulzen der Jahre 1882–87; zuerst emaniert er DAS WALDRÖSCHEN ODER DIE VERFOLGUNG RUND UM DIE ERDE, ursprünglich sogar von ‹Kapitän Ramon Diaz de la Escosura› (er hat mehrfach Pseudonyme benützt). Es folgten DIE LIEBE DES ULANEN; DER VERLORENE SOHN ODER DER FÜRST DES ELENDS; DEUTSCHE HERZEN = DEUTSCHE HELDEN; und schließlich ein WEG ZUM GLÜCK – jedwedes ein ‹Milesisches Märchen› von rund 10 Millionen Buchstaben. Denn MAY schreibt wie rasend, (der Ausdruck

‹Fleiß› ist hier kaum noch zuständig; es handelt sich schon mehr um eine Art ‹Verfolgungswahn vorm Schreibpapier›; und die unvermeidliche Einbuße an Leben bleibt auch nicht aus); und Münchmeyer erkennt binnen kürzester Frist händereibend, daß ihm hier ein wahrer Phönix an Verkitschtheit in die Redaktion geweht worden ist, die Wonne der Näherinnen & Kutscher!

Denn es ist ja so, daß selbst ein nur durchschnittlicher Autor das hier erforderliche absolute Null=Niveau vorsätzlich – etwa durch mühsam erkünsteltes Dumm=Tun – gar nicht erreichen *kann* : um die Denkweise der Abderiten so haargenau zu treffen, muß man selbst Erz=Abderit sein. Muß Klischeevorstellungen (auch die gemeingefährlicheren Arten : Cave !) nicht nur ‹haben›, sondern instinktiv als ‹ganz natürlich› empfinden : ‹Juden› sind schmutzig, verschlagen, und reden in ruchlos=lächerlichen Inversionen, (zum Ausgleich wird mit dem Wörtlein ‹deutsch› das bekannte chauvinistische Schindluder getrieben). ‹Tänzerinnen› sind üppige, sittenlose Geschöpfe, Kabalen hold. ‹Könige› ernst & edel & schlicht & fleißig, (VEHSE ist ein ‹Schlechtgesinnter›). Die gesellschaftlichen Gegensätze von ‹oben› und ‹unten› werden dem Leser grundsätzlich als gegeben hingestellt, (was nicht ausschließt, daß soziale Scheinprobleme behandelt werden), und das höchste Ideal ist die Nobilitierung, (gleichsam erteilt für die allertiefste Abgestorbenheit für innen= & außenpolitische Fragen) : wie erbaulich sinkt der Held auf 's Knie, wenn dann bei der Hochzeitsfeier der Regierende Herzog in den Saal tritt : ‹Brandt; ich ernenne Sie hiermit zum Baron Brandt v. Brandtenstein !›.

Nichts dünkt den Groß=Kitschier wahrscheinlicher, als ‹vertauschte Kinder› (diese Geißel des Romans im 19. Jahrhundert); ehrwürdige, durch Gift & Gegengift periodisch verrückt & wieder normal gemachte Erb=Greise; oder ‹Ritter der Nacht›, von denen der Hintere immer den vor ihm Stehenden belauscht, ergo wiederum auch er belauscht wird : da muß sich manches Rätsel lösen ! (Doch manches Rätsel knüpft sich auch.) Freilich ist es meist eine kuriose Art ‹Lösung› : da treten Personen auf & verschwinden wieder, ohne Folgen für das Ganze; zeitweilig Überflüssige werden für 20 Jahre von einsamsten, deplorabel abseits des Weltverkehrs gelegenen Inseln aufgenommen (armer Dr. Sternau, mit dem »prachtvollen langen Bart« !); und die Unverfrorenheit, mit der MAY ½ Seite vorher, ehe die rätselvoll=allwichtige Geheimschrift auftaucht, den Helden zufällig den Schlüssel dazu auffinden läßt, ist wahrhaft transzendental ! Denn es handelt sich hier eben mit nichten um eine sorgfältig vorgeplante, tiefsinnige Verschränkung mehrerer bedeutender Handlungsreihen, nicht um ‹Fantasiefülle› oder ‹Fabulierkunst›; sondern um die grobe Flüchtigkeit eines Pfuschers, der frech & gottesfürchtig & bettelsuppenbreit aufs Papier hinsudelt, was immer ihm durchs Kleinhirn säuselt. Die Notierung der Sächelchen erfolgt im lachhaftesten KEMPNER=Stil à la ‹Derselbe wußte, daß Dieselbe dasselbe bei sich trug›; die Plattheit der Schreibe wird nur noch von der Selbstgefälligkeit übertroffen, mit der die abgegriffensten Tagesfloskeln unermüdlich wiederholt werden : und dann fragt MAY stolz, was all=unsre Klassiker wären, gemessen an dem einen ‹Hadschi Omanah› (lies Karl MAY) – dergleichen Gefasele *kann* nicht erlernt werden; das ist Sache der Gnade!

Natürlich ist selbst hier Unfug von verschiedener Dignität zu unterscheiden. Die DEUTSCHEN HELDEN etwa leiten zwanglos zu den ‹Reiseromanen› über. Das relativ wichtigste Stück dürfte der VERLORENE SOHN sein, (auf den auch das Schriftstellerlexikon der DDR hinweist); denn obwohl es sich wieder nur um einen Pseudorealismus, ‹as far as it goes›, handelt, liegt hier doch das einzige Stück vor, in das eine Portion ‹Vergangenheit› eingeblendet ist : Scheintote & Pockenkranke; Weberelend & Schmugglergehusche; Zigarrenmacher & Schmierenartisten; Ausbrechen aus dem Gefängnis & Vorspiegeln von Dämmerzuständen; denn ‹Rollenburg› ist natürlich Waldheim, und all das heroische Umspringen mit ‹den Behörden› ein Lieblingsgedankenspiel des Sträflings. Insofern, und da MAY die Bandschlangen auch späterhin immer wieder ausgeschrieben hat, muß der Fachmann sie kennen. Die Münchmeyer=Hefte sind so gut wie unzugänglich; aber die mit etwas Ausdauer noch aufzutreibende 2. (FISCHER=)Auflage genügt hierzu; der alte ‹PATENT=LUDE›, Eugen BERNARD, hat so behutsam bearbeitet, daß Substanz & Namen, auf die allein es hier ankommt, unverändert geblieben und die stilistischen Ausbesserungen belanglos sind. (Die ab 1924 in Kurs gesetzten Neufassungen, Bd. 51–68, des MAY=Verlages, sind so stark gekürzt – der o. a. VERLORENE SOHN um 60 % ! – und Namen & Ereignisse dergestalt verändert, daß der Forscher sie am besten gar nicht in die Hand nimmt).

Was Wunder, daß Münchmeyer den Matador seines Verlages dadurch auf immer an sich zu fesseln versuchte, daß er ihm die Schwägerin zur Ehe antrug – man muß die Schilderung bei MAY selbst lesen, in der unvergleichlichen (leider immer noch ungedruckten) ‹COPIE NR. 2› – aber bald sang es jedes Kind im Städtchen : »Karl MAY & Minna Ey, die werden niemals Zwei.« Er heiratete lieber in erster Ehe Emma POLLMER (1856–1917), seine spätere ‹Bestie›; die sich zu einer kompletten ‹Hexe› (im Sinne von L. STEIN's ausgezeichneter Studie) entwickelt, und ihm ein ausgezeichnetes Modell für die 1 seiner 2 Sorten ‹Frauengestalten› abgegeben hat.

3. Der Schatz des Hauses Fehsenfeld.

a) »Iss es nich ejal, ob wir sagen ‹Allah› oder ob man lautet auf Gott & den Heiligen Drei Königen?«
(May; Deutsche Helden).

b) »Der Eine schickt Romane ein, / der Andre läßt sie drucken; / und's Ende wird vom Liede sein: / 's wird Beiden herrlich glucken!«
(May an Fehsenfeld).

1874 hatte sich das deutsche Katholikentum – in dem dumpfen aber ganz richtigen Empfinden, daß es literarisch nicht à jour sei – eine neue, nicht unanspruchsvolle Zeitschrift gegründet, ‹Deutscher Hausschatz in Wort und Bild› (der übrigens mit der bekannten, teils beneidenswerten, teils dubiosen Zähigkeit noch heute erscheint). Format damals Folio; Papier erst Holz dann excellent; Bebilderung naja ‹reich›. Leider mangelte die fundamentalste aller redaktionellen Einsichten, nämlich daß man sich durch weltanschauliche Empfindlichkeit die Würdigung so manches considerablen Kunstwerks unschwer verbauen kann – folglich gelten Goethe oder Lessing als baare Inkarnationen des * * *; und selbst der arme Rosegger als »fleischlich & üppig«; (dafür sind die Herren Mitarbeiter lauter Namen, die ein Barbar & Ketzer wie ich zum 1. & einzigen Male hört); kurzum, dem kopfschüttelnden Beschauer wurde eine derart signifikante ‹Begegnung von Kirche und Kultur› vorgeführt, daß mein, wirklich noch rücksichtsvolles Resümee nur lauten kann: eine bigott gewordene Gartenlaube. – Da ‹selbstverständlich› jeder Mitarbeiter gut=katholisch sein muß, bezeichnet der zeitlebens wendige May sich flugs als solchen, (Jahrg. 92, S. 202: »Hätte ich ihm sagen sollen, daß ich, als Katholik, ihm nicht beistimmen könne?«); läßt sich auch munter ‹Gutachten von Bischöfen› ausstellen, in denen dem ‹Weltläufer› seine ausgezeichnete Verwendbarkeit als Katholik bescheinigt wird – was dann, als zuguterletzt herauskam, daß man 25 Jahre lang einem Lutheraner aufgesessen war, begreiflicherweise Ungehaltenheit erregt hat. (Hierzu wäre festzustellen, daß konfessionelle Fragen für May vermutlich nie ein Problem gewesen sind; er hatte sich da ein erfreulich weitherziges, halb christoides halb spiritistisches, verschwommen=manichäisches Nicht=System zurechtgemacht, (von dem aus man freilich mit gleicher Leichtigkeit auch zu Mohammed voltigieren konnte) – wie nicht selten bei Künstlern, hat er eine drohende religiöse Denkhemmung erfolgreich durch erfinderische poetische Verwendung umgangen).

Man wird einsehen, daß er, um ‹hausschatzfähig› zu werden, einiges über Bord werfen muß; handelt es sich doch immerhin um ein, zwar nicht künstlerisch, wohl aber kaufmännisch & bürgerlich ernstzunehmendes Institut, bei dem er sich mit seinen bisherigen Hintertreppen=Witzen unmöglich gemacht hätte; (jetzt kam ihm, und er mag aufgeatmet haben, einmal zustatten, daß er sich jener pompösen Decknamen bedient hatte). Obwohl ‹das Material› bei ihm imgrunde zeitlebens dasselbe geblieben ist, nahm er jetzt 2 fundamentale Änderungen vor: eliminierte einmal sämtliche ‹Frauen› (bzw. ließ sie zu bloßer Staffage verblassen); und der Schauplatz wurde grundsätzlich ins unkontrollierbar=Exotische verlegt. Bombast & Humbug der Haupthelden dagegen konnten nicht nur so bleiben; sondern wurden, im Lauf der Jahrzehnte, um immer neue, exquisit puerile Züge angereichert.

Das erste »Bild aus den Vereinigten Staaten Nordamerikas«, THREE CARDE MONTE (itzt in Bd. 19) erscheint im Jahrg. 1879; und wenn es während der nächsten 8 Jahre noch nicht ganz erwünscht vorwärts geht, so liegt das nur daran, daß May eben zur selben Zeit 30 Bde. Kitsch an Münchmeyer abzuliefern hat. Sehr interessant, wie er hier im Hausschatz gleichsam einen *sechsten* beginnt, GIÖLGEDA PADISHANÜN, (= IM SCHATTEN DES GROSSHERRN), der eigentlich genau so angelegt ist – hatte doch Bd. 1, der sich heut dezent DURCH DIE WÜSTE nennt, ursprünglich noch ein verlockendes ‹UND HAREM› hinten dran; und der einfältige ‹Riemen› heißt ja nur ‹Rund ums Mittelmeer› – aber im Laufe der Arbeit gelingt ihm eben das erste umfangreiche Stück seiner ‹zweiten Schaffensepoche› daraus; einer jener ‹Reiseromane›, die noch heute, 16 Millionen=fach, die Schnabelweide aller Kinder zwischen 8 & 88 sind. Hier tritt auch zum 1. Mal die einzige unter all seinen Gestalten auf, die späterhin so an ‹Fülle› & ‹näheren Bestimmungen› zugenommen hat, daß man sie einen echten literarischen ‹Charakter› nennen kann.

Und es ist eben *nicht* jener rothäutige, seriös=brutale Schläger WINNETOU – mir däuchte bereits als Büblein=klein, daß in einem Buch eigentlich schon 1 Allwissend=Unüberwindlicher vom Übel sei: ich sah dergleichen nirgends um mich! – und man übersehe doch nie die unheimliche Polyvalenz speziell dieses MAY'schen Heldentyps, von dem aus man noch heute zum CVJM= oder zum SS=Mann gelangen kann! – nein, es ist natürlich ‹HALEF› ! Zunächst Sancho=Pansa=mäßiger Begleiter, der sich allmählich zum Zweidrittelsfreund hinaufdient : witzig, aufschneiderisch, nicht unnötig scharfsinnig, vielmehr überzeugend unzulänglich, kurzum : *ein Mensch* !, (dessen ‹Veredelung› MAY späterhin erfreulicherweise nur unvollkommen gelungen ist; und der sich deshalb weit ‹tragfähiger› erwies, als jener, relativ früh schon abgeschossene solenne Flaps : HALEF hat MAY, (der die beiden instinktiv *nie* zusammengebracht hat !), bis an sein selig Ende begleitet !).

Der eigentliche Großbramarbas OLD SHATTERHAND alias KARA BEN NEMSI ist, ‹bei dem Umsatz›, sattsam=schmunzelnd bekannt. Hier sei nur darauf hingewiesen, wie er für MAY zweifellos eine ‹Überkompensation› gewesen sein wird; die autosuggestive Maske einer Überlegenheit, über deren Gegenteil er in Wirklichkeit zu verfügen hatte. Daß er damit einer ganzen Nation das offizi*n*elle Wunschbild gegen ihren Inferioritätskomplex geliefert zu haben scheint, steht ebenso fest; denn das ist ja das Allernachdenklichste, wie jene Possen dem ‹Deutschen Menschen› so endlos=genau gepaßt haben, (und immer noch passen) : diese nulle Sprache; diese liederlich zusammengekleisterten ‹Handlungen› (in Wahrheit stochastisch montierte, stereotypste Situationen : Gefangennahme & Entwischen; Schützenkünste & Spurenlesen; ‹Jagdhiebe› & Skalpnehmereien); wahrhaft ‹Erwachsene›, die es aus eigener Kraft zu etwas gebracht haben, können die ganze christlich verbrämte Großschnauzigkeit & Brutalität, all diesen Surrogat=Klimbim, ja nur belächeln! Immerhin hat MAY seit 80 Jahren die Hirne von einigen 100 Millionen Menschen wacker in infantiler Vernebelung erhalten helfen : bei den gerührten Erwähnungen seines Namens, die sich bei fast allen deutschen Autoren finden, (auch in *meinen* Büchern, zugegeben; da freilich fast nur als Witze), handelt es sich meist um unverbindliche Jugendreminiszenzen. Im allgemeinen aber ist auch dieser Karl MAY der ‹Reiseerzählungen› ein Schiboleth, das, obschon seine fans sich das gerne einbilden, mit nichten ‹alle Türen öffnet›, sondern die ernstzunehmender Institute für's erste noch zuschlägt!

Aber so groß war der Beifall seines Publikums, so greifbar winkend die Bucherfolge, daß MAY sich 1892 entschloß, die HAUSSCHATZ=Beiträge in 40=Bogen=Bänden erscheinen zu lassen – so begann die allwichtige ‹Freiburger=Ausgabe› des Verlages Fehsenfeld; und, voilà : so reißend ging es bergauf, daß MAY sich eine schöne (im damaligen Sinne) Villa in Radebeul kaufen konnte; auf der Straße, die dann, bis 1945, seinen Namen trug. Und wenn die auch nicht nur hart=männliche Räume zum Vorzeigen enthielt, mit ausgestopften Löwen & Yatagan=Rosetten an den Wänden, sondern auch »nackte Zimmer«; und andere, noch dämmrigere, wo man selbviert wie narkotisiert über ‹rückende Tische› gekrümmt saß; so wäre das ganze doch eine respektable Leistung für einen blutarmen Weberjungen & Sträfling gewesen. – Aber MAY war nicht glücklich; trotz Villa, trotz Gehrock mit Stich ins Pastorale, trotz Doktortitel.

Da gab es z. B. eine Gattin, die sich (den uns bisher nicht=vorgelegten Akten nach) zum Alpdruck entwickelt hatte. Eine Ehefrau, die nicht mehr ‹mit Einem geht›, ist ja keine Förderung (oder ergibt sie vielleicht grade die notwendige ‹Spannung› ?); die die ‹Schwächen ihres Mannes› – und welcher Künstler wäre, nach 18=Stunden=Pensum, nicht *nur* noch ‹Schwäche› ? – ebenso kennt wie mißbilligt; die ihn wirtschaftlich langsam vernachlässigt; die sein Benehmen verabscheut & sich über Zerstörungserscheinungen freut; die ‹finanzielles Interesse› an ihm bewahrt, sich jedoch vorsichtshalber schon immer 1 jugendlichen Liebhaber (Max Moritz WELTE war in diesem Fall der Name) zulegt – wenn auch der ‹Krabbelbrief› mir leider nicht bekannt ist : MAY wird schon seine hübsche kleine Privat=Hölle in jener ‹VILLA SHATTERHAND› genossen haben ! Nicht umsonst bezeugen Bekannte jener Jahre, daß er sich im Bierlokal am wohlsten fühlte; (ob dann, wie FELDHAUS es erlebt haben will, um Mitternacht ‹Indianerbotschaften› eintrafen, die TAVE=SCHALA nach Hause kommandierten, lasse ich dahingestellt sein; er hat jedenfalls ein arges ‹Modell=Leben› erduldet.)

FREUD hätte ja die ewigen ‹Reiter›, die ‹Höhlen mit den buschigen Mäulchen› (vgl. den großmütterlichen ‹Geist der Höhle› !), dies ‹Aviatiker=sein› und möglichst dreimal hinter'nander fliegen=wollen, entsprechend eingestuft. Jeder Betrachter des Fänomens MAY wird sich, früher oder später einmal, mit den Veröffentlichungen P. ELBOGEN's auseinander zu setzen haben, der ihm eine ‹ideelle Homosexualität› vindiziert hat (allerdings mit noch unzureichender Kenntnis des Materials) : das mit ‹Berührungsreizen› überfütterte blinde Kleinkind; sein Internats=Spitzname ‹Sappho›; dann die 8 Jahre Männer=Einzelhaft. Im Werk die Liebes=‹Überschreibung› von ‹Nscho=Tschi› auf den genau so aussehenden ‹Winnetou› mit den »halbvollen, küßlichen Lippen« (WEIHNACHT, 277), die Old Shatterhand folglich verdächtig oft & gern küßt; (sogar ‹Hengste›, mit dem mächtigen Genitale, läßt MAY sich ‹küssen›); und, wie man mich von dritter Seite aufmerksam machte, sind ja auch die ‹beiden Kerzen› zu Beginn des 4. SILBERLÖWEN ‹nicht ohne›, uswusw.; sogar aus ‹Marah Durimeh› wird am Ende ein greis=androgynes Wesen; auffällig häufig erscheinen langnasige Dioskuren=Paare; und auch bei den ewigen hautnahen Raufereien könnte es sich vielleicht nicht nur um eine sadistische Komponente handeln (siehe ULAN), sondern auch um die kindliche Verknüpfung mit sexueller Erregung. – Alles Hypothesen, zu denen ich nur hinzusetzen möchte, daß ihre Erwähnung gar nichts mit ‹Beschimpfung› zu tun hat, es vielmehr von hohem Interesse sein könnte, die ‹Sublimierung›, die Verwandlung von Verdrängung in Leistung, zu verfolgen; wie auch, daß eben die naiv=automatische, Korrekturen ausdrücklich verschmähende Art MAY's zu schreiben, unbeabsichtigterweise psychologisches Material von beträchtlicher Durchsichtigkeit & Echtheit geliefert haben dürfte.

Und schon schraubt er, um nur überleben zu können, sein Selbstgefühl zu wahrhaft grotesker Höhe ! : »Ich spreche & schreibe Französisch Englisch Italienisch Spanisch Griechisch Lateinisch, Hebräisch Rumänisch Arabisch 6 Dialekte; Persisch Kurdisch 2 Dialekte; Chinesisch 6 Dialekte; Malaiisch Nanaqua einige Sunda=Idiome; Suaheli Hindostani Türkisch; die Indianersprachen der Sioux Apatschen Komantschen Suakes Utahs Kiowas, nebst dem Ketschumany 3 südamerikanische Dialekte; Lappländisch will ich gar nicht mitzählen ...« : in Wahrheit ist es natürlich so, daß unser ‹Mezzofanti› einen feuchten Staub von all diesen Zungen verstand; man hat den Eindruck, als hätte er nicht einmal ein kleines englisches Wörterbuch zu benützen gewußt. – Oder : »Dann werde ich vor den Deutschen Kaiser treten : ‹Majestät !, wir wollen einmal miteinander schießen !› – Ich werde ihm meinen Henrystutzen vorführen, und kein Volk der Erde wird dann je den Deutschen widerstehen können !« (Komisch, daß wir dennoch den 1. Weltkrieg verloren haben !). – Tausende von Bildpostkarten werden verkauft (später hat er die heldischen Attitüden dann, einsichtig, in großem Stil wieder aufgekauft & vernichtet). ‹In seiner Bibliothek› läßt er sich knipsen – wenn man mit der Lupe hinschaut, erkennt man, daß die Fächer lediglich mit MAY=Bänden volldekoriert sind, (ich wüßte auch nicht anzugeben, was Hadschi Omanah, zumindestens bis 1897, an mächtigen ‹Leseerlebnissen› erfahren hätte !). Eine Schnurre für sich ist sein ‹Doktordiplom›, ausgestellt von einer ‹Universitas Germana=Americana in Chicago› : als man sich nach dieser, bisher noch gar nicht bekannten Hochschule erkundigte, antwortete der Generalkonsul : »Auf Ihr Schreiben erwidere ich ergebenst, daß der inzwischen verstorbene Barbier John Malok die sogenannte ‹Deutsch=Amerikanische Universität› in der für Handelsgesellschaften im Staate Illinois vorgeschriebenen Form hat eintragen lassen. Die Anstalt ist von den zuständigen Behörden als reputable nie anerkannt worden; in Wirklichkeit soll dieselbe überhaupt nie existiert haben, und wurde seinerzeit auch in hiesigen Zeitungen öffentlich als ‹Schwindel› &

›Diplommühle› gebrandmarkt.« (Eine ‹tragische Ironie› liegt in dem Umstand, daß MAY diesen Doktortitel für seinen SILBERLÖWEN erhalten hat – ein Name, bei dem jeder Kenner unversehens ernsthaft wird : Der hätte das verdient gehabt !)

4. Noch einmal sattelt mir den Syrr, Ihr Musen !

a) »Sie werden finden, daß Sie ganz etwas anderes drucken ließen, als Sie glaubten : unsere Bücher sind für Jahrhunderte bestimmt !« (MAY 24. 12. 02 an Fehsenfeld)

b) «Als lyrischen Dichter müssen wir uns Herrn MAY verbitten.« (H. CARDAUNS).

Wenn er nichts anderes geliefert hätte, als das, was bis 1902 vorlag – und er war immerhin schon 60 damals – dann wäre es leicht, mit Karl MAY fertig zu werden; das, von jeder beliebigen Seite her mühelos zu begründende, Urteil der Literaturgeschichte würde dann schlicht lauten : ‹Harmloser Kindsbrei; künstlerisch undiskutabel›. Es kamen aber eben noch 10 weitere Jahre, und es ist die Pflicht jedes leidlich informierten lebenden Kollegen, dem Alten vernehmlich zu bescheinigen, daß er sich mit seinen Spätwerken einen Platz in der deutschen Hochliteratur erschrieben habe. In Ermangelung einschlägiger Veröffentlichungen kann man z. Zt. leider nur erst Theorien darüber aufstellen, wie es zu solcher Spätblüte kam; kann eine ‹innere Wandlung› annehmen, oder aber einen massiven, von außen kommenden ‹kathartischen› Schock – ich wähle als Hülfskonstruktion meiner Darstellung das zweite.

Erste ‹Sturmzeichen› ergibt der Briefkasten des HAUSSCHATZES. Hat man zunächst, nach Art aller Stark=Gläubigen, auch die kaleidoskopischsten Kollidiereskapaden kritiklos hingenommen, und sich mit Mitteilungen abspeisen lassen, wie ‹Dr. KM gerade auf Reisen befindlich sei›; so kommt doch allmählich ein unheimlicherer Klang in jenes Frage= & Antwort=Spiel : »Ist jemand von den geehrten Lesern bekannt, von wem ein Roman DEUTSCHE HELDEN geschrieben ist ? Von demselben Verfasser sollen auch WALDRÖSCHEN und DER FÜRST DES ELENDS sein . . .«. Vergeblich erscheinen im Jahrg. 97 die FREUDEN UND LEIDEN EINES VIELGELESENEN (die z. Zt. in Bd. 48 enthaltene Bearbeitung hat mit dem Original nicht mehr viel zu tun) – selbst wenn man, unnötig verständnisvoll, in Anschlag bringt, daß der Unselige von seinen Leser=Kindern in die Heldenrolle förmlich gedrängt wurde, man lacht unwillkürlich ob so viel Meisterschaft der Selbstverehrung. Um den Zweifel, May sei ‹nicht gereist› zu widerlegen, unternimmt der Alternde ab April 1899, 18 heiße Monate hindurch, eine Orientreise, die ihn bis Sumatra führt, und die man ihm ohne weiteres gönnte, wenn er eben nicht gleich wieder die unsinnigsten ‹offenen Briefe› ‹als Beleg› in die Heimat schriebe: »Aus dem Bischari=Lager, 6 Reitstunden von Schallahl in Nubien entfernt: Sie sehen, daß meine Bücher *nicht* am Schreibtisch entstehen!« (Der Wissende ersieht daraus natürlich das Gegenteil). Oder er sendet der Dortmunder Tremonia die Sensationsnachricht ein, wie er ‹in Asien› ein ausgedehntes Goldfeld entdeckt habe, »vielleicht ein orientalisches Klondyke? Aber dieser Fund läßt mich kalt, ich brauche ihn nicht. Ja, wenn die Gegend in der Nähe einer deutschen Ansiedlung läge...« (wozu Cardauns ironisch anmerkt, »es steht zu befürchten, daß Herr May das Geheimnis mit ins Grab nehmen wird«.) In all diese Affenstreiche hinein stößt der erste Schock:

Münchmeyer stirbt; und sein Aufkäufer Fischer hat nichts eiligeres zu tun, als jene alten, längst gnädig vergessen geglaubten Kitschromane neu auf den Markt zu werfen – sogleich greifen, nicht nur wegen der gruseligen Selbstreklame May's sondern auch redlich um ‹Jugendgefährdung› oder Kultur=allgemein besorgte Kritiker ein, wie Cardauns, Schumann, Avenarius; und das Ergebnis ihrer Analysen heißt schlicht (und mit vollem Recht): Kitsch & Tinnef!

May reagiert wieder einmal grundfalsch, und streitet zunächst glatt ab, daß die betreffenden Bücher überhaupt mit ihm zu tun hätten; als ihm unschwer das Gegenteil bewiesen wird, behauptet er, 5 % seien ‹geändert› worden, was ihm leider auch kein vernünftiger Mensch in dieser Form abnimmt, hat er doch einmal geschlagene 170 Ss. aus Waldröschen II so gut wie unverändert in Old Surehand II übernommen. ‹Dankbare Leser› kommen ihm mit flammenden Broschüren zu Hilfe – in Wahrheit von ihm selbst verfaßt, wie die ‹Jamben› und der ‹hat=zu=Test› hinlänglich dartun, (May hatte nämlich die interessante Angewohnheit, auffällig oft ein Äquivalent des angelsächsischen ‹had=to› zu verwenden); alles recht unbesonnene Schriftchen und eben deshalb so aufschlußreich. Vom Jahre 1962 her betrachtet erscheint dieser Verzweiflungskampf um eine mühsam erworbene bürgerliche Respektabilität ebenso ehrwürdig wie grotesk – die Zeitgenossen vermochten verständlicherweise nur das Groteske zu erblicken.

Dies also der erste Schock; und May nimmt den Fehdehandschuh ingrimmig auf! Zu Beginn des ewig=denkwürdigen 3. Bandes des Silberlöwen beschließt er nicht nur eine Abrechnung mit den Gegnern, sondern auch, ihnen zu beweisen, was ein MAY künstlerisch vermag; so entsteht das erste, unbedingt unserer großen Literatur zuzurechnende, seiner Werke. Dieser SILBERLÖWE Bd. 3 & 4, ist nämlich mit nichten mehr ein ‹Reiseroman›; im polarisierten Licht gelesen vielmehr eine moreskentänzerhaft verlarvte Selbstbiografie, merkwürdiger Details übervoll, eine rechte Herausforderung an den Kreuzworträtsellöser. MAY=selbst tritt darin auf, in 3 Personen zerlegt (wie WOLLSCHLÄGER nachgewiesen hat); die erste Frau zweifach, mitsamt dem geliebten Aschyk=Welte; die zweite ‹einfach›; Verleger erscheinen (und jeder Autor wird bitter nicken) als Räuberhauptleute; Rezensenten rodomontieren (Einer als veritabler NIETZSCHE'scher ‹Übermensch›); Metafern gelingen ihm, unübertrefflich in ihrer direkten Bildhaftigkeit (eben *weil ohne* jede nichtsnutzige ‹Hintergründigkeit› !) : wie der ‹in eine Sackgasse Geratene› da einst den ‹Sprung über die eigene Vergangenheit› wagte; wie die ‹alten Lehrgebäude› des Wortchristentums hoch=hohl aufragen; wie es im Baum ‹El Dscharanil›, im ‹Deutschen Blätterwald› zu zischeln beginnt, da MAY das ‹Seil der Bekenntnisse›, wie man's vor's Paradies gespannt hat, überspringt. Auch formale Energie & Wortschatz scheinen sich schlagartig verdreifacht zu haben (er hat sich eben zum ersten Mal in seinem Leben Mühe gegeben; bei den ‹Reiseromanen› sind's, es ist ausgezählt worden, nur 3.000 Worte) :

»Schon gleich am ersten Tage blieb ich nicht allein. / Der Menschheitsjammer kam zu mir / und weinte mir aus tiefen Augenhöhlen zu – / er hat mich nicht verlassen bis zum letzten Schritt. / Das Erdenweh gesellte sich zu mir; / es kroch aufs Pferd und schlang die Arme fest um meine Hüften. / Des Lebens Elend faßte meinen Bügel / und schleppte sich an meiner Seite weiter. / Es kam die Not gerannt und griff in die Kandare, / um mich in meiner Richtung zu beirren. / Wenn sich die Dämm'rung senkte, tanzten / die Schatten des Verbrechens vor mir her, und in der stillen Nacht / begannen Schuld & Strafe hinter mir zu heulen. / Ich ritt wochenlang durch Trümmerstätten, in denen mich der hohnlachende Menschenwahn als Gespenst der Vernichtung begrüßte. Ich kam über schier endlose Gräberfelder, aus deren Höhlen das irre Gekicher der Unduldsamkeit schrillte. Ich sah Tempelruinen, in denen der Unverstand im tiefsten Stumpfsinne hockte. Um die zerbrochenen Säulen einstiger Heiligtümer schlug die Narrheit ihre widerlichen Kapriolen. An ausgetrockneten Quellen träumte die Gleichgültigkeit in Lumpen, die ihre Blöße kaum bedecken konnten. Die Scheinheiligkeit andächtelte vor eingestürzten Kapellen, für deren Erhaltung sie keine Hand gerührt hatte.«

Manchmal kann man, 10 Seiten hintereinander, ‹Jamben› lesen –

ungeschlachte Jamben, zugegeben, oft aller Messung widerstrebende; nichtsdestoweniger ehrwürdig, weil sie eben den ‹Schmutzigen Daumen› des Fleißigen zeigen : der typische ‹Spätentwickler› MAY hat hier nicht nur ein gewetztes Rache=Kuriosum geliefert; sondern auch ein noch gar nicht an= geschweige denn aus=studiertes bedeutendes Buch. Die (zeitlich) umliegenden Bände sind gleich wieder 1 bis 2 Klassen tiefer; und das wird nicht nur eine begreifliche Abspannung sein; sondern, so sehr er sich auch der ‹neuen Mittel› und des damit zu Erreichenden freut : er dürfte auch die ungewohnte ‹Arbeit› gescheut haben. Eine ‹Gedichtsammlung›, HIMMELSGEDANKEN erscheint : »Ich schlafe ein an meiner Mutter Brust – o, welche Wonne, welche sel'ge Lust !«; oder, ein Nachtstück : »Es war im Wald. Die Bäume alle schliefen. Der Mond belauschte lächelnd ihren Traum. ..... Die Welle küßte still des Weihers Saum.« Da wird ein schemenhaftes Bühnenspiel, BABEL & BIBEL, angefertigt, mit 2 schönen Stellen; (den Rest besieht man sich besser nicht). Ein zweibändiger Roman ABU KITAL wird groß angezeigt – und ist seitdem verschwunden. Auch FRIEDE AUF ERDEN gehört in jenes halbdutzendjährige Wellental.

Das äußere Leben MAY's verläuft unterdessen wieder einmal sehr stürmisch : sein letztes Jahrzehnt hat er verprozessiert, vergeudet; Fachleute schätzen die aufgeregt=eigenhändigen ‹Schriftsätze› auf ein rundes Dutzend MAY=Bände ! 1903 erfolgt dann auch die Scheidung von der ersten Frau, und eine neue Ehe mit Klara PLÖHN, geb. Beibler (1864–1944), der Witwe eines jüdischen Freundes – anscheinend auch ein ziemlich wirres Geschöpf; aber, was ja die Hauptsache war, dem Alten doch wohl getreu ergeben. Aus Angst vor dem – schlechthin lächerlichen ! – Vorwurf ‹Schmutz & Schund !› versucht er, in ebenso lang= wie kurzatmigen Erläuterungen, seinen OLD SHATTERHAND allegorisch umzudeuten, als Katalysator, der überall heilsamste Reaktionen auslöse, sie selbst jedoch apostolisch=unveränderbar durchwandere. Ja, er läßt in den ‹Reiseromanen› einzelne Worte tilgen; auch, anstelle der bisherigen zwar einfältigen, aber tapfer=bunten (also passenden) Deckelbilder, als ‹Nachweis› angeblich schon von Anfang an vorhandener ‹hoher Bestrebungen› von dem Maler Sascha Schneider neue, ‹symbolische› verfertigen – mit dem Ergebnis, daß Einem auf einmal lauter nackte Kerle die Hintern förmlich entgegenrecken !

In seiner Prozessierwut denkt er nicht an eines : nämlich daß er die Gegner unweigerlich dazu nötigt, auf der Suche nach Angriffspunkten auch einmal seine ‹Vergangenheit› aufzurollen; (der Gerechtigkeit halber sei jedoch gleich festgehalten, daß auch MAY in seiner Prozeßführung nichts weniger als ein ‹roter Gentleman› war, sondern sagenhaft niedriger Handlungsweisen fähig !). Den entscheidenden ‹Jagdhieb› in dieser Beziehung versetzt dem Alten der Berliner Journalist Rudolf LEBIUS (1868–1946), der alles, was ihm an Verurteilungen, Steckbriefen, Scheidungsakten, usw. zugänglich wird, 1910 in einen starken Band zusammendrucken läßt, DIE ZEUGEN KARL & KLARA MAY. Dieser ‹Lebius› ist dem Kenner nicht zu entbehren, wenn er auch mit Vorsicht zu benützen sein wird, wie in allen Fällen, wo Haß & Notwehr ein Material zusammentrugen, so hat er doch immer den Klarblick der Mißgunst besessen, eine Menge speciöser Details festgehalten, die ohne ihn vielleicht nie fixiert worden wären; und dient überhaupt trefflich zur Austarierung des, ja ebenfalls derb von ‹Motiven› ferngesteuerten Bandes 34.

Diesmal reicht die Energie des Fast=Siebzigers nicht mehr zum rachsüchtig=genialen Gegenschlag. Jetzt, wo jedes Kind ihm nachweisen kann, daß er beim, angeblich am 2. 9. 1874 erfolgten ‹Tod Winnetous› in Wahrheit im schönen Sachsenlande unter Polizeiaufsicht gestanden hat, bleibt ihm nur das Auskunftsmittel der konsequenten Abkehr von der bitteren Realität, in Form eines ‹Längeren Gedankenspiels› – bei seinem Alter identisch mit dem Austritt aus der menschlichen Gesellschaft, (in der er ja aber zeitlebens nie recht heimisch gewesen ist.) Das Dokument dieser Fluchtbewegung, ARDISTAN UND DSCHINNISTAN, ist zur zweiten, unbedingt unserer Hochliteratur zuzurechnenden Arbeit MAY's geworden. Einen ganzen Symbolstern hat er hier erschaffen, an dessen Fabelküsten man im Schiff ‹Wilahde› (d. h. ‹Geburt›) landet; und wo des PILGRIM'S PROGRESS erst durch von ‹Haarmenschen› bewohnte Ursümpfe, dann von bös=rüstigen Reitervölkern durchstreifte Steppen, durch ‹Todtenstädte› (= Großstädte) eindrucksvollster Art, hinauf führt, in immer höher sich türmende Paradiesesberge. (Eigentümlich schwer fällt es, zu entscheiden, welchem seiner beiden Meisterstücke die Palme gebührte – im SILBERLÖWEN ist, in jeglicher Hinsicht, die Kraft bedeutender; dafür die Struktur arg ‹geflickt› – bei ARDISTAN überwältigen eine müde Ekstatik, und die Geschlossenheit des Traumreiches.)

Was danach noch kommt, WINNETOUS ERBEN, ist allzu zittriger Swan=Song; wenn auch die nunmehr konsequent pazifistische Grundhaltung rühmlichst hervorgehoben sei, die Ehrlichkeit, mit der MAY hier endlich seine sämtlichen früheren ‹Räuberpistolen› zurücknimmt : »Die Zeiten der Mordtaten, der Faust= & Zweikämpfe sind vorüber.« Dies seiner Weisheit letzter Schluß, ein nicht unehrwürdiges Alters=Credo, (um das ihn interessierte Kreise leider jahrzehntelang gebracht haben, indem man einfach den Text ‹zinkte›). – Am 30. März 1912, abends gegen 20 Uhr, ist Karl MAY, einer der folgenreichsten Schriftsteller deutscher Zunge, gestorben.

5. *Gesucht : Homo Totus !*

a) »Sie sind der größte Schriftsteller Deutschlands, ein Säcularmensch!« (LESERBRIEF; J. N., Pfarrer)

b) »MAY ist ein geborener Verbrecher.« (LEBIUS).

Jedes weitere Wort wäre überflüssig, wenn der Leserschaft im Lauf der seitdem vergangenen 50 Jahre eine verläßliche Biografie, ein sauberer Briefband, sowie Monografien über die Spätwerke vorgelegt, und weiterhin deren Texte unangetastet gelassen worden wären – leider ist nichts davon der Fall gewesen, ja, es scheint fast töricht, noch auf die gutwillige Bereitstellung von Material zu hoffen. Von den 3 ‹Gesamtausgaben› – der FREIBURGER vor dem I., der RADEBEULER vor dem II., der BAMBERGER vor dem III. Weltkriege – ist nur die erste dem Forscher voll, die zweite teilweise brauchbar; die zur Zeit im Handel befindliche hat so einschneidende Textveränderungen (nicht =verbesserungen !) erlitten, daß ich mir nicht mehr getraue, nach ihr zu zitieren oder gar etwas mit ihr zu belegen. Und wenn man auch großzügig sein, und 3 oder 64 Bände nach Herzenslust bearbeiten lassen wollte – ist doch eh' nichts dran zu verderben – die Verhunzung der guten & eigenartigen Spätwerke ist, und ich möchte betonen, daß es sich nicht etwa um belanglose Beckmessereien meinerseits handelt, schwerlich zu verantworten. Wer sorgfältig arbeiten will, muß zur FREIBURGER Ausgabe noch den HAUSSCHATZ hinzu sammeln.

Auch das Schrifttum *über* MAY ist, in Anbetracht daß ein Halbjahrhundert verstrich, unglaublich unbedeutend ! Außer LEBIUS wäre aus früher Zeit höchstens DROOP anzuführen. Die 3 Dissertationen (STOLTE; KAINZ; BÖHM) ventilieren schlecht & recht den ‹Volksschriftsteller›; also das, was *mir* an MAY das ganz & gar Uninteressante, und ja auch, absolut genommen, das Nicht=Bleibende ist. Ein 1918–33 erschienenes ‹Jahrbuch› brachte Beiträge von recht ungleichem Wert – nämlich überwiegend Scherzartikel à la WIE MIR KM ÜBER DIE SCHMERZEN DES ZAHNZIEHENS HINWEG HALF; die wenigen soliden Stücke würden kaum 1 schmale Broschüre füllen. Der immer wieder neuredigierte ‹Band 34, ICH› hat mit voraussetzungsloser Forschung nichts gemein, ja, ist filologisch unaufrichtig; die Texte sind nicht zuverlässig; die Daten unvollständig, (einzelnes falsch); die ‹Bibliografie› ist die dreiste Karikatur einer wissenschaftlich ernstzunehmenden; ein Register fehlt ganz. (Zum Ausgleich scheint man über ganz eigentümliche Hülfsmittel der Forschung zu gebieten, von denen unsere einfältige Germanistik sich nichts träumen läßt : ein ‹Rätselholz›, mit dem es 1938 einem Herrn BARTHEL gelungen sein soll, Verbindung mit MAY's *Geist* aufzunehmen – ich übertreibe nicht; der 1955 erschienene Bericht ist noch im Handel.)

Hoffen wir – ganz Ungestüme werden es vielleicht schon ‹fordern› – daß ab nun, wo die, allenfalls noch verständlichen, copyrightlichen Erwägungen nahe daran sind, gegenstandslos zu werden, der endlich einmal nötige große Material=Schub erfolgen werde. Daß man uns nicht mehr zugunsten infantiler Fantasieen einen Siebziger einreden möge, der angeblich immer noch nichts Schöneres gekannt hätte, als sich mit Schuljungen herumzuschmeißen, wie einst im MAY; sondern uns endlich den Vollblutliteraten in Lebensgröße vorführe, mit all seinen echten Menschlichkeiten, im Guten wie im Bösen – Zeit dazu wäre es allmählich. Und auch zu der anderen Einsicht :

Karl MAY ist tot : es lebe Karl MAY !

REITEN, REITEN, REITEN …

Eine Massenwirkung und ihre Gründe.

I

er trägt ein kleid aus blauer serer seide
mit sardern & safiren übersät
in silberhülsen säumend aufgenäht –
doch an den armen hat er kein geschmeide.
(stefan george, ‹algabal›.)

Denn er ist tatsächlich eine »fehlerlose männliche Schönheit«, in der alle Vollkommenheiten »eine köstliche Verkörperung« gefunden haben : »königliche Haltung«; ein »elastischer und doch so stolzer Gang«, (einmal werden sogar seine »kleinen Füße« gerühmt); »breite kräftige Schultern« nennt er ebenso sein eigen, wie eine »schmale elastische Taille«; und seine Haut ist »ein mattes Hellbraun, mit einem leisen Bronzehauch übergossen«. Ein Angesicht, »dessen Backenknochen kaum merklich vorstanden«; »herrliches blauschimmerndes Haar, um das ihn gewiß manche Dame beneidet hätte«, und so lang, daß es, wenn er steht, bis zum Oho reicht; »dunkle, sammetartige Augen, in denen eine ganze Welt der Liebe liegen« kann, ja, gegebenenfalls, »wenn er freundlich zusprach, liebevolle Frauenaugen«; »beredt auch waren die leicht beweglichen Flügel seiner sanftgebogenen, kräftigen Nase«. Und seiner Rede Zauberfluß, »der süßesten Schmeicheltöne ebenso wie der furchterweckendsten Donnerlaute fähig«, mit einem »unvergleichlich ansprechenden, anlockenden gutturalen Timbre, den ich bei keinem anderen Menschen gefunden habe, und welcher nur mit dem liebevollen, leisen, vor Zärtlichkeit vergehenden Glucksen einer Henne, die ihre Küchlein unter sich versammelt hat,« verglichen werden kann; (einmal kommen seine Worte sogar geschossen »wie ein Strom, der die auf ihn wartenden Kanäle füllt«). Sein Händedruck : »er schnellte sich mir in die ausgebreiteten Arme, um mich an sich zu drücken und wieder & wieder zu küssen. Als die Umarmungen vorbei waren, kamen wir aus dem Drücken & Schütteln der Hände nicht heraus . . . er schlief natürlich bei mir«. Und, ach, sein Kuß ! : »einen Bart trug er nicht; darum war der sanfte, liebreich milde und doch so energische Schwung seiner Lippen stets zu sehen, dieser halbvollen, ich möchte sagen küßlichen Lippen.« Daß er Großmeister aller Leibesübungen ist, versteht sich; ein nie fehlender Schütze ebenso wie ein unermüdlicher Reiter, und darin »einem Roten die Kopfhaut abzuziehen«, tut es ihm

Keiner zuvor – enfin : »Wäre ich ein Mann, ich würde stets nur mit ihm reiten !«.

Genug eines Signalements, das leicht zu verdutzendfachen wäre; vielmehr zur Frage : Wenn Ihnen ein Bekannter in Wendungen der obigen Art von einem Freunde vorschwärmte, was würden Sie dann, mit beträchtlicher Sicherheit, diagnostizieren ? – : ‹?› – : Ganz recht; einverstanden. (ERNST BLOCH freilich meinte bieder : ‹So fabelhaft gesund ist Alles !›.)

Bei KARL MAY nämlich. Denn die beschriebene Maximin=Type heißt, jeder Knabe wird es längst & unwillig erraten haben, WINNETOU (künftig abgekürzt ‹W›); und er, der ihn dergestalt preist, nennt sich die ‹Alte Schütterhand›, (wie man, den großen MURET=SANDERS daneben, ‹Old Shatterhand› ganz leg=intim auch übersetzen könnte) : »im nächsten Augenblick lag ich ihm so auf dem Rücken, wie er vorher auf dem meinigen gelegen hatte.«

Solange man sich einer Hypothese mit der entsprechenden Besonnenheit bedient – zumal in einem Fall, wo 20 Millionen Bände in jugendlicher Frische noch heute unter uns umgehen : ein Ausmaß, daß wir uns nicht mehr wundern dürfen, wenn Ausländer es uns als Volks=Charakterzug aufzumutzen beginnen – da also ist es nicht nur erlaubt, sondern schon schlicht geboten, zu probieren, wie große Teile eines Œuvre durch sie, die Hypothese, aufgeschlüsselt werden. Seit FREUD's ‹Lionardo›, COHEN's ‹Mignon› (als Hermafrodit), oder THOMAS MANN's Nachweis, daß sich dem ‹Zarathustra›=Kapitel ‹Unter Töchtern der Wüste› zwanglos eine Bordellszene zugrunde legen lasse, dürfte man eingesehen haben, daß es sich bei solch sorgenfaltig=analytischem Verfahren um nichts weniger als Klatschsucht oder gar ‹Beschimpfung eines großen Mannes› handelt; sondern um ein, in der Hand des gewissenhaften Forschers sehr aufschlußreiches & durch nichts zu ersetzendes Mittel. Mit ‹gschamig tun› wird man nie das überzeugend=volle Bild eines so folgenreichen Künstlerdaseins liefern; höchstens das eines weißlebrigten Menglings, halb Albino halb Kapaun.

Folglich wäre es pueril, (wobei der betreffende puer getrost zwischen 8 und 88 alt sein kann), den soeben das Köpfchen erhoben habenden Verdacht von der Hand zu weisen : ob Freund MAY Momente gehabt haben könnte, wo er wie ein homosexuell Fühlender schrieb ? Ob es sich nur um 1, zwar mächtiges aber doch im Werk isoliert stehendes Fänomen handele; bzw. ob man dergleichen öfters anträfe ? Oder ob man damit etwa gar an die heimliche Zentral=Heizung des ganzen exotischen Treibhauses geraten sei ?!

2

This wild star – it is now 3 centuries since – with clasped hands & with streaming eyes, at the feet of my beloved, I spoke it, with a few passionate sentences, into birth : its brilliant flowers a r e *the dearest of all unfulfilled dreams, and its raging volcanoes* a r e *the passions of the most turbulent & unhallowed of hearts !*

*(*EDGAR POE, *‹The Power of Words›).*

Zu Märdistan, im Walde von Kulub,
liegt einsam, tief versteckt, die Geisterschmiede.
/ : ‹Da schmieden Geister ?› – / Nein; man schmiedet *sie* !
Der Sturm bringt sie geschleppt, um Mitternacht,
wenn Wetter leuchten, Thränenfluten stürzen.
Der Haß wirft sich in grimmer Lust auf sie.
Der Neid schlägt tief ins Fleisch die Krallen ein.
Die Reue schwitzt und jammert am Gebläse.
Am Blocke steht der Schmerz, mit starrem Aug'
im rußigen Gesicht, die Hand am Hammer.
Da, jetzt, o Scheik, ergreifen Dich die Zangen.
Man stößt Dich in den Brand. Die Bälge knarren.
Die Lohe zuckt empor zum Dach hinaus,
und Alles, was Du hast und was Du bist,
der Leib, der Geist, die Seele, alle Knochen,
die Sehnen, Fibern, Fasern, Fleisch und Blut,
Gedanken und Gefühle, Alles Alles,
wird Dir verbrannt, gepeinigt und gemartert
bis in die weiße Glut – / : ‹Allah ! – – – Allah !› – /
Schrei nicht, o Scheik ! Ich sage Dir : schrei nicht !
Denn Wer da schreit, ist dieser Qual nicht wert;
wird weggeworfen in den Brack und Plunder,
und muß dann wieder eingeschmolzen werden.
Du aber willst zum Stahl, zur Klinge werden,
die in der Faust des Parakleten funkelt;
sei also still ! – Man reißt Dich aus dem Feuer –
man wirft Dich auf den Amboß – hält Dich fest.
Es knallt und prasselt Dir aus jeder Pore.
Der Schmerz beginnt sein Werk, der Schmied, der Meister.
Er spuckt sich in die Hände, greift dann zu,
hebt beiderhändig hoch den Riesenhammer
und nun . . . . .

die Schläge fallen. Jeder ist ein Mord,
ein Mord an Dir. Du meinst, zermalmt zu werden.
Die Fetzen fliegen heiß nach allen Seiten.
Dein Ich wird dünner, kleiner, immer kleiner;
und dennoch mußt Du wieder in das Feuer –
und wieder – immer wieder; bis der Schmied
den Geist erkennt, der aus der Höllenqual
und aus dem Dunst von Ruß und Hammerschlag
ihm ruhig, dankbar froh, entgegenlächelt.
Den schraubt er in den Stock und greift zur Feile.
Die kreischt und knirscht und frißt von Dir hinweg
was noch – / : ‹Halt ein ! Halt ein ! Es ist genug !› /
Es geht noch weiter, denn der Bohrer kommt;
der schraubt sich tief – – –

Auf den ersten Blick ein ziemlich zopfig allegorisierendes Gebilde, diese ‹arabische Fantasia› Karl May's, dies ‹Babel und Bibel›; aber die ‹Geisterschmiede› ist ja nur 1 Lokalität in einem übergeordneten ‹Orplid›. May hatte sich, zum Zweck des baren Überlebens in schwierigster Situation – nämlich seinen rund 8=jährigen Freiheitsstrafen – allerlei Längere Gedankenspiele zurechtgemacht; unter anderem auch von einer kompletten ‹Nova›, die er Sitara nannte. Die Hauptquelle für dessen Topografie & Ereignisse ist der, eben dort spielende, bedeutende Roman von ‹Ardistan und Dschinnistan› (künftig ‹A&D›); zu dem noch ein paar klein=verstreute Stellen zu addieren sind – ich ziehe davon folgendes aus :

»Seine Oberfläche besteht zu 1 Teil aus Land und 2 Teilen aus Wasser. Aber während man auf der Erde 5 . . . ist das Festland von Sitara in anderer, viel einfacherer Weise gegliedert. Es hängt zusammen. Es bildet nicht mehrere Kontinente, sondern nur 1 einzigen, der in ein sehr tiefgelegenes sümpfereiches Niederland, und ein der Sonne kühn entgegenstrebendes Hochland zerfällt, welche beide durch einen schmäleren, steil aufwärtssteigenden Urwaldstreifen miteinander verbunden sind. Denn zwischen A und D liegt ‹Märdistan›, durch dessen Baum= und Felslabyrinthe der unendlich gefahrvolle & beschwerliche Weg nach oben geht. ‹Märd› ist ein persisches Wort; es bedeutet ‹Mann›; Märdistan ist das Zwischenland, in welches sich nur Männer wagen dürfen; jeder Andere geht unbedingt zugrunde. Der gefährlichste Teil dieses fast noch ganz unbekannten Gebietes ist der ‹*Wald* von Kulub› ((= ‹des Herzens›. AdV.)) . . . in dessen tiefster Schlucht, wie man sich *heim*lich erzählt, die Geisterschmiede liegt.

– Ein späterer hochinteressanter Ritt wird uns Gelegenheit geben, diesen Wald & diese Schmiede kennen zu lernen. « –

Man lege sich nun, ganz getreulich=einfältig nach May's Beschreibung, eine mappa mundi dieser Sternscheibe seiner Neuen Welt an . . . : das ganz einfach gegliederte Festland; es hängt zusammen; 2 gewaltige Reiche; getrennt=verbunden durch einen steil=aufwärtssteigenden Urwaldstreifen . . .

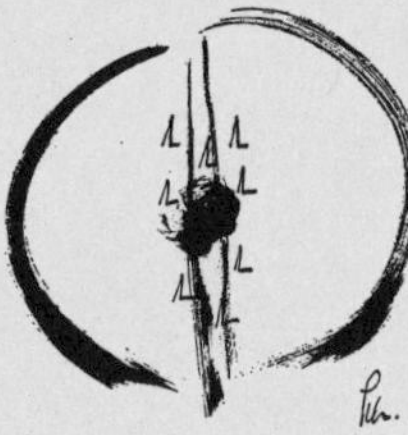

durch dessen Labi=rin=tichkeiten der »unendlich gefahrvolle« Weg geht – kurzum : schon jetzt, bei flüchtiger Anlage des Krokis, ergibt sich, in exquisit=verdichteter Symbolik, eine regelrechte ‹Hintern=Abbildung› a posteriori, (wie sie z. B. & ebenphalls im ‹Finnegans Wake› des James Joyce erscheint; dort freilich als genial=beabsichtigte arse po=ethica) : 2 hemisfärengroße Hinterbacken, mit der senkrecht aufsteigenden Anal=Zone!

Denn gleich von der 1. (sprich 805.) Zitatzeile an kann man die in solchen Fällen charakteristischen Buchstaben=Immigranten entdecken, Contrebande an schwebelnden Sprachbildchen, unbeaufsichtigt vagabundierende Vorstellungen & deren verräterische Wortkarikaturen : ‹Märd› heißt eben nicht nur ‹Mann›, sondern es steakt auch ‹merde› darin. In ‹Kulub› ein ‹culus›. Erzählt wird das Ganze dem »Scheik der An=Allah«, was leider aber auch simpel einen ‹Chef der Analer› bedeuten könnte. Sitara illustriert sich selbst durch sein sitzflächenhaftes ‹to sit›, ein schön=weiß=breiter Planet, schwebend durch Nackturnitäten : May's ‹Ardsch› – und welch gewaltiger Laut ist das nicht; ich meine das ganz ehrlich jetzt – könnte durchaus ein ‹rettender Stern› in endloser Gefängnisnacht für ihn gewesen sein!

Immerhin scheint sich ganz früh bei ihm eine S=Obliquität entwikkelt zu haben, (‹S› = sexual, sexuell; in allen Abwandlungen); denn : *nur Männer* dürfen sich in Merde=istans »tiefste Schlucht« hineinwagen – für sie allerdings führt dieser 1=eine Weg, wie man sich in Waldheim erzählt, dann auch zur ‹Seligkeit›, nach Dschinnistan; nachdem sie sich um Mitternacht in der einsamen (‹ein=Samen›) Lokalität anständig haben schmieden lassen : das sollte mal ein »hochint'ressanter Ritt« werden, auf dem May seine Leser damit bekannt zu machen gedachte.

Beim eigentlichen ‹Schmieden› nun scheinen sämtliche Ausdrük-

kungen eine heimliche Superfoetation mit der ‹zweiten Bedeutung› einer sub=limierten Darstellung des, zwischen Invertierten nicht seltenen, Verkehrs ‹per anum› erfahren zu haben. (Wobei darauf hingewiesen sei, daß sämtliche hier einschlägigen Bedeutungen MAY einmal durch den Wortschatz & die Tisch=Anekdoten der Hebammen=Mutter ebenso geläufig gewesen sind, wie durch beim Kegelaufsetzen belauschte Wirtshauszoten, und die später begierig=erduldete, gerade hier über=reiche, Gaunersprache.) Der, zunächst vielleicht skurril anmutende Einfall (‹Ein=Phall›), daß die Herren Geister ‹geschmiedet› werden müßten, scheint sich ihm nicht nur vom ‹Hammer› (Militärslang für das männliche Genitale) abgeleitet zu haben; sondern die Zündung dürfte genauso von der Ritt=mick hergekommen sein, (entsprechend dem ‹Uhrenschlagen› im ‹Wake› & ‹Zarathustras Trunkenem Lied›).

: »bringt sie geschleppt um Mitternacht«, (»bei hohlem Wind und scheuem Regenfall« = ‹Höhle der Winde› + ein ‹scheuer, aber reg=regnender Phall› !). »Wirft sich in grimmer Lust auf sie«; »schlägt tief ins Fleisch die Krallen ein«; man »schwitzt & jammert am Gebläse«, (die Reue, die ‹am Gebläse schwitzt›, scheint ein schlechtes Gewissen zu haben). Der Schmiedende=seinerseits hat »die Hand am Hammer«, am »Riesenhammer«; er »stößt & feilt« (wieder Militärslang für ‹koitieren›; ich mußte seinerzeit 7 Jahre bei dem Verein aushalten). Den Geschmiedeten »wirft« man, »hält ihn fest«; »es knallt«; es »zuckt empor« (=‹zuckt im Po›), ja, »prasselt ihm aus jeder Pore« : »Halt ! Halt !« – neenee; es geht noch weiter, denn »der Bohrer kommt, der schraubt sich tief«; (man wird unwillkürlich an den Kalauer vom Schutzmann und der Jungen Dame erinnert, bzw. deren Unterschied : ‹Wenn der Schutzmann Halt ! sagt; dann *meint* er das auch !›) : »Dein ‹ich› wird dünner, kleiner, immer kleiner –« : ‹Das ist nun mal nicht anders !›. –

Das einzelne Indiz mag man meinethalben nach Herzenslist bestreiten & anders ‹deuten› – die Gesamtsumme scheint mir dennoch zu besagen : wie es sich hier um das unvergleichliche Paradebeispiel eines deklamatorisch überschrieenen Tatbestandes handeln, und dies ganze Geschmied=Geschmeide, dies Gemix aus Klingeklang & Zwingezwang, auch als hochkünstlerisch=verzerrte Abbildung eines S=Aktes unter Männern gelesen werden könnte. Gewinnt es immer noch nicht den Anschein, wie wenn MAY's Werk beständig durchgeistert würde von Organ=Abbildungen; (präziser : von Unter=Leibern); entstellt durch die moralische Zensur eines lebenslänglich an ‹schlechtem Gewissen› Laborierenden ? –

Noch nicht ? – Bong; gehen wir weiter. –

3

The park is gracer than the hole
(James Joyce, ‹Finnegans Wake›).

Die ‹Landschaften› May's scheinen Manchem vielleicht recht heroische Angelegenheiten – ich kann hier leider nur ganz kurz auf einige Lieblingswinkelchen seiner Muse hinweisen. –

Immer wieder eingekehrt ist er in einem ‹Llano estacado›, einer Wüste, dort gelegen, wo außer Mexiko und den aufgeregteren Staaten der USA auch sonst noch mehrerlei zusammenstößt, und die »riesigen nackten Bastionen der Sierra de los Organos« aufragen, (was ja nicht nur ‹Orgel› bedeutet). Störend in dieser »unfruchtbaren« Ecke ist noch am wenigsten die »dicke Luft«, die »mit Sand geschwängerte«; mehr schon die »Kaktusflächen«, frischer & trockener durcheinander, »graubräunliche Streifen am Horizont, durch die Niemand reiten konnte«; wo man ganz leicht »in die Irre geraten« kann, und sich »Kaktusfallen« ergeben (‹Phallen›). Wo tückische »Pfahlmänner« (wieder ‹Phall›) ihrem unsauberen Gewerbe nachgehen, unerbittlich dezimiert von einem »Avenging=Ghost«, (was bei May's kümmerlichem Englisch ihn hauptsächlich an ‹Abend ging› erinnert haben dürfte) : ein nächtlicher Dämon mit Kapuze & Umhang, (eine Tracht, an der die Antike ‹phallische Gottheiten› erkannte), der um Mitternacht aufs spektakulärste »verkehrt reitet«. Das heimliche Zentrum für alle Guten ist eine »Oase im Kaktus«, ein »von der Natur gebildetes kreisrundes Becken«, ein »Heim, von einem ausgedehnten Kaktuswald umgeben« – ich will den ‹ausgedehnten Kaktus› beiseite lassen; jedoch darauf einmal hinweisen, wie auffällig oft sich in May's Büchern die beiden Begriffe ‹Wald› und ‹Heim› koppeln ! Bald sollen seine Schriften einen »heimlichen Waldesfrieden« vermitteln; bald träumen »hinter Waldkulissen wunderbare Geheimnisse« (womit ‹Hintern› & ‹culus› sofort angetippt wären); am Mount Winnetou, einem »ganz eigenartig geformten Bergkoloß« (von ‹culus›), gibt es einen »Wald, der den See geheimnisvoll umfaßt«; uswusw. So häufig, rasch & starr tritt diese Wort=Verlötung auf, daß die Vermutung, May habe jene speciösen Reiter=Wonnen am intensivsten während seiner längsten S=Durststrecke, der im Zuchthaus zu *W a l d h e i m*, schmecken gelernt, ziemlich nahe liegt. Genaue Beobachtung im Dunkelfelde ergibt, daß, sobald man sich einer der vielen Gefängnis=Abbildungen im Werke nähert – sei es eine vom Typ Waldheim, sei's vom Typ ‹Osterstein› (in Zwickau) – sogleich von allen (Buch)Seiten her gewisse formelhafte Feld=Geschreie der S=Entstellung erschallen. So ist die herrliche ‹Totenstadt› in A&D II hundertfach aus ‹Stein›; eine ostereiförmige Ellipse, in deren Mitte ein wasserspendender Großer Vogel ragt; ja, ein »Colossal=Zirkus« (von ‹culus›). Und auch im ‹Llano estacado› hier, steckt ‹selbstredend› das ‹anus› und ein ‹ekstatisches staccato›. (Für eine erste vorläufige Einerntung der vielen Tausenden von windschiefen Wendungen, verweise ich auf mein soeben erschienenes Buch, ‹SITARA und der Weg dorthin›).

In OLD SUREHAND III bestellen sich gegen Ende sämtliche Haupt= und After=Herosse in den ‹Park von San Luis›, (was MAY sich natürlich sofort zu einem »Louis« verstellt); und bei dessen Schilderung wird Einem unwillkürlich wiederum so ganz leicht merde=istanisch zu Sinn : »Er lag in seiner ganzen *Ausdehnung* und Schönheit vor unseren Augen, viele *MAYlen* breit und von dementsprechender Länge. Für den Jäger (!) konnte es keinen schöneren Anblick geben, als diesen, rund (!) von himmelhohen Bergkolossen (!) eingeschlossenen Park.« Da springt eine »foam=cascade«; und »fast in der Mitte – W wird ihn kennen« befindet sich, nun schon doppelt berufen, ein »Wald des Herzens«; diesmal noch interessanter durch die Anwesenheit eines »geheimnisvollen Roten«, Kolma Puschi, besonders merkwürdig (um sich milde auszudrücken) dadurch, daß er

a) haargenau so aussieht wie W !; und sich überdem
b) ein paar Seiten weiter als Weib entpuppt !

Eine solche, überhaupt nicht durch die Handlung erforderte oder motivierte, aufs nichtsnutzigste an den langen schwarzen Haaren herbeigezerrte Ähnlichkeit, läßt nur noch die eine Erklärung zu : daß dergleichen Amphibolie eben tatsächlich empfunden wurde; daß es MAY ein Herzensbedürfnis war, sich seinen W gelegentlich als Weibs=Surrogat vorzustellen ! Verstärkt wird solcher Eindruck durch die possenhafte Begleitung eines jener halb=siamesischen Freundespaare, die hier Pitt Holbers & Dick Hammerdull heißen, (vielleicht denkt man an das Gehämmere der ‹Geisterschmiede› ?); und, siehe da : auch hier erfolgt zwanghaft ein ‹Hammerduell›, ein Zweikampf mit Schmiedehämmern – traun, wenn man noch nicht wüßte, was ‹ein Komplex› ist, an Old Shatterhand & den Seinen ließe es sich unschwer dämonstrieren. Besagte ‹lustige Begleiter› sind allgemein bekannt unter dem Spitznamen der »Verkehrten Toasts« – wenn Einer ‹verkehrt› ist, dann bedeutet das ja einiges; und Toast ist zunächst ‹nicht richtig gebacken›, was gleichfalls einiges bedeutet, (ja, sogar dasselbe !) – ihren kuriosen Namen haben sie daher bekommen, weil sie mit dem Hintern gegeneinander zu kämpfen pflegen, sich ‹gegenseitig den Rücken decken›; und diese Beiden Unzertrennlichen führen nun, nach der Entdeckung der ‹Einhäusigkeit› Puschi=W's, folgenden signifikanten Dialog miteinander: »Hat man jemals erlebt, daß ein Mann eine Frau ist? – Von jetzt an halte ich Alles für möglich. Jetzt werde ich gar nicht erschrecken, wenn umgekehrt mein alter Pitt Holbers sich in eine Squaw verwandelt! – Was willst Du dagegen machen, wenn Du plötzlich zu der Erkenntnis kommst, daß Du ein heimliches verkleidetes Frauenzimmer bist? – Was ich da machen würde, das weiß ich ganz genau! – Was denn? – Ich würde Dich augenblicklich heiraten!«

MAY's Landschaften sind Popos, ‹brünstig die arme in den abend streckend›; und interessant wird die Überlegung: wie weit eine solche ‹Tarnung durch Vergrößerung› eigentlich hinunter reiche?

4

Ach, wie erschrak der Jüngling da, als er das Tier von hinten sah!

(WILHELM BUSCH, ‹Schnurrdiburr, oder die Bienen›).

Denn man müßte ja eigentlich annehmen, daß zumindest Bildungen ‹in natürlicher Größe› vom Leser sogleich als Genitalien erkannt würden? Die Antwort, gesichert durch nun fast 100 Jahre MAY=Schwärmerei, lautet schlicht: *der Leser erkennt überhaupt nichts!*

Erkennt das ‹Fellversteck der Alten Feuerhand› (W II) nicht als Gefängnisabbildung & Paradiesgärtlein der Invertierten; trotz der »rätselhaften Stelle«, der mit »Epheu« (Symbolpflanze der Freundschaft) verkleideten Mündung des feuchten Ganges, in den man – wie immer ‹links umbiegend› = sinistres Gefühl – hineinreitet. »Giebt es eine Öffnung dort in den Bergen?, fragte ich, nach dem entgegengesetzten Ende des Tales deutend«, (bei ‹Tal› ist meist ‹Geni› zu ergänzen); und die Antwort lautet: »Nicht so viel, daß ein Stunk (!) durchschlüpfen könnte!«: die Sätze, ja die Druckfehler selbst, eines solchen literarischen Handwerksburschen sind schon unverhüllte Mitteilungen. Entdeckt hat ‹Feuerhand› den reizenden Talkessel, als er »ein Raccoon in die Spalte verfolgte«: MAY's ‹Bärenkämpfe› sind ebenfalls etwas ganz köstliches; überwiegend ‹Grizzly's› (und ‹gristle› = ‹Knorpel + zähe› lagert gleich nebenan im Wortzentrum), meist »Kolosse« (von achdasweißmanschon) die man am liebsten ersticht, obschon das »das Rückenmark angreift«. Hier nun erfolgt ein heftiger Flirt Old Shatterhands mit einem Knaben Harry, »bräunlich und schön«: »Der kleine Sir steht schon am hole!«, morgens beim Erwachen; und den kurz darauf erfolgenden Kampf mit einem feindlichen Häuptling ‹Parranoh› (= ‹per anum›) empfehle ich spaßeshalber zur eigenen Analyse.

Die Symbolik ist imgrunde erstaunlich naiv & durchsichtig : »Natürlich wurde im weit ausgedehnten Indianermarsch geritten« – schier jedes Wort hat Drehscheiben=Charakter, und erlaubt das Ausweichen in S=Gelende.

Nein, der Leser hat bisher nichts gemerkt; nicht die allerliebste Popografie all der oh Täler weit oh Höhen. Hat nicht »Das Waldloch des Ulanen« als das erkannt, was es ist; wo man sich »*heim*lich am *Wald*loch« trifft, denn im »*Wald*« um Ortry gibt es halt so viele »Ge*heim*nisse«. Nicht die MAY'schen ‹Bergwerke› (es können ebensogut auch Keller, hohle Bäume, Höhlenmäulchen umbüschtester Sorte sein), auf jeden Fall gibt es immer »ein vermaledeites Loch, in das gestiegen werden muß« (SATAN). Die Gleichwertigkeit der vielen dramatisch=schäumenden Pferdezähmungen mit Geschlechtsakten, ist ebensowenig erkannt worden, wie das ständige Reiten »bei geöffneten Geheimnissen«; oder die speziellen MAY'schen ‹Liebesbedingungen› : langes schwarzes Haar, wenn möglich in Zöpfe geflochten; und das recht eigene Parfüm des »Sternblumenduftes« – jeder Schiffer weiß, was ein ‹Stern›; jeder Fleischer, was die ‹Blume›; und jeder Mensch, was der Duft daraus ist. Unerkannt blieb bisher, daß die ‹Gewehre› des (bzw. der) Helden recht merkwürdige Apparate sind : ein ‹Henrystutzen›, dessen Lauf nie heiß wird und aus dem man »10. 000 Mal schießen kann, ohne zu laden«, mit einer »excentrischen Kugel am hintern Ende«, »die Konstruktion ist eine geheimnisvolle«, und kein Gegner kann widerstehen, wenn er den Lauf durchs Gebüsch schiebt, oder ihn »par pistolet in der rechten Hand« zeigt; (vielleicht erscheint ja auch bei Andern ‹Piss=Toilette› auf dem Bildschirm). Der nicht minder berühmte »Bärentöter«, »das alte Gun da hinten«, wird immer »auf dem Rücken getragen«; hat ein unglaubliches Kaliber, »Kugel Nummer Null« (und man erinnere sich, wie solche ‹O› zuweilen diskret die Toilette bezeichnet); an seinem Knall erkennt man sich auch des Nachts – der ‹Henrystutzen› dürfte also, ohne daß man sich sehr versündigte, zum ‹vorn›, der ‹Bärentöter› zum ‹hinten› des Helden erklärt werden; und auch das wird nunmehr verständlich sein : warum das große S=Objekt, W, sich einer Silber=‹Büchse› erfreut. Alles stellt sich auf einmal zu einem wohlpassenden System zusammen; ob ‹Zweikämpfe› ob Peitschungen ob die Fixierung an Zwangsvorstellungen wie ‹Gefesseltsein› und ‹Gefangene befreien müssen›.

Derart frei von Erotica hat die Oberflächenhandlung der MAY'schen ‹Reiseromane› bisher Jedermann gedäucht, daß es förmlich die Wonne jugendfürsorglich Tätiger war, und an Empfehlungsworten von Bischöfen oder Pädagogen ist kein Mangel. Dabei zeichnet sich vermutlich jetzt schon ab, wie das eigentliche Geheimnis seiner Wirkung durchaus auch auf der pausenlosen Besprühung, Berieselung, Überströmung der Leserschaft mit S=Wirkstoffen beruhen könnte; und zwar auf beiden Seiten – beim ‹Sender› MAY, wie beim Leser=Empfänger – unter unbewußter Verwendung von mit S=Bedeutungen überlagerten Ausdrükken, Worten, Silben; wie auch vermittelst der, besonders von FREUD her bekannten traumhaften Umsetzung von Leibreizen in Bildmaterial. Priapus, in seiner antik=kleidsamen Nicht=Tracht, müßte bei uns bereits einige Werst vor dem betreffenden §=Schlagbaum umkehren : in Westmannkostüm, und sei's als »Tante Droll«igster Transvestite, darf er – ob noch so heftig nach ‹Blume› duftend und sein Kurzgewehr par pistolet in der Hand vorzeigend – unbehindert vorbei=culbutieren, ja bekommt noch Empfehlungsschreiben mit auf den Weg. Eine Erscheinung, an die sich, im Vorbeigehen sei's angemerkt, die nachdenklichsten Betrachtungen knüpfen ließen : über menschlichen Scharfsinn im allgemeinen; über Voraussetzungen des Erfolges auf dieser Seite der Welt; über das, was Leser zuweilen an ihre Lieblingsautoren bindet; oder auch, was für ein kurioses Dinglein dieses berühmte Gewissen so sein muß, das sich dergestalt in den MAY schicken läßt.

5

Talbot, I said – you have an opera=glass : let me have it. Did you ever behold as lovely a woman ? I wonder, who she can be !

(EDGAR POE, ‹Die Brille›).

Die andere Hälfte seines Werkes hat MAY in einen ‹Orient› verlegt, an dem nunmehr auffällt, daß ihm das große männliche S=Objekt W fehlt. Hier regiert ausdrücklich eine »Marah Durimeh«; und allein die Reihe ihrer Steckbriefe läßt, zeitlich geordnet, alles Wünschenswerte erkennen.

1881 macht Einen »ihr Äußeres schaudern. Sie schien ihre 100 Jahre zu zählen, und bestand nur aus Haut & Knochen; ihr fürchterlich hageres Gesicht machte geradezu den Eindruck eines Totenkopfes«. Sie führt den Beinamen »Ruh i Kulyan« (leider schon wieder ‹cul›, ja ‹Ruh im Culen›), und hält Sprechstunde nur um Mitternacht – man muß ein ‹Licht› mitbringen – in einer »steilen Falte«, einer Höhle der Curdischen Berge, (leider schon wieder dieses ‹Herz›; von ‹cor=cordis›; und ‹curdische Berge› zieren ja jede Frau). Ich muß hier aus Raummangel viele interessanteste Zwischenstufen & Einzelzüge übergehen; am Ende jedenfalls ist ‹MD› »von jugendlicher Rüstigkeit . . . eine hohe, grad & aufrecht getragene Figur. Edle, leicht gebräunte Gesichtszüge; sehr volles schneeweißes

Haar, welches in 2 starke Zöpfe geflochten ist«; das anfängliche Gerippe ist einer gepflegten Magerkeit, der »Schlankheit« gewichen; das Grauen einer Neigung zur »geliebten Gebieterin : ihre geisterhaften Züge waren wie aus leicht angedunkeltem Alabaster gemeißelt, und um ihre ganze Gestalt wehte ein leise duftender Hauch«, nämlich der bereits erschnupperte der ‹Sternenblumen›. Da in A&D der ‹Mir von Dschinnistan› GOtt sein soll (vgl. auch STOLTE, S. 102), MD ihn aber »in besonderen Schutz genommen« hat – tja, Wer oder Was ist dann aber erst diese komische Alte Dame ? Die sich binnen 30 literastischen Jahren vom Medusenhaupt zur sitarischen Afrodite, von der Blocksbergaspirantin zur Großen Mutter der Götter entwickeln konnte ?

Die Antwort ist wie immer einfach, sobald man ‹Den Müttern› etwas näher auf den runzligen Leib rückt, und ebenso interessant wie enttäuschend (je nach dem Grad der geistigen Reife) : es ist MAY's Großmutter, Johanne Christiane Vogel, verw. May, geb. Kretzschmar. Die ältliche, anscheinend sehr gescheite, Person hat den kränklichen Knaben in seinen ersten 6 Lebensjahren fast ausschließlich gepflegt, und ergo mit Haut= & Berührungsreizen überfüttert; die das – angeblich infolge von Mangelkrankheiten periodisch blinde – Kleinkind wie billig überbewertet hat : »Sie lehrte mich den ersten Schritt« heißt es in dem schmalzig=verquollenen Gedicht vom ‹Großmütterchen›. (Wer es ganz keusch sehen möchte, denke daran, daß der bloße Einfluß der Körperpflege oft für die ersten nachhaltigen Erregungen der Genitalzone verantwortlich ist; obschon diese MD hier etwas häufig in Gesellschaft eines ‹vergifteten Kindes› auftritt). Es wird sich um das erste weibliche Genitale gehandelt haben, das MAY erblickt hat; eine Theorie, die so vieles erklärte, daß sie zumindest noch jahrelange ausführlichste Ventilierungen verdiente. Daher die Liebesbedingung der ‹Langen Haare› (wenn möglich Zöpfe); daher die koprophile Schnüffel=Lust; daher die, ansonsten nicht erklärbaren, Bizarrerien, wie etwa daß sich Shatterhand & W als Rendezvousort vereinbaren : »Das Loch der Alten Frau« ! Deswegen, aus diesem allüberwältigenden ‹Froissart=Komplex› heraus – nicht mehr ein bloßer ‹Ödipus›; die Erscheinung ist häufiger, als man meint ! – wie ich den Namen vorschlagen möchte, geschah es dann, daß MAY, nach 4 Jahren Gefängnis, eben *nicht* gleich zu Eltern & Geschwistern eilte, sondern erst zur Großmutter hinauf ! Deswegen die Ernennung zur «Herrin von Cul=up & Merde=istan« ! Deswegen auch ist sein ‹Orient› so parziell weiblich orientiert; deswegen befindet sich in MD's Gefolge grundsätzlich eine jugendliche, Kara Ben Nemsi schüchtern anbetende, Schöne. Denn MAY hat es eben auch notorisch=mehrfach mit Frauen versucht – eine der schönsten Verschlüsselungen in dieser Hinsicht ist die ‹Parabel von den 2 Pflaumenbäumen› im III. Band des SILBERLÖWEN – und sein, in jeder Beziehung hocherotisiertes Dasein, wird ein langwelliges, mit ‹Fading›=Erscheinungen verbundenes, beständiges Oszillieren zwischen Homo= und Hetero=S gewesen sein.

Im hohen Alter trat eine letzte Verkomplizierung insofern ein, als sich ihm die Geschlechtsunterschiede, biologisch bedingt, zu verwischen, und überdem noch abseitigere Jenseitsvorstellungen mit hineinzuspielen begannen. Links, im Westen, wurde das Bild des Schönen Freundes durch klubgründerische Vervielfältigung entgrenzt; im letzten Buch, dem von ‹W's ERBEN›, gibt es nunmehr männliche W's und weibliche ‹Winnetahs›, zwischen denen fleißig Ehen gestiftet werden; und der Vorsteher des ganzen idealischen Heiratsvermittlungsbüros ist ein neu auftretender ‹Tatellah=Satah›, ein Wundergreis, *der genau so aussieht & spricht wie MD !*; und auf einem weiß=bezopften Maultier angeritten kommt, das auch genau so aussieht, wie MD : ein j'anus köpfiges greises Ungeheuer selbdritt ! Im Zuge der gleichen Regression wird der, bis dahin überwiegend weibliche Osten, dadurch für okkasionelle Invertiertheiten erobert, daß MAY einen, mit purgatorischen Funktionen betrauten Männerpuff (eben die ‹Geisterschmiede›) einrichtete, dem MD ihrerseits vorzustehen hatte. –

Was seine sogenannte ‹Weltanschauung› betrifft, so ist MAY für das Christentum nur unter beträchtlichen Gewaltsamkeiten zu vereinnahmen. Wohl hat er in früheren Jahren den üblichen, hastig=formelhaften Gebrauch von manchen stehenden Wendungen gemacht, wie denkschwache Wirrköpfe, (die deswegen unverächtliche Künstler sein können), häufig pflegen; eine Eigenschaft, die dem Bilde des ‹genialen Volksschriftstellers› so wenig widerspricht, daß sie vielmehr unerläßlich dazugehört. Ab etwa 40 dann ist er in immer zunehmendem Maße Spiritist gewesen, was seiner Dichtung sehr zugute kam; und zwar dürfte er – es ist hier fast noch Alles zu klären & zu belegen; die MAY=Forschung hat eben noch nicht begonnen – ein Anhänger der Schule ALLAN KARDEC's und GÜLDENSTUBBE's gewesen sein, die ihrerseits wieder in letzter Instanz auf SWEDENBORG zu reduzieren sind. AM JENSEITS ist die Geschichte eines Mediums; die ‹Dschemma der Lebenden & der Toten› in A&D eine Séance, und das ganze=große Buch selbst eine dichterische Ausführung der in jenen Zirkeln beliebten Hypothese, ‹daß das Universum die Gestalt eines Menschen› habe; (wer will, darf hier bis zum ‹Adam Kadmon› der Kabbalisten zurückgehen). MAY mag dabei dumpf etwas wie eine ‹theoretische Rechtfertigung› seiner stets betriebenen Taktik der Objektivation von Trieben geahnt haben; aber wenn er auch nicht direkt im sumpfig=haarigen ‹Dreieck des Ursprungs› der Einleitung stecken geblieben ist: die Darstellung eines Gesamtleibes ist ihm – immer vorausgesetzt, daß er sowas beabsichtigt haben sollte; was ich nicht glaube – selbstredend *nicht* gelungen; dazu fehlte es dem gewaltigen Pfuscher an Architektur & Übersicht, kurzum: *an Kunst*!

Immerhin ist dergleichen Abbildung von Organen – unbewußt ausgesendet in 20 Millionen Bänden & durch 100 Jahre; auch unbewußt ‹angekommen› – ein in solchem Ausmaß tolles literarisches Schauspiel. Zumal die letzten Vollziehungen MAY eben doch gelungen sind: den Freund machte er im Buch unsterblich. Die Großmutter, die noch ältere S=Ansprüche an ihn hatte, steigerte er über sämtliche Götter. Den Körperteil, der ihm zeitlebens der anregendste gewesen war, versetzte er unter die Gestirne, ‹hob ihn in den Himmel›: alles Verfahren von griechischer Großartigkeit, ja buchstäblich mythologischem Format, wie sie den meisten Heutigen weitgehend abhanden gekommen sind. MAY ist ein menschliches & literarisches Modellobjekt, vergleichbar dem ‹Crab=Nebel› der Radioastronomen; und Denjenigen, die ihn als Schriftsteller nicht ernst genommen, wenn nicht gar bagatellisiert & verlacht haben, sei hier noch einmal, und mit grollendstem Nachdruck bedeutet: *daß zumindest für seine Spätwerke die Zukunft nunmehr ganz dicht vor der Tür steht!* –

Zweierlei ist zum Abschluß nachzutragen:

1.) Wie ich mir sehr wohl bewußt bin, daß die vorstehende Betrachtung nur als herauspräparierte ‹Eine Seite› in sich geschlossen ist. Bei MAY liegen die Dinge so, daß seine Bücher, soweit bis jetzt zu überschauen, auf 4 verschiedene Arten gelesen werden können: als bloße gobelinbunte (und ebenso flache) Reiseerzählung; als Depot für Autobiografica; als verwaschene welt=anschauliche Lehrgebäude; und eben auch als ungewöhnlich reiche & verzwickte Mitteilungen aus dem S=Leben eines hochinteressanten gräßlichen Mischwesens aus dem Ende des 19. Jahrhunderts. Alle diese 4 Aspekte sollten (hoffentlich bald) erst einmal ausführlich=getrennt untersucht; dann, anschließend, zusammen in 1 Groß=Biografie von mindestens 1.000 Seiten dargestellt werden.

2.) Da alle diese Arbeiten jedoch eine sorgfältige mikroskopische Anatomie der Texte erheischen, dürfte dabei lediglich die älteste ‹Freiburger› Gesamtausgabe (1892–1912) zugrunde gelegt werden; bzw. die noch früheren Vorabdrucke in Zeitschriften, vor allem im ‹Deutschen Hausschatz› (1879–1909) und dem ‹Guten Kameraden› (1887–96), um nur die größten Komplexe zu erwähnen. In den späteren Editionen – der ‹Radebeuler› vor dem zweiten; der ‹Bamberger› vor dem dritten Weltkrieg – ist eine so hochgradige Verwirrung (meist Verschlechterung) der Texte eingetreten, daß sie, meines Erachtens, zwar noch dem Leser, nicht aber mehr dem Forscher brauchbar sind.

CHRISTIAN SCHAD

PAUL SCHEERBART

8. Januar 1863, Danzig – 15. Oktober 1915, Berlin

SEIFENBLASEN UND NORDISCHES GEMÄHRE

Eindrücke von einer neuen SCHEERBART=*Ausgabe*

I

Daß ich, für meinen Teil, ihn, SCHEERBART, nicht mag, soll & darf weiter keine Rolle spielen; es gehört zur Fülle einer Literatur, daß es derlei bunte Projekteure mit beschränkter Haftung gibt, und der dafür anfällige Leserkreis ist größer, als man meinen wird. Allem Folgenden voraus also dies eine, wie ich es begrüße, daß SCHEERBART nunmehr im Buchhandel wieder leicht erreichbar ist. Hierzu allerdings die erste Einschränkung : den Auswahlband ‹Dichterische Hauptwerke› zu betiteln, mag vom Standpunkt der Kundenwerbung aus immer begreiflich sein; literarisch wäre es angezeigt gewesen, noch eine vorsichtige römische ‹I› dahinter zu setzen. Könnte es doch Leute geben, wie z. B. den alten Soergel, die ‹Das graue Tuch und 10 Prozent Weiß. Ein Damenroman› für bedeutender erachten, als die hier zusammengedruckten 7 Stücke; aber vielleicht kommt ja noch ein zweiter dieser erfreulich schlichten & soliden Bände nach – hoffen wir, daß der erste so gut gehen möge, um einen weiteren kaufmännisch verantwortbar erscheinen zu lassen.

Wenn ich nunmehr kurz dartue, warum ich SCHEERBART nicht mag, so geschieht das deshalb, weil es zahlreichen poetisch Fühlenden gerade beträchtlichen Appetit auf ihn machen dürfte. Ich bringe das sacrificio dell'intelletto, um Einen von der ‹andern Fakultät› zu fördern. – Als geborenem Ratio= & Naturalisten macht es (um an irgend einer Ecke anzufangen), mir immer Schwierigkeiten, zu erfinden, wovon meine He=Rosse sich mühsam so ernähren; (es ist lachhaft, ich weiß es wohl). Bei SCHEERBART'ens wohnt man in Glaspalästen, die bis zu 20 Milliarden kosten; oder ‹Clarissa› empfängt von ihrem guten Vater »rasch noch 100 Tausendmarkscheine«, und dann entführt man sich gegenseitig in Richtung Wien – eine Methode, mit der man freilich beneidenswert viel kleinliche Alltagssorgen einspart, und die Gehirnwindungen frei für das Höhere bekommt; (oder liegt die Gefahr der bloßen Zuckerbäckerei dann doch schon verdammt nahe ?). Auch werde ich sogleich kaltsinnig, wenn ich von einem Prosaschreiber erfahre, wie er viele Dutzende von Seiten hintereinander aufs Papier werfen, und sie, was ja noch schlimmer ist, ohne zu feilen oder zu korrigieren zum Druck befördern mochte. Dergleichen war schon um 1910 nicht mehr erlaubt; (selbst wenn man einmal voraussetzt, es gäbe all diese befremdlich vielen Schriftsteller, die vorgeben, einen großen Teil der ‹Vorarbeiten› im Kopfe zu erledigen) : solch geistige Durchfallerscheinungen liefern auch bei dem begabtesten Manne bestenfalls eine Art Italienischen Salates, und sind gar nicht das Kennzeichen des »zeitlosen Genius« (wie die Herausgeber gerne möchten), wohl aber des gedankenlosen (wenn nicht gar frechen) Handwerksburschen; und JAMES JOYCE erwähnt man dann als Eideshelfer besser nicht.

Wer also verblasene Namen träumerisch liebt, Lesabéndio Manesi Liwuna und Kaidoh, oder sowas gar für tiefsinnig und die blanke Blaue Blume ästimiert – wohl ihm; er wird auf seine Rechnung kommen. Aber man erlaube auch mir, reserviert die Achseln zu bewegen; ‹Leopold Blum› ist mir lieber, als solche, mit einer Prise synthetischen ‹Kairo›s abgeschmeckte Buchstabenfolgen; (ich könnte mir eine gazellenäugige ägyptische Schöne vorstellen, die ihrerseits, hingerissen, sich an ‹Max Piefke› berauschte : weil ihr das so exotisch klänge !). Der alte Satz ‹Wie man an den Namen der Kinder die Mentalität der Eltern erkennt, so die eines Autors an den Namen seiner Gestalten›, ist halt auch heute noch ein ziemlich stattliches Axiom.

So flüchtig & locker kollert die Folge der Einfälle – zum Teil recht netter, zum Teil äußerst dubioser Possen : SCHEERBART kann von Glück sagen, daß er noch keinem begabten Tiefenpsychologen in die Hände gefallen ist ! – daß man von einer ‹Handlung› fast nie sprechen könnte. Der Vergleich mit DÄUBLER's ‹L'Africana› drängt sich auf; (obschon der Dichter des ‹Nordlicht›, wenn's ernst wurde, selbstredend über die doppelte Handschuhnummer verfügt hat). Und auch das darf ja nicht übersehen werden, daß SCHEERBART mit der ehrwürdigen Bezeichnung ‹Roman› etwas zu flink bei der Hand war. ‹Rakkox, der Billionär. Ein Protzenroman› ? Das für meinen Geschmack nicht einmal skurrile, wohl aber beneidenswert läppische Dingelchen umfaßt ganze 20 (in Worten ‹zwanzig›) Seiten ! Da hat sein Werk gut von Romanen wimmeln.

Fern sei es von mir, mich mit seinem Privatleben zu befassen; obschon irgendwann einmal eine umfangreiche Bio vorgelegt werden müßte. Jedenfalls hat sich mir aus dem Wenigen, was ich weiß, der Eindruck ergeben, daß es sich bei ihm meist um den bekannten schicken ‹Einsamen› gehandelt hat, wie sie in D'er Lokalen zu Dutzenden umeinanderherum sitzen, und pausenlos schwatzen, wie Kleinstädter pflegen; jene ziemlich lästigen ‹liebenswerten Bohémiens›, deren Hauptforce im Biertrinken & Leuteanpumpen besteht, (unter dem, vermutlich schon im Altertum üblichen Vorwand, ganz dicht vor der Vollendung des Perpetuum mobile zu stehen). Lieber will ich einen Kobold im Hause haben, als so einen Harald Skimpole ! (Vgl. DICKENS ‹Bleakhouse›.) Auf solche Typen läuft's nämlich in letzter Instanz hinaus; und man braucht gar kein notorischer Griesgram & Tadelgern à la WOLFGANG MENZEL zu sein, um ihnen ein gänzlich anderes, ‹unser› Credo entgegen zu setzen : daß ein wirklich bedeutender Schriftsteller den Freien Künsten eben leider knechtisch zu dienen hat. Das ist PAUL SCHEERBART zeitlebens fremdartig & zuwider gewesen.

Werfe man mir getrost bohämisch ein ‹Filister, Kryptopuritaner› ein ‹hölzern & fantasielos› ins bartlose Gesicht – auch so ein ‹Gruppenmerkmal› anscheinend – ich kann nicht anders; ich gehöre nun einmal zu den Mosaikarbeitern; die Moderne Literatur fängt für mich mit LEWIS CARROLL an; und ich vermag es nicht über mich, Beifall zu klatschen, wenn einem Sorglosen der ‹Roman›, diese bedeutendste unserer literarischen Kunstformen, nun dauernd auf 's schludrigste aus sämtlichen Haspen & Angeln kippt. Und kann die Toleranz nicht weiter treiben, als daß ich dennoch, nach der Lektüre der ‹Seeschlange›, es befürworte :

Druckt mehr von PAUL SCHEERBART ! –

Hoffen wir, daß er gleich duldsam gewesen wäre. –

2

Also ein schöner Band, ein begrüßenswerter Band, den Goverts uns hier hin hält. Treffliches Papier, das sich ein paar hundert Jahre lang halten dürfte; sauberer Druck; und ein etwas heftiger Preis; (aber Wir haben's ja. Trotz EWG und Wiederaufrüstung. Noch.)

Wenn nicht eines wäre..... (und ich behandle es, der beliebten Kürze halber, gleich alles zusammen) : Vorwort, Nachwort & Anmerkungen. Es ist auch schwer, einem von den Dreien nun einfach die Palme zuzuerkennen.

Eingeleitet also wird das ganze dicke=holde Buch vom Vortrag eines Professor Hellmut Draw=Tychsen, »gehalten am Sonntag, den 25. Oktober 1931, 12 Uhr mittags, im Musiksaal des historischen Schlosses zu Oliva« undsoweiter (S. 9). Dann schlägt man das Blatt um; und erblickt ein Klischee, die Einladung eines Kunstvereines zu einer Gedenkfeier für den Danziger Dichter PAUL SCHEERBART, für – tja; und nun darf man dreimal raten, ob man darauf kommt – für »Sonntag, den 25. Oktober 1931, 12 Uhr, im Landesmuseum Schloß Oliva« undsoweiter. Also genau das, was man bereits der vorhergehenden Seite überflüssig ausführlich entlesen hatte. (Ich hätt's ihm auch beim ersten Mal schon geglaubt; ich halte Professoren im allgemeinen für wissenschaftlich integer genug.) Auf S. 16 erfahren wir's dann zum dritten Male, daß eine Direktübertragung jenes – übrigens ziemlich banalen – Vortrages über den weyland Landessender Danzig erfolgt sey; auch ein Abdruck in den ‹Danziger Nachrichten›, (und selbst der Zweitdruck der ‹Berliner Börsenzeitung› bleibt uns nicht erspart). Und dann gerät der bereits leise fluchende, weil einfach materialhungrige, Leser ins Nachwort, auf die S. 739, und erfährt dort rühmend von dem bahnbrechenden Vortrag eines sicheren Hellmut Draw=Tychsen »im historischen Schloß zu Oliva« – : also das dank' ihm Herodes! Müssen wir derlei kreuzbraven Unfug tatsächlich vier Mal vernehmen?!

Ich=kennedy anscheinend im Besitz der ‹Rechte› befindlichen Herausgeber nicht weiter. Und habe a priori auch nichts gegen den ‹Vortrag von Oliva›. Saurer werde ich schon bei Wendungen wie »nordisch=meerischer« Jäist; oder »slawisch angekränkelt« (ähä!); und die »weltanschaulichen Anmaßungen eines mächtigen polnischen Nachbarn« müssen natürlich untragbar gewesen sein, (zumal wenn man sich vergegenwärtigt, wie jener übermütige Nachbar dann binnen 18 Tagen ‹umgelegt› wurde!). Sicherlich ist es Zeichen einer rührenden Ergebenheit, wenn man sich einbildet, SCHEERBART habe alles Mögliche (und noch mehr Unmögliches) »vorweggenommen«, wenn nicht gar »vorausgeahnt«; so die »Raumfahrt« – bloß weil dem Schwadroneur mal das Wort unterlaufen ist; zugegeben: in ‹Na Prost!› (1898) fahren 3 Germanisten in einer achtkantigen Flasche durch den Weltraum! (Aber bei der Sorte Logik könnten sich ARISTOFANES oder LUKIAN dann kecklich als die ersten Astronauten bezeichnen; ein Beruf, der wesentlich angreifender sein dürfte.) Da soll der ‹Rundfunk› bei SCHEERBART vorkommen; auch die ‹Relativitätstheorie›; sein Geschwafel von ‹Glasarchitektur› war sowieso bahnbrechend, ick weeß. Und der frommen Einfalt ist kein Ende: welch Kuriosum, (ja, gravierender: welcher Mißbrauch eines zur Verfügung habenden holzfreien Druckpapiers!), wenn man hinter Leute wie

IBSEN / KANT / SCHOPENHAUER / JOYCE / STRINDBERG / WHITMAN / MUSIL / THOMAS MANN / UNDSOWEITER

immerfort in Klammern die Lebensdaten gesetzt sieht, wie wenn es keinen Kleinen KNAUR für sowas gäbe: aber eine exakte, verläßliche Bibliografie fehlt natürlich. Manchmal geht die Einfalt so weit, daß man es pausbäckig ausschreibt: »Jonathan Swift, lebte von 1667–1745« – wie gut, daß man jetzt weiß, wo so schwer zugängliche Daten nunmehr schier ohne Mühe zu eruieren sind.

Auch auf andere unerwartete Auskünfte trifft man in reicher Fülle. Etwa, daß der Planetoid Pallas doch wahrscheinlich »nach der griechischen Göttin Pallas Athene« getauft wurde, und gar nicht nach dem ältlichen Reisenden Pallas (wie SCHEERBART sich einbildete); eine Konjektur, die leider nicht mehr ganz neu ist : schon der Entdecker der ‹Pallas›, ein gewisser OLBERS in Bremen, ist 1802 absichtlich dem Astronomenbrauch gefolgt, die Planeten mit den alten=guten Namen von Heidengöttern zu belegen. Um es ganz kurz zu machen : Vorwort, Nachwort & Anmerkungen sind von blutigen Dilettanten um die Texte herum garniert worden, und von einer heutzutage nicht mehr erlaubten Naivität. Schwer begreiflich, daß sich der, doch nicht unrenommierte, Verlag derart hat handicappen lassen; wo doch im nächsten Jahre das Copyright sowieso ausläuft. Hoffen wir, daß dann weitere SCHEERBART'sche Sammelbände erscheinen werden; eines Mannes, Dessen so mancher in unserer Literatur nicht wird entraten wollen.

Aber den ‹Vortrag von Oliva› bitte nicht noch einmal ! –

GUSTAV FRENSSEN

19. Oktober 1863, Barlt/Dithmarschen – 11. April 1945, Barlt

EIN UNERLEDIGTER FALL

Zum 100. Geburtstag von Gustav Frenssen

Sprecher:

A.: Referent; ältlich, ruhig.
B.: fördernde Fragen & Einwände; jung, intelligent, voller Widerstände.
C.: Zitate; langsamer Holsteiner; hochdeutsch, aber er s=pricht grundsätzlich!

C. *(bedächtig; dennoch mit einer gewissen ‹paffenden› Energie, die sich in dem ‹Kleingehackten› der Diktion kundtut):*

Gestern Abend, im Dämmern, sag' ich zu meim'm Nachbar, dem Taglöhner P., : ‹Erzähl mir was.›

Da sagt er : ‹Du erinnerst doch noch den Vollmacht Schrum ? – Na also ! . . . Ein mächtiger Kerl . . . groß . . . bramstig . . . über zweihundert Pfund. Er trank . . . er spielte. Wenn er zur Stadt fahren wollte, und an den Wagen trat . . . Handstulpen sag' ich Dir, bis an die Ellbogen, und die großen schwarzen Pferde bebten. Na genug ! . . . Eines Tages kommt ihm sein Schulkamerad, Jan Ehlers, in'n Weg. Den mußt Du ja auch noch erinnern . . . Na also . . . Jan Ehlers ist sein Taglöhner, und ist nicht bang, und kommt ihm in den Weg und sagt : ‹Du, Vollmacht,› sagt er, ‹sag ma . . . was denkst Du Dir nun dabei ?›.

Der Vollmacht bleibt stehen, und steht noch'n bißchen steiler als sonst : Wobei ? !

‹Ja . . .› sagt Jan Ehlers . . . ‹ich mein man . . . willst Du nun dies Leben so durchsetzen . . . so . . . als Du das nun treibst ?›

Der Vollmacht gibt sich noch'n Ruck, und steht ganz steil, und sagt ganz kalt und fest : ‹Ja woll, Jan Ehlers ! Das ist allerdings meine Absicht. Ich will das so durchsetzen . . . genau so . . . un wenn ick 'n Kreih werden soll !›

Also gut . . . was zu tun ? . . . Drei Jahre gehn vorbei . . . da ist es mit Vollmacht Schrum zu Ende. Bankerott. Alles weg : Hof, Vermögen, Ehre. Als er sieht, wie das steht, drückt er sich um die Ecke, hängt sich auf . . . in seiner Scheune . . . weg ist er. –

Na, das ist also passiert. Und nun . . . denk Dir mal . . . so acht oder zehn Jahr später ... da komm ich ma', an ei'm naßkalten Abend, so gegen November, bei Jan Ehlers sei'm Haus vorbei. Der ist nun alt, und sitzt da am Fenster. Er sitzt da mit der Pfeife, und den Arm auf der Fensterbank, und trommelt so mit seinen großen Fingern auf der Bank. Das tut er immer, wenn er große Gedanken hat. Als er mich nu sieht, stößt er so im Sitzen das Fenster auf, und pliert mit'n Augen, und sagt so'n bißchen leis' und sachte : ‹Du, –› sagt er leise ... ‹hast Du all den großen Kolkraben gesehen, der da immer auf Vollmacht Schrum seiner Fettweide steht ? Kiek ma hin ... da ... auf 'n Scheuerpfahl ...›

Ich dreh mich um, und kiek hin ... und sag : ‹Ja woll ... da sitzt'n oller Kolkraaw ... was soll das ?›

‹Mensch›, sagt er leis' ... : ‹Weißt Du nich, was der Vollmacht zu mir sagte ... damals ? – Mensch, Mensch ... ich muß immer denken : das iss Vollmacht Schrum !› Junge, verfehrte ich mich ... Kinners und Lüde ! Ich sag' : ‹Jan Ehlers, Du bist wohl nich bei Trost ! Gott bewahre !›. Ich kiek nach dem alten Kolkraben ... es war recht so'n großer und alter ... und der dückert immerzu und krächzt ... Und schüttel mein' Kopf und seh Jan Ehlers an; und Jan Ehlers sieht *mich* an, und nickt; und macht das Fenster wieder zu.

Na, was zu tun ? Ich hatte den Winter damals den großen Freigraben zu kleien, der am Alten Weg entlang geht, und muß jeden Abend bei Jan Ehlers vorbei, und fast jedesmal macht er mir hinter dem Fenster 1 Zeichen mit dem Daumen nach der Fettweide hinüber. Das sollte denn bedeuten : ‹Hast schon gesehn ? Vollmacht Schrum sitzt da auch wieder.› Und dann sog er wieder an seiner Pfeife, und trommelte mit den Fingern auf der Fensterbank. Das tat er immer, wenn er große Gedanken hatte. –

(Kleine Pause. – Dann scharf=halblaut, wie Einer, der sich's unwillig notiert): Fünfmal nach der Wirklichkeit niedergeschrieben. Immer noch nicht, wie es sein sollte.

(Gong)

A. (nachdenklich): Das ist so eines der Bilder, die ich noch aufblitzen machen kann – : der Morgen des 12. April 1945. Eine Bauernstube hinter'm Teutoburger Wald, mit zersprungenen Fenstern; am kiefernhölzernen Tisch ich, als ‹Rechentruppführer› einer Batterie, fröstelnd & überwacht, wie sich's meist im Leben gehört. Die Bäuerin kommt & stellt das Radio ein – ich will erst protestieren; denn wir haben bereits 4 verschiedene Geschütze und das macht meine Arbeit unsinnig kompliziert, aber da die Andern hören wollen, versuche ich, so geduldig zu sein, wie ich noch vermag.

B. (fragend, sich=orientierend): 12. April ? Also kurz vor'm Ende –

A.: Ja; 2 Tage später war ich Gefangener. – Da kommt also als erstes die Meldung, wie soeben Präsident Roosevelt gestorben sei. Und das Stückchen Oberleutnant in der Sofaecke springt doch auf; schreit : ‹Das ist der Wendepunkt des Krieges !›, und stegreift uns einen Schulungsvortrag hin. Ich schaue ihn mir vorschriftsmäßig=leer an, und denke : ‹Du Idiot !›. Denn wohl *‹steht›* Deutschland : aber nicht ‹wie ein Mann›; sondern wie eine von Narren & Verbrechern ramponierte Uhr; und die Amerikaner und Russen sind längst an der Elbe. Als die Subordination mir wieder auf die Schußtafeln zu sehen gestattet, ist die mit perlgrauem Stoff verhängte Stimme aus dem Bakelit fast am Ende angelangt . . .

B. (einfallend): . . . ach, jetzt kann ich mir's denken.

A. (gemessen nickend): Es kommt, als Letztes, noch die Nachricht : wie gestern, in seinem Heim zu Barlt in Holstein, nach langjährigem schwerem Blasenleiden, im 82. Lebensjahr, GUSTAV FRENSSEN gestorben sei – ‹der weltbekannte Schriftsteller›, wie der Sprecher erläuternd hinzusetzte, . . .

B. (berichtigend): . . . hinzusetzen *mußte* . . .

A. (geduldig): . . . meinethalben – obschon ich, für meine Person, daran zweifle; denn, wie übrigens immer, waren die Rundfunksprecher sorgfältig im Sinne der regierenden Partei ausgesuchte Leute, die doch meist selbst an das glaubten, was sie da so von sich gaben. – Aber darf ich noch ergänzen : damals habe ich auch diese Neuigkeit mit meinem, seit 1933 sorgsam getragenen Maskengesicht prästabilierter Disharmonie, zur Kenntnis genommen. Ja, ich will es zugeben : ich war *wirklich* kalt dabei; ich fühlte absichtlich *nichts*. Der Mann hatte mir allzu gräßlich an den Heerschild geschlagen; sich allzusehr den Nazi's als Aushängeschild hergeliehen.

B. (trocken ergänzend): Und hat überdem, am laufenden Band, abwechselnd immer nur Zweierlei verfertigt : wenn's hoch kam Gartenlaubenlesefutter; meist sogar undiskutablen Kitsch !

A.: Ich würde vorschlagen, Wir warten noch ein wenig mit der Endsumme. *Zeit* zur Aufhebung der über FRENSSEN verhängten Quarantäne wär's wahrlich. Und auch die Gelegenheit zu einer Durchleuchtung ist günstig : eben jetzt, in diesen Tagen, kann quicunque vult seinen 100. Geburtstag celebriren. – *(einen Einwand abfangend):* Moment ! Darf ich Sie darauf aufmerksam machen, daß es *gar* so Wenige *nicht* sein werden ?

B. (ablehnend): Na wenn schon! *Natürlich* wurde & wird dergleichen von Millionen verschlungen! – *(boshaft):* Obgleich es mir neu & recht=überraschend ist, daß ausgerechnet *Sie* sich zum Ritter von SANDGRÄFINNEN aufwerfen?

A. (gelassen): Davon hab'ich kein Wort gesagt. – Aber, um ein erstes zu erwidern, bin ich nicht mehr jung genug, leugnen zu wollen, daß zwischen ungefähr gleichzeitig lebenden, und also ‹wirkenden› Autoren grundsätzlich Gezeitenkräfte wirksam sind, Materiebrücken sich herstellen, gleichviel ob man will oder nicht: Wer garantiert mir, zum Beispiel, daß ein Bekannter nicht eine Äußerung tue, die ich mir, weil wohlpassend, mentaliter notiere, und sie irgendwann einmal 1 meiner Gestalten in einem Buche nachsprechen lasse? Tja und anschließend kommt dann ein Rezensent, und ‹weist mir nach›, wie ich den Satz aus – sagen wir ruhig FRENSSEN – plagiiert hätte? Also das gibt es durchaus: das kann dem grimmigsten Gegner widerfahren. – Geben Sie's nur zu: *auch Sie* haben etwas von ihm gelesen.

B. (unwillig): Oh ja; leider. – JÖRN UHL; und auch den GLAUBEN DER NORDMARK hab'ich mal 1 Hemdenwechsel lang goutiert: ich *habe* ein gutes halbes Dutzend der Bücher des geschätzten Verfassers zu mir genommen; und weiß folglich so ziemlich, wovon ich urteile. – *(widerstrebend):* Wo führen Sie mich jetzt hin? Vor welche Regalreihe? – *(Kleinpause; dann, erstaunter):* – Was? Der ganze Yard hier ist von FRENSSEN?! Das sind ja ...

A. (ergänzend): ... über 30 Bände; sehr wohl. Und da gibt es nun leider ein weiteres, ebenso vertracktes wie gültiges ‹Gesetz› in der Literatur: daß der Leser grundsätzlich die *schlechteren* Bücher eines Autors *zuerst* kennen lernen wird. Dann packt ihn, den Leser, gern der Ekel, und die eventuell vorhandenen guten entgehen dem überdrüssig Gewordenen.

B. (ungläubig): Wieso muß das gleich wieder ‹ein Gesetz› sein?

A.: Weil die anspruchsloseren, schlechteren Bücher am millionärrischsten ‹gehen›; während sich bei schwierigen Stücken das Publikum sehr rasch dagegen versteift – vielleicht mit einem gewissen Recht ...

B. (hastig): ... mit *welchem* wohl?!

A. (fortfahrend): ... mit dem relativen Recht des von anderweitiger Tagesarbeit Übermüdeten. Was natürlich nicht besagen soll, daß ein solcher Übermüdeter sich nun als das Maß der Literatur dünken dürfe. – Aber weiter: ergo bleibt die Auflage des Mühe & Studium erfordernden Buches immer klein; und die Wahrscheinlichkeit, mit ihm bekannt zu werden, ist, *rein numerisch*, gering.

B. (zweifelnd): Naja; also ich will gar nicht unredlich verfahren, und

Ihren Satz ‹zur Probe› einmal umkehren, à la ‹Was schlecht geht, müßte demnach 1. Garnitur sein› ? . . . hm . . . ich verstehe schon : Sie meinen, bei einem bekannten & genehmigten Autor seien die Bücher mit der geringeren Auflagenziffer die besseren. Denn bestseller das heißt Bodensatz.

A.: Es wäre dies zumindest möglich. – Aber ist es Ihnen sehr zuwider, das Œuvre zu erblicken ? Hätten Sie keine Lust, sich, zu seinem schön=rund=hundertsten Geburtstage, GUSTAV FRENSSEN 'mal in aller Ruhe, von mehreren Seiten her, näher zu betrachten ? Nicht bloß so cavalièrement nach Literaturhistoriker= & Kritikerweis' – indem man für 5 Minuten verständnislos aus seinem selbstverfitzten Wort= & Begriffsnetz gafft – sondern geduldig, und unbeeinflußt von früher Geurteiltem ? Einen richtigen Voll=Feind zum Beispiel hat FRENSSEN noch nie gehabt; seine großen Zeitgenossen lächelten bloß über ihn, und ließen ihn ‹rechts liegen›; und was seine Verehrer anbelangt, läßt sich auch nur sagen : Gott bewahre einen Autor vor solchen Freunden ! – *(leicht foppend=aufmunternd):* Na, wie wär's : Wollen Wir ? –

B. (ergeben): Na, schön. – Aber dann auch, bitte, von *ganz* unten angefangen. *(spöttisch JOHNSEN's Buchtitel zitierend):* – ‹ART UND AHNEN› . . .

(Gong)

A.: Ein geborener Däne . . .

B. (unterbrechend): Wieso das ? . . . ach richtig, der Deutsch=Dänische Krieg war ja erst 1 Jahr später, 1864. Also muß man, und sei's nur über die Eltern her, 1 Schuß STORM=Einstellung addieren ? : ‹Sie halten Siegesfest; sie ziehn die Stadt entlang; sie meinen Schleswig=Holstein zu begraben›.

A.: Nein, das ist nicht mehr mit darin; bei FRENSSEN ist es bereits ins Groß=Germanische gewandt – genau wie bei JOHANN HEINRICH VOSS etwa; das gibt es sehr; das war nicht FRENSSEN's persönliche Grille; er mochte die Dänen recht gern. Der Vater Tischler; ein etwas zu sonniger, anscheinend schon *leichter* Charakter; »wirtschaftlich unbegabt«, wie der Sohn es schonend ausdrückt. Die Mutter – älter als der Mann; vor der Ehe eine kleine ambulante Hausschneiderin – ist der bei weitem einflußreichere Elternteil gewesen : Amalie, geborene Hansen, stammte aus einer zwielichtigen Spökenkieker=Familie . . .

C. (gedrückt): Meine Mutter neigte in ihren jüngeren Jahren so stark zu Selbstmordgedanken, daß Vater viel Not damit hatte; und sie einige

Male, da Güte nicht half, schlagen mußte. Von ihren nahen Verwandten gingen 2 freiwillig aus dem Leben.

B. (aufmerksam=mitleidig): Hoh; also schwere Neurotikerin?

A.: Ja; sie ängstigte sich zeitlebens, und sah auch Gespenster. Immerhin ist sie doch 70 Jahre alt geworden, wie es die Ironie des Schicksals bei ‹gesprungenen Gläsern› so gern hat – der sorglose Vater freilich wurde sogar 90.

B.: Und nun, vermutlich, die damals übliche ‹kinderreiche Familie›?

A.: Die genaue Zahl der bukolisch=unvermeidlichen Säuglingstode, Fehlgeburten, Abtreibungen, weiß ich nicht anzugeben; im Endergebnis überlebten jedenfalls Vier – das heißt, Frenssen hatte 3 Geschwister. 1 Bruder war Landwirt in Barlt; 1 anderer Legationsrat in Berlin; die 1 Schwester starb mit 30 in Hamburg.

B.: Was war er eigentlich biologisch für ein Typ? So der landesübliche, 6 Fuß schwere, etwas dösige Zeitlupenathlet; von dem das neckende Sprüchwort sagt, daß, wenn er einmal über eine Wiese gehe, der Fußpfad fertig sei?

A.: Sie hätten sich bereits das ungefähre Gegenteil abstrahieren dürfen. Stellen Sie sich einen versponnen=verqueeren, schwächlich=labilen Jungen vor, dem die ‹breite Brust› immer gefehlt hat. So schildern ihn die Zeitgenossen: mittelgroß, und recht zart; die Stimme sanft & leise, »wie von weit her kommend«. Die zuweilen so hochgestochene ‹Schollenhaftigkeit› mancher Stücke, wird schlicht die Überkompensation eines Mannes gewesen sein, der – abgesehen davon, daß er als ‹cand. theol.› sowieso zeitlebens ‹eximiert› war – zum Beispiel nie Soldat gewesen ist.

C. (zögernd): Ich war von Natur kein kriegerischer Mensch, und wurde durch übergroße Phantasie in allem Wirklichen gehemmt. Dazu kam, daß ich in meiner Jugend nicht gedient hatte, und 50 Jahre alt, und nie stark von Gesundheit war – so konnte ich mich (1914) nicht entschließen, mich als einfacher Soldat zum Dienst mit der Waffe zu melden; ich fühlte, ich würde versagen. In irgendeiner andern Form aber dem Vaterland in seiner Not zu dienen, wollte mir nicht gelingen.

B.: Aber dieser Voll=Bart... ich weiß nicht, ich habe einen Horror vor all den Haarmenschen, ob Frenssen ob Däubler ob Tennyson ob Sonstwer – GOtt segne mir bei dieser Gelegenheit doch wieder einmal Schopenhauer's Güldne Worte über Bärte!

A. (amüsiert): Dabei leben wir gerade heute wieder inmitten einer ausgesprochenen Bart=Hausse, genau wie vor 60 Jahren – strotzende Unsicherheit bedarf anscheinend des ausgefransten Alibis; und auf manche Weiber wirkt die verrutschte Schambehaarung ja schier unwiderstehlich – aber ich gehe wieder zu Wichtigerem, zum Thema über, ja ? Der begabte Junge wird mit 14 auf die Höhere Schule nach Meldorf geschickt *(sprich ‹Melldorf›, mit 2 ‹ll›)* – ein netter Flecken von heute 8 000 Einwohnern, dessen Marktplatz Sie sich einmal ansehen müssen – wo er sich jedoch bald mit den Lehrern zankt; zumal mit dem Direktor, dem Erzfeind ‹P. A.›, dessen literarische Exekution dann, und zwar à la maître, ein halbes Jahrhundert später erfolgte – Autoren haben, auf lange Sicht, eine ganz unangenehme Art, Kritikern, Verlegern, Gegnern=allgemein, obzusiegen.

B.: Kann sich ein Kind mit Lehrern erfolgreich zanken ?

A.: FRENSSEN wechselte die – ja, was für ein bedrückender Sprachwitz das doch ist : die Lehr=‹*Anstalt*› – er ging auf die Latein=Schule nach Husum; und machte dort Ostern 86, mit 23 Jahren, das Abitur.

B.: So spät erst ? Das möchte bedeuten können, daß er unter seinen jüngeren Schulkameraden zusätzlich als Fremdling herumgewandelt ist.

A.: Ebeneben. Ich muß übrigens hervorheben, daß es bis jetzt noch keine auch nur einigermaßen leidliche Biografie FRENSSEN's gibt, trotz einiger Bücher über ihn; das meiste muß man seinem eigenen, wie stets in solchen Fällen, daten= & materialarmen LEBENSBERICHT entnehmen; bzw. den darin stark benützen GRÜBELEIEN usw.

B.: Das Wort ‹Begabung› ist gefallen : worin zeigte sie sich besonders am Kinde ?

A.: An nichts. Wir können heute immer nur erst rückwirkend folgern, daß sie ja doch wohl vorgelegen haben *muß*. Für den oberflächlichen Blick kann sogar am Manne vieles enttäuschend scheinen; etwa seine beträchtliche Musik=Losigkeit . . .

C.: Es hat mich während meines ganzen Lebens oft gewundert, wie wenig Musik ich gehört & genossen habe, und wie wenig mich auch in älteren Jahren danach verlangt hat, als der Rundfunk einen so guten Zugang bot. Ich will hierüber dies sagen : das alte Wort, ‹Holsatia non cantat›, steht nach meiner Meinung zu Recht. Das ‹Lied, das aus der Kehle dringt›, ist nicht holsteinische Art. Ja, der Niedersachse – es ist dies nicht zu loben – hat eine Neigung, ein frohes Lied der Leichtfertigkeit gleichzusetzen. Mir flüsterte es immer zu : ‹Das ist nichts für Dich. Geh Du an Deine Arbeit, Deine Sorgen. Und geh allein !›. Diese selbe Dunkelheit hat mich scheuen lassen, die Flüge ins Weglose zu wagen, zu der Musik den Menschen lockt. Da lauerte wohl Überredet= und Übermanntwerden ? Haltlosigkeit Ohnmacht Irrsinn ? . . . Ich habe mich auch nicht bemüht, weiter zu kommen : BACH, MOZART, BEETHOVEN haben mir wenig bedeutet; und RICHARD WAGNER hat für mich und meine Lebensarbeit nicht gelebt und nicht gewirkt. – *(etwas leiser):* Viel mehr als alle Menschenmusik hat mir die der Natur bedeutet; das Rauschen des Wassers, oder das von Wind, das mich, von Kind an bis heute, reichlich & schön, begleitet hat.

A.: Das zur Erkennung & rechten Wertung des Schriftstellers noch Wichtigere aber ist, daß FRENSSEN zwar, wie er es selbst aussagte, »in 5 fremde Sprachen hineingesehen«, fremdsprachige Bücher aber ganz ungern & sogutwie niemals gelesen hat – die 5 Dutzend englischen und ein paar italienische Bücher in seiner Bibliothek täuschen : die hat seine Frau studiert, nicht er. Ja, sogar vom Hochdeutschen ist bei FRENSSEN's Beurteilung stets dieses in Anschlag zu bringen . . .

C.: Die Sprache – nicht allein meines Heimatdorfes, sondern meines ganzen Heimat*landes* – war durchaus die niederdeutsche. Das Hochdeutsche habe ich, *wie eine fremde Sprache*, in der Schule gelernt; und habe noch zuweilen jetzt, wenn ich es brauche – besonders, wenn ich vorher wieder Plattdeutsch gesprochen hab' – das Gefühl, als wenn ich es wie eine fremde Sprache grammatikalisch gelernt hätte. So liegt meine Kindheit & Jugend in einer Zeit völligen Wirrwarrs des Geschmacks und des Lebens selbst. Von irgendwelcher geistiger Bewegung oder irgendeiner Literatur, die hätte retten & helfen wollen und können : war im Lande nichts bekannt.

B. (aufmerksam): Demnach wäre – immer vorausgesetzt, es stimmte – FRENSSEN's oft befremdliche Diktion also echt; und hätte mit dem wittekindlichen, gezwungenen Archaisieren der späteren ‹Blubos› nur Oberflächliches gemein ?

A.: Was seine, dem Binnenländer eventuell anstößige Syntax anbelangt, sicher. Und auch das letzte Kennzeichen des rührend Dialekt=Geschädigten fehlt nicht : er hat allen Ernstes geplant, FRITZ REUTER ins Hochdeutsche zu übertragen.

B. (abschätzig): Wieder mal ? Und auch nur ‹geplant› ?

A.: Ja, er wollte mit ‹Hanne Nüte› anfangen. – Und was seine Umgebung anbelangt, sind, schon rein äußerlich, sämtliche Merkmale des ‹Volksschriftstellers› komplett vorhanden. Nicht nur ist seine Bibliothek auffallend klein – etwa 600 Bände mögen's sein : Werksausgaben von GOETHE, RAABE, FONTANE; Biografien scheint er gerne gelesen zu haben; auch Reisebeschreibungen verhältnismäßig viel – daß er dabei 1 bestimmten Erdteil bevorzugt hätte ist nicht erkennbar – ganz spärlich sehen die Abteilungen Wissenschaften und Nachschlagewerke aus ; er hat sich zeitlebens mit einem BROCKHAUS begnügt, mit der 16=bändigen Jubiläumsausgabe von 1901–03.

B.: Dabei wäre er doch wahrlich reich genug gewesen, sich die beneidenswert=kostbarsten Lexica zu halten! Je nun; daran erkennt man eben des betreffenden Geistes Kind, wenn Einer in dieser Hinsicht nichts bedarf. – Sie begannen aber Ihren Satz mit einem vielversprechend=weitausholenden ‹nicht nur› : was war denn noch ‹auffallend klein› bei FRENSSEN?

A.: Zum Beispiel sein Arbeitszimmer selbst; ein Räumchen von buchstäblich 2 mal 3 Metern. Auf dem Fensterbrett ein paar Kakteen; die Aussicht weit ins Grüne, zum ‹Kleef› hinüber. Und auch die Schreibtisch=Fläche wird nicht mehr als 1 Quadratmeter betragen . . .

B. (höflich unterbrechend): ist das ein schlechtes Zeichen?

A.: Dank der leisen Mahnung! – Nein; es braucht es natürlich *nicht* zu sein. Ich erinnere mich, daß ALFRED DÖBLIN uns einmal, auf die bescheidne verehrungssüchtige Frage hin : Wo er denn seine Werke schriebe?, aus einem mächtigen – übrigens auch, allerdings mit Hunderten von Kakteen bestellten – Möbel, ein Brettchen von 30 mal 45 Zentimetern herauszog : ‹Hier›. Nun war DÖBLIN allerdings ein herrlich=skurriler Klarglas=Witzbold, dem man in solchen Dingen besser nicht traute – was ich auch nie getan habe – dennoch könnte, was bei einem Emigranten ein schwermütig=guter Witz ist, bei einem lebenslänglichen Sassen ein Manko darstellen.

B.: Hat er einen Lieblingsschriftsteller gehabt?

A.: Sein größtes Lese=Erlebnis scheint – genau gemäß der vorhin erwähnten Theorie der ‹Gezeitenkräfte› zwischen annähernd gleichzeitig Lebenden – der Engländer CHARLES DICKENS gewesen zu sein . . .

B. (unterbrechend): Wieso ‹gleichzeitig›? – Ach richtig : als FRENSSEN *geboren* wurde, *lebte* DICKENS ja noch! – *(leiser, selbst=rügend):* Man sollte tatsächlich die Jahreszahlen viel mehr parat haben . . . *(wieder normal):* Er ist doch anschließend, meines geringen Wissens, evangelischer Pfarrer geworden, ja?

A.: Er studierte Theologie in Tübingen, Berlin, Kiel – ‹Doctor h. c. FRENSSEN›, konnte er sich später unterschreiben – wurde Pastor für 2 Jahre in Hemmstedt; dann, ab 1892, in Hemme, unweit seines Geburtsortes.

B.: Nach rund einem Dutzend Jahren hat er aber doch dann bei der Kirche gekündigt?

A. (diskret berichtigend): Sie meinen, ‹sein Amt niedergelegt› – ganz recht; darauf können wir nachher noch eingehen. Seit 1903 jedenfalls hat er als freier Schriftsteller gelebt; erst kurze Zeit in Meldorf; dann, 1904–18, in Blankenese bei Hamburg, hoch über der, und mit der Aussicht auf die, Elbe. Die letzten 25 Jahre verbrachte er wieder, als meist recht wohlhäbiger Hausbesitzer, in seinem Geburtsort, in Barlt.

B. (einwendend): Was heißt hier ‹meist› ? Der Mann muß doch bei *dem Umsatz* – nach der heutigen Kaufkraft der ‹Michel=Mark› gerechnet – nahezu Millionär gewesen sein ! Tun Sie bei Gelegenheit mal 1 Blick in den Neuen SOERGEL.

A.: Jaja, leider : anstatt eine wichtige & bezeichnende Schrift=Probe zu geben, fiel dem Bearbeiter nichts anderes ein, als eine Abrechnung in uninteressanter Verlegerhandschrift. – Nein; FRENSSEN, dem politisch notorisch Denkschwachen, versetzte die ‹Inflation› zu Anfang der zwanziger Jahre einen schwersten Verlust. Immerhin rettete er sich durch die, von ‹Auch Einem› so benannten ‹Unwegsamen Zeiten› insofern höchst leidlich, als es, abgesehen von den andern laufenden Einnahmen, gelang, seinen gesamten Nachlaß, Manuskripte und Korrespondenzen, gegen eine Rente an die Landesbibliothek in Kiel zu verkaufen. Dort liegt, ja ‹ruht›, er, der Auswertung dringend harrend, noch heute.

B.: Sie, *die* Wendung werde ich mir nachher noch aufzuspießen erlauben : meiner Ansicht nach brauchte von FRENSSEN überhaupt keine Rede mehr zu sein ! – War er, wo er doch so gerne Reisebeschreibungen las, nun auch selber ein großer Reisender ?

A.: Eigentlich gar nicht. – Gewiß, er war ein paarmal im, relativ nahen, Schweden. Nach Süden zu ist er bis Rom gekommen. Einmal war er sogar in Amerika; das bitte ich aber getrennt behandeln zu dürfen . . .

C. (abwehrend): Ich reise selten : Globetrotterei schadet dem Künstler. Ich trenne mich schwer von der Gewohnheit des Tageslaufs; noch schwerer von der Arbeit. Ich hatte in der Fremde – und ‹Fremde› war alles, was außerhalb der Nordmark lag – sofort ein Gefühl der Unwirklichkeit; als ob Alles unsicher wäre, und im nächsten Augenblick sich verwandeln, und das Unglaublichste sich zeigen könnte. . . . Ich habe niemals Freude an Meerfahrten gehabt : dies Mit=Müssen mit den ewigen Maschinenstößen, und dem Zittern & Schaukeln – als wenn man unter der bebenden Haut eines Stieres säße – und diese endlose graue Öde voll schrecklicher unmenschlicher Schönheit bis ans Ende der Welt : das ist nichts für mich !

B. (erstaunt): Ach; da hätte ich bisher wiederum arg auf ‹nordisch=meerisch› getippt – tz, wie man sich doch irren kann.

A. (bestätigend): Ja, *das* ist *ganz* leicht. Darf ich, ehe wir an die eigentlichen häklichten Fragen geraten, noch 1 Beneidenswertestes erwähnen ? : er hat *nie* hastig zu schreiben brauchen. Nie für Gazetten sich abhetzen, nie für den Rundfunk; nie ums liebe Brot übersetzen. ‹Jümmer, jümmer s=till›, mit der Stahlfeder in der, doch beträchtlich fleißigen, Hand . . .

C.: Ich habe das große Glück gehabt, daß ich niemals etwas eilig, oder gar gezwungen habe schreiben müssen. . . . In den Anfängen schützte mich das Gehalt des Kirchenamtes vor Mangel und von daher kommender Unruh'; nachher 30 Jahre lang der Verdienst aus den Veröffentlichungen – so ist alles in wohliger Spielerei, in üppiger Langsamkeit entstanden. Ich habe sonntags immer gefeiert.

B. (ironisch): ‹Sonntag ?› : was ist das ? – – Soso; in dieser Art also hat der Mann den ‹hilligen Lei›=erkasten seines Daseins heruntergenuddelt; in ‹wohliger Spielerei›, in ‹üppiger Langsamkeit›; während draußen die Bücher brannten & die Gaskammern rauchten – das möcht'ich mir doch als 1 der Erkenntnisse des heutigen Abends mit heim nehmen.

A.: Wieder vorschnell. – Ich gab FRENSSEN bereits das Beiwort ‹fleißig› : er hat jeden der 32 Bände dort – es gibt außerdem noch unveröffentlichte Stücke – 2=, 3=, sogar 5=mal mit der Hand, immer wieder ergänzend und berichtigend, »Mauselöcher stopfend«, umgeschrieben; die Reinschrift, die Druckvorlage, übernahm grundsätzlich seine Frau, im Nebenzimmer. Und *ganz* so rund & zufrieden mit sich & der Welt, ist er, in lichteren Augenblicken, auch gar nicht gewesen . . .

C. (mühsam): Zuweilen grüble ich darüber, was ich wohl hätte *anders* machen sollen. – Dann finde ich immer das Eine : *daß ich mehr hätte wagen sollen !* Daß ich das Wilde, die urgermanische Wildheit, die in mir brannte, deutlicher hätte sollen hervortreten lassen. Ich bin nicht so mutig gewesen, wie HAMSUN; ich bin nicht so tief hinabgestoßen in das Abstoßende und in das Schmerzliche : ja; darin hab'ich es versehen. . . . Manche meinen, ich *bereute* in diesen alten Tagen meinen Freimut in Religion, Sinnlichkeit, und gegen die Bürgerlichkeit : *im Gegenteil !* Ich bereue und klage mich an, daß ich nicht deutlicher gezeigt habe, wie heiß ich Natürlichkeit & Wirklichkeit liebte & ehrte. Denn die Gefahr des deutschen Vaterlandes, wie des ganzen Abendlandes, ist, daß die GOttnatur unter den Gesetzen der Bürgerlichkeit begraben liegt. Ja, das ist Bedauern, Reue, und Sorge. – *(etwas leiser):* Es lag am Mut. Es fehlte an innerer Sicherheit. Der Weg im Anfang war zu weit & sandig gewesen; und es war zuviel von der bangen Natur der Mutter in mir. *(kleine Pause; dann*

(Gong)

B. (etwas gezwungen lustig): ‹Güldne Worte›, traun – obschon er, ohne der Wahrheit etwas zu vergeben, das ‹urgermanisch› und das unnötig betonte ‹deutsche Vaterland› hätte weglassen dürfen : daß ‹*Die Menschheit*› nun doch noch ein bißchen höher stehe, ist ihm wohl nie zu Sinn gekommen ? – Aber Stichwort ‹Sinnlichkeit› : ‹Wie kam man drauf ?›

A. (gemütlich fort=zitierend): ‹Ich weiß es selbst nicht, wie.› – Ich zitiere aber mal wieder SOERGEL=senior – der ‹junior› gebärdet sich ja noch viel Groß=Almosenieriger; obwohl er im Fall FRENSSEN I entscheidende Entschuldigung weniger hat – der also dekretiert strafend : »er peitsche sich zu einer hitzigen Propaganda starker Liebestriebe hoch, die sexuelle Aufrichtigkeit mit Reinheit & Keuschheit verwechsele« – : *viel falscher* ließe sich's nicht formulieren, und wenn ein Preis drauf gesetzt würde !

B.: Ja, ich bin ‹fertig› ! *Ich* hatte, aus dem, was *ich* von ihm kenne, den Eindruck – ja eben nicht nur der faden Prüderie victorianischer Jahrhundertwende; sondern den einer ausgesprochen *überdurchschnittlichen* Unaufrichtigkeit & Verschwiegenheit; und nicht nur in sexuellen Dingen, sondern was die alltäglichste Realität angeht. – Sagen Sie : könnten wir nicht, und sei es noch so knapp, das Thema anritzen : ‹GUSTAV FRENSSEN & Die Frauen› ?.

A.: Ich wäre von selber darauf zu sprechen gekommen; und sei es nur, um Ihnen darzutun, daß er ein bißchen handfester, als Sie meinen, nun doch ist. – Die allererste Jugendschwärmerei, rührend so ganz über'n Zaun, war ein benachbartes Pastorentöchterlein. Als Student in Berlin dann, hat er die erste ‹Wilde Ehe› vollzogen . . .

B. (ins Wort fallend): Wieso ist das bekannt ?

A.: Er hat es selbst niedergeschrieben & drucken lassen : daß er zwar, nach Art so mancher Norddeutscher, nie Freundschaft mit Männern gekannt habe; wohl aber, »solange das Blut noch frisch war«, mit Frauen.

B. (einwendend): Na : ‹Freundschaft mit Frauen› ? Heißt das den Begriff ‹Freundschaft› nicht etwas überanstrengen ?

A. (gleichmütig): Na dann eben ‹Liebesverhältnisse›, wenn Sie's durchaus so genannt haben wollen. Auf jeden Fall war er – falls Sie die Eigenschaft an einem Künstler keineswegs missen möchten – doch auch ‹unbürgerlich›; Alles in Allem genommen auch ziemlich ungesellig; und – soweit ein, meist mittelmäßiger Künstler das überhaupt sein *kann*, – auch partiell ehrlich.

B. (genießerisch wiederholend): ‹Partiell ehrlich› – was die Sprache doch so für pikante Kombinationen gestattet. – Aber Sie gaben es eben selbst zu : ‹mittelmäßig› !

A.: Ich sagte : ‹*meist* mittelmäßig› – *(gutmütig neckend):* Sie müssen häufiger SALAZ Y GOMEZ lesen, ‹Geduld erlerne !›; ist 8 Tage lang täglich 1 Mal einzunehmen.

B. (die Anspielung aufnehmend): Am Tag meinethalben;
»allein der Schlaf, darin uns Träume plagen ?
Und mehr die schlaflos langen=bangen Nachtprogramme,
darin sie« – die Herren Autoren – »aus dem Hirn hinaus sich wagen ?« –
Sagen Sie mir lieber : war FRENSSEN je verheiratet ?

A.: Oh ja; denn der Weg zur Wahrheit ist zwar ein weiter, aber ‹Heiraten› bedeutet für den Künstler, ihn ein gut Stück abkürzen. – Er war 26, als er, wie einem jungen Pastor wohl ansteht, gleich bei Amtsantritt die 18=jährige Anna Walter ehelichte; bezeichnenderweise sehr nach dem Leitbild seiner Mutter gewählt . . .

C.: Das Haus meiner Schwiegereltern in Meldorf war, bei bescheidenstem Gehalt, als Lehrerhaus ein besonderes. Es wurde da Dänisch und Englisch gesprochen; Runen erforscht; vornehme Musik getrieben; und eine gewisse stille Zurückhaltung im Verkehr geübt. Sie hatten, als wären sie Beide aus müde gewordenen und zu Unrecht in kleine Bürgerlichkeit hinabgestoßenen Geschlechtern, in Erscheinung & Wesen etwas Überzartes, Lebensfremdes, Seltsames. Und so waren denn ihre Kinder dem Leben – zumal es während ihrer Jugend anfing, hastiger & rauher zu werden – wenig oder gar nicht gewachsen. Die Eltern wie die Kinder wandern Alle, wahrlich ein wehmütiger Zug, durch meine Erzählungen. . . . Anna war von ihren Geschwistern noch eine der Tüchtigsten; doch hatte & hat auch sie etwas Welt= & Menschenfremdes, worüber die Dorfgenossen wohl zuweilen den Kopf schütteln, und von gewissen Leuten reden, die Vorsicht & Ordnung übertreiben.

A.: Frau Anna FRENSSEN lebt übrigens noch heute, nunmehr 92=jährig, in Barlt; betreut von der, schon im LEBENSBERICHT genannten, ‹Marten Schulze›.

B.: In welchem Buch wären diese Gestalten – Frau & Schwiegereltern, mein' ich – am deutlichsten zu erkennen ?

A.: Die Frage ist recht unstatthaft; und schon aus Mangel an vita=Ähnlichem heute noch nicht verläßlich zu beantworten. Auch wäre zunächst ein Exkurs voraufzuschicken : inwiefern bei, womöglich noch kinderlosen, Künstlerfrauen – die also mit einem ‹überstarken Topfgukker› gestraft sind – fast unvermeidlich einerseits Persönlichkeitsverlust eintritt, der andererseits durch Trotz oder Versteifung kompensiert zu werden pflegt; weswegen diese Ehen zu den schwierigsten gehören.

B.: ‹Das ist ein weites Feld, Louise›, wie der alte Herr v. Briest immer sagt: Könnten Sie meine Frage nicht wenigstens nach bestem konjunktivischen Vermuten beantworten?

A. (achselzuckend): Es *könnte* der KLAUS HINRICH BAAS sein; mit ‹Martje Ruhland› und deren Elternhaus – ist Ihnen bekannt, daß ein kritisches Bleichgesicht eben dieses Buch als das »Erzeugnis der Dekadenz des Wilhelminischen Zeitalters« bezeichnet hat?

B. (erstaunt & belustigt): FRENSSEN ein ‹Dekadenter› ! ? Nein, das hab'ich natürlich nicht gewußt – wie lachhaft & eunuchoid. – *(anständig=zögernd):* ä=ging es übrigens ‹gut› mit dieser Ehe?

A.: Im *Gesamt*ergebnis der 55 gemeinsamen Jahre doch wohl. – Sicher, man hat mehrfach, ‹in aller Freundschaft›, beredet, ob man nicht richtiger auseinandergehen solle – Frau Anna hatte ebenfalls die Möglichkeit, eine anderweitige Ehe zu schließen; während er als Freibleibender weiter gelebt hätte – das läßt sich jedoch heute selbstredend Alles noch nicht genügend erkennen. Immerhin sind zeitweilig Fänomene einer Verfremdung aufgetreten, an denen FREUD – den FRENSSEN selbstverständlich instinktiv haßte; für solche Einsichten war er ‹hinten etwas kurz› – allerlei dämonstriert hätte. ... Zeit: 1914; Ort: Rom...

C. (schwerfällig): ... eine seltsame kleine persönliche Begebenheit, die mir immer noch als schmerzliche Erinnerung nachgeht: meine Frau hatte, gleich nach unserer Ankunft in dem dichtbesetzten Hotel, unser Zimmer verlassen, um ein Bad zu nehmen. Ich, voll Neugier nach der fremden berühmten Stadt am offenen Fenster, hatte, obgleich ich die Tür hinter der Weggehenden abschloß, nicht beachtet, in welcher Kleidung sie aus dem Zimmer gegangen war. Als es nach geraumer Zeit an die Tür klopfte, und ich, mit allen Gedanken noch bei den Bildern unterm Fenster, zur Tür ging und öffnete, stand da eine Frau in mittleren Jahren, im einfachsten Hauskleid, das grade schlichte Gesicht von einem weißen Tuch nonnenartig umgeben, große ernste Augen auf mich gerichtet, in der Tür –: *und wollte, obgleich sie mich Fremden sah, zu meiner Bestürzung, ja Grausen (!), hereinkommen ! ! !* Ich, fern davon sie zu erkennen, sagte, daß sie sich im Zimmer irre. Ich hatte das Gesicht, in das ich schon 25 Jahre lang, es sei versonnen lächelnd, oder weinend, gesehn hatte, wegen des ungewohnten Kopftuches nicht erkannt. Erst als sie mit geweiteten entsetzten Augen fragte: ‹Kennst Du mich nicht ? !›, erkannte ich sie. – – Als ich, nach Hause gekommen, einer alten Nachbarin, die ganz im Kirchenglauben lebte, diese Begebenheit erzählte, kam ein schweres Weinen über sie; und sie sagte: ‹Wie soll es dann möglich sein, daß ich im Himmel meine Toten erkenne ?› –

B. (pfeift kurz & halblaut): – pfüit ! – Sie, das ist aber eine ‹Fehlleistung› makabrös'ligster Sorte. Hat sich dergleichen auch im Werk abgebildet ? Ich kann's fast nicht glauben; ich habe nichts davon erblickt . . . *(ehrlich):* richtiger wohl : nicht darauf *geachtet*; weil einfach nicht für möglich gehalten.

A. (nickend): Was immerhin zweierlei wäre. Dabei ist es, mitten in jenem KLAUS HINRICH BAAS, doch ziemlich unüberhörbar, ja ausgesprochen ‹trocken›, herausgesagt . . .

C. (trocken; gemütlich=unheimlich): Wir haben da auf unserm Holzplatz einen alten Arbeiter; dem starb neulich die Frau, und ich drückte ihm mein Beileid aus. Er wußte wohl, daß ich ein Freund von klarer Wahrheit bin – oder ich muß ja wohl sagen, ‹von wahrhaftiger Wirklichkeit›, oder wie sagt man sonst ? – der Alte sah mich von der Seite an, und sagte : ‹Kommen Sie auch mit dem Quatsch ?›. ‹Nanu;› sagte ich, ‹warum denn Quatsch ? Hast Du nicht soweit ganz glücklich mit der Alten gelebt ?› Da sagt'er so grämlich & bedächtig : ‹Unser Ehestand war wie sehr viele.› ‹Wie denn ?›, fragt'ich. – ‹Nun›, sagte er; ‹Wir haben uns seit 30 Jahren gegenseitig den Tod gewünscht.› – Ich *bin* ein Wirklichkeitsmensch, Klaus Baas, und fürchte mich so leicht nicht; aber da stand mir doch ein wenig der Atem still ! Ich sah den alten ehrenwerten Mann groß an; und er sagte : ‹Wir haben das ganz ehrlich gehalten. Es war uns einerlei, *wer* von uns Beiden stürbe; wenn nur Einer davon ginge, damit der Andere noch ma' wieder frei wäre und sein eigenes Leben führen könnte. Nicht, daß der Eine oder der Andere dann irgendwas Besonderes unternehmen oder ausfressen – nein, nur daß er ma' wieder ein eigenes Lied pfeifen wollte. Wir paßten nicht zueinander; wir waren Einer dem Andern hinderlich.› – Ich sagte : ‹Ja, in Gottes Namen; warum seid Ihr denn aber nicht auseinandergegangen, vor 30 Jahren ? Vor 20 Jahren, vor 10, ja noch vor 1 Jahr ? Diese *dreißig Jahre* – : Herrgott !›. Er sagte : ‹Wenn man jung ist, ist man unsicher im Urteil, und hofft auch noch auf Besserung. Und außerdem war ‹Ehescheidung› damals etwas Unerhörtes. Nachher waren die Kinder da, und die Verwandtschaft & die Bekanntschaft; und wir sahen, daß auch andere beieinander blieben, denen es nicht besser ging. Nachher schleppte es sich so hin; es kam die Freude am Unrecht dulden dazu, und die Hoffnung auf den eigenen oder des Andern Tod – es schien uns nicht mehr der Mühe wert. Seitdem sie nun tot ist, ist es ja still & einsam, und es fehlt Einem wohl dies oder das; aber ich kann doch nun leben & denken & sagen, was ich will : ich hab' gestern den ganzen Abend geraucht, was sie immer nicht dulden wollte.› Und der Alte wischte sich mit dem Rücken der Faust über seine Augen, und ging an seine Arbeit.

B. (nervös): Ja aber das ist doch gar nicht möglich ... also jetzt greife ich mal, in edler Kunst der Selbstverteidigung, aufs Geratewohl 1 Band heraus ... *(etwas leiser):* das heißt, so *ganz* ‹aufs Geratewohl› natürlich nicht; ich muß ja, will ich nicht alle Achtung vor meiner Urteilsfähigkeit verlieren, mein Selbstbewußtsein nunmehr auch reparieren. Hören Sie aus der SANDGRÄFIN, aber nun wirklich ohne groß zu suchen, sich einmal etwas ‹dagegen› an ...

C. (muß sich auch dazu herleihen; ergo falsettig=geziert): Gertrud wandte sich *traumverloren* um ... *jeder Zoll eine edle vornehme Erscheinung,* mit dem einfachen, von einer einzigen großen Straußfeder geschmückten Hut, und die mit ihrem, von den *sonnigen Augen durchgeistigten Gesicht, wie der schöne Morgen selbst* aussah. ... Die grauen Augen des Barons glitten musternd über *Fraukes kindlich schlanke und doch festgebaute Gestalt, die die ersten jungfräulichen Formen in strenger Schönheit* hervortreten ließ ... Wenn die Knee's an eine *Ritterpflicht* gemahnt wurden, da hatte noch immer ihr *Auge geleuchtet,* da hatten sie auf Leib & Leben, auf Geld & Gut nicht geachtet ! ... Da sprang das *schöne Kind* auf in heller Erregung, *legte ihren blonden Kopf an seine Schultern,* und fing mit *schelmischen feuchten Augen an : ihr war so leicht & froh um's Herz, daß sie hätte singen & jubeln mögen !*

B. (siegesbewußt drohend): Soll ich noch weiter lesen ? ! Weiter nachweisen, wie da ‹Junge Mädchen› prinzipiell »schlank & taufrisch« rumhopsen, mitsamt ihren klischierten »feingezeichneten Brauen« ? Wie die Helden sich unveränderlich »offener männlicher Gesichter« erfreuen; und im Nebenberuf mindestens »Vicefeldwebel der Reserve« sind ? – *(in falschesten Tönen):* »Sie kniete am Tisch nieder, nestelte mit beiden Händen ihr Haar los, und drückte den goldenen Reif in die helle Flut – !«. *(eisig):* Sagen Sie doch : was ist denn *das* ? Geschrieben zu einer Zeit, wo längst Leute wie NIETZSCHE, KELLER, GERHART HAUPTMANN da waren; oder auch bloß LILIENCRON, MOMBERT, ARNO HOLZ –

A. (fest): Das ist, stilistisch wie inhaltlich, von einer schon damals nicht mehr erlaubten Naivität; beziehungsweise, derber formuliert, so ziemlich der letzte Holzhammer – : das wollten Sie doch jetzt hören, ja ? – *(kopfwiegend):* Hätten Sie sich lieber noch erkundigt, ob FRENSSEN Kinder hatte, und also, bald stolzer bald sorgenvoller, Papa gewesen ist.

B. (ungehalten): Warum gehen Sie auf meine, wie Sie selbst zugeben ‹*begründeten*›, Einwände einfach nicht ein ?

A.: Weil Ihr Verfahren nicht über, so manchen, Vorwurf erhaben ist. Denn wenn ich Ihnen auch gern zugebe, daß FRENSSEN peinlich oft in seinem Leben Gerechtigkeit *nicht* verdient hat – : *die Fetzen* werden, unbesorgt, gleich noch fliegen ! – so ist es mir doch immer zuwider gewesen, das Gesamtwerk eines Autors nach seinen Erstlingen, meist ‹Jugendsünden›, zu beurteilen; und ebensowenig nach den nicht minder dubiosen Produkten vorgeblicher ‹Altersweisheit›, meist Prosa=Prothesen, deren selbst der Gutwillige entraten möchte. Sie haben eben – bei einer eingestandenen Kenntnis von nur 20% des Werkes – schneidig das ‹kleinere Kunststück› vorgeführt; nämlich : mit journalistischen Mitteln einen Toten zu köpfen. Finden Sie es denn *gar kein* bißchen pikant, diese Rolle des *‹ehrlichen Gegners›* ? Könnte Sie das *gar* nicht reizen ?

B. (ergeben): ä=hatte FRENSSEN eigene Kinder ?

C.: Kinder sind uns *nicht* gegeben worden. – *(etwas leiser):* da zu ihrem – meiner Frau – Blute, das meine gekommen, wäre mir auch bange um sie gewesen. – *(wieder normal & ruhig):* Ich halte nicht so viel vom 4. Gebot. Ich pflege den Leuten zu sagen, daß es die *Hälfte* eines Gebots wäre, und daß ein halbes Gebot gar keins wäre; es fehle die andere Hälfte : *nämlich das Gebot für die Eltern, daß sie ihre Kinder ehren sollen.* Ja, das fehlt; und es ist die bei weitem wichtigere Hälfte.

B. (abwehrend): Nicht unfein – sogar *sehr* gut – STANISLAUS JOYCE hat es, unabhängig, ähnlich formuliert – : aber ließ ihn das nicht nur sein Antichristenkomplex sagen ?

A.: Zum Thema ‹Weib & Kind› rasch nur noch dieses : daß sein sexuelles Ideal – von dem man ergo in den Büchern die bekannte ausgleichende Reihenbildung verfolgen kann – die ‹athletische Blondine› war; die breithüftig=hitzige, ehrlich der holsteinischen Variante der Lust Zugetane; ein gar nicht unfeiner Wunschtraum, zumal in der gelungensten Formung, vor der wir vielleicht nachher noch unsere Mützchen abnehmen können, . . .

B. (ablehnend): ‹Ohne mich›, bitte.

A.: Verreden Sie nichts; der Abend ist doch noch jung. – Immerhin wurden bei FRENSSEN's – wenn ich mich recht erinnere, sogar zweimal – Adoptivkinder aufgezogen. In einem andern Fall, einer Haustochter wohl, muß irgendwas ‹passiert› sein; sie beging mit 20 Selbstmord.

B. (interessiert): Ach ! Ähnlich wie bei STIFTER's ? Soso. – Ja; aber jetzt bitte meine Gretchenfrage von vorhin . . .

(Gong)

B. (fortfahrend; hinterhältig=schmeichelnd): Sag, GUSTAV : *wie* hältst Du's mit der Religion ? – *(normale Stimme):* Ich weiß, wie ich als Jüngling das mit beträchtlichem Interesse verfolgt habe, diese ‹Wandlung› :

vom Dorfprediger, über Hilligenlei, bis zum Glauben der Nordmark.

A.: Ganz allgemein wäre vielleicht als Erstes hier auffällig : wie es zumindest ‹Mal was Andres› ist, daß Einer im Alter, das ja bekanntlich auch feige macht, nun *nicht* in die Knie geht, *nicht* ‹zu Kreuze kriecht›. Und noch ein weiteres lassen Sie mich irenisch voranschicken, auf das wir uns ja sicher auch einigen können müßten –

(zitiert behaglich):

‹Gesegnet sei, Wer nach der Wahrheit suchte,
und ihr zu Füßen auch den Irrtum fand.
Drum leg' ich ihn, den ich bisher verfluchte,
mein GOtt & HErr, in Deine Gnadenhand.› –

B. (kopfschüttend): Ist von Wem?

A.: Nu, wenn Sie's durchaus wissen *müssen* – : von Karl May.

B. (anerkennend): Sie bleiben aber auch tatsächlich vollkommen ‹im Rahmen› heute Abend.

A.: Schon während des Theologiestudiums scheint ihn – und wenn man ihn etwas näher kennt, wie ich, wirkt die Mitteilung, obwohl ‹hinterher› geschrieben, doch recht glaubwürdig – immer wieder Fremdheitsgefühl vor jenen alten »Hunderten von Lager= & Heerdfeuererzählungen« von Halb=Beduinen, wie er es nennt, überkommen zu haben . . .

C.: Ach, es gibt viele wichtige Dinge, die außerhalb der Bibel stehen. – In Kiel habe ich, kurz & mit Gewalt, ohne jede Liebe, für das Examen gearbeitet. Ich hätte ebensogut & =gerne eine andere religiöse Konstruktion irgendeines fremden Volkes studieren können; zum Beispiel die des orthodoxen Judentums oder des Buddhismus. Denn die, mit welcher ich mich abmühte, war meiner Natur auch völlig fremd; sie vereinigte sich so wenig mit ihr, als wenn Quecksilber über eine Tischplatte läuft. Trotzdem bestand ich bald darauf das Examen : durch Erlernen vieler, meist thörichter Dinge, die mit der Religion *wenig*, mit Menschenleben *nichts* zu tun hatten, war ich nunmehr ‹zum Predigtamt befähigt›.

B. (protestierend): Lieber Freund, es gibt da aber einen 500=Seiten Band Dorfpredigten; in dem ich schlechthin *infame* Dinge angetroffen zu haben, mich unangenehmst entsinne . . .

C. (schwerfällig, christlich=heimtückisch): Liebe Christen! . . . Vor etwa 15 Jahren trat ein Mann in unserm Vaterland auf, und verkündete in Büchern, die er schrieb, daß das Christentum eine *verkehrte* Religion sei. Es sei zu demütig; es sei eine Religion für Knechte; es mache den Menschen schwach, mutlos, knechtisch. Wer ein ordentlicher Mann sei, wer Kraft in den Gliedern & im Herzen fühle, der müsse sich vom Christentum – ja, von *jeder* Religion! – frei machen, und sich auf sich selbst stellen, und ein stolzer, herrischer, mitleidsloser Mensch werden, Herr über Menschen & Tiere. Dieser Mann, meine Zuhörer, der seine Lehre mit Macht & Kraft verbreitet hat, lebt noch – *(hämisch=impressiv): – er ist irrsinnig geworden! –*

B. (entrüstet): Also so zu argumentieren ist ja doch wohl eine waschechte Gemeinheit! Von Seiten Eines, der freilich nicht genug Verstand besaß, um ihn je verlieren zu können.

A. (beschwichtigend): Sicher; alles zugegeben : die Zahl der *religiösen* Schwärmer, die im Irrsinn endeten, dürfte – was geübte Kleriker ihrer Lieben Gemeinde freilich *nicht* im selben Atem mitteilen – das vielfache betragen. Darf ich dagegen halten, daß FRENSSEN später – nachdem der Schade freilich angerichtet war – seine Unredlichkeit selbst reuig revidiert hat?:

C.: Dann kam FRIEDRICH NIETZSCHE. In nordisch=germanischer Haltung, Lebens= & Schicksals=Bejaher, ernst, tapfer, stolz, predigte er die ganz diesseitige, starke Persönlichkeit; ja, den Obermenschen, den Übermenschen. Er verwarf den christlichen Glauben als Religion der Minderwertigen; als eine Art Irrsinn oder Schwächeanfall der Menschheit, der bald 2.000 Jahre gedauert hätte, und als eine innere germanische Unmöglichkeit.

A. (ergänzend): ... und gibt dann ein längeres Zitat aus dem ANTICHRIST. –

B. (einwendend): Arbeitet er, wie immer so auch hier wieder, nicht etwas zu häufig mit, nichts beweisenden, Ausdrücken wie »deutsch« und »germanisch«?

A.: ‹Beweisen› war nicht FRENSSEN's Art; und ist in Glaubensdingen ja auch völlig unnötig. – *(Er zitiert):* ‹Den *deutschen Mannen* gereicht's zum Ruhm, / daß sie gehaßt das Christentum› : GOETHE. – *(normal):* Das von Ihnen bereits genannte HILLIGENLEI, der Versuch, eine moderne Synoptik der ersten 3 Evangelien zu liefern, trug ihm zwar den Ehrendoktor der Universität Heidelberg ein; aber auch die ersten schweren Angriffe. Er legte, recht konsequent, sein Amt nieder.

B.: So recht erwachten die Leidenschaften aber doch erst nach Erscheinen des GLAUBENS DER NORDMARK?

C. (gelassen): Sonn= & Festtags saß ich oft in der Kirche, die meine Vorfahren wohl mit gegründet & gebaut, zu der sie vielleicht den Platz gegeben haben, auf dem sie steht. Ich saß immer ganz hinten, unterm Orgelboden, wo in meiner Jugend der Bruder meines Vaters saß, der in den Vorlanden am Strand und auf der Insel Helmsand Hirte war; er sang mit sehr schöner Stimme, und machte am Schluß jeder Strofe eine Schleife. – Wenn ich da so saß, hatte ich das Gefühl, daß dort immer Die gesessen, Die sich ein wenig im Dunkeln und im Hintergrund zu halten Ursache hatten, und nannte sie im geheimen die ‹Heidenbänke›. – Vor einigen Jahren, als der GLAUBE DER NORDMARK erschienen war, mußte ich den Besuch der Kirche aufgeben; da der Geistliche, Pastor Nissen, mich persönlich angriff.

B. (kopfschüttelnd): Welch merkwürdige kindliche Geistesabwesenheit aber auch, nun *trotzdem* die Kirche frequentieren zu wollen! Anstatt in sich zu gehen, und sich einmal illustriert vorzustellen, wie *er* seinerzeit, als junger, noch ganz im Besitz der Wahrheit befindlicher Geistlicher, sich wohl verhalten hätte, wenn in seine Kirche plötzlich FRIEDRICH NIETZSCHE eingetreten wäre – kurios. – Immerhin ist FRENSSEN aber doch nie ein Vollblut=Atheist vom Typ LUKIAN oder VOLTAIRE gewesen; oder von jener SCHOPENHAUER'schen reckenhaften Tapferkeit, die, wenn sie ein Menschenalter lang der Wahrheit nachgerannt ist, am Ende ruhig stehen bleibt; und als Bilanz gelassen ihr ‹Ni Dieu ni Maître› spricht?

A.: Nein; FRENSSEN preferierte zeitlebens das ‹Ozeanische Gefühl› ROMAIN ROLLAND's. Wohl nannte er die Lehren des Christentums nunmehr »sinnlose, zum Teil häßliche & untermenschliche Gedankengebilde«: »Kirchen sind nicht nötig!«. Sprach auch das, besonders heute mächtig unpopuläre: »Was sollte *ich* mit *Rom?* Diesem Fremdkörper im deutschen Wesen? – Die Masse freilich lebt & wogt & plätschert behaglich darin, als in einem lauwarmen, seichten, sonnigen Bade.«

B.: Naja; immerhin ist er doch soweit gegangen, Christi Person mit dürren Worten als »dem Germanen nicht vornehm genug« zu bezeichnen.

C. (kalt bestätigend): Ich frage: ist solcher Glaube unserm Gemüt gemäß? Wir, Du & Ich & Alle, sollten nicht leiden, nicht bestraft werden, ein *Andrer* soll für uns leiden und Strafe zahlen? Und wenn wir den ganzen Lebenstag verschwatzt oder verfault oder verlumpt haben, wenn wir am Abend reumütig zu ihm kommen, zu dem Andern: dann sind wir frei der Schuld & ihrer Strafe? Ich frage: wie steht es mit den Urkunden der christlichen Kirchen? Es sind gewagte Überlieferungen, Gerüchte, Sagen, Ausschmückungen, persönliche Ansichten, rein menschliche & also hinfällige Erzeugnisse. Und zuletzt, und das Wichtigste: sind, Die sich bewußt ‹Christen› nennen, die besseren, wertvolleren Menschen? Ich habe noch Keinen gefunden, der das jemals behauptet oder gar bewiesen hätte. Es hat mich viele Jahre gekostet und Mühen, bis ich mich nach 20=jähriger schiefer, verschrobener Schulung in meiner Jugendzeit vom christlichen Glauben gelöst habe; aber ich habe es so erkannt. Die alte heidnische Waldfrau in SCHEFFEL's ‹Ekkehard› sagt zu dem Mönch, der sie wegen ihres Glaubens bedroht : ‹Ich will den Heiland nicht beleidigen; *aber er ist als Fremder ins Land gekommen.*› So steht es auch mit mir : ich will den Heiland nicht beleidigen; aber ich kann ihn nicht anbeten, ja, sein Gefolgsmann nicht sein.

A.: Und auch das sei klargestellt, daß FRENSSEN mit *nichten* die Wiedereinführung des ‹Odinskultes› befürwortet hat; so weit ging seine ‹populäre Plattheit›, wie HOHOFF es hoffärtig abtun möchte, nicht . . .

C. (verwundert): Tz aber nein; wie können kluge Leute so reden ! Es ist doch klar, daß es nicht angeht. Jener Glaube – in der Vergangenheit *auch* einmal Herz Kraft Haltung Stolz & Trost unserer Vorfahren – hat seine Zeit gehabt, 2 oder 3 Tausend Jahre lang, wir wissen es nicht; dann ist seine Zeit vorüber gewesen.

A.: Allerdings sagt er, was die ZUKUNFT EINER ILLUSION anbelangt, praktisch das gleiche wie FREUD . . . . . aber es ist sicher genug, was speziell diesen Punkt anbelangt; von dem zu sprechen gerade heute ‹Verlegenheit› ist, wo christliche Politiker Europa noch einmal mit Gewalt zu *einer* schön=frommen Gegend zusammenfabeln möchten.

B. (seufzend): Sie haben Recht; wir geraten zu weit – obschon es organisch zum Thema FRENSSEN gehört. Sie würden ihm also, was seine weltanschaulichen Schwenkungen betrifft, *was* zubilligen ?

A.: Ich würde gar nicht von ‹Schwenkungen› sprechen; sondern von einem sich Entfernen in ziemlich gerader Linie. Und zubilligen würde ich ihm in puncto Religion überdurchschnittliche Ehrlichkeit und Mut – *(rasch einem Einwand zuvorkommend):* Sie haben sich wahrscheinlich noch nie intensiv vorgestellt, was es besagen will, auch nur 1 Jahrdutzend lang als notorischer Dorfatheist, ruhig & würdig, bestes Nicht=Christentum vorzuleben.

B.: Also schön; freue ich mich, so gut ich kann : wenn er schon kein großer Denker gewesen ist, *aufrichtig war* er bei gewissen Anlässen.

A. (würdig): Vielleicht darf ich es noch einmal vorschlagen ? : ‹Gesegnet sei, wer nach der Wahrheit suchte.›

B. (hastig): Dankedanke; ich erinnere mich freiwillig : KARL MAY, tz. – *(mit ausgesuchter Höflichkeit):* Dennoch : irre ich mich, wenn ich mich des Eindrucks nicht erwehren kann, daß Sie *diese* Seite FRENSSENscher Wirksamkeit mit ungebührlicher Vorliebe betrachten ?

A.: Ich will Ihnen sogar diese unfaire Frage beantworten : ich begrüße Opposition in *jedem* Fall. Wie sagte JEAN PAUL MARAT sehr richtig ? : ‹Unruhe ist die erste Bürgerpflicht !›

(Gong)

B.: ‹MARAT› : auch *das* noch ! – *(mit List):* Darf ich mich da vielleicht gleich erkundigen : *wo* FRENSSEN's Opposition im Falle ‹Führer› und ‹SS=Staat› so recht schaubar geworden wäre ? . . .

C. (machtvoll=vernagelt): ER, DER ADLER ! – Wer kann mit rechten, heiligen Worten berichten, wie nun alle Wertungen dem *Völkischen* untergeordnet wurden ? ! Wie *deutsches Wesen* & Weltgefühl, und der Sinn des Deutschen für Vernunft & Ordnung, *Gerechtigkeit, Wohlanständigkeit* & Treue aus langer Verschüttung wieder zutage kamen ? ! Wie auf allen Gebieten des Lebens eine *unendliche Fülle schöner freundlicher Menschlichkeit* durch das ganze Volk sich breitete; Gedanken & Wille *DESSEN*, der selbst eine schwere Kindheit & Jugend gehabt, und wußte, wie Armut, Beschränkung, Hemmung und Freudlosigkeit ein Leben bedrücken ? ! *Oh, wie die Brunnen wieder rauschten zu Füßen der Weltesche, der ewigen !* Wie das *geprüfteste aller Völker der Erde* endlich, endlich sein eigen ward ! / Die Enkel & Nachfolger des jetzt lebenden Geschlechtes werden noch mehr staunen als wir, die jetzt Lebenden, über die großen deutschen Dinge, die durch den *einen deutschen Mann* geschehen sind ! Und sie sollen achtgeben, von Geschlecht zu Geschlecht, als auf ihr Teuerstes, daß es weiter bes=tehe, in *SEINEM* ganzen reinen Willen & Mut – : *Das Dritte Reich der Deutschen ! Das Reich ADOLF HITLERS* ! –

(kurze, peinliche Pause. Dann)

B. (gedämpft, sachlich, sehr ernst BERGENGRUEN zitierend): Ich hatte dies Land in mein Herz genommen, / ich habe ihm Boten um Boten gesandt; / in vielen Gestalten bin ich gekommen – / Ihr aber habt mich in keiner erkannt.

Ich klopfte bei Nacht, ein bleicher Hebräer, / ein Flüchtling, gejagt, in zerrissenen Schuh'n – / Ihr riefet dem Schergen, Ihr winktet dem Späher, / und meintet noch, GOtt einen Dienst zu tun.

Ich kam als zitternde, geistesgeschwächte / Greisin mit stümmlichem Angstgeschrei – / Ihr aber sprachet vom Zukunftsgeschlechte, / und nur meine Asche gabet Ihr frei.

Verwaister Knabe auf östlichen Flächen, / fiel ich Euch zu Füßen und flehte um Brod – / Ihr aber scheutet ein künftiges Rächen; / Ihr zucktet die Achseln, und gabt mir den Tod.

Ich kam als Gefangener, als Tagelöhner, / verschleppt & verkauft, von der Peitsche zerfetzt – / Ihr wandtet den Blick von dem struppigen Fröhner ..... *(dröhnend): Nun komm' ich als Richter! : Erkennt Ihr mich jetzt!?* *(erneut kleine Pause).*

A. (ernsthaft): Ich hoffe, durch ein 50=jähriges, notorisch als Kritiker des Vaterlandes verbrachtes Schriftstellerleben, gegen auch nur den *Schatten* eines Verdachtes gesichert zu sein, ich möchte FRENSSEN bei dieser speziellen Verirrung die geringste Hülfstellung leisten : Wer seine Nation unermüdlich & =bittlich auf das hinweist, was ihr mangelt – es ist bei allen Völkern *schrecklich* viel! – dient ihr besser, als Derjenige, der die himmelschreiendsten Gebrechen mit patriotischen Lügen übertüncht. Ich habe es *alles* durchgemacht & erfahren, weit mehr als FRENSSEN, und *so viel*, daß ich es vorsichtshalber, jetzt & hier, noch einmal ausdrücklich betonen möchte : wie ich grundsätzlich die Zähne fester aufeinandersetzen muß, sobald ich einzutragen habe ‹Staatsangehörigkeit deutsch›. – *(sachlich):* FRENSSEN hat *fürchterlich* gesündigt, hat *schrecklich* an den Schild geschlagen : was umso bedenklicher war, als seine Stimme eben so fatal weit reichte.

B.: Na endlich! Sie geben mir also zu, daß er ein serviler Bube war; ein seichtester, ahnungsloser Hurrah=Schwätzer, der die Hirne von Millionen Deutschen entscheidend mit vernebeln geholfen hat.

A.: Das gebe ich Ihnen – obschon *so viel* Objektivität keine geringe Anstrengung selbst meines Mutes erfordert – *nicht* zu : das wäre ein *Teil* der Wahrheit; aber nicht die *ganze*. – Der biografisch=historische Weg wird auch hier der beste sein : natürlich hat er als BISMARCK=Fan begonnen ...

B. (einfallend): Wieso ist Ihnen das ‹natürlich›?

A.: Weil es für einen *Bauernjungen*, der von Eltern wie Lehrern in dieser Hinsicht nie 1 kluges oder gar kritisches Wort vernommen haben dürfte, wohl aber ungezählte schnauzbärtige ‹Sedan›=Reden ..... weil es um 70=71, also *nach* einem bestechend *gewonnenen* Kriege, lückenlos umringelspielt von buntesten Uniform=Marionetten & Kaiser=Theatralik ..... weil ‹*cand.theol.*›, und ergo von Berufs wegen anfällig für & verpflichtet auf ‹Obrigkeiten› aller Größenklassen ..... dazu eine relativ ‹langsame› *Schriftstellernatur*, versponnen und dem Intellekt ausgesprochen abhold ..... : weil es für einen Solchen, in den ersten 50 Jahren seines Lebens, praktisch *keine* Chance gab, die lackierte Unsolidität jenes Deutschen Reiches zu durchschauen.

C.: Ich hatte für Politik, das heißt für vorblickendes Geschehen, keine Begabung. Es fehlte mir, was der Masse der Deutschen fehlt : die letzte kalte Schärfe des Blicks. – Dennoch ist es seelisch durchaus unerklärlich, daß unser gesamtes Volk so blind war, wie es sich von ungefähr 1900 an gezeigt hat. Gewiß tragen auch die andern Völker, die am Weltkriege teilnahmen, Zeichen des Irrsinns; aber von dem deutschen Volk ist gewiß, daß es sich dem furchtbaren Krieg mit einer Ahnungslosigkeit näherte, mit der ein Irrer singend auf einen Abgrund zugeht. – *(gedrückt):* Als religiöser Mensch weiß ich nichts anderes darüber zu sagen, als das alte Wort : ‹Unsere Augen wurden gehalten, daß sie nicht sahen›. – Es ist überhaupt nichts mit dem ‹Richtunggeben› durch die Dichter, die Künstler; gar nichts ! Intelligenzen ? Im Gegenteil; meist im Nebel – wie der Schreiber dieses Berichts. Das Volksganze hört nicht auf sie. Sie sind auch berüchtigt, daß sie falsch geheroldet haben. GOETHE hat einmal, in einer leichtfertigen Stunde, gesagt, es solle der Dichter=Künstler mit den Fürsten, den Staatsführern gehen. Andere, ebenso leichtfertig, haben gesagt, er solle mit dem Volke gehen – *(unwillig): der Künstler soll allein gehen !*

B.: Das ist aber doch auch wieder bloß das, für FRENSSEN anscheinend typische, Gemix aus 3/4 Frase und 1/4 Einsicht ! Er hätte doch *vorm* ersten Weltkrieg, sehr wohl – etwa von Seiten der damaligen guten=alten SPD – warnender Stimmen genug vernehmen können. Und daß der Künstler ‹allein gehen› solle ? : nu einverstanden ! Aber warum rechnete er sich dann, ganz fest & offen, »zu Denen, die dem Führer helfen« ?

A.: Sie haben mich noch nicht weiter gehen lassen . . . . .

B. (lebhaft): . . . und tue das auch jetzt noch nicht ! – Ich kann einfach nicht darüber hinweg, wenn ich so einen festen treuherzigen, dazu noch seuchenhaft schädlichen Unfug höre – *(karikierend bieder):* »Ich weiß wohl, daß wir Deutschen im kommenden Krieg siegen sollen : denn es ist der Wille & Weg GOttes. Wir Deutschen sind eben ‹dran›; es kann Niemand gegen unsre innere Gesundheit und junge Kraft.« – *(wieder normal):* Dabei war doch gerade jenes Wilhelminische Reich, bei äußerlich stramm=roten Backen, verrottet & krätzig bis ins Herz hinein ! – Kennen Sie FRENSSEN's Epos BISMARCK ?

A. (gemütlich): So eine Frage. Ich hab' ihn sogar über seinem Schreibtisch hängen sehen . . . . .

C. (liest die holprigen Hexameter):

Da erhob sich der König, und rief die stolzen Offiziere,
herrschte sie an und sprach : ‹Die Geschütze ! Ohne Versäumen !
Ruft mir Krafft Hohenlohe, den Kenner aller Kanonen !› –
(episch):
Und, sieh da, als der König im Zorn nun Eile befohlen,

da erschienen die mächtigen stummen Geschütze aus Deutschland;
s=tellten in Reih & Glied sich auf, und öffneten jählings
ihre mächtigen Mäuler – – und sieh, die gewaltigen Festen
rund um Paris zerbarsten, und sanken in Schutt & in Trümmer.
Und Paris wurde müde, und senkte das bunte Gefieder.

(erhaben):

Da ergab sich das ganze Volk und flehte um Schonung.

B. (überdrüssig): So kurz & leicht=verständlich Alles, wie ? So pauschal=klischiert, daß der einfache Mann sich nur erfreut zunicken konnte : genau, wie er sich's auch schon gedacht hatte ! Und als ‹Held› ausgerechnet dieser Meister des ‹Ausnahmegesetzes›; mit dem, wie Bismarck selbst es zugab, ‹jeder Esel regieren kann› – er, als Kanzler, mußte es ja wissen.

A.: Da wird es Sie ja sicher wieder verwundern, daß man ihm darob auf offener Straße : ‹Pfui, FRENSSEN !› nachrief. An manchen Stellen hatte er den kalten verschlagenen Berserker=Greis schon abgeschildert –

(zitierend):

»Also dachte er bei sich selbst. Und die Gier nach der Herrschaft
brannte in seiner Seele. Und er konnte und wollte nicht denken,
daß er noch leben sollte, und säße nicht länger im Sattel,
und wär' Herrscher von Deutschland, und der Große Herr von Europa.«

(fortfahrend): Erst das große Desaster von 1918 brachte FRENSSEN den zur zeitweiligen Einsicht erforderlichen, schweren Schock bei.

B. (ironisch): ‹Zeitweilig› : sehr hübsch. Darf man erfahren, wie lange dieser partielle ‹lichte Augenblick› bei ihm angehalten hat ?

A.: Immerhin einige Jahre. Und *eben sie sind es* – beziehungsweise das anfangs jener 1920=er Jahre Entstandene – weswegen man sich überhaupt mit ihm beschäftigen kann. Wenn Sie allerdings *diese* 10 % des Werkes herausnehmen . . . ja, dann bleibt natürlich nicht viel; meinethalben sogar weniger als nichts. Wir sind nämlich zu dem unterdrückten Buch gelangt . . .

B. (neugierig einfallend): Bei FRENSSEN ein ‹unterdrücktes Buch› ? Gibt's dös a ?

A. (schmunzelnd): Wenn Sie im LEBENSBERICHT von 1941 sich die letzten Seiten hinten aufschlagen, erblicken Sie eine – durchaus imponierende – Übersicht, ‹Das Werk GUSTAV FRENSSENS›. Und dort, zwischen dem, nicht gänzlich zu verwerfenden PASTOR VON POGGSEE; und der nationalen Rühr=Schnulze des LÜTTE WITT, einem Prä=‹Hitlerjungen Quex› : *da* wußte er zu protestieren ! Bei den KZ's später nicht ! – zwischen diesen beiden also *fehlt 1 Titel*, die BRIEFE AUS AMERIKA, von 1923. Denn . . .

C. (gedrückt): Ich habe viel später einmal ein Gespräch mit einem der ältesten Kämpfer Adolf Hitlers gehabt. Er fing damit an, zu sagen : daß meine Stellung in der jetzigen Deutschen Literatur eine außerordentliche sein würde, wenn ich nicht den PASTOR VON POGGSEE und die BRIEFE AUS AMERIKA geschrieben hätte.

A.: Und die GROTE'sche Verlagsbuchhandlung – praktisch FRENSSEN's einziger Verleger – *hatte* schon ihre Gründe, warum sie das 12=Bogen=Bändchen in späteren Jahren vorsichtshalber zu Tode schwieg. So nach 1933, als man sich wieder stolz der geschmackvollen Lieder zu erinnern begunnte, die einst Feme=Offiziere ihre Rollkommandos hatten abbrüllen lassen :

»Schlagt tot den Walther Rathenau,
die gottverfluchte Judensau !« –

: *da* lasen sich dann freilich *solche* Schilderungen sehr ‹inopportun› . . . . .

C. (sachlich): Am andern Tage kam eine Einladung zu Walther RATHENAU . . . das Haus & seine innere Ausschmückung ist wahrscheinlich nicht viel anders, als zahlreiche andere Häuser in den westlichen Vororten; nur daß vielleicht der gute Geschmack in diesem Hause so durchaus selbstverständlich & unabsichtlich ist. Er hatte mir immer seine Bücher gesandt; und ich hatte, so oft er in einer Zeitung erschien, seinen so auffallenden Kopf in meiner Weise nachdenklich betrachtet, und hatte schon lange das Gefühl, daß er ein Phänomen Europas wäre; aber ich wunderte mich doch, als er da am andern Ende des Zimmers in der Tür erschien, wie edel seine Gestalt & Haltung war, wie sein starker Geist in jeder seiner Bewegungen zum Ausdruck kam, und wie klug & geistvoll seine Augen waren. Ich habe in meinem Leben wohl 1000 tüchtige Köpfe gesehen, aber nur einige wenige, die äußerlich das Zeichen der Genialität trugen. Das erstemal bei jenem Musikanten, der, halb betrunken, mit seiner Geige im Sack, in unser Haus kam, im Regenwetter, und nicht in die Stube wollte, und am Küchentisch Brot bekam – GOtt mag wissen, wo sie ihn verscharrt haben. Dann bei GERHART HAUPTMANN. Bei dem alten RAABE sah man es nicht so. Und nun bei RATHENAU : wir waren über 3 Stunden allein miteinander.

B.: Das glaub' ich, daß jener ‹Alte Kämpfer› da Augen machte.

A.: Es kommt noch besser . . .

C.: Saint Louis, 26. Juni 22 : Als wir gestern in einer Straße standen, und eine Zeitung kaufen wollten, liefen die Jungen vorüber und riefen :

‹RATHENAU killed !› ..... Es ist ein Jammer ! Dieser vornehmste Kopf in Deutschland – man sah es äußerlich ganz deutlich : es gab keine 3 solcher Schädel in Europa – von den *engsten & versteinertsten Gehirnen im Land zerschmettert !* Aber so ist es immer in der Menschheit gewesen, auf Golgatha & vor= & nachher. Bin ich ein nüchterner Niedersachse oder nicht; habe ich gute Augen oder nicht ? Nun, so habe ich gesehen, daß er einer der *Klarsten & Kühnsten im ganzen Lande war* ... RATHENAU war ein mächtiger Geist, mit dem über alle großen Menschendinge zu reden eine hohe Freude war; und über anderes haben wir nicht geredet. Ich erinnere mich in dieser Abendstunde, *da Einer unserer Besten in seinem Blute liegt :* wie sind jene jungen Menschen dazu gekommen, an einem dieser ehrenwerten, patriotischen Männer zum Mörder zu werden ? Sie sind von verleumderischen Zeitungen & Menschen von Kindheit an belogen & betrogen worden, das ist es. Von Kindheit an hat man ihnen gesagt : es gibt nur 1 Patriotismus, das ist Reserveleutnant der Hohenzollern ! Diese Mörder RATHENAUS sind arme belogene Menschen. Die eigentlichen Mörder, ihre feigen & stupiden Lehrer & Verführer, werden eine zeitlang geduckt & mit zusammengekniffenen Augen, ängstlich nach der Straße horchend, an ihren schmutzigen Schreibtischen hocken. Und dann, wenn sie merken, daß ihr Leben nicht bedroht ist, werden sie fortfahren, junge Menschen zu verengen und zu finsteren Verbrechen zu verführen.

B. (erstaunt): Ja, aber ist das noch *mein* FRENSSEN ? Wenn der Mann diese Denkweise bis an sein Lebensende beibehalten, und in den späteren ‹Adlern› eben dieses Mördergeschmeiß wiedererkannt hätte : ja, dann könnte man ja fast einverstanden mit ihm sein ! – 1 Frage zwischenrein : wie verhielt es sich mit dieser ‹Amerikareise› ?

A.: Die ‹Weimarer Republik› – ein, im Vergleich mit dem, was vor und nach ihr da war, gar nicht so un=ehrwürdiges Staatsgebilde – schickte, um das beschädigte Ansehen der Deutschen Nation etwas zu reparieren, einen ihrer im Ausland bekanntesten Schriftsteller auf ‹Werbetournee›. Unter dem äußeren Vorwand, Geld für die hungernden Kinder zu sammeln, hielt FRENSSEN eine übergroße Reihe von Vorträgen – meist mehrere pro Tag – scheint im Ganzen Gutes bewirkt zu haben; und hat anschließend dann eben, in Brief=Form, wie schon der Titel es sagt, den Rechenschaftsbericht abgeliefert. – Manche Einzelheiten sind, wie Sie sahen, gar nicht so salzlos ...

C.: NOSKE saß allein in seinem Arbeitszimmer, bei der Abendzeitung. – Beide Handwerkersöhne, aus derselben gesellschaftlichen Schicht, waren wir uns in unserm Gefühl sogleich nahe. Er hat über alles diese schlichte, verständige, gerechte Anschauung des reifen ruhigen Geistes . . . wenn für Deutschland die Stunde höchster Not kommt, wird es, unter Andern, diesen Mann rufen müssen.

B.: Ei=ei=ei ! Das muß den Nazis freilich wie ein Büchslein Pfeffer eingegangen sein.

C. (sinnend fortfahrend): Was waren da für Ums=tände gestern an der Grenze ! Und dabei keine Spur von fremder Rasse : ob ich in Rom oder Paris, in Luzern, Hannover oder Kopenhagen durch die Straßen ging, war alles ungefähr dasselbe Volk . . . und der neue Name für Alles stand schon an der Wand des Zuges, der mich hierhergebracht hat : MITROPA ! – Endlich wird es doch zu einer wirtschaftlichen Genossenschaft & ehrlichen Freundschaft der europäischen Nationen kommen : Der, scheint mir, ist nach diesem Kriege ein schlechter Diplomat, ja ein enger Mensch, der nicht in seinen politischen Gedanken in der Ferne die *Vereinigten Staaten von Europa* sieht.

B. (unwillig=amüsiert): Sagen Sie – : haben Sie's darauf angelegt, daß ich FRENSSEN *lieb* gewinnen soll ?!

C. (unerschütterlich): Einmal kam mit dem Prinzen Heinrich von Hohenzollern auch seine Frau mit ihm, ein schönes ernstes Weib. Um diese Zeit erfuhr ich, von Hamburg her, von der Gefahr, in der sich MAXIM GORKI befände. Ich schrieb ihr : die Romanows dürften die Schuld nicht auf sich laden, daß dieser große Geist zugrunde ginge ! – Sie antwortete mir nach 8 Tagen, wie sie Nachricht von ihrer Schwester hätte, daß GORKI in Sicherheit wäre.

B.: Aber *ich* bin womöglich ein einseitiger Rabulist, gelt ? Nur weil *ich* mich zu erinnern weiß, wie FRENSSEN, zumindest ab 1933, wacker mitgehetzt hat, gegen die MANN's, gegen DÖBLIN, WERFEL, FREUD : er hat doch dann, als die kulturellen Repressalien & Schweinereien des Dritten Reiches auf Hochtouren liefen, *kein Wort* der Verteidigung gefunden !

A.: Ich möchte lediglich ‹urkundenmäßig belegen› : daß FRENSSEN auch jahrelang=anhaltender, beträchtlicher Erleuchtungen fähig war. – Selbstredend verfolge ich einen ganz bestimmten ‹Zweck› damit : vielleicht kann es zu meiner Entschuldigung dienen, wenn ich hervorhebe, daß es sich a) um keinen selbstsüchtigen handelt; und daß es b) . . . nein; ‹b› noch nicht. Ich bitte Sie nochmals um Geduld.

C. (tiefsinnig): Es ist ein großer Anblick, dies New York; grotesk, gewalttätig. Es ist sicher die größte, modernste und wildeste Stadt der Erde zu dieser Zeit. Die Menschheit hat einige Male so übergroße, überglänzende & über=mütige Städte gehabt : Ninive, Babylon, Rom. Sie reizten, quälten & schändeten die Völker; und wurden, als ihre Seele &

Kultur leer geworden, von neu aufsteigenden jungen Kulturen zerbrochen. – Die nächste ist London; das wird von ganz Europa & Asien gemeinsam besorgt werden. Alle Völker dieser Länder werden, *unter russisch=asiatischer Führung,* ihr Gut & Gold, Blut & Ehre von ihm fordern.

B.: Sie, jetzt hören Sie aber bald auf: das ist ja der schiere Tiefsinn!

A.: Ab & zu blinkern winzigste snapshots auf.....

C.: Schöne bunte Gegend. Tiefe Schluchten. Über die eine führt hoch oben eine Hängebrücke : in der Tiefe baden Studenten beiderlei Geschlechts; zwischen Felsblöcken im rauschenden Strom. / Es fiel mir auf, daß der menschliche Schatten ganz anders ist, als in Barlt : er ist um 10 herum keine 2 Fuß mehr lang – wir sind hier wohl auf der Höhe von Tunis. / Präsident HARDING sprach mit mir über den Reiseweg, den ich durch den Westen einschlagen würde, und gab mir Ratschläge – ich hatte nicht alles verstanden, zumal ich überhaupt ein schlechter Zuhörer bin : ich achte immer zuviel auf den Redenden & seine Umgebung.

A.: Er gesteht ganz offen eine, für den Mann, der er bis dahin war, erstaunliche Erkenntnis ein...

C.: Im Anfang des Weltkriegs kam hier in Chicago ein Mörtelarbeiter zum Hülfskomitee, und legte im Namen seiner Arbeitsgenossen, in ein rotes Taschentuch geschlagen, 2.000 Dollar auf den Tisch : das hätten sie für die Not Europas gesammelt. – Das ist der Fehler Wilhelms II. gewesen; und war schon der Fehler Bismarcks; und ist jetzt der Fehler vieler Machthaber : *sie haben die Mörtelträger nicht für sich!*

B. (betroffen): Sie, das ist 1 *Schlager*! Ein Slogan für ‹Bau Steine Erden›. – *(kopfschüttelnd):* Ist es doch, als spräche kein Prä=Blubo mehr, sondern ein gänzlich Anderer.

A.: Was mehr ist : es *dachte & schrieb* in jenen Weimarer Jahren auch ein gänzlich Anderer. – Wollen wir ihm aber, als ein last not least, auch *das* noch zugute rechnen : wie sehr der Natur FRENSSEN's solch eine Reise= & Redner=Existenz im Innersten zuwider war. Selbst ein kleiner Schriftsteller ist ja am größten immer noch an seinem Schreibtisch...

C. (seufzend): Es gibt viele S=tunden, wo ich denke : ‹O säßest Du jetzt doch ganz allein in dem kleinen dunklen Torfstall in Barlt, Hände zwischen den Knien : wieviel int'ressanter wäre das!›. – Ich kann ja bloß Schreiben und Holz=Hacken. Ich muß noch lange leben & arbeiten dürfen, wenn dieser Verlust so vieler guter Stunden je wettgemacht werden soll.

B. (resolut): Also schön : akzeptiere ich dieses Zwischenspiel – obschon ich ein *künstlerisches Ergebnis* noch *nicht* erblicke...? – *(kleine Pause; denn)*

A. (schweigt).

B.: . . . denn ich müßte ja taub & blind sein, wenn ich nicht längst gemerkt hätte, wie Sie ständig über sich wachen, damit Ihnen irgendein, in petto Befindliches, nicht vorschnell entkomme. – Nujut; laß ick ma überrascheln. – *Nur dies* zur unerläßlichen Rektifizierung des so geschickt hervorgebrachten ‹Guten Eindrucks› : *wie lange* auch immer jene Periode der Einsicht angehalten haben mag – das *Ende* war dann doch wieder *doppelt kläglich !*

A.: Ja. Ab etwa 30 gesellte FRENSSEN sich ein *zweites* Mal zu den chauvinistischen Scharfmachern. Ein *zweites Mal* verkleisterte man ihm & er=sich=selbst die Augen vor KZ=Deutschland. *Wieder* giftete er sich, in wahrhaft komischer Weise, darüber, daß er von der zeitgenössischen Hochkritik so *gar nicht* erwähnt, geschweige denn ‹anerkannt› werde – was er selbstredend *nicht* auf mangelnde Veranlagung schob; *nicht* auf einen zu kleinen & unausgelüfteten Wortschatz; *nicht* darauf, daß ihm die Realität nur selektiv & ganz mangelhaft bekannt sei; *nicht* darauf, daß ihm als ‹konstruktives Prinzip› immer nur der Bindfaden der ‹Biografie› einfalle, auf dem er dann – zum Teil ganz nette – Anekdoten aufreihe. Nein !; das alles waren ihm nur ‹Kabalen einer Judenclique›; die ihn, unter anderem, auch um den Nobel=Preis brachte.

B.: Was *so dumm* übrigens gar nicht war : wenn man sich einmal vergegenwärtigt, *Wer* diesen Literatur=Preis so Alles schon gekriegt hat – : CHURCHILL ja; JOYCE nein ! – *(er feixt durch die Nase):* Immerhin hat FRENSSEN aber doch *Furcht*bares mit anrichten helfen : wie vielen einfachen Leuten, wieviel Immernochschwankenden, mag sein bekannter Name zureichender Grund zum endgültigen Mit=Machen gewesen sein ?

A.: Ja, einmal das; leider. Und weiterhin sei festgehalten, *wie* FRENSSEN gegen Juden & ‹jüdische Künstler› gewettert hat, und dadurch eine Schuld auf sich geladen, um die ich ihn wahrlich nicht beneide. Verbrechen & Sünden der Nazi's in dieser Beziehung sind bekannt – obwohl längst noch nicht bekannt genug – *(er zeigt):* sehen Sie ? : Dort neben dem WEG UNSERES VOLKES steht EUGEN KOGON's ‹SS=Staat›; ich mache mir gern solch traurigen Spaß . . .

B. (sachlich achselzuckend): Es ist ja wohl etwas *mehr* : eine stumme Mahnung für jeden Beschauer, ‹lest we forget !› . . .

A.: Ja. – Als der ‹Führer› & die Seinigen – unter ihnen auch GUSTAV FRENSSEN – regierten; da wurden Millionen Juden vertrieben & arm gemacht, gefoltert & ermordet. Als die von FRENSSEN geschmähten ‹Juden› – ja, noch nicht einmal ‹regierten›, sondern nur Einfluß auf Regierung & Wirtschaft hatten : da lebte FRENSSEN sicher & unangefochten in seinem schönen Hause zu Barlt, ausgesprochen wohlhäbig für einen Schriftsteller, und seine Bücher wurden von den ‹Gegnern› nicht verbrannt, waren vielmehr in 4 Millionen Exemplaren verbreitet.

B. (träumerisch=boshaft wiederholend): »so ist Alles in wohliger Spielerei, in üppiger Langsamkeit entstanden« – *(normale Stimme; eher etwas schärfer als sonst):* Ach, ihr armen Emigranten ! – Sagen Sie : ist das beliebte, von interessierten Kreisen erfundene Schlagwort vom ‹Recht auf Irrtum›, in letzter Instanz nicht eben *doch* nur eine listige Erschleichung ?

A.: Ich habe es nie für etwas anderes gehalten. Das ‹*Pech* des Irrtums›, das gibt es sehr wohl. Sich=Irren=Können mag immer in die Charta der Menschenrechte gehören; dennoch handelt es sich, bleibt man hier stehen, wieder um eine nichtsnutzigste *halbe* Wahrheit. *Ich* sage mir immer : Wer sich *so folgenschwer* geirrt hat – sollte Der nicht auch die Einsicht, schweigen wir ganz von ‹Anstand›, besitzen, und aber nun in Zukunft ein auch nur einigermaßen folgenreiches öffentliches Amt zu bekleiden sich nie mehr selbst getrauen ?

B.: Man sollte es annehmen. *Ich* wäre überhaupt dafür, daß mit 65 jegliches Wahlrecht, aktiv wie passiv, erlösche. Aber diese Selbst=Erkenntnis fehlt anscheinend *allen* Völkern in einem Ausmaß, daß es nicht mehr zu den National=Untugenden der Deutschen zu rechnen ist. – Halten wir fest : FRENSSEN's Ende war wieder eines ‹mit Schrecken›.

A. (bestätigend): Er sah ebenfalls nicht ein, daß ein überalterter & gleichzeitig bestsituierter Schriftsteller am fruchtbringendsten den Mund hielte : er lieferte weiter wimmelnde Heerwürmer von Buchstaben; kompilierte weiter dörfliche ‹Läuschen & Riemels›, abwechselnd mit nationalsozialistischen Deklamatorien wie dem GEERT BRÜGGE, dem an 16 Bühnen aufgeführten; im Kriege dann sogar Flugschriften RECHT ODER UNRECHT : MEIN LAND !

B. (verkniffen): Ob ihn dann wohl, zum zweiten Male, Trauer & Betrübnis, Erwachen & Einsicht, überkommen haben mögen, im April 45 ? Daß er erkannt hat, wie die *Realisten* wieder einmal Diejenigen gewesen waren, die vor Hitler & seinen Horden gewarnt; und die, um ein mildes Wort zu verwenden, *Utopisten* wieder einmal Die, die von Kampf & Sieg fantasiert hatten ?

A. (gleichmütig): Nein : FRENSSEN starb – schon seines Leidens wegen gegen unangenehme, ‹aufregende› Nachrichten abgeschirmt – ‹im Glauben an den Endsieg›. Bestattet wurde er in der Nähe seines

Heimatdorfes, auf dem ‹Wodansberg› – ein ‹Berg› im norddeutschen Sinne; das heißt 37 Meter über dem Meeresspiegel.

B.: Geschieht ihm recht. – Meinen Sie nicht, daß er, lebte er heute noch, ein *drittes Mal wieder* sein pseudopolitisches Bardiet anstimmen würde? Seien Sie ehrlich!

A. (ernsthaft): Es ist ein bester Rat der Mathematiker: daß man keine, noch so regelmäßig aussehende, Reihe extra=polieren solle. – Nein; ich schlage vor: Wir entscheiden noch nichts. So Viele, die nun *wirklich weit Entsetzlicheres* angestellt haben, sind ‹entnazifiziert› & amnestiert & sitzen un= bzw. nur=halb=bekannt wieder mitten unter uns, in Amt & Würden –: billigen wir FRENSSEN doch erst noch eine kurze Begutachtung des schriftstellerischen Gesamtwerkes zu: Einverstanden?

B. (zweifelsvoll): Ich fürchte zwar, wir sind damit unnötig großzügig – würden wir uns doch, indem wir ihn schlicht in seiner Limbus=Patrum=Ecke beließen, viel Arbeit ersparen – *(mißmutig):* Freilich; seine Wirkung war nun einmal so groß, daß er schon unter die nationalen Institutionen der Deutschen zu zählen war, und also wohl oder übel angeleuchtet werden *muß*. – Na schön; also von mir aus – *(ironisch):* ‹Das Dichterische Werk GUSTAV FRENSSEN'S› ...

(Gong)

A.: Ich schlage vor, wir nehmen eine Materialzusammenschüttung *in 3 große Haufen* vor – ich glaube, der Gewinn an Übersicht rechtfertigt eine solche, ansonsten etwas gröbliche, Sortierungsmethode?

B. (höflich): Ich nehme an, die ‹Sünde gegen den Geist› wird gering genug sein. – *Meiner* Ansicht nach genügte schon 1 einziger wirrer Schutthaufen; und oben drauf, an einer hohen Stange, das Schild ‹BLUBO=SCHNULZEN!› – Von mir aus dürfen Sie aber auch 3 machen: was wäre da der erste?

A.: Als erstes würde ich die Kleineren Schriften, und die von begrenztem Interesse ausklammern: die politischen; die pseudo= oder wenn man will ‹lokal›=historischen; die religiösen ...

B. (unterbrechend): Wenn ich recht verstehe also die Gruppe der DORFPREDIGTEN, dazu den GLAUBEN DER NORDMARK; eventuell noch das sogenannte ‹NACHWORT ZU HILLIGENLEI›.

A.: Ganz recht. – Auf denselben, künstlerisch uninteressanten, Scherbenhügel die CHRONIK VON BARLETE, den WEG UNSERES VOLKES – obgleich sich darin viel dümmlich=Gravierendes findet: wer FRENSSEN ablehnen *will*, hat es *so leicht*, findet ohne jede Anstrengung legitimste

Begründungen in *solcher Fülle*, daß es *mir* schon wieder I Anlaß *mehr* zum sorgfältigen Studium des Fänomens wurde. Hierhin den BRIEF des I., das ‹RIGHT OR WRONG› des II. Weltkrieges. Das unverbindliche Büchel über den Maler JACOB ALBERTS. Die wenigen holprigen GEDICHTE, pueriles Geversel. Hierhin die 3 Schauspiele, HEIMATFEST gleich SÖNKE ERICHSEN, PRINZ WILHELM, GEERT BRÜGGE; hauptsächlich dazu geeignet, darzutun, wie weislich ein Prosaschreiber handelt, wenn er Prosa schreibt. Und, ich möchte meinen, wir packen auch noch den LEBENSBERICHT und das komische Epos vom Fürsten BISMARCK mit dazu.

B.: Gern=gern. – Obwohl gerade das Letztgenannte – Sie selbst bezeichneten's als ‹komisch› – vielleicht als Übung im Kopfschütteln seinen Nutzen haben könnte. Nicht nur politisch; aber es wirkt doch unwiderstehlich lustig, wie man bei FRENSSEN's Hexameter machte: dazu dies Edda=Getue; diese Pseudo=Anstrahlung von Nicht=Problemen; dies übelriechende Gemisch aus Untertanengeist & synthetischem Mannesmut! – Hätten wir aber damit eine erste Abteilung als ‹literarisch undiskutabel› um die Ecke des Denkwürdigen gebracht?

A.: Eine erste, ja. Chauvinistische Krampfgesichter, aufs Verfolgen aus, dürfen sich, zur Selbst=Schulung in ihrem speziellen ‹cant›, gern das ein= oder andere Stück wieder nach vorn holen.

B.: Also wäre – ich will mir, der Seltenheit halber, auch 'mal Mühe geben, den Winkelried der Objektivität zu machen – dieser erste Haufen zu bezeichnen als ‹auszuschalten; da mit abwesender, bzw. abnehmender, Gestaltungskraft zweckgebunden geschrieben›: sind Sie zufrieden?

A.: Sehr schön. Darf es doch nie & nimmer heißen, daß Schriftsteller in einem Linksstaat schlimmer traktiert würden, als in unsern Rechts=Staaten. Ja; so würde ich auch ungefähr geurteilt haben.

C. (mürrisch einwerfend): Die geborenen politischen Führer sollten gegen die Künstler weitherzig & hochherzig sein.

B.: Jaja: ‹*sollten*›! – Aber, bitte, zum ‹Zweiten Haufen›; der wird nun wohl das erzählerische Werk umfassen?

A.: Zu unterst müssen die unbekannten – weil noch unveröffentlichten – Stücke kommen; zumindest so lange, bis sie bekannt sein werden ...

C.: Die geschlechtliche Verwirrung, Verstörung & Not der Jugend, die von Natur – aber darüber hinaus durch die bestehende gesellschaftliche & häusliche Verschrobenheit, Vertuscherei & Heuchelei – immer sehr groß war, war in diesen Nachkriegsjahrzehnten um ein bedeutendes vergrößert. Also stellte ich in einer Erzählung die Erlebnisse eines städtischen Jünglings dar, der, neugierig auf das geschlechtliche Erleben, während eines halben Jahres im Dorf, an sich selbst & Andern die großen Erfahrungen macht, die ihn allein zu einem rechten Mann machen konnten. In der zweiten erzählte ich das Leben eines jungen Weibes, das trotz körperlicher & geistiger Vorzüge vor der Masse ihrer Schwestern, wegen der männerarmen Zeit nicht zur Ehe kommt; und, da sie ohne Liebe nicht leben kann, Leib & Seele durch manche Abenteuer zu retten immer erneut sich bemühen muß. Diese beiden Erzählungen, DIE NACHTWACHE und die HÖRNER VON GALLEHUS sind noch nicht erschienen. Sie schienen meinen Freunden, zumal in diesen Jahren, die anderweitig schon bewegt genug sind, noch allzu stürmisch.

B. (fortsetzend): ... und kein Germanist kann uns bis jetzt damit ennuyieren. Aber ich verstehe Sie *schon* : Sie bauen immerfort, so ganz leise, Bremsungen ein, ja nicht vorschnell zu urteilen. Sie sehen, dergleichen ‹kommt an› bei mir – *(murmelnd):* also was ich auf diesen *dritten* Haufen neugierig bin!

A.: Was den *zweiten* angeht, da brauchen Sie nur Ihren Blick über diese=meine Regalreihe spazieren zu lassen – die Bände sind chronologisch gestellt – und nahezu jeden davon kann man mit einem kräftigen Wörtlein charakterisieren.

B. (etwas in anderer Richtung sprechend): Ach ja; hier geht's los. – DIE SANDGRÄFIN ? DIE DREI GETREUEN ?

A. (gemütlich): Edelkitsch; mit unbewaffnetem Auge als solcher erkennbar, ja, lästig vor lauter Wahrnehmbarkeit : wächserne Königreiche, mit je 10 Einwohnern, halb lebensgroß & doppelt so unnatürlich.

B.: Wenn *ich* das nur gesagt hätte : was würde ich wohl von Ihnen zu hören bekommen ? – JÖRN UHL ? HILLIGENLEI ?

A.: Etwas besser. Dennoch bloße Anekdotenkrämerei; als Ganzes planlos, in ziemlich nuller Sprache vorgetragen. FRENSSEN hat unter anderm auch das eine nie begriffen, daß das berüchtigte ‹ich singe wie der Vogel singt›, höchstens ein anderer Ausdruck für hausmacherne Unbeholfenheit ist – zumal, wenn man sich so gar nicht vorsätzlich dazu zwingen braucht, volkstümlich & schlicht zu sein – meistens handelt es sich ja um reine handwerksburschenhafte Dreistigkeit. Im Falle FRENSSEN mag anfänglich ein Teil auf das Konto pastoraler Unbeholfenheit zu schreiben sein : 1 Jahrdutzend hindurch Predigten machen – und das bedeutet eben doch fast unvermeidlich, allwöchentlich ein Perlenschnürlein kleingehackter, leichtverständlicher Sentenzen herstellen, untermischt mit ‹Exempeln› des Tages & an den Haaren herbeigezwungenen Bibelstellen – das also dürfte auch ihm die Hand für große & komplizierte Formen endgültig verdorben haben.

B.: Falls er die Anlage dazu jemals besessen haben *sollte* ! – Er weiß doch, in allen seinen Büchern, immer nur den *einen* Riemen des ‹Entwicklungsromans›, dieser typischen Ausrede der Faulen oder Pfuscher, wenn sie wieder ein gemütliches Halb=Chaos hintereinanderwegzuschwätzen gedenken. Ein Buch, dessen einzelne Bestandteile man nach Belieben durcheinander umstellen kann, ohne dem Charakter des Ganzen dadurch nennenswert Eintrag zu tun, ein solches Buch ist doch kein Kunstwerk ! Die betreffenden Herren selbst freilich bezeichnen die dissolute Entstehungsweise gern als ‹organisches Wachsen›.

A.: Sie haben jetzt so viel auf einmal ‹dagegen› vorgebracht – mit Recht; sicher – daß ich ein klein wenig *dafür* sagen möchte. Gewiß wäre auch das reizvollste Mineralienkabinett noch lange keine Statue; der größte Haufen hinreißend gesprenkelter Bruchsteine noch längst keine Villa; die netteste Anekdotensammlung noch weit entfernt vom Roman. Immerhin *kann* dabei, ab & zu, im Kleinen etwas ganz Ordentliches anfallen : denken Sie an den VOLLMACHT SCHRUM des Anfangs . . .

B. (einfallend, ehrlich): Ja; das war ganz putzig; das will ich gern gestehen.

A.: Hier also lag FRENSSEN's Haupt=Force; in der *Einsammlung*; und zuweilen, aber selten, auch in der *Notierung* von *Kleinst=Materialien*. Ein unverächtlicher Beherrscher der anekdotischen Form; wenn man einmal von der, auf die Dauer unangenehm planen Schreibweise, und der, für *ganz* große Kunst viel zu stark selektierten Realität absieht – was er aber, Sie hörten es ja, selbst bereut hat. Immerhin sind aus diesem Grund die 4 Bände seiner GRÜBELEIEN – an sich ‹unverarbeitetes Material› – dem Kenner eben deswegen partiell durchaus lesbar.

B.: Vier Bände GRÜBELEIEN ? Wie nett, daß ich Sie auch einmal auf dem fahlen Pferde ertappe ! Es sind ja nur 3 : GRÜBELEIEN, MÖVEN & MÄUSE, VORLAND.

A.: Recht – und auch wieder *nicht* recht : dieses Frühjahr ist, noch ganz ‹im Manuskript›, in einer Kiste ein komplett=fertiger *vierter* Band entdeckt worden.

B. (resigniert): Ich geb's auf. Und bitte ab. – Aber weiter : PETER MOORS FAHRT NACH SÜDWEST ?

A.: Vaterländische Geschichte in usum delphini. Wobei der betreffende Dauphin getrost zwischen 8 und 88 sein darf. – *(kritisch):* Das hätte am richtigsten wohl noch mit in die erste Abteilung . . . ? Das ist *mein* Versehen.

B. (fragend): KLAUS HINRICH BAAS ?

A.: S=topp ! – Also *das* wäre eines der Stücke, das man, zur Hälfte, noch wieder beleben & lesen könnte. – Bitte, erst einmal rasch weiter . . .

B. (folgsam ‹rasch weiter›): ANNA HOLLMANN ? DIE BRÜDER ? – *(erstaunt):* Hoh ! Die Gutzkow'schen ‹3 Punkte› ?

A.: Aus den BRÜDERN war die SEESCHLACHT VORM SKAGERRAK, U 233, eine Zeit lang obligate Schullektüre. – Die ANNA HOLLMANN – neben dem JÖRN UHL übrigens das einzige, zur Zeit im Handel befindliche Stück, – ist, zum Teil, auch heute noch, naja, weniger ‹genießbar› als ‹erträglich› – vielleicht liegt es daran, daß sie zu kurz ist.

B.: Zu kurz ? Sie hat doch – Moment ma' . . . . . ? 200 Seiten ?

A.: Ich muß mich berichtigen : ‹zu kurz› für FRENSSEN's geistige Verhältnisse; der, als rein äußerliche Voraussetzung seines Optimums, mindestens 1 Million Buchstaben zur Verfügung haben mußte . . .

B. (unterbrechend): . . . entsprechend *wieviel* normalen Buchseiten ? Ungefähr ?

A.: Von 600 an aufwärts : die mußte er schon haben, wenn's ihm mit genauer Not, so grade eben erträglich, gelingen sollte.

B.: Wie erquicklich diese Schärfe Ihres Urteils. Sind wir doch schier einig, was ‹Volksschriftsteller› anbelangt : Die taugen ja Alle nichts ! – Weiter : DER PASTOR VON POGGSEE ?

A. (mißmutig): Auch nur wieder diese unverwüstliche Mittelware : ein paar passable Wendungen; etwas ‹sexuelle Freimütigkeit› ist auch mit in den Kuchen gebacken, daß er danach schmecke; politisch die Einsicht des auf der Nase Liegenden, daß er wohl irgendwie gestolpert sein müsse – wenn man das ‹Einsicht› nennen kann. Als Ganzes wieder einmal mehr einfältige Bönhasen=Arbeit : ‹aus Barlt nichts Neues›. Die ‹Menschheitsdämmerung› ist für ihn nicht erschienen; BENN und STRAMM haben für ihn ebensowenig gelebt, wie DÖBLIN DÄUBLER WERFEL . . . . . *(achselzukkend):* Bitte, weiter . . .

B. (besonders anzüglich): LÜTTE WITT ?

A. (ergeben): Ja, es kommen bei so einer Gesamt=Durchmusterung natürlich unangenehmste Kapitel zur Sprache. – Dies also ein nationaler Knüller, die Zeit der ‹Ruhrbesatzung› ausschlachtend, und vom Jan Hagel der ausrangierten Schlagetote begeistert begrüßt. Abgesehen davon, daß ein Schriftsteller, der sich ‹Kinder› als Helden erkiest, grundsätzlich falsche Töne hervorbringen *muß*.

B. (behaglich): Jaja; jetzt wird Ihnen bei der eigenen Objektivität einmal bange, was ? – Na schön, bin ich mitleidig : DUMMHANS – wenn ich mich recht erinnere, zum Teil an den POGGSEE angeknüpft ? – MEINO DER PRAHLER ?

A.: Bitte weiter. – FRENSSEN war fast 70, als er sie schrieb; und nur ein Narr oder ein Hanswurst bildet sich dann ja noch ein : er sei doppelt so gut, als mit 35.

B.: Schau an. – DER BRENNENDE BAUM ?

A.: Mit Illustrationen von A. PAUL WEBER.

B. (angeregt): WEBER ? Ach . . .

A.: Wieso ‹ach› ?

B.: Weil ich mir bis heute noch nicht im Klaren darüber bin, ob gewisse von dessen Graphik=Serien . . . . .

A. (ihn unterbrechend): . . . womit Wir wieder bei FRENSSEN wären. : Bitte . . .

B.: Aha. – Also zähle ich zu Ende : LANDVOGT VON SYLT, WITWE VON HUSUM ? – *(kleine Pause):* Tja; das wär's. Und wie lautet nun das Resümee ?

A.: Formulieren Sie es wieder selbst einmal.

B. (entschlossen): An *mir* soll's nicht scheitern ! – Mmmm, also *ich* erblicke einen mächtigen Scherbenberg von plattem Normalismus. Eine auf Land= & Kleinstadtbevölkerung reduzierte, und in diesem einseitigen Lebensbereich künstlich festgehaltene, Mentalität. Gekoppelt mit einer doch recht bewußten Absage, nicht nur an den vielgeschmähten ‹Intellekt›, sondern an den Geist überhaupt. Ich vernehme eine Sprache, die von Schwunglosigkeit bei kleinstem Wortschatz förmlich Profession macht – wohlgemerkt : das *gesucht* herbeigezwungene Fremdwort à la BENN ist mir genau so unangenehm wie dessen mühsame Vermeidung ! – dennoch hat für den Schriftsteller, dessen Werkzeug ja ‹Das Wort› ist, diese Umkehrung zu gelten : ‹*Name* ist Alles ! *Gefühl* ist Schall & Rauch, umnebelnd Himmelsglut.› – *(kurze Pause; dann, entschlossen):* Nein. Nein & nochmals nein. Das ist doch Alles so hoffnungslos passé & futsch. Ich bleibe dabei : *Das Ganze taugt nichts !* – Lassen Wir doch, damit wir den Maßstab für wirkliche Literatur wieder gewinnen, ganz kurz ein paar *echte*, bedeutende Namen jener Jahrzehnte an Uns vorüber ziehen; von KELLER, NIETZSCHE, ARNO HOLZ angefangen, bis KAFKA, BRECHT, RILKE, JAHNN : um *nur* ein paar *Deutsche* zu nennen. – *(Dringend):* Geben Sie's doch zu : Sie kommen mit FRENSSEN nicht durch ! Der Mann war ein nüchterner, grobfädiger Stümper; bäuerlich borniert & ohne Feuer.

A.: Sie sprechen ganze Fuder & Lasten von Tadeln. Größtenteils mit Recht. – Aber wär's nicht doch möglich, daß einem *gewaltigen Pfuscher* – einem durch einen schwersten Schock gefühlig Gemachten : es gibt *mehr* solche Fälle – mit 60 dann doch noch das ein= & andre diskutable Stück gelingen *könnte* ?

B. (feurig): ‹Könnte=könnte› ! : gehen Sie mir mit dem Konjunktiv ! Die beliebte Wendung, daß es in großen Dingen genüge, sie *gewollt* zu haben, scheint mir oberfaul, und zumal in der Kunst schlechthin identisch mit ‹unentschuldigtem Fernbleiben› ! – *(mit Bosheit):* Die leicht rötlichen BRIEFE AUS AMERIKA werden Sie mir ja wohl nicht im Ernst als die ‹bleibende Leistung› FRENSSEN's insinuieren wollen. Ich frage Sie : *wo bleibt Ihr dritter Haufen ! ? –*

A. (zögernd): Ich=ä . . . ich hätte hier noch 1 Stück getrennt stehen. Abgesondert von allen andern . . .

(Gong)

B. (ablesend): ‹OTTO BABENDIEK›. – *(er blättert hörbar):* Hoh, *dreizehnhundert Seiten ? ! – (nüchtern):* Notfalls 'n Brikett.

A.: Ja; es fällt schon rein äußerlich aus dem Rahmen. Denn wenn FRENSSEN auch – wir hatten's bereits angeschmitzt – das Schreibpapier nie geschont hat, so umfaßt doch das nächst=kleinere Stück, der PASTOR VON POGGSEE, noch nicht einmal die Hälfte. – *(anerkennend) : Zweieinhalb Millionen Buchstaben* : wissen Sie, was das heißt ?

B. (ungerührt): Meiner geringen Ansicht nach *nichts*. Höchstens, daß Einer die Tinte nicht halten kann : das hat er dann mit so erlauchten Geistern wie DUMAS, SUE, KARL MAY, gemeinsam. *Mir* verschaffen solche wassersüchtigen Produkte immer nur einen wesentlich klareren Begriff von der Bedeutung des Wortes ‹Chaos›, als ich *vor* ihrer Lektüre hatte.

A. (leicht stirnrunzelnd): Es könnte immerhin sein, daß ein, und zwar recht nötiger & dauerhafter Seitenast der Literatur – etwa seit den NOSTOI, dem AMADIS oder der INSEL FELSENBURG – diesen Umfang nun einmal *hat*; und nicht nur die simpelsten, sondern gerade neuerdings die apartesten Blätter & Blüten treibt. Wenn *Sie* mir – halbbewußt=unredlich übrigens – nur He=Rosse vom Schlage SIR JOHN RETCLIFFE's nannten oder ROBERT KRAFT's; dann müssen Sie *mir* erlauben, PROUST anzuführen, oder so manchen Amerikaner, vom ‹Antonio Adverso› an, bis zu JONES, ‹Some came running›; oder auch ‹Babbitt› – *(überlegend):* das wäre vielleicht gar kein so schlechter Vergleich.

B.: Lassen wir das mal gesagt sein. – *(lauernd):* Ihr berühmter ‹dritter Haufen› bestünde also aus diesem OTTO BABENDIEK hier ?

A.: Ganz recht. – Der literarische Beurteiler sollte, meiner Ansicht nach dieses sein : Dem *Leser* Diener, erfahrener Vertrauter, notfalls energischer Arzt; dem *Autor* Diener, fleißiger Freund, bescheidener Kommentator. Das ‹nil admirari› ist eine Prahlerei, die ich gern jungen Rezensenten beim Chiantiwein überlasse; so der Sorte, die noch nicht einmal ein armes halbes Dutzend eigener Bücher vorzeigen können. Also will ich Ihnen nur gleich von vornherein sagen : der OTTO BABENDIEK erscheint mir doch *so bedeutend* – nicht *allererste* Garnitur, kein Gedanke; aber immer ein *gutes Meisterstück zweiten Ranges* – daß, müßte ich einmal meine Bibliothek notgedrungen auf 300 Bände reduzieren, er mit dabei wäre.

B. (verbindlich): Meine aufrichtige Beifreude. Auch zum ‹Diener›=Posten. – *(murmelnd erwägend):* Doppelt so viel wie der ‹Nachsommer›, hm hm . . .

A. (kühl): Vor allem *meinem* Geschmack nach – ich bin jetzt einmal dabei, ihn hoffnungslos zu kompromittieren . . . *(leiser):* bis man vielleicht das Buch gelesen haben wird . . . *(wieder mit normaler Stimmstärke):* wesentlich *besser*, als speziell diese überschätzte Geschichte vom ‹Sanften Heinrich›.

B. (kopfschüttelnd): ‹Mich überläuft's !› – Könnten Sie mir, in 3 Sätzen, den Inhalt angeben ?

A.: Dann müßte ich ein Schwindler sein. Und das schon ein miserables Buch, dessen Inhalt man in 3 Sätzen angeben könnte. – Im vorliegenden Fall kann man 1 der möglichen Aspekte insofern rasch erledigen, indem man auf den ‹David Copperfield› des CHARLES DICKENS verweist.

B. (erstaunt): Das ist freilich kurz & gut ! Aber was soll es heißen ? : hat FRENSSEN einfach das Gerüst übernommen, und ins Dithmarsische transformiert ?

A.: DICKENS hat von allen Schriftstellern den größten Einfluß auf ihn gehabt . . .

C.: Ich setzte mich auf den Wall, und überdachte mein Leben bis hierher, und was mir bevorstände – ich glaubte nicht, daß ich alte Jahre erreichen würde – ich war ganz ohne Plan. Ich hatte kein Bild des Wegs, den ich als Schriftsteller gehen würde. Ich glaube aber, daß mir damals, fast unbewußt, das Lebenswerk DICKENS' als leuchtendes Beispiel vorgeschwebt hat. Ein gutes & großes Vorbild ! Ein Erzähler; ein wundervoller Erzähler; Bildner vieler Menschengestalten. Ja, ein großes Vorbild : durch alle & durch jede Zeile, ohne daß der Leser es merkt, verkünden, daß menschlich Leben ein ernstes & gefährliches Unternehmen sei.

B. (ironisch ergänzend): . . . zumal für Einen, der, wir ich jetzt zu meinem Erstaunen erfahren habe, immer auf Seiten der gerade regierenden Partei war. – Aber ich frage nochmals : hat er den ‹Copperfield› einfach abgeschrieben ?

A.: Manches mag auf Rechnung tatsächlich ähnlich gelagerter Lebensverhältnisse kommen; an anderem die, beiden Stücken gemeinsame, Nicht=Form des ‹Entwicklungsromans› Schuld sein. Immerhin ist, für den einmal aufmerksam Gewordenen, auffällig viel übernommen : der kleine mißhandelte Junge, der hier nicht ‹David› heißt, sondern eben OTTO BABENDIEK. Der genialisch=schlechte, bewunderte Freund ‹Fritz Hellebeck› . . .

B.: . . . entspräche dem ‹Steerforth› des Engländers.

A.: Die 2 vornehm=wunderlichen besseren älteren Herrn, Neel und Gosch . . .

B. (unterbrechend): gleich *zwei* Wunderlinge ? Bei DICKENS ist's doch nur 1, wenn ich mich recht entsinne – naja, in solchen ‹Erfindungen› besteht eben grundsätzlich die Originalität der Plagiatoren.

A.: Oh, auf 1300 Seiten kann man schon 2 Excentrische ausreichend beschäftigen. – Weiterhin entspricht der Vorlage sowohl das erste, wenig=nutzige ‹Dukke=hjem›=Frauchen Gesa; als auch die zweite, angemessen ernst= & reife Eva . . .

B.: Ah, I remember, I remember : die ‹Dora›, bezettweh die ‹Agnes› des Originals . . .

A.: Der Schmied ‹Engel› mitsamt der Werkstatt, ist FRENSSEN aus den ‹Great Expectations› noch mit hineingeraten. – Immerhin gibt es nichts Interessanteres & Belehrenderes, als diesen Parallelen einmal mit wachem Blick nachzugehen.

B. (abwehrend): Für den *Fachmann*, den rüstig gelehrten Selbst=Stehler, vielleicht : der vertrauensvolle, gläubige *Leser* dürfte, sobald er's einmal gemerkt hat, schlechthin *peinlich* berührt sein.

A.: Ach, gar nicht. Beziehungsweise, wenn er's wäre, hätte er Unrecht. Denn abgesehen davon, daß der gern überbewertete ‹Copperfield› *gar nicht* DICKENS' bestes Stück ist : unser BABENDIEK hier ist *besser*; ist trotz der ihm hiermit bescheinigten starken ‹Aneignung› meisterlich & ganz eigen geraten. Wie kümmerlich ist nicht bei DICKENS die ‹Tante Betsey› : ein knochiges spinster=Gespenst; zu 70 % eine verschrobene Karikatur. Wogegen FRENSSEN's ‹Lisbeth Bornholt› eine breithüftig=heftige ‹Größte Mutter› geworden ist, die in der Deutschen Literatur kaum Ihresgleichen hat !

B. (bedenklich): Sie, das ist ein *großes* Wort. – Übrigens heißt sie, wie ich zufällig sehe, ‹Lene›.

A. (leichthin): Sagte ich ‹Lisbeth› ? Soso. – Oder welch anerkennenswerte Charakterstudien sind nicht der Maler ‹Eilert Mumm› mitsamt seiner ‹Uhle Monk›, der wirren, beschränkt=hitzigen Magd v. d. Heide. . . .

C.: Ich ging in das große glänzende ‹Rijksmuseum›; fand mich auch bald zurecht; und saß dann wohl eine halbe Stunde vor der ‹Nachtwache›, nach deren Anblick ich mich seit 30 Jahren so oft gesehnt habe. Als ich aber nun so saß, ging es mir wie vor allen Bildern : ich bin kein Maler, sondern ein Erzähler. Ich hielt mich bei dem Wunder der Komposition, der Farben, der Lichter, nicht lange auf; länger bei dem Haufen lebensvoller Menschen, indem ich ihrer Gemütsart & ihrem Tagewerk nachsann. Am längsten aber, wie immer vor seinen Bildern, bei dem Leben des Malers selbst, das ein so schweres auf & ab und so verworren war – wie denn freilich jedes rechte Künstlerleben verworren ist. Ich stellte mir vor, wie er sich im geheimen und wohl unbewußt mit den beiden Persönlichkeiten verglich, die in ihrer Kraft & Sicherheit fast aus dem Bilde herausschreiten; und die ganze Last & Not seines Anders=Seins, seines Zurseitestehens, fühlte, und sein jammervolles Alter ahnte – von allen Künstlern ist er mir menschlich & künstlerisch der nächste; wenn ich an ihn denke, ist er mir wie ein unglücklicher Bruder.

B.: Wenn ich mal den Größenwahn, der aus solchem Vergleich spricht, großmütig übersehe, ist es ein ganz interessantes Geständnis. Demnach hätte er also in diesem ‹Maler Mumm› – ‹vermummen› fällt Einem ja unwillkürlich ein – sein REMBRANDT=Porträt geliefert ? Ach, richtig : diese ‹Uhle Monk› wird demnach ‹Saskia› sein sollen, die ja auch ‹von *Uylenbroch*› hieß.

A. (bestätigend): Und auch die, von der Theorie nunmehr geforderte, spätere ‹Hendrikje Stoffels› erscheint im Buch als ‹Bathilde›. Also REMBRANDT plus ‹alter ego›, wie das Manuskript es lakonisch verrät, ist dieser Maler & beträchtliche Alkoholiker Eilert Mumm . . . . .

B. (unterbrechend): Achja, *das* wollte ich längst fragen : ‹Alkoholiker› ! *Mir* war, selbst bei meiner kärglichen FRENSSEN=Lektüre, aufgefallen, daß in jedem seiner Bücher grundsätzlich *mindestens 1 Trinker* auftritt : könnte es sich dabei etwa um eine seiner eigenen großen Versuchungen gehandelt haben ?

A.: Seine Deklamationen gegen das ‹Aguardiente› sind auffällig, und legen den Verdacht nahe. Ich weiß es übrigens nicht – immerhin müßte er dann ein ‹unentschlossener›, sich allweil ‹sündig› vorkommender Trinker gewesen sein; gänzlich ungleich dem anderen großen Alkoholiker=Typ à la BÖCKLIN oder JOYCE, die, kontrolliert & ruhig, gewisse Teile ihrer Arbeiten systematisch unter Alkohol=Einfluß zu verrichten sich erzogen hatten : veni creator spiritus.

B. (amüsiert): Blasphemiker!

A. (abweisend): Ich meine das ganz ernst: es wäre erst noch zu untersuchen, ob Spirituosen das Sprachzentrum bei Künstlern nicht im guten Sinne beeinflussen; JOYCE pflegte zu behaupten, er hätte dann leichteren=besseren Zugang ‹zu der Stelle, wo die Worte lagern›. – Aber zurück: ich bleibe dabei, der OTTO BABENDIEK sei besser als seine Vorlage; und viel-viel besser, als sämtliche sonstigen Bücher FRENSSEN's.

B. (skeptisch): Nicht mehr die Überfülle herumstolpernder Thomasmehlstreuer, die weit öfter als die Wahrscheinlichkeitsrechnung es erlaubt, »dreinschauen wie verkleidete Herzöge«? *Nicht* mehr die Einbildung, Dithmarschen habe bei der Schöpfung als, freilich unerreichbares, Modell gedient? *Nicht* mehr eine unerträglich vereinfachte Welt, bevölkert mit feierlich redenden, schwarz= & weißen Menschenersätzen?

A.: Sehr nett gesagt – und sehr boshaft. Aber nein: der OTTO BABENDIEK ist eine, diesmal durchaus weltoffene Feier der Dunkelgrauen und Rot=Bunten. Es ist alles ganz genau wie im JÖRN UHL –: *bloß eben Alles anders!*

B. (uneinverstanden): Wie wäre das möglich? Bei einem bisher überwiegend Unter=Mediokren, plötzlich die Einsicht in das überwältigend große Reich der ‹undecided characters›? – Achso: als ‹eye=opener› die Ernüchterung nach dem verlorenen ersten Weltkrieg; der ja auch die, leidlich=leidlichen, BRIEFE AUS AMERIKA ihre Erleuchtungen verdankten?

A.: Sehr richtig! Das ist auch so eine Erscheinung, die einmal 1 Monografie verdiente: wie geübte Gebrauchsliteraten durch 1 schwersten Schock durchaus zu wahrer Größe hinaufgestoßen werden können. Der BABENDIEK ist in genau jenen Jahren, etwa 1923–26, entstanden ...

C.: Ich begann die Arbeit an einer großen Erzählung. Ich hatte dazu schon seit etwa 15 Jahren Stoff zu sammeln angefangen. Ich wollte, breit & doch beweglich, in ‹Ich›=Form mein Leben darstellen; wie es gewesen war, oder hätte sein können, oder vielleicht hätte sein sollen. – Wozu ist der Schriftsteller da? Bilder vergangener Zeiten zu malen? Gut; auch dazu. Aber vor allem doch: neben dem Zuge seines Volkes einherzustapfen, und ihm Weg & Willen zu murmeln. / Es ist in der Erzählung viel von meinem wirklichen Leben. Alle einzelnen Begebenheiten sind mir geschehen, oder lagen in der Möglichkeit, oder geschahen neben mir. Der Tod der Eltern ist geistig wahrhaftig; denn ich habe ihn während meiner Kindheit oft & in dieser selben Weise mit Entsetzen nahe gesehen. Auch die beiden Fluchten sind wirklich. Auch sind die Stufen meines Lebens richtig wiedergegeben. Und alle Figuren sind aus Menschen entstanden, die mir im Leben begegnet sind; so daß es mir oft geschah, daß ich Einem, der durch meine Geschichten geht, in einer Dorfstraße oder in den Straßen einer der kleinen Städte meiner Landschaft begegnete. ... Ich war um die 60, als ich diese Erzählung zu schreiben anfing; und ich war in Sorge, die so groß angelegte Arbeit – 30 lebensgroße Figuren, und alle Farben, in denen Menschenherzen gemalt sind! – zu Ende zu bringen. – *(schlicht):* Es war ein großer Tag, da sie beendet war.

A.: Und es handelt sich diesmal eben wirklich um ein ernstzunehmendes Gaukeln. Eine erstaunliche Fülle, ohne Auswüchse; mehrfach ein handfester, ‹Onkel=Bräsig›=mäßiger Humor; aufrichtige Reue über frühere chauvinistische Kurzsichtigkeit & und damit zusammenhängendes literarisches Versagen; und die Personen sind *nicht* aneinander vorbei tiefsinnig – ich meine, ‹Gesänge der Irren› kann praktisch Jeder verzapfen, der ein'n in der Krone hat. Selbstverständlich – da FRENSSEN nun einmal, auch in dieser seiner Spitzenleistung, ein Geist zweiten Ranges war: aber, *cave!, Wer ist das schon?! Selbst ihrer sind Wenige!* – sicherlich fehlt noch so manches, was das komplette Kunstwerk ausmacht. Unbeholfenheiten wären anzukreiden; die Sprache ist zu absichtlich=schlicht; immer wieder begegnet man den, von früher her bei ihm gewohnten »Möven ohne Schnabel, Mäusen ohne Schwänze, Gespenstern ohne Seele, Sternen, die ihren Weg vergessen haben«.

B. (behutsam): Ich weiß nicht ... mir wird nicht recht wohl dabei. – Also Genauigkeit & Realismus wären in diesem Sonderfall einmal *nicht* nur vorgetäuscht? Das Umschreiben des ‹Copperfield› *nicht* die bloße Wilddieberei in eines Andern Waldstück; *nicht* die Verdeckung der eigenen Mittellosigkeit durch Anleihen in einer vollen fremden Kasse; sondern eher die – vielleicht sogar ja ganz wünschenswerte – Parafrase eines Lieblingsbuches ...

A. (einfallend): Ausgezeichnet! Ja, *das* habe ich mir eigentlich schon bei *jedem* Schriftsteller gewünscht: daß er einmal verpflichtet würde, sein Lieblingsbuch – also das, was ihm durch Vertiefung, durch ausbauende Längere Gedankenspiele, das folgenreichste geworden ist – daß er das entscheidend umzuformen=anzureichern gehalten sein müßte. Ähnlich wie die Frommen aus der – zeitlich wie lokal doch extrem ‹gebundenen› – BIBEL dadurch etwas immer noch Aktuelles & Bedeutendes gemacht haben, daß sie ihre Fantasien & Gedankenspiele laufend damit koppelten.

B.: Sie ‹lästern› schon wieder insofern, als Sie sich anscheinend grundsätzlich gewöhnt haben, ‹Heilige Schriften› mit anderer ‹Literatur› gleichzustellen. – Aber es ist natürlich etwas dran. – Dennoch; darf ich es aussprechen, wie mir Ihre Vorliebe – Ihre vielleicht ja sogar ernstzunehmende : ich kenne den BABENDIEK nicht, ich gesteh's ganz offen ein; bitte Sie auch ausdrücklich, mir den halben Entschluß zur Lektüre ja noch wieder weg zu debattieren – wie Ihre Vorliebe mir etwas emotionell gefärbt klingt. Ich weiß es wohl : ‹Gerechtigkeit findet dort statt, wo man trotzdem preist›, oder zumindest gewähren läßt; schön. Aber selbst in unserer Ära ‹eidesstattlicher Versicherungen› werde ich den Eindruck nicht los, daß Ihre Liebeserklärung rein rational *nicht* hundertprozentig zu begreifen ist. Stimmt's ?

A. (gemütlich): Ich will gar nicht abstreiten, daß das Schicksal es insofern auch einmal nützlich mit mir gemeint hat, als eben dieser OTTO BABENDIEK das *erste* Stück war, das ich – es mag 1929 gewesen sein – von FRENSSEN bewußt kennen lernte. Und daß weiterhin die, das ganze wohlbeleibte Buch durchgeisternde Gestalt des großen Reisenden PYTHEAS VON MASSILIA – bei FRENSSEN nebenbei veranlaßt durch den 1 großen Mann, den Meldorf vermochte : KARSTEN NIEBUHR, *die* Arabien=Autorität um 1780 – daß also besagter PYTHEAS mich seit damals an=, auch aufgeregt hat, bis ich endlich, mit 35, selber ein ‹Gadir› schrieb. – Aber das hat mit der literarischen Bewertung des immer=bedeutenden Buches nichts zu schaffen; ich weiß da den Unterschied zu machen.

B. (erleichtert): Na immerhin. Mir wird bei solchem ‹on revient toujours› doch leichter.

A.: Sie irren sich aber wirklich. Ich tendiere viel mehr dazu, an einem Werk überkritisch die Fehler & Lacünen herauszustellen, als den Verfasser freudejodelnd ‹diarrhöe=holderiahuh !› ‹in die Väterreihe› zu erheben. Die Tätigkeit des Kunstbeurteilers setzt eine Schmiegsamkeit voraus, die dem Selbst=Schreibenden meist nicht eignet : ich kann durchaus das angemessene Hohngelächter anstimmen, wenn ich lesen muß, wie FRENSSEN sich, allen Ernstes, ein air gab, als sei er gewohnt mit SHAKESPEARE Blindekuh zu spielen . . .

C.: An dieser Stelle will ich einiges über eine Sache sagen, die während der Jahrzehnte meiner Arbeit viel beredet wurde : die Sache des Nobelpreises . . .

B. (halblaut mahnend): . . . na na na . . .

C. (unwillig): Prahle ich ? Sagt ein Leser : ‹Nun prahlt er schon wieder› ? Wie sollte ich *nicht* prahlen ? Ich bin Dithmarscher und habe es im Blut. HEBBEL und KLAUS GROTH haben es getan; und KLAUS HARMS verstand es auch, und ADOLF BARTELS. – *(leiser):* Es ist auch nötig, daß ich prahle. Wie hätte ich sonst das Leben ertragen, alle diese

Angriffe, wenn ich nicht inwendig voll von rasendem Stolz gewesen? Ich muß auch aus einem anderen Grunde noch prahlen: ich bändige so die angeborene Schwermut, diese ständige Begleitung schwatzender Gespenster.

B. *(anerkennend hinein):* Guck an: gar nicht dumm! –

C. *(resolut):* Es wäre Heuchelei, wenn ich über diese Sache völlig schwiege – und zwar, obwohl ich weiß, wie empfindlich die schwedische Geistigkeit in diesem Punkte ist. Der ‹Preis für Literatur› war jener verschollenen Ehrung des ‹poeta laureatus› der früheren deutschen Kaiser vergleichbar, und ...

A. *(hineinsprechend):* Ich will FRENSSEN's, zum Teil gar nicht unebene, Betrachtungen, es sind geschlagene 10 verärgerte Seiten, abkürzen. Er bildete sich jedenfalls ein, sein JÖRN UHL hätte den wohl auch verdient gehabt.

B.: Wenn man sich so überlegt, wie der Nobelpreis, gerade für Literatur, durch die vielen lachhaften Fehlgriffe im Wert heruntergekommen ist, und im Augenblick nur noch einen – freilich beneidenswert dotierten – Meisterbrief der Gehobenen Mittelmäßigkeit darstellt ..... *(achselzuckend):* Immerhin würde wohl fast=jeder Autor, auf die Frage ‹Wer kommendes Jahr den Nobel=Preis verdient habe›, vorausgesetzt, daß er ehrlich sein wollte antworten: ‹ICH!›. – Allerdings ihn für den JÖRN UHL verlangen, hieß die Backen doch etwas sehr voll nehmen: mir fallen gerade MEYRINK's witzige Parodien ein ...

A.: Genehmigt. Mir fällt aber auch *das* ein: daß FRENSSEN Eideshelfer anführen konnte wie KNUT HAMSUN; oder, wenn Sie den nicht mögen, RAINER MARIA ...

B. *(erstaunt):* Was?! RILKE hat ihm auch das Wort geredet?

A.: Oh ja. Der GROTE=Almanach des Jahres 1933 erschien, ‹Zum 70. Geburtstage›, als exclusiver FRENSSEN=Almanach: da können Sie so manches Interessante beisammen antreffen. –

(Gong)

B. *(sinnend):* Und in diesen Tagen würde er nun 100 Jahre alt geworden sein. – Hm hm. – Wenn ich recht errate, wären auch Sie dafür, daß man zu diesem Anlaß ‹etwas unternehmen› sollte? – *(kopfschüttelnd):* Tz=ich weiß nich' – es ist natürlich ganz=ganz reizend, daß *ausgerechnet Sie* für diesen Ihren antipodesten Kollegen 1 Lanze brechen. Aber sollten wir ihn nicht doch richtiger schlummern lassen? ... *(er verstummt; unüberzeugter denn je).*

A.: ‹Schlummern lassen› auf *keinen* Fall. – *(gemütlich überredend):* Meinen Sie nicht, daß GOtt manchmal, sonntags, 'n Eisverkäufer in die Hölle läßt? – *(entschieden): Ich* stimme dafür, daß man das Fänomen FRENSSEN – und ein Mann von solcher Breitenwirkung *hat* dem Literaturbeflissenen grundsätzlich ‹1 Fänomen› zu *sein*! – endlich offiziell=öffentlich zu untersuchen beginne. Das geschähe am tunlichsten durch Zweierlei: einmal auf dem *Leser*=Wege. Da wäre das Dringendste, den OTTO BABENDIEK in einer ungekürzten, unveränderten Ausgabe wieder leicht zugänglich zu machen. – *(betont):* Wohlgemerkt: ich setze mich *nicht* für eine FRENSSEN=Renaissance ein; ich bin doch kein Narr! Wohl aber darf der OTTO BABENDIEK, eines der Bücher, die in den großen Strom unserer Literatur gehören, nicht länger im Handel fehlen: Sie müßten einmal die Manuskripte des ‹ANVIL› – wie die zweibändige englische Übersetzung heißt – in der Hand wiegen können. Schwer lesbare Schriftzüge übrigens, mit Stolze=Schrey=Abbreviaturen gespickt: ich beneide *Den nicht*, der einmal eine ‹textkritische Ausgabe› unternehmen wird.

B.: Meinetwegen dürfen Sie sich eine Allee von sämtlichen Bäumen pflanzen, die darin vorkommen. – *(eindringlich):* Also *nur* dieser eine Band, ja?

A. (zögernd): Ich würde sagen, ‹*ja*›. – Nun bin ich mir aber sehr wohl bewußt, daß zwar *mir* die ‹angewandte Literatur› ziemlich uninteressant ist...

B.: Was verstehen Sie darunter?

A. (ausweichend): Das führte heut Nacht zu weit – es ist da ein Unterschied, ungefähr wie zwischen ‹reiner› und ‹angewandter› Mathematik: *meine* Bemühung gilt der ‹reinen›...

B. (sich anzüglich räuspernd): Ch=chm. – Ihr Satz war aber hinten noch nicht zu...

A.: Nein; aber Sie mußten ja erst Ihre Kehle reinigen. – Also es *wäre eventuell* – dann, nachdem der BABENDIEK die ihm gebührende kleinere Furore gemacht hätte – noch ein zweiter Dünndruckband allenfalls möglich.

B.: Der *was* enthielte?

A.: Also *vielleicht* den KLAUS HINRICH BAAS. Dazu ausgewählte Piecen aus den GRÜBELEIEN, auch den ungedruckten. Die BRIEFE AUS AMERIKA.....

B. (spöttisch): Worauf man dann zum gerechten Erstaunen der Älteren, zur Düpierung der Jungen, einen chemisch gereinigten FRENSSEN erblickte; wenn man das Backbord=Auge noch etwas zukniffe, fast schon ein ‹guter linker Mann›, gelt? – *(nüchtern):* Nun, die Entscheidung müßte in letzter Instanz vom Werk her gefällt werden; *Ihrer* Ansicht nach vom BABENDIEK – ich enthalte mich jedes Urteils, bis wir uns wiedersehen; bis ich die 1300 Seiten überstanden haben werde – *(seufzend):* Tz=die *schöne* Zeit! Nehmen Sie auch *die Schuld* mit vor GOttes Thron.

A. (achselzuckend): Wenn's aber nun einen Pluspunkt für mich ergäbe? – Sie haben mich auch nicht ausreden lassen : ergänzend hinzutreten müßte *unbedingt* eine erste Kurzbiografie; mit möglichst gutem=solidem Apparat, die gleichzeitig Anregung wäre, *und* Startbahn für kommende Einzeluntersuchungen.

B.: Etwa in der Art einer Rowohlt=Monografie?

A.: Das hinge davon ab, in was für Hände's käme. – Wenn's ein *bißchen* materialreicher, ‹filologischer›, *und* rücksichtsloser geriete, möchte's für den Anfang genügen. Sie : bei einem begabten redlichen *Gegner*, würden schon pikante Sachen ‹rauskommen› ! Es existieren umfangreiche Briefwechsel; nicht nur mit Emmy Beckmann; oder dem relativ unbekannten ‹NUMME NUMMSEN› . . .

B. (einfallend): Hübscher Name!

A.: Ja; und außerdem vorsichtshalber ‹gesperrt bis 1988›. Nein, auch mit HANS GRIMM . . .

B. (aufmerksam): Dem ‹Volk ohne Raum›=GRIMM? – Tz, Sie haben natürlich Recht : FRENSSEN müßte *unbedingt* geröntgt werden!

A.: Ja, das Material scheint wichtig & ‹fällig› – was meinen Sie, was da so für Glanzlichterchen auf die Interieurs der Deutschen Literatur der Jahre 1900–1940 fallen könnten? Von jenem balladesken Baron BÖRRIES VON MÜNCHHAUSEN an, der RICHARD DEHMEL als ‹Pankower Ober=Pornografen› dem Staatsanwalt zur Bestrafung denunzierte; bis hinein in die dämmrigsten Reich=Schrifttums=Kammerspiele, bei denen auch literarisch das nationale Chaos, an dessen Folgen wir noch heute laborieren, organisiert wurde : ein Kultur=Getue von solcher Armseligkeit, daß, damit verglichen, sogar jeder einzelne der heutigen beiden deutschen Teilstaaten noch reich & farbig erscheint. – Andererseits ist gerade jetzt die Hagiografie der damals Verfemten im Schwange – und ich freue mich des Aktes endlich=ausgleichender Gerechtigkeit! – aber FRENSSEN & seine Kreise haben von Leuten wie THOMAS und HEINRICH MANN, von den beiden HAUPTMANN's, DÖBLIN, DEHMEL, den EXPRESSIONISTEN und wiederum *Deren* Kreisen & Kabalen *auch Dinge gewußt*, daß Ihnen zuweilen vermutlich ebenfalls die Haare zu Berge stehen dürften : jede Gruppe konnte der anderen ‹nachweisen›, daß es sich bei ihr einwandfrei um ‹Satan's crew› handeln *müsse*.

B. (ungläubig): Ich glaube kein Wort davon.

A.: Das ist ein geringeres Argument, als es sich anhört. Warten Sie ein paar Jahre ab, in denen sich, hoffentlich, von meinen Vorschlägen einiges erfüllen wird. Und selbst, wenn das *nicht* der Fall werden sollte, lassen Sie unser heutiges Gespräch wenigstens als eine Übung in Toleranz passieren.

(Schlußgong)

GOTTFRIED BENN

2. Mai 1886, Mansfeld/Westpriegnitz – 7. Juli 1956, Berlin

MUSS DAS KÜNSTLERISCHE MATERIAL KALT GEHALTEN WERDEN ?

(Anmerkungen zu Extrakten aus Benn's Pallas und Kunst und Macht.)

»Vom Wind Geformtes / und nach unten schwer« : das ist gut. Als Theoretiker dagegen ist Benn *nicht* stimmfähig; denn er wußte nie in seinem Leben die Grenze zu ziehen, wo der ‹lernäische Leim› aufzuhören, und die Sprache des Werkstattberichtes zu beginnen hat; die nämlich muß redlich sein einfach=verständlich=eindeutig.

Wer anläßlich einer Frage, die die ‹zweite Säule› unseres Berufes – nämlich das Handwerklich=Mitteilbare – betrifft, mit Wendungen wie »siderische Vereinigung«; »phallische Kongestion« oder »Vor=Ure« auf den Plan tritt, bietet dem Belehrung Suchenden nur nichtswürdig=aparte Hülsen : es ist unglaublich, *wie leer* die artigen Büchschen sind !

Zu schweigen noch von der Bodenlosigkeit einer Argumentation, welche die »schmale kinderlose Göttin« Pallas heranzieht, »die die Flöte erfand« – mit weit mehr Berechtigung behaupte *ich*, daß es sich bei der betreffenden Dame um ein 6 Fuß hohes Flintenweib gehandelt habe; die sich zwar einmal ein tönendes Röhrchen zwischen die athletischen Lippen steckte, es jedoch, als das Gesicht entstellend, sogleich wieder, eitel, wegwarf : was soll, bei einer ernstzunehmenden theoretischen Erörterung dergleichen unredliches Ge=Metafere ?

Wenn ich ebenfalls zum Schmuggel mit antiken Altmaterialien tendierte, würde ich Benn's Thesen etwas vom ‹mystelnden Gemurmel eines verkantet=gestürzten Saturn vindizieren› – so aber sage ich einfach : Benn schwatzt.

Seine Begriffe sind keine; in je einem Halbdutzend schwammiger Zeilen schminkt er uns angebliche ‹Typen› zurecht, um die Puppen nachher nach Belieben tanzen lassen zu können.

Der »Beauftragte der Formvernunft« . . . . . abgesehen von dem schon wieder hierin angebrachten metafysischen Falltürchen einer ‹Beauftragung› : von *Wem* wohl, möcht' ich wissen ! – wie *schlecht* schmeckt das im Munde, dieser vom Hitlertum sieghaft angekränkelte Wortschatz ! Es fehlt nur ein ‹Reichs=› davor !

Der »Kunstträger ... weiß kaum etwas von *vor* ihm und *nach* ihm, lebt nur mit seinem inneren Material« ..... das wäre freilich ein leichter Beruf, wo man sich nur um so eine reduzierteste Ein=Mann=Welt zu kümmern brauchte, und sein Hätschelseelchen Monologe girren zu lassen ! Etwas von »*nach* ihm« zu wissen, wie BENN sich geistreich ausdrückt, verlangt wohl Niemand; aber daß er nun auch kaum etwas von *vor* sich wissen dürfe ? Und wenn ‹draußen› ein Hitler auftaucht, dann ist es nicht nur meine verdammte Pflicht & Schuldigkeit als Künstler, sondern sogar reiner Selbsterhaltungstrieb, das Affen=Monstrum derart zu erläutern, daß dem BENN'schen »Kulturträger« der Wahlzettel in der Hand wackelt. Wer nach BENN'schem Rezept nur »mit seinem inneren Material lebt«, ist nicht der »Kunstträger«, sondern der *Drückeberger* !

»Es ergibt sich, der Kunstträger ist aus seinem natürlichen Wesen heraus eine gesonderte Erscheinung« – : oh, carry me home to die ! Dazu muß ich mehrere Seiten BENN lesen, um diese große Neuigkeit noch einmal, im anmaßendsten Ton, als ‹Ergebnis›, serviert zu bekommen ?!

BENN meint auch gar nicht den »Kunstträger« allgemein; er meint eine ganz kleine, die dubioseste, Randgruppe von Künstlern; nämlich die ausgesprochenen *Kurzstreckenläufer* unter den Wortbastlern : die Lyriker, bzw. die Aforistiker à la Eff Nietzsche. Die machen sich's allerdings beneidenswert einfach : »meißeln auf Handflächengröße«; jaja, die Herren Lyrikers ..... JAMES JOYCE hat zum ODYSSEUS freilich 8 Jahre gebraucht !

Noch deutlicher geht seine voreingenommene Beschränktheit aus jener découvrierenden Stelle hervor, wo er den *Romanschriftsteller* in die Nähe der bloßen *Kulturträger* stellt : »Beiden eignet das Pflegliche und in=die=Breite=gehen, auch das Einträgliche; während der *Lyriker ein ausgesprochener Kunstträger ist*«; und, noch einmal, nur wenig später, in lapidarer Borniertheit : *»Der Aforismus gegen den historischen Roman !«*

Das ist nicht nur eine These von ausgezeichneter Unfruchtbarkeit; sondern geradezu eine bewußt falsche Unterstellung – ich will es, als Akt ausgleichender Ungerechtigkeit, flugs umkehren :

Zum lyrischen Gedicht bedarf es nur eines beneidenswert kurzen Darms; und schon der Ablauf nur 1 einzigen Tages widerlegt alle Lyrik : dem wechselnden Tempo von auch nur 24 Stunden wird nur gute Prosa gerecht. Natürlich nicht der so geschickt mit dem abfälligen Beiwörtchen angeschmitzte BENN'sche »historische Roman«; aber, noch einmal : wie wär's mit LEOPOLD BLOOM ?

Womit ich endlich nach ausgeräumtem Wortschutt, zur eigentlichen Frage kommen kann.

Anstatt all des literastischen Wort=Maßwerks vom »Dionysos« – wenn ick *den Nam'* schonn immer hör' ! – und »Neunmonatszauber«, hätte BENN lieber die Entstehung wirklicher umfangreicher Kunstwerke, *also länger anhaltende Prozesse,* nüchtern untersuchen sollen. Hätte unterscheiden sollen : die *Einsammlung* von Material; von seiner *Verarbeitung.*

Selbstverständlich hat der *Sammel*vorgang relativ ‹kalt› zu erfolgen : das *gerichtete* Aufsuchen und Notieren von Charakteren, Beleuchtungen und Kleindetail aller Art, erfordert *Jahre*; man muß ja schließlich alles zum Thema Gehörige angefaßt haben, gerochen, im Munde gehabt. Und man stopft ja mit nichten Alles zwischen die 4 Ecken einer Prosa=Seite; sondern ‹sieht› letztlich nur noch das, was ‹dazu› brauchbar ist. Die zu einem guten Stück erforderlichen 1–3 Tausend Zettel – vom Stichwortumfang an, bis zur fertigen Viertelseite – jeder einzelne ein halbes Dutzend mal umgeschrieben, muß man freilich zunächst *unterkühlt* halten – nicht bloß »kalt« – damit das Material nicht vorzeitig zu keimen anfange.

Ein Anderes ist dann freilich die *Zusammenschweißung,* die nahtlose, des solchergestalt lange und mühsam an sich gezogenen Materials – dabei treten natürlich ‹Zustände› auf, denen des lyrischen Kurzarbeiters ähnlich; (aber immer noch mit dem beachtlichen Unterschied, daß die unsägliche Konzentration des Prosaschreibers ein rundes halbes Jahr anzuhalten hat : selig, wem Allah hierfür die Knochen eines Ochsen verlieh !)

So haben sie Alle, die wirklich Guten – der große Jean Paul; Beethoven; die Maler – über ihren Riesen=Zettelkästen, Notizbüchern mit ‹Motiven› und Skizzenmappen, gehockt : in den Monaten der Niederschrift dann, wird das Material angewärmt, erhitzt, ja, *glühend gemacht !*

Mit BENN'schem »Flug & Traum« hat das gar nichts zu tun. Das sind alles völlig irrelevante Verlegenheits=, Verlogenheits=Ausdrücke eines Mannes, der konstitutionell zur künstlerischen *Mikro*=Äußerung veranlagt war : für die war er zuständig; für die mag er sich selbst Einiges zu sagen gehabt haben.

Aber man stelle sich eine – hoffentlich bald kommende – Schriftstellerschule vor und einen Lehrer, der nach BENN'scher Manier dort ‹Sternbaldisierte› : was würden fleißige, lernbegierige, begabte Schüler sich von dergleichen Satz=Gelee dann Abends mit heimnehmen ? Dem werdenden Autor gibt jedes Lehrbuch des Maschine=Schreibens unvergleichlich Brauchbareres ! Ich halte wahrlich nicht übertrieben viel von ‹Germanistischen Seminaren›; aber *mehr* lernt man dort immer noch. –

Bemerkenswerte Gedichte sind BENN ab & zu gelungen, und auch in den GEHIRNEN hat er volles Maß. Sein Theoretisieren aber mag vielleicht als ‹subjektives Bekenntnis› interessant zu lesen sein – beim Versuch jedoch, es irgendwie in die Praxis zu übertragen, erweist es sich als reiner Silbenwind und unfruchtbare Zungengaukelei.

ERNST KREUDER

29. August 1903, Zeitz – 24. Dezember 1972, Darmstadt

BEDEUTEND; ABER . . .

Ernst Kreuder: AGIMOS *oder die Weltgehilfen, Europäische Verlagsanstalt, Frankfurt.*

Allem voraus : Das Buch ist nicht unbedeutend !

Wenn wir nur jedes Jahr eine Ernte von 20 solchen Stücken aufzuweisen hätten; dann könnten wir uns doch mit Grund einbilden, etwas vor der DDR vorauszuhaben – leider haben wir sie nicht.

Hingewiesen sei auf die gute Oberflächenbearbeitung. Die Sprache hält grundsätzlich ein Niveau wie etwa Hesses STEPPENWOLF (was allerdings keine überschwängliche Bewunderung ausdrücken soll); liegt also etwa ebensoweit über dem Durchschnitt, wie unter den wahren Spitzenleistungen der Prosagenialität, z. B. dem ODYSSEUS des James Joyce.

Kleinsteinfälle sind von einer skurrilen Vollkommenheit, daß man nur schmunzelnd salutieren kann : ich däumele auf gut Glück ins Buch hinein – und finde überall stumm aus Schwimmbecken in die gut beschriebene Luft aufsteigende rote Gummifische; eine Polizeihündin geht mit einem Sträfling durch; Pflanzennamen, so rar, daß man annehmen könnte, die schweigsamen Wesen hätten sie sich selber gegeben; (die besten stammen entweder aus dem Slawischen oder Keltischen; die Herren Germanen hatten selten Zeit und Geduld zu dergleichen, Tiere unter Auerochsengröße interessierten kaum.) Und das handelt sich nicht etwa nur um vereinzelte feine Bemerkungen, rari nantes in gurgite vasto; sondern um eine wirkliche Fülle.

(Leider hat der Verfasser manchmal die Schwäche, sich wegen Metafern ersten Ranges noch zu ‹entschuldigen› : ein Olivenbaum tritt auf, der gebeugten Gestalt eines versteinerten Mannes ähnlich, »der das knorrige Geäst, die Büschel glatter Zweige, geduckt auf den Schultern trägt.« Dieses eine »ähnlich« entwertet das schön=reale Bild wieder ein wenig : warum hat er nicht 1 Mann, wie beschrieben, oben am Hang stehen und dem Helden zuschauen lassen ? (‹Natürlich war es 1 Olivenbaum›, hätte Jener dann erleichtert feststellen können. Die EDDA sagt nie, daß Pfeile ‹ähnlich Vögeln› vom Bogen abzwitschern, sondern dekretiert kalt und selbstbewußt den Begriff ‹Bogenvögel›. Nie mit ‹Ähnlichkeit› sich entschuldigen, wo man Identität behaupten kann !).

Das Buch ist natürlich nicht ‹einheitlich›; weil kein Buch das Erzeugnis 1 Stunde ist – Lyriker haben's da freilich leichter (vielleicht *zu* leicht ?); aber hier beginnen nun die ersten Skrupel.

Denn es besitzt mit nichten, wie der üblich=übertreibende ‹Waschzettel› sich zu behaupten bemüßigt fühlt, einen »geschlossenen Aufbau« oder eine »folgerichtige Handlung«. Im Gegenteil : das Buch ist hoffnungslos *nicht*=gebaut; and the bowsprit got mixed with the rudder sometimes ! Die einzelnen kleingeschnittenen Geschichten, Episoden, Anekdoten, Selbst=Erinnerungen, könnten durchaus auch in anderer, fast beliebiger, Reihenfolge stehen. (Wenn Kreuder sich doch nur einmal diese unerträglich geschäftige ‹Handlung› abgewöhnen könnte; diese Kurzgeschichten=Betriebsamkeit, die keine ‹Form› ergibt, kein Buch, sondern nur Italienischen Salat.)

In seiner jetzigen Gestalt liefert das schmackhafte Buch den Dramatikern und Epikern nur einen hochmütigen Beleg mehr, wie leicht es die Prosaschreiber mit ihrem ‹Schubladenauskehren› letzten Endes eben doch hätten; und daß die Anfertigung eines Romans auf Zusammenkleistern von zufällig Vorhandenem, wenn nicht gar Übriggebliebenem, hinauslaufe. Auf Schritt und Tritt wird peinlich spürbar, daß der Verfasser keinerlei Plan gehabt haben kann (man kommt selbst dann nicht weiter, wenn man die Lektüre unter dem Aspekt der ‹Rahmenerzählung› versucht – was allerdings ja nur ein vornehmerer Ausdruck für Zusammenkleistern ist); sondern einfach an einer Ecke des polygonen Gewebes zu spinnen begann, selbst=neugierig, was nun wohl dabei herauskommen würde. Denn es ist reinliche Willkür, wenn man 1 der Gestalten – und es sind ohnehin nicht die klarsten Köpfe ! – zu erzählen anfangen; sie dann nach 2 Seiten durch ebbes Aufgeregtes unterbrechen; und dann einen der Neuankömmlinge seinerseits eine maghrebinische Geschichte anheben läßt. (Gewiß, 1001 Nacht weist die gleiche entzückende *Nicht*=Technik auf; aber ein Kunstwerk kommt auf die Weise nicht zu Stande.)

Sehr nachdenklich, daß der Verfasser über 1 Jahrzehnt an dem Buche arbeiten konnte – freilich immer wieder, wie die Zeittafel der Entstehung seiner Bücher ausweist, derb durch anderes unterbrochen – ohne daß stilistische oder gedankliche Brüche allzu schmerzlich fühlbar würden. Hier ist ihm einmal zugute gekommen, daß alle diese MORGENLANDFAHRER, diese ‹Dichter, die vom Priester herkommen›, keine Entwicklung haben, und auch keiner bedürfen. Je unrealistischer, bodenloser, sie verfahren, desto besser gelingt's ihnen; am besten solche Stücke, bei denen die Nabelschnur zur Realität gänzlich abgebunden ist : ORPLID / ANGRIA / GONDAL.

Und auch Kreuder manipuliert – selbstverständlich nicht ungeschickt; er ist nun einmal ‹erste Garnitur› – mit einer hochbedenklich reduzierten Welt.

Womit wir nun bei den Nachtseiten des Buches angelangt wären.

Äußerlichstes Merkmal : die Gestalten heißen nicht Max, Karl oder Paul; sondern Hieronymus, Nikodemus, Archibald und Berenice : »Wollen Sie etwas trinken, Paridam ?« : »Ich möchte mit Ihnen repetieren, Asbjörn.« – Menschenkinder können ja nichts dafür, wenn verrückte Eltern sie mit einer dergleichen gußeisernen Belastung auf den ohnehin mühsamen Weg ins Leben schicken; aber wenn ein Schriftsteller seine Helden systematisch so tauft, dann steckt eine Weltanschauung dahinter, und zwar eine verdammt dubiose ! (Abgesehen von hastigen Geschmacklosigkeiten, wie daß ein Neger »Blackie« heißt; gewiß, es ist in diesem Fall die übliche immer=grinsende stereotype Bilderbogenfigur; aber z. B. einen israelitischen Staatsbürger grundsätzlich ‹Jud !› zu rufen, wäre nicht nur taktlos, sondern auch gefährlich !).

Sehr nett die Anekdote der dem Fleischer entschwimmenden Kuh – aber andererseits *essen* die Helden wiederum découvrierend gern & gut, belegte Brote, Slibowitz und dampfende Braten : »Ich hoffe, daß der Pilaw inzwischen nicht kalt geworden ist ?«. Einerseits werden mystisch Fastende verführerisch geschildert – das war bei allen Mystikern schick; sie wären ja sonst auch zu dick geworden – andererseits grenzt es schon an Snobismus, was Kreuders Helden so ‹zu sich nehmen› : Virginia Latakia; Grappa & Halwa; »zuletzt gab es für Jeden noch ein Stück Rachat Lokum«. (‹Racha› = ‹Du Narr ?›; ‹Lokkum› = ‹Evangelische Akademie› ? – Ich hatte einmal eine Tante Emma, die 3 Tage in Dänemark gewesen war, und seitdem für Marmelade nur noch ‹Skyr› (oder so ähnlich) sagen konnte.) Ich habe darauf geachtet : im ganzen Buch kommt nicht 1 Mal ‹Corned Beef› vor, auf das man als fleißiger Intellektueller ja entscheidend angewiesen ist. Aber lassen wir ‹uralt=göttlich=Ginseng› und all die aparten Fressalien beiseite.

Hinzutritt die Maschinerie Ariosts und Tassos : Kostümierte, wenn nicht gar Vermummte; Geheimbündeleien, d. h. der unvermeidliche Kreuderische Verein wird gegründet, wie schon früher in den Unauffindbaren oder der Gesellschaft. Wildeste Schützen – wozu ich nur anmerken möchte, daß ein anständiger Mensch weder soviel schießt, noch soviel beschossen *wird*; *an*geschossen, und wohl auch einmal *er*schossen, das ja; aber dieses infantile, mit verdächtiger Freudigkeit beschriebene Geknalle, das man kaum Karl May oder Robert Kraft verzeiht? Freilich lassen sich durch solche Balkanmethoden sehr leicht ‹kompositorische Brüche› tarnen: wenn man nicht weiter weiß oder mag, läßt man die Gesellschaft durch ein MG auseinandersprengen; das wußten schon die alten ‹Schlachtenmaler›: wo die Anatomie ausgeht, fängt der Pulverdampf an.

Die Helden sind sämtlich Schöngeister, die gegen die Technik deklamieren – und sie dabei leidenschaftlich benützen: jede Seite ist überwimmelt von Autos, Eisenbahnen, Brauereien, Telefonen, Geheimtüren werkeln. Und, typisch für die Herren Einödler: im ganzen 400=Seiten=Buch *arbeitet kein Mensch*: Nicht »Weltgehilfen« sehen wir, wohl aber Weltschmarotzer. Weltfremdheit nicht im guten Sinne; sondern Vertreter einer ‹feinsinnigen› Künstelei, die sich, apart lächelnd vor Sanduhren setzen, um ‹die Zeit› lautlos verstreichen zu sehen; oder beim »Licht aus alten Schiffslaternen« dösen: man vermag sich mit dem besten Willen keine Gesellschaftsordnung vorzustellen, in der solche Leute nützliche, oder auch nur nicht=störende, Mitglieder sein könnten! Ich habe ein tiefes Mißtrauen gegen die, leider noch häufigen, Menschen, die einen Lichtschalter anknipsen, und dazu begeistert=versonnen ‹Magie!› murmeln; oder nachts an einer erleuchteten Fabrik vorbeifahren, und ‹Also wie ein Feenpalast!› sagen können: bei einer derartig gefühllosen Mißachtung der schwer Arbeitenden, gleichviel ob Arbeiter ob Techniker, spiele ich nicht mit!

Auf die betrüblich naheliegende Frage, wie all diese kuriosen ‹Bünde der Einsamen› – eine typisch tüdeske contradictio in adjecto, bei der man unwillkürlich grinsend den Mund zerren muß: schwatzen wollen die Kerls; weiter nichts! – finanziert werden, wird man mit dem verschwommenen Hinweis abgefunden, daß auf dem Grunde eines Sees noch Bleikanister mit Gold & edlen Steinen genug lägen – oh, carry me home to die!

Natürlich haben jene »Selbstvertriebenen« insofern Recht, als die Fragen ‹ob mein Nachbarskind im Winter eine warme Hose auf dem Hintern habe?› oder ‹ob 1 Gott sei?› (bzw. irgendwelche mystischen Äquivalente) *nicht* gleichwichtig sind; aber jene Drückeberger halten Gott für wichtiger: *ich die Hose!* (Und mag man meinethalben noch so vornehm auf meine derben und anmutlosen Nöte herabsehen: meine ‹Beziehungen zur Religion› haben mir nie schlaflose Nächte bereitet; wohl aber, wenn meine Beziehungen zu meinen Mitmenschen nicht in Ordnung waren!)

Oft ist die Gesinnung brav – Kreuder ist schon, er mag wollen oder nicht, ein ‹guter linker Mann›!

Sehr schön die ehrliche Entrüstung gegen den Hitlerkrieg; aber der ist überlebt : warum nicht, gleich eifrig, gegen die laufende ‹Wiederaufrüstung› ? Sehr nett der snapshot, wie die Lokomotive vorbeifährt an den Wachsbüsten von Stalin=Hitler=Churchill=Roosevelt, (nachher kommen noch Mussolini und Chruschtschow dazu) : wo aber bleiben, gleichermaßen mit Namen genannt, Eisenhower, der Papst, de Gaulle, und – in dem betreffenden unscharfen Zusammenhang hätte nicht einmal Mut dazu gehört – Adenauer ? Ebenso fehlt das Problem aller Probleme, das jeden Tag dringlichere : die sorgliche Betrachtung (zumindest besorgte Erwähnung !) der Bildung des neuen deutschsprachigen Teilstaates im Osten, gekontert mit den dubiosen Praktiken unserer einheimischen Bundesregierung.

Erschütternd unrealistisch auch das Allheilmittel des Verfassers – die Massenherstellung und Verteilung von wacker=tapferen Kleinstdrucksachen ! Gewiß, es ist ein in Gebildeten=Kreisen nicht seltenes, und nicht nur ein typisches Kreuder=Verkennen, daß ‹unser Volk› gar nicht von Politikern, Zechenbaronen oder gar Technikern (Kreuders ‹Schwarzer Mann› !) vergewaltigt wird : *unser Volk wählt sich bewußt diese Leute* ! Vor die Alternativen gestellt : ‹Wollt Ihr eine starke Wehrmacht ? Wollt Ihr die christlich=abendländisch=verantwortungsbewußte Atommacht ? !›; oder aber (und hier wird die Stimme natürlich ironisch und abfällig) : ‹Wollt Ihr ein fleißig=unbedeutendes Dasein als Kleinstaat ?› – da wählte, auch heute und künftig wieder, das deutsche Volk unweigerlich den Donnerer Thor. Der Verfasser übersieht vollkommen, daß das Volk unsere, der Wenigen, Ansichten nicht nur nicht teilt, sondern sie auch überhaupt nicht hören will : die Deutschen sind, und, nach Germanenart, geschlossen, längst wieder um die gleiche Kurve gegangen wie 1933 !

Aber im Agimos finden sich in dieser Hinsicht mehrere der fatalsten Irrtümer : was soll uns die schablonierte Fabel der ‹drei weisen alten Männer› ? Sollen wir wieder einmal mehr dergleichen mystelndes Gemurmel akzeptieren; all diesen Salm von einer ‹Altersweisheit› ? (‹Alters*frech*heit›, das gibt es sehr wohl !). Kreuder sollte selbst alt genug sein, um schmerzlich gefühlt zu haben, wie Körper= und Geistesmaschinerie ab 40–50 zu versagen beginnen; und wenn er da freimütig empfohlen hätte, daß das Wahlrecht, aktiv wie passiv, ab 50 erlöschen sollte – dafür auf 18 heruntergesetzt werden; denn die eigentlichen, die schwersten Lasten, tragen ja einwandfrei die 20–40 Jährigen ! – ja, *dann* wäre er uns einsichtig und ehrwürdig gewesen. Aber daß er ausgerechnet wieder die nicht nur abgegriffene sondern gefährlichste aller Legenden kolportieren muß, daß man je älter je weiser werde . . . . .

Aber im Grunde sind wir hier wieder auf eine der Begrenzungen des Verfassers geprallt: Kreuder glaubt (eine bei ihm ohnehin unnötig gut entwickelte Fähigkeit) fest daran, daß es etwas wie Weisheit gebe. Natürlich nicht bei den Wissenschaftlern, die – ebenso konsequent wie verbohrt – tief verachtet werden; und auch nicht bei den ‹Magermilchrealisten› (worunter er diejenigen Schriftsteller versteht, die nicht an Visionen leiden); sondern eben bei jenen geheimnisvoll=Anderen – von der ‹Tabula smaragdina› an, über die Kabbala und Paracelsus, bis hinauf zu den schalmeienden Poeten der Jetztzeit. Und also lesen wir auch im AGIMOS wieder von der »ursprünglich sakralen, und das ist auch: poetischen Welt«. Was soll uns, den Tiefst=Betrogenen aller Dinge, dieses verfluchte – übrigens typisch christliche – Wichtignehmen der eigenen Seele, oder gar des ‹Seelenheils›? Was soll das krampfhafte Hantieren mit Tod & Unendlichkeit & Unsterblichkeit und anderen dicken Worten auf ‹Un . . .›? Man nenne es höflich ‹Jenseitsneugier› – beziehungsweise, derber, ‹Unendlichkeitsfimmel› – aber hätten wir nicht wahrlich Wichtigeres zu tun, als uns an derlei hohlen Nüssen, gefüllt mit Spinneweben, abzuarbeiten? Ich will gar nicht ruchlos sein, und, wider meine bessere Überzeugung, bei der Vorstellung der Erde als Nova, witzeln: daß dann doch wenigstens ‹etwas los› wäre – aber könnten wir nicht wenigstens versuchen, den doch unvermeidlichen Weg mit Anstand zu Ende zu gehen? Schwer zu arbeiten: damit Kinder und Alte sorglos ruhig sitzen können (oder spielen; je nach Belieben; meinetwegen). Und dann mit möglichster Fassung wegzusterben: weiter wissen wir nichts; ja, *können* nichts wissen; und Die, die behaupten, mehr davon zu wissen, die wissen am allerwenigsten davon! Nur Der lebt richtig, der – wenn auch diese Stunde noch sämtliche Gesetze & Religionen aufgehoben würden – nichts an seiner Lebensweise zu ändern brauchte!

Kreuder, im echten Verein mit all seinen dunkelmännischen, gott=vergifteten, Vorgängern *scheint* Geheimnisse auszusprechen; er *scheint* Lösungen anzubieten, *scheint* Handlungsweisen zu empfehlen – in Wahrheit weicht er den Erfordernissen des täglichen Lebens aus. Niemandem, zumal den, aufs achtungswürdigste, Rat suchenden jüngeren Lesern, gibt er 1 Anhalt, 1 Regel, wie man sich als Sohn, Gatte, Vater, Arbeiter, Bürger, *also als Mensch*, verhalten solle! Von diesem Standpunkt aus betrachtet, ist es unglaublich, wie leer die artigen Anekdötchen sind!

Aber ich will nicht eine Intoleranz mit der anderen vergelten. Einigen wir uns dahingehend, Herr Kreuder: Die Welt ist groß genug, daß wir *Beide* darin Unrecht haben können!

RUDOLF KRÄMER-BADONI

** 22. Dezember 1913, Rüdesheim a. Rh.*

RUDOLF KRÄMER-BADONI : MEIN FREUND HIPPOLYT.

Bechtle Verlag 1951

Fixieren wir zuerst die Fronten:

»Der Ursprung aller Poesie ist das Verlangen nach wilderer Schönheit, nach kristallenerer Gerechtigkeit, nach elfischeren Gebärden und Worten, als unser irdenes Gestirn vermag; Poesie selbst ist ja der leidenschaftlich hilflose Versuch, den seligen Durst zu stillen, und gelingt dies auch nur schmerzhaft unzulänglich, findet dieses Sehnen auch nur einmal karge Erfüllung – wenn es geschieht, wird rauschend solche Seligkeit frei, gegen die jed' anderer menschlicher Aufschwung schlaff und belanglos erscheint. Dann erwacht bei jedem Laut der Leier ein luftiges und nicht stets deutbares Echo, aber erregend ist's und hebt die Seele in Unbetretbarkeiten. Dann, aus jeder musischen Andeutung, spüren wir mit geweiteten Augen Bildermeere und Fabelküsten, und rätseln an bestürzend glühenden Visionen geistiger Schöne hinter dem Schlüsselwort.« (Edgar Poe: Messieurs, wir erheben uns von den Plätzen!)

Und nun zu dem vorliegenden Unfall: da wird in 23 gutmütig unordentlichen Geschichten der Mann Hippolyt vorgeführt, an dem Rhein, auf dem Rhein, im Bett, im besetzten Berlin (wie flach besonders dies!), 23 Orte fallen ja bei ein bißchen Überlegen Jedem ein. Und die kein Ende nehmende Überraschung, wenn Hippolyt unvermeidlich wieder noch tiefer gedacht, noch »feinsinniger« gefühlt hat, als der gesunde und kranke Leser erwartete, jedesmal wieder, bis einem so viel versonnene Sinnigkeit zum Halse heraushängt: dabei bleibt Alles psychologischer Tagebau, mittelschulhafter, mühsam ausgespart und zusammengedacht, so daß einem tödlich sicher »lächelnder Weiser« einfällt oder »köstlicher Humor«, lauwarm, wie es Tante Emma liebt, und all die anderen volkstümlichen Synonyme des Durchschnitts. Ab und zu wird ein winziges verkrampftes Schweinereichen gewagt –: das beweist einen vorurteilsfreien Geist, und macht die Pastorentöchter beiderlei Geschlechts vor der wilden Verworfenheit erschauern. Jedenfalls schließt das Büchlein aufs aparteste die so lange schmerzlich gefühlte Lücke seit Schleich und Slezak; denn der Ton der höheren Abderiten ist so frappant getroffen, daß ein kleiner Erfolg gewiß ist. (Obwohl ich fürchte, der Verfasser hat sich nicht groß mühen brauchen, diesen Ton zu »treffen«). Zum Schluß wird als Lösung auf das neue Testament hingewiesen: Brav, sehr brav!

Noch einmal : süße Nichtigkeiten, und in so heilvoller Normalsprache vorgebracht, als sei seit Gustav Frenssens Jugendzeit in dieser Richtung nicht mehr viel geschehen. – Schade, daß man es nicht ganz elend nennen kann : dann könnte man es doch völlig befreit zurückschieben; aber so stößt man auf eine muntere Zeichnung, und das Papier ist so superb, und dreimal fand ich gar auf den 181 S. ein lyrisch Ansätzlein – ich will nicht sagen, daß es des Verfassers schlechtestes Buch ist (ich kenne seine anderen nicht); aber soviel stellte ich beruhigt fest, daß die Kontinuität unserer literarischen Mittelmäßigkeit einmal mehr gesichert ist.

Möchten unsere Verleger anstatt solche Dürftigkeiten vorzulegen doch eine Renaissance der letzten großen deutschen Talentwelle – der des Expressionismus – vornehmen. Sicher würden sich an den Pionierleistungen der August Stramm oder Albert Ehrenstein junge geschwungene Seelen wieder entzünden, und mit wehenden Worten in dichterisches Neuland vorstoßen. Oder sollen sie wenigstens den Anton Reiser oder Wielands Aristipp neudrucken.

Aber nicht diesen gußeisernen Hippolyt. – Schad' um die Zeit!

ALFRED ANDERSCH

4. Februar 1914, München – 21. Februar 1980, Berzona/Tessin

DAS=LAND= AUS=DEM=MAN=FLÜCHTET

Alfred Andersch : ‹Sansibar, oder der letzte Grund›. / Verlag Walter, Olten.

Und gleich den Schock vorweg : er meint Deutschland!

Das Buch ist kurz : die langgedehnte dünnflüssige 1200=Seiten Klarheit überlassen wir, sehr richtig, den Angelsachsen.

Der Personenapparat entsprechend auf 6 reduziert : wer mehr braucht, ist ein Schwätzer; er heiße Tolstoi oder Galsworthy; die freilich beginnen dann auf den letzten 200 Blättern ihre sämtlichen Gestalten zu ‹versorgen› – d. h. umzubringen, bzw. zu verheiraten – : aber auf 200 Seiten kann man mehr tun!

Die ‹Fabel› kann in einen Satz zusammengefaßt werden : ich habe mir erlaubt, ihn als Überschrift zu wählen.

Zuvor noch dieses : ein sehr bekannter Kritiker hat sich berufen gefühlt, ‹Sansibar› u. a. folgende wohlmeinende Beiworte zu erteilen :

»In Schönheit aufgelöste Trauer«; ein »nobler Geist«; ein »unaufdringliches Gleichnis«; »tröstlich«; ein »innerliches Buch« – vielleicht wird diese Perlenschnur grotesker Fehlurteile begreiflicher, wenn ich hinzusetze, daß der Betreffende Schweizer ist; d. h. unbekannt mit der mitteleuropäischen Realität.

»In Schönheit aufgelöste Trauer« ? : so sagt meine Waschfrau auch, wenn Grace Kelly auf der Leinwand »nölt« (ein Wort aus ‹Sansibar› selbst). Ein »nobler Geist« ? : gottlob heißt der Verfasser mit nichten »von Andersch«; bei uns sind – zumindest in Kennerkreisen – Adels= und andere Prädikate immer verdächtig (weil fast unvermeidlich auf begrenzte Kenntnis der Realität hindeutend) ! Ein »unaufdringliches Gleichnis« ? : selten las ich eine aufdringlichere Abbildung der Wirklichkeit; in Gleichnissen spricht nur der Feigling ! »Tröstlich« ? : gewiß, etwas mit ‹Trost› ist es : aber bestenfalls ‹trostlos› ! Und ein »innerliches Buch« ? : wohl uns, daß es, kalt und aufs erhabenste sachlich, die Außenwelt nicht umgeht!

In einer kleinen Küstenstadt der Ostsee – schade, daß kein exakter Name dasteht : es ist immer besser, Namen zu nennen; ansonsten provoziert man eben feinsinnige Bemerkungen, wie die erwähnte vom »unaufdringlichen Gleichnis« ! – treffen, zu einer Zeit, da die KPD wieder einmal verboten ist – hier hätte die Jahreszahl 1937 getrost wegbleiben können : man sieht, ich habe durchaus den Mut auch zur Inkonsequenz ! – zufällig sechs Gestalten zusammen.

»Der Junge«; Gregor, der KPD=Funktionär; Judith, die Jüdin; am Ort selbst befinden sich der Pfarrer Helander; Knudsen der Fischer und Kutterbesitzer; als Letzter die Holzplastik des ‹Lesenden Klosterschülers›.

Von 2 dinosaurierroten Türmen überragt die graue Rundumkulisse – fast wäre auch ich eben der Versuchung erlegen sie ‹zeitlos› zu nennen; aber leider paßt sie allzu genau auf Deutschland, vom ‹Soldatenkönig› an bis heute – : plattsohlige Philistrosität birgt sich wohlgenährt; Gleichgültigkeit trottet ihrem Broterwerb nach; die übliche gutbürgerliche Stagnation. »Uniformiertes Fleisch geht um«, in Gestalt der SS=förmigen »Anderen«.

Und die sechs Gestalten – alle Andern bleiben angemessene Schattenhaftigkeiten – haben kein anderes Anliegen, als Deutschland zu verlassen.

Beim »Jungen« ist es nicht nur Reiselust, sondern das dumpfe Wissen, daß in diesem Sumpf kein Stein Ringe macht : wer wirklich und voll leben will, muß hier fort.

Judith ist Jüdin – es erübrigt sich in Deutschland jedes Wort.

Gregor, ein junger harter Intellekt, gehört einer verfolgten Partei an; aber »es gibt im Emsland ein paar Übergänge, die todsicher waren; er würde sie schon ausfindig machen.« Zudem ist er eben im Begriff über seine Partei hinauszuwachsen – auch dies gut und realistisch : ein Deutscher, der nie in seinem Leben, zu gewissen Zeiten (die durchaus sehr verschieden liegen können !), Kommunist war, oder Nietzsche=gläubig : an dem ist nicht viel verloren !

Altkommunist Knudsen's Frau ist geistesschwach und in Gefahr, von den Andern abgeholt=vergast zu werden; aber er hat sie gern, dazu sämtliche Parteien satt – und 1 Motorkutter.

Der Pfarrer Helander, ein alter beinamputierter Mann, der ohnehin nicht mehr lange zu leben hat, hat endlich begriffen »daß man einen Gott, der den Seinen nicht beistand, züchtigen müsse« : nicht schlecht ! (Obwohl diese Erkenntnis peinlich spät eintritt; es wäre besser, Helander wäre weiter gekommen; zu der noch tieferen Einsicht : daß er, der Mensch, besser als Gott ist. Und dann vielleicht noch : daß der Betreffende wohl gar nicht ‹Gott› heißt; eher ‹Leviathan›; und daß –

falls unsere Welt schon ein ‹Werk› ist, – man so ehrlich sein sollte, hinzuzusetzen : das eines Halbirren).

Am dauerhaftesten der hölzerne Klosterschüler, der allmählich zum ‹Lesenden› schlechthin wird, zum Wißbegierigen und kritisch Forschenden – das aber ist in Deutschland stets fehl am Platze : wozu auch, wo ‹die Wahrheit› doch längst bekannt ist; sei es der NSDAP oder den Kirchen ?!

‹Folglich› ist für alle die Sechs kein Platz in Deutschland !

Und – nicht nur der Klügere gibt ja nach – : sie Alle verlassen das strotzend stapellaufende Schiff !

Es geht die frische wertvolle Abenteuerlust in Gestalt des Jungen.

Es geht – in den Freitod – der Pfarrer Helander; weil sein Gott versagt hat.

Es geht der arbeitsam derbe Fischer, dem man die Frau wegbiologisieren will.

Es geht der kalt=wilde hoffnungsvolle Intellekt Gregors.

Es geht die Schönheit Judiths.

Es gehen Kunst und Wissenschaft, unverhüllt verkörpert im Bild des Lesenden. –

: Was übrig bleibt, ist Deutschland, das=Land=aus=dem=man=flüchtet.

Nichts zu sagen von den eingehend beschriebenen Techniken erzwungen=vorbedachter Emigration : wie nachdenklich, daß ein solches Buch gerade heute erscheint.

Wie aufschlußreich !

Denn – trommeln wir doch nicht auf unsre Brüste, sondern schlagen wir daran ! – : auch bei uns ist wieder die KPD verboten. Auch bei uns werden schon wieder jüdische Friedhöfe geschändet. Auch bei uns geht allenthalben wieder »Uniformiertes Fleisch« um. Auch ‹uns› gilt – man sei doch ehrlich – Barlach oder der Expressionismus längst wieder als ‹entartete Kunst› !

Macht man sich denn in allen Kreisen keine Gedanken darüber :

Warum wohl der große Einstein emigrieren mußte; und 45 *nicht* nach Deutschland zurückkehrte ?

Warum Thomas Mann (der nach Europa zurückkam) mit *nichten* seinen Wohnsitz am Brunnquell westdeutschen Geistes, in Bonn, aufschlug; sondern lieber in der Schweiz blieb ?

Warum Hermann Hesse – ich wähle, es ist dem Bürgertum eindrucksvoller, deutsche Nobelpreisträger – still in seinem Tessin bleibt ?

Denn es genügt nicht ganz, wenn ein Land von sich rühmen kann, daß es die *Wiege* großer Männer war; es muß auch noch den Nachweis erbringen, daß es ihr *Grab* zeigen kann – und selbst *das* ist wertlos, wenn die verehrend dorthin Pilgernden immer wieder nach irgendeinem Buchenwald gewiesen werden!

»In Schönheit aufgelöste Trauer« ? ? : Ich, 1 Deutscher, will Herrn Professor Doktor Muschg sagen, was Andersch's großes Buch von ‹Sansibar› meiner Meinung nach ist:

Eine, sachlich unwiderlegbare, Anklage gegen Deutschland. Eine Warnung, ‹an Alle, die es angeht›. Unterricht in (ja fast Anleitung zur) Flucht als Protest. Vorzeichen einer neuerlichen, nur durch ein Wunder noch aufzuhaltenden, Emigration aller Geistigkeit (aber wohin heute ? !). Ein Mißtrauensvotum ersten Ranges gegen unser behäbig=aufgeblasenes ‹Volk der Mitte›.

Kompositorisch ausgezeichnet; sprachlich bedeutend über dem Durchschnitt.

ARNO SCHMIDT

18. Januar 1914, Hamburg – 3. Juni 1979, Celle

DER PLATZ, AN DEM ICH SCHREIBE

MEFISTA, (in männlicher Tracht; Faust präsentierend):. . . : *der Herr ist Autor.*
SORBIN, (jung, 15=jährig, in anmutig gebrochenem Deutsch): *Was iest ain ‹Au=torr›?*
MEFISTA, (rasch gefaßt): *Ein Autor ? : ist Derjenige dem ‹ein Stock im Petticoat› beim Anblick dessen einfällt, wozu ein Leser zeitlebens ‹Schirm› sagt.*
(ARNO SCHMIDT, FAUST, IV. Teil, Szene 16)

Als ich hier einzog, besaß ich, u. a., auch 2 alte Schreibtisch=Seitenschränkchen – die Platte, die darüber gelegen hatte, war alt, und hatte sowieso nie genau gepaßt; (obwohl sie beste Dienste geleistet hat, wohlgemerkt; und sogar noch leistet; ich habe viel historischen Sinn – »*zu* viel« wird Mancher murmeln; Der kennt dann nur FOUQUÉ) – und infrage kam nur die 1 Dachstubenecke, die schräge Wand nach Nord, das Giebelfenster nach Ost. Da kam mir – ich will es nur gestehen; es war, als die Maurer auch ‹improvisierten› und die eingefrorene Pumpe mit Tapetenresten auftauten – der Einfall, ebenso billig wie genial : beim Tischler eine dicke Sperrholzplatte zu bestellen, 2 × 2 Meter; aus der einen Ecke wurde ein Viertelkreis, Radius 1 Meter 20, herausgesägt; und fertig war die allerschönste Schreibfläche, ‹Limba›=bezogen, ein Hölzernes Meer von 3 Quadratmetern!

Denn ich brauche Platz. Nicht für meinen Bauch, (einen Artikel, in dem ich wenig vermag); sondern für Zettelkästen, Mappen, und vor allem die Tisch=Bibliothek, im Viertelkreis um mich aufgestellt, haarscharf=dergestalt, daß ich sie, ungestüm=vorgebeugt, noch erreichen kann – ich hab' lange Arme ! Es sind mit nichten immer dieselben 70 Bände. Ich unterscheide da streng 2 Abteilungen : den ‹festen› Bestand, und den – je nun, ich sage in der Schnelle, ‹fließenden›.

Der ‹feste Bestand›, das sind natürlich die kleineren Nachschlagewerke. Einmal Wörterbücher – ich übersetze (und fleißig, obwohl ich das selbst sage) aus dem Englischen und Amerikanischen, und es sind immerhin schon 20 Bände – ein untersetzter WEBSTER von 1854 (und das ist wieder einmal mehr *keine* Posse : ich besitze speziell diesen Jahrgang, weil ich COOPER=Fachmann bin; und immer noch die Hoffnung hege, daß meine Übersetzung des ‹Conanchet› doch einmal erscheinen werde; worauf man mich ja, unvermeidlich begeistert, sogleich mit der ‹Littlepage=Trilogie› beauftragen würde, wenn nicht gar mit den ‹Monikins›. Und da COOPER 1851 starb, enthält der genannte WEBSTER genau seinen Wortschatz! der MURET=SANDERS, PARTRIDGE, undsoweiter undsoweiter. Das, in diesem Zusammenhang zu erwähnende, Buchderbücher freilich – ich meine die ENCYCLOPAEDIA BRITANNICA – steht, mit ihren 16 Dünndruck=Doppelbänden, hinter mir; dazu muß ich leider aufstehen; wer wohnt schon vollkommen ? Geschichts= und Hand=Atlanten. Der THESAURUS LOGARITHMORUM mit seinen 10 Dezimalen (‹semel in anno licet insanire›). Der komplette BRÜMMER (einen GOEDEKE oder den neuen KOSCH kann ich mir nicht leisten; und wie ich den FRELS vermisse, mag ich gar nicht sagen !). Neben den beiden Jahrgängen des KÜRSCHNER, 1908 und 24, ein ‹Handbuch der Pilzkunde› – man lebt nicht ungestraft ‹auf dem Lande›. Literaturgeschichten : für die ältere Zeit bediene ich mich, nach langer Prüfung, kurioserweise des Wolfgang MENZEL; für die neuere des unvermeidlichen SOERGEL; für die neueste – ach, wissen Sie, wenn man selbst das Frou=Frou miterzeugen muß . . . . . An Konversationslexika sehe ich auf dem Tisch nur den kleinen KNAUR; tcha, und dann – ich weiß, es gilt vielerorts als ‹unpatriotisch› – das 8=bändige DDR=Lexikon. Nicht, daß ich die oft bestialische Vernageltheit seiner Urteile über Kunst teilte; aber die Daten sind vorbildlich genau, und das Material über den ‹Ostblock› durchaus unverächtlich – ich kann mir nicht helfen; ich laß' es jedenfalls erstmal stehen.

Und nun 1 ausgesprochener Akt der Selbstverleugnung – es ist ein bisher noch viel zu wenig gewürdigtes Kapitel – meine ‹Namensquellen›. Es ist nämlich ‹bei Schriftstellern›, zumal bei deutschen, wo es nach heiliger Tradition pausenlos heißt ‹dicht=Er & denk=Er› !, so, daß man laufend viele Namen benötigt; bald wohlklingende, bald banale. Meist weiß man (bei häufig auftretenden Hauptpersonen, um sie mit *einem* akustisch=fonetischen Zug sich selbst und dem Leser unverwechselbar zu malen; bei Nebenfiguren, um sie rasch und ohne Arbeit, aber dennoch solide, zumindest verantwortbar=ausreichend, zu ‹erledigen›) wieviel Silben der betreffende Name haben muß, um in den Takt des Satzes zu passen; also auch, welche dieser Silben betont sein muß, wer es nicht lassen kann, mag an ‹Penultima› denken; selbst die Vokalharmonie liegt innerhalb ziemlich enger Grenzen fest. Es wäre schon je 1 Monografie wert, bei jedem Dichter seine Hilfsmittel in dieser Beziehung zu untersuchen; bei FOUQUÉ war es Johannes von MÜLLER. (Bei mir – ich will kommenden Kommenden die Mühe erleichtern – ist es so, daß ich – soll ich die Bosheit besitzen, und hinzufügen ‹unter anderem› ? – für *deutsche* Namen das Register des ‹Hannoverschen Staatshandbuches für 1839› verwende, (es enthält immerhin 80.000 zur Auswahl); für ausländische den ‹Regenhardt; Geschäftskalender für den Weltverkehr, 1927›. Da es nun immer Leute gibt, die es lieben, unnötige Fragen zu stellen, erwidere ich auf deren ‹Warum ?› : der REGENHARDT lief mir zu; er kostete nur 50 Pfennig, und erwies sich dann als sehr praktisch; für HANNOVER verweise ich, mit abwehrend gewölbten Brauen, auf mein ‹STEINERNES HERZ›.) –

Der ‹fließende› Bestand ändert sich, je nach dem Groß=Thema, das zur Zeit gerade ‹dran› ist. Also wechselt Leopold SCHEFER ab mit HIPPEL; der mit LUKIAN oder KARL MAY; dann steht wieder einmal der ODYSSEUS da (des James JOYCE natürlich; über ‹Finnegans Wake› weiß ich zu gut Bescheid, seit ich ‹Bruder Stanislaus› übersetzt habe !). Neulich erschrak Einer, als er Jules VERNE so neben Gustav FRENSSEN sah . . . . .

Allerdings ist es, trotz all der aparten Titel, so, daß ich *ganz* sorgenfrei, ‹aus Wolluscht›, überhaupt nichts mehr lesen kann : immer muß ich ‹einen Aufsatz drüber schreiben›. – (Darauf freue ich mich schon sehr : wenn einmal, irgendwann=einmal, ein Mäzen=oder=so auftauchen wird, der mir ‹um=meiner=selbst=willen› – es ist schwer; ich weiß wohl; ich selbst würd's auch nicht tun – eine monatliche Rente von, nu, sagen wir, 500 Mark ‹auswirft›; und ich dann – ach, es fallen einem gleich Ausdrücke wie ‹Lebensabend› ein, und ‹buntgeblümter Schlafrock›, ‹The echoing Green›, ‹Der Schnee tröpfelte emsig vom Dach›, ‹Die Nacht wird kalt, sagte der alte Rudolph, vom Wetterfähnlein kreischt es herunter, die Eichen fangen zu rauschen an, lege mehr Holz an den Heerd, Alwin.› – tcha, und jetzt hab'ich natürlich den Faden verloren.)

Aber eines ist endlich – etwas spät freilich; und überhaupt ‹wie lange noch ?› – erreicht : *ich sehe von meinem Schreibtisch aus den Mond aufgehen !*

Was das für mich bedeutet, davon machen sich wenige Menschen einen Begriff. (*Aller*letzten Endes hat es wohl lediglich mit der Sehschärfe zu tun; ich habe, von Kindesbeinen an, so starke ‹Minus=Zylinder›, daß noch jeder Optiker vor rarer Freude aufgejauchzt hat, wenn er meine Brille unter's Meßgerät legte. Ich bin wegen meiner Selenomanie weder ‹hyänenhaft feige›, noch eine ‹potentielle Verbrechernatur›, wie viele meiner Gegner arg gern möchten – als wenn die Erde nicht groß genug wäre, daß wir Alle darauf Unrecht haben können! Neinein; ich gehöre wirklich nicht ins Irrenhaus; obwohl ich seit meiner Geburt natürlich darin lebe.)

Zugegeben, ich sehe auch die Sonne aufgehen; aber zu dem blutigen Küchenmädchen habe ich nie ‹ein Verhältnis› gehabt. ‹Sonn'naufgang›? Was heißt'nn das schon?! Einer steht aufrecht, wie ein Wacholder; drei Wolkendamen liegen, in grauen schicken Mänteln, flach, (der Einen läufts hinten rot raus, brrr!). Gewiß, sie gibt Licht, und vermindert die Zahlungen an den Stromversorgungsverband Osthannover und die Kohlenhändler; aber damit ist es auch gut. – Wogegen der Mond .....

Wenn ich also, im strapaziödesten Keinerlei des Vokabeljätens, dem Broterwerb, dem cash=as=cash=can, befangen, nach 14 Arbeitsstunden, aufblicke – : dann ist aus dem Wälderkranz eine dunkelgraue Rundum=Borte geworden. Unten läuft eine Katze vorbei, mit einer Zitronenscheibe im Mund; (sie hat Junge, daher diese, völlig verworrenen, Mutterinstinkte; wenn sie einen Hahnenkopf vom Nachbar anbringt, ist dessen abgesägter Suppen=Seitenblick schon erheblich fataler.) Durch die Spreizhand – manchmal ist mir vom vielen Tippen, als wäre sie im Gelenk abgeschnürt – die mir die Brillenlemniskate zurechtrückt (r gleich a mal Wurzel aus cosinus 2 phi; tatsächlich, ich kann's noch auswendig!) blinzt Jupiter als ‹Zugabe›. Wirklich ver=schmidt=ste Stücke sind nicht mehr möglich: aus ehrlicher Erschöpfung. Wer derart lange, unter Nes=Kaffee=Druck, an JOYCE übersetzt hat, oder FAULKNER, oder, noch schwieriger, ‹ANGRIA und der Weg dorthin› – ja, diesen ‹schäbigen Rest› von 1 Menschen besieht man sich besser nicht mehr.

Und trotzdem tastet die Hand schon wieder nach dem Zettelkasten – 2 Sorten stecken, notizbereit, darin: DIN A 9 (37,16 mal 52,56) und DIN A 8 (74,33 mal 52,56 Millimeter); und auch das ist wiederum nichts weniger als eine Pedanterie; sondern schlicht eine Frage der Erfahrung: es liegt am Temperament, wie lang die Stichwortreihe ist, deren man zur Notierung eines Eindrucks bedarf; und ein Zettelchen DIN A 8, hinten & vorn mit winziger Spitzschrift in Sigeln bekritzelt (hi! die vielen ‹i›=Zinken!) entspricht immerhin einer Buch=Viertelseite. – Also die Hand tastet. Auch nach einem der 20 sehr lang=scharf geschliffenen Bleistifte (‹alte Rasierklingen›: das ist's!); (und ‹Nummer 2› wohl; jedenfalls ‹weiche›). Und schreibt:

»... 1 bleiches molkichtes Gesicht durch'n Kronsberg=Wald...
... flatterndes Volk zog auf marmornem Kreuzweg, stundenlang...
... Gegen Mitternacht erschien 1 Stück Mond im Himmel. ...«

Aus der Beschaffenheit solcher Neuigkeiten auf den hohen Grad der Unschuld & Einfalt meines pastoralen Wortmetz=Daseins=hier zu schließen, wäre jedoch voreilig. Unser Schicksal heißt Turbulenz; heißt ‹kompliziert leben›; (und das, im Bewußtsein jedes gebildeten Lesers prompt erscheinende ‹Einfach=leben› ist nur eine wehmütig=unrealistische Formel, über die man schon im späten Rom resigniert gelächelt haben dürfte.) Nach meinem Arbeitsplatz fragen Sie mich ? Was ich will ? Was ich bin ?

: Warten Sie, bis ich *nicht* mehr bin.

BERECHNUNGEN I

»Nemo geometriae ignarus intrato«

§ 1. Unsere bisher gebräuchlichsten Prosaformen entstammen sämtlich spätestens dem 18. Jahrhundert; auch sind bereits in jenen Jahren Musterbeispiele für jede einzelne davon gegeben worden.

Kennzeichnend für sie alle ist, daß sie ausnahmslos als Nachbildung soziologischer Gepflogenheiten entwickelt wurden. Der Erzähler im lauschenden Hörerkreis war das Vorbild für Roman und Novelle. Die tägliche Übung der Korrespondenz lieferte zwanglos die vorbildliche formale Lösung des Briefromans für das Problem, mehrere geographisch und geistig von einander geschiedene charakteristische Lebensräume organisch in Beziehung zueinander zu setzen. Das Gespräch zwischen mehreren (nicht allzuvielen !) Partnern erwies sich als optimale Möglichkeit, einen Gegenstand von verschiedenen Seiten her zu beleuchten (ideale Biografie !). Das »Tagebuch« war der erste Ansatz zur Bewältigung innerer Vorgänge.

Ich hebe ausdrücklich hervor, daß diese Formen keineswegs etwa »überholt« oder »veraltet« sind ! Für die angeführten, meist sehr umfangreichen Themenkreise, sind sie durchaus die optimale (und also stets in solchen Fällen anzuwendende) Erledigungsform.

(Man vergönne mir, hier noch einmal auf Wieland hinzuweisen, der gerade als Berechner der äußeren Form Vorbildliches und bisher noch nicht recht Gewürdigtes geleistet hat; Bücher, wie sein gigantischer Briefroman vom »Aristipp«, die gleichzeitig eben so reinlich das Stahlskelett der Trägerkonstruktion zeigen, wie die »Fülle« menschlicher und geistiger Ereignisse bewältigen, gehören in allen Literaturen zu den größten Seltenheiten, und sollten von jeder Schriftstellergeneration immer wieder studiert werden.)

»Großer Roman«, »Briefroman«, »Gespräch«, »Tagebuch«, sind also nicht deswegen zu verachten, weil sie seit Jahrhunderten unbeirrt verwendet werden; sie *mußten* sich einfach dem denkenden Prosabildner als erste echte Formungsmöglichkeiten für viele konkrete Fälle aufdrängen, weil sie, wie oben schon angedeutet, sich in der »Gesellschaft« bereits organisch entwickelt hatten.

Es wäre aber für die Beschreibung und Durchleuchtung der Welt durch das Wort (die erste Voraussetzung zu jeder Art von Beherrschung!) ein verhängnisvoller Fehler, wollte man bei diesen »klassischen« Bauweisen stehen bleiben!

§ 2. Besonders nötig nun war und ist es, endlich einmal zu gewissen, immer wieder vorkommenden verschiedenen Bewußtseinsvorgängen oder Erlebnisweisen die genau entsprechenden Prosaformen zu entwikkeln. (Ich betone noch einmal ganz ausdrücklich, daß ich im Folgenden lediglich von der äußeren Form (dem »Gerüst«) spreche; von meinen subjektiven Versuchen einer konformen Abbildung von Gehirnvorgängen durch besondere Anordnung von Prosaelementen. Nicht aber vom sprachlichen und rhythmischen Feinbau dieser Elemente selbst.)

Bis jetzt habe ich mir die theoretische Durchforschung und praktische Wiedergabe von 4 solchen Bewußtseinstatsachen gestellt (es gibt aber mehr!). Die Anfänge von zwei Versuchsreihen liegen dem Publikum bisher zur Nachprüfung im Druck vor; ich beschränke mich daher in der Erörterung zunächst auf diese beiden.

§ 3. Ausgangspunkt für die Berechnung der ersten dieser neuen Prosaformen war die Besinnung auf den Prozeß des »Sich=Erinnerns«: man erinnere sich eines beliebigen kleineren Erlebniskomplexes, sei es »Volksschule«, »alte Sommerreise« – immer erscheinen zunächst, zeitrafferisch, einzelne sehr helle Bilder (meine Kurzbezeichnung: »Fotos«), um die herum sich dann im weiteren Verlauf der »Erinnerung« ergänzend erläuternde Kleinbruchstücke (»Texte«) stellen: ein solches Gemisch von »Foto=Text=Einheiten« ist schließlich das Endergebnis jedes bewußten Erinnerungsversuches.

Selbstredend hat der Autor, um überhaupt verständlich zu werden, dem Leser die Identifikation, das Nacherlebnis, zu erleichtern, aus diesem persönlich=gemütlichen Halbchaos eine klare gegliederte Kette zu bilden.

Daß meine Überlegung korrekt ist, belegen auf die frappanteste Weise alle Selbstbiografien. Ich greife den unnachahmlichen allbekannten Kügelgen heraus: ihn, weil sein unvergleichliches Malerauge (Foto!) diese Perlenschnur von Miniatüren aneinanderreihte; und er vor allem ehrlich genug war, auch äußerlich lauter kleinste Abschnitte zu machen. (Goethe andererseits hat mit seinem üblichen formlosen Prosabrei alle Suturen verschmiert; gerade bei dem hier vorliegenden Konstruktionsproblem ist solche Tünche doppelt der ölfarbige Tod aller Architektur).

Dieser Erinnerungsprozeß, eine der anhaftenden Eigentümlichkeiten unserer Gehirnstruktur – also durchaus etwas Organisches, und gar nichts Künstliches! – wurde bewußt zum Ausgangspunkt einer ersten praktischen Versuchsreihe gemacht, die einerseits das Kristallgitter der betreffenden »Erinnerung« sichtbar lassen, zugleich aber auch ungeschwächt die Bildintensität »von damals« vermitteln sollte : im Leser würde theoretisch solchermaßen zwangsweise die *Illusion eigener Erinnerung* suggestiv erzeugt werden!

(Natürlich muß man ihm hierzu auch schärfste Wortkonzentrate injizieren; cela va sans dire!)

§ 4. Als Beispiele dieser ersten Neuform, für die ich die Bezeichnung »Fotoalbum« vorschlage, habe ich bisher vorgelegt : »Die Umsiedler« und »Seelandschaft mit Pocahontas«. Diese beiden Stücke (sowie die ihnen wenn möglich später noch folgenden), erlauben mir, die weitere Unterteilung einer solchen Versuchsreihe hier einmal wie folgt näher anzugeben. – Für Anzahl und Länge der Fotos und Texte, sowie deren rhythmischen und sprachlichen Feinbau, sind das Entscheidende :

Bewegungskurve und Tempo der Handelnden im Raum!

Es ist ja ein fundamentaler Unterschied, ob ich etwa einen Ort

rasch
durchfahren
muß

oder ihn

langsam
umkreisen
kann.

Im letzteren Falle sieht man ihn nämlich von allen Seiten, unter vielen, länger anhaltenden Beleuchtungen; man »hat« jedesmal automatisch eine ganz andere »Zeit«, ein anderes Verhältnis zu den Begegnenden, und dem Schicksal (oder wie Sie das Ding nennen).

Es ergibt sich beispielsweise sofort, daß im ersteren Falle (der geradlinigen, zwangsmäßig raschen Bewegung der »Umsiedler«) eine wesentlich größere Anzahl von Fotos zur Bewältigung des vielfältigeren durchmessenen Raumes nötig sein wird; sowie auch daß diese kürzer, die Sätze selbst hastiger sein müssen, als im zweiten der erwähnten Fälle, der hobbema'schen »Pocahontas«.

Jeder Art der Bewegung im Raum (gesetzmäßig festgelegt und geregelt durch die Urexplosion des Leviathan) entspricht sogleich ein sehr scharf umrissener Themenkreis. – Ich bediene mich zur Bezeichnung dieser Bewegungskurven der präzisen Namen, welche die Mathematik (zur Hälfte ja eben eine Wissenschaft des Raumes!) längst festgesetzt hat; nicht, um diesen meinen Notizen ein kokettes pseudowissenschaftliches asa foetida zu verleihen, sondern weil ich meiner Zeit schon sehr gram sein müßte, wenn ich die unübertreffliche Klarheit solcher Formulierungen unbeachtet ließe, und dafür eigene Umschreibungen zusammenstotterte.

Ich gebe also nachstehend die Tabelle, die *ich* mir für meine praktischen Handübungen in »Fotoalben« angelegt habe; für die ersten beiden Fälle wurden, wie bereits erwähnt, schon Exempel vorgelegt, so gut *ich* es eben vermochte. (In der »Pocahontas« habe ich, um die kristallinische Struktur des Textes ganz unmißverständlich zu machen, die einzelnen Kleinbruchstücke noch durch Schrägstriche voneinander abgetrennt.)

Bewegungskurve der Handelnden	Tempo	Themenkreis	rhythmische, sprachliche, inhaltliche, Konsequenzen
Gerade; vorwärts	schnell	»*Transporte*«. (Zwangsbewegung durch weite Räume : Auswanderer; Gesellschaftsreisen; Flößer Schweiz–Holland; Truppentransporte; etc.)	Etwa 25 kurze Fotos und Texte. Knappe Sätze. Worte wie Vieh vor sich her treiben. Dynamisch; aber die Unfreiheit des Willens wird sichtbar.
Hypozykloide	langsam	»*Kleine Welt*«. (In sich geschlossene Paradiese oder Höllen : Sommeraufenthalte; Kindheiten; »Im Werk«; etc.)	15–20 längere Einheiten. Ausladende Sätze. Statisch. Niederländisch.
Epizykloide	hastig	»*Verbotener Bezirk*«. (Spionage; eingesperrte Geliebte; und andere Speisekammern.)	Am Ende der meisten Einheiten (viele sind es, kleine, etwa 30, trial & error) eine »Spitze«, die das »Aufprallen« auf die »Chinesische Mauer« spürbar macht. Gestauchte Sätze.
Punkt; rotierend	gleichförmig	»*Lynkeus*«. (Individuum und distanzierte Kreiswelt : Leuchtturmwärter; Schornsteinmaurer; Flakwache; Voyage autour de ma chambre; Fußballspiel; »Ich bin Karussellbesitzer«; etc.)	Rund ein Dutzend große Einheiten; tortenhaft sektorengleich; panoramisch. Stimmung beschaulich erregt; aber kein Eingreifen möglich.

Spirale; einwärts	sich beschleunigend	*»Zur Katastrofe«.* (Sei sie gut oder böse; einschließlich ihrer selbst: geplanter Mord; der erste Beischlaf; Fronteinsatz mit letalem Ausgang; etc.)	Einheiten kürzer werdend. Nervöse Breite bis Kugelblitz. Sätze und Worte von fahrig=faseriger Länge im Anfang bis zu stilettartiger Konzentration.
Spirale; auswärts	verebbend	*»Die Überlebenden«.* (Sich langsam »neu« oder »wieder« einrichten; nach: Krieg, Tod, Feuer; ebenso wie nach Heirat oder Riesenerbschaft; etc.)	Einheiten dehnen sich. (Die Katastrofe selbst bleibt ungeschildert !) Trichtermäuliges Ende. Metaphern : »dislimning«.
Lemniskate	regelmäßig wechselnd (d. h. langsam im Null (=Schnitt) punkt)	*»Das geteilte Leben«.* (Etwa pendelnd zwischen ruhiger Häuslichkeit und raschem Erwerb : Vertreter; Lokomotivführer; Dr. Jekyll und Mr. Hyde; etc.)	Einheiten entsprechend länger oder kürzer. Rhythmen dementsprechend. Pendelschlägiges Kismet.

Wem solche Überlegungen auch nach diesen Erläuterungen immer noch zu gekünstelt oder abstrakt erscheinen, der möge, vielleicht zu seiner peinlichen Überraschung, zur Kenntnis nehmen, daß das Problem der heutigen und künftigen Prosa nicht der »feinsinnige« Inhalt ist – der psychologischen Pünktchenmuster und anderen intim=kleinen textilen Varianten werden wir immer genug besitzen – sondern die längst fällige systematische Entwicklung der äußeren Form.

Es ist heute ja leider allgemein dunkelmännisch=beliebt geworden, viel mehr Dinge ins »Unterbewußtsein« zu verdrängen, als nötig wäre; es ist natürlich viel bequemer, die »Primitiven« zu verehren, und flink einen »Bankerott des aufklärerischen Intellekts« festzustellen; viel behaglicher, in der beliebten ägyptischen Finsternis eines »Neuen Mittelalters«, eines metaphysiktriefenden, herumzutappen, als sich schneidend eindeutig darüber klar zu werden, daß das Zeitalter der Physik nicht nur nicht »am Ende« ist, sondern im Gegenteil kaum erst begonnen hat ! –

§ 5. Eine zweite »neue Prosaform« ergab sich mir aus folgender Überlegung : man rufe sich am Abend den vergangenen Tag zurück, also die »jüngste Vergangenheit« (die auch getrost noch als »älteste Gegenwart« definiert werden könnte) : hat man das Gefühl eines »epischen Flusses« der Ereignisse ? Eines Kontinuums überhaupt ? Es gibt diesen epischen Fluß, auch der Gegenwart, gar nicht. Jeder vergleiche sein eigenes beschädigtes Tagesmosaik!

Die Ereignisse unseres Lebens springen vielmehr. Auf dem Bindfaden der Bedeutungslosigkeit, der allgegenwärtigen langen Weile, ist die Perlenkette kleiner Erlebniseinheiten, innerer und äußerer, aufgereiht. Von Mitternacht zu Mitternacht ist gar nicht »1 Tag«, sondern »1440 Minuten« (und von diesen wiederum sind höchstens 50 belangvoll!).

Aus dieser porösen Struktur auch unserer Gegenwartsempfindung ergibt sich ein löcheriges Dasein – : seine Wiedergabe vermittels eines entsprechenden literarischen Verfahrens war seinerzeit für mich der Anlaß zum Beginn einer weiteren Versuchsreihe (Typ Brand's=Haide=Trilogie). Der Sinn dieser »zweiten« Form ist also, an die Stelle der früher beliebten Fiktion der »fortlaufenden Handlung«, ein der menschlichen Erlebnisweise gerechter werdendes, zwar magereres, aber trainierteres, Prosagefüge zu setzen.

(Ich warne besonders vor der Überheblichkeit, die hier vielleicht das dem Bürger naheliegende schnelle Wort von einem »Zerfall« sprechen möchte; ich stelle vielmehr meiner Ansicht nach durch meine präzisen, »erbarmungslosen«, Techniken unseren mangelhaften Sinnesapparat wieder an die richtige ihm gebührende biologische Stelle. Gewiß geht dabei der liebenswürdige Wahn von einem singulären überlegenen »Abbilde Gottes« wiederum einmal mehr in die Brüche; die holde Täuschung eines pausenlosen, »tüchtigen«, Lebens, (wie sie etwa Goethe in seinen Gesprächen mit Eckermann so unangenehm geschäftig zur Schau trägt) wird der Wirklichkeit überhaupt nicht gerecht. Eben dafür, daß unser Gedächtnis, ein mitleidiges Sieb, so Vieles durchfallen läßt, ist meine Prosa der sparsam=reinliche Ausdruck.)

§ 6. Die oben bereits angedeuteten weiteren 2 Bewußtseinsvorgänge (jedem ebenso geläufig wie die vorher behandelten, »Erinnerung« und »Löchrige Gegenwart«) für welche die gültigen Prosadarstellungen zu erarbeiten ich mir vorgesetzt habe, betreffen den »Traum« und das »Längere Gedankenspiel«. (Die mathematischen Sinnbilder hierfür wären – ich kann es nun einmal nicht lassen – : Kurven und ihre Evoluten; beziehungsweise die w= und z=Ebenen der konformen Abbildungen). Da jedoch die hierfür entwickelten Transformationsgleichungen noch nicht an, dem Publikum vorliegenden, Veröffentlichungen erläutert werden können, habe ich jetzt nur der Vollständigkeit wegen darauf hinweisen wollen. –

Ich beeile mich zu erklären, daß ich die Reihe der nicht nur möglichen, sondern in naher Zukunft unbedingt erforderlichen Prosaformen hiermit keineswegs für abgeschlossen, oder auch nur die von mir bisher gegebenen Paradigmata für absolute Muster halte. Auch hätte ich selbst diese vorliegenden Erläuterungen niemals abgegeben, wenn mich nicht die befremdlichsten Urteile, sogar von »Fachleuten«, von der Notwendigkeit einer Darlegung meiner Arbeitsmethoden überzeugt hätten; mehr noch aber schrieb ich sie nieder für etwaige zukünftige größere Nachfolger, nach denen sich wahrhaftig niemand mehr sehnen kann als ich.

BERECHNUNGEN II

»And am I wrong, to worship where
faith cannot doubt, nor hope despair,
since my own soul can grant my prayer?
: Speak, God of Visions, plead for me,
and tell why I have chosen thee!«

§ 1. Wenn ich in meiner ersten, der Erkennung und Handhabung von Prosakurzformen gewidmeten Untersuchung mich auf das »Musivische Dasein« und den Gehirnvorgang der »Erinnerung« beschränkte, so lag das daran, weil beiden das Kennzeichen der »einfachen« Handlung gemeinsam ist.

Um der »Wahrheit« willen – d. h. um einer konformen Abbildung unserer Welt durch Worte näher zu kommen – ersetzte ich die unberechtigte Fiktion des »epischen Flusses« durch die bessere Näherungsformel vom »epischen Wassersturz« : der von Stufe zu Stufe schäumt, Zerfall als Voraussetzung überlegenen Schauspiels, der aber, siehe da, eben so sicher unten ankommt, wie Ol' Man River.

Ebenso mußte der Vorgang des Sich=Erinnerns in seine zwei natürlichen Komponenten (erster Lichtstoß als Initialzündung; und spätere reflektierend gewonnene Kleinkommentare) zerlegt, und Grundsätze für seine Abbildung durch eine entsprechende Anordnung von Prosaelementen gegeben werden. Im letzten Paragraphen deutete ich damals an, daß ich zwei weitere Versuchsreihen beabsichtige : den »Traum«, und das »Längere Gedankenspiel«.

§ 2. Das wichtigste Bestimmungsmerkmal dieser neuen Gruppe ist, daß in beiden Fällen eine »doppelte Handlung« vorliegt, Oberwelt und Unterwelt, Laputa und Balnibarbi; woraus sich sofort ergibt, daß die konstruktive Arbeit komplizierter, die praktische Ausführung ungleich schwieriger werden dürfte, als bei der früher abgehandelten Gruppe. Der Unterschied zwischen Traum und Gedankenspiel liegt bekanntlich darin, daß zwar die objektive Realität (eben die »Unterwelt«; oder, wie ich sie im Folgenden nennen werde, die Erlebnisebene I, abgekürzt E I) bei beiden annähernd die gleiche ist; die subjektive Realität (Oberwelt; Erlebnisebene II = E II) beim Traum jedoch in ausschlaggebendem Maße passiv erlitten wird (wir erfahren darin oft unerwünscht=empörendste Rücksichtslosigkeiten, Alpträume, mythisches Grauen); während beim Gedankenspiel das Individuum wesentlich souveräner, aktiv=auswählend, schaltet (natürlich ebenfalls »konstitutionell beschränkt«). Diese Definition mußte vorausgeschickt werden, da unser Sprachgebrauch hier wieder einmal völlig unscharf verfährt: was man nämlich im allgemeinen einen »Träumer« schilt, ist in Wahrheit weiter nichts, als ein süchtig=fauler Gedankenspieler; die »Traumspiele« der Weltliteratur sind Gedankenspiele.

Bei der Schwierigkeit des Gegenstandes und dem Umfang, den eine solche erste Untersuchung füglich haben muß, beschränke ich mich hier auf die Diskussion des längeren, oft durch Wochen hindurch fortgeführten, Gedankenspiels (zukünftig LG; im folgenden wird also verstanden: LG = E I + E II).

§ 3. Das Gedankenspiel ist kein seltener oder auch nur extremer Vorgang, sondern gehört zum unveräußerlichen Bestand unserer Bewußtseinstatsachen: ohne der Wahrheit Gewalt anzutun läßt sich behaupten, daß bei jedem Menschen die objektive Realität ständig von Gedankenspielen, meist kürzeren, nicht selten längeren, überlagert wird – wobei sich dann natürlich die wunderlichsten Interferenzerscheinungen à la Don Quijote ergeben können.

Wie tief die Neigung zum Gedankenspiel geht, ist schon beim Tier unverkennbar, etwa wenn sich die Katze, immer wieder bereitwillig, die tanzende Feder am Faden als einen Vogel ausbittet. Von da ist nur ein gradueller Schritt zum Disney=Land der Näherin am Fließband.

Die billigste Art ist das Gedankenspiel nach Vorlagen, sei es der abendliche Zeitungsroman, der, zumal vorm Einschlafen, gern übernommen wird, sei es der zuletzt gesehene Film. Obwohl in dem einen Fall die Anregung vom gedruckten Wort, im anderen vom Bildgehusche herkommt, ist der Unterschied nicht wesentlich; jedesmal hat ein nur wenig überlegener Kollege »vorgespielt«; und es ist dem Range nach ziemlich gleichgültig, ob die trübschillernde Bildertunke durch das Diaphragma der Buchseite oder einer ausgespannten Leinwand aus einem Kopf in den anderen diffundierte. Die für den Faulen ideale Kombination legen in endlosen Bildstreifen die amerikanischen Cartoons vor: hier braucht der Mitspieler nur noch das vorgekaute schale Ragout von schematisierendem Kleinholzschnitt und Stummelworten zu schlucken.

Eine Stufe höher (»höher« im Sinne der für die vorliegende Abhandlung entscheidenden literarischen Brauchbarkeit seines LG's) steht schon der Mann der Selbstgespräche, der in verkrampften imaginierten Redeschlachten die Probleme einer nörglig=verwickelten Zukunft sinnlos »löst«. Höher steht der Beinamputierte, der sich zum mächtigen Direktor einer Butterfabrik ernennt, und in seinem Werk natürlich lauter Kriegsbeschädigte beschäftigt. Wobei es ein Kriterium, weniger für die Rangordnung als für die Klassifizierung der Geister ist, ob man mehr vermittels Worten oder Bildern spielt.

Wie geschickt diese unsere unausrottbare Neigung zum Gedankenspiel kommerziell ausgenutzt wird – etwa von Baufirmen, die dem Leser ihrer Prospekte das beliebte umbüschte, von wohlgeratenen Kindern umtanzte »Eigenheim« vorspiegeln – ist bekannt; und beweist die Realität des Vorgangs nicht minder, als die von der Regierung begünstigten (oftmals sogar von ihr eingeführten) Vorlagen religiöser oder nationaler Art, wie sie gern vor verbotenen Gedankenpfaden als ablenkende Richtungsschilder aufgestellt werden: die Kriegswochenschauen z. B. waren solche amtlich befohlenen, ausgesprochen verniedlichenden Prospekte in usum delphini. –

Selbst die Grammatik erkennt die Existenz des Gedankenspiels so bedingungslos an, daß sie das ganze Riesengebäude eines besonderen Modus dafür erfunden hat: den Konjunktiv! Jeder Gebrauch eines »hätte, wäre, könnte« gesteht das Liebäugeln mit einer »veränderten« Realität, und leitet so recht das LG ein. Man kann den Konjunktiv natürlich auch eine gewisse innere Auflehnung gegen die Wirklichkeit nennen; meinetwegen sogar ein linguistisches Mißtrauensvotum gegen Gott: wenn alles unverbesserlich gut wäre, bedürfte es gar keines Konjunktivs! (Woraus eifrige Theologen älteren Stils gern den Schluß ziehen dürfen, daß Adam ihn erst nach der Vertreibung aus dem Paradies ersann).

§ 4. Wenn man auch nicht fehlgehen wird, Werke der Dichtung allgemein als Gemische aus E I und E II ihres Autors zu betrachten – und es sind hinreißende Mixturen hier möglich, etwa Ludwig Tiecks »Vogelscheuche« – so schwer ist es, reine Beispiele von E I oder E II beizubringen; wobei es noch äußerst nachdenklich stimmen muß, daß die reinen E I sogar die wesentlich selteneren sind – ich entsinne mich im Augenblick eigentlich nur des alten Brockes (und, allenfalls, noch Cooper's »Pioneers«). Exempel der anderen Gattung »halbierter LG's«, zu denen uns leider E I fehlt, sind ziemlich unverkennbar:

Edgar Poe: Gordon Pym	(3)
Klopstock: Gelehrtenrepublik	(2)
Brontë: Wuthering Heights	(3)
Schmidt: Schwarze Spiegel	(3)

Wells : Zeitmaschine (3)
Verne : Reise zum Mittelpunkt der Erde (1 ? 3 ?)

(Die eingeklammerten Zahlen finden später ihre Erklärung; es sind die Spektralklassen der Geister.) – Mit absoluter Zuverlässigkeit weiß ich es vom vierten Titel : es war das E II meiner Kriegsgefangenschaft, 1945, im Stacheldrahtkäfig vor Brüssel, there was a sound of revelry by night.

Diese reinen Typen des E II (bzw. E I) sind einer Schachpartie zu vergleichen, von der nur die schwarzen Züge (oder weißen, wie man will) notiert wurden. Um jedoch ein formal vollständiges Kunstwerk, ein LG im Sinne der hier vorgetragenen Theorie, das komplette Porträt eines Menschen in einem gegebenen Zeitraum x vorlegen zu können, müßten E II und E I nebeneinander erscheinen ! Es darf jedoch nicht Wunder nehmen, wenn Prosamodelle strenger Art bisher nicht vorliegen : die formale Klärung war (vielleicht aus der instinktiven Scheu des Dichters, dem, an sich wohlbekannten, offizinellen Autismus bewußt gegenüberzutreten) nicht erfolgt; zudem wäre die ehrliche Angabe von E I nicht nur ein Akt der Unklugheit (vor allem gegenüber der eben wieder entstehenden Inquisition), sondern auch der aufreibendsten und wahnwitzigsten Selbstverleugnung, den das zeitgenössische Publikum nicht wert ist (und höchstens in Geheimschrift beizugeben. Die Selbstbiographie eines Autors ist nebenbei kein Ersatz für E I. – Vielleicht ist es ja auch eine nur um so reizvollere Preisfrage, eines Sherlock Holmes der Philologie würdig, zum Gordon Pym das E I hinzu zu konstruieren).

Im großen lebt etwa ETA Hoffmanns Werk von dieser Spannung zwischen E I und E II (Prinzessin Brambilla). Cervantes begann im Gefängnis den Don Quijote. Mörikes »Orplid« ist ein Paradebeispiel, ebenso wie die »Gondal=World« der Brontës, oder das »Ardistan und Dschinnistan« Karl Mays, eines Mannes, dem auch noch nicht die gebührende literarische Gerechtigkeit widerfahren ist.

§ 5. Erkannt und genehmigt worden also ist das Gedankenspiel durchaus; ebenso sind von Zeit zu Zeit Versuche zur formalen Bewältigung wenigstens des untersten Typs unternommen worden; obwohl meist unbewußt, und immer ohne zureichende theoretische Überlegungen : von Lukian »Das Schiff oder die Wünsche« bis zu James Thurbers »Walter Mittys Geheimleben« führt eine leider nur horizontale Linie. Beide behandeln zudem, wie gesagt, nur die künstlerisch unergiebigen Mikrotypen, und auch diese noch völlig einseitig nach der um eine entscheidende Spur zu flachen Formel des si j'étais Roi.

Das bedeutendste, obwohl formal ebenfalls durchaus »unreine« Beispiel der Weltliteratur ist Johann Gottfried Schnabels »Insel Felsenburg«. Der Biographiensymphonie, vermittels deren hier E I bewältigt wird, steht das E II der »Inseln im Südmeer« gegenüber. In völliger Übereinstimmung mit der noch zu entwickelnden Klassifizierung ist E II bei Schnabel nicht mehr bejammertes Exil (wie bei dem im Vergleich damit arg zusammenschrumpfenden »Vorbild« des Robinson Crusoe), sondern utopisches, heilig=nüchternes Asyl. Dieses Buch so lange – und immer noch ! – wenn auch weniger der »Lesewelt«, so doch den Fachleuten unzugänglich gelassen zu haben, ist ein Tatbestand, der jedem unserer »Großen Verleger« die Schamröte ins Gesicht treiben sollte.

§ 6. Die konstruktiven, durchaus dem Kalkül und der werkstattmäßigen Handhabung zugänglichen Probleme sind also nunmehr : Ein Prinzip der Klassifizierung der LG überhaupt muß gefunden, und eine den einzelnen Gruppen angemessene Konzentration der Sprache angegeben werden.

Weiterhin ist das Mengenverhältnis der imaginären und realen »Hälften« zu untersuchen und annähernd festzulegen.

Schließlich muß man sich für die suggestivste typographische Anordnung einer kombinierten Darstellung von E I plus E II auf einer zweidimensionalen Fläche (der Buchseite) entscheiden.

§ 7. Bei der, in »Berechnungen I« des näheren erläuterten, Versuchsreihe »Erinnerung« ergab eine Gliederung nach den Bewegungskurven der Handelnden im Raum brauchbare rhythmische und formale Unterscheidungen (die »Richtigkeit« solcher Klassifizierung ist hier eine Frage untergeordneten Ranges; die Brauchbarkeit als Arbeitshypothese entscheidet). (Für das »Musivische Dasein« gab ich damals keine Tabelle, weil ich die Grundsätze, mir seit zwanzig Jahren geläufig, für selbstverständlich hielt; ich bin jedoch inzwischen auf diese Lücke hingewiesen worden, und werde sie später einmal ausfüllen). –

Die Grobeinteilung für das LG muß, der doppelten Handlung wegen, von denen dazu die eine entscheidend vom Individuum abhängt, von anderen Gesichtspunkten ausgehen; am organischsten also von der Bedeutung, die das LG für seinen Spieler hat (wodurch sich dann gleichzeitig das quantitative Verhältnis E I : E II überzeugend regelt). – Es lassen sich so 4 recht scharf getrennte Typen unterscheiden :

1. Typ, »Bel Ami« : Das E II besteht hier aus den normalsten Flitteridealen; Illustrierten, Filmen, Schlagersuggestionen, entlehnt. Als Gegengewicht zu einem ehrbar=einförmigen Alltag übernimmt der Spieler grundsätzlich die egoistische Heldenrolle, ist immer der verwaschen=allmächtige Superman; der Staffage fällt meist nur die Rolle bewundernd gaffender Augen und Ohren zu. Nichtswürdige, menjoubärtige Eleganz; das Leben als Modenschau; dabei bemerkenswert, daß keine Ahnung von erstrebtem Hochberuf vorhanden : eine Tänzerin ist eben nur ein auf= und abschwebender, blau angestrahlter Glanzwisch. Charakteristisch für diesen, meist nur kürzerer Gedankenspiele fähigen, Typ, daß grundsätzlich *Kontrast* zu E I gewählt wird.

2. Typ, »Querulant« : Hang zur Rhetorik, mit dem Angstzwang zur endlosen Zukunftsdiskussion. Der schon bei der entferntesten Andeutung von Verwicklungen (fast immer beschränkt=persönlicher Art) sogleich lange Rededuelle mit verfälschten Gegnern ersinnt; auch er schneidend=überlegen, mit Staatsanwaltsgebärden. Selbstgesprächler; weitgehend auf Worte angewiesen. Unsicherheit; Gefühl ständiger Exponiertheit. In reinster Ausbildung (Hesse, »Steppenwolf«) fähig, sich nach der Lektüre eines historischen Werkes etwa eine Audienz bei Friedrich dem Großen zu erzwingen, an der aber auch alles dran ist. »Die Wahrheit sagen.« Meist Parallele zu ihrem E I; oder doch nur beamtenhafte »Entwicklung« : etwa Vorwegnahme von Beförderungen; impotente »Auseinandersetzungen« mit Vorgesetzten, usw.

3. Typ, »Der Gefesselte« : dem in tödlichen Situationen ein E II das Überleben bzw. Sterben erleichtert, manchmal sogar erst ermöglicht. Gekennzeichnet dadurch, daß das Subjekt höchstens noch als verdüsterte Hauptperson auftritt; oft sogar ist seine Anwesenheit nur noch nötig, wie die eines verläßlichen Reporters, der dem Leser die beunruhigende Gewißheit der Autopsie verschafft. Hier, bei einem auf eine finstere Null geschalteten E I, tritt das E II als pessimistische *Steigerung* auf; ins bedeutend Allgemeine gewandt, tiefsinnig, utopienverdächtig. –

An sich erschöpft sich mit diesen 3 Typen das der literarischen Formung zugängliche LG, und ich erwähne die vierte Klasse nur der Vollständigkeit halber : das Kind ist ebenfalls ein berufener Gedankenspieler ! Der künstlerischen Wiedergabe durch Worte ist sein LG jedoch äußerst schwer zugängig, da die werkgerechte Handhabung des erforderlichen umfassenden Wortschatzes beim Kind einfach nicht gegeben ist : wo aber kein Bewußtwerden stattfindet, da gibt es auch keine objektive Mitteilbarkeit, zumindest nicht durch Worte. Was im allgemeinen an kindlichen LG serviert wird, ist entscheidend verfälscht durch mühsam=spätere Reflexion, die den urzeitlich=primitiven, unberechenbaren Assoziationen kaum gerecht wird. Vielleicht sind Frauen zur Wiedergabe geeigneter; ich persönlich halte diesen, deshalb ausdrücklich von mir als Typ 0 bezeichneten Spieler, für literarisch nicht erfaßbar. –

Wahrscheinlich muß jeder Gedankenspieler des einen Typs im Lauf seines Lebens die vor ihm liegenden ebenfalls durchmachen : Typ 0 als Kind. Für Typ 1 sind selbst hochbegabte, zur weiteren Entwicklung verdammte junge Menschen anfällig. Schon zur bloßen »Übung« erscheint eine solche Entwicklung unerläßlich : während bei Typ 1 durchaus die unreifen, wenig geformten Embryonen dominieren, nehmen die E II gegen Typ 3 hin an Länge wie an Gewichtigkeit zu. Anmerkenswert vielleicht noch (als »Rückschlagerscheinung«), daß Typ 3 in normalen Situationen durchaus in Richtung 2 konvergiert; erst bei extremer Gefährdung gewinnt er im allgemeinen die letzte Höhe=Tiefe.

Ich füge diesem Bericht die tabellarisch=kurze Übersicht bei, die ich mir für meine Handübungen in dieser neuen Versuchsreihe entworfen habe (in der also gleichzeitig die Themen der geplanten Modellfälle erscheinen).

§ 8. Die Frage, welche Druckanordnung diesem Tatbestand zweier einander im allgemeinen ablösender, selten durchdringender, Erlebnisbereiche am gerechtesten wird, erledigt sich sehr einfach : die Buchseite muß, um dem Fachmann die Erkenntnis der Struktur, dem Leser (Nachspieler) Unterscheidung und Übergang aus einem Bereich in den anderen zu erleichtern, in eine linke (E I) und eine rechte (E II) Hälfte geteilt werden. (Da wir in Europa von links nach rechts schreiben : schrieben wir, wie die Chinesen, von oben nach unten, dann wäre es möglich, die Buchseite durch einen mittleren Querstrich optisch noch überzeugender in eine Ober= und Unterwelt einzuteilen). Diese Halbierung der Seiten ist gar nichts neu zu Beschreiendes : Jedem sind vom Konversationslexikon her die zwei Spalten geläufig ! Selbstverständlich muß, sobald E II einsetzt, E I abgeschaltet werden, d. h. leer bleiben. Allenfalls dürften in dem freien Raum Kleinstwiederholungen das Fading einer mechanischen Tätigkeit andeuten – z. B. wenn ich einem kaufmännischen Lehrling, während seiner Abwesenheit in E II, verstatte, in E I automatenhaft die Hände zu rühren; also, etwa bei der Erledigung der Firmenpost, einzudrucken :

Falten,
Einschieben,
Falten,
Einschieben,
Falten,
Einschieben . . .

Eine Bestätigung für die Berechtigung der oben vorgenommenen Klassifizierung ergibt sich überzeugend aus dem quantitativen Verhältnis von E I und E II. Der »Bel Ami« verweist, philiströs völlig konsequent,

	Typen		
Problem	Typ 1: Bel Ami LG als beglückender Spaziergang. 65 % der Bevölkerung	Typ 2 : Querulant Debatte als Vehikel zu heilsamer Ermüdung. 30 % der Bevölkerung	Typ 3 : Gefesselter »Entrückung« des wertvolleren Subjektteils nach E II, rettende Schmerzverlagerung. 5 % der Bevölkerung
Qualitativ. Verhältnis E I : E II	Kontrast (bis zur Lächerlichkeit= Hohlheit)	Parallele (Fortsetzung)	Steigerung (oft ins Allgemeingültige)
Quantitativ. Verhältnis E I : E II	3 : 1	2 : 1	1 : 2
Psycholog. Grundhaltung	optimistisch	mißtrauisch	pessimistisch
Einstellung	unscharf=subjektiv	scharf=subjektiv	scharf=objektiv
Färbung/ Konsistenz	rosa/semig	grau/bröckelig	schwarz/kantig
stilistische Konsequenzen	Langweilig=ehrbar; vermischt mit dem Wortpudding des Tages / schuldbewußte Erotica / Gestalten mit undeutlichen, »fließenden« Gesichtern / Rhythmus : undulatorisch-schlabbrig.	rednerisch=dialektisch; nervös=faserig; kränklich=kleinlich / Ordnungszwang / advokatenhafte Freude an der »Selbstbewegung der Begriffe« / knittrig= taftige Wortarten heraussuchen / (Klippe : Versuchung zur Beamtensatire)	E I stumpf=schrecklich, aus »erblindeten Fenstern« gesehen (Sp. 4). Vom Gequälten her zwar mit Gallenfarben tingiert, aber im wesentlichen korrekt / Schädel als behaarte Kapsel des inneren Planetariums / Rücksichtslos, da »vor die Kanone gebunden«.

Rollen in E I u. E II (Themen; Titel bis auf *) noch ungewiß)	Kaufmännischer Angestellter – Entführung der »Prinzessin von Ahlden« (Filmanregung). Oberprimaner mit »Sehr gut« in Deutsch – Nobelpreisträger (mit Stellen, die den künftigen großen Schreiber wittern lassen)	Prozessierender – Wortschlachten und Fluchtprojekte. Schutzmann – Kämpfe mit Vorgesetzten (Offizieren und anderen Riesenfischen). Buchhalter – Gesandter=Diktator einer imaginär-siegreichen Macht an Friedrich den Großen.	Gelähmter – Betrieb in zwei aufeinander zufahrenden D=Zügen (vor dem Zusammenstoß). Gefangener – Wallebene Plato. Die Feuerstellung – Die Stadt der Vergnügten. *)
Ende	meist durch Stoffmangel und die daraus resultierende Verlegenheit (= Wiederholung, Ermüdung) bewirkt: es »hört eben auf.«	erfolgt nach mühsam erreichter Überzeugung von Sicherheit, Überlegenheit spitzfindig vorgeführter Macht: luftschnappender Rückzug (Pyrrhussieg).	da großer Fond an Phantasie vorhanden, hängt ein Ende meist von Beendigung der Existenz in E I ab – sei diese »Beendigung« Tod, Heilung oder Entlassung.

das LG auf den ihm im bürgerlichen Daseinsbereich gebührenden Stehplatz : Mengenverhältnis also etwa 3 : 1. Beim letzten Typ, ludus remedium, tritt die eigene, auf ein Unwürdigstes erniedrigte, Existenz in E I zurück, vor der in E II apokalyptisch=grandios erlittenen Sorge um das Ganze : Mengenverhältnis 1 : 2.

Einige Angaben zur Technik : es versteht sich, a posteriori Jedem bekannt, von selbst, daß, wenn es in E I »gegen Abend« geht, E II mengenmäßig zunimmt und in größeren, geschlosseneren Textstücken auftritt, als »am Tage«. Zu Anfang ist eine längere Darlegung des E I unerläßlich, aus der sich langsam=konsequent dann das E II entwickelt, Topf und Kaktus.

Die »Fabel« des E II, bald Wadi also, bald Wassersturz, bewegt sich, wie in solchen ludischen Prozessen üblich, in Wirbeln, eddies and dimples, entlang; Assimilierbares wird aus E I nach der biologischen Regel von trial and error aufgenommen, und nach »persönlichen Gleichungen« transformiert; daneben aber gleichwertig auch die »Selbstvermehrung« von E II durch Sprossung, Teilung, usw.

Ständig zu beachten die merkwürdige, Ich=verändernde Kraft : das LG vermehrt durchaus den Schatz (? wohl besser Schutthaufen) der Erfahrungen.

Die sprachlichen, rhythmischen, metaphorischen Konsequenzen, bereits in der Tabelle angedeutet, sind verhältnismäßig simpel zu erarbeiten, so daß jeder Experimentator das Arrangement selbst vornehmen kann.

§ 9. Hier nun, am Ende, befinde ich mich in der unangenehmen Lage, theoretisch eine Prosaform angekündigt zu haben, von welcher dem Publikum bisher keine Modellanordnung im Druck vorliegt: das ist nicht meine Schuld. (Und ich verwahre mich ausdrücklich gegen alle heroischen Formulierungen und Forderungen; vom »In großen Dingen genügt es, sie gewollt zu haben« (Nietzsche) an, bis zum »Wie Sie es machen, ist Ihre Aufgabe; daß Sie es machen, ist unerläßlich« (Alfred Andersch)). –

Ich habe mir für die Versuchsreihe I (Musivisches Dasein) 15 – formal selbstverständlich scharf von einander unterschiedlich zu behandelnde – Themen entworfen, von denen ich bisher 8 erledigt habe (Nr. 8, »Das steinerne Herz«, hat inzwischen einen Verleger gefunden; die durch Zufall erhalten gebliebene Jugendarbeit »Pharos« rechne ich nicht). Versuchsreihe II (Erinnerung) weist 8 Themen auf, von denen bis jetzt 2 im Druck erschienen sind, »Umsiedler« und »Seelandschaft«.

Versuchsreihe III (das im Vorangegangenen besprochene LG) sieht bis jetzt 8 Themen vor. Ich habe erst einmal zögernd die Hand in dergleichen geübt (»Gadir«); jedoch war bei dem 1949 erschienenen Stück, in jener papierarmen Zeit, an eine raumverschwendende Druckanordnung gar nicht zu denken; so ließ ich denn E I und E II, beide überhaupt noch mit ungenügender Technik gehandhabt, nach alter Art zusammendrukken. Jetzt, dix ans plus tard, würde ich im allgemeinen abraten, historische LG zu wagen: die hier notwendigen, besonders überzeugend=flüssigen Assoziationen sind uns heute nicht mehr geläufig. Gestern Abend etwa sah ich von einer Chaussee aus die nicht allzuweit entfernten Reihen von Obstbäumen gegen einen nächtlich dunklen Himmel; die schlagende, uns Heutige sogleich überzeugende Metapher hierfür wäre gewesen:

»Schwarzer Güterzug (auf Stelzen), ungleich beladen mit Kabeltrommeln, verhangenen Panzern, stand drüben, zerbombt, und wartete, um mit mir weiterzufahren.«

Mit was aber hätte sie Goethe verglichen, er, der nicht Güterzüge, Panzer noch Kabelgetrommel kannte? Oder gar Homer?: Hier stehen wir vor einer Schranke, die unsere historisierenden Shatterhands allzu leichtfüßig überspringen! – Von den in der Tabelle angeführten Titeln ist der mit einem Asteriskus*) gekennzeichnete so weit vorbereitet, daß es »nur« noch der Niederschrift, der Punktschweißung des vorhandenen Materials, bedürfte, d. h. eines Zeitraums von schätzungsweise einem

Jahr – vorausgesetzt, daß ich mich ungestört solcher Arbeit widmen könnte, was schwerlich der Fall sein wird. –

Versuchsreihe IV (Traum) bleibt einer künftigen Fortsetzung dieser »Berechnungen« vorbehalten.

BERECHNUNGEN III

»Nicht ich, Ihr Atheniensier, bin da, von Euch zu lernen; sondern Ihr seid da, von mir zu lernen!«

§ 1. »Mir ist eine nicht geringe anzal fererer unserer mutterschprache aus ferschidenen gechenden der Falz bekant, di ganz oder zum deile nach den recheln des grundrises schreiben.« : das ist diesmal nicht von mir; sondern stammt von einem Manne, der sich ebenfalls lange und sorgenvoll mit seinem Handwerkszeug, der deutschen Sprache, befaßte : von Klopstock. Und sofort ins bedeutend Allgemeine : wenn ich sehe, wie er (oder etwa der sehr große Jean Paul gleichermaaßen) 500 Druckseiten lang die Notwendigkeit von Veränderungen und Neuerungen zu betonen nicht müde wurde; wenn ich andererseits sehe, wie eisern bei uns Duden die Stunde regiert, sklavisch umtanzt von einem Volk linguistischer Kastraten, Erstarrung und ringelreihendes Chinesentum ringsum, jeder Lektor oder Setzer wagt es, den selbstdenkenden Autor zu berichtigen – : dann ist es wieder einmal an der Zeit, den herrlichen Schopenhauerschen Fluch über sie Alle zu sprechen, Alle, vom Musjö Duden an, bis zum letzten Zauberlehrling :

> »Über den Brockhaus und seine Tolldreistigkeit bin ich höchst aufgebracht! Was?! Eine deutsche Academia della Crusca, bestehend aus Handwerksburschen?! Ist es mit der Schande deutscher Sprachverhunzung und liederlicher Interpunktion noch nicht weit genug gekommen?! Der unverschämte .... (wahrscheinlich ‹Scheißkerl› oder sonst ein Äquivalent. Anm. d. Verf.) denkt, die Firma da unten sei die Hauptsache, während sie ein Quark ist, danach ernsthafte Leser nicht sehen! Daß ein Ladenmensch, ein Buchdrucker und seine schwarzen Myrmidonen aus dem Schmierloch, die deutsche Sprache regieren wollen, ist nicht nur ein Übelstand, sondern eine Infamie : ne sutor ultra crepidam!«

§ 2. Genug der einleitend=gewitternden Autoritäten : die Luft ist gereinigt; nachgewiesen ist, daß es sich weder um Originalitätssucht noch Effekthascherei handelt, sondern um die – nicht ‹Pflege› : das eben bleibt den stagnierenden Geistern überlassen! – um die Weiterentwicklung, die notwendige Verfeinerung, des schriftstellerischen Handwerkszeuges. Ganze Völker entledigen sich unter unseren Augen des Urväterhausrats ihrer unbeholfenen Schnörkelschriften, etwa die Türken (und eben das wäre auch den Griechen zu empfehlen : anstatt in die NATO einzutreten, sollten sie lieber ihr Alfabet transkribieren. Gleichermaßen Chinesen, Inder – die aber vielleicht das Cyrillische vorziehen werden; Tu l'as voulu, John Bull ?) : da wollen doch auch wir zeigen, daß man, zumindest auf Teilgebieten, immer noch etwas von uns lernen kann. – Avanti ! :

§ 3. Ich beginne mit der Interpunktion. – Man kann damit stenografieren !

Wenn ich schreibe :

‹Sie sah herum : ?›

dann giebt (mit »ie« : ich hasse das dudeske »gibt« : so spricht auch heute noch kein Mensch !) der *Doppelpunkt* das fragend geöffnete Gesicht, das *Fragezeichen* die Torsion des hergewandten Körpers, das *Ganze* also »Die Frage« ebenso gültig wieder – nein : weit besser ! : der Leser wird ja absichtlich nicht auf irgend einen abgestandenen Wortsalat festgelegt, à la : ‹und fragte : »Was giebt's ?«› –

Ich lasse fragen : »Wo wohnen hier Thumann's ?« (Meinethalben mit einem »Bitte« vorn oder hinten, Viele haben ja Zeit zu so was; *ich* muß 6 Jahre einholen, die »Besten Jahre«, die mir der deutsche Staat stahl – dafür hab ich in Schlesien Alles verloren; nich mal n Leierkasten und n Halsschild »Keine Rente« war für mich übrig; aber ich hab ja auch n Hochberuf !). Und nun erfolgt die Antwort des vor seiner Haustür lümmelnden Apothekers so :

: ». « – : »!« – : »! ! !«

Ich will's übersetzen (obwohl ich mir zusätzlich=albern dabei vorkomme) :

: »Geradeaus, rechts. « : »Nicht doch : immer auf der Seite da !« : »Zum Teufel, nein : hundert Meter, und dann rennen Sie mit der Nase drauf ! ! !« (Daß noch hinzugedacht wird : ‹Meingott, ist der behämmert; hau bloß ab; die Sonne ist so schön; Typen giebt's schon; wie der durch die Lindenschatten eiert; meine Ringelblumen sind eigentlich schön lachsig› : das versteht sich ja vielleicht von selbst ! – Vielleicht; achgott, ich weiß es nicht; es giebt ja wohl auch Leute, deren Gangliensystem nicht nach dem Autobahnprinzip gebaut ist. »Achherregott, achherregott : erbarm Dich doch des Herren !«). –

In der »Seelandschaft mit Pocahontas«, auch ein schönes Stück, heißt es :

»Moorkanal : 1 Blatt versuchte ihn hinunter zu treiben. « :

Was meinen Sie, was ich für Diffikultäten mit dem Herrn Setzer hatte, ehe er sich herbeiließ, die »1« *nicht* in »ein« auszusetzen !! Ich mußte aufstehen, und von meiner kostbaren Zeit hergeben, ich, mit Myocardschädigung und Coronarinsuffizienz, und erklären : ä=hemm :

> »ein Blatt« : das wäre was Breites, Behäbiges, ein fetter Pächter; Ahorne haben wir genug zu Hause ! Aber : ein »schwarzer Moorkanal« : das ist schon ein bestürzend=magerer Strich in der flachen Landschaft. Und darauf 1 Blatt, das ihn hinuntertreibt – nein !! : das *versucht*, ihn hinunterzutreiben !! – das *muß*, um der Magerkeit, der Trostlosigkeit, der optischen Erscheinung willen, »1 Blatt« sein (vielleicht ein *Weiden*blatt, was weiß denn ich !). Die »1« ist ja schon rein optisch viel strichhaft=überzeugender, als das scheinbar vorgeschriebene »ein« ! Hier giebt's gar keinen Kompromiß !

(Ich schließe gleich ein Beispiel aus dem ‹Steinernen Herzen› an, obwohl es mir blutsauer fällt : ich habe das Buch vor nun drei (oder besser »3«; denn es waren drei magere Jahre !) Jahren geschrieben, und es kotzt mich an, wenn ich etwas von mir in die Hand nehmen muß : wer Neues schreiben will, darf nichts Altes lesen, zumal von sich nicht; aber ich opfere mich für Kommende. – Also im ‹Steinernen Herzen› heißt es einmal, daß Walter »2 Truhen« sah; anstatt »zwei« – : was ist der Unterschied ?

Ich will es ganz kurz sagen : »2« : da stehen die Truhen *hochkant*, und werden vom rechnenden Verstand nacheinander gezählt ! »Zwei« ? : da stehen sie flach, und bilden einen geduckten Block im flüchtig=vermanschenden Unterbewußtsein. (Noch besser wäre gewesen : II Truhen : also das römische Zahlenzeichen)). –

Die »Klammer« : ist die stilisierte Hohlhand, hinter der man additionell=Geheimes flüstert. Vielleicht wundert sich Mancher, warum bei mir zuweilen der Punkt *vor* der Klammer steht; zuweilen dahinter; zuweilen gar keiner : ich habe fast jedesmal meine Gründe (und bei einigem Überlegen könnte Jeder von selbst sie finden.) –

. . . . : nun also die sehr diffizile Frage von ‹Klammer und Punkt.› – Beachten Sie bei der Korrektur bitte ganz allgemein dieses : es muß – aus Gründen ! – fast immer so bleiben, wie ich es im Manuskript angegeben habe. Auch der Abstand des Punktes von der Klammer ist nicht ohne.

Ich will es Ihnen an einem Beispiel zu erklären versuchen : *S. 10, Zeile 12 v. u.*, scheint Ihnen »der Schlußpunkt überhaupt zu fehlen«. Sie haben sehr richtig gesehen : er scheint nicht nur zu fehlen, sondern er fehlt tatsächlich : aber mit Absicht ! /

Begründung : Der halbe Held steht also vor dem Verkäuferinnengesicht aus Kartoffelschalen; kauft, ganz auf der Suche nach Auskunfteien, eine Büchse Milch, spricht, hört, beobachtet, und kombiniert. Vermerkt in Klammern die putzigen Folkloritäten vom ‹tummern Enn›, gewiß, auch das ist interessant; ebenso die ‹strähnige Stimme›; ‹Frisöre› fallen ihm bei ‹strähnig› ein – Haarschneiden muß sich ja Jeder mal lassen; oder, falls er saufen sollte, die Gastwirte . . . . . all das geht also hinter jener Stirn vor sich; oder, noch präziser, zwischen den beinernen *Klammern* von Stirn= und Hinterkopfwölbung. Und da, auf einmal, (in der Gedankenwerkstatt rumort es immer noch) sieht er, sei es beim Verlassen des Geschäftes, sei es bei den ersten Schritten auf der Straße, ein *von außen kommendes* optisches Suggestivzeichen : »Halt ! ! : der Laden des Eisverkäufers !«. Damit setzt nun zwar eine *neue Bilderfolge* ein – also genau entsprechend der Theorie (und dem Leben) bei mir ein neues Kleinstkapitel ! – : aber der ‹Eisverkäufer› hängt organisch, als *dritter* Beruf, an den beiden vorher aufgezählten. Es ist *auch* ein Geschäftsmann; hat *auch* viele Kunden; müßte eigentlich *auch* alle Leute kennen : er gehört also logisch zu dem was vorher *in* dem durch die Klammern symbolisierten Schädel gedacht wurde ! Sein Wimpel befindet sich aber *außerhalb* dieser Schädelkammer : muß *er also auch außerhalb* der typografischen Klammer stehen ! Die Verbindung ist aber dennoch so eng, daß hinter der typografischen Klammer kein Punkt stehen *darf*. Das »Halt ! !« weht an die Klammer, genau so wie der blauweiße Wimpel ins Sensorium des Gehend=Denkenden. – Also *hier kein* Punkt ! –

§ 4. Im »Steinernen Herzen« kommt einmal das Zeichen # vor (*einmal :* ich muß ja vorsichtig sein; ich wohne ja unter Konservativen=Konserven). Das heißt in der Musik »Erhöhung um einen halben Ton«. (Das Ausrufungszeichen brüllt gleich etwas zu grob !). Was hindert uns, die Zeichen für »Crescendo« und »Decrescendo« zu verwenden ? –

Ich lasse die Stadtbahn vorbeifahren »$\frac{\text{gelb}}{\text{rot}}$« : ich erklärte dem Setzer : »Wenn Sie, wie von Ihnen beabsichtigt, »gelb/rot« setzen : dann sind das zwei hintereinanderfahrende, verschiedenfarbige Wagen; bestenfalls einer, dessen hintere Hälfte gelb, die vordere rot ist.« Zugegeben. »Während bei *meiner* Schreibweise der typographische Versuch gemacht wird, die *horizontale* Halbierung der allbekannten berliner Stadtbahnwagen wiederzugeben.« Er, ganz intelligenter Handwerker, der Stand, den ich am meisten liebe, leuchtete auf; nickte; : 5 Minuten später kam er mit der Nonpareille=Lösung wieder : There's a good fellow ! !. –

Was wird man in »konservativen« Kreisen von »Mätzchen« röhren, wenn ich in meinem nächsten Buch einen Absatz also beginnen werde :

⚔ Schröter : Harding . . . . ?

Dabei sehe ich gar nicht ein, weshalb ich das Kartenzeichen des (Wort=)Gefechtes *nicht* übernehmen dürfte ? ! Selbstverständlich darf dergleichen nicht ins Spielerische ausarten; aber ständig, täglich, wiederkehrende Vorgänge so kurz fixieren zu können, ist dem Schriftsteller unschätzbar !

Wie klug ist es, wenn der Spanier die Ausrufungs= und Fragezeichen schon am Anfang des betreffenden Satzes vorzeichnet ! Bei uns merkt man oft erst nach drei Zeilen, daß gebrüllt werden sollte (oder man muß eben vorher schon hinschreiben : »Er brüllte«).

§ 5. Auch mit den herkömmlichen Satzzeichen »instrumentiere« ich die Periode – nicht »nach Belieben« : *sondern, wie der Betreffende gesprochen hat* ! Ich gebe an, wie *er* die Pausen zögernd, überlegend, boshaft, setzte : *nicht*, wie Herr Duden, und wenn er zehnmal Geheimrat war !, es vorschreibt !

Unter diesem Gesichtspunkt ordnen sich etwa die »Pausen«, ihrer zunehmenden Länge nach, so ein : erst das Komma; dann das Semikolon; dann der Punkt; schließlich der Gedankenstrich (evtl. die . . .striche); auch ein Schrägstrich; zum Schluß der Absatz. Bewahren wir uns doch die schön=notwendige Freiheit, präzise ein Zögern so wiedergeben zu können :

»ja – h – : ichweißjanich – – : aber *dürfen* wir das denn . . . .«

(Anstatt des stur=vorgeschriebenen : »Ja, ich weiß ja nicht . . .« Aber lassen wir das : Bei Großherzogs spricht natürlich kein Mensch so, wie ich). –

Wie wäre es, wenn wir uns die *beiden* »und« angewöhnten ? ! : das normale; und das »&« für etwa »Thron & Altar«, also wo wir fix=kommerzielle, formelhaft=verhärtete, gegnerisch=lächerliche, Verbindungen ausdrücken wollen ? »Ich & Du«, (und CDU, und Müllers Esel : das bistú)

§ 6. Weiterhin : schprechen wir von etwas ganz Ernstem ! : es hat sich bei uns nun doch wohl endgültig der Brauch fixiert, in gewissen Fällen das »s« vor »p« und »t« wie »sch« auszusprechen (abweichende Fälle in Niedersachsen, wo man s=tur beim »st« beharrt; und, im Gegensatz dazu Schwaben, wo man, auf der Erkundigung nach dem Klo, erst die Gegenfrage erhält : »Ischt's ernschtlich ?«). Es wäre doch wirklich an der Zeit, hier nun in Druck sowohl wie in Schrift ein neues Zeichen einzuführen, etwa dem Integral ähnlich, ein ∫ (und das gleichzeitig auch das unsagbar schwerfällige Ess=zeh=hah in *allen* Fällen ersetzen könnte !). Es handelt sich doch weißgott bei einem nun seit Jahrhunderten allgemein gebilligten Gebrauch nicht mehr um die Grille irgend eines einzelnen

Autors : sondern : wir sind einfach zu faul, zu versteinert, um mit einer unläugbaren Entwicklung Schritt zu halten ! Nie werde ich dem zeitlich oder lokal begrenzten Slang bzw. Dialekt das Wort reden (obwohl auch sie zur Physiognomik eines Jahrdreißigst unerläßlich sind, und irgendwo fixiert, d. h. durch den Druck aufbewahrt werden, *müssen : ich* verwende sie gern – und empfehle es jedem anderen Schriftsteller gleichermaßen – weil sie das Fossilwerden des Sprachgefühls am besten verhindern !); aber es handelt sich hier, in solchen Großfällen, eben nicht darum, eine »Schlamperei« zu unterstützen, eine »schludrige Aussprache« zu sanktionieren, und wie die schnell=zurechtgelegten studienrätlichen Formeln alle lauten mögen – sondern ganz einfach darum : sich mit einem säkularen, in ganz bestimmter Richtung bewegenden, Prozeß abzufinden, oder präziser : ihn endlich in die Hand zu nehmen ! Eine Änderung ist mitnichten gleichbedeutend mit einer Verschlechterung, Verelendung : *Verfeinerung* wollen wir ! Die herrlich=exakte Abbildung auch unserer akustischen Realität : gegen die Herren, die immer stolz ihre linguistischen Zirbeldrüsen und Blinddärme vorweisen müssen, damit man ja nicht übersehe, daß sie vom lieben Vieh abstammen !

§ 7. Ich habe mir sagen lassen, daß die französische Sprache 8 verschiedene Schreibweisen für den einzigen Laut »o« aufzuweisen hat (ich kann da ins »Quinault« gehen, anstatt ins »Kino«). Aber Eines hat man jenseits des Rein's (was soll eigentlich das »h« im Flusse ? Können Sie's aussprechen ?) längst begriffen : lassen doch auch wir das gußeiserne »Th« und »Ph« in Fremdworten weg ! Es spricht sich doch nicht anders aus; und das superfeine Lächeln des »Gebildeten« müßte endlich aufhören, wenn der Bildhauer »Fidias« hieße, die Mond=»fasen« wechselten, beim »Foto« haben wir's ja selbst schon eingesehen; warum soll man bei »Ritmus« immer erst erneut im Wörterbuch nach den vorschriftsmäßigen zwei »h« suchen müssen ? Meinen Sie, daß *der* gebildeter sei, der für »Gott« auch noch »Dieu, God, Dios, Deus, Theos, Jahwe & Elohim« sagen kann, als der intelligente Arbeiter, der sich inzwischen 7 andere, weiterführende, Begriffe angeeignet hat ? Wenn wir soweit sein werden, daß das Phi= und Theta=Geprotze lächerliches Kastenkennzeichen sein wird – wenn es zusamt dem Ypsilon unfeierlich aus dem Tempel flog – : dann werden wir weiter sein, als jetzt ! Wenn heute einer ein Fremdwort falsch betont oder gar schreibt, dann ist er praktisch tot für unsere upper ten : man wird noch einmal die Bitterlinge solcher Saat ernten ! –

§ 8. Ich würde ja sogar das Pf=Geknalle abschaffen, das man nur mit absurder Anstrengung, falls von Ketzern wie mir gereizt, ausforzt : »Pferd« – : wer sagt denn nicht, in allen anderen ehrlichen Augenblicken, am schtillen Herd, in Winterszeit, erleichtert=menschlich »Ferd« dafür ?! Meint man denn durch Diktate die längst erfolgte Entwicklung der Sprache wieder rückläufig zu machen, à la »Mond stehe still .....« ? Ist ein Gerät desto besser, desto praktischer, je geschnörkelter es ist ? Wie oft kann man in amerikanischen Zeitungen schon ‹to-nite› lesen ? (und es handelt sich hier gar nicht um die Berechtigung speziell solcher Vereinfachung, sondern um das Sichtbarwerden eines ortografischen Prinzips überhaupt : die Völker allesamt sind der Kaldaunenschlingen von Konsonanten müde ! Es geht ohne sie auch : *und noch besser ! !*

§ 9. *Und noch besser :* was ist denn die seit Jahrtausenden geübte Stenografie anders, als der entschlossene Versuch, rationellerschneller – obwohl mit gleicher Deutlichkeit ! – zu schreiben ? ! Da verwendet man rigoros Kürzungen; läßt Buchstabenverdoppelungen rücksichtslos weg – : und es geht auch. Und wie ! –

Nun bin ich – vielleicht zur bedeutenden Verwunderung aller Leser ? – ein Gegner der Kleinschreibung. Die bei uns, gottlob, noch konsequent geübte Großschreibung der Substantive ermöglicht gegenüber den meisten anderen (dümmeren) Sprachen eine so rasche glückliche Orientierung im Satz, daß man, anstatt sie bei uns abzuschaffen, sie vielmehr bei den Andern einführen sollte ! (Außerdem giebt sie uns Schriftstellern Raum für manche, den Andern also unnachahmbare, aber durchaus notwendige Feinheiten ! : Ich schrieb einmal irgendwo :

... Wälder machten öde Ringe um die aschengrube Welt ...

: also »aschengrube« klein ! Und es wäre ein nicht unbedeutender Unterschied gewesen, wenn ich geschrieben hätte : »... die Aschengrube, Welt« : schon kommt die Pause, also ein Komma, dahinter : während ich so, bei dem adjektivierten Substantiv, ein Bündel von verschiedenen, aschgrauen, eier= und kartoffelschaligen Eigenschaften mit der »Welt« hohnvoll=flink koppeln konnte, würde, bei Großschreibung, erst eine mühevolle Verheiratung zweier großer, gleichberechtigter Begriffe notwendig; (von der partiellen Akzentverschiebung, auf »Aschengrube«, noch ganz zu schweigen !).

Aber die Stenografie *ist* schon ein heilsam=vorauseilendes Mittel, um uns in sprachlicher Beziehung quick und alert zu erhalten; ist letzten Endes ein ausgesprochenes Mißtrauensvotum gegen die unrettbar zurückfallende Langschrift.

§ 10. Ich bin also nichts weniger als ein »Revolutionär«; wohl aber sind »Die Andern« um Jahrhunderte zurück ! Mir wirft man hinsichtlich der Interpunktion »halsbrechende Akrobatik« vor (siehe meine Rechtfertigung oben) – schön : nenne *ich* meinerseits die Herren also »Epiker«;

oder, noch boshafter, : »Hüter deutschen Erbes« ! Bihändige Anachronismen, die es binnen kurzem dahin gebracht haben werden, daß auch bei uns zwischen Sprache und Schrift die gleiche lächerliche Diskordanz aufgafft, wie im Englischen. Narren, die womöglich (oder, ich fürchte, bestimmt) noch den Verlust des Mittelhochdeutschen beklagen, des dröhnenden Gestammels von »Helleden lobbebären«; und die sich nicht einzugestehen wagen, daß diese Entwicklung weiter ging; daß wir heute praktisch nie mehr alle die schönen Endsilben der Verben auf »en« hören, à la »Das habönn wir nicht gesehönn« : dabei geht auch hier die Tendenz unaufhaltsam über zur handlichen Ein=, höchstens Zwei=Silbigkeit ! (Und welcher Vorteil wäre es nicht für den Übersetzer, zumal aus dem Englischen – ich kann diverse Liedlein davon singen ! – wenn schwimm(en), komm(en) einsilbig würden !). Es handelt sich doch gar nicht darum, der lebendigen Sprache grillenhaft voranzugehen : sondern ihr in – immer noch unbeholfenen ! – Hoppelsprüngen von je 50 und 50 Jahren nachzuhinken !

§ 11. Selbstverständlich ist es, daß der Schriftsteller, einmal des Zwanges ledig, leicht über das Ziel hinausschießt – der einleitende Satz ist ein putziges Beispiel. Aber auch gleichzeitig ein Beleg dafür : wenn man uns solche Freiheit nicht *giebt* : dann *nehmen* wir sie uns ! Denn sie ist nötig. Nötig, um die Sprache zu dem zu machen, was sie sein soll : werden wir nicht müde, die Realität immer besser und suggestiver abzubilden !

Ergänzungen

§ . . . . . . In ständigen schweren Abwehrkämpfen begriffen : mit Verlegern, Lektoren, Setzern, Lesern (von Rezensenten zu schweigen : *denen* antworte ich gar nicht ! Ich habe also wohl zahllose Widersacher, aber keine Gegner : dazu gehörten ja immer 2, und der bin ich nicht) benütze ich ein paar freie Minuten – »frei«, das heißt : gefoltert und necessitiert vom jeweils nächsten Buch; gequält von oft zurückgewiesenen Brotarbeiten; mit vom ewigen verfluchten Übersetzen hornhäutig getippten Fingerspitzen : wenn ich ein Vierteljahr Engländer war, weiß ich, auch die anschließenden 4 Wochen noch, nicht mehr, was deutsche Worte wiegen – um Gutwilligen Einiges mehr von den neuen Prosaformen zu erklären.

Viererlei wird es diesmal sein :

1.) Die Kleinkapitel; das Band ihrer Absorptionsspektren; die Initialzündung des herausgezogenen kursiven Titels.
2.) Beispiel eines Kommentars, sowie Erläuterung der beabsichtigten Assoziationen.

3.) Einiges zur Schreibweise und Interpunktion.

4.) Orthographie und Verwandtes.

§ . . . . . Und zuerst Beispielebeispielebeispiele : wer nicht hören will, muß fühlen ! (Und man vergebe mir, daß ich ausschließlich mich selbst zitiere : ich finde sonst Niemanden, der hier *keine* schiefgelatschten Schuhe trüge !) – :

Die Anfangszeilen der Kleinkapitel müssen vorgezogen sein (mindestens 3 Anschläge !), und kursiv dazu : weil sie einmal den »Anlauf« (zum Sprung) der – sorgfältig auf Schockwirkung hin ausgesuchten ! – einleitenden Worte fühlbar machen sollen. Den »Stich«, der der Injektion vorausgeht. Zum anderen kann man, ohne überhaupt eine Zeile zu lesen, bei solcher Anordnung sogleich auf rein optischem Wege das *Tempo* erkennen ! : Man mache sich den Spaß, und drehe das Buch einfach um ! : dann unterscheidet man mühelos die »faule« Seite 134 des »Faun« (wo man im Büro schläft), von der blitzschnellen, flashandreport=Schilderung der großen Explosion Seite 154, wo sich jeden Augenblick, von allen Seiten her, etwas entsetzlich Neues ereignet – : nennen Sie mir ein anderes Buch, bei dem dergleichen Einsicht in den »Gang« der Handlung möglich ist, ohne auch nur eine Zeile zu lesen ! ! (Ich könnte Ihnen ein Dutzend solcher Bücher herzählen : nämlich *meine* : vom alten, noch unvollkommenen Leviathan angefangen, bis zur Gelehrtenrepublik : wohl bekomms !).

Gleich weiterhin : *was* wird solchermaaßen vorgezogen=unterstrichen ? – : Ich schlage (es ist wirklich vollkommen egal; die Sachen sind bewußt durchgearbeitet) im Steinernen Herzen die beliebige Seite 116 auf; da fängt eins an

Den Liegestuhl stellte ich mir . . . . .

Ich mache das ja schließlich nicht grillenhaft und ohne Grund ! Ein »Liegestuhl« : da habe ich das verwickelte Gestänge eben in der Hand, und falte es, das im Augenblick beschäftigendste, alles andere spinnenbeinig wegtretende Objekt, vor mich, schräg nach unten, hin. *Das* also ist in diesem Augenblick das dem Handelnden (und das kommt von »Hand« : er »handhabt« das Ding !) räumlich Nächste und Wichtigste; der Rasen scheint nur hindurch=darunter gesehen. Die Absicht ist : der Leser soll sich ebenfalls in diesen betonten »Liegestuhl« genau so verwickeln, wie ich es getan habe; und wie es zur Situation erforderlich ist. Sofort das nächste : man soll mich nicht beschuldigen können, ich »frisierte« meine Beispiele : *ich* habe das nicht nötig; höchstens meine o. a. Widersacher ! – – :

Ein Astsystem schrieb hebräisch vor die Mondwolke . . . . . .

Er, der Eggers, hat also, von irgend einem hellen Himmelsfleck optisch genotzüchtigt, den Kopf dorthin wenden müssen : und »das Astsystem« war zunächst das scharf=schwärzest Erkennbare. – Daß es dann

2.) hebräisch, auf

3.) die Mondwolke schreibt,

ist sekundäre, bzw. tertiäre Assoziation : die *erste Blindpressung aber ins Gedächtnis* gibt das von mir deshalb ausdrücklich unterstrichene Astsystem!

§. . . . . . ((Ich werde ein zweites Mal meine Bücher nicht mehr durcharbeiten : das Erlebnis ist zu furchtbar, und stört die Entstehung neuer Dinge in unberechenbarer Weise – wenn ich mich in meiner entsagungsvollen Arbeit als dadurch um 1 weiteren Monat zurückgeworfen bezeichne, so ist das milde ausgedrückt!

§. . . . . Nach welchem Gesetz folgen die Kleinkapitel aufeinander? ‹Brand's Haide›, Seite 116; da beginnt das erste der drei:

Bißchen draußen . . . . :

ist Angabe des *Ortes*, eingeschränkt durch das demütig=faule »Bißchen«:

rundrückiges Wolkenvieh mästete sich am Horizont, im Norden . . . . .

Also schwere=wiederkäuende Wolken, langsambewegliche – man ersieht gleichzeitig daraus, daß der Held, erst einmal nach Norden sah –

(Nö : eigentlich rundum):

Also hat er sich wohl auf dem Absatz gedreht und gesehen, : überall die gleichen Wind= und Lufterscheinungen. / Dann fragt Grete, neben ihm, zaghaft, (auch schamvoll : *»Er«* ist ja krank!), ob sie heute abend gehen können? : Holz holen? : »In der Dämmerung, ja?«.

((Ja, und was »passiert« nun in der Zwischenzeit? : Nichtswürdig=Langminutiges! Ob man da nun Nicht=Probehaltiges quatscht; sich am Hintern kratzt; die Farben der abgewetzten Hauswand mit dem dito Himmel vergleicht : das ist alles Wasser; zeilenschindendes vornehmes Gewäsch, was nicht bleibt, und »dehydriert« werden muß! Wenn das erwähnte erste Kapitel mit der Frage endete : »Dämmerung, ja?« –: Dann beginnt eben das nächste mit der Bestätigung:

»Dämmerung! : Ja!«

Was dazwischen liegt, an Umziehen=Anziehen, einen zerrissenen Sack herklauben, den Zahnschmerzen nachhängen : *das spielt doch Alles keine Rolle*! !Oder, anders formuliert : *Wasser* hat jeder Leser überreichlich genug : das brauche doch *ich* nicht noch zusätzlich in meinen Wortbrei zu rühren!! (Woraus sich allerdings auch ergibt, daß das ‹Steinerne Herz› eigentlich ein Roman von 1200 Seiten ist, dem ‹Tom Jones› vergleichbar: Ich bins zufrieden!).

»‹WAHRHEIT› – ?«, SEGGT PILATUS, UN GRIFFLACHT .....

I

Eyn schön alt maulaufreißend Wort, zugegeben; aber : »‹Wahrheit› – Was ist das ?«

Denn ich weiß es wirklich nicht. Mir kommt schon seit Jahrzehnten der Mensch wie eine Tierart mehr vor, (gar nicht erniedrigend gemeint; sondern ganz schlicht im Sinne einer biologischen Zurechtrückung der Tatbestände); ausgerüstet mit nicht übermäßig bewundernswerten Sinnesorganen zum Behuf des Broterwerbs; mit einem Gehirn, das sich den Raum auf 3 Dimensionen vereinfacht, während jeder bessere Mathematiker oder Astronom mir, ohne sich zu überanstrengen, nachweisen kann, daß er zumindest 4, vermutlich noch mehr, hat, sodaß also unsere simpelsten Sinneswahrnehmungen von vornherein nicht direkt ‹falsch›, aber nur eine Art Annäherung an die Wirklichkeit sein können. Nein : ‹Wahrheit› ist nichts für uns; und Diejenigen, die behaupten, sie wüßten mehr davon, Die wissen am allerwenigsten (womit, ganz Recht, unter anderem sämtliche Religionen gemeint sind; sowie Alles, was sonst noch am Unendlichkeitsfimmel laboriert).

Aber ich bezweifle, daß im hier abzuhandelnden Fall *diese* Sorte Nicht=ganz=Irrtum gemeint ist – man scheint vielmehr wissen zu wollen, was mich eventuell daran verhindern könnte, die CDU=Fürsten ‹blinde Führer von Blinden› zu nennen. Sei's drum : ich betrete auch diese (ziemlich plumpe) Falle, die Hände auf dem Rücken und mich aufmerksam umschauend; denn mich interessieren ‹Fallen›, und ich habe mich schon erfolgreich in mehreren befunden, mußte ich doch zum Beispiel 6 Jahre Soldat und Kriegsgefangener sein.

Da macht es mir wenig aus, Dinge zu äußern, wie etwa, daß mir die Betulichkeit all dieser EWG'en einzig darauf hinauszulaufen scheint, möglichst einen leidlich konkurrenzfähigen Weltstaat zu gründen, in dem 90 % der Bevölkerung Katholiken wären. Aber ich bin mir der Unfruchtbarkeit solcher Bemerkung völlig bewußt. Denn ich wiege mich mit nichten mehr, wie zwischen 1945 und 50 – eine Zeit, die mich an die schönste, ‹freieste› meines Lebens, nämlich die Jahre der Weimarer Republik, niewiederkehrenden Angedenkens, erinnert – in der Illusion, daß es in Deutschland noch einmal gelingen könne, ein annähernd ähnliches Vierteljahrhundert herzustellen. Ich bilde mir nicht mehr ein, stellvertretend für eine auch nur einigermaßen ansehnliche Minderheit von 5 % zu sprechen : meine Zeitgenossen haben mir seitdem, nicht nur durch demonstrative Nicht=Teilnahme an meinen eigenen Arbeiten, sondern vor allem durch ihre ‹Stimmabgaben› dargetan – und sie wußten es Alle, daß sie damit Dinge wie ‹Adenauer› und ‹Wiederaufrüstung› wählten – daß sie meine diesbezüglichen Ansichten nicht nur nicht teilen; sondern mehr noch : sie überhaupt nicht einmal hören wollen. Und ich bin nun immerhin auch schon fast Fünfzig; ich habe keine Zeit mehr, Geduld mit Ochsen zu haben, die sich selbst den Fleischer zum König wählen. Daß ich, leider, ein zu guter Demokrat bin, um nicht höflich zurückzutreten, wenn ich ‹Die Mehrheit› gegen mich sehe, ist eine Schwäche, ich weiß es wohl – zurückzuführen eben auf die o. a. ‹Zwanziger Jahre› – aber ich brauche mich ihrer immerhin nicht zu schämen, wie ? (Was unsere Attilalariche ja überhaupt nicht kennen.)

Und da sehe ich mich also heute, in der 2. Hälfte des 20. Jahrhunderts, um mich um – ich, ein fleißiger Übersetzer und immerhin=auch Schriftsteller; Einer von Denen, die ihre ‹Aufgabe› (in Anführungsstrichen) darin erblicken, die Welt nach Kräften präzise abzubilden – ich, 20 Kilometer entfernt von der ‹Zonengrenze›, sehe mich ergo um; und was erblicke ich, als Deutscher, hinsichtlich dieser schon=zweiten, niedrigeren Staffel der ‹Wahrheit› ?

Im Westen einen Staat christlich=bornierter notstandsgesetz=süchtiger 40=Stunden=Wöchner : Arbeiten will Keiner, Fernsehen Jeder. Unterminiert von ehemaligen, immer noch hoch überzeugten Nazis; (und ich bin mir nicht recht sicher, ob man sich ihrer nicht gar gern ‹bedient›). Im Osten ein Siebenmonatskind von ‹Arbeiterstaat›, aus Mangel an Kohle und Eisen und Kunst dahinvegetierend. Schwer beim Rüsten sind Beide. (Und Kanzler Ganzgott und Sänger Halbgott gibt's auf beiden Seiten.) Da ist die Lage für Uns=Schriftsteller einfach so : Wir müssen uns, im reinlichsten Interesse unserer Arbeit, dort aufhalten, wo uns die geringste Zahl von Denk= und Schreib=Hemmungen droht.

Und da bekenne ich es denn ganz offen : wenn ich mich einst früher oder später (und ich fürchte immer, es werde ‹früher› sein) vor die Wahl gestellt sehen werde, zwischen einer dann vollausgebildeten braun und schwarzen Diktatur (Generäle plus Katholiken) und einer ‹roten› –, – tcha, dann werde ich, gemäß meinem Prinzip der ‹geringeren Denkhemmung›, vermutlich den Osten wählen. Nicht jauchzend, wohlgemerkt, sonst wär' ich ja längst ‹drüben›; vielmehr wird es eine grausliche

Wahl werden zwischen 2 ‹größeren Übeln› – : aber im Trans=Albingistan werden mir die Kinder auf der Straße hoffentlich nur ein dümmerliches ‹Formalist› hinterherrufen; während bei uns noch zusätzlich religiöser und nationaler Fanatismus über mich herfallen dürfte. (Noch ist es nicht ganz so weit : aber wir spurten ja mit 100 Millionen Beinchen darauf zu !)

Wo ist bloß der Staat, der sein Grundgesetz mit dem all=herrlichen Satz begönne :

‹DIE WELT IST GROSS GENUG, DASS WIR ALLE DARIN UNRECHT HABEN KÖNNEN !› ?

2

Aber das wären schließlich auch noch Fragen, denen sich *jeder* geistig Arbeitende – in gewissem Grade sogar jeder Mensch, der nicht ganz auf Meinungsfreiheit, Vernunft und noch ein paar ähnliche Kleinigkeiten verzichten mag – gegenüber sieht; enge ich also das – nu ja'chen, disons le mot – ‹Problem› um einen Grad weiter ein, auf den *Schriftsteller*; (und ab hier beginn' ich Fachmann zu werden; hiervon versteh' ich was).

Da sind denn die Schwierigkeiten, mit denen unser Beruf unnötig reichlich umstellt ist, schon rein äußerlich von der Art, daß eine robuste Gesundheit dazu gehört, sie alle zu überleben; denn ‹gefördert› wird ein wahrhaft guter Schriftsteller nicht, von Niemanden, nirgends und nie.

‹Bei Uns› ist es genau so, wie in der DDR : beiderseits ‹regiert› die welt=anschaulichste Empfindlichkeit ! Ist man bei uns gottvergiftet und prüde; so drüben prüde und barbarisch=einfältig – wenn ich mir die Urteile des DDR=Lexikons oder der Sowjetenzyklopädie über Männer wie Joyce oder Freud angucke, sträubt sich mir das bißchen Grau=Haar : ‹Der Arbeiter› ist doch genau so wenig das Maß der Literatur, wie ‹Der Geistliche Herr› ! (Und Beiden wäre zu bedeuten, daß es ihnen zunächst 'mal ganz gleichgültig zu sein hat, und gar nicht ‹Das Entscheidende› ist, ob ein Schriftsteller KARL MARX besingt oder die JUNGFRAU MARIA – mit welchem Diktum ich es wieder einmal mit sämtlichen Parteien verdorben haben dürfte : au fein ! Ein Ausruf bei dem es sich weder um ‹Schnodderigkeit› noch um Épatierungssucht handelt; sondern eine Variante des GOETHE'schen ‹Ein Kerl, den *alle* Menschen hassen : Der muß was sein !›.) Und die Folgen der geschilderten ‹Einstellung› der Regierungen sind denn eben auch mit Händen zu greifen : in der Sowjetunion stellt sich ein Ministerpräsident hin, und verfügt, daß der Schriftsteller keine Literaturpreise vom Ausland annehmen dürfe – wozu der Kerl (der Ministerpräsident) nicht das geringste Recht hat; es sei denn, er zahlte dem meist=Armen sofort dieselbe Summe auf den Tisch des Fachwerkhäuschens. Während sich bei Uns ein Außenminister hinstellt, und dekretiert, daß Bert Brecht gar kein ernstzunehmender Dichter sei – wovon der Betreffende (der Außenminister) den Teufel etwas verstand, was ja auch gar nicht seines Amtes war, und nur seine Urteilsunfähigkeit auf diesem Gebiet überflüssig dargetan hat. Oder wenn ich mir ‹rechts› das Schriftstellerlexikon des Verlags Herder (ich besitze es übrigens nicht) und ‹links› das des Volksverlags Weimar (ich besitze es) hinlege – ja, ich schwanke noch heut, wem hier die Palme der Vernageltheit gebührte; denn ich meine immer : wenn ich mich über Literatur informieren möchte, dann will ich doch weder Kirchengeschichte lesen, noch die des Klassenkampfes.

Nun hat zwar neulich ein logisch besonders begabter Journalist öffentlich bewiesen : wenn die Herren Schriftsteller es sich herausnähmen, über Regierung und Politik in der bekannten unverfrorenen Weise herzuziehen; dann wäre die Regierung=ihrerseits doch wohl auch befugt, über die Schriftsteller abzuurteilen : GLEICHBERECHTIGUNG, eh ?! der Betreffende (und ich weiß den Namen tatsächlich nicht mehr, sonst würd' ich ihn schon hersetzen) hat, unter anderem, 2 Kleinigkeiten übersehen; nämlich

a) daß die Aktion jedes Einzelnen, ob in Ost oder West, MUT erfordert : eine Demokratie ohne Widerspruchskünstler ist keine,
b) daß das *‹Urteilen› von Regierungen*, gleichviel welcher Farbe, insofern die weitesttragenden Folgen für Schriftsteller hat : als Jene Preise, Stipendien, Unterstützungen, Fördererprämien verteilen; kurzum ‹Fonds› zur Verfügung haben, die ihnen mühelos ermöglichen, die ihnen hörige, schreibende Mittelmäßigkeit zu finanzieren; während die wahrhaft guten Autoren sich zuschanden arbeiten müssen, (und überdem noch nach Kräften verhindert werden : sei es, daß man sie durch Prozeßandrohungen einzuschüchtern versucht; oder die ‹unangenehmen› Zeitschriftchen, an denen sie Mitarbeiter sind, abwürgt oder aufkauft : dafür ist Geld da – wenn auch nicht ganz so viel, wie für alte Panzer und neue Bischofsstühle. Oder Fernsehmasten.

3

Was nun zwanglos überleitet, zu meinen persönlichen, ganz=speziellen Schwierigkeiten. – Eine davon heißt eben, so schockierend es kunstsinnigen Langohren auch klingen mag : GELD !

Die Einnahmen aus meinen bis jetzt zehn Büchern sind so gering, daß ich davon allein durchschnittlich einen, höchstens zwei Monate im Jahr existieren könnte; folglich muß ich – da ich weder ‹Gottsucher› zu werden, noch vom ‹Primat des Arbeiter= und Bauernstandes› zu schwärmen gedenke – in größtem Stil Brotarbeiten annehmen. Was für mich meist ‹Übersetzen aus dem Englischen› bedeutet, (das sind nun auch schon 15 Bände); eine Tätigkeit, die, wenn man sie gut machen will, – und ich *geb'* mir Mühe ! – aber eben auch mit fast völliger Aufzehrung der Aufmerksamkeit verbunden ist, und für intrikate eigene Themen die erforderliche Energie nicht mehr übrig läßt. Da nun einerseits die formalen Schwierigkeiten der 2 Bücher, die zu schreiben ich allenfalls noch vorhätte, – und wenigstens *das* wird mir ja wohl auch mein enragiertester Gegner bescheinigen : daß ich mich auf einem unvergleichlichen Holzweg in Richtung Unverständlichkeit befinde – so groß sind, daß ich an dem ersten 3–5, dem zweiten, na sagen wir 7–10 Jahre zu basteln hätte; und ich andererseits nicht mehr als 10–15 % meiner Zeit darauf verwenden kann – tcha; da werde ich zu besagten beiden umfangreichen Stücken schwerlich noch kommen. Und damit bin ich bei meiner letzten aber größten, ja, allumfassenden Schwierigkeit angelangt, der ich mich, wie das Aufsatzthema heißt, ‹beim Versuch, die Wahrheit zu schreiben, gegenüber sehe›. –

Zuweilen hat man es nicht nur genehmigt, sondern sogar eingesehen, daß ein Unterschied besteht, zwischen ‹reiner› Mathematik, und ‹angewandter›; aber die Bereitschaft, der Literatur das gleiche zuzubilligen, habe ich so gut wie noch nie angetroffen. Es sei hier also einmal ausgesprochen, daß das Problem der heutigen (und künftigen) Prosa weder der feinsinnige noch der originelle noch der schockierende ‹Stoff› ist – der ist dem ‹Reinen›, es mag kurios klingen, völlig uninteressant – sondern die übrigens längst fällige, systematische Entwicklung des Gerüstes, also die Anordnung der Prosaelemente, sowie deren Durcharbeitung und Verfeinerung selbst; wodurch in letzter Instanz weiter nichts erreicht werden soll, als eine präzisere Abbildung der Welt und des Menschen als bisher : GRÖSSERE WAHRHEIT !

Zum Exempel bietet ein, bisher ganz ungenügend angegangenes (geschweige denn bewältigtes), Problem die überzeugende Wiedergabe des, jedem Menschen bekannten, ‹Längeren Gedankenspiels› – also etwa wenn der weibliche Lehrling im Kaufhaus sich, nach der Formel ‹Si j'étais Reine›, vorgaukelt : sie wäre eine berühmte Tänzerin; und diese tröstliche ‹Vorstellung› ein paar Wochen lang weiterführt. Es handelt sich dabei um einen, Jedermann geläufigen, offiz*in*ellen Vorgang; und er ist auch allgemein erkannt und genehmigt worden, obwohl seine geläufigste Bezeichnung als ‹Tagtraum› schief, ja unhaltbar ist : das Längere Gedankenspiel liegt imgrunde, als sehr merkwürdiges Sondergebiet für sich, zwischen ‹Traum› und ‹Kunstwerk›. Da ergibt es nun das allerinteressanteste, und eben gar nicht nur literarische Gemisch, das Zusammen= und Durcheinanderspiel des Alltags eines Menschen mit seinem Längeren Gedankenspiel getreulich abzubilden. Genau und rücksichtslos – also, mit anderen Worten : WAHR ! – vorzuführen, was aus der Realität in die betreffende Seifenblasenwelt übernommen, beziehungsweise fantastisch ‹berichtigt› wird à la ‹corriger la fortune›. Auch, wie dann, von einem gewissen Entwicklungsstadium des Längeren Gedankenspiels an, der Prozeß sich dahingehend erweitert, daß mutuelle Beeinflussung der beiden Erlebnisbereiche stattfindet.

Um dem Leser die Einsicht in die wechselseitige Durchdringung dieser beiden Welten zu erleichtern, ist es erforderlich, bestimmte Druckanordnungen zu entwickeln, die ihm das Nachvollziehen am schnellsten erlauben – sein Buch *absichtlich unverständlich* macht nur der Narr oder der Scharlatan ! – Hier breche ich ab; war es doch nur mein Bestreben, eine ganz geringe Ahnung von den Schwierigkeiten des ‹Reinen›, ‹beim Versuch die Wahrheit zu schreiben›, zu vermitteln.

Eines allerdings wird man – ich bitte ja nur um ein Ünzchen guten Willens – nun vielleicht schon etwas besser verstehn : nämlich meine, im Vorstehenden bereits ein Mal angedeutete Einstellung, daß der ‹Inhalt›, der dem Leser das Wichtigste däucht, für mich eine drittrangige Frage ist, (die erste ist das Gerüst; die zweite die Oberflächenbehandlung, das ist ‹die Sprache›). Darüber hinaus bestrebe ich mich, lediglich meine Umwelt möglichst präzise abzubilden – aber schon das ist unsern west=östlichen Diwanisten unerwünscht; man kann's ja auch verstehen. Wenn in meinen Büchern etwa ‹Die Sexualität› 5 bis 10 % einnimmt, dann ist das weniger, als bei den meisten Menschenferkeln, die sich gar nicht darüber beruhigen können, daß ich einen Spaten einen Spaten nenne : (es scheint fürchterlich schwer zu sein, hier Normalität ganz schlicht einzugestehen). Nicht minder lächerlich ist es, von mir zu verlangen, daß, wenn ich, sagen wir einen kommunistischen Fernlastfahrer auftreten lasse, Der sich nun nichts schöneres kennen dürfe, als die ‹Unbefleckte

Empfängnis› zu demonstrieren und beim Namen ‹Adenauer› jedesmal ehrerbietig sein Mützchen abzuziehen : *Der tut das nicht !* (Wunderlich, vielleicht; aber es ist so.) Frage : darf ich da ‹So Einen› überhaupt nicht porträtieren ? Oder ist das eine bloße Sache des Längengrades ? (Denn wenn ich in der Mark Brandenburg wohnen müßte, würde mir ja womöglich offiziell aufgegeben, eine Type der Art zum ‹Helden› zu erkiesen.) Also das=Alles sind Skrupel, auf die ich wirklich nicht mehr eingehen kann, wie man vielleicht eingesehen haben wird : ich bin meine Arbeitskraft ernsthafteren Dingen schuldig. Als da sind Prosaexperimente; und Untersuchungen über Wort=Ausläufer und =Stecklinge.

4

»Alles, was bei uns in Preußen in geistigen Dingen geschieht, ist roh, kommissig, urdämlich !«, hat einst der alte FONTANE sein Urteil über den Staat, in dem er leben mußte, zusammengefaßt. Hätte er für ‹Preußen› : ‹Deutschland› gesetzt, wär's eine bedeutende Wahrheit gewesen. (Und wäre ihm gar die ‹Welt› eingefallen – tcha dann wär's ja ein glattes ‹Axiom› geworden !). –

– : ‹Schwierigkeiten› . . . .

AUF ARNO SCHMIDT'S ‹ROSEN & PORREE›

1.) *Seelandschaft mit Pocahontas :*
Venus in eigner Person hat mehrfach Modell Dir gesessen – :
sahst Du denn prinzipiell nur die Pudenda von ihr ?

2.) *Die Umsiedler :*
Warum hast Du Katrin amputiert ? Um das Sprüchwort zu strafen
‹Ehe sei mehr noch als nur *vier* nackte Beine im Bett› ?

3.) *Alexander :*
Strabon und Mannert erkannt' ich, und Ehrenstein und Karl May auch,
(schweigen wir ganz von Fouqué !) – : sage, was ist denn von Dir ?

4.) *Kosmas :*
Nett ist Agraule, das Biest, (auch kokett). – Und ich erfuhr endlich,
wie auf Griechisch der Lady ‹Selbstbefriediger› heißt.

5.) *Berechnungen :*
Daß Iskandér – siehe oben – den Gordischen Knoten uns raubte,
scheint mir geringer Verlust, seitdem ich das hier gesehn !

D. Martin Ochs

NACHWORT

A.: Bitte, auf keinen Fall literarischen Führerkult!

B. (fragend): Goethe?

A.: Nicht halb so bedeutend, wie Ihnen in der Schule – wozu auch Universitäten gehören – eingeredet wurde; vielmehr bewußt ‹aufgebaut›, bis heute. 20% des Œuvre, höchstens, sind gut; aber mit neuen ‹Gesamtausgaben› sollte man den Büchermarkt nicht mehr belasten: weniger Goethe!

B.: Von mir aus gern; ist doch die Zahl der wirklich lesenswerten Bücher allmählich zu groß geworden, als daß man ganz Plundersweilern noch für alle Zeiten mit sich herumschleppen könnte. Immerhin: wird man Ihnen nicht eine ‹Sucht, das Erhabne in den Staub zu ziehen› unterstellen?

A.: Das müßte schon ein *sehr* Böswilliger sein, der verschwiege, daß ich mich notorisch lieber mit ‹Rettungen› befasse – (...) Ich gebe mir (...) Mühe (...) dem Publikum für jedwedes Talmiprodukt mindestens zwei echte Perlen, am liebsten frisch aus dem Meer der Unbekanntheit heraufgesucht, vorzuweisen .....

B. (listig sich erkundigend): Der Herr sind selbst Juwelier?

Diese »Zurechtrückung von Maßstäben« hat Arno Schmidt in seinem Gesamtwerk betrieben, besonders in jenem Werkteil, der der deutschsprachigen Literatur gewidmet ist. Zwar hat er auch einmal, sie insgesamt betreffend geurteilt, das label »made in germany« bezeichne nicht immer einen Qualitätsvorsprung vor großbritannischen Produkten, bei corned beef wisse er's, in Sachen Literatur glaube er, es zu wissen, dennoch blieb jener Teil seines Werkes, der der englischsprachigen Literatur zugewandt war (mit Ausnahme der Dialoge über Dickens und die Brontës), an sein übersetzerisches Werk gebunden, der der deutschsprachigen gewidmete an sein eigenes.

Nicht geringachten darf man sicherlich die ganz nach außen gewandte, pädagogische Seite dieses Werkteiles, der in der vorliegenden Anordnung Rechnung getragen wird: eine nicht auf den großen Überblick, sondern auf die lehrenden Pointen hin geschriebene Literaturgeschichte liegt vor, gleichsam ein lesedidaktisches Kompendium, so sehr am öffentlichen Defizit wie an der subjektiven Präferenz orientiert. Diese aber verweist auf eine weitere, für das Gesamtwerk entscheidende, Bedeutung dieser Aufsätze und »Nachtprogramme« (wie sie nach dem Reihentitel des Süddeutschen Rundfunks weitergenannt werden). Der theoretische Kern etwa des Wieland-Zwiegesprächs war bereits im Roman *Aus dem Leben eines Fauns* vorformuliert, eine Reflexion des Protagonisten während einer Eisenbahnfahrt nach der Vaterstadt des Autors. »Mein Leben ? ! : ist kein Kontinuum !« heißt es zu Beginn dieses Romans, der sich mit solchen literaturtheoretischen Exkursen nicht in das Kontinuum der deutschsprachigen Literatur einschreiben will, wohl aber aus ihren Kontinuitätslinien seine Schriftzüge gewinnt. Arno Schmidts Arbeiten zur deutschsprachigen Literatur, von denen hier erstmals alle bis zur Druckreife formulierten (mit Ausnahme der – in Vorstudien präsenten – großen Bio- bzw. Psychographien über Fouqué und Karl May sowie einiger von Schmidt zum Zweck der Zweitverwertung geringfügig umformulierter Texte) vorliegen, haben sämtlich diesen Aspekt der Traditionssicherung. Der Autor, der ein Deutsch schrieb, wie es vor ihm nicht gelesen worden ist, hat aufgeschrieben, wo er selber gelesen und gelernt hat und wo, vor ihm, die Neuerung die Fortsetzung der Tradition gewesen ist.

Fast alle Texte aber enthalten auch ein Moment der Selbstexplikation. Arno Schmidt spricht oft in diesen Arbeiten, als spräche er von sich; und einige in dieser Hinsicht hervorzuheben, das Gespräch über Johannes von Müller etwa oder die über Tieck und Herder, täte anderen möglicherweise unrecht, die Leserinnen und Leser auf diese Ansprache hin noch abhören mögen. Arno Schmidts physisch Mitlebende haben dies kaum getan. Wer anläßlich der durch seine Frau Alice Schmidt vorgetragenen Rede zur Verleihung des Goethe-Preises seinen Ärger darüber herauskehrte, der als progressiv geschätzte Autor sei nunmehr unter die Unpolitischen, gar Reaktionäre gegangen, hatte über 10 Jahre zuvor nur nicht zugehört : »die dem Bürger unbegreifliche, ‹hochmütige› Durchdrungenheit von der allesüberragenden Bedeutung der Kunst – *Troja* ist Staub : *Homer* lebt ! – gepaart mit einer Geisteshaltung, der der Gefangenen in den Kerkern der französischen Revolution vergleichbar, die, die Guillotine im Nacken, Komödien improvisierten : dies vereint ergab, und ergibt immer wieder, jene bekopfschüttelte ‹Unmenschlichkeit›, die Kriege nur noch als blutig=lästige Störungen der Arbeit an einem wichtigen Buch ansieht« – Schmidt hatte vorgewarnt.

Die vorliegende Ausgabe soll beiden dienen – denen, die am Autor Schmidt, denen, die an den Autoren, über die er geschrieben hat, interessiert sind – wie wenig dies für die an dieser Ausgabe Interessierten sich trennen läßt, wird eine Leseerfahrung sein.

Jan Philipp Reemtsma

ERSTVERÖFFENTLICHUNGEN

DER RITTER VOM GEIST :
Hessischer Rundfunk, 1. Programm, 25. Mai 1965, 22 h 20–23 h 40

HUNDERT JAHRE :
unter dem Titel *1770–1870 – Heinrich Albert Oppermann's Zeit- und Lebensbilder aus drei Generationen*, Süddeutscher Rundfunk, 1. Programm, 27. Februar 1959, 22 h 30 – 24 h 00

FONTANE UND DER ESKIMO :
in ‹Augenblick› 2, 1955, hrsg. v. Max Bense

VOM NEUEN GROSSMYSTIKER :
unter dem Titel *Der vorletzte Großmystiker*, Süddeutscher Rundfunk, 1. Programm, 25. Mai 1956, 22 h 30 – 23 h 30

ABU KITAL :
unter dem Titel *Vom neuen Großmystiker*, Hessischer Rundfunk, 1. Programm, 1. Juli 1958, 22 h 20 – 23 h 20

OLD SHATTERHAND UND DIE SEINEN :
Norddeutscher Rundfunk, 2. Programm, 3. Dezember 1961, 22 h 45 – 23 h 25

JENSEITS VON FORSCHUNG UND TEXTKRITIK :
unter dem Titel *Wer schützt die Autoren vor ihren Erben?*
in ‹Süddeutsche Zeitung›, 8. August 1961

‹WINNETOUS ERBEN› :
in ‹Die Andere Zeitung›,
8. Juli 1959 und 15. Juli 1959

PROFIL VON LINKS :
unter dem Titel *Reden wir ruhig einmal von Karl May* in ‹Die Zeit›, 11. September 1959

‹GESAMMELTE WERKE IN 70 BÄNDEN› :
in ‹Frankfurter Allgemeine Zeitung›, 25. März 1961

EIN TOAST FÜR NUMMER 104 ! :
in ‹Die Welt›, 15. Mai 1965

SÄCHSISCHER JANUS :
in ‹Deutsche Zeitung›, 24./25. März 1962

REITEN, REITEN, REITEN ... :
Erstveröffentlichung

SEIFENBLASEN UND NORDISCHES GEMÄHRE :
in ‹Die Zeit›, 25. Januar 1963

EIN UNERLEDIGTER FALL :
Süddeutscher Rundfunk, 1. Programm, 4. November 1963, 22 h 30 – 24 h 00

MUSS DAS KÜNSTLERISCHE MATERIAL KALT GEHALTEN WERDEN ? :
unter dem Titel *Der Autor und sein Material* in ‹Deutsche Zeitung›, 15./16. Dezember 1962

BEDEUTEND; ABER . . . :
in ‹Die Andere Zeitung›, 28. Oktober 1959

MEIN FREUND HIPPOLYT :
geschrieben 1951, in *Das Leptothe=Herz – 16 Erklärungen zur Lage der Literaturen*, hrsg. v. Bernd Rauschenbach, Zürich : Haffmans 1987

DAS=LAND=AUS=DEM=MAN=FLÜCHTET :
in ‹Die Andere Zeitung›, 24. Oktober 1957

DER PLATZ, AN DEM ICH SCHREIBE :
unter dem Titel *Ich sehe von meinem Schreibtisch den Mond aufgehen*
in ‹Deutsche Zeitung›, 26./27. November 1960

BERECHNUNGEN I :
in ‹Texte und Zeichen› 1, 1955, hrsg. v. Alfred Andersch

BERECHNUNGEN II :
in ‹Texte und Zeichen› 5, 1956, hrsg. v. Alfred Andersch

BERECHNUNGEN III :
in ‹Neue Rundschau› 1, 1980

»‹WAHRHEIT› – ?«, SEGGT PILATUS, UN GRIFFLACHT . . . . . :
in ‹Die Zeit›, 19. Juli 1963

AUF ARNO SCHMIDT'S ‹ROSEN & PORREE› :
in ‹Die Zeit›, 15. April 1960